国家 "十二五"规划重点图书

国家出版基金资助项目

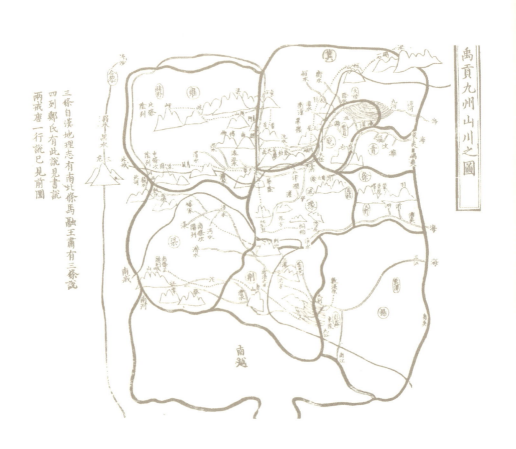

国家自然科学基金项目　国家社会科学基金项目
上海市社会科学重大项目

中國行政區劃通史

秦汉卷（上）

周振鹤　主编

周振鹤　李晓杰　张莉　著

复旦大学出版社

中国行政区划通史

周振鹤　主编

总论 先秦卷	周振鹤 李晓杰 著
秦汉卷	周振鹤 李晓杰 张 莉 著
三国两晋南朝卷	胡阿祥 孔祥军 徐 成 著
十六国北朝卷	牟发松 毋有江 魏俊杰 著
隋代卷	施和金 著
唐代卷	郭声波 著
五代十国卷	李晓杰 著
宋西夏卷	李昌宪 著
辽金卷	余 蔚 著
元代卷	李治安 薛 磊 著
明代卷	郭 红 靳润成 著
清代卷	傅林祥 林 涓 任玉雪 王卫东 著
中华民国卷	傅林祥 郑宝恒 著

全书简介

本书研究自先秦至民国时期的中国行政区划变迁史。这一研究不仅是传统的关于历时政区沿革的考证（纵向），而且对同一年代各政区并存的面貌作出复原（横向），在条件许可的情况下相关的复原以详细至逐年为尺度。全书在总论外，分为十三卷，依次是先秦卷、秦汉卷、三国两晋南朝卷、十六国北朝卷、隋代卷、唐代卷、五代十国卷、宋西夏卷、辽金卷、元代卷、明代卷、清代卷及中华民国卷。

在掌握传世与出土历史文献的基础上，本书充分吸收前人的研究成果，力求最大可能地反映历史真实。全书以重建政区变迁序列、复原政区变迁面貌为主要内容，而由于历史时期中国行政区划的变化很大，在正式政区以外又有准政区的形式存在，加之政区层级、幅员及边界在不同时期的变迁程度不一，因此各卷又独立成书，其考证过程和编写结构有各自的侧重点。

本书是中华人民共和国成立以来第一部学术意义上的行政区划变迁通史。各卷作者在相关领域有长期的学术积累，全书的写作也倾注了十余年之功，希望能成为中国行政区划变迁史研究的重要参考著作。

作者简介

周振鹤，1941年生，复旦大学特聘资深教授，博士生导师。全国古籍整理出版规划领导小组成员。主治历史地理学，兼治中外文化交涉史。创立政区地理概念，并开创历史政治地理学研究。创新文化地理研究，始创历史语言地理与宗教地理研究，并倡立文化语言学概念，提倡语言接触研究方向。曾先后到澳大利亚国立大学，德国哥廷根大学、爱尔兰根大学，日本早稻田大学、关西大学、东洋文库，香港城市大学访学、任教、任职。主要论著有《西汉政区地理》、《方言与中国文化》（合著）、《中国历史政治地理十六讲》等十余种，主编《上海历史地图集》、《中国行政区划通史》。发表学术论文百余篇，论著曾多次获全国及省部级各种学术奖项。

李晓杰，1965年生，河北唐山人。1988年毕业于复旦大学历史系，获历史学学士学位。1988年至1991年在北京故宫博物院保管部工作，任助理馆员。1996年毕业于复旦大学中国历史地理研究所，获历史学博士学位。2001年至2002年度为哈佛燕京学社访问学者。2003年至2004年度任大阪大学文学部COE研究员。现为复旦大学中国历史地理研究所教授、博士生导师。主要从事历史政治地理、《水经注》、中国古代史及近代中外文化交流等方面的研究。著有《东汉政区地理》、《体国经野——历代行政区划》、《中国行政区划通史·先秦卷》、《疆域与政区》、《中国行政区划通史·五代十国卷》、《水经注校笺图释·渭水流域诸篇》（主编）等，发表学术论文数十篇。

张莉，1983年生，安徽无为人，复旦大学中国历史地理研究所博士生。主要研究领域为秦汉政区地理、唐代历史地理。

秦汉卷 提要

本卷依据传世文献和出土资料，在已有研究的基础上，分三编对秦、西汉、东汉的行政区划变迁进行了较为系统的考述。

第一编为秦代政区，重点对秦郡进行了探究。上篇分区域对秦郡置废分合的过程作了较为系统的论述。篇末则以附章的形式将楚汉之际诸侯疆域的变迁过程进行复原。下篇首先对秦县设置的数目与分布作出估测，随后考辨了秦代具体县邑存在的可能性及其所属之郡。

第二编为西汉政区，主要涉及西汉郡国及其属县的变迁。上篇概述西汉疆域、地方行政制度及西汉郡国建置沿革。下篇以汉武帝十三刺史部辖境为考证区域，分述西汉一代各郡国及其所领县邑侯国的变迁过程，最后展示了两个时间断面的郡级政区面貌。附章对新莽时期的行政制度和政区变化予以考述。

第三编为东汉政区，着重考证了东汉郡国及其属县的变迁。上篇概述东汉疆域、地方行政制度及东汉郡国建置沿革，对三个时期的郡级政区面貌进行了揭示。下篇以光武帝十三刺史部辖境为考证区域，分述东汉一代郡国政区及其所属县邑侯国的变迁过程。附篇考述了新莽东汉易代之际割据政权的势力范围。

本卷并附有大量图表，以直观地展示秦汉时期政区的变迁过程。

目　　录

第一编　秦代政区

绪　言 ·· 3
　　一、秦代疆域 ·· 3
　　二、秦代地方行政制度 ··· 4
　　三、秦代政区研究的学术史 ·· 6
　　四、研究方法 ·· 8

上篇　秦郡研究

第一章　关中地区诸郡 ··· 12
　　第一节　京师地区 ·· 13
　　第二节　陇右地区 ·· 15
　　第三节　巴蜀地区 ·· 18

第二章　山东北部诸郡 ··· 20
　　第一节　故韩魏河北地区 ·· 20
　　第二节　故赵地区 ·· 22
　　第三节　故燕地区 ·· 28

第三章　山东南部诸郡 ··· 31
　　第一节　故韩魏河南地区 ·· 31
　　第二节　故楚淮汉以北地区 ··· 34

第三节 故齐地区 ·· 35

第四章 淮汉以南地区 ·· 39
第一节 故楚淮汉以南地区 ································· 39
第二节 故百越地区 ·· 44

附 章 楚汉之际诸侯疆域 ···································· 48
第一节 十八诸侯封域 ····································· 48
第二节 项羽西楚国封域 ··································· 54
第三节 楚汉之际诸侯疆域变迁 ····························· 55

下篇 秦代置县考析

第一章 秦县数目估测及分布 ·································· 57
第一节 秦县数目估测 ····································· 57
第二节 秦县分布 ··· 59

第二章 秦县考证 ·· 60

第二编 西汉政区

绪 言 ··· 101
一、研究西汉政区的基本文献 ····························· 101
二、西汉政区研究的基本方法 ····························· 105

上篇 西汉疆域与政区概述

第一章 西汉疆域及地方行政制度 ···························· 109
第一节 西汉疆域变迁 ···································· 109
第二节 西汉之地方行政制度 ······························ 110

一、西汉郡县制度 ·· 112
　　二、西汉少数民族地区行政制度 ································ 116
　　三、汉简所见之西汉县乡亭里制度 ······························ 118

第二章 西汉郡国建置沿革 ·· 121

第一节 西汉前期郡国沿革 ·· 121
　　一、高帝时期郡国沿革 ·· 121
　　二、孝惠吕后时期郡国沿革 ······································ 143
　　三、文帝时期郡国沿革 ·· 145
　　四、景帝时期郡国沿革 ·· 150

第二节 汉武帝时期郡国沿革 ·· 162
　　一、武帝时期郡国沿革简述 ······································ 162
　　二、内郡与诸侯王国之沿革 ······································ 165
　　三、西南夷地区置郡 ·· 171
　　四、西北地区新置诸郡 ·· 178
　　五、岭南地区诸郡 ·· 190
　　六、朝鲜地区四郡 ·· 206

第三节 西汉后期郡国沿革 ·· 221
　　一、昭宣时期郡国沿革 ·· 221
　　二、元成时期郡国沿革 ·· 224
　　三、哀平时期郡国沿革 ·· 229

下篇　西汉郡国沿革考证

凡　例 ·· 232

第一章 司隶部地区郡县沿革 ·· 235

第一节 京兆尹(渭南郡)、左冯翊(河上郡)、右扶风(中地郡)
　　　　（附：隐形郡——太常"郡"）、弘农郡沿革 ···················· 235
第二节 河内郡沿革 ·· 246
第三节 河东郡沿革 ·· 250

第四节　河南郡沿革……………………………………………… 253

第二章　豫州刺史部地区郡县沿革……………………………… 258

  第一节　颍川郡（前韩国）沿革………………………………… 258
  第二节　汝南郡（国）沿革……………………………………… 263
  第三节　沛郡沿革………………………………………………… 267
  第四节　梁国（砀郡、后吕国）沿革…………………………… 272

第三章　兖州刺史部地区郡县沿革……………………………… 281

  第一节　淮阳郡（国）沿革……………………………………… 282
  第二节　东郡沿革………………………………………………… 286
  第三节　陈留郡［后济川郡（国）、济阳国］沿革…………… 289
  第四节　济阴郡（国）（定陶国）沿革………………………… 292
  第五节　山阳郡（国）（昌邑国）沿革………………………… 295
  第六节　东平国（郡）（济东国、大河郡）沿革……………… 299
  第七节　城阳国（郡）沿革……………………………………… 301
  第八节　泰山郡（附：济北国）沿革…………………………… 302

第四章　青州刺史部地区郡县沿革……………………………… 310

  第一节　平原郡沿革……………………………………………… 310
  第二节　济南郡（国）（博阳郡、前吕国、前济川国）沿革… 315
  第三节　齐郡（国）（临淄郡）、千乘郡、甾川国沿革……… 320
  第四节　胶东国（郡）、东莱郡沿革…………………………… 327
  第五节　高密国［胶西郡（国）］、北海郡沿革……………… 332

第五章　徐州刺史部地区郡县沿革……………………………… 340

  第一节　东海郡、泗水国沿革…………………………………… 340
  第二节　琅邪郡（国）沿革……………………………………… 348
  第三节　临淮郡沿革……………………………………………… 356
  第四节　广陵国（郡）（东阳郡、荆国、吴国、江都国）沿革… 360
  第五节　楚国（彭城郡）沿革…………………………………… 362
  第六节　鲁国（薛郡）沿革……………………………………… 365

第六章　扬州刺史部地区郡县沿革……368

第一节　会稽郡沿革……368

第二节　丹扬郡(鄣郡)(附：广德国)沿革……372

第三节　九江郡、六安国沿革……374

第四节　后庐江郡[衡山郡(国)]、豫章郡(附：前庐江郡)沿革……378

第七章　冀州刺史部地区郡县沿革……383

第一节　魏郡沿革……383

第二节　清河郡(国)沿革……389

第三节　信都国(郡)[广川郡(国)]沿革……395

第四节　广平国(郡)(平干国)沿革……399

第五节　钜鹿郡沿革……405

第六节　河间国(郡)沿革……408

第七节　赵国(邯郸郡)沿革……411

第八节　常山郡(国)[恒山郡(国)]、真定国沿革……414

第九节　中山国(郡)沿革……418

第八章　荆州刺史部地区郡县沿革……421

第一节　南阳郡沿革……421

第二节　南郡(临江国)、江夏郡沿革……429

第三节　长沙国(郡)、武陵郡、零陵郡、桂阳郡沿革……436

第九章　益州刺史部地区郡县沿革……447

第一节　巴郡沿革……447

第二节　蜀郡(附：汶山郡、沈黎郡)沿革……450

第三节　汉中郡沿革……454

第四节　广汉郡沿革……455

第五节　犍为郡、牂柯郡(附：象郡)沿革……457

第六节　武都郡、越嶲郡沿革……460

第七节　益州郡沿革……463

第十章　并州刺史部地区郡县沿革 …… 466

第一节　太原郡(国)(后代国、后韩国)沿革 …… 466
第二节　代郡(前代国)沿革 …… 469
第三节　雁门郡、定襄郡、云中郡沿革 …… 471
第四节　上党郡沿革 …… 476

第十一章　凉州刺史部地区郡县及西域都护府沿革 …… 478

第一节　陇西郡沿革 …… 478
第二节　天水郡沿革 …… 481
第三节　安定郡沿革 …… 483
第四节　金城郡沿革 …… 485
第五节　酒泉郡、敦煌郡、张掖郡、武威郡(附：西海郡)沿革 …… 487
第六节　西域都护府沿革 …… 492

第十二章　幽州刺史部地区郡县沿革 …… 498

第一节　勃海郡沿革 …… 498
第二节　广阳国(郡)(燕国)沿革 …… 502
第三节　涿郡沿革 …… 507
第四节　上谷郡、渔阳郡、右北平郡、辽西郡、辽东郡沿革 …… 512
第五节　乐浪郡、玄菟郡(附：真番郡、临屯郡、苍海郡)沿革 …… 518

第十三章　朔方刺史部地区郡县沿革 …… 523

第一节　朔方郡、五原郡沿革 …… 523
第二节　北地郡沿革 …… 525
第三节　上郡、西河郡沿革 …… 528

第十四章　交趾刺史部地区郡县沿革 …… 535

第一节　郁林郡、交趾郡、九真郡、日南郡沿革 …… 535
第二节　南海郡、苍梧郡、合浦郡(附：儋耳郡、珠崖郡)沿革 …… 538

第十五章　西汉两个断代的郡国县道分布 … 543

第一节　吕后二年(前186)郡国属县分布 … 543

第二节　成帝元延三年(前10)郡国属县分布 … 552

附　三个郡级层面的断代政区分布 … 563

附　章　王莽新朝政区沿革 … 566

第一节　新朝行政体系及制度 … 566

第二节　新莽时期政区概况 … 569

第三编　东 汉 政 区

绪　　言 … 599

一、东汉政区研究的相关史料 … 599

二、已有的相关研究成果 … 600

三、《续汉书·郡国志》的断限 … 601

四、本编研究的基本框架 … 602

五、本编的撰写凡例 … 602

上篇　东汉疆域与政区沿革概述

第一章　东汉疆域及地方行政制度 … 605

第一节　东汉疆域 … 605

第二节　东汉之地方行政制度 … 606

第二章　东汉郡国建置沿革概述 … 612

第一节　光武帝时期 … 612

第二节　明帝时期 … 614

第三节　章、和、殇、安诸帝时期 … 614

第四节　顺、冲、质、桓诸帝时期 … 617

第五节　灵、少、献三帝时期 …………………………………… 618

第三章　东汉各断代年限的行政区划 …………………………………… 620

　　第一节　光武帝建武十三年(37)郡国辖区 ………………………… 620
　　第二节　汉顺帝永和五年(140)郡国辖区 ………………………… 627
　　第三节　汉献帝兴平二年(195)郡国辖区 ………………………… 635

下篇　东汉郡国沿革考证

第一章　司隶校尉部所辖郡国沿革 ………………………………… 644

　　第一节　河南尹沿革 …………………………………………………… 644
　　第二节　河内郡沿革 …………………………………………………… 648
　　第三节　河东郡沿革 …………………………………………………… 650
　　第四节　弘农郡(国)沿革 ……………………………………………… 653
　　第五节　京兆尹沿革 …………………………………………………… 656
　　第六节　左冯翊(左翊国)(附：左内史郡)沿革 ……………………… 659
　　第七节　右扶风[附：汉安(汉兴)郡]沿革 …………………………… 662

第二章　豫州刺史部所辖郡国沿革 ………………………………… 667

　　第一节　颍川郡沿革 …………………………………………………… 667
　　第二节　汝南郡(国)(附：西平国、阳安郡、弋阳郡)沿革 ………… 673
　　第三节　淮阳(陈)郡(国)沿革 ………………………………………… 683
　　第四节　梁郡(国)沿革 ………………………………………………… 686
　　第五节　沛郡(国)(附：谯郡)沿革 …………………………………… 690

第三章　兖州刺史部所辖郡国沿革 ………………………………… 695

　　第一节　陈留郡(国)沿革 ……………………………………………… 695
　　第二节　东郡沿革 ……………………………………………………… 699
　　第三节　济阴郡(国)(附：城阳国、离狐郡)沿革 …………………… 702
　　第四节　东平郡(国)[附：任城国(郡)]沿革 ………………………… 706
　　第五节　泰山郡[附：嬴郡、济北国(郡)]沿革 ……………………… 710

第六节　山阳郡(国)沿革…………………………………… 715

第四章　青州刺史部所辖郡国沿革……………………………… 719
　　第一节　济南郡(国)沿革…………………………………… 719
　　第二节　平原郡(国)(附：乐陵郡)沿革…………………… 724
　　第三节　千乘(乐安)郡(国)沿革…………………………… 728
　　第四节　齐国(郡)沿革……………………………………… 731
　　第五节　北海郡(国)(附：高密国、胶东国、淄川国)沿革…… 733
　　第六节　东莱郡(附：长广郡)沿革………………………… 741

第五章　徐州刺史部所辖郡国沿革……………………………… 745
　　第一节　琅邪郡(国)[附：城阳国(郡)、东莞郡、东安郡]沿革… 745
　　第二节　鲁国(郡)、东海郡(国)(附：利城郡、昌虑郡)沿革… 757
　　第三节　楚郡(楚国、彭城国)沿革 ………………………… 764
　　第四节　临淮郡[附：下邳国(郡)、东城郡]沿革 ………… 766
　　第五节　广陵郡(国)[附：泗水国(郡)]沿革……………… 776

第六章　冀州刺史部所辖郡国沿革……………………………… 779
　　第一节　魏郡沿革…………………………………………… 779
　　第二节　钜鹿(国)郡(附：广平国、广宗国、廮陶国)沿革…… 785
　　第三节　常山郡(国)(附：真定国)沿革…………………… 791
　　第四节　中山郡(国)[附：博陵郡(国)]沿革……………… 795
　　第五节　信都郡(乐成国、安平国)(附：河间国、章武郡)沿革… 801
　　第六节　清河(甘陵)郡(国)(附：广川国)沿革…………… 810
　　第七节　赵国(郡)沿革……………………………………… 813

第七章　幽州刺史部所辖郡国沿革……………………………… 815
　　第一节　勃海郡(国)沿革…………………………………… 815
　　第二节　涿郡沿革…………………………………………… 819
　　第三节　上谷郡[附：广阳郡(国)]沿革…………………… 824
　　第四节　渔阳、右北平、辽西三郡沿革…………………… 827
　　第五节　辽东郡(附：辽东属国、辽西中辽郡)沿革……… 831

第六节　玄菟、乐浪二郡(附：带方郡)沿革 …………………… 837

第八章　并州刺史部所辖郡国沿革 …………………………………… 842

第一节　上党郡(附：乐平郡)、太原郡(国)(附：新兴郡)沿革 …… 842
第二节　雁门郡、代郡(国)沿革 ……………………………………… 849
第三节　云中郡(附：定襄郡)沿革 …………………………………… 855
第四节　五原、朔方二郡沿革 ………………………………………… 860
第五节　上郡、西河、北地三郡沿革 ………………………………… 864

第九章　凉州刺史部所辖诸郡及西域都护府沿革 …………………… 874

第一节　陇西郡沿革 …………………………………………………… 874
第二节　天水(汉阳)郡(附：南安、永阳二郡)沿革 ………………… 879
第三节　金城郡(附：西平郡)沿革 …………………………………… 884
第四节　安定郡(附：新平郡)沿革 …………………………………… 888
第五节　武威、张掖[附：张掖属国、张掖居延属国(西海郡)、西郡]、
　　　　酒泉、敦煌四郡沿革 …………………………………………… 891
第六节　西域都护(长史)府沿革 ……………………………………… 899

第十章　益州刺史部所辖诸郡沿革 …………………………………… 905

第一节　汉中(汉宁)郡(附：西城、上庸、房陵三郡)沿革 ………… 905
第二节　巴(永宁)郡[附：巴东属国、固陵郡(巴东郡、江关都尉)、
　　　　巴(巴西)郡、宕渠郡]沿革 ……………………………………… 911
第三节　广汉郡[附：广汉属国(阴平郡)、梓潼郡]沿革 …………… 921
第四节　蜀郡[附：蜀郡属国(汉嘉郡)、汶山郡]沿革 ……………… 924
第五节　犍为郡[附：犍为属国(朱提郡)、江阳郡]沿革 …………… 930
第六节　牂柯郡沿革 …………………………………………………… 936
第七节　越嶲郡沿革 …………………………………………………… 937
第八节　益州郡(附：永昌郡)沿革 …………………………………… 939
第九节　武都郡沿革 …………………………………………………… 943

第十一章　荆州刺史部所辖郡国沿革 ………………………………… 946

第一节　南阳郡(国)(附：章陵郡、南乡郡)沿革 …………………… 946

第二节　南郡(江陵国)[附：襄阳郡、临江(宜都)郡、固陵郡]沿革
　　　　…………………………………………………………………… 955
　　第三节　江夏郡(平春国)(附：蕲春郡、西陵郡)沿革 ………… 961
　　第四节　零陵、桂阳二郡沿革 …………………………………… 965
　　第五节　武陵郡、长沙郡(国)(附：汉昌郡)沿革 ……………… 970

第十二章　扬州刺史部所辖郡国沿革 ………………………………… 976
　　第一节　九江郡(附：阜陵国)沿革 ……………………………… 976
　　第二节　丹阳郡(附：新都、临川二郡)沿革 …………………… 983
　　第三节　庐江郡(六安国)(附：六安国)沿革 …………………… 990
　　第四节　会稽郡(附：吴郡)沿革 ………………………………… 993
　　第五节　豫章郡(附：庐陵、彭泽、鄱阳三郡)沿革 …………… 1003

第十三章　交趾刺史部所辖诸郡沿革 ………………………………… 1012
　　第一节　南海、苍梧二郡沿革 …………………………………… 1012
　　第二节　郁林郡、合浦郡[附：高兴(高凉)郡]沿革 …………… 1016
　　第三节　交趾、九真、日南三郡沿革 …………………………… 1019

附篇　新莽东汉易代之际割据政权势力范围考述

第一章　更始政权 ……………………………………………………… 1023
　　第一节　更始政权直接控制地区 ………………………………… 1023
　　第二节　更始政权间接控制地区 ………………………………… 1030

第二章　豫、兖、青、徐、幽、冀诸州地区各地域性政权之势力范围 ……… 1033
　　第一节　刘永政权 ………………………………………………… 1033
　　第二节　董宪政权(附：庞萌政权) ……………………………… 1035
　　第三节　张步政权 ………………………………………………… 1036
　　第四节　王郎政权 ………………………………………………… 1037
　　第五节　彭宠政权(附：张丰政权) ……………………………… 1038

第三章　并、朔、凉三州地区各地域性政权之势力范围 ………… 1040

第一节　卢芳政权 ……………………………………………… 1040
第二节　隗嚣政权 ……………………………………………… 1041

第四章　益、荆、扬三州地区各地域性政权之势力范围 ………… 1043

第一节　公孙述政权 …………………………………………… 1043
第二节　延岑政权（附：关中割据群）………………………… 1045
第三节　秦丰政权（附：南阳割据群）………………………… 1047
第四节　田戎政权 ……………………………………………… 1049
第五节　李宪政权 ……………………………………………… 1050

附　录

一、西汉政区 ………………………………………………………… 1053
1. 西汉属郡不明的县邑侯国 ………………………………………… 1053
2. 《汉书·地理志》与出土文献中之郡县名称异写表 …………… 1062
3. 西汉郡国建置沿革表 ……………………………………………… 1067

二、东汉政区 ………………………………………………………… 1109
1. 东汉初期县邑省并及复置表 ……………………………………… 1109
2. 《汉书·地理志》与《续汉书·郡国志》同地异书表 ………… 1114
3. 东汉郡国建置沿革表 ……………………………………………… 1119

主要参考文献 ………………………………………………………… 1158

重印本小识 …………………………………………………………… 1177

第一编 秦代政区

绪　　言

公元前221年,即秦王政二十六年,秦统一了六国,长达数百年群雄纷争的战国时代宣告结束,秦王政称始皇帝,中国历史上第一个大一统的中央集权制国家就此建立。虽然秦代历时很短,至秦二世三年(前207)即告灭亡,然其在全国范围内废封建、行郡县的政治制度却被后世王朝继承下来,影响了其后长达两千余年的行政区划进程。

一、秦代疆域

始皇二十六年,秦甫统一,疆域大抵承战国时期七国之旧,《史记》卷6《秦始皇本纪》载其四界曰:"东至海暨朝鲜,西至临洮、羌中,南至北向户,北据河为塞,并阴山至辽东。"

此处东、西、北三边皆颇分明,唯南界稍有争议。所谓"北向户",裴骃《史记集解》引左思《吴都赋》云:"开北户向日。"又引"刘逵曰:'日南之北户,犹日北之南户也。'"即指房屋门朝北向。如房屋北向以迎日光,则当在北回归线以南地区,亦即南岭之南。而秦置岭南三郡乃在始皇三十三年,故史念海先生以为《史记》所述之秦疆域乃始皇三十三年之后的状况①,司马迁系此句于始皇二十六年,乃是史家之追述。然始皇二十八年之琅邪刻石亦称"皇帝之土,西涉流沙,南尽北户,东有东海,北过大夏",此似可证秦始皇三十三年之前秦之南界便已抵达北向户地区②。

虽然此北向户的涵义或犹须考量,然大体上,始皇二十六年秦王朝之疆域乃北承燕、赵两国旧界,沿战国长城起今甘肃岷县,依洮河而上,至阴山南麓,东北逾今鸭绿江,有朝鲜半岛西北隅之地;东抵大海,南方则沿闽岭、五岭与百越相拒。

二十六年之后,秦王朝继续其开疆拓土的行动,在南方逾五岭灭百越,于秦始皇三十三年在岭南地区新置桂林、象郡、南海三郡,将南部边界线推进至

---

① 史念海:《中国历史地理纲要》,陕西人民出版社,1991年,第22—23页。
② 有关北向户新解,参见辛德勇:《秦始皇三十六郡新考》,《文史》2006年第1、2辑。

今南海。西南开筑了起自今四川宜宾的五尺道,《史记》卷 56《西南夷列传》载其事云:"秦时常頞略通五尺道,诸此国颇置吏焉。"则西南方向已深入云贵高原。北方大军出击,"西北斥逐匈奴。自榆中并河以东,属之阴山,以为三十四县(一说四十四县),城河上为塞。又使蒙恬渡河取高阙、阳山、北假中,筑亭障以逐戎人。徙谪,实之初县"①,在夺取河南地后,进一步将实占领土推进到战国长城以北,陇西、北地两郡西北界皆推进至黄河一线,并领有云中以西至高阙一带。

至此,秦王朝疆域达到极盛,东部临海,北方拓地至阴山北部,南囊岭南地区,西南至今云贵地区,其西北部亦推进到始皇帝时所筑长城处,大体在黄河一线与匈奴对峙。

二、秦代地方行政制度

随着天下一统,如何统治广袤的新占领地成为中央政权的难题。秦始皇二十六年,丞相绾等言:"诸侯初破,燕、齐、荆地远,不为置王,毋以填之。请立诸子,唯上幸许。"②亦即提议仍采用西周的封建制③,然而始皇帝最终还是接受了李斯的建议,在全国范围内推行中央集权的郡县制,"分天下以为三十六郡,郡置守、尉、监"。

封建制和郡县制差异在于对地方的管辖权力。丞相绾等的建议即为分领地以封诸子,是西周时期"封建亲戚,以藩屏周"理念的延续。封建制下的藩国和郡县相比,其自主权力要大得多。天子不能越藩国诸侯管辖其封地内的民众,不可对之直接征税,令之服兵役、徭役等。藩国需对天子进贡、服从,有跟从天子进行军事征伐的义务,君主的更替名义上需要得到天子的认可。封建领主则有权任命藩国内的官吏,可以在自己领地内将部分土地分赏给他人。

这实际上是一种序列递进的统治模式,作为金字塔顶端的天子很难将自己的权力递达至基层,故实际上谈不上有什么地方行政体系。自从西周后期,这种分封制的弊端就体现出来,在血亲关系逐渐疏远、天子权力下滑的时候,

---

① 《史记》卷 6《秦始皇本纪》。其中云秦得河南地后置"三十四县",然同书卷 15《六国年表》、卷 50《匈奴列传》皆云置"四十四县"。中华书局点校本《史记》2010 年版已更之为"四十四县",此处仍引 1959 年中华书局初版之《史记》点校本引作"三十四县"。
② 《史记》卷 6《秦始皇本纪》。
③ 此处"封建"一语乃指其本义,即"封邦建国"的意思,亦即周天子将直辖领地之外的土地分封给子弟亲戚,授其爵位,成为诸侯,令其建国,并在国中拥有很大的自主权。诸侯对于天子的义务则为朝觐、进贡与助征伐。至于今天普遍使用的所谓"封建"社会云云,乃是沿用日本学者对 feudality 等语的不恰当的翻译而来,此处不赘。

藩国的独立意识增强,对天子的服从下降,春秋时期五霸相继而起,天子只是名义上的"共主"而已,其权威甚至需要通过诸侯国的支持来体现。战国时期,原本的诸侯国相继称王,互相攻伐,成为一个个独立的王国。

春秋战国之际,郡县制开始萌芽,经几百年至秦代而推行天下。郡县制的实质及核心为中央集权,君主置郡、县等行政单位以统辖地方,地方之守吏皆由皇帝任命,以皇命或明文规定之法令管理地方,皇帝可替换郡县官员,郡县民众则直接向皇帝纳税、服役。秦始皇并天下后废封建为郡县,即是将全国范围内的土地、民众都直接置于皇帝之治下。

然始皇分天下为三十六郡之时,又设内史特区。春秋战国之际,郡县的出现本为治理边鄙之地,故秦于京师地区并不设郡守,而以内史治理,即《汉书》卷19《百官公卿表》所云:"内史,周官,秦因之,掌治京师。"故内史与郡守之职颇有差异,详见后文。

郡置守、尉、监,分管一郡之政治、军事与监察事务。郡守,为一郡之长。《汉书》卷19《百官公卿表》云:"郡守,秦置,掌治其郡,秩二千石,有丞,边郡又有长史,掌兵马,秩皆六百石。"郡守治理地方颇得自专,太守府诸曹属吏都由郡守从本郡人士中辟举。云梦秦简《语书》中保存有秦南郡守腾的一道公告云:

> 廿年四月丙戌朔丁亥,南郡守腾谓县、道啬夫……故腾为是而修法律令、田律令及为间私方而下之,令吏明布,令吏民皆明智之,毋巨于罪。……今且令人案行之,举劾不从令者,致以律,论及令、丞。①

可见,秦郡守有制定地方行政命令的权力并对郡内辖县的县令长有相当大的管辖权。

郡尉,《汉书》卷19《百官公卿表》云:"郡尉,秦官,掌佐守典武职甲卒,秩比二千石。有丞,秩皆六百石。"《后汉书》卷7《桓帝纪》注引《汉官仪》云:"秦郡有尉一人,典兵禁,捕盗贼。"郡有郡丞,协助郡守处理事务。在边郡,又有长史,掌兵马。郡守有缺或因故不能视职,丞或长史代行其职。从出土材料看,郡之属吏又有司马、司空、发弩等。

监御史是中央监临地方之官,《汉书》卷19《百官公卿表》云:"监御史,秦置,掌监郡。"《史记》卷53《萧相国世家》载:"秦御史监郡者与从事,掌辨之。"此即秦中央所派遣监萧何所在之四川郡者。《史记集解》引苏林注所云:"秦时

---

① 睡虎地秦墓竹简整理小组:《睡虎地秦墓竹简》,《释文》,文物出版社,1978年,第11页。

无刺史,以御史监郡。"

郡下统县,而县有等级,《百官公卿表》言:"万户以上曰令,万户以下曰长。"然从张家山汉郡《二年律令·秩律》中所反映的西汉初期情况来判断,似乎不仅仅分为此两等,实际上当以其户口数、地理位置、军事及其他因素分为多等,县令长之秩亦不同,秦或如之。

"县有蛮夷者"则为道,道设于少数民族聚集区,其管理当与一般的县有所区别。所谓道"以故俗治",即尊重少数民族固有的风俗习惯,同时减免财赋负担。另外,道并非自治单位,从出土的秦简看,道的案件需上移至郡,道的长官似不具备法制方面的自主权。

以秦刻石上出现的"列侯武城侯王离、列侯通武侯王贲"等文字视之,秦代似亦有少数侯国存在,此类侯国究竟拥有哪些特权,侯国内所行之制度是否与西汉早期侯国相仿,则不得而知。

县下分为若干乡,乡则由亭部和里组成。然乡、亭、里均非国家所置之行政单位,更接近于地方自治单位。《百官公卿表》云:"大率十里一亭,亭有长。十亭一乡,乡有三老、有秩、啬夫、游徼。三老掌教化,啬夫职听讼、收赋税,游徼徼循禁盗贼。"

三、秦代政区研究的学术史

秦弃封建行郡县,自是中国政治一大转变。然司马迁于《史记》卷6《秦始皇本纪》中仅言"分天下为三十六郡,郡、县守尉监"①,而不言三十六郡之目,秦之册府档案又于末年战火中毁于一炬,致使千百年来秦郡实况如掩于迷雾之中,令人不得一窥其真面目。

班固《汉书》卷28《地理志》(后文简称《汉志》)中叙西汉郡国地理,以"某郡,秦置"、"某郡,故秦某郡"等形式恰好提及三十六个郡名,清人钱大昕据此以为即有秦一代之郡目②,然班氏置南海三郡于其中,故其说多为后人所不取。司马彪《续汉书·郡国志》则在《汉志》三十六郡基础上增以鄣郡、黔中郡。刘宋裴骃《史记集解》于"三十六郡"下注三十六郡名③,首次明言秦三十六郡建置,《晋书·地理志》遂秉其说,外增南海三郡及闽中郡,是为有秦一代之四十郡。后世史家多沿袭裴骃之说④。

---

① 《史记》卷6《秦始皇本纪》。
② 钱大昕:《潜研堂文集》卷40《秦四十卷辨》,上海古籍出版社,1989年。
③ 《史记》卷6《秦始皇本纪》。
④ 王应麟《通鉴地理通释》、顾祖禹《读史方舆纪要》皆据此说。

乾嘉以来，考据之风兴起，史籍中秦郡记载的矛盾抵牾之处遂成学界关注之话题，诸多学者考诸文献，发《汉志》、裴注之不足，意图考订秦郡之历史面目，各家之间又往往就彼此论点互作驳斥。谭其骧先生曾综述此段学术史云：

> 三百年来学者言秦郡者无虑数十家，聚讼纷纭，莫衷一是。陈氏芳绩（《历代地理沿革表》）、洪氏亮吉（《卷施阁文甲集·与钱少詹论地理书》）稍有所见，王氏鸣盛（《十七史商榷》）、杨氏守敬（《历代舆地图·秦郡县表序》）都无足取，金氏榜（《礼笺》附录《地理志分置郡国考》）、梁氏玉绳（《史记志疑》）、刘氏师培（《左盦集·秦四十郡考》）因仍旧说，略无创获。钱氏大昕考经证史，深邃绵密，古今殆罕其匹，于此独泥于《班志》三十六郡目，置《史》、《汉》纪传于视若无睹，啁哳再四，终难自圆其说（《潜研堂文集·秦四十郡辨》、《秦三十六郡考》、《答谈阶平书》、《再与谈阶平书》、《答洪稚存书》，《廿二史考异》）。姚氏鼐识解最为通达，所言皆中肯綮，惜未能勤搜博采以证实之（《惜抱轩文集·复谈孝廉书》）。全氏祖望所得慕多，惟限于初并天下时之三十六郡（《汉书地理志稽疑》）；王氏国维乃推而及于嬴秦一代所有之郡，而不免好奇穿凿（《观堂集林·秦郡考》）。近人或宗全，或宗王，皆凭臆进退，非能确证其所宗者为无误无遗也。①

谭其骧先生本人则撰《秦郡新考》一文，搜诸文献，加以推理，得四十六秦郡之目，又作《秦郡界址考》述其郡界，几为千年悬案盖棺定论。故此文之后，有关秦郡的讨论趋于沉寂。至20世纪末，《中国历史地图集》修订本刊发时，又增鄣郡、庐江两郡，为四十八郡②，各郡疆界、数百属县图上皆可一览，似乎为数百年来秦郡之争画上了句号。

然近十余年以来，里耶秦简、岳麓秦简等出土材料相继面世，简文中洞庭、苍梧、江胡等从未出现于传世文献中的郡名颠覆了此前对于秦郡的认识，也让沉寂的秦郡研究再度活跃起来。不少学者都撰文探讨了此三郡及其他出现在秦代简牍、封泥中的地名，同时此段时期又涌现了数篇关于秦代整体政区研究的论著。

辛德勇《秦始皇三十六郡新考》中重申裴骃三十六郡之说，以为郡目当从裴注；又分统一前、始皇二十六年、统一后三个时期，推断叙述了秦郡沿革，提

---

① 谭其骧：《秦郡新考》，收入《长水集》（上），人民出版社，1987年，第1—12页。
② 《秦郡新考》中凡列秦郡四十六，至《中国历史地图集·图说》中，又增鄣郡、庐江两郡，为四十八郡。见《关于〈中国历史地图集〉第二册两项重大修改的说明》，《历史地理》第10辑，上海人民出版社，1992年，第333页。

出了秦郡由四十二整合为三十六,后复增置至四十八郡的观点。后晓荣《秦代政区地理》①将传世文献和出土资料中的疑似秦郡县名一一搜集,提出了秦置五十四郡的观点。何慕《秦代政区研究》②中将秦郡分作东、西两个区域,并分类讨论了秦郡的存在性。其中对多个郡目进行了考证。凡国栋《秦郡新探》③亦是充分利用出土文献,钩稽考订被认为可能为秦置的郡目。

以上四文皆充分利用新出土之材料,考订了有秦一代之政区设置,但其说不一。这种现象说明秦郡之探讨实际上仍有相当大的空间。

相对秦郡,秦县的研究较为稀少。由于材料的限制,无法完全复原秦县的整体面貌,故对秦县的考证只能局限于对部分可靠县名的确认。清末杨守敬绘《历代舆地图》,其中《嬴秦郡县图》序中除对秦四十郡作了考证外,对秦代所有之县、聚邑亦一一做了考证④,虽然图后未附考释文字,然此为学者研究秦代置县问题之首见。

民国时期,史念海撰《秦县考》,第一次用专篇文章考证了近三百个秦县⑤。其后,马非百《秦集史》立《郡县考》,考证了四百二十四个秦县。《中国历史地图集》秦代图中标示了三百多个县与聚邑。近年来,大量秦代封泥出土,反映了秦代地方职官封泥中的许多信息,我们已经可以得到远胜往昔的秦县之名目。也因此,近来关于秦县的研究亦较昔日为多,后晓荣《秦代政区地理》、何慕《秦代政区研究》、凡国栋《秦郡新探》中均充分利用出土新材料,结合史籍,对秦县设置情况作了探讨。

四、研究方法

1. 新材料的利用

政区地理研究向来都困于材料之不足,秦代政区尤然。《汉志》三十六郡和裴注三十六郡都存在漏洞,前贤对此已多有论述,因此实际上没有完善的传世文献让我们可以之为基础去探究秦郡之沿革。故对秦代政区的探讨,出土文献具有相当重要的意义,因其往往有可以印证传世文献的片断零星记载,又有可补充史籍所漏载的内容。

20世纪发现的云梦秦简是考古界第一次发现秦代简牍,其中有关"黑夫

---

① 后晓荣:《秦代政区地理》,社会科学文献出版社,2009年。
② 何慕:《秦代政区研究》,复旦大学2009年博士学位论文。
③ 凡国栋:《秦郡新探——以出土文献为主要切入点》,武汉大学2010年博士学位论文。
④ 杨守敬:《历代舆地沿革图》第一册,台北:联经出版事业公司,1981年。
⑤ 史念海:《秦县考》,《禹贡》1937年第7卷第6、7期合刊。

直佐淮阳"的简文已补往昔之空白。21世纪以来,湖南龙山县出土数万枚里耶秦简,湖南岳麓书院从海外抢救回一批秦简,此两份秦简中出现的多个未见诸史籍的郡名,对秦郡研究起到了极大的推动作用。而20世纪末,西安相家巷大量秦封泥出土,亦揭示了不少秦代政区信息。另又有一系列的秦代兵器、货币、陶器铭文中,也有部分政区内容。

此外,湖北江陵张家山汉墓中出土的数千枚西汉初年之简,因与秦代相去不远,于秦县名目和秦郡界址的考订意义极大。再如湖南长沙马王堆汉墓中出土的汉初长沙国南部地图、徐州西汉初年楚王墓所出土封泥,皆可一窥嬴秦置县情况之鳞爪。

2. 逻辑推理的必要性

然而无论地下之材料抑或纸上之记载,多是某个特定时期(很可能是不明时期)的地理信息,往往显得零星而琐碎。

因此,秦代政区地理研究想要实现逐年复原政区之领域、辖县、治所等各方面信息,至少在目前的条件下是难以想象的。我们所能做的工作只是尽可能接近当时的历史原貌。于是在研究过程中,逻辑推理显得相当必要。

秦郡研究实际上应当是动态的,郡县制的出现始于春秋战国之际,至秦而推行天下,并为随后的西汉所承袭。在考查时应该一方面究其前因,充分考虑到秦统一前各国置郡情形,以顺推法来推断秦郡的存在;一方面又要考虑楚汉之际与汉初的分郡形式,借以追溯有秦一代的置郡情况,即以逆推法为推断秦郡分布助一臂之力。如项羽分封十八诸侯,乃在秦亡之后所为,对诸侯之分封只能因秦之旧。故项羽西楚所领九郡必然皆为秦郡,若不以鄣郡为秦郡,则似不可能列出九郡之目。

尤需注意的是,相比后世朝代政区变化之繁复,秦代政区变化的线条实际上要简单许多。作为在全国范围内统一推行郡县制的首个王朝,秦之政区设置并没有太多历史可以借鉴,也没有长期积累的经验让秦中央得以如后世那样,在普通的郡之外衍生出种种其他行政区划概念来,秦郡的设置更多的是雄心勃勃的始皇帝意欲政区地理整齐划一的意图的直接体现。

这一点认识在我们研究秦郡时相当重要,如闽中郡,《汉志》不及,独《史记》卷114《东越列传》中言其乃秦置郡。钱大昕以为此郡或同后世羁縻州郡之意,不得预秦郡之数。然自战国设置郡制以来,何曾有过羁縻概念?始皇帝规划六合,大兴制度,以天下为郡县,焉能名闽中为一郡而不以其预全国郡目之列?类似羁縻政区这种制度较为复杂的政区形式,乃是历史发展过程中种种特殊因素作用于原先的行政体系所演变出的"特例",恐怕未必在秦代便已实施。

过往在研究秦一代置郡时,对于秦统一后所置郡,除史书明言之岭南三郡外,只能究其郡名,而不能明其建置年代。而如果我们注意到秦"数以六为纪"①的原则,则可以推知秦郡的数目必然是按照数字六的等差数列而变,这样便可以一郡而及其余。故似可断定,秦始皇三十三年所置者绝不仅仅是南海、桂林、象郡三郡,必在同时另置有三郡(当然也有可能置九郡),以保持郡数为六的倍数。今人视"数"之观念或为虚妄,而古人无论中外,皆视"数"为天地之造设,其义重大。故凑数之可能在秦郡建置中不可忽视。于是在可能的秦代后置郡中去除不符合置于此年条件的郡,并考诸其他地理、政治方面的因素,或有望得出秦始皇三十三年的政区变迁情状。由此更进一步,有望对有秦一代郡的沿革作出更接近于历史真相的推断。

因此,对于信息量相对于县级政区较多的郡级政区,本篇试图在前人成果的基础上,参照出土文献,并结合秦代政治军事形势之变化、疆域之变迁,探讨秦一代郡级政区的沿革。当然这样的探讨只是一份设计书,如果将来有新的出土文献证实这样的设计存在偏差时,自当参照新文献进行调整,以尽可能地接近历史原貌。这正如里耶秦简、岳麓秦简为过往的秦代政区研究带来的巨大推进作用一样。一句话,如今的研究只能是在现有材料的基础上,努力去接近历史原貌,接近的程度如何则未可断言,已知的仅是比单靠传世文献有所推进而已。希望将来能有更多的地下材料出现,来修正我们目前对于秦郡的认识。

县与郡的研究不同,县的数目较为庞大。在秦代,并未发现任何置县方面存在某种既定制度的证据,就现有材料观之,秦县之设置往往因战国之旧。譬如齐国,战国时有七十余城,至汉初仍为七十余城②,似乎秦始皇时期并未对齐县重新规划调整。自然,我们可以通过西汉末年的材料来反推秦代之情状,但这样的做法多少有武断嫌疑。即便出土文献极大地补充了秦县名目,但其中多有不见于史籍的县名,县之地望甚至所属郡都难以推究,部分地名还很难判断究竟为县名抑或聚邑之名。因此本篇对于秦县的筛选持宁缺毋滥的方针,仅仅选取汉代史书和出土文献中所出现过的秦代及西汉初年之县作为秦

---

① 《史记》卷6《秦始皇本纪》。
② 《史记》卷80《乐毅列传》云,毅破"下齐七十余城,皆为郡县以属燕,唯独莒、即墨未服",是战国时齐有七十余城;其卷92《淮阴侯列传》、卷97《郦生陆贾列传》皆云楚汉之际,"下齐七十余城",卷52《齐悼惠王世家》亦云"立肥为齐王,食七十城",是至秦亡后数年,齐地亦大致为七十余城之规模。

县。而且还有一点必须强调的是,上面我们认定秦郡在秦代存在的十数年中是发生过变化的,无可怀疑,于县级政区情况也必定如是,但既然目前连秦县的总数与名目都尚处于推测阶段,我们只能暂时以不变的假设来研究秦县。

要而言之,本编乃为秦代断代政区之研究,故其时间节点为秦始皇二十六年(前221)至秦二世三年(前207)。分上下两篇,上篇探讨秦郡设置及沿革,主要考述秦始皇二十六年之后,秦一代郡级政区分布及演变。下篇则探析秦代之置县,试图通过《史记》、《汉书》中的记载和出土材料中所体现出的新置秦县名,尽可能反映出秦之置县情况。另外,由于秦县多为西汉所承继,因此为节省篇幅,秦县的地望,皆详叙于西汉编。

上篇　秦郡研究

《史记》卷26《秦始皇本纪》云："(始皇二十六年),分天下为三十六郡"。此后,秦郡又有两次增量过程,从而经过了由三十六郡至四十二郡最终至四十八郡的过程。

此外,秦京师地区并不置郡,而以内史统之,故实际上始皇二十六年(前221)之统县政区乃为三十六郡与内史共三十七个单位,之后亦是分别增为四十三与四十九个统县政区。

这一政区增置过程有其地理上的特点,在秦视为腹心的关中地区始终保持内史与六郡的建制不变;而在关东地区,则大致可分为河北、河南淮北和淮汉以南三大区域,此区域内行政区划呈现一种不稳定的特点,各区域又往往彼此相关。故下文分四章以述秦郡。

第一章　关中地区诸郡

秦兴于关中,故有秦一代关内外之别甚为分明,《史记》述秦代事,屡以关中、关东对举即缘此。至于关中的地理含义,《汉书》卷8《高帝纪》下颜师古注云:"自函谷关以西,总名关中。"《史记》卷126《货殖列传》中司马迁述关中经济,亦云"关中自汧、雍以东至河、华",又云"南则巴蜀"、"天水、陇西、北地、上郡与关中同俗",乃以长安附近及陇蜀地区皆属广义上的大关中。项羽分封诸侯时,以关陇之地封三秦王,而以巴蜀三郡封刘邦,且云"巴蜀亦关中地也",亦可证之。故本章所述关中地区乃指秦函谷关以西包括陇蜀在内的秦故地,非现在意义的关中平原。

秦于关中置郡甚早,昭襄王时即形成了京师一带为内史,外置陇西、北地、上郡、巴郡、蜀郡、汉中等六郡的形势。秦始皇统一天下后,虽有北逐匈奴有新秦中、西南于故徼外更开地的举措,却未析置新郡,始终维持六郡之谱。

第一节 京师地区

内史(前221—前207)

秦京师地区并不置郡,而以内史统之。内史之职由来已久,《汉书》卷19《百官公卿表》曰:"内史,周官,秦因之,掌治京师。"故究其渊源,至少可上溯至西周时期。西周内史本为春官宗伯之属官,《周礼》"春官宗伯"条下云:"内史掌王之八枋之法,以诏王治。"郑玄注曰:"大宰既以诏王,内史又居中贰之。"①《左传》"襄公十年"条下载:"使周内史选其族嗣,纳诸霍人,礼也。"杜预注:"内史,掌爵禄废置者。"②是内史本当为中央官职,非在地方行政体系之中矣。

秦依周制置内史,史籍可考者最早可追溯至秦穆公时代,《史记》卷5《秦本纪》有穆公时期内史廖的记载,可为佐证。此时秦内史当与周内史职责相去不远。其后内史之职责似渐有变动。《睡虎地秦墓竹简·秦律十八种》中屡屡提及内史,多是有关仓储、财政及官吏选用的事宜。直至西汉初年亦如是,张家山汉简《二年律令·秩律》中,内史依然和九卿并提,"御史大夫,廷尉,内史,典客,中尉,车骑尉,大仆,长信詹事,少府令,备塞都尉,郡守、尉,卫将军,卫尉,汉中大夫令,汉郎中,奉常,秩各二千石"。《田律》中亦有:"官各以二尺牒疏书一岁马、牛、它物用□数,余见旵□数,上内史,恒会八月望。"《津关令》云:"内史书言,请诸诈袭人符传出入塞之津关,未出入而得,皆赎城旦舂,将吏知其情,与同罪。"③是仓储、津关等事务内史亦均参与。以此可见,秦内史之职掌远远超过了《百官公卿表》所谓"掌治京师"的范围,实际上当属于中央官员之列。

始皇时期,蒙恬以内史之职却驻上郡守边④,若内史乃京畿区域之地方治民官,则如此安排颇为乖张。太史公虽言"汉独有三河、东郡、颍川、南阳,自江陵以西至蜀,北自云中至陇西,与内史凡十五郡"⑤,以内史与诸郡并举,然而

---

① 郑玄:《周礼注》,《十三经注疏》本,中华书局,1980年。
② 左丘明撰,杜预集解:《春秋左传集解》,李梦生整理,凤凰出版社,2010年,第436页。
③ 彭浩、陈伟、工藤元男:《二年律令与奏谳书》,上海古籍出版社,2007年,分见第258、193、311页。
④ 《史记》卷88《蒙恬列传》载:"始皇二十六年,蒙恬因家世得为秦将,攻齐,大破之,拜为内史。……暴师于外十余年,居上郡。"
⑤ 《史记》卷17《汉兴以来诸侯王年表第五》。

此仅可判断司马迁书写《史记》时已将内史与郡视作同级别政区,不能说明始皇时代即如此。岳麓秦简中屡有"内史郡二千石官共令"之文①,亦以内史与三十六郡对举,则内史不预三十六郡数明矣。

从行政区划角度看,内史确负责京师地区之行政管理,其由中央官职逐渐转变为地方政区,这种变化则与王朝疆域扩大、郡县制逐渐成熟的过程相伴随。秦自昭襄王时代起疆域日广,出于对新占领地实行直接控制的目的,秦国新置了大量的郡县,由睡虎地秦简可见,昭襄王末年已经设置了十二郡②。远郡的设置使内史统辖区域不必随着秦王国疆域的扩展而变化。虽然《二年律令》中仍有"中关内史,郡关其守"③之类的表述,说明直至汉初,内史仍具有中央官员的性质,但和在外的郡级政区相提并论的同时,原内史统辖区逐渐成为一个相对于郡的单独的行政地域,并最终在西汉时期完成这一转型。然至少在秦始皇置郡时期,内史及其所辖的京畿地区仍是一个超然于郡之外的独立存在,故本章仍需要将秦之内史与诸郡对举,是秦始皇二十六年所置三十六郡之外的第三十七个郡级区划单位。

内史在秦关中地区的核心部分,其辖域东界达函谷关武关一线,即今河南省灵宝市、陕西省商南县处,以与关东相分;东北以河水与河东郡分界,南抵秦岭,西、北两界与《汉志》时期之三辅相仿,以陇山分界陇西郡,以子午岭、黄龙山及今陕北构造盆地边缘与北地、上郡相邻,领有梁山以南,华亭、清水以东之地④。

---

① 岳麓书院藏秦简 0316、0351、0355、0522 等,见陈松长:《岳麓书院所藏秦简综述》,《文物》2009 年第 3 期。
② 睡虎地秦简《置吏律》有"县、都官、十二郡免除吏及佐,群官属……"之语,《睡虎地秦墓竹简》编者认为"至少应在秦始皇五年以前",晏昌贵《秦简"十二郡"考》(收入《舆地、考古与史学新说——李孝聪教授荣休纪念论文集》,中华书局,2012 年)中以为乃昭襄王时期的建制,可从。
③ 张家山汉简《二年律令·置吏律》简 214、215:"县、道官之计,各关属所二千石官。其受恒秩气禀,及求财用年输,郡关其守,中关内史。受(授)爵及除人关于尉。都官自peer,内史以下毌治狱,狱无轻重关于正;郡关其守。"
④ 秦郡地域四至史籍无载,材料颇阙,如有秦代之出土材料可作考证者,则据新材料考核之,其不及者皆依谭其骧先生《秦郡界址考》及先生所主编之《中国历史地图集(第二册)》中秦图所示为准。又,20 世纪所出土之张家山汉简《二年律令·秩律》(后文简称《秩律》)中,其有西汉初年二百余县名,且排列多依同郡相连之顺序,故可作为西汉早期政区复原之依据。张家山汉简所见年代距秦时不远,然西汉建国之初,对郡国政区多有调整(详见后文西汉编),故如径以其当秦代之面貌,似颇有险情,故本章中不以《秩律》考订秦郡。如内史地区,《秩律》中有楬邑,在北地郡诸县之列,校释者以为此即栒邑,是栒邑汉初乃为北地郡所辖,自然此有承袭秦制的可能,然本节仍据《中国历史地图集》以栒邑秦时属内史也。又,《秩律》内内史辖有翟道,本节亦不因此将秦时期内史与上郡之界北推至今黄陵、洛川稍南处。

第二节 陇右地区

陇右地区即内史西北、故西戎之地。战国之时，秦灭义渠，即有其地。《后汉书》卷87《西羌传》载："至赧王四十三年，宣太后诱杀义渠王于甘泉宫，因起兵灭之，始置陇西、北地、上郡焉。"是周赧王四十三年(前272)，即秦昭襄王三十四年，秦于此地区置陇西、北地、上郡。此三郡皆延续至秦并天下而未改。

1. 陇西郡(前221—前207)

《史记》卷6《秦始皇本纪》云："二十七年，始皇巡陇西、北地，出鸡头山。"则始皇二十七年(前220)，陇西郡赫然存在。又，出土材料有"始皇二十六年[陇]牺守戈"①，则陇西为二十六年所置三十六郡之一毋庸置疑。《史记》卷8《高祖本纪》称刘邦"遣诸将略定陇西、北地、上郡"。则此郡秦末犹存，当延续于有秦一代。

自昭襄王置陇西郡之后，至秦并六国，不闻秦在陇右之地对胡人有战事，故当秦始皇二十六年之时，秦王朝西北界当仍在秦昭襄王长城处，南至今甘肃陇南市武都区、成县地区，东北约在今宁夏泾源、甘肃静宁一线，大致沿六盘山与北地郡分界，东在今甘肃清水东与内史相分，大致与今甘肃、陕西省界相当。

始皇三十三年后，使蒙恬北击匈奴，于西北新置四十四县②，陇西、北地、上郡三郡西北边界均大幅推进，遂以黄河为界，即《史记》卷110《匈奴列传》所谓"因河为塞，筑四十四城临河"者也，陇西郡西北遂抵今甘肃兰州。

二世即位，杀蒙恬，匈奴遂逐渐南侵，然据《匈奴列传》，直至楚汉对峙时期，匈奴方"悉复收秦使蒙恬所夺匈奴地者，与汉关故河南塞"，如此秦二世在位数年间，秦所辟西北新土似并未尽数沦丧，故秦末陇西郡之西北界当在黄河与战国时期故塞之间。

《水经·河水注》云："又西北迳狄道故城东……汉陇西郡治，秦昭襄王二十八年置。"据此，汉陇西郡治所在狄道，然《秩律》中，陇西郡下八百石属县独有上邽，郡治所在官秩当不在它县之下，故疑西汉初年乃以上邽为陇西郡治，《水经注》所言乃为汉后期情状，是疑秦陇西郡治或亦在上邽不在狄道也。

---

① 1978年出土于陕西宝鸡，见王红武、吴大焱：《陕西宝鸡凤阁岭公社出土一批秦代文物》及李学勤：《秦国文物的新认识》，皆刊于《文物》1980年第9期。
② 前文绪言已提及《史记》河南地置县数有二说，《秦始皇本纪》作三十四县，《匈奴列传》及《六国年表》作四十四县，此处取四十四说，后文不复赘述。

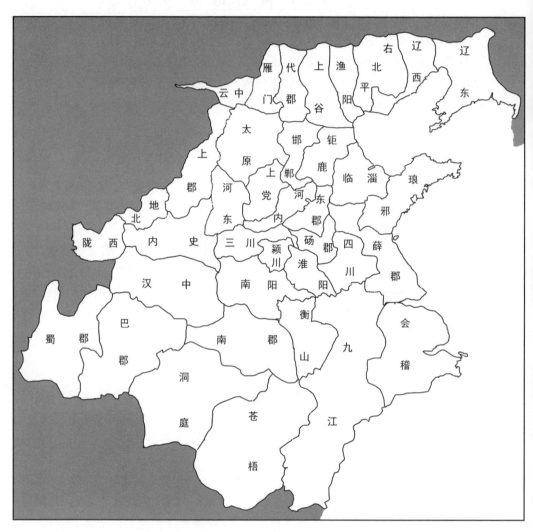

图 1-1 秦始皇二十六年(前 221)三十六郡示意图

2. 北地郡(前221—前207)

据陇西郡处所引《秦始皇本纪》之文，始皇二十七年，秦有北地郡，故当为秦三十六郡之一。又据所引《高祖本纪》，北地郡与陇西同存至秦末。

北地郡在战国本为义渠之地，《中国历史地图集》定其郡治在义渠①，不知是否缘此。秦兴之初，北地郡当在昭襄王长城以东，直至今陕西吴旗、富县一带与上郡分界，有六盘山以东，长武、旬邑县以北之地。秦始皇三十三年后，北地郡亦大幅度向西北推进，遂抵黄河南岸筑富平等城，《中国历史地图集》以为北地郡更越河，抵贺兰山南麓。至秦末，郡域亦渐渐回缩，战国长城之外余地寥寥。

《中国历史地图集》定北地郡治在义渠，然《秩律》中，彭阳为北地郡郡下唯一之八百石县，疑之或为秦及汉初之北地郡治所。

3. 上郡(前221—前207)

《史记》卷88《蒙恬列传》云，"暴师于外十余年，居上郡。"蒙恬卒于二世元年(前209)，既言十余年，当自秦并天下，使蒙恬北逐匈奴起，故知上郡存在于有秦一代。秦封泥亦有"上郡候丞"②、"上郡太守"③，足证上郡之存在。

秦初，上郡西北界当亦在昭襄王长城，东至黄河与太原郡相邻，北或至今内蒙古准格尔旗，最南端直抵今陕西省铜川北部，西邻北地郡。始皇三十三年后，越战国长城有今内蒙古乌审旗、伊金霍洛旗之地。秦末，新占地亦渐渐丧失，以《秩律》中所见之上郡县目，西汉初年甚而部分地处战国长城以内之县亦不复存，亦可推知秦汉之际边郡萧条矣。

《水经·河水注》云："奢延水又东，迳肤施县南，秦昭王三年置，上郡治。"以此秦上郡治所似在肤施县。然《史记》卷7《项羽本纪》有："立董翳为翟王，王上郡，都高奴。"颇疑秦上郡治所本即在高奴，故董翳都此地。又，《秩律》中所见之上郡县目中并无肤施县，似至汉初，已无肤施县建制。《水经注》之注文或得自西汉上郡治肤施之故。当然亦不排除另一可能，即上郡本治肤施，秦末战火纷乱，"十余年而蒙恬死，诸侯畔秦，中国扰乱，诸秦所徙谪戍边者皆复去，于是匈奴得宽，复稍度河南与中国界于故塞"④，西北边疆既多为匈奴所占，故上郡内缩，郡治乃徙至高奴。

---

① 谭其骧主编：《中国历史地图集》(第二册)，中国地图出版社，1996年，第5—6页。
② 周晓陆、路东之：《秦封泥集》二·二·1，三秦出版社，2000年，第249页。
③ 周晓陆、陈晓捷、李凯：《于京新见秦封泥中的地理内容》，《西安大学学报(哲学社会科学版)》第35卷第4期，2005年7月。
④ 《史记》卷110《匈奴列传》。

第三节 巴蜀地区

内史西南则为汉中盆地、四川盆地地区,秦惠文王时于此地区置巴、蜀、汉中三郡,之后未有变易。

1. 蜀郡(前221—前207)

《水经·江水注》云:"秦惠王二十七年,遣张仪与司马错等灭蜀,遂置蜀郡焉。"《史记》卷5《秦本纪》载:"(昭王)三十年,蜀守若伐楚,取巫郡,及江南为黔中郡。"则秦昭王三十年(277)蜀地已置守,为郡确凿无疑也。现可见出土之"卅四年蜀守"戈、"二十六年蜀守武"戈[1],后者为始皇二十六年(前221)所铸,亦可作为蜀郡为三十六郡之一之证。秦亡,项羽封刘邦为汉王,即以汉中、巴、蜀三郡属焉[2],可证此三郡确存于有秦一代。

《中国历史地图集》中,蜀郡不得白马氏之地,然张家山汉简中已有阴平道、甸氏道[3]等,此数道自然有置于秦时的可能,如此秦蜀郡或领有今白水江以南之地,然现今并无秦时期之出土材料见此数道之名,《秩律》中此几道亦单独列出,并未与蜀郡其他县相连,故不可知其所辖情状,暂仍以秦蜀郡北至今四川江油市、阿坝州茂县一带,西到今松潘—理县处,南有四川乐山市,东北直抵今四川广元市与巴郡分界。又,《史记》卷117《司马相如列传》有相如之语云:"邛、筰、冉、駹者近蜀者,道亦易通,秦时尝通为郡县,至汉兴而罢。今诚复通,为置郡县,愈于南夷。"这说明西南夷地区在秦时是实行郡县统治的,亦有为蜀郡所辖之可能,如然,则蜀郡南界或可达今云贵地区,然详情不得知矣,故西南夷地区亦暂不以之属蜀郡。

自战国时,蜀郡治所即在成都。

2. 巴郡(前221—前207)

《华阳国志·巴志》系巴郡之置于惠文王时,并载其地域云,"东至鱼复,西至僰道,北接汉中,南极黔涪"。里耶秦简8-60等有"公士僰道西里"之语,知秦确有僰道之地,以《华阳国志》之记载,此县即为巴郡西界。《秩律》中已无僰道之名,亦当与秦末边疆之地多有沦丧有关,然当秦极盛时期,巴郡西南界当在今四川宜宾市,东抵长江瞿塘峡处,北至大巴山与汉中分界,有今阆中、资阳

---

[1] 王辉:《秦出土文献编年》87、163,台北:新文丰出版公司,2000年。
[2] 《史记》卷8《高祖本纪》中云,"更立沛公为汉王,王巴、蜀、汉中"。
[3] 《二年律令》简465有"蜀氏道",释文小组以为即甸氏道,可从。

以东地①。

《水经·江水注》曰:"秦惠王……因执其王以归,而置巴郡焉,治江州。"以此知巴郡治所在江州。

3. 汉中郡(前221—前207)

《史记》卷5《秦本纪》曰:"(惠文王)十三年……又攻楚汉中,取地六百里,置汉中郡。"卷40《楚世家》亦载其事云:"(楚怀王)十七年春,与秦战于丹阳,秦大败我军,斩甲士八万,虏我大将军屈匄、裨将军逢侯丑等七十余人,遂取汉中之郡。"是汉中郡为公元前312前秦自楚而得②。

汉中郡领有大巴山以北、秦岭以南地,东至今湖北省保康县、十堰市郧阳区,西达勉县、留坝一线。《水经·沔水注》引《耆旧传》云:"南郑之号,始于郑桓公。桓公死于犬戎,其民南奔,故以南郑为称。即汉中郡治也。"刘邦王汉,亦都南郑。以此,汉中郡治或当在南郑。

---

① 周波《汉初简帛文字资料研究二题》(刊于《文史》2012年第4期)中以《秩律》巴蜀属县之排列顺序云:"谭先生在其所主编的《中国历史地图集》中将'鄨'、'资中'所在地区尽划归于蜀郡。不过'鄨'、'资中'秦时本在巴、蜀两郡的交界地带,属巴属蜀皆有可能。若依《华阳国志·巴志》的说法,二地均在僰道以东,古尝为巴国属地。联系张家山汉简和秦因巴子故国而置巴郡这些线索,秦至汉初'鄨'、'资中'二地均属巴郡的可能性是很大的。"暂作一说,别录于此。

② 秦汉中郡与楚汉中郡地域不尽相同,乃在楚汉中郡基础上又以故秦所有之南郑之地而置。

第二章　山东北部诸郡

本章所云之山东北部,大致为关中以东、黄河以北的广大区域,于战国时期大致为燕、赵及韩魏两国河北部分。

秦始皇二十六年(前221),此地区内置有十四郡,即河东、河内、上党、云中、雁门、太原、邯郸、钜鹿、代郡、上谷、渔阳、右北平、辽西、辽东。至始皇三十三年,分上谷置广阳郡,又分钜鹿为清河、河间二郡,析邯郸置恒山郡。故是年之后,河北地区凡有十七郡之目。

第一节　故韩魏河北地区

1. 河东郡(前221—前207)

《史记》卷79《范雎蔡泽列传》中有:"昭王召王稽,拜为河东守。"则河东早于昭襄王时期即已置郡,当为三十六郡之一。《史记》卷90《魏豹彭越列传》有:"乃徙魏王豹于河东,都平阳,为西魏王。"《史记》卷8《高祖本纪》云:"遂定魏地,置三郡,曰河东、太原、上党。"可见河东郡秦末犹存。

据《秩律》,汉初端氏县属上党郡,《中国历史地图集》绘端氏聚邑于上党界内,可谓得其实。秦河东郡当西据河与内史分界,南隔黄河与三川郡相望,北则以霍山和上党郡分,西北界大致在今山西石楼、汾西一线,而其东当于王屋山一带和河内分界。

《水经·涑水注》以为秦河东郡治安邑,然《秩律》中无安邑县名,楚汉之际,魏豹西魏都平阳亦不都安邑。安邑乃战国魏置县,秦时当已有此县之建制,未知是否毁于秦末战火,遂使魏豹时期已不得不移治平阳,又或秦河东郡本即治平阳矣,暂以两说并录,冀未来能有新材料以明其实。

2. 河内郡(前221—前207)

《汉志》、裴注皆无河内郡之名,是以旧多以为河内郡不预三十六郡之数,乃始皇二十六年(前221)后析河东郡而置①。然河内之名战国即见,马非百引秦赵长平之战时昭王"自之河内"②,及《史记》卷6《秦始皇本纪》所云"十八年,端和将河内,羌瘣伐赵"等语力证河内郡早在昭襄王时已置③,其说可从。

又,岳麓秦简中有"河内署九江郡","其女子当迁者,东郡、叁川、河内、颍川、请(清)河……"④里耶所出土秦简牍中有封检,上文"轵以邮行河内"⑤。洞庭郡置于始皇二十五年(前222)(见后文),此封检即在秦洞庭郡辖地被发现,则其发布时间在始皇二十六年之后的概率显然颇大,亦可推断秦始皇二十六年后仍有河内郡。至秦末,《史记》卷89《张耳陈余列传》有"愿王勿西兵,北徇燕代,南收河内以自广","章邯引兵至邯郸,皆徙其民河内,夷其城郭"。又《史记》卷7《项羽本纪》载:"赵将司马卬定河内,数有功,故立卬为殷王,王河内。"故河内当为秦郡也。自然河内郡确有二十六年时并入河东郡,后于某年再度析置之可能,然此并无明证,且河东、河内之间本即有王屋山为天然阻隔,故疑并无河东、河内相并之事。

秦河内郡北界漳水,南抵黄河,东抵今河南滑县、安阳一带⑥,有王屋山以东地。《史记》卷7《项羽本纪》云:"赵将司马卬为殷王,王河内,都朝歌。"朝歌或即为秦河内郡治。《水经·沁水注》有"东迳野王县故城北,汉高帝元年为殷国,二年为河内郡",又似乎治野王(即《汉志》懷王县),今取朝歌说。

3. 上党郡(前221—前207)

《史记》卷5《秦本纪》云:"(昭襄王四十八年),司马梗北定太原,尽有韩上党。"是上党原属韩国,昭襄王时期地入于秦。卷6《秦始皇本纪》云,"北收上郡以东,有河东、太原、上党郡",则始皇即位前,已置上党郡矣。又载始皇二十九年,"旋,遂之琅邪,道上党入",则上党郡此年存于世,当为秦三十六郡之一。

---

① 《汉志》、《集解》裴注两说皆无河内郡,清儒以降,姚鼐首举河内为秦郡,然亦不以河内在二十六年所置之三十六郡之列,直至近世王国维、谭其骧等先生仍以为河内郡当为秦统一后所析置,而不存于统一之初也,此亦秦郡研究史之主流也。至21世纪以来,凡国栋《秦郡新探》中以河内郡置于战国之时,始列之在三十六郡之中,然多数学者仍以河内为后置之郡,如辛德勇虽以为河内郡存于秦统一之前,然仍以为二十六年复并入河东郡,后又复析出耳。
② 《史记》卷73《白起列传》。
③ 马非百:《秦集史》,中华书局,1982年,第593—595页。
④ 岳麓秦简0706、865,陈松长:《岳麓书院藏秦简中的郡名考略》,《湖南大学学报(社会科学版)》2009年第2期。
⑤ 里耶秦简封泥匣J1-169,见湖南省文物考古研究所:《里耶发掘报告》,岳麓书社,2006年,第211页。
⑥ 《秩律》中西汉初年河内郡属县更有邺、馆陶(律文中作馆阴,整理小组以为即馆陶县)等,如此,汉初河内郡东北可抵今河北广平、馆陶县附近,秦时河内之界域亦不排除有如此之可能,暂附于此。

上党郡地域大抵在今山西省,西南以今山西霍州市、沁水县至阳城县一线与河东郡分界,西北界则在羊头山至今山西昔阳县处,以太行山与邯郸郡相分①。

《水经·浊漳水注》载:"又东迳长子县故城南……秦置上党郡,治此。"据此,上党郡治为长子。

第二节 故赵地区

1. 太原郡②(前221—前207)

《史记》卷5《秦本纪》系太原郡置年于庄襄王三年(前247)。《史记》卷89《张耳陈余列传》载,秦末,"李良已定常山,还报,赵王复使良略太原"。知秦末有太原郡。秦封泥亦有"太原大府"③、"太原守印"④,可作太原郡存在之旁证。

以地理形势而言,太原郡北界贾屋山、句注山,东界黄河,西南抵霍山,有太行山以北、西山以东之地,则自成一体。然《汉书》卷33《韩王信传》载,韩信王太原,都马邑,则汉初马邑属太原郡也,不知乃秦时即如此,抑或秦楚之际所更矣。

《水经·汾水注》有:"太原郡治晋阳城,秦庄襄王三年立。"《史记》卷93《韩信卢绾列传》中云,"徙韩王信王太原以北,备御胡,都晋阳。"后高帝以己子为代王,亦是"分赵山北,立子恒以为代王,都晋阳"。可见,秦及汉初,太原郡治均在晋阳。

2. 云中郡(前221—前207)

云中郡本战国时期赵武灵王所置⑤。《水经·河水注》云:"秦始皇十三年立云中郡。"是当为云中郡入秦之年。《史记》卷57《绛侯周勃世家》载:"定雁门郡十七县,云中郡十二县。"是汉初犹有云中郡。

秦始皇二十六年(前221)时,云中郡西北边界无考。《史记》卷110《匈奴列传》云,"赵武灵王亦变俗胡服,习骑射,北破林胡、楼烦。筑长城,自代并阴

---

① 以《秩律》而见,汉初上党郡东界并不止于太行山,而是越太行有涉、武安两县,大致在钦口山处和邯郸郡分界,然其亦可能为汉分封赵国时割赵地所致,未必定是秦制,暂附汉初之制于此。
② 太原郡之写法乃见于今传世文献,《史记》、《汉书》皆作太原,考之出土材料,岳麓秦简中此郡书为"秦原",至于后文所引之秦封泥,其实作"大原",后文按照所引之释文作"太原"耳。秦汉时期,文字之书写往往未一,故多有不同写法之郡县名称见于各种材料,本篇中暂皆以中华书局点校本《汉书·地理志》中写法为准,有不同则另外注明,后文其他郡县亦类此。
③ 陈晓捷、周晓陆:《新见秦封泥五十例论略》。
④ 周晓陆、路东之:《秦封泥集》二·二·16,第259—260页。
⑤ 《史记》卷110《匈奴列传》:"(赵武灵王)而置云中、雁门、代郡。"

山下,至高阙为塞"。至始皇时期,"又使蒙恬渡河取高阙、阳山、北假中,筑亭障以逐戎人"。以此见,似乎武灵王之后高阙之地曾复陷入匈奴之手。《史记》卷81《李牧列传》言:"其后十余岁,匈奴不敢近赵边城。"颇疑高阙之地乃在武灵王卒后不久沦陷。以此,始皇二十六年,云中郡西不过今内蒙古库布齐沙漠东侧,北界或在黄河,东界似在今内蒙古和林格尔、卓资一线,南界则大约在达拉特旗、偏关一线。至秦始皇三十三年后,西北逾黄河,遂至高阙。西南方向亦当有所推进,然其具体边界已不得而知。

又,《汉志》云:"五原郡,秦九原郡,武帝元朔二年更名。"全祖望以为九原乃秦始皇三十三年蒙恬开河南地所置。此后,王国维、谭其骧、钱穆等皆承其说[1],史念海、辛德勇则以为赵武灵王置九原郡[2],地在云中之西,后当与云中郡同时入秦,故当为三十六郡之一。

然观《秩律》所反映之西汉初年汉廷所辖郡国形势,汉初并无九原郡,西安阳、九原等《汉志》五原郡属县均为云中所辖。又,高帝末年,汉有十五郡,九原亦不当在此列(详见后文西汉编所述)。云中郡汉初已辖九原郡之地,当袭秦制如此,否则以汉五年之初定天下,高帝何能顾及于此处之行政体制。

《汉书》卷1《高帝纪》言,以云中、雁门、代郡五十三县封兄喜为代王,《汉志》代郡有十八县,《汉书》卷40《周勃传》云雁门乃十七县,如此时之云中仍不包括九原之地,则汉初云中郡领县至少十八,为数过多矣,故九原此时已并入云中方可。

当然秦郡之置往往首尾难考,从后世行政区划设置看,旋置旋废亦为常事,九原郡亦未必不是统一之后的十余年中废除,然从目前所见材料看,仍倾向于以为九原本赵郡,至战国末年,匈奴复夺高阙以南之地,故原赵九原郡所辖地已颇为寥寥,即便仍有郡之建制,入秦之后亦不过小郡而已,遂于秦始皇二十六年时被省并,后秦遂复北逐匈奴,然仅以此次蒙恬所复之高阙以南九原故壤付于云中郡,是以西汉初年不见九原郡名。

《水经·河水注》云:"乃即于其处筑城,今云中城是也。秦始皇十三年,立云中郡。"据此,云中郡治或在云中县。

3. 雁门郡(前221—前207)

赵武灵王置,入秦年份无载,以《史记》卷81《廉颇蔺相如列传》中云李牧

---

[1] 见全祖望《汉书地理志稽疑》、王国维《秦郡考》、谭其骧《秦郡新考》、钱穆《秦三十六郡考》等。
[2] 史念海:《论秦九原郡始置的年代》(初刊《中国历史地理论丛》1993年第2期),《河山集》第七册,陕西师范大学出版社,1999年,第376—384页。辛德勇:《张家山汉简所示汉初西北隅边境解析》,《历史研究》2006年第1期;后收入《秦汉政区与边界地理研究》,中华书局,2009年。

"常居代、雁门"之语,雁门入秦或在李牧逝后。由前文所引《绛侯周勃世家》知,汉初有雁门郡,可见雁门郡当存于有秦一代。

雁门郡南界见太原北界,北达秦长城,西邻云中,东界大致在今山西大同、怀仁一线与代郡分界。治所史籍无载,西汉雁门郡治善无,秦或亦是。

4. 邯郸郡(前221—前207)、钜鹿郡(前221—前214)

《汉志》云:"赵国,故秦邯郸郡。"出土秦封泥中亦有"邯郸造工"、"邯造工丞"①等,可证邯郸郡确为秦郡②。

《水经·浊漳水注》云:"衡水又北迳钜鹿县故城东。……钜鹿郡治。秦始皇二十五年灭赵以为钜鹿郡。"此处系钜鹿郡置年于始皇二十五年,而非赵地入秦之始皇十九年,或有它因,然并不影响钜鹿郡作为秦三十六郡之一的结论。

邯郸、钜鹿两城相去不远,故两郡唯能东、西两分赵国。邯郸郡当有大陆泽以西地,其境北抵恒山,以今河北满城、保定一线为东北界,南以漳水、河水与河内、东郡相分,西抵太行山。邯郸郡治当在邯郸县。

钜鹿郡则在邯郸郡之东,以今河北曲周、钜鹿直至宁晋、晋县一带与邯郸分界,南距大河③,北至今河北雄县至天津市一线。据《浊漳水注》,钜鹿郡治钜鹿。

秦始皇三十三年,赵地置郡又有新的变化,邯郸郡北部析置恒山郡,北界退缩至今河北元氏、深泽一带,钜鹿郡更不复存在,秦分其地分清河、河间两郡。是以原赵地二郡易为四郡。

附:清河郡、河间郡、恒山郡(前214—前207)

《汉志》以为此三郡乃为高帝置,然出土文献却推翻了这一说法。秦封泥有"清河太守"、"清河水印"④,可为清河郡存之证。又有"河间太守"⑤、"恒山侯丞"⑥、"恒山武库"⑦等,足证此三郡均为秦置。岳麓秦简更屡次出现恒山、清河、河间三郡之名,如"当戍清河、河间、恒山者……""其女子当迁者,东

---

① 周晓陆、路东之:《秦封泥集》二·二·12、二·二·13,第256—257页。
② 《秦封泥集》二·二·10有"赵郡左田"封泥,据此似可以为秦曾置赵郡。然马孟龙指出,此"赵郡左田"封泥似释读有误,实当为"杨氏左田"(见马孟龙:《再论秦郡不用灭国名》,《复旦大学史地所青年禹贡论坛文集》,2015年)。此论可从,故秦当未曾置赵郡。
③ 《中国历史地图集》中标识钜鹿郡南皮等县于河水之南,然据此则屯氏河于西汉不能过郡四(魏、清河、信都、勃海),故本书仍以周振鹤《西汉政区地理》中大河走向为准,以为钜鹿、齐郡分河为界,详见《西汉政区地理》,人民出版社,1987年,第87页,亦见李启文:《西汉勃海郡初置领县考》文后"周振鹤附识"下,《历史地理》第13辑,上海人民出版社,1996年,第141页。
④ 陈晓捷、周晓陆:《新见秦封泥五十例考略》。
⑤ 周晓陆、路东之:《秦封泥集》二·二·4,第251页。
⑥ 傅嘉仪:《秦封泥汇考》1230,上海书店出版社,2007年,第180—181页。
⑦ 陈晓捷、周晓陆:《新见秦封泥五十例考略》。

郡、叁川、河内、颖川、请(清)河……"①故知此三郡当皆为秦置,且前一简文中清河、河间、恒山并现,此三郡当在同一时期存世,疑亦为同时所置。

此外,值得一提的是,岳麓秦简中丝毫不及地望当介于此三郡之间的钜鹿郡名,故疑钜鹿郡未必与秦代共始终。如果细看岳麓秦简,会发现其实清河郡已经囊括了钜鹿郡地,故至少于秦汉之际必有一段时期无钜鹿郡存在之可能。

岳麓秦简 374 号简文云:"清河假守上信都言……"简文中既言"假守",可谓清河为秦郡的确凿证据,"上信都"则为传达信都县所上之文书。秦汉时期,上级转达下级所递交的文书通常用"上"字,岳麓秦简 0556 号简文"丞相上庐江假守书言"即是类似事例。张家山汉简《二年律令》中亦有明文规定,凡律令、户数、垦田、赋税、案件等皆须县、道官员上所属二千石官,二千石官再上丞相、御史大夫等②。因此 374 号简文实际亦说明了秦时清河郡正为信都县所属之郡。

《汉志》信都国有信都县,然岳麓秦简此处所云之信都恐非此县,《史记》卷 89《张耳列传》云:"乃分赵立张耳为常山王,治信都,信都更名襄国。"则秦之信都县即为西汉之襄国县,《汉志》襄国属赵国,在钜鹿县之西北,如秦清河郡界已西至襄国,则传统上被认为属于钜鹿郡的地域几乎被其囊括殆尽,不再有钜鹿郡存在的空间了。

传统上之所以将钜鹿郡的存在视为理所当然,一是由于《汉志》明确记载其为秦郡;二是由于《史记》卷 92《淮阴侯列传》中提及"陈豨拜为钜鹿守"。以此则高帝年间确有钜鹿郡的存在。然《汉志》中标为秦置之郡,仅可指其确曾为秦所置,并不足以证其必不于某一时间被废弃。《淮阴侯列传》中这条关于"钜鹿守"的记载则与《陈豨传》及《高帝纪》、《高祖功臣侯者年表》矛盾。

《史记》卷 18《高祖功臣侯者年表》称"十年,八月,豨以赵相国将兵守代边"。卷 8《高帝纪》中更引高帝本人之语,云:"豨尝为吾使,甚有信。代地吾所急,故封豨为列侯,以相国守代,今乃与王黄等劫掠代地。吏民非有罪也,能去豨、黄来归者,皆舍之。"班固撰《汉书》时已注意到这一矛盾,故将《淮阴侯列传》中的文字改为"陈豨为代相监边,辞信"。

且陈豨乃高帝幸臣,且早于高帝六年(前 201)便受封阳夏侯,出为一郡太守的可能性并不大。周昌出为赵相国时,高帝犹言"吾极知其左迁",遑论钜鹿守。且由《史记》之记载,汉初出任二千石郡守如河间守张相如、上党守任敖、

---

① 岳麓秦简之简 374、864、865,参见陈松长:《岳麓书院藏秦简中的郡名考略》。
② 如 219 号简有"县道官有请而当为律令者,各请属所二千石官,二千石官上相国、御史",429—430 号简云"租、质、户赋、园池入钱,县道官勿敢擅用,三月壹上见金,钱数二千石官,二千石官上丞相、御史",皆用"上"字。

云中守孟舒、河东守季布等亦是在封侯前就任郡守。汾阳侯靳强,据《后汉书》卷86《南蛮西南夷列传》载,尝在汉初任南郡守,然其封侯迟在高帝十一年,当在任南郡守之后。唯有桃侯刘襄曾为淮南太守,然此当为英布叛后刘长未立之时的权宜之举,且刘襄乃项氏降臣,不得与陈豨等随刘邦同征天下的功臣相提并论。

又有以当时周昌为赵相,故陈豨不得同为赵相为说,然此论亦不成立也。张敖王赵时期,贯耳、赵齐均为赵相,此史籍明文。齐国亦然,自悼惠王肥王齐,曹参便为齐相,然《史记》卷98《傅宽列传》亦言宽尝为齐相五岁,则齐同时亦曾有两相也。可见当时诸侯国置两相为寻常事,陈豨出任职位当确为赵相,钜鹿守之载乃误也。

且观秦于赵地所置诸郡,多可见诸汉初。《史记》卷89《张耳陈余列传》云:"使韩广略燕,李良略常山,张黡略上党。"卷96《张丞相列传》云:"陈余击走常山王张耳,耳归汉,汉乃以苍为常山守,从韩信击赵。"《汉书》卷1《高帝纪》云:"三年,韩信东下井陉,斩陈余,获赵王歇,置常山、代郡。"常山即秦恒山,汉避文帝讳而更名,则恒山郡存于秦末。《史记》卷8《高祖本纪》有,项羽"封成安君陈余河间三县,居南皮",则河间郡亦存于秦末。以此可推断,恒山、清河、河间三郡当在秦末存世,且至汉初亦是如此。此三郡之外,邯郸郡似亦存在,《史记》卷98《靳歙传》有靳歙"降邯郸郡六县"。实际上,秦汉之际有关赵地其余几郡的信息都可以从史籍记载中寻到蛛丝马迹,独钜鹿郡毫无同时存在之证据。

高帝末年,陈豨反叛堪称汉初赵地所发生之最大事件,赵地全境及边界各郡均被卷入。恒山郡据周昌所言二十五城竟有二十城降豨,清河郡亦有响应者,陈豨部将"张春将卒万余人渡河攻聊城",此即从清河道也。邯郸为赵都,此时仍为汉守,故刘邦得言"豨不南据邯郸而阻漳水"者也。其余地区,《史记》卷18《高祖功臣侯者年表》张相如、赵衍下皆云坚守河间。而任敖"为上党守,陈豨反,坚守",盖反叛地之西南界也。太原郡则仍在汉管辖下,故《高帝本纪》云"太尉周勃道太原入定代地",观《周勃列传》其行军为屠马邑,转击韩信、陈豨、赵利军于楼烦,缘由太原出发也,遂"定雁门郡十七县,云中郡十二县。……定代郡九县"。汉军另有樊哙、灌婴等由邯郸北上,故《史记》卷95《樊哙列传》称樊哙战襄国,破柏人。哙之战功遂为定清河、常山凡二十七县,定代乡邑七十三;郦商降曲逆、卢奴、上曲阳、安国、安平,所破多中山之地,似当由河间进军,之后会樊哙、灌婴等下东垣。《史记》卷54《曹相国世家》又有曹参"以齐相国击陈豨将张春,破之",当为由齐地径入东郡击之。此外还有卢绾"亦击其

(陈豨)东北"之载①,此乃由燕地西向进军也。

如此则陈豨反叛区域可明确确定,乃代地云中、雁门、代三郡及赵之常山、清河两郡部分县,周边上党、河间乃至齐国、燕国皆被卷入这一战事,然上述引文丝毫不及钜鹿之名,即便提及为汉守者也未尝提及钜鹿,实乃钜鹿郡之名当时不存也。且樊哙"降定清河、常山凡二十七县",则清河、常山两郡当相连也,如钜鹿郡存在,则由清河至常山必过钜鹿境,不得一字不提也。

再者《水经·浊漳水注》云:"衡水又北,迳钜鹿县故城东……钜鹿郡治。秦始皇二十五年灭赵以为钜鹿郡,汉景帝中元年为广平郡,武帝征和二年以封赵敬肃王子为平干国,世祖中兴更为钜鹿也。"《汉志》中钜鹿县属钜鹿郡,并不属广平,实际上,如西汉置有钜鹿郡,则钜鹿县几无可能另属。窃以为,郦氏此语乃因西汉初年并无钜鹿郡,景帝中元二年(前148)、中元三年先后在赵地置广川、清河两国,故分广川、清河地置广平郡,钜鹿县属焉。

至于钜鹿郡之复置,恐更在其后。《汉书》卷51《路温舒传》言,温舒乃钜鹿东里人,为县狱史,"太守行县,见而异之"。则此时钜鹿县当不为郡治,否则太守何须行县方见之。路温舒生年不详,然其在昭帝元凤中为廷尉,当为武帝时生人,故很可能至武帝初年,钜鹿郡仍未置。武帝征和二年(前91)以广平郡置平干国,疑或即将广平郡北部地再置钜鹿郡,复战国秦代之旧名,钜鹿县则为其郡治也。

故由史籍及出土材料可推知,秦末至西汉初期一段时间内,钜鹿郡并不存在。然钜鹿即本为三十六郡之一,却又无故废弃,自然别有我们所不得知的缘由。故疑秦初置钜鹿郡时即有政治或军事的特殊用意,此时有所变化,遂在赵地重新析分新郡;又或者初置钜鹿郡乃是沿袭战国时期赵国的设置,此时在管理统治上发现多有不便之处,不得不作调整(邯郸、钜鹿二郡当分别治邯郸、钜鹿县,此两县相距颇近,疑钜鹿郡之废或与此有关),然其确切理由,如今已难以得知。这也说明,秦郡沿革变迁的复杂程度很可能远远超出我们的估计,未来可能会出现新的材料,再度现出洞庭、苍梧这样不属于传统认识中的秦郡之名,也可能反映另一秦郡同样在有秦一代有过置废变化。

钜鹿郡的废弃时间即当为清河等三郡的置年,颇疑即在始皇三十三年。此年,秦新置岭南三郡,全国郡数达到四十五个,故不得不对政区作调整,以适应"以六为纪"的郡目数量。

观此时北方诸郡,秦地固有之郡自然不在调整之列,沿边诸郡本即地旷人

---

① 《史记》卷91《韩信卢绾列传》。

稀，兼负防御匈奴重任，亦无甚空间再析置三郡之多，齐地则于二十八年刚刚被析为四郡。惟赵地尚颇有分置新郡的空间，故遂于此年析邯郸置恒山郡，分钜鹿郡为清河、河间两郡，钜鹿郡不复存在。

以前文所引"清河假守上信都"之语，可见秦清河郡辖域远大于汉清河也。清河当以钜鹿郡东南地所置，然其又与恒山郡相界，故其当大致沿今河北晋县、束鹿一线南下，东向至武邑、衡水附近与河间郡相分，西、南两界见前文钜鹿郡。治所当即在汉所谓故清河城处，即今山东临清东北。

河间郡，其东、北两边之界仍依钜鹿郡之旧，西、南界见清河郡。河间郡治所无考，西汉河间国都乐成，或即为秦河间郡治。

恒山郡则为分邯郸郡北部而置，大致相当汉时常山、中山两郡之地。其领有恒山以南，东至今河北徐水，南抵元氏、深泽附近，西拒五台山、井陉关。治所或在东垣县，即汉高所改名之真定者也。

5. 代郡（前221—前207）

代郡地战国后期亦属赵，然入秦时间稍晚于赵国其余地区。《史记》卷43《赵世家》云："秦既虏迁，赵之亡大夫共立嘉为王，王代六岁，秦进兵破嘉，遂灭赵以为郡。"卷34《燕召公世家》亦载此事。故可知，赵亡国之后，其遗民犹保据代地，坚持六年之久方失败，代地遂入秦。《水经·灅水注》载，"其水东南流，迳高柳县故城北，旧代郡治。始皇二十三年，虏赵王迁，以国为郡"。此处记载代郡入秦年份有误①，然秦在得代地后置代郡当无异议。秦封泥有"代马丞印"②，亦可证代郡之存在。

代郡西接雁门，东至今河北张家口市东南下，直至太行山脉与邻郡分。秦代郡治史籍无稽，《水经注》所载之高柳县乃汉郡治所在，疑秦时代郡治所实在代县，故楚汉之际项羽封赵歇为代王，亦都代也。

第三节 故燕地区

《史记》卷110《匈奴列传》载，燕国"置上谷、渔阳、右北平、辽东、辽西郡以拒胡"。秦始皇二十三年（前224）灭燕，此五郡遂皆入秦，并预秦始皇二十六年三十六郡之数。始皇三十三年，析上谷置广阳郡，燕地郡数遂为六。

---

① 谭其骧：《秦郡新考》（见《长水集》上册，第1—11页）。《史记》卷43《赵世家》亦指代郡入秦乃在始皇二十五年。
② 周晓陆、路东之：《秦封泥集》二·二·15，第259页。

1. 上谷郡(前221—前207)

《史记》卷48《陈涉世家》云:"赵王以为然,因不西兵,而遣故上谷卒史韩广将兵北徇燕地。"则秦末仍有上谷郡。《史记》卷57《绛侯周勃世家》云:"定上谷十二县,右北平十六县,辽西、辽东二十九县,渔阳二十二县。"秦封泥有"上谷府丞"①,亦可证上谷郡之存在。

上谷北界,谭其骧《秦郡界址考》云:

> 《匈奴列传》:武帝元朔中,弃上谷之斗辟县造阳地以予胡。《汉书》传末赞曰:弃造阳之北九百余里。造阳,燕筑长城所起,故址无可确考,要必为上谷属县之最北者。元朔以前,汉之辟地在造阳之北凡九百余里,则至少包有今之上都河一带。汉初疆界当因于燕、秦之旧,是杨图北止于今之赤城,失之近矣。②

此言甚当,秦上谷北界尤在《汉志》上谷郡之北矣,南有蓟南之地,大致到今河北雄县、霸州市附近。东、西界与汉时同,西至代郡东界,东至今北京通州区、怀柔区一线。至始皇三十三年,析上谷郡南部蓟县一带置广阳郡,上谷南界遂北移至今北京市北部。上谷郡治初疑在蓟县,后不明。

附:广阳郡(前214—前207)

《水经·㶟水注》云:"㶟水又东北,迳蓟县故城南,秦始皇二十三年灭燕,以为广阳郡。"清人全祖望采郦氏所说,以为自蓟以南,足以置一郡,故提出秦置有广阳郡③。然除《水经注》外,无论《汉志》抑或裴注,皆不以广阳当始皇三十六郡之一,必有因。

全祖望揣测燕国原必有内史之地,秦并天下当以此置一郡,故以为"无反并内地于边郡之理",然究秦统一后疆域而言,燕地实乃边地,郡县设置亦当以防胡为主,边郡意义恰大于不临边之广阳。况始皇二十六年时,天下郡数颇多,以燕地逼仄,置六郡似嫌太多,即便始皇确曾在灭燕之初置广阳郡,至二十六年调整郡目时,军事意义偏低之广阳亦当是废置之首选。

是以广阳郡当不预三十六郡之数,然郦氏之说未必纯误。至汉初,高帝末年卢绾之叛时,已云樊哙"抵蓟南,定燕县十八"④,疑此时当已置有广阳郡也,故广阳郡之置年当在西汉高帝十二年(前195)之前。《水经·㶟水注》述广阳

---

① 陈晓捷、周晓陆:《新见秦封泥五十例考略》。
② 谭其骧:《秦郡界址考》,《长水集》上,第16—17页。
③ 全祖望:《汉书地理志稽疑》卷1,中华书局,1985年,第6—7页。
④ 《汉书》卷41《樊哙传》。

郡置年云:"秦始皇二十三年灭燕,以为广阳郡。"然《史记》卷 6《秦始皇本纪》及卷 34《燕召公世家》皆系秦取燕蓟地于始皇二十一年,故灭燕、置郡皆不当在二十三年矣。疑此二十三年或为三十三年之误。始皇三十三年恰是秦郡调整增置之年,颇疑此时为满郡目数字上的要求,秦遂析上谷之地置广阳郡,"灭燕"二字或为郦氏所误,或为后人妄改也。

广阳郡北界大抵在今北京市昌平区南,有此地以南故上谷郡南部地。郡治在蓟县。

2. 渔阳郡、右北平郡、辽西郡、辽东郡(前 221—前 207)

《史记》卷 48《陈涉世家》又有,"发闾左適戍渔阳,"是渔阳为秦郡。卷 57《绛侯周勃世家》云:"定上谷十二县,右北平十六县,辽西、辽东二十九县,渔阳二十二县。"卷 88《蒙恬列传》又有,"筑长城……起临洮,至辽东。"皆可证此四郡为秦郡。秦封泥有"潦东守印"①,知辽东亦可作潦东,故辽西亦可作潦西。彼时同音之字即可通假,写法随意,如临淄又往往作"临菑",清河于秦简中又有作"请河"者,此皆不足以证《汉志》记载之非,故此处郡名仍以传世文献为准,作辽东、辽西。

渔阳、右北平、辽西疆域大抵与《汉志》时同。渔阳郡西接上谷,东至今河北滦平、天津蓟县一线,北抵燕长城,南至勃海。

右北平领有渔阳郡以东,至今辽宁葫芦岛市、建平县一带,然并不濒海,今河北迁安市、迁西县一带及其南部,乃秦时归辽西郡辖也。辽西郡则有右北平以东、大凌河以西地。

辽东郡则在最东北。《史记》卷 115《朝鲜列传》载:"自始全燕时,尝略属真番、朝鲜,为置吏,筑鄣塞。秦灭燕,属辽东外徼,汉兴,为其远难守,复修辽东故塞,至浿水为界,属燕。燕王卢绾反,入匈奴。满亡命,聚党千余人,魋结蛮夷服而东走出塞,渡浿水,居秦故空地上下鄣,稍役属真番、朝鲜蛮夷及故燕、齐亡命者王之,都王险。"浿水乃今清川江,故秦辽东郡东界至清川江也。

《史记》卷 16《楚汉之际月表》言"燕王韩广为辽东王,都无终"。由此可知,右北平郡治无终县。《水经·鲍丘水注》则系右北平郡治于无终,而渔阳郡治为渔阳县。

秦辽西郡治不明,《水经·濡水注》引《地理风俗记》曰:"阳乐,故燕地,辽西郡治。"故暂定秦辽西郡亦治阳乐县。《大辽水注》则称辽东治襄平,"屈而西南流迳襄平县故城西,秦始皇二十二年灭燕置辽东郡,治此"。

---

① 参见中华书局点校本 2010 年版《史记》第 318 页。

第三章 山东南部诸郡

本章所述之山东南部，实仅包括秦函谷关武关以东、大河以南、淮汉以北之地区，至于淮汉以南则不在本章叙述范围。此一地区乃秦汉时期关东经济最为发达的区域。秦统一前，西周、韩、魏、齐皆在这一地区，楚国亦曾扩张至此。

秦始皇二十六年（前221），此一地区置有三川、颍川、东、砀、南阳、四川、淮阳、薛郡、临淄、琅邪等十郡。始皇二十八年，分临淄置济北，分琅邪置即墨，分薛郡置东海，遂使这一地区郡数达到十三。

第一节 故韩魏河南地区

1. 三川郡（前221—前207）

《史记》卷5《秦本纪》云："（庄襄王元年），使蒙骜伐韩，韩献成皋、巩。秦界至大梁，初置三川郡"。卷6《秦始皇本纪》曰："灭二周，置三川郡。"故三川郡实兼有故韩、二周之地。卷4《周本纪》载："秦庄襄王灭东周。"《集解》引徐广曰："周比亡之时，凡七县，河南、洛阳、穀城、平阴、偃师、巩、缑氏。"此七县皆在三川界内，故可知三川郡乃秦以东周故地及故韩成皋、荥阳等所置。始皇并天下后，李斯之子李由曾为三川守，直至在秦末战争中身死①。出土秦封泥有"叁川尉印"②、"叁川邸丞"③等，以此观之，三川郡为三十六郡之一无疑。

秦三川郡与《汉志》河南郡领域相差颇大。谭其骧先生《秦郡界址考》述三川郡界云：

> 新郑、苑陵、尉氏，疑亦当属颍川，故郑地，韩所都也。尉氏，《汉志》属陈留，陈留，梁之分郡；顾《孝王世家》言其西界至于高阳。高阳，亭名，《续

---

① 《史记》卷87《李斯列传》。
② 周晓陆、路东之：《秦封泥集》二·二·3，第251页。
③ 陈晓捷、周晓陆：《新见秦封泥五十例论略》，西安碑林博物馆编：《碑林集刊》第十一辑，2005年。

志》属圉县,尉氏更在其西,则汉初不属于梁也。

证之于《秩律》,其说甚当。秦之三川郡领有今河南省三门峡市以东,封丘、开封市以西之地,北以黄河为界,西南在栾川与南阳郡分界,东南以临汝、登封一线与颍川郡接壤。

三川郡治当在雒阳,《史记正义》引《括地志》云,"秦庄襄王以为洛阳县,三川守理之"①,即持此观点。《史记》卷7《项羽本纪》载:"瑕丘申阳者,张耳嬖臣也。先下河南,迎楚河上,故立申阳为河南王,都雒阳。"是楚汉之际,河南(三川)治所亦在雒阳。然秦末李由"为三川守,守荥阳",故其郡治亦有在荥阳的可能。暂取雒阳之说。

2. 颍川郡②(前221—前207)

《史记》卷6《秦始皇本纪》云:"始皇十七年,内史腾攻韩,得韩王安,尽纳其地,以其地为郡,命曰颍川。"卷45《韩世家》载,"(韩王安)九年,秦虏王安,尽入其地,为颍川郡。韩遂亡。"可知秦灭韩后,以故韩京畿一带置颍川郡。又《史记》卷55《留侯世家》作,"得数城,秦辄复取之,往来为游兵颍川"。知秦末颍川郡犹存。秦封泥亦可见"颍川大守"③,可作旁证。

颍川西北至太室山,北接三川郡,西南以鲁山、叶县与南阳分界,有今河南登封、密县以南,扶沟、通许县之西,舞阳县、漯河市以北之地。

《水经·颍水注》云:"秦始皇十七年灭韩,以其地为颍川郡……颍水自塌东迳阳翟县故城北……故颍川郡治也。"又,楚汉之际,项羽所封韩王亦都阳翟,知颍川郡治在阳翟。

3. 砀郡(前221—前207)

《史记》卷44《魏世家》云:"三年,秦灌大梁,虏王假,遂灭魏以为郡。"《水经·睢水注》曰,"睢水又东迳睢阳县故城南……始皇二十二年,以为砀郡"。是秦灭魏后置砀郡也。《史记》卷8《高祖本纪》云:"以沛公为砀郡长,封武安君,将砀郡兵。"则砀之存在无疑矣。

砀郡西界见三川郡,北界见东郡,南在今河南永城县南、安徽涡阳县北一带与四川郡相分,东界据《秦郡界址考》考证,不得《汉志》东平及东郡寿良等

---

① 参见中华书局点校本2010年版《史记》第318页。
② 《汉志》中作"颍川郡",秦封泥则作"颍川大守",岳麓书简如0706、0194等简亦作"颍川",就目前所见之秦代出土文献看,皆书"颍川"而无作"颖川"者,本书为体例统一之故,皆取《汉志》写法,故此处亦取"颍川",然不排除秦时期还没有出现"颍川"这一写法的可能。
③ 孙慰祖:《中国古代封泥》,上海人民出版社,2002年,第42页。

地，①，大致抵今山东嘉祥县、金乡县一带。

以上引之《水经注》文，砀郡治睢阳。

4. 东郡（前221—前207）

《史记》卷6《秦始皇本纪》云："五年将军蒙骜攻魏……取二十城，初置东郡。"卷44《魏世家》："景愍王元年，秦拔我二十城，以为秦东郡。"可知秦王政五年（前242）置东郡。直至秦末仍有"东郡坠石"的记载②，出土秦封泥和秦简多见东郡之名，如《秦封泥集》二·二·5有"东郡司马"，《新见秦封泥五十例论略》中可见"东郡尉印"，岳麓秦简865简文亦有"其女子当迁者，东郡、三川、河内、颍川、清河……"等。则东郡亦为三十六郡之一矣。

谭其骧《秦郡界址考》中对东郡领域之考辨尤为精彩，今录其文于下：

> 东以济水为界，济东谷城秦属济北，见《留侯世家》，寿良汉初属梁，《孝王世家》北猎良山，即其地。于秦当属薛郡（辨见砀郡）。东北自茌平以外，亦当属济北，汉初之制如是也。（《汉志》高唐属平原，《王子侯表》茌平为济北王子国，《郡国志》茌平属济北）《汉志》济阴郡及山阳之成武，亦当在界内。据《秦纪》、《穰侯传》，昭襄王时，穰侯封陶，蒙武伐齐河东为九县，攻齐取刚寿。盖其时所下齐地，并以属陶；穰侯既卒，秦复收陶为郡；迨始皇五年，定酸枣、燕、虚，明年拔濮阳，遂并陶于卫，以置东郡；其后汉收项羽梁地东、砀二郡，自取东郡河、济之间以通齐，而以砀郡及东郡济、濮以左王彭越，都于济阴之定陶，济阴自是属梁，迄于梁孝王不改。后人以济阴为梁之分国，因谓秦属砀郡，未尝深考也。《高祖纪》，周勃、曹参、樊哙诸《传》：二世三年，攻破东郡尉于成武。知成武为东郡属县，济阴介在濮阳、成武之间，益知其属东而不属砀矣。（成武汉初属济阴，《外戚侯表》邛成侯下注云：济阴邛成，在成武之东南也。《续志》邛成省入成武，成武还隶济阴）③

据此，东郡当有今山东郓城、成武县以西北之地，西则以大河和河内、钜鹿郡相分，东界则在今山东东阿、茌平一带。

《水经·河水注》曰："秦始皇徙卫君角于野王，置东郡，治濮阳县，濮水迳其南，故曰濮阳也。"以此，东郡治所当在濮阳。

---

① 见谭其骧：《秦郡界址考》，《长水集》（上），第17页。
② 《史记》卷6《秦始皇本纪》："有坠星下东郡，至地为石……"
③ 谭其骧：《秦郡界址考》。

第二节　故楚淮汉以北地区

1. 南阳郡(前221—前207)

《史记》卷5《秦本纪》云:"(秦昭襄王三十五年)初置南阳郡。"是秦置南阳郡久矣。秦始皇时期此郡犹存,《史记》卷6《秦始皇本纪》云:"十六年九月,发卒受地南阳假守腾。"《史记》卷8《高祖本纪》载,刘邦入关中即路经此郡,"(沛公)收军中马骑,与南阳守齮战犨东,破之,略南阳郡……"可知南阳郡确存于有秦一代。

《秦郡界址考》论南阳郡界云:

> (三川郡)南境鲁阳、犨、叶阳,当属南阳;……《高祖纪》:与南阳守齮战犨东,破之,略南阳郡,齮走保城守宛。可确证犨为南阳边县。……(南郡)北界自今襄阳以北,抵豫鄂省界,邓、山都、筑阳、阴、鄀诸县,于汉属南阳,秦亦当属南阳。诸县中山都最偏南,旧为南阳之赤乡,秦以为县,见《沔水注》。……今郧、郧西、白河诸县之地,杨图以隶南阳,按其地汉属汉中,秦亦当属汉中。

故秦南阳郡当西北以武关与内史分界,东北自鲁山关一带与颍川郡相邻,南与南郡之界秦汉均在邓县、山都县一带,北界见河南郡之西南界,东至今河南平顶山市、信阳市附近①。

《水经·淯水注》载:"淯水……又南迳宛城东。其城,故申伯之都,楚文王灭申以为县也。秦昭襄王使白起为将,伐楚取郢,即以此地为南阳郡,改县曰宛。"秦末,南阳守亦据守宛城。以此,南阳郡治在宛县。

2. 淮阳郡(前221—前207)

《史记》、《汉书》均无秦置有淮阳郡的记载。谭其骧《秦郡新考》据《史记》之文判断秦有陈郡,称"自陈以至平舆","果优足以置一大郡"②。从出土文献看,该郡的确存在,郡名则当作淮阳。云梦睡虎地秦木牍中有家信云"黑夫等直佐淮阳,攻反城久","攻反城"一事发生于始皇二十四年,则淮阳郡置年在秦统天下前③。出土秦封泥有"淮阳弩丞"④,《奏谳书》中确凿的"淮阳郡守"等

---

① 《秩律》中南阳郡领有朗陵、阳安诸县,故西汉初期南阳东界已直抵今南汝河,有今河南汝南县、西平县以东地。秦之制度是否如此则无材料可证,故仍依《秦郡界址考》所考。
② 谭其骧:《秦郡新考》。
③ 田余庆:《说张楚——关于"亡秦必楚"问题的探讨》,原刊于《历史研究》1989年第2期,后收入作者文集《秦汉魏晋史探微》,中华书局,2004年,第10—16页。
④ 周晓陆、路东之:《秦封泥集》二·二·34,第269页。

语,都明确了作为秦三十六郡之一的淮阳郡的存在。

淮阳郡当以始皇二十三年(前 224)王翦攻楚所得地置。其东界则在今安徽涡阳、利辛处,南拒淮河,西北于今河南漯河、扶沟处与颍川郡分界,北界见三川、砀郡,西界见南阳郡。

淮阳郡治所当在陈县,故《史记》卷 48《陈涉世家》言"攻陈,陈守、令皆不在"。

3. 四川郡(前 221—前 207)

《汉志》名此郡为"泗水",《史记》多处载此郡作"泗川",如卷 8《高祖本纪》:"项氏起吴,秦泗川监平将兵围丰,二日,出与战,破之。"卷 57《绛侯周勃世家》:"因东定楚地泗川、东海郡,凡得二十二县。"《史记》显然更接近原名。而以出土材料看,岳麓秦简 0706 简云"泰原署四川郡。"秦封泥中亦有"四川太守"、"四□尉印"、"四川水丞"、"四川轻车"①,则秦时郡名作"四川"。

四川郡领域颇广,西北与砀郡分,西南邻淮阳,南至淮水,东界则见薛郡西界。

《水经·泗水注》云:"昔许由隐于沛,即是县也,县盖取泽为名。宋灭属楚,在泗水之滨,于秦为泗水郡治。"然《睢水注》又作"相县,故宋地也。秦始皇二十三年,以为泗水郡,汉高帝四年,改曰沛郡,治此"。今知汉高帝四年(前 203)绝无改泗水为沛郡之事(详见后文西汉编所考),《睢水注》所言有误。且萧何为沛县吏,秦御史得以熟悉其能即为一证,当以沛县为郡治。

第三节 故齐地区

1. 临淄郡、琅邪郡(前 221—前 207)

齐乃为六国最后入秦者,于始皇二十六年(前 221)方"灭齐以为郡"②,而正是这一年,秦始皇决定分天下为三十六郡,时间颇为仓促。且齐于战国之时未曾实施郡县制,秦人无固有之郡可承袭,故始皇在齐地之置郡可谓匆匆而定矣。

《汉志》中称"齐郡,秦置"。何慕以为国名不当出现在郡名中,因此以为秦未尝置齐郡③。然《汉志》言之凿凿称"秦置"者,必有所据④。史书唯言秦灭

---

① 周晓陆、路东之:《秦封泥集》,第 407 页。
② 《史记》卷 6《秦始皇本纪》、卷 46《田敬仲完世家》。
③ 何慕:《秦代政区研究》,第 50—52 页。
④ 《汉志》中于郡名下注"秦置"有二十五郡,除此齐郡,其余二十四郡属于三十六郡之列历来从无争议,盖班固亦当有所据也。

楚名，并未言及灭其他五国之名。出土有"齐左尉印"或正因齐郡过大，不能和他郡一般一太守一郡尉治之，故方才设置左、右尉。当然出土秦封泥又有"临菑守印"、"临菑司马"①，故不排除之后复更名为临淄的可能，暂取临淄为郡名。

临淄郡之外，秦在齐地又置琅邪郡。《水经·潍水注》云："琅邪，山名也，越王句践之故国也。……秦始皇二十六年，灭齐以为郡，城即秦皇之所筑也。"出土封泥有"琅邪司马"、"琅邪发弩"等②，知秦确置有琅邪郡也。

临淄郡初置之时，地域颇大，西与钜鹿、东郡相邻，其界大致自今山东东阿、茌平一线北上，缘黄河至今山东德州处东折，自今盐山北、黄骅南至海。西南至泰山、梁父山处而与薛郡分界，东在今山东昌乐、潍坊之间与琅邪郡相分。临淄郡治所当为临淄无疑。

琅邪郡南与东海郡分野，东至海，西界见临淄郡考证。始皇二十六年置郡之初，其北亦抵海，有《汉志》胶东、东莱两郡之地。里耶秦简有"琅邪尉徙治即[墨]……告琅邪守固留费……"③以此知琅邪郡治所在费县。

附：济北郡、即墨郡（前219—前207）

秦有济北、即墨两郡，旧史皆不及也，盖因至西汉末年，王朝疆域中已无此两郡建制④，故班固《汉志》不及于此，两郡之名遂消弭不见。谭其骧先生以《史记》判断，秦始皇析齐地两郡又置济北、胶东郡⑤，《中国历史地图集》第二册秦图中定胶东郡治在即墨⑥。西汉有胶东国，然出土秦封泥有"即墨太守"⑦，知胶东秦时郡名当作即墨。据里耶秦简简文，即墨原为琅邪郡尉所在，后遂径分置一郡，亦颇合情理。

《史记》卷55《留侯世家》载黄石公言："十三年，孺子见我济北，穀城山下黄石即我也。"马非百《秦集史》指出，穀城山与博阳均在济水之南，则济北必乃

---

① 见周晓陆、路东之：《秦封泥集》二·二·22。此封泥中此郡名皆写作"临菑"，本编暂依《汉志》作"临淄"。
② "琅邪司马"、"琅邪侯印"、"琅邪司丞"、"琅邪都水"、"琅邪水丞"、"琅邪左盐"、"琅邪发弩"，录入周晓陆、路东之：《秦封泥集》二·二·23—29，第263—267页。
③ 陈伟主编：《里耶秦简牍校释（第一卷）》简Ⅳ8-657，武汉大学出版社，2012年，第193页。
④ 西汉政区的济北之名在武帝末济北国除后不复存在，即墨郡实际为西汉胶东国前身，汉时更名胶东耳。《汉志》述胶东国建制云，"故齐，高帝元年别为国"，似以为胶东乃楚汉之际所置，然亦未明言。
⑤ 谭其骧：《秦郡新考》，《长水集》上，第8—10页。
⑥ 谭其骧主编：《中国历史地图集》（第二册），中国地图出版社，1982年，第7—8页。
⑦ 周晓陆、路东之：《秦封泥集》二·二·31，第268页。

郡名①。又言"后十年陈涉等起兵",则此所谓黄石老人授书乃发生于始皇二十八年,则济北郡的设置不会晚于二十八年。始皇二十六年分天下为三十六郡乃规模制度之大事,当不至于短时间内又大作更改,故疑济北、即墨两郡即置于始皇二十八年,盖因该年由于闽中郡入秦,三十六郡之数被破,故又于旧地析置五郡,以达到四十二郡之数,济北、即墨即其二②。

里耶秦简牍有"☐亥朔辛丑,琅邪叚（假）[守]☐敢告内史、属邦、郡守主:琅邪尉徙治即[默]☐……"郑威据此简之朔日干支判断,其存在时间仅有始皇二十七年和二十八年之可能,并"推测琅邪郡尉迁治在始皇二十八年的可能性最大,而即墨置郡之年或在此后不久"③。如此,则亦可推知济北、即墨两郡当置于二十八年五月之后。

王国维《秦郡考》举《汉书》卷1《高祖纪》刘肥所封齐国郡目以为秦时已置城阳郡。秦封泥有"城阳侯印"④,是秦时必然有城阳地名,然侯究竟是否仅为郡级属官,仍难确定。且《史记》卷16《秦楚之际月表》载,汉五年（前202）,齐王韩信"徙王楚,属汉,为四郡",前文已举齐地之临淄、琅邪、即墨、济北四郡,证据颇明,城阳当不预齐四郡之列方是。故以为城阳郡非秦所置。

济北乃以临淄郡西部地所置,其东界当在今山东邹平及徒骇河处,另三界参见前文临淄郡条。楚汉之际,项羽所封济北王都博阳,疑秦济北郡治即在此。

即墨郡乃以琅邪郡北部地置,南界在今山东胶县、安丘一线,线以南仍为琅邪郡。即墨郡治当即在即墨城也。

2. 薛郡（前221—前207）

《汉志》云:"鲁国,故秦薛郡。"《水经·泗水注》曰:"鲁县……始皇二十三年以为薛郡。"乃战国末年得之于楚,亦当为三十六郡之一。

始皇二十六年,薛郡北界大致在今山东临沂、江苏赣榆处,有今山东东平、新泰以南,沿梁山东、独山湖、微山湖一线南下,于今洪泽湖处沿淮水西向至今安徽明光市,有今江苏南京市以东、长江以北,东至海之地。

---

① 马非百:《秦集史》,第669—670页。
② 《岳麓秦简》中屡有泰山守,且有"泰山守言议……琅邪郡比"之文,《秦封泥集》亦有"泰山司空"、"泰山太守章",晏昌贵据此以为秦置有泰山郡,其说有合理性。据《史记》,汉初已无泰山郡,而有济北、博阳二郡,未知泰山是否即济北、博阳之前身,楚汉之际分为二郡,姑且列此说于此,以俟后来学者更高明的见解。
③ 郑威:《里耶秦简牍所见秦即墨、洞庭二郡新识》,《简帛文献与古代史学术会议暨第二届出土文献青年学者论坛会议论文集》,复旦大学,2013年10月,第214—224页。
④ 周晓陆、路东之:《秦封泥集》二·三·48,第300页。

始皇二十八年,分薛郡在今山东枣庄东南之地置东海郡,新薛郡领地大为缩减。

以前文所引之《水经注》文知郡治在鲁县。

附:东海郡(前219—前207)

《汉志》云:"东海郡,高帝置。"然《元和郡县图志》卷10《河南道六》中言:"秦置三十六郡,以鲁为薛郡,后分薛郡为郯郡,汉改郯郡为东海郡。"则是以为秦时已置郡。又《史记》卷48《陈涉世家》有"兵围东海守庆于郯",足见秦末确有东海郡,《元和郡县志》称郯郡当是以郡治代称之故,此条可谓是秦始皇二十六年之后复析置东海郡之明证。出土秦封泥中有"东晦太守"、"东晦都水"①,知秦有东晦郡。晦、海通用,除东海郡封泥作东晦郡外,《汉志》临淮之海陵县,出土秦封泥中亦作"晦陵",可旁证东晦即东海。

秦始皇二十八年琅邪刻石云,"东有东海",或即为此年所置。东海郡乃析薛郡东部之地,其西界在今山东枣庄、邳县一线,其余三边则与原薛郡同。

治所当在郯县,故又称郯郡。

---

① 周晓陆、陈晓捷、李凯:《于今新见秦封泥中的地理内容》,《西北大学学报》(哲学社会科学版)2005年第4期。

第四章　淮汉以南地区

秦始皇二十六年(前221)，于淮汉以南地区置六郡：南郡、衡山、九江、洞庭、苍梧、会稽。二十八年，秦灭闽越、开闽中郡，又分会稽郡置鄣郡，分九江郡置庐江郡。三十三年，秦得岭南之地，置南海、桂林、象郡，遂使此一地区所置郡数达到十二个。同时，秦代疆域也达到顶峰，总郡目达到四十八个之多。

第一节　故楚淮汉以南地区

1. 南郡(前221—前207)

《史记》卷5《秦本纪》载"(昭襄王)二十九年，大良造白起攻楚，取郢为南郡。"其乃南郡初置之年。卷6《秦始皇本纪》载始皇巡游天下事迹，亦多次取道南郡，如"乃西南渡淮水，之衡山、南郡"，又如"上自南郡由武关归"。秦封泥有"南郡司空"、"南郡侯丞"①等，里耶秦简之简16-5有"今洞庭兵输内史及巴、南郡，苍梧输甲兵，当传者多"，岳麓秦简之简383云"南郡、上党□邦道当成东故徼者，署衡山郡"，均证明了秦南郡的存在。

南郡西邻汉中，北拒南阳，其两界大抵与《汉志》时代相同，东当在今湖北武汉市、红安县一带与衡山分界，南则大致与今湘鄂省界相仿②。

南郡治所当在江陵。《史记》卷73《白起列传》云，"秦以郢为南郡"，此郢即江陵也。后项羽所封临江国都江陵，亦当为承秦制。

2. 九江郡(前221—前207)

秦得楚淮南地后置之，《水经·淮水注》载，"又东北流迳寿春故城西，县即楚考烈王自陈徙此，秦始皇立九江郡，治此"。则此郡乃王翦克楚都后所置。秦末陈涉起义时犹"令汝阴人邓宗徇九江郡"③，则此郡存在于整个秦朝。

九江郡北界淮河，西接衡山，东为四川郡，置郡之初跨有长江以南大片土

---

① 周晓陆、路东之：《秦封泥集》二·二·6，第253页。
② 郭涛：《秦代南郡阴地考》，刊于《中国历史地理论丛》2010年第4期。
③ 《史记》卷48《陈涉世家》。

地,有《汉志》豫章郡除却东北区域及丹阳郡庐江以西地区。秦始皇二十八年(前219),析置庐江郡,九江南界遂北移至长江一线。

据《史记》卷7《项羽本纪》,知九江郡治在六县。然《水经·淮水注》则称:"又东北流迳寿春县故城西。县,即楚考烈王自陈徙此,秦始皇立九江郡,治此,兼得庐江豫章之地。"又似郡治寿春县。

附:庐江郡(前219—前207)

《水经·赣水注》云:"即令尹子荡师于豫章者也,秦以为庐江南部。"谭其骧《秦郡新考》据此以为"庐江亦未必非秦旧耶"①。岳麓秦简0556号简有"丞相上庐江假守书:庐江庄道时败绝不补",里耶秦简亦有"以户迁庐江"②,秦时不闻有县名庐江,此处当指郡,且此条简文纪年为始皇三十五年,可作庐江郡秦末存世之确证。

庐江郡置年不详,疑乃秦始皇二十八年。因前文已述及闽中、济北、即墨、鄣郡、东海者皆似于此年所置,所欠者一郡耳,当为庐江。且其时秦军正大规模南下,准备与百越之战,江南为战事前线,析出一郡亦合常理也。

此郡乃析九江郡而置,大抵即为原九江郡江南之地,东、西、南界见前文九江郡条,缩小后的九江郡仅领原江北之地。

庐江郡治所无考,《中国历史地图集》以为在番阳,暂从之。

3. 衡山郡(前221—前207)

旧或以衡山郡为分九江郡而置,然岳麓秦简有"五月甲辰州陵守绾、丞越、史获论令:癸、琐等各赎黥,癸行戍衡山郡……"另又有文字云"廿五年五月丁亥朔……"等语,陈松长据此以为衡山郡设置时间不晚于始皇二十五年③。

岳麓秦简383号简文云:"河内署九江郡,南郡、上党□邦道当戍东故徼者,署衡山郡。"故徼乃是对原先边城未筑塞者的称谓,此处所言之东故徼自然为秦统一过程中由于领土推进不再是边城的县,又九江、南郡、衡山并为戍边对象,疑乃为刚刚灭楚时之简文。衡山郡置年乃在始皇二十六年之前也,当为三十六郡之一。

据《史记》卷6《秦始皇本纪》,始皇二十八年,"乃西南渡淮水,之衡山、南

---

① 谭其骧:《秦郡新考》,《长水集》上,第11页。
② 陈伟主编:《里耶秦简牍校释》简8-1873,第402页。
③ 陈松长《岳麓书院藏秦简中的郡名考略》(刊于《湖南大学学报(社会科学版)》2009年第2期)文中以为"五月甲辰"与廿五年五月的天干地支相符,且两条简文人名亦相近,当为同一年事件,故衡山郡于始皇二十五年已经存在。

郡"。亦可知,至晚始皇二十八年,衡山郡已置也。后项羽封吴芮为衡山王,即承秦之衡山郡。

衡山郡南抵大江,北至淮河,东界在西阳、潜、居巢一线,西邻南郡,有《汉志》江夏郡鄳、下雉等县,相当于《汉志》江夏郡东半及庐江郡西半。

《史记》卷7《项羽本纪》云:"吴芮为衡山王,都邾。"推知秦衡山郡治在邾县。

4. 会稽郡(前221—前207)

《史记》卷6《秦始皇本纪》载,"王翦遂定荆江南地,降越君,置会稽郡"。系此郡所置年于始皇二十五年。《史记》卷88《蒙恬列传》云:"秦始皇三十七年冬,行出游会稽,并海上,北走琅邪。"卷7《项羽本纪》云:"其九月,会稽守通谓梁曰……"则会稽郡置于始皇二十五年,且延续至秦末,为始皇三十六郡之一,领长江以南今江苏南部及浙江北部地区,本无疑问。

岳麓秦简中多次出现一此前不为人知的秦郡——江胡郡之名,如0706号简文云,"绾请许而令郡有罪罚当戍者,泰原署四川郡;东郡、叁川、颍川署江胡郡,南郡、河内署九江郡;南郡、上党□邦道当戍东故徼者,署衡山郡"。何慕以为江胡郡置于三江五湖地区,即今钱塘江以北的太湖流域,其说可从①。

但《史记》卷6《秦始皇本纪》载:"二十五年,王翦遂定荆江南地,降越君,置会稽郡。"会稽郡包括今浙江以南地自然无疑,然以《史记》卷7《项羽本纪》,会稽郡守治在吴县,则江胡郡所辖地域至秦末已尽数在会稽郡界中矣。

又,从岳麓秦简简文中所描述的戍边对象来看,此简文时代当为四川、江胡、九江仍为边郡时,即浙江以南之越君地尚未入秦,且齐地亦未平的时代。具体而言,则此条简文所述或当为始皇二十三年后、二十六年灭齐前的情形。换句话说,江胡郡存在时间乃在秦并天下之前,唯有如此,江胡郡才会是戍兵之地。是故颇疑江胡郡当为秦始皇二十三年灭楚后短暂设置,二十五年置会稽郡后即将其并入,其名遂不复见诸史籍。故江胡郡当不预秦三十六郡之数。

此外,《秦汉魏晋南北朝官印征存》中收录了一款"浙江都水"官印②,王伟据此以为秦置有浙江郡③。出土秦封泥有"东晦都水"、"琅邪都水"等,东晦(海)、琅邪自是郡名无误,然目前并无确证表明都水官必定为郡之属官。《汉书》卷19《百官公卿表》中奉常、少府、治粟内史等属官中皆有都水,故不能排

---

① 何慕:《秦代政区研究》,第61—67页。
② 罗福颐:《秦汉魏晋南北朝官印征存》,0048号。
③ 王伟:《秦置郡补考》,收入《纪念徐中舒先生诞辰110周年国际学术研讨会论文集》,巴蜀书社,2010年。章宏伟《秦浙江郡考》(刊于《学术月刊》2012年第2期)亦秉该说。

除"浙江都水"之浙江所指非郡名也。因此,就目前材料而言,尚无确证可指秦置有浙江郡。

会稽郡于秦始皇二十六年时,西界见九江东界,南至今浙江金华、衢州一线,领有《汉志》丹阳之东部地,并江胡郡后,北境直抵长江,南至今丽水地区,东至海。始皇二十八年,因鄣郡割出,会稽郡东界遂和《汉志》时期相仿。

以《项羽本纪》中会稽守通居吴县,可知郡治在吴县无疑。

附:鄣郡(前219—前207)

《汉志》不以鄣郡为秦置,但云汉之丹扬郡乃"故鄣郡"。裴骃《史记集解》数秦三十六郡,有鄣郡之目;《续汉书·郡国志四》丹阳郡下刘昭注亦曰"秦鄣郡"。

《史记》卷7《项羽本纪》中云,项羽广封诸侯王,而自领九郡,其当乃以秦郡计。前文所述之东郡、砀郡、四川、薛郡、东海、淮阳、会稽、南阳当皆归项羽所有,此外仍差一郡之数。前人或数鄣郡,或数东阳,以《史记》卷51《荆燕世家》知,高帝六年(前201)时,东阳、鄣两郡均已置。东阳为秦郡无证,且《项羽本纪》称陈婴为东阳令史,令史乃县吏也①,故羽所领者当为鄣郡,而非东阳。疑班固但于秦郡之中举三十六者,其余如汉末仍存则归之于高帝,西汉已经废弃的则但云故郡。

鄣郡置年不详,颇疑亦置于秦始皇二十八年。其年秦得闽中,会稽郡不复为边郡,故分其西为鄣郡。其领有今江苏镇江、浙江安吉以西之故会稽地。其后会稽或仍旧称,或称吴郡。

《越绝书外传·吴地传》云:"汉文帝前九年,会稽并故鄣郡,太守治故鄣,都尉治山阴。前十六年,太守治吴,郡都尉治钱唐。"以此,鄣郡似治故鄣县。

5. 洞庭郡、苍梧郡(前221—前207)

秦置洞庭、苍梧两郡不载于传世文献,但战国时代之楚国实已见洞庭、苍梧两地名。《战国策·楚策》载:"楚地西有黔中、巫郡;东有夏州、海阳;南有洞庭、苍梧;北有汾陉之塞、郇阳。"是洞庭与苍梧可能在楚国时已置郡。

里耶秦简载"廿七年二月丙子朔庚寅,洞庭守礼谓县啬夫……"②又有"兵输内史、巴、南郡、苍梧","三十四年,苍梧为郡九岁"等语③。据此,可确凿断

---

① 令史,多为县之属吏,《睡虎地秦墓竹简》之《编年纪》中,喜曾先后为安陆令史、鄢令史,皆县也。《汉书》卷41《夏侯婴传》中夏侯婴亦为县令史。陈婴即为东阳令史,此东阳当为县名而并不指郡也。
② 里耶秦简 J1(16)5,湖南省文物考古研究所:《里耶发掘报告》,第192页。
③ 陈伟主编:《里耶秦简牍校释》简 8-759,第217页。

定秦代之苍梧郡置于始皇二十五年,且至少延续至三十四年。如此,则苍梧郡必为三十六郡之一,且当延续于有秦一代。《太平寰宇记》卷171《江南道·潭州》引甄烈《湘州记》云:"始皇二十五年,并天下,分黔中以南之沙乡为长沙郡,以统湘州。"此长沙郡置郡年恰与苍梧相合,颇疑长沙与苍梧实指一郡。故又疑洞庭郡亦为始皇二十五年置,当为三十六郡之一①。里耶秦简中,洞庭郡有明确系年的简文最晚可至始皇三十五年,可知其存至秦末可能性极大②。

张家山汉简《奏谳书》中有"苍梧县反者,御史恒令南郡复",此可知苍梧与南郡相邻。洞庭郡必然包括洞庭湖区域,否则郡名无由得来。且洞庭、苍梧两郡当为东西相邻,否则南郡无由得与苍梧相界,而越洞庭郡而复苍梧狱显然不大可能。另据上引《楚策》之文"南有洞庭、苍梧",亦可知此二郡当大致是东西分界。

又,《里耶发掘报告》称尚未发表的简文有"武陵泰守"出现③。既有太守,则武陵自当为一郡无疑。传世文献无秦置武陵郡的记载,《水经·沅水注》以为武陵郡置于楚汉之际,云:"汉高祖二年,割黔中故治为武陵郡。"前已述,秦始皇二十六年后无黔中郡,如秦汉武陵郡地望相近,则当为分洞庭郡而置。

里耶秦简中屡出现迁陵、零阳、临沅、无阳等县名,似皆为秦洞庭郡辖县,而《汉志》中前述诸县均属武陵郡。又,新武陵之名亦多次出现在简文中,又有"新武陵别四道,以次传……上洞庭尉"④之语,此新武陵当和武陵郡有关,疑即为《汉志》之义陵,因汉中郡有武陵县,故此县遂名新武陵以与之别,汉改名为义陵。新武陵即为洞庭郡所辖,则简文中之武陵郡要么析自洞庭,要么为洞庭郡所改名。

《汉志》武陵郡地理位置与秦洞庭郡相去不远,其最南所辖镡城秦时期为象郡属地,如武陵乃洞庭所析置,其地域最南不得过今贵州靖县,似过于逼仄。郑威"怀疑在秦始皇二十八年至三十四年之间,洞庭郡治曾从新武陵迁往沅阳,治所迁徙的原因当与武陵郡设置有关。在此期间,秦政府割洞庭郡的一部分,或由洞庭郡及其他郡共同析置武陵郡,郡治新武陵,而洞庭郡治迁往沅阳"⑤,然其所考证沅阳县址又以为在今湖南黔阳县境内,更在洞庭郡南隅,新

---
① 陈伟主编《里耶秦简牍校释》序言称,迁陵县据简置于始皇二十五年,疑洞庭郡亦于此年。
② 洞庭、苍梧两郡秦楚之际或有变迁,然详情不得而知(见后文武陵郡条下),故此处暂取两郡延续有秦一代之说。
③ 湖南文物研究所《里耶发掘报告》第181页云,其他简文中尚有"武陵"、"新武陵"、"武陵泰守"的记载。
④ 《里耶秦简牍校释》,第193页。
⑤ 郑威:《里耶秦简牍所见秦即墨、洞庭二郡新识》。

武陵县地近苍梧郡,然秦楚之际,犹言郴县属长沙,则武陵郡不得苍梧南部地也,如此则武陵郡唯能以洞庭郡北部地置,然如仅以新武陵县以南为洞庭郡,则地域上似乎亦偏小。故以目前所见资料,仍难以判断秦后期析洞庭置武陵。

又《史记》、《汉书》等文献中皆不见洞庭、苍梧之郡名,唯有长沙、武陵。前文已知长沙、武陵实即与洞庭、苍梧大部重叠。里耶秦简中明确出现"洞庭郡"且有纪年的简最晚可至始皇三十五年,故武陵郡出现不当早于此年。长沙最早见于史籍乃是《史记》卷7《项羽本纪》,秦亡之后,项羽迁义帝于长沙郴县。后刘邦又以长沙、武陵两郡封吴芮为长沙王。观项羽分封诸侯,国名与秦郡之名未必尽同,如郡名三川,国曰河南;郡名即墨,国曰胶东;郡作河内,乃封殷王。故长沙、武陵之名究竟为秦所改抑或楚汉之际所改,犹未可知。《水经注》系武陵置年于汉二年(前205),或近其实。或许只有待里耶秦简完整公布之后,我们才能明白洞庭—苍梧何以演变为长沙—武陵。

洞庭、苍梧两郡领域史籍无载,推测洞庭郡当北有洞庭湖之地,大抵为西汉武陵郡,然其地大于武陵郡①,东北有洞庭湖、湘山,以雪峰山与苍梧分界。《山海经·海内东经》载:"沅水出象郡镡城西,东注江,入下隽西,合洞庭中。"知其南界当在镡城以北,西界见巴郡。

洞庭郡治所向有争议,里耶秦简校释小组据简牍8-657"新武陵别四道,以次传",及8-1677"一人与佐带上㢑课新武陵",以为新武陵应是郡治所在②。暂从此说。

苍梧郡既与南郡交界,当北有今湖南汨罗、平江之地,南界当在阳山关以北,疑初当以五岭与百越为界。始皇三十三年后,越五岭,直抵秦汉阳山关,有今广东连州市以北之地,此即汉初所谓长沙国与南粤"犬牙交错"者也。

《史记》卷8《高祖本纪》载:"徙衡山王吴芮为长沙王,都临湘。"《水经·湘水注》亦有:"又右迳临湘故城西县治……秦灭楚,立长沙郡,即青阳之地也。"临湘或即为秦苍梧郡治所在。

第二节　故百越地区

秦一统天下向以始皇二十六年(前221)灭齐并六国为断,百越之地更在

---

① 秦洞庭郡与西汉武陵郡地域不同甚为分明,然据此亦可知,汉初郡国边界未尽为承秦而来,武陵洞庭如此,东郡与梁国(秦砀郡)的边界亦然,是故亦不能纯然以汉初之张家山汉简作为秦郡边界之确证也。

② 陈伟主编:《里耶秦简牍校释(第一卷)》,第6页。

楚国以南,本不预秦所谓之"天下",故裴注所举秦三十六郡中并无越地任何一郡。然随着秦军的继续南进,百越之地亦被并入帝国疆土,置郡自然在所难免,而原有的三十六郡体系也因之发生了变化。

1. 闽中郡(前 219—207)

《汉志》未及此郡,《史记》卷 114《东越列传》有"秦已并天下,皆废为君长,以其地为闽中郡",然未载此郡建置年月。辛德勇引《越绝书》判断,秦并天下后与越人尚处军事对峙状态,因此闽中郡不可能设置于二十六年之前。而从"三年不解甲弛弩"看,闽中郡不会早于始皇二十八年入秦(以二十五年置会稽郡计)。又,《秦始皇本纪》述岭南三郡设置时不及闽中郡,当因闽中郡早于三十三年入秦,不与三郡同时也,辛说可从①。

汉武帝时迁东越民处江淮之间,闽中地空,其沿革遂不得考,秦闽中郡治所亦不得而知。《史记》卷 114《东越列传》云:"汉五年,复立无诸为闽越王,王闽中故地,都东治。"颇疑东治亦秦闽中郡治所。

闽中郡北当与会稽相界,西界在武夷山脉,大致为今福建、江西两省分界线,南邻南海郡,东抵大海,有今浙江省南部、福建省大部地区。

2. 南海郡、桂林郡、象郡(前 214—前 207)

此三郡得自百越,《史记》卷 6《秦始皇本纪》明确记载:"三十三年,发诸尝逋亡人赘婿贾人,略取陆梁地,为桂林、象郡、南海。"卷 113《南越列传》亦称:"秦时已并天下,略定杨越,置桂林、南海、象郡。"

南海三郡的确切领域今已难考。大致上,南海郡位于三郡最东,有今广东肇庆、江门市以东至海之地。桂林居中,西南至今广西百色、南宁一带,西北则至河池。象郡则在最西。②

南海郡治当在番禺,《读史方舆纪要》卷 101《广东二》曰:"番禺县,附郭在广州府治东偏,秦置县为南海郡治,以番、禺二山为名。"桂林、象郡治所已难考矣。《中国历史地图集》以为象郡治临尘,此乃《茂陵书》得之,然秦汉亦可能有异。桂林郡治更无考矣。

综上所述,始皇二十六年,秦以京师为内史,又分其余地置为三十六郡:陇西、北地、上郡、汉中、巴郡、蜀郡、河东、河内、上党、太原、云中、雁门、邯郸、钜鹿、代郡、上谷、渔阳、右北平、辽西、辽东、三川、颍川、砀郡、东郡、南阳、淮阳、四川、临淄、琅邪、薛郡、南郡、九江、衡山、会稽、洞庭、苍梧。

---

① 辛德勇:《秦始皇三十六郡新考》。

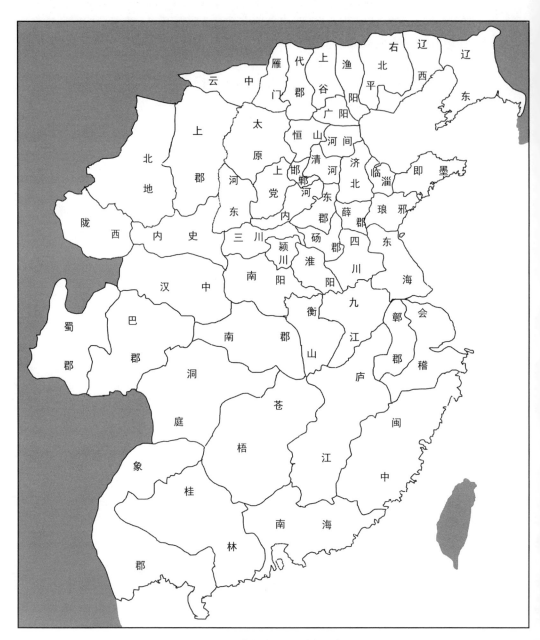

图 1-2 秦始皇四十八郡示意图

至二十八年，得闽越地，新置闽中郡，遂对三十六郡重作调整，于江南新置三郡：闽中、庐江、鄣郡，又于大河以南齐鲁旧地新置济北、即墨、东海三郡。

三十三年，秦平越地，置南海、桂林、象郡，遂于此年又于燕赵之地增置新郡，分钜鹿郡为清河、河间两郡，析邯郸郡置恒山，又析上谷郡置广阳。是为四十八郡，即陇西、北地、上郡、汉中、巴郡、蜀郡、河东、河内、太原、上党、云中、雁门、代郡、上谷、广阳、渔阳、右北平、辽东、辽西、恒山、河间、清河、邯郸、南阳、南郡、三川、东郡、颍川、砀郡、淮阳、四川、九江、庐江、鄣郡、会稽、洞庭、苍梧、衡山、临淄、琅邪、济北、即墨、薛郡、东海、闽中、南海、桂林、象郡（如图1-2所示），并内史共四十九个统县政区。

故有秦一代实有自三十六郡变为四十二郡继而为四十八郡之过程，《史记》所言之三十六郡不过反映秦始皇二十六年至二十八年间短短三年的面貌而已。

附章　楚汉之际诸侯疆域

秦二世三年，即公元前207年，短暂的秦王朝覆灭。次年，亡秦战争中功勋赫赫的项羽，划地分封灭秦有功将领、旧六国贵族及秦降将等十八人为王，以梁楚地九郡自置西楚国。虽自秦亡之后，史以汉元纪年，然自汉元年至汉五年之间（前206—前202年）实为楚汉之际，且秦之末季，连续数年混战，其间不可能对郡的建制再有所更动，因此当时各诸侯的封域必定以秦郡为基础而划定，故此段时间的行政区划实际上仍是秦时期的余绪，故此处列楚汉之际诸侯疆域附于此处。

《史记》卷16《秦楚之际月表》云："西楚王伯项籍始为天下主命，立十八王。"以下即依《史记》卷7《项羽本纪》所列十八诸侯顺序，以讨论十八诸侯与西楚霸王的封域（见图1－3）。

第一节　十八诸侯封域

1. 汉

《史记》卷7《项羽本纪》（以下简称《项羽本纪》）："立沛公为汉王，王巴、蜀、汉中，都南郑。"

《汉书》卷1《高帝纪》（以下简称《高帝纪》）："王巴、蜀、汉中四十一县。"

巴、蜀、汉中三郡基本依秦旧制，而略有不同。汉中本非边郡，故秦汉时期其郡规模大致变化不大，汉王之汉中郡与《汉志》所载亦相去不远，然相比秦时却略有变易，其郡西界汉初应在故道—西汉水一线（今宝成线），但无故道县。故道是关中通蜀的道路[①]，《史记》卷8《高祖本纪》云："汉王用韩信之计，从故道还，袭雍王章邯。"可见刘邦所领之汉中郡，其西境必至故道。故道县位于故道的北端、秦岭的北坡。《史记》卷54《曹相国世家》曰："从还定三秦，初攻下辨、故道、雍、斄。"证明故道、下辨两县都在汉中郡以外，属章邯雍国所有。张

[①] 《史记》卷29《河渠书》引张汤言云，"抵蜀从故道"。

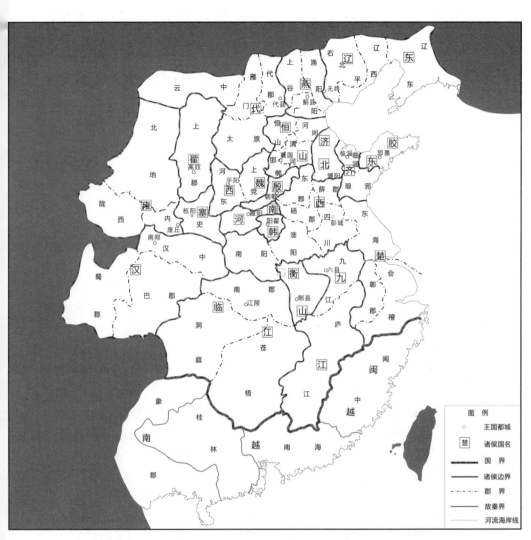

图1-3 楚汉十八诸侯封域示意图

家山汉简《二年律令》中下辨、故道亦不在汉中属县之列，亦是一证，实此数县本属陇西，乃至武帝元鼎六年（前111）置武都郡时方割以属武都。

又因秦末战乱，西南夷不复再通，其巴蜀地区置郡亦多有废弃，故刘邦虽名义上得封巴、蜀、汉中三郡，然其实际所辖地域似不到秦三郡全境。据此，汉国的界址为：东、北两面循秦巴郡、汉中之界，东南无巴郡之涪陵（高帝五年，即公元前202年才来属），南以江水南岸为境，西南至邛崃山，西循《汉志》蜀郡西界，西北即至《汉志》广汉西北界，而有武都东部沮县地。

2. 雍

《项羽本纪》："立章邯为雍王，王咸阳以西，都废丘。"

《高帝纪》："二年六月，雍地定八十余县。"

《史记》卷16《秦楚之际月表》：二年七月，雍地"属汉，为陇西、北地、中地郡"。

章邯封地为秦内史西部与陇西、北地两郡。高帝二年灭雍，以内史西部置中地郡，其东部与渭南、河上两郡边界与《汉志》右扶风同。西部边界仍与秦内史同。

《高帝纪》所云之八十余县当是以秦陇西、北地二郡及内史西部县目而言，以《史记》卷110《匈奴列传》记载，楚汉之际，西北沿边县多有沦陷。张家山汉简《二年律令·秩律》中，相当于雍国地区的数郡实有县数亦不足八十远甚，然《高帝纪》仍云雍地有八十余县，原因自然可能为此时战事频仍，部分边县虽然事实上已成空城，然名义上建制犹在，项羽不过按照秦之版籍而分封，故云八十余县；又疑郐邯初封雍地时，匈奴尚未大规模侵边，陇西、北地相比上郡而言，本即非匈奴边患最严重地区，故直至汉王出汉中，楚汉对峙时期方才边界内缩。然无论何种推测可能成立，章邯雍国西北边界亦无史料可以给出具体的界线和变迁过程，此处暂仍以秦之陇西、北地二郡当之。

3. 塞

《项羽本纪》："立司马欣为塞王，王咸阳以东至河，都栎阳。"

《汉志》："京兆尹，故秦内史，高帝元年属塞国，二年（实元年）更为渭南郡"，"左冯翊，故秦内史，高帝元年属塞国，二年（亦元年）更名河上郡"。

可见塞国有秦内史东部地，于高帝元年末为渭南、河上两郡，相当于《汉志》之京兆尹及左冯翊二郡。不过，京兆尹并不全等于渭南郡，因为武帝元鼎六年徙函谷关于新安，以故关为弘农县，并割右内史（后更名京兆尹）、南阳、河南三郡部分地置弘农郡。所以汉初渭南郡实有《汉志》京兆尹全部，并东至《汉志》弘农郡弘农县，即秦之函谷关，并有上雒、商县二地，东南以武关为界。左冯翊则由河上郡——左内史更名而来,汉初至汉末领域变化甚微,唯根据《二年律令》,汉初无栒邑耳。

4. 翟

《项羽本纪》:"立董翳为翟王,王上郡,都高奴。"

翟国所领即秦上郡,然由于秦末战火纷乱,秦始皇后期所新辟领土多复沦入匈奴,兼之迁徙而来的民户逃亡,故而上郡部分县被废弃,颇疑连秦上郡之郡治肤施亦沦陷,故董翳都高奴而不都肤施也。

张家山汉简《二年律令·秩律》所载西汉吕后二年(前186)之县目亦不见肤施之名,可谓上郡西北边界内缩之旁证。以《二年律令》所展现的上郡辖县看,其西北于秦昭襄王长城外不过仅高望等数县,这些县甚至可能只是"插花地"性质,故而今日已难以清晰绘出上郡此时西北界线,其余数边则与秦时同。

5. 西魏

《项羽本纪》:"徙魏王豹为西魏王,王河东,都平阳。"

西魏之封域历来为人误解。裴骃、全祖望、刘文淇都以为西魏地有河东、上党、太原三郡,此误乃缘《史记》而来。

《史记》卷8《高祖本纪》:"三年……汉王遣将军韩信击,大破之,虏豹,遂定魏地,置三郡,曰河东、太原、上党。汉王乃令张耳与韩信遂东下井陉击赵,斩陈馀、赵王歇。"

其实这段记载并不可靠。首先,定魏地不在三年,而在二年;其次,定魏地后仅置河东、上党二郡,太原之置在破代之后,因为下魏破代二事接踵而来,故《史记》一并提及。此论断有以下记载为证:

《史记》卷92《淮阴侯列传》曰:汉二年,"其八月以信为左丞相,击魏……信遂虏豹,定魏为河东郡"。

《史记》卷16《秦楚之际月表》云:"西魏:二年九月汉将信虏豹,属汉为河东、上党郡。"《淮阴侯列传》举河东以概上党,因魏都平阳属河东,《月表》则明言魏地仅河东、上党两郡。

《淮阴侯列传》又载韩信定魏地之后"汉王遣张耳与信俱,引兵东,北击赵、代。后九月破代兵,禽夏说阏与"。夏说代相,为代王陈馀守代地[①]。阏与在上党沾县,濒太原郡[②]。可见韩信破魏之后,夏说遂陈代兵于代魏边境,与韩信决战,结果兵败被俘。代魏边境即太原上党之分界。

---

① 《史记》卷89《陈馀列传》。
② 《后汉书》卷113《郡国志五》。

《史记》卷54《曹相国世家》又云：曹参"尽定魏地"后，"因从韩信击赵相国夏说军于邬东，大破之，斩夏说"。邬为太原县，益证太原为代地，若太原属魏，则代兵何以至魏地？

故西魏国仅有河东、上党两郡明矣。

6. 河南

《项羽本纪》："立申阳为河南王，都洛阳。"

《高帝纪》："二年冬十月……河南王申阳降，置河南郡。"

《汉志》："河南郡，故秦三川郡，高帝更名。"故申阳之河南国乃以秦三川郡置。

7. 韩

《项羽本纪》："韩王成因故都，都阳翟。"

韩王成封域即如秦之颍川郡。

8. 殷

《项羽本纪》："赵将司马卬为殷王，王河内，都朝歌。"

《汉志》："河内郡，高帝元年为殷国，二年更名。"

殷国封域即秦之河内郡。

9. 代

《项羽本纪》："徙赵王歇为代王。"

《史记》卷16《秦楚之际月表》："赵王歇为代王，都代。"

《史记》卷89《陈馀列传》："赵王德陈馀，立以为代王，陈馀为赵王弱，国初立，不之国，留傅赵王，而使夏说以相国守代。"

代县即秦代郡郡治。夏说所守之代实则太原，已见上面西魏国所述。故赵歇代国包括秦云中、雁门、代、太原四郡之地，四郡均为旧六国赵之故地。然此时北部边疆屡受匈奴骚扰，云中、雁门尤甚。此代国之云中已尽丧秦时高阙以南之河南地，雁门郡地亦多被匈奴侵袭，故汉六年，韩王信王太原郡，上书言"国被边，匈奴数入"。故赵歇代国所领唯此四郡为战国故塞以南地。

10. 恒山

《项羽本纪》："赵相张耳素贤，又从入关，故立耳为常山王，王赵地，都襄国。"

常山国即恒山国，汉文帝名刘恒，故《史记》避其讳，而云常山。恒山国所领亦赵地，即秦所置之邯郸、恒山、清河、河间四郡①。其都襄国即秦信都县，

---

① 即秦始皇二十六郡之邯郸、钜鹿两郡地，秦末罢钜鹿郡，新置恒山、清河、河间三郡，并邯郸共四郡，详考见秦代编上篇第二章第三节。

项羽封张耳同时更名,此后至汉末不变。

11. 九江

《项羽本纪》:"当阳君黥布为楚将,常冠军,故立布为九江王,都六。"

国名九江,必有秦九江郡。《史记》卷91《黥布列传》言,"其八月,布使将击义帝,追杀之郴县。"郴县《汉志》属桂阳郡,汉初属长沙国,布既可以使将追杀之郴县,当有江南之地,否则须越他国疆界也,故庐江郡亦必属九江国矣。

秦庐江郡正析自九江郡,则九江国领域即等同秦始皇二十六年之九江郡,而有秦末之九江、庐江两郡之地也。

12. 衡山

《项羽本纪》:"番君吴芮率百越佐诸侯,又从入关,故立芮为衡山王,都邾。"

衡山国封地即秦之衡山郡。

13. 临江

《项羽本纪》:"义帝共敖将兵击南郡功多,因立敖为临江王,都江陵。"

《史记》卷16《秦楚之际月表》:汉五年十二月"汉虏骧(共敖子)","正月属汉为南郡","分临江为长沙国"。

可见临江国相当于汉五年时的南郡和长沙国之和。长沙国在汉为长沙郡与武陵郡组成,前编已述及,秦之洞庭—苍梧最晚汉初已更为长沙—武陵,故长沙国地当秦始皇二十六年(前221)之洞庭、苍梧。因此汉元年之临江国实以秦之南郡、洞庭、苍梧三郡置。

14. 辽东

《项羽本纪》:"徙燕王韩广为辽东王。"

《史记》卷16《秦楚之际月表》:"燕王韩广为辽东王,都无终。"

无终为北平郡治,故辽东国当有《汉志》辽东、辽西、右北平三郡,此三郡领域自六国故燕—秦—汉三代相沿不变。

15. 燕

《项羽本纪》:"燕将臧荼从楚救赵,因从入关,故立荼为燕王,都蓟。"

臧荼之燕国当有广阳、上谷、渔阳三郡。其领地相当于《汉志》广阳国及涿郡北半部,勃海之安次、文安二县地。

16. 胶东

《项羽本纪》:"徙齐王田市为胶东王。"

《史记》卷16《秦楚之际月表》:"齐王田市为胶东王,都即墨。"

胶东国以秦之即墨郡置,项羽未取郡名为国名,而更曰胶东,汉因之,故即墨郡之名遂不见于史册。

17. 齐

《项羽本纪》:"齐将田都从共救赵,因从入关,故立都为齐王。都临淄。"

齐地于秦时分为四郡,而此时田都齐国封域当合秦末之临淄、琅邪二郡(即墨、济北分为二国也)。

18. 济北

《项羽本纪》:"田安……引其兵降项羽,故立安为济北王,都博阳。"

济北国当以秦之济北郡置。

第二节　项羽西楚国封域

项羽以梁楚地九郡自封为西楚霸王。九郡之目,历来聚讼不休。现举清人四种观点以作比较。

表1-1　关于项羽九郡之目的不同观点

全祖望	东海	泗水	会稽	东郡	砀郡	薛郡	楚郡	南阳	黔中
钱大昕	～	～	～	～	～	～		东阳	吴郡	彰郡
姚鼐	～	～	～	～	～	～	陈郡	～	
刘文淇	郯郡	～	～	～	～	～		颍川	～
今定	东海	四川	～	～	～	～	淮阳	南阳	～

说明:表中全氏所谓楚郡,即姚氏的陈郡,实即前节中所述之淮阳郡。

由上表可见,有六郡之目,四家见解皆同。但东海的含义实有差别。全氏东海是秦郡,钱、姚、刘三家之东海(或郯郡)却是秦东海郡分南部置东阳郡以后的新东海郡。据《水经·淮水注》,东阳郡置于楚汉之际,因此,汉元年不得有东阳郡,至为明显。钱、刘、姚三家皆以之实九郡之数,不妥。

项羽九郡与十八王封地一样,须以秦郡数,而不能以汉郡计。六国中故楚地幅员辽阔,相当于秦南郡、南阳、淮阳、薛郡、四川、东海、会稽、鄣郡、衡山、九江、庐江、洞庭、苍梧十三郡。《史记》卷16《秦楚之际月表》云:"分楚为四。"衡山封吴芮,九江、庐江封黥布九江国,南郡、洞庭、苍梧封共敖临江国,故项羽西楚国应得其余七郡,即南阳、淮阳、四川、薛郡、东海、会稽、鄣郡,加上梁地东、砀二郡,成九郡之数。

纵观项羽及十八诸侯之封域,无不以秦郡作为分封的依据。除以故秦内史分属雍、塞二国外,项羽未曾增设一新郡,悉因故秦之旧郡以划定封域。这种做法与当时"天下未定"只能因袭,无遑变革的形势是完全一致的。自汉元年八月塞王司马欣降,刘邦以其地置渭南、河上郡开始,秦郡之建置方才正式被打破,所谓"汉兴,以其郡太大,稍复开置"①,应从此时算起。故如东阳、豫章、胶西、城阳、博阳等郡皆为高帝由秦郡所析置,前人多疑其为楚汉之际其他诸侯所置,恐未必然也。

项羽之西楚即便有所建制,恐亦不在分封诸侯之时。此后,西楚境内有可能新置数郡,如《汉书》卷36《楚元王传》载刘交"王薛郡、东海、彭城三十六县",彭城郡名非秦所立也,疑为项羽西楚所置,即西楚京畿地区,故秦之四川郡也。又《史记》卷95《灌婴列传》言婴"渡江,破吴郡长吴下,得吴守,遂定吴、豫章、会稽郡"。此处,吴与会稽并举,故又疑项羽尝分会稽郡浙江水以北为吴郡。

第三节　楚汉之际诸侯疆域变迁

汉元年(前206),诸侯就国。"韩王成无军功,项王不使之国,与俱至彭城,废以为侯,已又杀之。"②韩国即国灭,颇疑其地当为颍川郡入楚。田荣忿项羽之不王己,遂兴兵拒齐王都,杀胶东王市、济北王安,并三齐之地而自王之。胶东、济北两国灭,田荣之齐兼有秦之临淄、济北、琅邪、即墨四郡之地,疑此时即已更秦即墨郡名为胶东,汉因之不改。燕王臧荼杀辽东王韩广,并其地,燕有广阳、上谷、渔阳、右北平、辽东、辽西六郡之地,辽东国灭。故至此时,项羽所封十八诸侯仅余十四矣。

汉二年冬十月,陈馀说田荣以兵逐恒山王张耳,复迎代王歇为赵王,王张耳所封之原恒山国地,即邯郸、恒山、清河、河间四郡。歇仍以故代地为代国,王陈馀。项羽复置韩国,王故吴令郑昌,仍领颍川一郡之地。

同年,汉王兴师击三秦,翟国入汉为上郡,塞国入汉为渭南、河上郡。河南王申阳降汉,以其地置河南郡。殷国亦入汉,地为河内郡。七月,雍国入汉,"为陇西、北地、中地郡"③。韩王"昌降汉。乃立信为韩王"④,是韩国由郑氏易为韩氏。同年末,韩信灭西魏,地入汉为河东、上党郡。故至汉二年,刘邦已

---

① 《汉书》卷28《地理志》。
② 《史记》卷7《项羽本纪》。
③ 《史记》卷16《秦楚之际月表》。
④ 《汉书》卷33《韩王信传》。

有巴郡、蜀郡、汉中、上郡、陇西、北地、中地、渭南、河上、河南、河内、上党、河东共十三郡之地。

是年,英布叛楚为汉,楚遣龙且灭九江,九江地当入楚为九江、庐江两郡。《高帝纪》云,"诏曰:'故衡山王吴芮与子二人、兄子一人,从百粤之兵,以佐诸侯,诛暴秦,有大功,诸侯立以为王。项羽侵夺之地,谓之番君。'"以此,似项羽在楚汉之际夺吴芮之衡山郡,疑亦有可能在此时与九江同入楚。

汉三年,韩信先后灭代、赵两国。代地入汉为太原、云中、雁门、代郡;赵地则并不入汉,仍以之置赵国,以故恒山王张耳为赵王。

汉四年,韩信灭齐,刘邦立信为齐王,王齐地四郡。

汉五年,楚大司马周殷以九江地叛楚入汉,疑九江、衡山、庐江当皆于此时归汉有。十二月,项羽兵败自杀,楚地尽入汉为郡。同年,汉灭临江国,正月,"属地入汉为南郡"①,实则当入汉为南郡、长沙、武陵三郡。

---

① 《史记》卷16《秦楚之际月表》。

下篇 秦代置县考析

第一章 秦县数目估测及分布

秦无正史述其地理,出土之秦封泥等材料中虽多有透露秦之置县信息,然此类材料既零散,失之全面,就单个封泥而言,又往往难以区分其名究竟为县级抑或乡级政区,甚至于可能乃为郡县制之外的其他建制①,是故秦时具体置县情况业已难考,唯其大概数目及分布状况可通过史籍之鳞爪以窥一斑。

传统史籍中多有汉初的县数资料,张家山汉简《二年律令·秩律》的出土,更为西汉初年中央直属诸郡领县情况提供了详尽的资料,故以汉初之情状逆推,大略可知秦代领县数目与分布形势。

第一节 秦县数目估测

以下先就史籍载有明确资料的地区进行统计,而后再对资料不足的地区进行估算②。

高帝六年(前201)"以云中、雁门、代郡五十三县立兄宜信侯喜为代王","以故东阳郡、鄣郡、吴郡五十三县立刘贾荆王","以彭城、东海、薛郡三十六县封楚王交","以太原郡三十一县为韩国","以胶东、胶西、临淄、济北、博阳、城阳郡七十三县立于肥为齐王"。齐地七十三县乃战国以来县数,可对照《史记》卷80《乐毅列传》:"下齐七十余城,皆为郡县以属燕,唯独莒、即墨未服。"于秦及汉高帝五年齐地为临淄、济北、胶东、琅邪四郡。以上数项虽然为高帝六年

---

① 如秦有关都尉一职,往往亦有一定的地域为其辖区,故颇疑汉之鱼复县在秦时即为江关都尉所辖,而不在郡县体制之列也。
② 以下引文中未注明出处者皆引自《汉书》卷1《高祖纪》。

的统计数字,但当是沿用秦之县数。代、荆、楚、韩、齐五国之封在六年春正月丙午,在这之前不过只设置十余个侯国,对五国之县数影响不大。

高帝二年"雍地定八十余县",章邯雍国实有秦陇西、北地及内史西部地区。以《二年律令·秩律》知,至西汉吕后二年(前186),原雍国地有县五十余,相差之三十余县疑当与秦末汉初所失之河南地有关,史载蒙恬北逐匈奴后置四十余县,汉初当大半不复存也,故秦时此地有县八十余当无误也。

高帝元年"汉王王巴、蜀、汉中四十一县",然此时西南夷当已不复通,秦开五尺道所新建之行政单位均已不存,故可推知,秦时西南地区县数当在此四十一之数上再有所增益。

高帝二年"三月,汉王自临晋渡河,魏王豹降,将兵从。下河内,虏殷王卬,置河内郡"。《史记》卷54《曹相国世家》云:"五月,魏王豹反,九月曹参生获魏王豹,尽定魏地,凡五十二县。"《史记》卷16《秦楚之际月表》载:"魏分为殷国(即河内郡)。"故《曹相国世家》所云魏地五十二县,乃合上党、河东①、河内三郡计。是五十二县亦秦之县数。

高帝十一年,"赵相周昌奏,常山二十五城亡其二十城"。此时之常山郡相当于《汉志》常山郡及中山、真定二国之和,共有县三十六,这乃是后来析置侯国及部分县改隶的结果。汉常山郡即秦之恒山郡,乃避汉文帝刘恒讳而改。秦之恒山郡当亦辖有二十五县。又,《史记》卷92《淮阴侯列传》中,蒯通曾云:"且郦生一士,伏轼掉三寸之舌,下齐七十余城,将军将数万众,岁余乃下赵五十余,为将数岁,反不如一竖儒之功乎?"以此,赵地共五十余城,盖邯郸、恒山、清河、河间四郡之数。

高帝十二年,周勃平燕地,"定上谷十二县,右北平十六县,辽东二十九县,渔阳二十二县"②。此处辽东二十九县,与《汉志》辽东、辽西两郡合三十二县之数相去不远。汉初至汉末,两郡境域无所变动,故汉初辽东一郡不得有二十九县之多,当指兼辽西而言。渔阳郡二十二县恐为十二县之误,《汉志》渔阳领县十二,溯自汉初亦不当有二十二之众,因郡域未尝有变。又《汉书》卷41《樊哙传》云,哙军"抵蓟南,定燕县十八"。所谓燕县当大略指当时广阳郡属县③,相当于《汉志》广阳国及涿郡北部和勃海二县(文安、安次)。故汉初之广阳、上谷、渔阳、右北平、辽东、辽西六郡合之共八十七县。

以上十项共计约五百七十余县。尚未统计的秦郡有:内史东部、上郡、三

---

① 上党、河东为汉元年西魏国封域,见上篇附章所考。
② 《史记》卷57《绛侯周勃世家》。
③ 此十八县未必尽属广阳郡(考见西汉编下篇第十二章第二节),然必属燕国,与燕地总县数之统计无碍。

川、南阳、南郡、东郡、砀郡、颍川、淮阳、九江、庐江、衡山、洞庭、苍梧。由《二年律令》知，汉初河南（即秦三川郡）、南阳、南郡、颍川、上郡、内史东部辖县约有一百二十县。楚汉之际连年战火，三川（河南）郡尤当其冲，上郡乃边郡，临近匈奴，故秦时此四郡之县数较之当多出少许。

如此尚需推测的秦郡仍有：东郡、砀郡、淮阳、九江、庐江、衡山、洞庭、苍梧。以《汉志》而言，其大致区域领县有：东郡二十二、陈留十一（无东部六县，秦时属三川、颍川）、济阴九、山阳二十三、梁国八、东平国七、淮阳国八（去除本属河南郡县一）、汝南二十五（去除本属南阳、颍川者十五县）、九江十五、六安国五、庐江十二、豫章十八、丹扬四（本十四，十三县秦时属鄣郡）、江夏六（无西部八县，时属南郡）、长沙国十三、武陵十二（无镡成）、零陵九（无始安）、桂阳七（无南部四县，时该地为赵佗所属）。

又，由前文可以发现，自汉初至汉末，吴、燕两国地区辖县几无变化，当与此两地区经济发展缓慢，又非移民实边对象有关，以此，汉初之长沙国、淮南国地区县目亦当和汉末相近。《汉志》中，此两地区折合有县一百〇一，去除可能由乡聚析置出的王子侯国，汉初两地区当有县九十余。秦东郡实与汉东郡不同，然《二年律令·秩律》中有东郡辖县十一（如计入因侯国故为列入律文的属县则为十二），《汉志》中同样区域则辖县十七，则可知东郡地区县目增长率在 1.5 倍左右。以上秦东郡、砀郡、淮阳地区，《汉志》中有县百十余，则折合汉初县属七十左右。

如此，除却岭南三郡、闽中，秦县数当近九百，如计百越之县，则当有千县之数矣。

第二节 秦县分布

由上述之各郡大致县数可知，秦县北密而南疏，仅黄河以北之郡所辖县即占始皇二十六年三十六郡之半。与之相反，长江之南县数则寥寥，这显然与当时江南地广人稀、开发落后的局面相吻合。

当然县目分布差异亦不完全是经济开发程度的体现，北部沿边诸郡置县尤多，是以区区燕地领县数竟超过富庶之全齐，代地之置县亦足以与赵之本土区域相当。而齐地置县数相对较少的一个重要原因显然是战国时期齐国并没有实施郡县制，秦灭齐后，亦因时间短促，只能在齐地城池的基础上大致划分郡县，故以富饶之齐不过领七十余县。事实上，从地域上看，秦始皇即位前或者即位初期所占地之县数多于后期所得地，如太原、河东、上党、河内等地区的县密度都超过东部地区。这自然也是郡县制在秦晋地区较为成熟的缘故。

第二章　秦县考证

惜乎《史记》无专门之地理志记有秦一代之地理，《汉志》所反映的政区设置则已是西汉末年的情形，与秦时相去远矣，千载之后秦郡面目犹显模糊，更难以对秦之置县作精确记述。

幸运的是，出土秦代封泥和简文中保存了大量的秦代地理信息，加上为数不少的秦代金文、兵器铭文、帛文的出土，故如今相当数量的秦县已经可从中推知。20世纪后半叶出土的张家山汉简《二年律令·秩律》反映的乃是西汉吕后二年（前186）的县级政区，汉初距离秦朝相去不远，故其中所见之汉县当大多数为承之于秦。同样，徐州北洞山、狮子山楚王墓所出土的大量汉初楚国官印封泥所出现的县名也有不小的可能为秦所置。

郭涛《〈里耶秦简（壹）〉县道乡里的初步研究》中指出，秦简文中人名书写基本按照县邑爵里的顺序，并指出已出土秦简中不少里名和郡县相同，并推测其与秦代的移民政策有关，此意见颇有可取之处，故凡是秦简所见之里、乡之名，如有与西汉县名相重者，亦不排除秦有同名县的可能。

以下核诸传世文献，查之于出土材料，以表格的形式按郡逐一考订可能的秦县：基本可以确定为秦置县的标为■，作为秦县可能性较大的则标为●，可能性较小的标为△。凡引为史籍材料的皆为战国后期、秦朝以及汉初时期之记载，凡引《汉志》为据者皆为志文有明确记载该县乃秦置或秦所更名。诸如《水经注》、《元和郡县图志》等后出文献皆不引为据。又，秦县名写法往往不一，故凡秦汉同名县皆以《汉志》写法为准，出土材料中县名写法与《汉志》相同者，不引其文，如有不同，则列出简文所见之名称。

另，虽然诸如会稽、太原等郡，从史籍所知汉初县数和《汉志》中的县目数字对比，即可推断《汉志》属县大多为秦时即置，然此皆属逆推，并不能明证具体某县乃秦置，故本表皆不采用，仅仅列出传世文献和出土材料所出现之县。

当然，由于出土材料的偶然性，不少地区的县目仍然比较模糊，大多数县名仍无材料可证实，唯能等待未来更多的材料出现，让我们可以对秦县有完全清晰的认识。

限于篇幅,对于所引用的材料来源中凡数见者多使用简称,传世文献中凡非特意注明者皆取自《史记》,其余文献全名及简称对应关系如下:

《秦封泥集》——《集》

《秦封泥汇考》——《汇考》

《秦汉南北朝官印征存》——《征存》

《秦铜器铭文编年集证》——《编年》

《秦陶文新编》——《秦陶》

《睡虎地秦墓竹简》——《睡虎地》

《中国历代货币大系·先秦货币》——《货系》

《于京新见秦封泥的地理内容》——《新见》

《新见秦封泥五十例考略——为秦封泥发现十周年而作》——《五十例》

《里耶秦简牍校释》——《里耶》

《岳麓书院藏秦简综述》——《岳麓》

《殷周金文集成》——《集成》

《秦封泥再读》——《再读》

《西安相家巷遗址秦封泥的发掘》——《发掘》

《古玺汇编》——《玺汇》

《张家山汉墓竹简[二四七号墓](释文修订本)》《张家山汉墓竹简[二四七号墓](释文修订本)》、《二年律令与奏谳书》——《二年律令·秩律》部分简称《秩律》,《奏谳书》内容简称《奏谳书》

马王堆汉墓《地形图》和《驻军图》——《地形图》、《驻军图》

《江苏徐州狮子山西汉墓的发掘与收获》、《狮子山楚王陵出土印章盒封泥对研究西汉楚国建制及封域的意义》——狮子山

《徐州北洞山西汉楚王墓》——北洞山

1. 内史

县名	可能性	史籍记载	出土材料
咸阳	■	《秦始皇本纪》、《汉志》	《睡虎地》简27,《奏谳书》简103,《秦封泥集》二·一·2"咸阳丞印",《里耶》简8-1533
频阳	■	《秦本纪》、《汉志》	《秦封泥集》二·三·1"频阳城印",《秦陶》"频阳工处",《秩律》简443
重泉	■	《秦本纪》、《灌婴传》	《集》二·三·2"重泉丞印",《秩律》简448

续　表

县名	可能性	史籍记载	出土材料
宁秦	■	《汉志》、《秦本纪》、《六国年表》	《集》二·三·3"宁秦丞印"
下邽	■	《秦本纪》	《集》二·三·4"下邽丞印",《秩律》简448
栎阳	■	《秦本纪》、《项羽本纪》	《新见》"栎阳丞印",《秩律》简443
高陵	■		《征存》39"高陵右尉",《集》二·三·5"高陵丞印",《里耶》简8-1533
杜	■	《李斯列传》、《灌婴列传》	《集》二·三·7"杜丞之印"
芷阳	■	《项羽本纪》、《夏侯婴列传》	《征存》0004"茝阳少内",《集》二·三·8"茝阳丞印",《汇考》1269—1273"茝阳丞印"
云阳	■	《秦始皇本纪》	《集》二·三·9"云阳丞印",《五十例》"云阳工丞",《秩律》简448
废丘	■	《秦本纪》、《高祖本纪》、《汉志》	《征存》0036"瀔丘左尉",《集》二·三·10、11"废丘"、"瀔丘丞印"
麷	■	《曹相国世家》、《樊哙列传》	《集》二·三·12"麷丞之印",《新见》"麷印",《秩律》简448
美阳	■		《集》二·三·13"美阳丞印",《秩律》简459
临晋	■	《秦本纪》、《汉志》	《集》二·三·14"临晋丞印",《秩律》简443
好畤	■	《高祖本纪》、《曹相国世家》、《周勃世家》、《樊哙列传》	《汇考》1329"好畤丞印",《奏谳书》137,《秩律》简443
漆	■	《周勃世家》	《汇考》1316"漆丞□□",《秩律》简451"沫"
枸邑	■	《郦商列传》	《征存》34"枸邑尉印",《秩律》简451"楬邑"
丽邑	■	《汉志》、《秦始皇本纪》	《新见》"丽邑丞印"
杜阳	■	《甘茂传》	《征存》0035"杜阳左尉",《新见》"杜阳丞印",《秩律》简451
胡	■		《五十例》"胡印",《奏谳书》简17、27、28,《秩律》简447

续 表

县名	可能性	史籍记载	出 土 材 料
上雒	■		《汇考》1333"上雒丞印",《秩律》简451
槐里	■		《秦陶》"槐里市久",《秩律》简443
蓝田	■	《六国年表》、《汉志》、《高祖本纪》	《集》二·三·6"蓝田丞印",《秩律》简448
商	■		《集》二·三·20"商丞之印",《汇考》"商丞之印",《发掘》"商丞之印",《秩律》简451
衙	■	《秦始皇本纪》	《集》二·三·17"衙丞之印",《秩律》简448
汧	■	《周勃世家》	《奏谳书》简101、121,《秩律》简451
武城	■	《秦本纪》、《郦商列传》	《秩律》简451
邰阳	■		《集成》11379,《秩律》简443"颌阳"
戏	●	《陈涉世家》	《集》二·三·19"戏丞之印"
鄢①	●		《集》二·三·18"鄢丞之印"
雍	■	《秦本纪》、《曹相国世家》	《征存》0054"雍丞之印",《发掘》"雍丞之印",《新见》"雍工室丞",《秩律》简443
虢	●		《汇考》1463"虢丞□□"
郿	■	《白起列传》、《周勃世家》、《樊哙列传》	《集》二·三·16"郿丞之印"
襄德	■	《周勃世家》"怀德"	《集》二·三·15"襄德丞印",《汇考》1280"怀德丞印",《秩律》简459"壤德",《里耶》简8-781等"壤德"
郑	■	《秦本纪》	《秩律》简447
夏阳	■	《秦本纪》、《汉志》	《秩律》简447
漆垣	■		《集成》10935,《货系》4055"桼垣一釿",《秩律》简452
船司空	△		《新见》"船司空丞"②

---

① 《秩律》简443亦有"鄢",然亦有可能为刘邦故里之丰邑,故暂不列于此。
② 县自然有丞,然从出土的秦代封泥、简牍看,乡亦有丞,中央署曹亦有丞,船司空虽有丞,然似未置县。

2. 陇西郡

县名	可能性	史籍记载	出土材料
临洮	■	《秦始皇本纪》、《蒙恬列传》	《新见》"临洮丞印"
西	■	《周勃世家》、《樊哙列传》	《集》二·一·4"西共丞印",《发掘》"西丞之印"、《里耶》简8-34
成纪	■	《李将军列传》	《里耶》简8-1119
下辨	■	《曹相国世家》	《新见》"下辨丞印",《秩律》简459
冀	■	《秦纪》	《集》409"冀丞之印"、"五十年诏事戈"①
上邽	■	《秦本纪》	放马滩地图《墓主记》,《秩律》简449
狄道	■	《高后本纪》	《秩律》简453
獂道	■		《新见》"獂道丞印"
绵诸道	■		《新见》"绵诸",《秩律》简459"縣諸"
兰干	●		《集》二·三·25"兰干丞印"
略阳道	■		《汇考》1389"略阳丞印",《秩律》简459"略阳"
襄武	●		《新见》"襄武"
薄道	■		《汇考》1413"溥導"、1414"溥導丞印",《秩律》简459
予道	●		《秩律》简459
武都道	●		《秩律》简459
戎邑道	●		《秩律》简453
辨道	●		《秩律》简459
阿阳	●		"阿阳禁印"②
氐道	●		《秩律》简459
平乐	●		《秩律》简453

---

① 张光裕、吴振武:《武陵新见古兵三十六器集录》36,《中国文化研究所学报》新第六期,香港中文大学出版社,1997年。
② 周晓陆、孙闻博:《秦封泥与甘肃古史研究》,《甘肃社会科学》2005年第6期。

续 表

县名	可能性	史籍记载	出 土 材 料
陈仓	●	《高祖本纪》、《韩信列传》	
羌道	■	《高后本纪》	
榆中	●	《秦始皇本纪》	

3. 北地郡

县名	可能性	史籍记载	出 土 材 料
义渠	■	《秦本纪》	《秦陶》"义渠新城",《秩律》简451
乌氏	■	《郦商列传》	《新见》"乌氏丞印",《秩律》简451
朝那	■	《匈奴列传》	《秩律》简451
阴密	■	《秦本纪》	《汇考》1435"阴密丞印",《岳麓》简0480,《里耶》简8-1533,《秩律》简451
泥阳	■	《郦商列传》	《集成》11460,《秦陶》1313"泥阳"
朐衍	●		《秩律》简451
泾阳	■	《秦本纪》	《集》二·二·37"泾下家马"
方渠除道	■		《汇考》1436"方□除丞",《秩律》简459
郁郅	■		"郁郅"戟①,《里耶》简8-1533
安武	■		《汇考》1390"安武丞印"
朐衍道	■		《汇考》1432"朐衍道丞",《秩律》简451-452
归德	■		《新见》"归德丞印",《秩律》简451
卤县	■		《秦陶》3327、3328等,《秩律》简451"卥"
彭阳	■	《文帝纪》	《汇考》1459"彭阳丞印",《秩律》简447
略畔	●		《秩律》简451"略畔道"

---

① 黄盛璋:《秦兵器分国断代与有关制度研究》,《古文字研究》第21辑,中华书局,2001年。

4. 上郡

县名	可能性	史籍记载	出 土 材 料
高奴	■	《项羽本纪》	《集成》11473,高奴禾石权①,《秩律》简449
原都	■		《集成》10937,《征存》0038"原都左尉",《秩律》简452
徒淫②	■		《集成》11287,《秩律》简452"徒涅"
肤施	■	《赵世家》	
广衍	■		《集成》11404,《秩律》简452
阳周	■	《蒙恬列传》	《集成》11463,《秩律》简452
平都	■		《集成》11542,《秩律》简452
饶	■		《集成》10986,《秩律》简452
平陆	●		《秩律》简452
定阳	■		《集成》11363,《汇考》"定阳市丞"
西都	■		《集成》11405,《秩律》简452
襄洛	●		《秩律》简452"襄城"③
高望	■		《集成》11492,《秩律》简452
平周	■		《集成》11465,《秩律》简452
雕阴道	●		《秩律》简459
中阳	■	《秦本纪》	《集成》10986,《秩律》简452
洛都	■		《集》二·三·21"洛都"、二·三·22"洛都丞印",《集成》11574,《秩律》简452
雕阴	■	《魏世家》	《秩律》简452
圁阳	●		《秩律》简448
白土	●	《高祖本纪》、《韩王信列传》	
武都	■		《集成》11506,《秩律》简452

---

① 陕西省博物馆:《西安西郊高窑村出土秦高奴铜石权》,《文物》1964年第9期。
② 即《汉志》西河郡"徒经"。《集成》所录"上郡高戈"中写作"徒淫",辽宁抚顺所出土的"三年相邦吕不韦矛"亦作"徒淫",董珊《读〈上博〉六杂记》(发于简帛网2007年7月10日)以为《汉志》"徒经"乃"徒淫"之误,可从。
③ 整理小组以为乃"襄洛"之误,暂从之。

续表

县名	可能性	史籍记载	出 土 材 料
翟道	■		《集》二·三·24"翟導丞印",《秩律》简451
䣚	■	《秦本纪》	《秩律》简459

5. 蜀郡

县名	可能性	史籍记载	出 土 材 料
成都	■		《睡虎地》简49,《集》二·三·45"成都丞印"
郫	■		《里耶》简8-1025、8-1364
严道	●		《秩律》简459
雒	●		《秩律》简443
临邛	■	《货殖列传》	《秩律》简447
武阳	●		《秩律》简447
湔氐道	●		《秩律》简465
南安	●	《佞幸传》	
新都	●		《秩律》简447
绵虒道	●		《秩律》简465"緜遞道"
青衣道	●		《秩律》简459
梓潼	●		《秩律》简447
阴平道	●		《秩律》简465
涪	●		《秩律》简447
甸氐道	●		《秩律》简465"蜀氐道"
葭明	■	《货殖列传》	"廿四年戈"①,《秩律》简453②
阳陵	●		《秩律》简453
资中	■		《秩律》简447③,《里耶》简8-2014"粱中"
郪	■		《里耶》简8-75、8-166背面,《秩律》简447

① 张光裕、吴振武:《武陵新见古兵三十六器集录》35,《中国文化研究所学报》新第六期,香港中文大学出版社,1997年。
② 简453中江阳前四字作"□□□陵",彭浩、陈伟、工藤元男《二年律令与奏谳书》中以红外影像释为"葭明阳陵"。
③ 简447朐忍与临邛间缺数字,王元钧《张家山汉墓残简缀合五例》中将此简拼合,为"郪资中阆中",是秦时当已置有此三县。

6. 巴郡

县名	可能性	史籍记载	出　土　材　料
江州	■		《秩律》简449
枳	■		《汇考》1561"枳丞之印",《秩律》简453
胸忍	■		《里耶》简8-373,《秩律》简447
宕渠	●		《秩律》简453、《里耶》简8-657背"宕渠道"①
临江	●		《秩律》简453
涪陵	●		《秩律》简453
安汉	●		《秩律》简453
江阳	●		《秩律》简453
鱼复	△		"江、鱼"戈②
僰道	■		《里耶》简8-60、8-656
阆中	■		《汇考》1430"阆中丞印",《秩律》简447

7. 汉中郡

县名	可能性	史籍记载	出　土　材　料
南郑	■	《高祖纪》、《项羽纪》	《集》二·三·43"南郑丞印"
房陵	■	《始皇纪》	《秩律》简454
西成	■		《集》二·三·44"西成丞印",《秩律》简449
成固	■		《发掘》"成固□印",《里耶》简5-23
沮	■		《新见》"沮丞之印",《秩律》简453
武陵	●		《秩律》简454
白水	●		《集》一·四·26"白水之苑",《汇考》1033"白水苑丞"
上庸	■	《秦本纪》	《秩律》简454
锡	■		"王四年相邦张义戟"③,《秩律》简454

---

① 《汉志》作"宕渠",《二年律令》中亦为"宕渠",然里耶秦简名"宕渠道",似有秦时宕渠本道,汉则为县之可能。至于宕渠何时由道而为县,则不可而知。为体例统一,暂取宕渠为名。
② 陈远章:《广西考古的世纪回顾与展望》,《考古》2003年第10期。
③ 王辉等:《秦文字集证》,台北艺文印书馆,1999年,第17页。

续表

县名	可能性	史籍记载	出土材料
旬阳	■		《里耶》简8-1275,《秩律》简453
安阳	●		《秩律》简453、454
长利	●		《秩律》简454
故道	■	《高祖本纪》、《曹相国世家》	《新见》"故道丞印",《行书律》简268
荆山道①	■		《里耶》简8-1516,"荆山道丞"②

8. 河东郡

县名	可能性	史籍记载	出土材料
安邑	■		《集》二·三·72"安邑丞印"
临汾	■		《集成》10934
汾阴	■	《秦本纪》	《秩律》简454
垣	■	《秦本纪》	《货系》4027,《睡虎地》
蒲反	■	《秦本纪》	《集》二·三·73"蒲反丞印"
平阳	■	《项羽本纪》	《货系》1730,《秦陶》,《秩律》简449
杨	●		《秩律》简447
绛	■		《新见》"绛丞之印",《秩律》简449"绛"
皮氏	■	《秦本纪》	《货系》2187,《新见》"皮氏",《秩律》简454
蒲子	■		《货系》1540,《集成》11293
彘	■		《货系》1814,《新见》"彘丞之印",《秩律》简454
濩泽	■		《新见》"濩泽丞印",《秩律》简454
北屈	■		《货系》1593,《秩律》简454

---

① 王伟:《秦玺·印封泥职官地理研究》(中国社会科学出版社,2014年,第366页)中以为荆山道为秦汉中郡辖县,暂从之。
② 杨广泰编:《新出封泥汇编》1951号,西泠印社,2010年。

9. 河内郡

县名	可能性	史籍记载	出土材料
怀	■	《秦本纪》	《集》二·三·28"怀令之印"
邺	■	《魏世家》、《靳歙列传》	《秩律》简 455
轵	■	《秦本纪》	《汇考》1558"轵丞之印",《里耶》J1-169 封泥匣,《秩律》简 447
野王	■	《秦始皇本纪》、《白起列传》	《集成》11338"三年垣令"戈,《睡虎地》"攻大野王",《秩律》简 455
修武	■	《项羽纪》、《曹相国世家》	《征存》0042"修武库印",《秩律》简 447
温	■		《汇考》一三四五"温丞之印",《秩律》简 447
山阳	■	《秦始皇本纪》	《秩律》简 455
隆虑	●		《秩律》简 459
馆陶	■		《秩律》简 459"馆阴"
共	■	《魏世家》	《五十例》"共丞之印",《秩律》简 459
朝歌	■	《项羽本纪》、《靳歙列传》	《秩律》简 455
河阳	●		《秩律》简 455
荡阴	●		《秩律》简 455
内黄	●		《秩律》简 455
繁阳	■		《里耶》简 8-161、8-307"繁阳"①,《秩律》简 455"繁阳"
汲	■	《秦始皇本纪》、《魏世家》	《秩律》简 455
武德	●		《秦陶》
邢丘	●	《秦本纪》、《白起列传》	《睡虎地》"攻邢丘"

---

① 简文作"颍阴繁阳东乡",释文小组以为皆县名,暂从之。

10. 上党郡

县名	可能性	史籍记载	出　土　材　料
长子	■	《赵世家》	《货系》1493，《秩律》简459
壶关	●		《秩律》简454
余吾	●		《秩律》简454
端氏	●		《秩律》简454
潞	■		《货系》1932，《秩律》简454
涅	■		《货系》1887，《秩律》简455
铜鞮	■		《货系》1582，《秩律》简455
襄垣	■		《货系》1611—1657"襄垣"，《秩律》简455
屯留	■		《货系》1666，《集成》10927，《集》二·三·71"屯留"，《秩律》简454
泫氏	●		《秩律》简455
隑氏	●		"隑氏"戈①，《秩律》简454"阿氏"
沂阳	■		《里耶》简8-882，《秩律》简448
阏与	■		《集成》10929
高都	■		《秩律》简455

11. 太原郡

县名	可能性	史籍记载	出　土　材　料
晋阳	■	《韩王信列传》	《货系》903
霍人	■		《货系》1084
虑虒	■		《货系》984
中都	■		《货系》1549—1579
祁	■		《货系》1840
兹氏	■	《夏侯婴列传》	《货系》732—739
榆次	■	《秦本纪》	
平陶	■		《货系》1112—1139

---

① 樊瑞平、王巧莲：《正定县文物保管所现藏的两件战国有铭铜戈》，《文物》1999年第4期。

续表

县名	可能性	史籍记载	出 土 材 料
上艾	■		《货系》2478"上艾府"印
离石	■		《货系》4047
蔺	■		《集成》11561"蔺令赵狈"矛
大陵	■		《集成》11542
阳曲	■		《货系》965
邬	■	《曹相国世家》	
狼孟	■	《秦本纪》	
广武	■		《里耶》简8-26、8-752,"卅八年上郡假守毚戈"①
湿成	■		《集成》11542

12. 云中郡

县名	可能性	史籍记载	出 土 材 料
云中	■		《秩律》简443
西安阳	●		《秩律》简448
九原	■	《秦始皇本纪》	《秩律》简447
沙陵	●		《秩律》简458
武泉	■	《周勃世家》《灌婴列传》	《秩律》简458
南舆	●		《秩律》简458
曼柏	■		《秩律》简458"蔓柏",《里耶》简8-765"蔓柏"
莫黙	●		《秩律》简458
襄阴	●		《秦陶》"襄阴市",《玺汇》0077"襄阴司寇"
咸阳	●		《秩律》简447
原阳	●		《秩律》简448
北舆	●		《秩律》简448

---

① 董珊:《卅八年上郡假守毚戈》,《珍秦斋藏金·秦铜器篇》,澳门基金会,2006年,第210—211页。

续表

县名	可能性	史籍记载	出　土　材　料
河阴	●		《秩律》简 458
桢陵	●		《秩律》简"旗(?)陵"
博陵	●		《秩律》简 458
固阳	■	《魏世家》	《里耶》简 8-445①

13．雁门郡

县名	可能性	史籍记载	出　土　材　料
善无	■		《新见》"善□丞□"
平城	■	《高祖本纪》、《周勃世家》	《汇考》1444"平城丞印"
繁畤	■		《货系》1000
崞	■		《货系》
马邑	■		《秦陶》
楼烦	■	《高祖本纪》、《灌婴列传》	
埒	■		"元年埒令"戈②

14．邯郸郡

县名	可能性	史籍记载	出　土　材　料
邯郸	■	《高祖本纪》、《项羽本纪》	《汇考》1191"邯郸之丞"，《奏谳书》简 24
柏人	■	《高祖本纪》	"柏人"戈③
鄗	■		《新见》"鄗丞之印"
封斯	■		《货系》

---

① 里耶秦简 8-445 简有"屯卒公卒朐忍固阳……"此固阳当为朐忍县下里名，郭涛《〈里耶秦简（壹）〉县道乡里的初步研究》（武汉大学 2013 年硕士学位论文）中以为，秦县下之里多有与郡县同名者，疑与移民有关，并以为简文中固阳即《汉志》五原郡稒阳县，此说亦颇有可能，暂列于此。
② 黄盛璋：《秦兵器分国、断代与有关制度研究》，《古文字研究》第 21 辑，中华书局，2001 年，第 256—257 页。
③ 陈林：《秦兵器铭文编年集释》197，复旦大学 2012 年硕士学位论文，第 192—193 页。

续表

县名	可能性	史籍记载	出土材料
房子	●		"十一年房子令"戈
涉①	■		《集成》10827,《秩律》简454
武安	■		"武安戈"②,《睡虎地》,《秩律》简454

15. 清河郡

县名	可能性	史籍记载	出土材料
东武城	■	《平原君列传》	《集成》11377"十四年武城令"戈,《里耶》简16-12"武□"
厝	■		《里耶》简16-12"厝城"
信都	■	《张耳列传》	《岳麓》简374"清河假守上信都"
南宫	■		《玺汇》0093"南宫将行"
观津	■	《乐毅列传》、《外戚世家》	
东阳	●	《魏世家》	
钜鹿	■	《秦始皇本纪》、《项羽本纪》	《新见》"钜鹿之丞"
宋子	■		《货系》2456
杨氏	■		《秦陶》1442
下曲阳	■	《灌婴列传》	《货系》2466

16. 河间郡

县名	可能性	史籍记载	出土材料
乐成	■		《集》二·三·40"乐成"、二·三·41"乐成丞印"
章武	■		《秦陶》

---

① 即《汉志》魏郡沙县,《秩律》中作"涉",《汉志》当因传抄致讹,详见后文西汉编下篇第七章第一节。
② 《集成》17.10928,又见周世荣:《湖南出土战国以前青铜器铭文考》,《古文字研究》第十辑,中华书局,1983年。

续表

县名	可能性	史籍记载	出土材料
高阳	■		《集》二·三·96"高阳丞印"
平舒①	■	《赵世家》	
浮阳	■		《汇考》1346"浮阳丞印"
中邑	■		《货系》1580—1581
武垣	■	《赵世家》	《集成》11675"三年武垣令"戈
南皮	■	《项羽本纪》、《陈馀列传》	
饶阳	■	《赵世家》	

17. 恒山郡

县名	可能性	史籍记载	出土材料
东垣	■	《陈豨列传》、《卢绾列传》	
奴卢②	■	《灌婴列传》	《集》一·五·22"奴卢之印",《汇考》1146"奴卢府印"、1147"奴卢丞印"
南行唐	■		《集成》11674"南行唐令"剑
灵寿	■		"十六年宁寿令"戈
九门	●		《货系》2477
上曲阳	■		《货系》2465
井陉	■		"七年井陉令"剑
平台	●		《货系》2479
新处	●		《货系》2487
石邑	■	《赵世家》	"元年丞相斯"戈③
曲逆	■	《陈丞相世家》	

---

① 此当即《汉志》勃海郡东平舒。
② 当即《汉志》中山国之卢奴县也。
③ 许玉林、王连春:《辽宁宽甸县发现秦石邑戈》,《考古与文物》1983年第3期。

续表

县名	可能性	史籍记载	出土材料
北平	■	《赵世家》	
苦陉	■	《陈馀列传》	
望都	■	《秦始皇本纪》	

18. 代郡

县名	可能性	史籍记载	出土材料
代	■	《项羽本纪》、《蒙恬列传》	《秦陶》,《集》二·三·69"代丞之印"
当城	■		《集》二·三·70"当城之印"
平舒	●		《五十例》"新平舒丞"①
卤城	■		《玺汇》"卤城发弩"
广昌	■	《樊哙列传》	
参合	■	《韩王信列传》	
灵丘	■	《周勃世家》	
班氏	■	《汉志》	
延陵	●	《赵世家》	

19. 上谷郡

县名	可能性	史籍记载	出土材料
夷舆	■		《汇考》1441"夷舆丞印"
且居	■		《玺汇》"且居司寇"
沮阳	■	《周勃世家》	
军都	■	《周勃世家》	

---

① 秦封泥有"新平舒丞",《汉志》渤海郡有东平舒,秦时属河间郡,代郡有"平舒",以代郡入秦为晚,暂置"新平舒丞"印于此处。

20. 广阳郡

县名	可能性	史籍记载	出土材料
蓟	■	《项羽本纪》	
易	■	《周勃世家》	
涿	■	《郦商列传》	

21. 渔阳郡

县名	可能性	史籍记载	出土材料
渔阳	■	《秦始皇本纪》、《陈涉世家》	《里耶》简8-26、8-752
泉州	■		《集》二·三·68"泉州丞印"
白檀	■		《新见》"白檀丞印"

22. 右北平郡

县名	可能性	史籍记载	出土材料
无终	■	《项羽本纪》	《集》二·三·61"无终□□"
昌城	■		《集》二·三·67"昌城丞印"
夕阳	■		《集》二·三·66"夕阳丞印"
寶	■		《集》二·三·64"寶丞之印"
广成	■		《集》二·三·65"广成之丞"
白狼	■		《集》二·三·62"白狼之丞"
徐无	■		《汇考》一四四二"徐无丞印"
字	■		《征存》0055"字丞之印",《新见》"字丞之印"
廷陵	■		《集》二·三·63"廷陵丞印"
石成	■	《赵世家》	

23. 辽西郡

县名	可能性	史籍记载	出 土 材 料
令支	■	《齐世家》"离支"	
肥如	■		《里耶》简 8-1619

24. 辽东郡

县名	可能性	史籍记载	出 土 材 料
襄平	■	《匈奴列传》	《货系》2317—2326"纕坪"
险渎	■		《五十例》"险渎丞印"

25. 三川郡

县名	可能性	史籍记载	出 土 材 料
雒阳	■	《秦始皇本纪》、《高祖本纪》	《汇考》1343"雒阳丞印",《秩律》简 443"雒阳"
荥阳	■	《高祖本纪》、《陈涉世家》	《秩律》简 456"荥阳"
岐	■	《郦商列传》	《集》二·三·105"岐丞之印",《秩律》简 456
新城	■		《新见》"新城丞印",《里耶》简 8-1831,《秩律》简 455
卢氏	■		《货系》29,《汇考》一三三六"卢氏丞印",《秩律》简 455
缑氏	■	《曹相国世家》	《汇考》1348"缑氏丞印",《秩律》简 456
陕	■	《秦本纪》	《秩律》简 455
宜阳	■	《秦本纪》	《新见》"宜阳丞印",《里耶》简 8-1831,《秩律》简 455
新安	■	《项羽本纪》	《集》二·三·27"新安丞印",《秩律》简 455
卷	■	《秦始皇本纪》、《周勃世家》	《集》二·三·26"卷丞之印",《秩律》简 456

续表

县名	可能性	史籍记载	出 土 材 料
阳武	■	《陈丞相世家》、《张丞相列传》	《秩律》简456
平阴	■	《高祖本纪》、《樊哙列传》	《货系》1799,《秦陶》,《秩律》简456
京	●	《高祖本纪》	《秦陶》"京斛"
成皋	■	《高祖本纪》、《项羽本纪》	《秩律》简456
梁	●		《秩律》简456
巩	●	《秦本纪》	
黾池	●	《秦本纪》、《赵世家》	
河南	■		《秩律》简456

26. 颍川郡

县名	可能性	史籍记载	出 土 材 料
阳翟	■	《项羽本纪》	"八年阳翟令"矛①,《秩律》简449
城父②	■		《秩律》简449"城父"
昆阳	■	《曹相国世家》	《里耶》简16-3
舞阳	●		《秩律》简460
鄢陵	■		《发掘》"傿陵丞印",《里耶》简17-14,《秩律》简460"傿陵"
郏	■	《秦始皇本纪》	《秩律》简458
成安	■	《陈馀列传》	《秩律》简455
颍阴	■		《里耶》简8-1161、8-307,《秩律》简460"颍阴"

---

① 钟柏生、陈昭容、黄铭崇、袁国华:《新收殷周青铜器铭文集录暨器影汇编》583,台北艺文印书馆,2006年。
② 即《汉志》颍川郡"父城",据杨守敬考证,《汉志》早期版本作"城父",今本作"父城"乃后人传抄之误。详杨守敬:《晦明轩稿》,载谭其骧主编《清人文集地理类汇编》第一册,浙江人民出版社,1986年,第468—469页;又见谢承仁主编:《杨守敬集》第五册,湖北人民出版社,湖北教育出版社,1988年,第1135页。

续表

县名	可能性	史籍记载	出土材料
定陵	●		《秩律》简460
阳城	■		《货系》1688"阳城",《秩律》简458
颍阳	■	《高祖本纪》、《周勃世家》	《集》二·三·54"颖阳丞印",《秩律》简458"颖阳"
长社	■	《秦本纪》、《樊哙列传》	《汇考》一三五二"长社丞印",《秩律》简458
襄城	■	《项羽本纪》	《集》二·三·53"襄城丞印",《秩律》简458
许	■	《陈涉世家》	《秦陶》"许市",《里耶》简17-14,《秩律》简458
尉氏	■		《秩律》简458
苑陵	■	《樊哙列传》	《秩律》简458
鄢	●		《秩律》简458"偃"
闲阳	■		《新蔡》甲三：348"闲阳大序",《秩律》简460
新郑	■	《秦始皇本纪》	
密	■	《高祖本纪》、《秦本纪》	《秩律》简458
中牟	●		《秩律》简460
索	●	《高祖本纪》	《秩律》简460①
纶氏	■		《集成》11322"七年仑氏令"戈,《玺汇》"仑守玺"
女阴②	■	《陈涉世家》	《集》二·三·56"女阴丞印",《秩律》简460
慎	■		《汇考》1367"慎丞之印",《秩律》简448,《里耶》简8-1444"江陵慎里"
女阳	■		《集》二·三·59"女阳丞印"
启封	■	《高祖本纪》、《曹相国世家》	《秩律》简460

---

① 《汉志》武陵郡亦有索,或以此索汉初属南郡,故出现于《秩律》中,然以律文顺序,此索与颍川诸县列于一处,颇疑乃颍川汉初有索县,即《高祖纪》中"京索间"之索,详见后文西汉编下篇第一章第四节。

② 女阴、女阳、慎三县《汉志》属汝南郡,然疑其秦时皆属颍川郡,故列于此,考辨见后文西汉编下篇第三章第二节。

27. 砀郡

县名	可能性	史籍记载	出土材料
砀	■	《高祖本纪》、《项羽本纪》	《再读》"砀丞之印"
下邑	■	《周勃世家》、《黥布列传》	《汇考》1460"下邑丞印"
芒	■	《高祖本纪》	《集》二·三·52"芒丞之印"，《里耶》简8-879
睢阳	■	《灌婴列传》、《项羽本纪》	
雍丘	■	《高祖本纪》、《项羽本纪》	
外黄	■	《张耳列传》、《樊哙列传》	
单父	■	《高祖本纪》、《周勃世家》	
济阳	■	《苏秦列传》、《靳歙列传》	
成阳	■	《项羽本纪》、《高祖本纪》	
虞	■	《高祖本纪》、《周勃世家》	
蒙	■	《周勃世家》	《里耶》简8-1572"城父蒙里"
栗	●	《项羽本纪》、《高祖本纪》	
谯	■	《陈涉世家》	《秦陶》"谯市"
鄳	■	《陈涉世家》	《秩律》简449
爰戚	●	《曹相国世家》	
昌邑	■	《彭越列传》、《高祖本纪》	
东缗	●	《周勃世家》	
菑	●	《靳歙列传》	

续　表

县名	可能性	史籍记载	出土材料
大梁	■	《张耳列传》	
圉	●		《秩律》简456
陈留	■	《项羽本纪》、《郦食其列传》	《秩律》简456

28. 东郡

县名	可能性	史籍记载	出土材料
濮阳	■	《项羽本纪》、《曹相国世家》	《秩律》简458
白马	■	《高祖本纪》、《灌婴列传》	《秩律》简460
燕	■	《高祖本纪》、《曹相国世家》	
茌平	●		《秩律》简460
都关	■	《周勃世家》	
成武	■	《曹相国世家》、《周勃世家》	
东阿	■	《项羽本纪》	《汇考》1423"东阿丞印"，《秩律》简460
观	●		《秩律》简460
顿丘	■		"顿丘令"戈[1]，《秩律》简460
甄城	■	《周勃世家》	《秩律》简460
东武阳	■		《汇考》1349"东武阳丞"，《秩律》简460
济阴	■	《彭越列传》	《货系》4047—4054，《集》二·三·46"济阴丞印"

---

[1] 黄盛璋：《试论三晋兵器的国别和年代及其相关问题》，《考古学报》1974年第1期。

续　表

县名	可能性	史籍记载	出土材料
廪丘			"廪丘戈"①
聊城	■	《高祖本纪》、《鲁仲连列传》	《秩律》简460
定陶	■	《项羽本纪》、《秦始皇本纪》	《集》二·三·47"定陶丞印"
宛朐	■	《陈豨列传》、《周勃世家》	
酸枣	■	《秦本纪》	《秩律》简457
阳平	●		《秩律》简454
虚	△		《里耶》简17-14正

29. 南阳郡

县名	可能性	史籍记载	出土材料
宛	■	《高祖纪》、《秦本纪》	《新见》"宛丞之印",《秩律》简447
胡阳②	■	《高祖纪》	《岳麓》简1647、1649,《秩律》简457
阳成	■	《陈涉世家》、《韩信传》	《秩律》简457③
鲁阳	■		《汇考》1415"鲁阳丞印",《秩律》简457
犨	■	《高祖本纪》、《曹相国世家》	《秩律》简457
雉	●		《秩律》简457
叶	■		《集》二·三·38"叶丞之印",《秩律》简457
比阳	■		《五十例》"比阳丞印",《秩律》简457
乐成	■		《集》二·三·40"乐成"、二·三·41"乐成丞印"

---

① 乌兰察布盟文物工作站:《内蒙古清水河县拐子上古城发现秦兵器》,《文物》1987年第8期。
② 《汉志》中作"湖阳",秦简及《秩律》中并作"胡阳"。秦及汉初"湖"字皆作"胡",至武帝时方改,以《汉志》京兆湖县之更名即可推知也。
③ 《汉志》南阳郡"莽曰阳城",王先谦《汉书补注》:"县在秦名阳城,见《曹相国世家》。"张家山《秩律》简456有"阳成",整理小组以此县为《汉志》汝南郡阳城县。晏昌贵指出此县为《汉志》南阳郡堵阳县前身,说见晏昌贵:《张家山汉简释地六则》,《江汉考古》2006年第2期。

县名	可能性	史籍记载	出土材料
随	●		《秩律》简457
蔡阳	■		《集》二·三·42"蔡阳丞印"、《秩律》简457
鄼	■		《汇考》1334"鄼丞之印"、《秩律》简449
邓	■	《秦本纪》	《集》二·三·39"邓丞之印"、《秩律》简457
穰	■	《秦本纪》、《穰侯列传》	《秩律》简447
郦	■	《高祖本纪》	《秩律》简457
新野	●		《秩律》简448
析	■		《睡虎地》"攻析"、《秩律》简457
平氏	■		《五十例》"平氏丞印"、《秩律》简457
丹水	●	《王陵列传》	
南陵	●		《秩律》简457
博望①	△		"六年上郡守间戈"②、《新见》"博望之印"

30．淮阳郡

县名	可能性	史籍记载	出土材料
陈	■	《陈涉世家》、《张耳列传》	《包山》166"陈公"、《五十例》"陈丞之印"
长平	■		《集》二·三·55"长平丞印"
新郑	■		《集成》12108"新郑虎符"、《新见》"新郑丞印"、《奏谳书》简75
南顿	■		《集》二·三·57"南顿"、二·三·58"南顿丞印"
新蔡	■		《汇考》1358"新蔡丞印"、《秩律》简448

---

① 岳麓秦简《三十五年质日》中有"博望乡"，《汉书》卷86《何武传》亦言博望为"南阳犨"之一乡，故疑博望秦时即为一乡之地耳。然亦不能排除岳麓秦简中博望乡为与县同名乡的可能，故暂持疑于此。

② 河南省文物研究所：《河南登封县八方村出土五件铜戈》，《华夏考古》1991年第3期。

续 表

县名	可能性	史籍记载	出土材料
阳夏	■	《吴广列传》、《项羽本纪》	《汇考》1449"阳夏丞印"
柘	■	《陈涉世家》、《灌婴列传》	《再读》"柘丞之印",《里耶》简8-752"城父柘里"
平舆	■	《王翦列传》	《发掘》TG1:42"平舆丞印"
阳安	■		《集》二·三·60"阳安丞印",《秩律》简457
苦	■	《陈涉世家》、《老子列传》	《五十例》"苦丞之印"
固陵	●	《项羽本纪》、《高祖本纪》	
宁陵	■	《魏豹列传》	
细阳	■	《夏侯婴列传》	
鄟	■	《王翦列传》	
新阳	■	《陈涉世家》	
项	■	《项羽本纪》	
上蔡	■	《陈涉世家》、《李斯列传》	
朗陵	●		《秩律》简457
西平	●		《秩律》简458

31. 四川郡

县名	可能性	史籍记载	出土材料
沛	■	《高祖本纪》	《秩律》简443
留	■	《高祖本纪》、《留侯世家》	
萧	■	《项羽本纪》、《高祖本纪》	狮子山"萧丞之印",北洞山"萧之右尉"

续表

县名	可能性	史籍记载	出 土 材 料
彭城	■	《项羽本纪》、《高祖本纪》	《征存》0053"彭城丞印"，《汇考》1457"彭城丞印"，《里耶》简5-17，狮子山"彭城之印"
下相	■	《项羽本纪》	《汇考》1405"下相丞印"
徐	■	《陈涉世家》、《灌婴列传》	《汇考》1408"徐丞之印"
取虑	■	《陈涉世家》	《再读》"取虑丞印"
相	■	《高祖本纪》、《灌婴列传》	《集》二·三·75"相丞之印"，狮子山"相令之印"
僮	■	《灌婴列传》	《汇考》1426"僮丞之印"、"僮令之印"
下蔡	■	《甘茂列传》	《玺汇》0097"下蔡序大夫"、0309"下蔡职襄"
傅阳	■		《集》二·三·74"傅阳丞印"
厹犹	■		《发掘》TG1：24"厹猷丞印"
山桑	●		北洞山"山桑丞印"
吕	■		《汇考》1446"吕丞之印"，狮子山"吕丞之印"
虹	■		《汇考》1411"虹丞之印"，北洞山"虹之右尉"
符离	■	《陈涉世家》	《汇考》1424"符离"，狮子山"符离丞印"
铚	■	《陈涉世家》	《征存》"铚将粟印"
蕲	■	《项羽本纪》、《陈涉世家》	
竹邑	■	《曹相国世家》	
新城父	■	《秦始皇本纪》、《项羽本纪》	《汇考》1385"新城父丞"①

---

① 《汉志》沛郡有城父县，秦时当属淮阳郡。前文已述，颍川郡秦时亦有城父县，故疑秦封泥"新城父丞"即此淮阳之城父，汉时又改曰城父矣。

续 表

县名	可能性	史籍记载	出土材料
丰	△		《五十例》"丰丞"
平阿	●		《汇考》1042"平阿禁印"

32. 临淄郡

县名	可能性	史籍记载	出土材料
临淄	■	《项羽本纪》	《集》二·三·85"临菑丞印"
东安平	■	《田单列传》	《集》二·三·89"东安平丞"
狄	■	《陈涉世家》、《田儋列传》	《集》二·三·88"狄城之印"
临朐	■		《集》二·三·93"临朐丞印"
蓼城	■		《集》二·三·91"蓼城丞印"
博昌	■		《集》二·三·87"博昌丞印"
乐安	■		《集》二·三·90"乐安丞印"
千乘	■	《田儋列传》	

33. 济北郡

县名	可能性	史籍记载	出土材料
东平陵	■		《集》二·三·83"东平陵丞"
般阳	■		《集》二·三·82"般阳丞印"
梁邹	■		《集》二·三·78"梁邹丞印"
於陵	■		《集》二·三·76"於陵丞印"
高柨	●		《发掘》"高柨□□"
卢	■	《曹相国世家》	《集》二·三·84"卢丞之印"
博	■	《田儋列传》	《集》二·三·79"博城"
千童	■		《五十例》"千□丞印"

续 表

县名	可能性	史籍记载	出土材料
平原	■	《项羽本纪》、《曹相国世家》	《货系》1807
著	■	《曹相国世家》	
嬴	■	《田儋列传》、《灌婴列传》	
乐陵	■		《集》二·三·81"乐陵丞印",《里耶》简8-988"朐忍乐陵"
漯阴	■	《曹相国世家》	
鬲	■	《曹相国世家》	
历下	△	《韩信列传》	
博阳①	●	《项羽本纪》	
高成	●		《里耶》简8-666、8-2066

34. 琅邪郡

县名	可能性	史籍记载	出土材料
琅邪	■	《秦始皇本纪》	《集》二·三·95"琅邪□丞"
高阳	■		《集》二·三·96"高阳丞印"
东武	■		《秦陶》1434
郚	■		《汇考》1410"郚丞□印"
阳都	■		《发掘》"阳都丞印"
赣榆	■		《秦陶》1435
城阳	■		
费	■		《里耶》简8-657背面
莒	■	《战国策·齐策》	

---

① 博阳、博疑非一地,详见西汉编下篇第三章第八节。

35. 即墨郡

县名	可能性	史籍记载	出　土　材　料
即墨	■	《田单传》	《集》二·二·30"即墨"、二·三·97"即墨丞印",《里耶》简8-657背面"即默"
黄	■		《集》二·三·98"黄丞之印"
腄	■	《秦始皇本纪》	《集》二·三·99"腄丞之印"
高密	■	《高祖本纪》、《灌婴列传》	《集》二·三·100"高密丞印",《里耶》简8-1079
下密	■		《集》二·三·103"下密丞印"
平寿	■		《集》二·三·92"平寿丞印"
都昌	■		《集》二·三·101"都昌丞印"
夜①	■		《集》二·三·102"夜丞之印"
昌阳	■		《集》二·三·104"昌阳丞印"
昌武	■		《征存》0001"昌武君印"
东牟	■		《集》二·三·94"东牟丞印"
魏其	■		《里耶》简8-2098、8-2133"巍箕"
当利	●		《里耶》简8-1089"武陵当利"②

36. 薛郡

县名	可能性	史籍记载	出　土　材　料
鲁	■	《高祖本纪》、《灌婴列传》	《集》二·三·34"鲁丞之印"
薛	■	《高祖本纪》、《项羽本纪》	《集》二·三·35"薛丞之印"
汶阳	■		《新见》"汶阳丞印",狮子山"文阳丞印"

① 即《汉志》东莱郡之掖县。
② 郭涛《〈里耶秦简(壹)〉县道乡里的初步研究》中以为此当利乃武陵县里名,与《汉志》东莱郡当利县同名,可能为移民政策产物。目前秦代简帛印泥材料中尚无更多当利县之记载,故只能暂疑秦有已置当利县的可能,暂列此处。

续　表

县名	可能性	史籍记载	出土材料
无盐	■	《项羽本纪》	《集》二·三·37"无盐丞印"
平陆	■		《集成》10925"平陆丞印"
卞	■		《五十例》"卞丞之印",狮子山"卞之右尉"
承	■		《汇考》1381"承丞",狮子山"承令之印"
蕃	■		《发掘》"蕃丞之印"
驺	■	《樊哙列传》	《集》一·三·21"驺丞之印"
滕	■	《夏侯婴列传》	
任城	■		《集》二·三·36"任城丞印"
瑕丘	■	《陈涉世家》	
上邳	●		狮子山"上邳丞印"
亢父	■	《高祖本纪》、《曹相国世家》	
方与	■	《高祖本纪》、《曹相国世家》	
胡陵①	■	《曹相国世家》、《樊哙列传》	

37．东海郡

县名	可能性	史籍记载	出土材料
郯	■	《陈涉世家》、《灌婴列传》	《汇考》1412"郯丞之印"
下邳	■	《项羽本纪》、《高祖本纪》	《五十例》"下邳","下邳丞印"
海陵	■		《汇考》1458"晦陵丞印"

---

① 即《汉志》山阳郡之湖陵。

续 表

县名	可能性	史籍记载	出 土 材 料
建陵	■		《汇考》1374"建陵丞印"
兰陵	■	《荀卿列传》	《汇考》1623"兰陵丞印",狮子山"兰陵之印"
缯	■	《靳歙列传》	北洞山"缯丞",狮子山"缯之右尉"
淮阴	■	《淮阴侯列传》	
凌	■	《陈涉世家》	北洞山"凌之左尉"
襄贲	●		北洞山"襄贲丞印"
广陵	■	《项羽本纪》、《六国年表》	
新东阳①	■	《项羽本纪》	《汇考》1425"新东阳丞"
盱台	■	《项羽本纪》	
朐	■	《秦始皇本纪》	狮子山"朐之右尉"
武原	●		狮子山"武原之印"

38. 南郡

县名	可能性	史籍记载	出 土 材 料
江陵	■		《睡虎地》简8,周家台30号秦墓历谱"宿江陵"、"起江陵"等,《奏谳书》简8、36、69,《秩律》简449
竟陵	■	《白起列传》	周家台30号秦墓历谱"竞陵",《里耶》简8-1533,《秩律》简456
夷陵	■	《白起列传》	《秩律》简456
鄢	■	《汉志》、《秦本纪》	《睡虎地》简14、19等,《里耶》简8-807,《秩律》简"宜成"
安陆	■		《睡虎地》"安陆令史"

---

① 《汉志》中有两东阳县,一在清河郡,一在广陵郡,以两地入秦时间,清河之东阳当在始皇十九年秦得赵地东阳之时,广陵之东阳则当在始皇二十三年之后,颇疑新东阳即广陵之东阳,于秦属东海郡。

续表

县名	可能性	史籍记载	出土材料
西陵	■		《汇考》1379"西陵丞印",《秩律》简457
枝江	●		《五十例》"芑江丞印"
沙羡	■		云梦龙岗六号秦墓木牍,"七年丞相戉夬戈"①,《秩律》简456
醴阳	■		《奏谳书》简69、70,港中大藏简222"醴阳",《里耶》简8-2319,《秩律》简456醴陵
秭归	●		《秩律》简456"姊归"
巫	■	《秦本纪》	《秩律》简448
夷道	■		《奏谳书》简,《秩律》简457
临沮	●		《秩律》简456
州陵	■		《岳麓》简0061、0083、0163、1219、1221
下隽	●		《秩律》简457
孱陵	■		《集成》11461,《里耶》简16-52,《秩律》简456
销	■		《里耶》简16-52,《岳麓》"质日",《秩律》简456
当阳	●		《里耶》简8-2235
郦邑	●		《奏谳书》简74②

39. 九江郡

县名	可能性	史籍记载	出土材料
寿春	■	《荆燕世家》	《集成》4.2397"寿春府鼎",《汇考》1384"寿春丞印"
阴陵	■	《项羽本纪》	
舒	■		《新见》"舒丞之印"

---

① 梁云:《秦戈铭文考释》,《中国历史文物》2009年第2期。
② 《奏谳书》简74有"恢居郦邑建成里,属南郡守",南阳有郦县,然距南郡地颇远,故疑南郡又别有郦邑。

续 表

县名	可能性	史籍记载	出 土 材 料
灊	■		《五十例》"灊丞之印"
六	■	《黥布列传》	《玺汇》0130"六行府之玺"
历阳	■	《项羽本纪》	《汇考》1386"历阳丞印"
曲阳	●		《征存》0037"曲阳左尉"
安丰	■		《汇考》1456"安丰丞印"
期思	●		《包山》129"恆思少司马"
弋阳	■		《里耶》简6-11
东城	■	《项羽本纪》	
钟离	■	《周勃世家》	

40. 庐江郡

县名	可能性	史籍记载	出 土 材 料
新淦	■		《集》二·三·51"新淦丞印"
鄡阳	■		《玺汇》0269"鄡阳□玺"
番阳/番	■	《项羽本纪》	
南昌	■		《里耶》简8-1164
余汗	●	《淮南子》	
南野	●	《淮南子》	

41. 衡山郡

县名	可能性	史籍记载	出 土 材 料
邾	■	《项羽本纪》	《包山》162"邾司败","邾□"
雩娄	■		《汇考》1380"雩娄丞印"
居巢	■	《项羽本纪》	

42. 会稽郡

县名	可能性	史籍记载	出土材料
吴	■	《项羽本纪》	《集》二·三·49"吴丞之印"
乌程	■		《集》二·三·50"乌呈之印"
延陵	■	《吴世家》	"延陵工□"①
海盐	■		"海盐丞印"②
钱唐	■	《秦始皇本纪》	
山阴	■	《外戚世家》	
丹徒	■	《吴王濞列传》	

43. 鄣郡

县名	可能性	史籍记载	出土材料
秣陵	■		《五十例》"秣陵丞印"
丹阳	■	《秦始皇本纪》	《里耶》简8-430
江乘	■	《秦始皇本纪》	

44. 洞庭郡

县名	可能性	史籍记载	出土材料
沅陵	■		《里耶》简6-4、8-255等
临沅	■		《里耶》简8-50、8-422
酉阳	■		《里耶》简5-34、8-50、8-133,"酉阳丞印"封泥
无阳	■		《里耶》简5-22
迁陵	■		《里耶》简5-1、6-2、6-4等

---

① 秦始皇陵秦俑坑考古发掘队:《秦始陵西侧赵背户村刑徒墓》,《文物》1982年第3期。
② 周晓陆、路东之、庞睿:《秦代封泥的重大发现——梦斋藏秦封泥的初步研究》,《考古与文物》1997年第1期。

续　表

县名	可能性	史籍记载	出土材料
零阳	■		《里耶》简5-1、16-3
辰阳	■		《里耶》简8-373
索	■		《里耶》简16-52
门浅	■		《里耶》简8-159
上衍	●		《里耶》简8-159背面
新武陵	■		《里耶》简8-649背面
沅阳	■		"沅阳印","沅阳衡"①,《里耶》简8-759、8-830等
益阳②	■		《里耶》简8-147、《岳麓》日志

45. 苍梧郡

县名	可能性	史籍记载	出土材料
临湘	■	《项羽本纪》	"廿六年丞相戈"③
罗	■		《包山》简83
郴	■	《项羽本纪》	鄂君启节
零陵	■	《汉书·艺文志》	
攸	■		《奏谳书》简124、151"攸"
洮阳	■		鄂君启节,《地形图》"桃阳"
泠道	●		《地形图》
南平	●		《地形图》
桂阳	●		《地形图》
营浦	●		《地形图》
舂陵	●		《地形图》
观阳	●		《地形图》
龁道	●		《地形图》

---

① 吴铭生:《长沙战国墓木椁上发现"烙印"文字》,《文物参考资料》1956年第12期。
② 陈伟《秦洞庭和苍梧郡新识》(载《中国社会科学报》2019年3月1日)中以为,《里耶》简中临沅为弩臂输出对象,此类物资少有跨郡输出者,益阳当属洞庭郡,可从。
③ 此戈文字有"临相守",见李学勤:《秦国文物的新认识》,《文物》1980年第9期。

46. 南海郡

县名	可能性	史籍记载	出土材料
番禺	■	《南越列传》	
龙川	■	《南越列传》	

47. 桂林郡

县名	可能性	史籍记载	出土材料
布山	■		漆印文"布山"①

48. 象郡

县名	可能性	史籍记载	出土材料
镡成	■	《山海经·海内东经》	

49. 属郡不详的秦县

县名	可能性	史籍记载	出土材料
华阳	●		《发掘》TG1:14"华阳丞印"
寿陵②	■		《发掘》T3-3:9"寿陵丞印",《里耶》简8-197、80910等有"枳寿陵"
信武	■	《靳歙列传》	《考略》"信武丞印"
安平③	●		《里耶》简8-26、8-752"成父安平"
郝	●		《考略》"郝城之印"
闻阳	●		《征存》20"闻阳司空"
乐陶	●		《征存》40"乐陶右尉"
戏	■	《始皇纪》、《高祖纪》	《集》二·三·19"戏丞之印"

---

① 广西壮族自治区博物馆:《广西贵县罗泊湾汉墓》,文物出版社,1988年,第69、91—92页。
② 秦孝文王陵曰寿陵,《史记》卷6《秦始皇本纪》有:"六年,韩、魏、赵、卫、楚共击秦,取寿陵。"然此寿陵当非孝文王陵邑也。《史记正义》引徐广曰"在常山"。故就目前所见材料,可知秦当确有寿陵县,然所在仍不得而知。
③ 《汉志》涿郡、豫章郡皆有安平,甾川国有东安平,辽东郡有西安平,辽东郡有新安平,豫章之安平为侯国,当与秦安平无关,然其余安平实不知何者秦时即有也,故暂置安平于属郡不详者下。

续　表

县名	可能性	史籍记载	出　土　材　料
卢丘	●		《集》二·三·106"卢丘丞印"
新襄陵①	■		《新见》"新襄陵丞"
新襄城②	■		《新见》"新襄城丞"
新阳城③	■		《汇考》1381"新阳城丞"
桃林	●		《新见》"桃林丞印"
永陵	●		《新见》"永陵丞印"
秋城	●		《集》二·三·108"秋城之印"
橘邑	■		《集》二·三·107"橘邑丞印"
新邑	■		《考略》"新邑丞印",《里耶》简8-1206"涪陵新里"
游阳	●		《集》二·三·32"游阳丞印"
长武	■		《里耶》简17-14,《汇考》1327"长武丞印"
临汉	■		《里耶》简8-1555

① 《汉志》河东郡有襄陵,《史记》卷44《魏世家》有"(文侯)三十五年,齐伐取我襄陵",此当即河东之襄陵县也。此地名新襄陵,则似秦有一襄陵县,一新襄陵县,然不知河东之襄陵为孰。
② 《汉志》颍川郡有襄城,《二年律令·秩律》中亦有襄城,当属颍川。又,《史记》卷7《项羽本纪》有项羽"别攻襄城"之事,是时项梁、项羽之军似在砀郡、四川郡及其东活动,故疑项羽所攻之襄城非颍川之襄城,而为此新襄城也。
③ 前文已列秦颍川郡有阳城县,南阳郡有阳成县,颇疑此新阳城即其中之一,然无确证,故暂置于此。

第二编　西汉政区

绪　　言

一、研究西汉政区的基本文献

历来进行政区沿革研究时，正史地理志都是最重要的参考依据。《史记》、《汉书》两部正史直接记述了西汉的历史面貌，尤其《汉书·地理志》，虽然过去传统的研究以为其郡县体制乃西汉一代政区地理之经制，故所得出的结论或与历史原貌大相径庭，而如果正确认识志文所载版籍乃某一特定年代之面貌，充分利用其政区框架下所包含的其他地理资料，则无疑是研究西汉一代二百年间政区变迁的基本依据。与此同时，在《史》、《汉》两部著作中的纪传表书（及地理志以外的其他志）也包含着可资利用的片断零星的政区资料，值得注意。举例言之，《汉书·王子侯表》虽然记载的是武帝推恩令实行前后的诸侯王子的分封情形，但由于推恩的结果是王子侯国必须别属汉郡，于是从另一角度看，不妨将该表看成是地理上削夺诸侯王国的过程。进一步而言，在《史》、《汉》二书之外，《后汉书》、《晋书》等正史中也有部分西汉地理之内容。《水经注》中更云集大量秦汉时期的地理知识，而前人对以上书籍作注疏工作时也往往会提及不为正史所载之政区地理信息。这些都是应该予以充分注意的。

1. 对《汉志》断限及使用的认识

自开创地理志体裁的《汉书》开始，各正史中的《地理志》（或《郡国志》或《州郡志》）的内容往往都是记述某一特定时限甚至特定时间点的政区模式，当然在这一模式中常常也会杂有其他不同年限的地理情况，并不那么纯粹；此外，《地理志》本文常有作者自注以补充相关的必要的信息，然亦往往语焉不详。从东汉开始，就有人致力于《汉书》的研究，这其中自然包括对其中《地理志》的研究。这些研究以实证为主，往往穷稽史籍进行地名、政区沿革、文字校正考释等方面的探讨，然均未曾注意到西汉一代二百年间的政区是一个不断发生变迁的动态过程。

实际上，西汉一代政区变动十分频繁，而且变化幅度很大，《汉书·地理志》（后文简称《汉志》）所记载的只是这种变动的尾声，所表示的是西汉末年这一特定时期的行政区划。前人多有不明白这个道理的,以为《汉志》代表的是西汉一代的常制。乾嘉学派名家王鸣盛指斥《汉书·高帝纪》之误,说:"云中、雁门、代郡志凡四十三县,此云五十三,太原志凡二十一县,此云三十一,四误为五,二误为三耳,余姑勿深考。"将汉初的政区面貌等同于《汉志》的记载,以为《高帝纪》记载有误①。其实汉初太原郡正是三十一县,云中等三郡所领正是五十三县。王氏又以为,《汉志》风俗篇中,言酸枣属河南、北新成属涿郡等皆是"行文之谬"②。其实,王氏自己恰因未曾"深考"而致谬,将汉末地理面貌等同于汉初,误以为西汉政区二百年间一成不变。名家尚有此误,一般人当亦难免。

《汉志》政区框架的年代断限,不过是西汉政区变动已经趋于相对稳定的特定时期的记录,其所载政区乃是班固以某一年的实际版籍为据而移录。

清代学者钱大昕氏研究《汉志》最为深刻,他首先注意到:"班志郡国之名,以元始二年户口籍为断;其侯国之名,则以成帝元延之末为断。"又云,"《地理志》载侯国,皆据当时见存者。……《王子侯表》堂乡以下十一侯,《恩泽侯表》殷绍嘉以下三侯,皆成帝绥和以后所封,而《志》亦不之及,然则《志》所书侯国,盖终于成帝元延之末,惟博山一侯,或是后人增加也"③,凡所封侯国至西汉末已国除者,《汉志》均不载。其由《汉书·中山靖王胜传》,钱氏又悟出推恩令致使王子侯国凡受封则别属汉郡,致使王国疆域日蹙,所邻之汉郡则地域日广。于是而知西汉一朝郡国边界屡有变易,史书实未曾尽载,"盖汉时郡国属县,更易靡常,史家不能考而悉书之"④。钱氏指出,《汉书》之人物传,所涉及的地名和区域建制,均据当时郡县分布,故同一《汉书》中,《汉志》与各传所载地名、行政区划并非完全一致,各反映了不同时期的地理、政区状况,必须具体而论,不能固执一端而认为此是彼非。此即是动态地看《汉志》,明其非一代而为一时之制度也。故至《中国历史地图集》公开本编纂时,方采用钱大昕之断代,表明地图仅是某年之形势,而非西汉一朝不变之制度也。

然钱大昕的推断尚有未尽之处,《汉志》事实上是两份资料的混合物。一份是平帝元始二年(公元 2)各郡国的户口籍,另一份则是成帝末年各郡国的版图(即所属县目)。这两种资料生硬地凑在一起,结果产生了一些矛盾:如王子侯国照例不属诸侯王,须别属汉郡,但《汉志》广平国、信都国均有王子侯国。又如,广平国领县十六,户止二万七千;信都国领县十七,户止六万五千,

---

① 王鸣盛:《十七史商榷》卷 17,上海书店出版社,2005 年。
② 王鸣盛:《十七史商榷》卷 21。
③ 钱大昕著,方诗铭、周殿杰校点:《廿二史考异》卷 9《侯国考》,上海古籍出版社,2004 年。
④ 钱大昕:《廿二史考异》卷 7。

县目与户籍悬殊太大。明白了《汉志》是两种资料所组成,便很容易理解这些现象,正因为《汉志》政区以元延末年为断,其时广平、信都为汉郡,故分别领有十六县和十七县,其中有若干是王子侯国;又因为户口籍以元始二年为断,其时广平、信都复为国,王子侯国改属汉郡,县目大为减少,因此户籍只有二万七千和六万五千。换句话说,《汉志》的郡国名只与户口籍相对应,而与县目无关。

钱氏虽已发现上述矛盾,但未意识到《汉志》所列县目是以成帝末年版籍为据,仍以为"《地理志》所载郡县以元始初版籍为断"①,而广平国、信都国所以领有王子侯国,乃因侯国反复改隶,"特史家不能一一载之耳"②。《中国历史地图集》1996 年修订本便据这一认知,将图上所标郡国名称重新修正,更为"成帝元延(公元前 12—前 9)、绥和(前 8—前 7)之际的情况"③。

近年来,马孟龙《西汉侯国地理》中又对《汉志》年代断限作了进一步的研究,据《外戚恩泽表》中定陵、营平两侯国的置废沿革,以为《汉志》版籍断限当在汉成帝元延三年(前 10)九月,甚至认为其乃三份资料的混合物,"一份是平帝元始二年各郡国的户口簿,一份是成帝元延三年各郡国的行政版籍,一份是成帝绥和二年的《全国集簿》"④。

除侯国的置废年外,王国县目亦可推知《汉志》断限确在元延之末。《汉书》卷 97《外戚传》有诏云"其以中山故安户七千益中山后汤沐邑",是平帝初故安属中山国,而《汉志》故安属涿郡。又《汉书》卷 10《成帝纪》载,绥和元年,益封中山国三万户,则故安当为此时所益县之一,如此则《汉志》断限下限当不晚于成帝绥和元年。再者,《汉志》梁国辖有八县,而《汉书》卷 47《梁孝王传》"削梁王五县……梁余尚有八城",又与《史记》卷 58《梁孝王世家》"乃削梁八城,梁余尚有十城"矛盾,故实际上,《汉志》梁国八城所表明的可能是元延中未削五县前的形势。至绥和以后,梁国恐仅余三县,但已在《汉志》所据版籍之外,故《汉志》未能体现出来。是以本编暂取《汉志》地理面貌断代于元延三年至绥和元年之间。

2. 新出土材料的涌现

传统史籍之外,出土之新材料则是完成对西汉前期县级政区复原工作不

---

① 钱大昕撰,吕友仁校点:《潜研堂文集》卷 12《答问九》,上海古籍出版社,2009 年。
② 钱大昕:《廿二史考异》卷 9《侯国考》。
③ 谭其骧主编《中国历史地图集(第二册)》已参考周振鹤《西汉政区地理》(人民出版社,1987 年),云《汉书·地理志》所载"郡、国辖境系成帝元延(公元前 12—前 9)、绥和(前 8—前 7)之际的情况",中国地图出版社,1982 年第 1 版,此系 1996 年修订版之西汉时期图组编例。
④ 马孟龙:《西汉侯国地理》,上海古籍出版社,2013 年,第 75—83 页。

可缺少的工具。这一点其实古人便已领悟到,故旧儒治《汉书》便常使用汉武帝茂陵所出土之《茂陵书》中的材料。

王国维言治史云:"吾辈生于今日,幸于纸上之材料外,更得地下之新材料。由此种材料,我辈固得据以补正纸上之材料,亦得证明古书之某部分全为实录,即百家不雅训之言亦不无表示一面之事实。此二重证据法惟在今日始得为之。"①王氏所见乃秦汉时期之封泥官印等新出土文物,以及居延地区所出土之大量汉代简牍,其与罗振玉等所合编之《流沙坠简》即源于后者。而王国维亦因此类材料,对汉郡重新认识,王氏所著《汉郡考》便指出《汉志》中所云郡国置年谬误颇多,所言高帝所置之"二十六郡国,其真为高帝置者,曾不及三分之一"②。这一发现打破了长期以来对《汉志》的迷信,之后关于西汉郡国置年的讨论不断,地下新材料贡献尤著,尤其对河西四郡的考订,更是大大受益于来自居延汉简的材料。

王国维之后,新的出土材料更是层出不穷。长沙马王堆西汉地图的出土,令人们对西汉长沙国封域产生了新的认识。随后又有大量西汉简牍出现。

1973年,甘肃肩水金关遗址发掘出大量汉简,在经过整理后,近年来陆续公布了一部分。1983年,荆州博物馆在湖北江陵城清理了三座汉墓,出土了张家山汉简。其中的《二年律令·秩律》部分给出了近三百个县级政区的名称,且县名的排列也具备着一定的规律性,令复原吕后二年(前186)西汉中央直辖区域的政区面貌具备了可能③。尤其对西汉云中、河内、河南等郡的县目记载与之前的传统认识多有差异,因此出现了大量据《二年律令》对西汉初年行政区划研究的论著,对多个汉郡和王国的边界及属县形成了新的认识。

1991年,朝鲜平壤市附近汉墓出土木牍中又见一份《乐浪郡初元四年县别户口簿》,详细记录了汉元帝初元四年(前45)乐浪郡所辖二十五县名目④。

1993年江苏东海尹湾汉墓中出土了一批新简牍,其中包括《东海郡吏员簿》《东海郡下辖长吏名籍》,录有西汉后期东海郡所辖十八县、十八侯国、二邑的全部名目⑤。

---

① 王国维:《古史新证》,收入《王国维全集》卷11,浙江教育出版社,2010年。
② 王国维:《汉郡考》,收入《观堂集林》卷12,中华书局,1959年。
③ 其释文见张家山二四七号汉墓竹简整理小组编著:《张家山汉墓竹简[二四七号墓](释文修订本)》,文物出版社,2006年。又可见彭浩、陈伟、工藤元男主编:《二年律令与奏谳书》,上海古籍出版社,2007年。
④ 其释文见尹龙九:《平壤出土〈乐浪郡初元四年县别户口簿〉研究》,中国出土资料学会编:《中国出土资料研究》第13号,2010年。
⑤ 释文见连云港市博物馆等编:《尹湾汉墓简牍》,中华书局,1997年。

2004年，湖北荆州市纪南镇松柏汉墓中再出土一批西汉简，其35号简则记录了西汉武帝早期之《南郡免老簿》等文书，记载了其时南郡所辖十二县、三侯国、一道、一邑之名①。

20世纪90年代以来，还陆续新出土了大量秦汉时期封泥。尤其江苏徐州狮子山、北洞山楚王墓出土了为数不少的西汉前期楚国之封泥，给出了不少于22个汉初楚国境内的县级政区名称，让刘交楚国的准确面目亦有了重现之曙光②。

这些新出土文献中，朝鲜所出土乐浪郡县目和东海尹湾汉墓简牍所载之东海郡建制情况均和《汉志》中的记载一致，此亦可证明《汉志》确为我们进行西汉政区研究的最基本的依据。而其他材料则起到了极为重要的补充作用。除上述材料之外，包括西安相家巷所出土的秦封泥、山东临淄附近出土的西汉封泥和其他地区所出现的零星西汉材料都可以对我们的研究有所裨益。

二、西汉政区研究的基本方法

1. 旧的研究方法的缺陷

旧的沿革地理学有一个很大的缺陷，就是只讲沿革的过程，并不探究其变化的原因和规律。这就使得沿革地理始终只能是历史学的附庸，不能成为一门独立发展的学科。而且由于不明白变化的原因和规律，又使得有关政区沿革的研究只能停留在单纯依靠地名考证的方法上，当文献资料缺乏时，这种方法的局限性就暴露出来了。

一是有时只能局限于讨论建置的沿革，对领域则略而不及。如围绕秦郡郡目之出入、建置之先后，曾出现过许多考证文章，但直到20世纪40年代以前，却无人论及秦郡的界址。因为在旧的研究方法中，历代郡（州、路、省）的领域一向用县目来表示，若正史有地理志则直接采用该志之记载，无地理志者则采用内插法——对比该朝代前后地理志的异同——钩稽出所有县目，补辑出一部疆域志来。但秦代并没有这个方便条件。《史记》没有秦地理志，当然更不会有战国时代郡县的明细表。秦县数目至今依然是一个待考的问题，所以秦郡领域的研究过去就长期付之阙如。实际上，不靠县目的考证，仍能解决秦郡领域的复原问题，《秦郡界址考》一文就是一个典型实例③。

---

① 荆州博物馆：《湖北荆州纪南松柏汉墓发掘简报》，《文物》2008年第4期。
② 狮子山楚王陵考古发掘队：《徐州狮子山西汉楚王陵发掘简报》，《文物》1998年第8期；徐州博物馆、南京大学历史学考古专业：《徐州北洞山西汉楚王墓》，文物出版社，2003年。
③ 谭其骧：《秦郡界址考》，刊于《真理杂志》第1卷第2期，收入《长水集》（上），人民出版社，1987年。

二是只能局限于研究王朝之间政区的变迁,或者说,只局限于每个王朝复原一套政区体制——乾嘉以来诸学者对各正史地理志所做的考订校补工作就属于这个范围——而不能深入到个别王朝内部的政区沿革中去。例如,《汉志》是历来研究最深入的一部地理志,有关的考证文章连篇累牍,成绩斐然,但对西汉一代政区变动的全过程,却始终无人置喙。因为这一变动过程过于复杂,相对而言,传世的文献资料又过于简略。西汉有些郡国在史籍上仅空存一个名目,其领域变化几无踪迹可寻;个别郡名只有一见,连建置年代亦难以探索;至于《史记》、《汉书》所载的"削胶西六县"、"淮南王有罪,削二县"之类,都不写明所削县名,若单纯依靠地名的考证,如何去复原胶西、淮南的原貌?所以,历来的考证者至多只能在部分郡目和建置年代上有所争议,一直难及详细的郡国置废离合与领域变迁的过程。

2. 西汉政区变迁的特征

但是如果对西汉一代郡国沿革细细推敲,就会发觉其变动虽大,然亦有着明显的地域性。就其变动性质和程度差异,可以分为三大部分。

(1) 汉初领土的西半部分,即《史记》卷17《汉兴以来诸侯王表》中所述的高帝末年十五郡地区。这一区域两百余年内虽在建置和领域方面亦颇有变化,然其变迁多是一次性调整,多为从旧郡中析置出新郡来。郡与郡之间的边界虽偶有微调,然对整体影响不大。

(2) 汉初领土的东半部分。自高帝起,这一地区便属于王国密布之区域,由于汉廷接连实行割裂、削夺王国封域的各项政策,使各诸侯王国的建置和领域不断发生变动:一方面,王国数目有所增加而又置废无常;另一方面,王国领域逐渐缩小,其邻近的汉郡则不断扩大,同时又分化出许多新的汉郡。终西汉一代,这一地区的王国与汉郡在数目和领域方面的相互消长从来没有停止过,终于形成《汉志》中十九王国与四十一汉郡并存的局面。

(3) 汉武帝新开地区。武帝建元六年(前135)起,西汉疆域开始向外扩展,不但恢复而且扩大了秦代疆域,到元封三年(前108)止,先后在西南、西北、岭南、东北等地区相继开置新郡二十六,又经过几十年的发展和调整,到元帝初元三年(前46),变成二十一郡和一都护府的形势。武帝新开郡地域的政区变迁又和上述两大地域有所不同,自成一相对独立的体系。

三个地域政区变动的性质和程度有别,考证方法也自然不同。东部地区的政区变动最为复杂频繁,而观其变迁内因皆离不开王国的置废迁徙和推恩令导致的大量王子侯国的分封,故如果要究这一地域的郡国变迁,必先注意王国的更置和推恩令下王子侯国之变迁,充分使用逆推法,然后方可寻出其变化之脉络;西部地区则相对简单得多,只需考证清楚几次分置新郡的时间和大致界址,即可求得其汉初原貌;至于武帝所新开地,又需要以另一番方法去推究其沿革过程。

3. 出土新材料的利用

过去进行西汉一代沿革研究时,可以作为基本依据的只有《汉志》。但《汉志》只表明一个年代的断限。而现在,《二年律令》的出土使第二个断代的地理考订成为可能,而其所反映的吕后二年政区又恰恰属于西汉早期,这样和《汉志》所反映的成帝末年相比照,我们恰好拥有了一头一尾两个可作为研究起点的断代。至于其间两百年之沿革变迁,《西汉政区地理》[①]已经从推恩令着手,通过详细的考证,将王子侯国和王国削县回归原王国,得到一个相当接近武帝元朔初的政区形势。而从吕后二年这个汉初的断代出发,核对武帝之前数十年的郡国置废形式,又可以弥补这段时间的空白,充分帮助我们建立一个政区地理的模型构架。

当然,即便目前我们已经可以运用更多的地下材料以弥补传世文献中的资料不足,却仍不足以藉此复原西汉逐年的政区变动的全过程。出土材料的缺陷在于所含地理信息大多比较零碎,不具有系统性和整体性,且多数缺乏具体的年代标识,对于历史地理研究中所极为重要的时间序列的体现不够。目前所能看到的西汉时期的出土材料中,可以提供完整县级政区名单者寥寥无几[②],包括《二年律令》在内的绝大多数出土文献并没有提供出一份完整的县级政区名目来。这就仍需要我们首先运用传统的文献考证法,来推理、考证当时的政区面貌。尤其要注意的是,在考证中要以出土材料和传世文献互证,即要重视出土材料的局限性价值,不宜凭个别新材料便轻易地否定传世文献的记载。出土文献中所透露出的零星或相对系统的史料应当用来帮助建立一个最合理的想象构架。

当然如果未来能有更多的出土材料出现,进一步来修正与支持我们目前的推理,那么建立起一份相当接近历史真相的模型,复原西汉各个时期郡国一级政区面貌,描述二百年间郡国县道侯国之置废离合的全过程,并非完全不可想象之事。

---

① 周振鹤:《西汉政区地理》,人民出版社,1987年。
② 目前仅有武帝初年的南郡、元帝初元年间的乐浪郡和成帝末年的东海郡已有出土材料可明确其完整的郡辖县面貌。

根据以上思路，西汉篇分为上、下两篇及附篇王莽新朝政区研究。

上篇概述西汉一代疆域与行政制度，叙述其郡国置废。前四章皆为西汉一代疆域与地方行政制度的概述以及郡国置废和所下辖之县级政区沿革的详细考订。第一章主要为对西汉时期王朝疆域的盈缩变迁的叙述，及对西汉地方行政体系发展和基本制度的探讨。

在第二章中，以时间为轴，叙述自高帝五年（前202）至孺子婴居摄三年（8）西汉郡国的沿革。考虑到武帝新开郡的特殊性，将武帝时期的沿革单独列为一节，然后分别描述其时内郡以及西南、西北、岭南和东北（朝鲜半岛）四个地区内诸郡的置废及领域变动情况。又因为郡国置废的考证上存在着地域相关性，如武威郡虽置于宣帝年间，亦将其考证前提到武帝部分，与其余河西三郡并列。武帝之前的高帝孝惠吕后文景时期单列一节，之后的昭宣元成哀平时期也单列一节。

下篇旨在考订西汉一代详尽的行政区划沿革。前十四章以地理为面，详述各郡国下县级政区的置废沿革。尤其是东半部地区，侯国的频繁置废和改隶，导致其所属郡的领域变迁时时发生。因而此章旨在考查目前从传世文献和出土材料中所能搜集到的西汉县级政区，通过它们置废和辖属关系的变化，来复现西汉一代的政区沿革面目。对于归属关系不明的部分县和侯国，则另在书末以附录形式列入。

对于体现西汉断代面貌的吕后二年和成帝元延三年的政区形势，则另外作第十五章予以考述，并附数个有出土材料支持的郡级政区的断代面貌。

王莽新朝本应作为一个朝代，单列一篇，然惜乎材料阙如，难以完整展现新朝的政区面貌，故只能以附篇形式缀于西汉篇之后。

上篇　西汉疆域与政区概述

第一章　西汉疆域及地方行政制度

第一节　西汉疆域变迁

公布前202年，刘邦于定陶即皇帝位，西汉王朝诞生，史称汉五年。西汉初年，疆域相比秦代退缩不少，北部由于匈奴侵袭，丧失了战国故塞以北秦所新占领的大部分地域，匈奴遂"复稍度河南，与中国界于故塞"①，以张家山汉简《二年秩律·律令》中西北数郡所见县而言，西汉西北界已确实不逾黄河，河南或亦并非皆为其所实际控制之地。南方岭南三郡沦入赵佗之手，又事实上丧失了对闽越（即秦闽中郡地）的统辖权，西南夷不复再通，西南边界退缩至僰道地区，又以阳山关、横浦关与南越为界。东北部"复修辽东故塞，至浿水为界"②。

汉兴六十余年，疆域几无改易，直至武帝年间，承文景数十年休养生息之功，遂致力于开广三边。建元六年（前135），首先向西南夷地区开辟了犍为郡，疆域推进到牂柯江（今北盘江）一带。接着在北方连续对匈奴用兵，元朔二年（前127），收复河南地，置朔方郡；上郡、陇西、北地或亦于此时恢复秦时规模；然此年上谷郡"什辟县造阳地"则弃之匈奴③。元狩二年（前121），匈奴浑邪王降汉，河西走廊地区历史上第一次属于中原王朝。元鼎元封间灭闽粤、南粤，并再度开发西南夷地区，甚至首次在海南岛上置郡。东北征服朝鲜，置乐浪等四郡。此时西汉东起朝鲜半岛东海岸，西北至玉门、阳关，北自阴山以北，

---

①③　《史记》卷110《匈奴列传》。
②　《史记》卷115《朝鲜列传》。

南至今越南中部,疆域更胜秦时,亦是西汉直属郡国版图臻于极盛之时。

汉武帝时期的版图历经四分之一世纪,至昭帝时期,执行内缩政策,始元五年(前82),罢真番、临屯郡,以其部分地并属乐浪郡,东北边界有所后缩。宣帝时期,南匈奴降服,于西域置都护府,将西域三十六城郭国及乌孙、大宛之属置于都护管理之下。此后,汉之西北边界遂西逾葱岭,北越天山,比武帝时版图更加扩大。

元帝以后,汉王朝虽逐步走向衰落,但边境地区由于武、昭、宣三代的经营,已经基本无事。唯元帝初元三年(前46),因治理失措放弃了海南岛上的珠厓郡,南部边界复后退至大陆。

此后成、哀两帝时期,西汉王朝疆土保持不变,直至汉平帝元始四年(公元4),王莽遣人利诱卑禾羌首领良愿献地内属。良愿等人慑于西汉武力,又贪图财币,于是率领本部落迁至他地。王莽遂有西海郡的设置,使汉帝国西部疆域深入到了青海西部的草原。

第二节　西汉之地方行政制度

汉兴,吸取亡秦之教训,兼以形势所迫,刘邦并没有继续在全国范围推行郡县制,而是采取了郡国并行的体制,一方面皇帝直辖部分郡县;另一方面,建立若干诸侯王国,以部分郡县分属之。其时,"内地北距山以东尽诸侯地,大者或五六郡,连城数十……汉独有三河、东郡、颍川、南阳,自江陵以西至蜀,北自云中至陇西,与内史凡十五郡,而公主列侯颇食邑其中"①。山东诸侯之封域所占超过汉疆域之一半。

行政建制上,诸侯王国亦皆效仿汉制,内史统王国都城附近,较远之地则置支郡以辖②。王国的民政治理上,汉廷亦颇少干涉,《汉书》卷38《高五王传》曰:"时诸侯得自置御史大夫群卿以下众官,如汉朝,汉独为置丞相。"《续汉

---

① 《史记》卷17《汉兴以来诸侯王年表》。
② 游逸飞以为汉初诸侯王国并非全部都置有支郡。他指出,徐州北洞山、狮子山两楚王墓所出土的数百方封泥中并没有出现任何有关汉初楚国东海郡、薛郡的信息,同时临淄所出土的汉初齐国封泥中也极少见到郡级印章(游氏以为诸如陈直收藏的"楚东海守"、临淄出土的"博阳守印"等存在是伪印的可能),可能反映出汉初部分诸侯国并未置支郡。因此游氏推断汉初代国、赵国、长沙国等置有支郡,而齐国、楚国和淮南国并未置支郡。自然,从史籍的记载看,高帝十一年,刘恢梁国和刘友淮阳国在辖有两郡之地时,都是"罢东郡"、"罢颍川郡",并没有置支郡,然而同样的情况似乎并没有发生于齐楚等国,《汉书》卷36《楚元王传》载"削(楚)东海、薛郡",卷38《高五王传》可见"齐之城阳、琅邪、济南郡"等语,且郡级封泥的缺失存在着一定的偶然性,故本书以为,暂时不宜以封泥的缘故来推翻史籍的记载,因此本书仍然以为西汉初期齐、楚、淮南等王国仍然是内史、支郡并存的政区架构。游氏之说详见《战国至汉初的郡制变革》,台湾大学博士论文,2014年6月。

书·百官志》亦云:"国家唯为置丞相,其御史大夫以下皆自置之。至景帝时,吴、楚七国恃其国大,遂以作乱,几危汉室。及其诛灭,景帝惩之,遂令诸王不得治民,令内史主治民,改丞相曰相,省御史大夫、廷尉、少府、宗正、博士官。"

这种制度的结构形式如下所示:

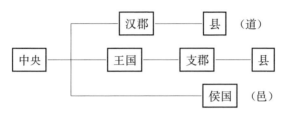

西汉初年行政建制示意图

所以,汉初实际上并非真正的中央集权制国家,而是皇帝与诸侯王分治天下的局面。诸侯王虽受中央节制,但又有相对独立的地位,专制皇权不能直接实行于王国所属的郡县。从"封建"的意义上严格说来,汉初诸侯王国并非一级政区,而是皇帝与诸侯划定的势力范围,但实际上可当成一级政区对待。

然王国版图和权力太大,对于中央皇权自是潜在威胁。吕后当政时期,削弱同姓王国,分封外戚及惠帝后宫子时,其所取地往往来自齐、楚、赵等大诸侯,故吕后时期虽封建王国甚多,然汉地未尝受损,王国之间辖域倒趋于平衡。

景帝平七国之乱后,乘势收夺各国支郡,使除江都国之外的所有王国都仅余一郡之地,诸侯特权亦被剥夺,地位降格,等同汉郡。侯国与邑亦分属所在郡管辖。在全国范围内确立了专制皇权的中央集权制,地方行政制度变成了郡(国)县制,或一般所说的郡国并行制,其结构形式如下所示:

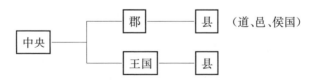

七国之乱后西汉行政建制示意图

这是实际上的郡县制,王国与郡的区别主要是租税收入归诸侯王所有而已。

武帝时期,郡国形势已然大变,"诸侯稍微,大国不过十余城,小侯不过数十里,上足以奉贡职,下足以供养祭祀,以蕃辅京师。而汉郡八九十,形错诸侯间,犬牙相临,秉其厄塞地利,强本干,弱枝叶之势,尊卑明而万事各得其所矣"[①]。

---

① 《史记》卷17《汉兴以来诸侯王年表》。

此时王国大多仅辖一郡之地,只是在地位上王国相犹稍高于郡守,故《史记》卷 120《汲黯传》称"令黯以诸侯相秩居淮阳",《集解》引如淳曰"诸侯王相在郡守上"。

武帝之后,由于实行推恩法,王国屡屡削地,领域日渐逼仄,小国甚而只有三四县之地,封域上远不如汉之大郡,宣、元之时,所新封之皇子国亦不过八九县之地,此时王国实际上已较郡为小,故自元帝初元三年(前 46),便令"诸侯相位在郡守下"①,只是在行政建制上犹与郡处于一级而已。于是王国地位等同于郡,郡和国在一起并称郡国,作为汉代的统县政区。封建制至此名存实亡,郡国并行的制度已经与纯粹的郡县制没有什么差别了。

一、西汉郡县制度

西汉郡制大抵和秦时相同,只是郡的地域相对变小,这样一方面可以减少郡的治理难度,另一方面也削弱了郡的实力。但同时也造成了中央管辖郡的复杂度和难度。汉初,朝廷统辖对象不过二十郡左右,政令发布自可顺利下达,然自景、武之后,一方面削减王国造成大量新郡的建立,另一方面汉武帝时开广三边令西汉大大超过了秦帝国的边界,并因而设置了许多新郡。于是到元封三年(前 108)征服朝鲜以后,全汉郡国总数已达到 108 个之多,比秦代翻了一番还多。

这时,行政管理方面的一个问题油然而生。在郡级政区只有四五十个之时,由中央政府直接管辖是合理的,但当郡级政区增加到一百以上,对中央政府而言,管理幅度就太大了,势必要影响到管理效率。如果在郡以上再加一级政区,形成三级制,固然可以缩小管理幅度,但却要因管理层次的增加而影响政令贯彻和下情上达。监察制度就成为解决这一问题的良策。

中央派遣官吏监视地方由来已久,秦时即有御史监郡②。至西汉时期,《汉旧仪》载,"惠帝三年,相国奏遣御史监三辅、郡",文帝时由于监御史"不奉法,下失其职",则由丞相史出刺郡国③。然此时之监察制度并不完善,无论是监御史抑或丞相史,皆为不定期出巡,并不能起到真正有效的监察效果。

因此西汉于武帝拓地结束后两年,即元封五年,"初置刺史部十三州"④,足见当时行政管理的迫切需要。所谓"刺史十三州"就是十三刺史部的意思,

---

① 《汉书》卷 9《元帝纪》。
② 《汉书》卷 19《百官公卿表》云,"监御史,秦官,事监郡,汉省。"
③ 《通典》卷 32《职官十四州郡上》载,"文帝十三年,以御史不奉法,下失其职,乃以丞相史出刺,并督监察御史。"
④ 《汉书》卷 5《武帝纪》。

因十三刺史部中十一个以州为名,故而泛称十三州。《汉书·地理志》明确说明了这十三州就是:

(1)冀州刺史部,(2)幽州刺史部,(3)并州刺史部,(4)兖州刺史部,(5)豫州刺史部,(6)青州刺史部,(7)徐州刺史部,(8)荆州刺史部,(9)扬州刺史部,(10)凉州刺史部,(11)益州刺史部,(12)交趾刺史部,(13)朔方刺史部[1]。

顾颉刚、谭其骧两位先生曾确定了西汉成帝末十三刺史部所包括的郡国[2],如回溯到元封五年,则其时十三刺史部所属郡国当可大致推测为——

(1)冀州刺史部:常山郡、真定国、中山国、赵国、魏军、钜鹿郡、广平郡、清河国、河间国、广川国。

(2)幽州刺史部:勃海郡、燕国、涿郡、上谷郡、渔阳郡、右北平郡、辽西郡、辽东郡、乐浪郡、真番郡、玄菟郡、临屯郡。

(3)并州刺史部:上党郡、云中郡、定襄郡、雁门郡、代郡、太原郡。

(4)兖州刺史部:陈留郡、大河郡、山阳郡、济阴郡、东郡、泰山郡、城阳国、淮阳国、济北国。

(5)豫州刺史部:颍川郡、汝南郡、沛郡、梁国。

(6)青州刺史部:平原郡、齐郡、济南郡、千乘郡、淄川国、北海郡、胶东国、胶西国、东莱郡。

(7)徐州刺史部:鲁国、楚国、东海郡、泗水国、广陵国、临淮郡、琅邪郡。

(8)荆州刺史部:南阳郡、南郡、江夏郡、长沙国、桂阳郡、零陵郡、武陵郡。

(9)扬州刺史部:会稽郡、丹阳郡、九江郡、六安国、庐江郡、豫章郡。

(10)凉州刺史部:安定郡、陇西郡、天水郡、酒泉郡、张掖郡、敦煌郡。

(11)益州刺史部:巴郡、蜀郡、汉中郡、广汉郡、犍为郡、武都郡、汶山郡、沈黎郡、越嶲郡、牂柯郡、象郡、益州郡。

(12)交趾刺史部:南海郡、苍梧郡、合浦郡、郁林郡、交趾郡、九真郡、日

---

[1]《汉书》卷28《地理志》云:"武帝攘却胡越,开地斥境,南置交趾,北置朔方之州,兼徐、梁、幽、并夏周之制,改雍曰凉,改梁为益,凡十三部,置刺史。"此处夏制指《尚书·禹贡》的九州,周制指《周礼·职方》的九州。两种体系相重的州名有七个,即冀、兖、豫、青、雍、荆、扬;不同的有两个,夏制有徐、梁而无幽、并,而周制则相反。汉武帝兼采夏周之制,故有十一州(只是将雍州和梁州分别改名凉州和益州),此外再加上新置的朔方部与交趾部,遂为西汉十三刺史部。

[2] 参见顾颉刚:《两汉州制考》,收入《蔡元培先生六十五岁庆祝论文集》,国立中央研究院历史语言研究所集刊外编第一种,1934年;谭其骧:《讨论两汉州制致顾颉刚先生书》,刊于《复旦学报》1980年第3期,又收入《长水集》,人民出版社,1987年。

南郡、儋耳郡、珠崖郡。

（13）朔方刺史部：朔方郡、五原郡、上郡、西河郡、北地郡。①

上述十三部共领百二郡国，同时又有国都长安所在及其附近的六个郡：右内史、左内史、河东郡、河内郡、河南郡、弘农郡不在十三部之中。此六郡因是国都附近特区，不归任何刺史监察，而是由中央政府另外派员纠察不法，如田仁其人就曾"刺三河（即河东、河内、河南三郡）"②。在十三部建立后17年，即武帝征和四年，中央设司隶校尉一职，领兵"捕巫蛊督大奸猾，后罢兵，察三辅、三河、弘农"③。三辅即京兆尹、右扶风（两郡由右内史分置）、左冯翊（即左内史），换句话说，元封五年时在十三部以外的六郡已变成七郡，并且自征和四年（前89）以后也设有专职的监察官员。但司隶校尉和刺史有很大的不同。

《平帝纪》元始元年（公元1）云，"大司农部丞十三人，人部一州，劝农桑。"说明只有十三部，《沟洫志》载哀帝时事，言："奏请部刺史，三辅、三河、弘农太守举民能者。"说明不存在司隶校尉部。且西汉司隶校尉的检查范围有时还不太固定。例如，昭帝始元元年（前86），河内郡与河东郡就曾分别被划属冀州刺史部与并州刺史部。成帝元延四年至绥和二年间（前9—前7）还短暂省去司隶校尉之职，可见此职与刺史有所不同，不是非有不可④。

无论是司隶校尉还是十三部刺史都不具备直接对地方行使管辖权力，亦非郡守的上级，因此直至西汉末年，仍不能视之为地方行政体系中的一环。

郡下辖县、道、侯国等。汉初，县按照其户口、经济地位、宗教职能、军事价值等，被分为五等，以县长官之秩可分作：千石县、八百石县、六百石县、三百石县、二百石县。《汉书》卷19《百官公卿表》云："万户以上为令，秩千石至六百石。减万户为长，秩五百石至三百石。皆有丞、尉，秩四百石至二百石，是为长吏。百石以下有斗食、佐史之秩，是为少吏。"《汉官仪》曰："县户口满万，置六百石令，多者千石。户口不满万，置四百石、三百石长。大县两尉，小县一尉，丞一人。"此则当为汉后期制度。

实际上，令及长的区分不仅仅看户数。北部边疆之地，县虽数百户亦云令，南方虽多有数万户大县，却往往仍作长。《汉官仪》亦云："前书百官表云：

---

① 此处百二郡国的名目当大致不会有什么问题，然各刺史部所属郡国却不能保证必无参差。大约冀、幽、并、荆、扬、凉、益、交趾、朔方各部可保其无误，兖、豫、青、徐四部所属或容有个别调整（因该四部边界犬牙交错），然亦不会过于离谱。
② 《汉书》卷37《田仁传》。
③ 《汉书》卷19《百官公卿表》。
④ 司隶校尉等同于刺史（州牧），并领一州——也就是正式设立司隶校尉部，是东汉建武年间的事。故《后汉书》卷1《光武帝纪》曰："（建武六年），其令司隶、州牧各实所部。"

万户以上为令,万户以下为长。三边始孝武皇帝所开,县户数百而或为令。荆扬江南七郡,惟有临湘南昌吴三令尔。及南阳穰中,土沃民稠,四五万户而为长。"

西汉时期还置有陵县。陵县大多位于京畿一带,直至元帝永光四年(前40),陵县并不归内史及其后身的三辅管辖,而是由太常治理。太常是中央专掌宗庙礼仪的官署,表明了陵县宗教上的意义使其与普通县区分开来。此外徐州楚王墓出土有"北平邑印"封泥,黄盛璋以为乃楚王陵邑①,荆州松柏汉墓竹简中显示西汉南郡曾置有显陵,马孟龙以为乃临江王刘阏陵邑②。则帝、后之外,西汉诸侯王亦可能置有陵邑,然北平邑、显陵等皆不见载于《汉志》,或是元帝罢陵县后省并之故③。而从张家山汉简看,除陵县外,似乎如汉初之灵州等县亦非郡国所辖,而另有专门的中央机关管理,直至《汉志》年代之前的某个时间,此类县方才与其他县同被列入地方行政体系之中。

与县同级的有侯国、道、邑。《汉志》中将县道侯国邑等统称为县,然以东海尹湾汉墓中所出土之集簿见,郡在统计域内各数据时,均是县、侯国、邑等明确分开④。道多存于边郡,故《汉官仪》云:"内郡为县,三边为道,皇后、太子、公主所食为邑。"

侯国与县地位相当,乃列侯之食邑。列侯的爵位可以世袭,然一旦获罪,经常被免侯除国,故绝大部分侯国只能存在一段时间,许多侯国甚至昙花一现,旋置旋废。

列侯食邑大小以户口为准,依功劳或皇帝意志,大小悬殊不等,大者乃至三四万户,小者仅有数百户。因此有的侯国是以整县封,甚至在本县之外还有别邑,而大多数侯国本来只是乡聚之地,置为侯国后才升格为县。侯国的设置纯粹是为了政治上的需要,与一般县城的形成、发展过程不同。由于大多数侯国地域狭小,并不能形成一个经济中心,加上设置侯国本就是权宜之计,一般不考虑地理位置、资源条件、历史基础等,许多侯国存在时间很短,一旦废弃,又回到原来乡亭的设置。

---

① 黄盛璋:《徐州狮子山楚王墓墓主与出土印章问题》,《考古》2000年第9期。
② 马孟龙:《荆州松柏汉墓简牍所见"显陵"考》,《复旦学报(社会科学版)》2015年第3期。
③ 马孟龙以为:"西汉时代并非只有皇帝和皇太后的陵园可以设置奉邑,皇帝亲属的陵园同样设置有奉邑(史籍中又称作'园邑,'与皇帝、皇太后的'陵邑'相区别),"又指,"园邑"与"陵邑"相比,规模较小,设置之初"乃是由既有乡里行政单位改置而来,与侯国设置方式类似,"并以为,"园邑"既称作"邑",则已升格为县级政区,其文据此以为,除记载于《汉志》的十余个陵县外,西汉另有如卫思后园、戾园等十余个园邑。
④ 东海尹湾汉墓中所出土的《集簿》中即作"县十八,侯国十八,邑二"。

汉初,列侯的地位很高,可"自置吏",可"臣其所食吏民"。换句话说,侯国就是一个小小的独立国,国内的一切口赋田租收入概归列侯所有,列侯对皇帝所尽的义务只是按照侯国的口数,每口缴纳六十三钱的献费。吴楚之乱后,列侯地位下降,口赋收入归国家所有,其余特权一概失去,只能衣食税租,侯国的行政职能就简化到收取田租为主而已。

邑之管理体制与县并无差异,皇太后、皇后、公主等唯食其租税而已,且不能世袭,西汉一朝,仅有极个别公主之子可以继承其母之汤沐邑(如武帝姊隆虑公主之子便被封为隆虑侯),然这仅是特例,并非普遍制度。

除此之外,西汉仍有其他的一些管理地方的职官体系,如关都尉。《汉志》弘农郡弘农县,在武帝元鼎三年(前114)置县前即为关都尉所辖。《水经·渭水注》亦有"渭水东入散关……渭水又东迳西武功北,俗以为散关城,非也……渭水又与扞水合"之载,渭水所入之散关自然不可能是一座关城,否则其乃为两次经过一地了,实际上此处的散关当即指散关都尉所掌控的地理区域,亦足证关都尉并非只管辖关本身,其实际上对关附近相当大的一片区域都有统辖权力,故亦可视作行政区划的一种特殊模式。

二、西汉少数民族地区行政制度

郡、国之外,又有属国都尉,"主蛮夷降者……稍有分县,治民比郡"①。属国都尉因"存其国号而属汉,故名"②,用于治理少数民族地区。其制源自秦之属邦,汉为避高帝讳,改为属国。始置于元狩二年(前121),是年,昆邪王将众降汉,武帝置五属国以处之③。

《汉书》卷55《卫青传》云:"秋,匈奴昆邪王杀休屠王,并将其众四万余人来降,置五属国以处之。"颜师古注曰:"凡言属国者,存其国号而属汉朝,故曰属国。"《史记》卷111《卫将军骠骑列传》注引《正义》云:"以降来之民徙置五郡,各依本国之俗而属于汉,故言属国也。"可知,属国界内保留少数民族原有的生产、生活方式和社会组织,属国由中央政府任命属国都尉领护。

西汉从武帝开始,历经昭、宣二帝,共设置了七个属国。即安定属国(又称北地属国、三水属国)、天水属国、西河属国、上郡属国、五原属国、张掖属国、金

---

① 《续汉书·百官志五》。
② 《汉书》卷6《武帝纪》。
③ 《汉书》卷4《文帝纪》有"属国悍为将屯将军",故又有以为文帝之前汉已置属国者也。然此处属国未必同于属国都尉,故暂仍取武帝时期始有属国都尉之置。另,可确信张家山汉简中犹无属国之职,故西汉属国制度实施至早亦在吕后二年(前186)之后。

城属国。其中金城属国为安置降羌,其余都是为了安置匈奴降众。西汉末,王莽曾计划设立西海属国,但未实施。属国都尉在郡守之下,东汉时期,属国都尉已可"比郡",疑此制虽东汉方立,但西汉时期属国都尉当已颇可自专。

另,边郡又常置部都尉,每郡设置情况不一,或一个,或多个。都尉的设置疑与赋税制度有关,"地节三年,夷人以立郡赋重,宣帝乃省并为蜀郡北部都尉"①。从史籍看,西汉王朝对于少数民族地区往往都会采用轻税政策,武帝时期就有,"汉连出兵三岁,诛羌,灭两粤,番禺以西至蜀南者置初郡十七,且以其俗治,无赋税"②。以此,初郡设置之初当无赋税,然至晚宣帝时期已经需要向朝廷贡赋,故疑宣帝时期初郡只是赋税较内郡为轻,并无武帝初置时的优待。至于属国都尉、边郡的部都尉颇疑并无赋税。西汉时期,属国都尉仅置于西北地区,西南地区则未见有此建制者。

与之相反,道的建制则以秦故地西南及西北数郡为常见。《汉书》卷19《百官公卿表》曰"(县)有蛮夷者曰道",《续汉书·百官志五》亦云"凡县主蛮夷曰道"。然是否凡有蛮夷者皆曰道,则仍值得推敲。河西四郡亦是"蛮夷"所居者多,汉朝所采取的政策却是"乃分处降者于边五郡故塞外,而皆在河南,因其故俗为属国"③,故四郡之中无一县名为道,故知道主要设立在武帝开广三边以前的郡里。十七初郡乃武帝新开地,虽多有蛮夷然武帝时之制度已不复为建道统辖。关于道的建制,当与县有所区别,《汉志》上郡有雕阴,同时有雕阴道,《二年律令》中朐衍和朐衍道亦并存,当然是因为两者的职能有所差异。至于县与道在行政管理方式上有何区别,今已不明。从初郡和一般郡的差异看,或者可以作此推测:道以下或不辖乡里,而保留土著的行政管理方式,赋税上也有所优待。

据《汉志》所云,西汉末年有道32个,但正文中所列具体道名仅30个,即翟道、夷道、营道、泠道、甸氐道、刚氐道、阴平道、严道、湔氐道、僰道、灵关道、故道、平乐道、嘉陵道、循成道、下辨道、狄道、氐道、予道、羌道、戎邑道、绵诸道、略阳道、獂道、月支道、方渠除道、略畔道、义渠道、雕阴道、连道。而其中如故道等虽以道为名,却未必与少数民族有关,因此,《汉志》所载道名肯定有所遗漏。如见于《汉书》卷3《高后纪》有武都道,《续汉书·郡国志》蜀郡有绵虒道、汶江道,《后汉书》卷5《安帝纪》有青衣道,《水经·若水注》有旄牛道,这些都可能是《汉志》所遗漏的道名。然如果加上此五道,则道的总数又超过32

---

① 《后汉书》卷116《冉駹夷传》。
② 《汉书》卷24《食货志》。
③ 《汉书》卷55《霍去病传》。

个。故颇疑汉时道与县的建制可能会有所转换,道可能会在管理比较成熟后转换为县,县又可能因为当地少数民族的抵制而转为道,因此《汉志》所漏载之道或当在前所述五道之中,但究竟实情如何,目前尚难探明。

在郡国之外的少数民族地区还有其他特殊的建置,即西域都护府。西域都护的前身为使者、校尉,《汉官仪》云:"西域都护,武皇帝始开通西域三十六国,其后稍分至五十余国,置使者、校尉以领之。宣帝神爵三年(前59),改曰都护,秩二千石。平帝时省都护,令戊己(都护)〔校尉〕领之。"西域都护、校尉所管理诸国,当只起监理作用,其天山南北地区原有之居国与行国的体制一皆保留,只重在军事上防范匈奴等势力复来侵袭而已。

三、汉简所见之西汉县乡亭里制度

县乡亭里制度是西汉地方制度中的难点。《汉书》卷19《百官公卿表》所载"大率十里一亭,亭有长。十亭一乡,乡有三老、有秩、啬夫、游徼"与应劭《风俗通》(刘昭注《续汉书·百官志》引)所说"国家制度,大率十里一乡"两条文字互相矛盾,自来不知难住了多少历史学者。于是有的学者提出县乡里与亭是两个不同系统,前者是地方行政制度,而后者是治安体系①;有的认为亭(部)是地籍单位,而里是户籍单位,两者无辖属关系,十里一亭是道路制度,不是地方行政制度②。这些说法都有一定道理,但均无完整实例以资证明。尹湾六号汉墓出土木牍所载东海郡有关资料正好是天赐的实例,给县乡亭里制度的暗昧之处增加一线光明。

尹湾汉墓出土之一号木牍《集簿》的头三行文字如下:

县邑侯国卅八县十八侯国十八邑二其廿四有堠(城?)都官二
乡百七十□百六里二千五百卅四正二千五百卅二人
亭六百八十八卒二千九百七十二人邮卅四人四百八如前

由第二、三行文字的区别,很明显可以看出:乡里是一个系统,在170个乡与106个□(此字疑为聚,详后)中,领属有2 534个里(其中有两个里似乎没有里正,故里正只有2 532人)。而亭邮则是另外一个系统,在688个亭中共有亭卒2 972人;在34个邮中,共有邮人408。这两个系统之间的联系由木牍无法读出,亭疑是亭部,也就是每个亭长所负责的一块地域。按理想的条件,一个亭部

---

① 王毓铨:《汉代"亭"与"乡""里"不同性质不同行政系统说——"十里一亭……十亭一乡"辨正》,《历史研究》1954年第2期。
② 周振鹤:《从汉代"部"的概念释县乡亭里制度》,《历史研究》1995年第5期。

与一个有百户居民的里相对应，而每个亭部又是十里见方，这样一来，十里（道里之里）一亭，十亭（亭部之亭）一乡与十里（里居之里）一乡三方均能吻合。但这只是指理想条件，实际上并不一定如此。尤其这一制度本为秦制，秦时人口密度尚不高，到西汉末年人口大大增加，里居越来越多，一个亭部所包含的就不止一个里，而是三四个里了。以东海郡实况，平均是每亭部包含 3.68 个里。

另一方面，虽然《汉书》卷19《百官公卿表》有十亭一乡的记载，但这也是大率而已，在东海郡，平均每乡只有 4 个亭。这与西汉末年全国的平均水平相比是偏低的。因为在《百官公卿表》的最后有"凡县、道、国、邑千五百八十七，乡六千六百二十二，亭二万九千六百三十五"的统计，按此数平均，每乡应约有 4.48 个亭，比十亭一乡也相去甚远。这种差距的产生，推其原因大概因为"十亭一乡"是以标准理想情况设计的，在许多地方并不能符合标准情况。正如《百官公卿表》所说"县大率方百里"一样，只是一种标准规定，在人口密度不同的地方，县的幅员也要有所变化，亦即"稠则减，稀则旷"的机动原则，乡与亭（部）两种地域也与此类似，故《百官公卿表》曰："乡亭亦如之。"换句话说，大部分的亭（部）都包含一个里以上，所以平均数离十亭一乡较远。

再回头看乡里关系。据《续汉书·百官志》，汉代制度大约是百户一里，这点在东海郡可以得到切实的印证。据一号木牍第十行所载，东海郡有"户廿六万六千二百九十，多前二千六百廿九"。以此二数与里数相较，平均每个里有居民 105 户与 104 户，正与百户相去不远。但若将乡数与里数相较，则平均每乡将近 15 个里，似乎与十里一乡的原则不符。但是如果注意到第二行"□百六"这三个字，情况就会不同。"□"是一个关键的字，可惜已泐，未能读出，但根据上下文意，此字似非"聚"字莫属。汉代聚的面貌比较模糊，《汉志》中也少见，但聚下有里却是很明确的。恰好《汉书》里就有东海郡一个聚的信息。卷82《史丹传》载，成帝封史丹为侯，"食郯之武强聚，千一百一十户"。证明武强聚是郯县所属的一个聚，且其下属又有里居，所以才能封畀史丹以食租税。故由此推断，一号木牍原文第二行应为"乡百七十，聚百六，里二千五百卅四"。如果以里数被乡聚之数所除，则平均一个乡（聚）是 9.18 里，颇与"十里一乡"之数合。

在二号木牍中，列出每个县（邑、侯国）的亭长数，这是一个很有用的数字。因为每个亭只有一个亭长，因此某县有几个亭长，就意味着有几个亭，也就是有几个亭部[①]。亭部是表示地域的单位，亭部越多，县的面积（或曰幅员）越大。所以从二号木牍所列的亭长人数，我们可大体看出县与县（或邑、侯国）之

[①] 周振鹤《从汉代"部"的概念释县乡亭里制度》中指出，亭长即亭部之首脑，属于部吏，即亭部之吏。

间幅员的差距。

　　就一般而言,侯国的地域要小于县,因为许多侯国只是割取乡聚甚至数个亭部之地而封,尤其王子侯国之封往往户少地蹙。这一点比较十八个侯国与二十县邑的亭长数便可明白。最大的昌虑侯国,只有 19 个亭,远比最大的县海西县的 54 亭小许多。至于最小的干乡(即《汉志》中的于乡)侯国,竟只有 2 亭之地,其小可知。这个侯国是泗水勤王子定之封地,泗水国本身就很小(初封只有三万户),其王子侯国自然大不了。

　　但是在二十个县邑之中也有地域不大,甚至很小的,尤其是平曲、曲阳、承、合乡四县分别只有四、五、六、七亭之地,与一般小侯国差不多,这是什么缘故? 细加推敲,便可知道其中有三个县本与侯国有关。承县原为承乡侯国,宣帝甘露四年(前 50)用封鲁孝王子当,成帝鸿嘉二年(前 19)因嗣侯有罪国除为县。合乡县之前身也是侯国,即合阳侯国,为鲁孝王子平之封域,与承乡侯同时封,成帝建始元年(前 32)亡后国除。两侯封时大约均为一乡之地,故一为六亭、一为七亭之地。至于平曲县则是另外一种情形。东海郡有两个同名的县级政区,一是平曲县,一是平曲侯国。平曲侯国是宣帝本始元年(前 73)封广陵厉王子曾,这个侯国很特别,不是按照推恩法分广陵国地以封,而是割汉郡地而立(同时还分封其他两个广陵厉王子,也是割济南郡与汝南郡地以封)。颇疑平曲侯国是割平曲县部分地所建,故两地同名,而且两处范围都不大,前者为五亭,后者只有四亭。至于曲阳县为何只有五亭,就没有明显的理由,会不会曲阳也是由平曲分出来的? 只能阙以存疑。

　　如果进一步分析,我们又可以发现,一个县吏员总数的多少不但与该县的户口有关,而且与其幅员的大小有关。汉承秦制,以万户为标准分大小县,大县置令,小县设长。从二号木牍所列官员秩别看来,东海郡大县有 7 个,其余 31 个县邑侯国都是小县。一般而言,大县人多事繁,吏员自然要多。但是这个原则并非绝对,举例来说,作为小县的费县、即丘、厚丘、利成的吏员总数就比作为大县的襄贲、戚县的吏员总数要多。可见还有其他因素制约吏员的总数,这个因素就是县域的大小。费县、即丘、厚丘与利成分别有 43、32、36 与 32 个亭,而襄贲和戚县只有 21 与 27 个亭。亭数的多少正是县域大小的参照物,所以前四县比后二县地域要大。地大不易管理,所以吏员总数也就相应要多些。这就是有的小县(从人口的角度讲)要比大县的吏员多的缘故。当然,这种吏员总数与幅员大小的关系只是粗线条的,并不是绝对化的,如亭数多的侯国,其吏员总数也有比亭数少的侯国吏员总数少的情况。

第二章　西汉郡国建置沿革

在秦代郡县的基础上，西汉王朝逐渐调整郡的幅员。《汉志》篇末云："本秦京师为内史，分天下作三十六郡。汉兴，以其郡太大，稍复开置，又立诸侯王国。武帝开广三边。故自高祖增二十六，文、景各六，武帝二十八，昭帝一，迄于孝平，凡郡国一百三，县邑千三百一十四，道三十二，侯国二百四十一。"此段文字指出汉郡数目的大幅增加有两方面的原因：幅员调整与新领土的开辟。

西汉一朝的郡国置废大致可以分为三个阶段，第一阶段为汉王朝建立至景帝末年，其时的调整主要侧重于对王国的削弱；第二阶段为武帝在位期间，开广三边，新置数量颇多的初郡；第三阶段为昭帝即位至西汉末年，此一时期西汉的疆域与郡国分布渐趋稳定，故数十年间，除偶有边疆的盈缩外，多为郡国内的小范围调整。以下分节逐一考证这三个阶段的西汉郡国沿革。

第一节　西汉前期郡国沿革

本节以时间为序，一一考核西汉前期，即高帝五年（前202）至景帝后元三年（前141）西汉一朝之行政沿革。

一、高帝时期郡国沿革

1. 高帝五年

高帝五年（前202），刘邦始称皇帝，更易项羽所封诸侯。置楚国，徙齐王信王楚，齐"入汉为四郡"，即临淄、济北、胶东①、琅邪；又封英布为淮南王，彭越为梁王，吴芮为长沙王，赵王张耳、燕王臧荼、韩王信则因楚汉之际旧封。《史记》卷93《韩信卢绾列传》云："高祖已定天下，诸侯非刘氏而王者七人。"即

---

① 胶东郡即秦即墨郡，楚汉之际以此郡置胶东国，当因之遂名胶东也。汉六年，刘邦封子肥为齐王，所属郡有胶东，知高帝时已名此郡为胶东。

指此七国。此时王国面貌大不同于《汉志》所述之汉末时代,皆连城数十,地域颇广,隐然一可与朝廷相抗衡之力量。

(1) 楚国

韩信楚国封域为汉初诸侯王国中最大。《汉书》卷1《高帝纪》载,"齐王信习楚风俗,更立为楚王,王淮北,都下邳"。韩信楚国次年即被国除,刘邦又分其国为二,"以故东阳郡、鄣郡、吴郡五十三县立刘贾为荆王,以砀郡、薛郡、郯郡三十六县立弟文信君交为楚王"。《汉书》此处于刘交封国言砀郡,实乃彭城郡之误(详见后文高帝六年下)。而韩信之楚国疆域又不仅于此荆、楚两国封域也。

《汉书》卷48《贾谊传》载贾谊上书云:"高皇帝以明圣威武即天子位,割膏腴之地以王诸公,多者百余城,少者乃三四十县。"此处所言得封百余城者非韩信楚国莫属,而刘贾、刘交封国相加亦不足九十县,固知高帝五年之楚国当兼有淮阳郡方是。《高帝纪》载张良献策云"从陈以东傅海于齐王信",陈县乃秦淮阳郡治所所在也,亦可知韩信之封国东至陈县,次年高帝擒韩信于陈,正因陈恰在楚国西界之故①。

(2) 梁国

《汉书》卷1《高帝纪》曰:"魏相国建成侯彭越……其以魏故地王之,号曰梁王,都定陶。"《汉志》云:"梁国,故秦砀郡,高帝五年为梁国。"然彭越之梁国领域约大于秦砀郡。

秦代编已述及,秦砀郡无济阴之地,定陶其时属东郡。彭越得都定陶,是梁国已得济阴之地,然并不得秦东郡全境,高帝十一年,立子恢为梁王时,"罢东郡,颇益梁",可知此年前汉仍有东郡建制。反映汉初政区面目的张家山汉简《二年律令》中,东郡属县在列者有"濮阳……阳平……东阿、聊城、燕、观、白马、东武阳、茌平、甄城、顿丘",此虽反映的是吕后二年(前186)东郡领县,然很可能亦是汉甫立之时的东郡面貌,则彭越梁国的西北界不难由此推知。兼由张良所言之"取睢阳以北至谷城皆以王彭越",知梁国北又得故秦薛郡之东平数县。

(3) 淮南国

《史记》卷91《黥布列传》云:"汉五年……布遂剖符为淮南王,都六,九江、

---

① 陈县为秦淮阳郡治所,又不在淮阳郡西界,疑此时韩信并未得淮阳全郡之地,仅得陈县以东也。是以张家山汉简《二年律令·秩律》中有郎陵、西平等县名,属南阳郡,颇疑其为高帝五年时以此数县畀予南阳郡之故。当然也不能排除秦时南阳郡已有郎陵等县的可能,故正文中暂不及此,姑于此注中言及汉初淮阳、南阳两郡可能的郡界变化。

庐江、衡山、豫章皆属布。"故知英布淮南国领有四郡。

豫章郡名于此首见史籍。秦代编已述及，秦无豫章郡，楚汉之际，豫章地属英布九江国，然布为王不过一载即反楚助汉，九江国遂为楚所灭。此短短时间内，自然难以对国内建制有所革新，故豫章郡不当为英布九江国所置。

《水经·赣水注》称："南昌县，春秋属楚，即令尹子荡师于豫章者也，秦以为庐江南部，高祖始命陈婴以为豫章郡治，此即婴所筑也。"是豫章郡乃汉五年为高帝所置，旋以封英布。

豫章郡乃分秦庐江郡西部而置，唯史籍不及庐江豫章两郡之明确边界，只能略作推测。前文秦代编已述，秦庐江郡地在江南，非《汉志》中处江北之庐江郡，豫章则更为庐江南部。

南昌之为豫章郡治，汉初已然；庐江郡治则不见记载，以《汉志》豫章郡诸县观之，恐非鄱阳莫属。鄱阳，秦之大县，长沙王吴芮曾为鄱令。若此推测可靠，则庐江、豫章边界之中段应穿过鄱阳与南昌之间，而东段边界当在余汗县以南，换句话说，汉初余汗县应在庐江郡内。证如下：《汉书》卷64《严助传》述淮南王安上书曰："越人欲为变，必先田余干(汗)界中。"《太平御览·州郡部》引《汉书》卷91《货殖传》曰："譬犹戎与干越不相入矣。韦昭注曰干越今余干县，越之别名。"干越实是百越的一支，因居于"干"地而得名。"余"字是越语发语词，无实义①，"余干"就是"干"。会稽郡之余姚、余暨、余杭，其意亦与之相类，原名只是姚、暨、杭而已。淮南王书又云："前时南海王反，陛下先臣(指刘长)使将军间忌将兵击之，以其军降处上淦，后复反。"《史记》卷118《淮南王传》："南海民处庐江界中者反，淮南吏卒击之。"两传相补，知"上淦"即在"庐江边界中"。"淦"即"干"，上淦即"干"地之一部分。上淦既与"余汗"有关，则"余汗"亦应在庐江界中，清人沈钦韩以为上淦即上干溪。《汉志》豫章郡："余汗，余水在北，至鄡阳入湖汉。"汉至清余水之名不变，上干溪(即上淦)乃余水上游，余水于汉在余汗县，是上淦地在余汗县明矣。以故庐江郡南界当在余汗县以南。《史记》卷129《货殖列传》云：南楚"与闽中干越杂俗"者，因其相近也。依地望而言，则庐江近干越，而豫章近闽中。

(4) 长沙国

《汉书》卷1《高帝纪》载，刘邦"以长沙、豫章、象郡、桂林、南海立番君芮为长沙王"。其时象郡、桂林、南海三郡实为南越赵佗所居，只是虚封而已，豫章

---

① 参见周振鹤、游汝杰：《古越语地名初探——兼与周生春同志商榷》，《复旦学报》1980年第4期。

郡则属淮南王英布，不得属吴芮。《高帝纪》记汉初诸侯王封地亦有所误，如前述楚元王封域，误彭城为砀；又如齐悼惠王所封当为七郡，《高帝纪》仅记六郡。故颇疑吴芮所封豫章乃武陵之讹。旧秦诸郡至汉五年皆有所归属，武陵郡地处长沙以西，既不属高帝，亦不属南越，必然封给吴芮。

武陵、长沙两郡即秦洞庭、苍梧之后身，然长沙国封域并不等同于秦之洞庭、苍梧两郡。《水经·沅水注》云："汉高祖二年，割黔中故治为武陵郡。"《续汉书·郡国志四》曰："武陵郡，秦昭王置，名黔中郡，高帝五年更名。"秦代篇已述，黔中郡不存于秦始皇二十六年（前221）之后，然《水经注》、《郡国志》皆言此，是必有因，其实当为汉初割秦洞庭郡西北角以益巴郡，是故此时长沙国并无秦洞庭郡涪陵等县。东北界相比秦时亦有所后缩，反映吕后二年政区面貌的张家山汉简《二年律令》中，南郡属县赫然有下隽、屠陵等县，是长沙国吕后时期北不过今湖北公安、通城一线，疑汉初吴芮初封时即是如此形势。

（5）赵国

《汉书》卷1《高帝纪》云：高帝四年十一月，"汉立张耳为赵王"。汉五年，张耳薨，其子张敖嗣立为赵王。张耳楚汉之际为恒山王，封域即秦邯郸、恒山、清河、河间四郡，此赵国亦为此四郡之地。然张家山汉简中，《汉志》魏郡之邺、馆陶、内黄、繁阳等县似皆属河内郡，不在赵国。然吕后二年前，赵国几经易主，不知此数县不复隶赵缘自何时，亦不可能排除汉立张耳赵国时即已割此数县改隶河内之可能。

（6）燕国

臧荼之燕国为汉初诸侯王国中唯一非刘邦所封者，其地仍袭楚汉时代之旧。高帝五年七月，汉击燕王臧荼，臧荼降。八月，刘邦以卢绾为燕王，仍领故燕广阳、上谷、渔阳、右北平、辽东、辽西六郡之地。

（7）韩国

韩王信于汉二年被立为韩王，然其时战事倥偬，并非真正裂土封王，至汉"五年春，遂与剖符为韩王，王颍川"①。故韩国于七国中封域最小，仅领颍川一郡之地耳。

七异姓王国的封域占去了汉疆域的一半（见图2-1），其所辖郡目表如下：

---

① 《史记》卷93《韩王信列传》。

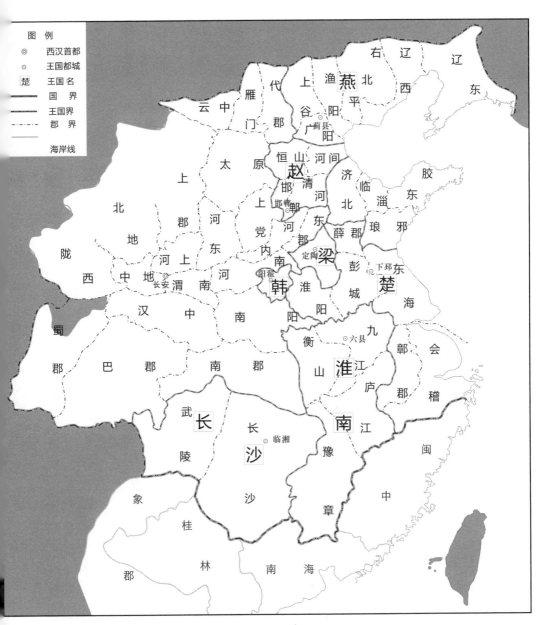

图 2-1 高帝五年(前 202)七异姓诸侯封域示意图

表 2-1　高帝五年(前 202)七异姓王国所辖郡目

国名	王名	王都	封　域	始　封　年　月
燕	臧荼	蓟县	广阳、上谷、渔阳、右北平、辽东、辽西	因项羽原封,汉高帝五年九月为卢绾所代
韩	韩信	阳翟	颍川	二年十一月
赵	张耳	襄国	邯郸、恒山、清河、河间	四年十一月
楚	韩信	下邳	东海、会稽、彭城(四川)、淮阳、薛郡	四年二月王齐 五年正月徙楚
淮南	英布	六县	九江、衡山、庐江、豫章	四年七月
梁	彭越	定陶	砀郡	五年正月
长沙	吴芮	临湘	长沙、武陵	五年二月

故高帝五年,西汉仅领二十四郡,即渭南、河上、中地、陇西、北地、上郡、云中、雁门、代郡、太原、巴郡、蜀郡、汉中、南郡、南阳、河南、河内、河东、上党、东郡、临淄、济北、胶东、琅邪。

2. 高帝六年

异姓王国的设置显然与专制皇权直接矛盾,因此自高帝六年起,开始逐个剪除异姓诸侯。首当其冲的即是诸侯国中封域最大的楚国。六年初,高帝于陈县之郊擒韩信,楚国国除,遂分楚国地置楚、荆两国,分封身为宗室的刘交、刘贾。《汉书》卷 36《楚元王传》云,立"交为楚王,王薛郡、东海、彭城三十六县"(见图 2-2)。此处所言刘交楚国封域与《高帝纪》中所述略有不同,《高帝纪》云:"以砀郡、薛郡、郯郡三十六县立弟文信君交为楚王。"郯乃东海郡治,故《高帝纪》以郯郡代称东海,砀郡此时已封彭越梁国,无由属楚,可知纪文误也①。

高帝又"以故东阳郡、鄣郡、吴郡五十三县,立刘贾为荆王"②。旧属韩信楚国之淮阳郡则入汉。此举亦是刘邦分封同姓王之始。

刘贾受封有东阳郡,前人多以为是楚汉之际所置郡,实际上恐怕是高帝六年废楚王韩信后所析置。《史记》卷 51《荆燕世家》载封刘贾之事云,"立刘贾为荆王,王淮东五十二城"。《史记》、《汉书》对照,知荆国三郡皆居淮水之东,

---

① 见钱大昕:《廿二史考异》卷 6。
② 《汉书》卷 1《高帝纪》。

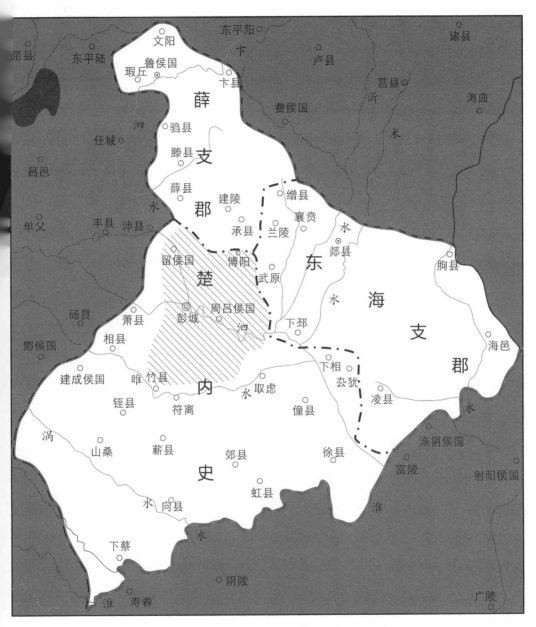

图 2-2 高帝六年(前 201)刘交楚国三十六县示意图

[图中斜线部分为景帝三年(前 154)之楚国]

鄣郡为《汉志》丹扬郡原名，吴郡当即为会稽郡，丹扬、会稽皆在江南，可见东阳郡必在淮东江北之间。东阳在江淮之间，只能析秦东海郡南部置，即东海郡淮河以南地（见图2-3）。

自荆、楚两同姓王国置后，汉又"以云中、雁门、代郡五十三县立兄宜信侯喜为代王；以胶东、胶西、临淄、济北、博阳、城阳郡七十三县立子肥为齐王"[①]，大建同姓王国，以作为中央朝廷的屏藩。

刘喜代国之封域为云中等三郡甚是明了，唯其北部边境，由于秦末以来匈奴的侵袭，与秦时相比或有所退缩，然以《二年律令》中所见之汉初云中郡县目观之，亦不至于退缩回长城内太多（见图2-4）。

刘肥齐国封域，《高帝纪》之记载显然有误。《汉书》卷38《高五王传》明言吕后七年割齐琅邪郡封刘泽，故初封刘肥实应以七郡之地，此七郡乃由故秦齐地四郡所析置。胶东即为秦即墨郡，因项羽封胶东王之故改名胶东（如秦三川郡汉时名河南郡），胶西、博阳、城阳皆为新置郡，置年当皆在高帝六年。因汉五年徙齐王信于楚时，犹言齐地属汉为四郡，知新郡之置必在其后也。胶西郡是《汉志》高密国前身，当是分胶东郡而置。博阳则是济南郡前身，必是取济北郡之地而置。城阳则为分琅邪郡置。此时刘肥齐国领有七郡七十余县，俨然当时第一大诸侯国（见图2-5）。

同年，"以太原郡三十一县为韩国，徙韩王信都晋阳"[①]，此前之韩国则入汉为颍川郡。《史记》卷93《韩信列传》云："信上书曰：'国被边，匈奴数入，晋阳去塞远，请都马邑。'"《汉志》马邑属雁门郡，并非太原郡辖县，然韩信即请都马邑，则汉初马邑乃属太原也，以地望观之，马邑南之楼烦、埒县亦必定归太原[②]。

刘邦迁韩信于太原，一是为了让其远离"天下劲兵处"的颍川，另一方面亦是藉其武力以御匈奴。然是年九月，"匈奴围韩王信于马邑，信降匈奴"，新置之韩国即告覆灭，太原郡名义上自然重新属汉。

淮南、长沙、梁、燕、赵五国则维持原状未变。

此年，西汉新置广汉郡。广汉置郡之年，《史记》、《汉书》未详。《汉志》云广汉郡高帝置，但不明载其始置年。《汉志》所言高帝所置郡多有谬误，本不足以采信。然《华阳国志》、《水经·江水注》皆称广汉郡乃高帝六年所置，或有

[①] 《汉书》卷1《高帝纪》。
[②] 疑此三县之改属雁门当在文帝分代国为代、太原两国时，因太原郡非边郡，本即富庶过代地其他郡，为不致两国国力过于悬殊，遂改此三县另属雁门也，详见后文第三章第十节。

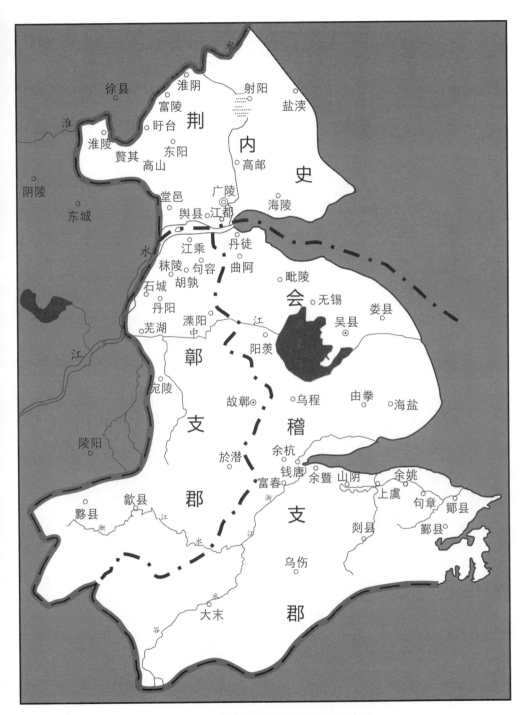

图 2-3 汉初刘贾荆国及刘濞吴国示意图

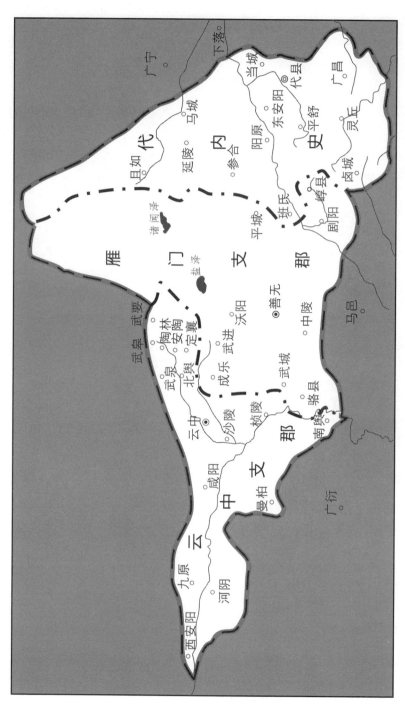

图 2-4 高帝六至九年(前 201—前 198)代国示意图

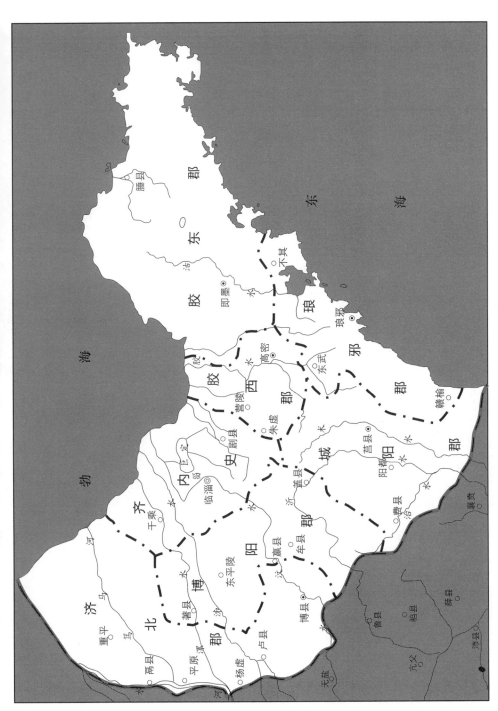

图 2-5 高帝六年至惠帝元年(前 201—前 194)齐国七郡示意图

所据。

广汉郡最早见于史册为武帝平西南夷时,其郡名在征发兵役之列,故可见武帝初广汉必已存也。且巴蜀地区户数本不为多,此分郡不由高帝以王业所兴而分,待孝惠孝文时,又岂突思及此边地竟分郡哉!且高帝六年,刘邦在封建齐、荆等同姓侯国时,曾析置东阳、胶西、城阳、博阳等郡,因此广汉置于此年,亦颇有可能①。

张家山汉简《二年律令·秩律》中有蜀、广汉两郡县名,其排列如下:

成都、郫、雒……临邛、新都、武阳、梓潼、涪……

可见广汉郡县名虽与蜀郡相连,然两郡之县名先后毫无错杂,当是已分郡之故。又《华阳国志·巴志》曰:"天下既定,高帝乃分巴置广汉郡。孝武帝又两割置犍为郡,故世曰分巴割蜀,以成犍、广也。"然以《二年律令》观之,汉初之广汉属县乃从蜀郡析出,不干巴郡也。

秦汉时期,蜀郡之成都平原是最富庶的地区,《汉志》蜀郡户近二十七万户,广汉户十六万余,犍为约十一万,相比之下,以巴郡领域之广,其户数不过十五万余而已。蜀郡、广汉、犍为因其富庶而号称三蜀。蜀郡分置广汉后,至汉末其户数仍比巴郡多出百分之七十,由这点,也足见巴、蜀两郡经济发展程度的差别。因此析巴郡地入广汉实际上是在武帝时期,广汉郡由于割其南部置犍为郡,郡域尤显逼仄,故方取巴郡西部数县以益广汉。

张家山汉简《二年律令》中有阴平道、甸氐道之名,此数道皆在白马氐之地,《汉志》属武都郡,《史记》卷116《西南夷传》云,"以广汉西白马为武都郡",是阴平、甸氐道当本属广汉郡,故汉初广汉初置时,郡北界或已达阴平、甸氐道一线,与蜀郡分界大抵和《汉志》中所体现的相同,唯最南端南安此时犹属蜀郡。西部和巴郡之分界则延续秦时巴蜀两郡界线。

故高帝六年,诸侯王国封域如下表所示:

表2-2 高帝六年(前201)各诸侯王国封域

国名	王名	王都	封　　域	始封年月
齐	刘肥	临淄	临淄、济北、博阳、胶东、胶西、城阳、琅邪	六年正月

---

① 但昌武《西汉广汉郡始置年代考》(刊于《中国历史地理论丛》2018年第3期)中以为广汉郡高帝置史料依据并不坚实,《二年律令·行书律》中仅见蜀、巴、汉中,不见广汉,也表明吕后二年并未置广汉郡。以武帝开西南夷历史见,广汉郡或置于元光四年(前131年)至元光五年间,此亦一说。

续　表

国名	王名	王都	封　域	始　封　年　月
楚	刘交	彭城	彭城、薛郡、东海	六年正月
荆	刘贾	广陵	东阳、鄣郡、会稽	六年正月
代	刘喜	代县	代郡、云中、雁门	六年正月
燕	卢绾	蓟县	广阳、上谷、渔阳、右北平、辽西、辽东	五年九月
赵	张敖	襄国	邯郸、恒山、清河、河间	四年十一月
梁	彭越	定陶	砀郡	五年正月
淮南	英布	六县	九江、衡山、庐江、豫章	四年七月
长沙	吴芮	临湘	长沙、武陵	五年二月
韩	韩信	晋阳/马邑	太原	六年正月徙封至此,九月反,国除

相较高帝五年诸侯王皆异姓之形势,刘邦为固根本所采取的大封同姓王国的政策已颇具效果,刘姓诸侯王国占据王国的大半版图,而汉所领者仅渭南、河上、中地、陇西、北地、上郡、巴郡、蜀郡、广汉、汉中、河南、河东、上党、河内、南郡、南阳、东郡、颍川、淮阳十九郡,九月之后暂时又有太原郡。故此年汉之领地甚至较五年更为缩小。

3. 高帝七年至十一年

高帝七年,匈奴攻代,代王喜弃国,刘邦遂立子如意为代王。当然此时由于和韩信余部战事未了,代国实际控制区域当有变化,但名义上代王如意所领仍为云中、雁门、代郡五十三县。

高帝九年,异姓赵王敖被废,高帝以子代王如意为赵王,兼领代国,此时赵国有县百余,为当时第一大诸侯国。

此年,汉郡内又有重大调整。高帝罢渭南、中地、河上三郡,复以内史统京师地区。自汉二年至九年,《汉志》中的三辅地区一直分为三郡,然值得一提的是,三郡的存在并非取代内史,《汉书》卷16《高惠高后文功臣表》"高景侯"条下有"父苛以内史从击破秦,为御史大夫",《史记》卷18《高祖功臣侯者年表》作"周苛起兵,以内史从,击破秦,为御史大夫",显然此时内史官职仍然存在,疑只是不负责地方行政事宜耳。至高帝九年,内史再次对三辅地区的县有管理权限。

另，此年之前，既然汉无内史，故疑王国当亦不置内史，纯以郡统县。此或是楚汉之际的习惯，当时诸侯亡秦之后，疑对秦制多有更易，如项羽都彭城，而又有彭城郡一般。故颇疑汉九年乃重施秦制，汉复置内史，诸王国遂亦置内史矣①。

高帝十一年，汉境内王国形势再度大变。是年，梁王彭越诛，刘邦遂封子恢为梁王，又封子友为淮阳王，并"罢东郡，颇益梁；罢颍川，颇益淮阳"②，故此时梁领砀郡、东郡两郡，淮阳国则有颍川、淮阳两郡（见图2-6、图2-7）。又分赵国，复置代国以立子恒为代王。

刘恒代国的封域与此前刘喜、刘如意多有不同。

《汉书》卷1《高帝纪》："十一年诏曰：代地居常山之北，与夷狄边，赵乃从山南有之，远。数有胡寇，难以为国，颇取山南太原之地益属代，代之云中以西为云中郡，则代受边寇少矣。"诏书所谓"代之云中以西为云中郡"，说明高帝十一年将云中郡分成两部分，云中郡以西分为新云中郡，属汉；东部则属刘恒代国，置为定襄郡。因此时如定襄不置郡，则故云中郡东部地只能并入雁门郡。并入雁门之事无征，当然是置为代国支郡定襄无疑。

然定襄郡似不单有原云中郡之地也。《史记》卷57《绛侯周勃世家》云，勃"定雁门郡十七县，云中郡十二县"，而《汉志》中雁门仅得十四县，且阴馆县明确记载为景帝后三年（前141）置。前文已述，汉初马邑等三县本属太原郡，如此，《汉志》中雁门郡十四县中至多十县汉初属雁门，则《周勃世家》所云之雁门郡十七县其余七县当为在某时期被划归它郡。颇疑即为置定襄郡时分雁门之县而致也。《汉志》中定襄郡十二县，其武皋、武要、安陶、定襄四县与云中郡毗邻，从防范匈奴的战略角度看，秦时当归云中郡。襄阴县虽地望不明，但似在今内蒙古呼和浩特市东北一带③，当本属云中，则定襄郡所辖县中有五县得自云中郡。定襄郡所余尚有成乐、武进、桐过、骆县、武城、复陆、都武七县，故颇疑此七县本属雁门郡，高帝十一年别属定襄郡。

故高帝十一年，诸侯王国封域如下表所示：

---

① 《史记》卷47《孔子世家》有"鲋弟子襄，年五十七。尝为孝惠皇帝博士，迁为长沙太守"。似孝惠之后仍有长沙郡，如此则非高帝九年后，王国皆以内史统王国都城一带。然《汉书》卷19上《百官公卿表》云，诸侯王国"群卿大夫都官如汉朝"，可知诸侯王国本郡亦当由王国内史所辖。《史记》卷59《五宗世家》："高祖时，诸侯皆赋，得自除内史以下。"又以《史记》卷9《吕太后本纪》，至孝惠初，齐国已有内史。《汉书》卷44《淮南王传》薄昭奉文帝旨意予淮南王书有，"诸从蛮夷来归谊及以亡名数自占者，内史县令主"。此处以内史与县令相提，似乎也证明至晚文帝初，内史已为诸侯王国的行政单位。又，孔襄甚而有在文帝末长沙国除后为长沙太守的可能，故仍取高帝九年为各王国以国都所在郡为内史。
② 《汉书》卷1《高帝纪》。
③ 见晓沐、晋源：《新见"襄阴"圜钱与"衺金"尖足空首布》，《中国钱币》2005年第2期。

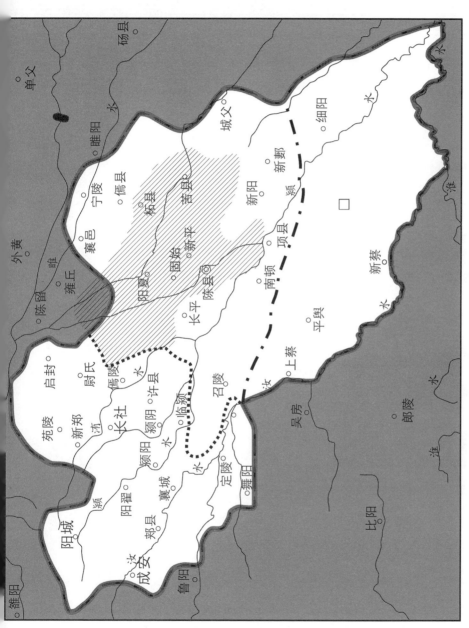

图 2-6 高帝十一年至十二年(前 196—前 195)淮阳国封域

[图中虚点线为惠帝元年(前 194)淮阳、颍川两郡边界,点画线为文帝十二年(前 168)淮阳、汝南两郡边界,斜线部分为宣帝元康三年(前 103)所置淮阳国]

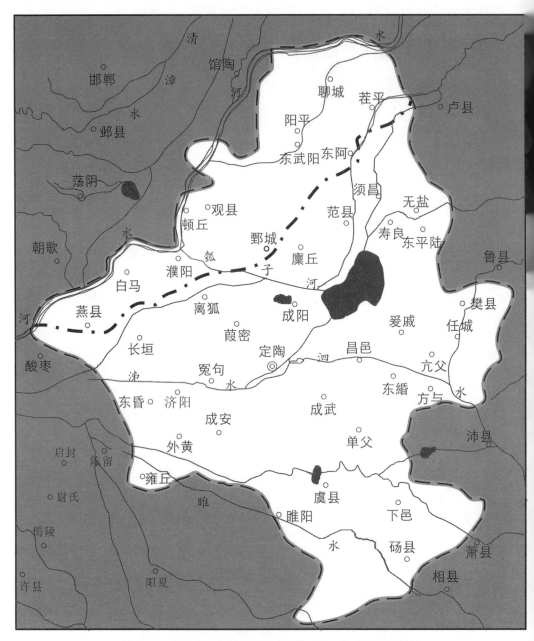

图 2-7　高帝十一年至吕后元年（前 196—前 187）梁国封域

（图中点画线为高帝十一年前梁国与东郡边界）

表 2-3　高帝十一年(前 196)各诸侯王国封域

国名	王名	王都	封　　域	始封年月
齐	刘肥	临淄	内史(临淄)、济北、博阳、胶东、胶西、城阳、琅邪	六年正月
楚	刘交	彭城	内史(彭城)、薛郡、东海	六年正月
荆	刘贾	广陵	内史(东阳)、鄣郡、会稽	六年正月
代	刘恒	晋阳	内史(太原)、代郡、雁门、定襄	十一年正月
燕	卢绾	蓟县	内史(广阳)、上谷、渔阳、右北平、辽西、辽东	五年九月
赵	刘如意	邯郸	内史(邯郸)、恒山、清河、河间	九年正月
梁	刘恢	睢阳	内史(砀郡,兼有东郡)	十一年三月
淮阳	刘友	陈县	内史(淮阳,兼有颍川)	十一年三月
长沙	吴芮	临湘	内史(长沙)、武陵	五年二月
淮南	英布	六县	内史(九江)、衡山、庐江、豫章	四年七月

故至此年,汉境愈狭,东郡、颍川二郡亦归王国,虽得新云中郡,太原郡又复为王国地,此亦西汉一朝中央直领地最小之时期。

4. 高帝十二年

高帝十二年初,汉境内的异姓诸侯王尚有三:英布淮南、卢绾燕和吴芮长沙。至十二年,异姓诸侯国再遭剪除。

十一年七月,英布反,是年底,荆王刘贾为布军杀于富陵。十二年初,刘邦亲率军破布,英氏淮南国除,遂"立子长为淮南王,王黥布故地,凡四郡"①。又以兄子濞为吴王,王刘贾荆国故地。同年,卢绾燕国亦除,《史记》卷 1《高祖纪》云,十二年"二月,使樊哙、周勃将兵击燕王……立皇子建为燕王"。

刘长之淮南国与此前封域不变(见图 2-8),然刘建之燕国则和卢绾燕国领域有所不同,刘邦其时取赵国河间郡数县以益燕国。

此次燕赵易界史籍无载。《汉书》卷 76《赵广汉传》云广汉为"涿郡蠡吾人也,故属河间"。是《汉志》涿郡南部乃赵之河间故地也。

王国维《汉郡考》云:"汉兴,矫秦郡县之失,大启诸国,时去六国之亡未远,大抵因其故壤。"②斯为至言。战国后期,燕赵两国边界呈犬牙交错状态,于是"赵

---

① 《史记》卷 91《黥布列传》。
② 王国维:《汉郡考下》,收入氏著《观堂集林(外二种)》,河北教育出版社,2003 年,第 280—282 页。

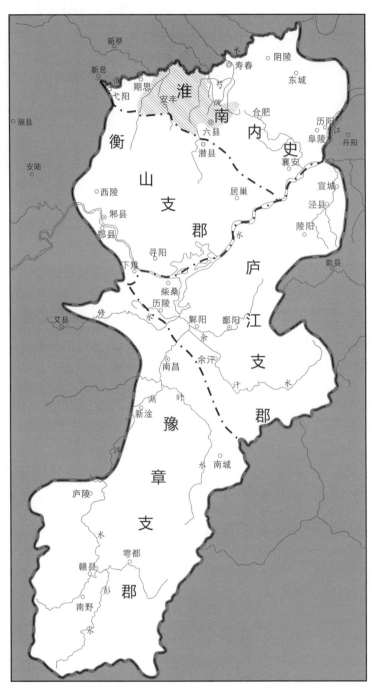

图 2-8 高帝五年至文帝六年(前 202—前 174)淮南国四郡示意图

[英布都六县,刘长都寿春。斜线部分为后武帝元狩二年(前 121)所置六安国]

孝成王十九年，赵与燕易土，以龙兑、汾门、临乐与燕，燕以葛、武阳、平舒与赵"①。

龙兑、汾门，《正义》、《集解》皆云在北新成（《汉志》属中山国），临乐当在故燕赵边界处。葛，徐广、《括地志》皆以为在高阳，可以为据；平舒，《集解》、《正义》皆以为在代郡，误甚。燕、赵两国易地必在犬牙交错处，以整齐边界，利于防守，故代地腹部之平舒不可能畀燕，否则燕将有一飞地在代。燕所予赵之平舒乃《汉志》勃海之东平舒，旧大国各自因地取名，故同名者众，汉兴，即加以整理，同名者则冠以东、西、南、北、上、下等方位词，因代有平舒，故将勃海之平舒冠以东字，以资分别。

武阳，史籍失其所在，当然不会是《水经注》中的武阳（故燕下都），很可能是《汉志》涿郡之武垣。《史记》卷 43《赵世家》："孝成王七年，武垣令傅豹、王容、苏射率燕众返燕地。"可见武垣本属燕，后归赵，故孝成王七年（前 259）又返燕，武垣位于高阳之南，则赵孝成王十九年燕既以高阳予赵，亦必同时将其南边的武垣予赵无疑。

要之，以《汉志》而言，燕赵易地是赵予燕以北新成、临乐，而燕予赵高阳、武垣及东平舒。

易地的结果，使燕赵边界大致沿《汉志》北新成、易县、文安一线，此边界与燕之易水长城（筑于前 334—前 331 年，今河北易县，文安东南一带尚有遗迹）基本吻合②。所以《史记》卷 86《刺客列传》述鞫武言燕边界为"长城以南，易水以北"。又载："秦将王翦已亡赵……进兵北略地至燕南界，太子丹……曰：'秦兵旦暮渡易水。'"大约燕赵边界本沿易水长城，后成犬牙状，易地以后，又大体恢复原状。

秦始皇二十六年于赵地置钜鹿、邯郸郡，于燕地置上谷郡，上谷、钜鹿郡界（亦即秦末广阳、河间郡界）即为故燕赵之国界。汉元年，项羽分封十八王，燕与常山国界当循此不变。汉四年张耳赵国和臧荼燕国边界亦同此。后燕更王卢绾、赵更王刘如意，国界当无变化。高帝六年起，刘邦逐步以同姓王取代异姓诸侯，为了使同姓王互相牵制，共同拱卫中央，故有意调整同姓王国边界，以形成犬牙交错状态。此即《汉书》卷 4《文帝纪》所云："高帝王子弟，地犬牙相制，所谓盘石之宗也。"卷 53《中山王传》亦云："先帝所以广封连城，犬牙相错者，为盘石宗也。"

因此，燕赵边界遂由整齐划一调整成锯齿模样，因赵孝成王十九年（前 247）燕赵易地事去高帝年间仅四五十年，记忆犹新，所以将赵河间郡之高阳、

---

① 《史记》卷 43《赵世家》。
② 《读史方舆纪要》卷 12 濡水条亦云：名胜记，南北二易水会于黑龙江，在容城、新安二县间，即古燕赵分界处。

武垣两地重新划归燕国。不但如此,而且连蠡吾、饶阳一带也一并归燕①,这就是赵"广汉,涿郡蠡吾人也,故属河间"的来历。赵之高阳以南数县既予燕,燕之临乐大约亦以还赵(见图2-9)。临乐地望当在《汉志》中山国北境,武帝元朔四年(前125)用封中山靖王子,别属涿郡,后又迁往勃海,所以与中山国不相毗连的勃海郡才会出现中山王子之临乐侯国。

这次边界调整大约在高帝十二年二月平定卢绾之乱以后进行。燕地之平,费时甚短,二月樊哙击燕,卢绾即退居长城。消灭异姓王国是高帝的既定方针,卢绾即便未称乱,亦终必由同姓王所代,因此燕赵边界之调整计划可能早已制订,只是借立皇子建为燕王时予以实行而已。是时燕赵两王均高帝亲子,其边界调整当然不成问题。调整结果,使得燕之广阳郡有一舌状地伸入赵之河间郡及恒山郡之间(见图2-10)。

至此,以同姓代替异姓的工作基本完成。其时,"高祖子弟同姓为王者九国,唯独长沙异姓……内地北距山以东尽诸侯地,大者或五六郡,连城数十,置百官宫观,僭于天子。汉独有……十五郡"②。这是同姓诸侯王国的鼎盛时期。在更异姓为同姓的过程中,刘邦有意识、有计划地开置部分秦郡,或一分为二,或一分为三,因此高帝末年同姓王国的封域可以郡目表示如下:

表2-4 高帝十二年(前195)各诸侯王国封域

国名	王名	王都	封域	始封年月
楚	刘交	彭城	彭城、东海、薛郡	汉高帝六年正月
齐	刘肥	临淄	临淄、胶东、胶西、济北、博阳、城阳、琅邪	六年正月
赵	刘如意	邯郸	邯郸、恒山、河间、清河	九年正月
代	刘恒	晋阳	太原、雁门、定襄、代郡	十一年正月
梁	刘恢	定陶	砀郡③	十一年三月
淮阳	刘友	陈县	淮阳	十一年三月
淮南	刘长	寿春	九江、衡山、庐江、豫章	十一年七月
吴	刘濞	广陵	东阳、会稽、彰郡	六年正月荆国 十二年十月更封
燕	刘建	蓟县	广阳、上谷、渔阳、右北平、辽西、辽东	十二年二月

① 《水经·滱水注》云:"蠡吾,应劭曰饶阳之下乡也。"
② 《史记》卷17《汉兴以来诸侯年表》。
③ 刘恢梁国当领有汉初东、砀两郡之地,然《高帝纪》既云"罢东郡",从字面上应是取消建制之意。刘友淮阳国亦如此,颍川郡此时当也罢,建制上淮阳国仅领一郡也。

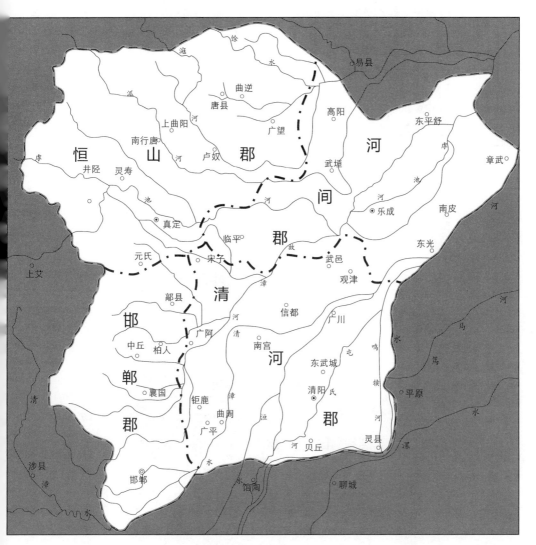

图 2-9　高帝十一年至十二年(前 196—前 195)赵国示意图

图 2-10 高帝十二年至景帝二年(前 195—前 155)燕国示意图

[图中虚点线为高帝十二年前燕、赵国边界,点画线内为武帝元狩六年(前 117)所置燕国国界,斜线部分为宣帝本始元年(前 73)广阳国封域]

九个同姓王国与异姓长沙国在地域上连成一片，总封域占全汉疆域的一半以上。这时高帝自领地不过十五汉郡，即内史、上郡、北地、陇西、汉中、巴郡、蜀郡、广汉、云中、上党、河东、河内、河南、南阳、南郡，比此前更为收缩（见图2-11）。

二、孝惠吕后时期郡国沿革

惠帝时期，"萧规曹随"，对建制几无变动，唯有元年（前194），赵王如意薨，淮阳王友迁为赵王，淮阳国除，颍川郡当于此时复置，故汉复有颍川、淮阳两郡。二年，齐王肥献城阳郡为鲁元公主汤沐邑，齐仍辖六郡。

吕后元年（前187），"立孝惠后宫子强为淮阳王，不疑为恒山王"①，然此时淮阳国唯得淮阳郡，不得颍川也，故《二年律令·秩律》中颍川属县赫然在列。同年，又削梁国西北原秦东郡部分县复置东郡②。

史籍未言此次东郡之复置。然《二年律令·秩律》中赫然有东郡十一县在列，又，此十一县恰在全部县目之最末，故颇疑乃高帝益封后至吕后二年前某年又被夺矣，故重为汉郡，是以见诸律文。观吕后元年，割齐之济南郡为吕王封邑，分赵之恒山郡封惠帝子。可见斯年，诸侯王国多有被夺地者，梁国失东郡之地亦不为怪。

故至吕后元年，汉有内史、陇西、北地、上郡、云中、巴郡、蜀郡、广汉、汉中、河南、河东、上党、河内、南郡、南阳、东郡、颍川十七郡。

吕后六年，以城阳、薛两郡置鲁国，封外孙张偃为鲁王。《史记》卷17《汉兴以来诸侯王年表》、《汉书》卷14《诸侯王表》皆系张偃鲁国之置于吕后元年，独《汉书》卷32《张耳传》系于六年，当以传为是。是年宣平侯张敖死，方以鲁国封其子张偃。又，《二年律令》中有鲁侯，疑即指张偃，则吕后二年犹称偃为侯，而不为王，是鲁国置于六年又一旁证。楚国遂仅有内史（彭城）、东海两郡。

七年，"徙梁王恢为赵王，吕王产徙为梁王……更名梁曰吕"。赵王旋自杀，吕后遂立兄子吕禄为赵王，又改原齐之吕国为济川国，立诈孝惠子刘大为济川王，割齐之琅邪郡封刘泽为琅邪王，齐国仅余内史（即临淄郡）、济北、胶东、胶西四郡之地；九月，燕王建薨，无后，国除；八年十月，封吕通为燕王。

另，疑吕后七年分长沙国内史地置桂阳郡。

桂阳郡之置年史籍无载。汉五年（前202）高帝封吴芮长沙国时，犹无桂阳郡之建制。然桂阳郡置年亦不得太晚。《汉书》卷95《南粤传》载文帝元年

---

① 《汉书》卷3《高后纪》。
② 《二年律令》中有东郡十一县在列，与《高帝纪》所言之"罢东郡"颇不相符。

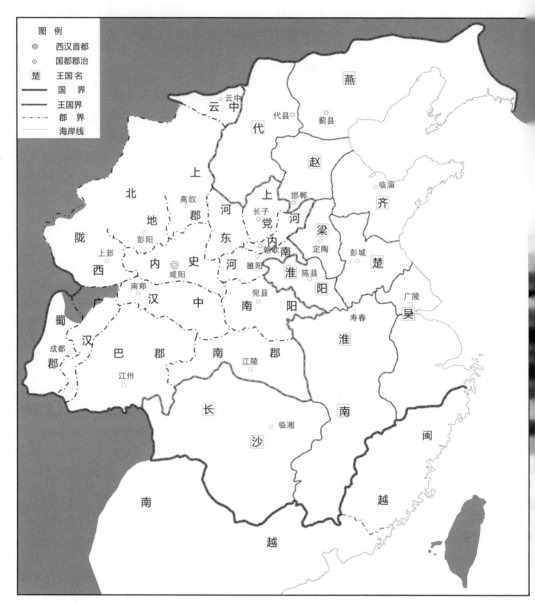

图 2-11　高帝十二年(前 195)十王国、十五汉郡示意图

(图中粗线部分以东为十王国,以西为十五汉郡)

(前179)赐赵佗书曰:"前日闻王发兵于边,为寇灾不止,当其时长沙苦之,南郡犹甚……"此南郡自非汉天子自领之南郡,否则其位于长沙之北,岂能"尤甚"?文帝所谓南郡当指长沙国之南边郡,省称耳。赵佗既寇长沙,当然其南边郡受灾要比腹地尤甚,此常理也,可见吕后以前长沙就已分设南边郡,此即桂阳郡也。

边郡之设,显然是为了加强防御,以作缓冲。若长沙不设桂阳边郡,则其腹地要直接受到南越的威胁。《史记》卷113《南越列传》称:"汉十一年,遣陆贾因立佗为南越王,与剖符通使,和集百越,毋为南边患害,与长沙接境。"自此年后,不闻南越有侵边之事,直至吕后时期,"佗乃自尊号为南越武帝,发兵攻长沙边邑,败数县而去焉。吕后遣将军隆虑侯灶往击之。会暑湿,士卒大疫,兵不能逾岭。岁余,吕后崩,即罢兵。"此事既发生在吕后七年。故桂阳之置或在此时。

至是,高帝所封王国唯存齐、楚、吴、淮南、代、长沙,且封域大多亦非初封之原貌矣。及吕后崩,将相列侯及刘氏宗室共诛吕氏,吕、梁、燕三吕姓诸侯王皆身死国除,鲁王张偃亦被废为侯。文帝徙琅邪王刘泽为燕王,徙济川王大为梁王,复将楚之薛郡,齐之济南、琅邪、城阳三郡归还两国。不久,又诛诸"诈孝惠子",梁、常山均国除。

三、文帝时期郡国沿革

文帝以藩王入继大统,故对同姓诸侯国颇多绥靖。其元年(前179),复置赵国,立赵幽王子遂为赵王。是年,以避讳故,改赵之恒山郡名为常山。二年割赵之河间郡,立遂弟辟疆为河间王,又"以齐剧郡立朱虚侯为城阳王,立东牟侯为济北王"①。同年,又以代、定襄、雁门三郡封子武为代王,以太原郡封子参为太原王(见图2-12),以砀郡封子揖为梁王。

故至文帝初年,汉郡与王国分布大致形势与高帝末年相去不远,唯代、赵两国被分为二,齐国则分为三,淮阳国不复存在耳。

三年,济北王反诛,国除,地入于汉为济北郡。四年,以淮阳郡置淮阳国,徙代王武于此,"以代地尽与太原王,号曰代王"②。是刘参代国复有刘恒故地。

"文帝七年,淮南王无道迁蜀死雍,为郡",淮南国除,入汉为九江、庐江、豫章、衡山四郡。十一年,城阳王喜徙王淮南,城阳国除为郡,仍属齐。同年,梁王揖死,无后,国除。十二年,文帝徙淮阳王武为梁王,淮阳国国除,《汉志》中之汝南郡当即此年析置。

---

① 《史记》卷10《孝文本纪》。
② 《史记》卷17《诸侯王表》。

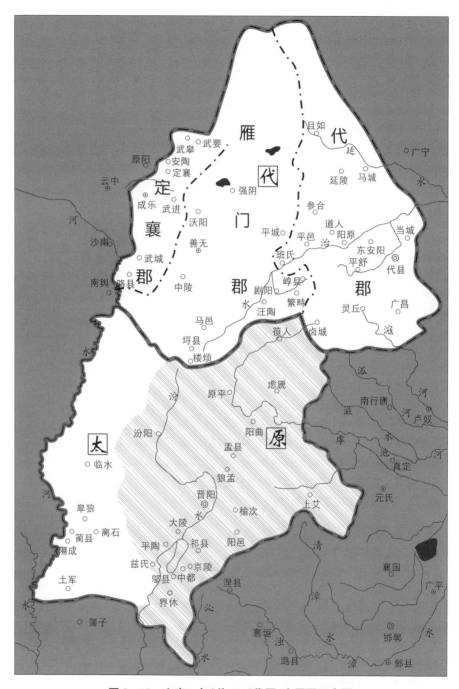

图 2-12 文帝二年(前 178)代国、太原国示意图

[图中斜线部分为武帝元朔四年(前 125)后之代国]

汝南郡,《汉志》云高帝置。然以《二年律令》见,至吕后二年(前186),郎陵、阳安等县犹属南阳郡,其时淮阳国地并不广,分两郡的可能性着实不大。故汝南之置,当在文帝十二年。其时淮阳国除为郡,遂割淮阳南部、南阳东部数县共置汝南郡。

汝南郡初置时,领域远小于《汉志》所载。南界大抵仍袭原淮阳国,故以淮水为界,而无淮水以南之期思、弋阳;北界更是差异颇大,居延汉简中之"淮阳郡长平",肩水金关汉简中诸多有关淮阳郡之简皆可为据(详见下篇第三章第一节),当仅至今河南西平、界首一线。唯东、西两界与汉末大致等同。后武、宣之时,先后得淮南、淮阳国地,乃至《汉志》时规模。

刘武之梁国与彭越梁国差异不大,《贾谊传》云:"请割淮阳北边二三列城与东郡以益梁",是证东郡不属梁也。文帝亦未采纳贾谊此项建议,仅仅取淮阳二三城以益梁国,故卷51《邹阳传》曰,"壤子王梁代,益以淮阳"。淮阳之二三城估计为襄邑、傿县、宁陵①。而东郡当然仍属汉,否则刘武之梁国当不止四十余城矣。十五年,齐文王无后国除,地入汉为五郡。是年,河间王薨,国亦除。河间国除后,文帝当以其地分为河间、勃海、广川三郡。

《汉书》卷53《景十三王传》云:"赵敬肃王彭祖以孝景前二年立为广川王。"此广川之名首见诸史籍。景帝封亲子彭祖为广川王,自与文帝二年取赵之一郡封赵王遂弟辟疆为河间王不同,景帝子与赵王遂有亲疏之分、大小宗之别,不当割赵地以封彭祖,故广川国必以汉郡置。

史籍未见置广川郡之记载,但可推知该郡为文帝十五年河间国除以后所分置。勃海郡亦如此。《汉志》云勃海郡高帝置,不可信。文帝二年"取赵之河间立辟疆"②,时未闻勃海之名。《汉志》河间在钜鹿东北,勃海更在河间之东,若高帝时赵国已析置勃海支郡,则文帝二年河间置国后,势必将勃海隔离在赵国之外,显然不合情理,所以勃海不可能出现于文帝以前。它只能是河间国除以后所分置的新郡。亦必如此,方足文帝末年二十四郡之数。

故可知文帝十五年分高帝时之河间郡为三:勃海、河间、广川。勃海郡为最东北之地,武帝之后又得河间王子侯国及平原、涿两郡数县,领域渐广。广川郡自置后屡有变易,详见下篇第七章第三节。

十六年,复徙淮南王喜王城阳,分淮南为三国,以"阜陵侯安为淮南王,安

---

① 肩水金关汉简中有"淮阳郡傿",然肩水金关之汉简所反映皆为武帝之后事,武帝元朔间削梁八城,当皆为削入淮阳郡,故汉简中傿县属淮阳郡,乃武帝削梁后傿复属淮阳故耳,非为自文帝十二年淮阳为郡后之一贯事也。
② 《汉书》卷38《高五王传》。

阳侯勃为衡山王,阳周侯赐为庐江王"。刘安淮南国此时仅领九江一郡,刘勃衡山亦不过一郡,唯刘赐之庐江国有庐江、豫章两郡之地,《封泥考略》中有"庐江豫守"可为豫章郡属庐江国之确证①。

同年,据《汉书》卷38《高五王传》,"文帝怜悼惠王适嗣之绝,于是乃分齐为六国,尽立前所封悼惠王子列侯见在者六人为王。齐孝王将闾以杨虚侯立,济北王志以安都侯立,菑川王贤以武成侯立,胶东王雄渠以白石侯立,胶西王卬以平昌侯立,济南王辟光以扐侯立。孝文十六年,六王同日俱立"。

六国之名皆袭故国旧郡,唯菑川之名,旧史不见,高帝六年刘肥受封之七郡亦不见此,当为新置。菑川国西与齐国交界,自当为分临淄郡西部数县而置。菑川初以今山东益都、寿光县与齐国分野,余仍承齐郡之旧,可见初置时地已颇狭,其后又陆续置王子侯国,宣帝时又被削四县,故至《汉志》时代,已在西汉郡国领域最小者之列。

在分齐为六国的同时,文帝又以故齐之琅邪郡自属,故此时汉所领郡有:内史、陇西、北地、上郡、云中、巴郡、蜀郡、汉中、广汉、河东、上党、河内、河南、南郡、南阳、颍川、淮阳、汝南、东郡、河间、渤海、广川、琅邪,凡二十三郡。

《汉书》卷51《枚乘传》载,吴楚七国反,枚乘说吴王曰:"夫汉并二十四郡,十七诸侯……其珍怪不如东山之府。"查卷14《诸侯王表》汉代十七诸侯并列的时间为文帝十六年至后元七年之间(前164—前157),则二十四郡之建置亦在同时。

故文帝十六年之后,在上文所述之二十三郡之外,当另有一郡也,疑为左内史。《汉志》云左右内史之分在武帝建元六年,但《汉书》卷19《百官公卿表》又载有其他两说,其内史条下言:"景帝二年分置左右内史",而表格中景帝元年一行又载:"中大夫晁错为左内史。"②三说较之,似第三说较为可靠。《百官公卿表》颜师古引《三辅黄图》注云,"冯翊在太上皇庙西入",左冯翊亦即左内史,其治在太上皇庙侧,恰与《汉书》卷49《晁错传》"内史府居太上庙堧中"的记载相符。是内史分为左右当在景帝元年之前。

后元七年(前157),长沙王无后,国除,入汉为长沙、武陵、桂阳三郡。其二十四郡十七诸侯的分布形势(见图2-13)则变为二十七郡十六诸侯。

---

① 吴式芬、陈介祺:《封泥考略》卷3,浙江人民美术出版社,2013年,第3—4页。孙慰祖以为此即为西汉庐江国豫章郡太守之简称,见孙慰祖主编:《两汉官印汇考》,上海书画出版社,1993年,第116页。
② 崔在容:《秦汉内史与三辅研究》(吉林大学1995年博士学位论文)提出,景帝二年所分者乃作为官职的内史,武帝建元六年分左右的则是内史地,因此在建元六年之后,左右内史才和主爵都尉形成"准三辅官";孔祥军亦认为内史具有官地两重性,武帝建元六年后官地两个系统的左右内史才再次合一(见孔祥军:《汉初"三辅"称谓沿革考》,收入氏著《汉唐地理志考校》,新世界出版社,2012年)。

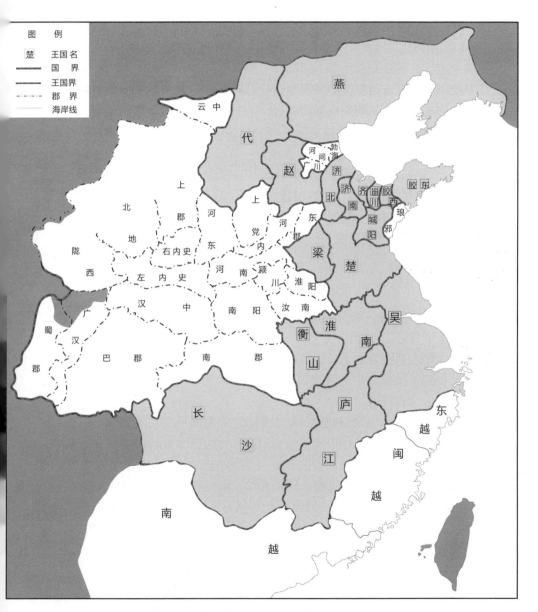

图 2-13 文帝后期十七诸侯二十四郡示意图

四、景帝时期郡国沿革

景帝时期堪称西汉一朝王国变易最大的时期,原因有二:一为景帝三年(前154)七国之乱爆发,作为余波,景帝三年、四年间废除、迁徙了大量王国,对其余王国亦往往夺其支郡、小其地;二是景帝时期所封之皇子王国亦远远多于其他时期。然虽然王国数量不少,在削藩政策下,景帝朝王国多封域较小,已难以形成与中央王朝相抗衡的势力。

1. 七国之乱前的郡国沿革

据《汉书》卷5《景帝纪》,景帝二年"春三月,立皇子德为河间王,阏为临江王,馀为淮阳王,非为汝南王,彭祖为广川王,发为长沙王"。

其河间、淮阳、汝南、广川四国皆因旧郡。临江国则以南郡置,然不得南郡全郡。反映武帝初期面貌的《南郡免老簿》中,南郡属县相比《二年律令》时代已经发生了变化,其辖县有:

> 巫、秭归、夷道、夷陵、醴阳、孱陵、州陵、沙羡、安陆、宜成、临沮、显陵、江陵、襄平侯中庐、邔侯国、便侯国、轪侯国。①

与吕后二年(前186)辖县相比,此时南郡已无销、竟陵、西陵、下隽。此变化当发生于景帝二年,其年景帝同时置临江、长沙两国,因长沙国小户少②,遂削汉水南岸之竟陵等地予长沙国,故南郡辖境大为缩小。刘发所封之长沙国也因此得到了汉水之畔的竟陵等县,故《汉书》卷14《诸侯王表》称:"波汉之阳,亘九疑,为长沙国。"

同年,景帝行晁错削藩之策,先后削赵之常山郡③、楚之东海郡、吴之会稽与鄣郡入汉,又"胶西王卬以卖爵有奸,削其六县"④。此时胶西国东有胶东,南有城阳,西北有甾川,都是诸侯王国,不能容纳所削之六县,故唯可以之置一新郡,此郡当即为北海郡(见图2-14、图2-15)。

《汉志》北海郡所领二十六县,绝大部分为王子侯国,其中得自胶东者十,即柳泉、东望、饶、平城、密乡、羊石、乐都、石乡、上乡、新城;得自高密者二,即

---

① 荆州博物馆:《湖北荆州纪南松柏汉墓发掘简报》,《文物》2008年第4期,第24—32页。
② 《汉书》卷48《贾谊传》云,长沙国不过二万五千户。谊尝为长沙王太傅,当知长沙国情,即便有误亦当相去不远。刘发虽无宠,然其国如此之小,与其余皇子相去太远,未免太过,景帝益之亦情理之中也。
③ 《史记》卷106《吴王濞传》误以为削河间郡,然此时河间早已属汉。《史记》卷50《楚元王世家》附《赵王遂传》、《汉书》卷35《荆燕吴传》皆作常山郡,当为是。
④ 《史记》卷106《吴王濞传》。

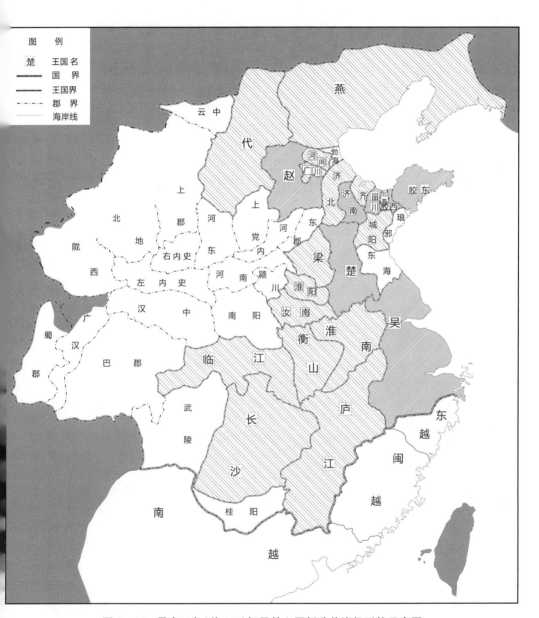

图 2-14 景帝三年(前154)初吴楚七国叛乱前诸侯形势示意图

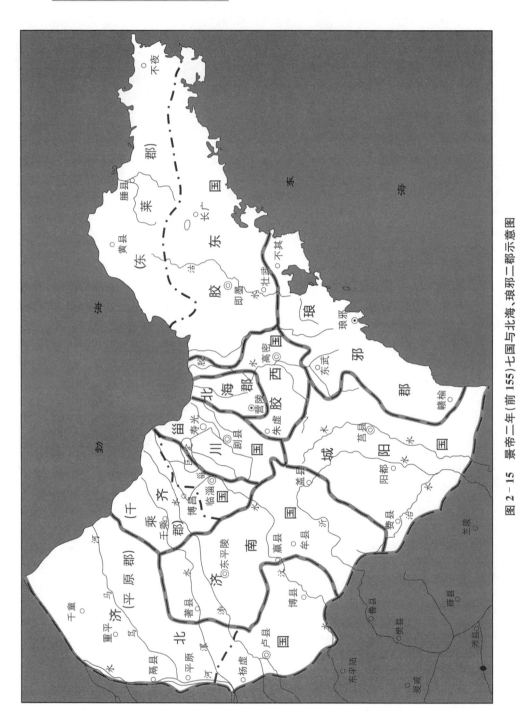

图 2-15 景帝二年(前 155)七国与北海、琅邪二郡示意图

[图中点画线分别为景帝四年胶西景帝所置平昌、东莱郡及武帝元封元年三年(前 110)所置乙三郡现北界]

成乡、胶阳；得自菑川者四，即剧魁、剧、平望、平的；得自城阳者一①；又有益、寿光二县自菑川国削来，安丘一县武帝时自胶西国削来（详见下篇第四章第五节）。因此景帝时之北海郡实仅六县：营陵、平寿、斟、淳于、都昌、桑犊。这正是景帝二年削自胶西王卬的六县。《汉志》云北海郡景帝中二年（前148）置，"中"字或衍或"前"字之误，因为中二年未有削地之举，当不得置立新郡。

2. 七国之乱后的郡国沿革（景帝三年至四年）

景帝三年，七国之乱结束。随后的两年时间内，景帝乘战胜之威，对郡国形势大作调整。参与谋反诸国自然国除，仅楚国因文景二代皆"尊宠元王"，故立其少子礼为楚文王，以续楚元王之后。然刘礼之楚国不仅不得故楚三郡之地，甚至连原楚内史（即彭城郡）一郡亦未尽得。景帝仅以彭城及其附近数县之地复置楚国，余地则置为沛郡。

沛郡置于何年，《史记》未明言。《汉志》："沛郡，故秦泗水郡，高帝更名。"其意似当指高帝六年（前201）分泗水郡北部为彭城郡以封楚元王，南部置沛郡自属，泗水更名乃因郡境变动而引起。然观《二年律令》律文，其中确有丰、沛二等县名，此两县《汉志》皆属沛郡，但除此之外几无其他沛郡属县，疑丰、沛等出现在《秩律》中当因乃高祖故里，遂由中央直辖之故。故至吕后二年，沛郡当尚未置。文帝时期，楚国并无削地之事，沛郡亦不当置。故沛郡当为景帝三年在复置楚国同时分彭城郡所置。此时恰逢吴楚之乱平定，景帝乘势收夺各王国支郡和边郡，并借更徙诸侯、复置王国之机，分置新郡以以属汉，沛郡即其首例。

沛郡初置时四界与《汉志》时期相距甚远，西北并无《汉志》中谯、鄼等县，此数城皆于宣帝元康三年（前63）方来隶沛郡（详见下篇第二章第三节）。故景帝三年之沛郡，乃在今河南永城、涡阳一线与梁国、淮阳郡分界，今安徽萧县以北则独有萧、丰、沛三县，其余自今安徽淮北市、江苏徐州市以东则仍为楚国。与汝南之界则西汉一朝似无变化，即今河南利辛及西淝水处。南以淮河为界，邻东海郡之东界则仍与秦时四川郡同。

其余参与叛乱之六国，吴国被一分为二，景帝以故吴内史（即汉初之东阳郡）、鄣郡置江都国，徙汝南王非于此，而以会稽郡自属。赵国国除，地为邯郸、清河、常山三郡。其时，景帝其年封子胜为中山王，《汉志》云："中山国，高帝

---

① 城阳与北海本不相邻，此侯国可能易地而致，即本为菑川削县，而置为城阳王子侯国，城阳之地则另入其他汉郡。

郡。"王国维以为此说不足征,甚是①。中山之置实在景帝三年(前154年)六月,景帝分常山郡东部置中山国,封子胜,是为中山靖王。常山郡西部则仍为郡属汉。

同时景帝以故楚国之薛郡置鲁国,徙淮阳王余为鲁王。而淮阳、汝南两国,并楚国所余之东海郡皆入为汉郡。齐地之济北并胶东、济南皆入汉为郡,甾川、胶西仍为王国,甾川用以徙济北王于此,胶西则封皇子端。刘端之胶西国亦不得文帝时之全境,景帝二年所削之六县仍为北海郡属汉。

未参与谋反之诸国亦被波及,七国之乱后,景帝乘势收夺各诸侯王国支郡,战事甫定,景帝削燕国之上谷、渔阳、右北平、辽西、辽东五郡,代国之代、云中、定襄三郡,地皆入汉。

景帝四年,又对未参与"七国之乱"的其他诸侯王国进行调整,且借更徙诸侯王之机,缩小其封域。济北王未参与七国之谋,不便削其版图,遂徙其王甾川,小其国。《汉书》卷44《淮南衡山济北王传》云:"孝景四年,吴楚已破,衡山王朝,上以为贞信,乃劳苦之曰:'南方卑湿。'徙王王于济北以褒之。及薨,遂赐谥为贞王。庐江王以边越,数使使相交,徙为衡山王,王江北。"故此年庐江、豫章两郡皆属汉②。

此番徙衡山王勃王济北,表面原因是酬其不反,但并不予其济北全郡,而是乘机分济北置平原郡属汉,以缩小了的济北郡王之。

平原郡,《汉志》云高帝置,不可信,王国维已经指出。该郡只能置于景帝三年至武帝元朔二年间(前154—前127)。因为元朔三年起,平原郡已开始接纳济北王子侯国。而景帝四年后未闻济北国有削地之事,故济北分平原的最适当时间,只能在景帝三、四年两年。景帝三年六月,吴楚之乱方平,时距年底仅有三个月,大约未及重新疆理郡界,只能先收夺叛国之支郡,及就原郡更徙诸侯王。翌年才能从容分置新郡。故颇疑平原郡置于景帝四年徙衡山王勃王济北之前或同时。

然平原郡初置时领域与《汉志》颇不同,其实以济北郡北部地而置,故北界亦承秦济北郡而来,与勃海界于大河。《汉志》中平原北界南移,盖因武帝时期数得济北王子侯国,遂割其北部数县予勃海。而其初置之南界亦当在今山东高唐县、齐河县附近,后得济北王子侯国乃至今山东茌平北(详见下

---

① 王国维:《汉郡考》。
② 当然豫章郡未必于此年方入汉,亦有可能前一年便以边郡之故收归汉也,然既史无明言,遂取其入汉在庐江国国除之年。

篇第四章第一节)。

四年,临江王薨,无后,国除为南郡。又复置胶东国以封子彻,然疑此胶东亦不得故胶东全境。景帝分胶东郡所置之新郡当即为《汉志》之东莱,刘彻所得仅为缩小之胶东。

东莱郡之置年,史未明言,但必在景帝三年以后,《汉志》云高帝置者实不足信。其置年当在景帝四年,与平原郡同时。当然,平原郡置于景帝四年,可以相对肯定,但东莱却还有另一种可能,即置于景帝七年至中元二年胶东国复除为郡之时,尽管这种可能性很小,但录此以备一说。

故至景帝四年,汉境内的诸侯国虽数字达到十八国之多,即:齐、济北、甾川、胶西、胶东、城阳、燕、代、梁、楚、鲁、江都、河间、广川、中山、衡山、淮南、长沙。然王国中仅江都王刘非以爱子故得有两郡,其余王国均仅余一郡之地,王国共领不过十九郡。

中央王朝所辖郡则多达四十,即:左内史、右内史、巴郡、蜀郡、汉中、广汉、河南、河东、河内、上党、陇西、北地、上郡、云中、代郡、定襄、常山、清河、邯郸、勃海、淮阳、汝南、南阳、颍川、东郡、沛郡、东海、会稽、济南、北海、琅邪、东莱、平原、武陵、桂阳、上谷、渔阳、右北平、辽东、辽西。

至此,郡国形势相比汉初已可谓翻天覆地矣。皇帝直辖的疆域大为增加,超过诸王国封域之和,诸侯王已经难以威胁到中央皇权的统治。

下以表格的形式,来看看景帝初年诸侯王国封域所发生的重大变化:

表2-5 景帝初年诸侯王国封域变化情况

景帝二年(前155)		景帝四年(前153)	
国名	封　域	国名	封　域
吴	东阳郡、会稽郡、鄣郡	江都	东阳郡、鄣郡
楚	彭城郡、薛郡、东海郡(削)	楚	彭城郡(仅数县)
		鲁	薛郡
赵	邯郸、清河、常山郡(削)	中山	中山郡(以原常山郡东部置)
胶西	胶西郡(削六县)	胶西	胶西郡(分置北海郡后所余县)
胶东	胶东郡	胶东	胶东郡(分置东莱郡后所余县)
济南	济南郡	/	国除,入汉为郡

续　表

景帝二年(前155)		景帝四年(前153)	
国名	封　域	国名	封　域
甾川	甾川郡	甾川	甾川郡(甾川王由济北国徙来)
济北	济北郡	济北	济北郡(分置平原郡后所余县)
齐	临淄郡	齐	临淄郡
燕	广阳郡、上谷郡、渔阳郡、右北平郡、辽西郡、辽东郡	燕	广阳郡
代	太原郡、雁门郡、定襄郡、代郡	代	太原郡
庐江	庐江郡、豫章郡	/	徙王衡山国
衡山	衡山郡	衡山	衡山王徙济北,入汉为郡
淮南	九江郡	淮南	九江郡
城阳	城阳郡	城阳	城阳郡
梁	砀郡	梁	砀郡
河间	河间郡	河间	河间郡
广川	广川郡	广川	广川郡
临江	南郡	/	临江王薨,国除为南郡
长沙	长沙郡	长沙	长沙郡
淮阳	淮阳郡	/	徙王鲁国
汝南	汝南郡	/	徙王江都国

3. 景帝五年后的郡国沿革

景帝五年,以邯郸郡置赵国,徙广川王彭祖于此,广川入为汉郡。景帝七年,胶东王为太子,胶东国除,入汉为郡。同年,复置临江国,封废太子荣为临江王。十年刘荣自杀国除,临江国又为汉之南郡。

景帝中二年至中五年(前148—前145),连续置皇子王国,以广川郡置广川国封子越,胶东郡置胶东国封子寄(中二年),以清河郡置清河国封子乘(中三年),以常山郡置常山国封子舜(中五年)。

不难看出,此四王国中,胶东、常山远较汉初面貌为小,广川、清河实际亦不得全郡之地,两郡余地中析分出魏和广平两郡。

广平郡置年,《史记》《汉书》皆未载。《水经·浊漳水注》云:"衡水又北,迳钜鹿县故城东……钜鹿郡治。秦始皇二十五年灭赵以为钜鹿郡,汉景帝中元年为广平郡,武帝征和二年以封赵敬肃王子为平干国,世祖中兴更为钜鹿也。"《汉书》卷90《酷吏·王温舒传》载王温舒尝为广平都尉。王温舒元狩四年(前119)由河内太守迁中尉,则至晚元狩三年王温舒已为河内太守。王先由广平都尉迁河内太守,旋至京师,故广平郡置年当不晚于元狩二年。是广平郡确有置于景帝中元年的可能,即景帝于赵地接连置广川、清河等国之前,详考见秦代编上篇第二章第二节(见图2-16)。

魏郡亦置于此时。《汉志》云:"魏郡,高帝置。"《水经·浊漳水注》更言之凿凿:"汉高帝十二年,置魏郡,治邺县。"然《二年律令》的出土颠覆了有关魏郡沿革的传统认识。在《二年律令》律文中赫然出现了《汉志》魏郡属县邺、馆陶(律文中作"馆阴")、内黄、繁阳(律文中作"繁阳")、涉、武安六县,其中前四县,以律文排列规律当皆属河内郡,尤其《水经注》所谓高帝十二年魏郡时之郡治邺县亦在列,后两县则当属上党郡。以此,则《汉志》中魏郡疆域大部汉初属河内郡,并非如同旧时以为乃分赵地而置。

故以《秩律》知,魏郡绝非高帝所置,至吕后二年,尚无魏郡之建制。然魏郡至晚武帝时期必已置。《汉书》卷45《江充传》云,江充败赵太子时,诏下魏郡狱。此后江充为绣衣使者,曾经查馆陶长公主车马,史载此事云:

> 充出,逢馆陶长公主行驰道中。充呵问之,公主曰:"有太后诏。"充曰:"独公主得行,车骑皆不得。"尽劾没入宫。

太后当为武帝母王太后,王太后薨于元朔三年(前126),则此事在元朔三年前。故魏郡置年不晚于元朔时。

同时,汉初河内郡之东北界亦可从律文中得出,乃在今河北馆陶县处,距《汉志》中魏郡最东北之清渊县不远,然《汉简》中所体现出的魏郡面貌则和志文有相当大的差异。居延汉简有"魏郡贝丘"(82.9)、"魏郡厝"(EPT51:700)等记载,肩水金关汉简亦见"魏郡鄃"之简文,可见贝丘、厝、鄃等县曾属魏郡管辖,后改隶清河郡。

故颇疑魏郡当置于景帝中三年。于时,景帝置清河国,遂削清河郡南部

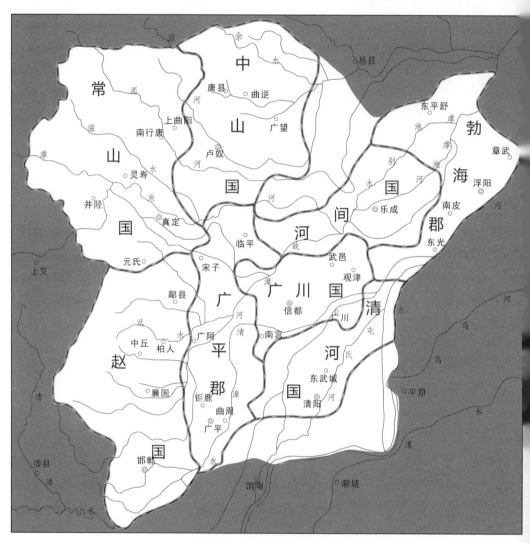

图 2-16 景帝中元六年至武帝建元五年(前144—前136)赵封域示意图

数县，与河内北部、上党郡东部数县地合置为魏郡①。魏郡初置之时，西拒太行，北在今河北成安、魏县一带，南抵大河，东界则大抵与《汉志》时期相仿。

中六年，梁孝王刘武薨，景帝遂分其国，"立梁孝王子明为济川王，子彭离为济东王，子定为山阳王，子不识为济阴王，梁分为五"②。至此，又一个封域较大的诸侯王国被拆分。

济川国，《汉志》无其名，实际上乃陈留郡前身。钱大昕曰："济水注引应劭云：'济川今陈留济阳县。'乃知陈留郡即济川……济川国除在武帝建元三年，其时当为济川郡，至元狩初移治陈留乃改为陈留郡耳。"③此说颇当。故初济川之西界即为汉初梁国之西界也，从《二年律令》中所呈现出的吕后二年汉郡东界即可推知，其西部则大致循《汉志》陈留郡之界，除宁陵、僑两县此时属梁国。

济阴国亦与《汉志》济阴郡不同，北有离狐、廪丘、都关之县，而无鄄城（《二年律令》中属东郡），其余边界大致相仿。山阳国则南无薄县（武帝时方削入山阳）、平乐一带，北部大致抵大野泽处，其余亦和《汉志》中相去不远。济东国则北有《汉志》东郡须昌、寿良、范县一带，即承汉初梁国之东北界，然无《汉志》东平国之富城。此数国详情见下篇第三章（见图2-17）。

故至景帝末年，西汉境内之王国多达二十五个，即：代、常山、中山、燕、河间、清河、广川、赵、齐、济北、甾川、胶东、胶西、城阳、鲁、楚、江都、淮南、衡山、长沙、梁、山阳、济阴、济川、济东（见图2-18）。然由于诸王国所领往往连汉初一郡地亦不足，故实际上王国数量膨胀的同时，西汉中央所直辖之领土却反要较汉初大出不少，这也正是文景两朝削藩的直接结果。

景帝后元年（前143），济阴哀王不识卒，"无子，国除，地入于汉为济阴郡"④，此亦文景时期最后一次郡国变易。

---

① 马孟龙《西汉侯国地理》以为魏郡置于文帝十六年（前164），其年河间国除。马以为河间国乃以清河、河间二郡之地置，至此年遂分河间北部为勃海，南部共清河北部为广川，清河南部并河内数县为魏郡，即此时以此区域置勃海、河间、广川、清河、魏郡，共五郡之地。然此似过于复杂，且河间王辟疆于文帝即位之功不高于城阳、济北二王。
② 《史记》卷11《孝景本纪》。
③ 见钱大昕：《廿二史考异》卷4"梁孝王世家"条下。
④ 《史记》卷58《梁孝王世家》。

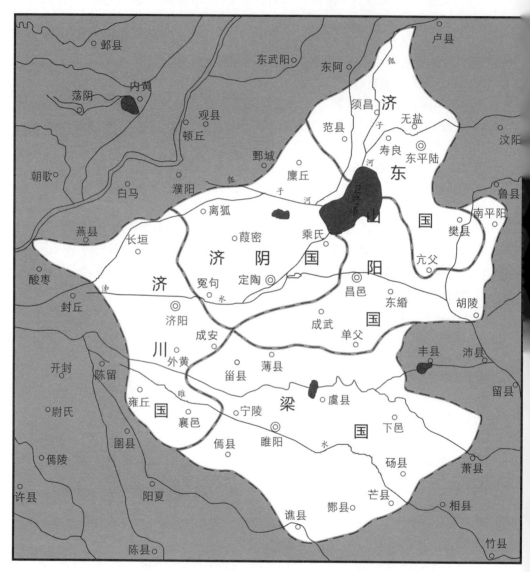

图 2-17 景帝中元六年(前 144)梁分五国形势图

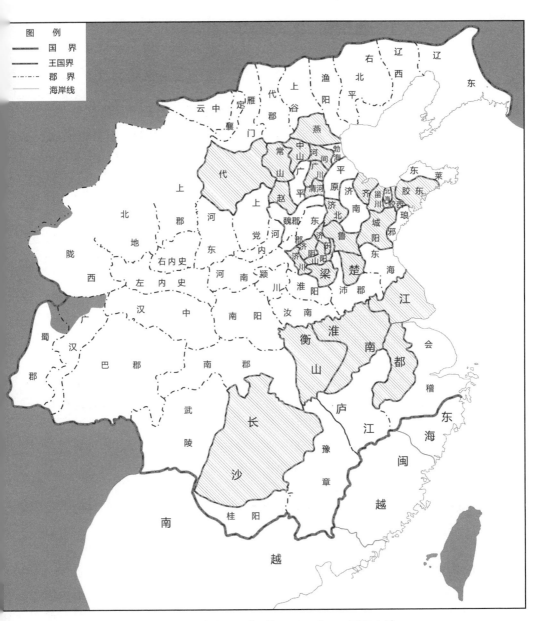

图 2-18 景帝中元六年(前 144)二十五王国示意图

(阴影部分为王国地区)

第二节　汉武帝时期郡国沿革

一、武帝时期郡国沿革简述

汉兴六十余年,休养生息,至汉武帝即位,海内升平,国库殷实,武帝遂大兴新制,并致力开边,于周边增置二十余边郡,又于内郡大作析分设置新郡,于时郡国变迁之规模实居西汉二百年之首,故列武帝朝之郡国置废及其分布情况于本节。

武帝之于三边,西北开朔方,又取河西地,置酒泉、张掖、敦煌三郡,后宣帝时分张掖置武威,河西四郡遂成;东北破朝鲜,置乐浪等四郡;南方灭南越,又开西南夷,置十七初郡。西汉疆域至此大大拓展,形成今天中国疆域的基础,而且在东北朝鲜地区与南部印度支那地区的扩展则为历代所未达到的程度。

于内郡国,武帝朝兴建制度,规划颇多。武帝重在以关西制关东,故广关以大关中之地,分三辅以控京畿,又在关西地区析置新郡,以加强控制力度。又为防诸王国"合纵以逆京师",武帝接受主父偃的意见,于元朔二年(前127)颁布推恩令,蚕食王国封域。

推恩令的具体内容是:"令诸侯王以私恩自裂地分其子弟,而汉为定制封号,辄别属汉郡。"换句话说,诸侯王割王国一县或一乡之地分其子弟,汉廷封以王子侯的名义,但该侯国须别属汉郡所有。所以推恩的性质无异于削地,只是规模略小(类同削县)。推恩令是带强迫性的,实行不过二十年,诸侯封圻大者已削至十余城,迨至元成之际,则小国仅有三四县之地,王国更显式微,而王国周围的汉郡领域则相应扩大,天子威权更加强化(见图2-19)。

以下先按年代先后简述武帝一朝之郡国沿革。

武帝建元三年(前138),济川国国除,入为汉济川郡。五年,清河国、山阳国除,入汉为清河、山阳郡。六年,开南夷,以所得地并广汉、巴郡新置犍为郡,此亦为武帝年间开土之始。

元朔元年,得东夷濊君之降地,新置苍海郡。二年,齐王薨,无后国除为齐郡;同年,北方对匈奴的战事获胜,遂收河南地,新置朔方郡,又分云中西部置五原郡。三年,罢苍海郡。此年,上郡得代王子侯国九,郡境扩大,遂于元朔四年分东部地置西河郡。

元狩元年(前122),淮南王谋反,国除,入汉为九江郡;衡山国亦为其所波

第二编·上篇·第二章 西汉郡国建置沿革　163

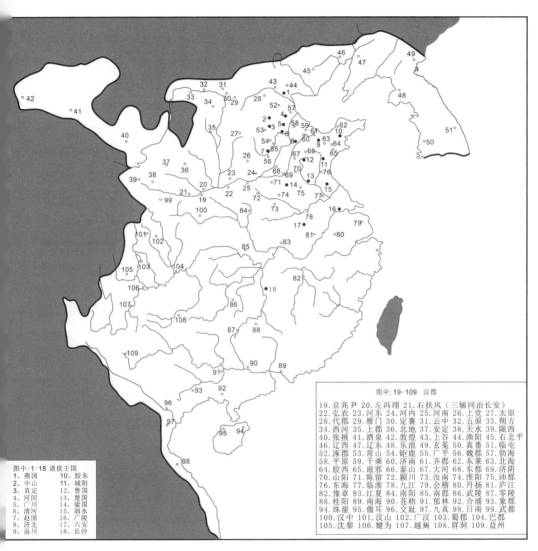

图 2-19　武帝太初年间一百零九郡国分布示意图

及,同年国除为衡山郡。此年,济北王献泰山及旁邑,武帝遂取济南郡南部并济北国所献之地置泰山郡。二年,江都王刘建反,国除,其内史地入汉为广陵郡,支郡鄣郡为丹扬郡,武帝遂省本在江南之原庐江郡,以其地分入豫章、丹扬;又以衡山郡西部并南郡东部地置江夏郡,而以衡山余地为新庐江郡;分九江郡置六安国,封胶东康王子庆。同年,匈奴休屠王、浑邪王降,汉得河西地,乃置酒泉郡。

元狩六年,"夏四月乙巳,庙立皇子闳为齐王,旦为燕王,胥为广陵王"①,齐王闳乃武帝爱子,故得以全郡之地封之,燕、广陵两国皆不得一郡之地。燕国乃分广阳郡置,广陵国则以广陵郡部分地置也,广阳郡余地置为涿郡,广陵郡余地则并沛郡数县置临淮郡。

元鼎三年(前114),"徙函谷关于新安,以故关为弘农县"②,分内史、河南、南阳三郡地置弘农郡。同年,又分陇西置天水郡,分北地置安定郡。同年,常山国除为郡,旋分常山数县置真定国以封常山宪王子平,又分东海郡置泗水国,封常山宪王子商为泗水思王。同年,复置清河国,徙代王义于清河,代国国除,入汉为太原郡。

元鼎六年,析酒泉郡置张掖、敦煌郡。此年平越地,遂置零陵、牂柯、武都、越嶲、汶山、沈黎、象郡、南海、苍梧、郁林、合浦、日南、交趾、九真等十四郡。是年,济东国国除为大河郡。

元封元年(前110),又于今海南岛上置儋耳、珠崖郡。同年,齐国国除,分为齐郡、千乘郡。二年,置益州郡。三年,平朝鲜,置乐浪、玄菟、真番、临屯郡。同年,胶西国除为胶西郡。

太初元年(前104),分右内史为京兆尹、右扶风,以左内史地为左冯翊,三辅始正式确立。天汉四年(前97),以山阳郡置昌邑国,封皇子髆,是为昌邑哀王;同年,罢沈黎郡入蜀郡。征和二年③(前91),析广平郡置钜鹿郡,广平余地置平干国,封赵敬肃王小子偃,是为平干顷王。后元二年(前87),济北国国除,地入于泰山郡。

---

①② 《汉书》卷6《武帝纪》。
③ 征和为汉武帝第十个年号,自公元前92年为征和元年,历时4年,至公元前89年。应劭注《汉书》卷6《武帝纪》言征和乃"言征伐四夷而天下和平"之意。后世学者多认为"征和"应为"延和",即"延和",陈直《汉书新证》中亦提到"西安汉城遗址中,曾出土'延和元年'瓦片"。然应劭所言亦当有所本,《汉书》中提及此年号亦作"征和",故本书暂仍取征和年号。当然延和亦未必误,其中或有我们已不得而知之情状。

二、内郡与诸侯王国之沿革

1. 武帝时期之王国置废

经由景帝之削藩,诸侯王国所领地域大为削减,对中央朝廷的威胁亦减弱,故武帝一代长达五十四年,变易颇多,然王国之置废移徙,相对而言未有景帝朝之频繁。总其一朝,所新置之王国有八:齐、燕、广陵、昌邑(皆以皇子封)、六安(胶东康王子)、真定、泗水(常山宪王子)、平干(赵敬肃王子)。所迁徙之王国一:代王徙为清河王。所除之王国有十一:济川、清河、山阳、齐、淮南、衡山、江都、常山、济东、胶西、济北。其中清河、山阳、齐、胶西皆以无后国除,常山国虽除然旋复置两小国以封常山宪王子,故除江都外,真正因有罪国除的王国多是与武帝关系较为疏远者,所封者则非己子即亲兄弟之子,此亦是文帝以后对诸侯王国以亲制疏政策的延续。在江都国除、代国迁徙后,汉王朝内再无"连城数十,地方千里"者。

新置之王国自然亦少有可领一郡之地大国,武帝时期所新置之王国除齐王、昌邑王以爱子之故得有全郡,其余即便皇子之国亦往往仅取数县置,而以郡之余地另为新郡。

武帝元狩六年(前117),同时置三王国以封己子,齐王闳封于齐。《汉书》卷58《卜式传》载,元鼎中,南越吕嘉反,卜式上书曰:"臣愿与子男及临淄习弩、博昌习船者,请行死之。"博昌《汉志》属千乘郡,时卜式为齐相,是怀王之齐国有千乘之地,然当时千乘郡尚未分置。同时分封之燕王、广陵王皆不得整郡之地(见下文),唯齐王闳是爱子,故全有齐郡。然若其时千乘已分置,则齐王之封名义上兼有二郡之地,相形之下,毋乃太过。

马孟龙以为《汉志》千乘郡辖被阳、繁安两侯国,而侯国武帝时当例不属王国,据此以为千乘郡置于元狩六年置齐国之时,而刘闳齐国不得千乘郡也[①]。然如千乘此时不属齐,则齐国唯有齐郡一郡之地,《汉志》齐郡辖县不过十二,除却数王子侯国,则元狩六年不过六七县而已,又几不临海,难称"负海富饶"。《史记》卷60《三王世家》载:"关东之国无大于齐者。齐东负海而城郭大,古时独临菑中十万户,天下膏腴地莫盛于齐者矣。"既言"关东之国无大于齐",则至少当有十余县也。

又,被阳侯国地望本即近济南郡,置国之时别属济南亦可也,繁安侯国地望不明,亦不排除其时别属汉郡的可能。故仍以为千乘郡之地亦属刘闳齐国。

---

① 马孟龙:《西汉郡国更置与侯国迁徙——兼论千乘郡的始置年代》,《中国史研究》2012年第4期。

置郡则当在元封元年(前110),是年齐王刘闳薨,无后国除,齐国地乃入汉。武帝遂分置为千乘、齐两郡。

燕、广陵两国之封则皆不得全郡之地。《汉志》云:"临淮郡,武帝元狩六年置。"此郡正是广陵国邻郡,又有淮水以东故东阳之地,显见原东阳必有地入临淮也。《晋书》卷15《地理志下》云:"汉武帝分沛、东阳置临淮郡。"是明证广陵厉王刘胥之广陵国不及原广陵全郡。

《汉志》称"广陵,江都易王非,广陵厉王胥皆都此,并得鄣郡而不得吴",似乎广陵国亦兼有鄣郡之地,其实不然。元狩六年武帝封三子为燕、齐、广陵王时,中央集权已达顶峰,藩国经过削地推恩,都已户少地蹙。新置之真定、泗水国其小自不待言,就是燕国亦仅有数县之地,齐王闳虽是爱子,所封亦不过十余县,因此广陵国不应兼有鄣郡。而且武帝既分广陵郡之一部置临淮,其意即在于不使广陵国领有广陵全郡,若使广陵国兼有鄣郡,何不举广陵全郡以封厉王来得直截了当?再者鄣郡已于元狩二年改名丹扬,元狩六年所置之广陵国固不当领有鄣郡。因此,颇疑上引之《汉志》广陵县本注有误,其于江都易王是正确的,于广陵厉王则是错的。

广陵国《汉志》中仅有四县,然初置疆域要大于此,因其初封若仅有四县,则和其余王国悬殊太大,仅仅和常山王子、胶东王子所封之王国相当,此显然不能体现出亲疏有别、尊卑有序的封建规则。且由下文考看,刘旦燕国至少有七县,广陵国亦当与此相当(详考见本章第三节),实际上临淮郡初置之时,其淮水以西地与《汉志》时期差别不大,淮东地当含有《汉志》广陵国以西数县也。

广陵如此,燕国亦然。刘旦燕国当亦未得故广阳郡全境,广阳余地当置为涿郡也。《汉志》云涿郡高帝置,实无此可能。涿郡为分广阳郡西部而置,当于元狩六年武帝置燕国时,以广阳郡东部地另置涿郡,以小燕国之封地。《汉志》中广阳国仅四县,初封时无由如此之小,其南境可达文安,然西界不可越涿县。武帝元封中削燕良乡、文安、安次三县,此三县必在边界。故涿郡大致地域亦可知矣。

武帝天汉四年(前97),又以山阳郡置国,封皇子髆为昌邑王。刘髆乃李夫人之子,亦是武帝爱子,故待遇自然要优于燕、广陵二王。山阳郡本为景帝中元六年(前144)分梁为五时所置,故本非大郡。《汉书》卷76《张敞传》云"山阳郡户九万三千,口五十万以上",此乃宣帝时情形,较武帝末年天下户口减半时当已有所增益,然户数犹不为多。《居延汉简甲乙编》有简曰:"昌邑国樊郭东里……"[1]

---

[1] 中国社会科学院考古研究所编:《居延汉简甲乙编》乙版简523.8,中华书局,1980年。

樊县《汉志》属东平国,是武帝置昌邑国以樊县益之,甚至未必仅取此一县益昌邑,然余县无证,暂置之。

武帝时期又往往取数县封兄弟之子。元狩二年,武帝置六安国,以封胶东康王寄少子庆。六安国之置,恰当淮南、衡山王谋反案之后,此案胶东国亦被牵连,胶东王刘寄"意自伤,发病而死,不敢置后",故武帝怜之,封其少子为六安王。

《汉志》述六安国沿革云:"故楚,高帝元年别为衡山国,五年属淮南,文帝十六年复为衡山,武帝元狩二年别为六安国。"此直以六安国为故衡山国所分置,有误。

观《汉志》六安国五县全部在弋阳、期思二县以东,此二县皆武帝时由淮南国削入汝南郡者(详见下篇第六章第三节),已足证六安国为九江郡所分置,其地故属刘安之淮南国。元狩元年淮南国除为郡后,二年即割六县以西数县置六安国。《史记》卷17《汉兴以来诸侯王表》将六安国与淮南国置于同一格内,亦说明淮南—六安的接续关系。《史记》卷118《淮南王传》载:"国除为九江郡。"《集解》引徐广曰:"又为六安国。"证明徐广当时也明白六安国乃分自九江,为刘安淮南国故地。

且六安都六,此亦为汉元年(前206)项羽所封九江国都也。汉元年,衡山乃置国属吴芮,六县不在衡山而在九江明矣,六安国必当为分淮南国地所置。

待元鼎三年(前114),常山宪王薨,武帝又置真定、泗水两国以封常山宪王子。然此二国置年史籍颇有分歧之处。

《史记》卷17《汉兴以来诸侯王年表》系"初置泗水,都郯"于元鼎三年,《汉志》则云"武帝元鼎四年别为泗水国"。《汉书》卷14《诸侯王表》称,"元鼎二年,思王商以宪王少子立"。真定国,《汉志》云"武帝元鼎四年置",然《诸侯王表》则称"真定,元鼎三年,顷王以宪王子绍封"。

常山宪王薨于元鼎三年,子勃嗣位,《汉书》卷53《景十三王传》云:"勃王数月,废,国除。月余,天子为最亲,诏有司曰:'常山宪王早夭,后、妾不和,适(嫡)孽诬争,陷于不谊以灭国,朕甚闵焉。其封宪王子平三万户,为真定王;子商三万户,为泗水王。'"故泗水国绝不至于早置于元鼎二年。疑当以元鼎三年为是。

武帝征和二年(前91),又以广平郡置平干国,以封赵敬肃王小子立,是为平干顷王。平干国自然亦不会得广平全郡之地。《肩水金关汉简》T1:130简文有"钜鹿郡曲周",以此,曲周县曾属钜鹿郡。

前文已述,秦始皇三十三年(前214)罢钜鹿郡,汉初亦无此郡。《汉书》卷

51《路温舒传》言温舒钜鹿东里人,此为县吏时曾遇太守行县至钜鹿,此太守必非钜鹿太守,否则当治钜鹿县,何由行县至此?温舒之为县吏乃在武帝末年,故钜鹿置郡必在其后。故颇疑即此次平干置国时期,乃以广平余地另置钜鹿郡,曲周亦改隶钜鹿也。从宣帝时期所封之平干王子侯国看,平干国西当与赵国接壤,南、北二界亦与《汉志》广平国相去不远,故其当乃取广平郡西部地置,东界或在今河北曲周县。

平干国亦是武帝所置最后一个王国,此后王国之变化仅有济北国国除一事。《汉书》卷44《济北王传》云,武帝后元二年(前85),济北王宽"自刭死。国除为北安县,属泰山郡"。然《汉志》无北安县,按理推恩分封王子侯国至最后一县必是王都,《汉志》云济北国都卢,若济北国地已尽推恩封侯,别属汉郡,则国除当为卢县。故钱大昕氏疑北安为卢县之误,或为卢之别名①。

但是,实际上济北国国除之时,不只卢县一地,至少还有元狩元年天子所偿之县,且济北国武帝期间所置王子侯国并不为多。"国除为北安县"之记载或有脱讹,谅国除后当仍有数县,其中大部入泰山,小部分入平原郡也。(详考见下篇第三章第八节、第四章第一节)

2. 元狩初内郡之大调整

武帝元狩元年、二年,可谓是汉郡内部郡界调整最大的两年,此两年,自河北至江南,多有郡国置废及疆界变易。

《汉志》明确记载置于此年的有,"陈留郡,武帝元狩元年置"。陈留郡实为景帝所置之济川国后身。武帝建元三年(前138),"废明为庶人,地入于汉为郡"②。济川所在,史未明言。钱大昕氏曰:"《济水注》引应劭云:'济川今陈留济阳县。'乃知陈留郡即济川……济川国除在武帝建元三年,其时当为济川郡,至元狩初移治陈留乃改为陈留郡耳。"③此说极当。故陈留郡实乃元狩元年济川郡境扩大,郡治西迁而改名也。观《汉志》陈留郡属县,其酸枣、陈留等县,《二年律令》均属河南郡,尉氏则属颍川郡,可知陈留实以济川郡及河南、颍川两郡之东部数县地所置也。

泰山郡亦置于元狩元年。

《汉志》以泰山郡为高帝置,然高帝六年封刘肥为齐王之七郡中仍无此郡之名。至武帝初期,泰山犹在济北国境内,元狩元年,济北国方献泰山及其旁

---

① 钱大昕:《廿二史考异》卷8。
② 《史记》卷58《梁孝王世家》。
③ 钱大昕:《廿二史考异》卷4。

邑予汉。因此必待此年，武帝才得以割济南郡南部置泰山郡。

又，武帝元狩元年，淮南案发，牵连甚广，波及数万人，淮南、衡山、江都三国先后于元狩元年、二年国除。自西汉王朝建立以来，屡屡出现谋反之事的故淮南、吴国地区至此年不复存一王国，武帝遂乘机在这一地区进行了大规模的郡界调整。

淮南地区本有四郡：九江、衡山、庐江、豫章。元狩二年，武帝分淮南最西之衡山郡另置江夏郡。《汉志》云江夏郡为"高帝置"显误。荆州松柏汉墓所出土之《南郡免老簿》中，安陆、沙羡等县犹赫然在列。此簿乃武帝初年时物，知江夏郡武帝初尚未出现，尤知其西部数县本属南郡，而东部邾县等自本属衡山。武帝乃是割衡山郡西部和南郡东部数县而置江夏郡。

衡山郡余地则更名为庐江，又取九江郡南部数县益之。九江郡仅余北部地，又取其西部县置六安国，领域更见狭小。如此，刚刚国除的淮南、衡山两国被分为四个郡国，地域范围变小，中央自然更易控制。

江南地区，武帝则撤销了汉初原庐江郡的建制，而将其地分为二，西部数县并入豫章郡，东部数县则和鄣郡合并，后者乃元狩二年江都国除后入为汉郡，此新郡更名为丹扬郡。《汉志》云："丹扬郡，故鄣郡，武帝元封二年更名丹扬。"此恐传抄致误。清人钱坫曰，江都王建以元狩二年自杀国除，非元封也，当依《宋志》改正①，此语极是。汉改郡名均在国除为郡或郡境有所变动之时，若元封二年鄣郡无所变化，不得无故更名。必当为元狩二年所易也。

3. 元鼎后关中地区之调整

西汉一朝，固以关中为根本，"搤天下之亢而拊其背"，故武帝期间关中地区行政建制变化亦颇大。

《汉书》卷 6《武帝纪》曰："元鼎三年冬，徙函谷关于新安，以故关为弘农县。"然《汉志》云："弘农郡，武帝元鼎四年置。"弘农郡当以弘农县为中心而设，故清人钱坫疑弘农郡之置亦当在元鼎三年，《汉志》曰四年置有误。钱氏之说甚为得当②。《汉志》弘农郡领县十一，分别来自右内史、河南、南阳三郡，原为内史、南阳之界的武关亦被纳入弘农郡腹部地带，地理上的关中因此被大幅度扩展。

---

① 钱坫撰，徐松集释：《新斠注地理志集释》卷十。
② 崔在容《西汉京畿制度的特征》(刊于《历史研究》1996 年第 4 期)以为弘农郡并非以弘农县为中心，弘农县为郡治只是因为离长安较近之缘故，不必待郡立时方置县也。然弘农郡之置与广关乃武帝年间一大事，弘农之置县和设郡皆当深思熟虑后之举动，故同时置之可能更大，《汉志》当是因郡置在三年冬，其上集簿等事宜遂皆在四年方完成，遂以四年当之故也。

在对内史地区作这一调整后,武帝还于同年将同属大关中的陇西、北地两郡析分为二,新置安定、天水两郡。

《史记》卷110《匈奴传》载:"汉孝文皇帝十四年,匈奴单于十四万骑入朝那萧关,杀北地都尉卭,虏人民畜产甚多,遂至彭阳。"朝那、彭阳于《汉志》皆为安定县,匈奴入朝那杀北地都尉方至彭阳,可见安定郡地原属北地。《二年律令》中《汉志》安定郡辖县多与北地辖县排列一处,是安定乃分北地而置之铁证矣。

同理,《汉书》卷54《李广传》云李广为陇西成纪人,成纪于《汉志》为天水郡属县,钱大昕据此以为天水乃析陇西而置,甚当①。《二年律令》中,陇西郡属县多有《汉志》属天水者,亦足证天水乃分陇西地置。

安定、天水两郡的新置,当和武帝长期移民至关陇地区,这一带开发逐渐深入、户口繁衍有关。

至于传统大关中地区的另一郡——上郡,早在武帝元朔四年(前125)即已析出了西河郡。西河郡的设置和安定、天水两郡稍有不同。实际上是因为元朔三年,代国数置王子侯国,其中有九侯国皆别属上郡,故郡境大幅度扩大,郡逾黄河东岸,东界直抵吕梁山一带。此时本即为对匈奴战事最为繁忙之际,去边境不远的上郡领域过大,不便治理,武帝遂分东部及北部诸县置西河郡。《汉志》西河郡跨河水两岸,其东岸诸县即代王子侯国所在,西岸即上郡故地。

元鼎三年,武帝又迁代王于清河,代国国除为太原郡。《汉书》卷47《文三王传》载其事云,"元鼎中,汉广关,以常山为阻,徙代王于清河,是为刚王"。显然,代国的迁徙亦是武帝加强关中地区控制政策的体现,大关中的界线亦得以在北部同样推进至常山处。至此,新关以西的地区不复有王国,皆在汉王朝的直接统辖之下②。

广关的同时,武帝还对原内史地区的建制作了调整,《史记》卷30《平准书》有"益广关,置左右辅"的记载,《汉书》卷19《百官公卿表》直接将"更置二辅都尉"条系于元鼎四年,显然这同样是出于加强对京师周边控制的考虑,或与西汉中前期一直设置陵县,迁徙户口至长安附近,致使内史地区人口稠密,治理难度不断提升有关。二辅都尉置后,本已被分作左、右内史的这一地区亦进一步被细化。至武帝太初元年(前104),遂正式以内史地为三辅:右内史更名京兆尹、左内史更名左冯翊、主爵都尉更名为右扶风。自此,三辅疆界乃定,

---

① 钱大昕:《廿二史考异》卷7。
② 参见辛德勇:《汉武帝"广关"与西汉前期地域控制的变迁》,《中国历史地理论丛》2008年第2期。

而后沿袭至平帝初不变。

三、西南夷地区置郡

西汉之开边,以武帝朝为盛,而西南夷地区肇其端。《史记》、《汉书》皆为西南夷立传,此所谓"西南夷"即生活在巴蜀以西南地区的所有少数民族的统称。建元六年(前135),武帝派唐蒙出使南夷,劝喻巴郡以南的夜郎国及附近小邑归顺汉朝,因之置犍为郡,遂发武帝拓边之端。此后终武帝朝,在此建立了犍为、汶山、沈黎、武都、牂柯、越巂、益州等郡。此数郡地域相连,沿革又紧密不可分,故统系于此处。

1. 诸郡建置沿革简述

建元六年,武帝派唐蒙出使南夷,劝喻巴郡以南的夜郎国及附近小邑归顺汉朝,因之置犍为郡。犍为郡地乃合广汉郡南部及新开的部分南夷地而成。元光年间,司马相如又出使西夷,在邛崃山以南置一都尉,十余县属蜀。西夷置县秦代曾实行过,汉兴无力维持,方才放弃。

西南夷地区交通十分困难,当局虽发动数万人开山凿道,历时数年,仍收效甚微。元朔初,汉廷又忙于北对匈奴的战争,开置朔方、五原郡,因此只得暂罢开西夷的行动。但是南夷地区对南越用兵有重大关系,仍维持新开的两县一都尉的范围,保留犍为郡的建制。此时犍为南界大约抵达牂柯江(今北盘江)一带,郡治在鳖县。

元鼎间,汉王朝对匈奴战争已取得决定性的胜利,于是继续进行西南夷地区的开拓。元鼎五年(前112)秋,武帝派几路大军,分别从豫章、长沙、犍为南下进攻南越。通过犍为的一路因为且兰君之反而迟下,会南越已平,因而就地平定整个南夷地区,建立牂柯郡,牂柯郡乃以犍为南部合新开南夷地置。接着,汉又诛邛君、笮侯,在整个西夷地区,根据少数民族的分布情况,设置四个初郡:以广汉郡西部白马氏建武都郡;以蜀郡北部的冉駹置汶山郡;以蜀郡西南部的笮都设沈黎郡;更在沈黎以南,以邛都为中心立越巂郡。

两年以后的元封二年(前109),武帝又发巴蜀兵击灭不肯附顺的滇国旁小邑,逼降滇国,以滇地合牂柯郡西部置益州郡,后数年,又开昆明地,广益州[①]。至此,西南夷地区尽入汉之版图,而且比秦代更进一步,全部被纳入郡县制的范畴,直接归属中央治理(见图2-20)。

---

① 《后汉书》卷86《西南夷传》云:"元封二年,武帝平之,以其地为益州郡,割牂柯、越巂各数县配之。后数年,复并昆明地,皆以属之此郡。"

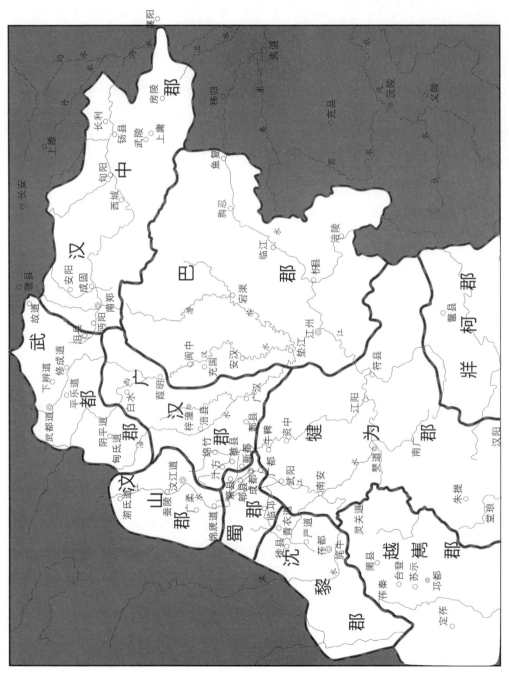

图 2-20 武帝元鼎六年至天汉四年(前111—前97)两南诸郡(部分)示意图

从沿革简述可知,汉代经营西南夷地区,大体上采用了逐步推进的方式,即以已置之旧郡部分地为基础,合以新开地设置新郡。如从广汉分犍为,从犍为分牂柯,从牂柯分益州。至于武都则杂有陇西旧县,汶山基本上由蜀郡分出(详见后),沈黎和越嶲则利用旧时属蜀十余县加以扩大。这种开发方式,以先进带后进,有利于巩固西南夷地区的郡县制度,应该说是十分得当的。

2. 犍为、牂柯两郡

犍为南部和牂柯郡即所谓南夷地。西汉疆域的扩大即始于武帝建元六年的开南夷、置犍为郡①。元朔间,汉廷虽集中全力对付匈奴,北筑朔方,"据河以逐胡",无暇顾及西夷地区,但南夷为用兵南越之要地,仍"令犍为郡自葆就",维持南夷夜郎地区两县一都尉的建制。

观《汉志》犍为郡之领县,对照汉初张家山汉简中的巴蜀置县情况,可知犍为北部领地汉初多属广汉、巴郡二郡,其南部诸县则不见于《秩律》中,当为建元年间武帝开南夷、以所归顺之夜郎国及旁邑和西僰中所置而成。《史记》卷116《西南夷列传》引贾人言:"夜郎者,临牂柯江。"又载犍为置郡后,当局"发巴蜀卒治道,自僰道指牂柯江。"可见犍为南界当抵牂柯江一带。其北界则循《汉志》所载。据《华阳国志》此时的犍为郡治为鳖县,十分可信。鳖县正处于符关至夜郎的中途,于《汉志》属牂柯郡。元鼎六年且兰君反,杀犍为太守及汉使者,必在鳖县,不能北至汉末的犍为郡治僰道。且兰邑当即《汉志》牂柯郡故且兰县的前身,该县位于沅水之源,北去鳖县不远。元朔间南夷的二县一都尉当是鳖县、故且兰县和夜郎都尉。

犍为郡僰道以南为僰人居地,称西僰中。《史记》卷117《司马相如传》言"唐蒙使略通夜郎西僰中"。于《汉志》,僰中相当于僰道以南、汉阳都尉附近诸县地。因此始置之犍为郡规模颇大,包括《汉志》犍为郡全部及牂柯郡牂柯江以东北部分。元鼎六年置牂柯郡,方割鳖县以南属之,于是犍为郡遂缩小至《汉志》所载范围。

元鼎年间,汉对匈奴之战已取得绝对胜利,河西地已置酒泉郡,于是削减北方边境戍卒,准备全力对付南越,再度加强对西南夷地区的开发。元鼎五年秋,"武帝使驰义侯因巴蜀罪人,发夜郎兵,下牂柯江",但夜郎旁小邑且兰君不愿发兵,乃聚众反,杀汉使者及犍为太守,于是汉以当击南越之八校尉兵击破且兰。元鼎六年冬,八校尉兵未下,而南越已破,因就地平定整个南夷地区,诛灭阻挡通往滇国道路的头兰,席卷牂柯江以南至劳水(今黑水河)一带的广大

---

① 荀悦《汉纪》系犍为之置在元光五年,不知别有何据。

地域,设置了牂柯郡。

牂柯本是南夷地区一古国,《管子·小匡》已见牂柯之名。元光年间,司马相如开西夷,即"南至牂柯为徼"。元鼎六年所置牂柯郡范围可以由常璩《华阳国志·蜀志》来推测。《华阳国志·蜀志》载:"元封元年(实元鼎六年),分犍为置牂柯郡;二年,分牂柯置益州郡。"犍为分属牂柯的地方当是鳖县以南,牂柯江以东北部分。已见上述。牂柯分属益州的地方,当是《汉志》益州郡东部数县。《后汉书》卷86《西南夷传》就明言,元封二年,以滇地"为益州郡,割牂柯、越巂各数县以配之"。但牂柯割属益州具体是哪几县,今已不明。颇疑《史记》所说隔滇国道之头兰与这几县有关。头同双声。《汉志》益州东、牂柯西的同劳、铜濑、同并诸县或即平头兰以后所置?《史记》卷116《西南夷列传》下,司马贞《史记索隐》以为头兰即且兰,不确。且兰在牂柯郡东北,沅水之源,不得横隔通滇之道。武帝行诛头兰,就是准备继续用兵滇国,所以两年之后就开滇地,置益州郡,割牂柯郡西部数县属之。

因此,元鼎六年时之牂柯郡当有《汉志》牂柯郡全部(除东部毋敛一带)和益州郡东部数县之地。割配益州的,原属牂柯只有两年,故虽无考,亦无大碍。

3. 沈黎、越巂两郡

沈黎、越巂、汶山、武都诸郡是为西夷之地。西夷之开,稍后于南夷。元光年间,邛、筰之君欲随南夷之后,援例内附,请置吏。武帝于是派司马相如略定西夷,"除边关,关益斥,西至沫、若水,南至牂柯为徼,通零关道,桥孙水,以通邛都","为置一都尉,十余县,属蜀"①。

虽然西夷包括邛、筰、冉駹、斯榆等族,但冉駹地在蜀郡之北,迟至元鼎六年始有汶山郡之置。司马相如所置十余县当皆在蜀郡以西南之邛、筰、斯榆之地。上引《史记》卷117《司马相如传》中的一连串地名可以为证:邛都(今西昌)于《汉志》为越巂郡治;零关道是该郡属县,在沫水(今大渡河)南岸通向邛都道上;牂柯已见前文所述,在越巂之南;若水今雅砻江,孙水今安宁河。全在蜀都西南。

十余县之置扩大了蜀郡的领域。观《汉志》蜀郡严道以南,包括整个越巂郡在内亦不过十余县,故推测元光间所开西夷地,直到《汉志》越巂郡之南部。但不过数年,元朔间因汉廷专力北对匈奴,西夷又罢弃。至元鼎六年,南越平,南夷地区置牂柯郡,紧接着再开西夷,诛邛君,杀筰侯,"冉駹皆振恐,请臣置吏,乃以邛都为越巂郡,筰都为沈黎郡,冉駹为汶山郡,广汉西白马为武都郡"。

---

① 《史记》卷117《司马相如列传》

沈黎郡只存在十四年即省入蜀郡。常璩《华阳国志·蜀志》云:"天汉四年,罢沈黎,置两部都尉,一治旄牛主徼外羌,一治青衣,主汉民。"《后汉书》卷86《西南夷传》所载与此略同。沈黎郡虽《汉志》不见,但其郡境却可依理推得。

臣瓒注《汉书》卷6《武帝纪》引《茂陵书》云:"沈黎治筰都,去长安三千三百三十五里,领县二十一。"此处领县数有误,设沈黎再大,亦不至有二十一县之众。由《茂陵书》及上引《蜀志》知沈黎至少当有筰都、青衣、旄牛三县,而地望介于旄牛、青衣之间的严道、徙县,亦当为沈黎郡所属。筰都《汉志》不见,当是罢沈黎郡时所省。其余四县于《汉志》属蜀,东汉安帝时复分蜀郡西南部之青衣、徙县、严道、旄牛四县置蜀郡属国,至东汉末改为汉嘉郡。汉嘉郡与蜀郡属国的范围就是沈黎郡的领域,唯省去筰都一县的建制,并更青衣名为汉嘉而已。

沈黎郡五县之中,严道、青衣道汉初即有,《二年律令》中便见此两道之名,常璩《蜀志》云吕后六年(前182)开青衣,不确。徙县乃以徙夷地置,《史记》卷116《西南夷传》云:"自嶲以东北君长以什数,徙、筰都最大。"徙或称斯榆,卷117《司马相如列传》所谓"邛、筰、冉駹、斯榆之君皆请为内臣",斯榆即徙,快慢读之别而已。由于嶲以东北,徙与筰都最大,故各置一县。又常璩《蜀志》云周赧王三十年(前285),蜀守张若因取筰及江南地,此处江指今大渡河,旄牛道即在徙县、筰都以南的大渡河南岸。所以就沈黎郡的范围言,则秦时已内属,至汉兴乃弃筰及江南地,蜀郡南界只到严道以南的邛崃山为止。

沈黎、越嶲郡之置,即以司马相如所开之十余县为基础,虽《史记》卷116《西南夷传》说以邛都为越嶲郡,但邛都只是越嶲郡的中心而已。郡境以内实杂有邛、筰之人,这由筰秦、定筰、大筰等县名可以看出,越嶲郡之始置比《汉志》所载范围略大。《后汉书》卷86《西南夷传》载,武帝元封二年以滇国地"为益州郡,割牂柯、越嶲各数县配之"。可见《汉志》益州郡属县中当有若干原为越嶲所有。但应为何县,今已无考。

4. 武都、汶山两郡

《汉书》卷8《宣帝纪》载:"地节三年省汶山郡并蜀。"自元鼎六年起,该郡共延续了四十五年。汶山郡本来就是由蜀郡分出,省后复并于蜀。常璩《蜀志》云:"汶山郡本蜀郡北部冉駹都尉,孝武元封四年(应作元鼎六年)置。"冉駹都尉大约专为治理冉駹夷而设,但当时可能未于冉駹地置县,至汉诛邛君,杀筰侯后,冉駹振恐,请臣置吏,方置县,并将故冉駹都尉辖地独立成郡。

《续汉书·郡国志》蜀郡汶江道下刘昭注引《华阳国志》曰:"濊水,駹水出焉,多冰寒,盛夏凝冻不释。孝安延光三年复立之以为郡。"既言复立之,则汶江道在西汉亦当为汶山郡治。位于汶江道以北的湔氐道、蚕陵县当然是汶山郡属县。湔氐为秦县,终汉一代,蜀郡之北境亦不过湔氐县。湔氐以东南即为冉駹地,司马相如元光间开西夷时,走的是蜀郡西南一路,似不及此。冉駹地元鼎六年前虽未置郡县,但已在蜀郡范围内,否则湔氐无法与蜀郡治成都交通。故《华阳国志》言汶山郡本蜀郡冉駹都尉,甚为可信。《后汉书》卷86《西南夷传》并云地节三年(前67),"宣帝乃省并蜀郡,为北部都尉",于是恢复置汶山郡前之状态,所以汶山郡之置并不像沈黎、越嶲那样扩大了汉初之版图,而只是在原有疆域内的少数民族地区设置郡县以加强统治而已。

汶江道以南的广柔县、绵虒道当亦为汶山郡属。蜀郡北部诸县,自湔氐以下,蚕陵、汶江、绵虒皆沿江水自北而南布置,由《水经·江水注》可知。唯广柔县《江水注》置于溅水旁,后人已订正其在汶江道之西南。广柔既离汶山郡治不远,为其所属当不成问题,唯绵虒道尚不十分有把握。汶山郡东汉灵帝复置,蜀汉、西晋因之。刘先主并以绵虒为郡治,或者西汉时亦当为汶山郡属县。而且从地理形势看来,绵虒县与上述四县皆处于成都平原以北的山地中,亦当自成一个单元(汶江道又恰处于这一地区的中心)。以是汶山郡当领有汶江、蚕陵、湔氐、广柔、绵虒等五县的推断,大体当符合实际。

武都郡的情况比较复杂。

《史记》卷116《西南夷传》云,南越破,"以广汉西白马为武都郡"。常璩《华阳国志·汉中志》曰:"武都郡本广汉西部部尉治也,元鼎六年别为郡"。《后汉书》卷86《西南夷传》则更明确地说:"白马氐,元鼎六年开,分广汉西部合以为武都。"

从这些记载看来,武都郡似乎应在广汉郡西面。但察《汉志》武都郡诸县之分布,均位于广汉之北,其属县汉初多在陇西郡境内。《汉志》篇末域分亦言:"武都地杂氐羌……近天水,俗颇似焉。"天水乃陇西分郡,武帝元鼎三年始置,近天水即近汉初陇西。察《汉志》武都郡诸县在地理位置上正是近天水陇西而远广汉,因此,如果说白马氐是分布在《汉志》武都郡境内,则《史记》不得言"广汉西白马"。《常志》更不得言"本广汉西部都尉",因《汉志》广汉已有北部都尉,绝无西部都尉反在北部都尉之北的道理。

以是颇疑初置之武都郡与《汉志》所载不同。白马诸氐应分布在广汉西北至北部的山地之中,广汉郡曾设西部都尉以治理诸氐,张家山汉简《二年律令·秩律》中亦有阴平、甸氐等数道,似为广汉属县,当即为西部都尉所治之地。至武帝元鼎六年,遂并合陇西郡南部数县及汉中郡西部地置武都郡。换句话说,初置之武都郡应有《汉志》之武都郡及广汉郡西北阴平等三道之地。

武都虽置郡，而氐人数反，《汉书》卷6《武帝纪》载：元封三年（前108）"武都氐人反，分徙酒泉郡"。卷7《昭帝纪》载：元凤元年（前80），"武都氐人反，遣执金吾马适建、龙頟侯韩增、大鸿胪广明将三辅、太常徒，皆免刑击之"。

昭帝元凤间这次军事行动规模很大，率兵击氐者尚不止以上三人，还有范明友、赵充国等。同《纪》元凤四年诏曰："度辽将军明友……后复率击武都反氐。"《汉书》卷69《赵充国传》云："昭帝时，武都氐人反，充国以大将军护军都尉将兵击定之。"指的当都是同一次战役。或许正是在这次用兵后，即采用分而治之的办法，将阴平等三道割属广汉，并置广汉北部都尉治之，缩小武都郡的规模，以加强对氐人的控制。观昭帝年间，正是边郡、初郡大调整的时候，如始元五年（前82）罢儋耳郡并珠崖；罢真番、临屯并乐浪，内徙玄菟，并以其郡治属乐浪；始元六年，取天水、陇西、张掖各二县置金城郡；元凤五年罢象郡分属郁林、牂柯，不一而足，因此对武都郡境进行调整亦是有可能的。

《史记》卷116《西南夷传》云："自冉駹以东北，君长以什数，白马最大，皆氐类也。"冉駹地置为汶山郡，位蜀郡之北，已见上述。诸氐在冉駹东北，当然包括广汉西北阴平等三道及武都郡在内。西夷每郡皆以一种少数民族为主，即汶山之冉駹、沈黎之笮、越嶲之邛，武都当然以氐人为主置郡，其中有些氐人居于广汉之西北，而白马又是氐中之最大支，故太史公遂以白马代表全部氐类，言"广汉西白马为武都郡"。广汉西北之甸氐、刚氐两道明为氐人而置，又《三国志》卷30《魏书·乌丸鲜卑东夷传》注引《魏略·西戎传》曰："氐人有王，由来久矣，自汉开益州置武都郡，排其种人，分窜山谷间，或在福禄，或在汧、陇左右。……又武都地阴平街左右亦有万余落。"阴平街或即阴平道？若然，则初置之武都郡有自广汉西至汧陇以南的范围，大约不错①。

白马虽为氐类中之最大者，但在《史记》、《汉书》、《三国志》诸载籍中的地名上竟未留下痕迹，给确定白马氐居地增添了困难。唯《水经·漾水注》记有白马水之名："又有白马水，出长松县西南白马溪，东北迳长松县北，而东北注白水，白水又东迳阴平大城北……"审其地望，则白马水于汉当流经阴平与刚氐之间。白马水之得名或与白马氐有关？若然，则广汉西北部有白马氐存在。

但以上解释只是一家之言，尚不能成为定论。《史记》、《汉书》虽皆不详言白马氐之所在，但其后之载籍一般都以为白马氐在《汉志》武都郡内，对《史记》"广汉西"和《常志》"本广汉西部都尉治"亦不作任何解释。《后汉书》卷86《西

---

① 晋代以阴平置郡，并武都郡皆北属秦州而不南属益州。

南夷传》言白马氏居于河池,一名仇池。河池,《汉志》武都郡属县①。《魏书》卷101《氐传》云:"氐者,西夷之别种,号曰白马……秦汉以来,世居岐陇以南,汉川以西,自立豪帅。汉武帝遣中郎将郭昌、卫广灭之(此说不知何据),以其地为武都郡。"《水经·漾水注》曰:"常璩范晔云,(武都)郡居河池,一名仇池,池方百顷,即指此也,左右悉白马氏矣。"(不过这只是范晔所云,与常璩不相干)《元和郡县图志》于"兴州"一节云:"战国时为白马氏之东境,秦并天下属蜀郡,汉武帝元鼎六年以白马氏置武都郡,今州即武都郡之沮县是也。"

若从这些记载看来,则武都郡之始置当与《汉志》所载范围无别,乃以岐陇以南、汉川以西的白马氏合以陇西郡数县而成,这种说法最保险,但须弃"广汉西","本广汉西部都尉治"等记载不顾,尚有缺陷,且《后汉书》、《魏书》与《元和郡县图志》皆晚出,颇疑其说法皆据《汉志》武都郡境为说,亦未可全信,录之以存两说。

5. 益州郡

益州郡是西南夷地区最后设置的郡,也是该地区最边远的郡,兼有西夷和南夷滇部分地,又包括嶲与昆明等不同种族于其中。

《史记》卷116《西南夷传》载:"元封二年,天子发巴蜀兵击灭劳浸、靡莫,以兵临滇。……(滇王)举国降,请置吏入朝,于是以为益州郡。"《后汉书》卷86《西南夷传》又曰:"滇王者,庄蹻之后也,元封二年武帝平之,以其地为益州郡,割牂柯、越嶲各数县配之,后数年,复并昆明地,皆以属此郡。"

《汉志》益州郡诸县很明显分成两组。其东部地以滇池为中心,由滇国及其旁邑劳浸、靡莫以及牂柯越嶲数县组成。滇池县名与滇国有关,牧靡县与靡莫也有联系,劳浸或者在同旁留下痕迹。常璩《蜀志》曰,元封二年分牂柯置益州郡,但所分为哪些县已无考,好在这几县属牂柯不过两年之久,无妨大局。东部地就是元封二年益州郡初置时的规模。

益州郡西部七县,在今云南大理下关一带,与东部十七县相距较远,当以嶲、昆明地置。《史记》卷116《西南夷传》云:"其外西自同师以东,北至斯榆,名为嶲、昆明,皆编发,随畜迁徙……"斯榆为七县之一,又,嶲唐县当与嶲有关。但《后汉书》亦不明昆明地属益州的具体年代,只好阙疑。

四、西北地区新置诸郡

汉初之西北疆界仅止于故塞(秦昭襄王长城),故塞以西北至河水以东南

---

① 李贤注《后汉书》曰:"仇池,山,在今成州上禄县南。"则当汉之上禄县附近。

地尽没入匈奴。武帝元光间,一改此前的"和亲"政策,开始进击匈奴。元朔二年(前127),收河南地,置朔方、五原郡,西北诸郡边界大致恢复到秦时规模。元狩二年(前121),越河西,逼降匈奴休屠、浑邪王,置酒泉郡。此后又大量移民实边,迁徙民户至西北边疆地区,至元鼎六年(前111),分酒泉置张掖、敦煌郡,后宣帝时复分张掖置武威郡,河西四郡遂成。

武威郡之置乃在宣帝地节年间,本不当系于此处,然河西四郡的联系过于紧密,难以分述,故亦记之于本处。

1. 五原、朔方两郡

五原、朔方两郡乃元朔二年汉击匈奴,收河南地后所置。

《汉书》卷6《武帝纪》载,元朔二年,"收河南地,置五原、朔方郡"。然《史记》卷111《卫将军骠骑列传》述此事则不及五原,单云"令车骑将军青出云中以西至高阙,遂略河南地,至于陇西。……遂以河南地为朔方郡"。

又据《汉志》,述及五原、朔方两郡,乃为:"五原郡,秦九原郡,武帝元朔二年更名。""朔方郡,武帝元朔二年开。"两下相较其用词,可知两郡虽同为元朔二年置,然独有朔方乃为以新开之河南地置也,五原实乃汉之旧地。

前文已述及,汉初无九原郡,九原地尽入云中。新置之五原郡当乃此年分云中郡西部地所置,郡治即秦九原郡治九原县,因此班固将五原郡当成秦九原郡之更名。《史记》卷111《卫将军骠骑列传》乃得其实,元朔二年得河南地后,新辟地上所置者唯有朔方郡也。

所谓河南地,并非第一次进入中原王朝的版图。《史记》卷6《秦始皇本纪》:"始皇乃使将军蒙恬发兵三十万北击胡,略取河南地。……又使蒙恬渡河取高阙、阳山、北假中,筑亭障以逐戎人。徙谪,实之初县。"是证高阙本属秦,而据《水经·河水注》,则高阙在朔方郡临河县西北,又证朔方地早为秦所有。

如果再往上溯,则《史记》卷110《匈奴列传》有"赵武灵王筑长城,自代并阴山下,至高阙为塞,而置云中、雁门、代郡"。大约"云中以西至高阙"一带后来又为匈奴所得,故秦始皇使蒙恬"西北斥逐匈奴",再取河南地。至武帝置朔方郡时,河南地已是两出三进矣。

故汉之朔方郡大约相当于秦云中郡最西部之地。为了加强对匈奴的抵御能力,武帝时以此新置朔方郡,并新筑了一系列新城,徙民实边。自置郡之后,朔方郡界似无变化。

2. 河西四郡设置年代

河西地的开辟是西汉史上一件大事,世所习称"河西四郡",即酒泉、张掖、敦煌、武威,然其设置年代,却长期以来成为一个悬案,这主要是《汉书》卷6

《武帝纪》和《汉志》所载年代相互矛盾所引起的。《武帝纪》以为,元狩二年匈奴浑邪王杀休屠王来降,遂以其地置酒泉、武威郡,元鼎六年乃分两郡置张掖、敦煌郡;《汉志》则以为太初元年(前104)开酒泉、张掖,四年开武威,后元元年(前88)乃分酒泉置敦煌。

对于这一矛盾,早期的《汉书》注家从未触及,大约都知难而退。直到宋代司马光才提出这个问题,因为《资治通鉴》的编年体例迫使他去确定置郡的年代。但司马光也未能克服这一矛盾,只能提出"今从武纪"的解决办法。自此以后,"从武纪"成为回避矛盾的防空洞。清人齐召南说:"按《孝武纪》元狩二年秋,匈奴浑邪王杀休屠王并其众来降,置五属国以处之,以其地为武威、酒泉郡,岂迟至太初四年乎?《志》与《纪》自相矛盾,自应以《纪》为实。"[1]并不申述任何理由,便武断地以《纪》为正,以《志》为误。

虽然也有如全祖望"据《匈奴传》,则初置止酒泉一郡,武威亦稍后之"[2]的怀疑;而且实际上《通鉴》也未全"从武纪",而是作了局部修正,以酒泉郡置于元鼎二年,并认为武威稍后分之;但总的说来,还没有跳出"从武纪"的研究水平。例外从《汉志》的似乎只有朱一新一人[3]。调和的也有,如王峻的《汉书正误》,即以置郡和开府时间的先后来解释《纪》、《志》的歧异[4]。

无论是从《志》、从《纪》还是调和派,都是一种简单从事的办法。数百年来,四郡的建置年代实际上并没有真正解决,这个局面直到20世纪40年代才为张维华先生的卓识所打破。张先生在其《汉河西四郡建置年代考疑》[5]一文中,从《武帝纪》、《汉志》以外的史汉有关记载出发,综合考察河西地区置郡的经过,断言《武帝纪》、《汉志》的说法都存在问题,认为四郡之中酒泉最先置,武威最后,张掖、敦煌则可从《武帝纪》。

据张先生分析,《史记》大宛、匈奴、霍去病诸传及《汉书》卷96《西域传·序》记河西最初所置郡,皆独有酒泉而不及武威,因此《武帝纪》言武威与酒泉同置于元狩二年之说不可靠。且酒泉置于元狩二年,亦嫌过早,因为《武帝纪》述元狩四年移民不及河西,而《史记》卷123《大宛列传》载张骞元狩四年后对武帝犹言"故浑邪地空无人",欲招诱乌孙使东还"居故浑邪之地",可见当时不

---

[1] 齐召南:《汉书考证》,参见班固撰,王先谦补注,上海师范大学古籍整理研究所整理:《汉书补注所引》,上海古籍出版社,2012年。
[2] 全祖望:《汉书地理志·稽疑》卷2,中华书局,1985年。
[3] 朱一新:《汉书管见》。
[4] 王峻:《汉书正误》,虞山王氏颐庆堂家刊本,日本影印本,二十四史补第2册,第393—448页。
[5] 载《中国文化研究汇刊》第二卷,1942年9月;又见《汉史论集》,齐鲁书社,1980年。

可能已置郡,因此推断酒泉当置于元鼎二三年间,乌孙不肯东还之后。武威郡之置则应迟至昭帝元凤元年(前80)与宣帝神爵元年(前61)之间,因为昭帝始元六年(前81)始置金城郡时,取天水、陇西、张掖各二县以成立,而未言及武威,如武威先已置郡,就地理方位言,当云取武威二县,不当言取张掖二县。武威之名始见于《汉书》卷69《赵充国传》"屯兵在武威、张掖、酒泉"一语,时当神爵元年(前61)用兵西羌,故武威之置又须在此年以前。

以上结论得之于人所习见的史汉记载,并未借助于考古资料,虽然具体年代不无可商榷之处,但已大大超越前人的认识。大约与此同时,劳干先生利用20世纪30年代所获之居延汉简,参以文献资料,从另一个方向来寻求四郡设置年代的正确答案①。

《居延汉简》303.12简载:"元凤三年十月戊子……丞行事金城、张掖、酒泉、敦煌郡……"列河西诸郡有金城而无武威,是武威置郡尚在其后。至宣帝初的居延汉简骑士名籍簿中,张掖所属县俱有其人而武威所属则无人,盖其时武威已置郡,故其正卒戍武威之缘边而不戍张掖属之居延。劳干根据上述分析推断,武威建郡当在昭帝元凤三年十月之后、地节三年(前67)五月张敞视事山阳郡之前。将张说的武威建郡年代的上下限从二十年缩短为十二年,至于酒泉、敦煌、张掖,劳氏主张仍从《武帝纪》,因为《纪》文直采官家纪注,最为可据。唯《武帝纪》所载"元狩二年……以其地为武威酒泉郡"中,武威二字或班氏以意增入,或经后人窜入。

20世纪60年代初,陈梦家先生更进一步,将史汉等文献资料和汉简所载有关史料进行全面的排比,上起元狩二年下及神爵元年及武威置郡以后,据而认为《史记》的记载有其一致性,四郡之建置主要应以《史记》为据,而不能受《汉书·武帝纪》的支配②。

陈梦家的结论是:酒泉、张掖应同置于元鼎六年。因为《史记》卷30《平准书》有言:"其明年(徐广曰元鼎六年)南越反,西羌侵边为桀,于是天子为山东不赡,赦天下。因南方楼船卒二十余万人击南越,数万人发三河以西骑,击西羌,又数万人度(渡)河筑令居,初置张掖、酒泉郡……汉连兵三岁,诛羌,灭南越,番禺以西至蜀南者,置初郡十七,且以其故俗治,毋赋税。"又元鼎六年伐西羌只有陇西、天水、安定三郡骑士③,亦证明其前张掖、酒泉尚未置郡。

---

① 劳干:《居延汉简考释·考证之部》卷一,四川南溪石印本,1944年。
② 陈梦家:《河西四郡的建置年代》,《汉简缀述》,中华书局,1980年,第179—192页。
③ 见《汉书》卷6《武帝纪》。

敦煌之置当更在张掖、酒泉之后。《史记》卷123《大宛传》谓元封四年自酒泉已列亭障至玉门，这段工程当作于元鼎六年酒泉置郡后之数年，即元封的前三年。至元封六年，单于益西方而匈奴"右方直酒泉、敦煌郡"，故敦煌当置于元封四、五年间。

至于武威则应置于宣帝初，而不在昭帝末。因为居延汉简7.7（甲45A）言："地节二年六月辛卯朔丁巳，肩水候房谓候长光以姑臧所移卒被候，本籍为行边丞相王卿治卒被候……"说明后来作为武威郡治的姑臧当时尚属张掖管辖，因此张掖肩水候官告候长核对姑臧戍卒名籍，显见武威地节二年前尚未置郡，否则姑臧戍卒当戍休屠，而不在居延。至神爵元年则《汉书》卷69《赵充国传》已有武威之名，故其建郡之上下限应缩短为地节三年至元康四年的六年间。

张、劳、陈三位的观点已如上所述。其共同点是武威最后置，虽然断代稍有宽狭的不同，张掖郡置于元鼎六年，与《武帝纪》同，虽然陈氏认为张掖并非酒泉所分。敦煌郡张、劳皆从《武帝纪》，而陈氏稍有异议。至于酒泉郡则言人人殊，尽管相去不远，却代表三种不同的思维方式，因此四郡的建置问题仍有讨论之必要。下面即逐郡作一分析。

武威郡最后置确是不易之论，毋庸再议。实际上《史记》全书不及武威一名已从侧面证明了这一点。问题只在于确定建郡的具体年限。张维华先生以为武威之名首见于《汉书》卷69《赵充国传》，因此以神爵元年为武威置年之下限，陈梦家看法与之相同，但取神爵元年之前一年元康四年为下限。劳干亦未发现比《赵充国传》更早的记载。

其实，武威之名首见于《汉书》卷68《霍光传》。一条重要的记载被三位学者所忽略了。

《霍光传》记宣帝"乃徙光女婿度辽将军未央卫尉平陵侯范明友为光禄勋……数月，复出光姊婿给事中光禄大夫张朔为蜀郡太守，群孙婿中郎将王汉为武威太守。"检《汉书》卷19《百官公卿表》，度辽将军范明友为光禄勋事在地节三年，可见武威郡至迟在该年已置。因此，张、陈二位认为武威置年之下限为神爵元年或元康四年已不足凭。但陈氏认为武威立郡之上限当在宣初而不在昭末，是正确的。因为《汉书》卷8《宣帝纪》载有本始二年（前72）五将军大举出击匈奴一事，卷94《匈奴传》记此事言二十余万人出西河、云中、五原、酒泉、张掖而无武威。再参以上引居延汉简7.7（甲45A）的简文，推测武威当置于地节二年以后是完全合理的。这样一来，我们便有理由相信，武威郡之置当在地节二、三年间。或者竟可以大胆设想，王汉便是武威的首任太守，当然，如果认为对居延汉简 7.7 简文的解说不足凭,武威可能在地节二年前已置郡,只不过其时姑臧仍属张掖(这种可能性很小),那么谨慎点说,则武威置于本始二年至地节三年间是绝不会有错的。

劳干也提到武威建郡当不晚于宣初,但这与上面的分析只是偶然的巧合。劳干的证据是不足的,而且推论过程是错误的。他说:"至宣帝初昌邑王罢归故国,昌邑国名虽未废,而昌邑国人则屯戍北边,不以王国人遇之(昌邑国据《昌邑王传》云王归国后,地除为山阳郡。但简中戍卒尚有昌邑国名,或至少在数月后。然至晚应不得逾地节三年敞视事山阳之后),此类名籍见释文名籍类,其同时同地出土者,有大河郡及淮阳郡戍卒名籍。此二郡宣帝初年亦俱分封为国,简中名籍犹称郡,正与昌邑未改郡同时。惟骑士名籍则张掖所属诸县,如觻得、昭武、氐池、日勒、番和、居延、显美等县俱有其人,而武威所属诸县则无一人。是宣帝初年武威盖已立郡,故其正卒戍武威缘边,不戍张掖属之居延矣。"

劳干这个推论至少有三层错误。首先,王国人不戍边乃汉初之制,景武以后,诸侯王特权被削,王国地位下降,等同汉郡,王国人亦须戍边,居延汉简名籍中尚有来自梁国、赵国、平干国之戍卒可以为证,昌邑并非特例。其次,汉制王国一旦废除,即为汉郡,概莫能外,所谓"昌邑国名虽未废"乃臆断之词。昭帝元平元年(前 74)昌邑王废,其故国即除为山阳郡,随后就要派遣太守,不能迟至七年以后的地节三年才有首任山阳太守视事。事实上,《汉书》卷 19《百官公卿表》载本始四年"山阳太守梁为大鸿胪",证明张敞以前至少已有一名山阳太守。因此,昌邑国简当悉为昭帝元平元年以前之物,与宣帝无涉。第三,大河郡置东平国在甘露二年(前 52),已近宣帝末年,淮阳郡置国在元康三年,亦入宣帝中期,怎能说"此二郡宣帝初年亦俱分封为国"? 劳干的推理过程是,王国人不须戍边,而昌邑国人竟戍边,可见昌邑虽国除而名未废,因此昌邑国简是宣初之物,于是以之作为确定武威置郡年代的标尺,这显然是很不妥当的。

由以上分析,已知武威置郡当在宣帝地节二、三年间,比河西其他三郡整整晚了半个世纪左右,难怪乎汉末哀帝时刘歆等人述武帝之功,亦只言其起敦煌、酒泉、张掖三郡,而不及武威。

接着再讨论酒泉郡,陈氏以为酒泉郡与张掖郡同置于元鼎六年,其根据就是前引之《平准书》语。但《平准书》主要论述汉代财政货币制度的沿革,并非专写武帝拓地的经过。《书》中所说的"初置张掖、酒泉郡"只是统而言之,并不能由此断定两郡必置于同时,而且认真地说,"南越反,西羌侵边为桀"皆在元鼎五年,与"初置张掖、酒泉郡"并不在一年,但《平准书》却统括在"其明年(徐广曰:元鼎六年)"之中。

太史公文笔纵横捭阖,有时并不受绝对年代的限制,其写本纪尚且如此,书、传更不待言。如卷110《匈奴传》曰:"汉使扬信于匈奴,是时汉东拔濊貉、朝鲜以为郡,而西置酒泉郡,以鬲绝胡与羌通之路。"朝鲜地置郡明在酒泉之后,谁也不会因《匈奴传》之载而误以为酒泉之置与朝鲜四郡同时。要之,以《平准书》证事实则可,以之系年则不妥。

而且《史记》除《平准书》外,其他有关记载皆独云置酒泉郡,并不与张掖相提并论。如上引之《匈奴列传》,又如卷123《大宛列传》云:"而汉始筑令居以西,初置酒泉郡以通西北国。"卷111《卫将军骠骑列传》言:"及浑邪王以众降数万,遂开河西酒泉之地,西方益少胡寇。"卷29《河渠书》载:"自是以后,用事者争言水利。朔方、西河、河西酒泉皆引河及川谷以溉田。"由此可以看出,河西首置唯有酒泉郡,所以太史公屡屡独举。而且还说明,张掖、敦煌皆由酒泉分置,言酒泉可以概括整个河西地区。如朝鲜地置郡已当元封三年,其时张掖郡无疑已置,但上引《匈奴列传》仍独言酒泉,就是这个道理。陈氏强调《史记》记载的一致性,更应注意到《平准书》言"初置张掖、酒泉郡"只是孤证,并不能证明张掖、酒泉郡必同时设置,或许正说明元鼎六年张掖郡由酒泉析置,故司马迁因此一并书之。

陈氏还有一个误会,以为张掖、酒泉是武帝所置十七初郡之二,因此加强了两郡置于同时的信念。其实《平准书》明言十七初郡的地理位置是"番禺以西至蜀南",张掖、酒泉远在西北,与此载不合。同时更重要的是,所谓初郡是设置于少数民族地区的特殊郡,其特点是"以其故俗治,毋赋税"。亦即在设置郡县的同时,仍保留少数民族原有的一套统治制度,在经济上则给予不收取赋税的优待。因此十七初郡应当是南海、苍梧、郁林、合浦、象郡、交趾、九真、日南、珠崖、儋耳、武都、汶山、沈黎、越巂、犍为、牂柯、益州等郡。前十郡为越人所居,后七郡为西南诸夷——氐、冉駹、邛、筰、徙、夜郎、滇、昆明的聚居地。

至于张掖、酒泉两郡居民,则皆由内郡迁徙而来。河西地自月氏、乌孙、匈奴相继离去以后,并无少数民族,有之亦后来所移徙,如元封三年武都氐人反,分徙酒泉郡之类。河西地区的居民自汉以后始终以汉人为主,以至于到十六国时期,中原迭经若干少数民族政权的更替,而河西地反而出现过汉人所建的前凉、西凉小朝廷。因此,张掖、酒泉无论从地理位置或民族成分方面来说绝不可能在十七初郡之中,两郡同时置的可能性因此又少一层。

从地名的角度来看,也可证明河西地首置郡唯有酒泉。河西四郡除酒泉外,在《汉志》中均有与郡名相同的县名,即敦煌县、张掖县、武威县,金城郡也有金城县,这些郡大约都是以同名县为中心而设置的。《汉志》中唯独没有酒泉县,这也从侧面说明酒泉郡当最先置,而后在郡内逐步设立县治,才分置其他三郡。

又《卫将军骠骑列传》和《河渠书》俱有"河西酒泉"的提法,陈梦家先生以为河西与酒泉乃是两地区名,因此用顿号断开之。但上述提法应该是河西之酒泉的意思,并非河西和酒泉。河西可以是地区名,因为它是以位于河水以西来称呼的,与河东、淮北之称类似,而酒泉显然是汉廷对河西地所置郡的正式名称,如合浦、乐浪之类,绝不是地区名。河西地是以酒泉郡名,故称"河西酒泉"。如同"河南新秦中"即河南之新秦中之意,并非河南与新秦中分别为两地。

要之,综合《史记》诸传之记载以观,酒泉为河西四郡之首置者,当可肯定。《汉书》卷96《西域传》序中就明确地表明了这个看法:"其后骠骑将军击破匈奴右地,降浑邪、休屠王,遂空其地,始筑令居以西,初置酒泉郡;后稍发徙民充实之,分置武威、张掖、敦煌,列四郡,据两关焉。"难以肯定的是酒泉郡的具体设置年代。

《汉书》卷6《武帝纪》以酒泉、武威两郡同置于元狩二年,武威既误,则酒泉亦引起怀疑。司马光将酒泉郡之置系于元鼎二年,乃是以为元狩二年时,浑邪王虽已降汉,但其故地空无人,显然不能立郡,必于数年后,乌孙不肯东还,方不得不置郡。张维华先生亦持同样见解,认为《武帝纪》述元狩四年移民尚不及河西,故酒泉郡只能置于元鼎二、三年间。这样设想,于理似可通,但于史则无据。无论《史记》、《汉书》的记载或考古发现的资料,都不能旁证酒泉当置于元鼎初。而且元狩四年实际上已经移民河西。《匈奴列传》云:"是后匈奴远遁,而幕南无王庭。汉度(渡)河自朔方以西至令居,往往通渠置田,官吏卒五六万人,稍蚕食,地接匈奴以北。"时当元狩四年,而汉已全线渡河以西,实行移民屯田。既移民则必有行政管理机构之置,似不得待元鼎以后方才设郡。此外,边郡之置完全可以在移民之前或与之同时,不一定非在移民之后不可。元朔二年春,汉收河南地,立即置朔方郡,而后才"募民徙朔方十万口"。

因此颇疑元狩二年时,汉廷确已在河西地区虚悬酒泉郡之名,同时计划逐步移民以实之。由于元朔以来,汉对匈奴的战争取得一连串的胜利,朔方二郡成立,陇西、北地、上郡恢复秦时规模,河西地入汉,大量的空地亟待移民开发,而移民速度又跟不上这种需要。因此汉廷随后乃一面移民,一面派张骞招乌孙东还,以填河西地。观河西地之富饶及其"通西北国"、"隔羌与胡通之路"的重要战略地位,汉廷无不在该地置郡之理,即使乌孙东还,亦必与中土移民一道在汉郡治理之下,绝不可能发生汉将河西地白白让与乌孙的事。因而酒泉郡之置似不得取决于乌孙是否东还,两者之间并无必然的因果关系。

虚悬郡名之说似无稽,但实有其例。《史记》、《汉书》皆言犍为郡置于建元六年(前135),但有人表示异议,以为唐蒙谕南越、归长安、上书、定策、任郎中将带兵入夜郎、订约、还报、规划、下令、遣吏,道路往返数千里,一年之内,何能解决?必得数年之后,于元光五年(前130)方得置郡。言似有理,实则未必如此。犍为郡之置,只需夜郎侯表示归顺,即可立郡名。对该郡进行具体规划则是以后的事。而且,究其实,对于边郡和初郡我们讨论的基本上是其名义上的置郡年代,并非开府施治的实际时间。例如朝鲜地,至元封三年夏方克,而《汉书》言该年即以其地置乐浪、玄菟、临屯、真番郡,以一秋之功,何能遽置四郡之地?恐怕也是名在前,实在后。如果不是这样看问题的话,则《史记》、《汉书》有关武帝新开郡置年的记载岂不多有疑问?非要自行设想另外一套时间表不可了。

或者正因为酒泉郡置于元狩二年,比张掖、敦煌早出十年之多,所以不但太史公言河西地置郡,往往独举酒泉,甚至在张掖、敦煌置郡一段时间以后,亦以酒泉代表河西。如《汉书》卷161《李广利传》云太初间"益发戍甲卒十八万酒泉、张掖北,置居延、休屠以卫酒泉"。居延于《汉志》属张掖,休屠更在其东,属武威。言其卫张掖即可,何能卫酒泉?可见酒泉郡初置时包括整个河西地区,故言酒泉可以代河西。若酒泉置于元鼎二、三年间,与张掖相去不远,于太史公印象中,两郡近乎同时置,似乎不能述其事如上所引。

综上所述,全从《武帝纪》显然不行,但除非有更坚强的证据,目前好像还不能完全抛弃《武帝纪》的记载。《武帝纪》言:元狩二年"秋,匈奴浑邪王杀休屠王,并将其众合四万余人来降,置五属国以处之。以其地为武威、酒泉郡"。这里武威二字当然有错,但"以其地为郡"之事可能存在,只是仅为酒泉郡而已。武威二字的窜入或因为后来之武威郡属县有休屠县之名,遂误以为该郡乃以休屠地而置之故。这种误会可能是班固本人,也可能是后人产生的,遂而编入《武帝纪》之中。因此仍不能因否定武威郡而把酒泉郡也一起否定掉。

要之,酒泉郡的置年问题比较棘手。张维华先生认为应置于元鼎二、三年间的看法有一定道理,劳干先生主张从《武帝纪》亦未可全非,目前只能暂以元狩二年置为是,以待将来的进一步订正。

酒泉建郡之后,不久即徙民以实之,使粗具规模,至元鼎六年平羌以后,复分酒泉置张掖、敦煌郡,再度"徙民以实之",以加强边郡的防卫作用。《史记》卷30《平准书》言"上郡、朔方、西河开田官,斥塞卒六十万人戍田之",即包括向这三郡的移民。关于张掖郡之置于元鼎六年,各家殆无异议,毋庸细述,唯敦煌须稍缀数语。

敦煌之置年,张、劳二位皆从《武帝纪》,陈氏则系之于元封四、五年间。顾陈氏之说,似无特别之根据,仅因其力主酒泉、张掖两郡同置于元鼎六年,则敦煌之置非稍后不可,断无当年置酒泉郡、当年分置敦煌之理,若以三郡同时置,又似不可能。据《史记》卷123《大宛列传》载,元封四年自酒泉已列亭障至玉门,至元封六年则匈奴"右方直酒泉、敦煌郡",陈氏认为当置于"列亭障"的工程之后和元封六年以前,故定为元封四、五年间。其实"列亭障"之前又为何不能先有敦煌郡之置?且敦煌石窟所出《沙州都督府图经》引"《汉书》武帝元鼎六年将军赵破奴出令居,析酒泉置敦煌郡"的记载,比今本《汉书》卷6《武帝纪》所言元鼎六年"秋,又遣浮沮将军公孙贺出九原、匈奴将军出令居,皆二千余里不见虏而还,乃分武威、酒泉地置张掖、敦煌郡"更为直接明确,可以为据。故敦煌郡置于元鼎六年,并无充分证据能予以否定。

河西四郡设置年代已如上述,小结之,可列表如下:

表 2-6 河西西郡设置年代

郡名	《武帝纪》	张 说	劳 说	陈 说	今 定
酒泉	元狩二年	元鼎二年	元狩二年	元鼎六年	元狩二年
张掖	元鼎六年	元鼎六年	元鼎六年	元鼎六年	元鼎六年
敦煌	元鼎六年	元鼎六年	元鼎六年	元封四、五年间	元鼎六年
武威	元狩二年	元凤元年神爵元年间	元凤三年地节三年间	地节三年元康四年间	地节三年

从《武帝纪》记载来看,张掖郡最为确实可靠,敦煌郡次之,酒泉郡可作参考,武威郡虽误而有因,说明《武帝纪》有比较可靠的背景材料。至于《汉志》所注四郡置年无一是处,颇疑其非班固自注,有如郡国名下所注之"属某州",实非西汉之制。或同是后人读书时所加之附注?

3. 河西四郡的地域

四郡的建置年代确定,再参以《汉志》所载的四郡范围,对其地域变化过程便有一个大致的概念。先是元狩二年以后西北悬置酒泉郡;至元鼎六年,分酒泉东部置张掖郡,西部置敦煌郡;三十年后,割张掖郡南部二县以成金城郡;又过十数年,析张掖郡东部置武威郡。四郡之形势乃定。

河西地的自然地理形势很特别,其主要部分是河西走廊,自河水以西至敦煌,南北有两道山脉夹峙,北曰合黎山,南为祁连山。在合黎山东、西两侧各有以谷水和弱水形成的平川地。《汉志》河西四郡的所有县城即布置在这条走廊及上述两水的沿岸。两千年后的今天,甘肃和内蒙古西部县城的分布依然与之类似,足见河西地的可居住范围在西汉就已十分明确。

河西走廊的通道,自元朔间张骞通西域后,便为中土所知。元狩二年汉廷两度出兵河西。其年春,霍去病将万骑出陇西,过焉支山千余里;夏,复将数万骑出陇西、北地二千里,过居延,攻祁连山,对河西走廊的地理形势当然有更深刻的了解。酒泉郡之置,就是以这种地理知识为基础,将河水以西二千里地统系于该郡名下,而后逐步移民充实之。初置郡之时,虽然规模未具,人员未实,只有几个据点,但郡境在当时却是比较明确的,南有祁连山,北有大漠,东有河水,西有白龙堆,都是天然界线,无须人为划定。

酒泉郡的最初据点之一是令居县。其位置当今甘肃永登县西,正是河西走廊的入口。令居是《史记》最常提到的地方。

卷110《匈奴列传》:"汉度(渡)河自朔方以西至令居,往往通渠,置田官,吏卒五六万人。""汉又遣故从骠侯赵破奴万余骑出令居数千里,至匈河水而还。"

卷123《大宛列传》:"而汉始筑令居以西,初置酒泉郡以通西北国。"

卷30《平准书》:"又数万人度(渡)河筑令居,初置张掖、酒泉郡。"

而后由令居向西推进,沿着交通线逐步建立县治。在这条道路上,原先就有匈奴的一些据点,如姑臧。《西河旧事》云:"凉州城,匈奴故盖臧城,音讹为姑臧。"①河西地区是匈奴重要牧区,有歌曰:"失我焉支山,使我妇女无颜色;夺我祁连山,使我六畜不蕃息。"因此,这一带留下先后居于此地的乌孙、月氏及匈奴的据点乃是十分正常的事。汉于河西所置县治必有不少是因这些据点而设。《汉志》河西四郡大部分县名从字面上不得其解,必是先前少数民族留下的地名或民族名,这一点和朝鲜半岛、西南夷地区是类似的。

元鼎六年,汉廷派赵破奴率万骑再次出令居数千里,对河西地区进行最后一次扫荡,同时又发数万人击西羌。在这基础上将酒泉郡东部析置为张掖郡,西部分为敦煌郡。此时之河西地区虽然不可能已置许多县,但以数千里之广漠分成三郡是很自然的。而且历史上可能已经形成分郡基础的地区差别。如敦煌的概念早就形成。元朔间,张骞已言月氏居"敦煌祁连间",而酒泉与张掖的分野很可能是匈奴浑邪地和休屠地的界线。因此初置之敦煌郡范围与《汉志》所载大约不会有多大差别,其东面当以籍端水与酒泉为邻。至于张掖与酒泉之分界就较难以确定(见图2-21)。

---

① 杜佑:《通典》卷174《州郡四》引,中华书局,1988年。

第二编·上篇·第二章　西汉郡国建置沿革　　189

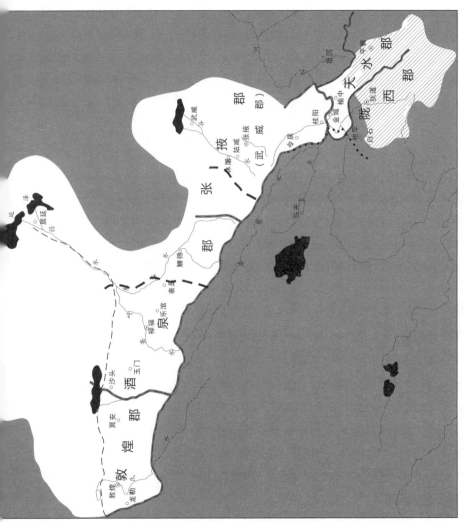

图 2-21　武帝元鼎六年（前 111）河西诸郡示意图

[图中斜线部分为金城郡范围，圆点线以东六县为昭帝始元六年（前 81）始置金城郡领域，以西部分为宣帝时金城郡扩大范围；虚线为宣帝之后张掖、武威郡边界]

初置之张掖郡,其东部当然包括《汉志》武威郡全部及金城郡北部二县地,以河水与天水、安定等郡为邻,因为当时武威、金城均未分置。但其西界止于何处,却无迹可寻。若将《汉志》张掖郡全部亦包括在初置之张掖郡内,则领域过于寥廓,与酒泉郡大不相侔。考虑到焉支山在匈奴民族心理上的地位,是否休屠地与浑邪地有可能以此山为界?其东部为休屠王所居,休屠县属《汉志》武威郡可证明这点。《水经注·禹贡山水泽地所在》言休屠"本匈奴休屠王都";焉支山以西或即为浑邪王所居,但从地名上已找不出证据。初置之张掖沿袭休屠故地,而以焉支山与酒泉分野。当然这只是一种臆测,尚不能作为定论。若此臆测属实,则张掖郡最初或治张掖县,大体处于该郡之地理中心,亦似合乎情理。

元鼎六年酒泉分置张掖、敦煌后,经过三十年的经营,如《汉志》所载的数十县城,必已大部建成。昭帝始元六年遂取张掖郡南部之令居、枝阳二县,以成金城郡(详见下篇第十一章第四节)。或者正在此时,张掖郡之西界遂西移至如《汉志》所载酒泉、张掖之界。因《汉书》卷94《匈奴传》载:"后无几,右贤王、犁污王四千骑分三队,入日勒、屋兰、番和。张掖太守、属国都尉发兵击,大破之。"时当元凤间,而日勒等三县已属张掖,如《汉志》所载(当然也有可能元鼎六年酒泉分张掖时,其西界已与汉末范围相同)。至宣帝地节三年,复分张掖郡东部地置武威郡,因此张掖县遂归武威郡所属。至此,《汉志》所载河西四郡的地域已经形成。此后至汉末的六十余年间,四郡的变化只在于县城的增置,于郡界当无所变革。

五、岭南地区诸郡

秦始皇三十三年(前214)取五岭以南陆梁地置为南海、桂林、象郡。秦亡以后,南海尉赵佗拥三郡自立南越国。汉兴,无力用兵岭南,赵氏政权延续近百年之久。汉武帝元鼎六年(前111)平南越,取其国北部地入汉之武陵、桂阳,析置零陵郡;于岭南新置十郡,比秦代疆域有所扩大。昭、元两代相继罢省儋耳、象郡、珠崖三郡,此后至西汉末年,岭南地区并存有南海、郁林、苍梧、合浦、交趾、九真、日南七郡。

在从秦代三郡到汉末七郡的转化过程中,最成症结的问题便是象郡的沿革。由于对史料取舍的不同,历来的中外学者对象郡的去向基本上形成两种相互对立的观点:一则以为象郡自秦延续到汉昭帝元凤五年(前76)间,其领域大致跨《汉志》郁林、牂柯两郡间;一则认为秦象郡相当于汉日南郡,秦亡后即已消失。关于象郡的分歧意见必然导致有关岭南诸郡沿革的研究得出完全不同的结论,因此首先需要解决的问题便是象郡的沿革,而后才能讨论其他各郡的变迁。

1. 象郡沿革

(1) 两种对立的观点:日南说和郁林说

清代以前,未有学者对象郡的变迁作过全面的论述,一般只是接受《汉志》日南郡下班固自注"故秦象郡,武帝元鼎六年开,更名"的说法,模糊地认为秦象郡应相当于汉日南郡。至于象郡范围到底多大,如何转化成日南郡,始终没有过详细的考订。杜佑《通典》虽然认为秦象郡范围应包括汉日南、九真、交趾三郡全部及郁林、合浦两郡部分地,但亦不详其原因。杜说一直为唐以后的学者所尊奉,杨守敬的《嬴秦郡县图》即据之以作。

1916 年,法国人马司帛洛(Henri Maspero)[①]对象郡问题提出了新看法,他依据下列史料:

1)《山海经·海内东经》篇末沅水条曰:"沅水出象郡镡城西,东注江,入下隽西,合洞庭中。"郁水条曰:"郁水出象郡,而西南注南海,入须陵东南。"

2) 臣瓒注《汉书·高帝纪》引《茂陵书》曰:"象郡治临尘,去长安万七千五百里。"

3)《汉书》卷 7《昭帝纪》载:"元凤五年……罢象郡,分属郁林、牂柯。"

得出象郡地跨《汉志》郁林、牂柯两郡间,自秦延续至昭帝时方才罢省的结论。(可简称之为"郁林说")

七年后,另一法国人鄂卢梭(L. Aurousseau)著文指责上述史料不可依据:

1)《山海经》"奇异而迷离不明",其材料不应采用。

2)《茂陵书》所述有脱误;临尘乃临邑(即林邑)之讹,依里距看,象郡治应南至汉日南郡之象林(即林邑)。

3)《汉书·昭帝纪》此载"毫无根据",必须毅然摒除。

同时,鄂氏辑录了七类三十四条史料,据之维护秦象郡即汉日南郡的旧说(可简称其为"日南说"),明确指出,秦亡以后,象郡既废,不得再存在象郡问题。

马、鄂之争在学术界颇具代表性。几十年来,有关象郡的论文,基本上不归马,即归鄂,见仁见智,相持不下。不同的结论乃来自不同的依据,因此必须对马、鄂两氏所用史料进行认真分析,详加甄别,才能决定取舍,对象郡问题作出正确的判断。

---

① 此处马司帛洛及下文鄂卢梭译名根据冯承钧《西域南海史地考证译丛》(商务印书馆,1962 年)之译文。今一般译 Maspero 作马伯乐。

(2) 日南说所据史料可疑

鄂文的分量较大,其中对马氏的批评留待后文讨论,这里首先对其所列举的大量史料作一分析,以确定其是否可据。鄂氏所引用的史料虽然洋洋洒洒,但细读之下,能够作为其结论的坚实依据的实仅有数条而已。其余有的只是"凑数"(冯承钧语),如第七类的安南载籍;有的亦不直接证明象郡日南说,如《史记》、《汉书》的许多引文;有的其实要帮他的倒忙,如《淮南子》、《交州外域记》、《广州记》等。

最能支持日南说的史料归纳起来有如下几条:

1)《汉志》日南郡本注:"故秦象郡,武帝元鼎六年开,更名。"

2)《史记》卷6《秦始皇本纪》集解引韦昭注象郡曰:"今日南。"

3)《水经·温水注》引王隐《晋书·地道记》曰:"(日南)郡去卢容浦口二百里,故秦象郡象林县治也。"

4)《温水注》:"浦口有秦时象郡,墟域犹存。"

这些史料表面上看来出自不同载籍,而殊途同归,证明了象郡日南说。但仔细作一透视,四条史料实则同出一源:都本于《汉志》的注文。

班固《汉书》成于东汉中期,其后即广为流传。韦昭是三国吴人,做过太史令,参与《吴书》的撰述,并著有《汉书音义》七卷,因此他注《秦始皇本纪》乃因《汉志》之注文,并非别有所据。看他注桂林郡曰"今郁林也",也是本《汉志》郁林郡班注"故秦桂林郡"而来,便知其中原委。固此,韦昭注实在不能充作一条证据。

王隐是晋人,其《地道记》成书于东晋时,上距秦代已五百来年。象林县是汉日南郡最南端的县,但在《地道记》以前没有任何载籍提到过秦象郡亦有名为象林的属县。无论《史记》或《汉书》对象郡的叙述都很模糊,甚至连其方位、郡治都未正面提及,更不用提其属县了。但秦亡几个世纪以后才出现的《地道记》竟明确指出秦象郡属有象林县,其可靠性是令人怀疑的。清人钱大昕论运用史料的原则时曾说:"言有出于古人而未可信者,非古人之不足信也,古人之前尚有古人,前之古人无此言,而后之古人言之,我从其前者而已矣。"①这话有一定道理。故王说未可轻信。推其"秦象郡象林县"之由来,无非因郡名与县名近似而发生的联想罢了。溯其源仍因为《汉志》言日南本秦象郡,而前者又恰领有象林县,遂以为后者也必辖有该县了。《地道记》中的无端臆测并不止这一条,还有如"交趾郡赢,南越侯织在此"的毫无根据的记载。南武侯织(王隐误武为越)高帝时封为南海王,其封地虽不能确指,要在汉初庐江郡与闽

---

① 钱大昕:《秦四十郡辨》,收入《潜研堂文集》卷16,上海古籍出版社,1989年,第253页。

越、南越交界处殆无异义。《史记》《汉书》明言织为闽越王无诸一族，又言南海王织上书献璧皇帝，淮南中尉擅燔其书，不以闻；复言南海民处庐江界中反，淮南吏卒击之；以此知南海地必在淮南国庐江郡南部边界。若交趾嬴地远在赵佗南越国之后方，如何与庐江郡发生关系？《地道记》此文之虚妄，显而易见。因此《地道记》这一不可靠的记录并不能作为日南象郡说的证据，相反，却应看作是对日南即象郡这一说法的演绎。

又过了二百年，到北魏郦道元写《水经注》时更进一步断定："浦口有秦时象郡，墟域犹存。"但《温水注》这一条注文十分突兀，在其前不云有浦，只云郎湖，在其后犹接叙该湖，故"浦口"之浦，不知指何浦，王先谦以为指郎湖浦口，似不通，但该注文确插入郎湖事中；鄂卢梭氏以为指卢容浦，但前后文不见卢容浦之名。颇疑此文有错简之嫌。为便于判断，把前后注文一并具引如下："寿泠水自城南，东与卢容水合，东注郎究，究水所积下潭为湖，谓之郎湖。浦口有秦时象郡，墟城犹存。自湖南望，外通寿泠，从郎湖入四会浦。……自四会南入，得卢容浦口，晋太康三年，省日南郡属国都尉，以其所统卢容县置日南郡及象林县之故治。《晋书·地道记》曰郡去卢容浦口二百里，故秦象郡象林县也。"从这一段文字看来，实在很难判断象郡墟域到底犹存于哪个浦口。鄂氏认定其为卢容浦口，自有深意。因《温水注》说汉日南郡治为西卷县，而该县也正位于卢容浦口，鄂氏因此说："秦象郡同汉日南郡的前后治所，既在同一地方，此事若实，《前汉书》或者因此说汉日南郡即是故秦象郡。"但是以这样的方法来论证秦象郡与汉日南郡同在一地是很危险的，因为：（一）象郡墟域究在何处，尚需认真推敲。（二）西汉日南郡是否治西卷尚待证明。《温水注》引应劭地理风俗记曰："日南郡，治西卷县。"乃是东汉之制，严耕望即以为西汉日南郡应治《汉志》该郡之首县朱吾①。（三）《水经注》一书凡提及秦郡治所时，必详其治于何县。"象郡墟域"一语甚为含糊，似乎即指象郡治之墟域，然则此象郡治是什么县？既其名无考，在秦亡六百年之后又有何根据判断其必为象郡治？令人无从信服。考证地名和政区沿革本非道元所长，如西汉侯国至班固时多已不能指实其地，而《水经注》往往一一指明，结果造成笑话。或一侯国分指两地，或应在甲地而附会为乙地。甚至《汉书》已指明其地的，《水经注》依然自编自唱。如成安侯韩延年国，《汝水注》以为在颍川之成安，《泒水注》又作陈留之成安，实际上《汉表》明载其国分自郏县，应在颍川。临羌，《河水注》以为孙都之侯国，不知武帝封孙都时，临羌地尚未属汉，且孙都之封实在临蔡，并

---

① 严耕望：《汉书地理志县名首书县即郡国治所辨》，《中央研究院院刊》第一辑，1954年。

《汉书》亦未细读。《浊漳水注》以信都辟阳亭为审食其侯国,但本传言辟阳近淄川,非信都之辟阳明甚。此类例子比比皆是,悉出于顾名思义,因缘附会,想当然耳。颇疑《温水注》所谓象郡墟域亦是受《汉志》日南即象郡说法的影响而误认,此墟域非郦氏亲历至为明显,大约亦得之某种传闻,而以讹传讹。因此在没有旁证的情况下,不便贸然相信这一墟域必定是秦之象郡郡治。

有此三端,而欲证明秦象郡与汉日南郡治同在一地,不亦难乎?大约有鉴于此,所以鄂氏乃以"此事若实……"的两可语气代替绝对的肯定。

《温水注》还有一段文字,鄂氏以为能引作强证的,其实还不如前所归纳的几条过硬,这里亦一并作一分析:"浦西,即林邑都也,治典冲,去海岸四十里,处荒流之徼表,国越裳之疆南,秦汉象郡之象林县也。东滨沧海,西际徐狼,南接扶南,北连九德,后去象林林邑之号,建国起自汉末。初平之乱,人怀异心,象林功曹姓区,有子名连,攻其县杀令,自号为王,值世乱离,林邑遂立……"

鄂氏以为此文"明说古占波最初都城象林,就是秦汉象郡之象林县,又可证明汉日南郡同秦象郡的南境是在同一地方"。这个证明真是糊涂。按鄂氏之观点,秦象郡即汉日南郡,亦即秦有象郡,而汉无象郡,则注文中"秦汉象郡"一句本身就大不通。汉有象林县,但秦有否象林县尚待证明,怎能以此未经证明的说法去证明汉日南与秦象郡的南境同在一地?所谓秦象郡有象林县的说法与前述《地道记》同出一辙,毋庸多议。"秦汉象郡象林县"的提法说明了郦道元对秦象郡与汉日南郡关系的认识模糊。

退一步讲,如果我们承认秦有象林县,那么鄂氏到底以哪一个象林县为准?以《温水注》本文,还是以《地道记》?前者相当于《汉志》日南郡象林县,后者则相当于同郡之卢容县,两者相去数百里之遥。西汉日南郡之象林县即后来之林邑国都,东汉永和二年(《温水注》以为初平间)"日南象林徼外蛮夷区怜等数千人攻象林县,烧城寺,杀长吏"。自此以后,象林县即不复归于中国版图。晋代曾一度复置象林县,但只是侨置于卢容县而已,已非西汉象林故地。《地道记》所谓"郡去卢容浦口二百里,故秦象郡象林县治也",就是以晋之日南郡治卢容县(亦是侨置之象林县所在,汉卢容县同此)当秦象郡象林县地。而郦道元之"秦汉象郡象林县"则在晋象林县以南数百里。两个所谓"秦象林县"的差异体现了后人对象郡日南说的看法十分含糊,这种模糊认识发展到清代阎若璩就干脆说秦象郡治象林县,而不需要任何证明。鄂氏亦无视两个象林的差异,说明秦郡象林县在他心目中也并不清楚,以此何能证成象郡日南说。

综上所述,能够支持鄂氏观点的最过硬的史料无非就只《汉志》本注一条。其他几条不过是后人因此注文而作的推论和演绎而已。但是《汉志》本注也并不见得都是绝对可靠的。

本编不少章节已经指出《汉志》本注在郡国沿革方面有许多靠不住的地方。如所谓"高帝置"之郡，竟有三分之一以上实非高帝时所置；记述河西四郡之置年，则无一是处；广陵厉王之封域不足广陵一郡，而误以为兼有鄣郡之地；六安国乃以九江郡地置，却错当成是衡山国后身。凡此种种，说明班固不太精于地理沿革，许多注文出于想当然，因此不能过于迷信。

一般地说，《汉志》本注如果发生错误，总要和纪传表及他志记载发生矛盾，上面所引《汉志》种种错误，就是在发现矛盾以后通过《史记》、《汉书》有关纪传表志的综合考证纠正的。现在关于日南郡即"故秦象郡"的注文明显与《昭帝纪》"罢象郡，分属郁林、牂柯"的记载发生冲突。因此这条注文是否可靠就值得慎重斟酌了。一般而言，本纪往往比地志注文可信，这是一；《昭帝纪》此载又有时代相去不远的《海内东经》和《茂陵书》作旁证（详后），而地志注文却仅是一条孤证，这是二；第三，这是最重要的，如果以日南说能圆满解释象郡的沿革而不与其他史料相抵牾，则日南即象郡之注文亦未可全非，然而遗憾的是，鄂氏持此说去设想岭南地区的沿革，虽然随意曲解史料而且加上许多臆想和假设，仍然得不到满意的解释。相反，如果根据《昭帝纪》所载（即郁林说）来看象郡变化，则圆通无碍。因此，地志的注文实际上是不可信的。在举例说明日南说之不通与郁林说之可行以前，必须先分析鄂氏对马氏所引史料之责难是否真有道理。

(3) 郁林说所据史料可信

先说《山海经》。鄂氏对此书的地理内容持全面否定态度。《山海经》当然是一部带有浓厚神话色彩的语怪之书，但其中所包含的地理资料反映了作者在创作该书时的地理知识，这是今天人所共知的事实。而且具体就《山海经》各篇内容而言，存在一定的差异，如《五藏山经》部分就比较平实雅正，包含丰富的地理内容。至若马司帛洛氏所举沅水、郁水两条文字，更与《山海经》本文毫无关系，不能因为否定《山海经》就连带把它们也斥为"奇异而迷离不明"。

《山海经·海内东经》的篇末附有一段五百字篇幅的文字，叙述二十余条水道的出处、流向和归宿，沅水和郁水就包括在其中。这段文字无论从体例和内容看都与经文本身无关，清人毕沅说："右《海内东经》旧本合'岷三江，首……'以下云云为篇，非，今附在后。"已指出两者之区别。为方便起见，下文简称该段文字为《海内东经》之附篇。附篇除了一句话以外，毫无离奇荒诞的内容，显而易见是一份极为宝贵的水道地理资料，其中或有个别文字错讹,或有些地名无考,但所叙述的基本事实都与《汉志》、《水经》所载没有冲突,可资信赖。

其沅水条曰:"沅水出象郡镡城西,〔入〕东注江,入下隽西,合洞庭中。"

比较之:《汉志》牂柯郡故且兰本注云:"沅水东〔南〕北至益阳入江。"《说文》:"沅水出牂柯故且兰,东北入江。"

《水经》:"沅水出牂柯且兰县为旁沟水,又东至镡城县为沅水,又东北过临沅县南,又东至长沙下隽县西北入于江。"

沅水今古同名,以上四条记载,关于沅水的出处、流向和归宿大体一致,没有出入。但《海内东经》附篇的沅水条要早于其他三条史料,大致体现了秦汉时期的地理现实,时镡城以西之且兰地尚未内属,因此叙沅水源头只及"镡城西"。汉武帝以后,且兰地置为故且兰县,《汉志》遂系沅水于该县之下,表明其出处。三国时,故且兰县改称且兰县,《水经》故言沅水出牂柯且兰,由地名的演变可以看出地理现实的变化。

附篇沅水条记事之准确,说明镡城曾属象郡这一史实是可信的。镡城于《汉志》为武陵郡属县,是武帝元鼎六年以后的事(这点后文还要详及),于秦代它正是象郡的北界。《淮南子·人间训》说秦始皇"又利越之犀角、象齿、翡翠、珠玑,乃使尉屠睢发卒五十万为五军,一军塞镡城之岭……"证明镡城正在秦、越之交界。秦始皇三十三年置象郡以后,镡城即成为象郡最北部的一县。《淮南子》此文亦为鄂氏所征引,但未能直接证明象郡日南说,反倒可以成为《海内东经》附篇沅水条的注脚。

《海内东经》附篇郁水条曰:"郁水出象郡,而西南注南海,入须陵东南。"

《汉志》郁林郡广郁县:"郁水首受夜郎豚水,东至四会入海。"

《水经》:"温水出牂柯夜郎县,又东至郁林广郁县为郁水,又东至领方县东,与斤南水合,东北入于郁。"

郁水即今西江及其上游红水河之古称。郁水之源,秦汉间尚不清楚,只知其出象郡,象郡以西未尽入秦汉版图,故不能言其具体出处。《海内东经》附篇所叙二十六条水道不言详细出处者唯郁水与白水两条。白水今嘉陵江及其上游白龙江,源出蜀郡徼外,故亦仅能言其出蜀,不能详其出处。至武帝开西南夷,汉人地理知识更加扩大,知郁水(红水河)上源为豚水,豚水出牂柯夜郎,即今北盘江。但红水河另有一上源南盘江,于《汉志》称南盘江下游为温水,汉人视之为郁水支流。《汉志》牂柯郡镡封县本注曰:"温水东至广郁入郁。"合上文所引郁林郡广郁县本注观之,知温水与豚水合流后始称郁水,广郁县(今广西田林、乐业、册亨一带)即在两水合流处,正是豚水、温水、郁水三名称的分界点。

到了写作《水经》的时代（近人定为三国时期），又移温水名于豚水之上，豚水名遂隐，故《水经》云："温水出牂柯夜郎县，又东至郁林广郁县为郁水。"实际上相当于合《汉志》牂柯郡夜郎县"豚水东至广郁"及郁林郡广郁县"郁水首受夜郎豚水"两条注文为一。

郁水的流向是东偏南，《海内东经》言其"西南注南海"，西南应是东南之讹。古籍经过长期辗转抄写，常有错讹，尤其是道里方向，东误为西、南讹为北的现象颇为常见。即如前引《汉志》云"沅水东南至益阳入江"，东南显系东北之误，读史者绝不至于因志文曰东南，而误认其为他水，同理此处亦不会因经文言"西南注南海"而怀疑其非郁水。

郁水入海处于《汉志》为四会，于《海内东经》附篇为须陵。须陵或汉以前之地名，其地望今已无可指实，或许与四会是名异而实同。《水经》粗看似未言郁水之归宿，反言郁水与斤南水会合之后，又复入于郁，显然不通。因此《水经》温水条最后一句"东北入于郁"，明明是"东南入于海"之讹。入海误为入郁，东南讹为东北，必须如此更正于事理方合，也才与《水经》叙水道必详其出处、流程及归宿三要素的原则相符。

要之，《汉志》、《水经》与《海内东经》附篇有关郁水的记载表面上看来似乎有些差异，但实质完全一样，证明附篇郁水条所叙内容绝非虚妄。事实上，不但是上述沅、郁二水如此，《海内东经》附篇所有二十六条水道的纪录，都是值得认真研究的地理资料，不能仅仅因为它附在《山海经》一书之内而忽视其地理价值。就这些水道资料所表达的地理知识来看，似乎写定于秦汉间，如言白水出处不系广汉而系于蜀，言沅水、郁水出处只及象郡，而不及其西；又全篇不及汉以后出现的新地名；叙水道归宿时先言入某江或入某海，再及归宿处之地名，体例似比《汉志》、《水经》原始。唯全面之论证，已非本书所当及，容另文述之。

鄂卢梭氏以郁水当今右江—郁江—西江一系，《中国历史地图集》第二册亦作如是观，显然与《汉志》所载不合。《汉志》以为郁水之上源是出自牂柯夜郎的豚水。夜郎今虽不能确指何地，要在贵州安顺以西南一带殆无异义，则豚水当今北盘江，郁水只能是其下游红水河—西江一系。若视郁水为今右江—西江，则夜郎只能位于今右江之源的滇桂边界一带，显然要与《史记》卷116《西南夷列传》所载完全不合。《史记》说蜀枸酱是由夜郎经牂柯江到番禺。若夜郎在今右江之源，则枸酱运输路线将要越过南盘江与右江之分水岭再下右江，焉有是理？何不直走北盘江—红水河？汉人对豚水—都水（北盘江—红水河—西江)一系本非常熟悉,又称之为牂柯江,是西南夷地区道岭南之交通要道。《汉志》关于豚水—郁水的记载也很清楚,没有含混之处。因此,将右江—西江当成郁水是不妥的。

再说《茂陵书》。《茂陵书》或称《茂陵中书》。《汉书》卷99《王莽传》载:更始三年(25),赤眉军入长安"宗庙园陵皆发掘,唯霸陵、杜陵完"。论者以为《茂陵中书》即于此时由武帝茂陵中发掘所得。是书久已亡佚,由臣瓒注《汉书》所引有关地理和制度诸条文看,或为武帝时人所作,其记载亦足当信史。

鄂氏认为《茂陵书》"象郡治临尘,去长安万七千五百里"之文有脱误,这是正确的。因为同书载珠崖郡治瞫都,去长安七千三百一十四里,儋耳郡治去长安七千三百六十八里,而临尘(今广西崇左)离长安比此两县(在今海南岛)近,其不致有万里之遥,因此里距应当有误。但鄂氏看法却相反,以为数字不易错,地名容易错。临尘可能是临邑之误,而临邑即林邑,进一步,林邑又是象林县,因此结论是:象郡治象林县。但地名这样连环错法恐怕不可能,而且即使真是这般错法,要解释日南即象郡也还有困难:因为鄂氏自己已证明秦象郡和汉日南郡同治西卷县,现在若依照经他修正的《茂陵书》又说治象林,这就还要证明秦象郡曾由象林迁至西卷。对这一点,鄂氏也承认说不过去,"有些武断"。退一步说,如果象郡真治象林(今越南广南省会安附近),去长安亦远不足万七千五百里之数。数字讹误的可能性并不比地名小。本书其他章节所引用的《茂陵书》条文,地名均无疑问,但数字却间或不可信,如"沈黎治笮都……领二十一县",领县数就明显有误。因此马氏所引《茂陵书》此条错的实在是里距,至于"象郡治临尘"的记载是完全可靠的。

再说《汉书》卷7《昭帝纪》。鄂氏以为《昭帝纪》元凤五年"罢象郡,分属郁林、牂柯"之载,毫无根据,应毅然摒除。他引清人齐召南《汉书考证》说:"按此文可疑。秦置象郡,后属南越,汉破南越,即故象郡置日南郡,以《地理志》证之,此时无象郡名,且日南郡固始终未罢也。"齐氏此数语实不合逻辑。他并不是以其他材料来求证《昭帝纪》不可信,而是先认定《汉志》注文可靠,然后以之来否定《昭帝纪》,如果这种考证成立,何不可以倒过来,以《昭帝纪》为可信来否定《汉志》注文?所以鄂氏也不得不承认此种考证"不甚详明"。同一齐召南,在遇到河西四郡置年地志和本纪所载有歧异时,不加探考,主张从本纪,因为本纪直采官家记注,最为可据;然而在象郡问题上却一反从纪之主张,奉地志注文为圭臬。这一正一反适足明其考证之草率,并非择善而从,而是择易而从。

就一般情况而言,《史记》、《汉书》本纪的记载的确是比较可信的,在没有坚实旁证的情况下是不好随便摒弃的,而且就《昭帝纪》此文而言,确是可靠的。因为罢象郡并不是一个孤立的事件。在武帝几十年开疆拓土消耗了大量物力、财力后,昭帝年间明显地采取紧缩政策,罢省一系列边郡。始元五年(前82),罢真番、临屯,以并乐浪,又罢儋耳并珠厓。元凤五年罢象郡的性质与上述三郡之罢完全一样,乃是以精简政区的方式来减轻负担。因此,借用数学术语来说,昭帝罢象郡是一个"可能事件",不可视为乌有。

武昭间象郡之存在还可从"十七初郡"中得到旁证。《史记》卷30《平准书》曰:"汉连兵三岁,诛羌,灭南越,番禺以西至蜀南者置初郡十七,且以其故俗治,毋赋税。"十七初郡之名目,《史记》未详。集解引晋灼曰:"元鼎六年,定越地以为南海、苍梧、郁林、合浦、交趾、九真、日南、珠厓、儋耳郡;定西南夷,以为武都、牂柯、越嶲、沈黎、汶山郡;及《地理志》、《西南夷传》所置犍为、零陵、益州郡,凡十七也。"鄂卢梭氏因晋灼注中无象郡之名,遂引之以为证明西汉无象郡的一条根据。实际上,晋灼所说十七郡中,有一郡应该排除。零陵郡乃武帝分桂阳郡所置,绝非新开地上的初郡。除去零陵以后,此一空缺则非象郡莫属(后文还将举一条旁证)。故鄂氏所举此条,适足以成其反证而已。

从《汉志》郁林郡领域相对较大这一点,亦使人相信象郡地分属郁林之可能。汉末岭南七郡规模都较小,领县数不多。独郁林郡属县十二,为诸郡之冠,比南海、合浦、九真、日南等郡属县数多出一倍左右。推测其于武帝初置时,领域必无有如许之广,乃因后来接受象郡地后,才扩展至十二县之众。

以上已经从个别方面独立地论证了马司帛洛氏所举《海内东经》附篇、《茂陵书》、《昭帝纪》的四条记载,是可靠的史料。而更重要的是,通过这些史料的相互印证,可以进一步看出它们的可信程度。《昭帝纪》云:"罢象郡,分属郁林、牂柯。"《茂陵书》则曰:"象郡治临尘。"临尘于《汉志》正是郁林郡属县。《海内东经》附篇又曰:"郁水出象郡。"于《汉志》,郁水上游正在郁林郡之中,证明郁林郡部分地确故属象郡所有。又曰:"沅水出象郡镡城西。"则更明确了秦象郡的北界。镡城于《汉志》属武陵郡,其南则郁林,其西南则牂柯,是证象郡应跨于郁林牂柯间,三种时代相去不远的不同载籍,从四个不同的角度正好互为补充,综合说明了象郡问题的真相,这岂是偶然的巧合?当然不是,这只能说明《汉书·昭帝纪》关于象郡的记载是一件无可怀疑的事实,鄂氏对马氏所有史料的批评是没有道理的。

(4)郁林说可解释象郡沿革而日南说不能

《昭帝纪》之可靠既已证实,若以之为基础,再补充若干史料,则象郡和岭南地区的沿革大略已明。

《史记》卷113《南越列传》云:"秦已破灭,佗即击并桂林、象郡。""岁余,高后崩,即罢兵。佗因此以兵威边,财物赂遗闽越、西瓯、骆、役属焉,东西万余里。"

《南越列传·索隐》引《广州记》曰:"交趾有骆田,仰潮水上下,人食其田,名为骆人,有骆王骆侯,诸县自名为骆将,铜印青绶,即今之令长也。后蜀王子将兵讨骆侯,自称为安阳王,治封溪县,后南越王尉他攻破安阳王,令二使典主交趾、九真二郡人。"

《水经·叶榆水注》所引《交州外域记》云:"交趾昔未有郡县之时,土地有骆田⋯⋯"与《广州记》略同。

由此可知,岭南地区的沿革大略是:

秦始皇略定扬越,置南海、桂林、象郡。象郡南界与《汉志》郁林郡一致。象郡以南之交趾地(今红河三角洲一带)为蜀王子安阳国所在。秦亡后,南海尉赵佗据南海自立,随之击并桂林、象郡。吕后、文帝时,赵佗南越国之势鼎盛,以兵威边,灭象郡以南之安阳国,置交趾、九真二郡,形成地东西万余里的大局面。武帝元鼎六年,平南越,置十郡(十郡之说后文另有证)。象郡建制保留至昭帝元凤间方罢。

这一沿革过程与上引史料毫无冲突,既简单明了,又顺理成章,是证郁林说之可行。

若以日南说代之,则情况完全两样。鄂氏不得不对上述史料随意加以改造,添上许多假定和臆想,即便如此也还不能自圆其说。

首先他想象蜀王子所攻取的不是"未有郡县之时"的交趾,而是秦之象郡(直接与《交州外域记》矛盾)。然以秦之强大,何能为蜀王子所败?于是又必须进一步假定蜀王子之取象郡乃在秦始皇死后,但也不能太晚,太晚则与"秦已破灭,佗即击并桂林、象郡"之记载相刺缪。于是乎蜀王子不早不晚,只能在秦始皇死的那一年夺取象郡,而他所建立的安阳国也只能存在三年,到秦亡之时,即为赵佗击并。这哪里是在解释历史,完全是在随意编造了。然而,即使是这样编造,也并不圆满。秦始皇死后,天下虽已开始动乱,但中央集权制并未崩坏,终秦之世无有叛郡,便是明证。赵佗虽占据岭南地区的中心南海郡,其击并桂林、象郡犹须待秦亡以后,以小小蜀王子何能恰好于秦始皇一死就夺取偌大一个象郡?若象郡真成安阳国地,则《史记》必言佗击并桂林,灭安阳国,无有直书佗"击并桂林象郡"之理,而且安阳国若仅存三年,其事迹绝不可能成为传说而流传至数百年后。

《广州记》和《交州外域记》是根据掺有若干史实的传说写成的。因此安阳国的具体存在时间,也根本不可能像鄂氏所推测的那样绝对。从《史记》所载看来,赵佗灭安阳国当在吕后文帝间,即上引所谓"高后崩……因此以兵威边,财物赂遗闽越、西瓯、骆、役属焉"之时。但鄂氏既已认定佗并安阳国在秦亡之时,则《史记》此文遂不可通,于是他又假设,此文乃是"追记之文"。

凡此种种莫须有的假设和臆想,皆由于死抱"日南郡即故秦象郡"之《汉志》注文不放的缘故。若相信《昭帝纪》的记载,主张象郡郁林说,则安阳国自在象郡以南交趾地,于秦汉间尚与赵佗无任何关系,殆至吕后以后方为赵佗所灭,置为交趾、九真两郡。这样解释圆通无碍,无须任何假设、臆想之词,又与史籍所载相符,其合理性不是十分显著吗?

上文已经说过,《汉志》中有关郡国沿革的注文毛病不少,不可迷信;日南郡即"故秦象郡"更是一条孤证,它与《昭帝纪》的可靠记载相矛盾,已令人觉得其不可信,而鄂氏以之为据来说明象郡沿革又破绽百出,不能自圆其说。有了这样几重理由,日南即象郡之注文难道还不应该抛弃? 这比鄂氏毫无道理地"毅然摒除"《昭帝纪》条文慎重多了。

班固对于秦郡并不尽了然。近人已证明秦一代郡数在四十以上,但依班固的看法,秦郡仅有三十六,一些他视为高帝所置的郡其实乃是秦郡。大约他以为秦郡与汉郡之间是一一对应的接续关系,秦桂林郡既被当成汉郁林郡的前身,秦象郡的后身当然要另找他郡,或许正因汉日南郡有象林县,遂被班固误认其与象郡有关,而被派作象郡的后身。

班固的真正思路是否如此,今已不明,这里不过略作推测而已。但他以为日南即象郡的想法则是完全错误的,已为上文的论述所证实。不过象郡日南说的支持者还有两点不太充分的理由需要予以驳正:一是"北向户",一是"西呕君"。

(5)关于"北向户"和"西呕君"

"北向户"本来不成其为问题,但长期以来被纠缠不清,以为可当成日南说的证据,故需略缀数语。在北回归线上,每年夏至那一天正午,太阳正好位于天顶,此时,在回归线以南的地方看太阳,其位置自然在天顶偏北处,而且越往南走,太阳越偏北,光线也就可以从北向窗子射入室内,这就是北向户的意义。这种现象在中原地带不能见到,因此人们将它作为南疆的一种特殊标志,以"南至北向户"表示秦帝国南疆的遥远。由于只要过了北回归线就会出现这种"北向户"现象,所以"南至北向户"一语只有定性的意义,并不能作为定量的标准。也就是说,只能表明秦代南境至少已到北回归线以南,而不能具体说明南至何处。当然,越往南走,太阳在天顶以北的日子越多,到了今越南中部的日南郡,北向户现象更加明显,但更加明显已是充分条件,而不是必要条件,也就是说,到了日南郡一定有北向户现象,但不能说,只有到了日南郡才会出现这种现象。合浦全郡,南海、苍梧、郁林南部都可以是"北向户"所在。因此鄂氏以此证明秦代南境已到达日南郡是没有说服力的。

而且即使在日南郡,出现"北向户"现象的日子也只在夏至前后的一段时间,其他大部分时候仍是南向视日。所以东汉日南张重举计入洛,明帝问他日南郡是否北向视日时,他并不以为然,并举例说云中、金城之名亦不必皆有其实。完全的"北向户"只有在南半球才能实现。我们显然不会因日南之名而以为其位于赤道以南,同样也没有理由认为"北向户"就非至日南郡不可。

"西呕君译吁宋"问题。《淮南子·人间训》载秦始皇发卒五十万与越人战,杀"西呕君译吁宋"。西呕究在何处?有人认为西呕当即后来《汉志》交趾郡之西于县,呕、于两音同部,可以通转。因而以此证明秦军已深入到交趾地,否定象郡分属郁林、牂柯之说。以为西于县之名与西呕有关,本可备一说,未可厚非,而以之证明秦军杀西呕君译吁宋必在交趾地,却未必得当。有许多史料证明西瓯(即西呕)在桂林境内。如《太平御览》卷 171 引《郡国志》曰:"郁林为西瓯。"《史记》卷 113《南越列传》云:"桂林监居翁谕告瓯骆四十余万口降。"瓯骆即同传前述之西瓯、骆两族。至于唐以下载籍以西瓯地当秦之桂林者相当多,因非直接证据,无须俱引。亦有人由考古方面来证实这一点。因此,西瓯族很有可能由交趾地转移到桂林地,而在交趾地遗留下西于这一地名。在地名学上,民族虽然已经迁徙,但他们留下的地名仍然存而不废,是屡见不鲜的事。徐中舒先生推测"西于王为安阳王驱逐以后,乃北徙于桂林瓯骆地",于事理颇合,故秦军杀西呕君译吁宋完全可能在桂林地,不必非在交趾地不可。这件事并不能作为秦象郡即汉日南郡的证据。

综上所说,象郡日南说的论据均已被否定。按理说来,应该可以无条件接受郁林说了,但是暂时还不行,还有最后一道难关,即所谓九郡问题需要克服。

(6) 武帝平南越实置十郡而非九郡

《史记》卷 113《南越列传》云:"……南越已平矣,遂为九郡。"九郡之名,《史记》不详。《汉书》卷 6《武帝纪》作:"南海、苍梧、郁林、合浦、交趾、九真、日南、珠崖、儋耳。"卷 95《南粤传》与此同,唯将儋耳、珠崖列于最前面,然据《昭帝纪》,象郡应至元凤五年才罢,何以九郡之中无象郡之名?对这个问题有过两种回答。马司帛洛氏认为,象郡或在武帝建元六年(前 135)开西南夷时先归属于汉,待元鼎六年平南越置九郡时,自然不在其中。日本学者杉木直治郎则以为,九郡之名并不如《汉书·武帝纪》所列。因为《贾捐之传》、《汉志》篇末皆云儋耳、珠崖两郡为元封元年(前 110)置,因此武帝元鼎六年之九郡,应是南海、苍梧、郁林、合浦、交趾、九真、日南七郡及桂林、象郡两郡。杜佑《通典》实际上已提出这个见解,其《州郡典·古南越地》注曰:"分秦之南海、桂林、象郡,置苍梧、郁林、合浦、日南、九真、交趾,并归,九郡是。"

但是马氏之说,于史无征,没有说服力。杉木氏之设想亦无实据,未可从。且九郡之中若真有桂林,则该郡废于何时,又成另一悬案。杜佑《州郡典》之注文,亦纯属臆想而已。

要之,九郡问题的确比较棘手,历来成为证明汉代不存在象郡之铁证。凡主张象郡日南说者,包括鄂氏在内无不以九郡之中无象郡之名作为否定《昭帝纪》的最强证据,其实这个证据是完全可以推翻的。

首先要肯定的是,汉武帝平南越后,所置实为十郡,而不是九郡。除《汉书》卷95《南粤传》所载九郡以外,还应有象郡。元鼎六年所置者为大陆上的八郡,第二年,即元封元年又渡海,在海南岛再置二郡。然则何以《史记》云"遂为九郡"呢?这自然有其原因。

平南越地,置十郡后,仅隔四年,元封五年间,武帝就在开疆拓土版图扩大近一倍的情况下,分全国为十三刺史部,建立起一套全新的监察区,以便于行政管理,加强中央集权制。其中除象郡以外的故越地九郡被划在交趾刺史部之中。自元封五年至征和二年(前91)(《史记》大约完成于此时)的十几年间,太史公习闻交趾九郡之说,而交趾又是故越地,因此越地九郡的错觉就逐步形成而至牢不可破。这种错觉的形成很自然,而且亦非仅此一例。高帝末年十五郡亦为太史公所习闻,然细数十五郡时,却误数入东郡、颍川二郡而忘记其于上年已分别益予梁国和淮阳两国。

然则象郡列入哪一刺史部呢?曰:益州刺史部。扬雄《益州箴》曰:"岩岩岷山,古曰梁州……义兵征暴,遂国于汉。拓开疆宇,恢梁之野,列为十二,光羡虞夏……"所谓"恢梁之野,列为十二"者乃汉武帝扩大了《禹贡》梁州的范围,列郡十二,以成益州。十二郡之目,顾颉刚先生曾数其中十一,即巴、蜀、汉中、广汉、犍为、牂柯、武都、汶山、沈黎、越嶲、益州,而后说:"尚有一郡不可知,或后来有所并省"。此一郡其实可知,乃象郡也。由于象郡隶属益州刺史部,遂不与故越地其他九郡相提并论,故交趾九郡在太史公的印象中极为深刻,越地九郡之说遂见于《史记》卷113《南越列传》之中。至班固著《汉书》时,遂据《史记》九郡之说,按图索骥,以汉末岭南七郡,加上海南岛已废之二郡,成九郡之数。此后南越地九郡之概念遂至不可移易矣。

由此可见,九郡之说有其历史原因,并不能因此否定象郡存在于西汉的事实。要之,武帝时岭南地区实际上并存有十郡,只是由于象郡单独列于益州刺史部之中，因此十郡并提的时间至多不过只有四年，在人们的印象中极为淡漠，故十郡之说遂不流行于世，象郡之下落亦随之不明，近人虽有以《昭帝纪》罢象郡之说为可信者，终因无法解释九郡之中何以无象郡之名，而不能理直气壮。究其实，《平准书》所言十七初郡已隐含象郡于其中，只因晋灼误以零陵代替象郡，后人不加深考，即宗其说，遂使象郡不见天日。陈梦家先生对晋注零陵郡亦有怀疑，然又并退牂牁而进酒泉、张掖，乃以错易错，至谭其骧师始云晋注应退零陵而进象郡。今幸《益州箴》"列为十二"之文俱在，足以证成其说。于是象郡之存在于昭帝之前，既有《昭帝纪》之明确记载，又合十七初郡之数，复列于益部十二郡之中，并与史公九郡之说不相冲突，则至此象郡建置之谜已得彻底解决，而象郡之领域亦可随之而明矣。

2. 象郡之领域

由《昭帝纪》象郡分属郁林、牂牁，及《茂陵书》象郡治临尘之说，知汉象郡应有《汉志》郁林郡西半部及牂牁郡部分地。其南界和西界南段当和《汉志》郁林郡同，与合浦、交趾、牂牁三郡为邻；西界北段当包有《汉志》牂牁郡毋敛县在内，该县位于郁林郡广郁县以东北，是牂牁郡唯一可能原属象郡之地；象郡北界即毋敛县之北境，东界无确征，要当沿今广西大明山—都阳山一线。此线东西各向成一地理单元，以东为桂中岩溶丘陵与平原，适足以自成一郡，郁林郡治布山即位于其中（今桂平县）；以西为桂西山地与郁江流域平原，即为象郡领域，象郡治临尘即在郁江支流左江岸边（今崇左县）。

马司帛洛氏未指出秦汉象郡之区别，其实秦象郡之领域比汉象郡要大，北面应有《汉志》武陵郡镡城县，东南或有合浦郡之西部地。

镡城属武陵乃武帝元鼎六年以后之事。武帝平南越后，即调整与故南越地相邻诸郡之南界：以故属秦南海郡之曲江、含洭、浈阳、阳山四县地北属桂阳郡（四县地在阳山、横浦两关以南，两关原为南越与桂阳郡亦即秦南海与长沙郡之界）；以故属秦桂林郡之始安县地北属零陵郡（始安地在灵渠以南，史禄通灵渠前不属秦所有），以故属秦象郡之镡城县北属武陵郡；复以故属汉桂阳郡之谢沐、冯乘县地南属苍梧郡①。合浦郡为武帝新置，该郡必分自故秦三郡，故推测其西部或原属象郡，其东部或原属桂林（见图2-22）。

3. 南海等郡沿革

象郡沿革一经解决，则其余诸郡沿革随之迎刃而解。

南越之地汉初即与长沙国犬牙交错，故武帝平南越后，以镡成县属武陵

---

① 以上所列县名皆据《汉志》为说，除镡城县外，元鼎间未必均已出现。

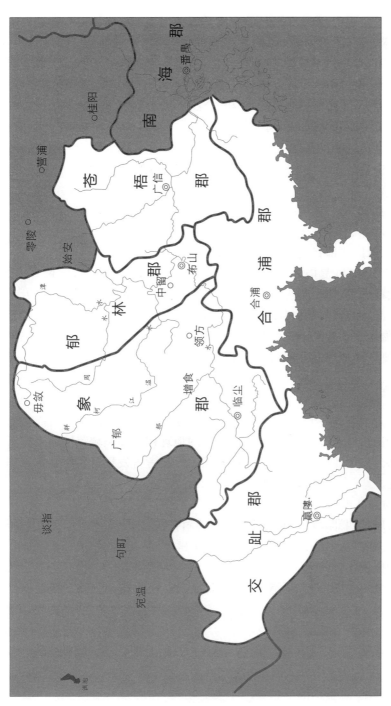

图 2-22 武帝元鼎六年至昭帝元凤五年（前 111—前 76）象郡及其邻郡示意图

郡，又以含洭、阳山、曲江、浈阳、始安诸县属桂阳郡。桂阳郡因此郡境大大扩展，于是遂分泉陵—泠道以西地置零陵郡。《晋书·地理志》、《元和郡县图志》、《太平寰宇记》均径以零陵分长沙置，实误。唯《水经·湘水注》说零陵郡乃元鼎六年分桂阳置，不误。无论零陵抑或桂阳、武陵，此后南部边界不变也。

其余部分，武帝所置之南海、苍梧、合浦、交趾、九真、日南六郡自元鼎六年至汉末领域无所变化，如《汉志》所载。

郁林郡初置时仅有《汉志》郁林郡东半部，即今广西大明山—都阳山一线以东之桂中岩溶丘陵与平原部分，这一地区在自然地理方面即自成一单元，而规模又与苍梧郡约略相当，于《汉志》领有布山、阿林、桂林、中留、定周、潭中、领方等七县，足当一郡之称。昭帝元凤五年，象郡罢，除毋敛县地属牂柯外，余地皆以属郁林，郁林郡遂有《汉志》所载之规模。

儋耳、珠崖两郡置废年代颇明，唯领域不甚清楚。

《汉书》卷64《贾捐之传》云："初，武帝征南越，元封元年，立儋耳、珠崖郡。"是两郡之置，比大陆八郡迟一年。该传又云：两郡合十六县，户二万三千余。臣瓒注《武帝纪》所引《茂陵书》则曰："珠崖郡治瞫都，去长安七千三百一十四里，儋耳去长安七千三百六十八里，领县五。"两处记载相较，似珠崖郡领县十一，则儋耳似与之不甚相侔，暂以为据。

六、朝鲜地区四郡

汉武帝元封三年（前108）灭朝鲜及其属国，置乐浪、玄菟、真番、临屯四郡。由于史料过于简略，中外学者对四郡的地理位置和领域范围向来有所争议。本部分先就四郡的沿革进行讨论，然后再据考古发现资料对其领域作今地的比定。

1. 四郡之沿革

武帝所置四郡大致以朝鲜及其属国的固有疆域定界。乐浪即卫氏朝鲜本土，玄菟主要以沃沮地置，真番、临屯原是朝鲜属国。四郡之中，乐浪、临屯、玄菟的地理位置比较朗确，唯真番郡学者们分歧较大，有北方说与南方说两派。对四郡领域的变迁，则考证诸家各有其说，未有一致结论。以下就逐郡作一分析。

（1）乐浪郡

高帝末年，燕人卫满入据朝鲜，至惠帝、吕后时期，卫氏朝鲜逐渐强大，真番、临屯等旁邑遂沦为其属国。元封二年秋，武帝派兵由水陆两路进攻朝鲜，三年夏定其地，置为乐浪等四郡。

乐浪郡即以卫氏朝鲜本土置,其朝鲜故名保留在乐浪郡治朝鲜县上。《汉志》乐浪郡属县二十五,大大超过一般边郡的领域,显然不是初置时的面貌。《后汉书》卷85《东夷列传》(后文简称《东夷列传》)载:"昭帝始元五年,罢临屯、真番,以并乐浪、玄菟。玄菟复徙居句丽。自单单大岭以东,沃沮、濊貊,悉属乐浪。后以境土广远,复分岭东七县置乐浪东部都尉。……建武六年,省都尉官,遂弃岭东地。"

原来乐浪郡领域由于临屯、真番郡之罢而扩大。始元五年(前82)以前的乐浪郡比《汉志》所载起码应少岭东七县之地。清代学者杨守敬以为这七县既放弃于后汉建武六年(30),则《续汉书·郡国志》必不载入,因此由两汉志相对照,找出这七县是:东暆、不而、蚕台、华丽、邪头昧、前莫、夫租(即沃沮,详后)。

七县的并入,使乐浪郡境过于广远,而且单单大岭以东地区在地理上本自成单元,民族成分亦自成一系,因此又分设东部都尉予以治理。

杨守敬认为真番国在朝鲜国之南,也就是说真番郡在乐浪郡之南,因此《汉志》乐浪南部当包含有真番故县。于是他把除去岭东七县以后的乐浪十八县再与《晋书·地理志》相对照,发现《晋志》带方郡属县之中有六县为乐浪旧属,推测它们就是始元五年并入乐浪郡的真番故县。他说:"魏分屯有以南置带方郡,以晋志照之,疑带方、列口、吞列、长岑、提奚、含资、海冥七县亦真番故县也。其余屯有、浑弥、遂成、镂方、驷望、黏蝉、增地、邯当本乐浪旧属,以《晋志》照之,亦约略可睹。"①

杨氏之说至为精当,唯所疑真番故七县中,吞列并不属《晋志》带方郡,不当计入。该县后汉更名乐都,仍为乐浪郡属。此外,杨氏又推定《汉志》乐浪郡南部都尉治昭明县为真番郡治霅县。昭明即霅县恐未必然(说见真番郡),但为真番故县之一则无疑问。上面已经证明,《汉志》乐浪郡东部都尉所辖岭东七县在始元五年以前本非乐浪所有,同理南部都尉亦当是真番罢郡以县属乐浪后所设置。昭明为南部都尉治,固当为真番故县。要之,《晋志》带方郡诸县在元封三年时为真番郡属,始元五年以后改属乐浪,后隶南部都尉,"建安中,公孙康分屯有县以南荒地为带方郡"时,又独立成郡。带方郡既由乐浪郡所分,其七县之中的六县亦已见于两汉志中的乐浪郡,唯南新一县《汉志》、《续汉书·郡国志》皆不见,由上述分析,完全可以推断其必为乐浪郡南部都尉治昭

---

① 杨守敬:《汪士铎汉志释地驳议》,见《晦明轩稿》卷上,收入《近代中国史料丛刊续编》第六十九辑第688册,台北:文海出版社,1979年。

明县的改名,考古发现也证明了这一点(详见后文)。于是南部都尉所辖范围也恰是七县之地。

因此,《汉志》乐浪郡虽说有二十五县之多,实际上始终是三个地区的混合体,即乐浪旧县十一,东部都尉七县,南部都尉七县。在东部都尉属县放弃,南部都尉辖区独立成郡以后,乐浪郡在三国西晋时期又缩小到武帝元封三年始置时的范围,亦即《晋志》所载的乐浪郡领域,不过其时乐浪郡属县已由十一并至六县,但地域范围仍然是汉武帝时的规模。

除去东部、南部两都尉所属十四县后,乐浪始置时的十一县应当是:朝鲜、䛀邯、浿水、黏蝉、遂成、增地、驷望、镂方、浑弥、吞列、屯有。

(2) 真番郡

真番本是朝鲜近旁小国。《史记》卷115《朝鲜列传》(后文简称《朝鲜列传》)云:"自始全燕时,曾略属真番朝鲜。"卷129《货殖传》言燕"东绾秽貉朝鲜真番之利"。皆以朝鲜真番并举。后沦为朝鲜属国,故《朝鲜列传》又云:"以故(卫)满得兵威财物侵降其旁小邑,真番、临屯皆来服属。"

对真番国的方位有两种对立的看法,一则以为在朝鲜之北,一则以为在朝鲜之南。北方说的主要依据是《朝鲜列传》的两条注文。其一是集解引徐广说,以为真番即辽东番汗县。以番汗比附真番,纯粹是牵强附会,显然不能成立。其二是索隐引应劭云:"玄菟本真番国。"遂认定真番即玄菟,而玄菟郡正在朝鲜北边。应劭原话本是:"故真番、朝鲜胡国。"注于《汉志》玄菟郡下。此注本来含混不清,不能确指玄菟是真番故国或朝鲜故国,最多只能解释为:玄菟是朝鲜真番一类胡国。而索隐所引又截去"朝鲜"二字,并加以改写,变成"玄菟本真番国"。这样的注文,怎能引以为据?况且应劭注糊涂者还有例在,如附会辽东郡的险渎县为朝鲜王满的都城王险城,也纯是臆想之产物,若照这类注文去解释地理,必然是治丝益棼。

考史本来应从最可靠的考古资料出发,其次才是史籍的原始记载,至于前人对古籍的解释则不可轻易相信,必须详加分析,分别真伪,否则容易误入歧途,得出错误的结论。因此真番北方说的证据是不足的,相比之下南方说所依据的却是有说服力的《史记》本文。

《朝鲜列传》载:"真番旁辰国,欲上书见天子,(朝鲜)又拥阏不通。"杨守敬认为朝鲜既能阻碍真番辰国与汉廷的交通,证明真番必在朝鲜以南无疑。辰国即《三国志》卷30《魏书·东夷传》中三韩的前身,位于朝鲜半岛南端,真番国当在辰国与朝鲜之间。南方说还有《魏略》的记载作为另一支柱。《魏略》云:"初右渠未破时,朝鲜相历谿卿以谏右渠不用,东之辰国,时民随出居者二千余户,亦与朝鲜贡藩不相往来。"此处贡藩当为真番之误,贡真形近而讹,番藩音同。日人稻叶岩吉认为必真番国与辰国相接,斯"不相往来"云云始有意义,若真番远在鸭绿江上游佟桂江流域,则与辰国间尚有他国居中间隔,而犹特书其不相往来于理殊不可通。这个推论十分顺理成章。

真番国既在朝鲜之南,则意味着真番郡应在乐浪郡之南。《东夷列传》载:"昭帝始元五年罢临屯、真番以并乐浪、玄菟。"真番罢郡以后,其地当然只能并于乐浪。上文乐浪郡考中已推断南部都尉所辖七县——昭明、带方、列口、长岑、提奚、含资、海冥当为真番郡故县。又杨守敬对岭东七县中的不而、邪头昧两县不能断定究竟是真番郡或是临屯郡所属。其实这两县原属临屯郡,与真番无涉(说见临屯郡考)。真番故县确实可考者仅有以上七县。

但这七县并非真番郡全境。《茂陵书》云:"真番郡治霅县,去长安七千六百四十里,十五县。"可见另有八县无考。这八县朝鲜学者李丙焘已寻出蛛丝马迹。《三国志·魏书·马韩传》云:"部从事吴林以乐浪本统韩国,分割辰韩八国以与乐浪,吏译转有异同,臣智激韩忿,攻带方崎离营。"李氏谓辰韩当解为辰国,此八国或即真番罢郡时废入辰国之南部八县(包括郡治霅县),此说极有见地①。

不过这里要出现一个小疑问。以朝鲜大国所置之乐浪郡仅有十一县,真番小国何能有十五县之地? 推想起来,真番国恐怕只有七县大小,汉灭朝鲜及其属国后,威及辰国,遂以真番及辰国北部八小国置真番郡,罢郡之后,南部八县仍入辰国,而北部七县并入乐浪。

真番郡治霅县何在,自来无考之者。杨守敬以为即昭明县,只是臆断而已。李丙焘氏认为当在废入辰国的八县中,位于今朝鲜礼成江以南、汉江以北,亦未明示其所据。考汉代于开边所置郡县,多以其本地旧名,取其音,而不取其义,如岭东之不而县,即由不耐濊得名,霅县恐亦知此。据《说文解字注》,霅音素洽反,与今朝鲜汉城之本名同声。汉城朝鲜文为서울,音"soul",意为京城。颇疑京城之义是后起的,先是在汉江附近,有地名"soul",汉代以之置霅县,到中世纪时该地成为朝鲜李朝之都,"soul"之音仍存,遂以此音作为京城之解。汉江平原是南朝鲜富庶之地,真番郡治设于彼处,而不设于"屯有以南荒地"之中,似亦合于情理。若上述关于霅县的假说成立,则真番郡可考县应增至八个。

(3) 临屯郡

临屯本来也是朝鲜近邻小国,但在《史记》中仅只一见,不如真番之闻名。

---

① 李丙焘:《真番郡考》,《史学杂志》第 40 编第 5 期;周一良中译文载《禹贡》第 2 卷第 10 期。

临屯郡以临屯故地置。《茂陵书》云:"临屯郡治东暆县,去长安六千一百三十八里,十五县。"东暆县是岭东七县之一,已见上文乐浪郡考之中。

《三国志》卷 30《魏书·濊传》云:"(汉时)自单单大岭以西属乐浪,自岭以东七县,都尉主之,皆以濊为民。后省都尉,封其渠帅为侯,今不耐濊皆其种也。……其俗重山川,山川各有部分,不得妄相涉入。"单单大岭即今狼林山、北大岭、马息岭一线,是划分东鲜与西鲜的天然标志。

岭东不但在地理上自成一区,与岭西不相涉,而且民族成分也比较一致,多为濊民,不而县即由不耐濊得名。当然"皆以濊为民"是统而言之,细分之,则七县中的沃沮县(即汉志的夫租)非濊民所居。前引《东夷列传》言岭东居民,就分别沃沮、濊貊。所以除沃沮县外,东暆、不而、华丽、蚕台、前莫、邪头昧等六县在地理上、民族上自成一体,原来必同属一个政治实体,这个政治实体就是临屯国。临屯之名西汉后期即已消失,但临屯的居民濊族之名却自汉至三国不变。《三国志·魏书·濊传》云:"濊南与辰韩,北与高句丽、沃沮接,东穷大海,今朝鲜之东皆其地也。户二万。"这里所描述的濊的位置正是岭东七县(除沃沮外)的方位,濊已兼有民族名和地区名两义。

东暆既为临屯郡治,则其附近之不而、华丽、邪头昧等五县亦当为临屯郡所属。颇疑邪头昧之昧有貊音,邪头昧即邪头貊,为濊貊之一支,故以之为县名。又华丽县,杨守敬误以为玄菟故县,他的根据是《东夷列传》安帝"元初五年(高句丽)复与濊貊寇玄菟,攻华丽城"。这是杨守敬的疏忽。华丽是岭东七县之一,光武帝建武六年已弃,何得在八十多年以后的元初年间仍属玄菟?何况安帝时的玄菟郡已非西汉旧貌,经过两迁后,玄菟郡已侨置于辽东郡北部(详后),而华丽城远在朝鲜东海岸,岂能悬属之?《东夷列传》此载有两种可能的解释:一是误句骊为华丽,玄菟郡治为高句骊城,《三国志》卷 30《魏书·高句丽传》常省称高句骊为句丽①,同理玄菟郡治或亦省称句丽,由句丽又讹为华丽;二是元初间高句骊西寇玄菟,东攻华丽,两地本不相涉,前一种解释的可能性较大。要之,华丽县必为临屯故县,而非玄菟旧属至为明显。

据《茂陵书》所说,临屯郡属县应有十五,但其他九县已不可考。推想临屯小国,亦不至有十五县的规模,《三国志·魏书·濊传》言其户只有二万,与六县之地颇相称。临屯不可考之九县绝不可往北方推求,因为岭东七县中的沃沮县,是玄菟郡初置时的郡治(详后),沃沮以北必是玄菟郡地,临屯余县不可能越过沃沮城而存在,只能南向辰国去探寻。也许和真番类似,临屯置郡时囊

---

① 《汉书》及《后汉书》皆作"高句骊",《三国志》及其后的《魏书》则均作"高句丽",本书从《汉志》之写法。

有辰国北部数小国以立九县,郡罢以后,诸县复没于辰国。不过,《茂陵书》所言十五县之数亦不能确定其必无误,只能聊存一说而已。

临屯罢郡之年,《汉书》未及,暂以《后汉书》为据。罢郡以后,东暆等六县移属乐浪,后为东部都尉所辖,已见上文乐浪郡考所述。

(4) 玄菟郡

玄菟郡的领域及其变迁是比较棘手的问题。《汉志》玄菟郡只领三县,大大小于一般边郡和内郡的规模,和乐浪郡辖有二十五县恰成鲜明的对照,这种情况暗示其领域经过很大的变动。

玄菟郡主要以朝鲜属国沃沮地置。《三国志》卷30《魏书·东沃沮传》云:"东沃沮在高句丽盖马大山之东,滨大海而居,其地形东北狭,西南长,可千里,北与挹娄夫余,南与濊貊接,户五千。……汉初燕亡人卫满王朝鲜,时沃沮皆属焉。汉武帝元封二年,伐朝鲜,杀满孙右渠,分其地为四郡,以沃沮城为玄菟郡。后为夷貊所侵,徙郡句丽西北,今所谓玄菟故府是也。沃沮还属乐浪。"

由此可见,玄菟郡始治沃沮城,徙郡以后,沃沮乃属乐浪。《汉志》乐浪郡所属有夫租县,当即沃沮城。夫、夭易讹,沮、租本通。沃沮国户仅五千,亦只足置一县而已。沃沮南与濊接,故沃沮城其实也是玄菟郡的南界。后人考定该城在今朝鲜咸镜北道之咸兴郡。因此临屯郡与玄菟郡的分界当在咸兴以南,至今这条界线依然是划分咸镜道方言与京畿道方言的标志,恐怕不是偶然的巧合。

玄菟郡治虽在沃沮,但其领域实包括辽东郡以东直到滨海之地的一大片地方。《汉志》玄菟郡所属之高句骊、西盖马、上殷台三县,即位于辽东郡以东、沃沮以西的高句骊地区。清人丁谦以为有古高句骊国的存在,与西汉末东汉初兴盛起来的高句骊有别。近人金毓黻以为《魏略》之"橐离"即后来之古高句骊[①]。高句骊县的得名即来自高句骊古国,可备一说,要之,高句骊县与高句骊地区有别,前者只是武帝在后者所设立的一个据点而已。元封间,武帝不但灭了卫氏朝鲜,而且波及辽东塞外至盖马大山一带的高句骊地区,至少建立了高句骊、西盖马、上殷台三县。所以玄菟郡初置时实由盖马大山东西两面的沃沮和高句骊地组成。

《三国志·魏书·高句丽传》云:"高句丽在辽东之东千里,南与朝鲜濊貊,东与沃沮,北与夫余接。"即在今东北鸭绿江上游及浑江流域一带。《高句丽传》主要叙汉平帝及王莽以后事,未明其始兴之年。据《三国史记·高句丽本

---

① 金毓黻:《东北通史》,社会科学院战线杂志社翻印本,1981年。

纪》，高句骊始祖东明王立于元帝建昭二年（前37）。具体年代未必准确，但始兴于汉末当可肯定。玄菟建郡之初，高句骊势力尚弱，故郡治放在沃沮。其后，玄菟受夷貊所侵，不得不将郡治迁往"句丽西北"。这里的句丽即指高句骊地区，《汉志》玄菟郡首县高句骊县（今辽宁新宾县附近）正位于高句骊地区西北部，是为新郡治，或俗称的"第二玄菟郡"。

侵犯玄菟的夷貊是何种族，如何侵犯，现已不明，但夷貊可能包括高句骊族（《三国志·魏书·高句丽传》言高句丽有别种曰小水貊，可为旁证），推想他们大约是切断了沃沮城与玄菟郡其他地区的联系，因此玄菟被迫内迁，沃沮城只好移属乐浪。玄菟郡在高句骊地区虽然至少设置了三县，但这些县城只是据点而已，不能全部控制"随山谷以为居"的高句骊族，因此在东汉时期，他们逐渐兴盛起来，原辽东塞外的玄菟郡地反处在其威胁之下，于是玄菟郡再度迁徙至辽东郡境内，这时郡治虽仍称高句骊，但地点已迁至今沈阳附近，这就是所谓第三玄菟郡，西盖马、上殷台二县亦随之内徙，玄菟郡领域全部收缩到辽东郡境内，与高句骊故地毫无关系。东汉安帝时，又割辽东郡北部高显、辽阳、候城来属，使玄菟郡共辖六县，据有辽东郡北部。

第三玄菟郡事实上是我国最早的侨置郡。玄菟郡第一次内徙只是换个地方做郡治，缩小了郡境，不能算侨置。第二次内徙则是以他郡部分地作为自己的领域，不但迁郡治，而且连原县名也带至他郡辖境以内，是名副其实的侨置郡县了。第三玄菟郡一直延续到十六国时期，因此上引《三国志·魏书·东沃沮传》称"句丽西北"的第二玄菟郡（西汉时的高句骊县）为"玄菟故府"。

唯玄菟郡治何时由沃沮城迁往高句骊县，《汉书》却未明言，但亦有点消息透露出来。卷7《昭帝纪》载：元凤六年（前75）"筑辽东玄菟城"，玄菟城即玄菟郡城——高句骊县城。新郡治之城筑于此时，徙郡时间或与之相去不远。据《东夷列传》则似乎玄菟徙郡与临屯、真番两郡之罢同在始元五年（见下文所引）。

玄菟郡可考之县只有四个，但建郡之初恐不止此数，或者在夷貊侵略徙郡时，罢弃某些县？

又《东夷列传》载："始元五年，罢临屯真番以并乐浪玄菟，玄菟复徙居句丽。"有人从文字上一一对应去看，以为临屯地罢入乐浪，而真番地并入玄菟。这种看法未免过于机械。而且由于认定真番郡地须并入玄菟，继而推论真番应位于朝鲜之北，这就由机械而入盲目了。杨守敬首先提出真番应并入乐浪，是一大创见。但他仍拘泥于《东夷列传》这条记载，认为真番郡总有部分县须并入玄菟，故怀疑岭东之不而、邪头昧亦可能为真番故县。其实真番郡只能入乐浪,已见前述。那么照《东夷列传》此文,是否临屯应罢入玄菟郡呢? 也不是。既然玄菟郡之内徙正在临屯罢郡之年,其时玄菟郡治沃沮城尚且移属乐浪,在沃沮以南的临屯郡岂能罢属玄菟? 必定只能罢属乐浪,已见前文所述。因此推测《东夷列传》所载"以并乐浪玄菟"的"玄菟"二字乃是衍文,涉下"玄菟复徙居句骊"而衍。

另外,关于玄菟郡的设置年代,《汉书》有两说,卷6《武帝纪》将玄菟与乐浪等三郡放在一起,统言置于元封三年;《汉志》本注则曰:"元封四年开。"没有其他材料以辨孰正孰否,今暂从本纪。

2. 四郡今地的比定

从文献资料考订出乐浪等四郡的方位和县目以后,还要作今地的比定,才能确切划定四郡的范围。

今地比定的关键在于水道,过去由于对某些水道,如浿水当今何水看法不一致,使得乐浪、真番两郡的领域至少有三种不同的见解。

《汉志》所载与四郡位置有关的四条水道是:马訾水、列水、浿水、带水(其实是五条,还应计入沛水。但该水系于辽东郡番汗县下,在浿水未定案前,番汗不能肯定是在朝鲜半岛上,因此沛水暂不具论)。

马訾水系于玄菟郡西盖马县:"马訾水西北入盐难水,西南至西安平入海,过郡二,行二千一百里。"

列水系于乐浪郡吞列县:"分黎山,列水所出,西至黏蝉入海,行八百二十里。"

浿水系于浿水县:"浿水西至增地入海。"

带水系于含资县:"带水西至带方入海。"

以上四水两长两短,十分明显。浿水、带水只能是一般小水,《汉志》既不详其具体出处,更不具列其长度。

马訾水即今鸭绿江,考证各家殆无异议。西安平县在今瑷河与鸭绿江的交口上,故城犹在①。《汉志》载马訾水长二千一百里亦与鸭绿江实测长度八百二十一公里相当接近。而且鸭绿江是朝鲜半岛上最长的河流,舍此无以当马訾水者。

有分歧意见的是浿水、列水和带水。尤其浿水是争论的焦点,有鸭绿江、清川江、大同江三说。由于浿、列、带三水的相对位置从北到南比较明确,所以

---

① 见辽宁省博物馆文物工作队:《概述辽宁省考古新收获》一文,收入《文物考古三十年》一书,文物出版社,1979年。

浿水如果比附为不同的今水,就要相应引起列水和带水的位移。如列水相应就有大同江、临津江、汉江三说,带水则有载宁江、礼成江、汉江说。单从文献资料是很难确定三水的绝对位置的,所以过去分歧的各家始终不能取得一致的意见。现在带水的位置已为考古发现所确定,本节因此不再先从文献出发去考证浿水位置,而是倒过来,先比定带水当今何水,进而去确定浿水与列水所在。

(1) 带水和真番郡(即魏晋带方郡)

1913年,日人谷井氏在朝鲜黄海道凤山郡发掘了带方太守张氏之墓。推定位于张墓西南文井面的"古唐城"为带方郡治带方县遗址①。既然带方在今凤山郡,据《汉志》含资县本注"带水西至带方入海",知带水必是通过凤山郡西北之载宁江,顺带也可推定含资县是载宁江上游之瑞兴郡。

乐浪郡南部都尉治昭明县遗址也由日人小田省吾确定于黄海道信川郡北部面土城里。昭明故址附近的西湖里出土了刻有"大康四年三月昭明王长造"字样的小型长方砖②。《晋志》带方郡所属七县除南新外,均见于《汉志》乐浪郡;而昭明县虽列于《汉志》乐浪郡诸县之中,却不见于《晋志》带方郡。今昭明县遗址在带方县西南,必属晋带方郡无疑,因此知《晋志》之南新当即《汉志》之昭明,只不知何时更名而已。依砖铭看,似太康四年(283)尚未更名,但《晋志》断于太康三年,却已改称南新,是否官方虽已改名,而民间仍通用旧称?

又列口县当由位于列水之口而得名,列水即大同江(见后),列口相当于大同江入海口以南的殷栗郡当无疑问。带水及带方、昭明、含资、列口四县定,带方郡的大致范围即为今朝鲜黄海南道全部及黄海北道南部。具体而言,北为载宁江(带水)口与慈悲岭③一线,西、南至海,东则以礼成江为天然界线(历来是黄海道与京畿道的分界)。

带方郡的北界也就是汉代乐浪郡与真番郡的分界,元封三年真番郡北部七县范围已由带方郡而定。其余不可考之八县(包括郡治霅县)当更在七县以南,依地理形势而论或包括今之京畿道至忠清道北境,以牙山为其南界。自礼成江以东南为平原地带,当本辰国旧属,汉灭朝鲜真番后乘胜入据,以其地合真番国置真番郡,真番罢郡以后,该地又复属辰国,至三国时期为马韩五十

---

① 见大正六年九月出版的《朝鲜总督府古迹调查报告》,转引自《朝鲜史大系》第2卷,朝鲜史学会,1928年。
② 转引自驹井和爱:《乐浪郡治址》,东京大学考古学研究室之《考古学研究》第3册,1964年,载《中国都城•渤海研究》雄山阁,昭和五十二年。
③ 慈悲岭在黄州凤山间,为两郡之分界。黄州即汉屯有县,故公孙康分屯有以南,当以此岭为界。

国之属。《东国史略》云,百济兴起后,其北界至浿河(礼成江),亦与以上所分析的历史情势相合。

(2) 浿水、列水和乐浪郡

带水一经确定,则列水迎刃而解。《汉志》云列水长八百二十里。在带水(载宁江)与马訾水(鸭绿江)之间,能与此长度相当的水道只有大同江(列水当然不可能在带水以南或马訾水以北去探求,毋庸赘言)。以大同江当列水还符合古籍的几条记载:

1)《山海经·海内北经》云:"朝鲜在列阳东,海北山南。列阳属燕。"列阳当是列水之阳①,水北为阳,朝鲜国(乐浪郡)的主体部分正在大同江以北。扬雄《方言》亦以燕北朝鲜洌水之间列为一个方言区。

2)《朝鲜列传》载:"楼船将军亦坐兵至列口,当待左将军,擅先纵,失亡多,当诛,赎为庶人。"列口为乐浪县(晋属带方郡),意即列水之口,朝鲜王都王险城在大同江畔,楼船将军正需从列口进而攻击王险城。

3)《朝鲜列传》集解引张晏曰:"朝鲜有湿水、洌水、汕水,三水合为洌水。"今大同江正有顺川江、成川江、能成江三支流。

列水是大同江还可由黏蝉县遗址的确定来证明。1913年,日人今西龙氏断定平安南道龙冈郡的乙洞古城即汉黏蝉县治所在②,因为距该土城不远有古碑一座,碑文内容是祈祷山神保佑黏蝉五谷丰饶、境内平安。《汉志》云列水"西至黏蝉入海"(见前文所引),而黏蝉县遗址正在大同江口,则列水自然非大同江莫属了。

列水确定以后,再进而分析乐浪郡治朝鲜县的位置。日本学者原田淑人等曾于1935—1937年间,三度对朝鲜平安南道大同江郡大同江面土城里的土城进行发掘工作。该土城位于今平壤对岸,大同江畔的台地上,城墙东西约七百米,南北约六百米。城内发现的文物证明该土城极有可能就是乐浪郡治③。有人不愿作绝对肯定的原因只为该土城面积太狭小,似与偌大的乐浪郡不相称,但乐浪郡初置时并不算大,据上文所考只有十一县,与该土城的大小还是相配的。对比其他边郡,如定襄郡十二县,其郡治成乐县故城不过是东、南两

---

① 郭璞注云:"列亦水名也,今在带方,带方有列口县。"列水出海口正是带方郡与乐浪郡之分界,故郭云"今在带方",并非列水全水在带方。
② 见大正八年六月出版的《朝鲜总督府古迹调查特别报告》第一册,转引自小田省吾著《朝鲜史大系·上世史》第六章第三节,朝鲜史学会,1928年。
③ 见原田淑人:《乐浪》,大正五年出版。及驹井和爱、原田淑人:《乐浪土城址の调查概报》,载《中国都城·渤海研究》一书。

壁各长五百五十米,西、北两壁各长四百四十米的规模①;辽东郡十八县,其郡治襄平县遗址也才是三百余米见方的土城②。至于后来扩大了的乐浪郡其实仍分三部管辖,东部七县和南部七县分别由该部都尉治理,原有的郡城也足够使用。

汉代县城(郡治也是一座县城)规模一般都比战国时代城市为小。因为汉代县城以布置行政管理机构为主,不像战国城市拥有大量居民。许多汉城都是就前代城圈内围筑一较小之土城,或是另筑一座较小的别城以居官寺。如乐浪郡治朝鲜县肯定即上述大同江南岸之土城,它当为汉武帝灭朝鲜后所建,专为布置郡府之用,其朝鲜故王都居民或大部仍住王险城(该城在大同江北岸,详后),这从该土城居高临下俯视对岸旧王都的形势似亦可推想出来。从这个意义上说,把该土城称作乐浪郡治别城也是可以的。

列水虽然很长,又与朝鲜王都、乐浪郡治有密切的关系,但不如浿水有名气,整部《史记》不见列水一名,《汉书》也仅在《地理志》中一见。这并不是因为浿水要比列水源远流长,而只是因为它是辽东郡与朝鲜的界河,因此《史记》、《汉书》屡屡提及。本来将《汉志》对马訾水、浿水、列水、带水的记载作一比较,完全可以断定浿水是一条较小的水道(见前文)。而在马訾水、列水、带水确定以后,便很容易看出浿水必是清川江无疑,绝不可能是源远流长的鸭绿江或大同江。但在过去,许多学者脑子里早有先入为主的观念,以为辽东郡与朝鲜的界河必是鸭绿江,而由《朝鲜列传》又可明显看出浿水是辽、朝界水,遂以为浿水非鸭绿江莫属。又有一些学者根据《隋书》和《新唐书》之《高丽传》"平壤城……南临浿水"的记载,认为浿水现在平壤之南,而隋唐时之平壤城至今未迁,位大同江北,当然浿水就是大同江了。前一说可推日人津田左右吉为代表,后者则以杨守敬为典型。

浿水大同江说无须详加批评,上述考古发现已证明大同江是列水。把大同江称作浿水是汉代以后的事,杨氏未注意及此,后文再加分析。现只批评鸭绿江说。津田氏在其《浿水考》③一文中认为,辽东郡得名于辽水,只能有辽水以东地,因此不可能包含有鸭绿江以南地域,这样鸭绿江自然就是辽东郡与朝鲜的边界了。这里他犯了一个逻辑上的错误,将结论当成原因了。他心中先假定了一个结论——"辽东郡不能有鸭绿江以南地",然后拿这个未经证明的

---

① 见内蒙古自治区文物工作队:《内蒙古出土文物选辑》,文物出版社,1983年。
② 据驹井和爱:《乐浪郡治址》,载《中国都城·渤海研究》。
③ 载《朝鲜历史地理》第1卷,南满洲铁道株式会社,1913年。

结论当成另一个结论——"浿水即鸭绿江"的原因,岂有是理?其实鸭绿江以南地也还是在辽水以东,包括在辽东郡里依然名副其实,有何不可?何况,汉代郡国之中济北郡兼有济水南北,胶东郡跨有胶水东西,乃是极正常之例,甚至辽东郡还兼有辽西地,若照津田氏之说,这更是不可能之事了。郡名只依大体情况而定,并无严格定量的限制。而且,汉初辽东郡与朝鲜界于浿水还是"为其远难守",经过调整,后退的结果。战国时期,燕国"曾略属真番朝鲜,为置吏筑障塞",长城直筑到朝鲜境内。秦代长城的起首就在浿水以南,《晋志》乐浪郡遂成县注曰:"秦筑长城之所起。"汉初国力尚弱,只能放弃朝鲜,将长城后退,修复辽东故塞,才确定以浿水为界。

津田左右吉也承认《汉志》所载马訾水是鸭绿江,同时却又一口咬定《朝鲜列传》中的浿水也是鸭绿江,然后作一大篇《浿水考》来分析这两种记载为什么相互矛盾,纯粹浪费笔墨。因为两者并不矛盾,在汉代鸭绿江只叫马訾水,没有任何可靠的例证说明它又称作浿水。《朝鲜列传》中的浿水则与《汉志》一致,并不指鸭绿江。

主浿水为鸭绿江者还有如丁谦者,在其《朝鲜传考证》中,他列举证据说明浿水绝非大同江,然后就肯定浿水是鸭绿江,理由一点不讲,大有非彼即此之势,再也想不到浿水还有可能是鸭绿江与大同江之外的第三条水[①]。

其实朝鲜学者韩百谦在《东国地理志》中已发现浿水是清川江。以清川江当浿水,完全符合《朝鲜列传》的有关记载,又与《汉志》对浿水的描述不矛盾,是最合适的解释[②]。当然在未有考古发现以前,清川江说终非铁案。许多学者先从文献记载出发,容易各执一端,对浿水作出完全对立的解释。《朝鲜列传》记载浿水位置的地方有四处:

1)卫满"渡浿水……都王险";2)汉使涉何由朝鲜回"至界上,临浿水";3)"右渠遣太子入谢……方渡浿水";4)"左将军破浿水上军,乃前至(王险)城下"。

但这里所表示的位置只是相对位置而已。对读者来说,王险城与浿水的绝对位置同样是未知数,如果认定浿水是大同江,则王险城必须在江南,不能是今之平壤,如杨守敬《王险城考》[③]所言。如果认定王险城是今平壤,则浿水须在其北,便不可能是大同江,如丁谦之鸭绿江说。丁杨两氏都先把一个未知

---

① 见丁谦:《蓬莱轩舆地丛书》,浙江图书馆,1915年。
② 韩百谦:《东国地理志》,见《朝鲜历史地理/东国地理志》,收入《韩国地理风俗志丛书》,韩国影印日文版(原书大正二年二版),景仁文化社,1989年。
③ 收入杨守敬:《晦明轩稿》。

数看成已知数(浿水或王险城),然后以此为标准来确定另一个未知数(王险城或浿水),因此两人所据虽然都是《朝鲜列传》,而结论却完全相反。可见单靠上引《朝鲜列传》四点是决定不了浿水与王险城的绝对位置的。

现在根据考古发现,确定带水是载宁江,列水是大同江,则王险城必是今平壤,而浿水在其北,既不能当鸭绿江(已见上述),就必定是清川江无疑了。浿水为清川江,则辽东郡番汗县位置可定,沛水当今大宁江也就清楚了。

至于大同江被称为浿水,如隋唐两书所载,似是晋代以后的事。地名的转移需有历史变动作其背景,当居民发生大规模迁徙时,往往带着老地名,冠于新居地之上。浿水之名自秦两汉魏晋历代相沿,大约不会有什么变化,因为这段时期辽东、乐浪郡一直在汉人的有效管辖之下,没有发生大动乱。西晋末年,高句骊势力大盛,西进南下,乐浪、带方两郡俱为其所得。大约正是在这段时间里,随着高句丽的向南推进,才把浿水之名南携至大同江。

至北魏郦道元,由高丽蕃使口中知其都城平壤位于浿水之阳,盖其时浿水已确指大同江。一般以为浿水转指大同江乃从汉末或三国时期起,恐失之过早。因为汉末三国间中原虽然大乱,但乐浪却相对稳定,似不能发生地名自然转移的事。《水经》虽曰:"浿水出乐浪镂方县,东南过临浿县,东入于海。"使人怀疑浿水已是大同江,但《水经》此文不足二十个字却有几个疑点:第一,浿水若指大同江,不该东流。但此错犹小,东可以是西之误;第二,临浿县不见于任何载籍,历史上也许亦无此地名;第三,大同江之源当出自浿水县,似不得言出镂方。因此,颇疑《水经》此文乃自《说文》而来。《说文》亦曰:"浿水出乐浪镂方东入海。"但随即补充道:"一曰出浿水县。"可见许慎对浿水的概念是模糊的。因此从《水经》的记载似乎不能得出三国时期浿水已改指大同江,若此说成立,则《说文》之说更早,应该说在东汉时期大同江就已蒙浿水之称了。《十三州志》云:"浿水在乐浪东北,镂方在郡东。"似仍与《汉志》符,浿水为清川江,源出浿水县,该县既位清川江上游,固当在乐浪东北,说明十六国初期浿水之名或尚未彻底转移。

要之,西汉时期浿水确指清川江无疑,至于何时转指大同江,还有待进一步探索。

列水和浿水一经确认,元封三年乐浪郡的范围即可大致划定:其北界为浿水,南界即上述带方郡北境,西则海,东则单单大岭(今朝鲜中央山脉)。同时,与浿水、列水源头及入海口有关的吞列、列口、浿水、增地等县地望亦随之而定。乐浪郡其他县城布置于列、浿二水附近,亦甚为自然。辽东郡番汗可定于浿水之北,则沛水为今大宁江,如此则今地的比定,与史籍所载,均无不合之处。

(3) 玄菟郡与临屯郡

玄菟郡之第一郡治沃沮城,在今朝鲜咸镜南道咸兴市,为治史者一致看法。第二郡治高句丽县在今辽宁新宾县兴京老城附近,也是定论。《汉志》高句骊县本注曰:"辽山,辽水所出,西南至辽队入大辽水。又有南苏水,西北经塞外。"《大清一统志》即据此以推定高句丽县故址①。又西盖马县方位可由盐难水(浑江)入马訾水的位置大致得知。这样,玄菟郡始置时所属县目虽不尽可知,但其界址却已明白:东起(日本)海滨,越过盖马大山(狼林山)与马訾水(鸭绿江)到辽东散塞,北与夫余相邻,南和乐浪、临屯相接,幅员甚为广大。

临屯郡境则全在单单大岭以东,其郡治东暆县即今朝鲜江原道江陵府,不而县在同道之安边郡。临屯其余县城沿着海滨成一线布置在这两县的南北。东暆是临屯郡可考六县中最位于南部者,估计其他不可考之九县更在其南。若依自然形势看来,今庆尚北道与江原道之间层峦叠嶂,交通极为不便,当是民族分布之天然界线,临屯郡南界或止于此。其北界则在沃沮城以南,已见前文所述。

以上四郡范围大体已定。知玄菟郡最北,乐浪郡在其南,真番则更在乐浪以南,临屯则在乐浪以东与玄菟东南的海边(见图2-23)。

附 苍海郡考

苍海郡沿革《史记》、《汉书》俱不言其详,只能稍作推测。

《汉书》卷6《武帝纪》载:"元朔元年秋,东夷薉君南闾等口二十八万人降为苍海郡……三年春,罢苍海郡。"自始置至罢废不足两年,郡在何地亦不明确。《食货志》言:"彭吴穿秽貊朝鲜,置沧海郡。"一般认为,薉君之薉、秽貊之秽与《三国志》卷30《魏书·濊传》之濊,同为一意。穿是越过的意思,所以苍海郡地当在朝鲜东部临海之地,即濊人所居处,如《三国志·魏书·濊传》所言:"濊南与辰韩,北与高句丽、沃沮接,东穷大海,今朝鲜之东皆其地也。"这样解释,似亦大致可通。

但彭吴其人其事颇为渺茫,且二十八万人之数亦足引起怀疑。《三国志·魏书·濊传》言单单大岭以东之濊不过二万户,估计十万人左右。该地未受中土战乱影响,人口当不至大量耗减,因此,西汉时之濊似不得反比三国时期多出十八万口来。同时,元朔年间朝鲜势力尚未衰弱,二十年后武帝攻打朝鲜,尚且经年方克,以元朔初在朝鲜后方竟设置有二十八万口之众的边郡,似难于

---

① 《大清一统志》卷421《朝鲜·高句骊城》。

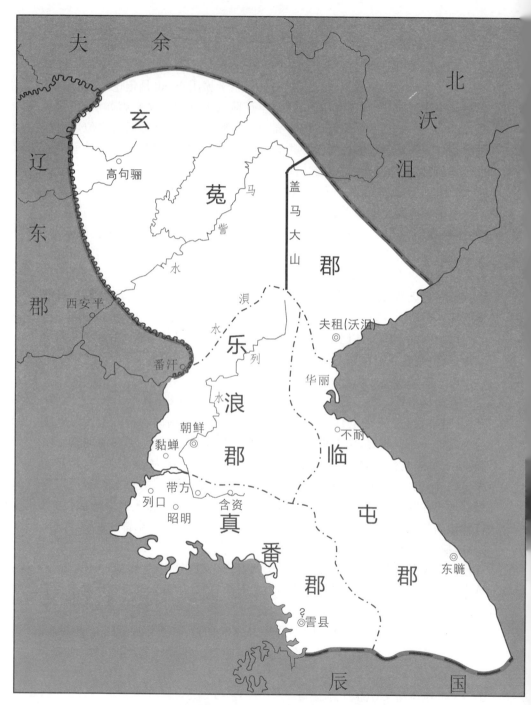

图 2-23 武帝元封三年(前108)朝鲜四郡示意图

想象。而且《史记》卷30《平准书》记彭吴事为:"彭吴贾濊朝鲜,置沧海郡。"① 言贾(通商)不言穿;《东夷列传》则云:"元朔元年,岁君南闾等畔右渠,率二十八万口诣辽东内属,武帝以其地为苍海郡,数年乃罢。"似是移民内属,与《汉书》就地降汉有别。

因此,苍海郡之地望尚不能作肯定之说,于目前,只能暂据《汉书》,以单单大岭以东,今江原道之地当之,以俟今后进一步考订。

第三节 西汉后期郡国沿革

一、昭宣时期郡国沿革

武帝之后,西汉进入了一个相对平稳的时代。昭帝年间稍行紧缩政策。始元五年(前82),罢儋耳郡并入珠崖,罢真番、临屯,以其地入乐浪郡,内徙玄菟,并小其地(详见本章第二节朝鲜地区)。六年,为了加强边塞的防务,以防备羌人北上为主,遂"以边塞阔远,取天水、陇西、张掖各二县置金城郡"②。初置之金城郡仅有六县,领域亦较《汉志》时期为小。后随着对羌用兵的胜利,金城郡境不断扩大,才达到了汉末的规模(详见下篇第十一章第四节)。

元凤元年(前80),燕剌王旦自杀,国除为广阳郡。元凤五年,罢象郡,以其地分属郁林、牂柯两郡(详见本章第二节西南夷地区)。元平元年(前74),昌邑国除,复为山阳郡。樊县当于此时复属大河郡。

前文已述,武帝天汉年间置昌邑国时,以樊县益之。《汉志》樊县属东平国,且《汉书》卷10《成帝纪》载建始二年(前31)曾削东平樊、亢父二县。是亦证樊县此前已属东平国。东平国之前身乃景帝分梁为五时之济东国,前文已述及,汉初须昌、寿良一带属梁国,景帝分梁时此数县必属济东,然《汉志》寿良等则属东郡。此数县之易属或在济东国除为大河郡之时,或当在东平为国之时,疑后者可能性较大,因济东国/大河郡本即领县不多,不当无由内减。既然东平置国之初尚且削其北部数县入东郡,自然不会又从山阳郡另取县来益之,否则过于烦复也。因此,樊县回属东平必在昌邑国除之时,即山阳郡地域当恢复至置国前之状。

宣帝本始元年(前73),以胶西郡置高密国,立广陵厉王子弘为高密哀王,

---

① 《史记》原文"濊"作"灭",钱大昕《廿二史考异》卷3正之。
② 《汉书》卷7《昭帝纪》。

同年复置广阳国,封燕刺王子建为广阳顷王。

然刘建之广阳国与刘旦之燕国领域并不相同。《汉书》卷63《武五子传》载,昭帝时期燕刺王旦大猎文安县,是武帝所削之文安县昭帝时期已复属燕国,安次更在文安之北,必同时归燕。其传又载,昭帝即位之时,益封燕刺王万三千户,故疑此万三千户即武帝所削之文安、安次、良乡三县。广阳国复置后,所封王子侯国仅四:临乡、西乡、阳乡和益昌。至《汉志》时代广阳国仅余四县,而不见前述文安等三县,必因宣帝绍封时即不复予广阳国之故。

《后汉书》卷16《邓禹传》载:"诸绍封者皆食其国半租,独邓康以太后戚属食三之二。"卷35《张纯传》又载:"光武曰:'张纯宿卫十有余年,其勿废,更封武始侯,食富平之半。'"此虽皆东都制度,然当承自西汉时期矣。颇疑此次宣帝绍封广阳国,即仅以故国之半予刘建。

本始四年,广川国除为郡。地节元年(前69),楚国除,地入汉为彭城郡;同年赵国除,入汉为邯郸郡。三年,分张掖置武威郡,省汶山郡并入蜀郡。地节四年,清河国除为郡,同年复置广川国,绍封广川缪王子文;复置赵国,绍封赵怀王弟高。

元康三年(前63),以淮阳郡置淮阳国,封子淮阳宪王钦。淮阳国置后仅封过一个王子侯国,故可知刘钦受封之淮阳国之地即与《汉志》时期基本相仿。其地仅合原淮阳郡之半,东部自城父、谯县以东尽予沛郡,北部宁陵、傿等县别属陈留,而南部长平、新郪等均改隶汝南郡。

神爵二年(前60),置西域都护府。

西域都护之置年向有多说。《汉书》卷19《百官公卿表》云:"西域都护,加官,宣帝地节二年初置。"卷70《傅常郑甘陈段传》篇末赞云,"自元狩之际,张骞始通西域;至于地节,郑吉建都护之号。"此说法亦与《百官公卿表》同,以为都护始于地节年间。

然荀悦《汉纪》载,神爵二年,"秋,匈奴大乱,日逐王先贤掸来降。时卫司马会稽人郑吉使护鄯善以西南道,以攻破车师。日逐王请降于吉……封日逐王为归德侯,吉为安远侯。使吉并护军师以西北道,故号都护。都护之号,自吉始也。于是吉始中西域而立幕府,治乌磊城,镇抚诸国"。此与《汉书》卷70《郑吉传》另一段记载相符:"(宣帝神爵二年,)吉既破车师,降日逐,威镇西域,遂并护车师以西北道,故号都护。都护之置自吉使焉。"《资治通鉴》亦系都护之置于神爵二年。而《汉书》卷96《西域传》则云:"是岁,神爵三年也。乃因使吉并护北道,故号曰都护,都护之起,自吉置矣。"

此三说同存,《资治通鉴考异》以为,"《百官表》……盖误以神爵为地节也",王先谦亦以为,"据宣纪,西域都护,加官,始于郑吉,当是神爵二年,非地节也,吉传亦云神爵中,而赞又误为地节"①。然居延汉简出土后,其简文有:"元康四年二月己未朔乙亥,使护鄯善以西校尉吉、副卫司马富昌、丞庆、都尉□建、都□,乃元康二年五月癸未以使都护檄书遣尉丞赦将施刑士五十人送至将车□发。"②佟柱臣据之以为,都护的出现当早于神爵二年③。其实《汉书》中都护之称亦早于神爵二年之前出现,卷79《冯奉世传》有:"莎车遣使扬言北道诸国已属匈奴矣,于是攻劫南道,与歃盟叛汉,从鄯善以西皆绝不通。都护郑吉、校尉司马熹皆在北道诸国间……"以《西域传》,"是岁,元康元年也"。据此,元康元年,郑吉已称为都护。

是以,余太山以为,"郑吉于地节二年初建'都护'之号时,不可能只提护南道之国,其含义一定是兼护西域诸国或南北二道诸国",是西域都护建号于地节二年,设府建制在神爵三年④。而刘锡金、李大龙等人则以为,西域都护之设在地节二年,正式任命当在神爵三年⑤。

西域地区在神爵二年日逐王降汉前,匈奴对于北道仍具有相当的控制力,其时郑吉当不得都护西域,故即便郑吉元康或地节时已有都护之号,亦不会为西域都护。《西域传》云,"至宣帝时,遣卫司马使护鄯善以西数国",亦不言护西域。《郑吉传》则载郑吉封侯诏书云,"都护西域骑都尉郑吉,拊循外蛮,宣明威信,迎匈奴单于从兄日逐王众,击破车师兜訾城,功效茂著。其封吉为安远侯,食邑千户"。据此,郑吉都护西域当在封侯之前,即神爵二年。

李炳泉提出,"护西域三十六国可称'都护',护鄯善以西数国或鄯善以西南道未尝不可称'都护'。……郑吉当时所护'鄯善以西',虽不可能为西域三十六国,但在地节三年时也有'鄯善以西数国'"。并以为元康年间的都护,不可能是指"使都护西域",只能是"使都护鄯善以西",汉之西域都护实始于神爵二年,神爵三年乃为郑吉封侯之年,其说可从⑥。故本书仍以神爵二年为西域

---

① 王先谦:《汉书补注》,第900页。
② 谢桂华、李均明、朱国炤:《居延汉简释文合校》,文物出版社,1987年,第192页。
③ 佟柱臣:《从考古材料看汉、唐对西域的管辖》,《社会科学战线》1981年第4期。刘洪波:《关于西域都护的设置时间》(刊于《中国史研究》1986年第3期)一文中亦据此以为西域都护的设置不晚于元康二年。
④ 余太山:《两汉西域都护考》,收入《两汉魏晋南北朝与西域关系史研究》下卷,商务印书馆,2011年。
⑤ 见刘锡金:《关于西域都护与僮仆都尉问题的质疑》,《新疆大学学报》1983年第1期;李大龙:《西汉西域都护略论》,《中国边疆史地研究》1991年第2期。张维华:《西域都护通考》(收入《汉史论集》,齐鲁书社,1980年)同样认为西域都护乃建号于地节二年,立府施政在神爵二年。
⑥ 李炳泉:《关于汉代西域都护的两个问题》,《民族研究》2003年第6期。

都护置年。

五凤二年（前56），平干国除为广平郡。三年，中山国除为郡。四年，广陵国除为郡。

甘露二年（前52），以大河郡置东平国，立子宇为东平思王，以济阴郡置定陶国，封子嚣。此两王国亦皆不得全郡之地。前文已述及，东平置国时，以北部寿良、须昌、范等县别属东郡，其领域与《汉志》时期差异不大。

定陶国由于此后有过迁徙，《汉志》所载之定陶国（即志文中济阴郡）并非刘嚣之国，然嚣之定陶亦可大致推测出。刘嚣后徙为楚王，《汉志》中楚国不过七县十一万户，其受封定陶时当与其相当。秺侯国此时尚存，侯国不可能为定陶国所辖，其时唯能别属山阳。又，汉初属梁之廪丘、离狐等县《汉志》属东郡，疑即此时别属。《汉志》中鄄城属济阴郡，而张家山汉简中则为东郡属县，鄄城之别属济阴自然非刘嚣受封定陶王时之事（详见后文），此时亦不在定陶国。故刘嚣之封国辖县当即为定陶、冤句、吕都、葭密、成阳、句阳、乘氏，亦七县。

甘露四年，广川国除为郡。黄龙元年（前49），以彭城郡置楚国，徙定陶王于此，是为楚孝王，定陶国复为济阴郡。楚国之封域亦与《汉志》时相差不远。

二、元成时期郡国沿革

元帝初元元年（前48），长沙国除为郡。二年，复置清河国，立宣帝子竟为清河王。此清河国封域则较原清河郡为大。本章第一节述及，景帝中元三年（前147）置清河国封哀王乘时，取清河南部数县以置魏郡，故出土汉简中有"魏郡贝丘"①、"魏郡厝"之文，然《汉志》中此数县已复归清河郡。

居延汉简、肩水金关汉简等所反映的均是武帝之后的行政建制，而武帝之后，清河国复置凡有两次：一为武帝元鼎四年（前113），徙代王于清河；一即为元帝此年复置清河国。据《汉书》卷15《王子侯表》，宣帝本始四年（前70），置清河纲王子侯国东阳、新乡。此两侯国地望皆在厝、贝丘之北，可知此后数县仍属魏郡。故至宣帝地节四年（前66），清河国除为郡时，贝丘等县仍在魏郡境内。国除为郡时，又因广川同年置国，故颇得原广川郡之王子侯国，领域有增无减，无由可得魏郡之县。

此番，元帝所置之清河国乃封宣帝子。西汉后期，置王国自有制度，观《汉志》中淮阳、东平、楚、中山等宣元二帝之亲子封国，除中山国因成帝末年益三万户，户口达到十六万外，其余三国均在十一万至十三万之间。

---

① 《居延汉简甲编》第1656简有"魏郡贝丘"，肩水金关汉简T10∶108有"魏郡厝"。

《汉志》清河郡户二十万一千七百七十四,此户数实际上并非成帝末年之清河郡户数。以志文,信都国十七县户数不足七万,显因《汉志》辖县是成帝末之情状,户口数则以元始二年(公元2)之数为准,哀帝建平二年(前5)以信都置国,故割其侯国及数县另属它郡。广平国亦如此,故十六县不足三万户。此时,河间、赵皆为国,信都、广平之县唯能入魏郡、钜鹿、清河。查后三郡县户数,清河县均户数最高,显然因得多县隶属之故。故成帝时期之清河郡,户数当在十五万以下,如再去除本为魏郡所辖之贝丘、厝、鄃、灵等县,户数恐不过十万,以此置皇子王国显然过小,故元帝乃割魏郡地益之。故《汉书》卷29《沟洫志》有,"元帝永光五年,河决清河灵鸣犊口,而屯氏河绝。"是永光五年(前39年)清河国除之后,灵县仍属清河,自然是此次置国时之变化。

亦是初元二年,元帝复置广陵国,绍封广陵厉王子霸。此广陵国似与五凤四年(前54)除国时封域相侔。三年,弃珠崖郡;同年,复置长沙国绍封长沙炀王弟宗,是为孝王。

《汉志》长沙国十三县,其中有容陵、荼陵、安城、攸,此四县均早在武帝时期即被置为王子侯国,别属它郡。史籍不曾有益封长沙国的记载,故颇疑即此次元帝所益也。如此猜测亦非无据,长沙国素称地小户少,《汉志》中领十三县亦不过四万户;又兼江南瘴疠之地,生存环境恶劣,元帝初元四年,即此次复置长沙国后一年,舂陵侯即以此理由请求减户北徙,而长沙王子侯国中迁至南阳郡者亦颇多见,足见长沙国封地条件恶劣于此时可谓为人之共识(见图2-24)。

又,如看长沙国此时之四界,则东与豫章郡之边界有置于初元元年的安平侯国,与桂阳郡之界有同置于初元元年的阳山侯国,与零陵边界则是夫夷、钟武两侯国①,是此长沙国已然为可以置之最大封域。故颇疑乃此次元帝施恩德于长沙王,益其户数,遂以前述四县还属长沙。

永光元年(前43),徙清河王为中山王,清河复为郡。三年,罢太常辖陵县制度,陵县各以其地界入三辅。同年,以陈留郡置济阳国,封子康。陈留汉之大郡,自武帝起,未有皇子王国可得如此幅员,故元帝当未以陈留全郡地封刘康。

刘康封国名济阳,疑当以陈留郡东部原济川国地置,而陈留西部诸县,疑入河南郡。《汉志》篇末域分篇中有"河南之开封、中牟、阳武、酸枣",酸枣《汉

---

① 《汉志》中零陵郡之钟武为县,江夏郡之钟武则为国。钟武侯国置于宣帝元康元年(前65),初置自然别属零陵郡,江夏之钟武侯国当是与舂陵侯国一样迁徙所致。此侯国迁年不当过早,颇疑是在舂陵侯国之后,故初元三年复置长沙国时,零陵之钟武仍为侯国。

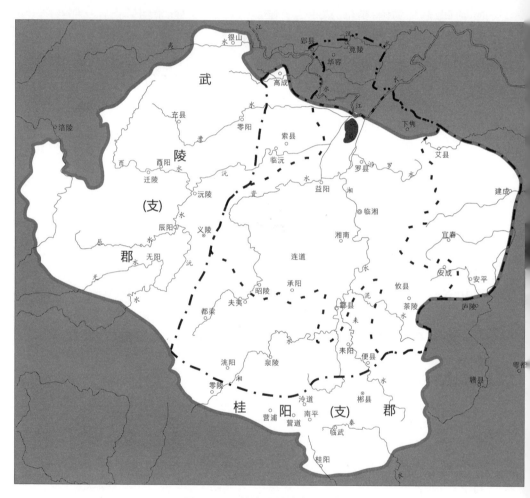

图 2-24 长沙国封域变迁示意图

志》属陈留郡，此处却列于河南郡下，即缘于此次改属。据前文所言，皇子国户数多在十一万至十三万间，《汉志》陈留有县十七，其中一为侯国，余县十六，而户数多达二十九万，自然此户数中有成帝末所得梁国削县，然可以确定其本即当有二十余万户。以此计之，济阳国置时当得七八县之数。既名济阳，当是以济阳为中心的原梁地所置。

建昭元年（前38），河间国除为郡。二年，以广川郡置信都国，立子兴为信都王。五年，复置山阳国，济阳王康徙于此，复置陈留郡，酸枣、封丘等县尽数回归。山阳国封域则亦不得山阳全郡之地，其边界亦可大致推知。《汉志》山阳郡有城都侯国，乃置于山阳置国之后，又有爰戚侯国，故可大致推出山阳国北界。山阳郡南部又有郜成侯国，南界亦可明也（山阳国详情见下篇第三章第五节）。此亦似为元成期间置王国之通例，往往避开侯国，在郡内取数县以为王国。

成帝建始元年（前32），复置河间国，绍封河间惠王。二年，中山国除为郡。河平四年，以济阴郡置定陶，徙山阳王于此。阳朔二年（前23），复置中山国，徙信都王为中山王，信都复为郡。

《汉志》中山国下有蒲处、安险、安国、陆成、北新成等县，此皆当因武帝年间置王子侯国而别属涿郡也，可知中山必有过益地之事，当即为此年。查志文，中山国有县十四，户数十六万，《汉书》卷10《成帝纪》载绥和元年（前8）益封中山三万户[1]，《汉志》所载县目乃是绥和元年前，而户数则是此后，故可知，至元延末年，中山国领十四县十三万户，恰与前文所述宣、元皇子王子惯例相当。故颇疑阳朔二年（前23）前的中山郡户数不过十万左右，成帝此次迁己弟于中山，自然不会小其国，故遂取涿郡五县之地益中山国。

鸿嘉二年（前19），置广德国，封中山怀王从父弟子云克，一年薨，无后国除。鸿嘉三年，城阳国国除。永始元年（前16），复置城阳国，绍封城阳哀王弟俚。元延二年（前11），复置广陵国，绍封广陵孝王子守。

刘守之广陵国并不得广陵全郡之地。尹湾汉简《东海郡下辖长吏名籍》中有"□西左尉，广陵郡全椒张未央……"之语，《汉志》全椒属九江郡。查尹湾汉简中之建制，大多与《汉志》相符，故其所反映的年代当与元延二年相去不远，可知成帝时期，全椒仍为广陵属县，且可推知，全椒以东的九江郡建阳、临淮郡堂邑与舆县亦必在此时属广陵郡，否则全椒将成飞地。此番变更自然只能在尹湾汉简标识年代之后发生，故必为成帝元延二年绍封王国，同时小广陵之地

---

[1] 此三万户亦得自中山国，为故安等四县，考证见下篇第七章第九节。

的缘故。

广陵国初置于武帝年间,于齐、燕同时而置,上一节已提及,齐国当时全有齐郡,即《汉志》中齐郡、千乘郡之疆域,有十余县。燕国后为广阳国,《汉志》广阳国四县,前文亦提及,此广阳国非燕国全境,刘旦燕国当至少有七八县之地。刘胥之广陵国封域自然无法和武帝爱子齐王相比,但绝不至于少于同母的燕王太多。

《汉志》广陵国仅四县,元帝时期所封的三王子侯国未必有一县之地,对其地域影响不大也。又,昭帝年间广陵有过两次益封,即昭帝初立时益封万三千户,元凤中又益万户,共二万三千户,大约相当于三五县之地,全椒当即为此时由九江郡益属广陵。颇疑武帝初置广陵时,乃有七八县之地,昭帝年间增为十余县。此次成帝绍封则仅余四县,即《汉志》中之广陵国面貌(见图2-25)。

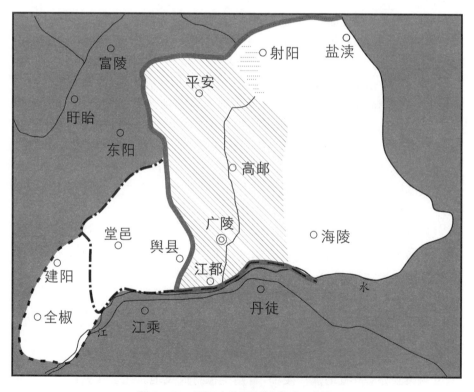

图 2-25　西汉广陵国封域变迁示意图

[图中斜线部分为成帝元延三年(前10)绍封之广陵国,两虚线以内分别为昭帝本始、元凤中所益广陵国之县]

三、哀平时期郡国沿革

哀帝建平二年（前5），复置信都国，徙定陶王景于此，定陶国地入汉为济阴郡。《汉志》中济阴郡仅领九县，其实际上是定陶国之建制，而户口数则是平帝时期济阴郡之数，故志文中济阴郡九县户数达二十九万，邻近的山阳郡县二十三却仅十七万户，是定陶国除后，《汉志》中山阳国属县多有改属济阴郡者，这一点从《汉表》中志属济阴郡的侯国往往下注济阴即可看出。可知定陶国除后，原山阳郡包括县及侯国多有改属济阴郡者（详见下篇第三章第四、五节）。

新置之信都国封域亦不同于《汉志》所载，后者中信都属县凡十七，应表示成帝末年信都郡的领县。《汉志》所以记为信都国者，因郡国名以元始二年（公元2）户口籍为据。故信都国的领县数同样和户数不符，其十七县有户六万五千余，即便去除六侯国，十一县领如此户数亦偏少，故可知信都国所辖当不超过七八县之数，这才能和户数相对应。

建平三年，复以广平郡置国绍封广德夷王弟汉。然《汉志》广平国仅二万八千户，当最多不过三四县之地，并不得广平全郡也。国既以广平为名，广平郡、广平国不当同时存在，故疑广平郡辖县除广平国仍辖数县外，其余当皆入邻郡。《汉书》卷15《王子侯表》中，多有赵王子侯国下注魏郡者，如广乡、平乡等，以地望距离魏郡远甚，如表注不误，则唯有一种可能：在广平置国后，侯国别属魏郡。故可知，此年广平置国后，大部别属广平，曲周等少数县改隶钜鹿郡。

同年，东平国除为郡。又复置鲁国，绍封鲁顷王子闵。《汉志》中鲁国有十一万八千余户，大致与其六县规模相当，可知鲁国此次重置当即为原国，即所领与《汉志》中相同也。

平帝元始元年，复置东平国。绍封东平炀王云子开明。《汉志》中郡国户口数皆为元始二年之版籍，东平国县目亦与户数相当，当乃以原国绍封也。这亦与平帝时期，王莽秉政，为得人心，故广置王国、侯国以续绝世的政策相符。

又，据《汉书》卷12《平帝纪》，元始二年"夏四月，立代孝王玄孙之子如意为广宗王，江都易王孙盱台侯宫为广川王，广川惠王曾孙伦为广德王"。《后汉书》卷24《马援传》云："前披阅舆地图，见天下郡国百有六所。"较《汉志》多出三郡国，即此也。

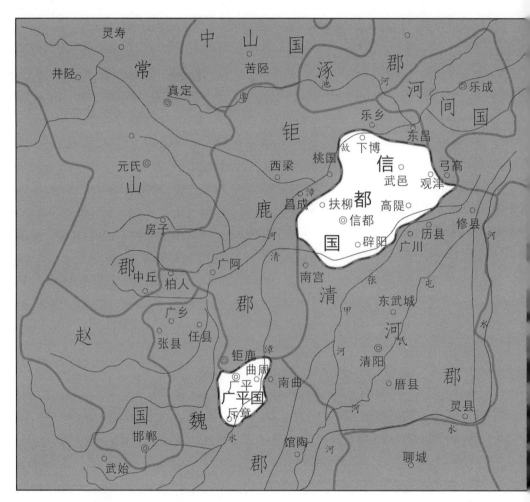

图 2-26 哀帝建平三年(前4)至汉末广平国、信都国及其邻郡示意图

《水经注》云,广德国在丹杨故鄣县①。广川、广宗两国不知在何地,然可以肯定的是,此三国均以一县之地而置。东汉光武十三年(公元37)省并西汉十国时,已不闻其名,盖皆于王莽时期国除。

《汉书》卷13《诸侯王表》载,平帝元始三年,梁王立有罪,国除。四年,王莽为彰示个人功德,"持金币诱塞外羌,使献地",以羌人良愿等所献之地置西海郡。西海郡地望在青海湖一带,与金城相邻,其详貌不得而知矣。同年,"分京师置前辉光、后丞烈二郡"。《平帝纪》载,"分界郡国所属,罢、置、改易,天下多事,吏不能纪。"故可知王莽变易汉之郡国不仅于此,然既史籍无载,则本书亦不记矣。

五年,复置梁国,绍封梁孝王玄孙之曾孙音。此前梁国国除时不过三县而已,颇疑刘音之国亦即此三县,自然也不能排除额外施恩、复为八县的可能。东平王开明薨,无后国除为郡。孺子婴居摄元年(公元6),复置东平国。此后,至王莽建立新朝,西汉郡国形势不复有变化。

---

① 《水经注》卷40于黟山条下云:"汉成帝鸿嘉二年,以为广德国,封中山宪王孙云客王于此",又云"晋太康中,以为广德县"。

下篇　西汉郡国沿革考证

凡　例

一、上篇叙述西汉一朝之郡国沿革，仅及郡国一级政区之变化，并未涉及其边界、辖县等方面的详细变易。故作下篇，旨在考述西汉一代百余郡国所辖县道侯国之具体变迁。

《汉志》所载之郡国县目乃西汉末年一时之版籍，非西汉一代之制已为公论。其志文中又言："迄于孝平，凡郡国一百三，县邑千三百一十四，道三十二，侯国二百四十一。"此县、道、侯国数皆与正文不合。又其言户数为千二百二十三万三千六十二，与此前所述各郡国下户数之和亦不符。故《汉志》此数字未必为平帝元始二年(公元2)之数。其间差异当是西汉末年政区仍略有变动之故，于此可知西汉一代县级政区变迁之繁复。然惜乎史料缺乏，尤其县级政区的演变，其置废往往史书无载，西汉一代先后建置数百个大大小小的侯国，侯国又或曾有过迁徙、更废，然除个别侯国，其迁徙变迁过程往往并无文献记录，欲完整详尽推究两百余年西汉县级政区之沿革几无可能，故下篇所及者仅为可考者之沿革。如史料不载有变易者，则皆暂视为西汉一代无变化。

二、下篇所述之政区沿革，时限上起汉高帝五年(前202)，终于孺子婴居摄三年(公元8)，其平帝、孺子婴时期虽实为王莽所秉政，然国号未改，故皆系于西汉编下。凡变易不在此时限之内者皆不载。

三、西汉武帝时期置十三刺史部及司隶校尉部，以监察天下，下篇据此十四部之地域分为十四章，叙述西汉一代县级政区之沿革。各章地域以上篇第一章第二节所引武帝元封五年刺史部所属郡国为准。又，西汉无司隶校尉部，本篇为行文便利，暂以司隶校尉所察数郡为司隶校尉部地，非以为西汉有十四刺史部之意。《汉志》在郡国名称后往往书属某州，然此并非西汉制度，顾颉刚先生《两汉州制考》已辨其详。西汉十四部范围曾有变动,如武帝征和四年(前89)置司隶校尉,监察京兆尹、左冯翊、右扶风、弘农、河东、河南、河内七郡之地。昭帝始元元年(前86),"有司请河内属冀州,河东属并州"。则似乎司隶曾短暂仅辖三辅、弘农和河南郡。又如,成帝元延四年(前9)罢司隶校尉官。次年罢部刺史,置州牧。本篇对此类变易不作探究,亦不探讨西汉一朝州界的变化,仅以其作为分地区描述郡县沿革的标尺①,故如河东、河内两郡所辖之县侯国沿革均记于司隶部之下,并不另附于冀州等部下。

四、每一刺史部中,皆先简短叙述其部内郡国建制之置废变迁,再分节叙述各郡国之沿革,节内首述郡国更名、领域变迁以及所辖县、道、侯国等县级政区之具体沿革。各节小标题中郡国名称,首书者以《汉志》所载为准,其余西汉时期所曾使用名则附于其后。如郡国同名,则以括号表之,如齐郡(国)。如有同名异地者,则以出现时期分前、后,如"前韩国"、"后韩国"。由于史料所限,想要完全厘清西汉一代政区沿革极为困难,其中不免有揣测推断之处,并不敢尽言已复原历史面目。又如县级政区,西汉一代又有邑之名目,然邑的变迁详情史籍缺漏太多,暂不能论及。凡为邑者,皆视作县,不另作沿革变迁之叙述。

五、郡县皆先书名称,存在年限则以名称后加圆括号注明。如某郡曾为王国支郡,则另以"王国名+郡名"的形式另行标出。郡下之县名后括号内的时间则为该县属此郡国的时限。如:

楚东海郡(前202—前154)—东海郡(前154—8)

阳安县(前168—前7)—阳安侯国(前7—1)—阳安县(1—8)

六、如一县曾先后隶属不同郡国,于不同郡国下两见,其后各标注所属时间,政区之地望亦两见。县名后括号内各标出其分别属某郡国的年限。高帝六年(前201)新置数郡,此几郡皆为析它郡而置。由于此时距离西汉王朝建立不过一年,县级政区并无变易,为免行文累赘,在高帝五年所属之郡下皆不附该县名称,仅在该郡末尾附注说明。有少数侯国不明其所归属之郡国,别见附录,本篇正文中不另作说明。

七、郡国下县级政区,首列治所,其余则按置年为序,同年置者后废弃或改属者居前,置年不详者列于最后。如有同一郡国下名称相同者,则按照置年先后于县(侯国)名前标以前、后。

八、凡有文献可证曾有过更名、迁徙及变更所属的县,而无材料知其变易

---

① 有关各刺史部所辖郡国参见周振鹤:《汉武帝十三刺史部所属郡国考》,《复旦学报(社会科学版)》1993年第5期。

之具体年份,则时间皆以"?"表示。如无文献提及此县汉末被废置,则一律以其延续至公元 8 年为准。

九、郡县省置,皆在同年。由于郡县名称的变更往往都在年中发生,故时间上旧称之末年、新称之首年皆书同年。

十、下篇所引材料多有采自《史记》、《汉书》诸表者。为行文便利,后文凡出自《汉书》卷 15《王子侯表上》、《王子侯表下》者皆简称《王子侯表》,《汉书》卷 16《高惠高后文功臣表》、卷 17《景武昭宣元成功臣表》皆简称《功臣表》,《汉书》卷 18《外戚恩泽表》简称《外戚恩泽表》。出自《史记》者,除个别特例,一律简称《史表》。

十一、郡县名称,文献中往往有所抵牾。不仅出土文献中常常有不同写法,即便《汉书》内部也常常出现《志》、《表》、《传》写法不一的情况。为统一名称,除可确证传世《汉书》有误外,其余名称皆以中华书局点校本《汉书》为准。凡《汉表》、《汉志》不一者,如无其他材料可对比者,则取《志》之说。《史表》、《汉表》如有分歧,无其他对比证据者,则取《汉表》之说。如出土材料中,郡县名称有其他写法者,皆在首次提及该郡县时同时指出,亦可参见附录"郡县名称异写表",唯附录中不复提及所引之文献。

十二、文中提到的当代地名皆以 2014 年底之中华人民共和国地名为准。

第一章　司隶部地区郡县沿革

　　西汉中后期以司隶校尉监察京都长安及周边数郡,其地于高帝五年(前202)大致相当于渭南、河上、中地、河南、河东、河内六郡之地[①],高帝九年,渭南、河上、中地三郡罢,地属为内史。文帝末年内史分为左、右。武帝元鼎三年(前114)析右内史、河南、南阳三郡各数县置弘农郡。太初元年(前104),分左、右内史地置为京兆尹、左冯翊、右扶风。《汉书》卷12《平帝纪》载,元始四年(公元4)夏,"分京师置前辉光、后丞烈二郡"。其分郡或与王莽时六尉郡之光尉、列尉有关,然详情已难知,故暂仍以三辅沿至汉末。又,昭帝时期司隶校尉所察地域有所调整,然本文并不涉及司隶校尉部及各刺史部地域之变化,仅取其代表时期之地域以述郡县沿革,故略去此类变化不述。

第一节　京兆尹(渭南郡)、左冯翊(河上郡)、右扶风(中地郡)(附:隐形郡——太常"郡")、弘农郡沿革

　　《史记》、《汉书》中屡见的三辅地区,大致相当于秦内史之地,汉初为渭南、河上、中地三郡,高帝九年(前198)罢此三郡,复置内史以统京畿。至文帝末年,内史分为左、右,左内史即故渭南、河上两郡之地,右内史则为原中地郡地。武帝元鼎三年(前114),以右内史上雒、商两县别属弘农郡。太初元年(前104),正式分左内史为京兆尹、左冯翊,改右内史为右扶风,并称三辅。

　　反映吕后二年(前187)西汉政区面貌的张家山汉简《二年律令·秩律》(后文简称《秩律》)中,内史所属县有以下诸县:

---

① 严格上说应该还包括南阳、北地、颍川等部分县,而不包括汉初河内郡北部等区域。然本章在分部描述时均只考虑郡级政区,因部本身即为对郡级政区的监察单位,郡所辖县的变化并不会对部所监郡产生影响,因此具体各郡之边界辖县变化将仅见于其郡条下,而不在各章起首作叙述。后余诸章亦如此处理。

　　　　栎阳、长安、频阳、临晋……□□□□□①、新丰、槐里、雍、好畤……郃阳……胡、夏阳……下邽、蘩、郑、云阳、重泉、华阴、衙、蓝田……池阳……汧、杜阳、沫、上雒、商、武城、翟道……郿、美阳、壤德。

　　吕后二年的政区设置自然未必尽等同于高帝五年西汉王朝初成立之时，然目前我们并没有更接近于高帝五年时间段的材料，且吕后二年距汉建立亦不过相隔十余年，大致上当可以作为推断高帝五年政区面貌的依据，是故除个别史书有载，置于高帝五年至吕后二年间的县，其余凡见于《秩律》或其他时间段可以推断在西汉早期的史料的县，皆视之为汉初即有（见图2-27）。

　　吕后二年之后，汉廷复在京畿地区析置新县，武帝元鼎三年（前114）分东部数县别属弘农郡，元帝永光三年（前41）得太常所辖诸陵县，又不知何年得汉初北地郡之栒邑，遂成《汉志》所述之三辅面貌。

　　下文为行文方便，三辅地区诸县均按京兆、冯翊、扶风分列，实际上高帝九年至文帝时期，此诸县均属内史，文帝末年后，左冯翊辖县属左内史，京兆尹、右扶风下辖之县则为右内史所属，至太初元年，方成为下文描述之郡县分布形式。

　　（一）渭南郡（前202—前198）—京兆尹（前104—8）

　　汉初为渭南郡，高帝九年罢，属内史。文帝七年（前173），析置南陵、霸陵为陵邑，属太常管理。文帝末，分内史为左、右，故渭南郡地属右内史。武帝元鼎三年，上雒、商两县改隶弘农郡。武帝太初元年置为京兆尹。宣帝元康元年（前65），杜县更名为杜陵邑，同年又析奉明邑，不为京兆尹所辖。元帝永光三年得太常之南陵、霸陵、杜陵及奉明邑。

　　据《三辅黄图》，"京兆，在故城南尚冠里"②。则京兆尹治在长安。

　　1. 长安县（前202—8）

　　高帝五年置。《史记》卷22《汉兴以来将相名臣表》以为，六年"更命咸阳曰长安"，然《汉志》云："渭城，故咸阳，高帝元年更名新城，七年罢，属长安。武帝元鼎三年更名渭城。"是咸阳乃并入长安，故不取《将相名臣表》之说。治今陕西西安市西北汉城。

---

① 此处阙佚五字。彭浩、陈伟、工藤元男《秩律与奏谳书》中以竹简红外线影像技术，查知第二字为高，该县当为高陵。另第五个从邑旁，或为郿县。郿县见于《史记》卷57《绛侯周勃世家》及卷95《樊哙列传》，汉时又为右辅都尉治所，乃大县，疑此时当存。则此五字仍余首字与第四字，当为两单字县名。疑一为杜县，《史记》卷95《灌婴列传》，"（高祖）三年，以列侯食邑杜平乡"，同卷《樊哙列传》亦云，"至栎阳，赐食邑杜之樊乡"。则杜县此时可析置两乡分封两侯国，亦不至于数年后被废置。另一字疑为"虢"。

② 见陈直：《三辅黄图校证》卷1"三辅治所"，左冯翊、右扶风治处亦见此，陕西人民出版社，1980年。

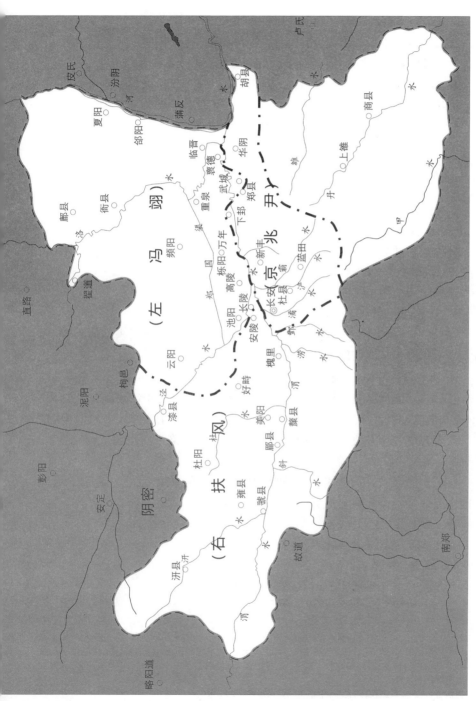

图 2－27 吕后二年（前 186）内史地区辖县示意图（含大农常所辖陵县）
（点画线为西汉末年三辅边界）

2. 骊邑①(前202—前200)—新丰县(前200—8)

《汉志》曰,"本名骊邑,高帝七年更名新丰"。此城秦时为始皇帝陵邑,至高帝七年,因太上皇之故,更名新丰。治今陕西省西安市临潼区东北。

3. 蓝田县(前202—8)

治陕西今县西。

4. 宁秦县(前202—前199)—华阴县(前199—8)

《汉志》云,"本名宁秦,高帝八年更名"。《三辅黄图》云,"京辅都尉治华阴"②。治今陕西华阴市东。

5. 郑县(前202—8)

治今陕西华县。

6. 胡县(前202—前140)—湖县(前140—8)

《汉志》于湖县下注云:"本名胡,武帝建元元年更名。"治今河南灵宝市西。

7. 下邽县(前202—8)

治今陕西渭南市东北。

8. 杜县(前202—前65)—杜陵县(前41—8)

《汉书》卷8《宣帝纪》,元康元年更名杜县为杜陵。此年后当别属太常,元帝永光三年复为京兆所辖。治今陕西西安市东南。

9. 上雒县(前202—前114)

《汉志》上雒属弘农,汉初弘农尚未置,《秩律》中简文作,"汾阴、沂、杜阳、沫(漆)、上雒、商、武城",是知上雒吕后二年属内史也,以地望,当属渭南(京兆),武帝元鼎三年弘农郡置,方改隶也。治今陕西商洛市商州区。

10. 商县(前202—前114)

《汉志》属弘农,由《秩律》知汉初乃内史辖县,在渭南(京兆),武帝元鼎三年改隶弘农。治今陕西丹凤县。

11. 奉明县(前41—8)

元帝永光三年来属京兆尹。治今陕西西安市西北。

12. 霸陵县(前41—8)

元帝永光三年来属京兆尹。治今陕西西安市东北。

---

① 汉县级政区有县、道、邑、侯国之分,据此,名中有邑者即为县之意,然《汉志》又有"戎邑道"等,似亦有县名中包括邑者,然如此处之骊邑,似不可径以为邑乃县名中一字,故后不加县字,后文凡此类情况例不加注。

② 何清谷:《三辅黄图校释》卷一,中华书局,2005年,第11页。

13. 南陵县(前 41—8)

元帝永光三年来属京兆尹①。治今陕西西安市东。

14. 昌陵县(前 20—前 16)

《汉书》卷 10《成帝纪》,成帝鸿嘉元年(前 20),以新丰之戏乡为昌陵,永始元年(前 16)罢昌陵。治今陕西西安市临潼区附近。

15. 船司空县(? —8)

置年不详。治今陕西潼关县北。

(二)河上郡(前 202—前 198)—左冯翊(前 104—8)

高帝二年名河上郡,九年罢,复为内史。十年,析置万年邑;十二年,析置长陵邑,别属太常。文帝末年分内史为左、右,故河上郡地属左内史。景帝四年(前 153),析置阳陵邑,属太常。武帝太初元年更名为左冯翊。后二年(前 87),析置云陵邑,别属太常。元帝永光三年得云陵、万年、长陵、阳陵。《汉书》卷 76《韩延寿传》言延寿为左冯翊,"恩信周遍二十四县",然延寿为左冯翊乃宣帝时事,此时左冯翊尚未得四陵县,不当有二十四县也,不知班固是否乃以汉末县数言此时之事,又或别有缘故。

据《三辅黄图》,左冯翊治在长安城内太上皇庙西南。

1. 高陵县(前 202—8)

《汉志》云:"左辅都尉治。"治陕西西安市高陵区。

2. 栎阳县(前 202—8)

高帝二年至六年间,为汉都。治今陕西西安市临潼区东南。

3. 翟道(前 202—8)

治今陕西黄陵县西北。

4. 夏阳县(前 202—8)

治今陕西韩城市南。

5. 衙县(前 202—8)

治今陕西白水县东北。

6. 鄜县(前 202—8)

治今陕西洛川县东南。

7. 频阳县(前 202—8)

治今陕西富平县东北。

---

① 《汉书》卷 73《韦贤传》载,平帝元始中,王莽上奏云:"孝文太后南陵、孝昭太后云陵园,虽前以礼不复修,陵名未正。……罢南陵、云陵为县。"据此,南陵、云陵虽于元帝永光三年后为三辅管辖,然仍与普通县有所区别。

8. 临晋县（前202—8）

治今陕西大荔县东朝邑镇。

9. 重泉县（前202—8）

治今陕西蒲城县东南。

10. 郃阳县（前202—8）

治今陕西合阳县东南。

11. 武城县（前202—8）

治今陕西华县东。

12. 襄德县（前202—8）

《秩律》中作"壤德"，然《秦封泥集》中收录有封泥"襄德丞印"，与《汉志》写法同。《史记》卷57《周勃世家》中又有"赐食邑于怀德"者，亦此地。治今陕西大荔县东南。

13. 云阳县（前202—8）

治今陕西淳化县西北。

14. 池阳县（前191—8）

《汉志》云："惠帝四年置。"治今陕西泾阳县西北。

15. 谷口县（前161—8）

《史记》卷22《汉兴以来将相名臣表》云，文帝后三年置。治今陕西礼泉县东北。

16. 祋栩县（前155—8）

《汉志》云："景帝二年置"。吴卓信曰，栩字，"《说文》所无。《卫青传》又作栩。王厚之《集古印谱》有祋栩丞印，亦从木旁"。[1] 陈直引居延汉简之释文，云汉简"冯翊带羽"，亦即此地[2]。栩、栩偏旁不同，从居延简文看，简化为羽的写法亦有，秦汉时期文字往往有这种通用情况，又如前文秦代编"清河"亦可写作"请河"，太原郡又有"大元"的写法一样，故本章仍取《汉志》写法于前，然不排除西汉时期皆写作栩的可能。治今陕西铜川市耀州区。

17. 万年县（前41—8）

高帝十年置。元帝永光三年来隶。《秩律》中有"万年邑长"，《汉旧仪》亦云"太上皇万年邑千户"，然《三辅黄图》云："高帝葬太上皇于栎阳北原，因置万

---

[1] 吴卓信：《汉书地理志补注》，《二十五史补编》本，开明书店，1936年，第526页。
[2] 陈直：《汉书新证》，天津人民出版社，1979年，第195页。

年县于栎阳大城内,以为奉陵邑。"①西汉陵县亦可称陵邑,故《汉书》帝纪之中,《景帝纪》《武帝纪》中称"阳陵邑""茂陵邑",《宣帝纪》《成帝纪》则作"奉明县""昌陵县",《汉书》卷 19 上《百官公卿表》同篇中既有"诸陵县皆属焉",亦有"分诸陵邑属三辅"之语,可知其时陵县、陵邑可通也。本篇为统一称谓,一律作县。治栎阳县中,即今陕西西安临潼区。

18. 长陵县(前 41—8)

高帝十二年置,元帝永光三年来隶。治今陕西咸阳市东北。

19. 阳陵县(前 41—8)

景帝四年置,元帝永光三年来隶。治今陕西咸阳市东北。

20. 云陵县(前 41—?)

武帝后元二年置,析云阳地而置也。元帝永光三年隶左冯翊。治今陕西淳化县东南。

21. 莲勺县(?—8)

置年不详,见于《汉书》卷 8《宣帝纪》,至晚昭帝时期已置。治今陕西渭南市东北。

22. 粟邑县(?—8)

置年不详。治今陕西白水县西北。

23. 沈阳县(?—8)

置年不详。治今陕西华县东北。

24. 征县(?—8)

本秦县,汉初省,后置年不详。陈直引《小校经阁金文》之池阳宫镫云,此县名当作"澂"②,其实两字("征"字繁体为"徵")未必不可通用,《汉志》写法未必误也。治今陕西澄城县西南。

(三) 中地郡(前 202—前 198)—右扶风(前 104—8)

高帝二年名中地郡,九年复为内史。惠帝年间,析置安陵邑,别属太常。文帝末年分内史为左、右,故中地郡地属右内史,后或由主爵都尉管辖,武帝建元二年,析置茂陵邑,别属太常。太初元年更主爵都尉为右扶风。昭帝时,析置平陵邑,别属太常。元帝永光三年得安陵、茂陵、平陵三县。

据《三辅黄图》,右扶风治在长安城内夕阴街北。

---

① 何清谷:《三辅黄图校释》卷 6,第 361 页。
② 陈直:《汉书新证》,第 196 页。

1. 新城县(前 206—前 200)—渭城县(前 114—8)

故秦咸阳,高帝元年更名新城,七年罢,并入长安。武帝元鼎三年复置,更名渭城。《悬泉汉简释粹》ⅡO214②：556 中写作"渭成",《秦汉魏晋南北朝官印征存》0282 亦有"渭成令印",是县名亦可作"渭成"。治今陕西咸阳市东北。

2. 槐里县(前 202—8)

本秦废丘,高帝三年更名。治今陕西兴平市东南。

3. 斄县(前 202—8)

《秦封泥集》中作"斄丞之印",《秩律》中则与《汉志》写法同。治今陕西武功县西杨陵镇。

4. 美阳县(前 202—8)

治今陕西武功县西北。

5. 郿县(前 202—8)

《汉志》云："右辅都尉治"。治今陕西扶风县西南。

6. 雍县(前 202—8)

治今陕西凤翔县南。

7. 漆县(前 202—8)

《秩律》中作"沬",疑为书写讹误。治今陕西彬县。

8. 杜阳县(前 202—8)

治今陕西麟游县西北。

9. 汧县(前 202—8)

治今陕西陇县东。

10. 好畤县(前 202—8)

治今陕西乾县东。

11. 虢县(前 202—8)

治今陕西宝鸡市西。

12. 安陵县(前 41—8)

惠帝置,元帝永光三年自太常改属右扶风。治今陕西咸阳市东北。

13. 茂陵县(前 41—8)

武帝建元二年(前 139)置,本槐里之茂乡。元帝永光三年自太常改属右扶风。治今陕西兴平市东北。

14. 平陵县(前 41—8)

昭帝置,本槐里县下一乡。元帝永光三年自太常改属右扶风。治今陕西咸阳市西北。

15. 栒邑县（？—8）

《秩律》中作"櫔邑"，汉初本属北地郡。疑或在武帝中改隶右扶风，具体时间不详。治今陕西旬邑县东北。

16. 隃麋县（？—8）

置年不详。治今陕西千阳县东。

17. 陈仓县（？—8）

置年不详，亦不知何时开始属内史。县名见《史记》卷126《滑稽列传》，至晚武帝时期已置。治今陕西宝鸡市东。

18. 鄠县（？—8）

置年不详，治今陕西户县。

19. 盩厔县（？—8）

置年不详。治今陕西周至县东终南镇。

20. 郁夷县（？—8）

置年不详。治今陕西宝鸡市东，千水入渭水处。

21. 武功县（？—5）—汉光邑（5—8）

置年不详。《汉书》卷99《王莽传上》，元始五年（公元5）"以武功县为安汉公采地，名曰汉光邑"。治今陕西眉县东。

附：隐形郡——太常"郡"

三辅——京兆、扶风、冯翊虽有明确的疆界，但与其他郡国不同，三辅并非从来就辖有其边界以内的全部邑县。与三辅（或左、右内史）平行，还一度存在过一个隐形郡——太常"郡"，管辖位于三辅之中的诸陵县。

太常原称奉常，景帝中元六年（前144）更名太常①，为中央机关，《汉书》卷19《百官公卿表》云，"博士及诸陵县皆属焉"。陵县是西汉的特制，划长安附近一定地域设置，徙天下富豪居之，以供奉帝后陵园。西汉一代先后设置过十二个陵县：（高帝父）太上皇陵之万年县、（高帝母）黄乡（即《汉志》陈留郡之小黄）、高帝长陵、惠帝安陵、文帝霸陵、（文帝母）薄太后南陵、景帝阳陵、武帝茂陵、（昭帝母）赵婕妤云陵、昭帝平陵、（宣帝父）史皇孙之奉明、宣帝杜陵。

太常本为掌管家庙礼仪的机构，诸陵县名义上为供奉陵园而置，故属其管

---

① 《太平御览》卷229《职官部》卷27引蔡质《汉官典职仪式选用》云："惠帝改太常为奉常，景帝复为太常。"似高帝时即名太常，惠帝改之。然此条记载后出，暂列于此处，正文不采用。

辖。就辖县治民而言，太常与一般郡国没有区别，朝廷颁行于郡国之法令，于太常亦当一郡。《汉书》卷8《宣帝纪》载本始四年（前70），"令三辅太常内郡国举贤良方正各一人"。《汉书》卷9《元帝纪》：初元元年（前48），"以三辅太常郡国公田及苑可省者，振业贫民"。肩水金关汉简73EJT10∶313A中有，"私市张掖、酒泉、武威、金城、三辅、大常郡中"，此皆以太常与三辅、郡、国等并举，便是太常亦往往被看作一郡的例证①。

唯太常不像一般郡国具有固定边界，其所辖诸陵县主要散居于三辅之中，黄乡则在函谷关东，是太常所管辖范围更超过三辅范围，地域并不相连。而且陵县随着皇帝的更迭而逐个增加，太常的管辖范围也随之逐步扩大。其本职亦非管理地方民政，处理陵县事务不过是太常工作的一部分，故不能视作完全意义上的一郡，只能以隐性郡称之。

太常管辖诸陵县始自何时史无明言，高帝时期始置陵县长陵邑、万年邑、黄乡邑等，制度或亦起于此时。《汉书》卷19《百官公卿表》载元帝永光三年（前41）取消陵县制度，此后帝后陵园不再别置县，原有陵县则按地域分属三辅管辖（黄乡则别属陈留郡）。太常下辖陵县的制度延续了超过一个世纪，比西汉史上许多郡国的存在时间长得多，故不可不记。

太常辖县先后有：

1. 长陵县（前195—前41）

《史表》系作长陵于高帝十二年。治今陕西咸阳市东北。

2. 黄乡县（？—前41）

《汉书》于《纪》、《志》皆不载，然《秩律》中有黄乡，且与万年邑并提。《续汉志》引《汉旧仪》曰："高祖母起兵时死县北，为作陵于小黄"，当即为是处②。此地当亦属于陵县行列，当由太常辖。置年不详，然当在高帝年间。地即《汉志》陈留郡之小黄，治今河南开封市祥符区东北。

3. 万年县（前198—前41）

《汉书》卷1《高帝纪》云高帝十年置。治今陕西西安临潼区。

4. 安陵县（？—前41）

置年不详，在惠帝年间。治今陕西咸阳市东北。

---

① 马孟龙以为太常非郡，史籍中所见的"太常郡"应点断为"太常、郡"，见其《西汉存在太常郡吗？——西汉政区研究视野下与太常相关的几个问题》（《中国历史地理论丛》2013年第3辑）。又，周磊以为太常郡之说法仍可信，见其《也论西汉是否存在"太常郡"》（未刊稿）。而肩水金关汉简73EJT37∶1856简有"太常郡茂陵"之语，则西汉时确有将太常视为郡的看法。

② 晏昌贵：《〈二年律令·秩律〉与汉初政区地理》。

5. 南陵县(前173—前41)

《汉志》注曰:"文帝七年置。"治今陕西西安市东。

6. 霸陵县(前171—前41)

《史记》卷22《汉兴以来将相名臣年表》云,"孝文九年,以芷阳乡为霸陵"。治今陕西西安市东北。

7. 阳陵县(前153—前41)

《史记》卷11《孝景本纪》系置年于景帝四年后九月,《汉书》卷5《景帝纪》则云在景帝五年,疑前者为是。治今陕西咸阳市东北。

8. 茂陵县(前139—前41)

武帝建元二年置。《三辅黄图》云,"建元二年初置茂陵邑",治今陕西兴平市东北。

9. 云陵县(前87—前41)

《汉书》卷7《昭帝纪》系置年于武帝后元二年(前87)。治今陕西淳化县东南。

10. 平陵县(？—前41)

具体置年不详,唯知置于昭帝年间。治今陕西咸阳市西北。

11. 杜陵县(前65—前41)

宣帝元康元年更杜县名为杜陵县。治今陕西西安市东南。

12. 奉明县(前65—前41)

《汉书》卷8《宣帝纪》:"(元康元年)夏五月,立皇考庙。益奉明园户为奉明县。"是此县置于元康元年,疑即为皇考之园县,亦当属太常辖。治今陕西西安市西北。

(四) 弘农郡(前114—8)

武帝元鼎三年,析右内史、河南郡、南阳郡各数县置。其所领地域西汉一朝无变易,治所当即在弘农县。

1. 弘农县(前114—8)

《汉志》云:"故秦函谷关。"《秩律》中无弘农县名,可知汉初此地仍为关,当在元鼎三年郡立同时置县。治今河南灵宝市北。

2. 陆浑县(前114—8)

《汉志》云:"有关。"当即陆浑关。《秩律》中亦无此县,颇疑亦于武帝元鼎三年置县。治今河南嵩县东北。

3. 卢氏县(前114—8)

本属河南郡,武帝元鼎三年来属弘农郡。治河南今县。

4. 陕县（前114—8）

本属河南郡，武帝元鼎三年来属弘农郡。治今河南三门峡市西。

5. 宜阳县（前114—8）

本属河南郡，武帝元鼎三年来属弘农郡。治今河南宜阳县西。

6. 黾池县（前114—8）

本属河南郡，武帝元鼎三年属弘农郡。治今河南渑池县西。

7. 新安县（前114—8）

本属河南郡，武帝元鼎三年改隶弘农郡。治今河南渑池县东。

8. 丹水县（前114—8）

本属南阳郡。武帝元鼎三年改隶弘农郡。治今河南淅川县西。

9. 析县（前114—8）

本属南阳郡，武帝元鼎三年改隶弘农郡。治今河南西峡县。

10. 上雒县（前114—8）

本属右内史，武帝元鼎三年改隶弘农郡。《太平寰宇记》以为此县置于武帝元鼎四年，然实际上《秩律》中已有此县名，当为汉初即有。治今陕西商洛市商州区。

11. 商县（前114—8）

本属右内史，武帝元鼎三年改隶弘农郡。治今陕西丹凤县。

第二节　河内郡沿革

河内郡（前202—8）

自汉初为郡，未曾属王国。《秩律》中河内郡属县凡有：

温、修武、轵……河阳、汲、荡阴、朝歌、邺、野王、山阳、内黄、繁阳……共、馆阴、隆虑、□、□①。

其中邺、馆陶、内黄、繁阳数县《汉志》中属魏郡②，当是于景帝中元三年（前147）新置魏郡时，与斥丘、襄城等二侯国皆别属之的缘故。又，高帝六年

---

① 此处简文缺佚两字，郑威、但昌武《张家山汉简〈二年律令·秩律〉"棘蒲侯国"考》一文（刊于《简帛》第十七辑，上海古籍出版社，2018年）中判断所缺二字当为棘蒲，则棘蒲侯国汉初亦属河内郡。

② 《汉志》魏郡中除此数县外，如魏县等亦地处汉初内郡地域内。它们县名没有出现于《秩律》，仅代表吕后二年尚未置，但不代表不能在吕后二年至景帝中元三年间不可属河内郡。本节因材料阙如，故不系魏、黎阳等县于河内郡下。

(前201),析置斥丘侯国。文帝十六年(前164),析置襄城侯国。武帝元鼎六年(前111),析置获嘉县。元封元年(前110),析置临蔡侯国。太初元年(前104),临蔡侯国省。征和二年(前91),置邗侯国。三年,邗侯国省。昭帝始元二年(前85),置安阳侯国。元凤元年(前80),安阳侯国省。自此之后,河内郡地域不曾变化。

《水经·沁水注》云:"东迳野王县故城北,汉高帝元年为殷国,二年为河内郡。"以此,汉初治野王(壄王)县。同篇又言,"又东迳怀县之北,王莽以为河内,故河内郡治也"。又以怀县为郡治。疑初治壄王,后徙治怀县。

1. 怀县(前202—8)

《汉书》卷41《傅宽传》有宽"待怀"的记载,是秦已置县。《秩律》中无此县名,未知何故。治今河南武陟县西南。

2. 壄(野)王县(前202—8)

《秩律》作"野王",肩水金关汉简73EJT4∶8亦有"河内郡野王",野、壄可通用也。治今河南沁阳市。

3. 汲县(前202—前196)—汲侯国(前196—前130)—汲县(前130—8)

据《功臣表》,高帝十一年封为公上不害侯国,武帝元光五年(前130)国除为县。治今河南卫辉市西南。

4. 山阳县(前202—前148)—山阳侯国(前148—前124)—山阳县(前124—8)

据《功臣表》,景帝中元二年(前148)置为侯国以封张当居,武帝元朔五年(前124)国除为县。治今河南焦作市东。

5. 河阳县(前202—前201)—河阳侯国(前201—前176)—河阳县(前176—8)

据《功臣表》,高帝六年置侯国以封陈涓,文帝四年国除复为县。治今河南孟州市西。

6. 州县(前202—8)

疑为《秩律》所缺佚文字之一。治今河南武陟县西。

7. 共县(前202—前199)—共侯国(前199—前160)—共县(前160—8)

据《功臣表》,高帝八年置以为旅罢师侯国,文帝后元四年(前83)国除为县。治今河南辉县市。

8. 平皋县(前202—前200)—平皋侯国(前200—前112)—平皋县(前112—8)

据《功臣表》,高帝七年封项佗为侯国,武帝元鼎五年国除复为县。治今河南温县东。

9. 朝歌县(前202—8)

治今河南淇县。

10. 修武县(前202—8)

治今河南获嘉县。

11. 温县(前202—8)

治河南今县东。

12. 轵县(前202—前187)—轵侯国(前187—前184)—轵县(前184—前179)—轵侯国(前179—?)—轵县(?—8)

据《史表》，吕后元年(前187)置为侯国封孝惠子朝，四年，朝"为常山王"，国除为县。据《外戚恩泽表》，"轵侯薄昭……(文帝)元年正月乙巳封，十年，坐杀使者，自杀。帝临，为置后。十一年，易侯戎奴嗣，三十年，薨。(武帝)建元二年，侯梁嗣"。表未载国除之年，《史表》亦仅言"建元二年，侯梁元年"，又未言"今侯"，似有司马迁时代侯国已免的可能。治今河南济源市东南。

13. 隆虑县(前202—前201)—隆虑侯国(前201—前149)—隆虑县(前149—前145)—隆虑侯国(前145—前116)—隆虑县(前116—8)

据《功臣表》，高帝六年置为侯国封周灶，景帝中元元年国除；中元五年复置为侯国，以封隆虑公主子陈融，武帝元鼎元年国除。治今河南林州市。

14. 荡阴县(前202—8)

治今河南汤阴县。

15. 邺县(前202—前147)

以《秩律》，此县汉初本属河内，当于景帝中元三年改隶魏郡。治今河北临漳县西南。

16. 馆陶县(前202—前147)

《秩律》中作"馆阴"，汉初属河内，文帝时为馆陶公主汤沐邑，景帝中元三年属魏郡。治河北今县。

17. 内黄县(前202—前147)

据《秩律》，汉初属河内。景帝中元三年改属魏郡。治河南今县西北。

18. 繁阳县(前202—前147)

《秩律》中作"蘩阳"，汉初属河内。景帝中元三年改属魏郡。治今河南内黄县西北。

19. 斥丘侯国(前201—前147)

据《功臣表》，高帝六年置侯国以封唐厉。景帝中元三年改隶魏郡。治今河北成安县东南。

20. 棘蒲侯国（前201—前163）

《功臣表》云："棘蒲刚侯陈武，以将军前元年将卒二千五百人起薛……（高帝六年）三月丙申封，三十八年，孝文后元年薨。子奇反诛，不代。"《汉志》无此县，当因国除后被省并也。郑威、但昌武以为此县地望当在今河南内黄以北一带。

21. 襄城侯国（前164—前147）

据《功臣表》，"襄城哀侯韩婴……（文帝十六年）六月丙子封，七年薨。……（武帝）元朔四年，坐诈疾不从，耐为隶臣。魏"。《史表》作"襄成"，城、成可通用之故。表注魏郡，然文帝时魏郡尚未置，当属河内郡，至景帝中元三年，别属魏郡。《读史方舆纪要》云："又（大名）府境有襄城，汉武帝封韩婴为襄城侯。《郡邑志》元城县有废襄城，是也。"[1]如据此，则侯国在今河北大名县东南。

22. 获嘉县（前111—8）

《汉书》卷6《武帝纪》云，元鼎六年"至汲新中乡，得吕嘉首，以为获嘉县"。治今河南新乡市西。

23. 临蔡侯国（前110—前104）

据《功臣表》，"临蔡侯孙都……（武帝元封元年）闰月癸卯封。侯襄嗣，太初元年，坐击番禺夺人虏，掠，死。河内。"由表下注知，其属河内郡，今地无考。

24. 邗侯国（前91—前90）

据《功臣表》，"邗侯李寿……（武帝征和二年）九月封，三年……诛。河内"。由表知其在河内郡也。今地无考。

25. 安阳侯国（前85—前80）

据《外戚恩泽表》，昭帝始元二年（前85）置安阳侯国以封上官桀，元凤元年（前80）国除。下注荡阴，疑为析荡阴地而置，如此则属河内郡矣，地望当距今河南汤阴县不远。

26. 武德县（？—8）

置年不详。治今河南武陟县东南。

27. 波县（？—8）

置年不详。治今河南济源市东南。

28. 沁水县（？—8）

置年不详。治今河南济源市东北。

---

[1] 顾祖禹撰，贺次君、施和金点校：《读史方舆纪要》卷16《北直七》，中华书局，2005年。

第三节　河东郡沿革

河东郡（前202—8）

自西汉初至王莽篡位，河东郡疆域几无变化。观《秩律》中所见吕后二年（前187）河东属县有：

> 杨、临汾……蒲反……平阳、绛……汾阴……垣、濩泽、襄陵、蒲子、皮氏、北屈、猗……解陵。

面貌已大致与《汉志》中相当，唯端氏县汉初犹属上党郡①，来属河东之年不详，疑或在武帝征和二年（前91）。

此外，高帝十二年（前195）析置高梁侯国，后省。文帝元年（前179），析置周阳侯国。六年，周阳侯国省。景帝后元三年（前141）复置周阳侯国。武帝元朔二年（前127），置岸头侯国。元狩元年（前122），岸头侯国省。二年，周阳侯国省，同年置下摩侯国。元鼎五年（前112），置骐侯国。六年，置闻喜县。元封四年（前107），置狐讘、几侯国。六年，几侯国省。宣帝神爵三年（前59），下摩侯国省。

据《水经·涑水注》，郡治在安邑。又，张家山汉简《秩律》汉初无安邑，初或治临汾，后徙治安邑也。

1. 安邑县（？—8）

县名不见于《秩律》，然据《汉书》卷39《曹参传》，参曾克此县，又秦封泥亦有"安邑丞印"，当为汉初所省并。至晚在《汉书》卷6《武帝纪》太初二年（前103）诏上已见此县名，则太初二年前复置安邑。治今山西夏县西北。

2. 猗氏县（前202—前199）—猗氏侯国（前199—前153）—猗氏县（前153—8）

据《功臣表》，高帝八年置侯国封陈遬，景帝四年（前153）国除为县。治今山西临猗县南。

3. 解陵县（前202—？）—解县（？—8）

《秩律》有"解陵"，疑即此县，或后更名为解，更名年不详。治今山西临猗县西南。

4. 蒲反县（前202—8）

治今山西永济市西南。

---

① 河东疆域虽变化不大，然其建制沿革当不限于下文所举。据《汉书》卷76《尹翁归传》，河东有二十八县，其当在武末昭初之时，察之史籍，唯知下摩侯国存其间，其余三县或为《汉表》中不明地望之侯国，亦有可能为侯国别邑，当然不排除有县在西汉中后期省并之可能，然既史无明言，唯能阙如。

5. 汾阴县(前202—前201)—汾阴侯国(前201—?)—汾阴县(? —8)

据《功臣表》，高帝六年置侯国封周昌，据《史表》，周昌后更封为建平侯，具体更封时间不明，然《史记》卷9《吕太后本纪》言"赵相建平侯周昌"，疑更封在高帝末年或惠帝即位之初也。治今山西万荣县西南。

6. 濩泽县(前202—8)

治今山西阳城县西。

7. 临汾县(前202—8)

治今山西襄汾县南。

8. 垣县(前202—前147)—垣侯国(前147—前142)—垣县(前142—8)

据《功臣表》，景帝中元三年(前147)置为侯国封匈奴降王赐，后元二年国除。治今山西垣曲县东南。

9. 皮氏县(前202—8)

治今山西河津市。

10. 平阳县(前202—前201)—平阳侯国(前201—前91)—平阳县(前91—前1)—平阳侯国(前1—8)

据《功臣表》，高帝六年置为侯国以封曹参，武帝征和二年(前91)国除复为县。哀帝元寿二年(前1)绍封平阳侯国。治今山西临汾市西南。

11. 彘县(前202—8)

治今山西霍州市。

12. 杨县(前202—8)

治今山西洪洞县东南。

13. 北屈县(前202—8)

治今山西吉县北。

14. 襄陵县(前202—8)

治今山西临汾市东南。

15. 蒲子县(前202—8)

治今山西隰县。

16. 绛县(前202—前201)—绛侯国(前201—前163)—绛县(前163—2)—绛侯国(2—8)

据《功臣表》，高帝六年封以为周勃侯国，文帝后元元年(前163)国除；平帝元始二年(2)，绍封绛侯国。治今山西侯马市东。

17. 长修侯国(前196—前149)—长修县(前149—8)

据《功臣表》，高帝十一年置以为杜恬侯国，景帝中元元年国除。治今山西新绛县西北。

18. 高梁侯国(前195—?)

据《功臣表》,高帝十二年置高梁侯国封郦食其之子。《水经·汾水注》云,此侯国在河东杨县。据本传,后更封武阳侯,更封具体时间不明也。国除后省并。治今山西临汾市东北。

19. 周阳侯国(前178—前174,前141—前121)

据《外戚恩泽表》,文帝元年置周阳侯国封淮南王舅父赵兼。然淮南王舅侯国当在淮南境内,马孟龙《西汉侯国地理》中以为文帝二年,"易侯邑在淮南者",遂迁周阳侯国入河东郡,可从。文帝六年国除。景帝后元三年复置封田胜,武帝元狩二年国除,省并。治今山西闻喜县东。

20. 岸头侯国(前127—前122)

据《功臣表》,"岸头侯张次公……(武帝元朔二年)五月己巳封,五年,元狩元年,坐与淮南王女陵奸,受财物,免。皮氏"。表注皮氏,知其在河东郡,且近皮氏,确址不详。

21. 下摩侯国(前121—前59)

《史表》作"下麼"。据《功臣表》,"下摩侯呼毒尼……(武帝元狩二年)六月乙亥封……(宣帝)神爵三年……免。猗氏"。表注猗氏,是侯国在河东,地近猗氏,确址不详。

22. 骐侯国(前112—前23)—骐县(前23—前12)—骐侯国(前12—8)

据《功臣表》,"骐侯驹几……(武帝元鼎五年)五月壬子封……(成帝)阳朔二年薨,无后。北屈"。后于成帝元延元年(前12)复绍封。《敦煌汉简》七二二有"東騏□陽里"之文,赵海龙据此指出,此骐后残缺仅一字,可以排除简文中指侯国的可能,故可推知在骐侯国元朔二年国除后,至元延元年绍封前是以县邑的形式存在的①。治今山西乡宁县东南。

23. 闻喜县(前111—8)

《汉书》卷6《武帝纪》云,元鼎六年,"至左邑桐乡,闻南越破,以为闻喜县"。治今山西今县东北。

24. 狐讘侯国(前107—前99)—狐讘县(前99—8)

《功臣表》作"瓠讘",暂依《汉志》。武帝元封四年封为侯国,天汉二年(前99)国除为县。治今山西永和县西南。

---

① 赵海龙:《居延敦煌汉简地名补释》,发布于简帛网,2014年9月15日。

25. 几侯国(前107—前105)

据《功臣表》,武帝元封四年置,六年国除。表注河东。今地无考。

26. 端氏县(前91—8)

《秩律》中端氏列于上党郡属县之列,疑汉初隶上党郡。其县当在吕后二年后改属河东郡,河东、上党两郡西汉一朝边界变化皆不大,疑于武帝征和二年置司隶校尉时,为扩大司隶部辖境,遂改隶河东郡。治今山西沁水县东北。

27. 河北县(?—前73)—博陆侯河北(前73—前68)—河北县(前68—8)

《汉书》卷68《霍光传》云,宣帝本始元年,"以河北、东武阳"益封博陆侯霍光,是河北县自此年为博陆侯别邑,亦可知其置年在宣帝之前矣。地节二年(前68)博陆侯国除,复为县。治今山西芮城县西。

28. 左邑县(?—8)

据《水经·涑水注》,即先秦曲沃,然《秩律》无此县,当为汉初省并,复置年份不详,然必在武帝元鼎六年前。治今山西闻喜县。

29. 大阳县(?—8)

《秩律》中无此县名,《汉书》卷90《郅都传》云都乃大阳人,如以此传文,则至晚文帝时期,大阳县已置。又,《史记》同传称郅都乃杨县人,不知《汉书》"大"字是否为衍文。治今山西平陆县西南。

第四节　河南郡沿革

河南郡(前202—8)

故秦叁川郡,项羽以叁川郡置河南国,汉二年(前205),河南国亡,刘邦遂名此郡为河南。高帝五年(前202),都河南郡雒阳县,是年五月迁都关中。以上文渭南、中地、河上三郡存至高帝九年而见,知汉初亦当未曾以河南郡地为内史也。

河南郡西汉一朝郡域变化较大。《秩律》中吕后二年(前186)河南郡辖县有:

> 雒阳……陕、卢氏、新安、新成、宜阳、平阴、河南、缑氏、成皋、荥阳、卷、岐、阳武、陈留、梁、围……酸枣、密。

从中可知汉初河南郡东有《汉志》陈留郡酸枣、陈留等县,西至《汉志》弘农郡陕县,而无东南中牟、开封之地。故可推断这一变动时限当在武帝元狩元年(前122),斯年置陈留郡,此数县遂别属焉。至元鼎三年(前114)弘农郡置时,河南西部卢氏、宜阳、黾池、陕县、新安五县又属之,郡境愈狭。颇疑亦于是年因河南郡连续被析地,遂取颍川中牟侯国、开封侯国、苑陵县、新郑县之地以益之。又,高帝六年,置户牖、武强、故市三侯国。七年,户牖侯国省。十一年,置衍侯国。景帝中二年,置黾池县。元帝永光三年(前41),以陈留郡置山阳国,故陈留西部浚仪、尉氏、傿、宁陵、黄乡、酸枣、陈留、封丘、长罗侯国等当来属河南郡,建昭五年(前34),山阳国除,前述数县遂回属陈留。

楚汉之际,河南国都雒阳。汉五年,高帝亦都雒阳,后迁都关中,雒阳则为河南郡治所在。

1. 雒阳县(前202—8)

肩水金关汉简 73EJT37：1386 中作"落阳"。治今河南洛阳市东。

2. 荥阳县(前202—8)

《秩律》中作"熒阳"。治今河南荥阳市东北。

3. 平阴县(前202—8)

治今河南孟津县东北。

4. 平县—平侯国(前201—前145)—平县(前145—8)

据《功臣表》,高帝六年置平侯国封工师喜,景帝中元五年(前145)国除为县。治今河南孟津县东。

5. 阳武县(前202—8)

据《汉书》卷9《宣帝纪》,宣帝即位前先封阳武侯,然此侯不过一日之事,实仅是名义上以阳武为宣帝封国耳,并未真正更改其建制,故不计此侯国。治今河南原阳县东南。

6. 河南县(前202—8)

治今河南洛阳市西。

7. 缑氏县(前202—8)

肩水金关汉简 T4：52 中写作"鍭氏",其他汉简多同《汉志》作"缑氏"。治今河南偃师市东南。

8. 卷县(前202—8)

治今河南原阳县西。

9. 密县(前202—8)

治今河南新密市东南。

10. 成皋县(前202—8)

治今河南荥阳市西北。

11. 梁县(前202—8)

肩水金关汉简 73EJT21：64 写作"梁"。治今河南汝州市西南。

12. 陈留县(前202—前121,前41—前34)

以《秩律》,陈留县汉初属河南郡,武帝元狩二年改隶陈留郡。元帝永光三年陈留郡置济阳国,回属河南,建昭五年复属陈留郡。治今河南开封市祥符区东南。

13. 酸枣县(前202—前121,前41—前34)

武帝元狩二年改属陈留郡。元帝永光三年陈留郡置济阳国,回属河南,建昭五年复属陈留郡。《汉志》篇末分域篇载酸枣属河南,即因此故。治今河南原阳县东北。

14. 圉县(前202—前121)

《秩律》中属河南郡,《汉志》属淮阳国。以圉县之地望,武帝元狩二年陈留郡置后,当不复属河南郡。然不知其径被削入淮阳郡,抑或先入陈留后方改属淮阳也。暂以前者为准。治今河南杞县南。

15. 卢氏县(前202—前114)

以《秩律》,汉初为河南郡属县,武帝元鼎三年置弘农郡遂改属焉。治河南今县。

16. 宜阳县(前202—前114)

武帝元鼎三年改隶弘农郡,治河南今县西。

17. 陕县(前202—前114)

武帝元鼎三年改属弘农郡。治今河南三门峡市西。

18. 新安县(前202—前114)

据《汉书》卷31《项羽传》,羽坑秦卒即在此。武帝元鼎三年改隶弘农。治今河南渑池县东。

19. 歧县(前202—?)

《汉志》无此县,然《秩律》中有此名,且与河南郡属县排列于一处。《史记》卷95《郦商传》:"沛公略地至陈留,六月余,商以将卒四千人属沛公于歧。"可见歧与陈留相近。《索隐》云:"此地名阙,盖在河南陈、郑之界。"故此县当确为汉初河南属县,后因故省并。确地不详。

20. 户牖侯国(前201—前200)

据《汉书》卷40《陈平传》,高帝六年封平为户牖侯。此侯国乃以陈平家乡阳武县户牖乡所置。高帝七年,更封平为曲逆侯,户牖侯国国除,省并入阳武县。治今河南原阳县东南。

21. 武强侯国(前201—前115)

据《功臣表》,高帝六年置侯国封庄不职,武帝元鼎二年国除。《史记集解》注《曹相国世家》引薛瓒云"武强城在阳武",是武强侯国在阳武县附近,然河北亦有武强,在武隧县,今暂取阳武之武强,确址无考。

22. 故市侯国(前201—前112)—故市县(前112—8)

《功臣表》作"敬市",《史表》作"故市",《汉志》河南郡有故市,疑以《史表》为是。高帝六年置侯国以封阎泽赤,武帝元鼎五年国除。治今河南郑州市西北。

23. 衍侯国(前196—前128)—封丘县(前128—前122,前41—前34)

《艺文类聚》引《陈留风俗传》曰:"封丘者,高祖与项氏战,厄于延乡,有翟母者免其难。故以延乡为封丘县,以封翟母焉。"①《汉书》诸表中不见有延乡或封丘侯国,然《功臣表》有"衍简侯翟盱,以汉王二年为燕令,以都尉下楚九城,坚守燕,侯,九百户。(高帝十一年)七月己丑封,十二年薨。……(武帝)元朔元年,坐挟诏书论,耐为司寇"。《水经注》有:"又东迳封丘县北,南燕县之延乡也,其在春秋为长丘焉。应劭曰:'《左传》宋败狄于长丘,获长狄,缘斯是也。汉高帝封翟盱为侯国。'"以此,衍侯国即封丘也,元朔元年国除后当即置为封丘县。《汉志》属陈留,以地望,当本属河南郡,元狩二年改隶陈留。元帝永光三年陈留郡置济阳国,回属河南,建昭五年复属陈留郡。治河南今县东北。

24. 新成县(前191—8)

《汉志》云:"惠帝四年置。"治今河南伊川县西南。

25. 黾池县(前148—前114)

《汉志》言:"黾池,高帝八年复黾池中乡民。景帝中二年初城,徙万家为县。"王先谦以为黾池旧为县,后更名,《汉志》之黾池乃景帝析故黾池之中乡而置。然《秩律》中无黾池县名,知吕后二年时期并无黾池县建制,当确为景帝所置。治今河南渑池县西。

26. 中牟侯国(前114—前112)—中牟县(前112—8)

据《秩律》,中牟侯国本属颍川郡,当于武帝元鼎三年改隶河南,五年国除为县,仍属河南。治河南今县东。

27. 开封侯国(前114—前112)—开封县(前112—8)

武帝元鼎三年,开封侯国自颍川郡来属,五年国除为县。治今河南开封市祥符区西南。

28. 苑陵县(前114—8)

《居延汉简甲乙编》简218.13中作"河南郡宛陵邑"。汉初本属颍川郡,武帝元鼎三年来属河南郡。治今河南新郑市东北。

29. 新郑县(前114—8)

置年不详,然《秩律》无此县,是吕后二年犹未置也。疑或置于武帝元鼎三

---

① 欧阳询撰:《艺文类聚》卷51下"妇人封"条所引,上海古籍出版社,1982年。

年前,初置属颍川郡,元鼎三年改隶河南郡。治今河南新郑市。

30. 浚仪县(前 41—前 34)

《汉志》云,"浚仪,故大梁"。然此县在陈留以西,汉初当属河南郡,《秩律》中无此县名,故知置年在吕后二年之后。如置于武帝元狩二年前,则初置时即属河南郡,元狩二年别属陈留。因史籍未载置年,故暂假定其置于其后。元帝永光三年(前 41),济阳国置,遂属河南郡,建昭五年(前 34)回属陈留郡。治今河南开封市。

31. 长罗侯国(前 41—前 34)

元帝永光三年,济阳国置,遂属河南郡,建昭五年回属陈留郡。治今河南长垣县东北。

32. 尉氏县(前 41—前 34)

元帝永光三年,济阳国置,遂属河南郡,建昭五年回属陈留郡。治河南今县。

33. 傿县(前 41—前 34)

元帝永光三年,济阳国置,遂属河南郡,建昭五年回属陈留郡。治今河南柘城县北。

34. 宁陵县(前 41—前 34)

元帝永光三年,济阳国置,遂属河南郡,建昭五年回属陈留郡。治河南今县南。

35. 小黄县(前 41—前 34)

即汉初黄乡,本为刘邦母陵邑,属太常。《汉志》名此县为小黄,未知更名时间,暂系于来属河南郡之年。元帝永光三年自太常来属,建昭五年别属陈留郡。治今河南开封市祥符区东北。

36. 巩县(?—8)

置年不详。治今河南巩义市西南。

37. 谷成县(?—8)

置年不详。治今河南洛阳市西南。

38. 原武县(?—8)

置年不详。治今河南原阳县。

39. 偃师县(?—8)

置年不详。治今河南偃师市稍东。

40. 京县(?—8)

县名见于《汉书》卷 1《高帝纪》,时刘邦军与项羽军相持于京、索之间,此京即《汉志》之京县也。然《秩律》中不见京县之名,疑汉初省并或为乡聚之地。置年不详。治今河南荥阳市东南。

第二章　豫州刺史部地区郡县沿革

豫州刺史部地域内，高帝五年（前202）时有韩、梁两王国。六年，韩国迁至太原，其地入汉为颍川郡。十一年，罢颍川郡，地入于淮阳国。惠帝元年（前194），复置颍川郡。吕后七年（前181），梁国更名吕国。次年，复为梁国，寻国除为砀郡。文帝二年（前178），复置梁国。十一年，梁国复国除为砀郡。十二年，复以砀郡为梁国，同年分淮阳国为淮阳、汝南二郡，汝南郡地后在豫州部地域内。景帝三年（前154），楚国国除，以彭城郡大部置沛郡，亦在豫州部内，《汉志》豫部三郡一国面貌至此大致形成。

景帝中六年（前144），分梁国为五，除地域大为缩小之新梁国外，其余四国皆在兖州刺史部内，本章不及。宣帝元康三年（前63），以淮阳郡为淮阳国。平帝元始三年（公元3），梁国国除为郡。五年，复置梁国。

第一节　颍川郡（前韩国）沿革

前韩国（前202—前201）—颍川郡（前201—前196，前194—8）

《汉志》中郡名作"颍川"①，汉封泥及简文中多作"颖川"，则此郡名亦可写为"颖川"也，此处暂取《汉志》写法。

高帝五年（前202），以颍川郡为韩国封韩王信。六年，韩王徙至太原，颍川复为郡如故。十一年，罢颍川郡，以益淮阳国。十二年，置焉陵侯国。惠帝元年，淮阳国国除，颍川郡复置，属汉，自是不复属王国。《秩律》显示，吕后二年（前186）颍川郡属县有：

阳翟……成安……阳城、苑陵、襄城、偃、郏、尉氏、颍阳、长社……中牟、颍阴、定陵、舞阳、启封、闲阳、女阴、索、焉陵。

---

① 《续封泥考略》中有"颖川大守"、"颖川大守章"等，居延汉简EPT57：85，肩水金关汉简73EJT1：84、73EJT3：97，东海尹湾汉简等中皆作"颖川"。

武帝元朔四年(前125),置昌武侯国。元狩元年(前122),尉氏县别属陈留郡。四年,置散侯国。元鼎三年(前114),又割颍川西北新郑、苑陵、开封、中牟数县益河南郡。四年,置周子南国。元封元年(前110),置嵩高县。太初四年(前101),昌武侯国省。征和三年(前90),散侯国省。又,西汉中期,女阴徙至它郡,罢索、闲阳二县。宣帝地节三年(前67),周子南国省。元康元年(前65),复置周子南国。神爵三年(前59),析置新汲县。成帝元延三年(前10),割定陵县部分地置定陵侯国,另属汝南郡。

《水经·颍水注》云:"颍水自堨东迳阳翟县故城北……故颍川郡治也。"《秩律》中阳翟亦为颍川郡唯一秩八百石县,以此,郡当治阳翟。

1. 阳翟县(前202—8)

治今河南禹州市。

2. 颍阳县(前202—8)

《秩律》中作"颖阳",居延汉简183·18A有"颖阳邑",即此地。治今河南许昌县西南。

3. 定陵县(前202—8)

治今河南舞阳县东北。

4. 长社县(前202—8)

东海尹湾汉简之《东海郡下辖长吏名籍》中有"颖川郡长杜",肩水金关汉简73EJT3:97中亦有"颖川郡长杜邑",杜、社形近,或为讹误。《秩律》中写法同《汉志》,当以长社为准。治今河南长葛市东。

5. 襄城县(前202—前187)—襄城侯国(前187—前186)—襄城县(前186—8)

据《外戚恩泽表》,"襄城侯义……(吕后元年)四月辛卯封,三年,为常山王"。《史表》:"襄成,(吕后)元年四月辛卯,侯义元年。二年,侯义为常山王,国除。"襄城、襄成当乃异写,此处据《汉志》作"襄城"。据《史记》卷9《吕太后本纪》及卷17《汉兴以来诸侯王表》,义之为常山王当在吕后二年,《外戚恩泽表》误。治河南今县。

6. 郾县(前202—8)

《秩律》作"偃"。治今河南漯河市郾城区南。

7. 郏县(前202—8)

治河南今县。

8. 舞阳县(前202—前201)—舞阳侯国(前201—前144)—舞阳县(前144—2)—舞阳侯国(2—8)

据《功臣表》,高帝六年封樊哙为侯国,景帝中元六年(前144)国除为县。

平帝元始二年,绍封侯国①。治河南今县西。

9. 颍阴县(前202—前201)—颍阴侯国(前201—前135)—颍阴县(前135—8)

肩水金关汉简73EJT8：7、73EJT8：33等皆作"颖阴"。据《功臣表》,高帝六年置以为灌婴侯国,武帝建元六年(前135)国除。治今河南许昌市。

10. 许县(前202—8)

治今河南许昌县东。

11. 城父县(前202—前201)—城父侯国(前201—前185)—父城县(前185—8)

据《功臣表》,高帝六年置城父侯国,吕后三年国除。《史表》作故城侯国,或误。《秩律》中颍川郡有城父县,当即此侯国,则汉初本名城父,疑后因《汉志》沛郡亦有城父,故更名作父城。更名年不详,暂取侯国国除之时。治今河南宝丰县东。

12. 成安县(前202—前112)—成安侯国(前112—前105)—成安县(前105—前78)—成安侯国(前78—8)

据《功臣表》,成安侯国凡两见：一为"成安侯韩延年……(武帝元鼎五年)三月壬午封,七年,元封元年,坐为太常行大行令事留外国书一月,乏与,入穀赎,完为城旦。郑";一为"成安严侯郭忠……(昭帝元凤)三年二月癸丑封……王莽败,绝。颍川"。此两侯国当为同地,《秩律》已有成安县名,知此侯国非为析郑县地而置。《续汉书·郡国志》颍川郡无成安,马孟龙《西汉侯国地理》以为《汉表》下注县名皆以东汉县注西汉侯国地望,此处或即如此。治今河南汝州市东南。

13. 阳城县(前202—8)

治今河南登封市东南。

14. 中牟县(前202—前195)—中牟侯国(前195—前114)

据《功臣表》,高帝十二年置为侯国,武帝元鼎三年改隶河南郡。治河南今县东。

15. 启封县(前202—前196)—启封侯国(前196—前156)—开封侯国(前156—前114)

据《功臣表》,高帝十一年置为侯国。景帝即位,以避讳故更名开封。武帝

---

① 以《功臣表》,平帝时绍封舞阳侯国,然此时功臣后人绍封之国皆户数不多,舞阳大县,不知有无县、侯国同时存在之可能,暂存疑于此处。

元鼎三年改隶河南郡。治今河南开封市祥符区西南。

16. 苑陵县（前202—前114）

武帝元鼎三年改隶河南郡。治今河南新郑市东北。

17. 尉氏县（前202—前122）

《汉志》尉氏属陈留郡，然以《秩律》，此县汉初当属颍川，疑为武帝元狩元年别属陈留。治河南今县。

18. 女阴县（前202—前201）—女阴侯国（前201—前115?）

据《功臣表》，高帝六年置女阴侯国封夏侯婴，武帝元鼎二年国除。然以前文所引之《秩律》，女阴排列在颍川郡属县中。《汉志》女阴属汝南郡，且地望远离颍川，似不当为颍川之县。然《秩律》中之县名皆为汉廷所辖县，非王国之地也，而以女阴之地望，似乎汉初当属淮阳国，不得在汉郡之中也。《汉志》女阳亦在汝南郡，辛德勇《北京大学藏秦水陆里程简册初步研究》中根据简册中"鲁阳到女阳百一十里，女阳到输民八十九里"之语判断女阳秦时实在今河南郏县附近的汝水北岸，即属颍川郡，汉时迁徙至汝南。颇疑女阴亦和女阳县一样在西汉一朝有过迁徙，汉初则在颍川郡境内的汝水某段。以1977年安徽阜阳所挖掘出的西汉女阴侯墓知，女阴迁徙至汝南郡的时间当不晚于文帝时期①。今地无考。

19. 索县（前202—?）

《汉志》武陵郡有索县，以此《秩律》中所出现的索县也有可能即此索县，或因汉初属南郡，故律文有之。然律文中，索县出现在颍川郡县目中，与南郡相殊，故颇为怀疑两索非一。按《史记》卷8《高祖本纪》、卷7《项羽本纪》皆记载楚汉之际两军相拒于京、索之间，京即《汉志》河南郡京县。汉初，此地本即在河南、颍川两郡的边界，属颍川之可能颇大，故疑此索县乃为"京、索间"的索城，汉初属颍川郡，后因故省并也。治今河南荥阳市。

20. 闲阳县（前202—?）

《汉志》无此县，以《秩律》中排列位置，此地名当为颍川郡属县，后省并，故《汉志》不载。地望不明。

21. 焉陵侯国（前195—前173）—傿陵县（前173—8）

《秩律》中作"焉陵"，《疏勒河域出土汉简》618作"鄢陵"，是焉、鄢、傿可通也，此处分别依《功臣表》、《汉志》之写法。《功臣表》，高帝十二年置焉陵侯国

---

① 安徽省文物工作队、阜阳地区博物馆、阜阳县文化局：《阜阳双古堆西汉汝阴侯墓发掘简报》，《文物》1978年第8期。

以封朱濞,文帝七年(前173)国除为县。此侯国初置时不过七百户,疑乃以乡聚所置,汉初非县。治今河南鄢陵县西北。

22. 昌武侯国(前125—前101)

据《功臣表》,"昌武侯赵安稽……(武帝元朔)四年七月庚申封……太初元年,侯充国嗣,四年薨,无后。舞阳"。据此,昌武侯国除于太初四年(前104),地望当在舞阳附近,确址无考。

23. 散侯国(前119—前90)

据《功臣表》,"散侯董舍吾,……(武帝元狩四年)六月丙子封……征和三年,坐祝诅上,下狱病死。阳成"。据表文,散侯国当距阳成县不远,确址无考,约在今河南登封境内。

24. 周子南国(前113—前67,前65—前44)—周承休侯国(前44—前8)—周承休公国(前8—4)—郑公国(4—8)

据《外戚恩泽表》,武帝元鼎四年,置周子南君国封周后姬嘉,宣帝地节三年,国除。元康元年,复置周子南国,至元帝初元元年(前48),更为周承休侯国。成帝绥和元年(前8),更周承休侯国为公国,益其国地满百里。平帝元始四年更名为郑公国。表文中注长社,当为取长社县地而置。治今河南汝州市东。

25. 嵩(崇)高县(前110—8)

《汉书》卷6《武帝纪》载,元封元年置。治今河南登封市。

26. 新汲县(?—8)

《汉志》篇末分域篇属汝南,则为某年改隶颍川。治今河南扶沟县西南。

27. 昆阳县(?—8)

里耶秦简简16-3有昆阳,《汉书》卷39《曹参传》亦有"击羽婴于昆阳",是秦时已有此县。然《秩律》中不见此县之名,当为汉初省并之故,复置年不详。治今河南叶县。

28. 纶氏县(?—8)

置年不详。治今河南登封市西南。

29. 临颍县(?—8)

肩水金关汉简73EJT3:96作"临颖邑"。置年不详。治河南今县西北。

30. 新郑县(?—前114)

置年不详,然《秩律》无此县,是置于吕后二年后。武帝元鼎三年改隶河南郡。治今河南新郑市。

第二节　汝南郡(国)沿革

汝南郡(前168—前155)—汝南国(前155—前154)—汝南郡(前154—8)

文帝十二年(前168)置。

景帝二年(前155),置为汝南国封子刘非,三年,刘非徙为江都王,汝南复为郡。武帝元朔五年(前124),得淮南国削县：期思、弋阳。同年,置宜春侯国,省临汝侯国。六年,置终弋侯国。元鼎元年(前116),宜春侯国省。五年,终弋侯国省。昭帝元凤四年(前77),复置宜春侯国。六年,置安平侯国。宣帝地节四年(前66),置阳城、乐昌两侯国。元康三年(前63),淮阳郡置国,其南部长平、新郪等属县改隶汝南,汝南郡北界大幅推进至《汉志》时情状。同年,又置博阳侯国。神爵三年(前59),置安远、归德两侯国。五凤二年(前56),置信成侯国。四年,安平侯国省。甘露元年(前53),博阳侯国省。元帝永兴三年(前41),安远、信成侯国省。成帝建始元年(前32),置安成侯国。河平四年(前25),置安昌侯国。鸿嘉元年(前20),复置博阳侯国。元延三年(前10),又得颍川郡之定陵侯国。平帝元始三年(公元3),乐昌侯国省。五年,复置信成侯国。孺子婴居摄元年(公元6),复置安远侯国。此外,不知何年置富波、新息等数县。

《水经·汝水注》云："又东迳平舆县故城南……本汝南郡治。"知汝南郡治平舆县,原汝南国都亦当在此。

1. 平舆县(前168—8)

本属淮阳,文帝十二年以为汝南郡治。治河南今县北。

2. 滇强县(前168—8)

本属淮阳,文帝十二年隶汝南郡。治今河南临颍县东南。

3. 阳安县(前168—前7)—阳安侯国(前7—1)—阳安县(1—8)

文帝十二年自南阳郡改隶汝南郡。据《外戚恩泽表》,绥和二年(前7),哀帝置以为侯国封舅丁明,平帝元始元年国除。治今河南驻马店市南。

4. 吴房侯国(前168—前141)—吴房县(前141—8)

文帝十二年自南阳郡改隶汝南郡,景帝后元三年(前141)国除为县。治今河南遂平县西。

5. 朗陵县(前168—8)

文帝十二年自南阳郡改隶汝南郡。治今河南确山县西南。

6. 西平县(前168—8)

文帝十二年自南阳郡改隶汝南郡。治河南今县西。

7. 细阳县(前168—8)

本属淮阳,文帝十二年分属汝南郡。治今安徽太和县东北。

8. 新蔡县(前168—8)

本属淮阳,文帝十二年分属汝南郡。治河南今县。

9. 上蔡县(前168—8)

本属淮阳,文帝十二年分属汝南郡。治河南今县西南。

10. 寑县(前168—8)

《新出汝南郡秦汉封泥集》中有"寑令之印",则县名又或写作"寑"。本属淮阳,文帝十二年分属汝南郡。治今安徽临泉县。

11. 慎阳侯国(前168—前118)—慎阳县(前118—8)

文帝十二年自南阳郡改隶汝南,武帝元狩五年国除为县。治今河南正阳县东北。

12. 成阳侯国(前168—前140)—成阳县(前140—前16)—成阳侯国(前16—前6)—成阳县(前6—1)—成阳侯国(1—8)

文帝十二年改隶汝南郡。武帝建元元年(前140),侯国免。成帝永始元年(前16)复置,哀帝建平元年(前6)国除。平帝元始元年复置。治今河南信阳市北。

13. 安阳侯国(前148—前140,前20—后8)—安阳县(前140—前20)

据《功臣表》,景帝中元二年(前148)置为侯国,绍封故汾阴侯周昌孙左车,武帝建元元年除为县。据《外戚恩泽表》,成帝鸿嘉元年置为侯国封舅王音。治今河南正阳县南。

14. 临汝侯国(前133—前124)

据《功臣表》,武帝元光二年(前133)置临汝侯国以封灌婴孙贤,元朔五年国除。治在今河南临汝县。

15. 宜春侯国(前124—前116,前77—8)

据《外戚恩泽表》,武帝元朔五年,置宜春侯国以封卫青子伉,元鼎元年国除。同表,昭帝元凤四年,复置宜春侯国以封王䜣。治今河南汝南县西南。

16. 终弋侯国(前123—前112)

据《王子侯表》,元朔六年置以为衡山赐王子广置侯国,元鼎五年国除,省并。表注汝南,今地无考,当在今河南潢川县一带。

17. 安平侯国(前75—前54)

据《外戚恩泽表》,昭帝元凤六年,置安平侯国封杨敞,宣帝五凤四年国除,表注汝南。今地无考。

18. 阳城侯国(前66—8)

据《外戚恩泽表》,宣帝地节四年封刘德为侯国。治今河南商水县西。

19. 乐昌侯国(前66—3)

据《外戚恩泽表》,宣帝地节四年置以为王武侯国,平帝元始三年国除。《汉志》脱载此侯国之名。治今安徽太和县东南。

20. 西华县(前63—8)

宣帝元康三年自淮阳改隶汝南。治河南今县南。

21. 长平县(前63—前1)—长平侯国(前1—8)

宣帝元康三年自淮阳改隶汝南。据《外戚恩泽表》,哀帝元寿二年(前1)置长平侯国封彭宣,表注济南,疑为汝南之误。治今河南西华县东北。

22. 宜禄县(前63—4)—赏都侯国(4—8)

宣帝元康三年自淮阳改隶汝南。《汉书》卷99《王莽传》云,元始四年,封莽子临为赏都侯。据《汉志》,王莽更宜禄县为赏都亭,故疑赏都侯国即在宜禄也。治今河南郸城县东南。

23. 项县(前63—8)

宣帝元康三年自淮阳改隶汝南。治今河南沈丘县。

24. 新郪县(前63—8)

宣帝元康三年自淮阳改隶汝南。治今安徽太和县北。

25. 新阳县(前63—8)

宣帝元康三年自淮阳改隶汝南。治今安徽界首市北。

26. 女阳县(前63—8)

宣帝元康三年自淮阳改隶汝南。治今河南商水县西。

27. 南顿县(前63—8)

宣帝元康三年自淮阳改隶汝南。治今河南项城市西。

28. 博阳侯国(前63—前53,前20—8)

据《外戚恩泽表》,宣帝元康三年置为侯国以封丙吉,甘露元年国除。成帝鸿嘉元年,吉孙昌绍封,复为侯国。治今河南商水县东。

29. 安远侯国(前59—前41,6—8)

《功臣表》:"安远缪侯郑吉……(宣帝)神爵三年四月壬戌封……(元帝)永光三年薨,无后。(孺子婴)居摄元年,侯永以吉曾孙绍封,千户,王莽败,绝。慎。"确址无考,疑在今安徽颍上县北。

30. 归德侯国(前59—8)

据《功臣表》,宣帝神爵三年置侯国封匈奴降王先贤掸。今地无考。

31. 新汲县(前59—?)

颜师古注《汉书》引阚骃云:"本汲乡也,宣帝神爵三年置。"《汉志》属颍川,但篇末分域篇云汝南新汲,知曾属汝南郡,疑后改隶颍川。治今河南扶沟县西南。

32. 信成侯国(前56—前41,5—8)

《功臣表》:"信成侯王定……(宣帝)五凤二年九月癸巳封……(元帝)永光三年薨,无后。(平帝)元始五年,侯杨以定孙绍封,千户。细阳"。则此侯国地望近细阳,确址不详。

33. 安成侯国(前32—8)

据《外戚恩泽表》,成帝建始元年封为王崇侯国。治今河南汝南县东南。

34. 安昌侯国(前25—8)

据《外戚恩泽表》,成帝河平四年置侯国封张禹。治今河南确山县西。

35. 定陵侯国(前10—前8)—定陵县(?)

《汉志》颍川、汝南两郡皆有定陵。《外戚恩泽表》,成帝元延三年置定陵侯国以封淳于长,绥和元年(前8)国除,表注汝南。知汝南之定陵当为淳于长侯国,疑乃析颍川郡之定陵县地置,别属汝南郡耳,《汉志》失注侯国。当然此侯国亦有国除后复并入颍川定陵县的可能,史籍既无载,此处暂存疑。治今河南漯河市郾城区西北。

36. 承阳侯国(1—8)

据《外戚恩泽表》,平帝元始元年置承阳侯国以封甄邯,表注汝南,确址不详。

37. 富波县(?—8)

置年不详。治今安徽阜南县东南。

38. 鲖阳县(?—8)

置年不详。治今安徽临泉县西。

39. 新息县(?—8)

置年不详,此春秋息国迁徙,故名新息,疑秦时或已置县。治今河南息县。

40. 灈阳县(?—8)

置年不详,治今河南遂平县东。

41. 慎县(?—8)

《秩律》有此县,疑本属南阳郡,与女阴皆为西汉中期迁徙之故。后治今安徽颍上县西北。

42. 召陵县(?—8)

置年不详,《史记》卷5《秦本纪》有此县名,或汉初即有也。治今河南漯河市郾城区东。

43. 女阴侯国(？—前115)—女阴县(前115—8)

《秩律》有女阴,当属南阳郡,然《汉志》女阴在汝南郡,且其地望距离南阳颇远,颇疑女阴有过迁徙,汉初之女阴当在今河南汝南、正阳以西,后不知何年迁徙至汝南郡。据《功臣表》,女阴侯国除于武帝元鼎二年,后为县。治今安徽阜阳市。

44. 期思县(？—8)

本属淮南国,武帝年间削入汝南郡。治今河南淮滨县东南。

45. 弋阳县(？—前80)—弋阳侯国(前80—8)

本属淮南国,元朔间削入汝南郡。据《功臣表》,昭帝元凤元年置侯国以封任宫。治今河南潢川县西。

第三节　沛郡沿革

沛郡(前154—8)

景帝三年析故楚彭城郡置。

景帝中元元年(前149)置郸侯国。武帝元光六年(前129),得楚王子侯国二：杏山、浮丘。元朔元年(前128),得鲁王子侯国广戚,江都王子侯国盱台、淮陵。三年,得鲁王子侯国公丘。元狩二年(前121),江都国除,盱台、淮陵回属广陵郡。六年,分沛郡东部下相、取虑、僮、徐、睢陵、厹犹等县置临淮郡。元鼎三年(前114),置夏丘侯国。征和四年(前89),置富民侯国。宣帝本始二年(前72),置扶阳侯国。三年,富民侯国省。元康三年(前63),得淮阳郡之栗侯国及酂、建平、芒、谯、城父等县。甘露二年(前52),扶阳侯国省。五凤三年(前55),置建成侯国。元帝永光二年(前42),复置扶阳侯国。建昭元年(前38),得梁王子侯国东乡、漂阳、高柴、临都、高、陵乡、鳌乡。竟宁元年(前33),置义成侯国。成帝河平二年(前27),置平阿侯国。永始二年(前15),得祁乡侯国。哀帝绥和二年(前7),置孔乡侯国。建平四年(前3),置方阳侯国。元寿二年(前1),孔乡、方阳两侯国省。孺子婴居摄二年(7),更义成侯国名为诛邿支侯国。此外,不知何年,置龙亢、辄与等县。

《水经·睢水注》云："相县,故宋地也。……汉高帝四年,改曰沛郡,治此。"此处虽述沛郡置年不确,然沛郡治相县当无误。

1. 相县(前154—8)

治今安徽濉溪县西北。

2. 竹县(前154—8)

治今安徽宿州市北。

3. 穀阳县(前154—8)

治今安徽固镇县稍西北。

4. 萧县(前154—8)

治安徽今县西北。

5. 向县(前154—8)

治今安徽怀远县西北。

6. 铚县(前154—8)

治今安徽濉溪县南。

7. 下蔡县(前154—8)

治今安徽凤台县。

8. 蕲县(前154—8)

治今安徽宿州市东南。

9. 山桑县(前154—8)

治今安徽蒙城县北。

10. 符离县(前154—8)

秦置。治今安徽宿州市东北。

11. 郊县(前154—?)—浚侯国(?—8)

《汉志》沛郡有浚侯国,据《王子侯表》,此乃为赵敬肃王子侯国。赵王子侯国不当远至沛郡,疑与武帝征和年间置平干国有关,其时因侯国例不属王国,遂迁至此。《齐鲁封泥集存》中有"郊侯邑丞",陈直以为,"郊侯《汉表》作浚侯。《齐鲁封泥集存》十五页有'郊侯邑丞'封泥,则本表是而《汉表》非也"①。据《史表》,吕产曾被封为郊侯,则此地名当可作"郊",然《汉志》、《汉表》皆作浚,亦未必误,暂取《汉志》写法。治今安徽固镇县东。

12. 丰县(前154—8)

治江苏今县。

13. 沛县(前154—8)

治江苏今县。

14. 取虑县(前154—前117)

武帝元狩六年别属临淮郡。治今安徽灵璧县北。

---

① 陈直:《史记新证》,中华书局,2008年,第52页。

15. 僮县（前 154—前 117）

武帝元狩六年别属临淮郡。治今安徽泗县东北。

16. 徐县（前 154—前 117）

武帝元狩六年别属临淮郡。治今江苏泗洪县南。

17. 厹犹县（前 154—前 117）

秦封泥中作"叴猷"①。武帝元狩六年别属临淮郡。治今江苏宿迁市东南。

18. 下相县（前 154—前 117）

武帝元狩六年别属临淮郡。治今江苏宿迁市西南。

19. 睢陵县（前 154—前 132）—睢陵侯国（前 132—前 117）

据《功臣表》，武帝元光三年置为侯国以绍封张广国。武帝元狩六年别属临淮郡。治所已沦入今江苏泗洪县东南彭泽湖中，确址无考。

20. 郫侯国（前 149—前 114）—郫县（前 114—8）

据《功臣表》，景帝中元元年置为侯国以绍封周应，武帝元鼎三年国除为县。治今安徽涡阳县东北。

21. 浮丘侯国（前 129—前 112）

《王子侯表》："浮丘节侯不害，楚安王子。（武帝元光六年）后九月壬戌封……元鼎五年，坐酎金免。沛。"此沛不知指沛郡或沛县，然无论孰是，侯国置后当皆入沛郡也。今地无考。

22. 杏山侯国（前 129—前 112，5—8）

据《王子侯表》，武帝元光六年置以为楚安王子不害侯国，元鼎五年国除。表未言杏山所属，疑与浮丘同入沛郡。后平帝元始五年，复置杏山侯国封楚思王子遵。今地无考。

23. 广戚侯国（前 128—前 112，前 26—8）

据《王子侯表》，武帝元朔元年置，以封鲁共王子将，来隶沛郡，元鼎五年国除。不知为省并，抑或除为广戚县。成帝河平三年复置为侯国，以封楚孝王子勋。此侯国非推恩所封，故并非分楚国地而置。治今山东微山县夏镇②。

24. 淮陵侯国（前 128—前 121）

武帝元朔元年，得江都王子侯国淮陵，元狩二年回属广陵郡。治今安徽明光市东北。

---

① 王辉《释秦封泥中的三个地名》中对此地名有较为详细的诠释，刊于《秦文化论集》第 10 辑，三秦出版社，2003 年。
② 郑威：《西汉东海郡所辖戚县、建陵、东安侯国地望考辨》，《中国历史地理论丛》2006 年第 2 期。

25. 盱台侯国(前128—前121)

《汉志》作"盱眙",封泥有"盱台丞印"①,《王子侯表》亦作"盱台",当是眙、台可通之故,此处暂依《表》及封泥作"盱台"。武帝元朔元年,此侯国来属沛郡,元狩二年回属广陵郡。治今江苏盱眙县东北。

26. 公丘侯国(前126—8)

原为鲁国滕县下乡聚,据《王子侯表》,武帝元朔三年置为鲁共王子顺侯国。治今山东滕州市西南。

27. 夏丘侯国(前114—前112)—夏丘县(前112—8)

武帝元鼎三年,迁干章侯国于此,见《王子侯表》,元鼎五年国除为县。治今安徽泗县。

28. 富民侯国(前89—前71)

《外戚恩泽表》:"富民定侯车千秋……(武帝)征和四年六月丁巳封……本始三年,坐为虎牙将军击匈奴诈增虏获,自杀。薨。"《汉志》无此县,当因国除后省并。地望当在蕲县附近,确址无考。

29. 扶阳侯国(前71—前52,前42—8)

据《外戚恩泽表》,"扶阳节侯韦贤……(宣帝本始三年)六月甲辰封……神爵元年,共侯玄成嗣,九年,有罪,削一级为关内侯,(元帝)永光二年二月丁酉复以丞相侯……萧"。是该侯国宣帝甘露二年后一度国除。治今安徽淮北市北。

30. 芒县(前63—8)

宣帝元康三年自淮阳来隶沛郡。治今河南永城市北。

31. 城父县(前63—8)

宣帝元康三年自淮阳来隶沛郡。治今安徽亳州市东南。

32. 建平侯国(前63—8)

治今河南虞城县东南。

33. 酇县(前63—8)

肩水金关汉简中多见"淮阳郡赞"②,即此县可写作"赞"。宣帝元康三年自淮阳来隶沛郡。治今河南永城市西。

34. 栗侯国(前63—8)

宣帝元康三年自淮阳来隶沛郡。治今河南夏邑县。

---

① 周明泰:《再续封泥考略》卷2。
② 见简文73EJT21:468、73EJT22:80等。

35. 谯县(前63—8)

肩水金关汉简73EJT5∶36有"淮阳郡焦",是谯或亦可写作"焦"。宣帝元康三年自淮阳来隶沛郡。治今安徽亳州市。

36. 建成侯国(前55—8)

据《外戚恩泽表》,宣帝五凤三年置为黄霸侯国。治今河南永城市东南。

37. 高侯国(前38—8)

据《王子侯表》,元帝建昭元年置以为梁敬王子舜侯国。今地无考。

38. 高柴侯国(前38—8)

据《王子侯表》,元帝建昭元年置以为梁敬王子发侯国。今地无考。

39. 漂阳侯国(前38—8)

据《王子侯表》,元帝建昭元年置以为梁敬王子钦侯国。《汉志》失注侯国。今地无考。

40. 东乡侯国(前38—8)

据《王子侯表》,元帝建昭元年置以为梁敬王子方侯国。《汉志》失注侯国。今地无考。

41. 临都侯国(前38—8)

据《王子侯表》,元帝建昭元年置以为梁敬王子未央侯国。《汉志》失注侯国。今地无考。

42. 鳌乡侯国(前38—前17,1—8)

据《王子侯表》,元帝建昭元年置以为梁敬王子固侯国,成帝鸿嘉四年国除,省并。平帝元始元年,复置此侯国封东平炀王子褒。今地无考。

43. 陵乡侯国(前38—前31)—陵阳侯国(1—8)

据《王子侯表》,元帝建昭元年置以为梁敬王子䜣侯国,成帝建始二年(前31)国除,省并。平帝元始元年,置陵阳侯国封东平思王孙嘉,疑亦此地。今地无考。

44. 义成侯国(前33—7)—诛郅支侯国(7—8)

据《功臣表》,元帝竟宁元年(前33)置以封甘延寿,孺子婴居摄二年(公元7)更名诛郅支侯国。治今安徽怀远县东北。

45. 平阿侯国(前27—8)

据《外戚恩泽表》,成帝河平二年置以封王谭。治今安徽怀远县西南。

46. 祁乡侯国(前15—8)

据《王子侯表》,成帝永始二年置,以封梁夷王子贤。治今河南夏邑县北。

47. 殷绍嘉侯国(前8—2)—宋公国(2—8)

据《外戚恩泽表》,成帝绥和元年封殷后孔何齐为殷绍嘉侯,平帝元始二年更为宋公国。表注沛,当在沛郡,确址无考。

48. 孔乡侯国(前7—前1)

据《外戚恩泽表》,"孔乡侯傅晏……(哀帝绥和二年)四月壬寅封,六年,元寿二年,坐乱妻妾位免,徙合浦。夏丘"。是析夏丘地置也,当属沛郡。确地无考。

49. 方阳侯国(前3—前1)

据《外戚恩泽表》,"方阳侯孙宠……(哀帝建平四年)八月辛卯封,二年,元寿二年,坐前为奸谀免,徙合浦。龙亢"。是析龙亢地置,当属沛郡。确地无考。

50. 龙亢县(?—8)

置年不详。治今安徽怀远县西北。

51. 虹县(?—8)

置年不详。《汉书》卷81《孔光传》有光"左迁虹长"的记载,是又作"虹",《续汉书·郡国志》亦作"虹",未解《汉志》是否有误,暂从《汉志》。治今安徽五河县西北。

52. 辄与县(?—8)

置年不详。今地无考。

53. 敬丘侯国(?—8)

置年不详,侯表无封为敬丘者,然《汉志》注侯国。又东海尹湾汉简中《东海郡下辖长吏名籍》中有:"盐官别治郁州丞,沛郡敬丘淳于赏,故侯门大夫,以功迁。"知成帝时确有敬丘侯国,《汉表》失载耳。另,如敬丘侯国置年在宣帝元康三年之前,则初置之时当属淮阳郡。治今河南永城市西北。

第四节　梁国(砀郡、后吕国)沿革

梁国(前202—前181)—后吕国(前181—前180)—梁国(前180—前179)—砀郡(前179—前178)—梁国(前178—前169)—砀郡(前169—前168)—梁国(前168—3)—梁郡(3—5)—梁国(5—8)

《齐鲁封泥集成》有"梁丞相印",《封泥考略》亦有"梁相之印章",居延汉简、肩水金关汉简中亦多处作"梁国",知梁国亦可写作"梁国"。

高帝五年(前202),以砀郡置为梁国以封彭越,此年梁国于砀郡地外又得秦东郡济阴之地。六年,置东茅侯国。八年,置䇒侯国。十一年,"梁王彭越谋反,夷三族",后刘邦立子恢为梁王,此年"罢东郡,颇益梁",梁国得故东郡濮阳、观、聊城、顿丘、茌平、东武阳、白马、燕、阳平、清、东阿、鄄城等十二县。领地扩大至原秦东、砀二郡的幅员,北境直抵大河,西至高阳。同年,置须昌侯国。十二年,置煮枣、戚侯国。惠帝元年(前194),煮枣侯国省。至吕后元年(前187),削梁国西北十余县,复置为东郡,梁国版图大抵恢复至汉初原貌。

吕后二年后,梁国屡经变易,七年,"徙梁王恢为赵王,吕王产徙为梁王……更名梁曰吕",梁国改名为吕国,然疆域当未变。八年八月"朱虚侯已杀产……徙济川王王梁",是吕国复改名为梁,后九月诛梁王,梁国除为砀郡。

文帝元年(前179),置樊侯国。《史记》卷10《孝文本纪》载,文帝二年三月,"立子揖为梁王"。同年,复置煮枣侯国。十年,置黎侯国。十一年,梁怀王薨,梁复为郡。《史记》卷17《汉兴以来诸侯王表》云:"文帝十二年,淮阳王武徙为梁王。"武之梁国比揖多淮阳郡北边三城,即宁陵、襄邑、傿。十六年,东茅侯国省景帝中元四年(前146),煮枣侯国省。中元六年,梁孝王薨,"立梁孝王子明为济川王,子彭离为济东王,子定为山阳王,子不识为济阴王,梁分为五"。

不晚于武帝初,置杼秋、己氏二县,因《史记》卷58《梁孝王世家》云,武帝元朔年间,"乃削梁八城,梁国尚余十城"。以此知武帝元朔前之梁国实有十八城,当已包括此二县。元朔间所削鄫、谯、栗、芒、建平、宁陵、傿、薄八县尽入淮阳郡。另,武帝元朔二年(前127)又置张梁侯国别属它郡。

元帝建昭元年(前38),置梁敬王子侯国贳乡、乐、中乡、郑、黄、平乐、甾乡、东乡、溧阳、高柴、临都、高、陵乡、鳌乡。成帝鸿嘉中,"坐削或千户或五百户如是者数焉"①。永始二年(前15)置祁乡侯国,三年复置曲乡侯国,皆别属汉郡。如此遂至《汉志》梁国尚有八县的局面,则梁国之近二十王子侯国加上成帝数次削户,约当二县之数。

成帝元延年间②,再削五县,梁国仅余三城也,故《汉志》中梁国户数仅三万八千余,且首书砀县,疑即因所削五县当为梁国西部睢阳、甾、蒙、虞、己氏,遂仅余砀县、杼秋、下邑三县之地③,是以梁国面貌西汉一朝变化堪称最大。

平帝元始三年(3),梁王立"有罪,废,徙汉中,自杀。元始五年二月丁酉,王音以孝王玄孙之曾孙绍封"④,据此,在元始三年至五年内,梁国曾短暂国

---

① 《汉书》卷47《梁孝王传》。
② 本传中言甾县在"元延中",然不言具体年份。《汉志》中梁国仍有八县,元延中所削五县尚在,故《汉志》梁国所属县断限必在削五县之前,而元延年号只有四年,据马孟龙《西汉侯国地理》考证,《汉志》断限时间当在元延三年九月,故梁国被削五县当为元延三年十月之后或元延四年。
③ 马孟龙《西汉梁国封域变迁研究(附济阴郡)》(刊于《史学月刊》2013年第5期)中以为,"元延年间,梁国所削五县为:甾、蒙、己氏、下邑、杼秋。睢阳为梁都,本不该在削县行列,然《汉志》梁国辖县首书砀而非睢阳,严耕望《汉书地理志县名首书者即郡国治所辨》(刊于《中央研究院院刊》第一辑,1954年)中以为乃睢阳汉末被削之故,颇可信,故从之。然目前诸说皆无铁证,姑且存马氏之说于此。
④ 《汉书》卷13《诸侯王表》。

除。国除前,梁国仅余三县,亦有国除后不能独立为郡,地遂入它郡的可能,本节暂以为此段时间内为梁郡。自然,郡名亦有改动可能,暂取梁为名耳。

《汉书》卷47《梁孝王传》言,梁国都睢阳。至元延年间,削睢阳县后,迁都至砀县。然有汉一朝,梁国国都迁徙非仅此一次。《汉书》卷1《高帝纪》云,"魏相国建成侯彭越……其以魏故地王之,号曰梁王,都定陶"。《史记正义》则引《括地志》云:"宋州宋城县在州南二里外城中,本汉之睢阳县也。汉文帝封子武于大梁,以其卑湿,徙睢阳,故改曰梁也。"此段文字实出于《陈留风俗传》,然刘武迁都睢阳确有之,《史记》卷58《梁孝王世家》即可见也,唯梁实不曾都大梁。大梁,即《汉志》之浚仪,汉初在河南郡境内也,刘武当自定陶迁都于睢阳。至绥和年间,削睢阳等县,梁国遂迁都于砀县。

1. 睢阳县(前202—?)

梁王刘武都,灌婴即睢阳人也。成帝元延年间改隶山阳郡或陈留郡。治今河南商丘市南。

2. 砀县(前202—8)

治今河南永城市北。

3. 下邑县(前202—8)

《史记》卷8《高祖本纪》云,秦末,高祖"因收砀兵,得五六千人。攻下邑,拔之",楚汉对峙时,吕泽亦居下邑,即此县也。治今安徽砀山县。

4. 甾县(前202—前196)—甾侯国(前196—?)—甾县(?—?)

《魏晋南北朝官印征存》193有"梁甾农长",是此县又写作"甾"。肩水金关汉简73EJT:39亦作"甾",73EJT3:55则作"载"。据《汉书》卷41《靳歙传》,歙破邢说军于甾南,是秦已置县。高帝十一年,封秘彭祖为侯国,武帝后元元年国除。此侯国不得在梁国境内直至推恩令颁布以后之时代,当此前已迁徙。迁徙具体时间及去向不知。成帝元延年间,梁国削五县,甾县必于此时改隶陈留郡,故《汉书》卷84《翟方进传附子义传》方言"诸将东至陈留甾,与义会战"。治今河南民权县东北。

5. 蒙县(前202—?)

据《汉书》卷40《周勃传》,勃攻取之。成帝元延年间改隶陈留郡或山阳郡。治今河南商丘市北。

6. 虞县(前202—?)

《史记》卷8《高祖本纪》:"汉王乃西过梁地,至虞。"成帝元延年间改隶山阳郡。治今河南虞城县北。

7. 栗县(前202—?)

据《史记》卷8《高祖本纪》,"还至栗,遇刚武侯"。《汉书》卷40《周勃传》载:"攻爰戚、东缗,以往至栗,取之。"可知汉初有栗县,武帝元朔间削入淮阳郡。治今河南夏邑县。

8. 谯县(前202—?)

武帝元朔间削入淮阳郡。治今安徽亳州市。

9. 酂县(前202—前201)—酂侯国(前201—前187)—酂县(前187—?)

据《功臣表》,高帝六年封为萧何侯国,吕后元年国除为县。武帝元朔间削入淮阳郡。治今河南永城市西。

10. 芒县(前202—前201)—芒侯国(前201—前194)—芒县(前194—?)

据《汉书》卷1《高帝纪》,刘邦"隐于芒、砀山泽岩石之间",即此地也。据《功臣表》,高帝六年置为侯国封耏跖,孝惠元年(前194)有罪,国除为县。武帝元朔间削入淮阳郡。治今河南永城市北。

11. 薄县(前202—?)

武帝元朔间削归淮阳郡。治今山东曹县南。

12. 成安县(前202—前144)

《汉书》卷52《韩安国传》言安国"梁成安人",可知成安汉初即存,属梁国。景帝中元六年别属济川国。治今河南兰考县东。

13. 雍丘县(前202—前144)

《史记》卷8《高祖本纪》:"沛公与项羽西略地至雍丘之下,与秦军战,大破之,斩李由。还攻外黄,外黄未下。"是雍丘县汉初即置也。景帝中元六年别属济川国。治今河南杞县。

14. 外黄县(前202—前144)

《汉书》卷31《项羽传》:羽"击陈留、外黄、睢阳,下之。"《汉书》卷32《张耳传》载,耳亦游居外黄,知其汉初即有。景帝中元六年别属济川国。治今河南兰考县东南。

15. 长垣县(前202—前145)—垣邑侯国(前145—前144)

据《王子侯表》,景帝中元五年封梁孝王子明为垣邑侯,即此地。中元六年,明为济川王,复为长垣县,别属济川国。治河南今县东北。

16. 平丘县(前202—前144)

秦末魏咎起于临济,陈平后亦投咎于此地,可见秦有临济县,平丘有临济亭,当即此地。然不知临济县何时更名为平丘,暂取汉五年前即名平丘。景帝中元六年别属济川国。治今河南封丘县东。

17. 济阳县(前202—前144)

《汉书》卷41《夏侯婴传》云,婴"从击秦军砀东,攻济阳",是秦置县也。景帝中元六年别属济川国。治今河南兰考县东北。

18. 范县(前202—前144)

《汉志》属东郡,《秩律》无此县,是汉初为梁国所辖,后改隶东郡。以范县地望,景帝中元六年后当属济东。治今山东梁山县西北。

19. 寿良县(前202—前144)

《汉志》属东郡,《秩律》中东郡无此县名。《汉书》卷47《梁孝王传》中称梁孝王刘武大猎梁山,则寿良一线当本在梁国境内也。《续汉书·郡国志》中寿良属东平国,实当为西汉之面貌反映也。景帝中元六年别属济东国。治今山东东平县西南。

20. 任城县(前202—前144)

据《汉书》卷46《周仁传》,仁先即任城人,知此县当汉初即存也。景帝中元六年别属济东国。治今山东微山县西北。

21. 无盐县(前202—前144)

据《汉书》卷31《项羽传》,宋义送子至此,是秦置县。景帝中元六年别属济东国。治今山东东平县东南。

22. 东平陆县(前202—前156)—平陆侯国(前156—前154)—东平陆县(前154—前144)

据《王子侯表》,景帝元年置平陆侯国以封楚元王子礼,三年国除复为县,当即此地。景帝中元六年别属济东国。治今山东汶上县北。

23. 亢父县(前202—前144)

《史记》卷8《高祖本纪》有"沛公还军亢父,至方与,未战",《汉书》卷39《曹参传》亦有"攻爰戚及亢父"之语,秦置县也。景帝中元六年别属济东国。治今山东济宁市西南。

24. 定陶县(前202—前144)

彭越梁国即都此地。景帝中元六年别属济阴国。治今山东定陶县稍西北。

25. 宛朐县(前202—前156)—宛朐侯国(前156—前154)—宛朐县(前154—前144)

1994年江苏徐州簸箕山宛朐侯墓出土"宛朐侯执"金印①,此当即《王子

---

① 徐州博物馆:《徐州西汉宛朐侯刘埶墓》,《文物》1997年第2期。

侯表》中景帝元年所置之楚王子执之宛朐侯国,景帝三年国除,复为县。《汉志》县名作"冤句",不知何时更也,又疑两者本可通用也,此处暂从《王子侯表》之名。景帝中元六年别属济阴国。治今山东曹县西北。

26. 成阳县(前202—前144)

《史记》卷8《高祖本纪》云,"乃道砀,至成阳,与杠里秦军夹壁"。《汉书》卷39《曹参传》云,参"击王离军成阳南"。即此地也。景帝中元六年别属济阴国。治今山东鄄城县东南。

27. 廪丘县(前202—前144)

《汉志》廪丘属东郡,然《秩律》中无此县名,《居延汉简》简517.15有"田卒济阴郡廪丘",是廪丘尝属济阴。故疑此县汉初本在梁国,景帝中元六年别属济阴国。治今山东郓城县西北。

28. 离狐县(前202—前144)

《汉志》离狐属东郡,然《秩律》中无此县名,故知其汉初与廪丘县同属梁国。《续志》离狐属济阴郡,当即为景帝中元六年改属济阴之旁证。治今河南濮阳县东南。

29. 都关县(前202—前144)

《汉书》卷40《周勃传》云,勃"追至濮阳,下鄄城,攻都关"。《汉志》都关县属山阳,然景帝中元六年分梁国时,鄄城犹属东郡,如都关属山阳,则廪丘将被隔绝在济阴之外,故其年都关当属济阴国,后方改隶山阳。治今山东鄄城县东北。

30. 乘氏县(前202—前145)—乘氏侯国(前145—前144)

据《王子侯表》,景帝中元五年置侯国,六年国除为县。景帝中元六年别属济阴国。治今山东巨野县西南。

31. 昌邑县(前202—前144)

据《汉书》卷34《彭越传》,越即昌邑人也,知县乃秦置。景帝中元六年别属山阳国。治今山东巨野县东南。

32. 方与县(前202—前144)

《史记》卷8《高祖本纪》有"收沛子弟二三千人,攻胡陵、方与",知其县汉初即有。景帝中元六年别属山阳国。治今山东鱼台县东。

33. 爰戚县(前202—前144)

《汉书》卷39《曹参传》作"辕戚"者,即此地也。辕、爰音同,故往往通用。景帝中元六年别属山阳国。治今山东嘉祥县南。

34. 成武县(前202—前144)

《汉书》卷41《樊哙传》有,哙"从围攻东郡守尉于成武"。秦时本属东郡,汉初割属彭越梁国也。景帝中元六年别属山阳国。治山东今县。

35. 东缗县（前202—前144）

居延汉简90·63作"东缗"。《汉书》卷40《周勃传》有"攻爰戚、东缗，以往至栗，取之"。是亦可作"东缗"。景帝中元六年别属山阳国。治今山东金乡县。

36. 单父县（前202—前144）

吕后父即单父人也，秦置县。景帝中元六年别属山阳国。治今山东单县。

37. 胡陵县（前202—前186）—胡陵侯国（前186—前180）—胡陵县（前180—前144）

《汉志》山阳郡之湖陵县也，本作胡陵。《汉书》卷41《樊哙传》载哙尝屠胡陵，又同卷《夏侯婴传》，泗川尉以胡陵降，皆作胡。此当与京兆之湖县同，皆本为胡县，至武帝时更胡字为湖也。据《外戚恩泽表》，吕后元年，置胡陵侯国封吕禄，七年吕禄为赵王，国除为县。景帝中元六年别属山阳国。治今山东鱼台县东南。

38. 南平阳县（前202—前144）

景帝中元六年别属山阳国。治今山东邹城市。

39. 东茅侯国（前201—前164）

据《功臣表》，高帝六年封刘到为侯国，文帝十六年国除，当省并。钱穆《史记地名考》以为即《续汉书·郡国志》山阳高平之茅乡①，可从。治今山东鱼台县东北。

40. 橐侯国（前199—前144）

据《功臣表》，高帝八年置侯国以封陈错，武帝元鼎五年国除。此侯国初置时仅六百户，当以一乡聚置也。《史记志疑》以为即《汉志》山阳郡之橐县②。疑此侯国后与东茅并为橐县也。如此则当在景帝中元六年别属山阳郡。治今山东微山县西北。

41. 濮阳县（前196—前187）

高帝十一年罢东郡，入梁国。吕后元年复属东郡。治河南今县西南。

42. 观县（前196—前187）

高帝十一年罢东郡，入梁国。吕后元年复属东郡。治今河南清丰县南。

43. 聊城县（前196—前187）

高帝十一年罢东郡，入梁国。吕后元年复属东郡。治今山东聊城市西北。

---

① 钱穆：《史记地名考》卷24，商务印书馆，2001年。
② 梁玉绳撰，贺次君点校：《史记志疑》卷11，中华书局，1981年。

44. 顿丘县(前196—前187)

高帝十一年罢东郡,入梁国。吕后元年复属东郡。治今河南清丰县西。

45. 茌平县(前196—前187)

高帝十一年罢东郡,入梁国。吕后元年复属东郡。治今山东茌平县西南。

46. 东武阳县(前196—前187)

高帝十一年罢东郡,入梁国。吕后元年复属东郡。治今山东莘县南。

47. 白马县(前196—前187)

高帝十一年罢东郡,入梁国。吕后元年复属东郡。治今河南滑县东。

48. 燕县(前196—前187)

点校本《汉志》作"南燕",王念孙以为"南"字乃衍文①,《秩律》亦作"燕",可证其说。高帝十一年罢东郡,入梁国。吕后元年复属东郡。治今河南延津县东北。

49. 阳平县(前196—前187)

高帝十一年罢东郡,入梁国。吕后元年复属东郡。治今山东莘县。

50. 清侯国(前196—前187)

高帝十一年罢东郡,入梁国。吕后元年复属东郡。治今山东聊城市西。

51. 东阿县(前196—前187)

高帝十一年罢东郡,入梁国。吕后元年复属东郡。治今山东阳谷县东北。

52. 鄄城县(前196—前187)

《秩律》作"甄城"。高帝十一年罢东郡,入梁国。吕后元年复属东郡。治山东今县北。

53. 须昌侯国(前196—前152)—须昌县(前152—前144)

据《功臣表》,高帝十一年置须昌侯国,以封贞侯赵衍,景帝五年国除为县。景帝中元六年别属济东国。治今山东东平县西。

54. 煮枣侯国(前195—前188,前179—前146)

《功臣表》:"煮枣端侯革朱……(高帝十二年)六月壬辰封,七年,孝惠七年薨。嗣子有罪,不得代。孝文二年,康侯式以朱子绍封……孝景中二年,侯昌嗣,二年,有罪,免。"据此,惠帝七年至文帝元年间此侯国不存,《汉志》无煮枣,疑国除后省并。《水经·济水注》言冤句县下有煮枣城,疑乃是。治今山东菏泽市西南。

55. 戚侯国(前192—前187)

据《功臣表》,高帝十二年置戚侯国封季必,其侯国当以乡聚地置,故至此

---

① 王念孙:《读书杂志》卷4《汉书第六》,江苏古籍出版社,2000年。

方有建制。吕后元年别属东郡。治今河南濮阳市。

56. 樊侯国（前179—前144）

据《功臣表》，文帝元年置樊侯国以封蔡兼。景帝中元六年别属济东国。治今山东济宁市兖州区西南。

57. 黎侯国（前170—前144）

据《功臣表》，文帝十年封召奴为侯国，景帝中元六年别属济阴国。治山东郓城县西。

58. 襄邑县（前168—前144）

文帝十二年来属梁国，景帝中元六年别属济川国。治今河南睢县。

59. 宁陵侯国（前168—前152）—宁陵县（前152—?）

文帝十二年，取淮阳国北边二三列城益梁国，疑宁陵侯国在焉。《功臣表》曰："孝景四年，惠侯始嗣，十七年薨。"《史表》则云国除于景帝五年，暂从《史表》。武帝元朔中削归淮阳郡。治河南今县南。

60. 傿县（前168—?）

文帝十二年来属梁国，武帝元朔中削归淮阳郡。治今河南柘城县北。

61. 建平侯国（?—前163）—建平县（前163—前151）—建平侯国（前151—前128）—建平县（前128—?）

第一章第三节已述，周昌之汾阴侯国后徙封至建平。汾阴侯国封于高帝六年，然徙封时间不明也，唯知不晚于孝惠时。文帝后元元年（前163）国除为县。据《功臣表》，景帝六年封程嘉为建平侯，元朔元年国除①。武帝元朔中削入淮阳郡。治今河南虞城县东南。

62. 杼秋县（?—8）

置年不详。治今安徽砀山县东。

63. 己氏县（?—?）

居延汉简50·16、肩水金关汉简73EJT1：9等作"己氏"。侯甬坚云："居延汉简（50·16、60·29）及《后汉书》中四处记载均作己氏县，而不作巳氏或已氏县。"②可从。己、巳形似，疑《汉书》因抄写讹误。置年不详，成帝元延年间改隶山阳郡。治今山东曹县东南。

---

① 马孟龙《西汉侯国地理》中以为，西汉一朝"王国例不辖侯国"制度形成于景帝中元六年。如依其说，建平侯国或于更早时间已迁出梁国。
② 侯甬坚：《西汉梁国己氏县名校正》，收入《历史地理探索》，中国社会科学出版社，2004年。

第三章　兖州刺史部地区郡县沿革

兖州刺史部范围内,郡国变迁尤为复杂,其中郡国名称、领域变易极为频仍,置废情形亦颇繁复。至汉末,兖州部所刺有东郡、泰山、山阳、陈留、济阴五郡及淮阳、东平、城阳三国,然溯至西汉王朝初立之时,所置者唯东郡、济北、淮阳三郡而已。高帝六年(前 201),韩信楚国废,淮阳郡属汉。同年,析琅邪郡置城阳郡,其年与济北郡同属刘肥齐国。十一年,罢颍川郡,以其地与淮阳郡置淮阳国;罢东郡,以其地界梁国。惠帝元年(前 194),淮阳国除,为淮阳、颍川二郡(颍川后属豫州,不在本章叙述范围)。吕后元年(前 187),复以淮阳为国。同年,复置东郡。八年,淮阳国除为郡。

文帝二年(前 178),以济北郡为国。三年,济北国除为郡。四年,复置淮阳国。十二年,复罢淮阳国,分为淮阳、汝南二郡(汝南后属豫州,不在本章叙述范围)。十六年,济北复为王国。景帝二年(前 155),复置淮阳国。三年,淮阳复为郡。中元六年(前 144),梁国一分为五,除梁本国外,济东、山阳、济阴、济川四国皆在兖州部范围内。后元元年(前 143),济阳国除为郡。武帝建元三年(前 138),济川国除为济川郡。五年,山阳国除为郡。元狩元年(前 122),以济北王所献数邑并济南郡南部新置泰山郡,又更济川郡为陈留郡,是时兖部有八郡国之建制。元鼎六年(前 111),济东国除为大河郡。天汉四年(前 97),以山阳郡置昌邑国。后元二年(前 87),济北国除,地大半入泰山郡,济北建制废焉,遂至《汉志》规模。

昭帝元平元年(前 74),昌邑国除为山阳郡。宣帝元康三年(前 63),复置淮阳国。甘露二年(前 52),以济阴郡置定陶国,大河郡置东平国。黄龙元年(前 49),定陶国除为郡。元帝永光三年(前 41),以陈留郡置济阳国。建昭五年(前 34),济阳国除,复为陈留郡。同年,山阳国除为郡。成帝河平四年(前 25),复置定陶国,山阳国除为郡,哀帝建平二年(前 5),定陶国除为济阴郡。三年,东平国除为郡。平帝元始元年(公元 1),东平复为王国。

第一节 淮阳郡(国)沿革

楚淮阳郡(前202—前201)—淮阳郡(前201—前196)—淮阳国(前196—前194)—淮阳郡(前194—前187)—淮阳国(前187—前180)—淮阳郡(前180—前176)—淮阳国(前176—前168)—淮阳郡(前168—前155)—淮阳国(前155—前154)—淮阳郡(前154—前63)—淮阳国(前63—8)

高帝五年(前202)属韩信楚国为支郡。六年,韩信被夺国,高帝分其地为荆、楚两国,而以淮阳郡属汉。十一年,高帝立"子友为淮阳王……罢颍川郡,颇益淮阳"①,淮阳为王国,且其地有秦淮阳、颍川两郡之地。

惠帝元年(前194),淮阳王友徙王赵,淮阳国除为淮阳、颍川两郡,故此时淮阳郡又恢复至汉初时的地域。吕后元年(前187),复置淮阳国,以诈惠帝子强、武二人相继为淮阳王,然这段时间的淮阳国封域当仅为淮阳一郡,与刘友之淮阳国不可同日而语。八年析置乐昌侯国。同年,吕氏败,淮阳国除为郡,东昌侯国省。

文帝四年(前176),复置淮阳国,徙子代王武为淮阳王。十二年,徙淮阳王王梁,并割淮阳北边三城以益梁,又分淮阳南部数县并南阳郡东部数县置汝南郡,缩小后的淮阳郡南界大致在今河南上蔡县、安徽界首县处。

景帝二年(前155),复置淮阳国,立子余为王。三年,淮阳王徙鲁,国复除为郡。武帝元朔年间(前128—前123),得梁国所削八县。又疑元狩元年(前122),得圉县。宣帝地节三年(前67),析置高平侯国。元康三年(前63),以淮阳郡九县置淮阳国,余县分入陈留、汝南、沛三郡。此后淮阳国延续至西汉末年,唯有成帝阳朔二年(前23),析置王子侯国乐平另属它郡外,此外领域保持不变。

据《水经·渠水注》,淮阳郡治陈县,其国都当亦在陈县。

1. 陈县(前202—8)

自秦时便为淮阳郡治。治今河南淮阳县。

2. 苦县(前202—8)

治今河南鹿邑县。

3. 阳夏县(前202—前201)—阳夏侯国(前201—前197)—阳夏县(前197—8)

据《功臣表》,高帝六年置阳夏侯国封陈豨。十年,陈豨以赵相国反,此年当即国除。治今河南太康县。

---

① 《汉书》卷1《高帝纪》。

4. 固陵县(前202—?)—固始县(?—8)

肩水金关汉简 T9：283 亦作"古始"，然其他简中多作"固始"，当是可通用。《史记》卷8《高祖本纪》有固陵，晋灼注云，"固陵即固始"，则汉初原名固陵，然不知何时更名矣。治今河南淮阳县西北。

5. 城父县(前202—前63)

汉初属淮阳，宣帝元康三年改隶沛郡。治今安徽亳州市东南。

6. 新郪县(前202—前63)

张家山汉简《奏谳书》有新郪县名，秦置县也。宣帝元康三年改隶汝南郡。治今安徽太和县北。

7. 项县(前202—前63)

宣帝元康三年改隶汝南郡。治今河南沈丘县。

8. 长平县(前202—前127)—长平侯国(前127—前106)—长平县(前106—前104)—长平侯国(前104—前99)—长平县(前99—前63)

相家巷秦封泥有"长平丞印"，是秦已置县。武帝元朔二年置长平侯国封卫青，《外戚恩泽表》云，"侯伉……太初元年嗣侯，五年，阑入宫，完为城旦。"以《汉书》卷55《卫青传》，青薨于元封五年(前106)，则长平侯国曾短暂除国，卫伉实于太初二年(前103)方嗣爵，天汉二年(前99)国除。元康三年改隶汝南郡。治今河南西华县东北。

9. 南顿县(前202—前63)

相家巷秦封泥有"南顿丞印"，秦置县也。宣帝元康三年改隶汝南郡。治今河南项城市西。

10. 傿县(前202—前168, ?—前63)

文帝十二年以淮阳北之二三城益梁国，傿等在列，遂别属梁国。至武帝元朔间，复由梁国削入淮阳郡。宣帝元康三年，改辖陈留郡，详见本节陈留郡条下。治今河南柘城县北。

11. 宁陵县(前202—前196)—宁陵侯国(前196—前168)—宁陵县(?—前63)

据《功臣表》，高帝十一年置为侯国，封吕臣，文帝十二年改隶梁国。武帝元朔间，复自梁国削入淮阳国。宣帝元康三年，改辖陈留郡。治河南今县南。

12. 襄邑县(前202—前168)

汉初属淮阳，文帝十二年改隶梁国。治今河南睢县。

13. 平舆县(前202—前168)

秦县，文帝十二年别属汝南郡。治河南今县北。

14. 新蔡县(前 202—前 168)

相家巷秦封泥有"新蔡丞印",秦置县也。《汉书》卷 31《陈胜传》载,秦末宋留东至此地遇秦军。文帝十二年别属汝南郡。治河南今县。

15. 细阳县(前 202—前 168)

《汉书》卷 41《夏侯婴传》云,婴曾"益食细阳千户",可知汉初即有此县。文帝十二年别属汝南郡。治今安徽太和县东南。

16. 寝县(前 202—前 168)

《史记》卷 73《王翦列传》载,蒙恬破荆军于此,秦县也。文帝十二年别属汝南郡。治今安徽临泉县。

17. 召陵县(前 202—前 168)

文帝十二年别属汝南郡。治今河南漯河市郾城区东。

18. 上蔡县(前 202—前 168)

文帝十二年别属汝南郡。治河南今县西南。

19. 新阳县(前 202—前 201)—新阳侯国(前 201—前 112)—新阳县(前 112—前 63)

《汉书》卷 31《陈涉传》载,吕臣即起自新阳,是秦置县。《功臣表》有"阳信胡侯吕青",《史表》作"新阳",高帝六年封,武帝元鼎五年坐酎金免。《汉志》,阳信在勃海郡,文帝时尝以封刘揭,侯国不得另封他人,当以《史表》为是。侯国除后为县,宣帝元康三年改隶汝南郡。治今安徽界首市北。

20. 乐昌侯国(前 180—前 179)

据《功臣表》,吕后八年封鲁元公主子受为乐昌侯,次年国除。《后汉书》卷 45《张酺传》载:"张酺字孟侯,汝南细阳人,赵王张敖之后也。敖子寿,封细阳之池阳乡,后废,因家焉。"张寿疑即张受,初封之时当在淮阳。治今安徽太和县东南。

21. 圉县(前 122—8)

本属河南郡,不知何时改隶淮阳。疑在置陈留郡时,因酸枣、陈留既属陈留郡,圉县无法仍归河南郡管辖。当然也有可能此时圉县同样改隶陈留,后又划入淮阳境内,然此可能似较小。治今河南杞县南。

22. 高平侯国(前 67—前 63)

据《外戚恩泽表》:"高平宪侯魏相……(宣帝)地节三年六月壬戌封,八年薨。神爵三年,侯弘嗣,六年,甘露元年,坐酎宗庙骑至司马门,不敬,削爵一级为关内侯。柘。"《汉志》,临淮郡下有高平侯国,然表注柘,柘县属淮阳,疑非一地。又,元康三年淮阳为国,例不辖侯国,观柘县地望,近陈留郡,疑置淮阳国后,高平侯国另属陈留郡。今确址无考,然当在今河南柘城县北。

23. 新平县(？—8)

置年不详。治今河南淮阳县东北。

24. 柘县(？—8)

置年不详。治今河南柘城县北。

25. 宁平县(？—8)

置年不详。治今河南郸城县东。

26. 扶沟县(？—8)

置年不详。治河南今县东北。

27. 宜禄县(？—前63)

置年不详,宣帝元康三年自淮阳郡改隶汝南。治今河南郸城县东南。

28. 西华县(？—前63)

置年不详,宣帝元康三年自淮阳郡改隶汝南。治河南今县南。

29. 女阳县(？—前63)

置年不详,甚乃有初置于颍川郡,后迁徙至淮阳境内的可能(详说见下篇第二章第一节)。宣帝元康三年自淮阳郡削入汝南。治今河南商水县西。

30. 芒县(？—前63)

武帝元朔间,削梁国八县,芒县在其列,入淮阳郡,宣帝元康三年,淮阳国置,改隶沛郡。治今河南永城市北。

31. 建平县(？—前80)—建平侯国(前80—前63)

武帝元朔间自梁国削至淮阳郡。据《功臣表》,昭帝元凤元年(前80)置以为杜延年侯国。宣帝元康三年改隶沛郡。治今河南虞城县东南。

32. 酂县①(？—前63)

武帝元朔间削入淮阳郡,宣帝元康三年改隶沛郡。治今河南永城市西。

33. 栗侯国(？—前63)

武帝元朔间削入淮阳郡,宣帝元康三年改隶沛郡。治今河南夏邑县。

34. 谯县(？—前63)

武帝元朔间削入淮阳郡,宣帝元康三年改隶沛郡。治今安徽亳州市。

35. 㶏强县(？—前168)

文帝十二年别属汝南郡。治今河南临颍县东。

---

① 《居延汉简释文合校》释简498.14A 为"田卒淮阳郡䚱堂邑上造赵德",据此,似淮阳郡有䚱县。周波以为此字当释作赞,即《汉志》沛郡酂县,见其《说肩水金关汉简、张家山汉简中的地名"赞"及其相关问题》,《出土文献研究》第十二辑,中西书局,2013年。

第二节 东郡沿革

东郡(前 202—前 196,前 187—8)

高帝五年(前 202),以秦东郡之济阴地予彭越梁国。八年,析置清侯国。十一年,"罢东郡,颇益梁",东郡遂被取消建制。吕后元年(前 187)复置东郡,《秩律》所见二年之东郡属县有:

濮阳……阳平……东阿、聊城、□、观、白马、东武阳、茌平、甄城、顿丘。

武帝元朔三年(前 126),得济北王子侯国荣关、周望、富。五年,析置发干、从平二侯国。元狩二年(前 121),从平侯国省。三年,荣关侯国省。元鼎五年(前 112),周望侯国省。六年,富侯国别属大河郡。宣帝甘露二年(前 52),定陶、东平两王国置,原属济阴、大河郡之离狐、廪丘、范、须昌、寿良等县割畀东郡。成帝河平四年(前 25),以鄄城益定陶国。

据《水经·瓠子河注》,"秦始皇徙卫君角于野王,置东郡,治濮阳县"。

1. 濮阳县(前 202—前 196,前 187—8)

治河南今县西南。

2. 观县(前 202—前 196,前 187—8)

治今河南清丰县南。

3. 聊城县(前 202—前 196,前 187—8)

《功臣表》载,平悼侯工师喜"位次曰聊城侯"。是汉初曾为侯国,然时限不详,故不录。治今山东聊城市西北。

4. 顿丘县(前 202—前 196,前 187—8)

治今河南清丰县西。

5. 茌平县(前 202—前 196,前 187—8)

治今山东茌平县西南。

6. 东武阳县(前 202—前 196,前 187—前 73)—博陆侯东武阳(前 73—前 68)—东武阳县(前 68—8)

据《外戚恩泽表》,昭帝始元二年(前 85)封霍光为博陆侯,《汉书》卷 68《霍光传》则称东武阳为博陆侯霍光别邑,当为宣帝即位时所益封,地节二年(前 68)博陆侯国国除,别邑亦罢,复为县。治今山东莘县南。

7. 白马县(前 202—前 196,前 187—8)

治今河南滑县东。

8. 燕县(前202—前196,前187—8)

治今河南延津县东北。

9. 阳平县(前202—前196,前187—前145)—阳平侯国(前145—前108)—阳平县(前108—前74)—阳平侯国(前74—前70)—阳平县(前70—前48)—阳平侯国(前48—8)

《功臣表》"长修平侯杜恬"条下云:"阳平,孝景中五年,侯相夫绍封,三十七年,(武帝)元封三年……免。"又,据《外戚恩泽表》,昭帝元平元年(前74),置阳平侯国封蔡义,宣帝本始四年(前70),国除为县。元帝初元元年(前48),复封皇后父王禁为阳平顷侯。治今山东莘县。

10. 东阿县(前202—前196,前187—8)

治今山东阳谷县东北。

11. 鄄城县(前202—前196,前187—前25)

《汉志》鄄城属济阴,然此县名见于《秩律》,知其必为吕后之后改隶也,疑在成帝河平四年复置定陶国时益定陶。治山东今县北。

12. 清侯国(前199—前196,前187—前112)—清县(前112—8)

据《功臣表》,高帝八年三月丙戌封室中同为清简侯,武帝元鼎五年,坐酎金免。此侯国初置时不过千户,当为析乡聚地而置。治今山东聊城市西。

13. 戚侯国(前187—前118)

吕后元年属东郡,武帝元狩五年国除,省并。治今河南濮阳市。

14. 荣关侯国(前126—前120)

《王子侯表》载:"荣关侯骞,济北贞王子。(武帝元朔三年)十月癸酉封,坐谋杀人,会赦,免。茌平。"济北国近东郡,茌平当即为茬平①。此侯国初置之时必入东郡,国除后并入茬平县。《史表》作"荣简",徐广注云"一作营简",此处依《王子侯表》作"荣关"。《史表》言"(元狩)三年,侯骞有罪,国除",是知荣关侯国除于元狩三年。侯国名暂以《汉表》为准。地望当在今山东茌平县东南。

15. 周望侯国(前126—前112)

《王子侯表》云:"周望康侯何,济北贞王子。(武帝元朔三年)十月癸酉封,八年薨。元狩五年,侯当时嗣,六年,元鼎五年,坐酎金免。"《史表》作"周坚"。地望不明。

16. 富侯国(前126—前111)

《王子侯表》云:"富侯龙,济北贞王子。(武帝元朔三年)十月癸酉封,十六

---

① 陈直《汉书新证》云:茌平,"《续汉书·郡国志》作茬平。《隶释》卷6,谒者景君碑阴,有'济北茬平'。杨叔恭残碑亦作茬平,与志文正合"。

年,元康元年,坐使奴杀人,下狱瘐死。"①此处言国除在元康元年(前65)有误,据表文所言之十六年,康字当作封,实除于武帝元封元年(前110)也。《汉志》东平国有富城,其先当是富侯国。然置侯国之时,大河郡尚为济东国,故唯能入东郡。至于别属之年,或在元鼎六年大河郡置时,或在宣帝甘露二年东平国置时,暂取前者。治今山东肥城县西南。

17. 发干侯国(前124—前112)—发干县(前112—8)

据《外戚恩泽表》,武帝元朔五年,长平侯卫青子卫登"以青功封",元鼎五年,坐酎金免。《汉志》东郡下有发干县,当即为此地。《二年律令》中无此县,疑初置之年即为元朔五年,国除后未省并,仍为县,遂至汉末。治今山东冠县东。

18. 从平侯国(前124—前121)

《功臣表》载:"从平侯公孙戎奴……(武帝元朔五年)四月乙卯封,三年,元狩二年,坐为上党太守发兵击匈奴不以闻,免。乐昌。"故此侯国当距汉乐昌县不远,确址无考。

19. 离狐县(前52—8)

宣帝甘露二年,自济阴郡改隶东郡。治今河南濮阳县东南。

20. 须昌县(前52—8)

宣帝甘露二年,大河郡更为东平国,来属东郡。治今山东东平县西。

21. 范县(前52—8)

宣帝甘露二年,大河郡更为东平国,来属东郡。治今山东梁山县西北。

22. 寿良县(前52—8)

宣帝甘露二年,大河郡更为东平国,来属东郡。治今山东东平县西南。

23. 廪丘县(前52—8)

宣帝甘露二年,自济阴郡改隶东郡。治今山东郓城县西北。

24. 黎县(前52—8)

宣帝甘露二年,自济阴郡改隶东郡。治今山东郓城县西。

25. 博平县(?—8)

据《汉书》卷97《外戚列传》,宣帝封外祖母为博平君,以博平、蠡吾两县为汤沐邑,此县即其一也。置年不详,治今山东茌平县西北。

26. 临邑县(?—8)

此县置年不详。东郡曾得三济北王子侯国,不知临邑与此三侯国有无关

---

① 《王子侯表》于五据侯曤丘、富侯龙、平侯遂、羽康侯成、胡母侯楚下均言济北式王子,《史表》则称济北贞王子。济北王子侯国此日同置十一,又,《诸侯王表》有贞王,无济北式王,当为《汉表》传抄中之讹误,故均改作贞王子。

系。治今山东东阿县。

27. 利苗县(? —8)

置年不详。今地无考。

28. 畔县(? —8)

此县置年不详。《汉志》原作"畔观"。日本学者日比野丈夫著《汉简所见地名考》引居延汉简简文"戍卒东郡畔东成里公乘"说明畔、观非为一县①。另，赵明诚《金石录》卷十二载周阳家钟铭，其铭文云："畔邑家，今周阳家金钟……"段玉裁《地理志观县考》据此指出畔、观乃两县②，甚可信。畔县确治无考，当在今山东聊城市附近。

第三节　陈留郡[后济川郡(国)、济阳国]沿革

后济川国(前144—前138)—济川郡(前138—前122)—陈留郡(前122—前41)—济阳国(前41—前34)—陈留郡(前34—8)

景帝中元六年(前144)，分孝王梁国，置济川国以封梁孝王子明。武帝建元三年(前138)，"废明为庶人，地入于汉为郡"③。元狩元年(前122)，得河南郡东部数县，更名陈留郡。元封元年(前110)，置外石侯国。后元二年(前87)，外石侯国省。昭帝元凤六年(前75)，置富平侯国。宣帝本始元年(前73)，置阳城侯国。二年，阳城侯国省。四年，置长罗侯国。元康三年(前63)，得淮阳郡之宁陵、傿县及高平侯国等县。又，宣帝时，富平侯国省。

元帝永光三年(前41)，以陈留郡置济阳国，封子康。原属陈留郡之酸枣、封丘、长罗侯国等改隶河南郡。建昭五年(前34)，济阳王徙山阳，国除复为陈留郡，此前改隶河南郡诸县回属陈留郡。成帝元延年间，削梁国之甾县等地入陈留郡。平帝元始元年(公元1)，置平陆侯国。

据《水经·济水注》，武帝时之济川国及济阳郡治所均在济阳，元狩二年为陈留郡后，治所亦迁往陈留县。元帝所置之济阳国都当又在济阳，国罢后复为陈留郡，治所仍还陈留。

1. 陈留县(前122—前41，前34—8)

元狩元年来隶陈留郡。元帝永光三年，别属河南郡。建昭五年(前34)回

---

① 日比野丈夫：《汉简所见地名考》，载《东洋史研究》十二卷三号。
② 收入段玉裁：《经韵楼集》卷5，上海古籍出版社，2008年。
③ 《史记》卷58《梁孝王世家》。

属陈留郡。治今河南开封市祥符区东南。

2. 成安县(前144—8)

治今河南兰考县东。

3. 雍丘县(前144—8)

治今河南杞县。

4. 东昏县(前144—8)

治今河南兰考县北。

5. 襄邑县(前144—8)

治今河南睢县。

6. 外黄县(前144—1)—外黄侯国(1—8)

据《王子侯表》,平帝元始元年置外黄侯国封淮阳宪王孙圉,八年免。平帝元始元年广置侯国封东平、楚、淮阳王子,乃施恩于此数国,非以推恩令而置,故其地皆在汉郡中。治今河南兰考县东南。

7. 长垣县(前144—8)

治河南今县东北。

8. 济阳县(前144—8)

治今河南兰考县东北。

9. 平丘县(前144—8)

治今河南封丘县东。

10. 酸枣县(前122—前41,前34—8)

武帝元狩元年来隶陈留郡。元帝永光三年别属河南郡。建昭五年回属陈留郡。治今河南原阳县东北。

11. 浚仪县(前122—前41,前34—8)

武帝元狩元年来隶陈留郡。元帝永光三年别属河南郡。建昭五年回属陈留郡。治今河南开封市。

12. 尉氏县(前122—前41,前34—8)

《汉志》陈留郡有尉氏县,该县原属颍川。《史记》卷58《梁孝王世家》云梁西界止于高阳。高阳乡名,属圉县,尉氏在其西,不得属梁国①。当然亦不得属分自梁国之济川国。尉氏由颍川改属济川郡(或陈留郡),当在武帝元狩元年置陈留郡之时。元帝永光三年别属河南郡,建昭五年回属陈留。治河南今县。

---

① 谭其骧:《秦郡界址考》,收入《长水集》,人民出版社,1987年。

13. 封丘县(前122—前41,前34—8)

武帝元狩元年来隶陈留郡。元帝永光三年,别属河南郡。建昭五年回属陈留郡。治河南今县东北。

14. 外石侯国(前110—前87)

据《功臣表》,武帝元封元年置外石侯国以封吴阳,后元二年(前87)国除,省并。表注济阳,地望当在济阳附近,确址无考。

15. 富平侯国(前75—?)

据《外戚恩泽表》,昭帝元凤六年(前75)置富平侯国以封张安世。《汉书》卷59《张汤传》附《张延寿传》云,"国在陈留,别邑在魏郡",是富平侯国在陈留郡无疑也。《水经·河水注》引《陈留风俗传》曰:"陈留尉氏县安陵乡,故富平县也。"宣帝间请减户徙平原郡,陈留之富平侯国遂罢。其地确址不明。

16. 阳城侯国(前73—前71)

《外戚恩泽表》云:"阳城侯田延年……(宣帝本始元年)八月辛未封,二年,坐为大司农盗都内钱三千万,自杀。济阳。"是侯国在济阳邻近,确址无考。

17. 长罗侯国(前70—前41,前34—8)

据《功臣表》,宣帝本始四年封常惠为侯国。元帝永光三年别属河南郡,建昭五年回属陈留。治今河南长垣县东北。

18. 傿县(前63—前41,前34—8)

宣帝元康三年自淮阳郡来属。元帝永光三年别属河南郡,建昭五年回属陈留。治今河南柘城县北。

19. 宁陵县(前63—前41,前34—8)

宣帝元康三年自淮阳郡来属。元帝永光三年别属河南郡,建昭五年回属陈留。治河南今县南。

20. 高平侯国(前63—前53)

宣帝元康三年自淮阳郡来属,甘露元年国除。在今河南柘城县北。

21. 小黄县(前34—8)

元帝建昭五年自河南郡来属。治今河南开封市祥符区东北。

22. 甾县(?—8)

成帝元延年间自梁国削入陈留郡。治今河南民权县东北。

23. 蒙县(?—8)

成帝元延年间自梁国削入陈留郡。治今河南商丘市北。

24. 睢阳县(?—8)

成帝元延年间自梁国削入陈留郡。治今河南商丘市南。

25. 平陆侯国(1—8)

据《王子侯表》，平帝元始元年置以为淮阳宪王孙宠侯国。《水经·渠水注》云："迳平陆县故城北。吕后元年，封楚元王子礼为侯国。建武元年，以户不满三千，罢为尉氏县之陵树乡，又有陵树亭。"吕后元年(前187)所封之王子侯国，多以整县而置，不当为此国。又，此县于光武帝建武元年(25)罢，《汉志》陈留却无平陆县，是置县当在元延三年(前10)之后，此前必为此淮阳宪王孙侯国。治今河南尉氏县北。

第四节　济阴郡(国)(定陶国)沿革

济阴国(前144—前143)—济阴郡(前143—前52)—定陶国(前52—前49)—济阴郡(前49—前25)—定陶国(前25—前5)—济阴郡(前5—8)

景帝中元六年(前144)，分梁置济阴国，封孝王子不识，是为哀王。后元元年(前143)，"(哀王)卒，无子，国除，地入于汉为济阴郡"①。武帝征和二年(前91)，置秺侯国。宣帝甘露二年(前52)，以济阴郡置定陶国，封子嚣，其离狐、廪丘、都关、秺侯国等四县别属它郡。黄龙元年(前49)，定陶王徙楚，国除为郡。

元帝建昭元年(前38)，得梁王子侯国黄、甾乡。竟宁元年(前33)，得山阳郡单父、钜野、薄等数县及平乐、爰戚、郜成、中乡、平乐、郑等侯国。成帝建始二年(前31)，得亢父县。河平元年(前28)，亢父还属东平。二年，置城都侯国。四年，复置定陶国，山阳王徙此，取东郡之鄄城益定陶国，而钜野、单父、薄等县及黄、甾乡、爰戚、中乡、平乐、郑、城都、郜成等侯国皆别属山阳郡。

哀帝建平二年(前5)，定陶王景徙信都，国除为济阴郡。《汉志》济阴郡辖县不过九县，户数却达二十九万之众。与之相较，相邻的山阳郡户数仅十七万，显然是因为建平二年之后，山阳多有县改隶济阴之故。从地望上疑为薄、单父等县，又疑成帝末梁国之削县虞、己氏亦入济阴郡。

定陶国都在定陶县，此亦当为济阴郡治。

1. 定陶县(前144—8)
治山东今县稍西北。

2. 冤句县(前144—8)
治今山东曹县西北。

---

① 《史记》卷58《梁孝王世家》。

3. 吕都县(前144—8)

治今山东菏泽市西。

4. 成阳县(前144—8)

治今山东鄄城县东南。

5. 乘氏县(前144—8)

治今山东巨野县西南。

6. 都关县(前144—前52,前33—前25)

《汉志》都关县属山阳,然肩水金关汉简73EJT25：11 有"济阴都关乐里",可知都关曾属济阴。当于宣帝甘露二年置定陶国时,以都关县别属山阳郡。元帝竟宁元年置山阳国时回属济阴郡,成帝河平四年复属山阳。治今山东鄄城县东北。

7. 离狐县(前144—前52)

宣帝甘露二年别属东郡。治今河南濮阳县东南。

8. 廪丘县(前144—前52)

宣帝甘露二年别属东郡。治今山东郓城县西北。

9. 黎侯国(前144—前105)—黎县(前105—前52)

据《功臣表》,武帝元封六年,黎侯国除,为县。宣帝甘露二年别属东郡。治今山东郓城县西。

10. 秺侯国(前91—前87)—秺县(前87—前85)—秺侯国(前85—前52,前49—前43)—秺县(前43—4)—秺侯国(4—8)

据《功臣表》,武帝征和二年,置秺侯国封商丘成,后元二年(前87)国除。昭帝始元二年(前85)复置为侯国以封金日䃅,表言四十二年后国除,故当除于元帝永光元年(前43)。宣帝甘露二年,定陶国置,秺侯国当别属山阳,至黄龙元年(前49)定陶国除,方回属济阴郡。平帝元始四年(公元4),复置秺侯国,然仅千户,当为一乡聚而已。治今山东成武县西北。

11. 黄侯国(前38—前25,前5—8)

据《王子侯表》,元帝建昭元年(前38)封梁敬王子顺为侯国,以其地望,初置当属济阴郡。成帝河平四年,定陶国置,改隶山阳郡,哀帝建平二年复属济阴。治今河南民权县东南。

12. 甾乡侯国(前38—前25,前5—8)

据《王子侯表》,元帝建昭元年封梁敬王子就为侯国,表注济南,然梁王子不得远封至济南郡,当乃济阴之误。此侯国疑由梁国之甾县所割,疑初置时在济阴郡。成帝河平四年,别属山阳。哀帝建平二年回属济阴郡。今地无考,疑在今山东曹县西南。

13. 爰戚侯国(前 33—前 25)

元帝竟宁元年(前 33)来隶济阴郡,成帝河平四年回属山阳。治今山东嘉祥县南。

14. 郜成侯国(前 33—前 25)

东海尹湾汉简中作"邛成",《外戚恩泽侯表》中亦作"邛成侯",辨见山阳郡条下。元帝竟宁元年来隶济阴郡,成帝河平四年回属山阳。治今山东成武县东南。

15. 中乡侯国(前 33—前 25)

元帝竟宁元年来隶济阴郡,成帝河平四年回属山阳。今地无考。

16. 平乐侯国(前 33—前 25)

元帝竟宁元年来隶济阴郡,成帝河平四年回属山阳。治今山东单县东。

17. 郑侯国(前 33—前 25)

元帝竟宁元年来隶济阴郡,成帝河平四年回属山阳。今地无考。

18. 钜野县(前 33—前 25)

元帝竟宁元年置山阳国时别属济阴郡,成帝河平四年回属山阳。治今山东巨野县东北。

19. 单父县(前 33—前 25,前 5—8)

元帝竟宁元年置山阳国时别属济阴郡,成帝河平四年回属山阳,哀帝建平二年复隶济阴郡。治今山东单县。

20. 薄县(前 33—前 25,前 5—8)

元帝竟宁元年置山阳国时别属济阴郡,成帝河平四年回属山阳。哀帝建平二年复属济阴郡。治今山东曹县南。

21. 亢父县(前 31—前 28)

成帝建始二年,削东平国亢父县,此时山阳为国,亢父唯能入济阴郡。河平元年,复属东平国。治今山东济宁市西南。

22. 城都侯国(前 27—前 25)

《外戚恩泽表》云,"成都景成侯王商,(成帝河平二年)六月乙亥,以皇太后弟关内侯侯……绥和二年,坐山陵未成置酒歌舞,免。山阳"。此成都侯国当即《汉志》山阳之城都侯国。河平二年,山阳为国,此侯国必先属济阴,河平四年方别属山阳郡。治今山东鄄城县东南。

23. 鄄城县(前 25—8)

成帝河平四年,复置定陶国,以东郡之鄄城县益定陶。治山东今县北。

24. 己氏县(前 5—8)

哀帝建平二年来隶济阴郡。治今山东曹县东南。

25. 虞县(前 5—8)

哀帝建平二年来隶济阴郡。治今河南虞城县北。

26. 葭密县(？—8)

置年不详。治今山东菏泽市西北。

27. 句阳县(？—8)

置年不详。治今山东菏泽市北。

28. 桂邑县(？—？)

肩水金关汉简 EJT37：1320 有"戍卒济阴郡桂邑千秋里……"之语，则西汉时济阴郡有桂邑，然《汉志》无载，或因暂置辄废之故。今地无考。

第五节　山阳郡(国)(昌邑国)沿革

山阳国(前 144—前 136)—山阳郡(前 136—前 97)—昌邑国(前 97—前 74)—山阳郡(前 74—前 33)—山阳国(前 33—前 25)—山阳郡(前 25—8)

景帝中元六年(前 144)，分梁置山阳国，封梁孝王子定。武帝建元五年(前 136)，刘定薨，无后，国除为山阳郡。元朔中，薄县自梁国削来。元朔三年(前 126)，得鲁王子侯国瑕丘、宁阳。天汉四年(前 97)，以山阳郡置昌邑国。

昌邑国所领，与山阳郡稍有差异。居延汉简有简文曰："昌邑国樊郭东里……"①樊县《汉志》属东平国，是武帝置昌邑国以樊县益之，甚至未必仅取此一县益昌邑，然余县无证，暂不取。故可知昌邑置国之初，除前所得王子侯国改隶它郡外，又得原大河郡之樊县。

昭帝元平元年(前 74)，昌邑国除为山阳郡。元帝竟宁元年(前 33)，复置山阳国，徙济阳王于此，瑕丘、爰戚、郜成、中乡、平乐、郑等侯国及单父、钜野、都关、薄等县别属济阴郡。成帝河平四年(前 25)，山阳王徙定陶，国除为郡，单父等县回属山阳郡。鸿嘉元年(前 20)，得东平王子侯国栗乡。永始三年(前 14)，得梁王子侯国曲乡。元延元年(前 12)，得东平王子侯国西阳。元延年间又得梁国削县己氏、虞县。哀帝建平二年(前 5)，定陶国除，地入汉为济阴郡，山阳郡之黄、甾乡等侯国及己氏、虞、单父、薄等县遂改隶济阴郡。

昌邑国都昌邑，此县亦当为山阳郡治所。

1. 昌邑县(前 144—8)

治今山东巨野县东南。

---

① 中国社会科学院考古研究所：《居延汉简甲乙编》简 523.8(乙 275 版)，中华书局，1980 年。

2. 南平阳县(前144—8)

治今山东邹城市。

3. 成武县(前144—5)—成武侯国(5—8)

据《外戚恩泽表》，平帝元始五年(公元5)置以为孙建侯国。治山东今县。

4. 胡陵县(前144—前140)—湖陵县(前140—8)

武帝建元元年更名胡县为湖县，故疑胡陵更名湖陵亦在此年。治今山东鱼台县东南。

5. 东缗县(前144—8)

治今山东金乡县。

6. 方与县(前144—8)

治今山东鱼台县东。

7. 橐县(前144—8)

治今山东微山县西北。

8. 钜野县(前144—前33，前25—8)

元帝竟宁元年置山阳国时别属济阴郡，成帝河平四年回属。治今山东巨野县东北。

9. 单父县(前144—前33，前25—前5)

元帝竟宁元年置山阳国时别属济阴郡，成帝河平四年回属。哀帝建平二年再隶济阴郡。治今山东单县。

10. 郁狼侯国(前126—前112)—郁狼县(前112—?)

《史表》有此侯国，居延汉简简501·1有"昌邑国湖陵始昌里"，马孟龙以为"湖陵"乃"郁狼"之误，即《史表》之郁狼侯国，武帝元朔三年置以封鲁共王子骑，元鼎五年(前112)国除。《王子侯表》作郁根侯刘骑，马孟龙据出土西汉封泥"郁狼乡印"以为应以《史表》为准，国除后为县，后不知何年省并，并引《春秋经传集解》以为地望约在今山东省鱼台县境①。

11. 瑕丘侯国(前126—前97，前50—前33，前25—8)

据《王子侯表》，武帝元朔三年封鲁共王子政为侯国，初置时鲁国北有济北国，西有济东国，唯能属山阳。天汉四年，山阳郡建为昌邑国，瑕丘侯国别属大河郡。宣帝甘露四年(前50)，大河郡为东平国，瑕丘侯国回属山阳郡。元帝竟宁元年，别属泰山郡。成帝河平四年回属山阳。治今山东济宁市兖州区偏北。

12. 宁阳侯国(前126—前97)

据《王子侯表》，武帝元朔三年封鲁共王子恬为侯国。初置时属山阳，天汉

---

① 马孟龙：《居延汉简地名校释六则》，刊于《文史》2013年第4期。

四年别属大河郡。治山东今县南。

13. 劲侯国（前 114—前 100）—邵县（前 100—?）

《王子侯表》载："劲侯顺，代共王子。（元朔三年）正月壬戌封，二十六年，天汉元年，坐杀人及奴凡十六人，以捕匈奴千骑免。"《汉志》无劲邑。马孟龙《居延汉简地名校释六则》中以为，居延汉简屡见"昌邑国邡"，"皆为'邵'字的误释"，即此代共王子劲侯国，当为武帝元鼎三年迁徙至山阳郡，国除后为县，并延续到昌邑国时期，后省并①。今地无考。

14. 樊县（前 97—前 74）

武帝天汉四年，以樊县益昌邑国，昭帝元平元年（前 74）复属东平国。治今山东济宁市兖州区西南。

15. 爰氏侯国（前 73—前 68，5—8）

据《外戚恩泽表》，宣帝本始元年（前 73）置侯国以封便乐成，地节二年（前 68）国除。平帝元始五年复置。表注单父，当在单父邻近，确址不详。

16. 爰戚侯国（前 68—前 33，前 25—8）

宣帝地节二年封赵长年为侯国，元帝竟宁元年别属济阴郡，成帝河平四年回属。治今山东嘉祥县南。

17. 郜成侯国（前 64—前 33，前 25—前 5）—郜成县（前 5—1）—郜成侯国（1—8）

据《外戚恩泽表》，宣帝元康二年（前 64）封邛成侯王奉先为侯国，即此地也。《尹湾汉简》中亦有"山阳郡邛成唐汤"，似此地确当作邛成。然观《汉表》、《汉志》名称不同者岂一也，又，后王莽更名为告成，未必汉末此地不名郜成，故仍取郜成之名。表注济阴，乃因元帝竟宁元年置山阳国时，此侯国别属济阴郡，成帝河平四年方回属之故。哀帝建平二年国除，平帝元始元年复置。治今山东成武县东南。

18. 都关县（前 52—前 33，前 25—8）

宣帝甘露二年置定陶国时别属山阳，元帝竟宁元年复属济阴郡。成帝河平四年再隶山阳。治今山东鄄城县东北。

19. 秺侯国（前 52—前 49）

宣帝甘露二年置定陶国，以侯国故来属山阳，黄龙元年（前 49），定陶国除，回属济阴郡。治今山东成武县西北。

20. 中乡侯国（前 38—前 33，前 25—8）

据《王子侯表》，元帝建昭元年（前 38）封梁敬王子延年为侯国。竟宁元年

---

① 参见马孟龙：《居延汉简地名校释六则》，又见氏著《西汉侯国地理》，第 316—320 页。

别属济阴,成帝河平四年回属山阳。今地无考。

21. 平乐侯国(前38—前33,前25—8)

据《王子侯表》,元帝建昭元年封梁敬王子迁为侯国。竟宁元年别属济阴,成帝河平四年回属山阳。治今山东单县东。

22. 郑侯国(前38—前33,前25—8)

据《王子侯表》,元帝建昭元年封梁敬王子罢军为侯国。竟宁元年别属济阴,成帝河平四年回属山阳。今地无考。

23. 甾乡侯国(前25—前5)

成帝河平四年来属山阳。疑哀帝建平二年回属济阴郡。今地无考,疑在今山东曹县西南。

24. 黄侯国(前25—前5)

元帝建昭元年封梁敬王子顺为侯国,初置当属济阴郡。成帝河平四年,定陶国置,改隶山阳郡,哀帝建平二年复属济阴。治今河南民权县东南。

25. 城都侯国(前25—前7)—(前6—8)

成帝河平四年自济阴郡来属。《外戚恩泽表》载:"绥和二年,坐山陵未成置酒歌舞,免。……(哀帝)建平元年,侯邑以况弟绍封。"治今山东鄄城县东南。

26. 粟乡侯国(前20—8)

成帝鸿嘉元年(前20)封东平思王子护为侯国。今地无考。

27. 曲乡侯国(前14—前5)

成帝永始三年(前14)封梁荒王子凤为侯国,《王子侯表》注济南,实为济阴之误。初置时济阴郡为定陶国,此侯国唯能属山阳,哀帝建平二年别属济阴郡。今地无考。

28. 西阳侯国(前12—8)

成帝元延元年(前12)封东平思王子并为侯国,《王子侯表》注东莱,乃是因错格而误(东莱当乃下格胶东王子堂乡侯国所在)。《中国历史地图集》定位在今山东金乡县西,此地距离东平国颇远,不当为东平王子侯国所在也。今地无考。

29. 薄县(? —前33,前25—前5)

武帝元朔中自梁国削至。元帝竟宁元年置山阳国时别属济阴郡,成帝河平四年回属,哀帝建平二年别属济阴郡。治今山东曹县南。

30. 己氏县(? —前5)

成帝元延年间自梁国削入山阳郡,哀帝建平二年别属济阴郡。治今山东曹县东南。

31. 虞县(？—前 5)

成帝元延年间自梁国削入山阳郡,哀帝建平二年别属济阴郡。治今河南虞城县北。

32. 杨乡侯国(前 5)

据《外戚恩泽表》,哀帝建平二年置以封朱博,同年国除,表注湖陵,地望当近湖陵县,在山阳郡。

33. 褒鲁侯国(1—8)

据《外戚恩泽表》,平帝元年置以封周公后,表注南阳平,赵海龙以为是南平阳之讹,可从①。则此侯国亦在山阳郡,确地无考,当距南平阳不远。

第六节 东平国(郡)(济东国、大河郡)沿革

济东国(前 144—前 111)—大河郡(前 111—前 52)—东平国(前 52—前 4)—东平郡(前 4—1)—东平国(1—8)

景帝中元六年(前 144),分梁置济东国,封梁孝王子彭离。武帝元鼎六年(前 111),济东国除为大河郡,得富侯国。天汉四年(前 97),得鲁王子侯国二:宁阳、瑕丘。

宣帝甘露二年(前 52),以大河郡置东平国,瑕丘侯国回属山阳郡,宁阳侯国回属泰山郡。成帝建始二年(前 31),"东平王宇有罪,削樊、亢父县。"河平元年(前 28),复樊、亢父县。

鸿嘉元年(前 20),封东平王子侯国二:栗乡、桑丘。前者改隶山阳,后者属泰山。鸿嘉二年,封王子侯国桃乡,三年封王子侯国富阳,皆改隶泰山郡。元延元年(前 12),封王子侯国西阳,改隶山阳郡。

哀帝建平二年(前 5),置王子侯国严乡、武平、春城。三年,国除为东平郡。平帝元始元年(1)复置为国。

其国都或在无盐,然无确证。

1. 无盐县(前 144—8)

治今山东东平县东南。

2. 东平陆县(前 144—8)

治今山东汶上县北。

3. 任城县(前 144—8)

治今山东微山县西北。

---

① 赵海龙:《〈汉书·地理志〉与东汉政区地理研究》,《史学月刊》2018 年第 4 期。

4. 亢父县(前144—前31,前28—8)

成帝建始二年(前31)削归济阴郡,河平元年(前28)复回属。治今山东济宁市西南。

5. 樊侯国(前144—?)—樊县(?—前97,前74—前31,前28—8)

本为侯国,据《功臣表》,国除在武帝元鼎四年,然此时王国早已不辖侯国,故必于此前已迁徙,即在武帝初某年复为县也。天汉四年别属昌邑国,昭帝元平元年(前74)回属大河郡。成帝建始二年削归泰山郡,河平元年复回属。治今山东济宁市兖州区西南。

6. 寿良县(前144—前52)

《汉志》属东郡,然《汉书》卷47《梁孝王传》中称梁孝王刘武大猎梁山,寿良一线当本在梁国境内也。景帝中元六年别属济东国。宣帝甘露二年,割属东郡。治今山东东平县西南。

7. 范县(前144—前52)

宣帝甘露二年置东平国,改隶东郡。治今山东梁山县西北。

8. 须昌县(前144—前52)

宣帝甘露二年置东平国,改隶东郡。治今山东东平县西。

9. 富侯国(前111—前110)—富城县(前110—8)

据《王子侯表》,武帝元朔三年(前126)置以为济北式王子龙侯国,元封元年(前110)国除。疑于元鼎六年(前111)济东国除时来属。《汉志》东平国有富城县,疑即此地。治今山东肥城县西南。

10. 瑕丘侯国(前97—前52)

武帝天汉四年,自昌邑国来属,宣帝甘露二年别属山阳。治今山东济宁市兖州区偏北。

11. 宁阳侯国(前97—前52)

武帝天汉四年,自昌邑国来属,宣帝甘露二年别属泰山。治山东今县南。

12. 章县(?—8)

置年不详。治今山东东平县东。

13. 新桃县(?—前19)

《汉书》卷88《儒林传》云:"王式字翁思,东平新桃人也。"王式为东平新桃人。按,东平置国前无此地名,则新桃必为东平国之属县也,惜置年不详。东平王子侯国有五,其入山阳者二,入泰山者三,入泰山者有桃乡侯国,疑与新桃县有关,或新桃县乃渐渐析置为桃乡、富阳、桑丘等侯国,如此则为成帝鸿嘉二年废。治今山东汶上县东北。

第七节　城阳国(郡)沿革

齐城阳郡(前201—前193)—城阳郡(前193—前182)—鲁城阳郡(前182—前179)—齐城阳郡(前179—前178)—城阳国(前178—前169)—齐城阳郡(前169—前164)—城阳国(前164—前18)—城阳郡(前18—前16)—城阳国(前16—8)

高帝六年(前201)析琅邪郡置，属齐国。惠帝二年(前193)，齐悼惠王刘肥献城阳郡为鲁元公主汤沐邑，不复属齐。吕后元年(前187)，鲁元公主薨，然此郡似当并未还属齐国，疑此时或属汉。六年，鲁元公主子张偃封鲁王，此郡遂属鲁国。文帝元年(前179)，吕氏败，鲁国除，城阳郡复归齐国。二年，以城阳郡置国，封朱虚侯刘章为城阳王。十一年，城阳王喜徙王淮南，城阳国除为郡，仍属齐。十六年，淮南王喜复王城阳。

武帝元朔二年(前127)，封共王子侯国三：东莞、雷、辟土。四年，封共王子侯国十：利乡、有利、南城、东平、云萍、山州、海常、骓丘、广陵、杜原。元鼎元年(前116)，封顷王子侯国昌、贲、零殷、原洛、挟、枥、鳣、彭、瓡、虚水、麦、巨合、挟术、文、庸、翟、东淮、拘、淯，皆别属它郡。

昭帝元凤元年(前80)，置惠王子侯国江阳，别属东海郡。宣帝甘露四年(前50)，置荒王子侯国高乡、兹乡、都平、枣、箕、即来、籍阳。元帝初元元年(前48)，置荒王子侯国庸、昆山、折泉、博石、房山、式、要安。三年，置戴王子侯国石山、都阳、参封、伊乡，皆别属汉郡。

成帝"鸿嘉二年，哀王云嗣，一年薨，无后。永始元年，王俚以云弟绍封，二十五年，王莽篡位，贬为公，明年废"①。是鸿嘉三年(前18)时城阳曾短暂国除为郡，两年后方复置。四年，置孝王子侯国桃山，别属泰山郡。

《水经·沭水注》云："汉兴，以为城阳国，封朱虚侯章，治莒。"据此，城阳治所在莒县。

1. 莒县(前201—8)

《再续封泥考略》卷二有"筥丞之印"，是"莒"亦可写作"筥"。治山东今县。

2. 阳都侯国(前201—前155)—阳都县(前155—8)

秦封泥有"阳都城印"。《功臣表》云："阳都敬侯丁复，以越将从起薛，至霸上，以楼烦将入汉，定三秦，属周吕侯，破龙且彭城，为大司马，破项籍叶，为将军，忠臣，侯，七千八百户。(高帝六年)正月戊申封，十九年薨。……孝景二

---

① 《汉书》卷14《诸侯王表》。

年,有罪免。户万七千。"又据《外戚恩泽表》,宣帝曾封阳都侯张彭祖,此时阳都为县,属城阳国,不当为彭祖封邑也,同名而已。治今山东沂南县南。

3. 东安县(前201—8)

治今山东沂水县南。

4. 虑县(前202—8)

治今山东沂水县西。

5. 费侯国(前201—前148)—费县(前148—前116)

据《功臣表》,高帝六年置为陈贺封国,景帝中元二年(前148)免,复为县。据《王子侯表》,武帝元鼎元年为城阳顷王子方侯国,别属东海郡。治山东今县北。

6. 启阳县(前201—前156)—开阳县(前156—?)

《里耶秦简》中有启阳,当即《汉志》东海郡之开阳县,汉为避景帝讳而更名。开阳县地在东海郡东北,疑汉初本非东海所辖,当本属城阳,武帝年间渐析置为王子侯国,遂入东海。治今山东临沂市北。

7. 昌县(前202—前199)—昌侯国(前199—前154)—昌县(前154—前116)

《功臣表》云,"昌圉侯旅卿……(高帝八年)六月戊申封,三十四年薨。……孝景三年,坐谋反诛"。武帝元鼎元年,置为昌侯国以封城阳顷王子差,别属琅邪。《大清一统志》云,昌县故城"在诸城县东南,《水经注》久台水西北流迳昌县故城南,城应在诸城县东南。《县志》,县东北三十里有昌城社,疑是石泉县故址也",《大清一统志》有据,从之。《中国历史地图集》以昌城社为昌县故地,微误。治今山东诸城市东南。

8. 栒侯国(前199—前146)

据《功臣表》,高帝八年封以为温疥侯国,景帝中元四年国除。马孟龙以为即城阳顷王子买之栒侯国所在。今地无考。

又,城阳国初置之时,县当远不仅于此,如《汉志》东海郡临沂、即丘、况其县初亦本为城阳之地,又如琅邪郡东莞、昆山一带本均属城阳,然皆不知此本名何县,故城阳郡辖县不及于此,然并不代表城阳郡仅辖上述数县也。

第八节 泰山郡(附:济北国)沿革

泰山郡(前122—后8)

武帝元狩元年(前122),济北王献泰山及其旁邑,武帝遂以其地共济南郡南部置泰山郡。元狩五年,平州侯国省。元鼎五年(前112),胡母、五据、博阳侯国省。元封元年(前110),析置奉高邑。三年,析置平州侯国。四年,平州侯国省。后元元年(前88),德侯国省。二年,济北王宽谋反自杀。泰山郡又得原济北国之卢、茌、肥成、刚、蚳(蛇)丘等数县地。

宣帝本始元年(前73),析置平丘侯国。地节二年(前68),平丘侯国省。甘露二年(前52),以大河郡置东平国,又得原大河郡所领之宁阳等侯国。四年,得鲁孝王子侯国平邑。元帝初元元年(前48),得城阳王子侯国式。竟宁元年(前33),山阳郡置国,得瑕丘侯国。成帝河平四年(前25),瑕丘侯国复回属山阳。建始二年(前31),得樊县。河平元年(前28),樊县复属东平国。鸿嘉元年(前20),得东平王子侯国乘丘,式侯国省。二年,得东平王子侯国桃乡。永始三年(前14),得东平王子侯国富阳。四年,得城阳王子侯国桃山。元延元年(前12),复置式侯国。平帝元始元年(公元1),复置平邑侯国。

泰山郡治在奉高,然奉高置县之前,或在博县。

1. 奉高邑(前110—8)

《水经·汶水注》云:"汶水自嬴来,西南过奉高县北,武帝元封元年立,以奉泰山之祀。"是置县在元封元年(前110)。治今山东泰安市东。

2. 博县(前122—8)

武帝元狩元年,济北王献泰山,疑博县亦即此时献。治今山东泰安市东南。

3. 盖侯国(前122—前112)—盖县(前112—8)

汉初即有,本属济南郡。《外戚恩泽表》云:"盖靖侯王信,以皇后兄侯。(景帝中元五年)五月甲戌封,二十五年薨。……(武帝)元鼎五年坐酎金免。"泰山郡置,来属。元鼎五年国除为县。治今山东沂源县东南。

4. 东平阳县(前122—8)

治今山东新泰市。

5. 莱芜县(前122—8)

《临淄新出汉封泥集》有"莱无丞印",是县名亦可写作"莱无"。治今山东淄博市南。

6. 钜平县(前122—8)

治今山东泰安市南。

7. 嬴县(前122—8)

西汉封泥有"嬴丞之印"[1],是县名亦可写作"嬴"。治今山东莱芜市西北。

---

[1] 孙慰祖:《古封泥集成》,上海书店出版社,1994年,第195页。

8. 蒙阴县(前122—8)

治山东今县西。

9. 华县(前122—8)

治今山东费县东北。

10. 南武阳县(前122—8)

秦封泥有"南武丞印",当即为此县。治今山东平邑县。

11. 柴侯国(前122—?)—柴县(?)

《汉志》柴下未注侯国,然《王子侯表》云:"柴原侯代,齐孝王子。(武帝元朔四年)四月乙卯封,三十四年薨。……(宣帝)元康二年,敬侯贤嗣。三年,康侯齐嗣。恭侯莫如嗣,薨,无后。"以此,自元朔四年便有柴侯国,且历五世。然此侯国国除时间不详,《汉志》未书侯国亦有可能是国已除,当然也不排除失书侯国的可能。柴侯国初置时本属济南郡,元狩元年改隶泰山。治今山东新泰市西。

12. 德侯国(前122—前112)—德县(前112—前91)—德侯国(前91—前88)—德县(前1—8)

据《王子侯表》,高帝所封之德侯国除于武帝元鼎五年,至哀帝"元寿二年五月甲子,侯勋以广玄孙之孙长安公乘绍封,千户,九年,王莽篡位,绝。泰山"。又,《功臣表》云,"德侯景建,(武帝征和二年)七月癸巳封,四年,后二年,坐共莽通谋反,要斩。济南"。两处表注,一云泰山,一云济南,疑有一误,暂取泰山为是。《汉志》无德县,然武帝女有阳石公主,《史记集解》引徐广注云,"阳石,一云德邑",是阳石公主曾以德县为汤沐邑,故武帝时期曾为县,或在景建之德侯国国除后方省并。又,莽通之反在武帝后元元年,此处言后元二年,似误。今地无考。

13. 胡母侯国(前122—前112)

武帝元鼎五年国除,省并。今地无考。

14. 五据侯国(前122—前112)

武帝元鼎五年国除,省并。今地无考。

15. 博阳侯国(前122—前112)

齐孝王子就侯国,据《王子侯表》,武帝元鼎五年国除。《汉志》泰山郡无博阳县,当为国除后省并或拆分也。地望当在今山东莱芜、新泰之间。

16. 平州侯国(前122—前118,前108—前107)

据《功臣表》,平州侯国凡两见,一为高帝十一年置以封昭涉掉尾,武帝元狩五年国除,此处表不言在何郡。另一则为"平州侯王唊,以朝鲜将,汉兵至,降,侯,千四百八十户。(武帝元封)三年四月丁卯封,四年薨,无后。梁父"。

以此,当为析梁父县地置,故昭涉掉尾之平州侯国当本在济南郡,元狩元年别属泰山。元封四年,王唊侯国国除后省并。治今山东莱芜市西。

17. 卢县(前87—8)

武帝后元二年,济北国除后来属。治今山东济南市长清区西南。

18. 茌县(前87—8)

武帝元狩之前,泰山犹在济北国境内,茌、肥成等数县更在泰山之西,又有一段距离,不当被视作旁邑而献,当为济北国除后来属泰山郡。治今山东济南市长清区东南。

19. 肥成县(前87—8)

武帝后元二年来属泰山郡。治今山东肥城市。

20. 虵(蛇)丘县(前87—8)

武帝后元二年来属泰山郡。治今山东肥城市南。

21. 刚县(前87—8)

武帝后元二年来属泰山郡。治今山东宁阳县东北。

22. 平丘侯国(前73—前68)

《外戚恩泽表》云:"平丘侯王迁,以光禄大夫与大将军光定策功侯,千二百五十三户。(宣帝本始元年)八月辛未封,五年,地节二年,坐平尚书听请收臧六百万,自杀。肥城。"是宣帝本始元年(前73),析肥城置平丘侯国,地节二年国除省并。《汉志》陈留郡有平丘,然表注肥城,知此平丘当为泰山郡下同名乡聚耳。在今山东肥城市附近。

23. 宁阳侯国(前52—8)

宣帝甘露二年置东平国,宁阳侯国改隶泰山郡。治山东今县南。

24. 平邑侯国(前50—前48,1—8)

《王子侯表》云,"平邑侯敞,鲁孝王子。(宣帝甘露四年)闰月丁亥封,二年,初元元年,坐杀一家二人弃市。东海"。表注东海,误,应为后人传抄错格所致,实当为泰山(详见下篇第五章第一节)。《续山东考古录》卷27:"费城,汉平邑侯。邑在县西北十里,今平邑集(即今山东平邑县)[1]。"可信。该地曾发现有东汉章和元年(公元87)石阙,上有"南武阳平邑"字样,今平邑县正是汉南武阳地,可见南武阳与平邑有关。南武阳县,《汉志》属泰山,近鲁国,当为平邑侯地无疑。疑元帝初元元年,平邑侯国除后并入南武阳,后代又用平邑之地名。平帝元始元年,复置以为东平思王孙闵侯国。治今山东平邑县。

---

[1] 叶圭绶撰,王汝涛、唐敏、丁善余点注:《续山东考古录》卷27,山东文艺出版社,1997年。

25. 式侯国（前48—前20，前12—8）

《王子侯表》云："式节侯宪，城阳荒王子。（元帝初元元年）三月封，三百户。哀侯霸嗣，（成帝）鸿嘉元年薨，无后。元延元年，侯萌以霸弟绍封，十九年免。泰山。"《汉志》泰山郡有式，钱大昕以为此式即城阳荒王子宪所封，表失注侯国①。今地无考。

26. 瑕丘侯国（前33—前25）

元帝竟宁元年，山阳置国，其时瑕丘侯国西为东平国，南为山阳国，东为鲁国，唯能属泰山郡。成帝河平四年回属山阳。治今山东济宁市兖州区偏北。

27. 樊县（前31—前28）

成帝建始二年，削东平国樊县，此时山阳为王国，以樊县之地望唯能入泰山郡。河平元年，复属东平国。治今山东济宁市兖州区西南。

28. 乘丘侯国（前20—8）

《王子侯表》云："桑丘侯顷，东平思王子。（成帝鸿嘉元年）四月辛巳封。"《汉志》不见桑丘侯国，而泰山郡之乘丘地近东平，疑即为桑丘侯国，志失注侯国。治今山东济宁市兖州区西。

29. 桃乡侯国（前19—8）

《王子侯表》云："桃乡顷侯宣，东平思王子。（成帝鸿嘉）二年正月戊子封。侯立嗣，免。"治今山东汶上县东北。

30. 富阳侯国（前14—8）

《王子侯表》云："富阳侯萌，东平思王子。（成帝永始）三年庚申封，二十三年免。"此侯国国存二十三年，即在公元8年国除也，《汉志》年代仍存，是志失注侯国。治今山东东平县东。

31. 桃山侯国（前13—8）

《王子侯表》云："桃山侯钦，城阳孝王子。（成帝永始）四年五月戊申封，二十一年免。"《中国历史地图集》定位于今山东宁阳县东北，然此地远离城阳国，有误。《读史方舆纪要》卷32《山东三》载："桃山城在（滕）县东。晋改置城于此，为戍守处。太和六年，苻秦将俱难攻晋兰陵太守张闵子于桃山，桓温遣兵击却之，即此。"然地在鲁、东海边界，亦非此侯国所在。今地无考。

32. 梁父县（？—8）

置年不详。治今山东新泰市西。

附：济北郡（前202—前201）—齐济北郡（前201—前178）—济北国（前

---

① 钱大昕：《廿二史考异》卷9。

178—前177)—济北郡(前177—前165)—济北国(前165—前87)

高帝五年属汉为郡。六年,疑置成侯国。同年,析济北郡南部地置博阳郡,余地仍为济北,属刘肥齐国。文帝二年,以济北郡置王国,封齐悼惠王子兴居为济北王;三年,刘兴居反,国除为郡入汉。文帝元年,析置阳信侯国。十五年,复置济北国,封齐悼惠王子志。

景帝四年,徙济北王志为甾川王,同时徙衡山王勃王济北,然刘勃所封并不得济北全地,景帝同时以原济北郡北部平原、东平舒、鬲、重平、高唐、厌次等十余县置平原郡,而仅以缩小之济北王刘勃。武帝元狩元年,济北王献泰山及旁邑于汉,疑博县此时别属泰山郡。后元二年,济北王宽谋反自杀,国除,其地尽入泰山郡,济北之名亦不复存在,故《汉志》无济北。然纵观西汉一朝,济北郡/国存在时间实有一百余年,是西汉历史上重要的行政建制,不可忽略。

济北国都卢县。

1. 卢县(前202—前87)

秦封泥有"卢丞之印",据《汉书》卷39《曹参传》,参尝攻此城。武帝后元二年济北国除,改属泰山郡。治今山东济南市长清区西南。

2. 杨虚县(前202—前176)—杨虚侯国(前176—前164)—杨虚县(前164—前87)

《汉志》平原郡有楼虚县,然据《王子侯表》,文帝四年,封齐悼惠王子将间为杨虚侯。《再续封泥考略》亦有"杨虚丞印",故此处暂取"杨虚"为名,后文第四章第一节则据《汉志》作"楼虚"。十六年国除复为县。武帝后元二年,济北国除,遂入平原郡。治今山东茌平县东北。

3. 博县(前202—前187)—博成侯国(前187—前180)—博县(前180—前122)

秦有"博城",吕后元年封冯无择为博成侯,成、城往往通用,疑博成即博城,又疑即此博县。此时博阳亦为侯国,故可知博、博阳非一地也。吕后八年国除复为县,属济北也,《汉书》卷51《邹阳传》所谓"城阳顾于卢博"即是。武帝元狩元年,济北王献泰山,疑博县亦即此时献,别属泰山郡。治今山东泰安市东南。

4. 重平县(前202—?)—重平侯国(?—前183)—重平县(前183—前153)

据《功臣表》,奚涓母自鲁侯国徙封至此。景帝四年改属平原郡。治今山东宁津县东。

5. 东平舒县(前202—前153)

秦封泥有"新平舒丞",当即此地,汉更名为东平舒。景帝四年改属平原郡。治今河北大城县。

6. 平原县(前202—前153)

据《史记》卷6《秦始皇本纪》,始皇帝至平原津而病。《汉书》卷39《曹参传》载,曹参曾攻此县。景帝四年改属平原郡。治山东今县南。

7. 鬲县(前202—前153)

《汉书》卷39《曹参传》载,参下齐收之。汉初既有,当为秦所置县。景帝四年改属平原郡。治今山东德州市南。

8. 高唐县(前202—前153)

据《史记》卷43《赵世家》,赵肃侯攻拔之,后入齐。景帝四年改属平原郡。治今山东禹城市西。

9. 祝阿县(前202—前196)—祝阿侯国(前196—前161)—祝阿县(前161—前153)

据《功臣表》,高帝十一年置为侯国以封高色,文帝后元三年(前161)国除为县。景帝四年改属平原郡。治今山东济南市槐荫区西。

10. 朸县(前202—前176)—朸侯国(前176—前168)—朸县(前168—前153)

据《王子侯表》,文帝四年封齐悼惠王子辟光为侯国,十二年,辟光为济南王,国除。景帝四年改属平原郡。治今山东商河县东北。

11. 厌次县(前202—前201)—厌次侯国(前201—前175)—厌次县(前175—前153)

据《功臣表》,高帝六年封厌次侯爰类,文帝五年,国除为县。景帝四年改属平原郡。治今山东德州市陵城区西南①。

12. 漯阴县(前202—前153)

据《功臣表》,武帝曾封湿阴侯国,《续汉书·郡国志》亦作"湿阴",王国维据此云此县名当作"湿阴"②,然《汉书》卷39《曹参传》中此城亦作"漯阴",故暂仍取"漯阴"之名。景帝四年改属平原郡。治今山东临邑县南。

13. 合阳县(前202—前199)—合阳侯国(前199—前193)—合阳县(前193—前153)

据《王子侯表》,高帝八年封其兄喜为合阳侯,惠帝二年(前193)国除为

---

① 《中国历史地图集》定位厌次县(即富平)于山东阳信、惠民处,然以考古及文献记载,汉厌次县当在山东陵县神头镇,详见张发颖:《古厌次与东方朔籍里考》(刊于《东岳论丛》1994年第2期)及王继坤、栾文通:《东方朔故里考辨》(刊于《文史哲》1990年第5期)。
② 王国维:《齐鲁封泥集存序》,收入《观堂集林》卷18,中华书局,1959年。

县。景帝四年别属平原郡。今地无考,《太平寰宇记》所云合阳地望已不在平原郡内,不足为据。

14. 成侯国(前201—前150)

据《功臣表》,高帝六年置以封董渫,"孝惠元年,康侯赤嗣,四十四年,有罪免"。据此,则侯国除于景帝七年。马孟龙以为"即《续志》济北国之成"①,从之。《汉志》无此县,疑省并。治今山东宁阳县东北。

15. 阳信侯国(前179—前153)

据《功臣表》,文帝元年封刘揭为侯国,景帝四年改属平原郡。治今山东无棣县东北。

16. 肥成县(?—前87)

置年不详。武帝后元二年济北国除,改属泰山郡。治今山东肥城市。

17. 茌县(?—前87)

置年不详。武帝后元二年济北国除,改属泰山郡。治今山东济南市长清区东南。

18. 蛇丘县(?—前87)

置年不详。武帝后元二年济北国除,改属泰山郡。治今山东肥城市南。

19. 刚县(?—前87)

置年不详。武帝后元二年济北国除,改属泰山郡。治今山东宁阳县东北。

20. 瑗县(?—前87)

置年不详。武帝后元二年济北国除,改属平原郡。治今山东禹城市南。

又,高帝五年,济北郡又辖有东平陵、阳丘、般阳、菅、历城、著、盖、嬴、德等县,六年置博阳郡,此数县皆别属博阳。凡青州刺史部博阳/济南郡高帝六年已置之县,高帝五年皆为济北郡所辖,此处不复赘述。

---

① 马孟龙:《西汉侯国地理》,第372页。

第四章　青州刺史部地区郡县沿革

　　汉初齐地有四郡，其中临淄、胶东二郡皆在后来之青州刺史部界内。高帝六年(前201)，析胶东郡西部数县置胶西郡，又自地处兖州部范围内的济北郡中析出博阳郡，在青州部界内，并以此数郡属刘肥齐国。吕后元年(前187)，以已更名为济南郡的原博阳郡置吕国。七年，更吕国为济川国。八年，济川国除，复为济南郡还属齐国。文帝二年(前178)，以济北郡为济北国。三年，济北国除，地入为汉济北郡。十五年，齐文王无后，临淄、济南、胶西三郡皆入汉。十六年，分临淄郡东部为甾川国，余地置为齐国。同年，济南、胶东、胶西等郡皆为王国。景帝二年(前155)，削胶西国数县，新置北海郡。四年，自济北郡析置平原郡，分胶东置东莱郡。七年，胶东国除为郡。中元二年(前148)，复以胶东为国。武帝元朔二年(前127)，齐国除为齐郡。元狩六年(前117)，复以齐郡为国。元封元年(前110)，齐国国除，其地分为齐郡及千乘二郡。三年，胶西国除为郡。宣帝本始元年(前73)，以胶西郡为高密国。至此已大致形成《汉志》中青州部齐郡、千乘、济南、北海、东莱、平原六郡及胶东、高密、甾川三国的面目。

第一节　平原郡沿革

平原郡(前153—8)
　　景帝四年(前153)析济北地置。武帝元朔三年(前126)，得济北王子侯国安阳、羽、陪、陪安、前等。四年，又得河间王子侯国重。元狩二年(前121)，重侯国省。六年，宜成侯国徙至平原郡。元鼎三年(前114)，置夏丘侯国。五年，陪、前、陪安、龙额、钜合、夏丘侯国省。同年，置牧丘侯国。天汉元年(前100)，牧丘侯国省。此外，武帝年间，省安侯国，又以宜成侯国别属济南郡。又，武帝时平原郡北部重平、阳信、高乐、高成、千童等五县及定、柳、山等三侯国别属勃海郡。

史籍虽未载此次平原郡界调整在何时,然依然有迹可循。齐孝王子侯国当封在故齐之地,然据《汉志》,其中四个在勃海郡,便因此次平原郡界调整之故,《汉志》属勃海者初封时当皆在平原界内。又,河间献王子之重侯国,《王子侯表》下注平原,是其亦置于勃海郡范围扩大之前,否则河间、平原无由交界。重侯国置于武帝元朔四年,除于元狩二年,则平原北部数县别属勃海当在元狩之后发生。又,《功臣表》重合侯国条下注勃海,重合侯国置于武帝征和二年(前 91),故可推知,至晚征和二年前,平原与勃海的郡界调整已经完成。

武帝后元元年(前 88),复置龙额侯国。二年,济北国除,其杨虚、瑗等县来属平原。宣帝地节四年(前 66),置平昌侯国。元康四年(前 62),置合阳侯国。元帝初元二年(前 47),徙平纂侯国至平原郡,后不知何年废。成帝永始四年(前 13),以杨虚县为楼虚侯国。鸿嘉元年(前 20),龙额侯国国除。又,成帝末,合阳侯国国除。平帝元始元年(公元 1),复置平纂侯国。五年,复置合阳侯国。

《水经·河水注》云:"河水又北,迳平原县故城东。《地理风俗记》曰:原,博平也,故曰平原矣。县故平原郡治矣。"可知平原郡治平原县。

1. 平原县(前 153—8)

景帝四年由济北国改隶平原郡。治山东今县南。

2. 鬲县(前 153—8)

景帝四年由济北国改隶平原郡。治今山东德州市南。

3. 高唐县(前 153—8)

景帝四年由济北国改隶平原郡。治今山东禹城市西。

4. 祝阿县(前 153—8)

景帝四年由济北国改隶平原郡。治今山东济南市槐荫区西。

5. 朸县(前 153—前 116)—朸侯国(前 116—?)—朸县(?—8)

《王子侯表》云,"朸节侯让,(武帝元鼎元年)四月戊寅封,薨。侯兴嗣,为人所杀。平原"。国除年不详。表注平原,与城阳国并不交界,然城阳王子多有远封者,疑必有因,惜史籍不载,无从得知。治今山东商河县东北。

6. 厌次县(前 153—?)—富平侯国(?—8)

宣帝时,富平侯张延寿"上书请减户,天子以为有让,徙封平原,并食一邑"[①],故改厌次县为富平侯国,更名确切时间不明。治今山东德州市陵城区西南。

---

① 《汉书》卷 59《张汤传》附《张延寿传》。

7. 漯阴县(前153—前120)—漯阴侯国(前120—前106)—漯阴县(前106—8)

《功臣表》云:"湿阴定侯昆邪,以匈奴昆邪王将众十万降,侯,万户。(武帝元狩)三年七月壬午封,四月薨。元鼎元年,魏侯苏嗣,十年,元封五年薨,无后。平原。"《史表》作"漯阴",故此处取《汉志》"漯阴"之名,说见本章第三节济北郡条。治今山东临邑县南。

8. 重平县(前153—?)

武帝时改属勃海郡。治今山东宁津县东。

9. 阳信侯国(前153—前151)—阳信县(前151—?)

景帝六年,阳信侯国国除为县。武帝时改属勃海郡。治今山东无棣县东北。

10. 羽侯国(前126—8)

据《王子侯表》,武帝元朔三年置以封济北式王子成。治今山东禹城市西南。

11. 陪侯国(前126—前112)

据《王子侯表》云:"陪缪侯则,济北贞王子。(武帝元朔三年)十月癸酉封,十一年薨。元鼎二年,侯邑嗣,五年,坐酎金免。平原。"今地无考。

12. 前侯国(前126—前112)

《王子侯表》云:"前侯信,济北贞王子。(武帝元朔三年)十月癸酉封,十四年,元鼎五年,坐酎金免。平原。"今地无考。

13. 陪安侯国(前126—前112)

《王子侯表》有:"阴安康侯不害,济北贞王子。(武帝元朔三年)十月癸酉封,十一年薨。元鼎三年,哀侯客嗣,三年薨,无后。魏。"据此,国除于武帝元鼎五年。《汉志》魏郡有阴安,然此阴安当为卫青子不疑封国(详见下篇第七章第一节),且济北国与魏郡不相邻,不当封至魏郡。《史表》此侯作"陪安"。颇疑《王子侯表》魏字乃衍抄前一格盖胥侯国而误,此侯当作陪安,应与同年所置之陪侯国地望相近,后皆省并。今地无考。

14. 安侯国(前126—?)

《王子侯表》云,"安阳侯乐,济北贞王子。(武帝元朔三年)十月癸酉封,三十年薨。……哀侯得嗣,薨,无后。平原。"王先谦曰:"《赵世家》,悼襄王时,庞煖取安,徐广以为汉安县。济北贞王子乐国,武帝封。钱大昭云,'表作安阳,疑阳当作炀,是其谥。'"①此侯国国除年不详,然当不早于成帝元延三年(前10)。今地无考。

---

① 王先谦:《汉书补注》,第2432页。

15. 定侯国（前125—?）

据《王子侯表》，武帝元朔四年置为齐孝王子越侯国。后改属勃海郡。治今山东乐陵市东北。

16. 柳侯国（前125—?）

据《王子侯表》，武帝元朔四年封齐孝王子阳已为侯国。后改属勃海郡。治今河北盐山县东北。

17. 高乐侯国（前125—?）—高乐县（?—?）

《王子侯表》有高乐康侯，为齐孝王子，不得其封年。观齐孝王子侯国，多封于武帝元朔四年，疑此侯国亦是。表注济南，《汉志》在勃海，疑以《汉志》为是。国除年亦不详，暂取在其别属勃海郡前。治今河北南皮县东南。

18. 山侯国（前125—?）

据《王子侯表》，武帝元朔四年封齐孝王子国为侯国。后改属勃海郡。今地无考。

19. 重侯国（前125—前121）

《王子侯表》云："重侯担，河间献王子。（武帝元朔四年）四月甲午封，四年，元狩二年，坐不使人为秋请，免。平原。"河间王子侯国可入平原郡，当在平原郡北部数县未割属勃海之时。今地无考。

20. 龙额侯国（前124—前112，前88—前20）

西安市所出土之汉长安城遗址有签云"龙雒侯"①。《宣帝纪》、《史表》亦皆作"龙雒侯"，然《功臣表》、《汉志》皆云"龙额"，故暂取"龙额"之名。武帝元朔五年封韩说为侯国，元鼎五年，坐酎金免。国除后当省并。后元元年（前88），复置龙额侯国，成帝鸿嘉元年（前20）国除。治今山东齐河县西北。

21. 宜成侯国（前117—?）

《王子侯表》云，"宜成康侯偃，菑川懿王子②，（武帝元朔二年）五月乙巳封……太初元年，坐杀弟弃市。平原"。甾川王子侯国不当远至平原郡，疑此侯国始置时在齐郡，元狩六年，齐郡置为齐国，遂迁徙至平原，后不知何年别属济南郡，详见本章第二节。今地无考。

22. 钜合侯国（前116—前112）

《王子侯表》有："钜合侯发，城阳顷王子。（武帝元鼎元年）四月戊寅封，五

---

① 中国社会科学院考古研究所编：《汉长安未央宫考古发掘报告》，骨签3：15079，中国大百科全书出版社，1996年。
② 《王子侯表》中皆写为"菑川"，前文已述，菑川即甾川，故本书凡引用王子侯表处皆从其表文作"菑川"，文字表述中则视之为甾川，后文不再注明。

年,坐酎金免。平原。"城阳王子侯国却在平原,不解何故。然城阳王子侯国颇有与王国不相邻,当另有因,惜史籍未载。今地无考。

23. 夏丘侯国(前114—前112)

代王子侯国干章,《王子侯表》云:"后更为夏丘侯,坐酎金免。平原。"当为武帝元鼎三年徙于此处(详见下篇第十三章第三节),酎金免者,往往是元鼎五年。疑夏丘侯国存在时间即为元鼎三年至五年。今地无考。

24. 牧丘侯国(前112—前100)

《外戚恩泽表》云:"牧丘恬侯石庆……(武帝元鼎)五年封九月丁丑封……天汉元年,坐为太常失法罔上,祠不如令,完为城旦。平原。"今地无考。

25. 瑗县(前87—8)

疑在济北国除后来属平原。治今山东禹城市南。

26. 杨虚县(前87—前13)—楼虚侯国(前13—8)

《功臣表》有楼虚侯訾顺,"以捕得反者樊并,侯千户。(成帝永始四年)七月己酉封"。此当即为杨虚县也。治今山东茌平县东北。

27. 平昌侯国(前66—8)

据《外戚恩泽表》,宣帝地节四年封王无故为侯国。此侯国仅六百户,当本为一乡聚耳。治今山东临邑县东北。

28. 合阳侯国(前62—?,5—8)

《功臣表》云:"合阳爱侯梁喜,以平阳大夫告霍徽史、徽史子信、家监迥伦、故侍郎郑尚时谋反,侯,千五百户。(宣帝)元康四年二月壬午封,四十一年薨。(成帝)建始二年,侯放嗣。(平帝)元始五年,侯萌以喜孙绍封,千户,王莽败,绝。平原。"以此,合阳侯国似乎曾有过中绝的时间,当在元延三年至元始五年之间。今地无考。

29. 平纂侯国(前47—?,1—8)

《王子侯表》云:"平纂节侯梁,平干顷王子。(宣帝神爵四年)三月癸丑封,薨,无后,平原。"国除年不详。平帝元始元年,复置以封东平思王孙况。然平干王子侯国不当在平原郡,必因迁徙之故,疑与元帝初元二年置清河国有关,故其当在此年迁入平原也。今地无考。

30. 安悳县(?—8)

置年不详。治今山东平原县东北。

31. 般县(?—8)

置年不详。治今山东乐陵市西南。

32. 阿阳县(？—8)

置年不详。治今山东禹城市西南。

33. 重丘县(？—8)

置年不详。治今山东德州市陵城区东北。

34. 乐陵县(？—8)

置年不详。《汉志》云："都尉治。"《外戚恩泽表》有乐陵安侯史高,《汉志》临淮郡有乐陵侯国,当是,此乐陵疑非史高所封。治今山东乐陵市东南。

35. 高成县(？—？)

置年不详,武帝时改属勃海郡。治今河北盐山县东南。

36. 千童县(？—？)

置年不详。武帝时改属勃海郡。治今河南南皮县东南。

第二节　济南郡(国)(博阳郡、前吕国、前济川国)沿革

齐博阳郡(前201—前187)—前吕国(前187—前181)—前济川国(前181—前180)—齐济南郡(前180—前165)—济南郡(前165—前164)—济南国(前164—前154)—济南郡(前154—8)

高帝六年(前201)分济北郡置博阳郡,属刘肥齐国。后更名为济南郡。七年,置朝阳侯国。八年,置龙侯国。十一年,置平州侯国。吕后元年(前187),割齐国之济南郡为吕王奉邑,此史书首见济南之名。大抵因博阳郡迁治所至济水以南的东平陵,遂更郡名为济南,更名之年已不可考,暂取吕后元年(前187)为更名之年。

吕后七年改吕国为济川国,封"诈孝惠子"刘太。八年,吕氏败,刘太徙封梁,复为济南郡,仍属齐国。文帝四年(前176),置营平侯国。十五年,齐王薨,无后国除,济南郡属汉。十六年,为济南国,立悼惠王子辟光为济南王。后元元年(前163),龙侯国省。景帝三年(前154),济南王反,国除为郡。同年,营平侯国省。四年,博阳侯国省。

武帝元朔二年(前127),朝阳侯国省。三年,得济北王子侯国五据、胡母,复置博阳侯国。四年,置柴侯国。元狩元年(前122),割济南郡南部数县置泰山郡。同年,平州侯国省。元鼎四年(前113),复置龙侯国。五年,龙侯国省。元封元年(前110),置外石侯国。后元二年(前87),外石侯国省。宣帝本始元年(前73),置朝阳、昌水、营平侯国。三年,昌水侯国省。成帝元延三年(前

10),营平侯国省。又不知何年,宜成县自平原郡来属。此后济南郡未曾有变动,一直延续到西汉末年。

以上所述,济南郡治初在博阳,后迁至东平陵。《水经·济水注》亦云在东平陵。《元和郡县图志》云,汉景帝二年,以济南郡为国时,理历城县,则治所亦曾在历城。

1. 东平陵县(前201—8)

秦封泥有"东平陵丞",当为秦置。治今山东章丘市西北。

2. 历城县(前201—前199)—历侯国(前199—前149)—历城县(前149—8)

《汉书》卷1《高帝纪》、卷34《韩信传》皆有韩信驻历下之记载,似为秦县。又,据《元和郡县图志》,汉景帝二年,以济南郡为国时,理历城县。又,《齐鲁封泥集存》有"磿城丞印",是可写作"磿城"。陈直据此以为,程黑磿侯国即在此①。据《功臣表》,此侯国作"历",高帝八年置,景帝中元元年(前149)国除。《史表》作"磨",疑字形讹误。治今山东济南市西。

3. 梁邹侯国(前201—前112)—梁邹县(前112—8)

秦封泥有"粱邹丞印"②,当与前文梁国一样,"梁"亦可写作"粱"。《功臣表》云:"梁邹孝侯武虎,兵初起,以谒者从击破秦,入汉,定三秦,出关,以将军击定诸侯,比博阳侯,二千八百户。(高帝六年)正月丙午封,十一年薨。……元鼎四年,侯山柎嗣,一年,坐酎金免。"治今山东邹平县北。

4. 於陵县(前201—8)

秦封泥有"於陵丞印",秦置县。《汉志》云:"都尉治。"治今山东邹平县东南。

5. 阳丘县(前201—前176)—阳丘侯国(前176—前153)—阳丘县(前153—8)

《王子侯表》云:"杨丘共侯安,齐悼惠王子。(文帝四年)五月甲寅封,十二年薨。十六年,侯偃嗣,十一年,孝景四年,坐出国界,耐为司寇。"杨、阳同音,当即为此阳丘。治今山东章丘市北。

6. 般阳县(前201—8)

秦封泥有"般□丞印",疑即此县。治今山东淄博市西南。

7. 台侯国(前201—前154)—台县(前154—8)

《功臣表》云:"台定侯戴野,以舍人从起砀,用队率入汉,以都尉击项籍,籍

---

① 陈直:《史记新证》,第49页。
② 周晓陆、路东之:《秦封泥集》二·三·78,三秦出版社,2000年。

死,击临江,属将军贾,功侯。以将军击燕、代。(高帝六年)八月甲子封,二十五年薨。孝文四年,侯午嗣,二十二年,孝景三年,坐谋反诛。"治今山东历城县东北。

8. 菅县(前201—前176)—菅侯国(前176—前154)—菅县(前154—后8)

《王子侯表》云:"管共侯罢军,齐悼惠王子。(文帝)四年五月甲寅封,二年薨。六年,侯戎奴嗣,二十年,孝景三年,反,诛",即此地,管、菅在此通用。治今山东章丘市西北。

9. 著县(前201—8)

《齐鲁封泥集存》收录有"著丞之印",王国维以为即济南郡著县①。《汉书》卷39《曹参传》有,参下著城。《续汉书·郡国志》亦作著。未必是《汉书》误,或为可通用也。治今山东济阳县西。

10. 博阳侯国(前201—前153,前126—前122)

楚汉之际济北王田安都于此。汉初本为县,据《功臣表》,高帝六年封陈濞为侯国,景帝四年国除。据《王子侯表》,武帝元朔三年封齐孝王子就为博阳侯,至元鼎五年时方坐酎金免。以其地望,元狩元年当别属泰山郡。《汉志》泰山郡无博阳县,当为国除后省并或拆分也,如郦商所封之曲周侯国国除后亦不复存,直至武帝时期方复置也。地望当在今山东莱芜、新泰之间。

11. 东平阳县(前201—前122)

《汉书》卷41《灌婴传》载,婴破楚骑于此。武帝元狩元年,别属泰山郡。治今山东新泰市。

12. 南武阳县(前201—前122)

秦封泥有"南武丞印",当即为此县。治今山东平邑县。

13. 盖县(前201—前145)—盖侯国(前145—前122)

《外戚恩泽表》云,景帝中元五年以封王信。武帝元狩元年别属泰山郡。治今山东沂源县东南。

14. 嬴县(前201—前122)

《汉书》卷41《灌婴传》载,婴败田横军于此,汉初有此县也,本属济南郡,武帝元狩元年,别属泰山郡。治今山东莱芜市西北。

15. 德县(前201—前195)—德侯国(前195—前122)

高帝十二年,封兄子广为德侯。《王子侯表》注泰山,则汉初当属济南,元狩元年泰山郡置,乃改隶泰山也。今地无考。

---

① 王国维:《齐鲁封泥集存序》。

16. 朝阳侯国(前 200—前 127,前 73—8)

《功臣表》云,"朝阳齐侯华寄,以舍人从起薛,以连敖入汉,以都尉击项羽,复攻韩王信,侯,千户。(高帝七年)三月壬寅封,十二年薨。……(武帝)元朔二年,坐教人上书枉法,髠为鬼薪。户五千"。后宣帝本始元年,复置朝阳侯国,据《王子侯表》,"朝阳荒侯圣,广陵厉王子。本始元年七月壬子封。思侯广德嗣。侯安国嗣,免。济南"。此侯国并非按推恩令而封,故乃裂汉郡地而置。治今山东邹平县西北。

17. 龙侯国(前 199—前 163,前 113—前 112)

《功臣表》作龙阳侯,今从《史表》作龙侯。高帝八年置以封陈署,文帝后元元年(前 163)国除。《水经·汶水注》以为在济南郡龙乡。武帝元鼎四年复置,封摎广德,次年国除。治今山东泰安市东南。

18. 平州侯国(前 196—前 122)

据《功臣表》,高帝十一年置以为昭涉掉尾侯国,武帝元狩元年别属泰山,详见下篇第三章第七节。治今山东莱芜市西。

19. 营平侯国(前 176—前 154,前 73—前 10,? —8)

据《王子侯表》,文帝四年封齐悼惠王子信都为侯国,景帝三年国除。据《外戚恩泽表》,宣帝本始元年置以封赵充国,成帝元延三年国除。《汉书》卷 69《赵充国传》载,平帝元始中,绍封充国曾孙伋为营平侯。东海尹湾汉简有"济南郡营平侯国",与表合。治今山东济南市东①。

20. 五据侯国(前 126—前 122)

据《王子侯表》,武帝元朔三年以封济北贞王子曜丘,表注泰山,然侯国初置时尚无泰山郡,当本属济南郡,元狩元年别属泰山郡。今地无考。

21. 胡母侯国(前 126—前 122)

据《王子侯表》,武帝元朔三年置以封济北贞王子楚,表注泰山,当初置属济南郡,元狩元年别属泰山郡。今地无考。

22. 柴侯国(前 125—前 122)

《汉志》柴下未注侯国,然据《王子侯表》,武帝元朔四年置柴侯国封齐孝王子代,且历五世,唯此侯国国除时间不详。《汉志》不书侯国亦有可能是国已除,当然也不排除失书侯国的可能。柴侯国初置时本属济南郡,元狩元年改隶泰山郡。治今山东新泰市西。

---

① 马孟龙《西汉侯国地理》考证其地望在济南市东。

23. 外石侯国(前110—前87)

《功臣表》云:"外石侯吴阳……(武帝)元封元年正月壬午封……后二年,坐诅上,要斩。济阳。"钱大昭引《史记索隐》称,济阳实为济南之误①。今地无考。

24. 昌水侯国(前73—前71)

《外戚恩泽表》云:"昌水侯田广明……(宣帝本始元年)八月辛未封,三年,坐为祁连将军击匈奴不至期,自杀。於陵。"故此侯国当地望距於陵不远,确址无考。

25. 邹平县(？—8)

置年不详。治山东今县北。

26. 土鼓县(？—8)

置年不详。治今山东章丘市东。

27. 猇侯国(？—8)

《王子侯表》云:"猇节侯起,赵敬肃王子。(武帝征和)元年封,十三年薨……"赵王子侯国不得远至济南,当为征和年间置平干国时迁徙之故,详见下篇第七章第四节。治今山东章丘市北。

28. 宜成侯国(？—前104,前80—8)

《汉表》中凡两见宜成侯国。《王子侯表》载,武帝元朔二年置以封菑川懿王子偃,太初元年(前104)国除,此处表注平原。据《功臣表》,昭帝元凤元年(前80)复置为侯国以封燕仓,此处则注济阴。载《汉志》,宜成侯国在济南郡,疑燕仓侯国下之注误济南为济阴。观宜成侯国地望,近平原郡,疑本属平原,后改属济南郡也,改属时间不详。其地在今山东商河县南,确地无考。

29. 莱芜县(？—前122)

置年不详,武帝元狩元年别属泰山郡。治今山东淄博市南。

30. 钜平县(？—前122)

置年不详,武帝元狩元年别属泰山郡。治今山东泰安市南。

31. 蒙阴县(？—前122)

置年不详,武帝元狩元年别属泰山郡。治山东今县西。

32. 华县(？—前122)

置年不详,武帝元狩元年别属泰山郡。治今山东费县东北。

---

① 钱大昭:《汉书辨疑》卷7,石油工业出版社,1984年,第112页。

第三节　齐郡(国)(临淄郡)、千乘郡、甾川国沿革

(一) 临淄郡(前202—前201)—齐国(前201—前165)—临淄郡(前165—前164)—齐国(前164—前127)—齐郡(前127—前117)—齐国(前117—前110)—齐郡(前110—8)

封泥及汉代简文多有写作"临菑"者,菑、淄本可通用,故郡名亦可作"临菑",两者皆非误也。

高帝五年(前202)为临淄郡属汉,六年为齐国,同年,置辟阳侯国。文帝十五年(前165),齐文王无后国除,地入汉复为临淄郡。十六年,分临淄郡东部置甾川国,余地仍置齐国,封齐悼惠王子将闾,是为齐孝王。景帝元年(前156),置沈猷侯国。三年,辟阳侯国国除。

武帝元朔二年(前127),齐国除为齐郡,同年割临淄东环悼惠王冢园予甾川国,并得甾川王子侯国宜成、龙丘、临朐、平度。元狩二年(前121),随城侯国省。六年,复以齐郡置齐国,立子闳为齐怀王。同年,省宜成、平度、龙丘侯国,繁安别属千乘郡,被阳别属济南郡。元封元年(前110),齐王薨无后,齐国除,析齐郡西部新置千乘郡,余地仍为齐郡。同年,得甾川王子侯国广饶。三年,置潎清、涅阳侯国。太初元年(前104),涅阳侯国省。四年,置新畤侯国。太始三年(前94),新畤侯国省。天汉二年(前99),潎清侯国省。

元帝建昭四年(前35),得甾川王子侯国北乡。竟宁元年(前33),得甾川王子侯国广、平广。成帝元延二年(前11),得甾川王子侯国台乡,遂至《汉志》时之规模。

齐国都在临淄,郡治亦当为临淄无疑。

1. 临淄县(前202—8)

同前郡名条下,此县出土材料中多有作"临菑"者。治今山东淄博市东。

2. 昌国县(前202—8)

《史记》卷43《赵世家》云,楚惠文王取之。似汉初即有此县。治今山东淄博市东南。

3. 广县(前202—前201)—广侯国(前201—前164,前33—8)

据《功臣表》,高帝六年置广侯国封召欧,此侯国汉初即有二千二百户,足以当一县也,故疑广县本即一县之建制。文帝十六年别属甾川国。《王子侯表》,元帝竟宁元年置广侯国封甾川孝王子便,复属齐郡。治今山东青州市西南。

4. 千乘县(前 202—前 110)

《史记》卷 94《田儋传》载,韩信破田吸于此,秦县也。武帝元封元年改属千乘郡。治今山东高青县东北。

5. 蓼城县(前 202—前 201)—蓼侯国(前 201—?)—蓼城县(?—前 110)

秦封泥有"蓼城丞印"①,当为秦置。据《功臣表》,高帝六年置蓼侯国以封孔聚,元朔三年国除。马孟龙《西汉侯国地理》中考证非《汉志》六安之蓼县,而为此蓼城。然元朔三年,侯国当已不由王国所辖,则此侯国当在此前某年迁出矣。武帝元封元年别属千乘郡。治今山东利津县西南。

6. 狄县(前 202—前 110)

田儋、田单皆狄县人②。武帝元封元年别属千乘郡。治今山东高青县东南。

7. 乐安县(前 202—前 124)—乐安侯国(前 124—前 118)—乐安县(前 118—前 110)

秦封泥有"乐安丞印",是秦已置县。《功臣表》云:"安乐侯李蔡,以将军再击匈奴得王,侯,二千户。(武帝元朔五年)四月乙巳封,六年,元狩五年,坐以丞相侵卖园陵道壖地,自杀。昌。"《史表》作"乐安",当以《史表》为是。《水经·济水注》载其在高昌、博昌之间。王先谦以为表注昌有误,当为高昌或博昌③。武帝元封元年别属千乘郡。治今山东博兴县东北。

8. 高宛侯国(前 201—前 138)—高宛县(前 138—前 110)

据《功臣表》,高帝六年置为丙猜侯国,武帝建元三年(前 138)国除。《史表》作"高苑"。宣帝元康四年(前 62),猜之后人犹以高宛大夫复家,知其所封确乃高宛也。治今山东邹平县东北。

9. 剧县(前 202—前 164)

文帝十六年为菑川国都。治今山东寿光市南。

10. 东安平县(前 202—前 164)

秦封泥有"东安平丞",秦置县也。文帝十六年别属菑川国。治今山东淄博市东。

11. 益县(前 202—前 164)

文帝十六年别属菑川国。治今山东寿光市南。

12. 寿光县(前 202—前 164)

文帝十六年别属菑川国。治今山东寿光市东北。

---

① 《秦封泥集》二·三·91。
② 《史记》卷 82《田单列传》、卷 48《陈涉世家》。
③ 王先谦:《汉书补注》,第 777 页。

13. 辟阳侯国（前201—前154）

据《功臣表》，高帝六年封审食其为侯国。《汉志》信都有辟阳县，然《汉书》卷40《王陵传》云，"淄川王反，辟阳近淄川，（食其子）平降之，国除"，如辟阳侯国在赵地，则不得降甾川王，故审食其之封国不在信都郡，而在齐地也。七国之乱（前154）时，淄川、济南、胶东、胶西皆反，辟阳侯既降甾川王，则其地当本属齐国，在国都临淄与甾川国之间也①。《汉志》齐地无辟阳县，疑为国除后省并之故。今地无考。

14. 沈猷侯国（前156—？）

《王子侯表》云："沈猷夷侯岁，楚元王子。（景帝元年）四月乙巳封，二十四年薨。（武帝）建元五年，侯受嗣，十八年，元狩五年，坐为宗正听请，不具宗室，耐为司寇。"《汉书》卷36《楚元王传》下注云，沈猷属千乘高宛，则当本在齐。应于武帝初某年自齐国迁往汉郡，去向不明。《汉志》无此县，当为省并之故。今地无考。

15. 宜成侯国（前127—前117）

据《王子侯表》，元朔二年，武帝置为甾川王子偃侯国，表注平原，然平原、甾川不相邻也。初封当在齐郡，元狩六年齐国建，遂徙至平原之故，见前文平原郡条下。今地无考。

16. 临朐侯国（前127—前117）—临朐县（前117—8）

据《王子侯表》，元朔二年，武帝封甾川懿王子奴为侯国。表注东莱，《汉志》齐郡、东莱郡皆有临朐，然甾川王子侯国不当远封至东莱，颇疑侯国初置时属齐郡，元狩六年齐郡为国，故迁往东莱郡，齐郡之临朐则为县。治山东今县。

17. 平度侯国（前127—前117）

据《王子侯表》，"平度康侯行，甾川懿王子。（武帝元朔二年）五月乙巳封，四十七年薨。（昭帝）元凤元年，节侯庆忌嗣，三年薨。四年，质侯帅军嗣。顷侯钦嗣。孝侯宗嗣。侯嘉嗣"。《汉志》平度属东莱。马孟龙《西汉侯国地理》以为迁徙之故，从之。今地无考。

18. 龙丘侯国（前127—前117）

据《王子侯表》，"龙丘侯代，甾川懿王子。（武帝元朔二年）五月乙巳封，十五年，元鼎五年，坐酎金免。琅邪"。表注琅邪。《西汉侯国地理》以为乃元狩

---

① 马孟龙《西汉侯国地理》中以为本在齐内史，后属甾川国，然《王陵传》明言"地近淄川国"，则当不在甾川也。七国之乱时，齐国未反，史言其余诸国"围齐临菑"，则甾川等国已侵入齐境也，颇疑辟阳侯降甾川王即此时，故当一直属齐国方是。

六年徙封琅邪之故,可从。今地无考。

19. 繁安侯国(前125—前117)

《王子侯表》云:"繁安夷侯忠,齐孝王子。(武帝元朔四年)四月乙卯封,十八年薨……"《汉志》繁安侯国在千乘,然元狩六年时齐为王国,繁安侯国当别属它郡。又汉末繁安仍在千乘,似并未迁徙,故疑繁安侯国地近济南或平原郡,元狩六年改隶之,至元封元年千乘郡置,遂属千乘。今地无考。

20. 被阳侯国(前125—前117)

《王子侯表》云:"被阳敬侯燕,齐孝王子。(武帝元朔四年)四月乙卯封,十三年薨……"此侯国归属情况当类似繁安侯国,以其地望,元狩六年改隶济南郡。治今山东高青县东南。

21. 随城侯国(前124—前121)

据《功臣表》,武帝元朔五年置以封赵不虞,元狩二年国除。《史表》作"随成",且以为元狩三年国除,暂从《功臣表》。表注千乘,似在千乘县邻近,确址无考。

22. 轵侯国(前124—前123)

《功臣表》云:"轵侯李朔,以校尉三从大将军击匈奴,至右王庭得虏阏氏功侯。(武帝元朔五年)四月乙卯封,六年,有罪,当免。西安。"《史表》以此侯为涉轵侯,且以国除年在元狩元年,暂从《功臣表》。表注西安,当地近西安,确址不详。

23. 广饶侯国(前110—8)

《汉志》失注侯国。据《王子侯表》,武帝封菑川靖王子国为侯国,初当在北海,元封元年齐国除,方来属齐郡。治今山东广饶、寿光二县交界处一带,确址无考。

24. 澅清侯国(前108—前99)

据《功臣表》,武帝元封三年置以为朝鲜降将参之侯国,天汉二年国除,省并。表注齐郡。今地无考。

25. 涅阳侯国(前108—前104)

据《功臣表》,武帝元封三年置以封朝鲜人最,太初元年国除,省并。《史表》以为国封在元封四年,太初二年国除,似当以《功臣表》为是。今地无考。

26. 新畤侯国(前101—前94)

据《功臣表》,武帝太初四年置以封赵弟,太始三年国除,省并。表注在齐郡。今地无考。

27. 北乡侯国(前35—8)

据《王子侯表》,元帝建昭四年封菑川孝王子谭国。治今山东淄博市东北及广饶县南一带,确址无考。《中国历史地图集》不及其地望,然此侯国大约由东安平所分出,原来即是该县的北乡①。

28. 平广侯国(前33—8)

据《王子侯表》,元帝竟宁元年置以封甾川孝王子服。表在齐郡,查《汉志》,齐郡有平广侯国,而无平侯国,当为表夺广字。今地无考。

29. 台乡侯国(前11—8)

《王子侯表》云:"台乡侯畛,甾川孝王子。(成帝元延)二年正月癸卯封,十八年免。"《汉志》失注侯国。治所大致在山东寿光市东北,确地无考。

30. 利县(?—8)

置年不详。治今山东博兴县东。

31. 昭南县(?—8)

置年不详。今地无考。

32. 西安县(?—1)—西安侯国(1—8)

置年不详。据《王子侯表》,平帝元始元年(公元1),"西安,二月丙辰,侯汉以思王孙封,八年薨"。《汉志》,齐郡有西安县,然刘汉之封国未必有一整县之地,未知封侯国后余地如何。治今山东淄博市东北。

33. 钜定县(?—8)

置年不详。《汉书》卷6《武帝纪》载,武帝耕于此,是此前已置县。治今山东广饶县北。

34. 琅槐县(?—前110)

置年不详。武帝元封元年别属千乘郡。治今山东广饶县东北。

35. 建信县(?—前110)

置年不详。武帝元封元年别属千乘郡。治今山东高青县西北。

36. 东邹县(?—前110)

置年不详。武帝元封元年别属千乘郡。治今山东高青县西南。

37. 湿沃县(?—前110)

置年不详。武帝元封元年别属千乘郡。治今山东滨州市西北。

38. 博昌县(?—前110)

《汉书》卷58《卜式传》有提及博昌县,是至晚武帝初年已置。武帝元封元年别属千乘郡。治今山东博兴县东南。

39. 薛县(?—前164)

《汉书》卷58《公孙弘传》言,弘乃齐甾川薛县人,是甾川曾有薛县也,且此

---

① 详考参见周振鹤:《西汉齐郡北乡侯国地望考》,载《复旦学报》历史地理增刊,1980年第8期。

薛县必不同于鲁国之薛县。汉初当属临淄郡，文帝十六年别属菑川国。《公孙弘传》言弘牧豕海上，则此县当近海。《续山东考古录》云，寿光县北六十里有霜雪城，疑雪即薛之讹①。约在今山东寿光市东北，确址不明。

（二）千乘郡（前110—8）

武帝元封元年置。昭帝始元五年（前82），置桑乐侯国。六年，桑乐侯国省。宣帝地节四年（前66），置高昌侯国。元帝初元元年（前48），置平安侯国。成帝永始四年（前13），置延乡侯国。千乘郡所置之侯国皆以郡界内地而析立，故西汉一代，千乘郡领域无变化。

《水经·河水注》，郡治千乘。

1. 千乘县（前110—8）

治今山东高青县东北。

2. 东邹县（前110—8）

治今山东高青县西南。

3. 湿沃县（前110—8）

治今山东滨州市西北。

4. 博昌县（前110—8）

治今山东博兴县东南。

5. 蓼城县（前110—8）

《汉志》云："都尉治。"治今山东利津县西南。

6. 乐安县（前110—8）

治今山东博兴县东北。

7. 建信县（前110—8）

置年不详。治今山东高青县西北。

8. 狄县（前110—8）

治今山东高青县东南。

9. 琅槐县（前110—8）

置年不详。治今山东广饶县东北。

10. 繁安侯国（前110—8）

武帝元狩六年因齐国置改隶汉郡，元封元年千乘郡置，方来归千乘。今地无考。

---

① 叶圭绶撰，王汝涛、唐敏、丁善余点注：《续山东考古录》卷16，山东文艺出版社，1997年。

11. 被阳侯国(前110—8)

武帝元狩六年因齐国置改隶济南郡,元封元年千乘郡置,方来归千乘。治今山东高青县东南。

12. 高宛县(前110—8)

治今山东邹平县东北。

13. 桑乐侯国(前82—前81)

据《外戚恩泽表》,昭帝始元五年置以为上官安侯国,始元六年国除。表注千乘,今地无考。

14. 高昌侯国(前66—前1)—高昌县(前1—8)

《汉志》失注侯国,据《功臣表》,宣帝地节四年置为董忠侯国,哀帝元寿二年(前1)国除为县。治今山东博兴县西。

15. 平安侯国(前48—8)

《外戚恩泽表》云:"安平夷侯舜,(元帝)初元元年癸卯以皇太后兄侍中中郎将封,千四百户,十三年薨。……王莽败,绝。"《汉书》卷97《孝宣王后传》亦作安平侯。然《史记》卷22《汉兴以来将相表》有"平安侯王章为右将军",章是舜子,则舜受封乃平安也。又,《汉书》卷97《孝成许后传》亦有平安刚侯谒。查《汉志》,独豫章郡下有安平侯国,为封长沙王子。千乘则有平安侯国,不知为何人之封国。钱大昕据此以为安平为平安之误[1],可从。治今山东博兴县南。

16. 延乡侯国(前13—8)

据《功臣表》,成帝永始四年置以为李谭侯国。《汉志》失注侯国。治今山东邹平县东。

(三) 菑川国(前164—8)

封泥有"菑川王玺"[2]、"菑川内史"[3],《汉书》卷38《高五王传》、卷58《公孙弘传》亦作"菑川",是国名亦可写作"菑川"。

文帝十六年置为国。景帝三年,徙济北王王菑川,国之封域未变。武帝元朔二年,割临淄县东环齐悼惠王冢园地予菑川国。武帝元朔二年,置菑川王子侯国龙丘、剧、剧魁、平望、怀昌、临众、葛魁、平的、益都、寿梁、平度、宜成、临朐,别属它郡。元鼎元年,复置陆、广饶、鉼、俞闾四侯国,别属汉郡。

宣帝五凤中(前57—前54),菑川思王终古有罪削四县[4]。所削四县,史

---

[1] 钱大昕:《廿二史考异》卷9。
[2] 叶其峰:《古玺印通论》,紫禁城出版社,2003年。
[3] 罗福颐:《秦汉南北朝官印征存》。
[4] 《汉书》卷38《高五王传》。

不载其名,亦不详其地望。武帝时所封之甾川王子侯国中,益都、陆两侯国,一析自益县,一析自寿光。而《汉志》益县、寿光均北海属县,故两县可能是五凤中由甾川国削入。又《汉书》卷 58《公孙弘传》言:公孙弘,甾川薛人,牧豕海上。《汉志》甾川国无薛县,疑亦在五凤所削四县之中。

元帝建昭四年,置王子侯国北乡。竟宁元年,置王子侯国广、平广。成帝元延二年,置王子侯国台乡。均属齐郡。

《水经·巨洋水注》载,国都在剧县。

1. 剧县(前 164—8)

治今山东寿光市南。

2. 东安平县(前 164—8)

治今山东淄博市东。

3. 广侯国(前 164—前 157)—广县(前 157—前 33)

文帝后元七年(前 157),广侯国国除为县。元帝竟宁元年,复置侯国,别属齐郡。治今山东青州市西南。

4. 薛县(前 164—?)

甾川之薛县不见于《汉志》,当因后被省并,或者更名,惜详情已不得而知。约在今山东寿光市东北。

5. 益县(前 164—?)

宣帝时割入北海郡。治今山东寿光市南。

6. 寿光县(前 164—?)

宣帝时割入北海郡。治今山东寿光市东北。

7. 楼乡县(?—8)

置年不详。《汉志》王国中颇有县名某乡者,疑因原县大部包括县之都乡均割置侯国,不得不更名之故,此楼乡或亦然,唯不知原县之名为何。治所当在今山东寿光市西。

第四节　胶东国(郡)、东莱郡沿革

(一)胶东郡(前 202—前 201)—齐胶东郡(前 201—前 165)—胶东郡(前 165—前 164)—胶东国(前 164—前 154)—胶东郡(前 154—前 153)—胶东国(前 153—前 150)—胶东郡(前 150—前 148)—胶东国(前 148—8)

高帝五年(前 202)属汉为郡,六年析其西部县置胶西郡,余地仍为胶东,属刘肥齐国。

文帝元年(前 179),置壮武侯国。十五年,齐国国除,胶东郡入汉。次年,复置胶东国,以封齐悼惠王子雄渠。景帝三年(前 154),胶东王反诛,国除为胶东郡。四年,分胶东置东莱郡;以新胶东郡置国,立子彻为胶东王。七年,胶东王为太子,国除。中元二年(前 148),复置胶东国,以子寄为胶东康王。

武帝元封元年(前 110),置胶东王子侯国皋虞、魏其、祝兹,别属琅邪郡。昭帝始元五年(前 82),置温水侯国,别属汉郡。宣帝地节四年(前 66),置王子侯国乐望、饶、柳泉,别属北海郡。神爵元年(前 61),置新利侯国,别属汉郡。元帝永光三年(前 41),置羊石、石乡、新城、上乡四侯国,别属北海郡。成帝建始二年(前 31),置昌乡、顺阳、乐阳、平城、乐都、密乡六侯国,别属汉郡。永始四年(前 13),置陵石侯国,别属琅邪郡。元延元年(前 12),置徐乡侯国,别属东莱郡。

汉胶东国都或郡治仍在即墨。

1. 即墨县(前 202—8)

秦置,本琅邪尉治所,后为胶东郡治。汉承之不变。治在今山东平度市东南。

2. 昌武县(前 202—前 201)—昌武侯国(前 201—?)—昌武县(?—8)

秦封泥有"昌武丞印",似乎秦时已置县。据《功臣表》,高帝六年置以为单究侯国,元朔三年国除。元朔三年前,王国已不辖侯国,则昌武侯国当在此前已迁徙。今地无考。

3. 下密县(前 202—8)

秦封泥有"下密丞印",秦已置县也。治今山东昌邑市东。

4. 魏其县(前 202—前 201)—魏其侯国(前 201—前 131)—魏其县(前 131—前 110)

高帝六年置为侯国以封周止,景帝三年免,复以此地封窦婴,武帝元光四年(前 131)免。元封元年以魏其封胶东康王子昌为侯国,别属琅邪郡。《中国历史地图集》定点在临沂县东南,远离胶东国,有误。今地无考。

5. 掖县(前 202—前 153)

据《功臣表》之位次,高帝时虫达曾封夜侯,《齐鲁封泥集存》有"夜丞之印",当即此地,是"掖"亦可写作"夜"。然不知夜侯国存在时间,故阙如。景帝四年改隶东莱郡。治今山东莱州市。

6. 腄县(前 202—前 182)—腄侯国(前 182—前 180)—腄县(前 180—前 153)

秦封泥有"腄丞之印",秦置。《史记》卷 6《秦始皇本纪》亦有此县。据《外戚恩泽表》,吕后六年(前 182)以为吕嘉侯国,八年国除。景帝四年改隶东莱郡。治今山东烟台市西南。

7. 黄县(前 202—前 153)

《史记》卷 6《秦始皇本纪》有此县,封泥亦有"黄丞之印",秦置县。景帝四年改隶东莱郡。治今山东龙口市东。

8. 东牟县(前 202—前 182)—东牟侯国(前 182—前 178)—东牟县(前 178—前 153)

《王子侯表》云,"东牟侯兴居,齐悼惠王子。(吕后)六年四月丁酉封,四年,为济北王"。文帝二年,兴居为济北王后,此侯国自然复为县。秦封泥有"东牟丞印",当即此地。景帝四年改隶东莱郡。治今山东烟台市牟平区。

9. 曲成县(前 202—前 201)—曲成侯国(前 201—前 172)—曲成县(前 172—前 166)—曲成侯国(前 166—前 153)

据《功臣表》,高帝六年封虫达为曲成侯,文帝八年有罪免,十四年复封。景帝四年改隶东莱郡。治今山东招远市西北。

10. 当利县(前 202—前 153)

前文秦代编言,秦或置有当利县,景帝四年别属东莱郡。治今山东莱州市西南。

11. 壮武侯国(前 179—前 146)—壮武县(前 146—8)

《功臣表》云,"壮武侯宋昌,以家吏从高祖起山东,以都尉从荥阳,食邑,以代中尉劝王,骖乘,入即帝位,侯,千四百户。(孝文元年)四月丙亥封,三十三年,孝景中四年,有罪,夺爵一级,为关内侯"。故自景帝中元四年(前 146),壮武侯国除为县。治今山东即墨市西。

12. 郁秩县(?—8)

置年不详。治今山东平度市。

13. 挺县(?—8)

《古封泥集成》有"梃丞",是县名亦可写作"梃"。置年不详。治今山东莱阳市南。

14. 观阳县(?—8)

置年不详。治今山东海阳市西北。

15. 邹卢县(?—8)

置年不详。治今山东莱西市东北。

又,下文胶西国属县中凡汉初即置者,高帝五年均为胶东郡所辖,此处不复赘述。

(二) 东莱郡(前 153—8)

景帝四年析胶东地置。

武帝元朔四年,置牟平侯国。元狩六年,置平度、临朐二侯国。太始三年,置承父侯国。征和四年,置丞父侯国。同年,承父侯国省。昭帝始元元年,丞父侯国省。

成帝建始二年,得胶东王子侯国昌阳、阳乐。鸿嘉四年(前17),得胶东王子侯国陵石。元延元年(前12),得胶东王子侯国徐乡。绥和元年(前8),得胶东王子侯国堂乡。平帝元始五年,置卢乡侯国。

治所无考,严耕望以为在首县掖,然无确证。

1. 掖县(前153—8)

治今山东莱州市。

2. 腄县(前153—8)

治今山东烟台市西南。

3. 黄县(前153—8)

治今山东龙口市东。

4. 东牟县(前153—8)

治今山东烟台市牟平区。

5. 曲成侯国(前153—前115)—曲成县(前115—8)

武帝元鼎二年,国除为县。治今山东招远市西北。

6. 当利县(前153—8)

治今山东莱州市西南。

7. 牟平侯国(前125—8)

《王子侯表》云,"牟平共侯渫,齐孝王子。(武帝元朔四年)四月乙卯封,五年薨。……王莽篡位,绝"。据此,牟平侯国一直存在至西汉末,是《汉志》失注侯国。治今山东烟台市西。

8. 平度侯国(前117—8)

《汉志》失注侯国。据《王子侯表》,武帝封菑川懿王子行为侯国。菑川王子侯国本不当在东莱,当为元狩六年齐郡为齐国,遂徙置于此。治今山东平度市西北。

9. 临朐侯国(前117—8)

《汉志》失注侯国。秦封泥有"临朐丞印",然疑乃齐郡之临朐。东莱之临朐当为元狩六年徙至此。治今山东莱州市北。

10. 承父侯国(前94—前89)

据《功臣表》,武帝太始三年(前94)置为续相如侯国,征和四年四月癸亥,国除。同表又有"丞父侯孙王,以告反者太原白义等侯,千一百五十户。(武帝征和)四年三月乙酉封,三年,始元元年,坐杀人,会赦,免。东莱"。据此丞父侯国置时,承父侯国尚未国除,当非一地,然疑两侯国地近,或又有表中月份有误的可能,暂从表说。今地无考。

11. 丞父侯国(前89—前86)

据前引文,乃武帝征和四年置,昭帝始元元年国除,省并。今地无考。

12. 昌阳侯国(前31—前1)—昌乡侯国(1—8)

《汉志》失注侯国。《王子侯表》云,"昌乡侯宪,胶东顷王子。(成帝)建始二年正月封,三十年,(哀帝)元寿二年,坐使家丞封上印绶,免"。然《汉志》无昌乡侯国,唯东莱下有昌阳侯国,当即为此地。乃以昌乡置侯国,而改名昌阳。如鲁王子宁阳侯国乃以宁乡地封之例。此侯国地望历来无人提及,盖因昌阳县下失注侯国,而又无人注意到地名中"阳"、"乡"之转换关系的缘故。平帝元始元年(公元1)置以为东平炀王子且侯国。治今山东威海市文登区南。

13. 阳乐侯国(前31—8)

《王子侯表》云,"乐阳侯获,胶东顷王子。(成帝建始二年)正月封,三十九年免"。此乐阳当即《汉志》中之阳乐也。治今山东莱州市西南。

14. 陵石侯国(前17—8)

《王子侯表》云,"陵石侯庆,胶东共王子。(成帝鸿嘉)四年六月乙巳封,二十五年免。"此侯国《汉志》失载,当在阳石县东,确址无考。

15. 徐乡侯国(前12—8)

《汉志》失注侯国。《王子侯表》云:"徐乡侯炔,胶东共王子。(成帝)元延元年二月癸卯封,二十一年,王莽建国元年,举兵欲诛莽,死。齐。"其格下注齐郡,乃因错格而误。齐应注于下格台乡侯之下,台乡为甾川王子所封,正在齐郡,表注错格之事常有,如台乡侯再下一格为西阳侯,乃东平思王子所封,表注东莱,亦因移至更下一格堂乡侯才对,因堂乡侯是胶东共王子所封,自然应在东莱,而东平思王子所封绝不能至东莱。治所确地无考,《一统志》云"故城今黄县西南五十里",地望似稍偏北,而《中国历史地图集》所标位置则明显有误,徐乡不可能在今山东黄县西北滨海地带,离胶东国过远。推测徐乡当在今山东龙口市、招远市与栖霞市交界处一带。

16. 堂乡侯国(前8—前6,1—8)

《王子侯表》云,"堂乡哀侯恢,胶东共王子。(成帝)绥和元年五月戊午封,三年薨,无后"。此侯国置于元延之后,故《汉志》不载。以上条,知其置后当隶属东莱郡。又,"堂乡侯护,楚思王子。(平帝元始元年)二月丙辰封,八年免"。不知是否亦此地,虽以常理,楚王子侯国不至于封东莱,然元始元年之封侯似乎多有不同,疑有王莽施恩于诸侯王的感觉。今地无考。

17. 卢乡侯国(5—8)

《外戚恩泽表》云:"卢乡侯陈凤,以中郎将与王恽同功侯。(平帝元始五年)闰月丁酉封"。《汉志》有"卢乡",然未注侯国,平帝所封侯国照理不当出现在《汉志》,因为志所载侯国与县均截止于成帝元延年间,或班固误用了元延以后的材料。当然也不排除此卢乡早已置县的可能,然可能性较小。《中国历史地图集》定位于今山东莱州市南。然《后汉书》卷42《琅邪孝王京传》云:"(明帝)永平二年,以太山之盖、南武阳、华,东莱之昌阳、卢乡、东牟六县益琅邪。"故卢乡地望当近琅邪郡,《图集》定点有误。今地无考。

18. 阳石县(？—8)

武帝女有阳石公主,即食邑此地,是置县不晚于武帝时期。然武帝女不当食邑王国,故可知武帝时期此县已属东莱郡,不在胶东国也,故可知阳石不当为成帝所置之胶东王子陵石侯国。治今山东莱州市南。

19. 㤄县(？—8)

置年不详。治今山东龙口市东南。

20. 育犁县(？—8)

西汉封泥有"育黎右尉"①,是亦可写作"育黎"。置年不详。治今山东莱州市西。

21. 不夜县(？—8)

置年不详,然当不会晚至武帝之后。治今山东荣成市北。

第五节 高密国[胶西郡(国)]、北海郡沿革

(一) 齐胶西郡(前201—前165)—胶西郡(前165—前164)—胶西国(前164—前108)—胶西郡(前108—前73)—高密国(前73—8)

高帝六年(前201)析胶东置胶西郡,属刘肥齐国。文帝十五年(前165),郡属汉。次年,以为胶西国,封齐悼惠王子卬。景帝二年(前155),"胶西王卬以卖爵有奸,削其六县"②,营陵等六县遂别立为北海郡。次年,胶西王卬反诛,景帝更立子端为胶西于王。

武帝时,因刘端"数犯上法",故"削其国,去大半"③,疑为朱虚、灵门、平

---

① 王人聪:《两汉王国、侯国、郡县官印汇考》,收入《秦汉魏晋南北朝官印研究》,香港中文大学文物馆,1990年。
② 《史记》卷106《吴王濞传》。
③ 《史记》卷59《五宗世家》。

昌、梧成、姑幕、安丘等六县，除安丘入北海郡外，其余均入琅邪郡。元封三年（前 108），胶西国除为郡。

宣帝本始元年（前 73），以胶西郡置高密国，立广陵厉王子弘为高密哀王。元帝初元元年（前 48），封王子侯国胶乡，入琅邪郡。成帝建始元年（前 32），封王子侯国五：卑梁、胶阳、武乡、成乡、丽兹。胶阳、成乡入北海郡，武乡、丽兹入琅邪郡。成帝鸿嘉元年（前 20），封王子侯国安丘，入琅邪郡。

《史记》卷 17《汉兴以来诸侯王表》记胶西国之置云"分为胶西，都宛"。宛当为密之讹误，即《汉志》高密，此梁玉绳已在《史记志疑》中指明。遂知胶西治在高密也。

1. 高密县（前 201—8）

《汉书》卷 34《韩信传》载，齐与龙且合军即在此地也，秦封泥亦有"高密丞印"，是秦置县。治今山东高密市西南。

2. 安丘县（前 201—前 199）—安丘侯国（前 199—？）—安丘县（？—前 20）

《汉志》有两安丘，一在北海为县，一在琅邪郡为侯国。两者名同，又地相毗邻，当本为一县。武帝削胶西国时，该县一部分削入北海，一部分留在胶西。是以北海、胶西同时有安丘县。后胶西除为郡，继而又置高密国，成帝鸿嘉元年以安丘封高密顷王子常为侯国，遂别属琅邪。故知自汉初至成帝年间，胶西/高密一直有安丘县存在也。又，据《功臣表》，高帝八年置为张说侯国，武帝元鼎四年（前 113）国除，然其县本在胶西国境内，则当于武帝初期迁徙往汉郡。治今山东安丘市西南。

3. 朱虚县（前 201—前 186）—朱虚侯国（前 186—前 178）—朱虚县（前 178—？）

据《王子侯表》，吕后二年（前 186）封齐悼惠王子章为侯国，文帝二年章为城阳王，侯国遂除。武帝间削入琅邪郡。朱虚地近胶西，后汉以之属北海，或即为前汉其本为胶西地之故。又，据《功臣表》，武帝元狩四年（前 119），置臧马侯国封匈奴降将雕延年，元狩五年国除。表注朱虚，当是析朱虚地置，以此知，胶西国削县乃在元狩四年前。治今山东临朐县东南。

4. 姑幕县（前 201—？）

武帝时削入琅邪郡。治今山东安丘市东南。

5. 平昌县（前 201—前 184）—平昌侯国（前 184—前 181）—平昌县（前 181—前 176）—平昌侯国（前 176—前 164）—平昌县（前 164—？）

《外戚恩泽表》云，"昌平侯大，以孝惠子侯。（吕后四年）二月癸未封，七年为吕王"。马孟龙《西汉政区地理》云"据《吕太后本纪》、《异姓诸侯王表》，应作平昌",可从。据《王子侯表》,文帝四年封齐悼惠王子卬为侯国,十六年,卬为胶西王,侯国国除为县。《汉志》琅邪郡有平昌县,平原郡有平昌侯国,然此侯国初封不过六百户,显非一县,此汉初之平昌唯能以琅邪平昌县当之。本属胶西,武帝间削入琅邪郡。治今山东诸城市西北。

6. 营陵县(前201—前196)—营陵侯国(前196—前181)—营陵县(前181—前155)

《临淄封泥文字》中有"螢陵侯相",是县名亦可写作"螢陵"。高帝十一年置为侯国封刘泽,吕后七年,刘泽为琅邪王,遂复为县。景帝二年,削归北海郡。治今山东昌乐县东南。

7. 淳于县(前201—前155)

景帝二年,削归北海郡。治今山东安丘市东北。

8. 平寿县(前201—前155)

秦封泥有"平寿丞印",秦置县也。景帝二年,前归北海郡。治今山东昌乐县东南。

9. 都昌侯国(前201—前155)

秦封泥有"都昌丞印",是秦时已置县。《功臣表》云,"都昌严侯朱轸,以舍人前元年从起沛,以队帅先降翟王,虏章邯,侯。(高帝六年)三月庚子封……"景帝二年削归北海郡。治今山东昌邑市西。

10. 高陵侯国(前195—前154)

据《功臣表》,高帝十二年置以为王虞人侯国,景帝三年坐谋反诛,国除,省并。《汉志》琅邪有高陵侯国,当为一地。此侯国因参与七国之乱而国除,马孟龙《西汉侯国地理》以为本在胶西,武帝间地削入琅邪,可从。今地无考。

11. 昌安县(?—8)

置年不详。治今山东安丘市东南。

12. 石泉县(?—8)

置年不详。治今山东诸城市北。

13. 夷安县(?—8)

置年不详。治今山东高密市。

14. 成乡县(?—8)

置年不详。北海亦有成乡,乃高密王子侯国,当本为一地。西汉后期,所置之王子侯国都极小,往往连一乡之地都无,此亦为一证。治今山东安丘市东北。

15. 斟县(?—前155)

置年不详。景帝二年,削归北海郡。治今山东潍坊市东南。

16. 桑犊县(? —前155)

置年不详。景帝二年,削归北海郡。治今山东潍坊市南。

17. 梧成县(? —?)

置年不详,武帝时削入琅邪郡。治今山东安丘市西南。

18. 灵门县(? —?)

置年不详,武帝时削入琅邪郡。治今山东安丘市东南。

(二) 北海郡(前155—8)

景帝二年以胶西国削县置。

郡置之初仅辖营陵、淳于、斟、桑犊、平寿、都昌六县,武帝元朔二年(前127),得菑川王子侯国剧、平望、益都、平的、剧魁、寿梁。元鼎元年,得菑川王子侯国陆、广饶、俞闾及城阳王子侯国东淮、瓡。五年,寿梁、东淮侯国省。元封元年,广饶侯国别属齐郡。此外,不晚于武帝元狩四年,得胶西国削县安丘。昭帝始元二年(前86),置博陆侯国。元凤三年(前78),益都侯国省。宣帝地节四年(前66),得胶东王子侯国乐望、饶、柳泉,同年,博陆侯国省。五凤三年(前55),陆侯国省。又,五凤中,得菑川国削县寿光、益。元帝初元三年(前46),俞闾侯国省。永光三年(前41),得胶东王子侯国羊石、石乡、新成、上乡。成帝建始二年(前31),得胶东王子侯国平城、密乡、乐都,高密王子侯国胶阳、成乡。遂有《汉志》领二十六县国之规模。后,平帝元始二年(公元2)复置博陆侯国,故西汉末年,北海郡实领二十七县。

治所无考,严耕望以为在首县营陵,然无确证。

1. 营陵县(前155—8)

治今山东昌乐县东南。

2. 淳于县(前155—8)

治今山东安丘市东北。

3. 斟县(前155—8)

治今山东潍坊市东南。

4. 桑犊县(前155—8)

治今山东潍坊市南。

5. 平寿县(前155—8)

治今山东昌乐县东南。

6. 都昌侯国(前155—前149)—都昌县(前149—8)

景帝中元元年(前149),都昌侯国除为县。治今山东昌邑市西。

7. 剧侯国(前127—8)

《王子侯表》云:"剧原侯错,菑川懿王子。(武帝元朔二年)五月乙巳封,十七年薨……"治今山东昌乐县西。

8. 平望侯国(前127—8)

《王子侯表》云:"平望夷侯赏,菑川懿王子。(武帝元朔二年)五月乙巳封,七年薨……"治今山东寿光市东北。

9. 平的侯国(前127—8)

《秦汉魏晋南北朝征存》有"平旳国丞",罗福颐云:"考《说文解字》,日部旳字注,明也,都历切。无从白之旳。由是知,旳字误从白,始于《汉书地理志》。"①然《说文》无旳字,未必当时没有写作"旳"的通俗写法,《汉志》未必误。《王子侯表》云:"平的戴侯强,菑川懿王子。(武帝元朔二年)五月乙巳封,十七年薨……"《史表》则作"平酌侯"。今地无考,以地名,似当在平望侯国邻近。

10. 剧魁侯国(前127—8)

《封泥考略》有"劇魁侯相",马孟龙以为封泥实当释作"勮魁侯相"②,是亦可写作"勮魁"。《王子侯表》云:"剧魁夷侯黑,菑川懿王子。(武帝元朔二年)五月乙巳封,十七年薨……"此侯国当与剧侯国均析自一县也,即《汉志》菑川国之剧县。治今山东昌乐县西北。

11. 益都侯国(前127—前78)

《王子侯表》云:"益都敬侯胡,菑川懿王子。(武帝元朔二年)五月乙巳封,薨。原侯广嗣。侯嘉嗣,(昭帝)元凤三年,坐非广子,免。"此侯国《汉志》无,《王子侯表》亦不曾注其属郡。然从此和益县的地名关系上,似乎可以推知其本乃益县乡聚,后析置为侯国,国除后或自为一县。及宣帝年间,削益县属北海,乃并入益县。治所当在益县稍东,即今山东寿光市东南。

12. 寿梁侯国(前127—前112)

《王子侯表》云:"寿梁侯守,菑川懿王子。(武帝元朔二年)五月乙巳封,十五年,元鼎五年,坐酎金免。寿乐。"汉无寿乐县,疑乃寿光之误。此侯国或本自寿光析置,国除后为县属北海,宣帝年间寿光被削入北海,遂并入寿光。治所当在今山东寿光市东北。

13. 瓡侯国(前116—8)

《王子侯表》云:"瓡节侯息,城阳顷王子。(武帝元鼎元年)四月戊寅封,五十五年薨。(宣帝)元康四年,质侯守嗣,七年薨。"表不言此侯何时绝,然《汉志》有此侯国,当并未国除,疑表有缺文。城阳王子侯国本不当远至北海,未解

---

① 罗福颐:《世纪新证举隅》,《故宫博物院院刊》1982年第1期。
② 马孟龙:《汉书·地理志文献学分析》,复旦大学2013年博士后研究工作报告,第34页。

何故。今地无考。

14．东淮侯国(前116—前112)

《王子侯表》云："东淮侯类，城阳顷王子。（武帝元鼎元年）四月戊寅封，五年，坐酎金免。北海。"此年所封之城阳王子侯国多有远在与城阳不接界之郡者，未解何故。或以为此北海乃东海之误，暂仍以侯国在北海。今地无考。

15．俞闾侯国(前116—前46)

《王子侯表》云："俞闾炀侯毋害，菑川靖王子。（武帝元鼎元年）七月辛卯封，四十四年薨。（宣帝）地节三年，原侯况嗣，十年薨。五凤元年，侯瞵嗣，十二年，（元帝）初元三年薨，无后。"今地无考。

16．陆侯国(前116—前55)

《王子侯表》云："陆元侯何，菑川靖王子。（武帝元鼎元年）七月辛卯封，薨。原侯贺嗣。侯延寿嗣，五凤三年，坐知女妹夫亡命笞二百，首匿罪，免。寿光。"知其五凤三年（前55）后省并入寿光也，确址无考。

17．广饶侯国(前116—前110)

《王子侯表》云："广饶康侯国，菑川靖王子。（武帝元鼎元年）七月辛卯封，五十年薨。（宣帝）地节三年，共侯坊嗣，十四年薨。甘露元年，侯麟嗣，王莽篡位，绝。"《汉志》广饶侯国在齐郡。然元鼎元年时，齐王国犹存，广饶只能属北海，至元封元年，齐国国除后方改隶齐郡也。治今山东广饶、寿光二县交界处一带，确址无考。

18．博陆侯国(前85—前66,2—8)

《外戚恩泽表》云："博陆宣成侯霍光，以奉车都尉捕反者莽何罗侯，二千三百五十户。后以大将军益封，万七千二百户。（昭帝）始元二年正月壬寅封，十七年薨。（宣帝）地节二年四月癸卯，侯禹嗣，四年，谋反，要斩。（平帝）元始二年四月乙酉，侯阳以光从父昆弟之曾孙龙勒士伍绍封，三千户，王莽篡位，绝。北海、河间、东郡。"博陆侯国存在期间，河间为王国，昭、宣二帝皆不当以河间地封霍光。据《汉书》卷68《霍光传》传，乃以河北、东武阳益封光，河北乃河东郡辖县，东武阳乃东郡辖县，故知河间乃河东之误也。亦可由此判断，霍光始封地在北海。《汉志》无博陆，当是省并之故①。《水经注》以为博陆侯国在渔阳郡，非也。今地无考。

19．柳泉侯国(前66—8)

《王子侯表》云："柳泉节侯强，胶东戴王子。（宣帝地节四年）二月甲寅封，

---

① 自然不排除博陆侯国国除之后曾为县，此后某年废，然史籍无此县废置记录，故暂以侯国除年为废年。

十七年薨。黄龙元年,孝侯建嗣。炀侯万年嗣。侯永昌嗣,免。南阳。"表注南阳,当缘下格长沙复阳侯国而误。《中国历史地图集》置之于今山东昌乐县南,恐不妥。柳泉既为胶东王子所封,须近胶东国,亦即在景帝初置之北海郡六县与《汉志》胶东国之间,方才符合推恩法。然《中国历史地图集》所标柳泉地望,却在北海郡西境与菑川国相邻处,有误。今地无考。

20. 饶侯国(前66—8)

《王子侯表》云:"成康侯饶,胶东戴王子。(宣帝地节四年)二月甲寅封,侯新嗣免。北海。"《汉志》北海有饶侯国,无成侯国,故王先谦以为"当作饶康侯成",极是①。《中国历史地图集》置饶于今山东寿光市东,与胶东国之间亦隔北海郡初置时诸县,不妥。今地无考。

21. 乐望侯国(前66—8)

《王子侯表》云:"乐望孝侯光,胶东戴王子。(宣帝地节)四年二月甲寅封。釐侯林嗣。侯起嗣,免。北海。"《中国历史地图集》定位乐望侯国于今山东寿光市东,此地亦不邻近胶东国,似误。今地无考。

22. 羊石侯国(前41—8)

《王子侯表》云:"羊石顷侯回,胶东顷王子。(元帝永光三年)三月封。共侯成嗣。侯顺嗣,免。北海。"今地无考。

23. 石乡侯国(前41—8)

一作正乡。《王子侯表》云:"石乡炀侯理,胶东顷王子。(元帝永光三年)三月封。侯建国嗣,免。北海。"今地无考。

24. 上乡侯国(前41—8)

《王子侯表》云:"上乡侯歆,胶东顷王子。(元帝永光三年)三月封,三十九年免。北海。"以《汉书》诸表之体例,言某某年免者,往往皆王莽时期国除。此地言三十九年免,则国除当在哀帝建平四年(公元3),故疑为四十九年免之误。今地无考。

25. 新成侯国(前41—8)

《王子侯表》云:"新城节侯根,胶东顷王子。(元帝永光三年)三月封。侯霸嗣,免。北海。"《汉志》作"新成",成、城相通也。今地无考。

26. 平城侯国(前31—8)

《王子侯表》云:"平城釐侯邑,胶东顷王子。(成帝建始二年)正月封。节侯珍嗣。侯理嗣,免。"治今山东昌邑市东南。

---

① 王先谦:《汉书补注》,第624页。

27. 密乡侯国(前31—8)

《王子侯表》云："密乡顷侯林,胶东顷王子。(成帝建始二年)正月封。孝侯钦嗣。侯敞嗣,免。"治今山东昌邑市东南。

28. 乐都侯国(前31—8)

《王子侯表》云："乐都炀侯䜣,胶东顷王子。(成帝建始二年)正月封。缪侯临嗣。侯延年嗣,免。"今地无考。

29. 胶阳侯国(前31—8)

《王子侯表》云："胶阳侯恁,高密顷王子。(成帝建始二年)正月封,三十九年,免。"治今山东高密市西北。

30. 成乡侯国(前31—8)

《王子侯表》云："成乡釐侯安,高密顷王子。(成帝建始二年)正月封。侯德嗣,免。"治所在今山东安丘市北一带,确地无考。

31. 安丘县(?—8)

《汉志》琅邪郡有安丘侯国,乃高密王子侯国。此侯国名与安丘县同,又地相毗邻,当本为一县。武帝削胶西国时,该县一部分削入北海,一部分留在胶西。削入北海之部分仍名安丘,是以北海、胶西同时有安丘县。治今山东安丘市西南。

32. 寿光县(?—8)

宣帝五凤中自甾川国来属,辨见第三节甾川国条下。治今山东寿光市东北。

33. 益县(?—8)

据前文,宣帝时自甾川国来属北海郡。《水经·巨洋水注》云："巨洋水又东北迳益县故城东……又东北积为潭,枝津出焉,谓之百尺沟,西北流迳北益都城。汉武帝元朔二年,封菑川懿王子刘胡为侯国。"益都地望紧邻益县,颇疑由益县析封而入北海郡。由地名学观点看,益都与益县有派生关系,且西汉王子侯国多以某县之乡亭析封,其郡国名常与本县名有共同首字,或者完全同于本县。如剧县析置剧和剧魁两侯国最为典型,东汉又合三剧为一剧。又《汉志》北海、高密皆有成乡;北海、琅邪各有安丘,地皆毗邻,均为一地析置。治今山东寿光市南。

34. 南宫侯国(?—?)

《功臣表》南宫侯国下注北海,然以《汉志》,南宫当在信都郡,距北海郡甚远。马孟龙以为或因南宫侯国迁至北海之故①,可从。今地无考。

---

① 马孟龙:《西汉政区地理》,第249页。

第五章　徐州刺史部地区郡县沿革

徐州刺史部，于汉初当彭城、东海、薛、琅邪四郡之地。薛郡、彭城、东海三郡高帝五年（前202）皆属韩信楚国，次年又属刘交楚国。琅邪郡高帝六年属刘肥齐国。同年，分东海郡南部置东阳郡，属荆国（后属吴国）。吕后六年（前182），以薛郡为鲁国。八年，以琅邪郡置琅邪国。文帝即位，复以琅邪属齐，罢鲁国为薛郡，还属楚。十六年（前164），琅邪郡属汉。景帝三年（前154），东海郡属汉。同年，以薛郡为鲁国，分楚内史（即彭城郡）大部为沛郡（后在豫州部内，本章不及），余地仍为楚国。又以东阳郡属江都国，为江都内史。武帝元狩二年（前121），江都国除，其内史地属汉为广陵郡。六年，分广陵郡地置广陵国，余地共沛郡数县置为临淮郡。元鼎三年（前114），分东海三万户置泗水国，遂形成《汉志》中琅邪、东海、临淮三郡及楚、泗水、鲁、广陵四王国的规模。

第一节　东海郡、泗水国沿革

（一）楚东海郡（前202—前154）—东海郡（前154—8）

高帝五年（前202）属韩信楚国，六年割东海郡淮水以南地置东阳郡，余地仍为东海，属刘交楚国。景帝三年（前154）冬，削楚东海郡入汉，自此东海不复属王国。

武帝元朔二年（前127），得城阳王子侯国雷、辟。四年，得城阳王子侯国利乡、有利、东平、运平、南城。元鼎元年（前116），得城阳王子侯国贲、文成、翟、鳣、彭、东淮、洧。三年，析东海郡三万户置泗水国，凌、泗阳、于三县不复属东海。又不知何年，以淮浦县予临淮郡。

昭帝始元五年（前82），得鲁王子侯国兰旗、容丘、良成。元凤六年（前75），得城阳王子侯国江阳。宣帝甘露四年（前50），得鲁王子侯国昌虑、山乡、建陵、合阳、东安、承乡、建阳，同年，又得城阳王子侯国都平、籍阳。黄龙元年（前49），割武原县隶楚国。元帝永光三年（前41），得泗水王子侯国于乡、就乡，又得城阳王子侯国都阳。成帝阳朔二年（前23），得楚王子侯国阴平。四年，得鲁王子侯国郚乡、建乡。鸿嘉二年（前19），得鲁王子侯国新阳。

据《水经·沂水注》，东海郡治郯县。

1. 郯县（前202—8）

据《汉书》卷31《陈胜传》，秦嘉等将兵围东海守即于此。治今山东郯城县西。

2. 兰陵县（前202—8）

治山东今县西南。

3. 襄贲县（前202—8）

《汉书》卷40《周勃传》载勃曾为襄贲长，是秦汉之际即有此县。治今山东兰陵县南。

4. 下邳县（前202—8）

汉初有此县。治今江苏邳州市南。

5. 朐县（前202—8）

《史记》卷6《秦始皇本纪》所立东门即在此地。东海尹湾汉简中作"朐邑"，或曾为汤沐邑。治今江苏连云港市西南。

6. 缯县（前202—8）

治今山东兰陵县西。

7. 海邑县（前202—前101）—海西侯国（前101—前90）—海西县（前90—8）

《汉志》此县写作"海曲"，据东海尹湾汉简及《续汉书·郡国志》，"海曲"当为"海西"之误。据《功臣表》，武帝太初四年（前101），以八千户封李广利为海西侯，征和三年（前90）国除为县，当即此地。又，狮子山楚王墓有"海邑左尉"封泥，《汉志》无海邑，唯东海郡下有海曲县，黄盛璋以为即是海邑①，可从。县邑更名时间不详，暂取侯国置年。治今江苏灌南县东南。

8. 武原县（前202—前199）—武原侯国（前199—前142）—武原县（前142—前113）—武原侯国（前113—?）—武原县（?—前49）

据《功臣表》，高帝八年封卫胠为侯国，景帝后元二年（前142）免。《王子侯表》载，代共王子罢军"后更为武原侯，坐盗贼免"。国除年不详。代王子侯国之更封当在武帝元鼎四年时，由此可推知元鼎四年武原不属王国，否则不可置为侯国。故疑武原汉初属东海，至宣帝黄龙元年复置楚国时，方以此县益楚国。治今江苏邳州市西北。

---

① 黄盛璋：《徐州狮子山楚王墓墓主与出土印章问题》，《考古》2000年第9期。

9. 凌县(前202—前114)

武帝元鼎三年改隶泗水国。治今江苏泗阳县西北,故址犹存。

10. 前彭侯国(前199—前143)

据《功臣表》,高帝八年置彭侯国封秦同,景帝后元元年国除。徐州北洞山楚王墓出土封泥有"彭之右尉",是彭侯国汉初在楚国。然以下文,武帝时期又置彭侯国封城阳顷王子刘强,则似此侯国又在城阳国。故疑彭地或在东海郡、城阳国边界处,秦同之彭侯国乃在东海,故属楚。刘强之彭侯国则在城阳。疑其在今山东费县东南。

11. 前平曲侯国(前151—前146)—平曲县(前146—前143)—前平曲侯国(前143—前112)—平曲县(前112—8)

据《功臣表》,景帝六年置以封公孙昆,中元四年(前146)国除。后元元年复置,绍封周勃子坚,武帝元鼎五年国除。东海郡下凡有两平曲,一为县,一为侯国,当是置侯国时仅取县之一部分,余地仍名平曲县之故,比如定陵《汉志》中两见,亦如此也。治今江苏东海县东南。

12. 雷侯国(前127—前112)

《王子侯表》载:"雷侯豨,城阳共王弟,(武帝元朔二年)五月甲戌封,十五年,元鼎五年,坐酎金免。东海。"《史表》作城阳共王子。《水经·沂水注》误作卢侯国。今地无考。

13. 辟侯国(前127—前112)

《王子侯表》云:"壁节侯壮①,城阳共王子,(武帝元朔二年)五月甲戌封……十二年,元鼎五年,坐酎金免。东海。"确址不明,郑威据《水经·沭水注》记载以为在今山东莒南西部偏北的沭水东岸不远处②。

14. 利乡侯国(前125—前120)—利成县(前120—8)

《王子侯表》载,"利乡侯婴,城阳共王子,(武帝元朔四年)三月乙丑封,五年,元狩三年,有罪免"。《水经·淮水注》载:"游水又北迳东海利成县故城东,故利乡也。汉武帝元朔四年,封城阳共王子婴为侯国,王莽更之曰流泉。"据此,此侯国国除后为利成县。治今江苏连云港市赣榆区西。

15. 有利侯国(前125—前122)

《王子侯表》云,"有利侯钉,城阳共王子,(武帝元朔四年)三月乙丑封,三年,

---

① 现点校本作辟土,当为传抄讹误。
② 郑威:《西汉东海郡的辖域变迁与城邑分布》,《历史地理》第二十五辑,上海人民出版社,2011年。以下兰旗、建乡、建陵、新阳、平曲、山乡等侯国地望亦引此文,不复加注释。

元狩元年,坐遗淮南王书称臣弃市。东海"。地望当在今山东莒南县西南部。

16. 东平侯国(前125—前120)

据《王子侯表》,武帝元朔四年置以为城阳共王子庆侯国,元狩三年下狱死,国除省并。地望无考。

17. 运平侯国(前125—前112)

据《王子侯表》,武帝元朔四年置以为城阳共王子记侯国,元鼎五年坐酎金免,国除省并。地望无考。

18. 南城侯国(前125—8)

据《王子侯表》,武帝元朔四年置以为城阳共王子贞侯国。治今山东费县西南。

19. 虋侯国(前116—前112)—费县(前112—8)

据《王子侯表》,武帝元鼎元年置以为城阳顷王子方侯国,五年坐酎金免。颜师古注《汉书》曰:字或作费。王念孙曰:费为虋之误,虋与费字异义同,即东海费县①。此说可信。治山东今县西北。

20. 后彭侯国(前116—前112)—澎侯国(前91—前90)

据《王子侯表》,武帝元鼎元年置以为城阳顷王子强侯国,五年坐酎金免,表注东海。此侯国情况颇特殊,既为城阳王子侯国,则地当本属城阳国,即汉初在齐国境内也。然徐州北洞山楚王墓出土有"彭之右尉"封泥,以此,彭县似当汉初属楚国。又,据《功臣表》,高帝八年封秦同为彭侯,景帝后元元年国除,或此秦同之侯国方为汉初楚国之彭,后因故省并,遂不见于《汉志》。又,元《王子侯表》,武帝征和二年以封中山靖王子刘屈氂,然此非以推恩令所置之王子侯国,故在汉郡内。征和三年国除,省并。表中澎侯国前条为赵王子侯国即裴,下注东海,有误,即裴《汉志》在魏郡,此当因错格之故,东海实乃注澎侯国。此侯国亦即彭侯国地。治今山东费县东部。

21. 文成侯国(前116—前112)

据《王子侯表》云,"文成侯光,(武帝元鼎元年)四月戊寅封,五年,坐酎金免。东海"。《史表》作"父城"。今地无考。

22. 翟侯国(前116—前112)

据《王子侯表》,武帝元鼎元年置以为城阳顷王子寿侯国,五年坐酎金免,表在东海。今地无考。

23. 鳣侯国(前116—前112)

据《王子侯表》,武帝元鼎元年置以为城阳顷王子应侯国,五年坐酎金免,

---

① 王念孙:《读书杂志·汉书第二》,第105页。

表在襄贲。今地无考,然当距离今山东兰陵县不远。

24. 东淮侯国(前116—前112)

据《王子侯表》,武帝元鼎元年置以为城阳顷王子类侯国,五年坐酎金免。表注北海,城阳王子侯国无由远至北海,当为东海之误。今地无考。

25. 淯侯国(前116—前112)

据《王子侯表》,武帝元鼎元年置以封城阳顷王子不疑,五年坐酎金免。表注东海。《史表》作"洦"。今地无考。

26. 术阳侯国(前112—前108)

《功臣表》云,"术阳侯建德……(武帝元鼎)五年三月壬午封,四年,坐使南海逆不道,诛。下邳"。据此,国除在元封三年。表注下邳,其地望当在下邳县附近,确址不详。

27. 兰旗侯国(前82—8)

《汉志》作"兰祺",《王子侯表》作"兰旗",尹湾汉简与后者同,故取"兰旗"。然旗、祺音同,未必定是《汉志》讹误。以《王子侯表》,昭帝始元五年置以为鲁安王子临朝侯国。治今山东枣庄市台儿庄区兰城店乡。

28. 容丘侯国(前82—8)

据《王子侯表》,昭帝始元五年置以为鲁安王子方山封国。治今江苏邳州市南。

29. 良成侯国(前82—8)

据《王子侯表》,昭帝始元五年置以为鲁安王子文德侯国。治今江苏邳州市东。

30. 江阳侯国(前75—前65)

据《王子侯表》,昭帝元凤六年置以为昭帝封城阳慧王子仁为侯国,宣帝"元康元年,坐役使附落免。东海"。此侯国国除后被省并。今地无考。

31. 后平曲侯国(前73—前54,?—8)

据《王子侯表》,宣帝本始元年(前73)置,以封广陵厉王子曾,"五凤四年,坐父祝诅上,免,后复封"。其侯国复封时间不明。平曲侯国非以推恩令而置,本即在东海境内,乃取东海平曲县部分地置。治今江苏东海县东南。

32. 昌虑侯国(前50—8)

据《王子侯表》,宣帝甘露四年封鲁孝王子弘为昌虑侯。表注泰山,乃错格之故,泰山当为其下一格"平邑侯敞"下所注。《汉志》在东海也。治今山东滕州市东南。

33. 山乡侯国(前50—8)

据《王子侯表》,宣帝甘露四年置以为鲁孝王子绾封国。表注东海。治今山东枣庄市北。

34. 建陵侯国(前50—8)

据《王子侯表》,宣帝甘露四年以为鲁孝王子遂之封国。表注东海。治今山东枣庄市峄城区西。

35. 合阳侯国(前50—前32)—合乡县(前32—1)—合昌侯国(1—8)

据《王子侯表》,宣帝甘露四年置为鲁孝王子平侯国,成帝建始元年(前32)国除。表注东海,《汉志》东海无合阳而有合乡。尹湾汉简中此合乡县吏员数颇少,甚而少于部分侯国,当因合乡地小户少,本亦不过一乡聚之地耳。可见此合乡乃合阳侯国国除后更名也。平帝元始元年(公元1)置合昌侯国封东平思王孙辅。治今山东滕州市东。

36. 东安侯国(前50—8)

据《王子侯表》,宣帝甘露四年置以为鲁孝王子强之侯国。《中国历史地图集》定点于江苏东海县西北,距鲁国远甚,有误。郑威以为治今山东枣庄市山亭区,从之①。

37. 承乡侯国(前50—前19)—承县(前19—1)—承乡侯国(1—8)

据《王子侯表》,宣帝甘露四年以封鲁孝王子当,成帝"鸿嘉二年,坐恐猲国人,受财臧五百以上,免。东海"。平帝元始元年复置承乡侯国,封楚孝王孙。《汉志》东海有承县,据尹湾汉简所出土之《东海郡吏员簿》,承县吏员不过二十二人,且无县尉,尚不及侯国,当因其本乃小县,不过承乡侯国国除后更名而已矣。又,承县汉初已置,徐州狮子山楚王墓所出土封泥有"承令之印",颇疑此年所置之鲁王子侯国多有析自承县者,详见本章第六节。治今山东枣庄市峄城区峄城镇西北。

38. 建阳侯国(前50—8)

据《王子侯表》,宣帝甘露四年置以为鲁孝王子咸之侯国。表注东海。治今山东枣庄市峄城区西北。

39. 藉阳侯国(前50—前35)

据《王子侯表》,城阳荒王子显侯国,宣帝甘露四年置,元帝建昭四年(前35)免,省并。表注东海。今地无考。

40. 都平侯国(前50—8)

据《王子侯表》,城阳荒王子丘侯国,宣帝甘露四年置。表注东海。今地无考。

---

① 郑威:《西汉东海郡所辖戚县、建陵、东安侯国地望考辨》,《中国历史地理论丛》2006年第2期。

41. 干乡侯国(前41—8)

据《王子侯表》,元帝永光三年置以封泗水勤王子定,《汉志》、《王子侯表》皆作"于乡",然尹湾汉简中此乡名作"干乡",疑为字形相近而讹。今地无考,疑在今江苏连云港市西南。

42. 就乡侯国(前41—前35,1—8)

据《王子侯表》,元帝永光三年置以为泗水勤王子玮侯国,"七年薨",即元帝建昭四年国除,《汉志》无此地名,当省并。平帝元始元年复置以为东平思王孙不害侯国。今地无考。

43. 都阳侯国(前41—8)

据《王子侯表》,元帝永光三年置以为城阳戴王子音侯国。确址无考,推测其当在《汉志》城阳国阳都县以南的东海郡境内,即今山东临沂市以北一带。

44. 阴平侯国(前23—8)

据《王子侯表》,成帝阳朔二年置以为楚孝王子回侯国。治今山东枣庄市峄城区西南。

45. 建乡侯国(前21—8)

据《王子侯表》,成帝阳朔四年置以为鲁顷王子康之侯国。今地无考,疑与建陵侯国相去不远,即在今山东枣庄市峄城区西。

46. 郚乡侯国(前21—前4,1—8)

据《王子侯表》,成帝阳朔四年置以为鲁顷王子闵侯国,哀帝建平三年(前4)闵为鲁王,国除,省并。平帝元始元年,复置侯国封楚思王子光。治今山东泗水县东南。

47. 武阳侯国(前20—8)

据《外戚恩泽表》,成帝鸿嘉元年以封史丹,据《汉书》卷82《史丹传》,丹食"东海郯之武强聚",则此侯国地望当在今山东兰陵县西南。

48. 新阳侯国(前19—8)

据《王子侯表》,成帝鸿嘉二年置以为鲁顷王子永侯国。《中国历史地图集》定位于今山东枣庄市西北,地在昌虑之东,显有误。郑威以为约在今滕州市南部[1],可从。

---

[1] 郑威《西汉东海郡的辖域变迁与城邑分布》(《历史地理》第二十五辑)及《西汉东海郡所辖戚县、建陵、东安侯国地望考辨》(《中国历史地理论丛》2006年第2期),以为《括地志》所记之戚县地望方为是,其论据颇为充足,可从。

49. 义阳侯国(3—8)

据《汉书》卷86《师丹传》，高乐侯师丹平帝元始三年更封为义阳侯，食邑厚丘中乡。确址不详，然亦当大致在今江苏沭阳县北。

50. 厚丘县(?—8)

置年不详。治今江苏沭阳县北①。

51. 司吾县(?—8)

置年不详。治今江苏宿迁市北。

52. 曲阳县(?—8)

置年不详。治今江苏沭阳县东②。

53. 开阳县(?—8)

此即秦之启阳县，然汉初乃属城阳，后渐析置为城阳王子侯国，遂入东海郡，王子侯国国除后复并为开阳县。置年不详，治今山东临沂市北。

54. 即丘县(?—8)

县近城阳国，《续汉书·郡国志》亦属城阳，当因本即为城阳王子侯国合并而成。置年不详。治今山东郯城县北。

55. 况其县(?—8)

《汉志》作"祝其"，尹湾汉简中作"况其"，《汉志》或因传写致讹，故取"况其"。县更在即丘之北，亦当为城阳王子侯国合并而成，置年不详。治今江苏连云港市赣榆区西③。

56. 临沂县(?—8)

以地望亦当为城阳王子侯国合并而成。置年不详，治今山东临沂市北。

57. 威县(?—8)

置年不详，治今山东临沂市附近④。

58. 泗阳县(?—前114)

置年不详，元鼎三年改隶泗水国。治今江苏淮安市淮阴区西南。

59. 干县(?—前114)

置年不详，武帝元鼎三年改隶泗水国。《汉志》作于县，东海尹湾汉简中，东海郡所得之泗水王子侯国作"干乡"，知于乃干字之形讹也，此于县亦当如是，故改作"干县"。今地无考。

---

① ② ③ 周运中《汉代县治考：江淮篇》(刊于《秦汉研究》(第四辑)，中华书局，2010年)中以厚丘县当治今山东临沂县东，曲阳县当治今江苏省东海县曲阳镇，况其县则当在今连云港市海州区和赣榆区之间。

④ 郑威：《西汉东海郡的辖域变迁与城邑分布》、《西汉东海郡所辖戚县、建陵、东安侯国地望考辨》。

60. 淮浦县(？—？)

置年不详。《汉志》淮浦属临淮郡,然其地望在泗水国之东。泗水三县本皆为东海郡地,沛郡不能越此三县辖淮浦,故汉初淮浦唯能属东海郡。改隶时间不详,然当在武帝元鼎三年之后。治今江苏涟水县西。

又,高帝五年,又辖东阳郡十七县,即后文东阳郡条下置郡之初便有之十七县,此等县高帝五年并无沿革变化,亦未置侯国,地望皆见后文,此处不再赘述。

(二) 泗水国(前114—8)

武帝元鼎三年,以东海郡三万户置泗水国,封常山宪王子商,是为泗水思王。

元帝永光三年,封勤王子侯国二:干乡、就乡。别属东海郡。成帝永始四年(前13),封戾王子侯国一:昌阳。别属临淮郡。

《水经·淮水注》引徐广云:"泗水国名,汉武帝元鼎四年初置,都凌。"

1. 凌县(前114—8)

治今江苏泗阳县西北,故址犹存。

2. 泗阳县(前114—8)

治今江苏淮安市淮阴区西南。

3. 干县(前114—8)

今地无考。

第二节 琅邪郡(国)沿革

琅邪郡(前202—前201)—齐琅邪郡(前201—前181,前179—前165)—琅邪国(前181—前179)—琅邪郡(前165—8)

高帝五年(前202)属汉为郡;六年,割其东部置城阳郡,余地仍为琅邪,属刘肥齐国。吕后七年(前181)为刘泽琅邪国。文帝元年(前179),琅邪王泽徙燕,复为郡属齐国。十五年,齐文王无后,国除,琅邪郡入汉。

武帝元朔二年(前127),得菑川王子侯国临原、城阳王子侯国东莞。四年,得城阳王子侯国海常,又置稻、云两侯国。六年,置众利侯国。元狩二年(前121),众利侯国省,又宜冠侯国。四年,复置众利侯国,同年置邛离、臧马两侯国,宜冠侯国省。五年,臧马侯国省。六年,置龙丘侯国。元鼎元年(前116),得城阳王子侯国石洛、挟术、挟、庸、虚水、麦、昌、零叚,菑川王子侯国鉼。五年,海常、龙丘、麦、昌四侯国省。六年,复置海常侯国。元封元年(前110),得胶东王子侯国皋虞、魏其、祝兹。四年,置騠兹侯国。五年,祝兹侯国省。太初元年(前104),海常、邔离、騠兹侯国省。天汉元年(前100),挟术侯国省。征和二年(前91),置蒲侯国。三年,石洛侯国省。又,武帝时得胶西国削县若干。

昭帝始元元年(前86),得胶东王子侯国温水。宣帝本始二年(前72),温水侯国省。甘露四年(前50),得城阳王子侯国高乡、兹乡、柔、箕、高广、即来。元帝初元元年(前48),得高密王子侯国胶乡,城阳王子侯国庸、昆山、折泉、博石、房山、要安。永光二年(前42),庸侯国省。三年,得城阳王子侯国石山、参封、伊乡。成帝建始二年(前31),得胶东王子侯国慎乡,高密王子侯国武乡、丽兹。阳朔四年,胶乡侯国省。鸿嘉元年(前20),得高密王子侯国安丘,又置驷望侯国。三年,蒲侯国省。永始二年(前15),置高陵侯国。四年,得胶东王子侯国临安,同年,置新山侯国。又,不知何年,伊乡、要安两侯国省。平帝元始元年(公元1),复置伊水、胶乡侯国。此外,西汉末,祓、柔等侯国省。

《汉志》琅邪郡属县五十二,去除所得王子侯国及析置之功臣(恩泽)侯国,仍得二十一县。武帝时,削胶西国太半,胶西国余大约五六县,故所削之地大约是十县,除一县外皆入琅邪。二十一县除去九县为十二县,此即高帝六年琅邪郡之范围。吕后七年,刘泽王琅邪,《汉书》卷35《燕王刘泽传》引田生语曰"裂十余县而王之",与琅邪郡属县数相合。

秦琅邪郡治费县,高帝六年费县别属城阳郡,疑或徙治所于琅邪县,又或以为在《汉志》首县东武。

1. 东武县(前202—前201)—东武侯国(前201—前151)—东武县(前151—8)

秦县,汉因之。据《功臣表》,高帝六年封郭蒙为侯国,景帝六年(前151)国除为县。治今山东诸城市。

2. 不其县(前202—前181)—不其侯国(前181—前180)—不其县(前180—8)

《古封泥集成》1277、1278有"弟其丞印",499则仍作"不其国丞",是两种写法皆可通用也。据《外戚恩泽表》,吕后七年更封吕种为不其侯,吕后八年国除复为县。治今山东即墨市西南。

3. 海曲县(前202—8)

治今山东日照市西。

4. 赣榆县(前202—8)

《古封泥集成》768有"赣揄令印",是亦可写作"赣揄"。治今江苏连云港市赣榆区北。

5. 诸县(前202—8)

武帝女为诸邑公主,即汤沐邑在此地也。治今山东诸城市西南。

6. 琅邪县(前202—8)

秦封泥有"琅邪□丞"。治今山东青岛市黄岛区西南。

7. 横县(前202—8)

治今山东诸城市东南。

8. 柜县(前202—8)

治今山东胶州市南。

9. 邞县(前202—8)

治今山东胶州市西南。

10. 椑县(前202—8)

治今山东莒县东南。

11. 临原侯国(前127—8)

《王子侯表》云:"临众敬侯始昌,菑川懿王子。(武帝元朔二年)五月乙巳封……临原。"然《汉志》琅邪郡有"临原侯国",《史表》亦作"临原",当是《王子侯表》有误。治今山东临朐县东。

12. 东莞侯国(前127—前124)—东莞县(前124—8)

据《王子侯表》,武帝元朔二年置以封城阳共王子吉,元朔五年国除为县。《中国历史地图集》定点在今山东沂水县处,然东莞侯国后,城阳王子侯国多有在其东者。按理,王子侯国当在王国边界处置,故城阳王子侯国中入琅邪郡者当按时间顺序地望逐渐西移。又后高阳侯国,《王子侯表》注东莞,颇疑东莞乃在今山东莒县东。

13. 稻侯国(前125—8)

据《王子侯表》,武帝元朔四年置为齐孝王子定侯国,此侯国非以推恩令而封,本即在琅邪郡内。治今山东高密市西。

14. 云侯国(前125—8)

据《王子侯表》,武帝元朔四年置为齐孝王子信侯国,亦与稻侯国同,非以推恩令而置,本即在琅邪郡内。今地无考。

15. 海常侯国(前125—前112,前111—前104)

据《王子侯表》,武帝元朔四年以封城阳共王子福,元鼎五年坐酎金免。据《功臣表》,元鼎六年,复置海常侯国以封苏弘,太初元年国除,省并。今地无考。

16. 众利侯国(前123—前121,前119—前82)

《功臣表》中众利侯国凡两见。武帝元朔六年,置众利侯国封郝贤,元狩二年国除,表注姑莫,当即为《汉志》琅邪郡之姑幕也。后,元狩四年复置众利侯国封伊即轩,昭帝始元五年国除,"为诸县"。按:诸县武帝时即有,武帝女诸邑公主即食此县,不得迟至昭帝时方置。如以众利侯国国除后并入诸县,则诸县与姑幕县并不相接,疑诸字衍文,其当作"为县"。其地当在姑幕邻近,确址今无考。

17. 宜冠侯国(前121—前119)

据《功臣表》,武帝元狩二年置宜冠侯国封高不识,元狩四年国除。治今山东诸城市东南。

18. 邳离侯国(前119—前104)

据《功臣表》,武帝元狩四年,置邳离侯国封路博德,太初元年国除。表注朱虚,今地无考,然当在《汉志》朱虚县之东南方是。

19. 臧马侯国(前119—前118)

据《功臣表》,武帝元狩四年,置臧马侯国为雕延年侯国,元狩五年国除。表在朱虚,其国除后当省并入朱虚县。今地无确考,应在朱虚县邻近处。

20. 龙丘侯国(前117—前112)

菑川懿王子代侯国,武帝元狩六年徙至琅邪,元鼎五年,坐酎金免。今地无考。

21. 麦侯国(前116—前112)

据《王子侯表》,武帝元鼎元年封城阳顷王子昌,元鼎五年坐酎金免,省并。今地无考。

22. 昌侯国(前116—前112)

据《王子侯表》,武帝元鼎元年封城阳顷王子差为侯国,元鼎五年免。治今山东诸城市东南。

23. 雩殷侯国(前116—8)

《汉表》作"虖葭",《史表》作"雩殷",虖、雩似可通用,今从《汉志》。据《王子侯表》,武帝元鼎元年封城阳顷王子泽为侯国。今地无考。

24. 石洛侯国(前116—前90)

武帝元鼎元年置,封城阳顷王子敢。《王子侯表》作"原洛",《史表》作"石洛"。《续山东考古录》卷27载诸城县曾出土汉"石洛侯印",知《王子侯表》误。武帝征和三年(前90),石洛侯国国除省并。地望当在今山东日照市西。

25. 挟术侯国(前116—前100)

据《王子侯表》,武帝元鼎元年置以封城阳顷王子景,天汉元年(前100)国除,省并。今地无考。

26. 前庸侯国(前116—?)

据《王子侯表》,武帝元鼎元年以为城阳顷王子余侯国,国除年不详。今地无考。

27. 祓侯国(前116—?)

《汉志》琅邪郡有祓侯国,然表中无载。《王子侯表》有挟侯国,乃武帝元鼎元年置以封城阳顷王子霸。《史表》作"校"。疑祓侯国即此城阳王子侯国。表中未载其国除时间,但言"孝侯众嗣,薨,无后"。《十三州志》云:"朱虚县东十三里有校亭,亦曰校亭,故县也。"①《太平寰宇记》卷18《青州》云:"汉祓城,故县,盖在今县(临朐)[东]九十里。"两记载相合。《中国历史地图集》从《清一统志》,将祓侯国置于琅邪县北,不妥。治今山东临朐县东。

28. 虚水侯国(前116—8)

据《王子侯表》,武帝元鼎元年置以为城阳顷王子禹侯国。今地无考。

29. 䣩侯国(前116—8)

据《王子侯表》,武帝元鼎元年置以为甾川靖王子成侯国。治今山东临朐县东南。

30. 皋虞侯国(前110—8)

据《王子侯表》,武帝元封元年置以为胶东康王子建侯国。《史表》云元鼎元年置,今从《王子侯表》。治今山东即墨市东北。

31. 魏其侯国(前110—8)

据《王子侯表》,武帝元封元年置以为胶东康王子侯国。《史表》云元鼎元年置,今从《王子侯表》。《中国历史地图集》定位在今山东临沂市东南,然其地距离胶东国远甚,有误。今地无考。

32. 祝兹侯国(前110—前106)

据《王子侯表》,武帝元封元年以封胶东康王子延年,元封五年国除,省并。《史表》云元鼎元年置,今从《王子侯表》。《山东通志·疆域志·古迹》载:"祝兹故城在州(胶州)西南柏乡集。"②今遗址犹存,在今山东青岛市黄岛区六汪镇柏乡三村。

33. 騠兹侯国(前107—前104)

据《功臣表》,武帝元封四年置以为稽谷姑侯国,太初元年国除省并。今地

---

① 顾祖禹:《读史方舆纪要》卷35引阚骃《十三州志》云。
② 杨士骧等修,孙葆田等撰:《山东通志》,上海商务印书馆,民国二十三年(1934)影印本。

无考。

34. 蒲侯国(前91—前18)

《功臣表》云:"蒲侯苏昌……(武帝征和二年)十一月封。……鸿嘉三年,坐婢自赎为民后略以为婢,免。琅邪。"今地无考。

35. 温水侯国(前86—前72)

据《王子侯表》,昭帝始元元年(前86)置以封胶东王子安国,宣帝本始二年(前72)国除省并。《山东通志》以为其地在沂州府温水乡,当是,即今山东即墨市温泉附近。

36. 高乡侯国(前50—8)

据《王子侯表》,宣帝甘露四年置以为城阳荒王子休封国。治今山东莒县南。

37. 兹乡侯国(前50—8)

据《王子侯表》,宣帝甘露四年置以为城阳荒王子弘封国。以《清一统志》在今山东安丘市东南,然城阳王子侯国不当至此,有误,颇疑安丘东南之古城乃某高密王子侯国。今地无考。

38. 箕侯国(前50—8)

据《王子侯表》,宣帝甘露四年置以为城阳荒王子文封国。治今山东莒县北。

39. 高广侯国(前50—8)

据《王子侯表》,宣帝甘露四年置以为城阳荒王子勋封国。治今山东莒县南。

40. 即来侯国(前50—8)

据《王子侯表》,宣帝甘露四年置以为城阳荒王子佼封国。今地无考。

41. 柔侯国(前50—?)

《王子侯表》云:"枣原侯山,城阳荒王子,(宣帝甘露四年)十一月壬申封。节侯蒭嗣。侯妾得嗣,薨,无后。琅邪。"《汉志》琅邪郡无枣侯国,唯有柔侯国可以当之。以表文所言,国除年似在王莽新朝前,确年不详。今地无考。

42. 昆山侯国(前48—8)

据《王子侯表》,元帝初元元年置以为城阳荒王子光侯国。治今山东五莲县东。

43. 折泉侯国(前48—8)

据《王子侯表》,元帝初元元年置以为城阳荒王子根侯国。治今山东五莲县西北。

44. 博石侯国（前48—8）

据《王子侯表》，元帝初元元年置以为城阳荒王子渊侯国。今地无考。

45. 房山侯国（前48—8）

元帝初元元年置以为城阳荒王子勇封国，《王子侯表》云："封五十六年薨。"则当在公元8年国除。《中国历史地图集》定位房山侯国在今山东昌乐县南，远离城阳国，似误。今地无考。

46. 胶乡侯国（前48—前21，1—8）

《王子侯表》中此侯国两见，一为元帝初元元年置以为高密哀王子汉侯国，成帝阳朔四年（前21）国除，省并；一为平帝元始元年复置，以为东平思王孙武侯国。今地无考。

47. 后庸侯国（前48—前42）

武帝时期已有庸侯国，至元帝初元元年又有庸侯国，置以封城阳荒王子谈，永光二年国除，此两庸侯国名称相同，当因由一地所析之故，今地亦无考，但必在前刘余所封之庸侯国附近。

48. 要安侯国（前48—?）

《王子侯表》云："要安节侯胜，城阳荒王子。（元帝初元元年）三月封。哀侯守嗣，薨，无后。琅邪。"据此，侯国国除之年不详，当在《汉志》年限之前，省并。今地无考。

49. 石山侯国（前41—8）

据《王子侯表》，元帝永光三年置以为城阳戴王子玄封国。今地无考。

50. 参封侯国（前41—8）

据《王子侯表》，元帝永光三年置以为城阳戴王子嗣封国。今地无考。

51. 伊乡侯国（前41—?，1—8）

《王子侯表》载："伊乡顷侯迁，城阳戴王子，（元帝永光三年）三月封，薨。无后。"据此，伊乡侯国似为无后国除，唯其确年不知。《汉志》有此侯国，是国除年不早于成帝元延绥和之际。同表又载："伊乡，（平帝元始元年）二月丙辰，开以思王孙封，八年免。"据此，刘迁侯国除年不晚于元始元年。今地无考。

52. 慎乡侯国（前31—8）

《汉表》无慎乡，成帝建始二年置顺阳侯国封胶东顷王子共，《汉志》则无顺阳侯国，钱坫以为慎乡即顺阳[①]，慎、顺音近，古语相通，或是。今地无考。

---

① 钱坫撰，徐松集释：《新斠注地理志集释》卷9。

53. 武乡侯国(前31—8)

据《王子侯表》，成帝建始二年以封高密顷王子庆。今地无考。

54. 丽兹侯国(前31—8)

《古封泥集成》有"丽兹国丞"，《汉志》无"丽兹"，而有"丽侯国"，疑即此地，《志》脱漏兹字。成帝建始二年置为高密顷王子赐侯国。《中国历史地图集》定点在今山东诸城市南，然高密王子侯国不当远至此，有误。今地无考。

55. 安丘侯国(前20—8)

据《王子侯表》，成帝鸿嘉元年置为高密顷王子常侯国。治所在今山东安丘市东南一带，确地不详。

56. 高阳侯国(前20—前7)

据《外戚恩泽表》，成帝鸿嘉元年，置为薛宣侯国，永始二年短暂中绝，同年复封，绥和二年国除。表注东莞，当为析东莞地而置。治今山东莒县东南。

57. 驷望侯国(前20—8)

据《功臣表》，成帝鸿嘉元年置为冷广侯国。今地无考。

58. 高陵侯国(前15—6)

据《外戚恩泽表》，成帝永始二年，置高陵侯国封翟方进，孺子婴居摄元年(公元6)国除。今地无考。

59. 临安侯国(前13—8)

据《王子侯表》，成帝永始四年置为胶东共王子闵侯国。今地无考。

60. 新山侯国(前13—8)

据《功臣表》，成帝永始四年封称忠。治今山东莒县西南。

61. 氾乡侯国(前8—前6)

据《外戚恩泽表》，氾乡侯国在南阳郡，以《汉书》卷86《何武传》知初封本在琅邪不其，哀帝建平元年徙至南阳，确地无考。

62. 扶德侯国(1—8)

据《外戚恩泽表》，平帝元始元年置以封马宫，表注赣榆，当在琅邪郡，确地无考。

63. 黔陬县(？—8)

置年不详。治今山东胶州市西南。

64. 计斤县(？—8)

置年不详。治今山东胶州市西南。

65. 姑幕县(？—8)

《汉志》云："都尉治。"当为武帝年间自胶西国削来数县之一。治今山东安丘市东南。

66. 灵门县(？—8)

当为武帝年间自胶西国削至。治今山东安丘市南。

67. 梧成县(？—8)

当为武帝年间自胶西国削至。治今山东安丘市西南。

68. 平昌县(？—8)

当为武帝年间自胶西国削至。治今山东诸城市西北。

69. 朱虚县(？—8)

当为武帝年间自胶西国削至。治今山东临朐县东南。

70. 长广县(？—8)

在胶东王子侯国皋虞之北，当本属胶东地，为王子侯国省并而成，或与祝兹、温水等侯国有关，置年不详。治今山东莱阳市东。

又，高帝六年析琅邪置城阳郡，故下篇第三章第七节中，凡属汉初已置之县，高帝五年均隶琅邪郡。此处不再赘述。

第三节　临淮郡沿革

临淮郡(前117—8)

武帝元狩六年(前117)分沛、广陵郡置。元鼎四年(前113)，置乐通侯国。五年，乐通侯国省。元封元年(前110)，置前开陵侯国。天汉二年(前99)，置后开陵侯国。征和三年(前90)，前开陵侯国省。昭帝元凤元年(前80)，置商利侯国。又，昭帝时，以堂邑、舆两县益广陵国。宣帝地节四年(前66)，置乐陵、博成两侯国。元康元年(前65)，商利侯国省。甘露三年(前51)，置西平侯国。此外，宣帝时夺广陵"射陂草田"予临淮郡。元帝永光五年(前39)，得广陵王子侯国襄平。建昭三年(前36)，置乐安侯国。五年，得广陵王子侯国兰阳、广平。成帝建始四年(前29)，乐陵、博成、乐安三侯国省。河平二年(前27)，置高平侯国。永始四年(前13)，得泗水王子侯国昌阳。元延二年(前11)，堂邑、舆两县及海陵、盐渎等广陵属县皆归临淮郡。同年，复置乐陵侯国与后开陵侯国(后开陵侯国此前不知何年省)。平帝元始元年(公元1)，复置乐安侯国。

《水经·济水注》云："《地理志》曰：临淮郡，汉武帝元狩五年(此五年当为六年之讹)置，治徐县。"此乃取《汉志》首县为郡治，并无确证，唯史籍无载，暂从之。

1. 徐县(前117—8)

本属沛郡,元狩六年隶临淮。治今江苏泗洪县南。

2. 取虑县(前117—8)

治今安徽灵璧县北。

3. 僮县(前117—8)

治今安徽泗县东北。

4. 盱台侯国(前117—前112)—盱台县(前112—8)

《汉志》云:"都尉治。"据《王子侯表》,武帝元鼎五年(前112),盱台侯国国除为县。《汉志》此县作"盱眙",本编暂以出土之"盱台丞印"及《王子侯表》作"盱台"。治江苏今县东北。

5. 厹犹县(前117—8)

治今江苏宿迁市东南。

6. 下相县(前117—8)

治今江苏宿迁市西南。

7. 开阳县(前117—8)

今地无考。

8. 赘其县(前117—8)

治今江苏盱眙县西南,确址不详。

9. 高山县(前117—8)

治今江苏盱眙县南,确址不详。

10. 睢陵侯国(前117—前103)—睢陵县(前103—8)

据《功臣表》,睢陵侯国除于武帝太初二年(前103)。治所已沦入今江苏泗洪县东南洪泽湖中,确址无考。

11. 淮阴县(前117—8)

治今江苏淮安市淮阴区西南。

12. 堂邑县(前117—前86,前11—8)

昭帝始元元年(前86)益广陵国,成帝元延二年回属临淮。治今江苏南京市六合区西北。

13. 富陵县(前117—8)

治所已沦入今江苏洪泽县西北洪泽湖中。

14. 播旌县(前117—8)

今地无考。

15. 东阳县(前117—8)

治今江苏盱眙县东。

16. 淮陵侯国(前117—前112)—淮陵县(前112—8)

江都易王子定国之侯国。据《王子侯表》,武帝元鼎五年,淮陵侯国国除为县。治今安徽明光市东北。

17. 舆县(前117—前86,前11—8)

本属临淮郡。《汉书》卷63《广陵厉王刘胥传》云:"昭帝初立,益封胥万三千户。"疑此县与堂邑即当此万三千户地。是昭帝始元元年(前86)益属广陵国。成帝元延二年,绍封广陵国,又以此两县回属临淮。治今江苏仪征市北。

18. 乐通侯国(前113—前112)

《外戚恩泽表》云:"乐通侯栾大,(武帝元鼎)四年四月乙巳封,五年,坐罔上,要斩。高平。"故其地望当近高平,确址无考。

19. 前开陵侯国(前110—前90)

据《功臣表》,武帝元封元年置开陵侯国封建成(《汉书》卷95《南粤传》则称其为"故越建成侯敖"),征和三年国除。今地无考。

20. 后开陵侯国(前99—?,前11—8)

《功臣表》又载有开陵侯成娩,"不得封年……质侯褒嗣,薨,无后。(成帝)元延元年六月乙未,釐侯级以褒弟绍封,千二十户"。此开陵侯又见于《汉书》卷96《西域传》:"武帝天汉二年,以匈奴降者介和王为开陵侯。"据此似成娩之开陵侯置于天汉二年,然此时前元封元年所置之开陵侯国尚存,不当以侯国地复为成娩侯国,故疑为同名侯国。又,据表文,成氏之开陵侯国一度中绝,成帝元延二年复置也。今地无考,疑与前一开陵侯国相邻。

21. 商利侯国(前80—前65)

《功臣表》云:"商利侯王山寿……(昭帝元凤元年)七月甲子封,十四年,(宣帝)元康元年,坐为代郡太守故劾十人罪不直,免。"今确址无考,然表注徐县,其地望当距徐县不远。

22. 乐陵侯国(前66—前29,前11—8)

《外戚恩泽表》云:"乐陵安侯史高,以悼皇考舅子侍中关内侯与发霍氏奸,侯,二千三百户。(宣帝地节四年)八月乙丑封,二十四年薨。……(成帝)建始二年,康侯崇嗣,四年薨,无后。元延二年六月癸巳,侯淑以崇弟绍封,无后。元始四年,侯岑以高曾孙绍封,王莽败,绝。"以表知,乐陵侯国于成帝建始四年一度国除,至元延二年方重置侯国。今地无考。

23. 博成侯国(前66—前29)

《功臣表》云:"博成侯张章……(宣帝地节)四年八月乙丑封……(成帝)建始四年,坐尚阳邑公主与婢奸主旁,数醉骂主,免。淮阳。"马孟龙《西汉侯国地理》以为淮阳自元康三年为王国,不当辖有侯国,并引《史记索隐》以为淮阳乃临淮之误,可从。今地无考。

24. 西平侯国(前51—8)

宣帝甘露三年置以封于定国,《外戚恩泽表》载,此侯国至更始元年(公元23)方绝,《汉志》失注侯国。今地无考。

25. 襄平侯国(前39—8)

据《王子侯表》,元帝永光五年封以为广陵厉王子瞾侯国。今地无考。

26. 乐安侯国(前36—前29,1—8)

据《外戚恩泽表》,元帝建昭三年置以封匡衡,表注僮,《汉书》卷81《匡衡传》亦言封僮之乐安乡。成帝建始四年国除。据《王子侯表》,平帝元始元年复置以封东平思王孙禹。今地无考,然距僮县当不远也。

27. 兰阳侯国(前34—8)

据《王子侯表》,元帝建昭五年置兰陵侯国以封广陵孝王子宣,当即为是。陵、阳形近而讹。今地无考。

28. 广平侯国(前34—8)

《王子侯表》,元帝建昭五年置以封广陵孝王子德。今地无考。

29. 高平侯国(前27—8)

《汉表》凡三见高平侯国,武帝曾封中山王子为高平侯,此地显然当非临淮之高平。后宣帝地节三年封魏相为高平侯,《外戚恩泽表》下注柘,当在淮阳郡境。成帝河平二年又置高平侯国封王逢时,此高平当为《汉志》临淮之高平无疑。治今江苏泗洪县东南。

30. 昌阳侯国(前13—8)

据《王子侯表》,成帝永始四年置以为泗水戾王子霸侯国。今地无考。

31. 海陵县(前11—8)

成帝元延二年,绍封广陵国同时小其地,此县遂属临淮。治今江苏泰州市。

32. 盐渎县(前11—8)

成帝元延二年,绍封广陵国同时小其地,此县遂属临淮。治今江苏盐城市。

33. 扶平侯国(1—4)

据《外戚恩泽表》,平帝元始元年置以封王崇,表注临淮,确地无考。

34. 淮浦县(？—8)

本属东海,来属年不详。治今江苏涟水县西。

35. 射阳县(？—8)

《汉书》卷63《广陵厉王刘胥传》载,宣帝时,"相胜之奏夺王射陂草田以赋贫民,奏可"。据此可知射陂本属广陵国,是颇疑射阳即此年由广陵国削。此事在"胥子南利侯宝杀人夺爵"后,即地节二年后,具体时间不详。治今江苏宝应县东。

第四节　广陵国(郡)(东阳郡、荆国、吴国、江都国)沿革

荆东阳郡(前201—前198)—荆国(前198—前195)—吴国(前195—前154)—江都国(前154—前121)—广陵郡(前121—前117)—广陵国(前117—前54)—广陵郡(前54—前47)—广陵国(前47—前17)—广陵郡(前17—前11)—广陵国(前11—8)

高帝六年(前201)置,初属荆王刘贾。九年,内史制度推行,遂为荆国内史。十二年,属刘濞吴国,为内史。景帝三年(前154)为江都国内史。武帝元朔元年(前128),以盱台、淮陵置侯国封江都易王子,别属沛郡。元狩二年(前121),江都国除,入汉为广陵郡。

元狩六年,武帝以广陵郡数县置广陵国,立子胥为广陵厉王,广陵郡余地并沛郡数县置临淮郡。昭帝立,益封胥万三千户。元凤中,又益万户。始元年间所益者大约为临淮郡之堂邑、舆县,元凤间或以九江之全椒、建阳益之。宣帝五凤四年(前54),广陵国除为郡。

元帝初元二年(前47),复置广陵国,厉王子霸绍封广陵孝王。永光五年(前39),置王子侯国襄平,别属临淮。建昭五年(前34),置兰陵、广平两王子侯国,皆别属临淮。

成帝鸿嘉四年(前17),广陵国复除为郡。元延二年(前11),绍封广陵国,其领域远小于前,全椒、建阳两县回属九江郡,堂邑、舆、海陵、盐渎等皆别属临淮郡。哀帝元寿元年(前2),置广陵王子侯国方乐。

据前文所引董仲舒《春秋繁露》,武帝时期江都国本郡十七县,《汉志》广陵国领四县,临淮郡领二十九县,地望可考者二十：在淮东者十二,淮西者八。地望不可考者九县,去除王子侯国,所不知方位者仅开阳、播旌。播旌,秦置县,东阳人陈婴母即此县人,疑在淮东。开阳,地望不明,疑其在淮西也。如

此,《汉志》广陵、临淮诸县(去除侯国)汉初皆有也。

《史记》卷106《吴王濞列传》曰:"孝景帝三年正月甲子,初起兵于广陵。"是吴国国都在广陵。《汉志》广陵县下注,"江都易王非、广陵厉王胥皆都此",可知江都国、广陵国都均在广陵,其东阳郡、广陵郡治所亦当在广陵矣。

1. 广陵县(前201—8)

治今江苏扬州市西北。

2. 江都县(前201—8)

治今江苏扬州市邗江区西南。

3. 高邮县(前201—8)

治今江苏高邮市。

4. 平安县(前201—8)

治今江苏宝应县西南。

5. 海陵县(前201—前11)

成帝元延二年别属临淮郡。治今江苏泰州市。

6. 盐渎县(前201—前11)

成帝元延二年别属临淮郡。治今江苏盐城市。

7. 射阳侯国(前201—前192)—射阳县(前192—?)

据《功臣表》,高帝六年置以为项缠侯国,惠帝三年(前192)国除。宣帝年间削入临淮郡。治今江苏宝应县东。

8. 赘其县(前201—前187)—赘其侯国(前187—前180)—赘其县(前180—前117)

据《外戚恩泽表》,吕后元年(前187)封以为吕胜侯国,八年国除。武帝元狩六年别属临淮郡。治今江苏盱眙县西南,确址不详。

9. 淮阴侯国(前201—前196)—淮阴县(前196—前117)

韩信即此县人,据《功臣表》,高帝六年置为韩信侯国,十一年国除。武帝元狩六年别属临淮郡。治今江苏淮安市淮阴区西南。

10. 高山县(前201—前117)

治今江苏盱眙县南,确址不详。

11. 富陵县(前201—前117)

武帝元狩六年别属临淮郡。治所已沦入今江苏洪泽县西北洪泽湖中。

12. 播旌县(前201—前117)

陈婴母县,武帝元狩六年别属临淮郡。今地无考。

13. 东阳县(前 201—前 196)—东阳侯国(前 196—前 140)—东阳县(前 140—前 117)

据《功臣表》,高帝十一年置为张相如侯国,武帝建元元年(前 140)国除。武帝元狩六年别属临淮郡。治今江苏盱眙县东。

14. 盱台县(前 201—前 128)—盱台侯国(前 121—前 117)

据《史记》卷 7《项羽本纪》,楚汉之际怀王即都此。元朔元年,武帝置以为江都易王子蒙之侯国,遂别属沛郡。元狩二年,江都国除,盱台侯国回属广陵郡。武帝元狩六年别属临淮郡。治今江苏盱眙县东北。

15. 淮陵县(前 201—前 128)—淮陵侯国(前 121—前 117)

据《王子侯表》,武帝元朔元年置以为江都易王子定国之侯国,别属沛郡。元狩二年,江都国除,盱台侯国回属广陵郡。武帝元狩六年别属临淮郡。治今安徽明光市东北。

16. 堂邑侯国(前 201—?)—堂邑县(?—前 117,前 86—前 11)

据《功臣表》,高帝六年封陈婴为侯国,元鼎元年(前 116)国除。武帝初年,堂邑在江都国境内,故侯国必于此前迁徙至汉郡中。武帝元狩六年别属临淮郡,昭帝始元元年(前 86)益属广陵国,成帝元延二年回属临淮郡。治今江苏南京市六合区西北。

17. 舆县(前 201—前 117,前 86—前 11)

武帝元狩六年别属临淮郡,昭帝始元元年益属广陵国,成帝元延二年回属临淮郡。治今江苏仪征市北。

18. 建阳县(前 80—前 11)

昭帝元凤元年(前 80)益广陵国,成帝元延二年回属九江郡。治今安徽来安县南。

19. 全椒县(前 80—前 11)

昭帝元凤元年益广陵国,成帝元延二年回属九江郡。治安徽今县。

第五节 楚国(彭城郡)沿革

楚彭城郡(前 202—前 201)—楚国(前 201—前 69)—彭城郡(前 69—前 49)—楚国(前 49—8)

高帝五年(前 202)属韩信楚国。六年,属刘交楚国。景帝三年(前 154),楚王戊反诛,其地本应尽入汉,只因文景二代皆"尊宠元王",故立其少子礼为楚文王,以续楚元王后。然刘礼之楚国甚至不得故楚内史之全境。景帝取楚内史之南部地分置沛郡，而以余地仍置楚国，故刘礼之楚国仅有彭城及其附近数县之地而已。

武帝元光六年(前129)，置楚王子侯国浮丘、杏山，别属沛郡，国境微有缩小。元鼎五年(前112)，浮丘、杏山两侯国省，地复入楚国。宣帝地节元年(前69)，楚王刘延寿谋反，国除为彭城郡。黄龙元年(前49)，复置楚国，徙宣帝子定陶王嚣为楚孝王，同年益武原县属楚。成帝阳朔二年(前23)，封楚孝王子侯国阴平。哀帝建平四年(前3)，置王子侯国陵乡、武安。平帝元始五年(公元5)，置王子侯国吕乡、李乡、宛乡、寿泉、杏山，皆别属汉郡。

以《汉书》卷36《楚元王传》，楚国都彭城，彭城郡治所亦当在此。

1. 彭城县(前202—8)

楚汉之际项羽西楚都于此，后刘交之楚国、刘礼之楚国及刘嚣楚国皆都此。治今江苏徐州市。

2. 留县(前202—前201)—留侯国(前201—前175)—留县(前175—8)

张良遇刘邦于此。据《功臣表》，高帝六年置留侯国封张良，文帝五年(前175)，国除为县。治今江苏沛县东南。

3. 傅阳县(前202—前195)—傅阳侯国(前195—前156)—博阳县(前156—8)

《功臣表》有博阳侯陈濞、博阳侯周聚。高帝不当同时置两博阳侯国，疑周聚之博阳侯国当为傅阳之误，此侯国高帝十二年置，景帝元年国除为县。治今山东枣庄市南。

4. 吕县(前202—前201)—周吕侯国(前201—前198)—吕县(前198—前187)—吕成侯国(前187—前180)—吕县(前180—8)

据《外戚恩泽表》，高帝六年封吕泽为周吕侯，九年国除。吕后元年(前187)封吕忿为吕成侯，八年国除。疑此两侯国皆以吕县置。治今江苏徐州市铜山区东南。

5. 相县(前202—前154)

景帝三年别属沛郡。治今安徽濉溪县西北。

6. 竹县(前202—前154)

《汉书》卷39《曹参传》载，参"南至蕲，还定竹邑、相、萧、留"，此处竹邑当即此县。景帝三年别属沛郡。治今安徽宿州市北。

7. 穀阳县(前202—前154)

景帝三年别属沛郡。治今安徽固镇县稍西北。

8. 萧县(前202—前154)

景帝三年别属沛郡。治安徽今县西北。

9. 向县(前202—前154)

景帝三年别属沛郡。治今安徽怀远县西北。

10. 铚县(前202—前154)

《汉书》卷31《陈胜传》载,葛婴"攻铚、酂、苦、柘、谯"。铚县有自春秋至秦汉之古城址,当为秦县。又伍徐、董䄭、宋留皆铚人也[①]。景帝三年别属沛郡。治今安徽濉溪县南。

11. 下蔡县(前202—前154)

《汉书》卷34《黥布传》所谓"东取吴,西取下蔡"者即此县,甘茂即下蔡人也。景帝三年别属沛郡。治今安徽凤台县。

12. 蕲县(前202—前154)

《汉书》卷31《陈胜传》云,"行至蕲大泽乡,会天大雨"。《汉书》卷1《高帝纪》亦有"秦二世元年秋七月,陈涉起蕲,至陈,自立为楚王"。蕲下有乡,必为一县之名。景帝三年别属沛郡。治今安徽宿州市东南。

13. 山桑县(前202—前154)

景帝三年别属沛郡。治今安徽蒙城县北。

14. 符离县(前202—前154)

《史记》卷48《陈涉世家》载,葛婴即符离人。景帝三年别属沛郡。治今安徽宿州市东北。

15. 建成县(前202—前201)—建成侯国(前201—前181)—建成县(前181—前154)

据《外戚恩泽表》,高帝六年置以封吕释之,吕后七年免。景帝三年别属沛郡。治今河南永城市东南。

16. 取虑县(前202—前154)

《史记》卷48《陈涉世家》有取虑人郑布,秦置县,汉因之。景帝三年别属沛郡。治今安徽灵璧县东。

17. 僮县(前202—前154)

据《汉书》卷41《灌婴传》,婴尝攻此县。景帝三年别属沛郡。治今安徽泗县东北。

18. 徐县(前202—前154)

据《史记》卷48《陈涉世家》,徐人丁疾,知徐县秦所置,汉初当存。据《汉书》卷34《黥布传》,楚与其战于徐、僮之间,即此地。景帝三年别属沛郡。治

[①] 《史记》卷47《陈涉世家》。

今江苏泗洪县南。

19. 下相县(前202—前195)—下相侯国(前195—前154)

据《功臣表》,高帝十二年置以封楚相冷耳,景帝三年国除,其年别属沛郡。治今江苏宿迁市西南。

20. 厹犹县(前202—前154)

景帝三年别属沛郡。治今江苏宿迁市东南。

21. 郊县(前201—前187)—洨侯国(前187—前182)—郊县(前182—前154)

据《外戚恩泽表》,吕后元年置以为吕产侯国,六年罢。景帝三年别属沛郡。治今安徽固镇县东。

22. 梧侯国(前187—?)—梧县(?—8)

据《功臣表》,吕后元年封阳成延为侯国,武帝元狩五年国除为县,故其当在武帝初年迁徙至汉郡,去向不明。梧侯国国除时户数为三千三百户,《史表》载其初封时不过五百户,当本为乡聚而已。国除时因户口繁衍,遂不省并,单独为一县也。治今安徽淮北市东北。

23. 武原县(前49—8)

宣帝黄龙元年,自东海来益楚国。治今江苏邳州市西北。

24. 甾丘县(?—8)

置年不详。治今安徽宿州市东北。

第六节 鲁国(薛郡)沿革

楚薛郡(前202—前182)—鲁内史(前182—前179)—楚薛郡(前179—前154)—鲁国(前154—8)

高帝五年(前202),属韩信楚国。六年,属刘交楚国。吕后六年(前182),以薛郡、城阳郡置鲁国封张偃,遂为鲁国内史。文帝元年(前179),吕氏败,鲁国除,复为楚国薛郡。景帝三年(前154),楚王戊反诛,楚国国除。同年六月,景帝以薛郡复置鲁国,徙淮阳王余为鲁恭王。自是,薛郡为鲁国直至西汉末。

武帝元朔元年(前128),置广戚侯国封鲁共王子将,别属沛郡。三年,封鲁共王子侯国五:宁阳、瑕丘、公丘、郁狼、西昌,皆别属它郡。昭帝始元五年(前82),封鲁安王子侯国三:兰旗、容丘、良成,另隶东海郡。宣帝甘露四年(前50),置孝王子侯国八:昌虑、平邑、山乡、建陵、合阳、东安、承乡、建阳。除平邑属泰山郡外,其余七侯国均隶属东海郡。成帝阳朔四年(前21),封顷王子侯国二：邵乡、建乡，属东海郡。鸿嘉二年(前19)，置顷王子侯国一：新阳。属东海郡。

鲁国都在鲁县，此亦薛郡治所也。

1. 鲁县(前202—前201)—鲁侯国(前201—？)—鲁县(？—前187)—鲁侯国(前187—前182)—鲁县(前182—8)

高帝六年置为侯国封奚涓母，后不知何年徙鲁侯于重平，而以鲁县为鲁元公主汤沐邑。吕后元年，公主薨，吕后遂封其子张偃为鲁侯，至吕后六年鲁侯为鲁王，鲁县不复为侯国。治今山东曲阜市。

2. 卞县(前202—8)

治今山东泗水县东。

3. 驺县(前202—8)

《汉书》卷41《樊哙传》有此县。治今山东邹城市东南。

4. 汶阳县(前202—8)

狮子山楚王墓出土封泥中有"文阳丞印"，其中"文阳"即"汶阳"，文、汶往往可通用。治今山东宁阳县东北。

5. 薛县(前202—8)

《史记》卷7《项羽本纪》、卷8《高祖本纪》皆见此县。治今山东滕州市南。

6. 建陵县(前202—前180)—建陵侯国(前180)—建陵县(前180—前151)—建陵侯国(前151—前128)—建陵县(前128—前50)

秦封泥有"建陵丞印"。据《王子侯表》，宣帝甘露四年，置建陵侯国封鲁孝王子遂，同年又置建阳侯国，成帝阳朔四年复置建乡侯国，此三侯国名称相近，颇疑皆析自建陵县①。又，据《外戚恩泽表》，吕后八年四月封张释之为建陵侯，同年九月国除复为县。据《功臣表》，景帝六年，复以建陵侯国封卫绾，武帝元朔元年国除。《中国历史地图集》将建陵标在今江苏新沂市南，有误。当在今山东枣庄市峄城区西②。

7. 承县(前202—前50)

《汉志》承县属东海郡。据《王子侯表》，宣帝甘露四年置承乡侯国封鲁孝王子当，此承乡当即为东海郡承县之地也，故知承汉初当属薛郡。治今山东枣庄市南。

---

① 又疑建乡侯国在宣帝甘露四年之后、成帝阳朔四年之前曾为县，属鲁国，因此侯国不似从鲁国其他县析置而出，疑乃为建陵、建阳侯国置后，余地为建乡县，成帝时期别属东海。但无确证，故不列入鲁国辖县之列。

② 郑威：《西汉东海郡的辖域变迁与城邑分布》，《历史地理》第二十五辑。

8. 滕县(前202—前184)—滕侯国(前184—前180)—滕县(前180—前126)

《汉志》无滕县,然沛郡公丘下言:"公丘,侯国,古滕国。"《汉书》卷41《夏侯婴传》云:"(婴)赐爵封,转为滕令。"邓展注曰今沛郡公丘县。既为滕令,必有滕县也,是秦置滕县,汉初因之。至武帝时分滕为二,一为蕃县,一为公丘。据《王子侯表》,公丘侯国受封于元朔三年,则滕县是年不复存矣。治今山东滕州市。

9. 瑕丘县(前202—前126)

《汉书》卷31《陈胜传》有:"瑕丘公申阳者,张耳嬖臣也。"故瑕丘当为秦县。据《王子侯表》,武帝元朔三年置瑕丘侯国封鲁共王子政,别属山阳郡。治今山东济宁市兖州区偏北。

10. 上邳侯国(前186—前178)—上邳县(?)

据《王子侯表》,吕后二年置上邳侯国封楚元王子郢客。文帝二年,郢客嗣为楚王,上邳侯国国除。汉初王子侯国多以整县而封,然《汉志》无上邳,疑与鲁王子侯国之析置有关,唯详情已不得知。治今无考。

11. 蕃县(前126—8)

元朔三年,滕县分为二,公丘入沛郡,余地在鲁国者改名为蕃。又,秦封泥有此县名,颇疑秦时蕃、滕为两县,汉初以蕃县并入滕县,后王子侯国既置,遂复蕃县之名。治今山东滕州市。

第六章　扬州刺史部地区郡县沿革

扬州刺史部,其地于高帝五年(前202)大致相当于英布淮南国全境(即九江、衡山、前庐江、豫章四郡之地)及韩信楚国江南部分(即会稽、鄣郡二郡)。高帝六年,韩信楚国国除,会稽、鄣二郡改属荆国,十二年又属吴国。文帝七年(前173),淮南国除,九江、衡山、前庐江、豫章四郡属汉。十二年,复置淮南国,仍辖前述四郡。十六年,徙淮南王于城阳,分其地为三国:以九江郡置淮南国,衡山郡置衡山国,前庐江、豫章二郡置庐江国。景帝三年(前154),吴国国除,会稽郡属汉,鄣郡改属江都国。四年,庐江国除,前庐江、豫章二郡属汉。武帝元狩二年(前121),江都王刘建反,国除,原为江都支郡的鄣郡及前庐江郡东部地新置丹扬郡,前庐江郡西部地则被并入豫章郡,又以衡山郡西部并南郡东部地置江夏郡,属荆州刺史部,故衡山东部地则置为后庐江郡;同年,又分九江郡置六安国,封胶东康王子庆,遂形成《汉志》所示扬州部范围内会稽、丹扬、庐江、九江、豫章五郡及六安一王国之规模。成帝鸿嘉二年(前19),置广德国。次年,广德国除。平帝元始二年(公元2),复置广德国。

第一节　会稽郡沿革

楚会稽郡(前202—前201)—荆会稽郡(前201—前196)—吴会稽郡(前195—前154)—会稽郡(前154—8)

高帝五年(前202)属韩信楚国,六年隶刘贾荆国。高帝十一年,淮南王英布反,刘贾为布军所杀,国遂除。十二年,"立沛侯刘濞为吴王,王故荆地"①,遂属吴国。景帝二年(前155),削吴会稽郡,诏书甫至,吴国遂反,故此时汉廷并不能真正实现对会稽郡的管辖。三年六月,七国之乱平,吴国

---

① 《史记》卷51《荆燕世家》。

除,会稽郡属汉。

武帝元光六年(前129),得江都王子侯国句容;元朔元年(前128),复得江都王子侯国丹阳、胡孰、秣陵①。其时侯国不隶属王国,以地望唯能入会稽郡。元狩二年(前121),江都国除,此四侯国/县遂改隶新置之丹扬郡。元鼎六年(前111),平越地,置冶县,会稽郡南界遂至南海海境。

又,《汉书》卷27《五行志》云,"是时,吴王濞封有四郡五十余城",故疑刘濞曾分会稽郡北部为吴郡,然详情已不可得,故此处不记分吴郡之事。

《汉志》会稽郡辖县二十六,初荆王之封有五十三城(《史记》卷51《荆燕世家》云五十二),董仲舒《春秋繁露》有以下记载:"二十一年八月庚申朔丙午,江都相仲舒,告内史中尉:阴雨太久,恐伤五谷,趣止雨。止雨之礼,废阴起阳。书十七县,八十离乡……"此十七县当为江都国本郡——东阳郡的总县数。鄣郡有十二县,如此则会稽郡汉初辖县二十四(以《荆燕世家》则二十三),去除可明确为置于武帝年间的冶、回浦二县,则会稽郡余县当即为汉初已置。此外,武帝元封元年(前110),曾析置蓺儿侯国,太初元年(前104),蓺儿侯国省,故《汉志》不书此县。

据《汉书》卷64《朱买臣传》,买臣为会稽太守,"入吴界",其郡治当在吴县。

1. 吴县(前202—8)

治今江苏苏州市。

2. 曲阿县(前202—8)

治今江苏丹阳市。

3. 乌伤县(前202—8)

治今浙江义乌市。

4. 毗陵县(前202—8)

治今江苏常州市。

5. 余暨县(前202—8)

治今浙江杭州市萧山区。

6. 阳羡县(前202—前195)—阳羡侯国(前195—前168)—阳羡县(前168—8)

据《功臣表》,高帝十二年置侯国封灵常,文帝十二年国除为县。《史表》作阳义(羲)侯,当为传写致讹。治今江苏宜兴市西南。

---

① 《王子侯表》称乃长沙王子侯国,然长沙王子侯国不得远至于此,且此侯国很快被废置,不当有迁徙等事发生,当为江都王子侯国之误也。

7. 诸暨县(前202—8)

治今浙江诸暨市。

8. 山阴县(前202—8)

治今浙江绍兴市。

9. 丹徒县(前202—8)

治今江苏镇江丹徒区东南。

10. 余姚县(前202—8)

治今浙江余姚市。

11. 娄县(前202—8)

治今江苏昆山市东北。

12. 上虞县(前202—8)

治今浙江绍兴市上虞区。

13. 海盐县(前202—8)

秦封泥有"海盐丞印"。治今浙江平湖市东。

14. 剡县(前202—8)

治今浙江嵊州市西南。

15. 由拳县(前202—8)

治今浙江嘉兴市南。

16. 大末县(前202—8)

治今浙江龙游县。

17. 乌程县(前202—8)

秦封泥有"乌呈之印",是秦时此县名亦可写作"乌呈"。治今浙江湖州市西南。

18. 句章县(前202—8)

治今浙江余姚市东南。

19. 余杭县(前202—8)

治今浙江杭州市余杭区西南。

20. 鄞县(前202—8)

治今浙江宁波市鄞州区东南。

21. 钱唐县(前202—8)

治今浙江杭州市西。

22. 鄮县(前202—8)

治今浙江宁波市东。

23. 富春县(前202—8)

治今浙江杭州市富阳区。

24. 无锡县(前202—前110)—无锡侯国(前110—前89)—无锡县(前89—8)

《功臣表》言,武帝元封元年置侯国以封多军,征和四年(前89)国除为县。治今江苏无锡市。

25. 回浦县(前138—8)

《汉志》载,乃会稽郡南部都尉治所。回浦汉初为东瓯地①,疑在武帝建元三年(前138)东瓯"请举国徙中国"时置县。治今浙江临海市东南。

26. 句容侯国(前129—前127)—句容县(前127—前121)

《王子侯表》云,"句容哀侯党,长沙定王子。(武帝元光六年)七月乙巳封,二年薨,无后。会稽。"前文已注云,句容当为江都王子侯国,元光六年后一年,武帝封三江都王子侯国,颇疑句容侯国亦置于元朔元年,然无确证,故仍以句容侯国置年为元光六年。此侯国置后改隶会稽,至元狩二年,句容县别属丹扬郡。治今江苏句容市。

27. 秣陵侯国(前128—前121)

据《王子侯表》,武帝元朔元年封江都易王子缠为侯国,隶会稽郡。元狩二年别属丹扬。治今江苏南京市江宁区南。

28. 胡孰侯国(前128—前121)

据《王子侯表》,武帝元朔元年置以封江都易王子胥行,初置时隶属会稽郡。元狩二年改隶丹扬郡。治今江苏南京市江宁区东南。

29. 丹阳侯国(前128—前122)—丹阳县(前122—前121)

据《王子侯表》,丹阳哀侯敢,亦武帝元朔元年封,元狩元年薨,国除为县。次年,丹阳县改隶丹扬郡。治今安徽当涂县东北。

30. 蒴儿侯国(前110—前104)

据《功臣表》,武帝元封元年置以为侯国,太初元年国除,省并。马孟龙《西汉侯国地理》以为即《水经·浙水注》之蒴儿乡,在今浙江桐乡市东南。

31. 冶县(前111—8)

《史记》卷114《东越传》云:"汉五年,复立无诸为闽越王,王闽中故地,都东冶。"是冶县本为闽越之地,武帝元鼎六年,平越地,遂入汉。治今福建福州市。

---

① 王谟:《汉唐地理书钞·吴地理志》,中华书局,1961年,第153页。

第二节 丹扬郡(鄣郡)(附：广德国)沿革

楚鄣郡(前202—前201)—荆鄣郡(前201—前195)—吴鄣郡(前195—前154)—江都鄣郡(前154—前121)—丹扬郡(前121—8)

《古封泥集成》625—627有"丹杨大守章"，是丹扬郡亦作"丹杨"。

高帝五年(前202)，鄣郡属韩信楚国，次年属刘贾荆国。十一年，刘濞吴国建。《史记》卷51《荆燕世家》云："高祖十一年秋，淮南王黥布反，东击荆。荆王贾……为布军所杀。高祖自击破布。十二年，立沛侯刘濞为吴王，王故荆地。"是刘濞吴国之封域与刘贾同，有三郡五十三城。又，吴王三郡并无豫章，时豫章为淮南国支郡，不得属吴。《史记》卷106《吴王濞传》云："吴有豫章郡铜山"，"及削吴会稽豫章书至"。其中豫章均为鄣郡之误。

景帝三年(前154)，吴国国除，置刘非江都国。《汉志》丹阳郡下云，"故鄣郡，属江都"。《史记》卷118《淮南王列传》述伍被语："东收江都会稽……"是证江都有鄣郡，而无会稽。

武帝元光六年(前129)，以句容为王子侯国，别属会稽郡。元朔元年(前128)，置江都易王子侯国丹阳、胡孰、秣陵，皆分属它郡。元狩二年(前121)，江都王建谋反，"国除，地入于汉，为广陵郡"①，其鄣郡当同时入汉，并得庐江郡四县及其前别属会稽郡之四侯国，更名为丹扬郡。

《汉志》系鄣郡改名于武帝元封二年(前109)，恐传抄致误。清人钱坫曰："江都王建以元狩二年自杀国除，非元封也，当依《州郡志》改正。"其语极是②。汉改郡名均在国除为郡或郡境有所变动之时，若元封二年(前109)，鄣郡无所变化，不得无故更名。元狩元年、二年间接连废除衡山、淮南、江都三国，武帝于是对故淮南、江都别郡进行一番调整，鄣郡才更名丹扬。自元狩二年至汉末，丹扬郡境不变，如《汉志》所示。

鄣郡似治故鄣县。据《元和郡县图志》，丹扬郡治所在宛陵。

1. 宛陵县(前202—8)

治今安徽宣城市宣州区。

2. 於潜县(前202—8)

治今浙江临安市西。

---

① 《史记》卷59《五宗世家》。
② 钱坫撰，徐松集释：《新斠注地理志集释》卷10。

3. 江乘县(前202—8)

治今江苏句容市北。

4. 故鄣县(前202—8)

治今浙江安吉县西北。

5. 石城县(前202—8)

治今安徽马鞍山市东南。

6. 芜湖县(前202—8)

治今安徽芜湖市东。

7. 溧阳县(前202—8)

治今江苏溧阳市西北。

8. 歙县(前202—8)

《汉志》云:"都尉治。"治安徽今县。

9. 秣陵县(前202—前128)—秣陵侯国(前121—前113)—秣陵县(前113—8)

据《王子侯表》,武帝元朔元年置为江都易王子缠侯国,别属会稽。元狩二年回属丹扬,元鼎四年国除为县。治今江苏南京市江宁区南。

10. 胡孰县(前202—前128)—胡孰侯国(前121—前112)—胡孰县(前112—8)

据《王子侯表》,武帝元朔元年置为江都易王子胥行侯国,别属会稽。元狩二年改隶丹扬郡,元鼎五年(前112)国除为县。治今江苏南京市江宁区东南。

11. 丹阳县(前202—前128,前121—8)

据《王子侯表》,武帝元朔元年置为江都易王子敢侯国,别属会稽。元狩二年改隶丹扬郡。治今安徽当涂县东北。

12. 句容县(前202—前129,前121—8)

据《王子侯表》,武帝元光六年(前129)置为江都易王子党侯国,别属会稽。元狩二年,句容县属丹扬郡。治今江苏句容市。

13. 黟县(前202—前19,前18—2)

《汉志》云:"成帝鸿嘉二年为广德王国。"《诸侯王表》曰:"广德,鸿嘉二年八月,夷王云客以怀王从父弟子绍封,一年薨,无后。"同表又有:"广德,(平帝)元始二年四月丁酉,静王榆以惠王曾孙戴王子绍封……王莽篡位,贬为公,明年废。"是黟县两度为国。治安徽今县东。

14. 春谷县(前121—8)

本属前庐江郡,武帝元狩二年属丹扬郡。治今安徽繁昌县西北。

15. 宣城县(前121—8)

本属前庐江郡,武帝元狩二年属丹扬郡。治今安徽宣城市宣州区西。

16. 陵阳县(前121—8)

本属前庐江郡,武帝元狩二年属丹扬郡。治今安徽池州市青阳县南。

17. 泾县(前121—8)

本属前庐江郡,武帝元狩二年属丹扬郡。治安徽今县西北。

附:广德国(前19—前18,2—8)

《汉志》云:"黟,成帝鸿嘉二年为广德王国。"《汉书》卷14《诸侯王表》曰:"广德,鸿嘉二年八月,夷王云客以怀王从父弟子绍封,一年薨,无后。"同表又有:"广德,元始二年四月丁酉,静王榆以惠王曾孙戴王子绍封……王莽篡位,贬为公,明年废。"

广德国仅辖有黟县之地,疑此时行政建制上未必称为县。

第三节　九江郡、六安国沿革

(一) 淮南国(前202—前173)—九江郡(前173—前168)—淮南国(前168—前122)—九江郡(前122—8)

高帝五年(前202)为英布淮南国。十一年,属刘长淮南国。文帝七年(前173),属汉为九江郡。十二年,为刘喜淮南国内史。十六年,刘喜徙封城阳王,九江郡地则被置为淮南国封淮南厉王子刘安。

武帝元朔五年(前124),淮南王安有罪,削两县。元狩元年(前122),淮南王谋反,国除为九江郡。二年,分九江郡置六安国,以封胶东康王子庆,又以其南部数县并衡山东部数县置江北之后庐江郡。昭帝始元五年(前82),得六安王子侯国松兹。元凤元年(前80),以全椒、建阳割予广陵国。元帝建昭二年(前37),富阳侯国省。竟宁元年(前33),得六安王子侯国博乡。成帝元延二年(前11),全椒、建阳回属九江郡。

《史记》卷91《黥布列传》云:"汉五年……布遂剖符为淮南王,都六。"此时九江郡治所自然亦为六县。《汉书》卷27《五行志》曰:"文帝二年六月,淮南王都寿春大风毁民室,杀人。"则刘长时期,淮南已迁都寿春。当因英布乃六人,遂都已家乡,自高帝十一年,淮南国都及九江郡治当皆在寿春。

1. 寿春邑(前202—8)

楚汉之际,刘贾围寿春者也。治今安徽寿县。

2. 阴陵县(前 202—8)

《汉书》卷 31《项羽传》载,羽在此地迷道。治今安徽定远县西北。

3. 历阳县(前 202—8)

楚汉之际,范增封历阳侯,即是此地。《汉志》云:"都尉治。"治今安徽和县。

4. 钟离县(前 202—8)

《汉书》卷 40《周勃传》载,勃曾食邑钟离,是汉初有此县。治今安徽凤阳县东。

5. 东城县(前 202—前 172)—东城侯国(前 172—前 165)—东城县(前 165—前 110)—东城侯国(前 110—前 90)—东城县(前 90—8)

《古封泥集成》1025 有"东成丞印",是亦可写作"东成"。据《王子侯表》,文帝八年置为侯国以封淮南厉王子良,文帝十五年国除。据《功臣表》,武帝元封元年(前 110)以为居股侯国,征和三年(前 90)国除,复为县。治今安徽定远县东南。

6. 建阳县(前 202—前 80,前 11—8)

昭帝元凤元年以益广陵国。成帝元延二年复置广陵国,回属九江郡。治今安徽来安县南。

7. 阜陵县(前 202—前 172)—阜陵侯国(前 172—前 164)—阜陵县(前 164—8)

据《王子侯表》,文帝八年置为侯国以封淮南厉王子安,文帝十六年安为淮南王,国除。治今安徽和县西。

8. 曲阳县(前 202—前 27)—曲阳侯国(前 27—8)

秦封泥有"曲阳左尉",当为秦置。据《外戚恩泽表》,成帝河平二年(前 27)置为王根侯国。治今安徽淮南市东。

9. 六县(前 202—前 121)

武帝元狩二年别属六安国。治今安徽六安市。

10. 蓼县(前 202—前 121)

武帝元狩二年别属六安国。治今河南固始县北。

11. 安丰县(前 202—前 121)

秦封泥有"安丰丞印",是秦置县,汉因之。武帝元狩二年别属六安国。治今河南固始县东南。

12. 舒县(前 202—前 121)

武帝元狩二年别属后庐江郡。治今安徽庐江县西南。

13. 鄂县(前 202—前 121)

治今湖北鄂州市。

14. 期思侯国(前 195—前 178)—期思县(前 178—?)

据《功臣表》,高帝十二年置以为贲赫侯国,文帝十四年国除。其侯国本在淮南国境内,文帝二年徙淮南境内侯国往它郡,遂复为县。武帝年间削淮南国两县,期思当为其一。治今河南淮滨县东南。

15. 祝兹侯国(前 184—前 178)—松兹县(前 178—前 121)—松兹侯国(前 82—?)

据《功臣表》,吕后封徐厉为祝兹侯①,疑即此地,武帝建元六年(前 135)国除,文帝二年徙淮南国内侯国,遂复为县。《王子侯表》载,昭帝始元五年置松兹侯国封六安共王子刘霸,则松兹地属六安国,当为武帝元狩二年别属。祝兹、松兹之名不知何时所更,暂取侯国国除之时。《大清一统志》卷 89《颍州》载:"松兹故城在霍邱县东十五里,汉初置松兹侯国,在今安庆府宿松县界,西晋初改置于此,属安丰郡。"然该地距六安国远甚,六安王子侯国似不当分封至彼,倒是西晋的松兹县就在汉六安国安风县东,此地才应是六安王子侯国当初的封域。汉松兹县于吕后四年(前 184)先以封徐厉,其地望可能就是安风县东,封六安王子后,又于某年迁徙至庐江郡。治今安徽霍邱县东。

16. 当涂侯国(前 91—7)—当涂县(7—8)

据《功臣表》,武帝征和二年(前 91)置以为魏不害侯国,孺子婴居摄二年(7),更为翼汉侯。翼汉侯国新朝时更名为翼新侯国,当涂新朝更名为山聚,非一地也,当为侯国迁徙之故。治今安徽怀远县南。

17. 富阳侯国(前 64—前 37)

据《王子侯表》,宣帝元康二年(前 64)封,元帝建昭二年"坐上书归印绶,免,八百户。"今地无考。

18. 博乡侯国(前 33—8)

据《王子侯表》,元帝竟宁三年封。治今安徽六安市西。

19. 庸乡侯国(前 7—8)

《王子侯表》云:"庸乡侯宰,六安顷王子。(成帝绥和)三年七月庚午封,十五年,免。"成帝无绥和三年,观其免年,当为二之误。今地无考。

---

① 《史表》作"松兹",然《史记》卷 10《孝文本纪》、卷 22《汉兴以来将相名臣表》亦作"祝兹",当以祝兹为是。

20. 合肥县(?—8)

置年不详。治今安徽合肥市。

21. 浚遒县(?—8)

置年不详。治今安徽肥东县东。

22. 橐皋县(?—8)

置年不详。治今安徽巢湖市西北。

23. 成德县(?—8)

置年不详。治今安徽寿县南。

24. 全椒县(?—前80,前11—8)

置年不详。昭帝元凤元年以益广陵国。成帝元延二年复置广陵国,回属九江郡。治安徽今县。

25. 临湖县(?—前121)

置年不详,武帝元狩二年别属后庐江郡。治今安徽无为县西南。

26. 襄安县(?—前121)

置年不详,武帝元狩二年别属后庐江郡。治今安徽无为县西南。

27. 安风县(?—前121)

置年不详。武帝元狩二年别属六安国。治今安徽霍邱县西南。

28. 阳泉县(?—前121)

置年不详。武帝元狩二年别属六安国。治今安徽霍邱县西北。

29. 弋阳县(?—?)

置年不详,然必在武帝之前,故得以在武帝年间削入汝南国。治今河南潢川县西。

(二) 六安国(前121—8)

武帝元狩二年置。

昭帝始元五年,置王子侯国松兹,别属九江郡。宣帝元康二年(前64),置王子侯国富阳。元帝竟宁元年,置王子侯国博乡,别属九江郡。

国都在六县。

1. 六县(前121—8)

治今安徽六安市。

2. 蓼县(前121—8)

治今河南固始县北。

3. 安丰县(前121—8)

治今河南固始县东南。

4. 安风县(前121—8)

治今安徽霍邱县西南。

5. 阳泉县(前121—8)

治今安徽霍邱县西北。

6. 松兹县(前121—前82)

昭帝始元六年,置为王子侯国,别属九江郡,详见前文。治今安徽霍邱县东。

第四节 后庐江郡[衡山郡(国)]、豫章郡(附:前庐江郡)沿革

(一)淮南衡山郡(前202—前173)—衡山郡(前173—前168)—淮南衡山郡(前168—前164)—衡山国(前164—前122)—衡山郡(前122—前121)—后庐江郡(前121—8)

高帝五年(前202)属英布淮南国,十二年属刘长淮南国。文帝七年(前173),淮南国除,衡山更为汉郡。十二年,属刘喜淮南国。文帝十六年,以衡山郡置国,立衡山王勃。景帝四年(前153),刘勃徙封济北,衡山仍为国,以王原庐江王刘赐。武帝元狩元年(前122),国除为衡山郡。次年,以衡山西部数县并南郡东部数县置江夏郡,衡山余县则更名后庐江郡。

楚汉之际,吴芮王衡山即都邾县,此亦当为西汉初年衡山郡治。武帝元狩二年后,邾县别属江夏郡,后庐江郡当治舒县。

1. 舒县(前121—8)

本属九江,武帝元狩二年来属后庐江郡。治今安徽庐江县西南。

2. 居巢县(前202—8)

范增即为此县人。治今安徽桐城市南。

3. 龙舒县(前202—8)

治今安徽舒城县西南。

4. 雩娄县(前202—8)

秦封泥有"虖娄丞印",是"雩娄"亦可作"虖娄"。汉因之。治今河南固始县东南。

5. 枞阳县(前202—8)

治今安徽枞阳县。

6. 寻阳县(前202—8)

治今湖北黄梅县西南。

7. 潜县(前202—8)

秦封泥有"潜丞之印",汉因之。治今安徽霍山县东北。

8. 皖县(前202—8)

治今安徽潜山县。

9. 邾县(前202—前121)

本为衡山国都,武帝元狩二年别属江夏郡。治今湖北黄冈市北。

10. 西陵县(前202—前121)

武帝元狩二年别属江夏郡。治今湖北武汉市新洲区西。

11. 下雉县(前202—前121)

武帝元狩二年别属江夏郡。治今湖北阳新县东。

12. 鄂县(前202—前121)

治今湖北鄂州市。

13. 临湖县(前121—8)

武帝元狩二年自九江郡来属新庐江。治今安徽无为县西南。

14. 襄安县(前121—8)

武帝元狩二年自九江郡来属新庐江。治今安徽无为县西南。

15. 金兰县(？—8)

《汉志》无此县,唯于"庐江郡"条下云:"金兰西北有东陵乡。"周寿昌据此以为金兰乃转写脱漏。置年不详。治当在今湖北罗田县北部。

16. 湖陵邑(？—8)

置年不详。治所当在今安徽太湖县东,确址无考。

17. 松兹侯国(？—8)

六安王子侯国,其地本在九江郡,后于某年迁至庐江郡,详说见前文九江郡条下。治今安徽宿松县东北。

18. 蕲春县(？—前121)

置年不详,武帝元狩二年别属江夏郡。治湖北今县西南。

(二) 淮南豫章郡(前202—前173)—豫章郡(前173—前168)—淮南豫章郡(前168—前164)—庐江豫章郡(前164—前153)—豫章郡(前153—8)

高帝五年分庐江郡置,属英布淮南国。十一年,属刘长淮南国。文帝七年,入汉为郡。文帝十二年,"徙城阳王王淮南故地",遂属刘喜淮南国。文帝十六年,"徙淮南王喜复王故城阳",分淮南地置三国,豫章属刘赐庐江国。景帝四年(前153),庐江王徙衡山,豫章郡属汉,自是不复属王国。

武帝元光六年(前129),得长沙定王子侯国安城、宜春。元朔四年(前125),

得长沙定王子侯国建成。元狩二年,罢江南庐江郡,以其西部县尽予豫章郡,豫章东界遂至今江西景德镇附近。宣帝时,得长沙国削县艾县。元帝初元元年(前48),置安平侯国。三年,安城县回属长沙。

《水经·赣水注》云:"南昌县,春秋属楚,即令尹子荡师于豫章者也。秦以为庐江南部,高祖始命陈婴以为豫章郡治,此即婴所筑也。"据此豫章郡治南昌。

1. 南昌县(前202—8)

治今江西南昌市。

2. 南野县(前202—8)

《元和郡县图志》称灌婴置,是汉初即有也。治今江西赣州市南康区西南。

3. 庐陵县(前202—8)

治今江西泰和县西北。

4. 赣县(前202—8)

治今江西赣州市西。

5. 南城县(前202—8)

治江西今县东南。

6. 新淦县(前202—8)

秦封泥有"新淦丞印",是秦置县也。《汉志》云:"都尉治。"治今江西樟树市。

7. 海昏县(前202—前63)—海昏侯国(前63—前59)—海昏县(前59—前46)—海昏侯国(前46—8)

据《王子侯表》,宣帝元康三年(前63)置侯国,封废昌邑王贺。神爵三年(前59)国除。元帝初元三年,贺子代宗绍封。《汉志》海昏下未注侯国,疑有脱漏。治今江西永修县西北。

8. 雩都县(前201—8)

《古封泥集成》1665有"虖都之印",虖、雩通用。《太平寰宇记》卷58《潮州》云,县本南海揭阳县地,汉高祖六年,灌婴所立。暂从此说。治今江西于都县北。

9. 宜春侯国(前129—前112)—宜春县(前112—8)

据《王子侯表》,武帝元光六年,置以为长沙定王成侯国,元鼎五年国除为县。治今江西宜春市。

10. 安城侯国(前129—前56)—安城县(前56—前46)

据《王子侯表》,武帝元光六年,置以为长沙定王苍侯国,宣帝五凤二年(前56)国除为县。元帝初元三年,回属长沙。治今江西安福县。

11. 建成侯国(前125—前115)—建成县(前115—8)

据《王子侯表》，武帝元朔四年，置以为长沙定王子拾侯国，元鼎二年除为县。治今江西高安市。

12. 鄡阳县(前121—8)

汉初属前庐江郡，武帝元狩二年改隶豫章郡。治今江西鄱阳县东北。

13. 彭泽县(前121—8)

汉初属前庐江郡，武帝元狩二年改隶豫章郡。治今江西湖口县东。

14. 历陵县(前121—8)

汉初属前庐江郡，武帝元狩二年改隶豫章郡。治今江西德安县东北。

15. 余汗县(前121—8)

汉初属前庐江郡，武帝元狩二年改隶豫章郡。治今江西余干县。

16. 鄡阳县(前121—8)

汉初属前庐江郡，武帝元狩二年改隶豫章郡。治今江西鄱阳县西北鄱阳湖中。

17. 柴桑县(前121—8)

汉初属前庐江郡，武帝元狩二年改隶豫章郡。治今江西九江市西南。

18. 安平侯国(前48—8)

据《王子侯表》，元帝初元元年置，封长沙孝王子习。此年长沙国已除，故知非以推恩令而置，疑乃析安城县之地置也。治今江西安福县东南。

19. 艾县(？—8)

本属长沙国，宣帝时削归豫章郡。治今江西修水县西。

附：淮南前庐江郡(前202—前173)—前庐江郡(前173—前168)—淮南前庐江郡(前168—前164)—庐江国(前164—前153)—前庐江郡(前153—前121)

汉初又有一前庐江郡，与《汉志》所载同名郡之辖境全然不同，此前庐江郡在江南，高帝五年属英布淮南国，十一年属刘长淮南国。文帝七年属汉为郡，十二年属刘喜淮南国。文帝十六年，以前庐江、豫章两郡置庐江国，立庐江王赐。景帝四年，庐江王赐徙王衡山，庐江国除，复为汉郡。武帝元狩二年，分前庐江郡东部县属丹扬郡，西部县属豫章郡，前庐江郡不复存在。

前庐江郡治所史籍未详，《中国历史地图集》以为秦时郡治在番阳，暂从之①。如此则西汉初亦当治鄱阳县(即秦番阳县)。

---

① 谭其骧主编：《中国历史地图集》(第二册)。

1. 鄱阳县(前202—前121)

吴芮为番君,当即在此地。治今江西鄱阳县东北。

2. 彭泽县(前202—前121)

治今江西湖口县东。

3. 历陵县(前202—前121)

治今江西德安县东北。

4. 余汗县(前202—前121)

治今江西余干县。

5. 鄡阳县(前202—前121)

秦封泥有"鄡阳□玺"。治今江西鄱阳县西北鄱阳湖中。

6. 柴桑县(前202—前121)

治今江西九江市西南。

7. 春谷县(前202—前121)

治今安徽繁昌县西北。

8. 宣城县(前202—前121)

治今安徽宣城市宣州区西。

9. 陵阳县(前202—前121)

治今安徽池州市青阳县南。

10. 泾县(前202—前121)

治安徽今县西北。

第七章　冀州刺史部地区郡县沿革

冀州刺史部范围内,高帝五年(前202)有邯郸、恒山、清河、河间四郡,皆属赵国。吕后元年(前187),分赵国恒山郡为恒山国。八年,吕氏败,恒山国除,复为郡,复属赵国,时文帝即位,当更此郡名常山。文帝二年(前178),分赵河间郡置河间国。十五年,河间国除,地入于汉为河间、广川、勃海三郡。勃海郡后在幽州刺史部地域内,故本章不述及。景帝二年(前155),以河间郡为河间国,广川郡为广川国。同年,削赵国常山郡,地属汉。三年,分常山东部置中山国。四年,赵国国除,地入于汉为邯郸、清河郡。五年,广川国除为郡。中元元年(前149),分信都(广川后身)及清河郡西部地置广平郡。二年,广川复为王国。三年,分清河南部并河内、上党数县置魏郡。武帝建元五年(前136),清河国除为郡。元鼎三年(前114),常山国除为郡,旋分常山数县置真定国。四年,清河郡为国。征和二年(前91),分广平置钜鹿郡,以余地置平干国,遂成《汉志》中冀州刺史部所察诸郡国之目。

宣帝地节元年(前69),赵国国除为邯郸郡。四年,邯郸郡复为赵国,清河国除为郡。五凤二年(前56),平干国除为广平郡。三年,中山国除为郡。甘露四年(前50),广川国除为郡。元帝初元二年(前47),清河郡复为王国。建昭元年(前38),河间国除为郡。二年,以广川郡为信都国。永光元年(前43),清河国除为郡,中山郡置为国。成帝建始元年(前32),河间郡为国。二年,中山国除为郡。阳朔二年(前23),信都国除为郡,中山郡为国。哀帝建平二年(前5),信都郡复为国。三年,广平郡为国。

第一节　魏郡沿革

魏郡(前147—8)

景帝中元三年(前147)分河内、上党、清河地置。同年,置翕侯国。

武帝元光四年(前131),翕侯国省而复置。元朔二年(前127),得赵王子侯国邯会，三年，得赵王子侯国武始。四年，襄城侯国省。五年，置阴安侯国。六年，翕侯国省。元鼎三年(前114)，置盖胥、毕梁两侯国。五年，置梁期侯国，盖胥侯国省。元封四年(前107)，毕梁侯国省。征和元年(前92)，得赵王子侯国即裴。二年，置辽阳侯国。武帝时，又不知何年得赵王子侯国漳北、安檀，越黄河于河南岸置有元城等县。后元二年(前87)，安檀侯国省。

昭帝元凤三年(前78)，漳北侯国省。宣帝本始四年(前70)，得清河王子侯国信乡、东阳两侯国。地节三年(前67)，置平恩侯国。四年，得邯沟侯国，东阳、信乡、辽阳三侯国别属清河郡。元康三年(前62)，得平干王子侯国曲梁。神爵四年(前58)，得平干王子侯国平利。五凤二年(前56)，曲梁、平利等侯国回属广平。元帝初元二年(前47)，鄃、贝丘、厝、灵等县别属清河国，辽阳、信乡、东阳则来属魏郡。永光元年(前43)，辽阳、信乡、东阳复属清河郡。哀帝建平三年(前4)，任、张、朝平、南和、列人、广年等县及曲梁、平利、平乡、广乡、阳台来属魏郡。平帝元始元年(公元1)，置成陵侯国。

《水经·浊漳水注》云："汉高帝十二年，置魏郡，治邺县。"其置郡年有误，然郡治未必误。魏郡治所当在邺。

1. 邺县(前147—8)

景帝中元三年由河内郡改隶魏郡。治今河北临漳县西南。

2. 馆陶县(前147—8)

景帝中元三年由河内郡改隶魏郡。治河北今县。

3. 内黄县(前147—8)

景帝中元三年由河内郡改隶魏郡。治河南今县西北。

4. 繁阳县(前147—8)

景帝中元三年由河内郡改隶魏郡。治今河南内黄县西北。

5. 斥丘侯国(前147—前112)—斥丘县(前112—8)

景帝中元三年由河内郡改隶魏郡。武帝元鼎五年，斥丘侯国坐酎金免，国除为县。治今河北成安县东南。

6. 武安县(前147—8)

景帝中元三年自上党郡来属。治今河北武安市西南。

7. 涉县(前147—前114)—涉侯国(前114—?)—涉县(?—8)

《汉志》作"沙"，当为传抄讹误。王念孙对此有详考，云：

《水经》浊漳、清漳二水注，沙并作涉。赵氏东潜曰："两《汉志》本作沙县，至三国时始有涉名。《魏书》云'太祖围邺，涉长梁岐以县降'是也。"念孙按：赵说非也。《水经》"清漳水东过涉县西，屈从县南。"注云："《地理志》魏郡之属县也。"漳河于此有涉河之称,盖因地名变也。是善长所见《汉志》本作涉,不作沙。……今考《王子侯表》云：离石侯绾,后更封为涉侯。则涉县乃西汉时旧名,而今本两《汉志》作沙,皆传写之误,明矣。①

今《秩律》亦证此县确作涉县,王氏不误。汉初属上党郡,景帝中元三年来属。武帝元鼎三年,离石侯刘绾徙为涉侯,当即此地,国除年不详。治今河北涉县稍西北。

8. 贝丘县(前147—前47)

《汉志》贝丘属清河郡,然居延汉简有"田卒魏郡贝丘武昌里李年橐矢五十"②,说明贝丘县曾隶属过魏郡。当为景帝中元三年由清河郡改隶,元帝初元二年回属清河。治今山东临清市东南。

9. 厝县(前147—前47)

《汉志》厝属清河郡,然肩水金关汉简EJT10：108有"魏郡厝",当为景帝中元三年由清河郡改隶,元帝初元二年回属清河。治今山东临清市东北。

10. 灵县(前147—前47)

景帝中元三年由清河郡改隶,元帝初元二年回属清河。治今山东高唐县南。

11. 俞侯国(前147—前117)—俞县(前117—前47)

景帝中元三年由清河郡改隶,武帝元狩六年(前117)国除。元帝初元二年回属清河。治今山东平原县西南。

12. 翕侯国(前147—前131,前131—前123)

《功臣表》翕侯国凡两见：其一,"翕侯邯郸,以匈奴王降汉侯。（景帝中元三年）十二月丁丑封,六年,（武帝）元光四年,坐行来不请长信,免。内黄。"其二,"翕侯赵信,以匈奴相国降侯,元朔二年,击匈奴功益封,千六百八十户。元光四年十月壬午封,六年,元朔六年,为右将军击匈奴,兵败,降匈奴。内黄"。既注内黄,其地望当距离西汉内黄县颇近,确址不详也。

13. 襄城侯国(前147—前125)

景帝中元三年由河内郡来属。武帝元朔四年国除,《汉志》无载,当已省并。地望无考。

14. 邯会侯国(前127—?)

《王子侯表》云,"邯会衍侯仁,赵敬肃王子。（武帝元朔二年）六月甲午封。……怀侯苍嗣,薨,无后"。表未载国除之年,可以确定的是在《汉志》断限

---

① 王念孙：《读书杂志》卷4《汉书第六》,江苏古籍出版社,2000年。
② 谢桂华、李均明、朱国炤：《居延汉简释文合校》简82.9,文物出版社,1987年,第145页。

的成帝元延三年，侯国仍存，当在哀帝、平帝期间国除。《大清一统志》卷156《彰德府》依《水经·浊漳水注》云"故城今安阳县西北"，有误。《浊漳水注》有关邯会故城的一段文字有错简之嫌①，实际上当治今河北肥乡县西南。

15. 武始侯国(前126—前92)—武始县(前92—8)

《王子侯表》云："武始侯昌，赵敬肃王子。(武帝元朔三年)四月甲辰封，三十四年，为赵王。"则国除之年为征和元年。治今河北邯郸市西南。

16. 阴安侯国(前124—前112)—阴安县(前112—8)

据《王子侯表》，元朔三年，武帝封济北贞王子不害为阴安侯，"阴安康侯不害，济北贞王子。(武帝元朔三年)十月癸酉封，十一年薨。元鼎三年，哀侯秦客嗣，三年薨，无后。魏"。《史表》则作陪安。表注魏郡，或因《汉志》魏郡辖有阴安之故。然据《外戚恩泽表》，元朔五年，武帝封卫青子不疑为阴安侯，一地不可二封，且阴安地在魏郡，与济北国不相邻，济北王子之封不当在此。观与不害同时受封之济北贞王子侯国，似皆在东郡、平原、泰山等地，均与济北国相接，不害封国不当独远至魏郡。疑刘不害之封国另有其地。魏郡之阴安实乃为卫不疑之封国也，元鼎五年国除。治今河南清丰县北。

17. 盖胥侯国(前114—前112)

河间献王子让侯国，本在清河，武帝元鼎三年徙至魏郡(详见后文)。元鼎五年国除，省并。今地无考。

18. 毕梁侯国(前114—前107)

《王子侯表》于毕梁侯国下注魏郡，当因武帝元鼎三年清河置国，遂迁徙至魏郡之故。此侯国元封四年国除省并。今地无考。

19. 梁期侯国(前112—前93)—梁期县(前93—8)

《功臣表》云："梁期侯任破胡，以属国都尉间出击匈奴将絮绲缦等侯。(武帝元鼎)五年五月辛巳封。侯当千嗣，太始四年，坐卖马一匹卖钱十五万，过平，臧五百以上，免。"《汉志》魏郡辖有梁期县，是侯国除后为县也。治今河北磁县东北。

20. 即裴侯国(前92—8)

肩水金关汉简73EJT21：438作"挪裴"，《王子侯表》亦作"挪裴"，是亦可写作"挪裴"。武帝征和元年封，表下注东海，当因错简，东海应移注在下一格澎侯屈釐之下。治今河北肥乡县西南。

21. 辚阳侯国(前91—前77)—辚阳县(前77—?)—辚阳侯国(?—前66)—辚阳县(前47—前43)

《功臣表》云："辚阳侯江喜……(武帝征和)二年十一月封。……(元帝)永

---

① 详见周振鹤：《〈水经·浊漳水注〉的一处错简》，载《历史地理》第一辑，上海人民出版社，1981年。

光四年,坐使家丞上书还印符,随方士免。清河。"据表文,此侯国当属清河郡,然征和二年,清河为王国,辕阳侯国不得相属。居延汉简 198·21 有"魏郡繁阳",马孟龙据图版以为"繁阳"乃"辕阳"之误,又,《汉书》卷 7《昭帝纪》有,元凤四年(前 77),"太常辕阳侯德免为庶人",马孟龙据此及简文以为,辕阳侯国元凤四年曾国除,后不知何年复置,可从①。故疑此侯国初置时属魏郡,元凤四年短暂国除。宣帝地节四年(前 66),清河国除,乃入清河。元帝初元二年复隶魏郡,永光元年再属清河。治今河北南宫市东南②。

22. 信乡侯国(前 70—前 66,前 47—前 43)

《王子侯表》云,"新乡侯豹,清河纲王子。(宣帝本始四年)四月己丑封,四年薨。……侯佟嗣,(平帝)元始元年上书言王莽宜居摄,莽篡位,赐姓王"。新、信同音,当即为是。始封别属魏郡,地节四年回属清河郡。元帝初元二年,复属魏郡,至永光元年回隶清河。《中国历史地图集》定点在今山东夏津县西,似误。应劭云,甘陵西北十七里有信乡,故县也。以此,信乡当在今山东临清市西北。

23. 东阳侯国(前 70—前 66,前 47—前 43)

《王子侯表》云,"东阳节侯弘,清河纲王子。(宣帝本始四年)四月己丑封,十年薨。……侯伯造嗣,免"。汉简有"魏郡东阳侯国广陬里王拓年卅二"③,是东阳侯国曾属魏郡,故知刘弘之侯国初封当属魏郡,地节四年回属清河郡。元帝初元二年,复属魏郡,至永光元年回隶清河。治今山东武城县东北。

24. 平恩侯国(前 67—前 61)—平恩县(前 61—前 48)—平恩侯国(前 48—8)

《外戚恩泽表》云,"平恩戴侯许广汉,以皇太子外祖父昌成君侯,五千六百户。(宣帝)地节三年四月戊申封,七年薨,无后。(元帝)初元元年,共侯嘉以广汉弟子中常侍绍封……王莽败,绝"。以此知,宣帝神爵元年,许广汉薨后,平恩侯国除,至元帝初元元年方复置,其间十余年当为县也。治今河北邱县西南。

25. 邯沟侯国(前 66—8)

《王子侯表》云,"邯沟节侯偃,赵顷王子。(宣帝)地节二年癸卯封,九年薨。……魏"。然此侯国初置之年,赵国已国除,故必待地节四年赵国复置之时,方才属魏郡。治今河北肥乡县西北。

---

① 马孟龙:《居延汉简地名校释六则》。
② 马孟龙据文颖注"辕阳在魏郡清渊"以为《中国历史地图集》中缭县定位有误,本卷仍从《大清一统志》中缭县地望及《中国历史地图集》。
③ 甘肃简牍博物馆等编:《肩水金关汉简(叁)》,简 73EJT26:189,中西书局,2013 年。

26. 曲梁侯国(前62—前56,前4—8)

《王子侯表》云,"曲梁安侯敬,平干顷王子。(宣帝元康三年)七月壬子封。……魏郡"。侯国置之初当属魏郡,五凤二年后回隶广平。至哀帝建平三年复隶魏郡。治今河北永年县东南。

27. 平利侯国(前58—前56,前4—8)

《汉志》失注侯国。宣帝神爵四年封平干顷王子世为侯国,五凤二年,平干国除为广平郡,回属广平。哀帝建平三年复隶魏郡。今地无考。

28. 任县(前4—8)

哀帝建平三年复置广平国,别属魏郡。治河北今县东。

29. 张县(前4—8)

哀帝建平三年复置广平国,别属魏郡。治今河北任县西南。

30. 朝平县(前4—8)

哀帝建平三年复置广平国,别属魏郡。治今河北任县东南。

31. 南和县(前4—8)

哀帝建平三年复置广平国,别属魏郡。治河北今县。

32. 列人县(前4—8)

哀帝建平三年复置广平国,别属魏郡。治今河北肥乡县东北。

33. 平乡侯国(前4—8)

《王子侯表》下注魏郡,当因哀帝建平三年广平国置,遂别属魏郡之故。治河北今县西南。

34. 广乡侯国(前4—8)

哀帝建平三年自广平郡别属魏郡。治今河北任县西。

35. 阳台侯国(前4—8)

哀帝建平三年自广平郡别属魏郡。今地无考。

36. 广年县(前4—8)

哀帝建平三年自广平郡别属魏郡。治今河北永年县东北。

37. 成陵侯国(1—8)

据《王子侯表》,平帝元始元年(公元1),置为楚思王子由侯国。此地本为广平王子侯国,前已国除,复属广平。复置为侯国时广平为王国,故当属魏郡。今地无考。

38. 元城县(?—前73)—富平侯元城邑(前73—?)—元城县(?—8)

肩水金关汉简T3:53作"原城"。县名不见于《秩律》,是吕后初仍未置也,又据《汉书》卷98《元后传》,至晚武帝中后期元城已为魏郡属县,置年不详。又,曾为富平侯别邑。① 宣帝时治今河北大名县东。

39. 魏县(? —8)

《汉志》云:"都尉治。"《秩律》中无此县,置年不详。治今河北大名县西南。

40. 清渊县(? —8)

置年不详。治今河北馆陶县东北。

41. 黎阳县(? —8)

居延汉简、肩水金关汉简中多作"犂阳"②,当因犂、黎通用。置年不详。治今河南浚县东。

42. 安檀侯国(? —前87)

《王子侯表》云,"安檀侯福,赵敬肃王子。不得封年,(武帝)后三年,坐为常山太守祝谵上,讯未竟,病死。魏"。武帝后元无三年,当为二年之误。今地无考。

43. 漳北侯国(? —前78)

《王子侯表》云,"漳北侯宽,赵敬肃王子。不得封年,(昭帝)元凤三年,为奴所杀。魏"。今地无考,以其地名看,当在漳水北岸。

第二节　清河郡(国)沿革

赵清河郡(前202—前154)—清河郡(前154—前147)—清河国(前147—前136)—清河郡(前136—前114)—清河国(前114—前66)—清河郡(前66—前47)—清河国(前47—前43)—清河郡(前43—8)

汉清河郡袭自秦,然其领域与秦时并不同。秦代编已言,岳麓秦简有云"清河假守上信都",是秦之信都县(即汉之襄国)本属清河郡,然《汉志》襄国乃赵国属县,颇疑楚汉之际,张耳恒山国都襄国,后赵国复都邯郸,遂以故所都亦入王国京畿内史范围内,而清河遂失襄国县矣。

高帝五年(前202)属张耳赵国。六年,置任、貰两侯国。八年,置宋子、历两侯国。十一年,置堂阳、禾成两侯国。十二年,置桃侯国。吕后八年(前

---

① 马孟龙:《松柏汉墓35号木牍侯国问题初探》(刊于《中国史研究》2011年第2期)中据居延新简EPT51:53"☐郡富平侯元城邑安昌裡王青"以为,元城曾为富平侯别邑,可从。按:富平乃昭帝封张安世所置侯国,宣帝即位,以拥立功益封万六百户,当以此时有别邑。而以《汉书》卷59《张汤传》附《张延寿传》,延寿"国在陈留,别邑在魏郡",屡请减户邑,遂"徙封平原,并一国",可知此后元城复为县。

② 如居延汉简36·17、83·2、113·1,肩水金关汉简73EJT2:3等。

180),置信都侯国。文帝二年(前178),取清河北部广川、观津、扶柳、信都等县及历、桃、南宫等侯国益河间国。九年,禾成侯国省。景帝三年(前154),赵王遂反,国除,清河郡入汉。中元元年(前149),分清河西部钜鹿、广平、广阿、杨氏、任等县及贳、宋子、堂阳、张等侯国属广平郡。三年,以清河南部灵、厝、贝丘等县及俞侯国属魏郡,余地置清河国,立子乘,是为清河哀王。武帝建元五年(前136),国除为清河郡。元朔三年(前126),得广川王子侯国蒲领、西熊、枣强、毕梁,河间王子侯国盖胥。

武帝元鼎三年(前114),复置清河国,徙代王义为清河刚王,盖胥、毕梁两侯国别属魏郡,枣强、蒲领、西熊等侯国疑此前已省,确年不详。昭帝始元六年(前81),置蒲领、南曲为王子侯国,别属汉郡。宣帝本始四年(前70),置修市、东昌、新乡、修故、东阳侯国,别属汉郡。地节四年(前66),清河国除为郡,修故、信乡、东阳、辕阳等侯国回属清河。神爵四年(前58),得平干王子侯国平纂。甘露四年(前50),修县别属信都。

元帝初元二年(前47),复置清河国,信乡、东阳、辕阳等三侯国再属邻郡,又以魏郡之贝丘、鄃、厝、灵来属清河。同年,平纂侯省。永光元年(前43),清河王竞徙中山,清河复为郡,信乡、东阳、辕阳三王子侯国回属。建昭二年(前37),东昌侯国来属。成帝阳朔二年(前23),东昌侯国别属信都。哀帝建平二年(前5),信都为国,广川、修、历、南宫等县及东昌侯国复来属清河郡。

《汉志》于清阳下注王都,是清阳为清河治所所在。

1. 清阳县(前202—前201)—清阳侯国(前201—前133)—清阳县(前133—8)

据《功臣表》,高帝六年封清河定侯王吸,武帝元光二年(前133)国除。《史表》作"清阳",《功臣表》"汾阴悼侯周昌"条下亦有"比清阳侯",似以清阳为是。治今河北清河县东南。

2. 东武城县(前202—8)

秦置。治今河北故城县南。

3. 复阳县(前202—前200)—复阳侯国(前200—?)—复阳县(? —8)

《功臣表》云,"复阳刚侯陈胥,以卒从起薛,以将军入汉,以右司马击项籍,侯,千户。(高帝)七年十月甲子封,三十一年薨。……元朔元年,侯强嗣,七年,元狩二年,坐父拾非嘉子,免。"《汉志》清河、南阳皆有复阳,然南阳之复阳下注云,"故湖阳乐乡",复阳之名乃为长沙王子侯国迁徙而来之故,故汉初南阳并无复阳也,陈胥之复阳当在清河。元狩二年前,王国已例不辖侯国,故复阳侯国必于某年迁往汉郡,去向不明,确切迁徙时间亦不明。治今河北故城县西。

4. 灵县(前202—前147,前47—8)

景帝中元三年别属魏郡,元帝初元二年复置清河国时,自魏郡复来属清河。治今山东高唐县南。

5. 厝县(前202—前147,前47—8)

里耶秦简中有"厝城",疑即此地。汉初属清河郡,景帝中元三年别属魏郡。元帝初元二年回属清河。治今山东临清市东北。

6. 贝丘县(前202—前147,前47—8)

《汉志》云:"都尉治。"景帝中元三年改隶魏郡,元帝初元二年回属清河。治今山东临清市东南。

7. 修县(前202—前162)—修侯国(前162—前144)—修县(前144—前70)—修故侯国(前66—前65)—修县(前65—前50,前5—8)

文帝后元二年(前162)封周亚夫为修侯国,即此地,景帝中元六年免为县。宣帝本始四年复析置为修市、修故以为清河王子侯国,别属它郡。地节四年,清河国除,修故侯国回属,元康元年(前65)免,为修县。甘露四年复隶信都郡,哀帝建平二年回属清河。治今河北景县南。

8. 鄃县(前202—前184)—俞侯国(前184—前180)—鄃县(前180—前151)—俞侯国(前151—前147)—鄃县(前47—8)

《功臣表》云,"俞侯吕它,父婴以连敖从高祖破秦,入汉,以都尉定诸侯,功比朝阳侯,死事,子侯。(吕后四年)四月丙申封,四年,坐吕氏诛。"同表中,景帝六年又封栾布为俞侯,武帝元狩六年,国除。此俞侯国即鄃县地也。《秩律》中不见鄃(俞)县之名,知汉初鄃县当属清河郡,至景帝中元三年别属魏郡。元帝初元二年回属清河。治今山东平原县西南。

9. 钜鹿县(前202—前149)

秦封泥有"钜鹿之丞",《史记》卷7《项羽本纪》载,项羽与秦军大战钜鹿城下,即此地也,知县秦置,汉因之。西汉初年无钜鹿郡(详考见秦代编),此县属清河郡,至景帝中元元年置广平郡,遂别属广平。治今河北平乡县西南。

10. 曲周县(前202—前201)—曲周侯国(前201—前149)

《功臣表》云:"曲周景侯郦商,以将军从起岐,攻长社以南,别定汉及蜀,定三秦,击项籍,侯,四千八百户。(高帝六年)正月丙午封,二十二年薨。孝文元年,侯寄嗣,三十二年,有罪,免。户万八千。"以年数推之,国除于景帝中元二年。景帝中元元年,广平郡置,曲周侯国当别属广平。治河北今县东北。

11. 广平县(前202—前201)—广平侯国(前201—前149)

上海博物馆藏有秦封泥"广平君印",疑与此地有关。汉初以此地置侯国。

《功臣表》云:"广平敬侯薛欧,以舍人从起丰,至霸上,为郎,入汉,以将军击项籍将钟离眛侯,四千五百户。(高帝六年)十二月甲申封,十四年薨……"景帝中元元年别属广平郡。治今河北鸡泽县东。

12. 广阿县(前202—前196)—广阿侯国(前196—前149)

据《功臣表》,高帝十一年置广阿侯国封懿侯任敖。此侯国初封时有户千八百,疑本即为一县之地。景帝中元元年别属广川郡。治今河北隆尧县东。

13. 杨氏县(前202—前149)

景帝中元元年别属广平郡。治今河北宁晋县。

14. 广川县(前202—前178,前5—8)

汉初属清河郡,文帝二年割属河间国。哀帝建平二年,信都国置,复属清河郡。治今河北枣强县东北。

15. 观津县(前202—前178)

《汉书》卷97《窦皇后传》言窦后乃清河观津人,是观津汉初属清河也,文帝二年割属河间国。治今河北武邑县东。

16. 南宫县(前202—前187)—南宫侯国(前187—前178)—南宫县(前5—8)

据《功臣表》,吕后封张买为侯国。"南宫侯张买,以父越人为高祖骑将从军,以中大夫侯。(吕后)元年四年丙寅封。侯生嗣,孝武初有罪,为隶臣。万六千六百户。北海。"钱大昭《汉书辨疑》以为,张生实非张买后嗣,南宫侯国户数过万,蔚然一大国,亦与张买功不相符,生实当为吕后外孙张偃之后。又,《功臣表》载,文帝元年,鲁王张偃复为侯,至"孝景中三年,侯王嗣,十四年,有罪,免"。国除时间为元光元年,恰和武帝初相当。《史表》亦载张买侯国吕后八年除,又称"(文帝)元年以故鲁王为南宫侯",当是《功臣表》误记。马孟龙《西汉侯国地理》中以为表注北海,乃是因此侯国景帝末年在广川国境内,故迁徙往北海郡,可从。故可知南宫侯国初封张买,吕后八年免,旋封张偃。文帝二年割属河间国。哀帝建平二年,信都国置,此县别属清河郡。治今河北南宫市西。

17. 扶柳县(前202—前187)—扶柳侯国(前187—前180)—扶柳县(前180—前178)

《外戚恩泽表》云:"扶柳侯吕平,以皇太后姊长姁子侯。(吕后)元年四月丙寅封,八年反,诛。"吕后所封吕氏外戚多为整县而封,扶柳侯国国除后亦为一县,是故此县汉初即当为一县也。文帝二年割属河间国。治今河北冀州市西北。

18. 信成县(前202—?)—信成侯国(?—?)—信成县(?—8)

《功臣表》土军侯宣义条下云:"位次曰信成侯。"以此似某段时期宣义曾被封信成侯。然其时间不明,唯能阙如。治今河北清河县西北。

19. 任侯国(前201—前185)—任县(前185—前149)

《功臣表》云:"任侯张越,以骑都尉汉五年从起东垣,击燕、代,属雍齿,有功为车骑将军。(高帝)六年封,十六年,高后三年,坐匿死罪,免。户七百五十。"此侯国户数颇少,置前当非一县,乃从它县析置也。《汉志》犹有任县之名,知其国除后并未取消建制。景帝中元元年,别属广平郡。治河北今县东。

20. 贳侯国(前201—前149)

《功臣表》云:"贳齐合侯傅胡害,以越户将从破秦,入汉,定三秦,以都尉击项籍,侯,六百户,功比台侯。(高帝六年)三月庚子封,二年薨。"此侯国初封之时仅六百户,必非一县,当析置自邻近某县地也。景帝中元元年别属广平郡。治今河北辛集市西南。

21. 宋子侯国(前199—前149)

《功臣表》云:"宋子惠侯许瘛,以汉三年用赵右林将初击定诸侯,五百三十六户,功比历侯。(高帝八年)二月丁卯封,四年薨。"侯国初置时不过五百余户,当本为乡聚之地。景帝中元元年别属广平郡。治今河北赵县东北。

22. 历侯国(前199—前178)—历县(前5—8)

据《功臣表》,高帝八年封程黑为侯国。此侯国初封时不过千户,似未必本即有一县之地,故疑其建制始于置侯国之时。文帝二年割属河间国。哀帝建平二年,信都国置,复属清河郡。治今河北故城县北。

23. 堂阳侯国(前196—前149)

《功臣表》云:"堂阳哀侯孙赤,以中涓从起沛,以郎入汉,以将军击项籍,为惠侯。坐守荥阳降楚,免,复来,以郎击籍,为上党守击陈豨,侯,八百户。(高帝十一年)正月己未,封,九年,薨。高后元年,侯德嗣,四十三年,孝景中六年,有罪,免。"此侯国初户数仅八百,亦当本为乡聚之地,景帝中元元年别属广平郡。治今河北新河县北。

24. 禾成侯国(前196—前171)

《功臣表》云:"禾成孝侯公孙耳……(高帝十一年)正月己未封,二十年薨。孝文五年,怀侯渐嗣,九年薨。"《水经注》云,"又东南迳和城北,世谓之初丘城,非也,汉高帝十一年封郎中公孙昔为侯国。又东南迳贳城西……"此和城当即《功臣表》之禾成,据此,侯国在今河北宁晋县南。

25. 桃侯国(前195—前178)

《功臣表》云,高帝十二年封刘襄为侯国,文帝二年割属河间国。治今河北衡水市西北。

26. 信都侯国(前180—前179)—信都县(前179—前178)

前文已述,汉元年,项羽更秦信都名为襄国,则秦时当不得于赵地另有一县同名信都。《汉志》,信都国有信都县,据《功臣表》,吕后八年置以为张敖子侈侯国,文帝元年国除。颇疑西汉之信都即置于此时。汉初属清河郡,文帝二年割属河间国。治今河北冀州市。

27. 张侯国(前154—前149)

《功臣表》凡两见张侯国,一为高帝十二年所封之张节侯毛释之,此侯国景帝中元六年免。又有景帝三年封酅昭为侯国,武帝元朔六年免。此两侯国有共存之时期,显是两侯国。《汉志》广平郡有张县。《王子侯表》又有:"张侯嵩,赵顷王子。(宣帝地节二年)四月癸卯封,八年,神爵二年,坐贼杀人,上书要上,下狱瘐死。常山。"常山、广平间相隔赵国,显见此赵王子侯国与广平张县非一地也。据此可知,确有两张侯国存在,一在赵国,一在广平(汉初则当在清河)。疑酅昭封国即《汉志》广平之张县,景帝中元元年别属广平郡。治今河北任县西南。

28. 枣强侯国(前126—?)—枣强县(?—8)

《王子侯表》云:"枣强侯晏,广川惠王子。(武帝元朔三年)十月癸酉封,薨,无后。"《汉志》枣强属清河,疑国除在元鼎三年清河复置国之前,否则当以侯国故别属其他汉郡。治河北今县东南。

29. 盖胥侯国(前126—前114)

《王子侯表》云:"盖胥侯让,河间献王子。(武帝元朔三年)十月癸酉封,十四年,元鼎五年,坐酎金免,坐酎金免。魏。"河间王子侯国当不至于远至魏郡,疑初置本在清河,武帝元鼎三年清河国置,遂徙至魏郡。今地无考。

30. 毕梁侯国(前126—前114)

《王子侯表》云,武帝元朔三年置以为广川惠王子晏侯国,元封四年国除。表注魏郡,然广川国与魏郡并不邻近,此当因元鼎三年清河国之置,乃迁徙至魏郡。故毕梁侯国初置之时或在清河。元鼎三年迁徙至魏郡。今地无考。

31. 蒲领侯国(前126—?)

《王子侯表》云:"蒲领侯嘉,广川惠王子。(武帝元朔)三年十月癸酉封,有罪绝。东海。"《汉志》蒲领在勃海。表云东海当为勃海之误。昭帝始元六年所封清河纲王子禄之蒲领侯国即此地。是元朔三年置王子侯国时,清河为郡,故别属清河。元鼎四年,清河复置国,此时该侯国当已国除,故地仍入清河国,然不知此时为县,抑或省并入它县。至始元六年又置侯国,蒲领遂别属勃海郡。治今河北阜城县东北。

32. 西熊侯国(前126—?)

据《王子侯表》,武帝元朔三年置为广川惠王子明侯国。广川惠王子侯国此年凡置四,枣强、蒲领、毕梁如前文所言,均属清河,故疑西熊亦如是。国除年不详。今地无考。

33. 东昌侯国(前66—前47,前37—前23,前5—8)

清河王子侯国,宣帝地节四年回属清河郡,元帝初元二年改隶信都,建昭二年复隶清河,成帝阳朔二年再属信都郡,哀帝建平二年回属清河。《中国历史地图集》定点于今武邑县东北有误,疑在今河北景县附近。

34. 东阳侯国(前66—前47,前43—8)

清河纲王子侯国,宣帝地节四年回属清河。元帝初元二年复置清河国,再属信都,永光元年回属清河。治今山东武城县东北。

35. 辕阳侯国(前66—前47,前43—前40)—缭县(前40—8)

宣帝地节四年,清河国除,辕阳侯国乃入清河。元帝初元二年复隶魏郡,永光元年再属清河。永光四年此侯国除,疑即为《汉志》清河郡之缭县。治今河北南宫市东南。

36. 信乡侯国(前66—前47,前43—8)

清河王子侯国,地节四年自魏郡回属清河。元帝初元二年,复属魏郡,至永光元年回隶清河。治今山东临清县西北。

37. 平纂侯国(前58—前47)

据《王子侯表》,宣帝神爵四年置平纂侯国封平干顷王子梁,表注平原。平干王子侯国不当在平原郡,必因迁徙之故,疑初置乃在清河郡,元帝初元二年置清河国,遂迁入平原。今地无考。

38. 绎幕县(? —8)

置年不详。治今山东平原县西北。

39. 愬题县(? —8)

置年不详。治今河北枣强县西南。

第三节　信都国(郡)[广川郡(国)]沿革

广川郡(前165—前155)—广川国(前155—前152)—信都郡(前152—前148)—广川国(前148—前70)—信都郡(前70—前66)—广川国(前66—前50)—信都郡(前50—前37)—信都国(前37—前23)—信都郡(前23—前5)—信都国(前5—8)

文帝十五年(前165),河间国除,文帝遂分河间地置广川郡。景帝二年(前155),以广川郡置广川国,封子彭祖为广川王。五年,广川王彭祖徙赵,国除为信都郡。中元元年(前149),分广川、清河地置广平郡。二年,以信都余地复置广川国,立子越为广川惠王。

武帝元朔三年(前126),置惠王子侯国蒲领、枣强、西熊、毕梁,别属它郡。元鼎元年(前116),封缪王子侯国甘井、襄隄,别属它郡。武帝时期,又不知何年置参甗、沂陵两侯国,皆别属它郡。昭帝元凤五年(前76),封缪王子侯国新市。宣帝本始二年(前72),置缪王子侯国东襄。四年,广川国除为郡,修故、东襄、东昌等侯国回属。

地节二年(前68),得河间王子侯国乐乡、平隄、高郭等。四年,复置广川国,绍封缪王子文,是为戴王,修故、东襄、东昌、乐乡、平隄、高郭等侯国皆别属它郡。神爵三年(前59),置王子侯国乐信、昌成,别属它郡。四年,置西梁、历乡,别属它郡。五凤元年(前57),置武陶侯国,别属钜鹿郡。

又,宣帝年间,广川国尝被削户,疑乃弖高县。史籍未载其削户时间,然广川削户由张敞为冀州刺史时所奏,张敞甘露元年(前53)初"上印绶,便从阙下亡命",数月被征召为冀州刺史,"居部岁余",是甘露元年至甘露二年在任,故疑广川被削户当在甘露二年。

甘露四年,广川国除为信都郡,西梁、乐乡、东襄、平隄、昌成等侯国及修县来属。元帝初元二年(前47),东昌侯国来属。建昭二年(前37),复以信都为国,东昌、西梁、昌成、乐乡、平隄等侯国又别属它郡。

成帝阳朔二年(前23),信都王徙封中山,国复除为信都郡,前番别属之侯国又回属,即《汉志》中之面目。哀帝建平二年(前5),复置信都国,《汉志》中信都国户数六万五千余户,当仅有6—7县地而已,疑即为信都、扶柳、下博、辟阳、高隄、武邑、观津。观信都邻郡,河间为国,钜鹿二十县不过十五万户,其中尚包括得自广平郡之县,唯清河十四县有户二十万,故疑信都余地皆入清河郡。

《汉志》云:"信都,王都。"亦郡治也。

1. 信都县(前165—8)

治今河北冀州市。

2. 扶柳县(前165—8)

治今河北冀州市西北。

3. 武邑县(前165—8)

治河北今县。

4. 观津县(前165—8)

治今河北武邑县东。

5. 高隄县(前165—8)

治今河北枣强县东北。

6. 历侯国(前165—前149)—历县(前149—前5)

景帝中元元年国除为县。哀帝建平二年改隶清河郡。治今河北故城县北。

7. 南宫侯国(前165—?)—南宫县(? —前5)

文帝十五年属广川郡,后于某年迁往北海郡,复为县。哀帝建平二年,信都置国,其县当别属清河郡。治今河北南宫市西。

8. 广川县(前165—前5)

哀帝建平二年,复置信都国,此县改隶清河郡。治今河北枣强县东北。

9. 桃侯国(前165—?)—桃县(? —前48)—桃侯国(前48—前37,前23—前5)

《汉志》信都有桃县,乃失注侯国也,此当为元帝初元元年所封之广川戴王子良之侯国,《王子侯表》下注钜鹿。初元元年(前48),广川国已除,故此侯国无需别属它郡。至建昭二年,信都国置,遂别属钜鹿郡。成帝阳朔二年,回属信都郡。哀帝建平二年复属钜鹿。又,高帝曾置桃侯国封刘襄,此侯国武帝元鼎五年方国除,当于武帝初年已迁徙至它郡也。治今河北衡水市西北。

10. 广阿侯国(前165—前149)

景帝中元元年别属广平郡。治今河北隆尧县东。

11. 宋子侯国(前165—前149)

景帝中元元年别属广平郡。治今河北赵县东北。

12. 杨氏县(前165—前149)

景帝中元元年别属广平郡。治今河北宁晋县。

13. 下曲阳县(前165—前149)

景帝中元元年别属广平郡。治今河北晋州市西。

14. 贳侯国(前165—前149)

景帝中元元年别属广平郡。治今河北辛集市西南。

15. 堂阳侯国(前165—前149)

景帝中元元年别属广平郡。治今河北新河县北。

16. 弓高侯国(前164—?)—弓高县(? —前52)

据《功臣表》,文帝十六年封韩颓当为侯国,武帝元朔五年国除,表注营陵,马孟龙据此以为该侯国迁徙往北海郡,可从①。武帝元朔三年置蒲领侯国以

---

① 马孟龙:《西汉侯国地理》,第247—249页。

封广川惠王子,蒲领在弓高之东,以此知弓高此时必属广川国,否则蒲领无法以广川王子侯国而入清河郡。据此,颇疑弓高当为宣帝所削之广川国之县,初当入勃海郡。治今河北阜城县南。

17. 修故侯国(前 70—前 66)—修县(前 50—前 5)

《王子侯表》云:"修故侯福,清河纲王子。(宣帝本始四年)四月己丑封,五年,元康元年,坐首匿群盗,弃市。清河。"《汉志》信都有修县,疑即此地。侯国初置当入信都郡,地节四年,广川国置,遂回属清河。元康元年(前65),侯国国除为修县。甘露四年复属信都,至哀帝建平二年别属清河。治今河北景县南。

18. 东襄侯国(前 70—前 66,前 50—前 38)

广川王子侯国,宣帝本始四年回属信都郡。地节四年复入钜鹿,甘露四年回属信都郡。元帝建昭元年国除,省并。今地无考。

19. 东昌侯国(前 70—前 66,前 47—前 37,前 23—前 5)

宣帝本始四年置以为清河纲王子成侯国,地节四年回属清河郡,元帝初元二年改隶信都,建昭二年复隶清河,成帝阳朔二年再属信都郡,哀帝建平二年回属清河。治今河北景县附近。

20. 乐乡侯国(前 68—前 66,前 50—前 37,前 23—前 5)

《王子侯表》云:"乐乡宪侯佟,河间献王子。(宣帝地节二年)四月癸卯封,九年,薨。……钜鹿。"表注钜鹿,当与平隄侯国隶属情况相同,初置时属信都,地节四年改隶钜鹿。甘露四年复属信都,元帝建昭二年再入钜鹿,至成帝阳朔二年回属信都郡,哀帝建平二年再属钜鹿。治今河北深州市东。

21. 平隄侯国(前 68—前 66,前 50—前 37,前 23—前 5)

《王子侯表》云:"平隄严侯招,河间献王子。(宣帝地节二年)四月癸卯封,一年薨。……钜鹿。"侯国始置当属信都,宣帝地节四年信都复为国,平隄需改属钜鹿郡,因此表注钜鹿。甘露四年,复属信都郡,元帝建昭二年复属钜鹿,成帝阳朔二年回属信都郡。哀帝建平二年再属钜鹿。平隄曾先后属河间、钜鹿、信都三郡国,其地望必在三郡交界处,据此推知当在乐乡附近。《大清一统志》以为平隄在枣强县东,《中国历史地图集》缘此而误。治今河北深州市附近。

22. 高郭侯国(前 68—前 66)

《王子侯表》云:"高郭节侯瞻,河间献王子。(宣帝地节二年)四月癸卯封……鄚。"然鄚县乃在武帝所封之州乡、阿武侯国之西北,宣帝时期河间王子侯国不当远至此地。疑初置之高郭侯国本在信都郡,宣帝地节四年置广川国,乃迁徙至涿郡。治今河北任丘市西北。

23. 昌成侯国(前50—前37,前23—前5)

《王子侯表》云:"昌成节侯元,广川缪王子。(宣帝神爵三年)四月戊戌封,四年薨。……质侯江嗣,(哀帝)建平三年薨,无后。信都。"昌成侯国置之初,广川为王国,故当属钜鹿,表注信都,当为甘露四年广川国除时来属。元帝建昭二年复属钜鹿,成帝阳朔二年,再属信都。建平二年复置信都国后,再度隶属钜鹿郡。治今河北冀州市西北。

24. 西梁侯国(前50—前37,前23—前5)

《王子侯表》云:"西梁节侯辟兵,广川戴王子。(宣帝神爵四年)三月乙亥封,七年薨。……钜鹿。"《汉志》在信都,然表注钜鹿,当本属钜鹿。甘露四年来属信都,元帝建昭二年复属钜鹿,成帝阳朔二年,再属信都。哀帝建平二年,当重属钜鹿郡。治今河北辛集市南。

25. 下博县(?—8)

置年不详。治今河北深州市东南。

26. 辟阳县(?—8)

据《功臣表》,高帝六年封审食其为辟阳侯,然非此地(参见下篇第四章第三节)。置年不详。治今河北枣强县西南。

第四节 广平国(郡)(平干国)沿革

广平郡(前149—前91)—平干国(前91—前56)—广平郡(前56—前4)—广平国(前4—8)

景帝中元元年(前149),分清河、信都西部县置。

武帝建元四年(前137),置曲周县。元朔二年(前127),得赵王子侯国封斯、襄嚵、朝。三年,得赵王子侯国易、象氏、邯平、鄗。五年,得赵王子侯国柏畅。元鼎元年(前116),得广川王子侯国甘井、襄隄。三年,封斯、鄗、柏畅三侯国别属常山。五年,置昆侯国、邯平侯国省。后不知何年又得赵王子侯国南䜌。征和二年(前91),甘井侯国省。同年,以广平郡北部曲周、钜鹿、广阿、宋子、下曲阳、贳、堂阳等县及易、象氏、襄隄、昆等侯国新置钜鹿郡,所余广平、张、任、广年、斥章、列人、朝平、南和等县为平干国。宣帝元康二年(前64),置平干顷王子侯国曲梁。神爵三年(前59),置广乡、成乡两侯国。四年,封顷王子侯国平利、平乡、平纂、成陵、阳城。五凤元年(前57),又置柞阳侯国,诸王子侯国皆别属汉郡。

五凤二年,平干国除为广平郡,平乡、平利、南曲、曲梁、广乡、阳台、城乡、成陵等侯国及曲周县来属。成帝鸿嘉三年(前18),城乡、成陵两侯国省。元延二年(前11),复置城乡侯国。哀帝建平三年(前4),复置广平国封广德夷王弟汉,然此广平国仅得四县之地(考证见上篇第二章第三节),广平余县疑皆属邻郡。

其治所当在广平县。

1. 广平侯国(前149—前147)—广平县(前147—8)

景帝中元元年自清河郡来属。《功臣表》云:"广平敬侯薛欧……孝景中三年,有罪免。"侯国免后为县。治今河北鸡泽县东。

2. 曲周侯国(前149—前148)—曲周县(前137—前91,前56—8)

曲周侯国本汉高祖封郦商之侯国,本属清河郡,景帝中元元年,广平郡置,遂属广平。《功臣表》:"曲周景侯郦商……孝文元年,侯寄嗣,三十二年,有罪,免。户万八千。"则为景帝中元二年国除。《汉志》又于曲周县下注:"武帝建元四年置。"似曲周侯国国除后不复为县,而是被省并入它县,武帝时方复置此县。《肩水金关汉简》T1:130简文有"钜鹿郡曲周",以此,曲周县曾属钜鹿郡。疑为武帝征和二年置平干国时,曲周改隶钜鹿也。宣帝五凤二年,平干国除,曲周复属广平郡。治河北今县东北。

3. 张侯国(前149—前123)—张县(前123—前4)

《功臣表》凡两见张侯国,疑毛昭所受封之张侯国初置时在清河,景帝中元元年属广平郡,武帝元朔六年国除为县,即《汉志》广平郡张县。哀帝建平三年复置广平国,别属魏郡。治今河北任县西南。

4. 任县(前149—前4)

景帝中元元年自清河郡来属。哀帝建平三年复置广平国,别属魏郡。治河北今县东。

5. 钜鹿县(前149—前91)

景帝中元元年广平郡置,钜鹿县属焉,《水经·浊漳水注》亦可证之。武帝征和二年,钜鹿郡置,县遂别属。治今河北平乡县西南。

6. 广阿侯国(前149—前115)—广阿县(前115—前91)

景帝中元元年,广阿侯国自信都郡来属。《功臣表》云:"广阿懿侯任敖……(武帝)元鼎二年,坐为太常庙酒酸,免。"国除后为县,武帝征和二年别属钜鹿郡。治今河北隆尧县东。

7. 宋子侯国(前149—前148)—宋子县(前148—前91)

景帝中元元年自信都郡来属。《功臣表》云:"宋子惠侯许瘛……孝景中二年,坐寄使匈奴买塞外禁物,免。"此侯本以乡聚地而置,然《汉志》有宋子县,知国除后未被省并。武帝征和二年别属钜鹿郡。治今河北赵县东北。

8. 杨氏县(前149—前91)

景帝中元元年自信都郡来属,武帝征和二年别属钜鹿郡。治今河北宁晋县。

9. 下曲阳县(前149—前91)

景帝中元元年自信都郡来属,武帝征和二年别属钜鹿郡。治今河北晋州市西。

10. 貰侯国(前149—前116)—貰县(前116—前91)

景帝中元元年自信都郡来属。《功臣表》云:"貰齐合侯傅胡害……(武帝)元鼎元年,坐杀人,弃市。"《汉志》有貰县,知侯国国除后犹为县。武帝征和二年别属钜鹿郡。治今河北辛集市西南。

11. 堂阳侯国(前149—前144)—堂阳县(前144—前91)

景帝中元元年自信都郡来属。《功臣表》云:"堂阳哀侯孙赤……孝景中六年,有罪,免。"国除后为县,武帝征和二年别属钜鹿郡。治今河北新河县北。

12. 封斯侯国(前127—前114)

武帝元朔二年封赵敬肃王子胡伤为侯国,《汉志》封斯在常山郡,然初置之时,常山为国,唯能先入广平。元鼎三年改隶常山郡。治今河北赵县西北。

13. 襄嚵侯国(前127—前112)—襄嚵县(前112—?)

武帝元朔二年封赵敬肃王子建为侯国,元鼎五年坐酎金免,国除后省并入它县,《王子侯表》下注广平,初置当属广平郡。居延汉简293·5有"平干国襄垣",马孟龙以为襄垣乃襄嚵之误,是侯国国除后改置为县,元帝、成帝方省并[①],可从。今地无考,疑或分自襄国,即在今河北邢台市附近。

14. 朝侯国(前127—前91)

武帝元狩二年封赵敬肃王子义为侯国。此侯国地望无考,然疑与《汉志》广平郡朝平有关,征和二年别属钜鹿郡。今地无考,或在今河北任县南。

15. 易侯国(前126—前91)

《王子侯表》云:"易安侯平,赵敬肃王子。(武帝元朔三年)四月甲辰封,二十年薨。……始元元年,坐杀人免。鄗。"表注鄗县,当属钜鹿,然初置时钜鹿郡犹未置,唯能入广平郡,武帝征和二年别属钜鹿。地望在鄗县附近,确址不详。

16. 象氏侯国(前126—前91)

《王子侯表》云:"象氏节侯贺,赵敬肃王子。(武帝元朔三年)四月甲辰封,十八年薨。……王莽篡位,绝。"《汉志》象氏侯国属钜鹿,然初置时唯能入广

---

① 马孟龙:《居延汉简地名校释六则》。

平,武帝征和二年钜鹿郡置,方别属也。治今河北隆尧县北。

17. 邯平侯国(前126—前112)

《王子侯表》载:"邯平侯顺,赵敬肃王子。(武帝元朔三年)三月乙卯封,十四年,元鼎五年,坐酎金免。广平。"今地无考。

18. 鄗侯国(前126—前114)

《王子侯表》载:"鄗侯舟,赵敬肃王子。不得封年,(武帝)征和四年,坐祝验上,要斩。常山。"又载"歆安侯延年,赵敬肃王子,(元朔五年)十一月辛酉封,十二年,元鼎五年,坐酎金免",《史表》则以延年之侯国亦为"鄗",汉初赵国本即有鄗县,疑《史表》为是。元朔五年,常山为王国,此侯国当入广平,至元鼎三年常山国除后方可能别属。刘舟之侯国置年不详,暂以为在元鼎三年后。治今河北柏乡县北。

19. 柏畅侯国(前124—前114)

《王子侯表》载:"柏畅戴侯终古,赵敬肃王子。(武帝元朔)五年十一月辛酉封,薨。侯朱嗣,始元三年薨,无后。中山。"赵王子侯国似不得远至中山,即便考虑到迁徙,中山国亦非迁徙对象,此中山当是常山之误。然侯国初置之时,常山为国,当先入广平,元鼎三年改隶常山。《史表》作柏阳侯,似当以《王子侯表》为是。《读史方舆纪要》卷14《赵州》以为即清赵州临城县(今河北临城县)西十五里之柏畅亭。

20. 甘井侯国(前116—前91)

《王子侯表》云,"甘井侯光,广川缪王子。(武帝元鼎元年)七月乙酉封,二十五年,征和二年,坐杀人弃市。钜鹿"。《汉志》无此县,当在国除后省并。今地无考。

21. 襄隄侯国(前116—前91)

据《王子侯表》,武帝元鼎元年置襄隄侯国以封广川缪王子圣。表注钜鹿,初置时唯能入广平,武帝征和二年别属钜鹿。今地无考。

22. 昆侯国(前112—前91)

据《功臣表》,武帝元鼎五年置昆侯国封渠复累,表在钜鹿,初置时唯能入广平,武帝征和二年别属钜鹿。今地无考。

23. 平乡侯国(前56—前4)

《王子侯表》云:"平乡孝侯壬,平干顷王子。(宣帝神爵四年)三月癸丑封。……魏郡。"《汉志》广平有平乡,然失注侯国。表注魏郡,从地望上,平乡近钜鹿,并不邻魏郡也,故侯国始封之时不当入魏郡,疑初封当隶钜鹿郡,五凤二年平干国除,方回属广平。哀帝建平三年别属魏郡,而据此,《汉志》广平属县中在平乡以南者如朝平、南和、广年、曲梁者当皆改隶魏郡,方能令魏郡可辖平乡。治河北今县西南。

24. 平利侯国(前 56—前 4)

《汉志》失注侯国。《王子侯表》云:"平利节侯世,平干顷王子。(宣帝神爵)四年三月癸丑封。……魏郡。"今地无考,然与平乡侯国同日置,名亦相似,疑地望相近,故隶属关系亦同,即初置时入钜鹿,五凤二年平干国除,方回属广平。哀帝建平三年别属魏郡。今地无考,疑在今河北平乡县西南。

25. 南曲侯国(前 56—前 4)

《汉志》失注侯国。宣帝五凤二年来属广平郡,哀帝建平三年别属魏郡。治今河北邱县西北。

26. 曲梁侯国(前 56—前 4)

《王子侯表》云:"曲梁安侯敬,平干顷王子。(宣帝元康三年)七月壬子封。……魏郡。"侯国置之初当属魏郡,五凤二年后回隶广平。至哀帝建平三年复隶魏郡。治今河北永年县东南(旧永年)。

27. 广乡侯国(前 56—前 4)

《汉志》失注侯国。《王子侯表》云:"广乡孝侯明,平干顷王子。(宣帝神爵三年)七月壬申封。……钜鹿。"始置时属钜鹿郡,宣帝五凤二年平干国除,回隶广平。哀帝建平三年别属魏郡。治今河北任县西。

28. 阳台侯国(前 56—前 4)

《王子侯表》云:"阳城愍侯田,平干顷王子。(宣帝神爵四年)七月壬子封。……侯报嗣,免。"此阳城侯国不见于《汉志》,而志文中广平有阳台侯国,疑为一地。宣帝五凤二年平干国除,回属广平郡,哀帝建平三年别属魏郡。今地无考。

29. 城乡侯国(前 56—前 18,前 11—前 4)

《王子侯表》云:"成乡质侯庆,平干顷王子,(宣帝神爵三年)七月壬申封,九百户。节侯霸嗣,鸿嘉三年薨,无后。元延二年,侯果以霸弟绍封,十九年免。广平。"《汉志》广平有城乡,当即此地也,志失注侯国。宣帝五凤二年回属广平。哀帝建平三年,别属魏郡。今地无考。

30. 成陵侯国(前 56—前 18)

据《王子侯表》,宣帝神爵四年置以为平干顷王子充侯国,初置时属钜鹿郡。五凤二年,平干国除,遂回属广平郡。成帝鸿嘉三年国除,省并。今地无考。

31. 广年县(？—8)

置年不详。治今河北永年县东北①。

---

① 赵海龙《〈汉书·地理志〉与东汉政区地理研究》(刊于《史学月刊》2018 年第 4 期)中以为东汉初吴汉封广平侯,食广平、斥漳、曲周、广年四县,当为承袭两汉末年广平国封域,可从。

32. 斥章县(？—8)

置年不详。治今河北曲周县南。

33. 列人县(？—前4)

置年不详。哀帝建平三年别属魏郡。治今河北肥乡县东北。

34. 朝平县(？—前4)

置年不详。哀帝建平三年别属魏郡。治今河北任县东南。

35. 南和县(？—前4)

置年不详。肩水金关汉简 T2：14 有"平干国南和"，是置年不晚于宣帝五凤二年。哀帝建平三年别属魏郡。治河北今县。

36. 南䜌侯国(？—前91)

《王子侯表》载："南䜌侯佗，赵敬肃王子。不得封年，(武帝)征和二年，坐酎金免。钜鹿。"此侯国恰除于征和二年，自然也有国除在钜鹿郡置前的可能，故广平郡亦可能短暂存在南䜌县，然因无证据，暂以其国除在属钜鹿郡之后。治今河北巨鹿县北。

37. 南陵侯国(？—前91)

《王子侯表》云："南陵侯庆，赵敬肃王子。不得封年，后三年坐为沛郡太守横恣罔上，下狱瘐死。临淮。"后三年当为武帝后元二年(前87)之误。赵王子侯国不得远至临淮，疑为迁徙之故。马孟龙《西汉侯国地理》据此以为南陵侯国初置当属广平郡，武帝置平干国时，因王国例不辖侯国，遂迁徙至临淮。如此言不误，则当在征和二年迁徙出。南陵地望不详，其名与南和相近，南和亦近赵国，或与此侯国有关。然需要注意的是，此侯国本名未必为南陵。赵敬肃王子侯国远封之它郡的除南陵侯国外，尚有爰戚侯国、栗侯国等。爰戚、栗两地名均汉初即有，显然并非因侯国迁来方才更名的缘故。

西汉侯国迁徙，时而会将国名保留，如富平侯国迁徙至厌次县，国仍名富平。但有时则更封为其他侯国名称，如代王子侯国之徙封皆更国名。此数侯国除栗侯国外皆不得封年，疑初置年与征和二年相近，甫一置国便遭更封，故史籍有阙矣。如此则疑南陵、爰戚等或如栗侯国一般为后封之国名，其原名已不得而知。

据上文，广平郡在征和元年或稍早时期至征和二年前曾有得五赵敬肃王子侯国，即栗侯国、爰戚侯国等之前身，然原名已无考。征和二年，此五侯国皆迁徙至它郡，广平之侯国地遂省并。

又，《汉志》钜鹿郡有廮陶、临平、鄡、敬武等数县，置年不详，如置于武帝征和二年前,则广平郡亦曾辖有此数县,然史未明言,故暂不列此数县于广平郡条下,但不能排除广平曾有此四县的可能。

第五节　钜鹿郡沿革

钜鹿郡(前91—8)

《汉志》云:"钜鹿郡,秦置。"然至秦末此郡已不复存,西汉初年亦无该郡建制。武帝征和二年(前91),以广平郡置平干国,同时分广平北部地置新郡,复用秦钜鹿郡旧名。同年,置题侯国。后元二年(前87),题侯国省。

昭帝始元元年(前86),易侯国省。元凤五年(前76),得广川王子侯国新市。宣帝本始二年(前72),得广川王子侯国东襄。四年,东襄侯国别属信都。地节四年(前66),得广川王子侯国平隄、乐乡,东襄侯国来属,襄隄、易两侯国省,曲周县别属广平,辽阳侯国别属清河。神爵三年(前59),得广川王子侯国乐信、昌成。四年,得广川王子侯国历乡、西梁及平干王子侯国平乡、成陵。五凤元年(前57),得广川王子侯国武陶。二年,曲周县及平乡侯国别属广平。甘露四年(前50),东襄、平隄、乐乡、昌成、西梁等侯国别属信都。元帝初元元年(前47),辽阳侯国来属。永光元年(前43),辽阳侯国别属清河。建昭二年(前37),平隄、乐乡、昌成、西梁、桃来属。竟宁元年(前33),得赵王子侯国柏乡、安乡、成帝阳朔二年(前23),平隄等五侯国别属信都。哀帝建平二年(前5),平隄等五侯国复来属。三年,南曲侯国来属。

据《水经·浊漳水注》,钜鹿郡治钜鹿县。

1. 钜鹿县(前91—8)

治今河北平乡县西南。

2. 广阿县(前91—8)

治今河北隆尧县东。

3. 宋子县(前91—8)

治今河北赵县东北。

4. 杨氏县(前91—8)

治今河北宁晋县。

5. 下曲阳县(前91—8)

《汉志》云:"都尉治。"治今河北晋州市西。

6. 贳县(前91—8)

治今河北辛集市西南。

7. 堂阳县（前91—8）

治今河北新河县北。

8. 南䜌侯国（前91）—南䜌县（前91—8）

《王子侯表》云："南䜌侯佗，赵敬肃王子。不得封年，（武帝）征和二年，坐酎金免。钜鹿。"治今河北巨鹿县北。

9. 象氏侯国（前91—8）

治今河北隆尧县北。

10. 曲周县（前91—前56）

《肩水金关汉简》T1：130简文有"钜鹿郡曲周"，以此，曲周县曾属钜鹿郡。疑为武帝征和二年置平干国时，曲周隶钜鹿也。宣帝五凤二年，平干国除，曲周复属广平郡。治河北今县东北。

11. 辕阳侯国（前91—前66，前47—前43）

武帝征和二年封江喜为侯国，属钜鹿郡，宣帝地节四年，清河国除，乃入清河。元帝初元二年复隶钜鹿，永光元年再属清河。治今河北南宫市东南。

12. 襄隄侯国（前91—前66）

据《王子侯表》，襄隄侯国于宣帝地节四年国除，省并。今地无考。

13. 昆侯国（前91—前66）

宣帝地节四年国除，省并。今地无考。

14. 易侯国（前91—前86）

昭帝始元元年，坐杀人免，国除。地望在鄡县附近，确址不详。

15. 题侯国（前91—前87）

《功臣表》云："题侯张富昌，以山阳卒与李寿共得卫太子，侯，八百五十八户。（武帝征和二年）九月封，四年，后二年四月甲戌，为人所贼杀。钜鹿。"题侯国国除后省并，不复有建制。今地无考。

16. 新市侯国（前76—8）

《王子侯表》云："新市康侯吉，广川缪王子。（昭帝元凤五年）十一月庚子封，二十五年薨。甘露三年，顷侯义嗣。侯钦嗣。堂阳。"表注堂阳，当地近堂阳县。此侯国国除之年不详，然《汉志》中犹存，故暂取其至王莽时代方免。治所当在今河北南宫、新河、巨鹿交界处一带，确地无考。

17. 安定侯国（前73—8）

《王子侯表》云："安定戾侯贤，燕刺王子。（宣帝本始元年）七月壬子封。顷侯延年嗣。侯昱嗣，免。钜鹿。"此侯非推恩而置，故在汉郡之中，而未割燕国之地。治今河北辛集市东北。

18. 东襄侯国(前72—前70,前66—前50)

据《王子侯表》,宣帝本始二年封广川缪王子宽为侯国。表注信都,然初置时唯能入钜鹿,本始四年广川国除,回属信都郡。地节四年复入钜鹿,甘露四年回属信都郡。今地无考。

19. 平隄侯国(前66—前50,前37—前23,前5—8)

宣帝地节四年得平隄侯国,甘露四年,此侯国复属信都,元帝建昭二年再属钜鹿,成帝阳朔二年回属信都郡。哀帝建平二年再属钜鹿。治今河北深州市附近。

20. 乐乡侯国(前66—前50,前37—前23,前5—8)

宣帝地节四年改隶钜鹿郡,甘露四年复属信都。元帝建昭二年再属钜鹿,成帝阳朔二年又属信都郡。哀帝建平二年回属钜鹿。治今河北深州市东。

21. 乐信侯国(前59—后8)

《王子侯表》云:"乐信顷侯强,广川缪王子强。(宣帝神爵)三年四月戊戌封。孝侯何嗣。节侯贺嗣。侯涉嗣,免。钜鹿。"治今河北辛集市东。

22. 昌成侯国(前59—前50,前37—前23,前5—前4)—昌成县(前4—8)

宣帝神爵三年封广川戴王子元为侯国,初置时属钜鹿郡,甘露四年复属信都郡。元帝建昭二年,再属钜鹿,阳朔二年再属信都郡。哀帝建平二年,重属钜鹿郡。建平三年薨,无后国除,东汉初犹有昌成县,知此侯国除后为县。治今河北冀州市西北。

23. 历乡侯国(前58—8)

《王子侯表》云:"历乡康侯必胜,广川缪王子。(宣帝神爵四年)七月壬子封,五年薨。甘露元年,顷侯长寿嗣。缪侯宫嗣。侯东之嗣,免。钜鹿。"治今河北宁晋县东。

24. 西梁侯国(前58—前50,前37—前23,前5—8)

宣帝神爵四年封广川戴王子辟兵为侯国,初置时属钜鹿郡,甘露四年复属信都郡。元帝建昭二年,复属钜鹿,阳朔二年再属信都郡。哀帝建平二年,重属钜鹿郡。治今河北辛集市南。

25. 平乡侯国(前58—前56)

宣帝神爵四年封平干顷王子壬为侯国。《汉志》平乡在广平,《王子侯表》注魏郡。然从地望上,平乡近钜鹿,并不邻魏郡也,故侯国始封之时不当入魏郡,疑初封当隶钜鹿郡,五凤二年平干国除,方回属广平。治河北今县西南。

26. 成陵侯国(前58—前56)

据《王子侯表》,宣帝神爵四年置以为平干顷王子充侯国,五凤二年,平干国除,回属广平郡。今地无考。

27. 武陶侯国(前57—8)

《王子侯表》云:"武陶节侯朝,广川缪王子。(宣帝五凤元年)七月壬午封。孝侯弘嗣。节侯勋嗣。侯京嗣,免。钜鹿。"今地无考。

28. 桃侯国(前37—前23,前5—8)

元帝建昭二年,信都国置,桃侯国来属钜鹿郡。成帝阳朔二年,复属信都郡。哀帝建平二年再属钜鹿。治今河北衡水市西北。

29. 柏乡侯国(前33—8)

《王子侯表》云:"柏乡戴侯买,赵哀王子。(元帝竟宁元年)四月丁卯封。顷侯云嗣。侯谭嗣,免。"《汉志》柏乡在钜鹿郡。治河北今县西南。

30. 安乡侯国(前33—8)

《王子侯表》云:"安乡孝侯喜,赵哀王子。(元帝竟宁元年)四月丁卯封。釐侯胡嗣。侯合众嗣。免。"《汉志》属钜鹿。《中国历史地图集》定位安乡侯国在今河北晋州市东,然此地远离赵国,似误。今地无考。

31. 南曲侯国(前4—8)

哀帝建平三年来属钜鹿郡。治今河北邱县西北。

32. 廮陶县(?—8)

置年不详。治今河北宁晋县西南。

33. 临平县(?—8)

置年不详。治今河北晋州市东南。

34. 鄡县(?—8)

置年不详。治今河北辛集市东南。

35. 敬武县(?—8)

置年不详。治今河北赵县东。

第六节 河间国(郡)沿革

赵河间郡(前202—前178)—河间国(前178—前165)—河间郡(前165—前155)—河间国(前155—前38)—河间郡(前38—前32)—河间国(前32—8)

汉初属张耳赵国。高帝十二年(前195),以河间郡之高阳、武垣、饶阳等县地界燕国。吕后元年(前184),置中邑侯国。文帝二年(前178),分赵之河间郡置国,封赵王遂弟辟疆。又以河间地狭,遂取清河北部观津、广川、信都、扶柳等县及桃、历、南宫等侯国益之。十五年,河间王薨无后,国除分为河间、广川、勃海三郡,属汉。《汉书》卷51《邹阳传》曰:"强赵责于河间。"是证河间国地未还于赵。而下曲阳、武邑、观津、广川、信都、扶柳等县及桃、历、南宫等国别属广川,浮阳、章武、东光、南皮、东平舒等县及中邑侯国别属勃海。

景帝二年(前155),以河间郡置国,立子德为河间献王。此时之河间国仅有故河间之三分之一而已。

武帝元光五年(前130),置河间王子侯国兹,疑此时侯国例不属王国,此侯国当别属它郡。元朔三年(前126),封王子侯国阿武、州乡、参户、平城、旁光、距阳、萎、广、盖胥。四年,置重侯国。宣帝地节二年(前68),置景成、平隄、乐乡、高郭四侯国。诸侯国皆别属它郡。五凤元年(前57),置阳兴侯国。宣帝甘露中削河间国两县,疑当为建成、中水两县。

元帝建昭元年(前38),河间国除为郡,弓高县及阳兴侯国来属。成帝建始元年(前32),复置河间国,绍封河间惠王,阳兴侯国别属涿郡。二年,置窦梁侯国。哀帝时益封万户①。《汉志》河间仅四县:乐成、候井、武隧、弓高。此乃成帝末之县目,哀帝时,曾益户,然不明为何县。哀帝建平二年(前5),置南昌侯国。元寿二年(前1),置宜禾、富春侯国。此数侯国皆别属它郡。

《水经·浊漳水注》:"衡水东迳阜城县故城北,乐成县故城南,河间郡治。"据此河间治乐成。

1. 乐成县(前202—8)

治今河北献县东南。

2. 中水县(前202—前200)—中水侯国(前200—?)—中水县(?—?)

据《功臣表》,高帝七年置以为吕马童侯国,武帝元鼎五年(前112)免。则当在武帝初年迁往它郡。《汉志》,中水在涿郡。《晋书地道记》云:"其中水属河间。"故疑本属河间,宣帝年间削入涿郡。治今河北献县西北。

3. 下曲阳县(前202—前165)

文帝十五年别属广川郡。治今河北晋州市西。

4. 武邑县(前202—前165)

《里耶秦简》16—12有此县名。文帝十五年别属广川郡。治河北今县。

5. 浮阳县(前202—前165)

秦有"浮阳丞印"。文帝十五年改隶勃海郡。治今河北沧州市东南。

---

① 《汉书》卷11《哀帝纪》载,哀帝下诏褒扬曰:"河间王良,丧太后三年,为宗室仪表,其益封万户。"

6. 阜城县(前202—前165)

战国赵邑。文帝十五年改隶勃海郡。治河北今县东。

7. 章武县(前202—前165)

文帝十五年改隶勃海郡。治今河北黄骅市西北。

8. 东光县(前202—前165)

此县距南皮颇近,秦亡,项羽封陈馀环南皮三县,其一或即为此县。文帝十五年别属勃海郡。治河北今县东。

9. 南皮县(前202—前165)

《史记》卷8《高祖本纪》云:"封成安君陈余河间三县,居南皮。"知秦楚之际,南皮即为河间郡属县。文帝十五年方别属勃海郡。治河北今县东北。

10. 东平舒县(前202—前165)

秦封泥有"新平舒丞"。文帝十五年别属勃海郡。治今河北大城县。

11. 高阳县(前202—前195)

高帝十二年别属燕国内史。治河北今县东。

12. 武垣县(前202—前195)

高帝十二年别属燕国内史。治今河北河间市西南。

13. 饶阳县(前202—前195)

高帝十二年改隶燕国内史。治河北今县东北。

14. 中邑侯国(前184—前165)

据《功臣表》,吕后四年(前184)正月,以六百户封吕相朱进为侯国。文帝十五年别属勃海郡。治今河北沧州市东北。

15. 观津县(前178—前165)

文帝二年由清河益属河间国。十五年,广川郡置,别属广川。治今河北武邑县东。

16. 广川县(前178—前165)

文帝二年由清河益属河间国。十五年,广川郡置,别属广川。治今河北枣强县东北。

17. 桃侯国(前178—前165)

文帝二年由清河益属河间国。十五年,广川郡置,别属广川。治今河北衡水市西北。

18. 信都县(前178—前165)

文帝二年由清河益属河间国。十五年,广川郡置,别属广川。治今河北冀州市。

19. 历侯国(前178—前165)

文帝二年由清河益属河间国。十五年,广川郡置,别属广川。治今河北故城县北。

20. 扶柳县(前178—前165)

文帝二年由清河益属河间国。十五年,广川郡置,别属广川。治今河北冀州市西北。

21. 南宫侯国(前178—前165)

文帝二年由清河益属河间国。十五年,广川郡置,别属广川。治今河北南宫市西。

22. 弓高县(前38—8)

元帝建昭元年来属河间。治今河北阜城县南。

23. 阳兴侯国(前38—前32)

河间孝王子昌侯国,初置属涿郡,元帝建昭元年河间国除,回属河间,成帝建始元年,复属涿郡。今地无考。

24. 候井县(?—8)

置年不详。治今河北阜城县东北。

25. 武隧县(?—8)

置年不详。治今河北武强县西北。

26. 束州县(?—前165)

置年不详,文帝十五年别属勃海郡。治今河北河间市东北。

27. 建成县(?—?)

置年不详。李启文以为乃宣帝甘露间所削河间国二县之一,并以为河间王子侯国成平即此县之乡聚①,可从。治今河北泊头市北。

第七节 赵国(邯郸郡)沿革

赵国(前202—前153)—邯郸郡(前153—前152)—赵国(前152—前69)—邯郸郡(前69—前66)—赵国(前66—8)

高帝五年(前202)属张耳赵国,先是,汉元年张耳恒山国都襄国,疑遂以此故界襄国予邯郸郡。六年,置棘蒲侯国。七年,置平棘侯国。九年,属刘如意赵国,其后虽赵王屡有变易,然皆为赵内史所辖之地。十二年,置张侯国。

---

① 李启文:《西汉勃海郡初置领县考》,刊于《历史地理》第十三辑,上海人民出版社,1996年。

文帝后元元年(前163)，棘蒲侯国省。景帝四年(前153)，赵国国除，遂为汉之邯郸郡。五年，景帝复置赵国封子彭祖，然仅王邯郸一郡。中元六年，张侯国省。

元朔二年(前127)，封赵敬肃王子侯国封斯、邯会、尉文、榆丘、襄嚵、朝节、东城、阴城。三年，续封敬肃王子侯国武始、象氏、邯平、易安。五年，封敬肃王子侯国二：柏阳①、鄗。另有不得封年之王子侯六人：南𦻐、鄗②、漳北、南陵、安檀、爰戚。征和元年(前92)，封赵王子侯国四：栗、洨、猇、即裴。皆别属汉郡。

宣帝地节元年(前69)，赵怀王尊薨，无后，国除为邯郸郡，部分王子侯国回属。地节四年，复置赵国，绍封赵顷王子高。然此赵国不得邯郸全郡，中丘、房子等县于此时改隶常山郡。甘露二年(前52)，封王子侯国都乡，入常山郡。元帝竟宁元年(前33)，封王子侯国柏乡、安乡，此两乡当皆为柏人之乡，后皆入钜鹿郡。

赵国都及邯郸郡治均在邯郸。

1. 邯郸县(前202—8)

治今河北邯郸市。

2. 柏人县(前202—8)

《肩水金关汉简》T28：6作"伯人"，T28：15又作"佰人"。据《汉书》卷1《高帝纪》，高帝曾过此城。治今河北隆尧县西。

3. 襄国县(前202—8)

据《史记》卷7《项羽本纪》，楚汉之际，项羽封常山王张耳，都襄国。襄国本秦信都县，秦末属清河郡，至此为赵国都城，故西汉时遂为赵内史(邯郸郡)之地。治今河北邢台市。

4. 房子县(前202—前66)

《汉志》房子属常山，然其地在赵王子侯国封斯等之南，颇疑本属赵国，宣帝地节四年绍封赵国时，方别属常山郡。治今河北高邑县西南。

5. 鄗县(前202—?)

据《史记》卷92《淮阴侯列传》，陈馀死于鄗县，是汉初即有此县也。汉初

---

① 柏阳，《王子侯表》注中山。始元元年(前86)免，省并。赵王子侯不得入中山国，中山当为常山之讹，始封属钜鹿。《读史方舆纪要》以为即清赵州临城县(即今临城县)西十五里之柏畅亭。

② 鄗，《王子侯表》注常山。此侯国与元朔五年所封之鄗重出，但侯者名不一。元朔五年，武帝以鄗侯国封延年，此国封舟。疑封延年时，未得鄗县全部。元鼎五年后又以鄗县其余部分封舟，别属常山，其后两鄗又合为一县。

属赵国。武帝时以此县置侯国封赵敬肃王子,县遂改隶。武帝时期,鄗侯国凡两封,第二次不知具体封年,然必在此侯国置后,赵国才无鄗县。治今河北柏乡县北。

6. 平棘侯国(前 200—前 175)—平棘县(前 175—前 127)

据《功臣表》,高帝七年置以为林挚侯国,文帝五年(前 175)国除。《汉志》常山郡有平棘县,然此县在赵王子侯国封斯之南,汉初当属赵国,疑自元朔二年被析置为赵王子侯国,后王子侯国国除后复并为平棘。治今河北赵县东南。

7. 张侯国(前 195—前 144,前 68—前 66)

据《功臣表》,高帝十二年置张侯国封毛释之,景帝中元六年(前 144)免。其侯国初置不过七百户,至景帝年间户数当亦不多,疑省并。据《王子侯表》,宣帝地节二年封赵顷王子嵩为侯国,表注常山,其时邯郸为郡,故可属邯郸郡。地节四年,邯郸郡复置为赵国,遂改隶常山郡。今地无考。

8. 尉文县(前 69—?)

《肩水金关汉简》73EJT1:32 有"田卒赵国尉文翟里韩□",据《王子侯表》,武帝元朔二年置尉文侯国,元鼎五年国除。马孟龙据汉简以为,尉文于国除后一度回属赵国①,可从。疑其回属时间即在宣帝地节元年赵国国除后,至地节四年复置赵国时亦不曾别属它郡,故《肩水金关汉简》方有"赵国尉文"之语。又,颇疑此年亦有其他赵王子侯国之地回属。《汉志》无此县,当为后废之故。今地无考。

9. 邯沟侯国(前 67—前 66)

据《王子侯表》,宣帝地节三年封赵顷王子偃为侯国,其时赵国已国除,邯郸为郡,自然无需别属它郡。次年,复置赵国,方改隶魏郡。治今河北肥乡县西北。

10. 易阳县(?—8)

置年不详。治今河北永年县东南。

11. 中丘县(?—前 66)

置年不详,疑与房子同在宣帝地节四年别属常山郡。治今河北内丘县西。

12. 口陵县(?—?)

肩水金关汉简 73EJT37:231 有"戍卒赵国口陵万岁里士伍",据此赵国曾置有"口陵"县,后当废,故《汉志》不载。今地无考。

---

① 马孟龙:《谈肩水金关汉简中的几个地名》,《中国历史地理论丛》2012 年第 3 期。

第八节　常山郡(国)[恒山郡(国)]、真定国沿革

(一) 赵恒山郡(前202—前187)—恒山国(前187—前180)—赵常山郡(前180—前155)—常山郡(前155—前145)—常山国(前145—前114)—常山郡(前114—8)

高帝五年(前202)属张耳赵国。吕后元年(前187),夺赵恒山郡,置恒山国,以诈孝惠子三人相继为王,吕后八年,吕氏败,恒山国除。文帝即位,以避讳故,更恒山名为常山。元年(前179),复立赵幽王子遂为赵王,常山郡属之。景帝二年(前155),削赵常山郡,地入汉。三年,分常山郡卢奴、唐、苦陉、望都、新市、新处、毋极、陆成、广望、北新成等县及北平、深泽、安国、曲逆等侯国置中山国,余地仍为常山郡。中元五年(前145),以常山郡为国,封子舜为常山王。

武帝元鼎三年(前114),常山国除,复为郡,旋分真定等数县置真定国。其年又得钜鹿郡之封斯、前鄗两侯国及平棘县。又,不知何年得赵王子侯国后鄗,征和四年(前89)省。宣帝地节二年(前67),得真定王子侯国乐阳、桑中。四年,赵国复置,其中丘、房子等县及张侯国来属常山郡。元康四年(前62),得真定烈王子侯国遽乡。神爵二年(前60),遽乡侯国、张侯国省。甘露二年(前52),得赵王子侯国都乡。

常山郡本当治真定县,武帝元鼎三年,真定别属真定国,常山遂徙治于元氏。

1. 元氏县(前202—8)

战国赵邑,见于《史记》卷43《赵世家》,疑汉初有之。治河北今县西北。

2. 石邑县(前202—8)

据《汉书》卷32《陈馀传》,秦末,李良略地至此,亦为秦有此县之证。治今河北石家庄市鹿泉区东南。

3. 南行唐县(前202—8)

治今河北行唐县北。

4. 灵寿县(前202—8)

治河北今县西北。

5. 蒲吾县(前202—8)

治今河北平山县东南。

6. 上曲阳县(前202—8)

据《汉书》卷41《灌婴传》,婴从击陈豨于此地,汉初有也。治今河北曲阳县西。

7. 九门县(前202—8)

据《史记》卷43《赵世家》,惠文王使蔺相如城之。治今河北石家庄市藁城区西北。

8. 井陉县(前202—8)

治河北今县西北。

9. 关县(前202—8)

治今河北石家庄市栾城区西北。

10. 平台县(前202—前64)—平台侯国(前64—后8)

《外戚恩泽表》载:"平台康侯史玄,以悼皇考舅子侍中中郎将关内侯有旧恩侯,千九百户。(宣帝元康二年)三月乙未封,二十五年薨。……常山。"今地无考。

11. 东垣县(前202—前196)—真定县(前196—前114)

《汉志》注云:"故东垣,高帝十一年更名。"元鼎三年别属真定国。治今河北正定南市。

12. 卢奴县(前202—154)

据《汉书》卷41《灌婴传》,婴降此县,是秦置也。景帝三年别属中山。治今河北定州市。

13. 北平县(前202—前201)—北平侯国(前201—前154)

据《功臣表》,高帝六年置为侯国封张苍,景帝三年别属中山。治今河北满城县北。

14. 唐县(前202—前154)

治河北今县东北。

15. 深泽县(前202—前200)—深泽侯国(前200—前187)—深泽县(前187—前185)—深泽侯国(前185—前154)

《功臣表》载:"深泽齐侯赵将夕,以赵将汉王三年降属淮阴侯,定赵、齐、楚,以击平城功侯,七百户。(高帝)八年十月癸丑封,十二年,高后元年,有罪,免,二年,复封,二年,免。……孝景三年,侯修嗣,七年,有罪,耐为司寇。"《史表》作吕后四年夺爵,文帝十四年复封。暂以《功臣表》为准。景帝三年别属中山。治河北今县。

16. 苦陉县(前202—前154)

据《汉书》卷32《陈馀传》,馀尝游此地,是秦县也。景帝三年别属中山。治今河北无极县东北。

17. 安国县(前202—前201)—安国侯国(前201—前154)

《功臣表》云,"安国武侯王陵,以自聚党定南阳,汉王还击项籍,以兵属,从击天下,侯,五千户。高帝六年八月甲子封……"景帝三年别属中山。治今河北安平县东北。

18. 曲逆县(前202—前200)—曲逆侯国(前200—前154)

《功臣表》云:"曲逆献侯陈平,以故楚都尉,汉王二年初起修武为都尉,以护军中尉出奇计,定天下,侯,五千户。(高帝六年)十二月甲申封……"此地虽将曲逆侯国置年系于高帝六年,然据《汉书》卷40《陈平传》,平六年所受封实为户牖侯,次年平献计解高帝平城之围后,方改封曲逆侯,故曲逆侯国置年实在高帝七年。景帝三年别属中山国。治今河北顺平县东南。

19. 望都县(前202—前154)

据《史记》卷6《秦始皇本纪》,始皇七年(前240)秦攻此城。治河北今县西北。

20. 新市县(前202—前154)

治今河北新乐市南。

21. 新处县(前202—前154)

《王子侯表》作"薪处"。新、薪概可通用,今取《汉志》"新处"之名。治今河北定州市东北。

22. 毋极县(前202—前154)

治今河北无极县西。

23. 陉成县(前202—前154)

《汉书》卷37《田叔传》云田叔中山陉城人,《汉志》无此县。《王子侯表》有中山王子陆城侯国,《史表》作"陉成",疑陉成即陆城,亦即陆成也。王先谦《汉书补注》云:"《三国志·刘先主纪》作陆成,或先名陉成,后改陆成也"。景帝三年改隶中山国。治今河北蠡县南。

24. 广望县(前202—前154)

《汉志》属涿郡。据《王子侯表》,中山王子曾封广望侯。宣帝舅史傅,《史表》"平昌"条下称其为"赵国常山广望邑人",宣帝之舅当为武帝时期生人,其时中山早已建国,不属常山,更遑论赵国,然却可以侧面证明,广望于中山国未置时即已为县建制,本属赵国常山郡也。治今河北清苑县西南。

25. 北新成县(前202—前154)

治今河北徐水县西。

26. 封斯侯国(前114—8)

《王子侯表》云:"封斯戴侯胡伤,赵敬肃王子。(武帝元朔二年)六月甲午封,二十五年薨。"初置属广平郡,元鼎三年常山国除为郡,方来属。治今河北赵县西北。

27. 平棘县(前114—8)

平棘县本属赵国,然赵王子侯国无封平棘者,疑析分为多个王子侯国,省并后又合平棘县,至武帝元鼎三年来属常山。治今河北赵县东南。

28. 前鄗侯国(前114—前112)—鄗县(前112—8)

刘延年之鄗侯国元鼎三年来属常山郡,元鼎五年国除为县。治今河北柏乡县北。

29. 桑中侯国(前68—8)

《王子侯表》云:"桑中戴侯广汉,赵顷王子。(宣帝地节二年)四月癸卯封。"桑中侯国紧邻真定国西北,赵国实不能越常山南部和真定国而有之,故赵顷王乃真定顷王之误。治今河北平山县南。

30. 乐阳侯国(前68—8)

《王子侯表》云:"乐阳缪侯说,赵顷王子。(宣帝地节二年)四月癸卯封。……侯镇嗣,免。常山。"赵顷王子乃为真定顷王子之误,辨见桑中侯国条下。治今河北石家庄市鹿泉区东北。

31. 中丘县(前66—8)

宣帝地节四年来属常山郡。治今河北内丘县西。

32. 房子县(前66—8)

宣帝地节四年来属常山郡。治今河北高邑县西南。

33. 张侯国(前66—前60)

据《王子侯表》,赵顷王子嵩之侯国,宣帝地节四年属常山郡,神爵二年国除,省并。今地无考。

34. 遽乡侯国(前62—前60)

据《王子侯表》,宣帝元康四年置以为真定烈王子宣侯国,神爵二年无后国除,省并。今地无考。

35. 都乡侯国(前52—8)

《王子侯表》云:"都乡孝侯景,赵顷王子。(甘露)二年七月辛未封。侯溱嗣,免。东海。"此东海乃错格,详见前文鲁国条下。宣帝封赵顷王子景为侯国。今地无考。

36. 后鄗侯国(?—前89)

《王子侯表》云,赵敬肃王子刘舟之鄗侯国,不知封年,征和四年(前89)国除,表注常山。此侯国国除后当并入鄗县。治今河北柏乡县北。

37. 肥累县(?—前114)

置年不详,然武帝元鼎三年置真定国乃以常山三万户置,大抵有三县之地,故此县当置于元鼎三年前。治今河北石家庄市藁城区西。

38. 绵曼县(? —前114)

置年不详,辨见上。武帝元鼎三年别属真定国。治今河北石家庄市鹿泉区北。

(二)真定国(前114—8)

武帝元鼎三年,分常山郡三万户置真定国。宣帝地节三年,封王子侯国二：乐阳、桑中。皆属常山郡。元康四年,封王子侯国遽乡,亦属常山。后无变化。

国都在真定县。

1. 真定县(前114—8)

武帝元鼎三年来属。治今河北正定市南。

2. 肥累县(前114—8)

治今河北石家庄市藁城区西。

3. 绵曼县(前114—8)

治今河北石家庄市鹿泉区北。

4. 藁城县(前113—8)

《元和郡县图志》云,武帝元鼎四年置。治今河北石家庄市藁城区西南。

第九节　中山国(郡)沿革

中山国(前154—前55)—中山郡(前55—前43)—中山国(前43—前31)—中山郡(前31—前23)—中山国(前23—8)

景帝三年(前154)分常山郡东部地置中山国,封子胜,是为中山靖王。武帝元朔二年(前127),置王子侯国广望、陆城、薪处、将梁、薪馆,三年,置王子侯国陆地,四年置临乐、东野、高平、广川等四侯国,五年置王子侯国桑丘、高丘、柳宿、樊舆、曲成、安郭、安险、戎丘、安道。昭帝元凤五年(前80),置成侯国。宣帝本始三年(前71),置宣处侯国。甘露元年(前53),置利乡侯国,国境渐小。

宣帝五凤三年(前55),中山国除为郡。元帝永光元年(前43),复置中山国,清河王徙封中山。成帝建始二年(前31),中山国除为郡。阳朔二年(前23),复置中山国,信都王徙为中山王。

《汉志》末总论十二国分域,北新成属涿郡。《汉志》北新成属中山国,知其乃为分域篇描述时间之后,《汉志》断限年代之前益中山。十二国分域中,酸枣属河南郡,故分域篇所述年限当在元帝永光三年至建昭五年(前34)陈留郡为济川国之时,此时酸枣方属河南郡。阳朔二年,成帝复置中山国,信都王徙为中山孝王,此乃元帝建昭五年后中山最大之变迁,疑即以此年因中山地狭户少,遂取涿郡北新成、安险、安国、陆成、新处益中山。

绥和元年(前8),取涿郡三万户以益中山。《汉书》卷97《外戚传》云,平帝时,"其以中山故安户七千益中山后汤沐邑"。故安,《汉志》属涿郡,此必成帝绥和时益中山国三万户时改隶中山。其余地,以地望,疑为范阳、蠡吾、谷丘。

《水经·滱水注》引《十三州志》云:"中山治卢奴。"

1. 卢奴县(前154—8)

治今河北定州市。

2. 北平侯国(前154—前136)—北平县(前136—8)

《功臣表》云,北平侯国武帝"建元五年,坐监诸侯丧后,免"。治今河北满城县北。

3. 唐县(前154—8)

治河北今县东北。

4. 深泽侯国(前154—前148)—深泽县(前148—8)

深泽侯国乃景帝中元二年国除,复为县。治河北今县。

5. 苦陉县(前154—8)

治今河北无极县东北。

6. 安国侯国(前154—?)—安国县(?—前124,前23—8)

据《功臣表》,安国侯国于武帝元鼎五年坐酎金免,然至晚武帝元朔时,推恩令已行,故安国侯国必已在此前迁徙至汉中。至武帝元朔年间,大量置中山王子侯国,至元朔五年,有安道、安险等侯国,疑安国县即在此年被析分,不复存矣。据《王子侯表》,成帝绥和元年封赵共王子吉为安国侯,然此安国侯国当近赵国,不得为中山之安国也。成帝阳朔二年,安国县回属中山国。治今河北安平县东北。

7. 曲逆侯国(前154—前130)—曲逆县(前130—8)

据《功臣表》,曲逆侯国国除于武帝元光五年,后为县。治今河北顺平县东南。

8. 望都县(前154—8)

治河北今县西北。

9. 新市县(前154—8)

治今河北新乐市南。

10. 新处县(前154—前127,前23—8)

《王子侯表》作"薪处",又于陆地侯义之格下注"辛处",薪、辛、新皆音同,疑因可通用之故,此处从《汉志》写法。武帝元朔二年置为中山靖王子嘉侯国,别属广阳郡。成帝阳朔二年复归中山。治今河北定州市东北。

11. 毋极县(前154—8)

治今河北无极县西。

12. 陉成县(前154—前127)—陆成县(前23—8)

《王子侯表》云:"陆城侯贞,中山靖王子。(武帝元朔二年)六月甲午封,十五年,元鼎五年,坐酎金免。涿。"是元朔二年置为侯国别属广阳郡。疑后更名为陆成,成帝阳朔二年,复置中山国时,益陆成县予中山国,遂属中山。《汉志》中山国有"陆成"县,治今河北蠡县南。

13. 北新成县(前154—?,前23—8)

武帝年间析置为王子侯国,成帝阳朔二年回属中山国。治今河北徐水县西。

14. 广望县(前154—前127)

武帝元朔二年置为侯国,别属广阳郡。治今河北清苑县西南。

15. 安险县(前23—8)

成帝阳朔二年,复置中山国,安险县回属。治今河北定州市东南。

16. 故安县(前8—8)

成帝绥和元年益中山国。治今河北易县东南。

17. 范阳县(前8—8)

秦封泥及西汉金文作"笵阳"[1]。成帝绥和元年改隶中山国,治今河北定兴县西南。

18. 蠡吾县(前8—8)

成帝绥和元年改隶中山国。治今河北博野县西南。

19. 谷丘县(前8—8)

成帝绥和元年改隶中山国。治今河北安平县西南。

---

[1] 马孟龙:《〈汉书·地理志〉文献学分析》,复旦大学博士后研究工作报告,2013年,第27—28页。

第八章　荆州刺史部地区郡县沿革

荆州刺史部范围内,汉初有南郡、南阳两郡及长沙国(辖长沙、武陵两郡)。吕后七年(前181),分长沙国南部数县置桂阳郡。文帝后元七年(前157),长沙国除,长沙、武陵、桂阳三郡入汉。景帝二年(前155),以南郡为临江国,长沙郡为长沙国。四年,临江国除为南郡。七年,复以南郡置临江国。中元二年(前148),临江国复除为南郡。武帝元狩二年(前121),分南郡东部及衡山西部之地新置江夏郡,元鼎六年(前111)得南粤地,分桂阳郡部分地置零陵郡,遂有《汉志》所载之七郡国规模。元帝初元六年(前48),长沙国除为郡。三年,复以长沙为国。

第一节　南阳郡沿革

南阳郡(前202—8)

自高帝五年(前202),南阳遂属汉为郡,不曾别属王国。高帝六年,置乐成侯国。七年,置棘阳侯国。八年,置吴房侯国。十一年,置慎阳侯国。十二年,置成阳侯国。吕后二年(前186),置筑阳侯国。《秩律》中所可见之吕后二年南阳郡属县有:

> 宛、穰……新野……鄾……析、郦、邓、南陵、比阳、平氏、胡阳、蔡阳、隋、西平、叶、阳成、雉、阳安、鲁阳、朗陵、犨。①

吕后四年,置山都侯国。文帝十二年(前168年),割南阳之东部西平、朗陵、阳安等数县及吴房、慎阳、成阳等侯国置汝南郡。

武帝建元元年(前140)。更胡阳县名为湖阳。元朔元年(前128),置特辕侯国。六年,置冠军、博望侯国。元狩元年(前122),置涉侯国。二年,置前辉

---

① 律文中有《汉志》汝南郡之女阴、慎二县,以地望两县不当出现在《秩律》,故前文推测女阴、慎有过迁址。然如此猜测有误的话,两县唯能归入南阳郡下。

渠侯国,潦侯国省。三年,又置后辉渠侯国。四年,置湘成、义阳侯国。元鼎元年(前116),特辕侯国省。元鼎三年,割西北析、丹水等数县成弘农郡。同年,后辉渠侯国省。四年,复置潦侯国。五年,潦、湘成两侯国省。六年,复置潦、随桃、安道、湘成侯国。元封元年(前110),置下骊、涉都侯国。太初二年(前103),涉都侯国省。太始四年(前93),义阳侯国省。征和三年(前90),前辉渠侯国省。四年,安道侯国省。后元二年(87),潦、下骊两侯国省。

昭帝元凤四年(前77),置平陵、义阳侯国。宣帝本始元年(前73),随桃侯国省。地节四年(前66),平陵侯国省。元康元年(前65),义阳侯国省。五凤三年(前55),复置义阳侯国。四年,湘成、义阳侯国省。元帝初元元年(前48),置舂陵侯国。成帝河平二年(前27),置红阳侯国。永始元年(前16),置新都侯国。绥和元年(前8),置氾乡侯国。二年,置新成、平周、高乐侯国。

哀帝建平元年(前7),置高武侯国,高乐、新成侯国省。三年,置新甫侯国。四年,置阳新、宜陵侯国。元寿元年(前2),新甫侯国省。二年,阳新、宜陵侯国省。平帝元始元年(1),置广阳、高乐、新成侯国。三年,平周侯国省。四年,复置义阳、新甫侯国。五年,复置随桃侯国。

据《汉书》卷1《高帝纪》,高帝攻南阳郡,秦南阳守即在宛,故知南阳治所在宛县。

1. 宛县(前202—8)

治今河南南阳市。

2. 犫县(前202—8)

《秩律》作"雔",出土西汉封泥中亦有"雔丞之印"①,是县名亦可作"雔"。治今河南鲁山县东南。

3. 杜衍县(前202—前200)—杜衍侯国(前200—前118)—杜衍县(前118—8)

《秩律》中无此县,当因吕后时期为侯国之故。据《功臣表》,高帝七年置侯国以封王翳,武帝元狩五年方国除为县。治今河南南阳市西南。

4. 酂县(前202—前186)—酂侯国(前186—前176)—酂县(前176—前120)—酂侯国(前120—前107)—酂县(前107—前66)—酂侯国(前66—8)

据《功臣表》,萧何受封酂侯。何之封国本为《汉志》沛郡之酂,疑"吕后二年,封何夫人禄母同为侯"时,已徙至南阳。同之侯位"孝文元年罢",而更萧何少子延之筑阳侯国为酂侯国,文帝四年国除。武帝元狩三年,复置酂侯国,封

---

① 许雄志编:《鉴印山房藏古封泥菁华》,河南美术出版社,2011年,第142页。

何曾孙恭侯庆,至元封四年国除。宣帝地节四年复置为侯国,至王莽时期犹存。治今湖北老河口市西北。

5. 阳城县(前202—?)—堵阳县(?—8)

《汉志》此县名堵阳,王先谦《汉书补注》引《曹参传》以为县本名阳城,后更名也。辛德勇《北京大学藏秦水陆里程简初步研究》中以为战国及秦时此县名阳,非阳城也。然秦汉时期,县名后或加城,或无,似皆可通。又《秩律》中南阳郡属县之列亦有阳成县,故疑此县秦末汉初或作阳县,或作阳成县、阳城县,皆可也。治今河南方城县东。

6. 涅阳县(前202—前200)—涅阳侯国(前200—前175)—涅阳县(前175—8)

据《功臣表》,高帝七年置为侯国,文帝五年国除为县。治今河南邓州市东北。

7. 雉县(前202—8)

治今河南南召县东南。

8. 蔡阳县(前202—8)

治今湖北枣阳市西南。

9. 新野县(前202—8)

治河南今县。

10. 穰县(前202—8)

治今河南邓州市。

11. 郦县(前202—前198)—郦侯国(前198—前187)—郦县(前187—8)

据《外戚恩泽表》,高帝九年更封周吕侯吕台为郦侯,据《史表》,其当为郿侯,吕后元年国除。《中国历史地图集》定点在今河南正阳县西北,有误,徐少华考证其当治今河南内乡县西北①。

12. 比阳县(前202—8)

治今河南泌阳县。

13. 平氏县(前202—8)

治今河南桐柏县西北。

14. 随县(前202—8)

《秩律》作"隋"。治今湖北随州市。

---

① 考证见徐少华:《〈中国历史地图集〉先秦汉晋若干地理补正》,收入《荆楚历史地理与考古探研》,商务印书馆,2010年。

15. 叶县(前202—8)

《秩律》有是县,又秦封泥有"叶丞之印",知秦时已置县。据《史表》,武帝元朔四年,置叶侯国封长沙定王子嘉,此侯国元鼎五年国除。元鼎五年前此侯国迁徙至南阳郡的可能极低,当非一地。治河南今县西南。

16. 邓县(前202—8)

治今湖北襄阳市襄州区西北。

17. 鲁阳县(前202—8)

治今河南鲁山县。

18. 胡阳县(前202—前140)—湖阳县(前140—8)

《秩律》中作"胡阳",当与京兆之胡县同在武帝建元元年更名。治今河南唐河县南。

19. 丹水县(前202—前200)—赤泉侯国(前200—前147)—丹水县(前147—前114)

《汉书》卷1《高帝纪》言王陵起丹水,是秦末即有此县,然张家山汉简中不见丹水之名,似吕后二年并无丹水县建制。又,《功臣表》载,高帝七年置赤泉侯国封杨喜,景帝中元三年(前147)国除。赤泉侯国地望史无明载,然赤泉与丹水意相同也。杨喜后人即为赫赫有名之弘农杨氏,以此,杨喜封国在弘农可能颇大,故疑丹水县实即赤泉侯国所在。武帝元鼎三年别属弘农郡。治今河南淅川县西。

20. 析县(前202—前114)

《秩律》中此县属南阳郡,武帝元鼎三年置弘农郡,改隶之。治今河南西峡县。

21. 西平县(前202—前168)

文帝十二年别属汝南郡。治河南今县西。

22. 朗陵县(前202—前168)

文帝十二年别属汝南郡。治今河南确山县西南。

23. 阳安县(前202—前168)

文帝十二年别属汝南郡。治今河南驻马店市南。

24. 南陵县(前202—?)

《秩律》中有此县之名,然《汉志》不载,不知为更名抑或省并之故。今地无考。

25. 乐成侯国(前201—前112)—乐成县(前112—前64)—乐成侯国(前64—前39)—乐成县(前39—前11)—乐成侯国(前11—8)

据《功臣表》,高帝六年置乐成侯国封丁礼,武帝元鼎五年国除。据《外戚恩泽表》，宣帝元康二年（前64）复置为侯国以封许延寿，元帝永光五年（前39）国除；成帝元延二年（前11）复置，绍封许恭。治今河南邓州市南。

26. 棘阳侯国（前200—前124）—棘阳县（前124—8）

据《功臣表》，高帝七年置以为杜得臣侯国，武帝元朔五年国除为县。治今河南新野县东北。

27. 吴房侯国（前199—前168）

据《功臣表》，高帝八年置吴房侯国以封杨武。文帝十二年别属汝南郡。治今河南遂平县西。

28. 慎阳侯国（前196—前168）

据《功臣表》，高帝十一年置慎阳侯国封乐说。文帝十二年别属汝南郡。治今河南正阳县北。

29. 成阳侯国（前195—前168）

据《功臣表》，高帝十二年置成阳侯国封奚意，据《水经·淮水注》，此成阳即《汉志》汝南之城阳。初置当属南阳郡，文帝十二年别属汝南。治今河南信阳市北。

30. 筑阳侯国（前186—前179）—筑阳县（前179—8）

据《功臣表》，吕后二年，封萧何少子延为筑阳侯，文帝元年更为酂侯，筑阳遂为县。治今湖北谷城县东北。

31. 山都侯国（前184—前110）—山都县（前110—8）

据《功臣表》，吕后四年置侯国以封王恬开，武帝元封元年国除。治今湖北襄阳市襄阳区西北。

32. 特辕侯国（前128—前116）

据《功臣表》，武帝元朔元年置特辕侯国封匈奴降将，元鼎元年国除。《史表》作"持装"，且系置年于元光六年，暂以《汉表》为准。今地无考。

33. 博望侯国（前123—前121）—博望县（前121—前64）—博望侯国（前64—?）—博望县（? —前11）—博望侯国（前11—8）

据《功臣表》，武帝元朔六年置为张骞侯国，元狩二年国除。《外戚恩泽表》云："博望顷侯许舜……（宣帝元康二年）三月乙未封……（成帝）河平四年，釐侯并嗣，薨，亡后。元延二年六月癸巳，侯报子以并弟绍封，千户，王莽败，绝。"据此，博望侯国有在成帝元延二年前短暂国除的可能，暂存疑。治今河南方城县西南。

34. 冠军侯国（前123—前110）—冠军县（前110—前67）—冠军侯国（前67—前66）—冠军县（前66—8）

武帝元朔六年，以穰卢阳乡、宛临駣聚为冠军侯国，以封霍去病。元封元年,国除为冠军县。宣帝地节三年复置,次年罢。治今河南邓州市西北。

35. 潦侯国(前122—前121,前113—前112,前111—前87)

《功臣表》云:"潦悼侯王援訾……元狩元年七月壬午封,二年薨,无后。舞阳。"同表又有两膫侯国,一为"膫侯次公……元鼎四年六月丙午封,五年,坐酎金免。舞阳";一为"膫侯毕取……(元鼎)六年三月乙酉封。侯奉义嗣,后二年,坐祝诅上,要斩。南阳"。《汉志》舞阳在颍川郡,不在南阳。钱穆以为"《汉表》当作在'舞阴',或云在'南阳';今作'舞阳',必有伪字"。《汉表》误"舞阴"为"舞阳"非仅一处,钱穆之说可从。《史表》中次公及毕取所封又作"瞭",潦、膫、瞭当为写法之异,此处暂皆取潦之写法。今地无考。

36. 前辉渠侯国(前121—前90)

《功臣表》凡两见辉渠侯。一为武帝元狩二年,封辉渠忠侯仆朋,征和三年(前90)国除。一为元狩三年,又置辉渠侯国封应疕,元鼎三年国除。表中两侯国下均注鲁阳,当为析自同一地。其地当在鲁阳东北,即今河南鲁山县东北。

37. 后辉渠侯国(前120—前114)

据《功臣表》,武帝元狩三年,置辉渠侯国封应疕,元鼎三年国除,省并。表注鲁阳,又鲁阳地处南阳、颍川两郡交界处,两辉渠侯国亦有分属两郡的可能,颇疑此侯国置时或当属颍川郡,然表皆注鲁阳,故仍置之于南阳郡下。治今河南鲁山县东北。

38. 湘成侯国(前119—前112,前111—前54)

《功臣表》湘成侯凡两见,一为"湘成侯敞屠洛……(武帝元狩四年)六月丙子封,七年,元鼎五年,坐酎金免。阳成";一为"湘成侯监居翁……(武帝元鼎六年)五月壬申封。侯益昌嗣,五凤四年,……诛。堵阳"。前文已言及,堵阳即阳成,此两侯国当为一地,且邻近堵阳县,确址不详。

39. 义阳侯国(前119—前93,前77—前65,前55—前54,4—8)

《功臣表》义阳侯凡数见。一为武帝元狩四年封卫山,太始四年国除。又有昭帝元凤四年置以为傅介子侯国,元康元年国除。同表又有,"义阳侯厉温敦……(宣帝五凤)三年二月甲子封,四年,坐子伊细王谋反,削爵为关内侯"。平帝元始四年,介子曾孙又被绍封。前两者,表皆注平氏。以傅介子侯国户数看,义阳侯国尚不满千户,国除后省并可能较大,疑国除时并入平氏。治今河南桐柏县西北。

40. 安道侯国(前111—前89)

《功臣表》云:"安道侯揭阳定……(武帝元鼎六年)三月乙酉封。侯当时嗣,延[征]和四年,坐杀人,弃市。南阳。"今地无考。

41. 随桃侯国(前111—前73,5—8)

《功臣表》云:"随桃顷侯赵光……(武帝元鼎六年)四月癸亥封……本始元年薨,嗣子有罪,不得代。元始五年,放以光玄孙绍封,千户。"湖北随州孔家坡汉墓所出土西汉简牍中有《告地书》,其中有"桃侯国",疑即此地①。治今湖北随州市东北。

42. 下郦侯国(前110—前87)

《功臣表》云:"下郦侯左将黄同……(武帝元封元年)四月丁酉封。侯奉汉嗣,后二年,坐祝诅上,要斩。南阳。"《史表》作"下郦",此侯国在南阳郡,疑或与郦县有关,故以《史表》为准。今地无考。

43. 涉都侯国(前110—前103)

据《功臣表》,武帝元封元年析置涉都侯国封南粤降将喜,太初二年国除。今地无考。

44. 平陵侯国(前77—前66)

据《功臣表》,昭帝元凤四年置以为范明友侯国,宣帝地节四年,坐谋反国除,省并。表注武当,当在今河南丹江口市均县镇西北。

45. 舂陵侯国(前48—8)

《汉志》注云:"故蔡阳白水乡。"元帝初元元年,徙零陵郡之舂陵侯国于此。治今湖北枣阳市南。

46. 红阳侯国(前27—8)

据《外戚恩泽表》,成帝河平二年析置。治今河南叶县南。

47. 新都侯国(前16—8)

据《外戚恩泽表》,成帝永始元年置新都侯国以封王莽。治今河南新野县东。

48. 新成侯国(前7—前6,1—8)

《外戚恩泽表》云:"新成侯钦,(哀帝)绥和二年五月壬辰以皇太后封,一年,建平元年,坐弟昭仪绝继嗣,免,徙辽西。穰。"《王子侯表》又有,"新城侯武,楚思王子,(平帝)元始元年)二月丙辰封,八年免"。疑亦此地。表注穰,当地望近穰县也,确址无考。

49. 平周侯国(前7—3)

《外戚恩泽表》云,哀帝绥和二年,丁满"以帝舅子侯,千七百三十九户。五月己丑封,(平帝)元始三年,坐非正免。湖阳"。以此,平周侯国地望当在湖阳县城附近,确址无考。

---

① 湖北省考古研究所、随州市考古队编著:《随州孔家坡汉墓简牍》,文物出版社,2006年,第197页。

50. 高乐侯国(前7—前6,1—8)

《外戚恩泽表》云：成帝绥和二年封师丹为侯国，"(哀帝)建平元年，坐漏泄免，(平帝)元始三年二月癸巳更为义阳侯"。据《王子侯表》，元始元年置以为东平思王孙修侯国。以表，高乐在新野，其地望当在新野县附近，确址无考。

51. 氾乡侯国(6—8)

《何武传》载："武更为大司空，封氾乡侯，食邑千户。氾乡在琅邪不其，哀帝初即位，褒赏大臣，更以南阳犨之博望乡为氾乡侯国……"可知氾乡侯国初在琅邪郡，哀帝建平元年徙南阳，琅邪之氾乡当国除省并①。今地无考。

52. 高武侯国(前6—8)

《外戚恩泽表》云："高武贞侯傅喜……(哀帝)建平元年正月丁酉封……王莽败，绝。杜衍。"据此，地当距杜衍不远，确址无考。

53. 新甫侯国(前4—前2,4—8)

《外戚恩泽表》云："新甫侯王嘉……(哀帝建平)三年四月丁酉封，三年，元寿元年，罔上，下狱瘐死。……(平帝)元始四年，侯崇绍封，王莽败绝。新野。"据此，当地望在新野县邻近，确址不详。

54. 阳新侯国(前3—前1)

《外戚恩泽表》云："阳新侯郑业……(哀帝建平四年)八月辛卯封，二年，元寿二年，坐非正免。新野。"地望当近新野县，确址无考。

55. 宜陵侯国(前3—前1)

《外戚恩泽表》云："宜陵侯息夫躬……(哀帝建平四年)八月辛卯封，二年，元寿二年，坐祝诅，下狱死。杜衍。"故其地当距杜衍不远，确址不详。

56. 广阳侯国(1—8)

《外戚恩泽表》云："广阳侯甄丰，以左将军光禄勋定策安宗庙侯，五千三百六十五户。(平帝元始元年)二月癸巳封，王莽篡位，为广新公，后为王莽所杀。南阳。"今地无考。

57. 育阳县(？—8)

置年不详。治今河南南阳市南。

58. 阴县(？—8)

置年不详。地望上阴县与酂侯国相邻，疑武帝复置酂侯国时，不过二千户，其余地或即置阴县，然此纯推测，并无证据可支持。治今湖北老河口市北。

---

① 赵海龙：《〈汉书·地理志〉与东汉政区地理研究》，《史学月刊》2018年第4期。

59. 武当县(？—8)

置年不详。治今湖北丹江口市西北。

60. 舞阴县(？—8)

置年不详。治今河南泌阳县北。

61. 西鄂县(？—8)

置年不详。治今河南南阳市北。

62. 朝阳县(？—8)

置年不详。治今河南新野县西南。

63. 复阳侯国(？—8)

《功臣表》有复阳侯国,乃高帝七年置以封陈胥,武帝元狩二年国除。《汉志》南阳有复阳侯国,然其为长沙王子侯国迁徙至此,且下云,本湖阳乐乡,当与高帝所置之复阳侯国非同地也。故陈胥之复阳侯国当不在此,此地乃武帝之后某年方有建制矣。置年不详。治今河南桐柏县西北。

64. 安众侯国(？—6)

《汉志》注曰:"故宛西乡。"不知何年,长沙王子侯国徙至此,遂析西乡名安众侯国。《王子侯表》云,"侯崇嗣,居摄元年举兵,为王莽所灭",是侯国除于公元6年。治今河南邓州市东北。

65. 顺阳县(？—前7,前5—前2)—博山侯国(前7—前5,前2—8)

《外戚恩泽表》云:"博山简烈侯孔光……(哀帝绥和二年)三月丙戌封,二年,建平二年,坐众职废,免,元寿元年五月乙卯,复以丞相侯……顺阳。"表注顺阳,当为地近《续汉书·郡国志》东汉南阳郡之顺阳县矣。此侯国置于绥和二年,然《汉志》有之,且名之为侯国,不解何故。《汉志》又云,"故顺阳",查《汉书》卷71《平当传》,当"察廉为顺阳长",是本确有顺阳县。《秩律》无顺阳,是置年在吕后二年之后。治今河南淅川县南。

第二节 南郡(临江国)、江夏郡沿革

(一) 南郡(前202—前155)—临江国(前155—前153)—南郡(前153—前150)—临江国(前150—前148)—南郡(前148—8)

高帝五年(前202),共敖临江国亡,地"属汉为南郡"。景帝二年(前155),以南郡置临江国,封子哀王阏。阏封三年薨,无后国除。七年,复置临江国,封子愍王荣。中元二年(前148),临江王刘荣自杀,国除为郡。自是不复为王国。

南郡地域西汉一朝变化较大,汉初之南郡以张家山汉简《二年律令·秩

律》见,其地广于秦时,甚而有洞庭以东之下隽县,兼以高帝十二年置邔侯国、惠帝元年(前193)又置轪侯国。

《秩律》中所见吕后二年(前186)南郡县名有:

> 宜城……巫……江陵……秭归、临沮、夷陵、醴陵、孱陵、销、竟陵、安陆、州陵、沙羡、西陵、夷道、下隽。①

然而荆州松柏汉墓所出土的《南郡免老簿》中,南郡属县已经发生了变化,其辖县如下:

> 巫、秭归、夷道、夷陵、醴阳、孱陵、州陵、沙羡、安陆、宜成、临沮、显陵、江陵、襄平侯中庐、邔侯国、便侯国、轪侯国。

松柏汉墓出土之汉简通常被认为反映了武帝初期时南郡之面貌,相比《秩律》中所反映的吕后二年南郡县目,武帝初南郡已无销、竟陵、西陵、下隽。西陵疑是文帝时期改属汝南郡,另外数县之变化疑当发生于景帝二年,其年景帝同时置临江、长沙两国,颇疑因长沙国小户少,遂削汉水南岸之竟陵、华容等地予长沙国,故南郡辖境有所缩小。

又,文帝元年(前179),置襄平侯中庐邑。景帝四年(前153),置显陵县。武帝元狩二年(前121),又分南郡东部安陆、州陵、沙羡等数县及轪侯国置江夏郡。

宣帝元康元年(前65),南郡得长沙王子侯国高成。又,宣帝时长沙王因罪削八县,遂复得华容等县,此前改隶江夏郡之州陵县亦回属。又,孱陵县《汉志》属武陵郡,其别属时间史籍无载,然颇疑亦在此年。元帝永光四年(前40),显陵县省。南郡领域遂成为《汉志》中面貌。

楚汉之际共敖临江国都即在江陵,汉因之,南郡治亦在江陵,故《史记》卷14《十二诸侯年表》以江陵代称南郡。

1. 江陵县(前202—8)

县名见于《秩律》、荆州松柏汉墓汉简。西汉一朝为南郡治所、临江国都。治今湖北荆州市江陵区。

2. 临沮县(前202—8)

治今湖北南漳县东南。

3. 夷陵县(前202—8)

《汉志》云:"都尉治。"治今湖北宜昌市东南。

---

① 律文中有索县,然以前文颍川郡条,此索未必为《汉志》武陵郡之索县,如此说不误,则汉初武陵郡之索县仍在吴氏长沙国境内。

4. 鄢县(前202—前192)—宜城县(前192—8)

《汉志》宜城下注曰:"故鄢,惠帝三年更名。"《南郡免老簿》则作"宜成",西汉成、城往往通用,此亦一例。治今湖北宜城市南。

5. 巫县(前202—8)

治今重庆市巫山县北。

6. 夷道(前202—8)

治今湖北宜都市。

7. 秭归县(前202—8)

治湖北今县。

8. 州陵县(前202—前121,? —8)

以《秩律》、荆州松柏汉墓出土之简文及《汉志》,州陵均属南郡。然武帝元狩二年置江夏郡时,竟陵、华容等县皆属长沙国,此时如州陵仍为南郡所辖,则成飞地也,必在此时改隶江夏。直至宣帝时期,华容等县被削归南郡,南郡方得以辖理州陵也,故疑州陵乃宣帝时期重回南郡。治今湖北洪湖市东北。

9. 安陆县(前202—前121)

《秩律》、《南郡免老簿》中均有此县名,汉初直至武帝初为南郡辖县。武帝元狩二年置江夏郡,安陆遂改隶江夏。治今湖北云梦县。

10. 沙羡县(前202—前121)

汉初即有此县,属南郡。武帝元狩二年改属新置之江夏郡。治今湖北武汉市武昌区西。

11. 竟陵县(前202—前155)

《秩律》中有竟陵,是汉初为南郡所辖,然武帝初之《南郡免老簿》已无此县,当是景帝二年置长沙国时益长沙也。治今湖北潜江市西北。

12. 下隽县(前202—前155)

《汉志》下隽属长沙国,然《秩律》中有下隽,汉初属南郡也。必与竟陵同为景帝二年益长沙国之县也。治今湖北通城县西北。

13. 孱陵县(前202—?)

据《秩律》、荆州松柏汉简,汉初直至武帝初年,孱陵县为南郡属县,然《汉志》孱陵在武陵郡,此必西汉中后期所调整也,然不知具体何时,孱陵改隶武陵矣,疑即宣帝年间割索、临沅入武陵之时也。治今湖北公安县西。

14. 销县(前202—?)

《秩律》中有此县。里耶秦简亦有简曰:"鄢到销百八十四里,销到江陵二百卌里,江陵到孱陵百一十里,孱陵到索二百九十五里,索到临沅六十里,临沅到迁陵九百一十里。"①可知,秦代亦有销县。此简其余数县地望明确,故销县地望也可据而推知,大致可以将销县定位于今湖北的荆门市北面的石桥驿与南桥之间。废置时间不详,然武帝初年南郡已无此县也,故可推断销县于文景时期被省并。治今湖北荆门市北。

15. 醴陵县(前202—前184)—醴陵侯国(前184—前176)—醴阳县(前176—？)

《秩律》中有醴陵,为南郡属县,然《汉志》无此县。据《功臣表》,吕后四年置醴陵侯国,至文帝四年(前176)国除,当即为此地也。松柏汉墓35号木牍中有醴阳,古文阳、陵常通用,当为一地,暂以为侯国国除后更名为醴阳。废年不详,地望亦不明。

16. 西陵县(前202—？)

以《秩律》,汉初南郡当有西陵县,然松柏汉墓木牍中,南郡下辖已无此县,故知其并非《汉志》江夏郡之西陵。北京大学藏秦简牍中亦有西陵,辛德勇考证当与南阳郡之邓相邻②,如此则又属南阳郡,非南郡之县也。又,武威汉简有"河平元年汝南郡西陵"之语,疑此西陵与南郡之西陵相关。然年代仅在河平元年(前28)后不足二十年的《汉志》汝南郡已无西陵,当因在成帝时期,此汝南之西陵当或省并,或改辖它郡。观江夏郡有西阳县,地望与汝南郡相近,疑即此县,然亦无确证。故暂存疑,唯能肯定南郡汉初本有西陵县,后不知何年改属它郡。地望不明,或在今河南光山县西。

17. 邔侯国(前195—前112)—邔县(前112—8)

《汉志》及《汉表》皆书此县为邔,然荆州松柏汉墓中所出土的木牍上,该县名皆作"邔",《史表》亦作"邔"。北京大学藏秦简牍中有"邔乡",当即此地,是秦末此地仍为乡聚之一③。据此,当是《汉书》传抄致讹,应以邔为准。据《功臣表》,高帝十二年置侯国以封黄极中,当至此时,邔方为县级政区也。武帝元鼎五年国除为县。治今湖北宜城市北。

18. 轪侯国(前193—前121)

据《功臣表》,惠帝二年(前193)置轪侯国封黎朱苍,武帝元封元年国除,

---

① 湖南省文物考古研究所、湘西土家族苗族自治州文物处、龙山县文物管理所:《湖南龙山里耶战国—秦代古城一号井发掘简报》,《文物》2003年第1期。
② 辛德勇:《北京大学藏秦水陆里程简册初步研究》。
③ 北京大学出土文献研究所《北京大学藏秦简牍概述》(刊于《文物》2012年第6期)中指出,此简牍中有两组日历,分别属于秦始皇三十一年和秦始皇三十三年,故此简当为秦后期之物,因此可推断,邔地秦末仍未置县。

表注江夏,当即《汉志》江夏郡之轪县也。初置时当属南郡,《南郡免老簿》亦可证此,元狩二年改属江夏郡。治今河南息县南。

19. 襄平侯中庐(前179—前110)—中庐县(前110—8)

《秩律》中无中庐之名,知吕后二年前无此建制也。《南郡免老簿》中有"襄平侯中庐",襄平侯纪通受封于高帝九年,中庐乃其别邑,《汉书》卷4《文帝纪》,文帝元年曾益封纪通二千户,当即为是地。襄平侯武帝元封元年国除,中庐亦随之为县。治今湖北襄阳市襄州区西南。

20. 显陵县(前153—前40)

《汉志》无此县,亦不见于《秩律》,然《南郡免老簿》载此县之目,故可知此县置年在吕后二年之后,或不晚于武帝初,成帝元延前省。马孟龙以为"乃为景帝子临江哀王刘阏的陵园奉邑(园邑),设置于景帝四年,废除于元帝永光四年,大致位于今湖北省荆州市北部"①,暂从斯说。

21. 高成侯国(前65—8)

《王子侯表》凡两高成侯国,一为昭帝始元六年(前81)置,一为宣帝元康元年置,侯名一样,世系一样,肯定重出,疑以宣帝时所封为是。治今湖北松滋市南。

22. 便侯国(?—前112)—编县(前112—8)

据《功臣表》,惠帝元年以二千户封长沙王子吴浅为便侯,此便当为《汉志》桂阳郡之便县,是时属长沙国。《南郡免老簿》中有便侯国,当为侯国迁徙之故,至晚武帝初年便侯国自长沙国迁出,具体时间惜史籍无载。元鼎五年,便侯国除。《汉志》南郡有编县,或因便侯国除后,为不与桂阳之便县重名而更名其为编。治今湖北荆门市北。

23. 当阳县(?—8)

里耶秦简8-2235有当阳,然北京大学所藏秦代简牍中仍作当阳乡,《秩律》亦无此县名,疑西汉时方置。置年不详,然不早于《南郡免老簿》年代。治今湖北荆门市南。

24. 枝江县(?—8)

置年不详,然不早于《南郡免老簿》年代。治今湖北枝江市东北。

25. 襄阳县(?—8)

置年不详,然不早于《南郡免老簿》年代。治今湖北襄阳市襄州区。

26. 若县(?—8)

置年不详,然不早于《南郡免老簿》年代。治今湖北宜城市东南。

---

① 马孟龙:《荆州松柏汉墓所见"显陵"考》。

27. 华容县(？—8)①

乃宣帝时期所削长沙国八县之一,详见后文长沙国沿革。治湖北今县东北。

28. 郢县(？—8)

乃宣帝时期所削长沙国八县之一,详见后文长沙国沿革。治今湖北江陵县东北。

又,《汉志》江夏郡有云杜县,置年不详,如在元狩二年前,则南郡亦曾短暂辖有此县。

(二) 江夏郡(前122—8)

武帝元狩元年,以南郡东部及原衡山郡西部数县置江夏郡。宣帝时期,得长沙国削县竟陵等,又以州陵复还南郡。平帝元始元年(公元1),置安陆侯国。

《水经·江水注》云:江夏郡"旧治安陆"。严耕望以为西汉后期徙治西陵。然从目前两地的考古发掘看,云梦(即安陆)地区汉古城规模较大,且西汉时期墓葬较多,西陵则东汉时期遗存较为多见。故暂将安陆定为治所。

1. 安陆县(前122—8)

据《王子侯表》,平帝元始元年(公元1)置安陆侯国,然此侯国当不至于尽食安陆全县之地,故颇疑安陆县与安陆侯国在平帝年间共存也。治今湖北云梦县。

2. 西陵县(前122—8)

前文南郡条下已提及,汉初南郡之西陵并非江夏之西陵,故可知此县当本属衡山国,元狩元年来属江夏郡。治今湖北武汉市新洲区西。

3. 邾县(前122—8)

治今湖北黄冈市北。

4. 鄂县(前122—8)

治今湖北鄂州市。

5. 沙羡县(前122—8)

治今湖北武汉市武昌区西。

6. 蕲春县(前122—8)

治湖北今县西南。

7. 下雉县(前122—8)

治今湖北阳新县东。

---

① 华容及后文郢两县亦有可能在景帝二年前已置,即可能景帝前有过属南郡时期,然此种可能偏小,故此处不对此讨论。

8. 轪侯国(前122—前110)—轪县(前110—8)

武帝元封元年,轪侯国国除为县。治今河南息县南。

9. 州陵县(前122—?)

《汉志》州陵属南郡,无论是汉初的张家山汉简还是武帝初期的荆州松柏木牍都显示该县属南郡,然州陵必然有短暂属江夏郡的时期。江夏郡置时,在州陵之西竟陵、华容等县均属长沙国,州陵之北的沙羡、安陆转属江夏,州陵与南郡的联系被完全隔绝,只能改隶江夏郡。至宣帝时期,长沙国被削八县,华容等县削归南郡,此时州陵方有重属南郡的可能。治今湖北洪湖市东北。

10. 安陆侯国(1—8)

据《王子侯表》,平帝元始元年封楚思王子平为安陆侯,《汉志》安陆属江夏,远离楚国,此乃因王莽欲施惠于宗室,故裂汉郡地置王子侯国,然此侯国当不至于尽食安陆一县,疑乃取安陆部分地置侯国,余地仍为安陆县。治今湖北云梦县。

11. 襄县(?—8)

置年不详。《史记》卷8《高祖本纪》有"襄侯王陵降西陵",不知是否即此襄县。如是,则秦末已有襄县。今地无考。

12. 云杜县(?—8)

置年不详。武帝初年此县尚未置,故置年在元狩二年之后的可能较大。治今湖北京山县。

13. 䣙县(?—8)

置年不详,或同云杜县同时置。治今河南罗山县西。

14. 竟陵县(?—8)

宣帝时期,由长沙国削至,确年不详。治今湖北潜江市西北。

15. 钟武侯国(?—8)

据《王子侯表》,宣帝元康元年置。《汉志》零陵、江夏皆有钟武,后者注侯国。大约钟武先由长沙别属零陵,继而迁往江夏。零陵原钟武县仍保留,未予省并,故两郡皆有钟武。唯此侯国迁徙时间已不可知,故江夏郡何时有钟武侯国亦不可考矣。治今河南信阳市稍东南。

16. 西阳县(?—8)

置年不详。武威汉简有"河平元年汝南西陵县先年七十受王杖",然《汉志》汝南郡无西陵县,此西阳县地近汝南郡,疑即汉简所言汝南之西陵,后于河平元年(前28)后改属江夏,因江夏已有西陵,遂更名为西阳。治今河南光山县西。

第三节　长沙国(郡)、武陵郡、零陵郡、桂阳郡沿革

（一）长沙国（前202—前157）—长沙郡（前157—前155）—长沙国（前155—前141）—长沙郡（前48—前46）—长沙国（前46—8）

高帝五年（前202），以长沙、武陵郡置长沙国封吴芮。吕后七年（前181），以南部数县析置桂阳郡。文帝后元七年（前157），长沙国除，入汉为长沙郡。景帝二年（前155），重置长沙国，此时长沙国又得原南郡汉水南岸数县，北界直抵"波汉之阳"。

武帝元光六年（前129），置安成、宜春、容陵三王子侯国，别属它郡。元朔四年（前125），又置路陵、攸舆、茶陵、建成、安众、叶六侯国改隶它郡。五年，置王子侯国舂陵、夫夷、都梁、洮阳、众陵。宣帝元康元年（前65），又置复阳、钟武、高城三王子侯国。

另，《汉书》卷53《长沙定王传》言，宣帝时，剌王建德有罪削八县。此八县史籍不详其名，亦不言所削时间，估计在元康元年（前65）之后。因为《汉志》南郡高城侯国与长沙国之间尚隔着武陵郡的索、临沅、孱陵三县，长沙国不能越三县而有高城。据前文，直至武帝初期，孱陵县犹属南郡，如高城本隶长沙，则索、临沅两县本必为长沙属县也，故可推测大约在分割高城侯国后，两县方削入武陵。

另外六县推测为：华容、竟陵、郢县、艾县、耒阳、便县。华容、竟陵、郢县皆《汉志》南郡属县，然均不见于荆州松柏汉墓出土简文中，当是景帝置长沙国封长沙定王发时改隶长沙国，至宣帝时期方削归南郡。《诸侯王表·序》云："波汉之阳，亘九嶷，为长沙。"竟陵县正在波汉之阳。耒阳与便县地望在阴山侯国之南，而该侯国直至元帝时才别属桂阳（详下），因此，耒阳、便县必定在阴山侯国之前已先属桂阳。又，便县本为侯国，据《南郡免老簿》，武帝初年此侯国已迁徙至南郡，亦可由此推知便侯国本当在王国境内，因侯国例不属王国乃迁徙矣。

元帝初元元年（前48），长沙国除。初元三年复置长沙国，或因长沙国户数过少（《汉志》时期户数当已远超元帝时期，然亦不过四万余户），遂取安成、容陵、茶陵、攸四县益之。哀帝建平四年（前3），置王子侯国湘乡，别属零陵郡。平帝元始五年（公元5），置长沙王子侯国昭陵、承阳，皆别属零陵郡。

《史记》卷8《高祖本纪》载："徙衡山王吴芮为长沙王，都临湘。"可知长沙

国都及其后的长沙郡治所当均在临湘县。

1. 临湘县(前202—8)

秦置,西汉长沙国都也。治今湖南长沙市。

2. 罗县(前202—8)

治今湖南汨罗市西北。

3. 连道(前202—8)

治所当在今湖南涟源市东,邻娄底市处。

4. 益阳县(前202—8)

县名见于《里耶秦简》,为秦置。治今湖南益阳市东。

5. 湘南县(前202—8)

治今湖南湘潭县西南。

6. 昭陵县(前202—5)

据《王子侯表》,平帝元始五年置昭阳侯国,封长沙刺王子赏,即为此县。置侯国后当改隶武陵郡。治今湖南邵阳市。

7. 承阳县(前202—5)

据《王子侯表》,平帝元始五年置侯国,以封长沙刺王子景。置侯国后改隶零陵郡。治今湖南邵东县东南。

8. 攸县(前202—前125,前46—8)

张家山汉简《奏谳书》有攸县,知县乃秦置也。据《王子侯表》,武帝元朔四年置侯国,表下注南阳,当乃桂阳之误。元帝初元三年,复置长沙国,攸县回属。治所当在湖南今县东北。

9. 酃县(前202—8)

治今湖南衡阳市东。

10. 茶陵县(前202—前125,前46—8)

据《王子侯表》,武帝元朔四年置侯国,封长沙定王子䜣,改隶桂阳。《汉志》属长沙国,当为元帝初元三年回属。治今湖南茶陵县东北。

11. 容陵县(前202—前129,前46—8)

据《王子侯表》,武帝元光六年置侯国,封长沙定王子福,疑改隶桂阳。《汉志》属长沙国,当为元帝初元三年回属。治所当在今湖南攸县南。

12. 安成县(前202—前129,前46—8)

《王子侯表》作"安城",《史表》、《汉志》皆作"安成",今取"安成"为准。武帝元光六年置侯国,封长沙定王子苍,改隶豫章。《汉志》属长沙国,当为元帝初元三年回属。治今江西安福县西。

13. 洮阳县(前202—前124)

马王堆地形图有"桃阳"县,当即此县,写法不同故耳。据《王子侯表》,武帝元朔五年封长沙定王子狗为侯国,改隶桂阳郡。治今广西全州县西北。

14. 舂陵县(前202—前124)

据马王堆地图,舂陵汉初本为县。《王子侯表》载,元朔五年封长沙定王子买。遂改隶桂阳郡。治今湖南宁远县北。

15. 夫夷县(前202—前124)

据《王子侯表》,武帝元朔五年置侯国,封长沙定王子义,遂改隶桂阳。治今湖南邵阳县西。

16. 泉陵县(前202—前124)

《王子侯表》作"众陵",《史表》、《汉志》皆作"泉陵",当以后者为是。武帝元朔五年置为侯国,改隶桂阳。治今湖南永州市。

17. 都梁县(前202—前124)

据《王子侯表》,武帝元朔五年置以封长沙定王子遂,改隶桂阳郡。治今湖南武冈市东北。

18. 郴县(前202—前181)

楚汉之际项羽令义帝居此,吕后七年别属桂阳郡。治今湖南郴州市。

19. 南平县(前202—前181)

马王堆《地形图》有此县,吕后七年别属桂阳郡。治今湖南蓝山县东北。

20. 桂阳县(前202—前181)

吕后七年别属桂阳郡。治今广东连州市。

21. 零陵县(前202—前181)

吕后七年别属桂阳郡。治今广西全州县西南。

22. 营浦县(前202—前181)

马王堆《地形图》有此县,吕后七年别属桂阳郡。治今湖南道县东北。

23. 泠道(前202—前181)

马王堆《地形图》有此县,吕后七年别属桂阳郡。治今湖南宁远县东。

24. 龁道(前202—?)

《汉志》无此县,然马王堆《地形图》有,疑后省并。治今湖南南山县大麻乡境内。

25. 观阳县(前202—?)

《汉志》无此县,然马王堆《地形图》有,疑后省并。治今湖南全州县西南。

26. 索县(前202—?)

宣帝时削入武陵郡。治今湖南常德市东北。

27. 临沅县(前202—?)

宣帝时削入武陵郡。治今湖南常德市。

28. 艾县(前202—?)

《汉志》属豫章,然县在长沙王子侯国建成西北,建成既本长沙地,艾县亦可能原属长沙,疑乃宣帝时所削长沙八县之一。治今江西修水县西。

29. 耒阳县(前202—?)

宣帝时削入桂阳郡。治湖南今县。

30. 便县(前202—前194,?—?)—便侯国(前194—?)

《功臣表》云:"便顷侯吴浅,以父长沙王功侯,二千户。(孝惠)元年九月癸卯封,三十七年薨。……元鼎五年,坐酎金免。……编。"《表》注编,是便侯国在南郡之编县也。《南郡免老簿》中,武帝初年南郡有便侯国。当为某年便侯国自长沙国境内迁徙至南郡之故,原先之便侯国即为《汉志》桂阳郡之便县也。宣帝时削入桂阳郡。治今湖南永兴县。

31. 竟陵县(前155—?)

景帝二年来属长沙内史,宣帝时期削入江夏郡。治今湖北潜江市西北。

32. 下隽县(前155—8)

以《秩律》,此县汉初本属南郡,景帝二年重置长沙国,以此县益长沙(详见前文南郡下)。治今湖北通城县西北。

33. 临武县(?—前181)

马王堆《地形图》无此县,是汉初无建制,置年不详。吕后七年别属桂阳郡。治湖南今县东。

34. 华容县(?—?)

置年不详,然来隶长沙时间不早于景帝二年。宣帝时期削入南郡。治今湖北潜江市西南。

35. 郢县(?—?)

置年不详,或与华容县相近。宣帝时削入南郡。治今湖北江陵县东北。

(二)长沙国武陵郡(前202—前157)—武陵郡(前157—8)

高帝五年,武陵郡属吴芮长沙国。文帝后元七年,长沙国除,武陵郡入汉,自后不复属王国。宣帝年间,得长沙国削县索、临沅,又自南郡得孱陵县。

西汉武陵郡治所历来有两说,《元和郡县图志》曰:"汉改黔中为武陵郡,移理义陵。"颜师古注《汉书》亦以为郡治在义陵,后如《中国历史地图集》皆秉此说,定武陵治所于义陵县。而严耕望则以《汉志》首书称武陵郡当治索县。

由《里耶秦简》知,秦洞庭郡有县名新武陵,此县不见于《汉志》。《里耶秦简》中汉武陵郡之县名几乎均在列,义陵却无踪影。《汉志》载,王莽改武陵郡名为建平,又称,"义陵,莽曰建平",是可知此时义陵为武陵郡治所。

常林《义陵记》云:"初,项籍弑义帝于郴,武陵人曰,'天下怜楚而兴,今吾王何罪乃见杀?'郡民缟素哭于招屈亭。高祖闻而义之,故亦曰义陵。"此事时间《水经·沅水注》记为汉高祖二年(前205),《史记》卷8《高祖本纪》所记"高祖二年,项羽弑义帝于江南,三月为义帝发丧",或许即此时也。

《元和郡县图志》亦称:"汉改秦黔中为武陵郡,移理义陵。"以此,义陵当为郡治。严耕望以为治索县,索县汉初不属武陵,故西汉早期武陵郡治必不在索,然严氏意见亦未必有误,或在末年某时徙治索亦未可知,然无确证也,故暂仍以义陵为武陵郡治。

1. 义陵县(前202—前198)—义陵侯国(前198—前181)—义陵县(前181—8)

当即为《里耶秦简》中之新武陵县。据《功臣表》,高帝九年,置义陵侯国封长沙柱国吴郢,吕后七年国除为县。治今湖南溆浦县南。

2. 沅陵县(前202—前187)—沅陵侯国(前187—前141)—沅陵县(前141—8)

《里耶秦简》有此县名。据《功臣表》,吕后元年置沅陵侯国封长沙王吴芮子吴阳,景帝后元三年,国除为县。治湖南今县南。

3. 无阳县(前202—8)

确地无考,当在今湖南芷江侗族自治县东北。

4. 迁陵县(前202—8)

治今湖南保靖县东北。

5. 辰阳县(前202—8)

治今湖南辰溪县西南。

6. 酉阳县(前202—8)

治今湖南永顺县南。

7. 零阳县(前202—8)

治今湖南慈利县东北。

8. 佷山县(前202—8)

治今湖北长阳土家族自治县西。

9. 充县（前202—8）

治今湖南桑植县。

10. 上衍县（前202—?）

《里耶秦简》简文有"索、门浅、上衍、零阳……以次传"之语，据此，秦时索县与零阳县间有门浅、上衍。长沙谷山所盗发的汉墓漆文字亦有"门浅长"等语，疑汉初武陵郡有门浅、上衍两县，不知何时废也。地望不明①。

11. 门浅县（前202—?）

疑汉初武陵郡有此县，后不知何时废。今地无考。

12. 镡成县（前111—8）

武帝元鼎六年，得南越地镡成县。《山海经·海内东经》云："沅水出象郡镡城西，东注江，入下隽西，合洞庭中。"此"镡城"即《汉志》"镡成"，说明秦时镡成县本属象郡。汉初象郡地为赵佗所并，故武陵郡不得有镡成地。元鼎六年平南越后，镡成方属武陵。治所在今湖南靖州苗族侗族自治县南，确址无考。

13. 孱陵县（?—8）

以荆州松柏汉墓所出土之武帝初年南郡县目，孱陵武帝初仍属南郡辖，不知何年改隶武陵。疑在宣帝削长沙国同时微调了此处数郡边界，然无确证。治今湖北公安县西。

14. 索县（?—8）

宣帝时期由长沙国削入。治今湖南常德市东北。

15. 临沅县（?—8）

宣帝时期由长沙国削入。治今湖南常德市。

（三）长沙国桂阳郡（前181—前157）—桂阳郡（前157—8）

吕后七年分长沙内史置。初置时属长沙国，文帝后元七年，长沙国除，入为汉郡，自此不复属王国。武帝元光六年，得长沙定王子侯国容陵。元朔四年，得长沙定王子侯国路陵、攸舆、茶陵、叶平。五年，得舂陵、夫夷、都梁、洮阳、泉陵五侯国。

元鼎六年，平南越后，桂阳郡南界推进至浈水一线，并于新得地置曲江、含洭、浈阳、阳山等县。同年，分其东部置零陵郡。零陵、洮阳、泠道、营道、营浦、夫夷侯国、都梁侯国、泉陵侯国、舂陵侯国等皆别属。

宣帝年间，得长沙国削县便、耒阳。元帝初元三年，茶陵、攸、容陵三县回

---

① 郑威《里耶秦简牍所见秦即墨、洞庭二郡新识》一文以为今湖南省临澧县望城乡宋玉村西南之古城遗址即门浅所在，上衍当为临澧县新安镇与合口镇境内之申鸣古城遗址，暂录是说于此。

属长沙国。

《水经·耒水注》云:"郴,旧县也,桂阳郡治也。"桂阳郡郡治当在郴县。

1. 郴县(前181—8)

秦置县。治今湖南郴州市。

2. 临武县(前181—8)

治湖南今县东。

3. 南平县(前181—8)

治今湖南蓝山县东北。

4. 桂阳县(前181—8)

治今广东连州市。

5. 零陵县(前181—前111)

武帝元鼎六年改隶零陵郡。治今广西全州县西南。

6. 营浦县(前181—前111)

治今湖南道县东北。

7. 泠道(前181—前111)

武帝元鼎六年改隶零陵郡。治今湖南宁远县东。

8. 容陵侯国(前129—前112)—容陵县(前112—前46)

据《王子侯表》,武帝元光六年置容陵侯国封长沙定王子苍,以地望,置后当改隶桂阳。元鼎五年,国除为县。元帝初元三年,复置长沙国,容陵县回属。治所当在今湖南攸县南。

9. 攸舆侯国(前125—前104)—攸县(前104—前46)

据《王子侯表》,武帝元朔四年,得长沙定王子刘则侯国攸舆,太初元年(前104)国除。《汉志》长沙国有攸县,疑即此侯国国除后之名。元帝初元三年回属长沙。治所当在湖南今县东北。

10. 荼陵侯国(前125—前104)—荼陵县(前104—前46)

据《王子侯表》,武帝元朔四年置荼陵侯国,太初元年国除为县。元帝初元三年回属长沙。治今湖南茶陵县东北。

11. 叶平侯国(前125—前112)

《史表》作"叶",《王子侯表》作"叶平",《汉志》有叶县,属南阳郡,然此县《秩律》中即有之,当非此侯国,故仍取《王子侯表》之名。武帝元朔四年置,元鼎五年除为县。叶平侯国当在元鼎五年后省并。今地无考,或亦在攸县附近。

12. 路陵侯国(前125—前121)

《史表》作"洛陵"。《王子侯表》云,"路陵侯童,(武帝元朔四年)三月乙丑封,四年,元狩二年,坐杀人,自杀。南阳"。此侯国国除后被省并,地望无考,表注南阳,然长沙王子侯国不当远封至南阳郡,路陵侯国存世时间又不过五年,迁徙可能不大,疑南阳乃桂阳之误。今地无考。

13. 洮阳侯国(前124—前117)—洮阳县(前117—前111)

据《王子侯表》,武帝元朔五年封为长沙王子侯国,元狩六年国除为县。元鼎六年改隶零陵郡。治今广西全州县西北。

14. 泉陵侯国(前124—前111)

《史表》作"泉陵",《王子侯表》作"众陵"。《汉志》零陵郡有泉陵侯国,当以《史表》为是。武帝元朔五年封为长沙王子侯国,元鼎六年改隶零陵郡。治今湖南永州市。

15. 都梁侯国(前124—前111)

据《王子侯表》,武帝元朔五年封为长沙王子侯国,元鼎六年改隶零陵郡。治今湖南武冈市东北。

16. 夫夷侯国(前124—前111)

据《王子侯表》,武帝元朔五年封为长沙王子侯国,元鼎六年改隶零陵郡。治今湖南邵阳县西。

17. 舂陵侯国(前124—前111)

据《王子侯表》,武帝元朔五年封为长沙王子侯国,元鼎六年改隶零陵郡。治今湖南宁远县北。

18. 阳山县(前111—8)

汉初属南越国,武帝元鼎六年来属桂阳。《汉志》衍注侯国,详说见下阳山侯国条。治今广东阳山县东南。

19. 曲江县(前111—8)

汉初属南越国,武帝元鼎六年来属桂阳。治今广东韶关市东南。

20. 含洭县(前111—8)

汉初属南越国,武帝元鼎六年来属桂阳。治今广东英德市西北。

21. 浈阳县(前111—8)

汉初属南越国,武帝元鼎六年来属桂阳。治今广东英德市东。

22. 阳山侯国(前48—前46)—阴山县(前46—8)

据《王子侯表》,元帝初元元年置阳山侯国。此侯国地望历来为注《汉志》各家所争论不休。因《汉志》桂阳郡有阳山县,又有阴山县,并云侯国,遂引起混乱。应劭在阳山县下注"今阴山也"(按:今,指东汉。两汉阴山同为一地)。颜师古驳应曰:"下自有阴山,应说非也。"一般以为阳山侯理应封于阳山县,封于阴山不可能。故清人王先谦在桂阳郡阳山县下注曰："有阳山关,长沙孝王子宗国,元帝封。"而在阴山县的侯国二字下注:"《表》无,当衍。"清人钱大昕较谨慎,他在《三史拾遗》里说:"阴山侯国,《水经注》:阳山,故孝王子宗邑也。言其势王,故堑山堙谷改曰阴山县。是阴山即阳山之改名矣。《志》于阳山、阴山两县下并云侯国,则郦注似未可据,侯表亦未见封阴山者,当阙以俟知者。"其实郦注十分可靠。绳之以推恩法,则阳山侯国地望一目了然矣:《汉志》之阳山县,靠桂阳郡南部边境(今阳山县南)。据推恩法,阳山侯国地必原属长沙国,而后才别属桂阳郡。所以这个阳山县必非阳山侯国。因刘姓长沙国势不能越过整个桂阳郡而有此阳山县。因此,只有位于桂阳郡北部与长沙国交界处的阴山县才是阳山侯国所在地。阴山县本来就叫阳山,封侯后别属桂阳郡。只因为该地风水太好,所以才改名阴山。其实,改名的原因恐怕也在于,如果不改,则桂阳一郡之中有两个阳山县,不合适。《水经·洣水注》在提到阴山县时,就说道:"本阳山县也,县东北犹有阳山故城。"可谓明确已极。至于《王子侯表》无阴山侯,则是正确的,因刘宗受封之时,本称阳山。

要之,《汉志》阴山县下注侯国是正确的,倒是阳山县下的"侯国"二字乃传写所衍。因此,应劭在阴山县下注"今阴山也",虽于地望有误,但说明了阳山侯封地乃在阴山县。颜师古没有理解他的意思。而王先谦则画蛇添足地说"阳山,后汉省,如应说,则县并入阴山"。殊不思《汉志》之阳山、阴山两地相距六七百里,中间隔以桂阳郡属四五个县,焉得相并?

阳山、阴山所引起的混乱远不止于《汉志》,甚至影响到沈约所撰的《宋书·州郡志》。沈约说:"阳山,汉阳县,后汉曰阴山,属桂阳。"这就错了。《宋志》的阳山乃前汉旧县,不错。然后汉已省。后汉的阴山与《汉志》阴山为一地,与《宋志》阳山了不相涉,这是沈约没有看懂应注的结果。

以上安平、阳山两侯,《汉表》以为孝王子,有误,应为剌王子,理由如下:(1)长沙孝王名宗,阳山侯亦名宗,岂有父子同名之理?(2)长沙孝王宗初元三年始封王,其子岂能于初元元年时就封王子侯?所以《汉表》所载必然有误。安平、阳山侯应均为剌王子。《汉书》卷14《诸侯王表》载:初元四年(应为三年)孝王宗以剌王子绍封。可见刘宗是剌王子,初元元年先封阳山侯,三年乃绍封长沙孝王。

治今湖南衡东县东南。

23. 便县(? —8)

宣帝时自长沙国削属桂阳,确年不详。治今湖南永兴县。

24. 耒阳县(? —8)

宣帝时自长沙国削属桂阳,确年不详。治今湖南耒阳市。

25. 营道（？—前111）

置年不详。治今湖南宁远县南。

（四）零陵郡（前111—8）

武帝元鼎六年，南越平，遂分桂阳郡之零陵、洮阳、泠道、营道、营浦、夫夷侯国、都梁侯国、泉陵侯国、舂陵侯国及新得自南越之始安县地置零陵郡。哀帝建平四年，得长沙王子侯国湘乡。

平帝元始五年，得长沙王子侯国昭陵、承阳。

《水经·湘水注》曰："营水又西北，迳泉陵县西……零陵郡治，故楚矣。"严耕望以为，水经注之叙事乃因东汉治泉陵之故，零陵秦时已置，又为大县，当为西汉时郡治[①]，可信。零陵郡名即当缘于郡治零陵之故。

1. 零陵县（前111—8）

元鼎六年自桂阳郡来属，治今广西全州县西南。

2. 营道（前111—8）

治今湖南宁远县东南。

3. 始安县（前111—8）

武帝元鼎六年平南越方得此县。治今广西桂林市。

4. 夫夷侯国（前111—8）

武帝元鼎六年自桂阳郡来属。《汉志》失注侯国。治今湖北邵阳县西。

5. 营浦县（前111—8）

武帝元鼎六年自桂阳郡来属。治今湖南道县东北。

6. 都梁侯国（前111—8）

武帝元鼎六年自桂阳郡来属。治今湖南武冈市东北。

7. 泠道（前111—8）

武帝元鼎六年自桂阳郡来属。治今湖南宁远县东。

8. 泉陵侯国（前111—8）

武帝元鼎六年自桂阳郡来属。治今湖北永州市。

9. 洮阳县（前111—8）

武帝元鼎六年自桂阳郡来属。治今广西全州县西北。

10. 舂陵侯国（前111—前48）

零陵郡置后，原属桂阳郡之舂陵侯国来属。《后汉书》卷14《城阳恭王祉传》载："节侯买，以长沙定王子封于零道之舂陵乡，为舂陵侯。……元帝初元四年，

---

① 严耕望：《汉书地理志县名首书县即郡国治所辨》，刊于《中央研究院院刊》第一辑。

徙封南阳之白水乡,犹以舂陵为国名。"是舂陵本长沙地,后迁往南阳,地虽易,名犹存。唯舂陵汉初本为一县,这由长沙马王堆汉墓出土的古地图上的标志可以看出。迁至南阳后,故侯国地并入泠道为舂陵乡。治今湖南宁远县北。

11. 钟武侯国(前 65—?)—钟武县(?—8)

宣帝元康元年(前 65),得长沙王子侯国钟武。后钟武侯国迁徙至江夏郡,零陵之钟武遂为县,迁徙年不详,或亦在舂陵侯国迁徙之初元四年,暂存疑。治今湖南衡阳县西。

12. 湘乡侯国(前 3—8)

据《王子侯表》,哀帝建平四年置以封长沙王子昌。《续汉志》,零陵郡有湘乡,当即此地,则此侯国置后来属零陵。治今湖南湘乡市。

13. 承阳侯国(5—8)

据《王子侯表》,平帝元始五年置承阳侯国以封长沙剌王子景。此处剌王子当为孝王子之误,说见前文桂阳郡阳山侯国。以地望当别属零陵郡。治今湖南邵东县东南。

14. 昭陵侯国(5—8)

据《王子侯表》,平帝元始五年置昭陵侯国以封长沙剌王子赏。此处剌王子亦为孝王子之误。以地望观之,当别属零陵郡。治今湖南邵阳市。

第九章　益州刺史部地区郡县沿革

益州刺史部范围内，汉立国之初，仅巴、蜀、汉中三郡。高帝六年（前201）分蜀置广汉，遂有四郡（见图2-28）。至武帝年间，始开西南夷，建元六年（前135），分巴、广汉而置犍为郡；元鼎六年（前111），再度拓边，于西南则新置武都、牂柯、象郡、越嶲、汶山、沈黎六郡；元封二年（前109），置益州郡。天汉四年（前97），罢沈黎并入蜀郡。昭帝元凤五年（前76）罢象郡。宣帝地节三年（前67）复罢汶山郡，并入蜀郡，遂至《汉志》时之大致规模。

第一节　巴郡沿革

巴郡（前202—8）

秦郡，自楚汉之际已属刘邦汉国。汉初得故秦洞庭郡西北涪陵等地，又得蜀郡东南资中、郪等县，地域大广，故张家山汉简《秩律》中巴郡属县遂有：

> 朐忍、郪、资中、阆中①……江州……江阳、临江、涪陵、安汉、宕渠、枳。

武帝建元六年，割资中、江阳等县新置犍为郡，又以郪县等益广汉郡。此后疆域保持不变。

据《水经·江水注》及《汉书》卷87《扬雄传》，巴郡治江州。

1. 江州县（前202—8）

治今重庆市北。

---

① 朐忍和临邛之间校释小组以为少6字，王元钧《张家山汉墓残简缀合五例》中将此残简拼合，判断所缺少乃"郪、资中、阆中"5字3县。其拼合图相当清晰，当无误。且郪县见于《里耶秦简》，又淮阳国有新郪，必此前已有一郪县存也。周波《汉初简帛文字资料研究二题》（刊于《文史》2012年第4期）据此缀合判断汉初郪、资中等县当属巴郡。如此亦可解释何以汉初之广汉郡无广汉县，颇疑广汉县乃武帝置犍为郡时调整广汉郡界域时取广汉之嘉名而置，该名称亦可与汉中期人名多有取为广汉者相对应。

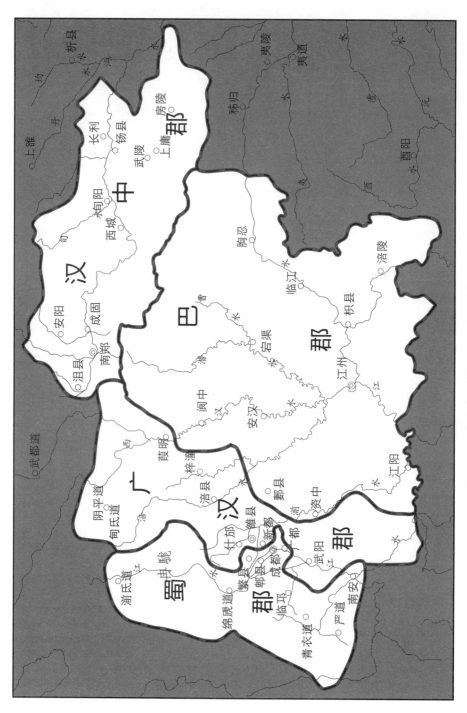

图 2-28 高帝六年（前 201）西南四郡辖县示意图

2. 朐忍县(前202—8)

治今重庆市云阳县西南。

3. 阆中县(前202—8)

治今四川阆中市。

4. 临江县(前202—8)

治今重庆市忠县。

5. 涪陵县(前202—8)

治今重庆市彭水苗族土家族自治县。

6. 安汉县(前202—8)

治今四川南充市北。

7. 宕渠县(前202—8)

治今四川渠县东北。

8. 枳县(前202—8)

治今重庆市涪陵区西。

9. 郪县(前202—前135)

武帝建元六年别属广汉郡,治今四川三台县南。

10. 资中县(前202—前135)

武帝建元六年别属犍为郡。治今四川资阳市。

11. 江阳县(前202—前135)

武帝建元六年别属犍为郡。治今四川泸州市。

12. 鱼复县(?—8)

秦有"江、鱼"戈①,疑有置县之可能,然《秩律》无此县名。据《汉志》,西汉在此地置江关,故疑本为关都尉所治理,非县之建制。置年不详,治今重庆市奉节县东。

13. 充国县(?—8)

置年不详。治今四川阆中市南。

14. 垫江县(?—8)

置年不详。治今重庆市合川区。

---

① 陈远章:《广西考古的世纪回顾与展望》,《考古》2003年第10期。

第二节 蜀郡（附：汶山郡、沈黎郡）沿革

蜀郡（前202—8）

西汉一朝，蜀郡地域变化较大。汉初，其东南资中、郪县等别属巴郡，高帝六年（前201），又割蜀郡东部置广汉郡。故吕后二年（前186），《秩律》中蜀郡属县余有者仅：

成都、郫①……临邛……青衣道、严道……湔氐道、緜虒道。

武帝元光年间（前134—前129），略定西夷，得十余县，徙县、筰都、旄牛道、阑县、邛都、灵关道等或在此列。观《汉志》，蜀郡严道以南，包括整个越嶲郡在内亦不过十余县，故推测元光间所开西夷地，直到《汉志》越嶲郡之南部。

元朔初，罢西夷，郡界退缩至高帝末状态。元鼎六年（前111）分青衣道以南地以成沈黎郡，分绵虒以北置汶山郡，这时蜀郡规模最小，唯余六县之地。天汉四年（前97），沈黎郡罢属蜀，蜀郡再度扩大。宣帝地节三年（前67）又罢汶山郡，湔氐道以南地复入蜀，于是蜀郡方成为《汉志》所示规模，但此时的蜀郡仍比汉初未分置广汉郡时为小。

蜀郡治成都。《水经注》则云，汉武帝蜀郡初治广汉之雒县，元鼎二年，始徙治成都。

1. 成都县（前202—8）

治今四川成都市。

2. 郫县（前202—8）

治四川今县。

3. 临邛县（前202—8）

治今四川邛崃市。

4. 青衣道（前202—前111，前97—8）

《华阳国志》言吕后六年开，《秩律》中已有"青衣道"，知《华阳国志》有误。《汉志》单言"青衣"，《后汉书》卷5《安帝纪》亦作"青衣道"。《汉志》后序称有道三十二，但正文所载县名含有"道"字的仅三十个，故疑《汉志》脱漏"道"字。

---

① 千石县成都与雒间缺一字，王子今、马振智《张家山汉简〈二年律令·秩律〉所见巴蜀县道设置》中以为当是郫，彭浩、陈伟、工藤元男《二年律令与奏谳书》中称，此字红外线显示右侧从邑旁，故郫县可能极大，可从。

武帝元鼎六年别属沈黎郡,天汉四年复属蜀郡。治今四川雅安市名山区北。

5. 严道(前202—前111,前97—8)

武帝元鼎六年别属沈黎郡,天汉四年复属蜀郡。治今四川荣经县。

6. 绵虒县(前202—前111,前67—8)

《秩律》有"縣虒道",縣、縣可通用,当即此地,疑《汉志》有脱漏"道"字,然暂无其他材料相证,故此处暂依《汉志》名其为县。武帝元鼎六年别属汶山郡,宣帝地节三年复属蜀郡。治今四川汶川县西南。

7. 湔氐道(前202—前111,前67—8)

武帝元鼎六年属汶山郡,宣帝地节三年复属蜀郡。治今四川松潘县北。

8. 南安县(前202—前201)—南安侯国(前201—前149)—南安县(前149—前135)

《汉志》南安属犍为郡,然《汉书》卷93《佞幸·邓通传》言通"蜀郡南安人",是南安本属蜀郡,犍为郡置方改隶也。据《功臣表》,高帝六年置侯国以封宣虎,景帝中元元年(前149)国除,复为县。治今四川乐山市。

9. 繁县(前202—前198)—繁侯国(前198—前122)—繁县(前122—8)

据《功臣表》,高帝九年置侯国以封强瞻,武帝元狩元年国除。《秩律》不载此县名,当因乃侯国之故。《华阳国志》言"蜀川人称郫、繁为膏腴",繁县当早已置矣。治今四川彭州市西北。

10. 汶江道(?—前111,前67—8)

武帝元鼎六年分蜀郡北部置汶山郡,立冉駹夷,以汶江道为郡治,领蚕陵、广柔、绵虒、湔氐道诸县。据《后汉书》卷86《西南夷列传》,宣帝地节三年省并,为蜀郡北部都尉。《华阳国志·蜀志》又言:"汶山郡,本蜀郡北部冉駹都尉。"是汶江道先已为冉駹都尉治,置年当在武帝元光间司马相如开西夷之时。治今四川茂县北。

11. 徙县(?—?,前97—8)

《封泥考略》有"徙右尉印",不知《汉志》中此县名是否有传写讹误?然西南夷之地县名往往和少数民族当地语言有关,此县名亦当与斯榆有关,斯榆之音转为徙、徙皆可,故仍难确定必是《汉志》写法有误,暂存疑。武帝元光年间置,元朔初废。元鼎六年置沈黎郡,复建此县,天汉四年来属蜀郡。治今四川天全县东南。

12. 旄牛道(?—?,前97—8)

《汉志》作"旄牛",不言道。《水经·沫水注》言旄牛县,《江水注》、《青衣水注》皆作道,此处暂取道之说。当于武帝元光年间置,元朔初废。元鼎六年置沈黎郡,复建此县,天汉四年来属蜀郡。治所当在今四川汉源县南一带,确址无考。

13. 蚕陵县(前 67—8)

《华阳国志》言其乃武帝元鼎中开,即置年在公元前 116 年至前 111 年间,颇疑县即元鼎六年所置,故初置即属汶山郡,地节三年罢,乃归蜀郡。治今四川茂县西北。

14. 广柔县(前 67—8)

宣帝地节三年来属蜀郡。治今四川理县东北。

15. 广都县(? —8)

置年不详,治今四川成都市双流区东南。

16. 江原县(? —8)

置年不详,治今四川新津县西北。

17. 灵关道(? —?)

《汉书》卷 57《司马相如传》所谓"通零关道"者也,是亦可作"零关道"。武帝元光年间置,元朔初罢。治所在今四川峨边县南部一带,确地无考。

18. 邛都县(? —?)

武帝元光年间置,元朔初罢。治今四川西昌市东。

19. 筰都县(? —?)

武帝元光年间置,元朔初罢。治所当在今四川汉源县。

又,下文广汉郡属县,如雒、新都、武阳、梓潼、涪、葭明、阳陵、阴平道、甸氐道、什邡县等,高帝五年皆属蜀郡,六年别属广汉郡,其余无变易矣。诸县地望详见下文广汉郡条,此处不复赘述。

又,自武帝元光年间至元朔初,蜀郡另辖有不得其名之县十余,上文考述者仅其中五县,其余不得其详,唯俟后贤。

附一:汶山郡(前 111—前 67)

武帝元鼎六年置,宣帝地节三年省,为蜀郡北部都尉。

汶山郡实际统县当不会太少,然其可考者仅有汶江道、蚕陵县、湔氐道、广柔县、绵虒县。绵虒县、湔氐道皆汉初即有,其余三县置年不详,然不晚于元鼎六年。元鼎六年置郡之时,或许又有置其他县,弃郡时复废耳。前述五县之详情见蜀郡条下。

郡治在汶江道。

1. 汶江道(前 111—前 67)

治今四川茂县北。

2. 蚕陵县(前111—前67)

治今四川茂县西北。

3. 广柔县(前111—前67)

治今四川理县东北。

4. 绵虒县(前111—前67)

治今四川汶川县西南。

5. 湔氐道(前111—前67)

治今四川松潘县北。

附二：沈黎郡(前111—前97)

《再续封泥考略》中有"沈犂大守章"，当是犂、黎可通用。

武帝元鼎六年置，《华阳国志》云："天汉四年，罢沈黎，置两部都尉，一治旄牛主徼外羌，一治青衣，主汉民。"《后汉书》卷86《西南夷列传》所载与此略同[①]。

《茂陵书》云沈黎领县二十一，此或有误，沈黎郡未必辖县有二十一之多。据上篇第二章第二节西南夷地区下考证，沈黎郡可考辖县有：筰都、青衣道、旄牛道、严道、徙县五县。然其置郡之时领县数亦当不仅限于此五县。惜余县当在郡被省并后废弃，已无法得其详矣。

郡治在筰都。

1. 筰都县(前111—前97)

宣帝天汉四年，郡罢，此县亦省并。治所当在今四川汉源县。

2. 青衣道(前111—前97)

治今四川雅安市名山区北。

3. 严道(前111—前97)

治今四川荥经县。

4. 徙县(前111—前97)

治今四川天全县东。

5. 旄牛道(前111—前97)

治所当在今四川汉源县南一带，确址无考。

[①] 《汉书》不及沈黎郡罢年。《汉书》卷89《黄霸传》言霸"后复入谷沈黎郡"，时当武帝后期，亦可证罢郡在其后。

第三节　汉中郡沿革

汉中郡(前 202—8)

《秩律》中,吕后二年(前 186)汉中郡属县有:

> 南郑……成固……西成……沮、旬阳、安阳、长利、锡、上庸、武陵、房陵。

武帝元鼎六年(前 111),割沮县属新置之武都郡。昭帝元凤六年(前 75),置褒中县。

楚汉之际,刘邦封汉王,都南郑。《水经注》亦言秦汉中郡治在南郑。然《汉志》首书西城,徐松引《仙人唐公房碑》曰:"'公房成固人,王莽居摄二年,君为郡吏。是时,府在西成,去家七百余里,休谒往来,转景即至,阖郡惊焉。'西成即西城,是汉中治始在南郑,后移西城。"①此说可从,迁治时间不详。

1. 西城县(前 202—8)

《秩律》中作"西成",写法之别耳。治今陕西安康市西。

2. 旬阳县(前 202—8)

治陕西今县。

3. 南郑县(前 202—8)

治今陕西汉中市。

4. 房陵县(前 202—8)

治今湖北房县。

5. 安阳县(前 202—8)

治所在今陕西石泉县一带,确地无考。

6. 锡县(前 202—8)

《秩律》中作"锡"。陈直曰:"《汉印文字征》第十四、三页有'錫丞之印',与志文合。《续汉书·郡国志》已误作锡字。"②治今陕西白河县东。

7. 武陵县(前 202—8)

治今湖北竹溪县东。

---

① 见杨守敬、熊会贞:《水经注疏》卷 27 引徐松之说,江苏古籍出版社,1999 年。严耕望:《〈汉书地理志〉县名首书者即郡国治所辨》即引此说以证西城乃汉中郡治。
② 陈直:《汉书新证》,第 208 页。

8. 上庸县(前 202—8)

治今湖北竹山县西南。

9. 长利县(前 202—8)

治今湖北郧西县西南。

10. 成固县(前 202—后 8)

治今陕西城固县东。

11. 沮县(前 202—前 111)

《秩律》中作"菹"。武帝元鼎六年改隶武都郡。治今陕西略阳县东。

12. 襃中县(前 75—8)

《华阳国志》云昭帝元凤元年置,《水经·沔水注》作六年置,今从《水经注》之说。治今陕西勉县东。

13. 沔阳县(？—8)

置年不详,治今陕西勉县。

第四节　广汉郡沿革

广汉郡(前 201—8)

高帝六年析蜀郡、巴郡地置①。《秩律》中广汉属县有:

> 雒……新都、武阳、梓潼、涪……葭明、阳陵②……阴平道、蜀氐道。

武帝建元六年(前 135),割广汉郡南部属县置犍为郡,又以巴郡西部县益之。元鼎六年(前 111),割广汉西北阴平道、甸氐道、刚氐道置武都郡。昭帝元凤间,复以前述三道归广汉郡。

据《华阳国志》,广汉郡本治绳乡,后汉安帝时移治涪,后治雒城。严耕望以为在梓潼。《秩律》中,雒县是唯一的广汉郡秩千石者,疑汉初治雒县,后或因郡境改变而有迁徙,惜史无明文。

1. 梓潼县(前 201—8)

高帝五年属蜀郡,六年改隶广汉。治四川今县。

2. 汁方侯国(前 201—前 112)—汁方县(前 112—8)

《功臣表》作"汁防",高帝六年置以为雍齿侯国,武帝元鼎五年国除。《汉

---

① 广汉郡置年尚有争议,本篇暂置于高帝六年,详见上篇第二章第一节相关注文。
② 戎邑与江阳之间有四字,释文为"□□□陵",彭浩、陈伟、工藤元男《二年律令与奏谳书》云,以竹简红外线影像四字当作"葭明阳陵",葭明秦已置县,当见于律令,汉初应属广汉郡,阳陵地望不明,相家巷秦封泥中有该县名,当为秦置,汉因,汉初高帝曾封傅宽为阳陵侯,或许竟是此县。

志》《史表》皆作"汁方",《封泥考略》则有"汁邡长印",亦是此县。盖邡、方音同,写法之别耳。高帝五年属蜀郡,六年改隶广汉。治今四川什邡市。

3. 涪县(前201—8)

高帝五年属蜀郡,六年改隶广汉。治今四川绵阳市东。

4. 雒县(前201—8)

高帝五年属蜀郡,六年改隶广汉。治今四川广汉市北。

5. 葭明县(前201—8)

高帝五年属蜀郡,六年改隶广汉。治今四川广元市西南。

6. 新都县(前201—8)

高帝五年属蜀郡,六年改隶广汉。治今四川成都市新都区。

7. 甸氐道(前201—前111,前80—8)

《秩律》中作"蜀氐道"。高帝五年属蜀郡,六年改隶广汉,武帝元鼎六年改隶武都郡,昭帝元凤元年复来属广汉郡。治所在今四川平武县北,确地不详。

8. 阴平道(前201—前111,前80—8)

高帝五年属蜀郡,六年改隶广汉,武帝元鼎六年改隶武都郡,昭帝元凤元年复来属广汉郡。治今甘肃文县西。

9. 阳陵侯国(前201—前123)

《秩律》有阳陵,属广汉。据《功臣表》,高帝六年置阳陵侯国封傅宽,武帝元朔六年国除,疑即此地。《汉志》无此县,则侯国除后省并也。不知汉初属巴郡抑或蜀郡。今地无考。

10. 武阳县(前201—前135)

高帝五年属蜀郡,六年改隶广汉。武帝建元六年置犍为郡,遂改属焉。治今四川眉州市彭山区东。

11. 郪县(前135—8)

《秩律》中汉初属巴郡,疑武帝建元六年置犍为郡时重新调整巴蜀地区之郡界,遂改属广汉。治今四川三台县南。

12. 刚氐道(? —前111,前80—8)

《古封泥集成》中作"刚羝道长",是亦可写作"刚羝道"。置年不详,武帝元鼎六年改隶武都郡,昭帝元凤元年复来属广汉郡。治今四川平武县。

13. 绵竹县(? —8)

《古封泥集成》中有"緜竹丞印"。置年不详。治今四川德阳市北。

14. 广汉县(? —8)

置年不详,疑在武帝建元六年之后。治今四川射洪县东南。

15. 白水县(？—8)

秦封泥有"白水之苑"、"白水苑丞"等,然汉初似无此县。置年不详,治今四川青川县东北。

第五节 犍为郡、牂柯郡(附：象郡)沿革

(一)犍为郡(前135—8)

肩水金关汉简 T9：237 作"楗为郡",《封泥考略》中亦作"楗为",当是犍、楗可通。

《汉志》作武帝建元六年(前135)置。元朔年间,二县一都尉当指鄨县、故且兰县和夜郎都尉。

汉末犍为郡所属有十二县,自然其并非都是建元六年以前所置。据《华阳国志》,元鼎二年(前115)置符县、牛鞞,太初元年(前104)置南广,堂琅、郁鄢、朱提之置可能更晚一些。边郡之置常常领域较大,户口较稀,然后随着开发的深入,经济的发展,而次第建立县治。一般不可能在始置郡时就全有《汉志》所列诸县。

由于犍为郡境的变化,相应引起郡治的变动,根据常璩《蜀志》,犍为初置时"治鄨……元光五年,郡移治南广……孝昭元年,郡治僰道,后遂徙武阳"。郡治南广之说颇可疑,因《南中志》又云,南广"武帝太初元年置",岂有县未置而能作郡治之理？且元光五年,汉方事西南夷,亦不得无故将郡治后退至南广。故上述记载,其误不止一处,目前仅有一点可以肯定：犍为始治鄨县,汉末改治僰道,其中间变化待考。至于"后遂徙武阳"乃指后汉之制。因为安帝分犍为南部置犍为属国,郡治遂往北迁至武阳。《元和郡县图志》以为昭帝时犍为郡自僰道移理武阳之说恐无据。

1. 僰道(？—8)

汉初疑无此县,置年不详。治今四川宜宾市西南。

2. 江阳县(前135—8)

治今四川泸州市。

3. 武阳县(前135—8)

治今四川眉山市彭山区东。

4. 南安县(前135—8)

治今四川乐山市。

5. 资中县(前135—8)

治今四川资阳市。

6. 符县（前115—8）

《华阳国志》云，县乃武帝元鼎二年置。治今四川合江县。

7. 牛鞞县（前115—8）

《华阳国志》言武帝元鼎二年置。治今四川简阳市。

8. 南广县（前104—8）

武帝太初元年置，见《华阳国志》。治所在今四川筠连县一带，确地无考。

9. 汉阳县（？—8）

置年不详。治所当在今贵州威宁彝族回族苗族自治县、赫章县一带，确地无考。

10. 郁邬县（？—8）

《古封泥集成》1562、1563有"存鄢左尉"，是亦可写作"存鄢"。置年不详，疑在开郡之时。治所在今云南宣威市北一带，确地无考。

11. 朱提县（？—8）

置年不详。治今云南昭通市。

12. 堂琅县（？—8）

置年不详。治今云南巧家县东。

13. 鳖县（？—前111）

当置于武帝元光年间，元鼎六年别属牂柯郡。治今贵州遵义市西。

14. 故且兰县（？—前111）

当置于武帝元光年间，元鼎六年别属牂柯郡。治所当在今贵州福泉市境，确址不详。

（二）牂柯郡（前111—8）

武帝元鼎六年置。元封二年（前109），以其西部数县属新置之益州郡。此数县详情不明，其属牂柯郡亦不过两年，暂付阙如。昭帝元凤五年（前76），得象郡之毋敛县。

据《汉书》卷95《西南夷传》，牂柯郡治故且兰县。

1. 故且兰县（前111—8）

本属犍为郡。治所当在今贵州福泉市境，确址不详。

2. 镡封县（前111—8）

治所当在今云南砚山县西北与文山苗族壮族自治州交界处一带。

3. 鳖县（前111—8）

得自犍为郡，《华阳国志》言其曾为犍为郡治。治今贵州遵义市西。

4. 漏卧县（前111—8）

治所当在今云南罗平县。

5. 平夷县(前111—8)

治所当在今贵州毕节市七星关区以东与大方县以北交界处一带。

6. 同并县(前111—8)

治所当在今云南弥勒市东南。

7. 谈指县(前111—8)

治所当在今贵州贞丰县西北一带。

8. 宛温县(前111—8)

治所当在今云南丘北县南、砚山县北一带。

9. 夜郎县(前111—8)

治所当在今贵州关岭布依族苗族自治县西部一带。

10. 毋单县(前111—8)

治所当在今云南弥勒市西北一带。

11. 漏江县(前111—8)

治所当在今云南泸西县东。

12. 西随县(前111—8)

治所当在今云南元阳县东南一带。

13. 都梦县(前111—8)

治所当在今云南文山苗族壮族自治州、砚山县及西畴县交界处一带。

14. 谈稾县(前111—8)

治所当在今贵州盘县西南。

15. 进桑县(前111—8)

治所当在今云南屏边苗族自治县东。

16. 句町县(前111—8)

治所当在今云南广南县西北。

17. 毋敛县(前76—8)

本属象郡,昭帝元凤五年来隶牂柯郡。治所当在今贵州独山县北。

附:象郡(前111—前76)

武帝元鼎六年置,昭帝元凤五年罢,以其县分属牂柯、郁林两郡。

臣瓒注《汉书》卷1《高帝纪》引《茂陵书》云:"象郡治临尘,去长安万七千五百里。"是郡治临尘县。

1. 临尘县(前111—前76)

昭帝元凤五年别属郁林郡。治今广西崇左市江州区。

2. 毋敛县(前111—前76)

昭帝元凤五年别属牂柯郡。治所当在今贵州独山县北。

3. 安广县(前111—前76)

昭帝元凤五年别属郁林郡。治所当在今广西横县西北。

4. 广郁县(前111—前76)

昭帝元凤五年别属郁林郡。治所当在今广西田林、乐业县与贵州册亨县交界处一带,确址不详。

5. 增食县(前111—前76)

昭帝元凤五年别属郁林郡。治所当在今广西隆安县东一带。

6. 雍鸡县(前111—前76)

昭帝元凤五年别属郁林郡。治所当在今广西龙州县北。

第六节　武都郡、越嶲郡沿革

(一) 武都郡(前111—8)

武帝元鼎六年(前111),以广汉西北及陇西郡东南数县置,汉中之沮县亦来属。昭帝年间,阴平、甸氐、刚氐三道改隶广汉郡,余地仍为武都。

据《水经·漾水注》,王莽更名乐平郡,县曰循虏。循虏即武都,是武都为郡治也。《汉志》武都郡领县九,其四县名见于《秩律》,武都道、平乐道、下辨道汉初属陇西郡,沮属汉中郡。

1. 武都道(前111—?)—武都县(?—8)

《秩律》有武都道,当即为《汉志》之武都。疑在昭帝元凤元年(前80)后,为加强对当地氐人的控制,改道为县。治今甘肃礼县南。

2. 故道(前111—8)

秦封泥有"故道丞印",是秦时即有故道也,《二年律令·秩律》无此县名,《行书律》中则有"下辨、故道及鸡剑中五邮",则吕后二年(前186)有故道。秩律中陇西郡县名中多有缺佚,颇疑故道为秩律所缺失之文。治今陕西凤县东北。

3. 平乐道(前111—8)

以《秩律》,汉初有平乐县,属陇西郡。《汉志》无平乐县,独武都下有平乐道,且地望近陇西,当即为是。元鼎六年改隶武都。治今甘肃康县西北。

4. 下辨道(前111—8)

《秩律》中有下辨,原文如下:

　　……辨道、武都道、予道、氐道、薄道、下辨、豲道、略阳、绵诸、方渠除道、雕阴道、青衣道、严道……

此列县名中唯有下辨、略阳、绵诸三者不加道名,而《汉志》中除下辨道外,天水郡(汉初属陇西郡)有略阳道、绵诸道,显见此间之对应关系。故几可断言,律文中的下辨便是下辨道。如此,下辨道汉初即有,初属陇西郡,元鼎六年改隶武都郡。治今甘肃成县西北。

5. 沮县(前111—8)

武帝元鼎六年自汉中郡改隶而来。治今陕西略阳县东。

6. 阴平道(前111—前80)

史载武都郡本以广汉西部都尉置,则初广汉郡所辖阴平、甸氏、刚氐三道亦属之。昭帝元凤元年后复归广汉郡。治今甘肃文县西。

7. 甸氐道(前111—前80)

武帝元鼎六年由广汉郡割属,昭帝元凤元年复隶广汉,辨见上阴平道条。治所在今四川平武县北,确地不详。

8. 刚氐道(前111—前80)

武帝元鼎六年由广汉郡割属,昭帝元凤元年复隶广汉,辨见上阴平道条。治今四川平武县。

9. 上禄县(?—8)

置年不详。以地望,如置年在武帝元鼎六年前,则当本属陇西,后改隶武都也。治今甘肃西和县东南。

10. 河池县(?—8)

《敦煌汉简》简255、256、257、258中有"何池",272、1008简中仍作"河池"。黄东洋、邬文玲以为,据简影图版,后两者亦当释作"何池",并以为"《汉志》所载'河池',很可能是'何池'之误"①。本编暂从《汉志》。河池后为氐人聚居地区,西汉何时置县不明,颇疑乃武都郡置后,为加强对氐人的控制而置此县。治今甘肃徽县西北。

11. 嘉陵道(?—8)

治所当在今甘肃徽县东南一带。

12. 修成道(?—8)

《汉志》作循成道,王念孙曰:"循,当为修。隶书循、修二字相似,传写易讹。《魏志》、《隋志》、《漾水注》,并作修城。"②《中国历史地图集》据此改为修成道。治今甘肃成县东南。

---

① 黄东洋、邬文玲:《新莽职方补考》,收入《简帛研究》(2012),广西师范大学出版社,2013年。
② 王念孙:《读书杂志》卷4《汉书第六》。

(二) 越嶲郡(前111—8)

《封泥考略》中有"跂嶲太守"、"跂嶲都尉章",居延破阵子汉简 EPT22·69 作"越嶲"。

武帝元鼎六年置。《史记》卷116《西南夷列传》说以邛都为越嶲郡,但邛都只是越嶲郡的中心而已。郡境以内实杂有邛、筰之人,这由筰秦、定筰、大筰等县名可以看出,越嶲郡之始置比《汉志》所载范围略大。

《后汉书》卷86《西南夷列传》载,武帝元封二年(前109)以滇国地"为益州郡,割牂柯、越嶲各数县配之"。可见《汉志》益州郡属县中当有若干原为越嶲所有。但应为何县,今已无考。

据《西南夷列传》知,郡治在邛都。

1. 邛都县(前111—8)

治今四川西昌市东南。

2. 遂久县(前111—8)

治所在今云南丽江玉龙纳西族自治县北部,确地无考。

3. 灵关道(前111—8)

治所在今四川峨边县南部一带,确地无考。

4. 台登县(前111—8)

治今四川冕宁县南。

5. 定筰县(前111—8)

治今四川盐源县北。

6. 会无县(前111—8)

治今四川会理县西。

7. 筰秦县(前111—8)

今地无考,或在今四川冕宁县附近。

8. 大筰县(前111—8)

治所当在今四川盐边县与攀枝花市交界处一带,雅砻江与金沙江合流处。

9. 姑复县(前111—8)

治所当在今云南永胜县北部一带,确地无考。

10. 三绛县(前111—8)

治今云南元谋县北。

11. 苏示县(前111—8)

治今四川西昌市北。

12. 阑县(前111—8)

治今四川越西县北。

13. 卑水县(前111—8)

治所当在今大凉山南麓、四川昭觉、雷波、美姑县交界处一带。

14. 潜街县(前111—8)

治所在今四川雷波县境。

15. 青蛉县(前111—8)

治今云南大姚县。

第七节　益州郡沿革

益州郡(前109—8)

《后汉书》卷86《西南夷列传》云:"滇王者,庄蹻之后也,元封二年武帝平之,以其地为益州郡,割牂柯、越巂(即《汉志》越嶲)各数县配之,后数年,复并昆明地,皆以属此郡。"据此,元封二年(前109)置郡之初,仅有滇及本属牂柯、越嶲郡之地,汉末益州郡西部数县则仍未得也。

《汉书》卷7《昭帝纪》载,始元元年(前86),"益州廉头、姑缯,牂柯谈指、同并二十四邑皆反"。今志中牂柯郡有谈指、同并,而益州郡无廉头、姑缯,或是改名,或是并省,不可知矣。

据《西南夷列传》知,郡治滇池。

1. 滇池县(前109—8)

治今云南晋宁县东。

2. 双柏县(前109—8)

治所当在云南今县南,确地不详。

3. 同劳县(前109—8)

治所当在今云南陆良县西。

4. 铜濑县(前109—8)

治所当在今云南马龙县南。

5. 连然县(前109—8)

治今云南安宁市。

6. 俞元县(前109—8)

治所当在今云南澄江县北。

7. 牧靡县(前109—8)

《汉志》作"收靡",《续汉书·郡国志》、《说文解字》均作"牧靡"。陈直曰:

"《隶释》卷十七,益州太守无名碑,有'故吏牧靡孙□',碑阴有'故吏牧靡陈汉'、'故吏牧靡杨□'各题名,可证志文收靡为牧靡之误字。"①当以"牧靡"为是。治所当在今云南寻甸回族彝族自治县北。

8. 谷昌县(前109—8)

治今云南昆明市东北。

9. 秦臧县(前109—8)

治所当在今云南禄丰县东部一带。

10. 味县(前109—8)

治今云南曲靖市。

11. 昆泽县(前109—8)

治所当在今云南宜良县北部一带。

12. 律高县(前109—8)

治所当在今云南开远市、弥勒市交界一带。

13. 贲古县(前109—8)

治今云南蒙自市东南。

14. 毋棳县(前109—8)

治所当在今云南华宁县南部。

15. 胜休县(前109—8)

治所当在今云南江川县北部一带。

16. 健伶县(前109—8)

陈直《汉书新证》引《汉印文字征》"建伶道宰印"及《隶释》之益州太守无名碑"故吏建伶"等语,云当作"建伶"。然当是通用之故,未必《汉志》误也。治所当在今云南晋宁县南部。

17. 来唯县(前109—8)

治所当在今越南莱州省南部。

18. 邪龙县(前109—8)

置年不详。治所当在今云南巍山彝族回族自治县北部。

19. 廉头县(前109—?)

据前文《汉书》卷7《昭帝纪》,昭帝始元元年(前86)有此县,《汉志》无,似后废。今地无考。

---

① 陈直:《汉书新证》,第211页。

20. 姑缯县(前109—?)

此县亦当为昭帝始元元年后废。今地无考。

21. 叶榆县(?—8)

《秦汉魏晋南北朝官印征存》中有"楪榆长印"、"楪榆右尉",是亦可作"楪榆"。置年不详,然当距武帝元封二年不远。治今云南大理市西北。

22. 不韦县(?—8)

置年不详。治今云南保山市东北。

23. 云南县(?—8)

置年不详。治今云南祥云县东南。

24. 巂唐县(?—8)

置年不详。治所当在今云南保山市与云龙、永平县交界处一带。

25. 弄栋县(?—8)

置年不详。治今云南姚安县北。

26. 比苏县(?—8)

置年不详。治所当在今云南云龙县北。

第十章　并州刺史部地区郡县沿革

并州刺史部范围内,于高帝五年(前202)有云中、雁门、代郡、太原、上党五郡。高帝六年,以太原郡为后韩国,同年国除,复为太原郡。六年,置代国,云中、雁门、代郡属焉。九年,前代国除,三郡皆改属赵国。十一年,析云中、雁门两郡数县置定襄郡。同年,复置代国,以太原、代郡、定襄、雁门属之,缩小了的云中郡仍属汉。吕后八年(前180),后代国国除,太原等四郡入汉。文帝二年(前178),以太原郡置太原国,以代郡、雁门、定襄为前代国。四年,太原国除,以太原郡属代国。景帝三年(前154),定襄、雁门、代郡收为汉郡。武帝元朔二年(前127),析云中西部置朔方郡,后属朔方刺史部,本章不及。元鼎三年(前114),后代国,为太原郡,属汉。

第一节　太原郡(国)(后代国、后韩国)沿革

太原郡(前202—前201)—后韩国(前201)—太原郡(前201—前196)—后代国(前196—前180)—太原郡(前180—前178)—太原国(前178—前176)—后代国(前176—前114)—太原郡(前114—8)

《肩水金关汉简》T5:61有"大元郡",当为太原郡通俗之简写写法而已。又,秦简中此郡亦往往作"泰原",亦是写法不同。

高帝五年(前202),属汉为郡。六年,"以太原郡三十一县为韩国,徙韩王信都晋阳"。韩国是年即国除,复为汉郡。高帝十一年,置代国,立子恒为代王,"颇取山南太原之地益属代"[①],太原郡始入代国,为代国内史。吕后八年(前180),代王即皇帝位,代国国除,复为汉太原郡。

文帝二年(前178),以太原郡为太原国,王子参。此年亦调整了太原郡和雁门郡之边界。《史记》卷93《韩信列传》云,高帝六年,韩王信王太原,曾

---

① 《汉书》卷1《高帝纪》。

上书曰"国被边,匈奴数入,晋阳去塞远,请都马邑",以此汉初马邑在太原郡。以地望观之,马邑南之楼烦、垺县汉初亦当属太原。颇疑文帝二年,分代地为代、太原两国时,因代地三郡皆缘边,户口又少,故取太原郡三县以益代之雁门郡也。故太原郡汉初领三十一县,文帝二年后领二十八县。

四年,代王武徙淮阳,"以代地尽予太原王,号曰代王",太原复为后代国内史。武帝元朔三年(前126),封代共王子九人为侯,皆别属它郡。元鼎三年(前114),代王徙清河,后代国除为太原郡。

高帝六年,封韩信韩国于太原郡,"都晋阳",此乃晋阳自秦时便为太原郡治之故,同年,韩信请都马邑。然马邑为治,非常态也,后皆以晋阳为都。据《汉书》卷4《文帝纪》,文帝为代王时自晋阳徙都中都,是中都亦曾为国都,不知何时代国又还都晋阳。

1. 晋阳县(前202—8)
治今山西太原市西南。
2. 葰人县(前202—8)
治今山西繁峙县稍东。
3. 界休县(前202—8)
治今山西介休市东南。
4. 榆次县(前202—8)
治今山西晋中市榆次区。
5. 中都县(前202—8)
治今山西平遥县西南。
6. 于离县(前202—8)
治所无考。
7. 兹氏县(前202—8)
治今山西汾阳市东南。
8. 狼孟县(前202—8)
治今山西阳曲县。
9. 邬县(前202—8)
治今山西平遥县西南。
10. 盂县(前202—8)
治今山西阳曲县东北。
11. 平陶县(前202—8)
治今山西文水县西南。

12. 汾阳县(前 202—前 196)—汾阳侯国(前 196—前 141)—汾阳县(前 141—8)

据《功臣表》,高帝十一年置为靳强侯国,景帝后元三年(前 141)国除,复为县。治今山西静乐县西。

13. 京陵县(前 202—8)

治今陕西平遥县东。

14. 阳曲县(前 202—8)

治今山西定襄县东。

15. 大陵县(前 202—8)

治今山西文水县东北。

16. 原平县(前 202—8)

治今山西原平市东。

17. 祁县(前 202—前 201)—祁侯国(前 201—前 133)—祁县(前 133—8)

据《功臣表》,高帝六年置为缯贺侯国,武帝元光二年(前 133)国除,复为县。治山西今县东南。

18. 上艾县(前 202—8)

治今山西平定县东南。

19. 虑虒县(前 202—8)

治今山西五台县北。

20. 阳邑县(前 202—8)

治今山西太谷县东北。

21. 广武县(前 202—8)

治今山西代县西南。

22. 土军县(前 202—前 197)—土军侯国(前 197—前 127)—土军县(前 127—前 126)

据《功臣表》,高帝十一年置为宣义侯国,至武帝元朔二年国除。然如王国不辖侯国之例在元朔二年前形成,则土军其时为侯国,又在代国境内,故则需要迁徙至汉郡中,则土军有在元朔二年前已为县的可能。据《王子侯表》,元朔三年复置为侯国,以封代共王子郢客,别属上郡。治今山西石楼县。

23. 皋狼县(前 202—前 126)

武帝元朔三年置为侯国,以封代共王子迁,别属上郡。治山西吕梁离石区西北。

24. 离石县(前 202—前 126)

武帝元朔三年置为侯国,以封代共王子绾,别属上郡。治山西吕梁市离石区。

25. 千章县(前202—前126)

《汉志》作千章,1976年内蒙古杭锦旗出土西汉铜漏壶,上有"干章铜漏"等铭文,知当为"千章"①。武帝元朔三年置为侯国,以封代共王子遇,别属上郡。今地无考,但必治今山西境内,约在今忻州市、吕梁市西部。

26. 蔺县(前202—前126)

武帝元朔三年置为侯国,以封代共王子罢军,别属上郡。治今山西柳林县北。

27. 临水县(前202—前126)

武帝元朔三年置为侯国,以封代共王子贤,别属上郡。《王子侯表》作"临河",即此处。治今山西临县东北。

28. 隰成县(前202—前126)

武帝元朔三年置为侯国,以封代共王子忠,别属上郡。治今山西柳林县西。

29. 马邑(前202—前178)

文帝二年改隶雁门郡。治今山西朔州市。

30. 埒县(前202—前178)

文帝二年改隶雁门郡。治今山西宁武县北。

31. 楼烦县(前202—前178)

文帝二年改隶雁门郡。治所当在今山西宁武县北。

第二节 代郡(前代国)沿革

代郡(前202—前201)—前代国(前201—前198)—赵国代郡(前198—前196)—后代国代郡(前196—前179)—代郡(前179—前178)—前代国(前178—前176)—后代国代郡(前176—前154)—代郡(前154—8)

高帝五年(前202)属汉为郡。自高帝六年先后属刘喜、刘如意代国。九年代王如意徙赵,遂属赵国。十一年,复置代国,代郡复属代。文帝元年(前179),代国国除,入为汉郡。二年复置为代国。四年,太原并入代,代国遂迁都至太原境内,郡复为后代国代郡。景帝三年(前154),以王国支郡收归汉。

据《汉书》卷1《高帝纪》,汉初云中、雁门、代郡合计有五十三县。前文已述及雁门原有县十七,云中郡本有县十九,以此汉初代郡有十七县。《汉志》代郡领县十八,当为其中一县乃后置之故也,惜不知为何县。

---

① 裘锡圭:《考古发现的秦汉文字资料对于校读古籍的重要性》,刊于《中国社会科学》1980年第5期。

楚汉之际，项羽封赵歇为代王，都代县。可知汉初代郡治所当在代县也。严耕望以为后徙治桑干，然无确证，暂仍取代县为治所。

1. 代县（前202—8）

楚汉之际代王赵歇之都，秦置县。治今河北蔚县东北。

2. 当城县（前202—8）

秦封泥有"当城之印"，是此县秦置也。治今河北蔚县东北。

3. 高柳县（前202—8）

《汉志》云："西部都尉治。"治今山西阳高县。

4. 班氏县（前202—8）

《汉志》班固自注云，"秦地图书班氏"，秦县也。治今山西大同县西南。

5. 延陵县（前202—8）

治今山西天镇县北。

6. 平邑县（前202—8）

治今山西大同县东。

7. 东安阳县（前202—8）

《秩律》中有《汉志》五原郡之西安阳县名，既有西安阳，必另有一县名东安阳或安阳者，故疑此县汉初即有。治今河北蔚县西北。

8. 参合县（前202—8）

据《汉书》卷33《韩王信传》，韩信即被斩于此地。治今山西阳高县南。

9. 平舒县（前202—8）

秦封泥有"新平舒丞"，又《史记》卷43《赵世家》云，燕以此地予赵，是秦时已置县。治今山西广灵县西。

10. 灵丘县（前202—8）

据《汉书》卷40《周勃传》，周勃破陈豨于灵丘，汉初已置。治山西今县东。

11. 广昌县（前202—8）

据《汉书》卷41《樊哙传》，哙破綦母卬、尹潘于此地，是汉初即有此县。治今河北涞源县北。

12. 卤城县（前202—8）

治今山西繁峙县东北。

13. 桑干县（？—8）

置年不详。治今河北阳原县东。

14. 道人县（？—8）

置年不详。治今山西阳高县东南。

15. 阳原县(？—8)

置年不详。治河北今县西南。

16. 狋氏县(？—8)

置年不详。治今山西浑源县东北。

17. 且如县(？—8)

置年不详。治今内蒙古兴和县西北。

18. 马城县(？—8)

置年不详。《汉志》云:"东部都尉治。"治今河北怀安县西北。

第三节 雁门郡、定襄郡、云中郡沿革

(一) 雁门郡(前202—前201)—代雁门郡(前201—前198)—赵雁门郡(前198—前196)—代雁门郡(前196—前179)—雁门郡(前179—前178)—代雁门郡(前178—前154)—雁门郡(前154—8)

高帝五年(前202),雁门为汉郡,六年属代国。高帝九年,代王如意徙为赵王,建有代地,雁门遂属赵。十一年,复置代国,又属代,并取雁门西部数县置定襄郡。文帝元年(前179),代国除,入为汉郡。二年复为代雁门郡,景帝三年(前154),以王国支郡收归汉。

《史记》卷57《绛侯周勃世家》云,勃"定雁门郡十七县",知汉初雁门郡本有十七县。

据《水经·河水注》,雁门郡治善无。

1. 善无县(前202—8)

治今山西右玉县西北。

2. 沃阳县(前202—8)

治今内蒙古凉城县西南。

3. 繁畤县(前202—8)

治今山西浑源县西南。

4. 中陵县(前202—8)

治今山西朔州市西北。

5. 武州县(前202—8)

治今山西左云县。

6. 㟃陶县(前202—8)

治今山西应县西。

7. 劇(剧)阳县(前202—后8)

山西出土西汉铜器有"勮阳"之文[1]，当为"劇"、"勮"可通用。治今山西应县东北。

8. 崞县(前202—8)

治今山西浑源县西。

9. 平城县(前202—8)

治今山西大同市东北。

10. 强阴县(前202—8)

治今内蒙古丰镇市西。

11. 成乐县(前202—前196)

高帝十一年别属定襄。治今内蒙古和林格尔县西北。

12. 桐过县(前202—前196)

高帝十一年别属定襄。治今内蒙古清水河县西。

13. 都武县(前202—前196)

高帝十一年别属定襄。今地无考。

14. 武进县(前202—前196)

高帝十一年别属定襄。治今内蒙古和林格尔县东北。

15. 骆县(前202—前196)

高帝十一年别属定襄。治内蒙古清水河县西南。

16. 武城县(前202—前196)

高帝十一年别属定襄。治今内蒙古清水河县北。

17. 复陆县(前202—前196)

高帝十一年别属定襄。今地无考。

18. 马邑县(前178—8)

文帝二年自太原郡来属。治今山西朔州市。

19. 楼烦县(前178—8)

文帝二年自太原郡来属。治所当在今山西宁武县北。

20. 埒县(前178—8)

文帝二年自太原郡来属。治今山西宁武县北。

21. 阴馆县(前141—8)

《汉志》云："阴馆，楼烦乡，景帝后三年置。"治今山西朔州市东南。

---

[1] 马孟龙：《汉书地理志文献学分析》，第55页。

（二）代定襄郡（前196—前179）—定襄郡（前179—前178）—代定襄郡（前178—前154）—定襄郡（前154—8）

高帝十一年置，属代国。文帝元年代国国除，入为汉郡。二年复为代定襄郡，景帝三年，以王国支郡收归汉。

定襄郡治史籍无载，《读史方舆纪要》、《大清一统志》皆称治所在成乐，当因成乐系《汉志》首书县之故。

1. 成乐县（前196—8）

本属雁门郡，高帝十一年隶定襄。治今内蒙古和林格尔县西北。

2. 桐过县（前196—8）

本属雁门郡，高帝十一年隶定襄。治今内蒙古清水河县西。

3. 都武县（前196—8）

本属雁门郡，高帝十一年隶定襄。今地无考。

4. 武进县（前196—8）

《汉志》云，"西部都尉治。"本属雁门郡，高帝十一年隶定襄。治今内蒙古和林格尔县东北。

5. 都武县（前196—8）

本属雁门郡，高帝十一年隶定襄。今地无考。

6. 骆县（前196—8）

本属雁门郡，高帝十一年隶定襄。治内蒙古清水河县西南。

7. 武城县（前196—8）

本属雁门郡，高帝十一年隶定襄。治今内蒙古清水河县北。

8. 复陆县（前196—8）

本属雁门郡，高帝十一年隶定襄。今地无考。

9. 安陶县（前196—8）

本属云中郡，高帝十一年隶定襄。治今内蒙古呼和浩特市东。

10. 襄阴县（前196—8）

本属云中郡，高帝十一年隶定襄。今地无考。

11. 武皋县（前196—8）

本属云中郡，高帝十一年隶定襄。治今内蒙古卓资县西北。

12. 定襄县（前196—8）

本属云中郡，高帝十一年隶定襄。治今内蒙古呼和浩特市东南。

13. 武要县（前196—8）

《汉志》云："东部都尉治。"本属云中郡，高帝十一年隶定襄。治今内蒙古卓资县西北。

（三）云中郡（前202—前201）—代云中郡（前201—前198）—赵云中郡（前198—前196）—云中郡（前196—8）

高帝五年为汉郡，六年代国置，遂先后属刘喜、刘如意代国。九年，代王如意徙王赵，兼领代国，遂属赵国。高帝十一年，复置代国，"颇取山南太原之地益属代，代之云中以西为云中郡"①，即割云中东部数县另置定襄郡属代，而以缩小的云中郡自领焉。吕后二年（前186），据《秩律》，云中郡辖有：

云中、九原、咸阳、原阳、北舆、旗陵、西安阳、武泉、沙陵、南舆、蔓柏、莫黑、河阴、博陵。

武帝元朔二年（前127），割云中郡西部数县置五原郡。

据《水经·河水注》，云中郡治云中县。

1. 云中县（前202—8）

治今内蒙古托克托县东北。

2. 咸阳县（前202—8）

治今内蒙古土默特右旗东。

3. 桢陵县（前202—8）

《秩律》有旗陵，或即此地②。治今内蒙古托克托县东南。

4. 沙陵县（前202—8）

治今内蒙古托克托县北。

5. 原阳县（前202—8）

治今内蒙古呼和浩特市东南。

6. 北舆县（前202—8）

《汉志》云："中部都尉治。"治今内蒙古呼和浩特市。

7. 武泉县（前202—8）

治今内蒙古呼和浩特市东北。

8. 九原县（前202—前127）

武帝元朔二年别属五原郡。治今内蒙古包头市西。

9. 河阴县（前202—前127）

武帝元朔二年别属五原郡。治今内蒙古达拉特旗西北。

---

① 《汉书》卷1《高帝纪》。
② 晏昌贵以为即《汉志》中"桢陵"，见其《〈二年律令·秩律〉与汉初政区地理》（刊于《历史地理》第21辑，上海人民出版社，2006年）。何慕《张家山汉简〈二年律令·秩律〉地名札记二则》（刊于《丝绸之路》2012年第20期）一文中亦持此论，从之。

10. 南舆县(前202—前127)

武帝元朔二年别属五原郡。《汉志》点校本作"南兴",《水经·河水注》载"五原有南舆",《秩律》中亦作"南舆",当以"南舆"为是。兴、舆形似,疑为传抄致误。治今内蒙古达拉特旗东南。

11. 曼柏县(前202—前127)

《秩律》中作"蔓柏",写法不同耳。武帝元朔二年别属五原郡。治今内蒙古准格尔旗西北。

12. 莫黑县(前202—前127)

武帝元朔二年别属五原郡。今地无考。

13. 西安阳县(前202—前127)

武帝元朔二年别属五原郡。治今内蒙古乌拉特前旗东南。

14. 武皋县(前202—前196)

高帝十一年别属定襄郡。治今内蒙古卓资县西北。

15. 武要县(前202—前196)

高帝十一年别属定襄郡。治今内蒙古卓资县西北。

16. 安陶县(前202—前196)

《汉志》点校本作"定陶"。内蒙古大学历史系发掘东郊西汉城址,出土有"安陶丞印"、封泥[①],又,别本《汉志》亦有作"安陶"者,两相印证,知定陶乃安陶之误。高帝十一年别属定襄郡。治今内蒙古呼和浩特市东。

17. 定襄县(前202—前196)

高帝十一年别属定襄郡。治今内蒙古呼和浩特市东南。

18. 襄阴县(前202—前196)

高帝十一年别属定襄郡。今地无考。

19. 陶林县(? —8)

《汉志》云:"东部都尉治。"置年不详。治今内蒙古呼和浩特市东北。

20. 犊和县(? —8)

《汉志》云:"西部都尉治。"置年不详。治所当在今内蒙古固阳县东南近土默特左、右旗一带,确地待考。

21. 沙南县(? —8)

置年不详。治今内蒙古准格尔旗东北。

22. 阳寿县(? —8)

置年不详。治所当在今内蒙古托克托县东南一带。

---

① 陈直:《汉书新证》。

第四节　上党郡沿革

上党郡(前202—8)

自高帝五年(前202)至平帝时期,一直隶属汉廷,不曾属王国。《秩律》中上党属县有:

　　沂阳、长子……潞、涉、余吾、屯留、武安、端氏、阿氏、壶关、泫氏、高都、铜鞮、涅、襄垣。

景帝中元三年(前147),分上党之武安、涉两县置魏郡。又,不知何年,端氏县改属河东郡。

《汉书》卷72《鲍宣传》载,宣"徙之上党",而"家于长子",当是郡治长子。

1. 长子县(前202—8)

治山西今县稍西。

2. 屯留县(前202—8)

《肩水金关汉简》T4∶24写作"邨留",T4∶71仍作"屯留",是可通用也。治山西今县南。

3. 余吾县(前202—8)

治今山西屯留县西北。

4. 铜鞮县(前202—8)

治今山西沁县南。

5. 涅县(前202—8)

《汉志》作"涅氏",王先谦指出:"此涅县,非涅氏县。氏字连下涅水也为句。"此说甚是,《中国历史地图集》已改涅氏为涅县。

治今山西武乡县西北。

6. 襄垣县(前202—8)

治山西今县北。

7. 壶关县(前202—前187)—壶关侯国(前187—前183)—壶关县(前183—8)

据《外戚恩泽表》,吕后元年(前187),封孝惠子武以为侯国,五年国除。治今山西长治市北。

8. 泫氏县(前202—8)

治今山西高平市。

9. 高都县（前 202—8）

治今山西晋城市。

10. 潞县（前 202—8）

治今山西潞城市东北。

11. 陭氏县（前 202—8）

《秩律》中有阿氏县，疑即是。治今山西安泽县南。

12. 武安县（前 202—前 147）

景帝中元三年别属魏郡。治今河北武安市西南。

13. 涉县（前 202—前 147）

即《汉志》魏郡之"沙"县，《秩律》中作"涉"，疑《志》文有误，说见下篇第七章第一节。景帝中元三年别属魏郡。治今河北涉县稍西北。

14. 沂阳县（前 202—?）

《汉志》无此县，然县名见于《秩律》，晏昌贵引《水经注》及《读史方舆纪要》以为县在太原界休县附近，汉初当属上党，可从①。治所当在今山西沁县以西。

15. 端氏县（前 202—?）

《汉志》端氏属河东郡，然据《秩律》，端氏县在上党郡属县之列，此县地望在河党、上党边界处，疑汉初属上党郡，不知何时改隶河东也。治今山西沁水县东北。

16. 阳河侯国（前 200—前 113）—阳阿县（前 113—8）

《功臣表》云："阳河齐侯其石，以中谒者从入汉，以郎中骑从定诸侯，五百户，功比高湖侯。（高帝七年）十一月甲子封，三年薨。……元鼎四年，共侯章更封。"疑此即当为《汉志》上党郡之阳阿县，武帝元鼎四年（前 113）侯国更封后遂为县。治今山西阳城县西北。

17. 阏氏侯国（前 199—前 194，前 178—前 112）

据《功臣表》，高帝八年置为侯国封冯解散，惠帝元年（前 194）曾因无后国除，文帝二年（前 178），复绍封冯遗，元鼎五年国除。据《水经·清漳水注》，冯解散之侯国在上党沾县附近。治今山西省和顺县。

18. 谷远县（?—8）

置年不详，然至吕后二年仍无此县之名。治今山西沁源县。

19. 沾县（?—8）

置年不详。治今山西昔阳县西南。

---

① 晏昌贵：《张家山汉简释地六则》，《江汉考古》2005 年第 2 期。

第十一章　凉州刺史部地区郡县及西域都护府沿革

《汉志》凉州刺史部范围内之郡目，汉初唯陇西一郡耳。武帝元狩二年（前121），开河西地，置酒泉郡。元鼎三年（前114），分陇西置天水郡，分北地置安定郡，皆在凉州部内。元鼎六年，析酒泉郡新置张掖、敦煌二郡。昭帝始元六年（前81），置金城郡，宣帝地节三年（前67），置武威郡。神爵二年（前60），置西域都护府。此后凉州部郡目几无变化，唯平帝元始四年（公元4），王莽新开西海郡，亦属凉州焉。

第一节　陇西郡沿革

陇西郡（前202—8）

自高帝初为汉廷直辖，不曾属王国。《秩律》中吕后二年（前186）陇西郡属县有：

上邽……平乐、狄道、戎邑①……辨道、武都道、予道、氐道、薄道、下辨、豲道、略阳、縣诸。

武帝元鼎三年（前114），分河水以东置天水郡。六年，分南部之武都道、下辨道、平乐道、故道等置武都郡。昭帝始元六年（前81），又割枹罕、白石二县以置金城郡。其后陇西、天水似乎曾有过多次边界调整，详见后文。

《水经·河水注》云："又西北迳狄道故城东……汉陇西郡治。"严耕望以为郦注殆即《地志》首狄道为言，不足为强证②。《续汉书·郡国志》载，后汉治狄道，姑且以为陇西郡治在狄道。

1. 狄道（前202—8）

治今甘肃临洮县。

---

① 此三县所在之 C119 简平乐前有残缺，少约十一二字，疑皆为陇西郡之县名。
② 严耕望：《汉书地理志县名首书者即郡国治所辨》。

2. 上邽县(前202—?,? —8)

《汉志》上邽县属陇西郡,然《汉书》卷70《段会宗传》明言会宗"天水上邽人",是上邽尝属天水。又,《汉书》卷69《赵充国传》仍言充国为陇西上邽人。赵充国生于武帝时,卒于宣帝甘露年间;段会宗昭帝时生,成帝末年卒,故疑上邽改隶天水时间大致在宣元时期,至晚成帝末年当复归陇西,故《汉志》上邽犹在陇西。其具体变动时间已无载也。西汉时期两郡之间往往有较小的调整,可惜史书不言,千载以降,已难觅其踪矣。治今甘肃天水市。

3. 氐道(前202—8)

治所当在今甘肃武山县、岷县及礼县交界处一带。

4. 予道(前202—8)

今地无考。

5. 羌道(前202—8)

《汉书》卷1《高帝纪》载羌道地震,是汉初已置县。治所当在今甘肃舟曲县北与宕昌县交界处一带。

6. 临洮县(前202—8)

《史记》卷6《秦始皇本纪》有此县。《汉志》云:"南部都尉治。"治今甘肃岷县。

7. 西县(前202—8)

秦封泥有"西共丞印"、"西丞之印"。又,《汉书》卷40《周勃传》、卷41《樊哙传》皆见此县,是汉初亦有也。治今甘肃礼县北。

8. 戎邑道(前202—前114)

《秩律》有"戎邑",疑即此地。武帝元鼎三年改隶天水郡。治今甘肃清水县西北。

9. 绵诸道(前202—前114)

《秩律》作"縣诸",前文已多有《汉志》中为"縣",《秩律》作"縣者"。武帝元鼎三年改隶天水郡。治今甘肃天水市北。

10. 阿阳县(前202—前114)

秦封泥有"阿阳禁印",《汉书》卷3《高后纪》亦可见此县,汉初当存于世。武帝元鼎三年改隶天水郡。治今甘肃静宁县西南。

11. 略阳道(前202—前114)

《秩律》有"略阳",疑乃一地。武帝元鼎三年改隶天水郡。治今甘肃秦安县东北。

12. 冀县(前 202—前 114)

秦封泥有"冀丞之印"。武帝元鼎三年改隶天水郡。治今甘肃甘谷县东。

13. 成纪县(前 202—前 114)

《汉书》卷 54《李广传》言广乃"陇西成纪人",知汉初有成纪县也。武帝元鼎三年改隶天水郡。治今甘肃静宁县西南。

14. 獂道(前 202—前 114,？—？)

《秩律》有此县,相家巷秦封泥亦有"獂道丞印",是秦已置县也。武帝元鼎三年改隶天水郡。《汉书》卷 75《翼奉传》载:"地大震于陇西郡……坏败獂道县。"是为元帝初元三年(前 46),则此段时间獂道曾短暂属陇西郡辖。治今甘肃陇西县东南。

15. 武都道(前 202—前 111)

即《汉志》武都郡之武都,《秩律》作武都道,当汉初本为道,故此处取律文中之名。武帝元鼎六年别属武都郡。治今甘肃礼县南。

16. 故道(前 202—前 111)

秦封泥有"故道丞印",是秦时即有故道也,《秩律》无此县名,《行书律》中则有"下辨、故道及鸡剑中五邮",则吕后二年有故道。《秩律》中陇西郡县名中多有缺佚,颇疑故道为《秩律》所缺失之文。武帝元鼎六年别属武都郡。治今陕西凤县东北。

17. 平乐道(前 202—前 111)

《秩律》作"平乐",即《汉志》武都郡之"平乐道",疑道字为律文所遗漏。当然也不排除平乐于汉初本为县,后改为道,暂依《汉志》名其为道。武帝元鼎六年别属武都郡。治今甘肃康县西北。

18. 下辨道(前 202—前 111)

《秩律》作"下辨",即《汉志》武都郡之"下辨道",此处亦暂以《汉志》为准。武帝元鼎六年别属武都郡。治今甘肃成县西北。

19. 薄道(前 202—？)

《秩律》中有此地,从排列规律看,似乎属陇西郡。秦封泥亦有"薄道丞印",然《汉志》已无此地名,当为因故省并。地望不详。

20. 辨道(前 202—？)

《汉志》无此县,当为省并之故。今地无考。

21. 首阳县(？—8)

置年不详,然《汉书》卷 9《元帝纪》已有此县,当置于元帝前。治今甘肃渭源县北。

22. 大夏县(? —8)

置年不详。治今甘肃广河县西北。

23. 襄武县(? —8)

置年不详,治今甘肃陇西县东。

24. 安故县(? —8)

治今甘肃临洮县南。

25. 白石县(? —前 81)

置年不详,然必不晚于昭帝始元六年,因此年置金城郡,陇西白石、枹罕属焉。治今甘肃临夏县西南。

26. 枹罕县(? —前 81)

置年不详,昭帝始元六年改隶金城郡。治今甘肃临夏回族自治州西南。

27. 兰干县(? —前 114)

《秩律》中无此县,然秦封泥有"兰干丞印",即便此县汉初省并,复置时间怀疑亦在武帝元鼎三年前。今地无考。

又,下文天水郡属县中凡置年不详者,可能皆置于元鼎三年前,如此则初置时属陇西郡也。然史无明证,故不列于陇西郡属县下。

第二节 天水郡沿革

天水郡(前 114—8)

武帝元鼎三年(前 114)置。昭帝始元六年(前 81),割金城、榆中二县以成金城郡。后与陇西边界有过微调,详见前文陇西郡条下。

《汉志》首县书平襄,《悬泉汉简》有云:"安定高平、金城允吾、天水平襄……"亦似此三县皆为各自郡治。

1. 平襄县(? —8)

置年不详。治今甘肃通渭县西。

2. 绵诸道(前 114—8)

武帝元鼎三年自陇西改隶天水。治今甘肃天水市北。

3. 阿阳县(前 114—8)

武帝元鼎三年自陇西改隶天水。治今甘肃静宁县西南。

4. 略阳道(前114—8)

武帝元鼎三年自陇西改隶天水。治今甘肃秦安县东北。

5. 冀县(前114—8)

武帝元鼎三年自陇西改隶天水。治今甘肃甘谷县东。

6. 成纪县(前114—8)

武帝元鼎三年自陇西改隶天水。治今甘肃静宁县西南。

7. 戎邑道(前114—8)

武帝元鼎三年自陇西改隶天水。治今甘肃清水县西北。

8. 兰干县(前114—8)

今地无考。

9. 豲道(前114—?,?—8)

武帝元鼎三年自陇西改隶天水。不知何年曾改隶陇西,后复回属天水,辨见前文。治今甘肃陇西县东南。

10. 勇士县(?—8)

置年不详。《汉志》于此县下注云:"属国都尉治满福。"或与武帝元狩年间置五属国有关。治今甘肃榆中县北。

11. 清水县(?—8)

置年不详。治甘肃今县西北。

12. 奉捷县(?—8)

置年不详。今地无考。

13. 陇县(?—8)

置年不详。治今甘肃清水县北。

14. 街泉县(?—8)

置年不详。治今甘肃庄浪县东南。

15. 望垣县(?—8)

置年不详。治今甘肃天水市北道区西北。

16. 罕开县(?—8)

置年不详。《汉书》卷69《赵充国传》有提及"罕开羌",则至晚宣帝时期已有此县也。治所当在今甘肃天水市东南。

17. 榆中县(?—前81)

《史记》卷6《秦始皇本纪》有榆中地名,然张家山汉简无此县。或是秦末沦入匈奴之故。汉置县时间不详,昭帝始元六年改隶金城。治甘肃今县西。

18. 金城县(? —前81)

置年不详,昭帝始元六年改隶金城。治今甘肃兰州市西。

19. 上邽县(? —?)

昭宣时期曾短暂属天水郡,具体时限不知,辨见上文。疑在昭帝置金城郡之时,因天水有两县割置金城,故益之以陇西之上邽。治今甘肃天水市。

第三节　安定郡沿革

安定郡(前114—8)

武帝元鼎三年(前114)析北地郡置,平帝元始二年(2),置安民县。

安定郡凡置年不详之县,皆有可能置在元鼎三年前,即曾可能为北地郡属县也。

以《水经·河水注》,安定郡治高平。

1. 高平县(? —8)

置年不详。治今宁夏固原市。

2. 朝那县(前114—8)

武帝元鼎三年自北地郡来属。治今宁夏彭阳县东。

3. 卤县(前114—8)

《秩律》作"菌"。武帝元鼎三年自北地郡来属。今地无考。

4. 乌氏县(前114—8)

武帝元鼎三年自北地郡来属。治今宁夏固原市东南。

5. 阴密县(前114—8)

武帝元鼎三年自北地郡来属。治今甘肃灵台县南。

6. 彭阳县(前114—8)

武帝元鼎三年自北地郡来属。治今甘肃镇原县东。

7. 安民县(2—8)

《平帝纪》载,元始二年,"罢安定呼池苑,以为安民县"。师古注曰:"中山之安定也。"有误,中山并无安定县。《汉志》安定郡下有安定县,钜鹿郡有安定侯国,交趾郡有安定县。《水经·渭水注》载,略阳川水"又西迳略阳道故城北,渥渠水出南山,北迳峡北入城。建武八年,中郎将来歙与祭遵所部护军王忠、右辅将军朱宠,将二千人,皆持卤刀斧,自安民县之阳城"。故安民县当在关西地区,应属安定郡,且距离略阳道不远。《读史方舆纪要》卷58《陕西·平凉府》以为,安民县在平凉府华亭县界,即在今甘肃华亭县,今从之。

8. 复累县(？—8)

置年不详。今地无考。

9. 安俾县(？—8)

置年不详。今地无考。

10. 抚夷县(？—8)

置年不详。治所当在今甘肃镇原县北。

11. 泾阳县(？—8)

秦封泥有"泾下家马",汉初省并,复置年不详。治今甘肃平凉市西北。

12. 临泾县(？—8)

置年不详,治今甘肃镇原县东南。

13. 安定县(？—8)

置年不详,治今甘肃泾川县。

14. 参䜌县(？—8)

置年不详。《汉志》云:"主骑都尉治。"治所当在今甘肃环县南部。

15. 三水县(？—8)

置年不详。《汉志》云:"属国都尉治。"治今宁夏同心县东。

16. 阴盘县(？—8)

置年不详。治今陕西长武县西北。

17. 安武县(？—8)

置年不详。治今甘肃镇原县西南。

18. 祖厉县(？—8)

置年不详,但当不晚于武帝时期。治今甘肃会宁县西北。

19. 爰得县(？—8)

置年不详。治所当在今甘肃泾川县南。

20. 眴卷县(？—8)

置年不详。治所当在今宁夏中宁县东北一带。

21. 鹑阴县(？—8)

置年不详。治所当在今甘肃靖远县西北与景泰县、皋兰县交界处一带。

22. 月氏道(？—8)

置年不详。当为处其族降人而置。治所当在今宁夏固原市南与隆德县、西吉县交界处一带。

第四节　金城郡沿革

金城郡（前81—8）

昭帝始元六年（前81）置，初置时仅有六县。《汉志》金城郡领县十三，比始置增加一倍。增置新县的原因，一则以人口之增加，一则是对羌用兵的胜利，使郡境有所扩大。

金城建郡后，乃逐步向西面羌人所居地推进。沿湟水一线筑有邮亭直到鲜水（今青海）附近，但直至宣帝时期湟水以南大部仍是羌人的势力范围。宣帝初，羌人"渡湟水北，逐民所不田处畜牧……郡县不能禁"①。神爵元年（前61），派赵充国率兵入平西羌，至神爵二年羌地定，金城郡境扩大至湟水以南，置金城属国以处降羌，并增置允街、破羌等县。大致在宣帝神爵二年或其后不久，金城郡的地域即已达到《汉志》所示的范围。

据《水经·河水注》，郡治在允吾县。然郡初置时六县并无允吾（详见下文），其时郡治当在处于始置六县中心位置的金城县。后随着郡界扩大，旧郡治金城县已偏于东隅，所以西迁至允吾县。

1. 允吾县（？—8）

置年不详。治今甘肃永靖县西北。

2. 金城县（前81—8）

此县在金城置郡以前即已存在。《史记》卷123《大宛列传》云："其明年，浑邪王率其民降汉，而金城河西，西并南山至盐泽空无匈奴。"浑邪王降汉在武帝元狩二年（前121），时已有金城之名。县亦近天水，昭帝始元六年取自该郡。治今甘肃兰州市西。

3. 榆中县（前81—8）

榆中是金城郡历史最久的县城。《史记》卷6《秦始皇本纪》曰："自榆中并河以东，属之阴山，以为四十四县，城河上为塞。"榆中是为秦县，在今甘肃榆中县北。秦时为河南地防线的起点。这段防线不是连绵不断的长城，而是凭恃河水作为天险，筑四十四县城作为要塞，自榆中起，沿河水迤逦往东北至北河高阙以南，与自高阙往东之赵长城相接。然县名不见于《秩律》，似汉初省并，但至晚武帝时期当已复置也。县在金城郡最东面，紧邻天水郡，当是取自该郡二县之一。治甘肃今县西。

---

① 《汉书》卷69《赵充国传》。

4. 枹罕县（前 81—8）

《汉书》卷 6《武帝纪》云："元鼎五年，西羌众十万人反，与匈奴通使，攻故安（应为安故，陇西县。故安则涿郡县），围枹罕。"说明枹罕县至迟元鼎五年即已存在。昭帝始元六年自陇西郡别属金城郡。治今甘肃临夏回族自治州西南。

5. 白石县（前 81—8）

《汉书》卷 6《武帝纪》云："元狩二年……遣骠骑将军霍去病出陇西，至皋兰。"应劭注："皋兰在陇西白石县，塞外河名也。"师古则曰："皋兰山名也，《霍去病传》云过焉支山千有余里，合短兵鏖皋兰下，则此山也，非河名。白石县在金城，又不属陇西，应说并失之。"皋兰确为山名，由"鏖皋兰下"一句可知，应劭云其为河名实误。又应云白石为陇西县，当是以后汉之制说之，但这却正反映了金城建郡以前之形势。白石与上述枹罕相邻，位金城郡东南部，靠陇西郡境，当是取自陇西郡的两县。皋兰山即在白石县境。据《汉书》卷 55《霍去病传》，似皋兰在焉支山（在张掖郡）以西千余里，但该传全部袭用《史记》卷 111《骠骑列传》原文，而《史记》独无"鏖皋兰下"四字，不知是否《汉书》转抄时，从他处窜入？依地理形势言之，霍去病出陇西，应先至皋兰，而后至焉支山，不应当反其道而行之。治今甘肃临夏县西南。

6. 令居县（前 81—8）

令居是汉渡河西以后建筑的最重要的据点。《史记》及《汉书》屡见其名。最早的记载见于《史记》卷 100《匈奴列传》："是后匈奴远遁，而幕南无王庭。……汉度（渡）河自朔方以西至令居，往往通渠置田。"时当武帝元狩四年。《水经·河水注》言令居县元鼎二年（前 115）置，不知何据，恐失之过晚。令居位金城郡北部，邻近《汉志》武威县、张掖县，当是取自张掖郡的两县之一（置金城郡时武威尚未立）。治今甘肃永登县西。

7. 枝阳县（前 81—8）

以上已得金城郡初置之五县，另一县必然是得自张掖郡。而且不会离令居太远，估计是位于金城县与令居县中间的枝阳县。治今甘肃永登县南。

8. 河关县（前 60—8）

据《水经·河水注》引《汉志》云宣帝神爵二年置河关县。河关地位金城郡西南，河水以南，原为羌人支属大开、小开所居。赵充国用兵羌地，重点在打击先零羌，不惊动河南之大、小开。因此他们之来归当在神爵二年或其后，河关县之置固不能早于神爵二年。治所当在今青海同仁县北。

9. 破羌县（前 60—8）

《汉志》云，宣帝神爵二年置。治今青海海东市乐都区东。

10. 允街县(前60—8)

《汉志》系其置年于宣帝神爵二年。治今甘肃永登县南。

11. 安夷县(?—8)

置年不详。治今青海西宁市东。

12. 临羌县(?—8)

《汉书》卷69《赵充国传》载充国宣帝神爵二年上书曰:"计度临羌东至浩门,羌虏故田及公田,民所未垦,可二千顷以上,其间邮亭多坏败者。"可知神爵元年前已设置临羌县。治今青海湟源县东南。

13. 浩亹县(?—8)

由上文知,浩亹县亦置于宣帝神爵元年前。治今甘肃永登县西南。

第五节　酒泉郡、敦煌郡、张掖郡、武威郡(附:西海郡)沿革

(一) 酒泉郡(前121—8)①

武帝元狩二年(前121)置。元鼎六年(前111)分其东部置张掖郡,分西部置敦煌郡,郡之辖境大为缩减。宣帝地节三年(前67),又割东部数县以益张掖郡。此后至汉末不变。

据《旧唐书·地理志》,酒泉郡治禄福。然此未必是初置郡时之治所。

又,四郡之属县,除可考定置于元鼎六年之后者,均有可能曾为酒泉郡属县。

1. 禄福县(?—8)

治今甘肃酒泉市肃州区。

2. 效谷县(前117—前111)

颜师古注《汉书》引桑钦说:"孝武元封六年,济南崔不意为鱼泽尉,教力田,以勤效得谷,因立为县名。"以此,效谷县置于元封六年,元鼎六年改隶敦煌郡。治所当在今甘肃瓜州县西南。

3. 令居县(前115—前111)

《水经·河水注》云,"涧水出令居县西北塞外,南流迳其县故城西,武帝元

---

① 下文天邱、张掖、显美、鸾鸟、媪围、苍松等诸县地望采用李并成《河西走廊历史地理》第一至二章中的说法,甘肃人民出版社,1995年。

鼎二年置"。元鼎六年改隶张掖郡。治今甘肃永登县西。

4. 觻得县(？—前67)

宣帝地节三年别属张掖郡。治今甘肃张掖市甘州区西北。

5. 昭武县(？—前67)

宣帝地节三年别属张掖郡。治今甘肃临泽县东北。

6. 删丹县(？—前67)

宣帝地节三年别属张掖郡。治今甘肃山丹县南。

7. 屋兰县(？—前67)

宣帝地节三年别属张掖郡。治今甘肃张掖市东南。

8. 张掖县(？—前111)

武帝元鼎六年改隶张掖郡，然置县必在此前，初置时属酒泉郡。治今甘肃省古浪县西北。

9. 干齐县(？—8)

治所当在今甘肃玉门市西北。

10. 表是县(？—8)

治今甘肃高台县西。

11. 乐涫县(？—8)

《肩水金关汉简》T7：106作"灤涫"，T6：50仍作"樂涫"，当为可通用也。治今甘肃酒泉市东南。

12. 天陕县(？—8)

治今甘肃玉门市昌马乡政府驻地东。

13. 玉门县(？—8)

治今甘肃玉门市西北。

14. 会水县(？—8)

治今甘肃高台县西北。

15. 沙头县(？—8)

《汉志》此县作"池头"，《续汉书·郡国志》、《三国志》卷18《魏书·阎温传》等皆作"沙头"。敦煌悬泉汉简中亦作"沙头"，何双全已据此疑志文之"池头"乃字形相似而误[①]，可从。治今甘肃玉门市西北。

16. 绥弥县(？—8)

治所当在今甘肃酒泉市东。

---

① 何双全：《汉代西北驿道与传置——甲渠候官、悬泉汉简〈传置道里簿〉考述》，《中国历史文物》1998年第1期。

(二) 敦煌郡(前 111—8)

武帝元鼎六年分酒泉郡西部置。郡治当在敦煌县。

1. 敦煌县(前 111—8)

治今甘肃敦煌市西。

2. 效谷县(前 111—8)

治所当在今甘肃敦煌市东北。

3. 冥安县(？—8)

治今甘肃瓜州县东南。

4. 渊泉县(？—8)

治所当在今甘肃瓜州县东。

5. 广至县(？—8)

治今甘肃瓜州县西南。

6. 龙勒县(？—8)

治今甘肃敦煌市西南。

(三) 张掖郡(前 111—8)

武帝元鼎六年分酒泉郡东部置。

昭帝始元六年，取南部令居、枝阳两县以成金城郡。或于此时，张掖郡西界遂西移至如《汉志》所载酒泉、张掖之界。《汉书》卷 94《匈奴传》载："后无几，右贤王、犁污王四千骑分三队，入日勒、屋兰、番和。张掖太守、属国都尉发兵击，大破之。"时当元凤间，而日勒等三县已属张掖，如《汉志》所载(当然也可能元鼎六年酒泉分张掖时已与汉末范围相同)。至宣帝地节三年，复分张掖郡东部地置武威郡，因此张掖县遂归武威郡所属。

应劭《风俗通》云："觻得，匈奴王号也。"《旧唐书·地理志》亦云汉张掖郡治觻得，然郡置之初当治张掖县也，至武威分出，方迁至觻得。

1. 觻得县(前 67—8)

初置属酒泉郡，地节三年来属张掖郡。治今甘肃张掖市甘州区西北。

2. 张掖县(前 111—前 67)

置年不详，然必在元鼎六年置郡前。宣帝地节三年改隶武威郡。另，武威郡属县均有可能在地节三年前属张掖郡，然由于除张掖外，余县均不能断定是否必定置于地节三年前，故此处暂不列举。当然可以肯定的是，武威置郡时，绝不会仅有张掖一县。治今甘肃武威市东南。

3. 武威县(前 111—前 67)

宣帝地节三年改隶武威郡。治今甘肃民勤县东北。

4. 令居县(前111—前81)

昭帝始元六年改隶金城郡。治今甘肃永登县西。

5. 居延县(前102—8)

《汉志》云:"都尉治。"太初三年(前102),武帝"益发戍甲卒十八万酒泉、张掖北,置居延、休屠以卫酒泉"①,据此则县置在太初三年。治今内蒙古额济纳旗东南。

6. 休屠县(前102—前67)

以上文所引,休屠县似亦置于武帝太初三年。宣帝地节三年改隶武威郡。治今甘肃武威市北。

7. 昭武县(前67—8)

初置属酒泉郡,地节三年来属张掖郡。治今甘肃临泽县东北。

8. 删丹县(前67—8)

初置属酒泉郡,地节三年来属张掖郡。治今甘肃山丹县南。

9. 屋兰县(前67—8)

初置属酒泉郡,地节三年来属张掖郡。治今甘肃张掖市东南。

10. 枝阳县(? —前81)

昭帝始元六年,改隶金城郡。治今甘肃永登县南。

11. 氐池县(? —8)

治今甘肃张掖市东南。

12. 日勒县(? —8)

《汉志》作"曰勒",以《汉书》卷94《匈奴传》、卷69《赵充国传》及出土之居延汉简皆作日勒,志文当为传写讹误。治今甘肃山丹县东南。

13. 骊靬县(? —8)

治今甘肃永昌县南。

14. 番和县(? —8)

日勒、屋兰、番和三县至晚昭帝时期已属张掖郡,见《汉书》卷94《匈奴传》。治今甘肃永昌县西。

15. 显美县(? —8)

治今甘肃武威市西。

(四) 武威郡(前67—8)

宣帝地节三年置。

《水经·斤江水注》云:"汉武帝太初四年,匈奴浑邪王杀休屠王,以其众置

---

① 《汉书》卷61《李广利传》。

武威县,武威郡治。"其叙年乃据《汉志》,故有误,然言武威县为郡治则未必误。观武威郡名,初置治所当在武威县。严耕望则以为斯"不足以概哀平之世",其云,"《地志》,休屠城,北部都尉治。其地在姑臧之北,而在武威县之南甚远,若郡治仍在武威,则北部都尉决不当治此,是西汉末郡治不在武威而在姑臧必矣"①。其说可从。

1. 姑臧县(？—8)

治今甘肃武威市西北。

2. 张掖县(前67—8)

本为张掖郡治,后武威郡置,遂入武威。治今甘肃武威市东南。

3. 武威县(前67—8)

治今甘肃民勤县东北。

4. 休屠县(前67—8)

《汉志》云:"都尉治熊水障。北部都尉治休屠城。"治今甘肃武威市北。

5. 揟次县(？—8)

治今甘肃古浪县北。

6. 鸾鸟县(？—8)

《汉志》作"鸾鸟"。王先谦曰:"《旧唐志》、《元和志》皆作神鸟县……《段颎传》注,鸟,音爵。《旧唐志》,鸾鸟读作鹳雀,唐于此置嘉麟县。若作乌,不能读为爵也。"②陈直引《居延汉简释文》卷三之"葆鸾鸟大昌里不更李恽"户籍简文,云"志文作鸾乌,为传写之误字"③。两者理由充分,此县名当作鸾鸟为是。治今甘肃武威市西北沙城子古城。

7. 扑䚠县(？—8)

治今甘肃古浪县东北。

8. 媪围县(？—8)

治今甘肃景泰县卢阳镇吊沟古城。

9. 苍松县(？—8)

治今甘肃古浪县城北。

10. 宣威县(？—8)

治今甘肃民勤县西南。

---

① 严耕望:《汉书地理志县名首书者即郡国治所辨》,刊于《中央研究院院刊》第一辑。
② 王先谦:《汉书补注》,第2652页。
③ 陈直:《汉书新证》,第213页。

附：西海郡(4—8)

平帝元始四年置。

《元和郡县图志》云:"平帝元始四年,金城塞外羌献鱼盐之地内属汉,遂得西王母石室,以为西海郡,理龙夷城,即今河源军西一百八十里威戎城是也"。《太平寰宇记》云:"龙夷城在县西,即汉戊己校尉所理之地……王莽以其城为西海郡"。据此,西海郡治所在龙夷县。据《后汉书》卷87《西羌传》载其领县有五,惜多已不可考,郡大致在今青海湖地区一带。

龙夷县(4—8)

治今青海门源回族自治县。

第六节 西域都护府沿革

西域都护府(前60—8)

西域都护府置于宣帝神爵二年(前60),是汉廷在西域地区设立的军政管理机构。西域都护秩比二千石,近似郡太守的级别。都护府辖区实际上是与郡相当的特殊行政区划,元帝以后,西域都护所"督录总领"的属国在五十个左右。

《汉书》卷96《西域传》(以下简称《西域传》):"都护治乌垒城,去阳关二千七百三十八里,与渠梨田官相近,土地肥饶,于西域为中,故都护治焉。"则西域都护初治乌垒城。然《西域传》又载"戊己校尉刁护闻之,召置离验问,辞服,乃械致都护但钦在所埒娄城",则但钦时西域都护已迁治于埒娄城,如此似不能排除西域都护治所多次迁徙的可能。

1. 西汉经营西域始末

虽西域都护之设始于宣帝神爵时,然西汉在西域的经营实起于武帝。汉武帝以前,西域城郭诸国为匈奴之藩属,与汉未有任何来往。《史记》卷110《匈奴列传》载冒顿单于致文帝书言:"(右贤王)定楼兰、乌孙、呼揭及其旁二十六国,皆以为匈奴。"《西域传》云:"匈奴西边日逐王置僮仆都尉,使领西域,常居焉耆、危须、尉黎间,赋税诸国,取富给焉。"即是焉。

武帝元朔间(前128—前123),张骞自大宛回,汉人始知通西北国之道,但其时此道尚为匈奴浑邪休屠王地所隔。元狩初,霍去病击破匈奴,河西地属汉,汉始得与西域直接交通,并开始与匈奴争夺西域地区的宗主权。

元封三年(前108),赵破奴等击楼兰、破姑师,清除西通大宛之道。楼兰自此遂臣属于汉,姑师则分裂成车师前后国及山北六国。太初间,贰师将军李广利伐大宛,其后,"西域震惧,多遣使来贡献",西汉在天山以南诸国已逐步树立宗主权,并在渠犁、轮台一带开始屯田活动,"置使者校尉领护,以给使外国者"①,此使者校尉当即为西域都护之前身。不过此时匈奴势力尚未完全衰弱,天山东段南北之车师等国仍受其役属。邻近匈奴之楼兰亦处于既属汉又属匈奴的"两属"状态。

天汉二年(前99),汉首击车师失利。征和四年(前89),汉又合楼兰、尉犁、危须凡六国兵共围车师,车师于是降服属汉。

昭帝时实行紧缩政策,对西域稍有放松,车师复失于匈奴,对龟兹之违命杀汉校尉将军亦不能制。唯对楼兰则加强控制,另立新王,更其国名曰鄯善,并屯田于其境内之伊循城。

宣帝初,复加强对西域之经营。首先派兵击匈奴,解乌孙之厄,继而攻龟兹,责以前之抗命,于是鄯善以西诸国再次服从于汉,因置"使鄯善以西校尉"②管理之。随之汉又与匈奴重开争夺车师之役。神爵二年(前60),因匈奴内乱,日逐王先贤掸率众降汉,护鄯善以西使者郑吉迎之,遂取车师。至是,匈奴僮仆都尉遂罢,旧隶西域诸国相率脱离匈奴控制,归附汉廷,汉于是在西域中部乌垒城设置西域都护府,以郑吉为首任都护,将归附之城郭诸国置于都护管辖之下。甘露间,匈奴呼韩邪单于称藩于汉,都护府辖区以外诸国亦咸尊汉。《西域传》云:"自宣元后,单于称藩臣,西域服从,其土地山川王侯户数道里远近翔实矣。"西汉与匈奴在西域地区数十年的争夺终以西汉王朝完全控制这一地区结束。

2. 西域都护所属各国

汉人之言西域有几重不同的含义。狭义的西域在"匈奴以西,乌孙以南",其具体范围是:"南北有大山(昆仑山和天山)……东则接汉,厄以玉门、阳关,西则限于葱岭(帕米尔高原)。"③所谓西域城郭诸国即在其中。西域都护府辖区则超出这个范围,西逾葱岭,兼有大宛,北越天山,而囊乌孙。《西域传》传文中所述及的内容则更宽大,还包括不属都护所辖的近邻外国:罽宾、难兜(属罽宾)、乌弋山离、安息、大月氏(附大夏)、康居(附奄蔡)。

西域诸国的数目并非一成不变。《西域传》载:"西域以孝武时始通,本三十六国,其后稍分为五十余,皆在匈奴之西,乌孙之南。"

---

① 《汉书》卷96《西域传》。
② 此官名见劳干:《居延汉简考释(释文之部)》,商务印书馆,1949年。《汉书》卷96《西域传》则作"护鄯善西使者"。大约全称当作"使都鄯善以西使者校尉"。
③ 《汉书》卷96《西域传》。

三十六国之目，历来有所争议，但似乎都不得要领，原因在于没有弄清三十六国的地理范围。荀悦《汉纪》最早列出三十六国的名目，虽然由于其中包括元帝时始置的乌贪（訾离）国，又误卑陆国之治所（番）渠类谷为一国，素为后人所诟病①，但荀悦的基本观点却是正确的。这一点却也一直为后人所忽视。

　　荀悦视三十六国为两等。其中二十七国是"小国"，"小者七百户，上者千户"；另外九国是"次大国"，"小者千余户，大者六七千户"。可见他心目中的三十六国是指小而分散的西域城郭诸国，并不包括这个范围以外的，他所隐指的乌孙、大宛等"大国"，这是符合历史事实的。《汉书》卷94《匈奴传》载扬雄言："且往者图西域，制车师，置城郭都护三十六国，费岁以大万计者，岂为康居、乌孙能逾白龙堆而寇西边哉？"正说明三十六国确指城郭诸国。

　　城郭诸国小而分散，不相统属，是西域地区特殊地理环境的产物。在沙漠里分散的绿洲上生息的人民有城郭田畜，形成了居国，在山谷的居民则随畜逐水草，称为行国。居国数目多，地位重要，所以《西域传》说"西域诸国大率土著"，统称居国和行国为城郭诸国。

　　由于城郭诸国小而分散的鲜明特点，使它们与乌孙、大宛等户多地广的"大国"截然有别，史籍上一向不相提并论。《西域传》明言三十六城郭国在"匈奴之西，乌孙之南"，当然不包括乌孙在内。上面所引扬雄之语就将乌孙与三十六国对举。又《汉书》卷94《匈奴传》引左伊秩訾言："乌孙、城郭诸国皆为臣妾。"又载平帝时"乃造设四条：……乌孙亡降匈奴者，西域诸国佩中国印绶降匈奴者……皆不得受"。《汉书》卷96《乌孙传》言乌孙"西与大宛，南与城郭诸国相接"，都表明城郭诸国与乌孙、大宛截然有别，不能混为一谈。因此数三十六城郭国必须将此两国排除在外，极其明显。

　　同时，《西域传》已明确指出三十六国的地理范围是，西限葱岭、东厄阳关，南北有大山。因此，由元帝时都护所辖之四十八国之目，可以大致逆推宣帝初建都护时的三十六城郭国应该是：

　　鄯善（即楼兰）、且末、精绝、扜弥、渠勒、于阗、皮山、莎车、婼羌、小宛、戎卢、乌秅、西夜、子合、蒲犁、依耐、无雷、捐毒、疏勒、尉头、姑墨、温宿、龟兹、乌垒、渠犁、尉犁、危须、焉耆；车师前国、车师后国、卑陆、卑陆后国、蒲类、蒲类后国、西且弥、东且弥。

　　清人徐松所列三十六国之目，有二十八国与上列前二十八国相同。其他

---

① 参见徐松：《汉书西域传补注》，商务印书馆，1937年。

八国,他以为是:大宛、难兜、桃槐、休循、(墨)山国、劫国、狐胡、姑师。甚为不妥。姑师在元封三年(前108)为赵破奴所破,其后部分为车师等国,故自武帝后期起,史籍只见车师之名,而无姑师之称。天汉二年(前99),武帝所击已是车师,昭帝时匈奴复田车师,宣帝地节二年(前68)又击车师,足证姑师早已不存。而《西域传》所言:"至宣帝时,遣卫司马使护鄯善以西数国。及破姑师,未尽殄,分以为车师前后王及山北六国。时汉独护南道,未能尽并北道,然匈奴不自安矣。"其中"及破姑师"一句显然是指武帝时事,这只要详读《史》、《汉》记载,并排比其年代,便可得知。徐松未读破《汉书》,乃以为宣帝时有破姑师之举,误甚。

由于徐松以姑师一国代替车师等八国,则三十六国遗缺甚多,遂补上山国、劫国、狐胡等,其实这三国有何根据证明其为"孝武时有"?根据前文之分析,此三国亦原属姑师之范围。

大宛之不与三十六国之列,已见上述;难兜,《西域传》明言属罽宾,自不当数。休循在葱岭西,桃槐更远于休循,故此两国似亦不当在三十六国之中。

要之,三十六国之名目已如前述。但这至多只能说比较接近史实而已,因为这一名单是由元帝时四十八国所逆推而来,焉知上溯至宣帝间,此三十六国毫无变化?

最后还要说明一点,三十六国之说当起于宣帝初建西域都护之时,而不是武帝始通西域之日。上引扬雄之语明言:"往者图西域,制车师,置城郭都护三十六国。"《汉书·叙传》亦曰:"昭宣承业,都护是立,总督城郭,三十有六。"《汉书》卷19《百官公卿表》又云:"西域都护加官,宣帝地节(当为神爵)二年初置,以骑都尉、谏大夫使护西域三十六国。"这些记载都将三十六国与都护之置明确联系起来。说明只有到宣帝时,城郭诸国对汉的臣属关系才完全确定,三十六国之数也才十分明确。若武、昭时,城郭诸国尚时附时叛,而且城郭诸国间也可能有自相吞灭或分裂之可能,当不致有言之凿凿的三十六国的提法。

虽然三十六城郭国起于初置都护之时,但这并非表明有汉一代之西域都护辖区仅包括城郭诸国的范围,这是两个不同的概念。城郭诸国的地域仅是葱岭以东、天山以南的狭义的区域(如前文所述),而西域都护要超出这个范围,辖有地跨天山南北的乌孙,西逾葱岭的大宛、休循、桃槐等国。这是《西域传》已经载明了的。后人非议荀悦三十六国之目,总以为大宛、乌孙是都护所辖,似应入三十六国之列,其实正是没有分清城郭诸国的地域范围和西域都护辖区范围的缘故。

至于乌孙、大宛为都护所辖，则是在西域都护之职设立后稍晚的时期，李大龙以为，西域都护干涉乌孙国政在甘露元年（前53）之后①，以《乌孙传》，其后多有西域都护插手乌孙官僚设置赏赐之事，甚乃有决其生死者，是宣帝后期乌孙亦在都护管辖之内。大宛或亦在这段时间为都护所统。

故至元帝时，西域都护所辖属国四十有八，《西域传》备载其王侯、户口、境界、道里，甚至详于内地县道，今简列其目如下：

(1) 乌孙　(2) 大宛

这两国对其余四十六国而言是超大国，乌孙户十二万，大宛六万，而四十六国总户数不过四万余，其中最大国龟兹户数尚不足七千。

(3) 鄯善

《西域传》云，"鄯善，本名楼兰"，楼兰国自从属汉后，往往两属，至武帝末年，复与汉绝，昭帝元凤四年（前77），傅介子杀其王。汉立"尉屠耆为王，更其国名为鄯善"。

(4) 且末　(5) 精绝　(6) 扜弥　(7) 渠勒　(8) 于阗　(9) 皮山
(10) 莎车　(11) 婼羌　(12) 小宛　(13) 戎卢　(14) 乌垒　(15) 西夜
(16) 子合　(17) 蒲犁　(18) 依耐　(19) 无雷

以上为葱岭及昆仑山谷、山前诸国。其中(3)至(10)当即所谓"南道八国"。又，西夜、子合《西域传》误为一国，《后汉书》已指出，其说有据。视《汉书·西夜传》云："西夜与胡异，其种类羌氐行国，随畜逐水草往来，而子合土地出玉石。"则西夜、子合似应为二国。又《汉书·莎车传》载其国职官中有"备西夜君"一人，足见西夜是莎车之劲敌，然据《汉书》，莎车有户二千余，西夜则仅有户三百五十，显然不可能对莎车构成威胁。《后汉书》分西夜、子合为两国，西夜有户二千五百，而三百五十恰是子合之户数。由此可旁证，西汉时，西夜与子合亦当为二国，西夜当有二千余户，方能成为莎车之隐患。大约班固叙《西域传》时已失去西夜国之户口等资料，故误会西夜、子合为一国，以子合之户数系于西夜国之下矣。

(20) 桃槐　(21) 休循　(22) 捐毒　(23) 疏勒　(24) 尉头　(25) 姑墨
(26) 温宿　(27) 龟兹　(28) 乌垒　(29) 渠犁（武帝初通西域，即在此地置校尉、屯田）　(30) 尉犁　(31) 危须　(32) 焉耆

以上诸国为葱岭西及天山山谷、山前诸国。

---

① 李大龙：《都护制度研究》，黑龙江教育出版社，2003年，第52—53页。

(33) 乌贪訾离 (34) 卑陆 (35) 卑陆后国 (36) 郁立师 (37) 单桓 (38) 蒲类 (39) 蒲类后国 (40) 西且弥 (41) 东且弥 (42) 劫国 (43) 狐胡 (44) 山国 (45) 车师前国 (46) 车师后国 (47) 车师都尉国 (48) 车师后城长国

以上为天山东段南北诸国。这十数国基本上皆由武帝时的姑师国分裂而来，国虽众，而户绝少，西域都护属国之中，户数最少的六个（百户以下）就在这里。

《史记》卷123《大宛列传》云："楼兰，姑师邑有城郭，临盐泽。"武帝元封三年，姑师为赵破奴所破，《西域传》言，"及破姑师，未尽殄，分以为车师前后王及山北六国"。由此可见，姑师南境临近盐泽，而北界达天山以北，领域相当广阔，上述十六国基本上都在这一范围之内，当由车师前后王与山北六国再度分割而成。山北六国之名目，今已不能确指，徐松《汉书·西域传补注》以为是：且弥东西国、卑陆前后国、蒲类前后国。可备一说。

上列四十八国之中的乌贪訾离是元帝时都护分车师后王地所置，以处匈奴降者东蒲类王，由此知四十八国之数乃以元帝时为断，《西域传》篇末则举其成数曰："最凡国五十。"

第十二章　幽州刺史部地区郡县沿革

　　幽州刺史部范围内,于高帝五年(前202)有六郡之目,即燕国之广阳、上谷、渔阳、右北平、辽西、辽东。文帝十五年(前165),自冀州部范围内之河间新析置勃海郡,此郡在幽州部界内。景帝三年(前154),燕国之上谷、渔阳、右北平、辽西、辽东五郡收归汉廷。武帝元朔元年(前128)置苍海郡。三年,苍海郡废。同年,燕国除为广阳郡。元狩六年(前117)分广阳置涿郡,余地置为燕国。元封三年(前108)平朝鲜,遂有乐浪、玄菟、真番、临屯四郡。昭帝始元五年(前82),罢临屯、真番入乐浪。元凤元年(前80),燕国国除为广阳郡。宣帝本始元年(前73),以广阳郡为广阳国。

第一节　勃海郡沿革

勃海郡(前165—8)

　　王先谦云:"《说文》郣下云,郣海地。一曰,地之起者曰郣。渤下云,渤,瀣之别也。《史·索隐》引崔浩云,勃,旁跌也。旁跌出者,横在齐北。故《齐都赋》云,海旁出为勃。名曰勃海郡,与《说文》之海别义合。《封禅书》作渤海,本书《武纪》作浡海。《扬雄传》,作勃瀣,转写互异。"①故知此郡之"勃"或又作"郣",亦作"浡"。

　　文帝十五年(前165)置。武帝元朔三年(前126),得河间王子侯国参户、成平、广,同年,置平津侯国。五年,置合骑侯国。元狩二年,合骑侯国省。四年,置杜侯国。又,不知何年得广川王子侯国参䧚、沂陵及河间王子侯国沈阳。元鼎五年(前112),参䧚、沂陵侯国省。元封三年(前108),置荻宜侯国。四年,平津侯国省。征和二年(前91),得燕国所削之安次、文安。又,武帝时不知某年,得平原郡北部高成、阳信、重平等县。

---

① 王先谦:《汉书补注》,上海古籍出版社,2008年,第2422页。

昭帝始元初,复以文安、安次两县益燕国。始元六年,得清河王子侯国蒲领。宣帝本始元年(前73),复得文安、安次两县。四年,得清河王子侯国修市。地节二年(前68),得河间王子侯国景成。甘露二年(前52),得弓高县。又,甘露年间得河间国削县建成县。元帝永光元年(前43),置临乐侯国。建昭元年(前38),弓高县别属河间。四年,山侯国省。成帝河平四年(前25),杜侯国省。永始四年(前13),置童乡侯国。

据《旧唐书·地理志》,郡治浮阳。

1. 浮阳县(前165—8)

治今河北沧州市东南。

2. 阜城县(前165—8)

治河北今县东。

3. 章武县(前165—前157)—章武侯国(前157—前122)—章武县(前122—8)

据《外戚恩泽表》,文帝后元七年(前157),窦广国受封为章武侯,武帝元狩元年(前122)国除。治今河北黄骅市西北。

4. 中邑侯国(前165—前141)—中邑县(前141—8)

据《功臣表》,中邑侯国景帝后元三年(前141)国除为县。此侯国名"中邑",可知邑字乃地名中一部分,后当作中邑县。治今河北沧州市东北。

5. 东光县(前165—8)

治河北今县东。

6. 南皮县(前165—前157)—南皮侯国(前157—前112)—南皮县(前112—8)

据《外戚恩泽表》,文帝后元七年,窦彭祖以皇太后兄子封为南皮侯,武帝元鼎五年,坐酎金免。治河北今县东北。

7. 东平舒县(前165—8)

治今河北大城县。

8. 参户侯国(前126—8)

据《王子侯表》,武帝元朔三年置以封河间献王子免,《汉表》不言国除之日,然其见于《汉志》,是成帝末年犹存,疑当为王莽时绝。治今河北青县西南。

9. 成平侯国(前126—前120)—成平县(前120—8)

《王子侯表》作"平城侯",《史表》为"成平侯",平城《汉志》在雁门郡,显非此地。《史记索隐》曰,"《表》在南皮",《汉志》勃海郡有成平县,当即此地,故以《史表》为准。武帝元朔三年置以封河间献王子礼,元狩三年国除为县。治今河北泊头市北。

10. 平津侯国(前126—前107)

《外戚恩泽表》云:"平津献侯公孙弘……(武帝)元朔三年十一月乙丑封……元封四年,坐为山阳太守诏征钜野令史成不遣,完为城旦。高城。"城、成可通用,高城当即《汉志》中渤海郡高成县。此侯国地当在高成县附近,确址无考。

11. 广侯国(前126—前112)

《王子侯表》云:"广侯顺,河间献王子,(武帝元朔三年)十月癸酉封,十四年,元鼎五年,坐酎金免。勃海。"《汉志》无广县,是国除后省并入勃海某县。今地无考。

12. 合骑侯国(前124—前121)

《功臣表》云:"合骑侯公孙敖……以(武帝元朔)五年四月丁未封,至元狩二年,坐将兵击匈奴与骠骑将军期后,畏懦当斩,赎罪。高城。"则治所亦当与平津侯国一样距高成县不远,确址无考。

13. 杜侯国(前119—前25)

《史表》作"壮"。《功臣表》云:"杜侯复陆支……(武帝元狩四年)六月丁卯封……河平四年,坐非子免。重平。"表注重平,当地望在重平附近,确址无考。

14. 获苴侯国(前108—前91)

据《功臣表》,武帝元封三年置以封朝鲜降将韩陶,征和二年国除,省并。今地无考。

15. 文安县(前91—前86,前73—8)

武帝征和二年,削燕国文安县入勃海郡,昭帝始元元年,复以益燕国。宣帝本始元年,复属勃海。治河北今县东北。

16. 安次县(前91—前86,前73—8)

武帝征和二年,削燕国安次县入勃海郡,昭帝始元元年,复以益燕国。宣帝本始元年,复属勃海。治今河北廊坊市西北。

17. 重合侯国(前91—前88)—重合县(前88—8)

《功臣表》云:"重合侯莽通……(武帝征和二年)七月癸巳封,四年,后二年坐发兵与卫尉溃等谋反,要斩,勃海。"据《汉书》卷6《武帝纪》,莽通之反在武帝后元元年(前88),疑此处二年乃元年之误。治今山东乐陵市西。

18. 蒲领侯国(前81—8)

据《王子侯表》,昭帝始元六年置为清河纲王子禄侯国,别属勃海。治今河北阜城县东北。

19. 修市侯国（前70—8）

据《王子侯表》，宣帝本始四年置以为清河纲王子寅侯国。治今河北景县西北。

20. 景成侯国（前68—8）

据《王子侯表》，宣帝地节二年置以为河间献王子雍侯国。治今河北泊头市北。

21. 弓高县（前52—前38）

宣帝甘露二年由广川国削至勃海（详见下篇第七章第三节）。《汉志》此县属河间，当为元帝建昭元年，河间国除，其入河间郡，后遂为河间之地。治今河北阜城县南。

22. 临乐侯国（前43—8）

据《王子侯表》，武帝元朔四年以为中山靖王子光之侯国。中山王子侯国不当远至勃海。战国时，赵孝成王曾以临乐地予燕，可见临乐在故燕、赵边界，即汉中山、涿郡边界，先为中山地，封为侯国后入涿郡，其后迁往勃海。其迁徙详情不得而知，疑在元帝永光元年复置中山国时，迁此地往勃海也。治今河北南皮县东南。

23. 童乡侯国（前13—？，5—8）

据《功臣表》，成帝永始四年封钟祖为童乡侯，后绝封，元帝元始五年绍封复置侯国。《汉志》中无童乡，唯勃海下有章乡，谭其骧先生引《太平寰宇记》以为此地当作童乡①。钱大昕以为表失注侯国，即钟祖之童乡侯国②。治今山东乐陵市西北。

24. 束州县（？—8）

置年不详。治今河北河间市东北。

25. 阳信县（？—8）

武帝时自平原郡别属勃海郡。治今山东无棣县东北。

26. 千童县（？—8）

武帝时自平原郡别属勃海郡。治今河北南皮县东南。

27. 定侯国（？—8）

武帝时自平原郡别属勃海郡。治今山东乐陵市东北。

28. 高成县（？—8）

《汉志》云："都尉治。"本属平原郡，武帝时自平原郡别属勃海郡。治今河

---

① 谭其骧：《〈汉书·地理志〉选释》，收入《长水集》。
② 钱大昕：《廿二史考异》卷9《汉书四》。

北盐山县东南。

29. 高乐县(？—8)

武帝时自平原郡别属勃海郡。治今河北南皮县东南。

30. 柳侯国(？—8)

武帝时自平原郡别属勃海郡。治今河北盐山县东北。

31. 重平县(？—8)

武帝时自平原郡别属勃海郡。治今山东宁津县东。

32. 建成县(？—8)

宣帝甘露年间由河间削至勃海①。治今河北泊头市北。

33. 山侯国(？—前35)

武帝年间由平原改隶勃海,元帝建昭四年免,省并。今地无考。

34. 参戺侯国(？—前112)

武帝封广川惠王子则为侯国,《王子侯表》曰:"不得封年,坐酎金免。东海。"此东海当为勃海之误,坐酎金免,疑当在元鼎五年国除。今地无考。

35. 沂陵侯国(？—前112)

武帝封广川惠王子喜为侯国,《王子侯表》于此侯国亦云,"不得封年,坐酎金免。东海。"当同为勃海之误,元鼎五年国除。今地无考。

36. 沈阳侯国(？—？)

《王子侯表》云:"沈阳侯自为,河间献王子。不得封年。勃海。"国除年亦不详,然既无谥号,很可能亦为元鼎五年坐酎金免。今地无考。

第二节 广阳国(郡)(燕国)沿革

燕国(前202—前128)—广阳郡(前128—前117)—燕国(前117—前80)—广阳郡(前80—前73)—广阳国(前73—8)

高帝五年(前202)先后属臧荼、卢绾燕国。十二年卢绾败,刘邦更封子建为燕王,仍为燕内史之地,高帝又以赵河间郡饶阳、武阳、高垣一带益燕国。

景帝三年(前154),夺王支郡,燕国唯余此一郡之地。武帝元朔元年(前128),燕国除为广阳郡。二年,得中山靖王子侯国广望、陆成、薪处、将梁、薪馆,河间王子侯国蒌、阿武、州乡。三年,得中山靖王子侯国陆地。四年,得中山靖王子侯国临乐。五年,得中山靖王子侯国九:桑丘、高丘、柳宿、樊舆、曲成、安郭、安险、戎丘、安道。

---

① 考证见李启文:《西汉勃海郡初置领县考》,刊于《历史地理》第十三辑。

元狩六年(前117),以广阳郡蓟、广阳、方城、益昌、良乡、文安、安次等县复置燕国封子旦,余地置为涿郡。征和二年(前91)削燕国良乡、文安、安次三县。昭帝初,益封万三千户,疑为复得文安、安次、良乡。元凤元年(前80),国除为广阳郡。

宣帝本始元年(前73),复置广阳国,然无文安、安次、良乡之地。元帝初元五年(前44),置顷王子侯国三:临乡、西乡、阳乡。永光三年(前41),置顷王子侯国益昌,均改属涿郡。故《汉志》中广阳国仅有蓟、广阳、阴乡、方城四县。平帝元始二年(公元2),置方城、当阳、广城侯国,别属涿郡。

《汉书》卷57《五行志》云:"昭帝元凤元年,燕王都蓟大风雨。"是燕、广阳之治所当皆在蓟县。

1. 蓟县(前202—8)

治今北京市。

2. 广阳县(前202—8)

治今北京市南。

3. 方城县(前202—2)

据《王子侯表》,平帝元始二年封为广阳王子宣侯国,当别属涿郡。治今河北固安县西南。

4. 涿县(前202—前117)

汉初,郦商曾食此县五千户。武帝元狩六年改隶涿郡。治今河北涿州市。

5. 容城县(前202—前147)—容城侯国(前147—前117)

据《功臣表》,景帝中元三年(前147)封匈奴降王徐卢为侯国,武帝后元二年(前87)国除[①]。其当于武帝元狩六年别属涿郡。治今河北博野县西南。

6. 范阳县(前202—前147)—范阳侯国(前147—前130)—范阳县(前130—前117)

据《功臣表》,景帝中元三年封匈奴降王代为侯国,武帝元光五年(前130)国除复为县,元狩六年改隶涿郡。治今河北定兴县西南。

7. 遒县(前202—前147)—遒侯国(前147—前117)

据《功臣表》,景帝中元三年封匈奴降王陆强为侯国,武帝元狩六年改隶涿郡。治今河北涞水县。

---

① 此侯国置时在燕国境内,燕国国除于武帝元朔元年,未知王国例不辖侯国制度究竟确立于何时,如在元朔之前,则此侯国当迁徙至汉郡,而容城则在元朔前已为县矣。今无确证,暂取其延续至元朔元年。后文遒侯国、范阳侯国亦如此,不复加注。

8. 易县(前202—前147)—易侯国(前147—前141)—易县(前141—前117)

《汉书》卷40《周勃传》载,勃破臧荼于此。据《功臣表》,景帝中元三年封匈奴降王仆黵为侯国,后元三年(前141)国除为县。武帝元狩六年别属涿郡。治今河北雄县西北。

9. 安次县(前202—前91,前86—前73)

武帝征和二年之后削入勃海,昭帝始元元年复归燕国,宣帝本始元年再隶勃海。治今河北廊坊市西北。

10. 文安县(前202—前91,前86—前73)

武帝征和二年之后削入勃海,昭帝始元元年年复归燕国,宣帝本始元年再隶勃海。治河北今县东北。

11. 益昌县(前202—前41)

疑其本为县,元帝永光三年以置侯国故改隶涿郡。治今河北霸州市东北。

12. 鄚县(前202—前117)

治今河北任丘市北。

13. 阿陵县(前202—前201)—阿陵侯国(前201—前148)—阿陵县(前148—前117)

《功臣表》作"河陵",疑有误,当以《史表》"阿陵"为准。高帝六年封郭蒙为侯国,景帝中元二年国除为县。武帝元狩六年别属涿郡。治今河北任丘市东北。

14. 高阳县(前195—前117)

秦封泥有"高阳丞印"。高帝十二年自河间来属,武帝元狩六年别属涿郡。治河北今县东。

15. 武垣县(前195—前117)

秦有"三年武垣令戈"。高帝十二年自河间来属,武帝元狩六年别属涿郡。治今河北肃宁县东南。

16. 饶阳县(前195—前117)

高帝十二年自河间来属,武帝元狩六年别属涿郡。治河北今县东北。

17. 南深泽县(前195—前117)

本属赵国河间,高帝十二年燕赵两国边界调整,遂入燕。元狩六年改隶涿郡。治今河北深泽县东南。

18. 故安侯国(前161—前120)—故安县(前120—前117)

据《功臣表》,文帝后元三年(前161)封申屠嘉为侯国,武帝元狩三年改封为清安侯,此地为县。元狩六年改隶涿郡。据《功臣表》,申屠嘉初不过食邑五百户,疑汉初本为一乡之地。治今河北易县东南。

19. 广望侯国（前127—前117）

据《王子侯表》，武帝元朔二年封中山靖王子忠国，《汉志》属涿郡，初置时当属广阳也，武帝元狩六年方别属涿郡。治今河北清苑县西南。

20. 将梁侯国（前127—前117）

据《王子侯表》，武帝元朔二年封中山靖王子朝平为侯国，元狩六年别属涿郡。《水经·滱水注》云："又东合堀沟，沟上承清梁陂，又北迳清凉城东，即将梁也，汉武帝元朔二年封中山靖王子刘朝平为侯国。"据注文，将梁侯国在今河北清苑县东南。

21. 薪馆侯国（前127—前117）

据《王子侯表》，武帝元朔二年封中山靖王子未央为侯国，元狩六年别属涿郡。今地无考，以地名当与薪处侯国相距不远。

22. 陆成侯国（前127—前117）

《史表》作"陉成"，《王子侯表》作"陆城"，《汉志》为"陆成"，此处以《汉志》为准。武帝元朔二年封中山靖王子贞为侯国，元狩六年别属涿郡。治今河北蠡县南。

23. 薪处侯国（前127—前117）

据《王子侯表》，武帝元朔二年封中山靖王子嘉为侯国，元狩六年别属涿郡。治今河北定州市东北。

24. 蒌侯国（前126—前117）

据《王子侯表》，武帝元朔三年封河间献王子退为侯国，元狩六年别属涿郡。《续汉书·郡国志》饶阳县下注曰"故属涿，有无蒌亭"，马孟龙《西汉侯国地理》中疑即此地，可从。治今河北肃宁县南。

25. 阿武侯国（前126—前117）

据《王子侯表》，武帝元朔三年封河间献王子豫侯国，元狩六年别属涿郡。治今河北献县西北。

26. 州乡侯国（前126—前117）

据《王子侯表》，武帝元朔三年封河间献王子禁侯国，元狩六年别属涿郡。治今河北河间市东北。

27. 陆地侯国（前126—前117）

据《王子侯表》，武帝元朔三年封中山靖王子义为侯国，元狩六年别属涿郡。表注辛处，其地望当在薪处侯国附近也。治今河北望都县南。

28. 临乐侯国（前125—前117）

据《王子侯表》，武帝元朔四年封中山靖王子光为侯国，王莽时绝。前文已述及,《汉志》临乐侯国属勃海郡,乃迁地所致。《史记》卷43《赵世家》载孝成王十九年,赵燕易地,赵与燕临乐。可见临乐在故燕赵边界。侯国初置当入广阳郡,元狩六年改隶涿郡。今地无考。

29. 桑丘侯国(前124—前117)

《王子侯表》作"乘丘",《史表》作"桑丘",《括地志》云:"桑丘城在易州遂城县界。"若乘丘则在泰山郡,乃东平王子侯国,当以《史表》为是。武帝元朔五年封中山靖王子将夜,元狩六年别属涿郡。治今河北徐水县西南。

30. 高丘侯国(前124—前117)

《王子侯表》有"高丘哀侯",《史表》亦作是,《汉志》涿郡有"谷丘",谷、高双声,当即是。武帝元朔五年封中山靖王子破胡,元狩六年别属涿郡。今地无考。

31. 柳宿侯国(前124—前117)

据《王子侯表》,武帝元朔五年封中山靖王子盖,元狩六年别属涿郡。《太平寰宇记》卷62《河北道·定州》云:"在县(定州望都)东四十二里。"其当在今河北望都县东。

32. 戎丘侯国(前124—前117)

据《王子侯表》,武帝元朔五年封中山靖王子让,元狩六年别属涿郡。今地无考。

33. 樊舆侯国(前124—前117)

据《王子侯表》,武帝元朔五年封中山靖王子修侯国,元狩六年别属涿郡。治今河北徐水县东南。

34. 曲成侯国(前124—前117)

据《王子侯表》,武帝元朔五年封中山靖王子万岁,元狩六年别属涿郡。今地无考。

35. 安郭侯国(前124—前117)

据《王子侯表》,武帝元朔五年封中山靖王子傅富,元狩六年别属涿郡。《水经·滱水注》有安郭亭,马孟龙《西汉侯国地理》中以为即是此侯国所在,从之。治今河北安国市东南。

36. 安险侯国(前124—前117)

据《王子侯表》,武帝元朔五年封中山靖王子应为侯国,元狩六年别属涿郡。治今河北定州市东南。

37. 安道侯国(前124—前117)

据《王子侯表》,武帝元朔五年封中山靖王子恢,元狩六年别属涿郡。今地无考。

38. 阴乡县(?—8)

置年不详。治今北京市西南。

39. 良乡县(?—前91,前86—前73)

置年不详,武帝征和二年削入涿郡。昭帝始元元年复归燕国,宣帝本始元年再隶勃海。治今北京市西南。

40. 蠡吾县(?—前117)

旧属河间地,应劭云"县故饶阳之下乡",是析自饶阳县也,置年不详。武帝元狩六年别属涿郡。治今河北博野县西南。

41. 安平县(?—前117)

置年不详,武帝元狩六年别属涿郡。治河北今县。

第三节　涿郡沿革

涿郡(前117—8)

武帝元狩六年(前117)析广阳郡地置。元鼎五年(前112),将梁、陆地、柳宿、戎丘、曲成、薪馆、安道等侯国省并。同年,置北新成、安国两县及蒌侯国。六年,复置将梁侯国。元封四年(前107),将梁侯国复省。

征和二年(前91),得燕国削县良乡。昭帝始元元年(前86),良乡还属燕国。元凤五年(前76),得中山王子侯国成。宣帝本始元年(前73),良乡来属涿郡。三年,得中山王子侯国宣处。四年,置新昌侯国。地节三年(前67),宣处侯国省。元康元年(前65),安郭侯国省。四年,桑丘侯国省。五凤元年(前57),得河间王子侯国阳兴。甘露元年(前53),得中山王子侯国利乡。又,甘露间得河间削县中水。元帝初元五年(前44),得广阳王子侯国临乡、西乡、阳乡。永光元年(前43),北新成、安险、安国、陆成、薪处等县别属中山国。同年,桑乐侯国省。三年,得广阳王子侯国益昌。建昭元年(前38),阳兴侯国回属河间。二年,置高郭侯国。成帝建始元年(前32),阳兴复属涿郡。二年,阳兴侯国复省。四年,蒌侯国省。绥和元年(前8年),以涿郡之故安、范阳等县三万户益封中山国。平帝元始元年(公元1),复置阳兴侯国。二年,得广阳王子侯国方城、当阳、广城。

其治所当在涿县。

1. 涿县(前117—8)

治今河北涿州市。

2. 遒侯国(前117—前88)—遒县(前88—8)

《功臣表》云,"孝武后元年坐祝诅上,要斩",国除为县。治今河北涞水县。

3. 高丘侯国(前117—前116)—谷丘县(前116—前8)

武帝元鼎元年(前116),高丘侯国除为县。《汉志》中此县名"谷丘",暂取侯国国除之时为更名时。成帝绥和元年益中山国。治今河北安平县西南。

4. 南深泽县(前117—8)

治今河北深泽县东南。

5. 容城侯国(前117—前87)—容城县(前87—8)

武帝后元二年(前87)国除为县。治今河北博野县西南。

6. 易县(前117—8)

治今河北雄县西北。

7. 高阳县(前117—8)

治河北今县东。

8. 武垣县(前117—8)

治今河北肃宁县东南。

9. 饶阳县(前117—8)

治河北今县东北。

10. 阿陵县(前117—8)

治今河北任丘市东北。

11. 安平县(前117—8)

《汉志》云:"都尉治。"治河北今县。

12. 鄚县(前117—8)

治今河北任丘市北。

13. 广望侯国(前117—8)

治今河北清苑县西南。

14. 阿武侯国(前117—8)

治今河北献县西北。

15. 州乡侯国(前117—8)

治今河北河间市东北。

16. 樊舆侯国(前117—8)

治今河北徐水县东南。

17. 故安县(前117—前8)

成帝绥和元年,以故安县益中山国。治今河北易县东南。

18. 范阳县(前117—前8)

成帝绥和元年益中山国。治今河北定兴县西南。

19. 蠡吾县(前117—前8)

成帝绥和元年益中山国。治今河北博野县西南。

20. 萎侯国(前117—前29)

成帝建始四年国除,省并。治今河北肃宁县南。

21. 安险侯国(前117—前112)—安险县(前112—前43)

武帝元鼎五年免为县。元帝永光元年回属中山国。治今河北定州市东南。

22. 临乐侯国(前117—前43)

《汉志》临乐侯国属勃海郡,中山王子侯国不当远至勃海,当为迁徙所致,迁年疑在元帝永光元年中山复为国时。今地无考。

23. 陆成侯国(前117—前112)—陆成县(前112—前43)

武帝元鼎五年坐酎金免为县。元帝永光元年复置中山国,以陆成县等益之,遂回属中山。治今河北蠡县南。

24. 薪处侯国(前117—前112)—新处县(前112—前43)

武帝元鼎五年坐酎金免,国除为县。《汉志》中山国有"新处",即是,当是元帝永光元年回属中山国。暂取侯国国除之时为县名写法变异之时。治今河北定州市东北。

25. 桑丘侯国(前117—前62)

宣帝元康四年国除,省并入北新成。治今河北徐水县西南。

26. 安郭侯国(前117—前65)

宣帝元康元年免,省并。治今河北安国市东南。

27. 将梁侯国(前117—前112,前111—前107)

武帝元鼎五年坐酎金免。据《功臣表》,次年武帝复置以封杨仆,元封四年国除,省并。治今河北清苑县东南。

28. 陆地侯国(前117—前112)

武帝元鼎五年坐酎金免。《王子侯表》下注辛处,其地望当在薪处侯国附近也,疑省并入新处县。确址不详。

29. 柳宿侯国(前117—前112)

武帝元鼎五年免,省入新处县。治今河北望都县东。

30. 戎丘侯国(前117—前112)

武帝元鼎五年国除,省并。今地无考。

31. 曲成侯国(前117—前112)

武帝元鼎五年坐酎金免,省并。今地无考。

32. 薪馆侯国(前117—前112)

武帝元鼎五年坐酎金免。今地无考。

33. 安道侯国(前117—前112)

武帝元鼎五年坐酎金免,省并。今地无考。

34. 北新成县(前112—前43)

武帝元鼎五年时,诸多中山王子侯国国除,并为此县,元帝永光元年益属中山国。治今河北徐水县西。

35. 安国县(前112—前43)

武帝元鼎五年时,安郭等中山王子侯国国除,疑合并为此县,元帝永光元年益属中山郡。治今河北安平县东北。

36. 良乡县(前91—前86,前73—8)

《汉志》注侯国,《王子侯表》有梁乡侯赵共王子交,然良乡非赵地,不能封赵王子。又,梁乡与良乡有异,且该侯国为成帝绥和元年六月封,而《汉志》所载侯国只截止于元延末年,故无梁乡,此处侯国两字当乃衍注。武帝征和二年之后,良乡削入涿郡,昭帝始元年间复归燕国,宣帝本始元年再隶涿郡。治今北京市西南。

37. 成侯国(前76—前5)—成县(前5—8)

据《王子侯表》,昭帝元凤五年封中山康王子喜,哀帝建平元年(前6)国除。《汉志》注云,"莽曰宜家",当是国除后仍保留建制,并未省并也。今地无考。

38. 宣处侯国(前71—前67)

据《王子侯表》,宣帝本始三年置以为中山康王子章侯国,地节三年国除,省并。今地无考。

39. 新昌侯国(前70—8)

据《王子侯表》,宣帝本始四年置以为燕刺王子庆侯国,此侯国非以推恩法分封,本即在涿郡境内,无关郡国边界变动矣。治今河北高碑店市东南。

40. 阳兴侯国(前57—前38,前32—前31,1—8)

据《王子侯表》,宣帝五凤元年,置为河间孝王子昌侯国。元帝建昭元年河间国除,回属河间,成帝建始元年,复属涿郡,二年国除,省并。后平帝元始元年(公元1),复置以为东平思王孙寄生侯国。今地无考。

41. 利乡侯国(前53—8)

甘露元年,宣帝置以为中山顷王子安侯国,王莽时绝,《王子侯表》下注常山,当因错格所误,常山当在下一格赵顷王子都乡孝侯景下,此格当如前一格阳兴侯昌一般为涿郡,《汉志》利乡侯国亦在涿郡也。今地无考。

42. 临乡侯国(前44—8)

据《王子侯表》,元帝初元五年封广阳顷王子云为侯国。治今河北固安县南。

43. 西乡侯国(前44—8)

据《王子侯表》,元帝初元五年封广阳顷王子容为侯国。治今河北涿州市西北。

44. 阳乡侯国(前44—8)

据《王子侯表》,元帝初元五年封广阳顷王子发为侯国。治今河北固安县西北。

45. 益昌侯国(前41—8)

据《王子侯表》,元帝永光三年置为广阳顷王子婴国。治今河北霸州市东北。

46. 高郭侯国(前37—8)

河间王子侯国,本属信都郡,元帝建昭二年置信都国,遂迁徙至涿郡(详见下篇第七章第三节)。治今河北任丘市西北。

47. 方城侯国(2—8)

据《王子侯表》,平帝元始二年置以为广阳思王子宣侯国①。治今河北固安县西南。

48. 当阳侯国(2—8)

据《王子侯表》,平帝元始二年置以为广阳思王子益侯国。今地无考,或与方城侯国相去不远。

49. 广城侯国(2—8)

据《王子侯表》,平帝元始二年置以为广阳思王子韭侯国。今地无考。

50. 中水县(？—8)

《晋书地道记》言中水故属河间,疑乃宣帝甘露间所削河间两县之一,改隶涿郡。治今河北献县西北。

---

① 《王子侯表》作广阳缪王子,当为思王子之误。

第四节　上谷郡、渔阳郡、右北平郡、
辽西郡、辽东郡沿革

（一）燕上谷郡（前202—前154）—上谷郡（前154—8）

汉初属燕国，景帝三年（前154）后以边郡故收归汉。《汉书》卷40《周勃传》云，勃定"上谷十二县"，钱大昭据此以为秦上谷郡领县十二，实误也。《汉书》卷41《樊哙传》亦云哙定云中十二县，岂云中郡仅辖十二县？《樊哙传》言哙平燕十八城，而据前文，汉初燕之广阳郡实无十八县，实则樊哙定广阳外，又已定上谷三县，唯余十二城以待后来之周勃也。

《水经·漯水注》云："清夷水东南流迳沮阳城，秦始皇上谷郡治所也。"西汉郡治亦当在沮阳。

1. 沮阳县（前202—8）

《汉书》卷40《周勃传》有"击绾军于沮阳"，即此县。治今河北怀来县东南。

2. 泉上县（前202—8）

治所当在今河北怀来县东北一带。

3. 潘县（前202—8）

治今河北涿鹿县西南。

4. 军都县（前202—8）

治今北京昌平区南。

5. 居庸县（前202—8）

治今北京延庆区。

6. 雊瞀县（前202—8）

治今河北蔚县东北。

7. 夷舆县（前202—8）

秦封泥有"夷舆丞印"。治今北京延庆区东北。

8. 宁县（前202—8）

《汉志》云："西部都尉治。"治今河北万全县。

9. 昌平县（前202—8）

治今北京昌平区南。

10. 广宁县（前202—8）

治今河北张家口市。

11. 涿鹿县(前202—8)

治河北今县东南。

12. 且居县(前202—8)

治今河北怀来县西。

13. 茹县(前202—8)

治今河北涿鹿县北。

14. 女祁县(前202—8)

《汉志》云:"东部都尉治。"治今河北赤城县南。

15. 下落县(前202—8)

治今河北涿鹿县。

(二)燕渔阳郡(前202—前154)—渔阳郡(前154—8)

汉初属燕国,景帝三年以边郡收归汉。

《汉志》渔阳郡领十二县,《汉书》卷40《周勃传》云,高帝十二年,勃"定上谷十二县、右北平十六县、辽东二十九县、渔阳二十二县",钱大昭以为"渔阳二十二县"中"二"乃衍字,秦渔阳郡亦领县十二[①]。如此,则《汉志》之十二县皆承自秦也。

据《水经·鲍丘水注》,渔阳郡治渔阳县。

1. 渔阳县(前202—8)

治今北京密云区西南。

2. 狐奴县(前202—8)

治今北京顺义区东北。

3. 路县(前202—8)

治今河北三河市西。

4. 雍奴县(前202—8)

治今天津武清区东北。

5. 泉州县(前202—8)

秦封泥有"泉州丞印"。治今天津武清区南。

6. 平谷县(前202—8)

治今北京平谷区东北。

7. 安乐县(前202—8)

治今北京顺义区西北。

[①] 钱大昭《汉书辨疑》卷15《地理志》"渔阳郡"条下,见沈钦韩等撰:《汉书疏证(外二种)》,上海古籍出版社,2006年。

8. 厗奚县(前202—8)

治今北京密云县东北。

9. 犷平县(前202—8)

治今北京密云县东北。

10. 要阳县(前202—8)

《汉志》云:"都尉治。"治所当在今河北丰宁满族自治县东南一带。

11. 白檀县(前202—8)

秦封泥有"白檀丞印"。治今河北滦平县北。

12. 滑盐县(前202—8)

治今河北滦平县南。

(三)燕右北平郡(前202—前154)—右北平郡(前154—8)

汉初属燕国,景帝三年,以边郡故收归汉。

楚汉之际,项羽封韩广为辽东王,都无终,似无终当为右北平郡治。然严耕望引《三国志》卷11《魏书·田畴传》"畴为太祖曰:'旧北平郡治平刚,道出卢龙,达于柳城。自建武以来陷坏断绝,垂二百年'",以为西汉末右北平郡治在平刚之力证,确可信服,从之。故右北平当为汉初治无终,后徙治平刚也。观平刚在右北平之北部,疑乃武帝时期为备战匈奴迁治也。《汉志》右北平郡领十六县,由《汉书》卷40《周勃传》知,秦右北平郡亦领十六县,疑秦汉县目同。

1. 平刚县(前202—8)

治今内蒙古宁城县西南。

2. 无终县(前202—8)

治今天津蓟县。

3. 石成县(前202—8)

治所当在今辽宁建昌县西与喀喇沁左翼蒙古族自治县交界处一带。

4. 延陵县(前202—8)

今地无考。

5. 俊靡县(前202—8)

治今河北遵化市西北。

6. 薋县(前202—8)

《汉志》云:"都尉治。"今地无考。

7. 徐无县(前202—8)

治今河北遵化市东。

8. 字县(前202—8)

治所当在今河北平泉县北一带。

9. 土垠县(前202—8)

治今河北唐山市丰润区东。

10. 白狼县(前202—8)

治今辽宁喀喇沁左翼蒙古族自治县西南。

11. 夕阳县(前202—8)

治所当在今河北遵化市东南一带。

12. 昌城县(前202—8)

治今河北唐山市丰南区西北。

13. 骊成县(前202—8)

今地无考。

14. 广成县(前202—8)

治今辽宁建昌县。

15. 聚阳县(前202—8)

今地无考。

16. 平明县(前202—8)

今地无考。

(四)燕辽西郡(前202—前154)—辽西郡(前154—8)

汉初属燕国,景帝三年,以边郡故收归汉。

《汉书》卷40《周勃传》云,勃"定上谷十二县,右北平十六县,辽东二十九县,渔阳二十二县",其渔阳二十二县当为十二县之误,而辽东二十九县实乃辽东辽西两郡县数之和。《汉志》中辽西郡辖县十四,辽东辖县十八,二郡共领县三十二,由此可知,西汉一代辽东、辽西两郡又新置县三。

《水经·濡水注》引《地理风俗记》云:"阳乐,故燕地,辽西郡治,秦始皇二十二年置。"旧说或以此定西汉辽西郡治于阳乐。严耕望曰:"《地志》首书且虑县。本注云,有高庙。考《韦玄成传》,高祖是令诸侯王都立太上皇庙。又《惠帝纪》,帝初即位,令郡诸侯王立高庙。必亦在郡国治所也。据《汉书》卷25《郊祀志》及卷73《韦玄成传》,至元帝时始废毁。且虑之高庙独存,盖有特殊之因缘,高庙所在,至少可证元帝时郡治且虑矣。自元帝至哀平不过四十年,且东北边境无大变化,宜可证平帝世亦治且虑也。郦注引应劭说本亦述东汉治所,惟带述置郡之始耳。王氏据之以为自秦以来即治阳乐,未尝迁徙,疏矣。"①

祖宗庙是否必定建于郡治,史未明言,但这种可能性极大。且虑有高庙,说明它在汉初为辽西郡治。但有高庙之郡多达三十九,本志没有第二个郡加上此注。所以反过来似乎也可这样解释:辽西郡虽初治且虑,后来迁到阳乐,郡治可迁而高庙不能动,因此特为标明且虑有高庙。但这些都是揣测之词。在目前史料未备的情况下,且虑既列首县,又有高庙,可暂时认为是西汉辽西郡治。至于阳乐,则是东汉辽西郡治,应劭所云以东汉之制概两汉是完全可能的。

1. 且虑县(前202—8)

治所当在今辽宁义县北一带。

2. 肥如县(前202—前201,前156—8)——肥如侯国(前201—前156)

据《功臣表》,高帝六年置为侯国以封蔡寅,景帝元年国除为县。治今河北卢龙县北。

3. 海阳县(前202—8)

治今河北滦县西南。

4. 新安平县(前202—8)

治今河北滦县西北。

5. 柳城县(前202—8)

《汉志》云:"西部都尉治。"治今辽宁朝阳市西南。

6. 令支县(前202—8)

治今河北迁安市西。

7. 宾徒县(前202—8)

《汉志》作"宾従",罗福颐举封泥"宾徒丞印"及《续汉书·郡国志》之乐浪郡宾徒县,以为此县名当作"宾徒",可从②。治今辽宁锦州市北。

8. 交黎县(前202—8)

《汉志》云:"东部都尉治。"治今辽宁义县。

9. 阳乐县(前202—8)

治今辽宁义县西。

10. 狐苏县(?—8)

治今辽宁朝阳市东南。

---

① 严耕望:《汉书地理志县名首书者即郡国治所辨》。
② 罗福颐:《史印新证举隅》,刊于《故宫博物馆院刊》1982年第1期。

11. 徒河县(？—8)

治今辽宁锦州市。

12. 文成县(？—8)

治今辽宁建昌县东。

13. 临渝县(？—8)

治所当在今辽宁朝阳市东。

14. 絫县(？—8)

治今河北昌黎县南。

(五)燕辽东郡(前202—前154)—辽东郡(前154—8)

汉初属燕国,景帝三年,以边郡故收归汉。

《水经·大辽水注》载:"襄平,始皇二十二年灭燕置辽东郡,治此。"知郡治所在襄平县。

1. 襄平县(前202—前199,前110—8)—襄平侯国(前199—前110)

据《功臣表》,高帝八年置襄平侯国以封纪通,当即此地,武帝元封元年国除为县。治今辽宁辽阳市。

2. 险渎县(前202—8)

秦封泥有"险渎丞印",汉初当已有此县。治今辽宁台安县东南。

3. 新昌县(前202—8)

治今辽宁海城市东北。

4. 无虑县(前202—8)

《汉志》云:"西部都尉治。"治今辽宁北镇市东南。

5. 望平县(前202—8)

治今辽宁新民市南。

6. 房县(前202—8)

治所当在今辽宁大洼县东北一带。

7. 候城县(前202—8)

《汉志》云:"中部都尉治。"治今辽宁沈阳市东南。

8. 辽队县(前202—8)

治今辽宁海城市西北。

9. 辽阳县(前202—8)

治今辽宁辽中县东。

10. 居就县(前202—8)

治今辽宁辽阳县东南。

11. 高显县(前202—8)

治今辽宁铁岭市。

12. 安市县(前202—8)

治今辽宁海城市东南。

13. 武次县(前202—8)

《汉志》云:"东部都尉治。"治今辽宁凤城市东北。

14. 平郭县(前202—8)

治今辽宁盖州市西南。

15. 西安平县(前202—8)

治今辽宁丹东市东北。

16. 文县(?—8)

治今辽宁营口市东南。

17. 番汗县(?—8)

治今朝鲜平安北道博川城南。

18. 沓氏县(?—8)

治今辽宁大连市东北。

第五节 乐浪郡、玄菟郡(附:真番郡、临屯郡、苍海郡)沿革

(一) 乐浪郡(前108—8)

武帝元封三年(前108)置。昭帝始元五年(前82),罢临屯、真番二郡,又内徙玄菟郡,以其郡东部地予乐浪郡。乐浪郡地域扩大,遂置东部都尉辖岭东七县,即东暆、不而、蚕台、华丽、邪头昧、前莫、夫租(即沃沮)①。故真番辖县则置乐浪郡南部都尉,为带方、列口、长岑、提奚、含资、海冥、昭明。

《水经·大辽水注》云:"其水西流迳故乐浪朝鲜郡,即乐浪郡治,汉武帝置。"据此,乐浪郡治在朝鲜。

1. 朝鲜县(前108—8)

治今朝鲜平壤市南。

---

① 见杨守敬《晦明轩稿》(《近代中国史料丛刊续编》,第六十九辑行688册)中《汪士铎汉志释地驳议》一文,下文所引杨氏原文及观点皆出此,不另加注。

2. 讲邯县(前108—8)

治所当在今朝鲜平壤市顺安东部一带。

3. 浿水县(前108—8)

治所当在今朝鲜慈江道熙川以东一带。

4. 黏蝉县(前108—8)

治今朝鲜平安南道南浦特级市北。

5. 遂成县(前108—8)

治今朝鲜平安南道黄浦特级市江西郡以东。

6. 增地县(前108—8)

治所当在今朝鲜平安南道安州市以东一带。

7. 骊望县(前108—8)

治所当在今朝鲜平壤市江东郡一带。

8. 镂方县(前108—8)

治所当在今朝鲜平安南道阳德郡以西一带。

9. 浑弥县(前108—8)

治所当在今朝鲜平安南道肃川以北一带。

10. 吞列县(前108—8)

治所当在今朝鲜平安南道松山里一带。

11. 屯有县(前108—8)

治今朝鲜黄海北道黄州。

12. 含资县(前82—8)

本属真番郡,昭帝始元五年来属。治今朝鲜黄海北道瑞兴郡。

13. 带方县(前82—8)

本属真番郡,昭帝始元五年来属。治今朝鲜黄海北道凤山郡。

14. 海冥县(前82—8)

本属真番郡,昭帝始元五年来属。治所当在今朝鲜黄海南道海州市以东。

15. 列口县(前82—8)

本属真番郡,昭帝始元五年来属。治今朝鲜黄海南道殷栗郡。

16. 长岑县(前82—8)

本属真番郡,昭帝始元五年来属。治所当在今朝鲜黄海南道长渊郡以北。

17. 昭明县(前82—8)

本属真番郡,昭帝始元五年来属。《汉志》云:"南部都尉治。"治今朝鲜黄海南道信川郡北部面土城里。

18. 提奚县(前82—8)

本属真番郡,昭帝始元五年来属。治所当在今朝鲜黄海北道平山郡西南一带。

19. 东暆县(前82—8)

本属临屯郡,据《后汉书》卷85《东夷列传》,昭帝始元五年改属乐浪东部都尉辖。治今韩国江原道江陵。

20. 不而县(前82—8)

本属临屯郡,昭帝始元五年改属乐浪东部都尉辖。治今朝鲜江原道安边。

21. 蚕台县(前82—8)

本属临屯郡,昭帝始元五年改属乐浪东部都尉辖。治所当在今韩国江原道东草以南。

22. 华丽县(前82—8)

本属临屯郡,昭帝始元五年改属乐浪东部都尉辖。治所当在今朝鲜咸镜南道永兴一带。

23. 邪头昧县(前82—8)

陈直《汉书新证》引"邪頭眛宰印"以为县名当作"邪頭眛",然此印乃莽朝之物,未必不是王莽更名也。本属临屯郡,昭帝始元五年改属乐浪东部都尉辖。治今朝鲜江原道高城以西北一带。

24. 前莫县(前82—8)

本属临屯郡,昭帝始元五年改属乐浪东部都尉辖。治所当在今朝鲜江原道高城以西南一带。

25. 夭租县(前82—8)

《汉志》作"夫租",此乃夭、夫形似而讹,夭租即沃沮之别写。杨树达《汉书窥管》已据《翰苑注》知夫租之误,林沄更细审旧释作"夫租丞印"等封泥,以为实当释作"夭租丞印"①。实际上,据《三国志》卷30《魏书·东沃沮传》与《汉志》亦可推断夫为夭之讹。玄菟郡即以故朝鲜属国沃沮地为主而置,并因而置沃沮县以为郡治。后为夷貊所侵,玄菟郡遂一分为二,东部郡治沃沮于昭帝始元五年别属乐浪郡,为东部都尉所辖。治今朝鲜咸镜南道咸兴市。

(二)玄菟郡(前108—8)

《古封泥集成》693、694有"玄兔太守章",当为兔、菟可通用。

---

① 林沄:"夭租丞印"封泥与"夭租薉君"银印考,收入《林沄学术文集(二)》,科学出版社,2008年。

武帝元封三年置。《三国志》卷30《魏书·东沃沮传》云："汉武帝元封二年,伐朝鲜,杀满孙右渠,分其地为四郡,以沃沮城为玄菟郡。后为夷貊所侵,徙郡句丽西北,今所谓玄菟故府是也。沃沮还属乐浪。"由此可见,玄菟郡始治沃沮城,徙郡以后,治高句骊。

1. 高句骊县(前108—8)

治今辽宁新宾满族自治县西。

2. 上殷台县(前108—8)

治今吉林省通化市。

3. 西盖马县(前108—8)

治所当在今朝鲜慈江道古丰、三乐里一带。

4. 沃沮县(前108—前82)

据上文知,沃沮原为玄菟郡郡治也,亦可写作"夭租"。昭帝始元六年郡内徙时,县改隶乐浪。治今朝鲜咸镜南道咸兴市。

又,玄菟郡置之初,当不止此数县,余县自始元六年内徙后或皆罢,已不可考。

附一:真番郡(前108—前82)

武帝元封三年置,据《后汉书》卷85《东夷列传》,于昭帝始元五年罢。《茂陵书》云:"真番郡治霅县,去长安七千六百四十里,十五县。"[1]另有八县无考,疑罢郡时废入辰国[2]。

据《茂陵书》,真番郡治在霅县。

1. 霅县(前108—前82)

以《茂陵书》,此县为真番郡治,然不见于《汉志》。疑在今韩国首尔市。

2. 含资县(前108—前82)

治今朝鲜黄海北道瑞兴郡。

3. 带方县(前108—前82)

治今朝鲜黄海北道凤山郡。

4. 海冥县(前108—前82)

治所当在今朝鲜黄海南道海州市以东。

5. 列口县(前108—前82)

治今朝鲜黄海南道殷栗郡。

---

[1] 《汉书》卷6《武帝纪》臣瓒注所引。
[2] 李丙焘:《真番郡考》,原载《史学杂志》40卷5期,周一良译文载《禹贡》2卷10期。

6. 长岑县(前108—前82)

治所当在今朝鲜黄海南道长渊郡以北。

7. 昭明县(前108—前82)

治今朝鲜黄海南道信川郡北部面土城里。

8. 提奚县(前108—前82)

治所当在今朝鲜黄海北道平山郡西南一带。

附二：临屯郡(前108—前82)

武帝元封三年置,《后汉书》卷85《东夷列传》云,昭帝始元五年罢。据《茂陵书》载:"临屯郡治东暆县,去长安六千一百三十八里,十五县。"临屯郡属县应有十五,但其他九县已不可考,或因后没入辰国,然亦未必。

据《茂陵书》,郡治东暆县。

1. 东暆县(前108—前82)

治今韩国江原道江陵。

2. 不而县(前108—前82)

治今朝鲜江原道安边。

3. 蚕台县(前108—前82)

治所当在今韩国江原道束草以南。

4. 华丽县(前108—前82)

治所当在今朝鲜咸镜南道永兴一带。

5. 邪头昧县(前108—前82)

治今朝鲜江原道高城以西北一带。

6. 前莫县(前108—前82)

治所当在今朝鲜江原道高城以西南一带。

附三：苍海郡(前128—前126)

武帝元朔元年(前128)置,三年废。其辖县、治所均无考。

第十三章　朔方刺史部地区郡县沿革

朔方刺史部，高帝五年（前202）其范围内仅北地、上郡二郡。武帝元朔二年（前127），开河南地，置朔方、五原二郡。四年，析置西河郡，遂至西汉末之规模。

第一节　朔方郡、五原郡沿革

（一）朔方郡（前127—8）

武帝元朔二年（前127）立此郡名①。

除朔方、临戎、三封、沃野外，其余县置年不明。或在前述四县之后陆续置立，然可确定当不晚于武帝时期，因武帝之后，朔方之移民屯田大为减少，且四县之地实不足以立一郡，尤其是负有防守责任的边郡，故置年或与前四县相近矣。

《汉志》首书三封，《元和郡县图志》云，朔方郡治三封，或即缘此。王文楚曰："《汉志》载，东部都尉治渠搜，中部都尉治广牧，西部都尉治窳浑，三都尉所治之县，恰在朔方郡治朔方县之东、中、西部，若郡治三封，三都尉无一不在郡之东部，显与《汉志》记载相违。故朔方郡治应在朔方县。"②其说甚当，朔方县当即为朔方郡治。

1. 朔方县（前126—8）

《武帝纪》载，元朔三年，"城朔方城"。疑朔方县即置于此年。治今内蒙古杭锦旗东北。

2. 临戎县（前124—8）

《汉志》云："武帝元朔五年城。"治今内蒙古磴口县北。

---

① 《汉志》及《汉书》卷6《武帝纪》并系朔方之置于二年，然疑此时诸县城皆未立，当为空立其名，待后逐渐实之也。
② 王文楚：《关于〈中国历史地图集〉第2册西汉图几个郡国治所问题》，《历史地理》第5辑，上海人民出版社，1987年。

3. 三封县(前120—8)

《汉志》云:"武帝元狩三年城。"治今内蒙古磴口县西北。

4. 沃野县(前120—8)

《汉志》云:"武帝元狩三年城。"治今内蒙古巴彦淖尔市临河区西南。

5. 广牧县(？—8)

《汉志》云:"东部都尉治。"然广牧实在郡之中部,此当为中部都尉之误。治今内蒙古乌拉特前旗西北。

6. 修都县(？—8)

治今内蒙古杭锦旗西北。

7. 临河县(？—8)

治今内蒙古巴彦淖尔市临河区北。

8. 呼遒县(？—8)

治今内蒙古乌拉特前旗东南。

9. 窳浑县(？—8)

《汉志》云:"西部都尉治窳浑。"治今内蒙古磴口县西北。

10. 渠搜县(？—8)

《汉志》云:"中部都尉治。"然以地望,渠搜在广牧县之东,郡之东部,疑为东部都尉之误。治今内蒙古乌拉特前旗东南。

(二) 五原郡(前127—8)

武帝元朔二年置。

《汉志》以为此乃秦九原郡之更名。秦代编已考,九原郡当为战国时期赵所置郡,秦时省并之入云中郡。疑五原郡乃汉武帝于元朔二年置朔方郡同时,分云中之西部数县置,同时又以上郡之武都来属。武帝之后当变化不大。

郡领县十六,其七县沿袭旧县,余九县后置,疑在元朔二年之后方陆续设置也。治九原县。

1. 九原县(前127—8)

武帝元朔二年自云中郡来属。治今内蒙古包头市西。

2. 河阴县(前127—8)

武帝元朔二年自云中郡来属。治今内蒙古达拉特旗西北。

3. 南舆县(前127—8)

武帝元朔二年自云中郡来属。治今内蒙古准格尔旗东。

4. 武都县(前127—8)

武帝元朔二年自上郡来属。治所当在今内蒙古准格尔旗北。

5. 曼柏县(前127—8)

武帝元朔二年自云中郡来属。治今内蒙古达拉特旗东南。

6. 莫䵣县(前127—8)

武帝元朔二年自云中郡来属。今地无考。

7. 西安阳县(前127—8)

武帝元朔二年自云中郡来属。治今内蒙古乌拉特前旗东南。

8. 固陵县(？—8)

置年不详。今地无考。

9. 五原县(？—8)

置年不详,然郡既名五原,此县之置或亦在武帝元朔二年后不久。治今内蒙古乌拉特前旗东。

10. 临沃县(？—8)

置年不详。治今内蒙古包头市西。

11. 文国县(？—8)

置年不详。今地无考。

12. 蒲泽县(？—8)

置年不详。《汉志》云:"属国都尉治。"今地无考。

13. 宜梁县(？—8)

置年不详。治今内蒙古包头市西。

14. 成宜县(？—8)

置年不详。治今内蒙古乌拉特前旗东南。

15. 稒阳县(？—8)

置年不详。《汉志》云:"东部都尉治稒阳。"治今内蒙古包头市东。

16. 河目县(？—8)

置年不详。治所当在今内蒙古乌拉特前旗东北。

第二节 北地郡沿革

北地郡(前202—8)

自汉初直属汉廷,不曾由王国辖。《秩律》中,吕后二年(前186)北地属县有:

彭阳……乌氏、朝那、阴密、郁郅、菌、楬邑、归德、朐衍、义渠道、略畔道、朐衍道……方渠除道。

后武帝时破匈奴,得黄河之北地,置灵武、廉县等数县,元鼎三年(前114)又分西部数县置安定郡,不知何年,栒邑(即律文中之楬邑)改隶右扶风,此后无变化。

北地郡治,史籍无载,《汉志》首县为马领,严耕望云:"据杨守敬《汉地志图》,北地郡东西极狭,南北极长,马领地位居中,而北部都尉居其北,则马领为治所之可能性固极大。"①然马领县吕后二年(前186)尚不存,故汉初必治它县。《秩律》中上郡属县秩八百石者独有彭阳,或彭阳即为郡治也,亦未可知。元鼎三年,安定郡置,彭阳改隶安定,此时或迁治于马领。

1. 马领县(？—8)

置年不详。治今甘肃庆阳市西北。

2. 昫衍县(前202—8)

治所当在今宁夏盐池县东南与陕西定边县交界处一带。

3. 方渠除道②(前202—8)

治今甘肃环县东南。

4. 归德县(前202—8)

治所当在今陕西吴旗县西北。

5. 郁郅县(前202—8)

治今甘肃庆阳市。

6. 义渠道(前202—8)

治今甘肃庆阳市西峰区。

7. 略畔道(前202—8)

治今甘肃合水县北。

8. 朝那县(前202—前114)

《秩律》有之,武帝元鼎三年改隶安定郡。治今宁夏彭阳县东。

9. 卤县(前202—前195,前176—后114)—卤侯国(前195—前176)

据《功臣表》,高帝十二年(前195)置侯国封张平,文帝四年(前176)国除为县。武帝元鼎三年改隶安定郡。今地无考。

10. 乌氏县(前202—前114)

《秩律》有之,武帝元鼎三年改隶安定郡。治今宁夏固原市东南。

---

① 严耕望:《汉书地理志县名首书者即郡国治所辨》,《中央研究院院刊》第一辑。
② 旧断《汉志》中此四字作"方渠、除道",后相家巷出土封泥有"方渠除丞"。周天游、刘瑞《西安相家巷出土秦封泥简读》(《文史》2002年第3期)据此以为"方渠除道"实为一道之名,甚当。

11. 阴密县(前202—前114)

《秩律》有之,武帝元鼎三年改隶安定郡。治今甘肃灵台县南。

12. 彭阳县(前202—前114)

《秩律》有之,武帝元鼎三年改隶安定郡。治今甘肃镇原县东。

13. 枸邑县(前202—?)

《汉志》右扶风有枸邑,《秩律》有"楬邑",当即为此县,不知为写法差异抑或律文讹误。汉初当属北地郡,不知何时改隶矣。治今陕西旬邑县东北。

14. 朐衍道(前202—?)

《秩律》有此县,《魏晋南北朝官印征存》342号亦有"朐衍道尉",然不见于《汉志》,当被省并。今地无考。

15. 灵州县(?—8)

《汉志》云:"惠帝四年置。"然据《秩律》,灵州并不与普通县同列,疑置之初并不归北地郡所辖,而由中央某部门领也。其来属北地之年不详。治今宁夏银川市东南。

16. 直路县(?—8)

置年不详。治今陕西富县西。

17. 灵武县(?—8)

置年不详,当不早于武帝时期。治今宁夏平罗县西南。

18. 富平县(?—8)

置年不详。《汉志》云:"北部都尉治神泉鄣。"治今宁夏青铜峡市东南。

19. 五街县(?—8)

置年不详。今地无考。

20. 鹑孤县(?—8)

置年不详。治今甘肃泾川县东南。

21. 回获县(?—8)

置年不详。今地无考。

22. 泥阳县(?—8)

秦置,汉初似短暂取消建制,复置年不详。治今甘肃宁县东南。

23. 弋居县(?—8)

置年不详。治所当在今甘肃宁县南与正宁县交界处一带。

24. 大㮻县(?—8)

置年不详。治所当在今甘肃宁县东南。

25. 廉县(？—8)

置年不详,疑置于武帝时期。治今宁夏银川市西北。

第三节　上郡、西河郡沿革

(一) 上郡(前202—8)

自高帝五年(前202),上郡一直为汉郡,然汉初由于匈奴侵边,其辖境较秦时为小,至吕后二年(前186),据《秩律》其辖县有:

> 圜阳……高奴……雕阴、洛都、襄城、漆垣、定阳、平陆、饶、阳周、原都、平都、平周、武都、徒泾、西都、中阳、广衍、高望……雕阴道。

武帝元朔二年(前127),武都县改隶五原郡。三年,得代王子侯国若干。四年,以东部数县置西河郡,余地仍为上郡。其后至汉末领域不复变化。

《水经注》言上郡治在肤施,然以《秩律》,汉初无肤施县建制,颇疑郡治本在高奴,即董翳王翟国所都,肤施县重置后,遂迁治焉。

1. 肤施县(？—8)

秦置,汉初省,故《秩律》中不见此县,复置年不详,疑在武帝之时。治今陕西榆林市东南。

2. 高奴县(前202—8)

治今陕西延安市北。

3. 阳周县(前202—8)

治今陕西靖边县东[①]。

4. 平都县(前202—前190,前142—8)——平都侯国(前190—前142)

据《功臣表》,惠帝五年(前190)置,封平都悼侯刘到,景帝后元二年(前142)免。治所当在今陕西子长县西南。

5. 洛都县(前202—8)

今地无考。

6. 襄洛县(前202—8)

治所当在今陕西富县西北。

7. 原都县(前202—8)

今地无考。

[①] 张泊:《上郡阳周县初考》,刊于《文博》2006年第1期。

8. 漆垣县(前202—8)

治今陕西宜君县西。

9. 雕阴县(前202—8)

治今陕西富县北。

10. 雕阴道(前202—8)

治所当在今陕西甘泉县西。

11. 定阳县(前202—8)

治今陕西延安市东南。

12. 广衍县(前202—前125)

武帝元朔四年别属西河郡。治今内蒙古准格尔旗西南。

13. 圜阳县(前202—前125)

武帝元朔四年别属西河郡。治今陕西绥德县无定河北岸①。

14. 平周县(前202—前125)

武帝元朔四年别属西河郡。旧以为汉平周在今山西介休县西,然《秩律》中平周县名在列,是其汉初属上郡也,当在河西。《史记》卷5《秦本纪》有"大王不事秦,秦下兵攻河外",《索隐》注曰:"河之西,即曲沃平周之邑。"是平周本在黄河以西。吴镇锋以为,介休之平周故城乃东汉时期内徙之平周,非西汉时期之平周,并根据米脂尚庄出土的"永和四年(139)九月十日癸酉河内山阳尉西河平周寿贵里牛季平造作千万岁石宅"铭文认为,东汉顺帝以前的平周县在今陕西米脂县境内②,其说可从。

15. 徒经县(前202—前125)

《秩律》中作"徒涅"。董珊引秦兵器以为当作"徒淫",然观《秩律》图版,此"涅"字颇清晰,又或秦名徒淫,汉初更为徒涅,后又更为徒经也③。武帝元朔四年别属西河郡。今地无考。

16. 中阳县(前202—前125)

武帝元朔四年别属西河郡。今地无考。

---

① 吴镇锋:《秦晋两省东汉画像石题记集释——兼论汉代圜阳、平州等县的地理位置》,刊于《考古与文物》2006年第1期。
② 吴镇锋:《秦晋两省东汉画像石题记集释——兼论汉代圜阳、平州等县的地理位置》刊于《考古与文物》2006年第1期。
③ 董珊之说见其《论阳城之战与秦上郡戈的断代》,收入《古代文明》第3卷,文物出版社,2004年。刘钊《〈上博五·融师有成氏〉"耽淫念惟"解》(发布于简帛网2007年7月25日)则以为,以《二年律令》可知"淫"字汉代已讹化为"涅"。

17. 平陆县（前 202—前 125）

武帝元朔四年别属西河郡。今地无考。

18. 饶县（前 202—前 125）

武帝元朔四年别属西河郡。今地无考。

19. 武都县（前 202—前 127）

《汉志》武都为五原郡属县，然《秩律》此县似属上郡，当为改隶之故。治所在今内蒙古准格尔旗北。

20. 襄城县（前 202—?）

《秩律》有"襄城"，旧以为乃襄洛之误，蒋文、马孟龙据秦上郡兵器铭文、战国赵币铭文等，以为战国末至秦，上郡之地确有襄城县，不见于《汉志》，盖后省并。县地当在今陕西省榆林市境内[1]。

21. 皋狼侯国（前 126—前 125）

据《王子侯表》，武帝元朔三年置侯国封代共王子迁，来属上郡，四年改隶西河郡。治今山西吕梁市离石区西北。

22. 蔺侯国（前 126—前 125）

据《王子侯表》，武帝元朔三年置侯国封代共王子罢军，来属上郡，四年改隶西河郡。治今山西柳林县北。

23. 干章侯国（前 126—前 125）

《汉志》作"千章"，实当作"干章"，说见下篇第十章第一节。据《王子侯表》，武帝元朔三年置侯国封代共王子遇，来属上郡，四年改隶西河郡。今地无考，但必治今山西境内，约在忻州市、吕梁市西部。

24. 离石侯国（前 126—前 125）

据《王子侯表》，武帝元朔三年置侯国封代共王子绾，来属上郡，四年改隶西河郡。治今山西吕梁市离石区。

25. 隰成侯国（前 126—前 125）

《秦汉魏晋南北朝官印征存》0334 有"濕成丞印"，罗福颐以为即此地[2]，《王子侯表》亦作"濕成"。武帝元朔三年置侯国封代共王子忠，来属上郡，四年改隶西河郡。治今山西柳林县西。

---

[1] 蒋文、马孟龙：《谈张家山汉简〈秩律〉简 452 之"襄城"及相关问题》，刊于《中国历史地理论丛》2019 年第 1 期。

[2] 罗福颐：《史印新证举隅》，刊于《故宫博物院院刊》1982 年第 1 期。

26. 临河侯国（前126—前125）

《汉志》作"临水"，《王子侯表》作"临河"，此处依《王子侯表》取"临河"。武帝元朔三年置以封代共王子贺，来属上郡，四年改隶西河郡。治今陕西临县东北。

27. 土军侯国（前126—前125）

据《王子侯表》，武帝元朔三年置侯国封代共王子郢客，来属上郡，四年改隶西河郡。治今山西石楼县。

28. 浅水县（？—8）

置年不详。治所当在今陕西黄陵县西北。

29. 京室县（？—8）

置年不详。今地无考。

30. 白土县（？—8）

置年不详。治今陕西靖边县北[1]。

31. 奢延县（？—8）

置年不详。治今陕西靖边县北[2]。

32. 雕阴县（？—8）

置年不详。今地无考。

33. 桢林县（？—8）

置年不详。治今内蒙古准格尔旗西南。

34. 高望县（？—8）

置年不详。《汉志》云："北部都尉治。"然望松县下亦云"北部都尉治"，一郡凡两北部都尉，疑有误。治今内蒙古乌审旗北。

35. 龟兹县（？—8）

龟兹国人来降而置，置年不详。治今陕西榆林市北[3]。

36. 望松县（？—8）

置年不详。《汉志》云："北部都尉治。"不知其与高望孰为误。今地无考。

37. 宜都县（？—8）

置年不详。今地无考。

38. 木禾县（？—8）

置年不详。今地无考。

---

[1] 吴镇锋：《秦晋两省东汉画像石题记集释——兼论汉代圜阳、平州等县的地理位置》。
[2] 张泊：《上郡阳周县初考》，刊于《文博》2006年第1期。
[3] 马孟龙对汉龟兹、昫衍县地望有新的见解，他以为目前被认为是汉昫衍县旧址的张家场古城才是汉龟兹县，录此暂备一说。

39. 独乐县(？—8)

置年不详。治今陕西横山县东。

又，下文西河郡凡置年不详之县，皆有可能置在元朔四年前，即曾可能为上郡属县也，然无明证，故不列此处。

(二) 西河郡(前125—8)

武帝元朔四年析上郡置。

李贤注《后汉书》卷6《顺帝纪》云："西河本理平定县，永和五年徙离石。"王先谦据此以为西汉西河治平定。严耕望以为永和时代距离西汉末哀平之世已一百三四十年，平定之说亦非的证，郡治当在《汉志》首书县富昌。两说可谓皆无确证，然东汉初较西汉相去未远，暂取平定说。

1. 平定县(？—8)

置年不详。治今内蒙古准格尔旗西南。

2. 中阳县(前125—8)

其治所当在黄河之西，今地无考。

3. 徒经县(前125—8)

今地无考。

4. 平周县(前125—8)

《汉书》卷55《卫青霍去病传》附传载："路博德，西河平州人。"是此县或又可写作平州。治今陕西米脂县境内。

5. 圜阳县(前125—8)

治今陕西绥德县无定河北岸。

6. 广衍县(前125—8)

治今内蒙古准格尔旗西南。

7. 圜阴县(前125—8)

治今陕西横山县东之党岔乡西①。

8. 饶县(前125—8)

今地无考。

9. 皋狼侯国(前125—前114)—皋狼县(前114—8)

武帝元鼎三年侯国迁徙，复为县。治今山西吕梁市离石区西北。

10. 蔺侯国(前125—前114)—蔺县(前114—8)

武帝元鼎三年侯国迁徙至武原，蔺复为县。治今山西柳林县北。

---

① 吴镇锋：《秦晋两省东汉画像石题记集释——兼论汉代圜阳、平州等县的地理位置》。

11. 千章侯国(前 125—前 114)—千章县(前 114—8)

武帝元鼎三年迁徙,复为县。今地无考,但当在今山西境内忻州市、吕梁市西部。

12. 鵙成侯国(前 125—前 114)—鵙成县(前 114—8)

武帝元鼎三年侯国迁徙至它郡,复为县。治今山西柳林县西。

13. 临河侯国(前 125—前 114)—临水县(前 114—8)

武帝元鼎三年侯国迁徙,遂更名为临水县。治今山西临县东北。

14. 土军侯国(前 125—前 114)—土军县(前 114—8)

据《功臣表》,武帝元鼎三年侯国迁徙至它郡,遂复为县。治今山西石楼县。

15. 离石侯国(前 125—前 114)—离石县(前 114—8)

武帝元鼎三年侯国迁徙至魏郡涉县,离石复为县。治今山西吕梁市离石区。

16. 西都县(前 125—8)

今地无考。

17. 平陆县(前 125—8)

今地无考。

18. 博陵县(? —8)

据《秩律》,汉初博陵似属云中郡,不知何时改隶西河,或在西河置郡时。今地无考,但当在西河郡北部近云中一带。

19. 富昌县(? —8)

置年不详。治今内蒙古准格尔旗东南。

20. 大成县(? —8)

置年不详。治今内蒙古杭锦旗东南。

21. 广田县(? —8)

置年不详。今地无考。

22. 益阑县(? —8)

置年不详。今地无考。

23. 鸿门县(? —8)

置年不详。治今陕西横山县东。

24. 宣武县(? —8)

置年不详。今地无考。

25. 增山县(? —8)

置年不详。治今内蒙古鄂尔多斯市东胜区西北。

26. 武车县(？—8)

置年不详。今地无考。

27. 虎猛县(？—8)

置年不详。治今内蒙古伊金霍洛旗西南。

28. 谷罗县(？—8)

置年不详。治今内蒙古准格尔旗西南。

29. 方利县(？—8)

置年不详。今地无考。

30. 阴山县(？—8)

置年不详。治今陕西宜川县东。

31. 觬是县(？—8)

置年不详。今地无考。

32. 盐官县(？—8)

置年不详。今地无考。

33. 骃虞县(？—8)

置年不详。今地无考。

34. 鹄泽县(？—8)

置年不详。今地无考。

35. 美稷县(？—8)

置年不详。《汉志》云："属国都尉治。"治今内蒙古准格尔旗西北。

36. 乐街县(？—8)

置年不详。今地无考。

第十四章　交趾刺史部地区郡县沿革

交趾刺史部地乃武帝所新开,即元鼎六年(前111)平南越后所置之日南、九真、合浦、交趾、苍梧、郁林、南海七郡,及元封元年(前110)所开之儋耳、珠崖二郡。昭帝始元五年(前82)罢儋耳郡。元帝初元三年(前46)弃珠崖郡。故西汉末交趾部仍为七郡。

交趾刺史部沿革较其他刺史部为简。目前所见西汉时期之文献、简帛材料涉及此部者颇少,故其属县置废情况颇难考,然秦南越尉佗自立为国时当亦因袭秦之郡县制[①],疑汉乃因其旧而已,故暂皆以为县与郡同置。

其郡县沿革详情如下。

第一节　郁林郡、交趾郡、九真郡、日南郡沿革

(一)郁林郡(前111—8)

武帝元鼎六年(前111)置。

初置时仅有《汉志》郁林郡东半部,即今广西大明山—都阳山一线以东之桂中岩溶丘陵与平原部分,这一地区在自然地理方面即自成一单元,而规模又与苍梧郡约略相当,于《汉志》领有布山、阿林、桂林、中留、定周、潭中等七县,足当一郡之称。

昭帝元凤五年(前76),象郡罢,除毋敛县地属牂柯外,余地皆以属郁林,郁林郡遂有《汉志》所载之规模。

《水经·牂柯水注》云,"东迳布山县北,郁林郡治也"。是郡治布山。

1. 布山县(前111—8)

治今广西桂平市西。

---

① 《史记》卷113《南越列传》有"越桂林监居翁,谕瓯骆属汉"之语,是南越有桂林郡,此外又有苍梧王、揭阳令等,是南越亦行郡县之制,又有封建诸侯,乃郡国并行体制。此外,广州出土西汉南越国木简中有南海、番禺等地名,当即指南海郡、番禺县。然南越具体的行政建制目前材料仍不足以述明,故本书不及于此。

2. 阿林县(前111—8)

治今广西桂平市东南。

3. 中留县(前111—8)

治今广西武宣县南。

4. 桂林县(前111—8)

治所当在今广西象州县南。

5. 潭中县(前111—8)

治今广西柳州市东南。

6. 定周县(前111—8)

治今广西宜州市。

7. 领方县(前111—8)

《汉志》云,"都尉治"。治今广西宾阳县西南。

8. 安广县(前76—8)

本属象郡,昭帝元凤五年来属。治所当在今广西横县西北。

9. 广郁县(前76—8)

治所当在今广西田林、乐业县与贵州册亨县交界处一带,确址不详。

10. 临尘县(前76—8)

本属象郡,昭帝元凤五年来属。治今广西崇左市江州区。

11. 增食县(前76—8)

本属象郡,昭帝元凤五年来属。治所当在今广西隆安县东一带。

12. 雍鸡县(前76—8)

本属象郡,昭帝元凤五年来属。治所当在今广西龙州县北。

(二) 交趾郡(前111—8)

《汉志》正文此郡为"交趾",分域篇则作"交阯"。《汉书》卷6《武帝纪》、卷95《南粤传》皆作"交阯",《汉金文录》有"交阯釜",当为"趾"、"阯"可通用之故。《续汉书·郡国志》中亦作"交阯",故此处仍取《汉志》正文的写法。

武帝元鼎六年置。

《水经·叶榆水注》引《交州外域记》云,郡治羸𨻻。

1. 羸𨻻县(前111—8)

治今越南河内市西北。

2. 安定县(前111—8)

当治今越南兴安省兴安市南一带。

3. 苟屚县(前111—8)

治今越南河内市山西县东南。

4. 麊泠县(前111—8)

《汉志》云:"尉治。"治今越南河内市麋泠县南。

5. 曲易县(前111—8)

治所当在今越南海阳省海阳市一带。

6. 北带县(前111—8)

钱大昭《汉书辨疑》曰:"闽本作比带,误。"杨树达曰:"景祐本作比带。"① 然作比带未必误,益州郡有比苏、日南郡有比景,疑比字或乃古越语之存留。治所当在今越南北宁省北宁市南。

7. 稽徐县(前111—8)

治所当在今越南兴安省兴安北。

8. 西于县(前111—8)

治今越南永福省福安南。

9. 龙编县(前111—8)

治今越南北宁省北宁市。

10. 朱䳒县(前111—8)

治今越南河西省河东县南。

(三) 九真郡(前111—8)

武帝元鼎六年置。

《水经·温水注》云:"《地理志》曰九真郡,汉武帝元鼎六年开,治胥浦县,王莽更之曰驩成也。"

1. 胥浦县(前111—8)

治今越南清化省清化市西北。

2. 居风县(前111—8)

治今越南清化省清化市北。

3. 都庞县(前111—8)

治所当在今越南清化省锦水县东南一带。

4. 余发县(前111—8)

治所当在今越南清化省岑山市东北一带。

5. 咸驩县(前111—8)

治今越南义安省演州西。

6. 无切县(前111—8)

《汉志》云:"都尉治。"治所当在今越南宁平省宁平县西。

---

① 杨树达:《汉书管窥》,第199页。

7. 无编县(前111—8)

治今越南清化省如春县东。

(四) 日南郡(前111—8)

武帝元鼎六年置。

《水经·温水注》引应劭《地理风俗记》曰:"日南,故秦象郡,汉武帝元鼎六年开日南郡,治西卷县。"其言日南乃故秦象郡,或为袭《汉志》之误(详见上篇第二章第二节岭南地区诸郡沿革),然述日南郡治当有据也。严耕望以为西汉郡治当在《汉志》首书县朱吾,西卷乃指东汉时事①。王文楚已驳其缪,云:"郦注引应劭说,明指元鼎时设日南郡,治西卷县。何谓东汉事?《郡国志》郡仍治西卷可知直至东汉永和时未迁。"②

1. 西卷县(前111—8)

治今越南广治省东河市。

2. 朱吾县(前111—8)

治今越南广平省同海市一带。

3. 比景县(前111—8)

治今越南广平省争江口。

4. 卢容县(前111—8)

治今越南承天顺化省顺化市北。

5. 象林县(前111—8)

治今越南广南省维川县一带。

第二节 南海郡、苍梧郡、合浦郡(附:儋耳郡、珠崖郡)沿革

(一) 南海郡(前111—8)

武帝元鼎六年(前111)置。

南海郡自秦时即治番禺。

1. 番禺县(前111—8)

《史记》、《汉志》及《淮南子》等文献皆书此县作"番禺",西汉南越王墓中出土铜器铭文作"蕃禺少内"③,似乎南越时期又称此县作"蕃禺"。其自然有可能是

---

① 严耕望:《汉书地理志县名首书县即郡国治所辨》。
② 王文楚:《关于〈中国历史地图集〉第二册西汉图几个郡国治问题》,《历史地理》第五辑,上海人民出版社,1987年。
③ 广州象岗汉墓发掘队:《西汉南越王墓发掘初步报告》,刊于《考古》1984年第3期。

南越时此县名与西汉统下不同,但更可能为蕃、番可通用之故。治今广东广州市。

2. 博罗县(前111—8)

治今广东博罗县。

3. 中宿县(前111—8)

治今广东清远市西北。

4. 龙川县(前111—8)

赵佗秦时即为龙川令者是也。治今广东龙川县西。

5. 四会县(前111—8)

治今广东四会市。

6. 揭阳县(前111—8)

治所当在今广东揭阳市西北一带。

(二)苍梧郡(前111—8)

武帝元鼎六年置。

《水经·浪水注》言郡治广信县,然其为引述《汉志》而言,疑依据即《汉志》首县书广信,遂云郡治于此。暂取广信县为苍梧郡治。

1. 广信县(前111—8)

治今广西梧州市。

2. 谢沐县(前111—8)

治今湖南江永县西南。

3. 高要县(前111—8)

治今广东肇庆市。

4. 封阳县(前111—8)

治今广西贺州市南。

5. 临贺县(前111—8)

治今广东贺州市东南。

6. 端溪县(前111—8)

治今广东德庆县。

7. 冯乘县(前111—8)

治今湖南江华瑶族自治县西南。

8. 富川县(前111—8)

治今广西钟山县。

9. 荔浦县(前111—8)

治今广西荔浦县西南。

10. 猛陵县(前 111—8)

治今广西苍梧县西。

(三) 合浦郡(前 111—8)

武帝元鼎六年置。

初领县四,元帝初元三年(前 46),罢珠崖郡,遂置朱卢县,并入合浦郡。

《水经·温水注》云:"水南出交州合浦郡,治合浦县,汉武帝元鼎六年平越所置也。"严耕望以为合浦乃武帝初置郡时之治所,后"儋耳、朱崖两郡既罢为朱卢县,属合浦,则一郡中心为徐闻县,非合浦县,即就交通及军事控制言,徐闻亦远优于合浦,徙治徐闻,亦理势然也。郦注叙事至合浦县亦带叙郡事,故不及徙治,不足据以驳平帝时郡治徐闻也"①。王文楚云:"朱卢县为改珠崖郡所置,乃是误解,与《汉书》卷 64《贾捐之传》记载显相违背。严说既罢儋耳、朱崖两郡为朱卢县,属合浦郡,郡治徙治海上交通枢纽的徐闻,不可信。"②其言甚是。且东汉亦治合浦,当是郡治未改之故。

1. 合浦县(前 111—8)

治今广西合浦县东北。

2. 徐闻县(前 111—8)

治今广东徐闻县西南。

3. 高凉县(前 111—8)

治今广东阳江市北。

4. 临允县(前 111—8)

治今广东新兴县南。

5. 朱卢县(前 46—8)

据《汉书》卷 8《元帝纪》,初元三年,罢珠崖郡。置朱卢县,并入合浦郡。《汉志》云:"都尉治。"今地无考,或以为治今海南岛,然证据不足。

附一:儋耳郡(前 110—前 82)

武帝元封元年置。昭帝始元五年罢。

《汉书》卷 64《贾捐之传》云:儋耳、珠崖两郡"合十六县,户二万三千余"。《茂陵书》则曰:"珠崖郡治瞫都,去长安七千三百一十四里,儋耳去长安七千三百六十八里,领县五。"(臣瓒注《武帝纪》所引)两处记载相较,似珠崖郡领县十一,则儋耳似与之不甚相侔,暂以为据。

---

① 严耕望:《汉书地理志县名首书县即郡国治所辨》。
② 王文楚:《关于〈中国历史地图集〉第二册西汉图几个郡国治所问题》。

《太平寰宇记》载:"儋耳郡领儋耳、至来、九龙三县。"儋耳郡治当在儋耳县。

1. 儋耳县(前110—前82)

正德《琼台志》引《方舆志》载,儋耳旧城在"州西北三十里旧宜仑县高麻都南滩浦,汉楼船将军杨仆所筑"①,即今海南省儋州市三都镇旧州坡②。

2. 九龙县(前110—前82)

"九龙",即黎语槟榔之音译。正德《琼台志》载,"九龙县,汉置,在县东九龙山下"。县治在今九龙山下,即今海南省东方市南感城镇入学村西。

3. 至来县(前110—前82)

"至来",黎语竹子之意。《太平寰宇记》卷169《儋州》载,昌化县,"汉至来县"。似治今海南省昌江黎族自治县昌城乡旧县村。

另有两县无考,然当均在今海南岛西部沿海地区。

附二：珠崖郡(前110—前46)

武帝元封元年置,元帝初元三年弃。以前引之《茂陵书》,珠崖郡领县十一,治瞫都。

1. 瞫都县(前110—前46)

《茂陵书》载其乃珠崖郡治所在。正德《琼台志》云其在"瞫都县东南东潭都石陵村",即今海南省海口市琼山区龙塘镇潭口村委会石岭村。

2. 临振县(前110—前46)

《太平寰宇记》卷169《琼州》载:"宁远县,二乡,汉临振县地,隋置,州所理。延德县,西四十里,二乡,汉临振县地,隋置。吉阳县,东北九十里,二乡,汉临振县地。"是汉有临振县也,治今海南省三亚市崖州区。

3. 紫贝县(前110—前46)

"紫贝"即黎语"木棉"之音译。《太平寰宇记》琼州条载,文昌县,"汉紫贝县地也"。道光《琼州府志》卷十一载,县治"在县南一里紫贝山阳,今地名新衕",即今海南省文昌市文城镇新衕村。

4. 苟中县(前110—前46)

《太平寰宇记》云澄迈县乃"汉苟中县地"。据《琼州府志》,县治在"城南四

---

① (明)唐胄:《正德琼台志》,海南人民出版社,2006年。
② 儋耳、珠崖两郡属县之地望多引用符和积《西汉海南岛建置区划探究》(《中国地方志》2005年第3期)之考证结论。

十里那舍都",即今海南省澄迈县老城镇南美亭乡东南。

5. 玳瑁县(前110—前46)

《太平寰宇记》云:"琼山,在古玳瑁县。"《大清一统志》卷350《琼州府》有,"琼山故城在今琼山县南,《元和志》本汉玳瑁县地。……按汉玳瑁县无考,《晋志》合浦郡有毒质县,疑即玳瑁,盖晋亦省珠崖入合浦也"。据民国《琼山县志》,县治在今府城南六十里白石山西六里处。约在今海南省海口市和原琼山县北部。

6. 山南县(前110—前46)

《汉书》卷9《元帝纪》云:"元帝三年春,珠崖郡山南县反,博谋群臣。"是珠崖有山南县。胡三省注《资治通鉴》云:"山南县盖置于黎母山之南也。"黎母山即今五指山脉,珠崖郡之县皆近海,疑或在近陵水县附近。

7. 乐罗县(前110—前46)

《琼台志·古迹》载:"乐罗县在州西一百里,今见有乐罗村德化驿。按:隋后无此名,恐汉十六县之数。"《读史方舆纪要》亦于琼州府崖州延德废县条下注:"州西百里有乐罗废县,汉置,今为乐罗村。"以此,疑西汉曾置乐罗县,治今海南省乐东黎族自治县九所镇乐罗村荣村坡①。

8. 颜卢县(前110—前46)

康熙《琼山县志》载:"琼山县治附郭,其始自汉置珠崖郡城于东潭,又于颜村侧置颜卢县城。及议罢珠崖,因颜卢为朱卢,以处慕义内属者。"嘉庆《一统志》亦称:"有颜村,治今县东二十里,有龙卢洞,即颜卢故址。"治海南省海口市美兰区灵山镇红峰村委会多吕村。

9. 儋耳县(前82—前46)

昭帝始元五年后省并入珠崖郡。在今海南省儋州市三都镇旧州坡。

10. 九龙县(前82—前46)

昭帝始元五年后省并入珠崖郡。治今海南省东方市南感城镇入学村西。

11. 至来县(前82—前46)

昭帝始元五年后省并入珠崖郡。治今海南省昌江黎族自治县昌城乡旧县村。

其余三县无考。

---

① 然从地望观之,此县未必初不属儋耳郡也。唯早期史籍不载此县名,儋耳、珠崖两郡地域划分亦不分明,故暂系乐罗县于珠崖郡下。

第十五章　西汉两个断代的郡国县道分布

下篇前十四章在现有史料的基础上，分地域考证了西汉一代县、道、侯国的变迁，所揭示的是县级政区在时间进程上的纵向沿革，然受制于史料的缺乏，其中多有揣测推断之处。如果想要给西汉时期政区寻找几个特定时间点的郡国县道侯国之横向分布，并不容易。以目前的史料看来，只有两个年代可以大致确定。

吕后二年(前186)虽然在西汉历史上并非一个具有代表性意义的年代，但由于张家山汉简《二年律令》的出土，这一年汉廷所直辖之十七郡政区面貌得以彰显，故取此年作为西汉断代政区的一个标准年份。

另一个标志性的年份，自然是《汉志》所断的成帝元延、绥和之际，其具体年份较难确定，本卷暂取为元延四年(前9)①。现行版《汉志》中虽有部分衍文、缺佚等讹误，然此年之大致郡县分布情状仍可从中得以确定。

西汉县级政区有县、邑、道、侯国四类，邑为分封女性贵族用，或以一县地封之，或割某县部分地封之。一旦封号被废，则邑复归为县，或成为某县之一部分而消弭于无形。故而邑与县之间或有形态转换之情形发生，但具体之转换情形至班固著《汉书》时已不得其详，千载之后更难索其形迹，故本章不涉及县与邑之间形态之变换，凡以邑为名者悉皆列入诸县之列。

第一节　吕后二年(前186)郡国属县分布

此年政区可分两大地域，一为中央直辖地区，一为诸侯王国区域(见图2-29)。

---

① 前文已述，《汉志》断限可确定在元延三年、四年和绥和元年之三年间，志文中济南郡无营平侯国，查表则营平侯国元延三年国除，绥和元年中山国又有辖域变动，虽然志文仍有元延三年侯国国除后或绥和元年益封中山国之前的可能，但仍以元延四年更为妥当，且目前资料尚无《汉志》与元延四年版籍不同的证据，故本卷取此年为断。

图 2-29 吕后二年(前

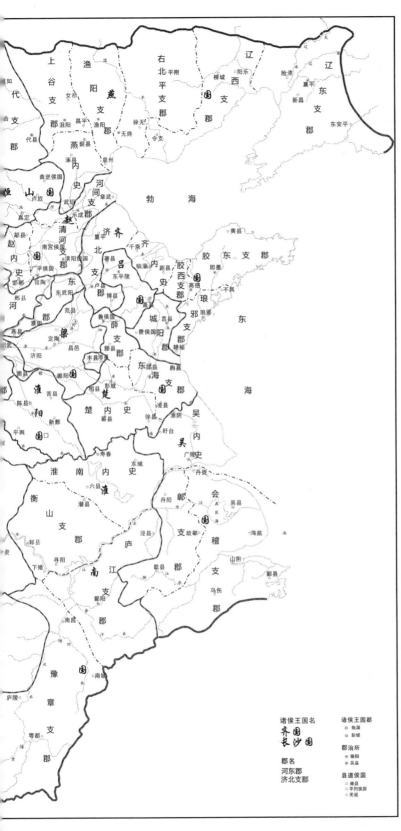

汉政区示意图

一、中央直辖地区

《二年律令·秩律》的郡县排列当时应是法定的或习惯的排列方式,故按其顺序考定排列如下。

1. 内史,辖县三十四

县:栎阳、长安、频阳、临晋、杜、高陵、虢、郿、新丰、槐里、雍、好畤、邰阳、胡、夏阳、下邽、斄、郑、云阳、重泉、华阴、衙、蓝田、池阳、汧、杜阳、漆、上雒、商、武城、翟道、鄜、美阳、襄德。

2. 北地郡,辖县八,道四,侯国一

县:彭阳、乌氏、朝那、阴密、郁郅、枸邑①、归德、朐衍。

道:义渠道、略畔道、朐衍道、方渠除道。

侯国:卤。

3. 上郡,辖县十八,道一,侯国一

县:圜阳、高奴、雕阴、洛都、襄洛、漆垣、定阳、平陆、饶、阳周、原都、平周、武都、徒涅、西都、中阳、广衍、高望。

道:雕阴道。

侯国:平都。

4. 陇西郡,辖县八,道十二

县:上邽、西、冀、成纪、阿阳、临洮、平乐、戎邑。

道:下辨道、略阳道、绵诸道②、故道、羌道、狄道、辨道、武都道、予道、氐道、薄道、獂道。

5. 蜀郡,辖县三,道四,侯国二

县:郫、成都、临邛。

道:青衣道、严道、湔氏道、绵虒道。

侯国:南安、繁。

6. 广汉郡,辖县七,道二,侯国一

县:雒、新都、武阳、梓潼、涪、葭明、阳陵。

道:阴平道、甸氏道。

侯国:什邡。

---

① 下篇第一章第一节已述,县名以邑结尾者疑皆为邑,非普通县也,然由于《汉志》本即县、邑相混,故本章对县、邑两种政区形式不作区分。
② 此三县《二年律令·秩律》中与道名同列,《汉志》中此三地皆作道,疑《二年律令》中书写漏道字,故补上道字列于此。

7. 巴郡,辖县十一
县:朐忍、鄪、资中、阆中、江州、江阳、临江、涪陵、安汉、宕渠、枳。

8. 汉中郡,辖县十一
县:南郑、成固、西城、沮、旬阳、安阳、长利、钖、上庸、武陵、房陵。

9. 河东郡,辖县十二,侯国五
县:杨、临汾、蒲反、汾阴、垣、濩泽、襄陵、蒲子、皮氏、北屈、猗、解陵。
侯国:平阳、绛、猗氏、长修、高梁。

10. 上党郡,辖县十四,侯国二
县:沂阳、长子、潞、涉、余吾、屯留、武安、端氏、阿氏、泫氏、高都、铜鞮、涅、襄垣。
侯国:壶关、阳河。

11. 河内郡,辖县十,侯国八
县:温、修武、荡阴、朝歌、邺、壄(野)王、山阳、内黄、繁阳、馆陶。
侯国:轵、河阳、汲、隆虑、共、平皋、斥丘、棘蒲。

12. 河南郡,辖县十九,侯国四
县:雒阳、陕、卢氏、新安、新成、宜阳、平阴、河南、缑氏、成皋、荥阳、卷、岐、阳武、陈留、梁、圉、酸枣、密。
侯国:平、故市、武强、衍。

13. 南郡,辖县十五,道一,侯国二
县:宜城、巫、江陵、秭归、临沮、夷陵、醴陵、孱陵、销、竟陵、安陆、州陵、沙羡、西陵、下隽。
道:夷道。
侯国:邔、轪。

14. 南阳郡,辖县二十一,侯国十
县:宛、穰、慎、新野、析、郦、邓、南陵、比阳、平氏、胡阳、蔡阳、随、西平、叶、阳成、雉、阳安、鲁阳、朗陵、䜌。
侯国:鄂、杜衍、涅阳、棘阳、筑阳、复阳、乐成、吴房、成阳、慎阳。

15. 颍川郡,辖县十三,侯国八
县:阳翟、成安、阳城、苑陵、郾、郏、尉氏、颍阳、长社、许、定陵、索、闲阳。
侯国:城父、襄城、中牟、颍阴、舞阳、启封、傿陵、女阴。

16. 云中郡,辖县十四
县:云中、九原、咸阳、原阳、北舆、旗陵、西安阳、武泉、沙陵、南舆、曼柏、莫䵣、河阴、博陵。

17. 东郡,辖县十一,侯国二
县：濮阳、阳平、东阿、聊城、燕、观、白马、东武阳、茌平、鄄城、顿丘。
侯国：清、戚。
18. 高帝时属齐之城阳郡此时亦疑属汉,有县四,侯国四
县：莒、东安、虑、启阳。
侯国：阳都、费、昌、栒①。
不为郡国所属者②：长陵、安陵、万年邑、黄乡、灵州、圜阴。

二、诸侯王国所辖地

诸侯王国之地往往分为内史与支郡两部分,为了与中央直属郡区分开来,故下列王国所属郡皆冠以某某支郡之名,而当时人在称呼该郡时恐仅直呼为某郡。

1. 楚国,辖内史及支郡一
楚内史辖县十五,侯国八。
县：彭城、萧、相、铚、虹、山桑、竹、蕲、符离、取虑、徐、僮、凼犹、下蔡、向。
侯国：留、下相、洨、傅阳、梧、谷阳、建成、吕成。
东海支郡辖县八,侯国一。
县：凌、海邑、朐、郯、兰陵、缯、襄贲、下邳。
侯国：武原。
薛支郡辖县八,侯国二。
县：卞、驺、汶阳、建陵、瑕丘、滕、薛、承。
侯国：鲁、上邳。

2. 梁国辖县三十六,侯国六
县：睢阳、砀、定陶、雍丘、外黄、昌邑、方与、成阳、亢父、下邑、蒙、虞、爰戚、济阳、成武、都关、离狐、寿良、廪丘、东缗、平丘、成安、薄、单父、长垣、宛朐、任城、无盐、东平陆、南平阳、乘氏、栗、谯、鄼、范、芒。
侯国：须昌、胡陵、橐、东茅、甾、建平。

3. 淮阳国辖县十七,侯国二
县：陈、苦、傿、襄邑、上蔡、细阳、召陵、项、㵎、固陵、南顿、城父、平舆、新

---

① 城阳郡辖县当肯定多于此数,然其余县名不详,暂不列于此。其他郡国也往往有类似情形,后文不复赘述。
② 该项为其时不属郡所辖之县,如前四者皆为陵县,后两者《二年律令》有载,然皆不与县并列也。

鄩、新蔡、长平、阳夏。

侯国：宁陵、新阳。

4. 淮南国辖内史及支郡三

淮南内史辖县十二，侯国一。

县：寿春、阴陵、历阳、阜陵、东城、建阳、舒、钟离、曲阳、六、蓼、安丰。

侯国：期思。

衡山支郡辖县十一。

县：鄂、邾、西陵、寻阳、居巢、潜、雩娄、皖、枞阳、下稚、龙舒。

豫章支郡辖县八。

县：南昌、南野、雩都、新淦、海昏、庐陵、赣、南城。

庐江支郡辖县十。

县：宣城、春谷、泾、陵阳、历陵、鄡阳、鄱阳、余汗、彭泽、柴桑。

5. 赵国辖有内史及支郡二

赵内史辖县五，侯国二。

县：邯郸、襄国、柏人、鄗、房子。

侯国：平棘、张。

清河支郡辖县十一，侯国十四。

县：东武城、灵、厝、贝丘、修、鄃、钜鹿、杨氏、广川、观津、信成。

侯国：清阳、复阳、曲周、广平、广阿、南宫、扶柳、任、贳、宋子、历、堂阳、桃、禾成。

河间支郡辖县九，侯国一。

县：南皮、浮阳、章武、东光、阜城、东平舒、乐成、武邑、下曲阳。

侯国：中水。

6. 恒山国辖县二十一，侯国四

县：元氏、石邑、灵寿、蒲吾、上曲阳、九门、井陉、南行唐、真定、关、平台、卢奴、苦陉、望都、广望、新处、北新成、陉城、唐、新市、毋极。

侯国：北平、深泽、安国、曲逆。

7. 长沙国辖内史及支郡一①

长沙内史辖县二十三，侯国一。

县：临湘、罗、益阳、攸、安成、容陵、连道、湘南、承阳、昭陵、零陵、泠道、索、临沅、艾、耒阳、洮阳、郴、桂阳、南平、龁道、舂陵、观阳。

---

① 离侯国、陆梁侯国此时位于长沙国境内，然不知具体地望在长沙内史或在武陵支郡。

侯国：便。

武陵支郡辖县八，侯国一。

县：酉阳、沅陵、无阳、迁陵、辰阳、零阳、充、佷山。

侯国：义陵。

8. 代国有代内史及支郡三

代国内史辖县三十，侯国一。

县：晋阳、葰人、界休、榆次、中都、于离、兹氏、狼孟、邬、孟、平陶、汾阳、京陵、阳曲、大陵、原平、上艾、虑虒、阳邑、广、干章、临水、皋狼、离石、蔺、隰成、土军、马邑、楼烦、埒。

侯国：祁。

定襄支郡，辖县十一。

县：成乐、桐过、都武、武进、武皋、骆、安陶、武城、武要、定襄、复陆。

雁门支郡，辖县十一。

县：善无、沃阳、繁畤、中陵、阴馆、武州、㴲陶、剧阳、崞、平城、强阴。

代支郡，辖县十八①。

县：桑乾、道人、当城、高柳、马城、班氏、延陵、狋氏、且如、平邑、阳原、东安阳、参合、平舒、代、灵丘、广昌、卤城。

9. 吴国，辖内史及支郡二

吴内史，辖县十四，侯国三。

县：盱台、赘其、高山、盐渎、淮阴、淮陵、富陵、播旌、舆、海陵、广陵、江都、高邮、平安。

侯国：射阳、东阳、堂邑。

会稽支郡，辖县二十三，侯国一。

县：吴、曲阿、乌伤、毗陵、余暨、诸暨、无锡、山阴、丹徒、余姚、娄、上虞、海盐、剡、由拳、大末、乌程、句章、余杭、鄞、钱唐、鄮、富春。

侯国：阳羡。

鄣支郡，辖县十二。

县：宛陵、於潜、江乘、秣陵、故鄣、丹阳、石城、胡孰、芜湖、溧阳、黟、歙。

10. 燕国，辖内史及支郡五

燕内史辖县十七，侯国一。

---

① 以前文所考，代郡汉初辖县为十七，《汉志》十八县中有一县当为后置，然已无考，故暂置《汉志》十八县于此，后文燕国辽西、辽东支郡亦如此。

县：蓟、广阳、方城、临乐、涿、逎、南深泽、故安、范阳、容城、易、鄚、安次、文安、高阳、武垣、饶阳。

侯国：阿陵。

上谷支郡，辖县十五。

县：沮阳、泉上、潘、军都、居庸、雊瞀、夷舆、宁、昌平、广宁、涿鹿、且居、茹、女祈、下落。

渔阳支郡，辖县十二。

县：渔阳、狐奴、路、雍奴、泉州、平谷、安乐、犀奚、犷平、要阳、白檀、滑盐。

右北平支郡，辖县十六。

县：平刚、无终、石成、延陵、俊靡、薋、徐无、字、土根、白狼、夕阳、昌城、骊成、广成、聚阳、平明。

辽西支郡，辖县十四。

县：且虑、海阳、新安平、柳城、令支、肥如、宾徒、交黎、阳乐、狐苏、徒河、文成、临渝、絫。

辽东支郡，辖县十八。

县：襄平、新昌、无虑、望平、房、候城、辽队、辽阳、险渎、居就、高显、安市、武次、平郭、西安平、文、番汗、沓氏。

11. 齐国，辖内史及支郡四①

齐内史辖县九，侯国四。

县：临淄、昌国、千乘、狄、剧、东安平、益、寿光、乐安。

侯国：辟阳、蓼、广、高宛。

济北支郡辖县十，侯国四。

县：卢、重平、东平舒、平原、鬲、高唐、漯阴、朸、杨虚、合阳。

侯国：厌次、成、祝阿、博成。

胶西支郡辖县四，侯国六。

县：淳于、平寿、高密、姑幕。

侯国：营陵、安丘、朱虚、都昌、平昌、高陵。

胶东支郡辖县七，侯国三。

县：掖、腄、黄、东牟、即墨、下密、当利。

侯国：曲成、魏其、昌武。

---

① 高帝封靳歙为信武侯，此侯疑在齐国也，然不知在何郡。又文帝所封齐悼惠王子侯国中武城、白石、安都、瓜丘、营平五县地望存疑，故暂不能列入支郡名下。

琅邪支郡辖县九,侯国一。
县:不其、赣榆、琅邪、柜、海曲、椑、横、海曲、邦。
侯国:东武。

12. 吕国辖县十,侯国八
县:东平陵、阳丘、般阳、菅、著、盖、南武阳、嬴、东平阳、於陵。
侯国:德、梁邹、台、朝阳、平州、龙、博阳、历。

第二节 成帝元延四年(前9)郡国属县分布

1. 京兆尹,辖县十二
县:长安、新丰、船司空、蓝田、华阴、郑、湖、下邽、南陵、奉明、霸陵、杜陵。
2. 左冯翊,辖县二十三,道一
县:高陵、栎阳、池阳、夏阳、衙、粟邑、谷口、莲勺、鄜、频阳、临晋、重泉、郃阳、祋祤、武城、沈阳、褱德、征、云陵、万年、长陵、阳陵、云阳。
道:翟道。
3. 右扶风,辖县二十一
县:渭城、槐里、鄠、盩厔、氂、郁夷、美阳、郿、雍、漆、栒邑、隃麋、陈仓、杜阳、汧、好畤、虢、安陵、茂陵、平陵、武功。
4. 弘农郡,辖县十一
县:弘农、卢氏、陕、宜阳、黾池、丹水、新安、商、析、陆浑、上雒。
5. 河东郡,辖县二十三,侯国一
县:安邑、大阳、猗氏、解、蒲反、河北、左邑、汾阴、闻喜、濩泽、端氏、临汾、垣、皮氏、长修、平阳、襄陵、彘、杨、北屈、蒲子、绛、狐讘。
侯国:骐。
6. 河内郡,辖县十八
县:怀、汲、武德、波、山阳、河阳、州、共、平皋、朝歌、修武、温、壄(野)王、获嘉、轵、沁水、隆虑、荡阴。
7. 河南郡,辖县二十二
县:雒阳、荥阳、偃师、京、平阴、中牟、平、阳武、河南、缑氏、卷、原武、巩、谷成、故市、密、新成、开封、成皋、苑陵、梁、新郑。
8. 太原郡,辖县二十一
县:晋阳、葰人、界休、榆次、中都、于离、兹氏、狼孟、邬、孟、平陶、汾阳、京陵、阳曲、大陵、原平、祁、上艾、虑虒、阳邑、广武。

9. 上党郡,辖县十四

县：长子、屯留、余吾、铜鞮、沾、涅氏、襄垣、壶关、泫氏、高都、潞、陭氏、阳阿、谷远。

10. 东郡,辖县二十二,侯国一

县：濮阳、畔、观、聊城、顿丘、发干、范、茌平、东武阳、博平、黎、清、东阿、离狐、临邑、利苗、须昌、寿良、乐昌、白马、燕、廪丘。

侯国：阳平。

11. 陈留郡,辖县十六,侯国一

县：陈留、小黄、成安、宁陵、雍丘、酸枣、东昏、襄邑、外黄、封丘、尉氏、傿、长垣、平丘、济阳、浚仪。

侯国：长罗。

12. 颍川郡,辖县二十

县：阳翟、昆阳、颍阳、定陵、长社、新汲、襄城、郾、郏、舞阳、颍阴、崈高、许、傿陵、临颍、父城、成安、周承休、阳城、纶氏。

13. 汝南郡,辖县二十六,侯国十一

县：平舆、阳安、灊强、富波、女阳、鲖阳、吴房、南顿、朗陵、细阳、女阴、新蔡、新息、灈阳、期思、慎阳、慎、召陵、西平、上蔡、淯、西华、长平、宜禄、新郪、新阳。

侯国：阳城、安成、宜春、弋阳、归德、安昌、安阳、博阳、成阳、定陵、乐昌。

14. 南阳郡,辖县二十八,侯国八

县：宛、犨、杜衍、育阳、涅阳、阴、堵阳、雉、山都、蔡阳、新野、筑阳、棘阳、武当、舞阴、西鄂、穰、郦、冠军、比阳、平氏、随、叶、邓、朝阳、鲁阳、湖阳、顺阳。

侯国：鄛、安众、舂陵、新都、红阳、乐成、博望、复阳。

15. 南郡,辖县十六,侯国一,道一

县：江陵、临沮、夷陵、华容、宜城、郢、邔、当阳、中庐、枝江、襄阳、编、姊归、州陵、若、巫。

侯国：高成。

道：夷道。

16. 江夏郡,辖县十三,侯国一

县：西陵、竟陵、西阳、襄、邾、轪、鄂、安陆、沙羡、蕲春、鄙、云杜、下雉。

侯国：钟武。

17. 庐江郡,辖县十二,侯国一

县：舒、居巢、龙舒、临湖、雩娄、襄安、枞阳、寻阳、潜、皖、湖陵邑、金兰。

图 2-30 元延四年(前

郡国示意图

侯国：松兹。

18. 九江郡，辖县十二，侯国三

县：寿春邑、逡猶、成德、橐皋、阴陵、历阳、钟离、合肥、东城、建阳、全椒、阜陵。

侯国：当涂、博乡、曲阳。

19. 山阳郡，辖县十一，侯国十二

县：昌邑、南平阳、成武、湖陵、东缗、方与、橐、钜野、单父、薄、都关。

侯国：城都、黄、爰戚、郜成、中乡、平乐、郑、瑕丘、甾乡、栗乡、曲乡、西阳。

20. 定陶国，辖县九

县：定陶、冤句、吕都、葭密、成阳、甄城、句阳、秅、乘氏。

21. 淮阳国，辖县九

县：陈、苦、阳夏、宁平、扶沟、固始、圉、新平、柘。

22. 梁国，辖县八

县：砀、甾、杼秋、蒙、己氏、虞、下邑、睢阳。

23. 东平国，辖县七

县：无盐、任城、东平陆、富城、章、亢父、樊。

24. 沛郡，辖县二十一，侯国十六

县：相、龙亢、竹、谷阳、萧、向、铚、下蔡、丰、郸、谯、蕲、虹、辄与、山桑、符离、夏丘、沛、芒、城父、酂。

侯国：广戚、公丘、敬丘、洨、建成、建平、栗、扶阳、高、高柴、漂阳、平阿、东乡、临都、义成、祁乡。

25. 魏郡，辖县十四，侯国四

县：邺、馆陶、斥丘、涉、内黄、清渊、魏、繁阳、元城、梁期、黎阳、武始、阴安、武安。

侯国：即裴、邯会、平恩、邯沟。

26. 钜鹿郡，辖县十二，侯国八

县：钜鹿、南䜌、广阿、廮陶、宋子、杨氏、临平、下曲阳、贳、鄡、堂阳、敬武。

侯国：象氏、新市、安定、历乡、乐信、武陶、柏乡、安乡。

27. 常山郡，辖县十三，侯国五

县：元氏、石邑、灵寿、蒲吾、上曲阳、九门、井陉、房子、中丘、关、平棘、鄗、南行唐。

侯国：桑中、封斯、乐阳、平台、都乡。

28. 清河郡，辖县十二，侯国二

县：清阳、东武城、绎幕、灵、厝、鄃、贝丘、信成、蓨题、缭、枣强、复阳。

侯国：东阳、信乡。

29. 赵国，辖县四

县：邯郸、易阳、柏人、襄国。

30. 河间国，辖县四

县：乐成、候井、武隧、弓高。

31. 真定国，辖县四

县：真定、藁城、肥累、绵曼。

32. 中山国，辖县十四

县：卢奴、北平、北新成、唐、深泽、苦陉、安国、曲逆、望都、新市、新处、毋极、陆成、安险。

33. 信都郡，辖县十一，侯国六

县：信都、历、扶柳、辟阳、南宫、下博、武邑、观津、高堤、广川、修。

侯国：乐乡、平隄、桃、西梁、昌成、东昌。

34. 广平郡，辖县九，侯国七

县：广平、张、朝平、南和、列人、斥章、任、曲周、广年。

侯国：南曲、曲梁、广乡、平利、平乡、阳台、城乡。

35. 涿郡，辖县十六，侯国十三

县：涿、逎、谷丘、故安、南深泽、范阳、蠡吾、容城、易、鄚、高阳、安平、饶阳、中水、武垣、阿陵。

侯国：广望、州乡、樊舆、成、良乡、利乡、临乡、益昌、阳乡、西乡、阿武、高郭、新昌。

36. 广阳国，辖县四

县：蓟、方城、广阳、阴乡。

37. 勃海郡，辖县十八，侯国八

县：浮阳、阳信、东光、阜城、千童、重合、南皮、章武、中邑、高成、高乐、成平、东平舒、重平、安次、文安、束州、建成。

侯国：定、参户、柳、临乐、修市、景成、童乡、蒲领。

38. 平原郡，辖县十二，侯国七

县：平原、鬲、高唐、重丘、般、乐陵、祝阿、瑗、阿阳、漯阴、朸、安惠。

侯国：平昌、羽、富平、合阳、楼虚、龙额、安。

39. 千乘郡，辖县十，侯国五

县：千乘、东邹、湿沃、博昌、蓼城、建信、狄、琅槐、乐安、高宛。

侯国：平安、被阳、高昌、繁安、延乡。

40. 济南郡,辖县十一,侯国三①

县：东平陵、邹平、台、梁邹、土鼓、於陵、阳丘、般阳、菅、历城、著。

侯国：朝阳、猇、宜成。

41. 泰山郡,辖县十七,侯国七

县：奉高、博、茌、卢、肥成、蛇丘、刚、盖、梁父、东平阳、南武阳、莱芜、钜平、嬴、牟、蒙阴、华。

侯国：柴、宁阳、乘丘、富阳、桃山、桃乡、式。

42. 齐郡,辖县六,侯国六

县：临淄、昌国、利、西安、钜定、昭南。

侯国：广、广饶、临朐、北乡、平广、台乡。

43. 菑川国,辖县三

县：剧、东安平、楼乡。

44. 胶东国,辖县八

县：即墨、昌武、下密、壮武、郁秩、挺、观阳、邹卢。

45. 高密国,辖县五

县：高密、昌安、石泉、夷安、成乡。

46. 城阳国,辖县四

县：莒、阳都、东安、虑。

47. 北海郡,辖县九,侯国十七

县：营陵、安丘、淳于、益、平寿、都昌、寿光、斟、桑犊。

侯国：剧魁、瓡、剧、平望、平的、柳泉、乐望、饶、平城、密乡、羊石、乐都、石乡、上乡、新成、成乡、胶阳。

48. 东莱郡,辖县十一,侯国六

县：掖、腄、黄、临朐、曲成、东牟、𥔲、育黎、不夜、当利、卢乡。

侯国：平度、牟平、昌阳、阳乐、阳石、徐乡。

49. 琅邪郡,辖县二十一,侯国三十

县：东武、不其、海曲、赣榆、朱虚、诸、梧成、灵门、姑幕、琅邪、祓、柜、邞、黔陬、计斤、平昌、长广、横、东莞、昌、椑。

侯国：虚水、临原、䯄、零叚、云、稻、皋虞、魏其、兹乡、箕、高广、高乡、柔、即来、丽兹、武乡、伊乡、新山、高阳、昆山、参封、折泉、博石、房山、慎乡、驷望、

---

① 以《外戚恩泽表》,成帝时有营平侯国,元延三年国除。《汉志》不载此县,可知断限在营平侯国国除之后。

安丘、高陵、临安、石山。

50. 东海郡，辖县二十，侯国十八

县：郯、兰陵、襄贲、下邳、平曲、戚、朐、开阳、费、利成、海西、缯、即丘、况其、临沂、厚丘、合乡、承、曲阳、司吾。

侯国：良成、兰旗、南城、山乡、建乡、容丘、东安、建阳、干乡、平曲、都阳、阴平、部乡、武阳、新阳、建陵、昌虑、都平。

51. 鲁国，辖县六

县：鲁、卞、汶阳、蕃、驺、薛。

52. 楚国，辖县七

县：彭城、留、梧、傅阳、吕、武原、甾丘。

53. 泗水国，辖县三

县：凌、泗阳、于。

54. 临淮郡，辖县二十一，侯国八

县：徐、取虑、淮浦、盱眙、厹犹、僮、射阳、开阳、赘其、高山、睢陵、盐渎、淮阴、淮陵、下相、富陵、东阳、播旌、海陵、舆、堂邑。

侯国：西平、高平、开陵、昌阳、广平、兰阳、襄平、乐陵。

55. 广陵国，辖县四

县：广陵、江都、高邮、平安。

56. 会稽郡，辖县二十六

县：吴、曲阿、乌伤、毗陵、余暨、阳羡、诸暨、无锡、山阴、丹徒、余姚、娄、上虞、海盐、剡、由拳、大末、乌程、句章、余杭、鄞、钱唐、鄮、富春、冶、回浦。

57. 丹扬郡，辖县十七

县：宛陵、於潜、江乘、春谷、秣陵、故鄣、句容、泾、丹阳、石城、胡孰、陵阳、芜湖、黟、溧阳、歙、宣城。

58. 豫章郡，辖县十六，侯国二

县：南昌、庐陵、彭泽、鄱阳、历陵、余汗、柴桑、艾、赣、新淦、南城、建成、宜春、雩都、鄡阳、南野。

侯国：安平、海昏。

59. 六安国，辖县五

县：六、蓼、安丰、安风、阳泉。

60. 桂阳郡，辖县十，侯国一

县：郴、临武、便、南平、耒阳、桂阳、曲江、含洭、浈阳、阴山。

侯国：阳山。

61. 武陵郡，辖县十三

县：索、孱陵、临沅、沅陵、镡成、无阳、迁陵、辰阳、酉阳、义陵、佷山、零阳、充。

62. 长沙国，辖县十三

县：临湘、罗、连道、益阳、下隽、攸、酃、承阳、湘南、昭陵、荼陵、容陵、安成。

63. 零陵郡，辖县五，侯国三，道二

县：零陵、始安、营浦、洮阳、钟武。

侯国：夫夷、都梁、泉陵。

道：营道、泠道。

64. 汉中郡，辖县十二

县：西城、旬阳、南郑、褒中、房陵、安阳、成固、沔阳、钖、武陵、上庸、长利。

65. 广汉郡，辖县十，道三

县：梓潼、汁方、涪、雒、绵竹、广汉、葭明、郪、新都、白水。

道：甸氐道、刚氐道、阴平道。

66. 蜀郡，辖县九，道六

县：成都、郫、繁、广都、临邛、江原、徙、广柔、蚕陵。

道：青衣道、严道、绵虒道、旄牛道、湔氐道、汶江道。

67. 犍为郡，辖县十一，道一

县：江阳、武阳、南安、资中、符、牛鞞、南广、汉阳、鄨、朱提、堂琅。

道：僰道。

68. 越巂郡，辖县十四，道一

县：邛都、遂久、台登、定莋、会无、莋秦、大莋、姑复、三绛、苏示、阑、卑水、潜街、青蛉。

道：灵关道。

69. 益州郡，辖县二十四

县：滇池、双柏、同劳、铜濑、连然、俞元、牧靡、谷昌、秦臧、邪龙、味、昆泽、叶榆、律高、不韦、云南、嶲唐、弄栋、比苏、贲古、毋棳、胜休、健伶、来唯。

70. 牂柯郡，辖县十七

县：故且兰、镡封、鳖、漏卧、平夷、同并、谈指、宛温、毋敛、夜郎、毋单、漏江、西随、都梦、谈稾、进桑、句町。

71. 巴郡，辖县十一

县：江州、临江、枳、阆中、垫江、朐忍、安汉、宕渠、鱼复、充国、涪陵。

72. 武都郡，辖县五，道四

县：武都、上禄、故道、河池、沮。

道：平乐道、嘉陵道、修成道、下辨道。

73. 陇西郡，辖县七，道四

县：上邽、安故、首阳、大夏、襄武、临洮、西。

道：狄道、氐道、予道、羌道。

74. 金城郡，辖县十三

县：允吾、浩亹、令居、枝阳、金城、榆中、枹罕、白石、河关、破羌、安夷、允街、临羌。

75. 天水郡，辖县十二，道四

县：平襄、街泉、望垣、罕开、阿阳、冀、勇士、成纪、清水、奉捷、陇、兰干。

道：戎邑道、绵诸道、略阳道、豲道。

76. 武威郡，辖县十

县：姑臧、张掖、武威、休屠、揟次、鸾鸟、扑剽、媪围、苍松、宣威。

77. 张掖郡，辖县十

县：觻得，昭武、删丹、氐池、屋兰、日勒、骊靬、番和、居延、显美。

78. 酒泉郡，辖县九

县：禄福、表是、乐涫、天㒶、玉门、会水、沙头、绥弥、乾齐。

79. 敦煌郡，辖县六

县：敦煌、冥安、效谷、渊泉、广至、龙勒。

80. 安定郡，辖县二十，道一

县：高平、复累、安俾、抚夷、朝那、泾阳、临泾、卤、乌氏、阴密、安定、参䜌、三水、阴盘、安武、祖厉、爰得、眴卷、彭阳、鹑阴。

道：月氏道。

81. 北地郡，辖县十五，道三

县：马领、直路、灵武、富平、灵州、昫衍、五街、鹑孤、归德、回获、泥阳、郁郅、弋居、大叓、廉

道：方渠除道、略畔道、义渠道。

82. 上郡，辖县二十二，道一

县：肤施、独乐、阳周、木禾、平都、浅水、京室、洛都、白土、襄洛、原都、漆垣、奢延、雕阴、推邪、桢林、高望、龟兹、定阳、高奴、望松、宜都。

道：雕阴道。

83. 西河郡,辖县三十六

县:富昌、驺虞、鹄泽、平定、美稷、中阳、乐街、徒经、皋狼、大成、广田、圜阴、益阑、平周、鸿门、蔺、宣武、千章、增山、圜阳、广衍、武车、虎猛、离石、谷罗、饶、方利、隰成、临水、土军、西都、平陆、阴山、鵤是、博陵、盐官。

84. 朔方郡,辖县十

县:三封、朔方、修都、临河、呼遒、窳浑、渠搜、沃野、广牧、临戎。

85. 五原郡,辖县十六

县:九原、固陵、五原、临沃、文国、河阴、蒱泽、南舆、武都、宜梁、曼柏、成宜、稒阳、莫黑、西安阳、河目。

86. 云中郡,辖县十一

县:云中、咸阳、陶林、桢陵、犊和、沙陵、原阳、沙南、北舆、武泉、阳寿。

87. 定襄郡,辖县十二

县:成乐、桐过、都武、武进、襄阴、武皋、骆、安陶、武城、武要、定襄、复陆。

88. 雁门郡,辖县十四

县:善无、沃阳、繁畤、中陵、阴馆、楼烦、武州、汪陶、剧阳、崞、平城、埒、马邑、强阴。

89. 代郡,辖县十八

县:桑乾、道人、当城、高柳、马城、班氏、延陵、狋氏、且如、平邑、阳原、东安阳、参合、平舒、代、灵丘、广昌、卤城。

90. 上谷郡,辖县十五

县:沮阳、泉上、潘、军都、居庸、雊瞀、夷舆、宁、昌平、广宁、涿鹿、且居、茹、女祈、下落。

91. 渔阳郡,辖县十二

县:渔阳、狐奴、路、雍奴、泉州、平谷、安乐、厗奚、犷平、要阳、白檀、滑盐。

92. 右北平郡,辖县十六

县:平刚、无终、石成、延陵、俊靡、薋、徐无、字、土根、白狼、夕阳、昌城、骊成、广成、聚阳、平明。

93. 辽西郡,辖县十四

县:且虑、海阳、新安平、柳城、令支、肥如、宾徒、交黎、阳乐、狐苏、徒河、文成、临渝、絫。

94. 辽东郡,辖县十八

县:襄平、新昌、无虑、望平、房、候城、辽队、辽阳、险渎、居就、高显、安市、武次、平郭、西安平、文、番汗、沓氏。

95. 玄菟郡，辖县三
县：高句骊、上殷台、西盖马。
96. 乐浪郡，辖县二十五
县：朝鲜、讻邯、浿水、含资、黏蝉、遂成、增地、带方、驷望、海冥、列口、长岑、屯有、昭明、镂方、提奚、浑弥、吞列、东暆、不而、蚕台、华丽、邪头昧、前莫、夭租。
97. 广阳国，辖县四
县：蓟、方城、广阳、阴乡。
98. 南海郡，辖县六
县：番禺、博罗、中宿、龙川、四会、揭阳。
99. 郁林郡，辖县十二
县：布山、安广、阿林、广郁、中留、桂林、潭中、临尘、定周、增食、领方、雍鸡。
100. 苍梧郡，辖县十
县：广信、谢沐、高要、封阳、临贺、端溪、冯乘、富川、荔浦、猛陵。
101. 交趾郡，辖县十
县：赢陬、安定、苟屚、麓泠、曲易、北带、稽徐、西于、龙编、朱䊹。
102. 合浦郡，辖县五
县：徐闻、高凉、合浦、临允、朱卢。
103. 九真郡，辖县七
县：胥浦、居风、都庞、余发、咸驩、无切、无编。
104. 日南郡，辖县五
县：朱吾、比景、卢容、西卷、象林。

附 三个郡级层面的断代政区分布

虽然除前述两个年代外，西汉全国范围内政区的其他断代很难给出，但凭借近年的出土材料，我们仍能得出三个郡级政区的某些断代。湖北荆州松柏汉墓出土的《南郡免老簿》中有武帝初年完整的南郡辖县名目[1]；朝鲜平壤附近出土《乐浪郡初元四年县别户口□簿》中有完整的元帝初元四年(前45)乐浪郡辖县情状[2]；

---

[1] 荆州博物馆：《湖北荆州纪南松柏汉墓发掘简报》，《文物》2008年第4期。
[2] 尹龙九：《平壤出土〈乐浪郡初元四年县别户口簿〉研究》，中国出土资料学会编：《中国出土资料研究》第13号，2010年。

江苏连云港东海尹湾汉墓所出土的西汉东海郡《集簿》、《吏员簿》中也提供了成帝末年东海郡的政区设置状况①。当然乐浪郡由于为边郡，自宣帝以后不曾有过政区变动，尹湾汉墓的东海郡简牍则因时限与《汉志》年代极为接近，故其所反映的断代政区亦和《汉志》中的记载，除名称写法外，几无差异，然这两份材料亦极为可贵：一来，其中部分县级政区名称的书写与传世的《汉志》有所不同，且修正了一些传抄中的讹误；二来，也说明了《汉志》资料的可信性。

以下县名书写顺序按照各自所本之出土文献中之顺序。

一、武帝初年南郡②

南郡，辖县十二，道一，侯国四（见图 2-31）
县：巫、秭归、夷陵、醴阳、孱陵、州陵、沙羡、安陆、宜成、临沮、显陵、江陵。
道：夷道。
侯国：襄平侯中庐、邔、便、轪。

二、元帝初元四年(前45)乐浪郡

乐浪郡，辖县二十五
县：朝鲜、讲邯、增地、占蝉、驷望、屯有、带方、列口、长岑、海冥、昭明、提奚、含资、遂成、镂方、浑弥、浿水、吞列、东暆、蚕台、不而、华丽、邪头昧、前莫、夫租。

三、成帝末年东海郡

东海郡，辖县十八，侯国十八，邑二
县：海西、下邳、郯、兰陵、襄贲、戚、费、即丘、厚丘、利成、开阳、缯、司吾、平曲、临沂、曲阳、合乡、承。
侯国：昌虑、兰旗、容丘、良成、南城、阴平、新阳、东安、平曲、建陵、山乡、武阳、都平、郚乡、建乡、干乡、建阳、都阳。
邑：朐、况其③。

---

① 连云港市博物馆等编：《尹湾汉墓简牍》，中华书局，1997年。
② 刘瑞《武帝早期的南郡政区》(刊于《中国历史地理论丛》2009年第1期)中指出，荆州松柏汉墓所出土的35号木牍乃武帝前期的文书，其中所呈现的即为武帝早期南郡辖县与侯国的名称。
③ 前文曾述，由于材料缺乏，《汉志》中亦不对县、邑做区分，故本章中县、邑不分，皆归之于县。然东海郡既然有具体的材料显示其下辖两邑，则仍特在此列明。

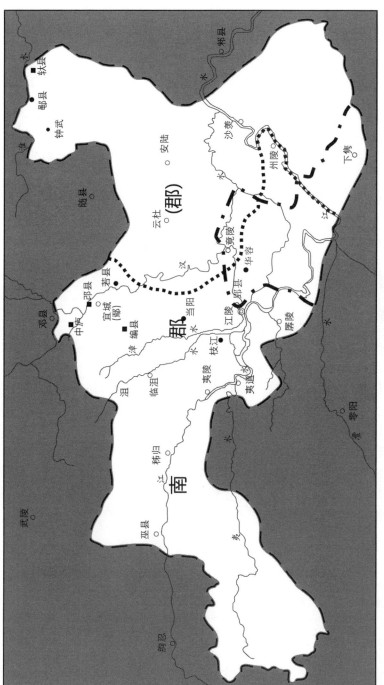

图 2-31 西汉南郡郡界、辖县变迁示意图

(图中点划线为景帝二年至武帝初年南郡郡边界,细点线为汉末南郡边界。县邑绘为〇者为吕后二年至武帝初年期间所置县。●为武帝之后所置县。县邑绘为○者为吕后二年前已置县,■为吕后二年至武帝初年间所置县)

附章　王莽新朝政区沿革[①]

公元8年,王莽篡汉正式称皇帝,建立了中国历史上昙花一现的新朝[②]。自此年至更始元年(公元23)皆为新朝纪年,其间地理更易频繁,史书难以尽载。

《汉志》中以新莽所易郡县名载入注文,而疏漏舛错甚多。近世朴学诸家之治班书者每于此有所补正,唯所见不同,得失参互,未足以征一代之制度。近世谭其骧先生作《新莽职方考》[③](下文简称《职方考》),考诸史籍纪传及《水经注》,旁及汉魏杂著,蔚然大观,今以《职方考》一文为基础,辅以新出封泥材料,作新莽时期政区沿革。

第一节　新朝行政体系及制度

王莽推行州郡县三级制,州设州牧。"(天凤)二年正月,以州牧位三公,刺举怠解,更置牧监副,秩元士,冠法冠,行事如汉刺史",其职责似与西汉时期差异不大。

然新朝州制情况颇有争议。西汉平帝元始五年(公元5),当时实际秉政的王莽曾以经义更州名,分界凡十二州[④]。州名见扬雄《十二州箴》(《古文苑》卷十四)。《汉书》卷99《王莽传中》(以下简称《王莽传中》):始建国四年(公元9),下书曰:"州从《禹贡》为九。"天凤元年(公元14),下书曰:"九州之内县二千二百有三。"则其时又似为九州。

[①] 本卷初版后,新莽时期政区研究有了新的突破。近年,卢家口村汉未央宫前殿出土了一批新莽时期封泥,2016年底,马骥编著《新出新莽封泥选》出版,公布了二百余方新莽时期封泥,其中蕴含了丰富的新莽时期的地理信息。此后,孙博《新莽政区地理研究》(复旦大学硕士学位论文,2017年)据此新材料对新莽一朝政区作了进一步的详尽考证,提出多个此前不为人所知的新莽郡县名。本章参照出土新材料及孙博的研究成果,在本卷重版时对此前的部分结论作修订与补充。

[②] 王莽朝郡县名称屡有变更已为人所熟知,甚而其国号亦有反复之迹象。《汉书》卷99《王莽传》载,始建国四年,"是岁,改十一公号,以新为心,后又改心为信"。十一公号初封之"新"自然与新朝国号有关,随后之更易则颇有国号亦更为心朝、信朝的可能,然此系揣测,并无实据,聊备一说耳。

[③] 初刊于《燕京学报》第15期,1934年。后修订收入《长水集》(上),人民出版社,1987年。

[④] 《汉书》卷12《平帝纪》作四年,《王莽传》则系于五年,《新莽职方考》以《传》为是,今从之。

查《汉书》卷 99《王莽传》，始建国四年（公元 12）之后犹可获见之州名有：天凤三年，"乃遣并州牧宋弘、游击都尉任萌等将兵击匈奴，至边止屯"。又有，就都大尹冯英之上书，其中有"空破梁州，功终不遂"，似当时巴蜀西南夷地区称为梁州而非益州。

天凤五年，"以大司马司允费兴为荆州牧"，兴又言"荆、扬之民率依阻山泽，以渔采为业"，则斯年有荆州、扬州。地皇二年（公元 21），"乃拜侍中掌牧大夫李琴为大将军、扬州牧，赐名圣"，"是岁，大司马士按章豫州，为贼所获，贼送付县"。又有"莽以玺书令况领青、徐二州牧事"。是豫州、青州、徐州亦可见也。

地皇三年，王莽下书云："太师公因与廉丹大使五威司命位右大司马更始将军平均侯之兖州，填抚所掌，及青、徐故不轨盗贼未尽解散，后复屯聚者，皆清洁之，期于安兆黎矣。"则兖州亦有也。

地皇四年，"成纪隗崔兄弟共劫大尹李育，以兄子隗嚣为大将军，攻杀雍州牧陈庆、安定卒正王旬，并其众，移书郡县，数莽罪恶万于桀、纣"。此处又见雍州。

此已可见九州之名：并、梁（或为益）、荆、扬、豫、青、徐、兖、雍。元始年间十二州名不见者有三：交、幽、冀。

《王莽传》载：始建国二年，"流（刘）棻于幽州"。然事在始建国二年，实不可为始建国四年改制后犹有幽州之证。《敦煌汉简》2062 有："德侯，西域、东城、北域将帅，雍州、冀州牧，西部、北部监，文德、酒泉、张掖、武威、天水、陇西、西海、北地。"其中可见雍州、冀州之名。然此简之郡名，独敦煌已更为文德，其余诸郡之名皆因汉旧，可知必是新朝初年改制之前之物也。故交、幽、冀三州确乎无论史籍抑或出土材料都不能明证确存在于新朝制之后。

然如认为王莽期间实行前述九州之制，则仍有问题。辛德勇《两汉州制新考》①中曾引天凤三年保灾令，"东岳太师立国将军保东方三州一部二十五郡；南岳太傅前将军保南方二州一部二十五郡；西岳国师宁始将军保西方一州二部二十五郡；北岳国将卫将军保北方二州一部二十五郡；大司马保纳卿、言卿、仕卿、作卿，京尉、扶尉、兆队、右队，中部左洎前七部；大司徒保乐卿、典卿、宗卿、秩卿、翼尉、光尉、左队、前队，中部右部，有五郡；大司空保予卿、虞卿、共卿、工卿、师尉、列尉、祈队、后队，中部洎后十郡；及六司、六卿，皆随所属之公保其灾害，亦以十率多少而损其禄"。其中东方三州、南方二州、西方一州、北方二州共计八州，加上位于中间的中州，恰为九州。这种推测以辛氏"青州、徐州、扬州、交州、益州、雍州、并州诸州和由幽州改名的平州"的推断自然可以满

---

① 刊于《文史》2007 年第 1 辑，后收入氏著《秦汉政区与边界地理研究》，中华书局，2009 年。

足,但如以并、梁/益、荆、扬、豫、青、徐、兖、雍之名,则无论如何不能满足此东南西北诸州的数目。

是故,《职方考》以为,"天凤三年有并州牧宋弘,《禹贡》无并州,则不得谓元始制定之十二州,至始建国而从《禹贡》更为九也。元始五年,莽奏立十二州之言曰:'《尧典》十有二州,后定为九州。汉家廓地辽远,州牧行部远者三万余里,不可为九,谨以经义正十二州名,分界以应正始。'岂即位而后又有改九之议而未曾见诸实行乎?"

《两汉州制新考》虽坚持九州之说,然亦认为:"王莽新朝的州制,由于文献记载过于疏略,加之前后更易频仍,目前还很难做出确切的复原。本文倾向认为,新莽始建国四年,复又'州从《禹贡》为九',很可能是合并疆域中部的冀州、兖州、荆州、豫州四州为一州,周边环绕以青州、徐州、扬州、交州、益州、雍州、并州诸州和由幽州改名的平州;中央这一大州,复又划分为东、南、西、北、中五部。但这一制度并没有施行多久,似乎很快就又恢复了西汉末平帝元始五年的十二州制,同时还出现了将州名改易为以州域内的古国名来命名之部名的现象。"

故本书仍采用十二州之说,而不以九州作为新朝政区划分的基础。

州之外,新朝又置部,所谓"州牧部监"者是也。

《王莽传》云:"莽以《周官》、《王制》之文……置州牧、部监二十五人,见礼如三公;监位上大夫,各主五郡。……合百二十有五郡;九州之内,县二千二百有三。"

荀悦《汉纪》卷 30《平帝纪》云:"莽以《周官》、《王制》之文……置州牧,其礼如三公;郡监二十五人,位上大夫,各主五郡。"①

其说不同,自王念孙起至今贤,多以为《书》误《纪》确,可信。然《新莽职方考》中已指出了新朝部制恐较史书所述复杂。

《王莽传》有庸部牧、曹部监,其庸部颜师古等皆以为:"莽改益州为庸部。"其余可知的新朝各部名又有"魏部牧貳印"②、"邠部监"③,甚而戊己校尉亦有被称作"戊部尉"④者。

《职方考》以为:"古封泥有'东部监之印'……则莽制确有部,部确置监……《传》中、《传》下有庸部牧史熊、李晔,系部牧而非部监,岂部于监之外又置牧乎?抑置牧之部,与置监之部二而非一乎?又保灾令四方合计才五部,中央宁得有二十部乎?亦不可解。"

---

① 荀悦:《汉纪》,见张烈点校:《两汉纪》,中华书局,2005 年。
② 《秦汉南北朝官印征存》589 号。
③ 《敦煌汉简》简 288 有:"敦德诣关,二十六日夜到邠部监从事。"
④ 《敦煌汉简》112 有"都护虏译持檄告戊部尉"之语。

此言或近实。王莽分东都为六州,此州显然与州牧之州不同。或其部亦如此,既有分为二十五部、各监五郡之部,也有保灾令中这样的四方五部。

郡县之制,王莽亦作变动,始建国元年,"改郡太守曰大尹,都尉曰太尉,县令长曰宰"。后复再变更,天凤元年,"莽以《周官》、《王制》之文,置卒正、连率、大尹,职如太守;属令、属长,职如都尉"。地皇元年(公元20),赐"属令长裨将军,县宰为校尉"。其制大抵为传统郡县制加上爵制,一郡之守,侯者为卒正,伯者为连率,无爵者为大尹;郡尉,子爵者为属令,男爵者为属长,无爵者但为尉耳。

至若西都、东都,则制度更为复杂。王莽更长安名为常安,为新室西都;更洛阳名为义阳,为新室东都;"更名河南大尹曰保忠信卿,益河南属县满三十";分三辅为六尉,环绕西都;又以河东、河内、南阳、颍川、弘农、荥阳为六队,皆置大夫、属正,职如太守、都尉。又"分长安城旁六乡,置帅各一人",于东都则"置六郊州长各一人,人主五县"。据《三辅黄图》,六尉郡制度严密,每郡十县,甚是齐整,六队郡由于史籍所阙,不得其详,但以理推之,亦当规划齐整方是。

王莽在西汉基础上,增置郡县,故至天凤元年,有郡一百二十五,有县二千二百三,郡县以亭为名者三百六十,惜乎多有不得考者。《王莽传》又载:"其后,岁复变更,一郡至五易名,而还复其故。"故郡名忽新忽故,郡界之变易更是史籍毫无端倪,故本书于新莽之政区只能据《汉志》注文,以谭其骧先生《职方考》为基础,大致述其郡县情况。

其郡县名称之考证大多采用《职方考》观点,如偶尔不同则另外注明。各郡下正县、封国之名称,亦如同《职方考》不作区分。

第二节　新莽时期政区概况

王莽始建国之初,犹承西汉建制,汉末三辅中已分出前辉光、后丞烈,至始建国四年(公元12),又大改制度,广易郡名,其中多有对郡界调整者。其各州所领郡县亦未必尽与西汉时同,天凤元年(公元14),在西都、东都附近置六尉郡、六队郡,此数郡自当与其余州郡有所差异。以下按京畿及十二州地理方位叙新莽时期政区之大概情况。

一、两都及六尉、六队郡概况

1. 新室西都及六尉郡

王莽天凤元年分三辅置六尉郡,是为京尉、师尉、翊尉、光尉、扶尉、列尉。《职方考》一文以六尉郡置于雍州下,恐不符实际。王莽于东西两都之制度显然异于其他,六尉郡必不属雍州,何以知之? 天凤三年保灾令云,"东岳太师立国将军保东方三州一部二十五郡;南岳太傅前将军保南方二州一部二十五郡;西岳国师宁始将军保西方一州二部二十五郡;北岳国将卫将军保北方二州一部二十五郡;大司马保纳卿、言卿、仕卿、作卿、京尉、扶尉、兆队、右队、中部左洎前七部;大司徒保乐卿、典卿、宗卿、秩卿、翼尉、光尉、左队、前队、中部、右部,有五郡;大司空保予卿、虞卿、共卿、工卿、师尉、列尉、祈队、后队、中部洎后十郡;及六司,六卿,皆随所属之公保其灾害,亦以十率多少而损其禄"。其所谓西方一州二部二十五郡,州非雍州则为何者也? 而六尉另为三公所保,与雍州不同也。

西汉京畿附近置为三辅,即京兆尹、左冯翊、右扶风,皆治长安。新朝更名长安为常安,始建国四年,以为新室西都,更汉京兆尹为京兆大尹。天凤元年,分三辅为六尉大夫,共治常安城中。常安即西汉京兆长安县,然以下文所考六尉郡之辖域,颇疑京兆此时不复为郡,其地域独有常安县,此时分为六乡,为新朝西都,且为独立一区划并不为六尉郡所辖。

下文六尉郡之属县中,独师尉有师亭,扶尉有扶亭,其余四尉郡皆无同名亭县,疑乃志文阙佚之故。

(1) 京尉郡

颜师古引《三辅黄图》云:"渭城、安陵以西,北至栒邑、义渠十县,属京尉大夫府,居故长安寺。"据此,京尉实以西汉右扶风北部数县并北地郡数县而置。以地望其领县当为:

京城汉渭城、嘉平汉安陵、好邑汉好畤、通杜汉杜阳、漆治汉漆、栒邑、大要、泥阴汉泥阳、弋居、义沟①汉义渠道。

后四县西汉属北地郡,王莽天凤元年分三辅为六尉郡,每尉十县,西汉三辅共五十七县,除却长安尚余五十六县,时王莽为足六十县之数,取北地郡四县益之,故《三辅黄图》言京尉"北至栒邑、义渠"。

(2) 师尉郡

《王莽传》载,地皇二年(公元 21),拜田况为师尉大夫。《三辅黄图》云:"高陵以北十县,属师尉大夫府,居故廷尉府。"当以西汉左冯翊西部十县置,领县如下:

千春汉高陵、师亭汉栎阳、异赤汉万年、莲勺、监晋汉临晋②、郃阳、冀亭汉夏阳、达

---

① 《汉志》云:"莽曰义沟。"《秦汉南北朝官印征存》612 号有"义沟道宰印",疑即此县,是县名或当作义沟道。
② 本卷初版时以调泉县为师尉郡所领,然《新出新莽封泥选》中有封泥"冀尉调泉属正",石继承释读为"冀尉调泉属正",孙博据此以为调泉当为冀尉(即翊尉郡)所辖,当是。如此则师尉尚缺一县,疑当以监晋补之。

昌汉衙、修令汉酆、氾爱汉征。

（3）翊尉郡

保灾令中作"翼尉"，新莽封泥中也作"翼尉"，然《汉志》所注未必为误，新朝地名屡屡更易，一地先后有两名乃至更多并不为奇。故有关新朝地名，《汉志》及《水经注》以及其他记载中或有不同，亦未必定是其一有误。《三辅黄图》云："新丰以东。至湖十县，属翊尉大夫府，居城东。"以地望当以西汉京兆尹东部及左冯翊缘渭水数县共置，领县当为：

新丰、下邽、郑、制昌汉沈阳、桓城汉武城、船利汉船司空、华坛汉华阴、德欢汉襄德、调泉汉重泉、湖。

（4）光尉郡

《三辅黄图》云："霸陵、杜陵，东至蓝田，西至武功、郁夷十县，属光尉大夫府，居城南。"究其描述，光尉当为西汉京兆尹西南诸县并右扶风东南数县而置，领县当为：

水章汉霸陵、南陵①、饶安汉杜陵、蓝田、奉明、鄠、盩厔、斄、新光汉武功、郁夷。

（5）扶尉郡

《三辅黄图》云："茂陵、槐里以西，至汧十县，属扶尉大夫府，居城西。"其地当西汉右扶风之西北诸县，故领县当为：

宣城汉茂陵②、槐治汉槐里、广利汉平陵、郿、美阳、虢、陈仓、雍、扶亭汉隃糜、汧。

（6）列尉郡

《三辅黄图》云："长陵、池阳以北，至云阳、祋栩十县，属列尉大夫府，居城北。"其地则为西汉左冯翊之西北十县，领县当有：

长平汉长陵、池阳、渭阳汉阳陵、云陵、云阳、祋栩、谷喙汉谷口、涣汉翟道、粟城汉粟邑、频阳。

2. 保忠信卿及六队郡

《职方考》分列保忠信卿及六队郡于诸州之下，亦恐非新莽制度，辨见上文。又，六尉郡皆辖十县，六队郡恐亦有制度。据《汉志》，河南、河东、河内、弘

---

① 《汉志》不云莽有改名，然观王莽之易名，凡汉室之陵邑皆更名，南陵及下文列尉郡之云陵独不更名，不解何故，或为记载阙佚。

② 肩水金关汉简 73EJF3∶173 与简 73EJF3∶371 中有"茂县"，黄浩波《〈肩水金关汉简（伍）〉所见郡国县邑乡里表》（发表于简帛网，2016 年 9 月 7 日）中以为当是王莽时期更茂陵为茂县之故。又简 73EJF3∶372 中有"阳县万世里"，黄浩波以为当为阳陵之更名。如此，则王莽时期或曾数易西汉陵县之名，《汉志》仅能记其一而已。

农、颍川、南阳共辖县百二十余,颇疑保忠信卿及六队郡所辖不当有如许多县①。

(1) 保忠信卿

汉河南郡。始建国四年,为新室东都。天凤元年,"更名河南大尹为保忠信卿,益河南属县满三十",更郡名曰保忠信,置卿。益属县满三十,分置六州,州五县。

(2) 祈队郡

六队郡之一,天凤元年析河南郡所置,后复得陈留郡陈留以西诸县。《王莽传》云:"以陈留以西付祈队。祈队,故荥阳。"《水经·济水注》云:"荥阳,王莽立为祈队。盖分河南之荥阳诸县所置郡也,治荥阳。"《汉志》河南郡辖县不过二十二,天凤元年益至三十,同时又分置荥阳等县置祈队,殊为不易。祈队郡必是以西汉河南郡东部县所置,自荥阳以东至阳武、开封一带恐尽属之,如此保忠信卿犹能满三十县,颇疑乃自河内、弘农、颍川等郡皆取数县而益。

出于史料缺乏,保忠信卿及祈队郡皆无法列出其具体辖县,实际上王莽新朝除前文之六尉郡因《三辅黄图》之记载,可对辖县情状作一推测外,其余百余郡皆不得其详,故自保忠信卿始,各郡皆不述其下辖县,除个别有明确史料可确定其统辖关系在新朝有变更者列入在新朝所属之郡,其余诸县皆按照《汉志》中的郡县统辖关系列出。

保忠信卿、祈队郡,汉河南郡。

旧领县二十二:荥阳、京、平阴、中牟、河南、卷、巩、谷成、故市、密、新成、开封、成皋、梁、新郑、义阳汉雒阳②、师成汉偃师、洽平汉平③、阳桓汉阳武、中亭汉猴氏、原桓汉原武、左亭汉苑陵④。

(3) 右队郡

汉弘农郡。天凤元年,为六队郡之一。

---

① 孙博《新莽政区地理研究》中以为六队郡制度同六尉郡,每郡领十县,其说有理,然相关材料较少,目前仍难以对六队郡辖境作出准确推断,因此本章暂不对六队郡领县作结论。又,汉河东、南阳等郡新莽时期皆曾析置新郡,详见后文。

② 孙博以为义阳为新室东都,当不在保忠信卿领县之列。本章前文亦言及常安西都为一独立区划,然东都似与西都稍有所别。《王莽传》所载王莽诏书云:"常安西都曰六乡,众县曰六队;义阳东都曰六州,众县曰六队。"又云:"益河南属县满三十。置六郊州长各一人,人主五县。"六郊州共辖三十县,可知即为河南郡(即保忠信卿)三十县,义阳东都亦为六州,两相对照,保忠信卿似与义阳东都所指相同。

③ 《汉志》云:"莽曰治平。"陈直《汉书新证》引罗福颐《汉印文字征》第十一云:"治平当为洽平传抄之误字。"治稀:《记汉官印母范》(刊于《文物》1963年第11期)亦有"洽平马丞印",可证此县当作洽平。

④ 西汉颍川郡傿陵下亦云"莽曰左亭",颍川郡莽更名为左亭,傿陵为左亭乎合情理。王莽为合经义,更三百六十县名作亭,尤其六队郡中之县名当颇作规划,不当有两左亭,疑此处有误,或当作祈亭方是。

旧领县十一：弘农、宜阳、丹水、新安、商、陆浑、上雒、昌富汉卢氏、黄眉汉陕、陕亭汉黾池、君亭汉析。

(4) 左队郡

汉颍川郡。天凤元年，为六队郡之一。

旧领县二十：昆阳、颍阳、长社、新汲、郾、郏、舞阳、颍阴、崈高、许、父城、成安、阳城、纶氏、颍川汉阳翟、定城汉定陵、相城汉襄城、左亭汉傿陵、监颍汉临颍、嘉美汉周承休。

(5) 兆队郡

汉河东郡。天凤元年，为六队郡之一。

旧领县二十四：猗氏、解、河北、汾阴、闻喜、濩泽、端氏、临汾、垣、长修、蒲子、绛、狐讘、骐、河东汉安邑、勤田汉大阳、蒲成汉蒲反、兆亭汉左邑、延平汉皮氏、香平汉平阳、干昌汉襄陵、黄城汉垝、有年亭汉杨、朕北汉北屈。

(6) 后队郡

汉河内郡。天凤元年，为六队郡之一。

旧领县十八：汲、武德、波、山阳、州、共、平皋、修武、温、获嘉、轵、沁水、隆虑、荡阴、河内汉怀、河中汉河阳、雅歌汉朝歌、平壄(野)汉壄(野)王。

(7) 前队郡①

汉南阳郡。天凤元年，为六队郡之一。

旧领县三十六：犨、育阳、博山、阴、雉、山都、蔡阳、新野、棘阳、武当、舞阴、西鄂、郦、安众、冠军、比阳、随、叶、邓、春陵、湖阳、乐成、复阳、南阳汉宛、闰衍汉杜衍、南庚汉鄀、前亭汉涅阳、阳城汉堵阳、宜禾汉筑阳、农穰汉穰、平善汉平氏、厉信汉朝阳、鲁山②汉鲁阳、新林汉新都、红俞汉红阳、宜乐汉博望。

二、东方豫州、兖州、青州、徐州概况

1. 豫州

汉旧州。

(1) 汝坟郡

汉汝南郡。《汉志》作"汝汾"，《职方考》引齐召南《汉书宫本考证》以为"当是汝坟之讹"。

---

① 孙博以为前队郡为分南阳郡北部置，领县为南阳(宛)、前亭(涅阳)、棘阳、闰衍(杜衍)、犨、叶、郦、雉、西鄂、宜乐(博望)，从地理上看有其合理性。

② 《汉志》无莽时县名，《职方考》据《水经·滍水注》增。

(2) 赏都郡

分汝南郡置。《职方考》考证云："《汉志》云：分为赏都尉。齐曰：当是赏都郡之讹。盖莽改汝南郡曰汝坟郡，又分置赏都郡耳。钱曰（钱大昕《三史拾遗》卷三）：宜禄县，莽改曰赏都亭。此亦赏都为郡名之证也，《王莽传下》有赏都大尹王钦。"

西汉汝南郡，旧领县三十七：平舆、阳安、灊强、富波、女阳、鲖阳、吴房、南顿、朗陵、瀙阳、期思、慎阳、召陵、弋阳、上蔡、项、定陵、新安汉阳城、至成汉安成、乐庆汉细阳、宣屠汉宜春、汝坟汉女阴（疑当作汝坟亭）、新迁汉新蔡（《王莽传下》云："地皇元年，立子安为新迁王。"则地皇元年后此县为国）、新德汉新息、慎治汉慎、新亭汉西平、闰治汉㵎、华望汉西华、长正汉长平、赏都亭汉宜禄、新延汉新郪、归惠汉归德、新明汉新阳、始成汉安昌①、均夏汉安阳、乐嘉汉博阳②、新利汉成阳。

(3) 吾符郡

汉沛郡。

(4) 延城郡

分沛郡置③。

王莽更相县为吾符亭，更谯县为延成亭。又，相县、谯县相去不远，其时大郡或分为五，沛郡西汉时赫然大郡，颇疑沛郡东部又有分置它郡。新出新莽封泥有"吾丰尹印章"，汉沛郡丰县，王莽更名曰吾丰，吾丰郡亦当为分沛郡而置，然而丰县在汉沛郡北部，相县以北至丰、沛一带已不足成一郡之地，恐此郡或与吾符郡同为一郡，名称相继关系而已。

西汉沛郡旧领县三十七：龙亢、谷阳、萧、向、铚、下蔡、山桑、公丘、敬丘、沛、建成、高、高柴、溧阳、东乡、临都、义成、吾符亭汉相、笃亭汉竹、力聚汉广戚、吾丰汉丰、单城汉郫、延成亭汉谯、蕲城汉蕲、贡汉虹、华乐汉辄与、符合汉符离、归思汉夏丘、肴成汉洨、传治汉芒、思善汉城父、田平汉建平、赞治汉鄼、成富汉粟、合治汉扶阳、平宁汉平阿、会谷汉祁乡。

(5) 陈定郡

汉梁国，始建国元年为梁郡，后更名陈定。新出新莽封泥有"陈定尹印章"、"陈定属令章"，《王莽传》有陈定大尹沈意。天凤后，以陈留雍丘以东诸县并入。《王莽传》又有，"赤眉别校董宪等众数万人在梁郡"，此当以旧名称之。

---

① 《秦汉南北朝官印征存》有"安昌侯家丞"，不知此印乃县未更名前之物，又或另有一安昌县。
② 《汉志》作乐家，《职方考》据《水经·颍水注》改。
③ 《汉志》未载此郡，《职方考》据蔡邕《汉交趾郡尉胡府君夫人黄氏神诰》补。

旧领县八,雍丘等数县来属时间不详,故依《职方考》,取天凤元年为断,暂不列雍丘等县:睢阳、节砀汉砀、嘉谷汉甾、予秋汉杼秋、蒙恩汉蒙、己善汉己氏、陈定亭汉虞、下治①汉下邑。

2. 兖州

汉旧州。

(1) 治亭郡

汉东郡。天凤后,并陈留封丘以东诸县入治亭。新出新莽封泥有"治亭属正章"。

(2) 谷城郡

分东郡置。《王莽传》有"以诸伯之礼葬于故同谷城郡"。临邑,莽曰谷城亭。新莽时期简文又有"二合檄,张掖城司马,毋起日,诣设屏右大尉府。一封诣右城官。一封诣京尉候利。一封诣谷城东阿。右三封居延丞印,八月辛卯起"②,故东阿亦为谷城郡辖县,知该郡实由东郡析置而出也,大致以西汉临邑、东阿等数县地置。

(3) 寿良郡

分东郡置。新出新莽封泥有"寿良属令章"、"寿梁平桓卒正"。《王莽传》有寿良卒正王闳。领县当有平桓县,不知为何县更名,疑此郡当在谷城郡之西南。

旧领县二十三:聊城、东阿、利苗(《居延新简》简EPT13.4有"大司马利苗男臣䜣",即此利苗,可知该县确不曾易名)、须昌、寿良(疑当作寿良亭)、乐昌、阳平、白马、南燕、廪丘、治亭汉濮阳、畔治汉畔、观治汉观、顺丘汉顿丘、戢楯汉发干、建睦汉范、功崇汉茌平(《王莽传中》:始建国元年,封长子宇之子宗为功崇公)、武昌汉东武阳、加睦汉博平、黎治汉黎、清治汉清、瑞狐汉离狐、谷城亭汉临邑。

(4) 陈留郡

《王莽传》云:"制诏陈留大尹太尉,其以益岁以南付新平,新平,故淮阳。以雍丘以东付陈定,陈定,故梁郡。以封丘以东付治亭,治亭,故东郡。以陈留以西付祈队,祈队,故荥阳。陈留已无复有郡矣,大尹太尉皆诣行在所。"其中益岁县乃《汉志》之圉县,西汉属淮阳国,则王莽时以之付陈留也。又以文意,似益岁以南犹有它县也,然其详情已不得知。

旧领县十七,以《王莽传》,天凤之前又增领益岁,其县有:陈留(疑当作陈留亭)、小黄、成安、雍丘、酸枣、外黄、封丘、尉氏、平丘、浚仪、康善汉宁陵、东明

---

① 《职方考》云:"《志》作下洽,据《获水注》改。"
② 《居延汉简释文合校》288.30。

汉东昏、襄平汉襄邑、惠泽汉长罗、顺通汉傿、长固汉长垣、济前汉济阳、益岁汉圉。

(5) 钜野郡

汉山阳郡。

旧领县二十三：昌邑、东缗、方与、钜野（疑当作钜野亭）、薄、黄、中乡、平乐、郑、瑕丘、甾乡、曲乡、西阳、龟平汉南平阳、成安汉成武、湖陆汉湖陵、高平汉橐、利父汉单父、君美①汉都关、城谷汉城都、戚亭汉爰戚、告成汉邛城、足亭汉栗乡。

(6) 济平郡

汉济阴郡。新出新莽封泥有"济平利甫属长"、"济平尹之印章"。则济平郡所领当有利甫县，不知为何县所更名。

旧领县九：定陶、葭密、成阳、句阳、乘氏、济平亭汉冤句、祁都汉昌都、郅良汉鄄城、万岁汉秺。

(7) 泰山郡

新出新莽封泥有"泰山大尹章"、"泰山属正章"。

旧领县二十四：奉高、博、茌、卢、肥成、蛇丘、柴、盖、梁父、东平阳、莱芜、钜平、嬴、牟、乘丘、富阳、式、柔汉刚、桓宣汉南武阳、蒙恩汉蒙阴、翼阴汉华、宁顺汉宁阳、褒鲁②汉桃山、鄣亭汉桃乡。

(8) 莒陵郡

汉城阳国。新出新莽封泥有"莒大尹印章"、"莒郡大尹章"、"莒郡属正章"。可知此郡本名莒郡，孙博以为乃天凤元年更名莒陵。

旧领县四：阳都、东安、莒陵汉莒（疑当作莒陵亭）、著善汉虑。

(9) 新平郡

汉淮阳国。新出新莽封泥有"新平尹印章"。天凤后，以陈留益岁以南诸县并入。

旧领县九，圉新朝初年改隶陈留郡，其余八县：阳夏、宁平、扶沟、固始、新平（疑当作新平亭）、柘、陈陵汉陈、赖陵汉苦。

(10) 有盐郡

汉东平国。新出新莽封泥有"无盐太守章"，新朝初此郡当犹名无盐郡。

旧领县七：东平陆、章、樊、有盐亭汉无盐、延就亭汉任城、成富汉富城、顺父汉亢父。

---

① 《汉志》无新朝时县名，《职方考》云，"闽本、汪本注君美二字。昭曰：都有美义，或是莽曰君美欤。（卷十四）"，遂补。

② 《职方考》云："《志》作襄鲁。毛本作衰鲁。闽本、汪本作襄，无鲁字。按各本皆误也。《恩泽侯表》有褒鲁节侯公子宽，以周公世鲁顷公玄孙之玄孙奉周祀，元始元年封。"

3. 青州

汉旧州。

(1) 河平郡

汉平原郡。新出新莽封泥有"平原大尹章",当为新朝初期之物,又有"河平湿肥卒正",湿肥疑为汉湿阴(即漯阴)县,则郡更名当在湿阴县名变更之前。

(2) 安定国

封孺子婴为安定公,"以平原、安德、漯阴、鬲、重丘,凡户万,地方百里,为安定公国,立汉祖宗之庙于其国,与周后并,行其正朔、服色"。平原等五县当不止万户,故当取此五县部分地而置也。《汉志》鬲下注云:"莽曰河平亭。"漯阴下注曰:"莽曰翼成。"是此两县建制未取消也。《王莽传》又有定安之说,未必有误,或是更名之故。

(3) 东顺郡

瑗县,莽曰东顺亭。观王莽之更郡名,南郡为南顺,右北平为北顺,犍为为西顺,当有另一郡名东顺,疑即为析平原郡而置。新出新莽封泥有"东顺尹印章",可证此郡确存。

西汉平原郡,旧领县十九,新朝增置巨武县:平原、高唐、重丘、平昌、阿阳、安悥、楼虚、安、河平亭汉鬲、羽贞汉羽、分明汉般、美阳汉乐陵、安城汉祝阿、东顺亭汉瑗、翼成汉漯阴、巨武①汉漯阳城、张乡②汉枌、乐安亭汉富平(疑当属乐安郡)、宜乡汉合阳、清乡汉龙额。

(4) 建信郡

汉千乘郡。新出新莽封泥有"建信大尹章"。

旧领县十五:千乘、东邹、博昌、建信(疑当作建信亭)、琅槐、乐安、被阳、高昌、延乡、延亭汉湿沃、鸿睦汉平安、施武汉蓼城、利居汉狄、瓦亭汉繁安、常乡汉高宛。

(5) 乐安郡

汉济南郡。新出新莽封泥有"乐安富生连率"、"乐安蓼城卒正"。蓼城,西汉属千乘郡,则此县新朝时当来属乐安。

旧领县十四:东平陵、邹平、梁邹、土鼓、阳丘、菅、历城、著、宜成、台治汉

---

① 《职方考》考证云:"即北漯阴城。《志》脱漯阳城,并脱巨武。《河水注》:漯水历北漯阴城南。伏琛谓之漯阴城。又《经》:河水东北过漯阳县北。《注》云:河水右迳漯阴县故城北,王莽之巨武县也。先谦曰:说家因谓《汉志》脱漯阳一县,并脱'莽曰巨武'四字。案郦元两注皆作漯阴县,无漯阳县之名,《经》之漯阳旧本自作漯阴,至《注》中漯阴及漯阳城,并不称县。后人因巨武疑文,必为《汉志》增漯阳县,未为征信也。"

② 《秦汉魏晋南北朝官印征村》0548 收录有"张乡侯家丞",则新朝此地为侯国。

台、于陆汉于陵、济南亭汉般阳（疑当属济南郡）、修治①汉朝阳、利成汉犹。

（6）济南郡

汉齐郡。新出新莽封泥有"齐郡大尹章"，则新朝初年齐郡尚未更名。

旧领县十二：昌国、钜定、广、广饶、昭南、平广、台乡、齐陵汉临淄、利治汉利、东宁汉西安、监朐②汉临朐、禹聚汉北乡。

（7）北海郡

新出新莽封泥有"北海尹印章"、"北海营陵卒正"。

（8）翼平郡

分北海郡置。《王莽传》有翼平连率田况。

寿光，莽更名为翼平亭，则翼平郡当有寿光附近之地，故疑乃北海郡北部地也。

西汉北海郡，旧领县二十六：淳于、平寿、剧、都昌、平的、乐望、饶、斟、桑犊、平城、密乡、羊石、石乡、上乡、新成、胶阳、北海亭汉营陵、上符汉剧魁、诛郅汉安丘、道德汉瓡、探汤③汉益、所聚汉平望、弘睦汉柳泉、翼平亭汉寿光、拔垄汉乐都、石乐汉成乡。

汉甾川国④，旧领县三：东安平、楼乡、俞汉剧。

（9）东莱郡

新出新莽封泥有"东莱掖通连率"。

（10）夙夜郡

分东莱郡置。《汉志》脱。《王莽传下》有夙夜连率韩博。

西汉东莱郡属县中有更名为东莱亭者，有更为夙夜者（疑此夙夜当作夙夜亭），东莱亭当属东莱郡，似乎东莱郡西部属东莱，东部为夙夜郡。

旧领县十七：腄、曲成、㡉、育犁、卢乡、徐乡、掖通汉掖、利卢汉千度、意母汉黄、监朐汉临朐、望利汉牟平、弘德汉东牟、夙敬亭汉昌阳、夙夜汉不夜（疑当作夙夜亭）、东莱亭汉当利、延乐汉阳乐、识命汉阳石。

（11）甾川郡

（12）郁秩郡

汉胶东国。

---

① 前文新博郡下已有一修治（故西汉信都修县更名），此处复有一修治，不知是否有误。

② 《汉志》齐郡、东莱有两临朐，皆云"莽曰监朐"，疑一非是。

③ 《职方考》云："《志》作探阳。《巨洋水注》作涤荡。按《后书·刘盆子传》有王莽探汤侯田况。李注：莽改益县曰探汤。乃知探阳、涤荡皆误。汪引梁氏曰：汤、荡古通，阳与涤并传写之误。"

④ 孙博以为《汉志》不载甾川国王莽时期的更名，其国不过三县，难以独立成郡，或省并入翼平郡，从之。

旧领县八：昌武、下密、郁秩亭、挻、观阳、即善汉即墨、晓武汉壮武、始斯汉邹卢。

汉高密国①，旧领县五：昌安、章牟汉高密、养信汉石泉、原亭汉夷安、顺成汉成乡。

4. 徐州

汉旧州。

（1）填夷郡

汉琅邪郡。

（2）夙敬郡

此郡不见于传世文献，然新出新莽封泥有"夙敬属令章"、"夙敬助华连率"。东莱郡昌阳县，王莽更名夙敬亭，则夙敬郡当在此处。前文已述，东莱郡王莽时期分为东莱、夙夜两郡，已不容另析置一郡。昌阳地近琅邪郡，孙博以为乃为分琅邪郡北部置，可从。

旧领县五十一：不其、海曲、赣榆、朱虚、梧成、灵门、虚水、琅邪、祓、鉼、零段、黔陬、云、计斤、稻、平昌、长广、东莞、昌、兹乡、箕、高广、高乡、柔、丽、伊乡、新山、高阳、昆山、参封、折泉、博石、房山、慎乡、石山、祥善汉东武、诸并汉诸、季睦汉姑幕、填夷亭汉临原、祓同汉柜、纯德汉邦、盈卢汉皋虞、今丘汉横、清泉汉魏其、识命汉神、盛睦汉即来、顺理汉武乡、泠乡汉驷望、宁乡汉安丘、蒲陆汉高陵、诚信汉临安。

（2）东海郡

（3）沂平郡

《汉志》云东海郡更名沂平。《后汉书》卷11《刘盆子传》云：赤眉与王莽沂平大尹战。《职方考》云："元始中，莽以西羌献地置为西海郡，配东海、南海、北海三郡而为四海。今三海皆仍旧名，而独更东海为沂平，于理不合，疑系分置，而非更名也。"

西汉东海郡旧领县三十八：郯、戚、朐、南成、山乡、建乡、临沂、容丘、于乡、都阳、阴平、都平、兰东汉兰陵、章信（《王莽传中》有章新公王寻，疑即封于此）汉襄贲、闰俭汉下邳、承翰汉良成、平端汉平曲、厌虏汉开阳、顺从汉费、流泉汉利成、东海亭汉海曲、博睦汉兰祺（毛本作溥睦）、繒治汉繒、就信（《王莽传中》有"大司徒就德侯平晏为太傅，就新公"，《居延新简》简 EPT13.4 有"太傅就心公臣晏"，亦是指平晏，新朝新、心、信凡数更易，疑此就信亦即平晏封国）汉即丘、犹亭汉祝其、祝亭汉厚丘、业亭汉东安、合聚汉合乡、承治汉承、建力汉建阳、从阳汉曲阳、息吾汉司

---

① 孙博以为王莽废高密国入郁秩郡，从之。

吾、端平汉曲平①、徐亭汉郚乡、弘亭汉武阳、博聚汉新阳、付亭汉建陵、卢聚汉昌虑。

(4) 淮平郡

汉临淮郡。新出新莽封泥有"淮平润相属长"、"淮平尹印章"。《后汉书》卷26《侯霸传》有："王莽时，为淮平大尹。"即此郡。又郡下射阳县王莽更名为监淮亭，颇疑此郡新朝初更名为监淮，后复易为淮平。观新朝郡名有江平、河平、淮平、济平，四渎皆有名某平郡者，当是王莽某年拟订制度时所易。新出新莽封泥又有"赘其属令章"、"赘其匡武傅"，是新朝曾置赘其郡。汉盱眙县，班固注云"莽曰武匡"，疑即匡武县。颇疑临淮郡曾名赘其，后更名为淮平。

旧领县二十九：取虑、开阳、赘其、高山、盐渎、东阳、昌阳、堂邑、乐陵、徐调汉徐、淮敬汉淮浦、武匡汉盱眙、秉义汉公犹、成信(《王莽传》载，始建国元年封孙建为成新公，当即此地)、汉僮、监淮亭汉射阳、睢陆汉睢陵、嘉信(《王莽传》载，始建国元年以刘歆为嘉新公，当即此地)汉淮阴、淮陆汉淮陵、从德汉下相、稞房汉富陵、著信汉播旌、永聚汉西平、成丘汉高平、成乡汉开陵、平宁汉广平、建节汉兰阳、相平汉襄干、亭闲汉海陵、美德汉舆。

(5) 鲁郡

《汉志》未言王莽更名，《职方考》云："古封泥有文阳大尹章，文即汶。汉铜印、汉碑、《后汉书》卷22《王梁传》，汶阳皆作文阳(吴式芬、陈介祺《封泥考略》)。疑改鲁国置文阳郡也。"

旧领县六：鲁、卞、蕃、薛、汶亭②汉汶阳、驺阳汉驺。

(6) 和乐郡

汉楚国。

旧领县七：彭城、留、吕、吾治汉梧、辅阳汉傅阳、和乐亭汉武原、善丘汉甾丘。

(7) 水顺郡

汉泗水国。新出新莽封泥有"水顺副贰印"。

旧领县三：生凌③汉凌、淮平亭汉泗阳(疑当属淮平郡)、干屏汉干。

(8) 江平郡

汉广陵国。新出新莽封泥有"江平舆城连率"，则江平郡有舆城县，不知为

---

① 《职方考》以为："曲平《志》作平曲。东海一郡不应有二平曲。《后书·万修传》：永初七年，邓太后绍封修曾孙丰为曲平亭侯。又以莽所更名一曰平端、一曰平推之，知第二平曲系曲平之误也。"其实未必，西汉多有同名之县，虽两者同属一郡，然一为县，一为侯国，亦非绝无可能。

② 孙博说以为当为汶阳亭，可从。

③ 《职方考》云："《志》作生夌，依《淮水注》改。盖夌之坏字也。"

何县更名抑或析置。

旧领县四：江都、高邮、安定_{汉广陵}、杜乡_{汉平安}。

三、北方冀州、幽州、并州概况

1. 冀州

汉旧州。

（1）太原郡

新出新莽封泥有"大原邬属长"。

（2）原平郡

《汉志》不载此郡，新出新莽封泥有"原平信桓连率"、"原平亭田属令"。汉太原郡有原平县，信桓为广武县更名，且两县皆在太原郡北部，孙博以为王莽分太原郡置原平郡，可从。

旧领县二十一：晋阳、葰人、中都、邬、盂、汾阳、阳曲、原平、上艾、虑虒、界美_{汉界休}、太原亭_{汉榆次}、于合_{汉于离}、兹同_{汉兹氏}、狼调_{汉狼孟}、多穰_{汉平陶}、致城_{汉京陵}、大宁_{汉大陵}、示_{汉祁}、繁穰_{汉阳邑}、信桓_{汉广武}。

（3）上党郡

新出新莽封泥有"上党属正章"、"上党尹印章"。

旧领县十四：长子、屯留、余吾、铜鞮、沾、涅、壶关、泫氏、高都、潞、陭氏、阳阿、上党亭_{汉襄垣}、谷近_{汉谷远}。

（4）魏城郡

汉魏郡。《职方考》云："城，一作成，《王莽传下》有魏成大尹李焉。"新出新莽封泥有"魏成大尹章"、"魏成属正章"。

旧领县十八：邺、馆陶、涉、内黄、清渊、繁阳、元城、梁期、武始、邯会、阴安、邯沟、利丘_{汉斥丘}、魏城亭_{汉魏}、黎蒸_{汉黎阳}、即是_{汉即裴}、延平_{汉平恩}、桓安_{汉武安}。

（5）钜鹿郡

新出新莽封泥有"钜鹿廮陶属长"、"钜鹿尹印章"。

（6）和成郡

分钜鹿郡置。新出新莽封泥有"禾成属令章"、"禾成见平卒正"。《职方考》云："《后汉书·邳彤传》：彤初为王莽和成卒正。注引《东观汉纪》曰：王莽分钜鹿为和成郡，居下曲阳。"如此，和成郡当以钜鹿郡北部地而置也。

西汉钜鹿郡，旧领县二十：钜鹿、广阿、廮陶、临平、下曲阳、贳、堂阳、安定、敬武、乐信、武陶、柏乡、安乡、富平_{汉南䜌}、宁昌_{汉象氏}、宜子_{汉宋子}、功陆_{汉杨}

氏、秦聚汉鄡、乐市①汉新市、历聚汉历乡。

(7) 井关郡

汉常山郡。新出新莽封泥有"井关尹印章"、"井关肥累属长"。肥累为西汉真定国属县,由封泥可知,新朝时期肥累属井关郡,孙博以为真定国当省并入井关郡,可从。

西汉常山郡,旧领县十八:石邑、桑中、灵寿、蒲吾、井陉、封斯、关、平棘、井关亭汉元氏、常山亭汉上曲阳(疑当属常山郡)、久门汉九门、多子汉房子、直聚汉中丘、禾成亭汉鄗(《职方考》此县后无注,然禾、和音同,此县地望又近和成郡,故颇疑莽时此县别属和成郡,又疑井关郡南部数县此时或皆别属它郡)、畅苗汉乐阳、顺台汉平台、分乡汉都乡、延亿汉南行唐。

西汉真定国,旧领县四:肥累、思治汉真定、橐实汉橐城、绵延汉绵曼。

(8) 平河郡

汉清河郡。

旧领县十四:清阳、东武城、绎幕、贝丘、信成、瘛题、信乡、缭、枣强、播亭②汉灵、厝治汉厝、善陆汉鄃、胥陵汉东阳、乐岁汉复阳。

(9) 桓亭郡

汉赵国。

旧领县四:邯郸、易阳、襄国、寿仁汉柏人。

(10) 富昌郡

汉广平国。新出新莽封泥有"富昌大尹章"、"富昌属正章",又有"广年大尉章"、"广年尹印章"。据《汉志》,汉广年县,王莽更名富昌,孙博以为广年、富昌为郡名前后关系,似有道理。

旧领县十六:广平、张、朝平、南和、斥章、任、南曲、广乡、平利、平乡、阳台、城乡、列治汉列人、直周汉曲周、直梁汉曲梁、富昌汉广年(疑下有亭字)。

(11) 常山郡

汉中山国。

(12) 朔平郡

《汉志》不载此郡,新出新莽封泥有"朔平属令章"、"朔平善和连率",是新朝置有朔平郡。中山国北新成,班固注云"莽曰朔平";北平县,班固注"莽曰善和",则朔平郡必在西汉中山国一带。《汉志》云,汉中山国,"莽曰常山",孙博

---

① 《职方考》云:"《志》作市乐,据《浊漳水注》改。"
② 《职方考》云:"《志》夺亭字,据《河水注》增。"

以为《汉志》记载不妥。然而北新成、北平二县皆在汉中山国东北部，并不能排除中山国西部与常山国东部合为一郡，治所仍在卢奴而郡名为常山的可能①。

旧领县十四：卢奴、新市、新处、毋极、陆成、善和_{汉北平}、朔平_{汉北新成}、和亲_{汉唐}、翼和_{汉深泽}、北陆_{汉苦陉}、兴睦_{汉安国}、顺平_{汉曲逆}、顺调_{汉望都}、宁险_{汉安险}。

（13）新博郡

汉信都国。

旧领县十七：扶柳、高隄、广川、平隄、西梁、昌成、新博亭_{汉信都}、历宁_{汉历}、乐信_{汉辟阳}、序中②_{汉南宫}、闰博_{汉下博}、顺桓_{汉武邑}、朔定亭_{汉观津}（疑当属朔定郡）、乐丘_{汉乐乡}、桓分_{汉桃}、田昌_{汉东昌}、修治_{汉修}。

（14）朔定郡

汉河间国。新出新莽封泥有"朔定尹印章"。

旧领县四：候井、陆信_{汉乐成}、桓队_{汉武队}、乐成亭③_{汉弓高}。

2. 并州

汉旧州。

（1）有年郡

《汉志》不载此郡，新出新莽封泥有"有年尹印章"、"有年大尹章"、"有年奉阳章"等。可知新莽时期曾置有年郡，辖县有奉阳。河东郡杨县，王莽时期更名为有年亭。孙博以为有年郡为分汉河东郡而置，在今山西临汾盆地一带，可从。

（2）增山郡

汉上郡。《汉志》不载此更名。《职方考》云：

> 《后书·马援传》："兄员，莽末为增山连率。"注：莽改上郡为增山。《河水注》："王莽以马员为增山连率，归世祖，以为上郡太守。司马彪曰：增山者，上郡之别名也。"周曰：凡汉郡县为莽改名者，《水经注》定例必曰王莽之某名也，此无之，而但引司马彪别名之说，疑非定莽改者。又曰：西河郡有增山县，则安知非分增山为一郡而置连率耶？（卷二十四）骧曰：盖郦所见班《志》已脱"莽曰增山"四字，故《河水注》不曰王莽之某名也，而但引司马之说。司马知增山即上郡，而增山之名不见于班《志》，故不径曰

---

① 新出新莽封泥又有"毋极大尉章"、"毋极大尹章"，孙博以为毋极和朔平为一郡，然毋极在中山国南部，与北新成等县颇远，疑中山国北部析置朔平郡，南部新朝初年名毋极郡，后更名为常山郡。
② 《职方考》云："《志》作序下，据《浊漳水注》改。赵曰（赵一清《水经注释》）：《汉志》作序下，隋人讳忠故改之。（卷十）
③ 《职方考》云："《志》脱亭字，据《浊漳水注》增。"

更名，而称为别名。不得据此便谓增山非莽之更名也。济南郡莽曰乐安，而千乘郡有乐安县，则不得以西河郡有增山，便谓增山郡乃西河之分郡也。《传下》文："及莽败，员去郡避地凉州，世祖即位，遣员复郡。"郦注谓归世祖，以为上郡太守，即复郡也，亦可证增山即上郡。

旧领县二十三：肤施、独乐、木禾、平都、原都、雕阴、雕阴道、龟兹、定阳、望松、上陵畤汉阳周、广信汉浅水、积粟汉京室、卑顺汉洛都、黄土汉白土、上亭①汉襄洛、漆墙汉漆垣、奢节汉奢延、排邪汉推邪、桢干汉桢林、坚宁汉高望、利平汉高奴、坚宁小邑汉宜都。

（2）归新郡

汉西河郡。

（3）兹平郡

《汉志》不载此郡。出土新莽封泥有"兹平尹印章"，简帛材料亦有"之兹平、大原郡，皆以故官行，名曰行部……"核以封泥，兹平当为郡名。西河郡隰成王莽更名兹平亭，是兹平郡当为分西河郡而置。

旧领县三十六：骍虞、鹊泽、美稷、中阳、皋狼、平周、鸿门、蔺、千章、增山、圜阳、广衍、虎猛、离石、谷罗、土军、平陆、盐官、富成汉富昌、阴平亭汉平定、截虏汉乐街、廉耻汉徒经、好成汉大成、广翰汉广田、方阴汉圜阴、香阑汉益阑、讨貉汉宣武、桓车汉武车、饶衍汉饶、广德汉方利、慈平亭汉隰成、监水汉临水、五原亭汉西都②、山宁汉阴山、伏觬汉觬是、助桓汉博陵。

（4）沟搜郡

汉朔方郡。

旧领县十：三封、修都、呼遒、武符汉朔方、监河汉临河、极武汉窳浑、沟搜亭③汉渠搜、绥武汉沃野、盐官汉广牧、推武汉临戎。

（5）获降郡

汉五原郡。新出新莽封泥有"五原宁大尉"，则新朝初此郡仍名五原，后更名。《王莽传》云："左迁鲁匡为五原卒正。"此称其旧名。

旧领县十六：河阴、蒲泽、宜梁、莫䵣、河目、成平汉九原、固调汉固陵、填河亭汉五原、振武汉临沃、繁聚汉文国、南利汉南舆、桓都汉武都、延柏汉曼柏、艾虏汉成宜、固

---

① 《汉志》作上党亭，《职方考》以为，"县离上党郡极远，且上党郡已有上党亭，汉之襄垣也，不应又名上党亭，疑以汉县名近似而误。郡原名上郡，疑此县实名上亭。衍一党字"。
② 《职方考》注云，"疑当属获降郡"。亦疑如此，此县当在新朝初年即改隶时未更名的五原郡，故名如此。
③ 《汉志》但作"沟搜"，《职方考》据《河水注》增"亭"字。

阴汉裯阳、郭安汉西安阳。

（6）受降郡

汉云中郡①。

旧领县十一：陶林、犊和、原阳、沙南、北舆、远服汉云中、贲武汉咸阳、桢陆汉桢安、希恩汉沙陵、顺泉汉武泉、常得汉阳寿。

（7）得降郡

汉定襄郡。出土新莽封泥有"得降尹印章"、"得降桓皋竟尉"。

旧领县十二：成乐、襄阴、椅桐汉桐过、通德汉都武、伐蛮汉武进、永武②汉武皋、遮要汉骆、迎符汉安陶、桓就汉武就、厌胡汉武要、著武汉定襄、闻武汉复陆。

（8）填狄郡

汉雁门郡。出土新莽封泥有"填狄富臧连率"。又，出土新莽封泥有"聚降遮害属长"，汉雁门郡中陵县，王莽更名为遮害，孙博以为或分雁门郡北部而置，然区区雁门分两郡似嫌过狭，暂列此处，存疑。

旧领县十四：楼烦、洼陶、阴馆汉善无、敬阳汉沃阳、当要汉繁畤、遮害汉中陵、富臧③汉阴馆、桓州汉武州、善阳汉剧阳、崞张汉崞、平顺汉平城、填狄亭汉埒、章昭（《王莽传中》载，封殷后孔弘为章昭侯）汉马邑、伏阴汉强阴。

（9）厌狄郡

汉代郡。出土新莽封泥有"厌狄助成卒正"，又有"集降尹中后候"，孙博以为代郡先后更名为厌狄、聚降，可从。

旧领县十八：当城、高柳、马城、延陵、且如、阳原、参合、灵丘、安德汉桑乾、道仁汉道人、班副汉班氏、狋聚汉狋氏、平胡汉平邑、竟安汉东安阳、平葆汉平舒、厌狄亭汉代县、广平④汉广昌、鲁盾汉卤城。

3. 幽州

汉旧州。

（1）垣翰郡

汉涿郡。又，出土新莽封泥有"广望绥成卒正"，汉涿郡安平县，王莽更名广望亭，是新朝时期曾置广望郡，唯不知为析置抑或与垣翰郡为同郡。

---

① 《额济纳汉简》2000ES9SF4:10号木简有"度远郡益寿塞"，《匈奴传》则有云中益寿塞，孙博据此以为王莽曾更云中郡名为度远郡，后复更为受降郡，当是。
② 《秦汉魏晋南北朝官印征存》0575有"永武男家丞"，是此地为侯国。
③ 《职方考》云："《志》作富代，据《㶟水注》改。王曰：富臧于义为长。（卷四之七）"
④ 《职方考》注曰："汪本作广屏。《巨马水注》作广屏。《㶟水注》：连水又西迳王莽城南。据此则莽之广平与汉之广昌，盖非一城。"

旧领县二十九：涿、谷丘、故安、南深泽、蠡吾、易、广望、州乡、临乡、饶阳、中水、阿武、新昌、酒屏汉酒、顺阴汉范阳、深泽汉容城、言符汉鄚、高亭汉高阳、广望亭汉安平、握符汉樊舆（《古封泥考略》有"渥符子夫人"印，则握亦可作渥）、宜家汉成、广阳汉良乡、章符汉利乡、有袟汉益昌、章武汉阳乡、移风汉西乡、垣翰亭汉武垣、阿陆汉阿陵、广堤汉高郭。

（2）迎河郡

汉勃海郡。出土新莽封泥有"郭川大尹章"，孙博以为渤海郡新朝初年更名郭川郡，后又更为迎河郡，可从。

旧领县二十六：阳信、东光、千童、重合、定、高成、参户、柳、东平舒、重平、安次、文安、景成、束州、建成、章乡、蒲领、浮城汉浮阳、吾城汉阜城、迎河亭汉南皮、桓章汉章武、检阴汉中邑、为乡汉高乐、泽亭汉成平、乐亭汉临乐、居宁汉修市。

（3）朔调郡

汉上谷郡。出土新莽封泥有"朔调沮阴连率"。《职方考》云：

《后汉书·耿弇传》：父况，为王莽朔调连率。（《寇恂传》作上谷太守耿况）《景丹传》：莽时为朔调连率副贰。又《郭伋传》：莽时为上谷大尹。周曰：既有朔调，复存上谷，即莽将大郡分为五之证。《莽传》：每下诏书，辄系其故名，朔调之又名上谷，亦此类也。（卷二十五）按周说既云朔调与上谷同存，又以上谷为朔调之故名，前后矛盾。观夫耿况于《弇传》作朔调连率，于《恂传》作上谷太守。《丹传》，更始立，丹降为上谷长史。则朔调于上谷，实一郡之更名，而非分郡也。

旧领县十五：军都、居庸、雒督、沮阴汉沮阳、塞泉汉泉上、树武汉播、朔调亭汉夷舆、博康汉宁、长昌汉昌平、广康汉广宁、抪陆汉涿鹿、久居汉且居、谷武汉茹、祁汉女祁、下忠汉下落。

（4）通路郡

汉渔阳郡。出土新莽封泥有"通路得鱼连率"。

旧领县十二：雍奴、平谷、安乐、白檀、得渔汉渔阳、举符汉狐奴、通路亭汉路、泉调汉泉州、敦德汉㢣奚、平犷汉犷平、要术汉要阳、匡德汉滑盐。

（5）北顺郡

汉右北平郡。

旧领县十六：平刚、无终、石成、字、土垠、铺武汉廷陵、俊麻汉俊靡、哀睦汉薋、北顺亭汉徐无、伏狄汉白狼、夕阴汉夕阳、淑武汉昌城、揭石汉骊成、平房汉广成、笃睦汉聚阳、平阳汉平明。

(6) 辽西郡

旧领县十四：海阳、新安平、柳城、阳乐、狐苏、钽虑汉且虑、令氏亭汉令支、肥而汉肥如、勉武汉宾徒、禽房汉交黎、河福汉徒河、言虏汉文成、冯德汉临渝、选武汉絫。

(7) 辽东郡

出土新莽封泥有"辽东襄平卒正"、"辽东昌平卒正"、"辽东无虑竟尉"。

旧领县十八：新昌、无虑、房、候城、险渎、居就、高显、安市、平郭、番汗、沓氏、昌平汉襄平、长说汉望平、顷睦汉辽队、辽阴汉辽阳、桓次汉武次、北安平汉西安平、文亭汉文。

(8) 玄菟郡

出土新莽封泥有"玄兔广田竟尉"。

旧领县三：下句骊汉高句骊、下殷[台]①汉上殷台、玄菟亭汉西盖马。

(9) 乐鲜郡

汉乐浪郡。

旧领县二十五：朝鲜、讷邯、含资、粘蝉、遂成、带方、驷望、列口、长岑、屯有、昭明、镂方、提奚、浑弥、吞列、东暆、不而、蚕台、华丽、邪头昧、前莫、夭租、乐鲜亭汉坝水、增土汉增地、海桓汉海冥。

(10) 广有郡

汉广阳国。出土新莽封泥有"广有属令章"。

旧领县四：方城、广阳、伐戎汉蓟、阴顺汉阴乡。

四、西方雍州、益州概况

1. 雍州

故汉凉州。

(1) 厌戎郡

汉陇西郡。

旧领县十一：上邽、安故、首阳、羌道、临洮、操虏汉狄道、亭道汉氐道、德道汉予道、顺夏汉大夏、相桓汉襄武、西治汉西。

(2) 金城郡

《汉志》云"莽曰西海"，《职方考》证之有误，当仍名金城，见西海郡条下。

旧领县十三：枝阳、榆中、枹罕、河关、破羌、安夷、修远（《后汉书》卷83《梁鸿传》云，鸿父让王莽时封修远伯，当即此地）汉允吾、兴武汉浩亹、罕虏汉令居、金

---

① 《职方考》引钱坫之语，"依义当脱台字"。甚是，当补台字。

屏汉金城、顺砾汉白石、修远亭①汉允街、监羌②汉临羌。

(3) 西海郡

《职方考》曰：

《平帝纪》：元始四年，置西海郡。《莽传上》：元始五年，遣中郎将平宪等多持金币，诱塞外羌，使献地，愿内属。宪等奏言："羌豪良愿等种人口可万二千人，愿为内臣。献鲜水海、允谷盐池，平地美草皆予汉民，自居险阻处为藩蔽。"事下莽，莽奏曰："今谨案已有东海、南海、北海郡，未有西海郡，请受良愿等所献地为西海郡。"《后书·西羌传》："至王莽辅政，欲耀威德，以怀远为名，乃令译讽旨诸羌，使共献西海之地，初开以为郡。"是西海乃拓地所置之初郡，非金城之更名也。先谦曰：莽纳羌所献地。因并金城之名，改为西海耳。《志》文不讹。按莽好事骛名，岂得拓地而不置郡？先谦之说非也。《河水注》亦以西海郡为莽讽羌献地所置，然其下又曰"金城郡，王莽之西海也。"王峻(吴卓信《补注》卷五十四注引王峻《汉书正误》)因谓，盖初置郡时本在金城之外，其后废弃，遂移其名于金城耳。说尚可通，但《后书·西羌传》："王莽末，四夷内侵，及莽败，众羌遂据西海为寇。更始、赤眉之际，羌遂放纵，寇金城、陇西。明证其时西海、金城犹非一郡，则其说虽可通，而事有未必然也。"

据《后汉书》卷87《西羌传》，郡初置有五县，除龙夷外，余县县名无考，莽朝县名变更情况更不知矣。

(4) 填戎郡

汉天水郡。《职方考》云："《原涉传》：莽末，拜镇戎大尹。《后书·隗嚣传》、《马援传》、《水经渭水注》并作镇戎，或以为是。按琅邪郡莽曰填夷，长沙郡莽曰填蛮，雁门郡莽曰填狄，三方皆曰填，则此曰填戎不误。"

(5) 阿阳郡

分天水郡置。《水经·渭水注》云："成纪县，王莽之阿阳郡治也。"《王莽传下》有成纪大尹李育。《职方考》引云："先谦曰：盖阿阳治成纪，故有此称。"

阿阳郡必有成纪、阿阳两县，又戎邑道莽更名为填戎亭，疑为填戎郡属县。故颇疑填戎、阿阳两郡乃据东西分，自成纪以西属阿阳郡，东部则属填戎郡。

西汉天水郡旧领县十六：街泉、罕开、绵诸道、阿阳(疑当作阿阳亭)、略阳道、成纪、奉捷、陇、獂道、平相汉平襄、填戎亭汉戎邑道、望亭汉望垣、冀治汉冀、纪德

---

① 《汉志》无亭字，与同郡故汉允吾县重名，《职方考》据《水经·河水注》增亭字。
② 《汉志》误作盐羌，《职方考》据《水经·河水注》改。

汉勇士、识睦汉清水、兰盾汉兰干。

（6）张掖郡

汉武威郡。

旧领县十：姑臧、张掖（疑当作张掖亭）①、武威、鸾鸟、媪围、宣威、晏然汉休屠、播德汉揟次、敷虏汉朴剽、射楚汉苍松。

（7）设屏郡

汉张掖郡②。《秦汉南北朝官印征存》593 有"设屏农尉章"。

（8）延亭郡

《汉志》不载此郡。《居延新简》EPT52.490 有"九月己卯，行延亭连率事偏将军……"59.655A 又见"延亭连率府行事"。王莽时期，赐连率偏将军称号。故饶宗颐据此以为延亭乃郡名，是分张掖而置③。《汉志》千乘郡湿沃县，班固注云："莽曰延亭。"本卷初版时据此以为延亭郡为分千乘郡所置。然《肩水金关汉简》中又出现大量有关延亭郡的信息，其中 73EJF3:400 简作"延亭居延甲沟守候萧迁"，则延亭郡当确在河西。孙博参考诸简，以为延亭郡即西汉居延属国都尉，王莽时为郡，这也开东汉时期属国都尉比郡的先河，不晚于地皇三年，延亭郡省并入辅平郡，可从。

旧领县十：显美、官式汉觻得、渠武汉昭武、贯虏汉删丹、否武汉氐池、传武汉屋兰、勒治汉日勒、揭虏汉骊靬、罗虏汉番和、居成汉居延④。

（9）辅平郡

汉酒泉郡。

旧领县九：天陿、沙头、绥弥、显德汉禄福、载武汉表是、乐亭汉乐涫、辅平亭汉玉门、萧武汉会水、测虏汉乾齐。

（10）敦德郡

汉敦煌郡。汉简中又屡见文德之名，《敦煌汉简》中又有简文"……文德、酒

---

① 《职方考》曰："以通例，凡郡县同名者，县下加一亭字。"然除有实据明确有亭字者，《职方考》皆在县名后加括号言当增亭字。后文凡此类情况，皆沿袭《职方考》之体例，有不同者，另外注明。
② 饶宗颐、李均明《新莽简辑证》以为新莽时期"简文所云'张掖'或承旧制之张掖，非由武威改称之张掖，而设屏为从原张掖割裂出之新郡"。黄东洋、邹文玲《新莽职方补考》（刊于《简帛研究二〇一二》，广西师范大学出版社，2013 年）亦以为此郡"在始建国四年九月仍然沿用张掖旧名"，并以为"'张掖城司马'和'设屏右大尉府'同时出现在一简之中，表明张掖和设屏是同时并存的两个郡"。然《汉志》武威更名张掖，张掖更名设屏，此两郡本即并存，故不取斯说。
③ 饶宗颐、李均明：《新莽简辑证》，第 171 页。
④ 西汉居延县属张掖郡，然新简有"辅平居成甲沟侯官"（简 EPT26.25），黄东洋、邹文玲以为此居成不是行政系统的居成县，而为军事系统的居成部。今核以前文所引肩水金关汉简，居成本属延亭郡，孙博以为乃延亭郡罢后并入辅平，可从。

泉、张掖、武威、天水、陇西、西海、北地",此时其余数郡尚未更名,唯敦煌已作文德,故王国维《敦煌汉简跋(二)》中以为,王莽初更敦煌名为文德,继改为敦德。

旧领县六:冥安、效谷、渊泉、龙勒、敦德亭①汉敦煌、广桓②汉广至。

(11)安定郡

旧领县二十二:复累、安俾、朝那、泾阳、卤、阴密、安定(疑当作安定亭)、参䜌、阴槃、爰得、眴卷、彭阳、鹑阴、安民、铺睦汉高平、抚宁汉抚夷、监泾汉临泾、乌亭汉乌氏、广延亭汉三水③、安桓汉安武、乡礼汉祖厉、月顺汉月氏道。

(12)威戎郡

汉北地郡。《汉志》作威成,《水经·河水注》云:"河水又北迳富平县故城西,秦置北地郡,治县城。王莽名郡为威戎,县曰持武。"《职方考》据此改为威戎。

西汉北地郡旧领县十八,天凤元年(公元14),义渠道等四县改隶京尉,余十四县:马领、直路、眴衍、鹑孤、归德、回获、威戎亭④汉灵武、特武汉富平、令周汉灵州、通道汉方渠除道⑤、吾街汉五街、延年道汉略畔道、功著(《王莽传中》载,始建国元年,封王莽子宇子利为功著公)汉郁郅、西河亭汉廉⑥。

2. 益州

汉旧州。

《王莽传》有天凤三年益州就都大尹冯英上言云"空破梁州,功终不遂"。《职方考》以为:"案益州于《禹贡》为梁州之域,此云梁州,盖用古义,即指益州。"然此亦未必,王莽亦有可能复更益州名为梁州。

(1)新成郡

汉汉中郡。《后汉书》卷24《马援传》云:"莽末,为新成大尹。"

---

① 《职方考》云:"《志》脱亭字,据出土汉简增。(罗振玉《流沙坠简释》二)坫(钱坫《新斠注地理志》)作敦德亭。徐(徐松《集释》)释以意增。(卷十二)周曰:疑下有亭字。(卷二十四)以通例,凡郡县同名者,县下加一亭字也。"黄东洋、邹文玲则以为敦煌县先更名为文德,后又更为敦德亭。
② 吴荣曾《新莽郡县官印考略》以为广桓或为新莽时期敦德郡郡治所在,初刊于《中国历史博物馆馆刊》1989年第13、14期,后收入氏著《先秦两汉史研究》,中华书局,1995年。
③ 新莽封泥有"广乐□正□□",孙博以为广乐当作广延,并进一步推断新朝时置有广延郡,为安定属国都尉前身,其据尚有不足,暂列于此,以备一说。
④ 《汉志》作"威成亭",《职方考》云"以意改",可从。
⑤ 《职方考》中误以为方渠、除道为两县之名,故以为方渠名未更,除道更名通道,前文第十三章第二节中已述及,方渠除道实为一县,故通道即此一县之更名,莽朝无方渠县。
⑥ 廉县更名西河亭,故《职方考》中曰:"疑当属归新郡"。归新郡,即汉之西河郡也。此当以王莽易名之通例,郡下常有一县名更为郡名加亭,故以为西河亭当为西河郡辖县,然以地望,西汉北地郡、西河郡不相邻,廉县更距西河远甚。又,西河郡王莽已易名作归新,此廉县之更名当已与汉之西河郡无关也。

旧领县十二：西城、旬阳、南郑、襃中、房陵、安阳、成固、沔阳、武陵、上庸、长利、钖治汉钖。

(2) 就都郡

汉广汉郡。《王莽传中》有就都大尹冯英。

(3) 子同郡

据汉代漆器铭文,知新莽时又有子同、成都二郡①。子同当分自广汉,成都当分自蜀郡。

旧领县十三：绵竹、葭明、郪、新都、白水、刚氐道、子同汉梓潼、美信（《王莽传中》载,始建国元年以哀章为美新公,疑即此地）汉汁方、统睦汉涪（《王莽传中》载：始建国元年,封陈崇为统睦侯）、吾雒汉雒、广信（《王莽传中》载,始建国元年,封甄丰为广新公,疑即此地）汉广汉、致治汉甸氐道、摧房汉阴平道。

(4) 导江郡

汉蜀郡。《后汉书》卷13《公孙述传》云："天凤中,为导江卒正,居临邛。"

(5) 成都郡

分自蜀郡。以临邛、成都二县之地望,疑导江郡领汉蜀郡南部,成都郡领北部。

旧领县十五：成都、郫、繁、青衣道、绵虒、旄牛道、徙、湔氐道、汶江道、广柔、就都亭汉广都（疑当属就都郡）、监邛汉临邛、邛原汉江原、严治汉严道、步昌汉蚕陵。

(6) 西顺郡

汉犍为郡。

旧领县十二：江阳、南安、资中、牛鞞、南广、朱提、堂琅、僰治汉僰道、戢成汉武阳、符信汉符、新通汉汉阳、屠鄢汉郁鄢。

(7) 集巂郡

汉越巂郡。

旧领县十五：邛都、遂久、灵关道、台登、定莋、会无、莋秦、大莋、姑复、三绛、苏示、阑、卑水、潜街、青蛉。

(8) 就新郡

汉益州郡。

旧领县二十四：滇池、双柏、同劳、铜濑、连然、俞元、牧靡、谷昌、秦臧、邪龙、味、昆泽、叶榆、律高、不韦、云南、巂唐、弄栋、比苏、贲古、健伶、来唯、有椒

---

① 见日本《东方学报》（第12册第4分册,1942年3月）所载梅原末治《汉代漆器铭文集录补遗》第二。

汉毋楹、胜媆汉胜休。

(9) 同亭郡

汉牂柯郡。《王莽传》有牂柯大尹周歆，此盖称其旧名。

旧领县十七：故且兰、镡封、鳖、漏卧、平夷、同并、谈指、宛温、毋单①、漏江、西随、都梦、谈槀、进桑、有敛汉毋敛、同亭汉夜郎、从化汉句町。

(10) 巴郡

旧领县十一：江州、枳、阆中、垫江、朐忍、宕渠、鱼复、充国、监江汉临江、安新（《王莽传中》载，始建国元年，封王舜为安新公，疑即此地）汉安汉、巴亭汉涪陵。

(11) 乐平郡

汉武都郡。

旧领县九：上禄、平乐道、沮、嘉陵道、修成道、循房汉武都、善治汉故道、乐平亭汉河池、扬德汉下辨道。

五、南方扬州、荆州、交州概况

1. 扬州

汉旧州。

(1) 庐江郡

《后汉书》卷12《李宪传》云："王莽时，为庐江属令，迁偏将军庐江连率。"

《汉志》中领县十二，下篇第六章第四节已言，志文中漏金兰县，然不知王莽时是否易名，暂取其仍以旧名：居巢、龙舒、临湖、雩娄、枞阳、寻阳、潜、皖、湖陵、昆乡汉舒、庐江亭汉襄安、诵善汉松兹、金兰。

(2) 延平郡

汉九江郡。新莽封泥有"延平助有卒正"，则延平郡有助有县，不知为何县之更名。

旧领县十五：寿春、浚遒、橐皋、合肥、建阳、全椒、平阿汉成德、阴陆汉阴陵、明义（《秦汉南北朝官印征存》有"明义侯家丞"印，当即为此县）汉历阳、山聚汉当涂、蚕富汉钟离、武城汉东城、扬陆汉博乡、延平亭②汉曲阳、阜陆汉阜陵。

(3) 会稽郡

旧领县二十六：阳羡、山阴、丹徒、余姚、由拳、乌程、句章、冶、回浦、泰德

---

① 《汉志》不云莽更名，然颇疑或更为有单。
② 《王莽传下》有："以真道侯王涉为卫将军。涉者，曲阳侯根子也。根，成帝世为大司马，荐莽自代，莽恩之，以为曲阳非令称，乃追谥根曰直道让公，涉嗣其爵。"然《汉志》中曰，曲阳更名延平亭。不见直道之名，不解何故？

汉吴、风美汉曲阿、乌孝汉乌伤、毗坛汉毗陵、余衍汉余暨、疏虏汉诸暨、有锡汉无锡、娄治汉娄、会稽汉上虞（疑当作会稽亭）、展武①汉海盐、尽忠汉剡、末治汉大末、淮睦②汉余杭、谨汉鄞、泉亭汉钱唐、海治汉鄮、诛岁汉富春。

（4）丹扬郡

新莽封泥有"丹扬毋冤连率"。

（5）富生郡

《汉志》不载此郡，新莽封泥有"富生句容连率"，句容为汉丹扬郡属县，可知富生郡为分丹扬郡而置。

旧领县十七：於潜、春谷、句容、泾、丹阳、石城、胡孰、陵阳、芜湖、溧阳、歙、宣城、无宛汉宛陵、相武汉江乘、宣亭汉秣陵、候望汉故鄣、懇房汉黟。

（6）九江郡

汉豫章郡。

旧领县十八：彭泽、赣、南城、零都、南野、宜善汉南昌、桓亭汉庐陵、乡亭汉鄱阳、蒲亭汉历陵、治干汉余汗、九江亭汉柴桑、治翰汉艾、偶亭汉新淦、多聚汉建成、修晓汉宜春、宜生汉海昏、豫章汉鄡阳、安宁汉安平。

（7）安风郡

汉六安国。

旧领县五：六、蓼、阳泉、美丰汉安丰、安风亭汉安风。

2. 荆州

汉旧州。

（1）丰穰郡

此郡《汉志》不载，出土新莽封泥有"丰穰尹印章"。汉南阳郡穰县，班固注云"莽曰农穰"，《水经·淯水注》则作："王莽更名曰丰穰也。"核之封泥，丰穰当确曾存世，孙博以为当以南阳郡南部置，可从。

（2）南顺郡

汉南郡。新莽封泥有"南顺属正章"。

旧领县十八：临沮、华容、宜城、邔、当阳、中庐、枝江、秭归、若、巫、江陆汉江陵、居利汉夷陵、郢亭汉郢、相阳汉襄阳、南顺汉编（疑当作南顺亭）、江南汉夷道、江夏③汉州陵、言程汉高成。

---

① 《秦汉魏晋南北朝官印征存》0585 有"展武世子印"，是此地为侯国也。
② 《职方考》以为："《志》作进睦，毛本同。汪本作淮睦，《浙江水注》亦作淮睦。全曰：《南史》有下淮，其地在此，淮睦所由名也。（卷三）古封泥有'进睦子印'章，则进睦亦非无据，特恐地不在此耳。"
③ 疑漏亭字，又疑莽时改属江夏郡。

(3) 江夏郡

新莽封泥有"江夏属令章"。

旧领县十四：西阳、邾、轪、鄂、安陆、沙羡、蕲春、鄳、云杜、江阳汉西陵、守平汉竟陵、襄非汉襄、闰光汉下雉、当利汉钟武。

(4) 南平郡

汉桂阳郡。

旧领县十一：南平、桂阳、阳山、含洭、阴山、宣风汉郴、大武汉临武、便屏汉便、南平亭汉耒阳、除房汉曲江、基武汉浈阳。

(5) 建平郡

汉武陵郡。

旧领县十三：索、镡成、无阳、酉阳、佷山、零阳、充、屏陆汉孱陵、监沅①汉临沅、沅陆汉沅陵、迁陆汉迁陵、会亭汉辰阳、建平汉义陵（疑当作建平亭）。

(6) 九疑郡

汉零陵郡。

旧领县十：零陵、始安、夫夷、营浦、都梁、九疑亭汉营道、泠陵汉泠道、溥闰汉泉陵、洮治汉洮阳、钟桓汉钟武。

(7) 填蛮郡

汉长沙国，始建国元年为长沙郡。出土新莽封泥有"填蛮属令章"、"填蛮抚睦傅"等。《王莽传》有"（天凤三年）以（冯）英为长沙连率"，疑乃称其旧名也。

旧领县十三：罗、连道、益阳、攸、酃、承阳、湘南、昭陵、容陵、抚睦汉临湘、闰隽汉下隽、声乡汉荼陵、思成汉安成。

3. 交州

故汉交趾。

(1) 南海郡

旧领县六：番禺、博罗、中宿、龙川、四会、南海亭汉揭阳。

(2) 郁平郡

汉郁林郡。

旧领县十二：布山、安广、阿林、广郁、中留、桂林、定周、增食、领方、雍鸡、中潭汉潭中、监尘汉临尘。

(3) 新广郡

汉苍梧郡。

---

① 《汉志》作监元，《职方考》据《沅水注》改。

旧领县十：谢沐、高要、封阳、端溪、冯乘、富川、荔浦、广信亭①汉广信、大贺汉临贺、猛陆汉猛陵。

（4）交趾郡

旧领县十：嬴陬、安定、苟屚、麊泠、曲易、北带、稽徐、西于、龙编、朱䳒。

（5）桓合郡

汉合浦郡。

旧领县五：徐闻、高凉、朱卢、桓亭汉合浦、大允汉临允。

（6）九真郡

旧领县七：居风、都庞、余发、咸驩、无切、驩成汉胥浦、九真亭汉无编。

（7）日南郡

旧领县五：朱吾、比景、卢容、象林、日南亭汉西卷。

《王莽传》载，天凤元年，新朝境内"合百二十有五郡。九州之内，县二千二百有三"，其郡名屡有变易，今所考诸郡亦未必合于当年实际，至于县目，现仅合计一千五百八十五，对比传记，尚缺县六百一十八。至于郡之边界尤为难考，只能从王莽所更易的县名判断，新朝时期在西汉郡国的基础上，对为数不少的郡边界重新进行了调整。

对于新朝之县，查《王莽传》及其他文献，尚有部分王莽所封之侯国（王莽所封实际上为公侯伯子男五等国）名称不见于前述县名中②，当在所缺佚县中。如《秦汉南北朝官印征存》中所收录新朝官印中，地名不见于前文所述之县者亦颇多③。此等《汉志》无载之县与封邑当皆为王莽时期之县级政区，惜不知其属郡及地望也。当然不排除为西汉某县更名，《汉志》漏书的可能。

因此，想要补上已被湮没在历史中的这数百个王莽新朝之县，就目前的材料来看，尚有一定难度。但从此番新出新莽封泥对新莽政区研究的推动作用来看，新的出土材料往往可以帮助我们接近历史真相，我们期待未来有更多的地下材料出现，以补充目前我们对新莽时期政区的认识。

---

① 广信更名为广信亭，以王莽素来更县名之惯例，颇疑此郡或曾名为广信郡。
② 仅《王莽传》中，天凤元年前可见之封国（包括公侯伯子男五等爵之国）不见于前文者即有：功隆公、功明公、功成公、功昭公、安新公、嘉新公、美新公、承新公、隆新公、奉新公、崇新公、初睦侯、祁烈伯、伊休侯、始睦侯、褒谋子、褒衡子、章平公、章功侯、褒成子、世睦侯、扶崇公、明威侯、尉睦侯、掌威侯、怀羌子、明务侯、率礼侯、同风侯。
③ 如扶恩、上符、章符、光符、举武、审睦、修睦、弘睦、宁陈、喜威德、昌威德、绥威德、鄜德、平羌、珍房、康武、众武、广睦、顺武、阳秩、庶乐、雏卢、长聚、助威、鸿符、会睦等，见《秦汉魏晋南北朝官印征存》，第98—116页，"新莽官印"下。

国家 "十二五"规划重点图书
国家出版基金资助项目

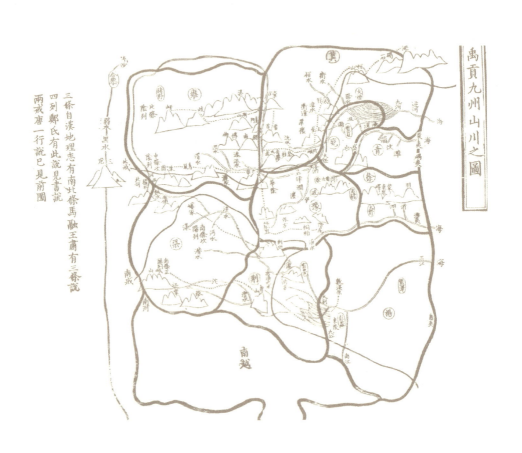

国家自然科学基金项目　国家社会科学基金项目
上海市社会科学重大项目

中國行政區劃通史

秦汉卷（下）

周振鹤　李晓杰　张莉　著

周振鹤 ◎ 主编

复旦大学出版社

中国行政区划通史

周振鹤　主编

总论 先秦卷	周振鹤 李晓杰 著
秦汉卷	周振鹤 李晓杰 张　莉 著
三国两晋南朝卷	胡阿祥 孔祥军 徐　成 著
十六国北朝卷	牟发松 毋有江 魏俊杰 著
隋代卷	施和金 著
唐代卷	郭声波 著
五代十国卷	李晓杰 著
宋西夏卷	李昌宪 著
辽金卷	余　蔚 著
元代卷	李治安 薛　磊 著
明代卷	郭　红 靳润成 著
清代卷	傅林祥 林　涓 任玉雪 王卫东 著
中华民国卷	傅林祥 郑宝恒 著

全书简介

本书研究自先秦至民国时期的中国行政区划变迁史。这一研究不仅是传统的关于历时政区沿革的考证（纵向），而且对同一年代各政区并存的面貌作出复原（横向），在条件许可的情况下相关的复原以详细至逐年为尺度。全书在总论外，分为十三卷，依次是先秦卷、秦汉卷、三国两晋南朝卷、十六国北朝卷、隋代卷、唐代卷、五代十国卷、宋西夏卷、辽金卷、元代卷、明代卷、清代卷及中华民国卷。

在掌握传世与出土历史文献的基础上，本书充分吸收前人的研究成果，力求最大可能地反映历史真实。全书以重建政区变迁序列、复原政区变迁面貌为主要内容，而由于历史时期中国行政区划的变化很大，在正式政区以外又有准政区的形式存在，加之政区层级、幅员及边界在不同时期的变迁程度不一，因此各卷又独立成书，其考证过程和编写结构有各自的侧重点。

本书是中华人民共和国成立以来第一部学术意义上的行政区划变迁通史。各卷作者在相关领域有长期的学术积累，全书的写作也倾注了十余年之功，希望能成为中国行政区划变迁史研究的重要参考著作。

作者简介

周振鹤,1941年生,复旦大学特聘资深教授,博士生导师。全国古籍整理出版规划领导小组成员。主治历史地理学,兼治中外文化交涉史。创立政区地理概念,并开创历史政治地理学研究。创新文化地理研究,始创历史语言地理与宗教地理研究,并倡立文化语言学概念,提倡语言接触研究方向。曾先后到澳大利亚国立大学,德国哥廷根大学、爱尔兰根大学、日本早稻田大学、关西大学、东洋文库,香港城市大学访学、任教、任职。主要论著有《西汉政区地理》、《方言与中国文化》(合著)、《中国历史政治地理十六讲》等十余种,主编《上海历史地图集》、《中国行政区划通史》。发表学术论文百余篇,论著曾多次获全国及省部级各种学术奖项。

李晓杰,1965年生,河北唐山人。1988年毕业于复旦大学历史系,获历史学学士学位。1988年至1991年在北京故宫博物院保管部工作,任助理馆员。1996年毕业于复旦大学中国历史地理研究所,获历史学博士学位。2001年至2002年度为哈佛燕京学社访问学者。2003年至2004年度任大阪大学文学部COE研究员。现为复旦大学中国历史地理研究所教授、博士生导师。主要从事历史政治地理、《水经注》、中国古代史及近代中外文化交流等方面的研究。著有《东汉政区地理》、《体国经野——历代行政区划》、《中国行政区划通史·先秦卷》、《疆域与政区》、《中国行政区划通史·五代十国卷》、《水经注校笺图释·渭水流域诸篇》(主编)等,发表学术论文数十篇。

张莉,1983年生,安徽无为人,复旦大学中国历史地理研究所博士生。主要研究领域为秦汉政区地理、唐代历史地理。

秦汉卷 提要

本卷依据传世文献和出土资料，在已有研究的基础上，分三编对秦、西汉、东汉的行政区划变迁进行了较为系统的考述。

第一编为秦代政区，重点对秦郡进行了探究。上篇分区域对秦郡置废分合的过程作了较为系统的论述。篇末则以附章的形式将楚汉之际诸侯疆域的变迁过程进行复原。下篇首先对秦县设置的数目与分布作出估测，随后考辨了秦代具体县邑存在的可能性及其所属之郡。

第二编为西汉政区，主要涉及西汉郡国及其属县的变迁。上篇概述西汉疆域、地方行政制度及西汉郡国建置沿革。下篇以汉武帝十三刺史部辖境为考证区域，分述西汉一代各郡国及其所领县邑侯国的变迁过程，最后展示了两个时间断面的郡级政区面貌。附章对新莽时期的行政制度和政区变化予以考述。

第三编为东汉政区，着重考证了东汉郡国及其属县的变迁。上篇概述东汉疆域、地方行政制度及东汉郡国建置沿革，对三个时期的郡级政区面貌进行了揭示。下篇以光武帝十三刺史部辖境为考证区域，分述东汉一代郡国政区及其所属县邑侯国的变迁过程。附篇考述了新莽东汉易代之际割据政权的势力范围。

本卷并附有大量图表，以直观地展示秦汉时期政区的变迁过程。

第三编　东汉政区

绪　言

本编研究的主要内容为东汉时期行政区划的变迁，兼及东汉正式建立之前更始政权短暂统治时期的郡国政权归属变化。

一、东汉政区研究的相关史料

有关东汉政区变迁的研究史料大致可以分为传世文献和出土文献两类。

传世文献方面，《汉书》《后汉书》《三国志》等正史是研究东汉政区的基础性史料，《东观汉记》《后汉纪》《资治通鉴》以及周天游辑注《八家后汉书辑注》①等则是正史的有益补充。

再有，应劭《汉书集解》《十三州记》，许慎《说文解字》，刘熙《释名》，常璩《华阳国志》，郦道元《水经注》等都包含了不少与东汉政区地理有关的内容。

另外，唐宋的地理总志如《括地志》《元和郡县图志》《太平寰宇记》《元丰九域志》《舆地广记》《舆地纪胜》《方舆胜览》等包含了较多的建置沿革资料。清人著作中的《读史方舆纪要》《大清一统志》等对东汉政区地理的研究亦起着一定的作用。

出土文献方面，对政区研究作用较大的为石刻文字、印章封泥、砖刻文字等。高文《汉碑集释》②，徐玉立《汉碑全集》③，毛远明编著《汉魏六朝碑刻校注》④，以及罗福颐《秦汉南北朝官印征存》⑤，孙慰祖主编《古封泥集成》⑥，王玉清、傅春喜《新出汝南郡秦汉封泥集》⑦，还有胡海帆、汤燕《中国古代砖刻铭文集》⑧，中国社会科学院考古研究所编著《汉魏洛阳故城南郊东汉刑徒墓

---

① 周天游辑注：《八家后汉书辑注》，上海古籍出版社，1986年。
② 高文：《汉碑集释》，河南大学出版社，1997年。
③ 徐玉立主编：《汉碑全集》，河南美术出版社，2006年。
④ 毛远明编著：《汉魏六朝碑刻校注》，线装书局，2009年。
⑤ 罗福颐：《秦汉南北朝官印征存》，文物出版社，1987年。
⑥ 孙慰祖主编：《古封泥集成》，上海书店出版社，1994年。
⑦ 王玉清、傅春喜：《新出汝南郡秦汉封泥集》，上海书店出版社，2009年。
⑧ 胡海帆、汤燕：《中国古代砖刻铭文集》，文物出版社，2008年。

地》①等皆是在这些方面可资利用的著述。

二、已有的相关研究成果

有关东汉政区的研究成果,可以先从清人的研究谈起。在建置沿革方面,刘庠《后汉郡国职方表》、毛昌杰《续汉书郡国志释略》、朱右曾《续汉书郡国志补校》、徐继畬《两汉志沿边十郡考略》与《两汉幽并凉三州今地考略》等都是比较有代表性的成果。钱大昭《后汉书辨疑》、《续汉书辨疑》,惠栋《后汉书补注》,李慈铭《后汉书札记》,沈钦韩《后汉书疏证》,王先谦《后汉书集解》等虽然是对《后汉书》的整体研究,但是也不乏关于地理方面的考证,尤其是王先谦《后汉书集解》更是其中的集大成者。此外,洪亮吉撰、谢钟英补注《补三国疆域志补注》,吴增仅《三国郡县表附考证》,杨守敬《三国郡县表补正》等对探究东汉政区沿革问题也有一定的帮助。

近代以来,周明泰《后汉县邑省并表》②、史念海《两汉郡国县邑增损表》③、于鹤年《〈两汉郡国县邑增损表〉订误》④、张维华《后汉初省并郡国考》⑤等,基本沿袭清人考据的方法,进行的工作仍属沿革地理的范畴。此后,舒峤《东汉明帝增置郡国数目辨正》、《东汉光武所省郡国考》⑥对东汉初年省并郡国进行了新的考证。奚柳芳《东汉时期钱唐县之废复》⑦、周振鹤《后汉的东海王与鲁国》⑧、吴松弟《冶即东部候官辨—〈续汉书·郡国志〉会稽郡下的一条错简》⑨、林汀水《再谈冶都、冶县、东部候国与东部候官的沿革、治所问题》⑩等论文对东汉郡国与县邑的讨论都有值得参考的地方。

李晓杰《东汉政区地理》⑪一书的出版,标志着东汉政区地理的研究进入了新的阶段。此书不仅全面吸收了前人的研究成果,同时运用断代政区地理

---

① 中国社会科学院考古研究所编著:《汉魏洛阳故城南郊东汉刑徒墓地》,文物出版社,2007年。
② 周明泰:《后汉县邑省并表》,《二十五史补编》,中华书局影印开明书店排印本,1937年。
③ 史念海:《两汉郡国县邑增损表》,《禹贡》第1卷第8期,1934年6月。
④ 于鹤年:《〈两汉郡国县邑增损表〉订误》,《禹贡》第1卷第9期,1934年7月。
⑤ 张维华:《后汉初省并郡国考》,《禹贡》第3卷第1期,1935年3月。
⑥ 舒峤:《东汉明帝增置郡国数目辨正》,《中国历史地理论丛》1992年第2期。舒峤:《东汉光武所省并郡国考》,《中国历史地理论丛》1994年第3期。
⑦ 奚柳芳:《东汉时期钱唐县之废复》,《历史地理》第2辑,上海人民出版社,1982年,第92—93页。
⑧ 周振鹤:《后汉的东海王与鲁国》,《历史地理》第3辑,上海人民出版社,1983年,第248页。
⑨ 吴松弟:《冶即东部候官辨—〈续汉书·郡国志〉会稽郡下的一条错简》,《历史地理》第4辑,上海人民出版社,1986年,第175—178页。
⑩ 林汀水:《再谈冶都、冶县、东部候国与东部候官的沿革、治所问题》,《历史地理》第15辑,上海人民出版社,1999年,第377—372页。
⑪ 李晓杰:《东汉政区地理》,山东教育出版社,1999年。

的研究理念,使东汉政区地理的研究达到了全新的阶段。全书首先简要叙述了东汉一代郡国的沿革变化,继而以东汉光武帝建武十三年(37)为标准年,构建叙述框架,比较圆满地解决了东汉政区地理的诸多疑难问题(如阜陵国与博陵郡的领域问题等),很多观点已得到了之后出土材料的验证。

此后,涉及东汉政区地理的研究以单篇论文为多。曹旭东《东汉初年云中郡暂弃领县时间考辨》《东汉初年西北边郡的省并与徙吏民问题》[1]从省郡、徙民、徙吏之间的关系,尝试对东汉初年的省郡问题作新的论述。廖伯源《东汉西北边界之内移》[2]亦对东汉西北边界的内移问题提出了新的看法。马孟龙《定县北庄汉墓墓石题铭相关问题研究》[3]依据出土材料对东汉中山国的县邑沿革进行了一定的修正。赵海龙《〈东汉政区地理〉县级政区补考》[4]则从侯国的角度对东汉时期的县邑进行了增补修订。

三、《续汉书·郡国志》的断限

《续汉书·郡国志》[5]河南尹下司马彪自注云:"永和五年户二十万八千四百八十六,口百一万八百二十七。"据此,一般认为《续汉志》所载版籍以顺帝永和五年(140)为断。如王鸣盛《十七史商榷》卷32即认为:"河南尹下户口据永和五年。永和,顺帝号也,则疑郡国建置亦据此年,但《志》宜据最后为定,故《前志》据元始。永和以下,汉运尚有八十年,不知何以据此?《志》尾总论亦言顺帝。盖司马氏偶得永和之籍,遂据之,而以后之籍未之得故也。……则知此《志》以永和五年为定。"李慈铭《后汉书札记》卷7亦认为《续汉志》断限在永和五年:"永和五年四字统郡国百五之提纲,言所载皆据顺帝永和五年地志也。"

然而钱大昕《廿二史考异》卷14提出了不同的看法。钱氏据《续汉志》不载阜陵国,认为:"或所据版籍正在永嘉、本初之间,阜陵绝而未继之时。"钱氏的观点虽颇具启发,但亦有值得修正之处。因为顺帝永和五年九月上郡、朔方二郡已内徙于左冯翊、五原郡,而《续汉志》仍列出全部属县;章帝章和元年(87)置阜陵国,永和时见在,但《续汉志》竟不载,因此,可知《续汉志》所载各郡国版图并不完全断于同一年,而仅是大体以永和五年为据。

---

[1] 曹旭东:《东汉初年云中郡暂弃领县时间考辨》,《历史地理》第20辑,上海人民出版社,2004年,第246页;曹旭东:《东汉初年西北边郡的省并与徙吏民问题》,《中国历史地理论丛》2005年第2期。
[2] 廖伯源:《东汉西北边界之内移》,《白沙历史地理学报》2007年第4期。
[3] 马孟龙:《定县北庄汉墓墓石题铭相关问题研究》,《考古》2012年第10期。
[4] 赵海龙:《〈东汉政区地理〉县级政区补考》,《南都学坛》2016年第2期。
[5] 以下皆简称为《续汉志》。

基于上述分析,可将《续汉志》的断代定于顺帝永和五年前后,本编就是以此结论为基础进行有关的郡国沿革考证的。

四、本编研究的基本框架

东汉初期承继西汉郡国体制,至汉末,州开始由监察区划向行政区划演化。不过由于州作为一级区划施行时间较为短暂,故本编不再对之进行专门的探讨,而主要以东汉时期郡国的沿革为中心,同时对县邑的变化进行尽可能深入的考证。

本编主要分为三篇,上篇主要是对东汉的疆域、地方行政制度以及东汉郡国的沿革进行概述。疆域是政区实施的基础,地方行政制度则是政区实施的表征,为了更好地对东汉政区地理进行探究,我们对东汉时期的疆域变迁、地方行政制度作了一定的论述。同时为了使读者更为明晰东汉郡国的沿革变化,在本篇中对东汉一代的郡国变迁亦进行简略的叙述。

下篇是本编内容的主体章节,研究东汉时期的郡国及其辖县的变迁。依据光武帝建武十三年(37)存在的十三部监察区划进行拟目,分别对十三个监察区划下属的郡国改易、县邑变迁进行详细的探究,以期可以对东汉时期的政区地理作一个逐年的分析考证。

附篇主要对新莽东汉易代之际的更始政权,以及各地先后出现的割据政权进行简要的考述,同时对各地郡国的归属变迁进行考证。不论是具有中央性质的更始政权,还是其他的地域政权,本篇只研究其归属东汉政权之前的状态。

五、本编的撰写凡例

(一)本编的主旨为考述东汉一代郡国及其所领县邑的变迁过程。然而由于文献与考古材料的限制,县级政区繁杂的变化情况已难以一一复原,故本编仅述及可考之县邑沿革。如史料不载有变易者,则暂定为东汉一代没有变化。

(二)本编所述之政区沿革,上限以东汉政权实际统治各地之时间为准,下限止于汉献帝延康元年(220)。同时,对于可考之更始元年(23)至光武帝统一各地之间的部分县邑变革,进行相关说明。

(三)因光武帝建武十三年(37)的九十二郡国之数为东汉一代郡国数目最少的年份,因此本编即以该年十三部刺史的监察范围来划分郡国的考证区域。光武帝建武十三年十三刺史部所属郡国的名目如下:

司隶校尉部——河南尹、河内郡、河东郡、弘农郡、京兆尹、左冯翊、右扶风；

豫州刺史部——颍川郡、汝南郡、淮阳郡、梁郡、沛郡；

兖州刺史部——陈留郡、东郡、济阴郡、东平郡、泰山郡、山阳郡；

青州刺史部——济南郡、平原郡、千乘郡、北海郡、东莱郡、齐公国；

徐州刺史部——琅邪郡、东海郡、楚郡、临淮郡、广陵郡、鲁公国；

冀州刺史部——魏郡、钜鹿郡、常山郡、中山郡、信都郡、清河郡、赵公国；

幽州刺史部——勃海郡、涿郡、上谷郡、渔阳郡、右北平郡、辽西郡、辽东郡、玄菟郡、乐浪郡；

并州刺史部——上党郡、太原郡、雁门郡、代郡、云中郡、五原郡、朔方郡、上郡、西河郡、北地郡；

凉州刺史部——陇西郡、天水郡、金城郡、安定郡、武威郡、张掖郡、酒泉郡、敦煌郡；

益州刺史部——汉中郡、巴郡、广汉郡、蜀郡、犍为郡、越嶲郡、牂柯郡、益州郡、武都郡；

荆州刺史部——南阳郡、南郡、江夏郡、零陵郡、桂阳郡、武陵郡、长沙郡；

扬州刺史部——九江郡、丹阳郡、庐江郡、会稽郡、豫章郡。

交趾刺史部——南海郡、苍梧郡、郁林郡、合浦郡、交趾郡、九真郡、日南郡；

（四）每一刺史部中，皆先大致叙述其区域内郡国建制之置废，再分节叙述各郡国之更名、领域变迁，以及所辖县级政区之具体沿革。

（五）郡国皆先书名称，存在年限在其后的圆括号内标明。各县名后括号内的时间，为其隶属郡国的时限。如史料不载郡县变易之具体年份，则以"？"表示。如：

千乘郡（29—60）—千乘国（60—61）—千乘郡（61—79）—千乘国（79—95）—乐安国（95—146）—乐安郡（146—220）

狄县（29—108）—临济县（108—220）

（六）一郡之内有同名县者，则于县名后标明①、②以作区分。如一县曾先后隶属不同郡国，于不同郡国下两见，其后各标注所属时间，政区之地望亦两见。县名后括号内各标出其分别属某郡国的时限。由于东汉一代侯国的变迁难以详考，本编不对侯国和县邑再作区分，而统一以"县"称之，仅在各县沿革下述及可考的侯国沿革；同时，在县邑之下考证其具体变迁过程。

（七）本编追述西汉政区时，一般仍以《汉书·地理志》（以下简称为《汉志》)为准,唯对其中明显有变易的县邑,则另行考证其西汉后期的变迁情况。

(八)本编郡国、县邑名称的书写皆以《续汉志》为准,若有特殊情况,则另行说明。

(九)本编附有政区示意图 50 幅(其中总图 4 幅,分图 46 幅),图例如下:

图	例
符号及注记	名　称
◉	都　城
◎	郡级治所
⊙	县级治所
河内郡	郡级名称
上　郡	内徙郡名
临汾	县级名称
～～	政权部族界线
......	郡级政区界线
渭水	河流
鹰泽	湖泊
勃海	海洋

(十)本编中提到的当代地名以 2014 年底之中华人民共和国行政区划地名为准。

上篇 东汉疆域与政区沿革概述

第一章 东汉疆域及地方行政制度

第一节 东汉疆域

光武帝建武元年(25),刘秀于鄗县设坛祭天,称皇帝,东汉王朝正式建立。此时的东汉王朝名义上继承西汉时期的疆域版图,事实上号令所能施及者不过北部幽、冀两州之地,随后刘秀政权通过多年的南征北战,直至建武十二年(36)消灭了最后一个割据势力——公孙述政权,终于实现了天下一统。

东汉王朝初期,疆域较西汉末年内缩不少。东北地区,光武帝罢乐浪东部都尉,弃单单大岭(今朝鲜北大峰山脉)以东七县。西北部分则由于匈奴和羌人的侵扰,对沿边数郡控制十分乏力,不仅西域都护府一直未被复置,在建武初至建武二十年间,雁门、代郡、上谷、云中、定襄、朔方、五原、北地等八郡或省并或徙至内郡,故东汉初年,北部自河套地区至今河北西部一线大片土地皆已放弃。直至建武二十六年,南匈奴归附,上述八郡民方归于本土,东汉王朝的北部边界才大致恢复到西汉后期的状况。

明帝时期,东汉版图有所外延。永平十二年(69),由于哀牢王内属,于西南地区置永昌郡,东汉的南界不仅包括今云贵高原的全部,甚而辖有今缅甸东部。永平十七年,东汉又复置西域都护府和戊己校尉,西域首次被纳入东汉王朝的管辖之下。故明帝末年的版图要比光武帝时扩大了许多,其时亦是东汉一代疆域极盛时期。

东汉中期,对西域地区的控制几经变化。章帝建初元年(76),复罢西域都护及戊己校尉,西域地区复从东汉版图中划出。和帝永元三年(91),由于北匈奴破灭,西域重新回到了东汉版图之内。同时和帝末,又"缮修故西海郡",东汉疆域向西稍有扩展,延伸至今青海湖地区。

这一时期,东汉境内的民族危机也愈发严重。安帝永初元年(107),由于西域反叛,西域都护府又一次被罢。此后因西羌侵扰,东汉西部边疆颇不稳定。永初四年,金城郡领地复弃。永初五年,陇西郡西部领地大多为羌人所据,仅余东部领地,而安定、北地、上郡皆被迫内徙。直至安帝元初五年(118)平定羌叛复置金城郡后,西部边疆才大致恢复。

安帝延光二年(123),东汉复于西域地区置西域长史府,重新开始对西域地区的管辖,其时所管辖之地仅至乌孙、葱岭,葱岭以西大宛等国则不复领有。此后东汉对西域的控制程度虽时有变化,但终东汉一代,西域不再处于版图之外。

延光三年,陇西郡恢复故壤。至顺帝永建四年(129),羌人平定,上郡、安定、北地三郡还归旧土。东汉疆域大抵恢复至明帝末的版图。唯南端一隅,由于当地部族的反抗,顺帝永和二年(137),日南郡象林县废弃,东汉疆域的南界也从今越南广南省一带退至承天省附近。

永和五年,南匈奴、西羌、乌桓等复乱,朔方、上郡、西河三郡治所皆内徙,朔方郡原有之地废弃,此后未再恢复。次年,北地、安定再度内徙。直至桓帝初,陇右复平,安定、北地二郡方才返至故土。

东汉末年,由于匈奴的不断侵扰,云中、定襄、五原、西河以及此前已经侨置于五原界内的朔方诸郡皆废,其地尽失,东汉之西北疆界已退至较战国末期故塞更东南的地区。

第二节　东汉之地方行政制度

东汉建国之后,制度大抵承西汉之旧,然亦有所变化与创新,故略论东汉政区制度于此。

一、州制

东汉在其大部分时间内依然推行郡(国)县二级制,但到了东汉末年,为了镇压黄巾起义,东汉王朝将郡国之上作为监察区的州转变为一级行政区划,使得汉末行政区划出现了全新的州—郡—县三级制。

州名的出现由来已久,春秋战国时期即出现托名上古的九州体系,然直至西汉前期,州仅仅有地理方位上的意义。汉武帝时置刺史部,作为郡之上的监察区域,至西汉末年又改刺史部为州,东汉初承继之。《后汉书》卷1《光武帝纪》载:"建武元年,复置牧"。至光武帝建武十一年(35),或因北部边疆受匈奴骚扰,云中、朔方等郡皆被弃,故"省朔方牧,并并州",州数目由十四降为十三。建武十八年,又"罢州牧,置刺史",州重新降为刺史部。

刺史虽恢复旧名,然与此前职责地位已有所不同。清人赵翼《陔余丛考》卷26《监司官非刺史》指出:"旧制,州牧奏二千石长吏不任职者事,皆先下三公,遣掾史案验,然后黜退。光武不复委任三府,而权归刺史(见《朱浮传》)。又旧制,诸刺史常以八月巡郡国,录囚徒,考殿最,岁尽诣京奏事。光武改令但因计吏奏事。此西、东汉刺史不同之制也。"此言甚是。不过,东汉前期州刺史仍非郡以上政区。《汉书》卷19《百官公卿表》云:"成帝绥和元年更名牧,秩二千石。哀帝建平二年复为刺史,元寿二年复为牧。"而《续汉书·百官志五》又载:"外十二州,每州刺史一人,六百石。"是东汉州刺史仍与武帝初置时一样为六百石官员。《汉书》卷83《朱博传》载成帝朝"罢刺史,更置州牧"之缘由,乃为何武与翟方进共奏言所云"《春秋》之义,用贵治贱,不以卑临尊。刺史位下大夫,而临二千石,轻重不相准,失位次之序"之故。既然东汉州刺史秩仅六百石,远低于郡守的二千石,自然也不可能成为真正意义上的郡上一级政区。

至东汉后期,地方上动荡不停,朝廷已很难直接平定各地的叛乱,故不得不将权力下放至原先的刺史部。《后汉书》卷75《刘焉传》载,灵帝中平五年(188),朝廷派中央的高级官员——九卿,出任州牧,"镇安方夏"。"州任之重,自此而始"。从此,州由监察区逐渐而成为郡以上的一级行政区划。其时有司隶、豫、兖、青、徐、冀、幽、并、凉、益、荆、扬、交等十三州①。献帝兴平元年(194),分凉州河西四郡置雍州,遂改十三州为十四州。建安十八年(213),曹操以献帝名义下诏恢复《禹贡》九州之制,将司隶部所领诸郡分属雍、冀、豫三州,省凉州入雍州,省幽、并二州入冀州,又将交州所领分入荆、益二州。但其时交州已在孙权控制之下,实际上曹操所推行的九州制仅限于其所控地区而已。建安二十五年(220),曹丕称帝,随即恢复了建安十八年的十四州制,东汉州制的变化至此结束。

---

① 然此十三州刺史并非尽更为州牧,如献帝时仍有荆州刺史王叡、兖州刺史刘岱、扬州刺史刘繇等的记载(见《后汉书》卷9《献帝纪》),故顾颉刚先生在《两汉州制考》(收入《庆祝蔡元培先生六十五岁论文集》,中央研究院历史语言研究所,1935年)中以为"东汉末年的地方制度,是三级与两级的混合的制度"。

需要指出的是,《续汉志》中武都、北地皆属凉州,鲁国隶属豫州①,可知在顺帝永和五年(140)前,东汉亦曾对各刺史部的辖区有过调整,然文献无征,已无由确知此三郡改属之年。

二、王国、侯国制度

西汉自文景削藩以来,一直致力于削弱地方上诸侯王国的实力。武帝朝推行推恩令,分封诸侯王子为侯,而此侯国皆依例别属汉郡,故王国领地日趋狭小,而汉郡辖区愈广,至西汉末期,王国小者不过领三四县而已。

东汉一代,王国封域并没有出现西汉时期那种明显的缩减现象,直至东汉末年,大多数王国仍维持着十城左右的规模。在东汉建立之初,光武帝所新置之诸侯王国,虽与西汉初置时王国或连城数十从而形成对中央皇权威胁的局面相去甚远,然偶亦有地兼两郡者,较之西汉后期,显属优待。

至明帝时期,"法宪颇峻",山阳(广陵)与楚两王国被废,以至于北海王睦"谢绝宾客,放心音乐"②,显然是在这种高压政策下的一种无奈之举。不仅如此,明帝时期对所封皇子王国封域的控制也十分严格,较光武帝时明显狭小。《后汉书》卷50《孝明八王列传论》李贤注引《东观汉记》云:"皇子之封,皆减旧制。(明帝)尝案舆地图,(马)皇后在傍,言钜鹿、乐成、广平各数县,租谷百万,常令满二千万止。诸小王皆当略与楚、淮阳相比,什减三四。'我子不当与先帝子等'者也。"

除此之外,东汉诸侯王的特权也大为缩减,仅能食其租税,而不得臣吏民,皇子封王后又往往并不之国,诸侯王与封国的联系进一步减弱。章帝之后虽然规划制度,令诸皇子王国皆等租税,达到八千万,足足为明帝时期的四倍,地域上亦较明帝时期为广,但诸侯王权力依然有限。《三国志》卷59《吴书·孙奋传》载诸葛恪之语称,"自光武以来,诸王有制,惟得自娱宫内,不得临民干与政事,其与交通,皆有重禁",即是此种状况的反映。

类似的情形也体现在东汉时期的侯国地位上。

西汉凡封侯者,虽不过数百户,亦以其地为侯国,建制上与县同级,是以西汉一代县级政区变革的主要来源即是大量侯国的设置,东汉初年光武帝省并天下县邑四百余时,被省者大多为西汉之侯国(参见附录"东汉初期县邑省并

---

① 西汉末武都郡属益州,鲁国属徐州,至于北地郡,则属朔方刺史部。至建武十一年(35),省朔方并入并州,则东汉初北地当为并州刺史部所辖。
② 《后汉书》卷14《北海靖王兴传》。

与复置表")。

从制度层面而言,东汉侯国远较西汉时期为复杂。除仍置县侯外,还设有乡侯、亭侯。清人俞正燮《癸巳类稿》卷11指出:"特其爵名乡侯、亭侯,则实始于光武。《赵孝王传》建武三十年有此名也。"①严耕望则进一步指出各侯国间地位的差异:"县侯最高,都乡侯次之,乡侯又次之,都亭侯再次之,亭侯最低。"②可见乡、亭侯国地位较县侯低,自然也没有必要建立与县相当的行政建制。

东汉时期对侯国有严格的绍封制度,《后汉书》卷16《邓禹传》载:"永初六年,绍封康为夷安侯。时诸绍封者皆食故国半租,康以皇太后戚属,独三分食二,以侍祠侯,为越骑校尉。"不过,需要指出的是,虽然绍封的侯国租税较始封侯少,却并不意味着侯国的领域出现变化。如此处所提及的邓康之夷安侯国,显然并未将夷安县剩余三分之一的领域划出另成立新政区或者并入邻县。

东汉初年,王国仍有不辖侯国的制度。《后汉书》卷18《陈俊传》载,俊建武"二十三年卒。子浮嗣,徙封蕲春侯",《东观汉记》述徙封缘由乃曰:"诏书以祝阿益济南国,故徙浮,封蕲春侯。"《后汉书》卷39《刘般传》云,般建武九年(33)受封菑丘侯,"后以国属楚王,徙封杼秋侯",此后,"永平元年,以国属沛,徙封居巢侯"。甚至其时所设立的乡侯、亭侯也不得在王国境内。《后汉书》卷37《丁鸿传》载,鸿建初四年(79)徙封鲁阳乡侯,"元和三年,徙封马亭乡侯"。《东观汉记》卷15《丁鸿传》云:"以庐江郡为六安国,徙封为马亭侯。"元和二年(85),汉章帝改庐江郡为六安国,徙江陵王刘恭为六安王。鲁阳乡侯国自然是因为本地属庐江郡,由于庐江郡更为王国,侯国不得属王国,遂徙封。

这一情形至迟到东汉中期发生了变化。在《续汉志》所示的顺帝永和五年(140),沛、北海、下邳等诸王国下已皆辖有侯国。又如彭城国,史籍中不闻永和五年后有削县之举,然《后汉书》卷78《徐璜传》载,桓帝延熹二年(159),封徐璜为武原侯,即在王国境内新置侯国。究其原因,其时王国、侯国皆当失去了原先相对独立的地位,王国和郡、县侯国与县在行政管理上已基本一致,除了名称尚有区别外,其余已几无差异。

---

① 尤佳认为,建武元年(25)东汉已设有乡侯,至迟建武十年(34)已有亭侯之封。尤佳:《东汉乡、亭侯爵设立时间新考》,《秦汉研究》第7辑,2013年。
② 严耕望:《秦汉地方行政制度》,上海古籍出版社,2007年,第50页。

三、属国都尉制度

东汉在地方行政体系上大致承袭西汉制度,郡国并行,下统县邑。然亦有所不同,尤其在边疆地区一直受到匈奴、羌、鲜卑等少数民族的不断冲击,对东汉王朝的边疆统治构成了很大的危机。因此东汉时期,在部分地区以属国比郡,试图加强对这些少数民族聚集地区的控制。

属国之名,实可上溯至战国。战国时代,在秦兵器铭文中已有属邦一词。秦代建立后,仍称属邦(《睡虎地秦简》中即有"属邦"一词),为管理少数民族的机构。汉代为避高祖刘邦之讳而改称属国。汉武帝时,匈奴昆邪王率部来降,汉设五属国而安置之。《汉书》卷6《武帝纪》载,元狩二年(前121)"秋,匈奴昆邪王杀休屠王,并将其众合四万余人来降,置五属国以处之"。颜师古注曰:"凡言属国者,存其国号而属汉朝,故曰属国。"又,《汉书》卷19《百官公卿表》序云:"典属国,秦官,掌蛮夷降者。武帝元狩三年(按,《汉书补注》卷19周寿昌认为当作元狩二年,上引《汉书》卷6《武帝纪》之文可证)昆邪王降,复增属国,置都尉、丞、候、千人。属官,九译令。成帝河平元年省并大鸿胪。"汉属国都尉之职由此出现。

属国都尉负责管理属国内的一切事务。汉属国初置之时只有5个,后由于内附的少数部族越来越多,除匈奴外,宣帝时还有羌人,故属国也就越置越多。至东汉时,许多边郡都已设有属国,属国成了一种特殊的行政区划。这些属国大都带有某郡的名称,如安定属国、张掖属国等。它们或以原郡之某部都尉而置,如广汉属国即以广汉北部都尉而设,领有数城;或只置于本郡之内,作为一个县而存在,如上郡的龟兹属国。各属国之都尉亦由西汉时的隶属典属国而下放改由郡太守所管,唯在地域上与太守分疆而治耳。

降至安帝时,为了加强对属国的控制,先后又将六个重要的属国(广汉属国、蜀郡属国、犍为属国、张掖属国、张掖居延属国、辽东属国)单独由原郡中划出,治民比郡,成为正式的政区。这是东汉朝廷的一大创举。属国都尉的俸禄也调整为秩比二千石,与郡太守相当。

安帝时期比郡属国的大量出现,与当时边疆地区民族矛盾的激化有很大的关系,面对当地部族的反抗,东汉王朝不得不采取这种较为温和的治理方式,而一旦统治较为深入,民族关系较为缓解,则往往又会将属国进升为郡,以加强统治力度。当然如新郡遭到当地居民较为强烈的反抗,亦往往会放弃郡的建置,退回至此前的属国都尉管辖制度。如蜀郡属国即是一个很好的例证,在东汉末年,曾被灵帝更为汉嘉郡,旋废为属国,其中便透露出东汉统治者试图控制边疆少数民族地区而能力欠缺,以及当地少数民族人民势力强大、时常抗争的信息。

第二章　东汉郡国建置沿革概述

东汉近两百年间郡国一级政区的建置颇为繁杂,为使读者对其时郡国变化过程有一个整体了解,本节先依年代先后叙述郡国建置沿革的大要,至于具体的郡国辖区变化考订,则请参见后文相关章节。

第一节　光武帝时期

光武帝建武元年(25),东汉王朝正式建立。在建武元年至七年间,光武帝刘秀先后封宗室和西汉故王及故王子十人为王,即中山、鲁、城阳、泗水、淄川、真定、广阳(后徙封赵)、太原(后徙封齐)、长沙、河间。

十年,由于北部匈奴的侵袭,省定襄郡,徙其民于西河。同年,泗水王歙、淄川王终先后薨,此二王国除。翌年,城阳王祉薨,城阳国除。

十二年,光武帝灭掉其最后一个对手公孙述,结束了割据纷争的局面,达到了天下一统。同年,省金城郡属陇西。

十三年,光武帝将长沙王兴、真定王得、河间王邵、中山王茂分别降为临湘、真定、乐成、单父四侯;随后又降赵王良为赵公,齐王章为齐公,鲁王兴为鲁公。至此,建武初年所分封的十王国不复存在。之后,光武帝又对当时的政区做出调整,省并十王国:广平、真定、河间、城阳、泗水、淄川、高密、胶东、六安、广阳皆并入汉郡,建制不复存在(参见图3-1)。其时天下政区当为一百零六郡国之地,又因其中广宗、广世、广德等三西汉故国,地仅一县之地,故亦应在省并十国时随之省入相邻汉郡,而由上文知是时定襄、金城二郡已省,因此光武帝省并西京十王国后,东汉政区当为九十一郡国之数(其中齐、鲁、赵三地为公国)。同年,复置金城郡,使郡国总数达到九十二。

十五年,大司空窦融等人上书,请封皇子,于是光武帝封皇子辅等十人为公。十七年进封辅等九人为王(临淮公衡在此之前已薨),即:东海王阳(建武十九年易王为强)、中山王辅(建武二十年徙封沛)、楚王英、济南王康、东平王

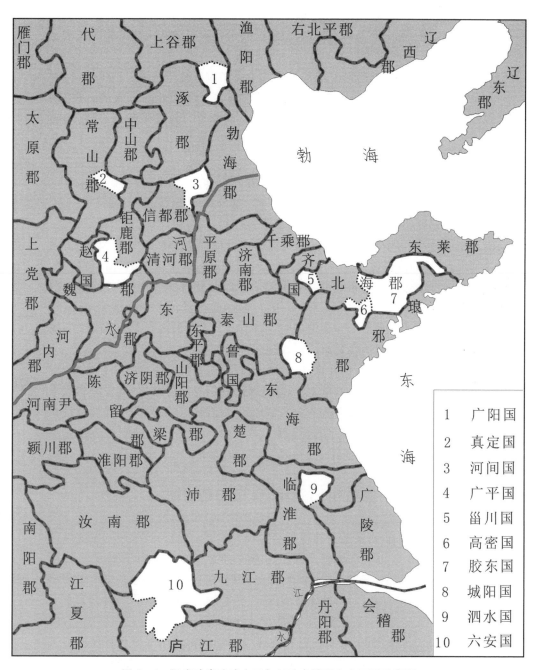

图 3-1　汉光武帝建武十三年(37)省并西京十王国示意图

宪、淮阳王延、山阳王荆、左翊王焉（建武三十年徙封中山）、琅邪王京。十九年，又进赵、齐、鲁三国公爵为王（其中鲁王兴于建武二十八年徙封北海），于是使诸侯王国之数增至十二。

由于诸侯王国的设置，汉郡数目由八十九相应地减至八十。二十年，又省五原郡，徙其吏人置河东。二十六年，五原、定襄二郡随此前内徙的云中、朔方、北地、雁门、上谷、代等六郡民的重归旧土而复置。故终光武帝一朝，形成了十二王国、八十一汉郡的格局。

第二节 明帝时期

永平三年（60），明帝封皇子建为千乘王，羡为广平王，然翌年千乘王即薨。十五年（72），又封皇子恭为钜鹿王，党为乐成王，衍为下邳王，畅为汝南王，昞为常山王，长为济阴王。这样明帝又增设了七王国，其中广平国析自钜鹿郡，下邳国析自东海郡。而光武帝时之十二王国此前亦有所变化：永平元年，山阳王荆徙为广陵王，十年，荆有罪，自杀，广陵国除为郡；十三年，楚王英谋反，楚国又除为郡。故永平十五年时共计有王国十七（参见图3-2）。而汉郡由于在永平十二年分益州郡置永昌郡，故此时相应变为七十九之数。

十六年，徙淮阳王延为阜陵王，析九江郡二县置国。所以终明帝之世，有十七王国、八十汉郡。另外，十七年，置西域都护府和戊己校尉，使中央政权重新恢复了自西汉末年以来失去的对西域地区的控制。由于西南永昌郡及西北西域都护府的设置，明帝末年的版图要比光武帝时扩大了许多，其时亦是东汉一代疆域极盛时期。

第三节 章、和、殇、安诸帝时期

章帝在位期间，诸侯王国的置废徙封较为频繁。建初元年（76），阜陵王延谋反，阜陵国除，还并九江郡中。四年，三国移徙：钜鹿徙江陵（改南郡置），汝南徙梁，常山徙淮阳；又置千乘、平春二国，后者当年即除；同时下邳国因临淮全郡的补入，而使二者合一，临淮郡此后遂不复存。至此，诸侯王国仍为十七（参见图3-3）。七年，置清河国，随后广平徙西平（析汝南置），广平国除，属县复并钜鹿。元和元年（84），济阴王长薨，无子，国除；又分东平置任城国。二年（85），江陵复徙六安（改庐江郡置）。章和元年（87），齐王晃有罪，贬为芜湖侯，齐国除为汉郡。同年，复置阜陵国。经过上述变化，遂使诸侯王国

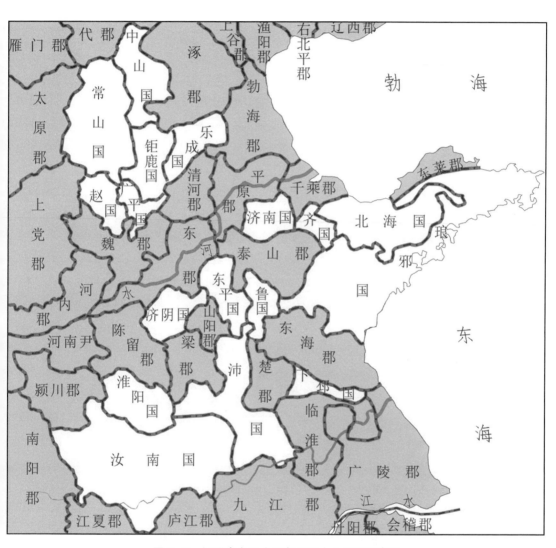

图 3-2　汉明帝永平十五年(72)十七王国示意图

616　中国行政区划通史·秦汉卷

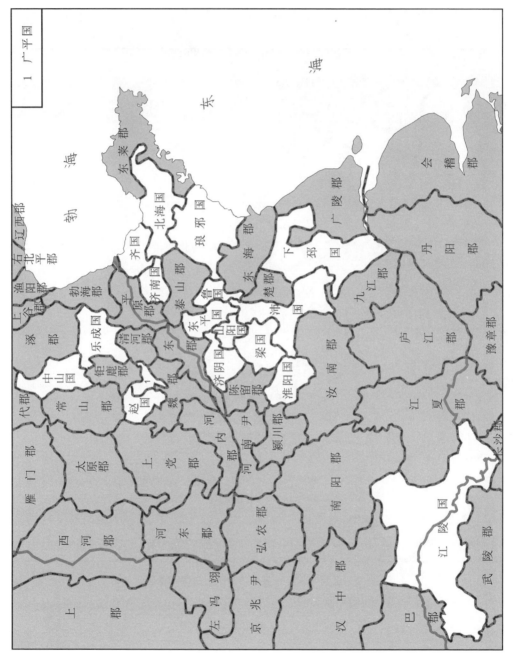

图3-3　汉章帝建初四年(79)十七王国示意图

之数增至十八,而与之并存的汉郡则有七十九。故章帝末年郡国总数为九十七,与明帝末年同。

另外,建初元年,罢西域都护及戊己校尉,西域地区复从东汉版图中划出。

和帝执政伊始,即对诸侯王国进行调整。章和二年(88),按章帝遗诏西平徙陈(改淮阳置),六安徙彭城(改楚郡置),西平国随之而除,还并汝南。永元二年(90),和帝增置三国:济北(分泰山置)、河间(析乐成、涿郡、勃海置)、城阳(分济阴置)。又绍封淮阳王昞子侧为常山王,齐王晃子无忌为齐王。五年,又置广宗国(分钜鹿置),然当年即除,还并钜鹿。六年,城阳国除,属县复入济阴。七年,又改千乘国为乐安国。至此,诸侯王国数目增加到二十一。

与此同时,汉郡亦有变化。永元八年,复置广阳郡,故和帝末与二十一王国并存的汉郡为七十八,郡国总数达到九十九。此外,永元三年,和帝复置西域都护、戊己校尉,西域重新回到了东汉版图之内。

殇帝在位仅一年。延平元年(106),增置平原国,使诸侯王国之数更为二十二,汉郡则减为七十七。

安帝时期,诸侯王国的变动明显减弱。永初元年(107),置广川国(分清河置),但该国翌年即除。建光元年(121),平原国除。延光元年(122),改乐成为安平国。三年,又置济阴国。如此,则诸侯王国数目仍为二十二。

相比之下,汉郡则于此时有较大变化。安帝为了加强对边疆地区内附少数部族的管理,先后将犍为属国、广汉属国、蜀郡属国、张掖属国、张掖居延属国、辽东属国等六个重要属国分别由原郡中划出,治民比郡,成为正式的行政区划,汉郡数目因此而增至八十三,使安帝末年郡国总数达到一百零五,然此时由于上郡、北地郡内徙于左冯翊,安定郡侨置于右扶风,金城、陇西二郡皆徙治陇西襄武,故其时汉廷版籍较前减少了许多。

另外,安帝时,汉廷对西域的经营方式亦有所改变。永初元年,西域乱,再次罢西域都护;延光二年,以班勇为西域长史,复平西域,此后遂以长史行都护之职,不更置都护。西域长史之制一直延续至汉末并为曹魏政权所承继。

第四节 顺、冲、质、桓诸帝时期

延光四年(125),济阴王保即皇帝位,是为顺帝,济阴国随之而除。此后至顺帝末,诸侯王国无所置废,相对比较稳定。此时之汉郡亦几无变化,唯在永建四年(129)分会稽而置吴郡。如此,该年以后郡国总数达到一百零六,其中诸侯王国二十一,汉郡八十五。《续汉志》大体以永和五年(140)为断的版籍中共有郡国一百零五,乃未将阜陵国计入之故。此外,由于西北境外少数部族的侵扰,一些汉郡相继内徙,至永和六年,共有上郡、西河、朔方、安定、北地五郡成为侨郡,使汉廷西北疆土严重内缩。

冲、质二帝在位各仅一年,郡国此时无甚变化,仅阜陵国暂绝,乐安徙勃海而已。

桓帝时期,诸侯王国变化仍然不大。建和元年(147),阜陵国复继,而清河国又绝。翌年,复于清河地置甘陵国,同时又置平原国。永兴元年(153),济南国除。延熹八年(165),勃海徙廮陶(析巨鹿置)。永康元年(167),复迁廮陶回勃海,廮陶国除,还并巨鹿。如此,至桓帝末,诸侯王国仍为二十一。汉郡此时小有变化,安定郡已返回故土。延熹元年(158),增置博陵郡,又,桓帝时,析合浦郡置高兴郡,使汉郡数目变为八十七,于是桓帝末郡国总数增至一百零八。

第五节　灵、少、献三帝时期

灵帝以降,郡国变化又开始剧烈起来。灵帝熹平元年(172),勃海王悝被诬谋反,勃海国除。三年,中山王畅薨,无子,国除。同年,置济南国。中平元年(184),安平王续有罪诛,安平国除。经过上述变化,诸侯王国减至十九。

汉郡在此期间略有增置:中平五年,置南安郡。另外,又置汶山郡,改高兴为高凉。如此,则灵帝末汉郡数目升至九十一,而郡国总数则达一百一十。

中平六年四月,少帝即位,封皇弟协为勃海王,旋徙为陈留王。然少帝在位仅数月,即被董卓废为弘农王,立陈留王协为帝,是为献帝,陈留国随之而除。翌年,董卓又杀弘农王,弘农国亦除。

献帝时期,天下大乱,朝政掌于权臣之手,汉廷已名存实亡。其时各地不少太守、州牧自行立郡,且旋置旋废,使得这一时期的郡国变化十分复杂。下面以三个时段来观察一下汉末郡国变动的情况。

至建安二年(197),新增之郡(除去旋置旋废者)有汉安(后曹操改为汉兴)、章陵、永阳、新平、庐陵、永宁、固陵、西郡等八郡。又,此时高凉郡已省,故该年汉郡数目为九十九,并存之王国则为十八(因陈国已在是年除国为郡)。

至十八年,又增加十五郡:谯、城阳、东莞、利城、新都、南乡、襄阳、宜都、蕲春、鄱阳、汉昌、西平、乐陵、江阳、巴东属国。另外,江夏又一分为二,曹操、孙权各据其一,故新增十六郡。而诸侯王国此前亦有变化:十一年,齐、北海、阜陵、下邳、常山、甘陵、济北、平原八国皆除(其中阜陵国除后即还并九江郡中);十七年,献帝又置东海、山阳、济阴、济北四国。因此,十八年时诸侯王国已减至十四。如此，则其时汉郡一百一十八（汶山郡已复为蜀郡北部都尉，不计），郡国总数达一百三十二。

　　至二十四年，又新增章武、弋阳、乐平、带方、新兴、西城、上庸、临川、梓潼、宕渠、房陵、固陵（孙权所据者）等十二郡，而庐江已一分为二，蜀郡北部都尉复为汶山郡，故实增十四郡。又，此时南安、永阳、汉昌、朔方、五原、云中、定襄等七郡已省，诸侯王国仍为十四之数不变（仅建安十八年时赵王珪徙为博陵王），故其时应有汉郡一百二十五，郡国总数则增至一百三十九。由于其时版图并未增大，故郡境已相对缩小，以至于有仅领二三县之地者。

第三章　东汉各断代年限的行政区划

第一节　光武帝建武十三年(37)郡国辖区

光武帝建武十三年(37)郡国辖区参见图3-4。

1. 司隶校尉部①

河南尹，辖二十一县：雒阳、河南、梁、荥阳、卷、原武、阳武、中牟、开封、菀陵、平阴、谷城、緱氏、巩、成皋、京、密、新城、匽师、新郑、平。

河内郡，辖十八县：怀、河阳、轵、波、沁水、野王、温、州、平皋、山阳、武德、获嘉、修武、共、汲、朝歌、荡阴、隆虑。

河东郡，辖二十县：安邑、杨、平阳、临汾、汾阴、蒲坂、大阳、解、皮氏、闻喜、绛邑、龁、河北、猗氏、垣、襄陵、北屈、蒲子、濩泽、端氏。

弘农郡，辖十一县：弘农、陕、黾池、新安、宜阳、陆浑、卢氏、商、上雒、丹水、析。

京兆尹，辖八县：长安、霸陵、杜陵、郑、新丰、蓝田、湖、华阴。

左冯翊，辖十二县：高陵、池阳、云阳、频阳、万年、莲勺、重泉、临晋、夏阳、衙、长陵、阳陵。

右扶风，辖十四县：槐里、安陵、平陵、茂陵、鄠、郿、陈仓、汧、渝麋、雍、栒邑、美阳、漆、好畤。

2. 豫州刺史部

颍川郡，辖十七县：阳翟、郏、襄城、昆阳、定陵、舞阳、郾、临颍、颍阳、颍阴、许、新汲、鄢陵、长社、阳城、父城、成安。

汝南郡，辖三十二县：平舆、新阳、西平、上蔡、南顿、汝阴、汝阳、新息、北宜春、慎强、灈阳、期思、阳安、项、西华、细阳、安城、吴房、铜阳、慎阳、慎、新蔡、

---

① 本编仅以东汉刺史部的监察范围作为考证区域的划分，与各刺史部之下所列郡国并无行政隶属关系。

安阳、富波、朗陵、弋阳、召陵、征羌、新郪、固始、长平、归德。

淮阳郡,辖八县:陈、阳夏、宁平、苦、柘、新平、扶沟、圉。

梁郡,辖八县:下邑、睢阳、虞、砀、蒙、谷熟、杼秋、己氏。

沛郡,辖二十八县:相、萧、沛、丰、鄼、谷阳、谯、洨、蕲、铚、郸、建平、芒、竹邑、公丘、龙亢、向、符离、虹、敬丘、下蔡、平阿、义成、夏丘、山桑、城父、广戚、扶阳。

3. 兖州刺史部

陈留郡,辖十七县:陈留、浚仪、尉氏、雍丘、襄邑、外黄、小黄、东昏、济阳、平丘、封丘、酸枣、长垣、菑、鄢、宁陵、长罗。

东郡,辖二十县:濮阳、燕、白马、顿丘、东阿、东武阳、范、临邑、博平、聊城、发干、清、阳平、卫公国、谷城、寿张、须昌、离狐、茌平、廪丘。

东平郡,辖七县:无盐、东平陆、富成、章、任城、亢父、樊。

泰山郡,辖十六县:奉高、博、梁甫、钜平、嬴、山茌、莱芜、盖、南武阳、牟、卢、蛇丘、刚、宁阳、肥成、华。

山阳郡,辖十三县:昌邑、东缗、钜野、橐、湖陵、南平阳、方与、瑕丘、金乡、成武、单父、薄、西阳。

济阴郡,辖六县:定陶、冤句、成阳、乘氏、句阳、鄄城。

4. 青州刺史部

济南郡,辖十县:东平陵、著、于陵、台、菅、土鼓、梁邹、邹平、朝阳、历城。

平原郡,辖十二县:平原、高唐、般、鬲、祝阿、乐陵、湿阴、安德、富平、平昌、重丘、杨虚。

千乘郡,辖六县:狄、千乘、高菀、乐安、博昌、蓼城。

北海郡,辖十九县:剧、营陵、平寿、都昌、安丘、淳于、东安平、高密、昌安、夷安、即墨、壮武、下密、挺、观阳、益、寿光、平望、郁秩。

东莱郡,辖九县:黄、牟平、惤、曲成、掖、当利、东牟、昌阳、卢乡。

齐公国,辖七县:临菑、西安、昌国、临朐、广、般阳、利。

5. 徐州刺史部

鲁公国,辖六县:鲁、驺、蕃、薛、卞、汶阳。

东海郡,辖二十三县:郯、兰陵、戚、朐、襄贲、昌虑、承、阴平、利城、合乡、祝其、厚丘、下邳、良成、开阳、费、海西、缯、南城、即丘、临沂、曲阳、司吾。

琅邪郡,辖十五县:东武、琅邪、东莞、西海、诸、莒、东安、阳都、姑幕、赣榆、不其、朱虚、黔陬、平昌、长广。

楚郡,辖七县:彭城、武原、傅阳、吕、留、梧、菑丘。

广陵郡,辖十一县:广陵、江都、高邮、平安、凌、东阳、射阳、盐渎、舆、堂

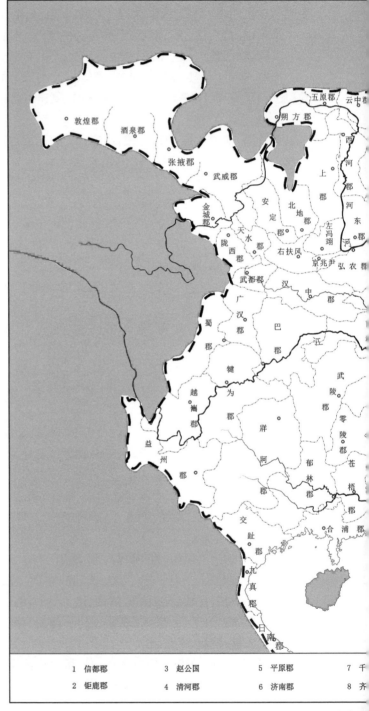

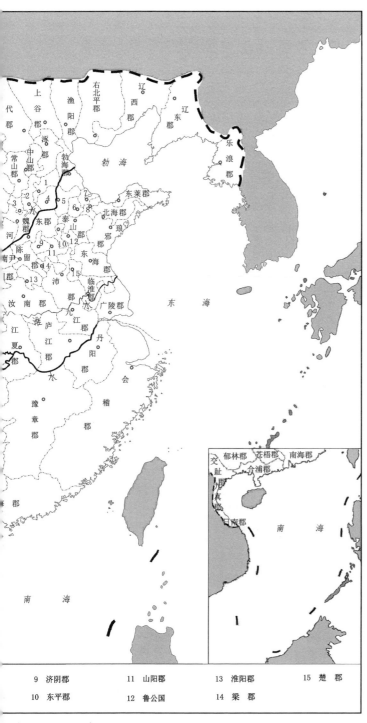

9 济阴郡	11 山阳郡	13 淮阳郡	15 楚郡
10 东平郡	12 鲁公国	14 梁郡	

三年(37)郡国示意图

邑、海陵。

临淮郡，辖十二县：徐、取虑、淮浦、盱台、僮、高山、睢陵、淮阴、淮陵、下相、潘旌、昌阳。

6. 冀州刺史部

魏郡，辖十五县：邺、繁阳、内黄、魏、元城、黎阳、阴安、馆陶、清渊、平恩、涉、斥丘、武安、曲梁、梁期。

钜鹿郡，辖十六县：廮陶、钜鹿、杨氏、鄡、下曲阳、任、南和、广平、斥章、广宗、曲周、列人、广年、平乡、南䜌、堂阳。

常山郡，辖十四县：元氏、高邑、都乡、南行唐、房子、平棘、九门、灵寿、蒲吾、井陉、真定、上曲阳、中丘、绵曼。

中山郡，辖十二县：卢奴、北平、毋极、新市、望都、唐、安国、安险、苦陉、曲逆、北新成、故安。

信都郡，辖十二县：信都、昌城、南宫、扶柳、下博、武邑、观津、武遂、广川、修、乐成、弓高。

清河郡，辖五县：厝、贝丘、东武城、鄃、绎幕。

赵公国，辖四县：邯郸、易阳、襄国、柏人。

7. 幽州刺史部

勃海郡，辖十一县：南皮、高城、重合、浮阳、东光、章武、成平、东平舒、安次、文安、束州。

涿郡，辖十六县：涿、逎、范阳、良乡、方城、中水、饶阳、安平、南深泽、易、武垣、鄚、高阳、蠡吾、容城、阿陵。

上谷郡，辖十二县：沮阳、甯、广甯、居庸、雊瞀、涿鹿、下落、军都、昌平、蓟、广阳、阴乡。

渔阳郡，辖九县：渔阳、狐奴、潞、雍奴、泉州、平谷、安乐、傂奚、犷平。

右北平郡，辖四县：土垠、徐无、俊靡、无终。

辽西郡，辖八县：阳乐、海阳、令支、肥如、临渝、宾徒、徒河、交黎。

辽东郡，辖十六县：襄平、新昌、无虑、望平、安市、平郭、西安平、汶、番汗、沓氏、辽队、高显、候城、辽阳、险渎、房。

玄菟郡，辖三县：高句骊、西盖马、上殷台。

乐浪郡，辖十八县：朝鲜、䛎邯、浿水、含资、占蝉、遂城、增地、带方、驷望、海冥、列口、长岑、屯有、昭明、镂方、提奚、浑弥、乐都。

8. 并州刺史部

上党郡，辖十四县：长子、屯留、余吾、铜鞮、沾、涅、襄垣、壶关、泫氏、高都、潞、猗氏、阳阿、谷远。

太原郡,辖十九县:晋阳、界休、榆次、中都、于离、兹氏、狼孟、邬、孟、平陶、京陵、阳曲、大陵、原平、祁、上艾、虑虒、阳邑、广武。

上郡,辖二十三县:肤施、白土、漆垣、奢延、雕阴、桢林、定阳、高奴、龟兹属国、独乐、阳周、木禾、平都、浅水、京室、洛都、襄洛、原都、推邪、高望、雕阴道、望松、宜都。

西河郡,辖十四县:离石、平定、美稷、乐街、中阳、皋狼、平周、平陆、益兰、圜阴、蔺、圜阳、广衍、大城。

五原郡,辖十六县:九原、五原、临沃、文国、河阴、武都、宜梁、曼柏、成宜、西安阳、固陵、蒲泽、南舆、稒阳、莫䵣、河目。

云中郡,辖十一县:云中、咸阳、箕陵、沙陵、沙南、北舆、武泉、原阳、陶林、犊和、阳寿。

雁门郡,辖十四县:阴馆、繁畤、楼烦、武州、汪陶、剧阳、崞、平城、埒、马邑、强阴、善无、中陵、沃阳。

代郡,辖十八县:高柳、桑干、道人、当城、马城、班氏、狋氏、北平邑、东安阳、平舒、代、延陵、且如、阳原、参合、灵丘、广昌、卤城。

朔方郡,辖十县:临戎、三封、朔方、沃野、广牧、修都、临河、呼遒、窳浑、渠搜。

北地郡,辖十八县:富平、泥阳、弋居、廉、灵州、鹑觚、马领、直路、灵武、朐衍、方渠除道、五街、归德、回获、略畔道、郁郅、义渠道、大要。

9. 凉州刺史部

陇西郡,辖十县:狄道、安故、氐道、首阳、大夏、襄武、临洮、上邽、西、羌道。

天水郡,辖十一县:冀、望恒、阿阳、略阳、勇士、成纪、陇、獂道、兰干、平襄、显亲。

金城郡,辖十县:允吾、浩亹、令居、枝阳、金城、榆中、破羌、安夷、允街、临羌。

安定郡,辖二十一县:临泾、高平、朝那、乌枝、三水、阴盘、彭阳、参䜌、鹑阴、租厉、复累、安俾、抚夷、泾阳、卤、阴密、安定、安武、爰得、眴卷、月氏道。

武威郡,辖十县:姑臧、张掖、武威、休屠、揟次、鸾鸟、朴劓、媪围、宣威、仓松。

张掖郡,辖十县:觻得、昭武、删丹、氐池、屋兰、日勒、骊靬、番和、居延、显美。

酒泉郡，辖八县：禄福、表氏、乐涫、玉门、会水、沙头、安弥、乾齐。

敦煌郡，辖六县：敦煌、冥安、效谷、渊泉、广至、龙勒。

10. 益州刺史部

汉中郡，辖九县：南郑、成固、西城、襃中、沔阳、安阳、钖、上庸、房陵。

巴郡，辖十一县：江州、宕渠、朐忍、阆中、鱼复、临江、枳、涪陵、垫江、安汉、充国。

广汉郡，辖十三县：雒、新都、绵竹、什邡、涪、梓潼、白水、葭萌、郪、广汉、阴平道、甸氐道、刚氐道。

蜀郡，辖十五县：成都、郫、江原、繁、广都、临邛、湔氐道、汶江道、蚕陵、广柔、绵虒道、青衣、严道、旄牛、徙。

犍为郡，辖十二县：武阳、资中、牛鞞、南安、僰道、江阳、符节、南广、汉阳、郁鄢、朱提、堂琅。

牂牁郡，辖十六县：故且兰、平夷、鳖、毋敛、谈指、夜郎、同并、谈稾、漏江、毋单、宛温、镡封、漏卧、句町、西随、进乘。

越巂郡，辖十四县：邛都、遂久、灵关道、台登、青蛉、卑水、三缝、会无、定莋、阐、苏示、大莋、莋秦、姑复。

益州郡，辖二十三县：滇池、胜休、俞元、律高、贲古、毋棳、建伶、谷昌、牧靡、味、昆泽、同濑、同劳、双柏、连然、梇栋、秦臧、邪龙、楪榆、不韦、云南、嶲唐、比苏。

武都郡，辖九县：下辨、武都道、上禄、故道、河池、沮、平乐道、嘉陵道、修成道。

11. 荆州刺史部

南阳郡，辖三十二县：宛、冠军、叶、新野、章陵、西鄂、雉、鲁阳、犨、堵阳、博望、舞阴、比阳、复阳、平氏、棘阳、湖阳、随、育阳、涅阳、阴、酂、邓、山都、郦、穰、朝阳、蔡阳、安众、筑阳、武当、博山。

南郡，辖十五县：江陵、巫、秭归、中庐、编、当阳、华容、襄阳、邔、宜城、临沮、枝江、夷道、夷陵、州陵。

江夏郡，辖十二县：西陵、西阳、轪、鄳、竟陵、云杜、沙羡、邾、下雉、蕲春、鄂、安陆。

零陵郡，辖十三县：泉陵、零陵、营道、营浦、泠道、洮阳、都梁、夫夷、始安、钟武、湘乡、昭阳、烝阳。

桂阳郡，辖十县：郴、便、耒阳、阴山、南平、临武、桂阳、含洭、曲江、浈阳。

武陵郡，辖十一县：临沅、索、孱陵、零阳、充、沅陵、辰阳、酉阳、迁陵、镡成、很山。

长沙郡,辖十二县:临湘、攸、茶陵、安城、酃、湘南、连道、昭陵、益阳、下隽、罗、容陵。

12. 扬州刺史部

九江郡,辖十二县:阴陵、寿春、浚遒、成德、西曲阳、合肥、历阳、当涂、全椒、钟离、阜陵、东城。

丹阳郡,辖十六县:宛陵、溧阳、丹阳、故鄣、於潜、泾、歙、黝、陵阳、芜湖、秣陵、湖熟、句容、江乘、春谷、石城。

庐江郡,辖十五县:舒、雩娄、寻阳、潜、临湖、龙舒、襄安、皖、居巢、六安、蓼、安丰、阳泉、安风、枞阳。

会稽郡,辖二十六县:山阴、鄮、乌伤、诸暨、余暨、太末、上虞、剡、余姚、句章、鄞、东冶、回浦、吴、海盐、乌程、余杭、毗陵、丹徒、曲阿、由拳、娄、富春、阳羡、无锡、钱唐。

豫章郡,辖十八县:南昌、建城、新淦、宜春、庐陵、赣、雩都、南野、南城、鄱阳、历陵、余汗、鄡阳、彭泽、柴桑、艾、海昏、安平。

13. 交趾刺史部

南海郡,辖七县:番禺、博罗、中宿、龙川、四会、揭阳、增城。

苍梧郡,辖十县:广信、谢沐、高要、封阳、临贺、端溪、冯乘、富川、荔浦、猛陵。

郁林郡,辖十一县:布山、安广、阿林、广郁、中溜、桂林、潭中、临尘、定周、增食、领方。

合浦郡,辖五县:合浦、徐闻、高凉、临元、朱崖。

交趾郡,辖十县:龙编、嬴𨻻、安定、苟漏、麊泠、曲阳、北带、稽徐、西于、朱䳒。

九真郡,辖五县:胥浦、居风、咸欢、无功、无编。

日南郡,辖五县:西卷、朱吾、卢容、象林、比景。

第二节　汉顺帝永和五年(140)郡国辖区

汉顺帝永和五年(140)郡国辖区参见图 3-5。

1. 司隶校尉部

河南尹,辖二十一县:雒阳、河南、梁、荥阳、卷、原武、阳武、中牟、开封、苑陵、平阴、谷城、缑氏、巩、成皋、京、密、新城、匽师、新郑、平。

628　中国行政区划通史·秦汉卷

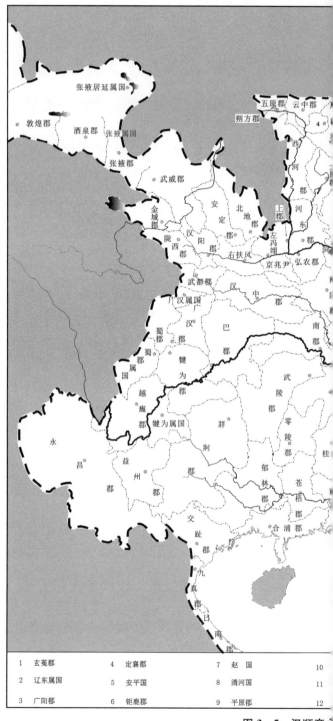

图 3-5　汉顺帝永

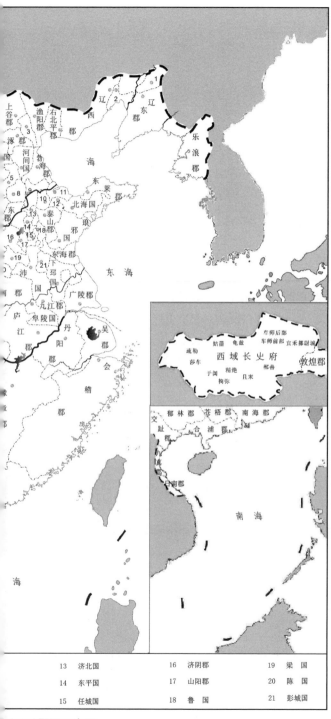

13 济北国	16 济阴郡	19 梁国
14 东平国	17 山阳郡	20 陈国
15 任城国	18 鲁国	21 彭城国

(140)郡国示意图

河内郡,辖十八县:怀、河阳、轵、波、沁水、野王、温、州、平皋、山阳、武德、获嘉、修武、共、汲、朝歌、荡阴、林虑。

河东郡,辖二十县:安邑、杨、平阳、临汾、汾阴、蒲坂、大阳、解、皮氏、闻喜、绛邑、永安、河北、猗氏、垣、襄陵、北屈、蒲子、濩泽、端氏。

弘农郡,辖九县:弘农、陕、黾池、新安、宜阳、陆浑、卢氏、湖、华阴。

京兆尹,辖十县:长安、霸陵、杜陵、郑、新丰、蓝田、长陵、商、上雒、阳陵。

左冯翊,辖十三县:高陵、池阳、云阳、祋祤、频阳、万年、莲勺、重泉、临晋、郃阳、夏阳、衙、粟邑。

右扶风,辖十五县:槐里、安陵、平陵、茂陵、鄠、郿、武功、陈仓、汧、渝麋、雍、栒邑、美阳、漆、杜阳。

2. 豫州刺史部

颍川郡,辖十七县:阳翟、襄、襄城、昆阳、定陵、舞阳、郾、临颍、颍阳、颍阴、许、新汲、鄢陵、长社、阳城、父城、轮氏。

汝南郡,辖三十七县:平舆、新阳、西平、上蔡、南顿、汝阴、汝阳、新息、北宜春、隐强、灈阳、期思、阳安、项、西华、细阳、安城、吴房、铜阳、慎阳、慎、新蔡、安阳、富波、宜禄、朗陵、弋阳、召陵、征羌、思善、宋、褒信、原鹿、定颍、固始、山桑、城父。

梁国,辖九县:下邑、睢阳、虞、砀、蒙、谷熟、鄢、宁陵、薄。

沛国,辖二十一县:相、萧、沛、丰、酂、谷阳、谯、洨、蕲、铚、郸、建平、临睢、竹邑、公丘、龙亢、向、符离、虹、太丘、杼秋。

陈国,辖九县:陈、阳夏、宁平、苦、柘、新平、武平、扶乐、长平。

3. 兖州刺史部

陈留郡,辖十七县:陈留、浚仪、尉氏、雍丘、襄邑、外黄、小黄、东昏、济阳、平丘、封丘、酸枣、长垣、己吾、考城、圉、扶沟。

东郡,辖十五县:濮阳、燕、白马、顿丘、东阿、东武阳、范、临邑、博平、聊城、发干、乐平、阳平、卫公国、谷城。

东平国,辖七县:无盐、东平陆、富成、章、寿张、须昌、宁阳。

任城国,辖三县:任城、亢父、樊。

泰山郡,辖十二县:奉高、博、梁甫、钜平、嬴、山茌、莱芜、盖、南武阳、南城、费、牟。

济北国,辖五县:卢、蛇丘、成、茌平、刚。

山阳郡,辖十县:昌邑、东缗、钜野、高平、湖陆、南平阳、方与、瑕丘、金乡、防东。

济阴郡,辖十一县:定陶、冤句、成阳、乘氏、句阳、鄄城、离狐、廪丘、单父、成武、己氏。

4. 青州刺史部

济南国,辖十县:东平陵、著、于陵、台、菅、土鼓、梁邹、邹平、东朝阳、历城。

平原郡,辖十县:平原、高唐、般、鬲、祝阿、乐陵、湿阴、安德、厌次、西平昌。

乐安国,辖九县:临济、千乘、高菀、乐安、博昌、蓼城、利、益、寿光。

北海国,辖十八县:剧、营陵、平寿、都昌、安丘、淳于、平昌、朱虚、东安平、高密、昌安、夷安、胶东、即墨、壮武、下密、挺、观阳。

东莱郡,辖十三县:黄、牟平、惤、曲成、掖、当利、东牟、昌阳、卢乡、长广、黔陬、葛卢、不其。

齐国,辖六县:临菑、西安、昌国、临朐、广、般阳。

5. 徐州刺史部

鲁国,辖六县:鲁、驺、蕃、薛、卞、汶阳。

东海郡,辖十三县:郯、兰陵、戚、朐、襄贲、昌虑、承、阴平、利城、合乡、祝其、厚丘、赣榆。

琅邪国,辖十三县:开阳、东武、琅邪、东莞、西海、诸、莒、东安、阳都、临沂、即丘、缯、姑幕。

彭城国,辖八县:彭城、武原、傅阳、吕、留、梧、菑丘、广戚。

广陵郡,辖十二县:广陵、江都、高邮、平安、凌、东阳、射阳、盐渎、舆、堂邑、海西、海陵。

下邳国,辖十七县:下邳、徐、僮、睢陵、下相、淮阴、淮浦、盱台、高山、潘旌、淮陵、取虑、东成、曲阳、司吾、良成、夏丘。

6. 冀州刺史部

魏郡,辖十五县:邺、繁阳、内黄、魏、元城、黎阳、阴安、馆陶、清渊、平恩、涉、斥丘、武安、曲梁、梁期。

钜鹿郡,辖十五县:廮陶、钜鹿、杨氏、鄡、下曲阳、任、南和、广平、斥章、广宗、曲周、列人、广年、平乡、南䜌。

常山国,辖十三县:元氏、高邑、都乡、南行唐、房子、平棘、栾城、九门、灵寿、蒲吾、井陉、真定、上艾。

中山国,辖十三县:卢奴、北平、毋极、新市、望都、唐、安国、安熹、汉昌、上曲阳、蒲阴、广昌、蠡吾。

安平国,辖十三县：信都、阜城、南宫、扶柳、下博、武邑、观津、经、堂阳、武遂、饶阳、安平、南深泽。

河间国,辖十一县：乐成、弓高、易、武垣、中水、鄚、高阳、文安、束州、成平、东平舒。

清河国,辖七县：甘陵、贝丘、东武城、鄃、灵、绎幕、广川。

赵国,辖五县：邯郸、易阳、襄国、柏人、中丘。

7. 幽州刺史部

勃海郡,辖八县：南皮、高城、重合、浮阳、东光、章武、阳信、修。

涿郡,辖七县：涿、遒、故安、范阳、良乡、北新城、方城。

广阳郡,辖五县：蓟、广阳、昌平、军都、安次。

上谷郡,辖八县：沮阳、潘、宁、广宁、居庸、雊瞀、涿鹿、下落。

渔阳郡,辖九县：渔阳、狐奴、潞、雍奴、泉州、平谷、安乐、傂奚、犷平。

右北平郡,辖四县：土垠、徐无、俊靡、无终。

辽西郡,辖五县：阳乐、海阳、令支、肥如、临渝。

辽东郡,辖十一县：襄平、新昌、无虑、望平、安市、平郭、西安平、汶、番汗、沓氏、辽队。

玄菟郡,辖六县：高句骊、西盖马、上殷台、高显、候城、辽阳。

乐浪郡,辖十八县：朝鲜、詽邯、浿水、含资、占蝉、遂城、增地、带方、驷望、海冥、列口、长岑、屯有、昭明、镂方、提奚、浑弥、乐都。

辽东属国,辖六县：昌辽、宾徒、徒河、险渎、房、扶黎。

8. 并州刺史部

上党郡,辖十三县：长子、屯留、铜鞮、沾、涅、襄垣、壶关、泫氏、高都、潞、猗氏、阳阿、谷远。

太原郡,辖十六县：晋阳、界休、榆次、中都、于离、兹氏、狼孟、邬、盂、平陶、京陵、阳曲、大陵、祁、虑虒、阳邑。

上郡,侨置左冯翊夏阳县。

西河郡,辖十三县：离石、平定、美稷、乐街、中阳、皋狼、平周、平陆、益兰、圜阴、蔺、圜阳、广衍。

五原郡,辖十县：九原、五原、临沃、文国、河阴、武都、宜梁、曼柏、成宜、西安阳。

云中郡,辖十一县：云中、咸阳、箕陵、沙陵、沙南、北舆、武泉、原阳、定襄、成乐、武进。

定襄郡,辖五县：善无、桐过、武成、骆、中陵。

雁门郡，辖十四县：阴馆、繁畤、楼烦、武州、汪陶、剧阳、崞、平城、埒、马邑、卤城、广武、原平、强阴。

代郡，辖十一县：高柳、桑干、道人、当城、马城、班氏、狋氏、北平邑、东安阳、平舒、代。

朔方郡，侨置五原郡五原县。

北地郡，辖六县：富平、泥阳、弋居、廉、灵州、参䜌。

9. 凉州刺史部

陇西郡，辖十一县：狄道、安故、氐道、首阳、大夏、襄武、临洮、枹罕、白石、鄣、河关。

汉阳郡，辖十三县：冀、望恒、阿阳、略阳、勇士、成纪、陇、豲道、兰干、平襄、显亲、上邽、西。

金城郡，辖十县：允吾、浩亹、令居、枝阳、金城、榆中、破羌、安夷、允街、临羌。

安定郡，辖八县：临泾、高平、朝那、乌枝、三水、阴盘、彭阳、鹑觚。

武威郡，辖十四县：姑臧、张掖、武威、休屠、揟次、鸾鸟、朴劓、媪围、宣威、仓松、鹯阴、租厉、显美、左骑。

张掖郡，辖八县：觻得、昭武、删丹、氐池、屋兰、日勒、骊靬、番和。

酒泉郡，辖九县：禄福、表氏、乐涫、玉门、会水、沙头、安弥、乾齐、延寿。

敦煌郡，辖六县：敦煌、冥安、效谷、渊泉、广至、龙勒。

张掖属国，辖五县：候官、左骑、千人、司马官、千人官。

张掖居延属国，辖一县：居延。

10. 益州刺史部

汉中郡，辖九县：南郑、成固、西城、褒中、沔阳、安阳、锡、上庸、房陵。

巴郡，辖十四县：江州、宕渠、朐忍、阆中、鱼复、临江、枳、涪陵、垫江、安汉、平都、充国、宣汉、汉昌。

广汉郡，辖十一县：雒、新都、绵竹、什邡、涪、梓潼、白水、葭萌、郪、广汉、德阳。

蜀郡，辖十一县：成都、郫、江原、繁、广都、临邛、湔氐道、汶江道、蚕陵、广柔、绵虒道。

犍为郡，辖九县：武阳、资中、牛鞞、南安、僰道、江阳、符节、南广、汉安。

牂柯郡，辖十六县：故且兰、平夷、鳖、毋敛、谈指、夜郎、同并、谈稾、漏江、毋单、宛温、镡封、漏卧、句町、西随、进乘。

越巂郡，辖十四县：邛都、遂久、灵关道、台登、青蛉、卑水、三缝、会无、定荏、阐、苏示、大荏、荏秦、姑复。

益州郡，辖十七县：滇池、胜休、俞元、律高、贲古、毋棳、建伶、谷昌、牧靡、味、昆泽、同濑、同劳、双柏、连然、梇栋、秦臧。

永昌郡，辖八县：不韦、巂唐、比苏、楪榆、邪龙、云南、哀牢、博南。

武都郡，辖七县：下辨、武都道、上禄、故道、河池、沮、羌道。

广汉属国，辖三县：阴平道、甸氐道、刚氐道。

蜀郡属国，辖四县：汉嘉、严道、徙、旄牛。

犍为属国，辖三县：朱提、汉阳、堂琅。

11. 荆州刺史部

南阳郡，辖三十七县：宛、冠军、叶、新野、章陵、西鄂、雉、鲁阳、犨、堵阳、博望、舞阴、比阳、复阳、平氏、棘阳、湖阳、随、育阳、涅阳、阴、鄀、邓、山都、郦、穰、朝阳、蔡阳、安众、筑阳、武当、顺阳、成都、襄乡、南乡、丹水、析。

南郡，辖十七县：江陵、巫、秭归、中庐、编、当阳、华容、襄阳、邔、宜城、鄀、临沮、枝江、夷道、夷陵、州陵、佷山。

江夏郡，辖十四县：西陵、西阳、轪、䣝、竟陵、云杜、沙羡、邾、下雉、蕲春、鄂、平春、南新市、安陆。

零陵郡，辖十三县：泉陵、零陵、营道、营浦、泠道、洮阳、都梁、夫夷、始安、重安、湘乡、昭阳、烝阳。

桂阳郡，辖十一县：郴、便、耒阳、阴山、南平、临武、桂阳、含洭、曲江、浈阳、汉宁。

武陵郡，辖十二县：临沅、汉寿、孱陵、零阳、充、沅陵、辰阳、酉阳、迁陵、镡成、沅南、作唐。

长沙郡，辖十三县：临湘、攸、茶陵、安城、䣝、湘南、连道、昭陵、益阳、下隽、罗、醴陵、容陵。

12. 扬州刺史部

九江郡，辖九县：阴陵、西曲阳、历阳、当涂、全椒、钟离、下蔡、平阿、义成。

阜陵国，辖五县：寿春、浚遒、成德、合肥、阜陵。

丹阳郡，辖十六县：宛陵、溧阳、丹阳、故鄣、於潜、泾、歙、黝、陵阳、芜湖、秣陵、湖熟、句容、江乘、春谷、石城。

庐江郡，辖十四县：舒、雩娄、寻阳、潜、临湖、龙舒、襄安、皖、居巢、六安、蓼、安丰、阳泉、安风。

会稽郡，辖十五县：山阴、鄮、乌伤、诸暨、余暨、太末、上虞、剡、余姚、句章、鄞、东冶、章安、永宁、候官。

吴郡，辖十三县：吴、海盐、乌程、余杭、毗陵、丹徒、曲阿、由拳、娄、富春、阳羡、无锡、钱唐。

豫章郡，辖二十一县：南昌、建城、新淦、宜春、庐陵、赣、雩都、南野、南城、鄱阳、历陵、余汗、鄡阳、彭泽、柴桑、艾、海昏、平都、石阳、临汝、建昌。

13. 交趾刺史部

南海郡，辖七县：番禺、博罗、中宿、龙川、四会、揭阳、增城。

苍梧郡，辖十一县：广信、谢沐、高要、封阳、临贺、端溪、冯乘、富川、荔浦、猛陵、鄣平。

郁林郡，辖十一县：布山、安广、阿林、广郁、中溜、桂林、潭中、临尘、定周、增食、领方。

合浦郡，辖五县：合浦、徐闻、高凉、临元、朱崖。

交趾郡，辖十二县：龙编、嬴隩、安定、苟漏、麊泠、曲阳、北带、稽徐、西于、朱䳒、封溪、望海。

九真郡，辖五县：胥浦、居风、咸欢、无功、无编。

日南郡，辖四县：西卷、朱吾、卢容、比景。

第三节　汉献帝兴平二年(195)郡国辖区

汉献帝兴平二年(195)郡国辖区参见图 3-6。

1. 司隶校尉部

河南尹，辖二十一县：雒阳、河南、梁、荥阳、卷、原武、阳武、中牟、开封、菀陵、河阴、谷城、缑氏、巩、成皋、京、密、新城、匽师、新郑、平。

河内郡，辖十八县：怀、河阳、轵、波、沁水、野王、温、州、平皋、山阳、武德、获嘉、修武、共、汲、朝歌、荡阴、林虑。

河东郡，辖二十县：安邑、杨、平阳、临汾、汾阴、蒲坂、大阳、解、皮氏、闻喜、绛邑、永安、河北、猗氏、垣、襄陵、北屈、蒲子、濩泽、端氏。

弘农郡，辖九县：弘农、陕、黾池、新安、宜阳、卢氏、湖、华阴、陆浑。

京兆尹，辖十一县：长安、霸陵、杜陵、郑、新丰、蓝田、长陵、商、上雒、阳陵、下邽。

左冯翊，辖十三县：高陵、池阳、云阳、祋祤、频阳、万年、莲勺、重泉、临晋、郃阳、夏阳、衙、粟邑。

右扶风，辖九县：槐里、安陵、平陵、茂陵、鄠、郿、武功、栒邑、美阳。

汉安郡，辖五县：雍、渝麋、杜阳、陈仓、汧。

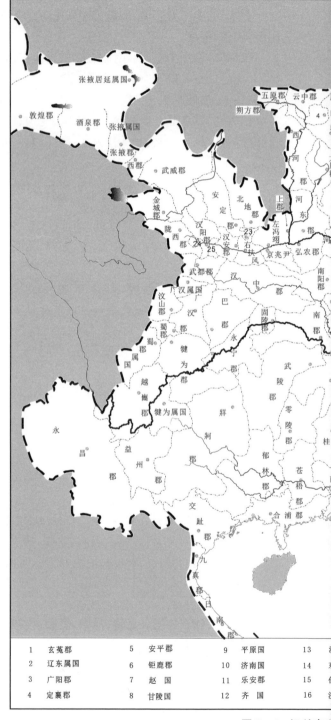

第三编·上篇·第三章 东汉各断代年限的行政区划 637

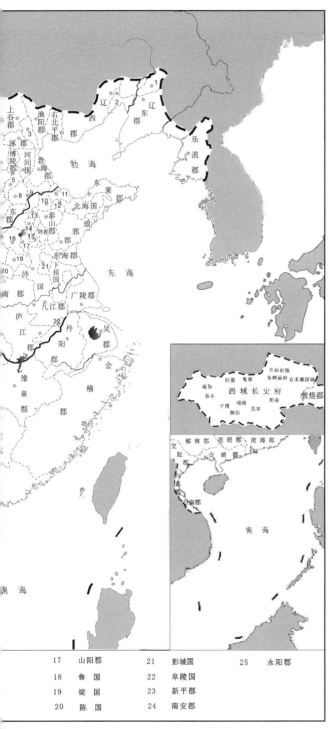

17	山阳郡	21	彭城国	25	永阳郡
18	鲁国	22	阜陵国		
19	梁国	23	新平郡		
20	陈国	24	南安郡		

年(195)郡国示意图

2. 豫州刺史部

颍川郡，辖十七县：阳翟、襄、襄城、昆阳、定陵、舞阳、郾、临颍、颍阳、颍阴、许、新汲、鄢陵、长社、阳城、父城、轮氏。

汝南郡，辖三十七县：平舆、新阳、西平、上蔡、南顿、汝阴、汝阳、新息、北宜春、灅强、灈阳、期思、阳安、项、西华、细阳、安城、吴房、鲖阳、慎阳、慎、新蔡、安阳、富波、宜禄、朗陵、弋阳、召陵、征羌、思善、宋、褒信、原鹿、定颍、固始、山桑、城父。

梁国，辖九县：下邑、睢阳、虞、砀、蒙、谷熟、鄢、宁陵、薄。

沛国，辖二十一县：相、萧、沛、丰、酂、谷阳、谯、洨、蕲、铚、郸、建平、临睢、竹邑、公丘、龙亢、向、符离、虹、太丘、杼秋。

陈国，辖九县：陈、阳夏、宁平、苦、柘、新平、武平、扶乐、长平。

3. 兖州刺史部

陈留郡，辖十七县：陈留、浚仪、尉氏、雍丘、襄邑、外黄、小黄、东昏、济阳、平丘、封丘、酸枣、长垣、己吾、考城、圉、扶沟。

东郡，辖十五县：濮阳、燕、白马、顿丘、东阿、东武阳、范、临邑、博平、聊城、发干、乐平、阳平、卫公国、谷城。

东平国，辖七县：无盐、东平陆、富成、章、寿张、须昌、宁阳。

任城国，辖三县：任城、亢父、樊。

泰山郡，辖十五县：奉高、博、梁甫、钜平、嬴、山茌、莱芜、盖、南武阳、南城、费、牟、平阳、华、蒙阴。

济北国，辖五县：卢、蛇丘、成、茌平、刚。

山阳郡，辖十县：昌邑、东缗、钜野、高平、湖陆、南平阳、方与、瑕丘、金乡、防东。

济阴郡，辖十一县：定陶、冤句、成阳、乘氏、句阳、鄄城、离狐、廪丘、单父、成武、己氏。

4. 青州刺史部

济南国，辖十县：东平陵、著、于陵、台、菅、土鼓、梁邹、邹平、东朝阳、历城。

平原国，辖十县：平原、高唐、般、鬲、祝阿、乐陵、湿阴、安德、厌次、西平昌。

乐安郡，辖九县：临济、千乘、高菀、乐安、博昌、蓼城、利、益、寿光。

北海国，辖十八县：剧、营陵、平寿、都昌、安丘、淳于、平昌、朱虚、东安平、高密、昌安、夷安、胶东、即墨、壮武、下密、挺、观阳。

东莱郡,辖十三县:黄、牟平、惤、曲成、掖、当利、东牟、昌阳、卢乡、长广、黔陬、葛卢、不其。

齐国,辖六县:临菑、西安、昌国、临朐、广、般阳。

5. 徐州刺史部

鲁国,辖六县:鲁、驺、蕃、薛、卞、汶阳。

东海郡,辖十四县:郯、兰陵、戚、朐、襄贲、昌虑、承、阴平、利城、合乡、祝其、厚丘、赣榆、容丘。

琅邪郡,辖十三县:开阳、东武、琅邪、东莞、西海、诸、莒、东安、阳都、临沂、即丘、缯、姑幕。

彭城国,辖八县:彭城、武原、傅阳、吕、留、梧、菑丘、广戚。

广陵郡,辖十二县:广陵、江都、高邮、平安、凌、东阳、射阳、盐渎、舆、堂邑、海西、海陵。

下邳国,辖十七县:下邳、徐、僮、睢陵、下相、淮阴、淮浦、盱台、高山、潘旌、淮陵、取虑、东成、曲阳、司吾、良成、夏丘。

6. 冀州刺史部

魏郡,辖十五县:邺、繁阳、内黄、魏、元城、黎阳、阴安、馆陶、清渊、平恩、涉、斥丘、武安、曲梁、梁期。

钜鹿郡,辖十五县:廮陶、钜鹿、杨氏、鄡、下曲阳、任、南和、广平、斥章、广宗、曲周、列人、广年、平乡、南䜌。

常山国,辖十三县:元氏、高邑、都乡、南行唐、房子、平棘、栾城、九门、灵寿、蒲吾、井陉、真定、上艾。

中山郡,辖十二县:卢奴、北平、毋极、新市、望都、唐、安熹、汉昌、上曲阳、蒲阴、广昌、灵丘。

安平郡,辖十一县:信都、阜城、南宫、扶柳、下博、武邑、观津、经、堂阳、武遂、饶阳。

河间郡,辖十一县:乐成、弓高、易、武垣、中水、鄚、文安、束州、成平、东平舒、阜成。

甘陵国,辖七县:甘陵、贝丘、东武城、鄃、灵、绎幕、广川。

赵国,辖五县:邯郸、易阳、襄国、柏人、中丘。

博陵郡,辖七县:博陵、蠡吾、安平、安国、南深泽、高阳、北新城。

7. 幽州刺史部

勃海郡,辖九县:南皮、高城、重合、浮阳、东光、章武、阳信、修、饶安。

涿郡,辖六县:涿、遒、故安、范阳、良乡、方城。

广阳郡，辖五县：蓟、广阳、昌平、军都、安次。
上谷郡，辖八县：沮阳、潘、宁、广宁、居庸、雊瞀、涿鹿、下落。
渔阳郡，辖九县：渔阳、狐奴、潞、雍奴、泉州、平谷、安乐、傂奚、犷平。
右北平郡，辖四县：土垠、徐无、俊靡、无终。
辽西郡，辖五县：阳乐、海阳、令支、肥如、临渝。
辽东郡，辖十一县：襄平、新昌、无虑、望平、安市、平郭、西安平、汶、番汗、沓氏、辽队。
玄菟郡，辖六县：高句骊、西盖马、上殷台、高显、候城、辽阳。
乐浪郡，辖十八县：朝鲜、訽邯、浿水、含资、占蝉、遂城、增地、带方、驷望、海冥、列口、长岑、屯有、昭明、镂方、提奚、浑弥、乐都。
辽东属国，辖六县：昌辽、宾徒、徒河、险渎、房、扶黎。

8. 并州刺史部
上党郡，辖十二县：长子、屯留、铜鞮、沾、涅、襄垣、壶关、泫氏、高都、潞、猗氏、谷远。
太原郡，辖十六县：晋阳、界休、榆次、中都、于离、兹氏、狼孟、邬、盂、平陶、京陵、阳曲、大陵、祁、虑虒、阳邑。
上郡，侨置左冯翊夏阳县。
西河郡，辖十三县：离石、平定、美稷、乐街、中阳、皋狼、平周、平陆、益兰、圜阴、蔺、圜阳、广衍。
五原郡，辖十县：九原、五原、临沃、文国、河阴、武都、宜梁、曼柏、成宜、西安阳。
云中郡，辖十一县：云中、咸阳、箕陵、沙陵、沙南、北舆、武泉、原阳、定襄、成乐、武进。
定襄郡，辖五县：善无、桐过、武成、骆、中陵。
雁门郡，辖十四县：阴馆、繁畤、楼烦、武州、汪陶、剧阳、崞、平城、埒、马邑、卤城、广武、原平、强阴。
代郡，辖十一县：高柳、桑干、道人、当城、马城、班氏、狋氏、北平邑、东安阳、平舒、代。
朔方郡，侨置五原郡五原县。
北地郡，辖六县：富平、泥阳、弋居、廉、灵州、参䜌。

9. 凉州刺史部
陇西郡，辖十一县：狄道、安故、氐道、首阳、大夏、襄武、临洮、枹罕、白石、鄣、河关。

汉阳郡,辖十一县：冀、望恒、阿阳、略阳、勇士、成纪、陇、兰干、平襄、显亲、西。

南安郡,辖三县：豲道、新兴、中陶。

永阳郡,辖四县：上邽、清水、绵诸、罕开。

金城郡,辖十县：允吾、浩亹、令居、枝阳、金城、榆中、破羌、安夷、允街、临羌。

安定郡,辖六县：临泾、高平、朝那、乌枝、三水、彭阳。

新平郡,辖二县：漆、鹑觚。

武威郡,辖十四县：姑臧、张掖、武威、休屠、揟次、鸾鸟、朴劓、媪围、宣威、仓松、鸇阴、租厉、显美、左骑。

张掖郡,辖五县：觻得、昭武、删丹、氐池、屋兰。

西郡,辖三县：日勒、骊靬、番和。

酒泉郡,辖九县：禄福、表氏、乐涫、玉门、会水、沙头、安弥、乾齐、延寿。

敦煌郡,辖六县：敦煌、冥安、效谷、渊泉、广至、龙勒。

张掖属国,辖五县：候官、左骑、千人、司马官、千人官。

张掖居延属国,辖一县：居延。

10. 益州刺史部

汉中郡,辖九县：南郑、成固、西城、褒中、沔阳、安阳、锡、上庸、房陵。

巴郡,辖八县：安汉、垫江、宕渠、宣汉、汉昌、西充国、南充国、阆中。

永宁郡,辖六县：江州、枳、平都、涪陵、永宁、临江。

固陵郡,辖二县：朐忍、鱼复。

广汉郡,辖十一县：雒、新都、绵竹、什邡、涪、梓潼、白水、葭萌、郪、广汉、德阳。

蜀郡,辖六县：成都、郫、江原、繁、广都、临邛。

汶山郡,辖五县：绵虒道、汶江道、蚕陵、广柔、湔氐道。

犍为郡,辖九县：武阳、资中、牛鞞、南安、僰道、江阳、符节、南广、汉安。

牂牁郡,辖十六县：故且兰、平夷、鳖、毋敛、谈指、夜郎、同并、谈稾、漏江、毋单、宛温、镡封、漏卧、句町、西随、进乘。

越嶲郡,辖十四县：邛都、遂久、灵关道、台登、青蛉、卑水、三缝、会无、定莋、阐、苏示、大莋、莋秦、姑复。

益州郡,辖十七县：滇池、胜休、俞元、律高、贲古、毋棳、建伶、谷昌、牧靡、味、昆泽、同濑、同劳、双柏、连然、桥栋、秦臧。

永昌郡,辖八县：不韦、嶲唐、比苏、楪榆、邪龙、云南、哀牢、博南。

武都郡,辖七县:下辨、武都道、上禄、故道、河池、沮、羌道。
广汉属国,辖三县:阴平道、甸氐道、刚氐道。
蜀郡属国,辖四县:汉嘉、严道、徙、旄牛。
犍为属国,辖三县:朱提、汉阳、堂琅。

11. 荆州刺史部

南阳郡,辖三十三县:宛、冠军、叶、新野、西鄂、雉、鲁阳、犨、堵阳、博望、舞阴、比阳、复阳、棘阳、湖阳、育阳、涅阳、阴、酂、邓、山都、郦、穰、朝阳、安众、筑阳、武当、顺阳、成都、襄乡、南乡、丹水、析。

章陵郡,辖四县:章陵、平氏、随、蔡阳。

南郡,辖十七县:江陵、巫、秭归、中庐、编、当阳、华容、襄阳、邔、宜城、鄀、临沮、枝江、夷道、夷陵、州陵、佷山。

江夏郡,辖十四县:西陵、西阳、轪、鄳、竟陵、云杜、沙羡、邾、下雉、蕲春、鄂、平春、南新市、安陆。

零陵郡,辖十三县:泉陵、零陵、营道、营浦、泠道、洮阳、都梁、夫夷、始安、重安、湘乡、昭阳、烝阳。

桂阳郡,辖十一县:郴、便、耒阳、阴山、南平、临武、桂阳、含洭、曲江、浈阳、汉宁。

武陵郡,辖十二县:临沅、汉寿、孱陵、零阳、充、沅陵、辰阳、酉阳、迁陵、镡成、沅南、作唐。

长沙郡,辖十四县:临湘、攸、茶陵、安城、酃、湘南、连道、昭陵、益阳、下隽、罗、醴陵、容陵、汉昌。

12. 扬州刺史部

九江郡,辖十二县:阴陵、西曲阳、当涂、全椒、钟离、下蔡、平阿、义成、寿春、浚遒、成德、合肥。

阜陵国,辖一县:阜陵。

丹阳郡,辖二十三县:宛陵、溧阳、丹阳、故鄣、於潜、泾、歙、黟、陵阳、芜湖、秣陵、湖熟、句容、江乘、春谷、石城、宣城、安吉、原乡、历阳、临湖、襄安、居巢。

庐江郡,辖十二县:舒、雩娄、寻阳、潜、龙舒、皖、六安、蓼、安丰、阳泉、安风、松滋。

会稽郡,辖十八县:山阴、鄮、乌伤、诸暨、余暨、太末、上虞、剡、余姚、句章、鄞、东冶、章安、永宁、候官、新安、长山、吴宁。

吴郡,辖十五县:吴、海盐、乌程、余杭、毗陵、丹徒、曲阿、由拳、娄、富春、阳羡、无锡、钱唐、永、永安。

豫章郡，辖二十三县：南昌、建城、新淦、宜春、南城、鄱阳、历陵、余汗、鄡阳、彭泽、柴桑、艾、海昏、平都、临汝、建昌、上蔡、永修、新吴、西安、汉平、乐平、葛阳。

庐陵郡，辖十四县：高昌（庐陵）、西昌、石阳、南野、遂兴、巴丘、东昌、兴平、阳城、永新、零都、赣、扬都、南安。

13. 交趾刺史部

南海郡，辖七县：番禺、博罗、中宿、龙川、四会、揭阳、增城。

苍梧郡，辖十一县：广信、谢沐、高要、封阳、临贺、端溪、冯乘、富川、荔浦、猛陵、鄣平。

郁林郡，辖十八县：布山、安广、阿林、广郁、中溜、桂林、潭中、临尘、定周、增食、领方、新邑、长平、建始、阴平、临浦、怀安、武安。

合浦郡，辖五县：合浦、徐闻、高凉、临元、朱崖。

交趾郡，辖十二县：龙编、嬴陵、安定、苟漏、麊泠、曲阳、北带、稽徐、西于、朱䳒、封溪、望海。

九真郡，辖五县：胥浦、居风、咸欢、无功、无编。

日南郡，辖四县：西卷、朱吾、卢容、比景。

下篇　东汉郡国沿革考证

第一章　司隶校尉部所辖郡国沿革

东汉初年,司隶校尉部所辖区域为更始政权所据。光武帝建武元年(25),河南郡、河内郡、河东郡归东汉,二年弘农郡归东汉,三年京兆尹、左冯翊、右扶风亦先后归属东汉政权,至此东汉政权完全据有司隶校尉部之辖郡。十五年,左冯翊为左翊公国,右扶风为右翊公国。十七年,右翊公国复为右扶风,左翊公国进为左翊国。三十年,左翊国罢为左冯翊。

献帝中平六年(189),弘农郡为国。同年,析右扶风置汉安郡。初平元年(190),弘农复为郡。建安初,析置左内史郡,旋废。建安十八年(213)前,汉安郡更名为汉兴郡。

第一节　河南尹沿革

河南尹(25—220)

东汉初年,河南郡为更始政权所据,光武帝建武元年(25)九月河南郡归东汉。《续汉志》云:"世祖都洛阳,建武十五年改曰河南尹。"据此,河南郡更名河南尹似应在光武帝建武十五年。然《后汉书》卷79《欧阳歙传》载:"世祖即位,(歙)始为河南尹",建武五年坐事免。《后汉书》卷22《王梁传》又云,梁继歙为河南尹,三年而迁。谭其骧先生据此二《传》之文认为河南郡之更名在建武元年,《续汉志》所载有误[①],其说甚是。据《后汉书》卷1《光武帝纪》载,刘秀于建

---

① 谭其骧:《〈两汉州制考〉跋》,《长水集》上册,人民出版社,2011年,第46页。

武元年六月称帝于鄗(即《续汉志》常山郡高邑),十月定都洛阳。故随后刘秀将都城洛阳所在之河南郡更名为河南尹,当是顺理成章之事。

《汉志》河南郡领二十二城,与《续汉志》相较,多出故市一县,而此县又不载《续汉志》其他郡国之下。因东汉初年光武帝省并四百余县①,故此县当于东汉初年省并无疑。由于故市位于西汉河南郡之中部地区,该县之省并不影响总的郡界变化,故《续汉志》河南尹领域与《汉志》河南郡所示相同。这说明东汉中期以前河南尹辖境未更。

建武十三年,河南尹领有二十一县,即:雒阳、河南、梁、荥阳、卷、原武、阳武、中牟、开封、菀陵、平阴、谷城、缑氏、巩、成睾、京、密、新城、偃师、新郑、平。

汉顺帝永和五年(140)河南尹政区见图3-7。

约在桓灵时期,平阴更名为河阴。

献帝时,陆浑县自弘农郡来属。故东汉末年,河南尹领雒阳、河南、梁、荥阳、卷、原武、阳武、中牟、开封、菀陵、河阴、谷城、缑氏、巩、成睾、京、密、新城、偃师、新郑、平、陆浑等二十二县。

河南尹治雒阳县。

1. 雒阳县(25—220)

东汉都城。治今河南洛阳市东。

2. 故市县(25—30)

治今河南郑州市西北。

3. 河南县(25—220)

治今河南洛阳市西。

4. 梁县(25—220)

《后汉书》卷16《邓禹传》载,建武二年,光武帝封邓禹为梁侯,食四县。建武十三年更封高密侯。治今河南汝州市西南。

5. 荥阳县(25—220)

《汉志》作"荥阳"。《后汉书集解》卷19引惠栋曰:刘宽碑阴作"荥县"。周明泰云:"荥阳,近世出土汉官印封泥皆作'荥阳'。"②治今河南荥阳市东北。

---

① 《后汉书》卷1《光武帝纪》载,建武六年(30年)"六月辛卯,诏曰:'夫张官置吏,所以为人也。今百姓遭难,户口耗少,而县官吏职所置尚繁,其令司隶、州牧各实所部,省减吏员。县国不足置长吏可并合者,上大司徒、大司空二府。'于是条奏并省四百余县,吏职减损,十置其一。"
② 周明泰:《后汉县邑省并表》,《二十五史补编》,中华书局影印开明书店排印本,1937年,第2055页。

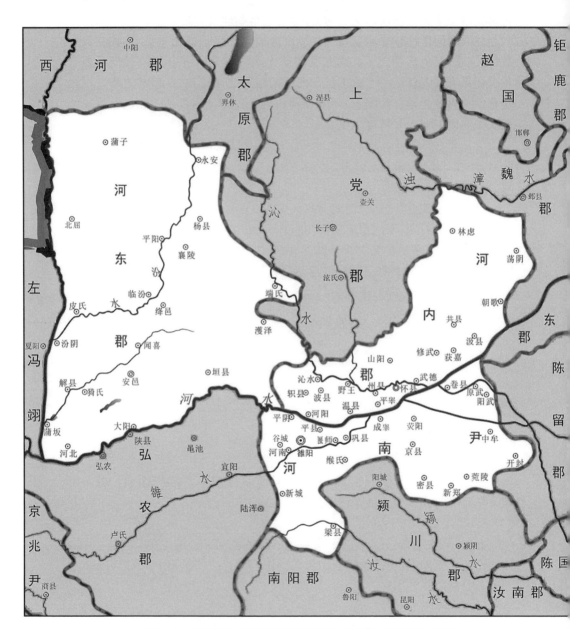

图 3-7 汉顺帝永和五年(140)河南尹、河内郡、河东郡示意图

6. 卷县(25—220)

治今河南原阳县西。

7. 原武县(25—220)

治今河南原阳县。

8. 阳武县(25—220)

治今河南原阳县东南。

9. 中牟县(25—220)

治今河南中牟县东。

10. 开封县(25—220)

治今河南开封市祥符区西南。

11. 苑陵县(25—220)

《汉志》作"菀陵"。治今河南新郑市东北。

12. 平阴县(25—190?)—河阴县(190?—220)

东汉末,平阴县当更名为河阴县。《后汉书集解》卷19引谢钟英曰:"韩浩舅杜阳为河阴令,见《夏侯惇传》,在建安中。是河阴系桓灵后所改。"可为佐证。洪亮吉《补三国疆域志》卷上、吴增僅《三国郡县表附考证》卷1以为魏改平阴为河阴,误也。治今河南孟津县东北。

13. 谷城县(25—220)

《汉志》作"谷成"。治今河南洛阳市西北。

14. 缑氏县(25—220)

治今河南偃师市东南。

15. 巩县(25—220)

治今河南巩义市西南。

16. 成皋县(25—220)

《汉志》作"成皐",钱大昕《廿二史考异》卷14曰:"'皐'当作'皋',字形相涉而讹。河内郡平皋,《志》亦讹为皐。"或是。治今河南荥阳市西北。

17. 京县(25—220)

治今河南荥阳市东南。

18. 密县(25—220)

治今河南新密市东南。

19. 新城县(25—220)

《汉志》作"新成"。治今河南伊川县西南。

20. 偃师县(25—220)

《汉志》作"偃师"。治今河南偃师市东。

21. 新郑县(25—220)

治今河南新郑市。

22. 平县(25—220)

《大清一统志》卷163河南府平县故城下云:"后汉初废",不知何据,暂列于此。治今河南孟津县东。

23. 陆浑县(220?—220)

《续汉志》属弘农郡。《元和郡图县志》卷5河南府陆浑县下云:"本陆浑戎所居……至汉为陆浑县,属弘农郡,后属河南尹。"吴增僅《三国郡县表附考证》卷1据此以为汉末陆浑由弘农来属,其说可从。治今河南嵩县东北。

第二节　河内郡沿革

河内郡(25—220)

东汉初年,河内郡为更始政权所据,光武帝建武元年(25)河内太守韩歆降,河内郡归东汉。东汉河内郡承袭西汉规模,仍领十八县:怀、河阳、轵、波、沁水、野王、温、州、平皋、山阳、武德、获嘉、修武、共、汲、朝歌、荡阴、隆虑。

和帝元兴元年(105),隆虑更名为林虑。

顺帝永和五年(140)之河内郡政区参前图3-7。

献帝建安十七年(212),荡阴、朝歌、林虑三县益属魏郡。此后河内郡遂领十五县,即:怀、河阳、轵、波、沁水、野王、温、州、平皋、山阳、武德、获嘉、修武、共、汲①。

河内郡治怀县。

1. 怀县(25—220)

治今河南武陟县西南。

2. 河阳县(25—220)

治今河南孟州市西。

3. 轵县(25—220)

治今河南济源市东南。

---

① 吴增僅《三国郡县表附考证》卷1中以为汉末河内郡领有阳樊县,误,其盖将《续汉志》河内郡修武县下司马彪自注所云"有南阳城,阳樊,攒茅田"中的"阳樊"错视为一县名而致。

4. 波县(25—220)

治今河南济源市东南。

5. 沁水县(25—220)

治今河南济源市东北。

6. 野王县(25—220)

《汉志》作"壄王"。治今河南沁阳市。

7. 温县(25—220)

《后汉书》卷66《王允传》载,初平二年(191)封王允为温侯,《后汉书》卷75《吕布传》载,初平三年封吕布为温侯。治今河南温县西南。

8. 州县(25—220)

治今河南温县东北。

9. 平皋县(25—220)

《汉志》作"平皋",钱大昕《廿二史考异》卷14认为"皋"为讹字,或是。《后汉书》卷10《皇后纪》载,明帝永平十二年(69)封皇女小姬为平皋公主。治今河南温县东。

10. 山阳县(25—220)

《续汉志》中为邑,顺帝时封阿母宋娥为山阳君,或是。治今河南焦作市东南。

11. 武德县(25—220)

《后汉书》卷10《皇后纪》载,章帝建初四年(79)封皇女男为武德长公主。《三国志》卷2《魏书·文帝纪》载,献帝延康元年(220)五月,封曹叡为武德侯。治今河南武陟县东南。

12. 获嘉县(25—220)

《续汉志》中为侯国。《后汉书》卷10《皇后纪》载,明帝永平二年封皇女姬为获嘉长公主,遂为获嘉邑;《后汉书》卷33《冯鲂传》载,鲂子柱尚获嘉公主,子冯石袭母爵,封获嘉侯①。治今河南新乡市西。

13. 修武县(25—220)

治今河南获嘉县。

14. 共县(25—220)

治今河南辉县市。

---

① 《后汉书》卷10《皇后纪》所附公主篇称:"其皇女封公主者,所生之子袭母封为列侯,皆传国于后。乡、亭之封,则不传袭。"是东汉时期凡封县公主者,如有生子,皆可传继为侯国,此亦东汉制度不同西汉者之一。

15. 汲县(25—220)

治今河南汲县西南。

16. 朝歌县(25—212)

献帝建安十七年,别属魏郡。治今河南淇县。

17. 荡阴县(25—212)

献帝建安十七年,别属魏郡。治今河南汤阴县。

18. 隆虑县(25—105)—林虑县(105—212)

《续汉志》司马彪自注云:"故隆虑,殇帝改"。更名当因避殇帝刘隆讳之故,是当更名于元兴元年(105)和帝晏驾殇帝即位之时。又,明帝永平三年,封皇女迎为隆虑公主,《后汉书》卷19《耿弇传》载,耿袭尚隆虑公主,子承袭公主爵为林虑侯,安帝崩,贬爵为亭侯,是国当除于安帝延平四年(125)。献帝建安十七年,别属魏郡。治今河南林州市。

第三节 河东郡沿革

河东郡(25—220)

东汉初年,河东郡为更始政权所据,光武帝建武元年(25)归东汉。河东郡领域东汉一代无有变动,仍如《汉志》中所示,唯《续汉志》河东郡领二十城,比《汉志》河东郡所属之二十四县少四县:左邑、长修、狐讘、骐。而此四县又不见于《续汉志》其他郡国之下,盖皆省并于东汉初年。

光武帝建武十三年,河东辖有安邑、杨、平阳、临汾、汾阴、蒲坂、大阳、解、皮氏、闻喜、绛邑、垝、河北、猗氏、垣、襄陵、北屈、蒲子、濩泽、端氏等二十县。

光武帝建武二十年,省五原郡,徙其吏人置于河东郡;二十六年,五原郡民复由河东重归旧土。

顺帝阳嘉二年(133),垝县更名为永安。

汉顺帝永和五年(140)之河东郡政区参前图3-7。

此后河东郡领域及辖县不复有变动。

河东郡治安邑县。

1. 安邑县(25—220)

治今山西夏县西北。

2. 左邑县(25—30)

治今山西闻喜县。

3. 长修县(25—30)

治今山西新绛县西北。

4. 狐讘县(25—30)

治今山西永和县西南。

5. 骐县(25—30)

治今山西乡宁县东南。

6. 杨县(25—220)

治今山西洪洞县东南。

7. 平阳县(25—220)

《续汉志》中为侯国。《后汉书》卷26《韦彪传》载,章帝建初二年(77),封曹参之后曹湛为侯。然《后汉书》卷10《皇后纪》载,明帝永平三年(60)封皇女奴为平阳公主。章帝建初八年(83),公主子冯奋袭主爵为侯。和帝永元七年(95),复封奋兄劲为侯,奉公主祀。钱大昭《后汉书补表》卷5《外戚恩泽侯表》指出:"考平阳公主,永平三年封。建初八年,子冯奋袭封。则建初二年不得有两平阳侯。本纪永元三年诏,以曹相国后容城侯无嗣,求近亲绍封,则为容城无疑。"甚是。则平阳当于明帝永平三年为邑,章帝建初八年为侯国,国除年不详。治今山西临汾市西南。

8. 临汾县(25—220)

治今山西新绛县东北。

9. 汾阴县(25—220)

治今山西万荣县西南。

10. 蒲坂县(25—220)

《汉志》作"蒲反",《后汉书集解》卷19惠栋曰:"《刘宽碑阴》亦作'反'。"治今山西永济市西。

11. 大阳县(25—220)

治今山西平陆县西。

12. 解县(25—220)

治今山西临猗县西南。

13. 皮氏县(25—220)

治今山西河津市西。

14. 闻喜县(25—220)

《续汉志》中为邑。《后汉书》卷10《皇后纪》载,和帝女兴,延平元年(106)封为闻喜公主,当即是。《后汉书集解》卷19惠栋曰:"《刘宽碑阴》作'熹'。"

《后汉书》卷69《窦武传》载,永康元年(167),灵帝即位,更封窦武为闻喜侯,建宁元年(168),武败,国除。治今山西闻喜县。

15. 绛邑县(25—220)

《汉志》作"绛"。《续汉书郡国志汇释》云:"中华本作'绛'县,集解本作'绛邑'县,而贾逵曾为绛邑长,当应作'绛邑县'"①。《建宁元年残碑》载:"守绛邑长平阳□□□□"②。治今山西侯马市东北。

16. 彘县(25—133)—永安县(133—220)

《续汉志》"永安"下注云:"故彘。"顺帝阳嘉二年更名。治今山西霍州市。

17. 河北县(25—220)

治今山西芮城县西。

18. 猗氏县(25—220)

治今山西临猗县南。

19. 垣县(25—220)

治今山西垣曲县东南。

20. 襄陵县(25—220)

治今山西临汾市东南。

21. 北屈县(25—220)

治今山西吉县北。

22. 蒲子县(25—220)

治今山西隰县。

23. 濩泽县(25—220)

《后汉书》卷11《刘玄传》载,刘玄子求徙封成阳侯,求子巡后又徙封为濩泽侯。徙封之确年,史乘未言,然亦可推知。成阳,《续汉志》属济阴,明帝永平十五年(72)封皇子长为济阴王,则成阳侯国当于此时迁徙。又据《后汉书》卷41《寒朗传》,明帝时有濩泽侯邓鲤,事连楚王英狱,是此前濩泽已置为侯国。疑邓鲤之侯国因楚狱而国除,故刘巡可徙封至此。国除年不详,然必晚于顺帝永和五年,故《续汉志》中濩泽仍为侯国。治今山西阳城县西北。

24. 端氏县(25—220)

《后汉书》卷14《成武孝侯顺传》载:"(顺)子遵嗣,坐与诸王交通,降为端氏侯。遵卒,子弇嗣。弇卒,无嗣,国除。永平十年,显宗幸章陵,追念旧恩,封

---

① 钱林书:《续汉书郡国志汇释》,安徽教育出版社,2007年,第35页。
② 徐玉立主编:《汉碑全集》,第1221页。

顺弟子,三人为乡侯。"是端氏于建武后期为侯国,至明帝永平十年前已国除为县。治今山西沁水县东北。

第四节 弘农郡(国)沿革

弘农郡(26—189)—弘农国(189—190)—弘农郡(190—220)

东汉初年,弘农郡为更始政权所据,光武帝建武二年(26)弘农郡归汉。《汉志》弘农郡领十一县,东汉初年,沿而未改。建武十三年,弘农郡领有弘农、陕、黾池、新安、宜阳、陆浑、卢氏、商、上雒、丹水、析等十一县。

建武十五年,商、上雒二县别属京兆尹。同时,湖、华阴二县由京兆尹来属。《续汉志》弘农郡下司马彪自注云:"其二县,建武十五年属。"而在弘农郡所领九城中,恰在湖、华阴二县下司马彪均注曰"故属京兆",故可知二县当于建武十五年来属。又疑此年,丹水、析二县别属南阳郡。弘农郡遂辖弘农、陕、黾池、新安、宜阳、陆浑、卢氏、湖、华阴等九县。

综上所述,《续汉志》弘农郡九城之规模当于建武十五年后即已形成。

顺帝永和五年(140)弘农郡政区见图3-8。

汉末,避灵帝刘宏讳,改弘农为恒农。吴增僅《三国郡县表附考证》卷1认为曹魏时恢复弘农旧名。

献帝中平六年(189),董卓废少帝辩为弘农王,弘农为国。初平元年(190),卓杀弘农王,弘农国除,复为郡。献帝时陆浑县别属河南尹。故至献帝末,弘农郡当领八县之地,即《续汉志》弘农郡九县中去掉陆浑县后所余之目。

弘农郡(国)治弘农县。

1. 弘农县(26—220)

《三国志》卷21《魏书·卫觊传》载,汉末,魏武帝移司隶校尉治弘农。据《三国志》卷20《魏书·赵王幹传》,建安二十二年,曹幹封于此。治今河南灵宝市东北。

2. 陕县(26—220)

治今河南三门峡市西。

3. 黾池县(26—220)

《后汉书集解》卷19惠栋曰:"又作'渑池',盖渑、黾相通。"本治今河南渑池县西。献帝建安年间,弘农郡所领之黾池县一度曾寄治蠡城。《三国志》卷15《魏书·贾逵传》载,建安中贾逵除渑池令,"时县寄治蠡城。城垒不固",可证。

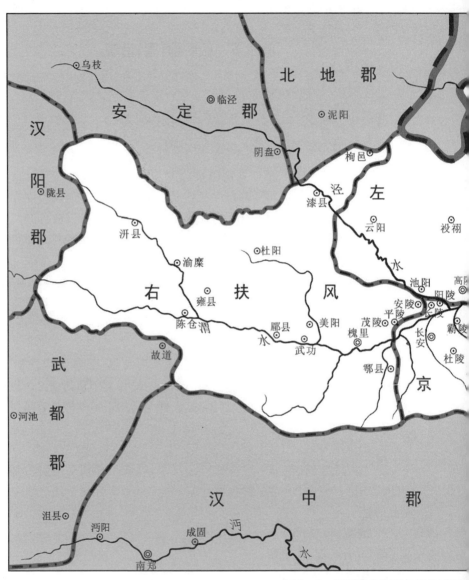

图 3-8 汉顺帝永和五年(140)弘农

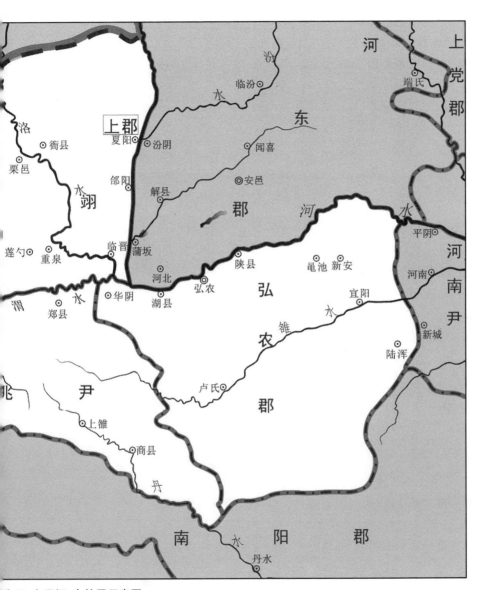

兆尹、左冯翊、右扶风示意图

4. 新安县(26—220)

治今河南渑池县东。

5. 宜阳县(26—220)

治今河南宜阳县西。

6. 陆浑县(26—220?)

献帝时别属河南尹，具体考证参见河南尹陆浑县。治今河南嵩县东北。

7. 卢氏县(26—220)

治今河南卢氏县。

8. 湖县(39—220)

《汉志》属京兆尹，光武帝建武十五年来属。治今河南灵宝市西北。

9. 华阴县(39—220)

《汉志》属京兆尹，光武帝建武十五年来属。治今陕西华阴市东。

10. 丹水县(26—39)

《汉志》属弘农郡，然《续汉志》中丹水及析二县则皆在南阳郡下，可知二县东汉时已由弘农别属南阳，然史籍不载其别属之确年，颇疑此二县在建武十五年别属南阳。由上文知，是年弘农之商、上雒二县别属京兆尹，同时又得京兆尹之湖、华阴二县，此时将位于郡境东南、远离弘农其他诸县并有熊耳山为隔的丹水、析二县就近划入南阳郡领域，使弘农郡南界不致因商、上雒二县别属京兆尹而显得过于支离，似于理颇合。故在缺乏有关文献的情况下，暂将丹水、析二县别属南阳之年系于建武十五年，应不会过于离谱。治今河南淅川县西。

11. 析县(26—39)

光武帝建武十五年，别属南阳郡。治今河南西峡县。

12. 商县(26—39)

光武帝建武十五年，别属京兆尹。治今陕西丹凤县。

13. 上雒县(26—39)

光武帝建武十五年，别属京兆尹。治今陕西商洛市商州区。

第五节　京兆尹沿革

京兆尹(27—220)

东汉初年，京兆尹为更始政权所据，光武帝建武三年(27)京兆尹归东汉。《汉志》京兆尹领十二县，其中船司空、下邽、南陵、奉明四县不见载于《续汉志》

其他郡国之下,当皆省并于东汉初年无疑。故光武帝建武十三年,京兆尹下辖长安、霸陵、杜陵、郑、新丰、蓝田、湖、华阴等八县。

光武帝建武十五年(39),湖、华阴二县别属弘农郡。同时,四县来属。《续汉志》京兆尹下司马彪自注云:"其四县,建武十五年属。"查《续汉志》京兆尹下所领之县,商、上雒二县下司马彪自注曰"故属弘农",长陵、阳陵二县下司马彪自注云"故属冯翊",恰好共计四县,故可知此四县当于建武十五年由各自原属之郡来属。由于接纳了弘农郡之上雒、商二县,遂使京兆尹郡境向东南大为扩展。

综上所述,《续汉志》京兆尹十城之规模当于建武十五年后即已形成。

顺帝永和五年(140)之京兆尹政区见前图3-8。

桓帝时,复置下邽县。灵帝末,安定郡阴盘县徙治于新丰县界内。

此后直至汉末,京兆尹领域不复变动,献帝建安末当领十一县,即:长安、霸陵、杜陵、郑、新丰、蓝田、长陵、商、上雒、阳陵、下邽。而其域中则有十二县,即以上十一县外加寄治于此的阴盘县。

京兆尹治长安县。

1. 长安县(27—220)

《后汉书》卷87《西羌传》载,安帝永初四年(110),"置京兆虎牙都尉于长安,扶风都尉于雍,如西京三辅都尉故事"。献帝时一度徙都于此。治今陕西西安市西北。

2. 船司空县(27—30)

治今陕西潼关县北。

3. 南陵县(27—30)

治今陕西西安市东。

4. 奉明县(27—30)

治今陕西西安市西北。

5. 霸陵县(27—220)

治今陕西西安市东北。

6. 杜陵县(27—220)

治今陕西西安市东南。

7. 郑县(27—220)

桓帝时析郑县界内旧下邽县复置下邽。治今陕西华县。

8. 新丰县(27—220)

《后汉书》卷78《单超传》载,延熹二年(159),桓帝封单超为侯,八年,降为乡侯,新丰复为县。《水经·渭水注》云:"(新丰县),汉灵帝建宁三年(170),改为都乡,封段颎为侯国。后立阴槃城。"据此似新丰县曾改为都乡侯国,然《段颎传》载,颎初封为列侯,后为都乡侯,建宁二年,更封为新丰县侯。是知新丰未尝改为都乡,《渭水注》所云盖误。赵一清《水经注释》卷19已言及于此。《后汉书》卷65《段颎传》载,灵帝建宁二年至光和二年间(169—179),新丰为侯国。

又,《太平寰宇记》卷27雍州昭应县下云:"县即汉新丰之地。……后汉灵帝末移安定郡阴盘县寄理于此,今亦谓阴盘城。……其新丰县自阴盘县寄理之后,又移理于故城三十里,盖在零水侧。"据此可知汉末安定郡阴盘县侨置于新丰县内,二县之名应同时并存。吴增仅《三国郡县表附考证》卷4察之不审,以为其时新丰之名已为阴盘代之,故在汉末京兆尹下但录阴盘而不及新丰,误矣。治今陕西西安市临潼区东北。

9. 蓝田县(27—220)

治今陕西蓝田县西。

10. 长陵县(39—220)

光武帝建武十五年自左冯翊来属。治今陕西咸阳市东北。

11. 阳陵县(39—220)

光武帝建武十五年自左冯翊来属。治今陕西咸阳市东北。

12. 商县(39—220)

光武帝建武十五年自弘农郡来属。治今陕西丹凤县。

13. 上雒县(39—220)

《续汉志》中为侯国。《后汉书》卷13《隗嚣传》注引《续汉书》云:"遵降,封上雒侯",或即是。光武帝建武十五年自弘农郡来属。治今陕西商洛市商州区。

14. 下邽县(27—30,147?—220)

《续汉志》郑县下刘昭注曰:"《黄图》云:'下邽县并郑,桓帝西巡复之。'"《三国志》卷13《魏书·华歆传》载:"董卓迁天子长安,欲求出为下邽令,病不行,遂从蓝田至南阳。"上述所载皆可为证。《晋书》卷14《地理志》下邽属冯翊郡,吴增仅《三国郡县表附考证》卷4据此将下邽县置于汉末左冯翊属县之下。然由上所引《三辅黄图》之文知下邽东汉初年省并时入郑县,而郑县乃京兆尹属县,故下邽复置后理应仍在京兆尹境内,其复置别属左冯翊盖于三国之时,吴氏之说不确。《中国历史地图集》东汉图幅中将所省并之下邽县划入左冯翊内[1],亦不妥,当从

---

[1] 谭其骧主编:《中国历史地图集(东汉卷)》,中国地图出版社,1982年,第42—43页。

《三辅黄图》所云划入京兆尹境中。治今陕西渭南市东北。

15. 湖县(27—39)

光武帝建安十五年,别属弘农郡。治今河南灵宝市西北。

16. 华阴县(27—39)

光武帝建安十五年,别属弘农郡。治今陕西华阴市东。

第六节 左冯翊(左翊国)(附:左内史郡)沿革

左冯翊(27—39)—左翊公国(39—41)—左翊国(41—54)—左冯翊(54—220)

东汉初年,左冯翊为更始政权所据,光武帝建武三年(27)左冯翊归东汉。《汉志》左冯翊辖二十四县,较之《续汉志》,九县不见载于其他郡国之下,盖皆省并于东汉初年,即:栎阳、翟道、谷口、鄜、武城、沈阳、裛德、征、云陵。又《续汉志》左冯翊所领之郃阳、祋祤、粟邑三县皆为复置之县,因此东汉初年左冯翊实应省并十二县之地。故光武帝建武十三年(37),左冯翊领高陵、池阳、云阳、频阳、万年、莲勺、重泉、临晋、夏阳、衙、长陵、阳陵十二县。

《后汉书》卷42《中山简王焉传》载:"(焉)建武十五年封左翊公,十七年进爵为王。焉以郭太后少子故,独留京师。三十年,徙封中山王。"左冯翊本为郡,建武十五年为左翊公国,及刘焉进左翊王,左冯翊为左翊国,建武三十年,焉徙封中山王,复为左冯翊。建武十五年,长陵、阳陵二县别属京兆尹。

明帝永平二年(59),复置郃阳县。

和帝永元九年(97),复置祋祤、粟邑二城。

安帝永初五年(111),北地郡内徙至池阳县,上郡内徙至衙县。

顺帝永建四年(129),北地、上郡重归旧土。永和五年(140),上郡复侨置于夏阳县,终汉而未再返回故土(该年之政区见前图3-8)。永和六年,北地郡再次内徙至左冯翊祋祤县境,并设富平、泥阳二侨县,终汉末而未更。

献帝建安初,尝分左冯翊西部数县置左内史,高陵等数县属之。旋废,其县回属左冯翊。要之,至献帝建安末,左冯翊仍当领有《续汉志》所示十三城之规模①。

---

① 吴增僅《三国郡县表附考证》卷4以为汉末左冯翊复置怀德县,王先谦《后汉书集解》卷19已正之,兹处不赘述。

《续汉志》左冯翊下刘昭注引潘岳《关中记》曰:"三辅旧治长安城中,长吏各在其县治民。光武东都之后,扶风出治槐里,冯翊出治高陵。"据此可知东汉初年左冯翊郡治所已由长安迁至高陵。至汉末分割左内史期间,《三国志》卷23《魏书·裴潜传》裴松之注所引《魏略》之文,左冯翊其时治临晋。

1. 高陵县(27—197?,197?—220)

献帝建安初,尝别属左内史郡,旋还属。治今陕西西安市高陵区。

2. 栎阳县(27—30)

治今陕西西安市临潼区东南。

3. 翟道县(27—30)

治今陕西黄陵县西北。

4. 谷口县(27—30)

治今陕西礼泉县东北。

5. 鄜县(27—30)

治今陕西洛川县东南。

6. 武城县(27—30)

治今陕西华县东。

7. 沈阳县(27—30)

治今陕西华县东北。

8. 襄德县(27—30)

治今陕西大荔县东南。

9. 征县(27—30)

治今山西澄城县西南。

10. 云陵县(27—30)

治今陕西淳化县东南。

11. 池阳县(27—220)

安帝永初五年,移北地郡于池阳。《后汉书》卷72《董卓传》载,献帝初,董卓母食邑于此县。治今陕西泾阳县西北。

12. 云阳县(27—220)

云阳地在左冯翊西部,左内史置时,以地望或当属之,然别无证据,故权列于此。治今陕西淳化县西北。

13. 频阳县(27—220)

治今陕西富平县东北。

14. 万年县(27—220)

治今陕西西安市临潼区北。

15. 莲勺县(27—220)

治今陕西渭南市东北。

16. 重泉县(27—220)

治今陕西蒲城县东南。

17. 临晋县(27—220)

《后汉书》卷54《杨赐传》载,中平元年(184),灵帝封杨赐为侯,献帝建安十一年(205),"诸以恩泽为侯者皆夺封",国除。《三国志》卷20《魏书·范阳闵王矩传》载,建安二十二年,封曹敏于此。旧治今陕西大荔县东南,东汉末移治于今大荔县。

18. 夏阳县(27—220)

《后汉书》卷23《窦宪传》载,和帝永元二年(90),封窦瓌为侯,五年(93),徙封罗侯。治今陕西韩城市西南。

19. 郃阳县(27—30,59—220)

《续汉志》本注云:"永平二年复。"治今陕西合阳县东南。

20. 祋祤县(27—30,97—220)

《续汉志》本注云:"永元九年复。"吴增僅《三国郡县表附考证》卷4以为汉末祋祤县已废,不确。《三国志》卷14《魏书·刘放传》载建安年间刘放为祋祤令,《魏书》卷106《地形志》雍州北地郡下云"魏文帝分冯翊之祋祤置",皆可证汉末左冯翊仍领有祋祤县。治今陕西铜川市耀州区。

21. 粟邑县(27—30,97—220)

《续汉志》司马彪自注云:"永元九年复。"治今陕西白水县西北。

22. 衙县(27—220)

治今陕西白水县东北。

23. 长陵县(27—39)

光武帝建武十五年别属京兆尹。治今陕西咸阳市东北。

24. 阳陵县(27—39)

光武帝建武十五年别属京兆尹。治今陕西咸阳市东北。

附 左内史郡(197?—197?)

《三国志》卷23《魏书·裴潜传》裴松之注引《魏略》云:"逮建安初,关中始开。诏分冯翊西数县为左内史郡,治高陵;以东数县为本郡,治临晋。"由是知建安初年左冯翊析置左内史郡。西汉文帝时曾有左内史之设,然彼时之郡境即《汉志》左冯翊所示之范围,要远大于此时左内史郡之领域。

又,据《续汉书·百官志》刘昭注所引《献帝起居注》:"建安十八年(213)三月庚寅省州并郡,复禹贡之九州。……省凉州刺史,以并雍州部,郡得弘农、京兆、左冯翊、右扶风、上郡、安定、陇西、汉阳、北地、武都、武威、金城、西平、西郡、张掖、张掖属国、酒泉、敦煌、西海、汉兴、永阳、东安南,凡二十二郡。"内无左内史郡之名,盖此郡设置不久即废,吴增仅《三国郡县表附考证》卷1即持此说,当是。

至于左内史郡具体辖县情况,于史不言。然由于其旋置旋废,故对汉末左冯翊领域并无大碍。唯上引《魏略》中又云严干、李义等皆冯翊东县人,左内史郡析置后东县属之。然遍检《续汉志》,不见东县之名,若史载无讹,则此县或《续汉志》失载或汉末新置。

左内史郡治高陵县。

高陵县(197?—197?)

献帝建安初,左内史立,来属。旋废,回属左冯翊。治今陕西西安市高陵区。

第七节 右扶风[附:汉安(汉兴)郡]沿革

右扶风(27—39)—右翊公国(39—41)—右扶风(41—220)

东汉初年,右扶风为更始政权所据,光武帝建武三年(27)右扶风归东汉。《汉志》右扶风领二十一县,其中渭城、𥂕厔、𫐐、郁夷、好畤、虢六县不载于《续汉志》其他郡国之下,除好畤县外,其余五县盖皆省并于东汉初期。又由《续汉志》所载可知,右扶风所领之武功、杜阳二县分别复置于明帝永平八年(65)及和帝永元二年(90),故可知此二县亦曾在东汉初年省并。是以知右扶风东汉初年当省并七县。故光武帝建武十三年,右扶风领槐里、安陵、平陵、茂陵、鄠、郿、陈仓、汧、渝麋、雍、栒邑、美阳、漆、好畤十四县。

《后汉书》卷1《光武帝纪》载,建武十五年,封皇子辅为右翊公,建武十七年,进右翊公辅为中山王,食常山郡。《后汉书》卷42《沛献王辅传》所载与此略同。故建武十五年至十七年之间,右扶风为右翊公国。十七年,辅封中山王,复为右扶风。

明帝永平八年,复置武功县。

和帝永元二年,复置杜阳县。

安帝永初五年(111)至顺帝永建四年(129)间,安定郡曾内徙侨置于美阳县内,此后安定郡重归旧土。

顺帝永和五年(140)前省并好畤县。

献帝中平六年(189),析置汉安郡,雍、渝糜、杜阳、陈仓、汧五县别属之。兴平元年(194),置新平郡,漆县别属之。建安二十四年(219),武都郡徙至右扶风之武功县内。

此外,汉末复置好畤县。

献帝建安末,右扶风当领槐里、安陵、平陵、茂陵、鄠、郿、武功、栒邑、美阳、好畤等十县之地。

西汉右扶风本治长安,东汉出治槐里(参见左冯翊沿革中所引潘岳《关中记》之文)。

1. 槐里县(27—220)

《后汉书》卷21《万修传》载,建武二年,光武封修为槐里侯,修寻病卒,子普嗣,徙封泫氏侯。徙封时间史未明言。《后汉书》卷69《窦武传》载,延熹八年(165),桓帝置为侯国以封武,灵帝立,更封闻喜侯。《后汉书》卷71《皇甫嵩传》载,灵帝中平元年封嵩为槐里侯,食槐里、美阳两县,二年,更封都乡侯。《后汉书》卷72《董卓传》载,献帝封马腾为侯,确年不详。据传文所云:"七年,乃拜腾征南将军,遂征西将军,并开府。后征段煨为大鸿胪,病卒。复征马腾为卫尉,封槐里侯。腾乃应召,而留子超领其部典"。是马腾之封槐里在建安十三年或十四年,至建安十六年,腾子超叛,国除。治今陕西兴平市东南。

2. 渭城(27—30)

治今陕西咸阳市东北。

3. 盩厔(27—30)

治今陕西周至县东。

4. 斄(27—30)

治今陕西武功县西。

5. 郁夷(27—30)

治今陕西宝鸡市东。

6. 虢(27—30)

治今陕西宝鸡市东。

7. 安陵县(27—220)

治今陕西咸阳市东北。

8. 平陵县(27—220)

治今陕西咸阳市西北。

9. 茂陵县(27—220)

治今陕西兴平市东北。

10. 鄠县(27—220)

《后汉书》卷87《西羌传》载,冲帝永嘉元年(145)封梁并为侯,当国除于桓帝延熹二年(159)梁冀败时。《后汉书》卷69《窦武传》载,灵帝即位,封窦武兄子绍为侯国,武败,国除。《后汉书》卷72《董卓传》载,献帝初平二年(191)封卓弟旻为鄠侯,三年,董卓死,当国除。治今陕西户县。

11. 郿县(27—220)

《后汉书》卷72《董卓传》载,中平六年(189),董卓封为郿侯。《三国志》卷20《魏书·陈留恭王峻传》载,建安二十一年曹峻封此,二十二年徙封襄邑,复封曹整于此,次年,整薨,国除。治今陕西眉县东。

12. 栒邑县(27—220)

《后汉书》卷26《宋弘传》载,建武二年,光武帝封宋弘为栒邑侯,后徙封宣平。治今陕西旬邑县东北。

13. 美阳县(27—220)

《后汉书》卷19《耿弇传》载,耿弇封好畤侯,食好畤、美阳两县。同卷《耿秉传》载:"章和二年,复拜征西将军,副车骑将军窦宪击北匈奴,大破之。事并见《宪传》。"和帝永元四年,秉坐窦宪国除。然据《水经·渭水注》"东北至彰县南,本属故道候尉治,后汉县之,永元元年,和帝封耿秉为侯国也",则和帝永元元年,耿秉已徙封彰(即《续汉志》陇西郡彰县)。安帝永初五年,徙安定居美阳。治今陕西武功县西北。

14. 武功县(27—30,65—220)

《续汉志》本注云:"永平八年复。"是建武初省,至明帝时又复置。唯东汉复置之武功县已非《汉志》该县原址,而是迁于《汉志》斄县故地。此点《后汉书集解》卷19马与龙据《括地志》及《寰宇记》所载业已证之。治今陕西武功县西。

15. 好畤县(27—140?,? —220)

《后汉书》卷19《耿弇传》载,建武二年,耿弇封好畤侯,食好畤、美阳二县。然《续汉志》有美阳,无好畤,钱大昕《廿二史札记》卷14曰:"耿弇封好畤侯,传四世,至安、顺时,尚无恙。而《志》无此县,未知其审。"钱氏所言甚是。《续汉志》不载此县者,盖顺帝永和五年前省并耳。

赵海龙认为:"《公卿上尊号碑》记载有'冠军将军好畤侯臣秋',王昶认为此碑文当在延康元年,刻于魏黄初之后。由于此碑文记载乃文帝篡汉之前的内容,所以碑文中所见的'好畤侯',当封于东汉末年,这也表明好畤县已经于东汉末年复置。"①此说当是。治今陕西乾县东。

16. 陈仓县(27—189)

献帝中平六年别属汉安郡。治今陕西宝鸡市东。

17. 汧县(27—189)

献帝中平六年别属汉安郡。治今陕西陇县南。

18. 渝麋县(27—189)

《后汉书》卷19《耿弇传》载,建武四年,光武封耿况为侯国。《郃阳令曹全碑》载:"(曹全)祖父凤,孝廉,张掖属国都尉丞,右扶风隃麋侯相,金城西部都尉,北地太守。"②此碑立于献帝中平六年,即东汉中后期渝麋侯国仍然存在。治今陕西千阳县东。

19. 雍县(27—189)

《汉官仪》云,扶风都尉所都。献帝中平六年别属汉安郡。治今陕西凤翔县西南。

20. 杜阳县(27—30,90—189)

《续汉志》本注云:"永和二年复。"献帝中平六年别属汉安郡。治今陕西麟游县西北。

21. 漆县(27—194)

献帝兴平元年别属新平郡。治今陕西彬县。

附　汉安郡(189—213?)—汉兴郡(213?—220)

《续汉志》刘昭注引《献帝起居注》曰:"中平六年,省扶风都尉置汉安郡,镇雍、渝麋、杜阳、陈仓、汧五县也。"又引《魏略》云:"曹公分关中置汉兴郡,用游楚为太守。"洪亮吉《补三国疆域志补注》卷7曰:"汉兴疑即汉安改名。或中平末郡立,旋废,至魏武复分置,又改今名也。"吴增僅《三国郡县表附考证》亦以为魏武改"汉安"曰"汉兴"。洪、吴二氏所言皆是,如此可知汉安与汉兴实乃一郡也。

又,前文所引《献帝起居注》中,建安十八年(213),雍州二十二郡中已见汉兴郡之名,则至迟建安十八年前"汉安"已易名"汉兴"。

此郡治所无载,《后汉书》卷87《西羌传》云,安帝置"扶风都尉于雍",汉末郡治或亦承此。

---

① 赵海龙:《〈东汉政区地理〉县级政区补考》,《南都学坛》2016年第2期。
② 徐玉立主编:《汉碑全集》,第1773页。

1. 雍县(189—220)

献帝中平六年(189),自右扶风来属。治今陕西凤翔县西南。

2. 渝麋县(189—220)

献帝中平六年,自右扶风来属。治今陕西千阳县东。

3. 杜阳县(189—220)

献帝中平六年,自右扶风来属。治今陕西麟游县西北。

4. 陈仓县(189—220)

献帝中平六年,自右扶风来属。治今陕西宝鸡市东。

5. 汧县(189—220)

献帝中平六年,自右扶风来属。治今陕西陇县南。

第二章　豫州刺史部所辖郡国沿革

东汉初年，颍川郡、汝南郡、淮阳郡为更始政权所据，梁郡、沛郡先后为更始政权及梁王刘永占据。光武帝建武二年(26)，颍川郡、汝南郡、淮阳郡归东汉，三年梁郡归东汉，五年沛郡归东汉，至此东汉政权始全有豫州刺史部所辖区域。十三年辖颍川、汝南、淮阳、梁、沛五郡。十五年，淮阳郡为公国。十七年，淮阳公国进为王国。二十年，沛郡为国。

明帝永平十五年(72)，汝南郡为国。十六年，淮阳王徙封阜陵，淮阳复为郡。

章帝建初四年(79)，淮阳郡为国，徙汝南王为梁王，梁郡为国，汝南复为郡。七年，分汝南郡置西平国。章和元年(87)，淮阳国除为郡。二年，徙西平王为陈王，淮阳郡更为陈国，西平国罢，地复入汝南郡。

献帝建安二年(197)，陈国除为陈郡。建安十八年前，沛国除为郡，十八年，分沛郡置谯郡。建安末分汝南置弋阳郡。故至建安末，豫部辖有颍川、汝南、陈、沛、谯、弋阳、梁国等七郡国。

第一节　颍川郡沿革

颍川郡(26—220)

东汉初年，颍川郡为更始政权所据，光武帝建武二年(26)，颍川郡归东汉。《汉志》颍川郡辖二十县，与《续汉志》相较，则郏、崇高、成安、周承休四县不见于《续汉志》颍川郡下。《续汉志》之襄县实为《汉志》之郏县，至于崇高、成安、周承休三县则不见于《续汉志》其他郡国之下，周承休县省于建武十三年，成安县省并时间在章帝之后，皆不在建武初年省并县邑之列。又，《续汉志》颍川郡轮氏县下司马彪自注云"建初四年置"，然《汉志》颍川郡有此县(《汉志》作纶氏)，王先谦《汉书补注》卷28疑"置"字为"复"字之误，当是。如此，则轮氏县亦曾在东汉初年省并，则建武初年颍川郡所省者为崇高、轮氏两县。建武十三年，颍川郡领有阳翟、郏、襄城、昆阳、定陵、舞阳、郾、临颍、颍阳、颍阴、许、新汲、鄢陵、长社、阳城、父城、成安等十七县。

章帝建初四年(79)复置轮氏县。

顺帝永和五年(140)前省并成安县,更郏县为襄县。颍川郡即形成《续汉志》所示之十七城规模,且终汉而未再更动(参见图3-9)。

颍川郡治阳翟县。

1. 阳翟县(26—220)

《后汉书》卷34《梁冀传》载,冀妻孙寿为襄城君,兼食阳翟。卷10《皇后纪》载,桓帝延熹九年(166)封皇女修为阳翟长公主。卷75《袁术传》载,献帝初平三年(192),袁术被封为阳翟侯,后术叛逆,自立为帝,当国除。治今河南禹州市。

2. 崇高县(26—30)

治今河南登封市。

3. 周承休县(26—37)

《续汉志》无周承休。《后汉书》卷1《光武帝纪》载,建武二年光武帝封"周后姬常为周承休公",建武十三年,"周承休公姬武为卫公"。赵海龙以为"周承休在建武二年至十三年之间是一直存在的,至建武十三年二月徙封为卫公后,始由颍川郡迁往东郡。……周承休当于建武十三年二月徙于东郡之后省并为是"①。治今河南汝州市东。

4. 郏县(26—41?,? —220)—襄县(41? —?)

《汉志》颍川无襄县,然襄县实非东汉新置,《后汉书》卷1《光武帝纪》载:"建武十七年,有凤凰见于颍川之郏县"。此外,《后汉书》卷18《臧宫传》、卷20《姚期传》、卷22《马成传》、卷33《冯鲂传》皆有东汉初郏县之记载。王先谦《后汉书集解》中引马与龙之说已详述此,又据《水经·汝水注》中养阴里的记载,对应《续汉志》"襄有养阴里",得出"疑后汉中叶省郏县,就养阴立襄县,汉末复置郏县,故范书及《魏志》均有郏县,而襄县不见于史"。黄山《后汉书集解校补》卷20云:"郏县至建武十七年犹见于纪,自不在建武六年并省之列,当系顺帝前偶易名为襄,《志》因录之。桓帝后旋复其旧,为时未久,故纪传均无襄县事实可言。"当得其实。治今河南郏县。

5. 襄城县(26—220)

《后汉书》卷34《梁冀传》载,和平元年(150),桓帝封冀妻孙寿为襄城君,故此年后襄城当为邑,延熹二年(159)冀败,复为县。治今河南襄城县。

---

① 赵海龙:《〈东汉政区地理〉县级政区补考》,《南都学坛》2016年第2期。

6. 昆阳县(26—220)

《后汉书》卷22《傅俊传》载,建武二年,光武帝封傅俊为昆阳侯。俊子昌于建武七年嗣侯位,后徙封至芜湖,昆阳复为县。《水经·阴沟水注》载:"濄水又东南迳龙亢县故城南。汉建武十三年,世祖封傅昌为侯国。"故傅昌徙封龙亢在建武十三年,后复徙封至芜湖,故可知昆阳侯国除于建武十三年矣。《后汉书》卷10《皇后纪》载,桓帝以昆阳为邓皇后母宣食邑,宣卒后,以邓后弟统袭封昆阳侯。延熹八年,邓皇后废,统系暴室,免官爵,国除。治今河南叶县。

7. 定陵县(26—220)

治今河南舞阳县东北。

8. 舞阳县(26—220)

《续汉志》中为"舞阳邑",《后汉书》卷10《皇后纪》载,顺帝永和三年封皇女生为舞阳长公主,故为邑。卷18《吴汉传》载,建武元年,光武帝封吴汉为侯国,二年,汉徙封广平。卷33《朱浮传》载,建武二年,朱浮受封舞阳侯,食三县。三年,徙封父城侯。卷16《邓骘传》又有舞阳侯邓遵,不知封于何年,安帝建光元年(121)败。卷10《皇后纪》载,灵帝光和四年(181),"追号后父真为车骑将军、舞阳宣德侯,因封后母兴为舞阳君"。中平六年(189),舞阳君为乱军所杀。又载,光武帝建武十五年封皇女义王为舞阳长公主,李贤注文已据《梁统传》、《邓训传》指出,此舞阳乃舞阴之误。治今河南叶县东南。

9. 郾县(26—220)

《后汉书》卷11《刘玄传》载,更始封尹遵为郾王。卷23《窦宪传》载,永元二年(90),和帝置以为窦笃侯国,五年,国除复为县。治今河南漯河市郾城区南。

10. 临颍县(26—220)

《后汉书》卷10《皇后纪》载,殇帝延平元年(106)封皇女利为临颍公主,钱大昕《廿二史札记》卷14据此曰:"《志》似脱'邑'字。"《后汉书》卷80《边韶传》载,桓帝时边韶为临颍侯相,则其时临颍为侯国,盖公主之子后袭封为临颍侯也。治今河南临颍县西北。

11. 颍阳县(26—220)

《后汉书》卷20《祭遵传》载,建武二年,光武帝封祭遵为颍阳侯,九年卒,无子,国除。卷24《马防传》载,建初四年,章帝封马防为侯国,和帝永元五年,徙为翟乡侯。安帝元初三年(116),绍封马廖孙度为颍阳侯,国除年不详,然不晚于顺帝永和五年(140),故《续汉志》中已不为侯国。《后汉书》卷34《梁冀传》载,建和元年(147),桓帝封梁不疑为侯,延熹二年(159)国除。治今河南许

图 3-9 汉顺帝永和五年(140)颍川

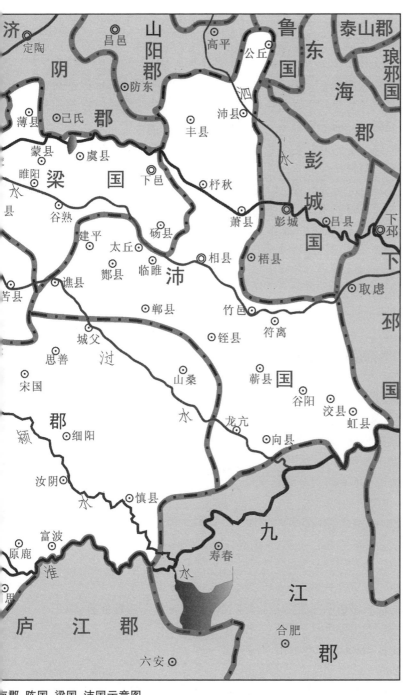

□郡、陈国、梁国、沛国示意图

昌县西南。

12. 颍阴县(26—220)

《后汉书》卷11《刘玄传》载,更始封宋佻为颍阴王。卷17《贾复传》载,和帝女临颍长公主"兼食颍阴、许"。卷34《梁冀传》载,永兴二年(154),桓帝封梁不疑子马为颍阴侯。《后汉纪》卷21《孝桓皇帝纪》记载梁马之封侯在建和元年,与梁氏诸侯同时。《资治通鉴》卷53则置之于永寿二年(156)。延熹二年,冀败,国除。《后汉书》卷10《皇后纪》载,桓帝女坚延熹七年封颍阴长公主。治今河南许昌市魏都区。

13. 许县(26—220)

《后汉书》卷24《马防传》载,章帝建初四年,封马光为侯国,和帝永元四年,"宪奴诬光与宪逆,自杀,家属归本郡",国除为县。和帝女临颍长公主"兼食颍阴、许",当在永元四年后。治今河南许昌县东。

14. 新汲县(26—220)

治今河南扶沟县西南。

15. 鄢陵县(26—220)

《汉志》作"傿陵"。《三国志》卷19《魏书·任城威王彰传》载,献帝建安二十一年(216),封曹彰鄢陵侯。治今河南鄢陵县西北。

16. 长社县(26—220)

《后汉书》卷10《皇后纪》载,安帝延光元年(122),徙封阎显为长社侯,顺帝立,显伏诛,国除。又据《后汉书》卷10《皇后纪》,桓帝元嘉二年(152)封长社长公主,卷19《耿弇传》载,耿援尚桓帝妹长社公主。治今河南长葛市东北。

17. 阳城县(26—220)

《三国志》卷31《蜀书·刘焉传》载,灵帝末,封刘焉为阳城侯。治今河南登封市东南。

18. 父城县(26—220)

《后汉书》卷33《朱浮传》载,光武帝建武三年,朱浮徙为父城侯,二十五年,浮又徙封新息侯。治今河南宝丰县东。

19. 轮氏县(26—30,79—220)

《续汉志》自注云:"建初四年置",然《汉志》颍川有"纶氏",当即此县,故王先谦以为"置"乃"复"之误,可从。《后汉书》卷62《陈寔传》中县名亦作"纶氏",是轮、纶可通用。治今河南登封市西南。

20. 成安县(26—?)

《续汉志》无此县。然《后汉书》卷18《臧宫传》载,建武二年,光武帝封宫为成安侯,七年更封期思侯。《后汉书》卷 10《皇后纪》篇末载,章帝建初元年封皇女小民为成安公主。赵海龙据此以为,章帝时期成安县依旧存在,或在成安公主卒后省并①。治今河南汝州市东南。

第二节　汝南郡(国)(附:西平国、阳安郡、弋阳郡)沿革

汝南郡(26—72)—汝南国(72—79)—汝南郡(79—220)

东汉初年,汝南郡为更始政权所据,光武帝建武二年(26),汝南郡归东汉。建武二年,寖更名为固始。据《汉志》与《续汉志》,汝南郡皆领三十七城,然两者相较,《汉志》之阳城、安昌、归德、博阳、成阳、定陵六县不见于《续汉志》汝南郡中。又,《汉志》汝南郡漏载一乐昌侯国②,而《续汉志》汝南郡所属之富波、宜禄皆为复置之县。其中除归德、富波省并稍晚外,东汉初年汝南郡省并之县有七。

建武十一年,析置征羌侯国。十三年,汝南郡领有三十二县,即:平舆、新阳、西平、上蔡、南顿、汝阴、汝阳、新息、北宜春、瀙强、灈阳、期思、阳安、项、西华、细阳、安城、吴房、鲖阳、慎阳、慎、新蔡、安阳、富波、朗陵、弋阳、召陵、征羌、新郪、固始、长平、归德。十五年,置原鹿侯国。二十年,山桑、城父二县自沛来属。三十年前,新置扶乐县。据《后汉书》卷 42《阜陵质王延传》载,建武三十年,"以汝南之长平、西华、新阳、扶乐四县益淮阳国",汝南遂失前述四县。

明帝永平十四年(71),省并归德县。十五年,汝南郡为国。此由《后汉书》卷 2《明帝纪》载永平十五年封皇子畅为汝南王可知,卷 50《梁节王畅传》所载与此略同。十六年,西华、新阳二县由淮阳还属。富波县或于明帝时期省并。

章帝建初四年(79),汝南王畅徙为梁王,汝南国除为汉郡。同年,章帝徙宋公于汝南,新郪更名为宋。西华、新阳二县复别属淮阳国。或许亦在同时项县别属淮阳国。七年,《后汉书》卷 3《章帝纪》载:"徙广平王羡为西平王",分汝南八县为国。章和二年(88),章帝遗诏徙封西平王为陈王,西平八县回属汝南。同年,析城父置思善县。

和帝永元九年(97),复置富波县。十一年,陈王获罪,削三县,西华、项、新阳由陈国还属。十二年后至安帝永初七年(113)间,宜禄由陈国削入汝南。

安帝永初二年,析置定颍县。

---

① 赵海龙:《〈东汉政区地理〉县级政区补考》,《南都学坛》2016 年第 2 期。
② 周振鹤:《西汉政区地理》,人民出版社,1987 年,第 239 页。

顺帝时,又或析置褒信侯国,遂形成《续汉志》汝南郡三十七城之规模,且延续至汉末未变①(参见前图3-9)。

献帝建安三年(198),分置阳安都尉,阳安、朗陵二县或别属之,寻省,两县回属。十八年,置谯郡,城父别属之。建安末,析置弋阳郡,弋阳、期思二县别属之。

要之,至献帝建安末,汝南郡仅领三十四县,即:平舆、新阳、西平、上蔡、南顿、汝阴、汝阳、新息、北宜春、灈强、灈阳、阳安、项、西华、细阳、安城、吴房、鮦阳、慎阳、慎、新蔡、安阳、富波、宜禄、朗陵、召陵、征羌、思善、宋、褒信、原鹿、定颍、固始、山桑。

汝南郡(国)治平舆县。

1. 平舆县(26—220)

《水经·汝水注》载,建武三十年,光武帝封铫统为侯国。《后汉书》卷20《铫期传》载,建武十年,统为建平侯。《后汉书集解》卷20马与龙以为,当自建平徙封于此,范史偶未载耳。治今河南平舆县西北。

2. 阳城县(26—30)

治今河南商水县西。

3. 安昌县(26—30)

治今河南确山县西。

4. 博阳县(26—30)

治今河南商水县东。

5. 成阳县(26—30)

治今河南信阳市北。

6. 定陵县(26—30)

治今河南漯河市郾城区西北。

7. 乐昌县(26—30)

治今安徽太和县东南。

8. 归德县(26—71)

赵海龙认为:"《汉书·景武昭宣元成功臣侯表》记载归德侯至明帝永平十四年有罪免,表注属汝南郡……归德县应在明帝永平十四年免侯后省并。"②

---

① 《后汉书》卷48《应奉传》载:"为(汝南)郡决曹史,行部四十二县。"钱大昕《廿二史札记》卷11云:"按《郡国志》,汝南郡领三十七城,此云四十二,未详。"由于资料所限,此处暂阙如。

② 赵海龙:《〈东汉政区地理〉县级政区补考》,《南都学坛》2016年第2期。

可从。今地无考。

9. 新阳县(26—54,73—79,99—220)

《后汉书》卷32《阴兴传》载,兴弟就"嗣父封宣恩侯,后改封为新阳侯",永平二年(59),坐子丰杀主,自杀国除。而卷27《吴良传》、卷33《虞延传》、卷43《乐恢传》以及卷83《井丹传》作"信阳侯阴就",未解孰是。

《后汉书》卷50《淮阳顷王昞传》载:"淮阳顷王昞,永平[十]五年封常山王,建初四年,徙为淮阳王,以汝南之新安、西华益淮阳国。"新安一县,两汉《志》汝南郡无,钱大昕《廿二史札记》卷11疑为新阳之讹,当是。另外,前文已言,新阳与西华两县在建武三十年已由汝南别属,而此处复言二县自汝南界淮阳,于是可推知二县在建初四年前曾还属汝南。又因永平十六年(73)淮阳国除为汉郡,故新阳及西华二县盖于其时还属汝南。

和帝永元十一年,陈王钧"坐削西华、项、新阳三县",新阳再次回属汝南。《续汉志》中新阳为侯国,盖和帝以后所封,未详。治今安徽界首市北。

10. 西平县(26—82,88—220)

《后汉书》卷11《刘玄传》载,更始封李通为王。章帝建初七年别属西平国,章和二年回属汝南。《后汉书》卷16《邓骘传》载,安帝永初元年,邓广德封为西平侯,元初二年(115),分西平之都乡封广德弟甫德为都乡侯。建光元年(121),邓氏败,国除,都乡亦复并入西平县。《后汉书》卷34《梁冀传》载,建和元年(147),桓帝封梁蒙为西平侯,延熹二年(159),梁氏败,国除。治今河南西平县西。

11. 西华县(26—54,73—79,99—220)

《后汉书》卷15《邓晨传》载,建武十九年,光武定封邓晨为西华侯,晨子棠后徙封武当。邓棠徙封之确年未载,然据《后汉书》卷42《阜陵质王延传》载,建武三十年,光武帝以西华益淮阳国,可推知,邓棠之徙封或因西华别属王国之故。永平十六年,淮阳国除,西华回属汝南。《后汉书》卷50《淮阳顷王昞传》载,章帝建初四年,复以西华益属淮阳国。《后汉书》卷50《陈敬王羡传》载,和帝永元十一年,陈王均坐削西华、项、新阳三县,西华遂再度回属汝南。《后汉书》卷16《邓骘传》载,永初元年,安帝封邓闻为西华侯,建光元年国除。治今河南西华县南。

12. 上蔡县(26—220)

《后汉书》卷16《邓骘传》载,永初元年,安帝封邓骘为侯,建光元年,骘徙为罗侯。《后汉书》卷78《单超传》载,延熹二年,桓帝封左悺为侯,八年国除。治今河南上蔡县西南。

13. 南顿县(26—220)

《后汉书》卷10《皇后纪》载,桓帝封邓演为侯,演子康延熹四年更封为汦阳侯。治今河南项城市西。

14. 汝阴县(26—220)

《后汉书》卷11《刘玄传》载,更始封刘信为汝阴王。治今安徽阜阳市颍州区。

15. 汝阳县(26—220)

《后汉书》卷10《皇后纪》载,顺帝永和六年封皇女广为汝阳长公主。时恰在《续汉志》所据之永和五年版籍后,故志文中不为邑。《后汉书》卷23《窦宪传》载,永元二年,和帝封窦景为侯,五年国除。《后汉书》卷78《单超传》载,延熹二年,桓帝封唐衡为侯,八年国除。治今河南商水县西北。

16. 新息县(26—220)

钱大昕《廿二史考异》卷14曰:"国上当有'侯'字,马援所封。"《后汉书》卷24《马援传》载,建武十九年封援为新息侯,二十五年国除。《后汉书》卷33《朱浮传》载,朱浮建武二十五年自父城徙封新息,是在马援后。朱浮明帝永平中被赐死,应国除为是。然《续汉志》中为侯国,未详。后有新息令吴凤、新息长贾彪等,是其后复为县也。治今河南息县。

17. 北宜春县(26—220)

《汉志》作"宜春"。《后汉书》卷10《皇后纪》载:"(安帝永初)三年,以后父侍中畅为长水校尉,封北宜春侯,食邑五千户。"子显嗣,延光元年(122),更封长社侯。治今河南汝南县西南。

18. 澧强县(26—220)

《后汉书》卷22《坚镡传》载:"世祖即位,拜镡扬化将军,封澧强侯。……六年,定封合肥侯"。卷32《阴兴传》载,永平元年,明帝封兴子博为侯国。又《三国志》卷1《魏书·武帝纪》裴松之注引《魏书》云:"太祖从妹夫澧强侯宋奇被诛,从坐免官"。宋奇为灵帝宋皇后外戚,光和元年(178)废,宋奇之诛当在此年。治今河南临颍县东南。

19. 濯阳县(26—220)

《后汉书》卷18《吴汉传》载,建武二十年,光武帝封汉子丹为侯国,后以无子故,国除,确年不详。治今河南遂平县东。

20. 项县(26—79,99—220)

《后汉书》卷50《陈敬王羡传》载,和帝永元十一年,"有司举奏,(陈王)钧坐削西华、项、新阳三县"。项县,《汉志》亦属汝南,故可知该县当在永元十一年(99)前由汝南别属陈(淮阳)国也。然史乘不言别属之确年,在兹仅做一推测。由前文西华、新阳条知,章帝建初四年复置淮阳国时,西华、新阳由汝南别属,而项县地近新阳,故颇疑该县即在彼时与西华、新阳同时增益淮阳,于是才有永元十一年三县复同时削回汝南之举。《后汉书》卷50《淮阳顷王昞传》仅言西华、新阳而不及项县者,恐有脱漏。治今河南沈丘县。

21. 细阳县(26—220)

《后汉书》卷17《岑彭传》载,建武中,光武徙封彭子遵为细阳侯,章帝元和三年(86)失国,安帝建光元年(121)复绍封。治今安徽太和县东南。

22. 安城县(26—220)

《汉志》作"安成"。《后汉书》卷20《铫期传》载,建武元年,光武帝封期为安成侯,即为此安城县,《新出土汝南郡秦汉封泥集》中有东汉"安成国丞"、"安成国尉"、"安成侯相"封泥①,当为成、城可通之故。期子丹后徙封葛陵。《后汉书》卷14《安成孝侯赐传》载,建武十三年,光武帝封刘赐为安城侯,赐孙商徙封白牛侯。卷10《皇后纪》载,章帝建初七年,追赠皇后父勋为安成思侯,非实封。治今河南汝南县东南。

23. 吴房县(26—220)

《后汉书》卷15《邓晨传》载,光武帝封晨子汎为吴房侯。卷32《阴识传》载:"躬弟子纲女为和帝皇后,封纲吴房侯",和帝阴皇后封于永元八年(96),阴纲之封侯疑亦此年。永元十四年,阴后坐巫蛊事废,阴纲自杀,国除。治今河南遂平县。

24. 鲖阳县(26—220)

《续汉志》中为侯国。《后汉书》卷32《阴兴传》载,永平元年,明帝封兴子庆为侯国。《沛相杨统碑》载:"(杨统)迁鲖阳侯相"②,此碑立于灵帝建宁元年(168),可证东汉后期鲖阳侯国依然存续。治今安徽临泉县西。

25. 慎阳县(26—220)

《新出土汝南郡秦汉封泥集》中有东汉"慎阳侯相"两枚③,可证慎阳曾建置侯国。治今河南正阳县东北。

26. 慎县(26—220)

《后汉书》卷14《安成孝侯赐传》载,建武二年,光武帝封赐为慎侯,十三

---

① 王玉清、傅春喜:《新出汝南郡秦汉封泥集》,第141、142页。
② 徐玉立主编:《汉碑全集》,第1156页。
③ 王玉清、傅春喜:《新出汝南郡秦汉封泥集》,第72、167页。

年,定封安城侯。《后汉书》卷22《刘隆传》载,建武三十年,定封隆为慎侯,国除年不详。《后汉书》卷69《何进传》载,中平元年(184),灵帝封进为慎侯,进死,当国除。治今安徽颍上县西北。

27. 新蔡县(26—220)

《后汉书》卷18《吴汉传》载,建武二十年,光武帝封汉子国为新蔡侯,国除年不详。治今河南新蔡县。

28. 安阳县(26—220)

《后汉书》卷22《朱祐传》载,建武元年,光武帝封祐为安阳侯,二年更封堵阳。卷18《吴汉传》载,光武帝封汉兄子彤为安阳侯。卷10《皇后纪》载,延熹四年,桓帝封邓会为安阳侯,八年国除。治今河南正阳县南。

29. 富波县(26—?,97—220)

《续汉志》本注云:"永元中复"。然据《后汉书》卷20《王霸传》载,建武二年封王霸为侯,十三年更封向侯。《东观汉记》卷1《世祖光武皇帝》载,光武帝封"伯父皇皇考姊子周均为富波侯"。赵海龙据此认为,"富波县在光武帝时期应当一直存在,并未被省并,或在富波侯周均废侯后一度省并,进而在和帝永元中复置"①。《大清一统志》卷80九引阚骃《十三州志》云:"永元九年分汝阴复置。"《太尉杨震碑》载"长子(杨)牧,富波侯相",《豫州从事尹宙碑》载"君东平相之玄,会稽大守之曾,富波侯相之孙,守长社令之元子也"②。治今安徽阜南县东南。

30. 召陵县(26—220)

《后汉书》卷15《李通传》载,光武帝封李通少子雄为召陵侯。治今河南漯河市郾城区东。

31. 宜禄县(26—30,100?—220)

《续汉志》自注云"永元中复",故可知该县东汉初年曾被省并。《后汉书》卷50《陈敬王羡传》载,陈王钧"取掖庭出女李娆为小妻,复坐削囯、宜禄、扶沟三县",此事在和帝永元十二年后至安帝永初七年间。宜禄遂削入汝南郡。治今河南郸城县东南。

32. 新郪县(26—79)—宋公国(79—220)

《续汉志》自注云:"周名郪丘,汉改为新郪,章帝建初四年徙宋公于此。"又,《后汉书》卷10《郭后纪》载,光武帝封郭竟为新郪侯,"嵩卒,追坐染楚王英

---

① 赵海龙:《〈东汉政区地理〉县级政区补考》,《南都学坛》2016年第2期。
② 徐玉立主编:《汉碑全集》,第363、1608页。

事,国废"。是国除于明帝永平十三年。治今安徽太和县北。

33. 固始县(26—220)

光武帝建武二年,寖县更名固始。《汉志》汝南郡寖县下颜师古注引应劭曰:"孙叔敖子所邑之寖丘是也。世祖更名固始。"《后汉书》卷15《李通传》载:"建武二年,封(通)固始侯。"《水经·颍水注》云:"(颍水)又东迳固始县故城北,《地理志》县,故寖也。……孙叔敖以土浸薄,取而为封……建武二年,司空李通又慕叔敖受邑,故光武以嘉之,更名固始。"上述所载皆可为证。治今安徽临泉县。

34. 阳安县(26—198?,213?—220)

《后汉书》卷10《皇后纪》载,建武十七年,光武徙封郭况为阳安侯,和帝永元五年,坐窦宪诛,国除。卷16《邓骘传》载,安帝永初元年,安帝封邓珍为阳安侯,建光元年国除。吴增仅《三国郡县表附考证》卷1以为阳安都尉之析置在建安三年,或是。又《续汉书·百官志五》注引《献帝起居注》"建安十八年,省州并郡",已不见载阳安郡,或已省并。治今河南驻马店市南。

35. 朗陵县(26—198?,213?—220)

《后汉书》卷18《臧宫传》载,建武十五年,光武定封宫为朗陵侯。安帝元初四年(117),宫曾孙松坐与母别居,国除。永初七年(113),邓太后绍封松弟由为朗陵侯。《续汉志》中仍为侯国。桓帝时荀淑任朗陵侯相,是侯国仍存,国除年不详。献帝建安时,别属阳安郡,寻还。治今河南确山县西南。

36. 弋阳县(26—218?)

《后汉书》卷14《成武孝侯顺传》载,建武二年,光武帝封刘国为弋阳侯。《续汉志》中仍为侯国。献帝建安末,别属弋阳郡。治今河南潢川县西。

37. 期思县(26—218?)

《后汉书》卷18《臧宫传》载,建武七年,光武更封臧宫为期思侯,十三年,徙鄡侯。献帝建安时,别属弋阳郡。治今河南淮滨县东南。

38. 扶乐县(54?—54)

《汉志》无扶乐县,建武三十年光武以之益淮阳国,由此可知该县当置于建武三十年前。又由扶乐之地望可知其必析自长平无疑。治今河南太康县西北。

39. 长平县(26—54)

《后汉书》卷22《刘隆传》载,隆征交趾归后,更封为长平侯,事当在建武十八年。三十年,长平益属淮阳国,光武遂徙封刘隆为慎侯。治今河南西华县东北。

40. 征羌县(35—220)

《后汉书》卷15《来歙传》载,建武十一年,光武帝"以歙有平羌、陇之功,故改汝南之当乡县为征羌国焉"。两汉《志》无当乡县,钱大昕《廿二史考异》卷11、王先谦《后汉书集解》卷20均疑县字为衍文,《新出土汝南郡秦汉封泥集》中有东汉"当乡□印"①,或两汉之际新置当乡县,聊备一说。征羌县置于建武十一年。治今河南商水县西。

41. 原鹿县(39—220)

《新出土汝南郡秦汉封泥集》中有东汉"原麗丞印"、"原麗侯相"、"原麗长印"②,是"鹿"亦可作"麗"。钱大昕《廿二史札记》卷14云:"前志无,光武帝封阴识于此。"检《后汉书》卷32《阴识传》,建武十五年,光武帝封阴识于此,"永初七年,(阴)璜为奴所杀,无子,国绝。永宁元年,邓太后以璜弟淑绍封"。故可定原鹿侯国始置于建武十五年,永初七年国除为县。至安帝永宁元年复为侯国,其后一直延续到顺帝永和五年之后,故《续汉志》中为侯国。治今安徽阜南县南。

42. 思善县(88—220)

《水经·淮水注》云:"又东迳思善县之故城南,汉章帝章和三年分城父立。"章和无三年,王先谦《后汉书集解》卷20引惠栋之说云:"郦元云章和二年分城父立。案,前汉《志》王莽改城父为思善,章帝因之。"此以为思善置于章和二年,当是。《续汉志》中为侯国,未详。《高阳令杨著碑》载:"(杨著)迁思善侯相"③。治今安徽亳州市南。

43. 定颍县(108—220)

《续汉志》中为侯国。《水经·沱水注》云:"汉安帝永初二年,分汝南郡之上蔡县置定颍县。"《后汉书》卷46《郭镇传》载,镇以击杀阎景、立济阴王之功封为定颍侯,史未载确年,然当在顺帝初。《高阳令杨著碑》载:"(杨著)迁定颍侯相"④。治今河南西平县东北。

44. 褒信县(125?—220)

《后汉书集解》卷20引马与龙曰:"《寰宇记》云:光武分郾县立。"然由褒

---

① 王玉清、傅春喜:《新出汝南郡秦汉封泥集》,第149页。
② 同上书,第192、193页。
③④ 徐玉立主编:《汉碑全集》,第1174页。

信地望知其距郾县甚遥,中隔汝南诸县,故《寰宇记》所言不足凭。钱大昕《廿二史札记》卷14云:"顺帝封中黄门李元为褒信侯国。"由《后汉书》卷78《孙程传》所载知延光四年(125)十一月顺帝封中黄门李元为褒信侯,因此褒信之置至迟当在此年。治今河南新蔡县南。

45. 山桑县(44—220)

《续汉志》司马彪自注云:"故属沛。"《汉志》沛郡下确有此县,故可知此县东汉时由沛来属,唯来属之确年于史无载。又因《后汉书》卷42《沛献王辅传》载光武帝建武二十年沛郡为国,此后未闻沛国有削县之举,故颇疑山桑在沛郡为国之际别属汝南,此种情形盖与下蔡、平阿、义成三县此时由沛郡别属九江及夏丘由沛郡别属临淮相同,皆因沛郡过大,故割数县以畀邻郡后方置为王国以封刘辅。

《后汉书》卷15《王常传》载,建武初封常为侯国,建武三十年常徙封为石城侯。又,《续汉志》中为侯国,未详。治今安徽蒙城县北。

46. 城父县(44—213)

《续汉志》司马彪自注云:"故属沛。"当为光武帝建武二十年沛郡为国时与山桑同时来属。《后汉书》卷34《梁冀传》载,永兴二年,桓帝封梁胤子桃为侯,延熹二年,梁氏败,国除。献帝建安十八年(213),别属谯郡。治今安徽亳州市东南。

附一:西平国(82—88)

《后汉书》卷50《陈敬王羡传》载,建初七年(82),"(章)帝以广平在北,多有边费,乃徙羡为西平王,分汝南八县为国。及帝崩,遗诏徙封为陈王,食淮阳郡,其年就国"。《后汉书》卷4《和帝纪》载,章和二年(88),"改淮阳为陈国","西平并汝南郡",章帝"遗诏徙西平王羡为陈王"。由此可知在建初七年至章和二年的六年间,汝南曾析八县为西平国。

西平国八县之名目,史籍失载,然因西平县处汝南西境,故仍可推知此西平国必析汝南西部而置。又由于西平国前后存在仅六年即复并入汝南,故其领域虽无确考,却仍无碍汝南郡沿革大体。国都不明。

西平县(82—88)

由西平国名可推知西平国应辖有西平县。治今河南西平县西。

附二:阳安郡(198?—213?)

《三国志》卷18《魏书·李通传》载:"建安初……分汝南二县,以通为阳安都尉。"然《续汉志》刘昭注引《魏氏春秋》曰:"初平三年,分二县置阳安都尉。"《三国志》卷1《魏书·武帝纪》载李通为阳安都尉在曹操讨张绣之时,乃建安初年之事,故可断《魏氏春秋》所云有误。吴增僅《三国郡县表附考证》卷1以为阳安都尉之析置在建安三年(198),或是。又,钱大昕《廿二史考异》卷15云:"《魏略》称(李)通领阳安太守,盖以都尉行太守事也。《赵俨传》,袁绍遣使招诱诸郡,惟阳安郡不动,盖当时都尉别领县者,亦称郡矣。"钱说甚是。又《续汉书·百官志五》注引《献帝起居注》"建安十八年,省州并郡",已不见载阳安郡,或已省并。

阳安都尉所领之二县,史无确载,吴增僅《三国郡县表附考证》卷1疑有阳安、朗陵二县,并以为阳安都尉寻省。治所不明。

1. 朗陵县(198?—213?)

自汝南郡来属,郡罢,还属汝南。治今河南确山县北。

2. 阳安县(198?—213?)

自汝南郡来属,郡罢,还属汝南。治今河南驻马店市南。

附三:弋阳郡(218?—220)

东汉末年置弋阳郡,置年不确。吴增僅《三国郡县表附考证》卷1曰:"《晋志》,魏文分汝南置。今考《田豫传》,豫以弋阳太守从鄢陵侯彰平代,始迁南阳太守。曹彰征代,据本传,事在建安二十三年。而《续汉书·百官志五》注引《献帝起居注》'建安十八年,省州并郡'内载,豫州本有六郡,其时尚无弋阳。知弋阳之立,当在建安十八年后也。"其说当是。

弋阳郡所领之县据吴氏考证有五,即弋阳、期思、西阳、西陵、轪,亦可从。唯西阳、西陵、轪三县,吴氏以为魏初内徙,非汉故地,不确,杨守敬《三国郡县表补》卷1业已辨之,此处不赘。

1. 弋阳县(218?—220)

自汝南郡来属。治今河南潢川县西。

2. 期思县(218?—220)

自汝南郡来属。治今河南淮滨县东南。

3. 西阳县(218?—220)

自江夏郡来属。治今河南光山县西。

4. 西陵县(218?—220)

自江夏郡来属。治今湖北武汉市新洲区西。

5. 轪县(218?—220)

自江夏郡来属。治今河南息县南。

第三节 淮阳(陈)郡(国)沿革

淮阳郡(26—39)—淮阳公国(39—41)—淮阳国(41—73)—淮阳郡(73—79)—淮阳国(79—87)—淮阳郡(87—88)—陈国(88—119)—陈郡(119—120)—陈国(120—197)—陈郡(197—220)

《后汉书》卷1《光武帝纪》载,建武元年(25)"九月,赤眉入长安,更始奔高陵。辛未,诏曰:'更始破败,弃城逃走,妻子裸袒,流冗道路,朕甚愍之。今封更始为淮阳王。……'"据此则淮阳东汉初应由郡为国,然建武元年十二月,更始即为赤眉所杀,故可知其时光武帝封更始为淮阳王徒具虚名,淮阳亦未因此而改郡为国。

建武二年,淮阳郡归东汉。《汉志》淮阳国领九县,其固始县名虽亦见于《续汉志》汝南郡下,然实非一地,淮阳之固始当在东汉初年省并。故建武十三年,淮阳郡领县八,即:陈、苦、阳夏、宁平、扶沟、圉、新平、柘。

《后汉书》卷1《光武帝纪》载,建武十五年,封皇子延为淮阳公,十七年进爵为王。《后汉书》卷42《阜陵质王延传》所载与此略同。由上所引可知淮阳郡在建武十五年至十七年间为公国,十七年进为王国。三十年,长平、西华、新阳、扶乐四县来属。《阜陵质王延传》载:"(建武)三十年,以汝南之长平、西华、新阳、扶乐四县益淮阳国。"这一记载足资为证。淮阳国领县遂增为十二。

明帝永平十六年(73),淮阳王延徙封阜陵王,淮阳除国为郡。新阳、西华二县或于此时还属汝南,故淮阳郡此时领陈、苦、阳夏、宁平、扶沟、圉、新平、柘、长平、扶乐等十县。

章帝建初四年(79),徙常山王昞为淮阳王,淮阳复由郡为国。《后汉书》卷3《章帝纪》载,建初四年徙常山王昞为淮阳王。卷50《淮阳顷王昞传》云:"淮阳顷王昞,永平[十]五年封常山王,建初四年徙为淮阳王,以汝南之新安、西华益淮阳国。"上述所载皆可为证。又,新安一县,两汉《志》汝南郡无,钱大昕《廿二史考异》卷11疑为新阳县之讹,当是。故可知建初四年西华、新阳二县复来属淮阳,又,项县疑亦于此年来属(参见图3-10)。

《后汉书》卷3《章帝纪》载,章和元年(87),"淮阳王昞薨"。卷50《淮阳顷王昞传》云:"(昞)立十六年薨,未及立嗣,永元二年,和帝立昞小子侧复为常山王,奉昞后,是为殇王。"据此可知,章和元年淮阳再度为郡。

《后汉书》卷4《和帝纪》云,章和二年,"改淮阳为陈国"。卷50《陈敬王羡传》载:"及(章)帝崩,遗诏徙封(西平王羡)为陈王,食淮阳郡,其年就国。"《续

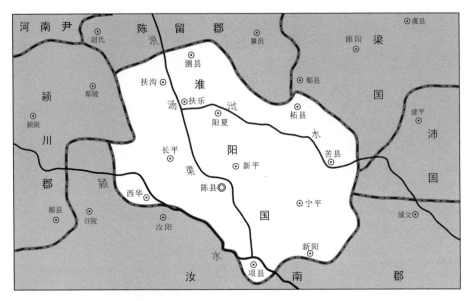

图 3-10 汉章帝建初四年(79)至元和三年(86)淮阳国封域示意图

汉志》陈国下司马彪自注亦云:"高帝置为淮阳,章和二年改。"淮阳至此改称陈国。

和帝永元十一年(99),陈国削三县。《后汉书》卷50《陈敬王羡传》载:"(陈王钧)性隐贼,喜文法,国相二千石不与相得者,辄阴中之。憎怨敬王夫人李仪等,永元十一年,遂使客魄久杀仪家属。吏捕得久。系长平狱。钧欲断绝辞语,复使结客篡杀久。事发觉,有司举奏,钧坐削西华、项、新阳三县。"《续汉志》西华、项、新阳三县属汝南,故可知该三县此时由陈国削入汝南。又,永元中复置宜禄县。至迟,和帝元兴元年(105)析置武平县。

《后汉书》卷50《陈敬王羡传》又载,陈王钧因"取掖庭出女李娆为小妻,复坐削圉、宜禄、扶沟三县",安帝永初元年(107)前,圉、扶沟别属陈留。

陈国遂仅余陈、苦、阳夏、宁平、新平、柘、长平、扶乐、武平等九县,亦即《续汉志》中陈国九城之规模。此后至汉末,陈国领域不复有变动。

安帝元初六年(119),陈王竦薨,无子,国绝。《后汉书》卷5《安帝纪》载,永宁元年(120),绍封陈王羡子崇为陈王,是为顷王。卷50《陈敬王羡传》所载与此略同。

顺帝永和五年(140)陈国政区参前图3-9。

《后汉书》卷9《献帝纪》载,献帝建安二年(197),袁术杀陈王宠,陈国除为汉郡,卷50《陈敬王羡传》所载与此略同。

终东汉一代,淮阳及陈国虽郡国屡有更易,郡名亦改,然治所始终在陈县。

1. 陈县(26—220)

治今河南淮阳县。

2. 固始县(26—30)

治今河南淮阳县西北。

3. 阳夏县(26—220)

《后汉书》卷17《冯异传》载,建武二年,光武帝定封冯异为阳夏侯,十三年,异子彰更封东缗侯。治今河南太康县。

4. 宁平县(26—220)

治今河南郸城县东北。

5. 苦县(26—220)

治今河南鹿邑县。

6. 柘县(26—220)

治今河南柘城县西北。

7. 新平县(26—220)

治今河南淮阳县东北。

8. 扶乐县(54—220)

光武帝建武三十年自汝南郡来属。治今河南太康县西北。

9. 长平县(54—220)

光武帝建武三十年自汝南郡来属。治今河南西华县东北。

10. 西华县(54—73,79—99)

光武帝建武三十年自汝南郡来属,明帝永平十六年还属汝南,至章帝建初四年复属淮阳,和帝永元十一年又属汝南。治河南今县南。

11. 新阳县(54—73,79—99)

光武帝建武三十年自汝南郡来属,明帝永平十六年还属汝南,至章帝建初四年复属淮阳,和帝永元十一年又属汝南。治今安徽界首市北。

12. 项县(79—99)

项县,《汉志》属汝南郡。《后汉书》卷50《陈敬王羡传》载,和帝永元十一年,削陈国西华、项、新阳三县。故可知,永元十一年前,项县自汝南来属陈国。史乘不言项县来属之年,然永元十一年前,陈(淮阳)益地唯章帝建初四年以新阳、西华益淮阳国一事。项县地近新阳,故颇疑该县即在彼时与西华、新阳同时增益淮阳,于是才有永元十一年三县复同时削回汝南之事。《后汉书》卷50《淮阳顷王昞传》仅言西华、新阳而不及项者,恐有脱漏。治今河南沈丘县。

13. 武平县(105？—220)

《后汉书》卷58《虞诩传》载诩乃陈国武平人，安帝永初四年(110)时为太尉李修府中郎中，故可推知盖章、和二帝之世已析置武平县。又《汉魏洛阳故城南郊东汉刑徒墓地》载砖文："右部无任陈□武平髡钳周□，元兴元年十二月廿□日物故死在此下。"①则武平县至迟在和帝元兴元年已经建置。据《三国志》卷1《魏书·武帝纪》，建安元年，献帝封曹操为武平侯。十八年，曹操为魏公，当不复食武平矣。治今河南鹿邑县西北。

14. 圉县(26—107？)

洛阳刑徒墓砖文载："右部无任陈留圉髡钳赵棠，永初元年五月廿一日物死在此下"，"右部无□□留扶沟髡□□午，永初元年五月十一日物故死在此下"②。则安帝永初元年前，圉、扶沟别属陈留。治今河南杞县南。

15. 扶沟县(26—107？)

《后汉书》卷17《岑彭传》载，建武元年，光武帝封朱鲔为扶沟侯，"传封累代"，国除年不详，然淮阳为国后，此侯国当迁徙为是。安帝永初元年前，别属陈留。治今河南扶沟县东北。

16. 宜禄县(89？—100？)

《续汉志》自注云："永元中复。"又因该县地处新阳北，而新阳在建初四年复由汝南别属淮阳，故可推知宜禄于永元中其故地属陈国时复置。和帝永元十二年后削入汝南郡。治今河南郸城县东南。

第四节　梁郡(国)沿革

梁郡(27—79)—梁国(79—220)

东汉初年，梁郡为刘永政权所据。光武帝建武三年(27)，梁郡属汉。

《汉志》梁国领八县：砀、甾、杼秋、蒙、己氏、下邑、虞、睢阳。西汉末，菑县别属陈留郡。东汉建立前或西汉末年，梁国新置谷熟县。

建武十三年，梁郡领县八，即：砀、杼秋、蒙、己氏、下邑、虞、睢阳、谷熟。

明帝永平元年(58)，杼秋县别属沛国。

章帝建初四年(79)前，己氏应别属山阳。

章帝建初四年，梁郡为国。《后汉书》卷3《章帝纪》载，建初四年，徙"汝南

---

① 中国社会科学院考古研究所编著：《汉魏洛阳故城南郊东汉刑徒墓地》，第121页。
② 同上书，第119、120页。

王畅为梁王"。卷50《梁节王畅传》云,建初四年,汝南王畅"徙为梁王","以陈留之郾(即《汉志》陈留郡傿县)、宁陵,济阴之薄、单父、己氏、成武,凡六县,益梁国"。钱大昕《廿二史考异》卷1认为此处"济阴"当是"山阳"之误,不过此年梁国领县增六县当无疑(参见图3-11)。

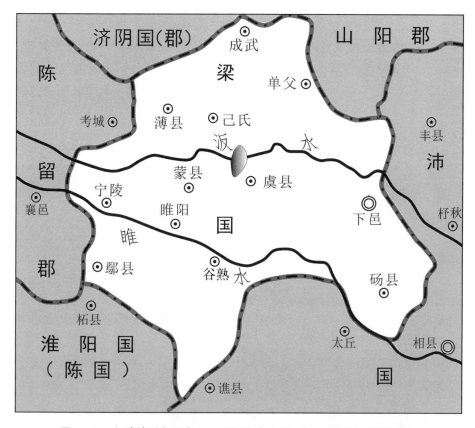

图3-11 汉章帝建初四年(79)至汉和帝永元四年(92)梁国封域示意图

和帝永元五年(93),成武、单父别属济阴。《后汉书》卷50《梁节王畅传》载:"永元五年,豫州刺史梁相举奏畅不道,考讯,辞不服。有司请征畅诣廷尉诏狱,和帝不许。有司重奏除畅国,徙九真,帝不忍,但削成武、单父二县。"成武、单父二县《续汉志》属济阴郡,故可知此二县削入济阴。又,《后汉书》卷50《梁节王畅传》云,永元五年,和帝削成武、单父二县后,"畅惭惧,上书辞谢曰:'……臣畅知大贷不可再得,自誓束身约妻子,不敢复出入失绳墨,不敢复有所横费。租入有余,乞裁食睢阳、谷孰、虞、蒙、宁陵五县,还余所食四县。……'"

帝卒不许。据此,可知梁王畅其时共食九县。《续汉志》梁国领有九城,上述《传》文所提及之五县均在其中,而《续汉志》梁国下所余之四城中,下邑、砀二县《汉志》属梁国,鄢(即《续汉志》"鄳",详后)、薄二县由上文知建初四年分别来自陈留与山阳,故可断永元五年后梁国之领域即如《续汉志》所示。

在此九县中共有下邑、砀、睢阳、虞、蒙五县为梁国旧县(由《汉志》梁国下有此五县可知),而自建初四年至永元五年间,未闻梁国有其固有属县别属之举,故可推断此五县之地为建初四年陈留郡等六县来益之前梁国所具之范围,如此则《汉志》梁国下所余之甾、杼秋、己氏三县必不在其时梁国领域之中。杼秋已在永平元年(58)别属沛国,自不待言。己氏自建初四年复属梁国,而《续汉志》中已属济阴,以地望,己氏之别属不当在单父、成武之前,故疑亦为和帝永元五年所削,范史失载耳。

《续汉志》梁国下司马彪自注云:"其三县,元和元年属。"而在《续汉志》梁国九县中恰有鄢、宁陵、薄三县为来属之县,故可知当为司马彪注文所指之"其三县"。然鄢等三县前文已知为建初四年来属,并非如司马彪所云"元和元年属",因此可断司马氏之注文定误。

自永元五年后至汉末,梁国领域未闻有所更动,当一直如《续汉志》所辖有九城之地(参见前图3-9)。

《续汉志》首书下邑,以其体例,当以下邑为治所。《中国历史地图集》东汉组图中仍以睢阳为梁国都。又,《后汉书》卷50《梁节王畅传》载,永元五年,畅请裁食睢阳、谷孰、虞、蒙、宁陵五县,虽朝廷未许,然如梁都睢阳,则国都亦在刘畅请削之列,似于理不合。

1. 下邑县(27—220)

治今安徽砀山县。

2. 睢阳县(27—220)

治今河南商丘市南。

3. 虞县(27—220)

治今河南虞城县北。

4. 砀县(27—220)

治今安徽砀山县南。

5. 蒙县(27—220)

治今河南商丘市东北。

6. 谷熟县(27—220)

《汉志》无此县。《后汉书》卷11《刘玄传》云,建武二年,光武帝封更始帝子歆为谷孰侯。建武二年,梁地仍在刘永控制下,光武帝当不得对其建制有所改动,固可推断谷熟之置必早于东汉立国之时,或有置于西汉末的可能。治今河南虞城县西南。

7. 鄢县(79—220)

《汉志》作"傿"。据《后汉书》卷50《梁节王畅传》,章帝建初四年,汝南王畅"徙为梁王","以陈留之郾、宁陵、济阴之薄、单父、己氏、成武,凡六县,益梁国"。据《后汉书集解》卷20引惠栋说及钱大昕《廿二史札记》卷14所考,此处陈留之"郾"当作"鄢"。治今河南柘城县北。

8. 宁陵县(79—220)

据《后汉书》卷50《梁节王畅传》,章帝建初四年自陈留郡益属梁国。治今河南宁陵县东南。

9. 薄县(79—220)

建初四年,章帝以薄县益属梁国。治今山东曹县南。

10. 成武县(79—93)

《后汉书》卷50《梁节王畅传》载,章帝建初四年来属梁国。和帝永元五年,"有司重奏除畅国,徙九真,帝不忍,但削成武、单父二县"。成武遂别属济阴。治今山东成武县。

11. 单父县(79—93)

章帝建初四年,与薄、成武等县同益梁国,至和帝永元五年,削至济阴郡。治今山东单县。

12. 己氏县(27—79?,79—93)

《汉志》属梁国。据《后汉书》卷50《梁节王畅传》,章帝建初四年来属梁国。然《续汉志》此县属济阴郡,故可知其后复别属济阴。唯别属之年,史籍无载。己氏位于成武、单父二县之南,以其地望揆之,该县别属济阴不会早于成武等二县,又由上文知成武等二县自永元五年由梁国别属济阴,而此后梁国所领九县中亦无己氏之名,故可断己氏亦应在永元五年与成武、单父二县一起别属济阴,《后汉书》卷50《梁节王畅传》所载恐有脱漏。治今山东曹县东南。

13. 杼秋县(37—58)

《汉志》杼秋本属梁国,《续汉志》中为沛国辖县。《后汉书》卷39《刘般传》载,建武九年,"光武下诏,封般为菑丘侯,奉孝王祀,使就国。后以国属楚王,徙封杼秋侯。……永平元年,以国属沛,徙封居巢侯,复随诸侯就国"。则刘般当在建武十七年楚王国置时更封为杼秋侯,至明帝永平元年徙封居巢,杼秋复为县,益属沛国。治今安徽砀山县东南。

第五节　沛郡(国)(附：谯郡)沿革

沛郡(29—44)—沛国(44—213?)—沛郡(213?—220)

东汉初年,沛郡为刘永政权所据。光武帝建武五年(29),沛郡属汉。

《汉志》沛郡领三十七县,辄与、建成、栗、扶阳、高、高柴、漂阳、东乡、临都、祁乡等十县不见于《续汉志》其他郡国之下,除扶阳省并稍晚外,其余盖皆省并于东汉初年。故建武十三年,沛郡所领有二十八县:相、龙亢、竹邑、谷阳、萧、向、铚、下蔡、丰、郸、谯、蕲、虹、山桑、符离、夏丘、沛、芒、城父、酂、广戚、公丘、敬丘、洨、建平、平阿、义成、扶阳。

大约在建武十七年,广戚别属楚国。二十年,沛郡为国。《后汉书》卷1《光武帝纪》载建武二十年"徙中山王辅为沛王"可证,卷42《沛献王辅传》所载与此略同。或即在同时,下蔡、平阿、义成三县别属九江,夏丘别属临淮,山桑、城父二县别属汝南,大约于建武十五年后,扶阳亦被省并。又,建武年间,芒县更名临睢。

明帝永平元年(58),杼秋县由梁郡来属。又,明帝时,敬丘县更名为太丘。故自明帝时期,沛郡已大致形成《续汉志》沛国二十一城之规模(参见前图3-9)。

降至汉末,沛国除为汉郡。《三国志》卷12《魏书·司马芝传》载,建安末芝为沛郡太守。吴增仅《三国郡县表附考证》卷1据此以为汉末沛国除,当是。

献帝建安十八年(213),析置谯郡,谯、酂二县别属之。要之,建安末沛郡当领相、龙亢、竹邑、谷阳、萧、向、铚、丰、郸、蕲、虹、符离、沛、临睢、公丘、太丘、洨、建平、杼秋十九城之地。

沛郡(国)治相县。

1. 相县(29—220)

治今安徽濉溪县西北。

2. 辄与县(29—30)

今地无考。

3. 建成县(29—30)

治今河南永城市东南。

4. 栗县(29—30)

治今河南夏邑县。

5. 高县(29—30)

今地无考。

6. 高柴县(29—30)

今地无考。

7. 漂阳县(29—30)

今地无考。

8. 东乡县(29—30)

今地无考。

9. 临都县(29—30)

今地无考。

10. 祁乡县(29—30)

治今河南夏邑县北。

11. 扶阳县(29—39?)

《后汉书》卷26《侯霸传》载:"(韩)歆字翁君,南阳人,以从攻伐有功,封扶阳侯"。赵海龙认为:"《后汉书·光武帝纪》记载建武十五年春正月辛丑,大司徒韩歆免,自杀。史书未有明确指出韩歆免大司徒后是否免扶阳侯,然而我们可以确定的是,光武帝建武十五年之前,扶阳县是一直存在的。"①其说可从。《续汉志》不载其县,当于是后省并。治今安徽淮北市东北。

12. 萧县(29—220)

治今安徽萧县西北。

13. 沛县(29—220)

《后汉书》卷42《沛献王辅传》载,中元二年(57),光武帝封辅子宝为侯。治今江苏沛县。

14. 丰县(29—220)

治今江苏丰县。

15. 蕲县(29—220)

治今安徽宿州市东南。

16. 铚县(29—220)

治今安徽宿州市西。

17. 郸县(29—220)

治今安徽涡阳县东北。

18. 建平县(29—220)

《后汉书》卷20《铫期传》载,建武十年,光武帝封铫期子统为建平侯,国除

---

① 赵海龙:《〈东汉政区地理〉县级政区补考》,《南都学坛》2016年第2期。

年不详。卷6《孝质帝纪》载,永嘉元年(145)封帝为建平侯,是日即皇帝位,国除。治今河南夏邑县西南。

19. 芒县(29—?)—临睢县(?—220)

《续汉志》自注云:"故芒,光武更名。"治今河南永城市北。

20. 竹邑县(29—220)

竹邑,即《汉志》沛郡竹县。《后汉书》卷50《彭城靖王恭传》载,安帝永初六年(112),封彭城靖王子阿奴为侯国,故《续汉志》中为侯国。《竹邑侯相张寿残碑》载:"举孝廉,除郎中,给事谒者……迁竹邑侯相……年八十,建宁元年五月辛酉卒。"①则东汉后期竹邑侯国仍然存续。治今安徽宿州市北。

21. 公丘县(29—220)

治今山东滕州市西南。

22. 龙亢县(29—220)

《水经·阴沟水注》载:"又东南迳龙亢县故城南,汉建武十三年,世祖封傅昌为侯国。"检《后汉书》卷22《傅俊传》,但言俊建武二年封昆阳侯,七年卒,俊子昌嗣,后徙封芜湖侯,建初中贬为关内侯。未言期间有龙亢之封,然郦氏言之凿凿,当为范史偶失载矣。疑傅昌建武十三年徙为龙亢侯,后因沛国之立,徙封于芜湖。治今安徽怀远县西北。

23. 向县(29—220)

《后汉书》卷20《王霸传》载,建武十三年,光武帝封王霸为向侯,建武三十年定封淮陵侯。治今安徽怀远县西北。

24. 洨县(29—220)

《后汉书》卷16《寇恂传》载,建武十三年,光武帝封恂子寿为洨侯。治今安徽固镇县东。

25. 谷阳县(29—220)

《后汉书》卷17《岑彭传》载,建武十三年,光武帝封彭子淮为谷阳侯。治今安徽固镇县西北。

26. 符离县(29—220)

治今安徽宿州市东北。

27. 虹县(29—220)

《汉志》作"虹"。治今安徽五河县西北。

---

① 徐玉立主编:《汉碑全集》,第1181页。

28. 敬丘县(29—75?)—太丘县(75?—220)

《续汉志》中有太丘县，不见载于《汉志》。然沛郡敬丘下颜师古注引应劭曰："《春秋》'遇于犬丘'，明帝更名(犬)[太]丘。"是《汉志》沛郡敬丘于明帝时更名太丘。治今河南永城市西北。

29. 杼秋县(58—220)

《汉志》此县属梁国，《续汉志》属沛国。《后汉书》卷39《刘般传》载，建武九年"光武下诏，封般为菑丘侯，封孝王祀，使就国。后以国属楚王，徙封杼秋侯。……永平元年，以国属沛，徙封居巢侯，复随诸侯就国"。可知杼秋县当于明帝永平元年，自梁郡来益属沛国。治今安徽砀山县东南。

30. 鄼县(29—213)

《后汉书》卷18《臧宫传》载，建武十三年，光武帝封宫为鄼侯，十五年(39)定封朗陵侯。献帝建安十八年别属谯郡。治今河南永城市西。

31. 谯县(29—213)

献帝建安十八年，别属谯郡。治今安徽亳州市谯城区。

32. 广戚县(29—41)

《续汉志》广戚属彭城国，其下司马彪自注云："故属沛。"疑当在光武帝建武十七年，因楚郡地域狭小，别属楚以广楚王英封域。治今江苏沛县东南。

33. 下蔡县(29—44)

《续汉志》九江郡下蔡县下司马彪自注云："故属沛。"是下蔡东汉时由沛改属九江。改属之年史乘无载，然下蔡与相邻之平阿、义成二县皆为东汉时期自沛改属九江者，当为同时别属。此三县皆在淮水北岸，自成一地理单元，与九江郡其余领县相对隔开，故不得无故为九江所领。又，沛国自建武二十年置后不闻有削国之事，故颇疑在以沛郡为国封刘辅为王时，因沛郡领域较大，遂割下蔡等县畀九江郡。治今安徽凤台县。

34. 平阿县(29—44)

《续汉志》属九江郡，当在光武帝建武二十年与下蔡同时别属九江郡。治今安徽怀远县西南。

35. 义成县(29—44)

《续汉志》属九江郡，当是光武帝建武二十年与下蔡同时别属九江郡。治今安徽怀远县东北。

36. 夏丘县(29—44)

《续汉志》属下邳国，《汉志》属沛郡，当是光武帝建武二十年沛郡为国时别属之故。治今安徽泗县。

37. 山桑县(29—44)

据《汉志》，山桑属沛郡。《后汉书》卷15《王常传》载，建武二年，光武帝封常为山桑侯。据此，建武二十年沛郡为国时，当别属他郡。据《续汉志》，山桑属汝南郡，疑即于建武二十年别属之。治今安徽蒙城县北。

38. 城父县(29—44)

《续汉志》司马彪自注云："故属沛"。当在光武帝建武二十年时，与山桑同时别属汝南郡。治今安徽亳州市东南。

附　谯郡(213—220)

献帝建安末，又析置谯郡。吴增仅《三国郡县表附考证》卷1曰："《晋志》：'魏武分沛郡置。'《元和志》、《寰宇记》皆云：'黄初元年置。'《沈志》引《何志》：'魏明帝分立。'沈云，王粲诗'既入谯郡界，旷然消人忧'，粲是建安中亡，知非明帝时置。今考《魏志·粲传》，粲于建安二十一年，从曹公征吴。次年春，道病卒。《武纪》于二十一年书云：'冬十月治兵，遂征孙权。十一月，至谯。'粲诗当作于此时。盖是时已立谯郡也。然《献帝起居注》'建安十八年春三月，省州并郡'，详载豫州得八郡，其时尚无谯郡名。以是参考，疑因建安十八年夏五月，魏国既建，乃特立谯郡比丰、沛耳。"其说当是，谯郡之置年疑在建安十八年。

吴氏又以为其时谯郡领三县，即：谯、酂、城父。郡治或在谯县。

1. 谯县(213—220)

献帝建安十八年，自沛郡来属。《三国志》卷20《魏书·曹林传》，建安二十二年，饶阳侯曹林徙封于此。治今安徽亳州市谯城区。

2. 酂县(213—220)

献帝建安十八年，自沛郡来属。治今河南永城市西北。

3. 城父县(213—220)

献帝建安十八年，自汝南郡来属。治今安徽亳州市东南。

第三章　兖州刺史部所辖郡国沿革

东汉初年,东郡为更始政权所据,陈留、济阴、东平、山阳为刘永政权所据,泰山郡为张步政权所据。光武帝建武二年(26),东郡归属东汉,建武三年,陈留、济阴、东平归属东汉,建武五年,山阳、泰山归属东汉。建武十三年,兖州刺史部辖有陈留、东、济阴、东平、泰山、山阳等六郡。十五年,以东平、山阳为公国。十七年,东平、山阳进为王国。

明帝永平元年(58),山阳国除为郡。十五年,济阴郡为国。

章帝元和元年(84),析东平国置任城国。同年,济阴国除为郡。

和帝永元二年(90),析泰山郡置济北国,又析置城阳国。六年,城阳国除,地入济阴郡。

安帝延光三年(124),济阴再为国。四年,济阴复除为郡。

桓帝元嘉元年(151),任城国除为郡。延熹四年(161),任城复为国。

灵帝熹平三年(174),任城国绝,再为郡。四年,任城郡置为国。少帝光熹元年(189),置陈留,旋国除。

献帝建安初,析置嬴郡,旋废。十一年(206),济北国除为郡。十七年,济北、济阴郡为国。汉末或曾置离狐郡,旋罢。

第一节　陈留郡(国)沿革

陈留郡(27—220)

东汉初年,刘永据有陈留郡。光武帝建武三年(27)后,陈留郡属汉。

《汉志》陈留郡领十七县,其中成安、长罗二县不见载于《续汉志》。长罗之省并乃在建武十五年后,故东汉初年陈留郡所省并者仅成安一县。又,西汉末,菑县自梁国来属。故建武十三年,陈留郡仍领十七县,即:陈留、小黄、宁陵、雍丘、酸枣、东昏、襄邑、外黄、封丘、长罗、尉氏、鄢、长垣、平丘、济阳、浚仪、菑。建武十五年,长罗县省并。

章帝建初四年(79)，鄢、宁陵二县别属梁国，长垣一县别属济阴。章帝元和元年(84)，济阴国除，长垣或于是年回属。和帝永元十一年(99)，增置一县：己吾。安帝永初元年(107)前，圉、扶沟二县自陈国来属。至此，陈留遂至《续汉志》所示之陈留、浚仪、尉氏、雍丘、襄邑、外黄、小黄、东昏、济阳、平丘、封丘、酸枣、长垣、己吾、考城、圉、扶沟等十七城规模，且至汉末未变(参见图3-12)。

　　《后汉书》卷8《灵帝纪》载，少帝光熹元年(189)四月，"封皇弟协为渤海王。……(七月)，徙渤海王协为陈留王"。《后汉书》卷9《献帝纪》所载与此略同。据此似陈留郡为国矣。然昭宁元年(189)九月，陈留王协即皇帝位，而光熹、昭宁本即一年，刘协为陈留王仅有二月，且其时刘协封王完全是为了争夺帝位之用，故刘协为陈留王徒具虚名，陈留郡盖亦未因此而由郡为国，复由国为郡。

　　陈留郡(国)治陈留县。

　　1. 陈留县(27—220)

　　治今河南开封市祥符区东南。

　　2. 成安县(27—30)

　　治今河南兰考县东。

　　3. 浚仪县(27—220)

　　治今河南开封市鼓楼区。

　　4. 尉氏县(27—220)

　　桓帝建和元年(147)，清河王蒜贬为尉氏侯，寻国除，见《后汉书》卷8《桓帝纪》、卷55《清河孝王王传》。治今河南尉氏县。

　　5. 雍丘县(27—220)

　　治今河南杞县。

　　6. 襄邑县(27—220)

　　《后汉书》卷11《刘玄传》载，更始元年(23)，"水衡大将军成丹为襄邑王"。建武二年，光武帝封更始子求为襄邑侯，求后徙封成阳侯，徙封时间不详。《后汉书》卷34《梁冀传》载，建和元年(147)，桓帝封冀子胤为襄邑侯，延熹二年(159)梁氏败，国除。《三国志》卷20《魏书·陈留恭王峻传》载，建安二十三年，峻自郿徙封至此。治今河南睢县。

　　7. 外黄县(27—220)

　　治今河南兰考县东南。

　　8. 小黄县(27—220)

　　治今河南开封市祥符区东北。

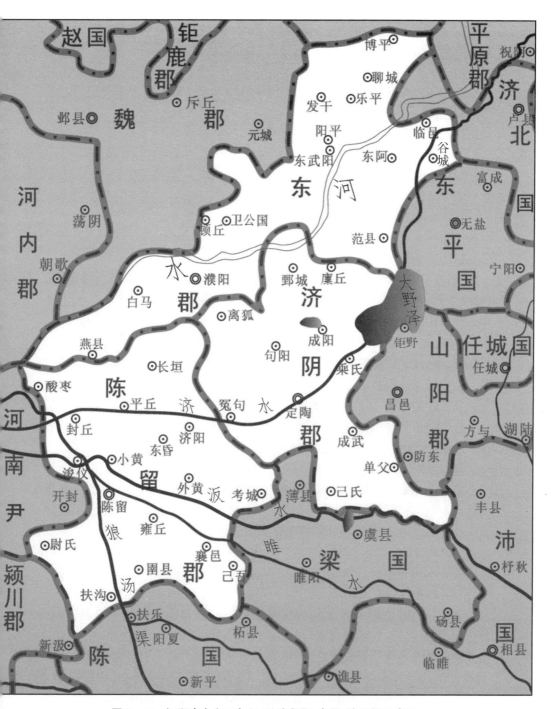

图 3-12 汉顺帝永和五年(140)陈留郡、东郡、济阴郡示意图

9. 东昏县(27—220)

治今河南兰考县北。

10. 济阳县(27—220)

《后汉书》卷69《何进传》载,中平四年(187),灵帝封何苗为济阳侯,六年,何氏败,国除。治今河南兰考县东北。

11. 平丘县(27—220)

治今河南封丘县东。

12. 封丘县(27—220)

治今河南封丘县西南。

13. 酸枣县(27—220)

治今河南原阳县东北。

14. 长垣县(27—79,84—220)

《后汉书》卷50《济阴悼王长传》载,建初四年,以陈留之长垣益济阴国。《续汉志》长垣仍属陈留,是知该县后复由济阴还属,唯史籍不及其还属之确年。而济阴国于章帝元和元年(84)除为汉郡,长垣盖于是年济阴国除之后还属。《续汉志》中为侯国,《后汉书集解》卷21引马与龙曰:"《济水注》,濮渠东迳长垣县故城北。孝安帝建光元年,封元舅宋俊为侯国。范书偶未载也。"当是。治今河南长垣县东北。

15. 菑县(27—76?)—考城县(76?—220)

《汉志》菑县属梁国,西汉末别属陈留,东汉当承之未变。《续汉志》考城下注:"故菑,章帝更名。"是后更名考城。治今河南民权县东北。

16. 圉县(107?—220)

洛阳刑徒墓砖文载:"右部无任陈留圉髡钳赵棠,永初元年五月廿一日物死在此下"、"右部无□□留扶沟髡□□午,永初元年五月十一日物故死在此下"①。则安帝永初元年前,圉、扶沟自陈国来属。治今河南杞县南。

17. 扶沟县(107?—220)

安帝永初元年前,自陈国来属。治今河南扶沟县东北。

18. 己吾县(99—220)

《续汉志》陈留郡下有此县,而《汉志》不载,可知为东汉新置之县。《水经·阴沟水注》云:"《陈留风俗传》曰:'县,故宋也,杂以陈、楚之地,故梁国宁陵县之徙种龙乡也。以成哀之世,户至八九千,冠带之徒求置县矣。永元十一

---

① 中国社会科学院考古研究所编著:《汉魏洛阳故城南郊东汉刑徒墓地》,第119、120页。

年,陈王削地,以大棘乡、直阳乡十二年自鄢隶之,命以嘉名曰己吾,犹有陈、楚之俗焉。"据此可知己吾应置于和帝永元十一年。治今河南宁陵县西南。

19. 鄢县(27—79)

《汉志》作"傿"。章帝建初四年别属梁国。治今河南柘城县北。

20. 宁陵县(27—79)

章帝建初四年别属梁国。治今河南宁陵县东南。

21. 长罗县(27—39)

《续汉志》无长罗县,然《汉志》陈留郡下辖此县,盖东汉时省并。《后汉书》卷32《樊宏传》载,建武五年,光武帝封宏为长罗侯,十五年定封寿张侯。长罗或省并于此时。《水经·济水注》引《陈留风俗传》云:"县有防垣,故县氏之。……有罗亭,故长罗县也。"即东汉时省长罗入长垣县矣。治今河南长垣县东北。

第二节 东郡沿革

东郡(26—220)

光武帝建武二年(26),东郡归属东汉政权。《汉志》东郡辖二十二城,较之《续汉志》,可知有黎、利苗、乐昌三县不载于《续汉志》诸郡国之下,此外又有《汉志》所漏载之畔县①不见载,盖此四县皆省并于东汉初年。又,东汉初年,析置谷城县。建武初,寿良县更名为寿张。

建武十三年,观县更为卫公国。至是年,东郡辖二十县,即濮阳、卫公国、聊城、顿丘、发干、范、茌平、东武阳、博平、清、东阿、离狐、临邑、须昌、寿张、阳平、白马、燕、廪丘、谷城。

明帝永平二年(59),寿张、须昌二县别属东平国。章帝建初四年(79),离狐县别属济阴国。章帝时期,清县更名乐平县。和帝永元二年(90),析泰山置济北国,茌平于是年别属之。同年,分济阴置城阳国,廪丘或于是年别属之。故至此时遂形成《续汉志》所示东郡十五城的规模:濮阳、卫公国、聊城、顿丘、发干、范、东武阳、博平、乐平、东阿、临邑、阳平、白马、燕、谷城(参前图3-12)。

降至汉末,东郡领域复发生变动。汉末,济阴之廪丘、鄄城二县来属。建安十七年(212),献帝增益魏郡,卫公国、顿丘、东武阳、发干四县别属之。由于

---

① [日]日比野丈夫著,周振鹤译:《汉简所见地名考》,《历史地理》第3辑,上海人民出版社,1983年,第236—237页。

上述四县的别属,使得东郡在河水以北仅有博平、聊城、乐平、阳平四县组成的面积不大的一片区域。换言之,其时东郡西北境大体以河水为界矣。如此,献帝建安末东郡当领十三城,即:濮阳、聊城、范、博平、乐平、东阿、临邑、阳平、白马、燕、谷城、廪丘、鄄城。

东郡本治濮阳县。《三国志》卷1《魏书·武帝纪》载,献帝初平二年(191),徙治东武阳。建安中,东武阳移魏郡,疑遂还治濮阳。

1. 濮阳县(26—220)

治今河南濮阳市西南。

2. 黎县(26—30)

治今山东郓城县西。

3. 利苗县(26—30)

今地无考。

4. 乐昌县(26—30)

治今河南南乐县西北。

5. 畔县(26—30)

治今山东聊城市东昌府区。

6. 燕县(26—220)

《后汉书》卷11《刘玄传》载,更始封刘庆为王。《后汉书》卷32《樊宏传》载:"(永平)二年,以寿张国益东平王,徙封(宏子)儵为燕侯……(儵曾孙)建卒,无子,国绝。永宁元年,邓太后复封建弟盼。盼卒,子尚嗣"。《续汉志》中燕非侯国,不知为脱漏,抑或顺帝永和五年(140)前已国除。治今河南延津县东北。

7. 白马县(26—220)

治今河南滑县东。

8. 顿丘县(26—212)

献帝建安十七年,别属魏郡。治今河南清丰县西南。

9. 东阿县(26—220)

《后汉书》卷78《孙程传》载,延光四年(125),顺帝封苗光为侯。治今山东阳谷县东北。

10. 东武阳县(26—212)

《后汉书》卷21《刘植传》载,建武二年,光武帝封植为昌城侯,植子向后徙封东武阳侯,明帝永平十五年坐楚王英案国除。《后汉书》卷78《单超传》载,延熹二年(159),桓帝封具瑗为侯。献帝建安十七年,别属魏郡。治今山东莘县东南。

11. 范县(26—220)

《后汉书》卷78《孙程传》载,延光四年(125),顺帝封王道为侯。治今山东梁山县西北。

12. 临邑县(26—220)

《后汉书》卷1《光武帝纪》载,东汉初有临邑侯让,建武二年诛。卷14《北海靖王兴传》载,建武三十年,光武帝封兴子复为临邑侯,国除年不详。治今山东东阿县。

13. 博平县(26—220)

治今山东茌平县西。

14. 聊城县(26—220)

治今山东聊城市西北。

15. 发干县(26—212)

《后汉书》卷10《皇后纪》载,建武十七年,光武帝封郭匡为发干侯,明帝永平十三年坐楚王英事国除。献帝建安十七年,别属魏郡。治今山东冠县东。

16. 清县(26—76?)—乐平县(76?—220)

《续汉志》自注云:"故清,章帝更名。"《水经·河水注》云:"漯水又东北迳乐平县故城东,县,故清也……汉章帝建初中更从今名也。"明帝女小迎章帝建初元年(76)封乐平公主,似建初元年章帝即位之初已更名矣。《后汉书》卷34《梁统传》载,和帝永元九年,封梁棠为乐平侯,延光中坐事免官,然《续汉志》乐平仍为侯国,当未国除。治今山东聊城市西。

17. 阳平县(26—220)

《续汉志》中为侯国。《后汉书》卷37《桓焉传》载,顺帝即位后"以焉前廷议守正,封阳平侯,固让不受",则或又以阳平封他人,故可知阳平侯国之置不早于顺帝永建元年(126)。治今山东莘县。

18. 观县(26—37)—卫公国(37—212)

《续汉志》自注云:"本观,故国,姚姓,光武更名。"《后汉书》卷1《光武帝纪》载,建武十三年初以周承休公姬武为卫公,故可知观县易名于是年。建安十七年别属魏郡。治今河南清丰县南。

19. 谷城县(26—220)

《汉志》无此县,当是东汉时新置,唯该县始置之年史籍失载,只得暂付阙如。又,《汉志》东郡临邑县下班固自注云"莽曰谷城亭"。王先谦卷28《汉书补注》曰:"案,据莽名亭之义,是后汉分临邑置谷城也。"王说当是。治今山东平阴县西南。

20. 寿良(26—39?)—寿张(39?—59)

即《汉志》之寿良，《续汉志》司马彪自注云："光武改曰寿张。"更名确年不详。据《后汉书》卷32《樊宏传》载，建武十五年，光武帝封宏为寿张侯，可断寿良之更名早于此年。又，寿张之名乃为避光武帝叔父赵王良之讳，疑当在建武初。《后汉书》卷42《东平宪王苍传》载，明帝永平二年以寿张益属东平国。治今山东东平县西南。

21. 须昌县(26—59)

《后汉书》卷42《东平宪王苍传》载，明帝永平二年以须昌益属东平国。治今山东东平县西北。

22. 离狐县(26—79)

《后汉书》卷50《济阴悼王长传》载，章帝建初四年，以离狐益属济阴国。治今河南濮阳县东南。

23. 茌平县(26—90)

和帝永元二年别属济北国。治今山东茌平县西南。

24. 廪丘县(26—90，212?—220)

《续汉志》属济阴，《汉志》属东郡，乃在和帝永元二年置城阳国时别属之，城阳国除入济阴。又，《三国志》卷24《魏书王观传》载观为汉末东郡廪丘人，吴增仅《三国郡县表附考证》卷2据此并《左传》成公九年杜预注所云东郡廪丘县而以为汉末廪丘县已移属东郡，当是。治今山东郓城县西北。

25. 鄄城县(212?—220)

吴增仅《三国郡县表附考证》卷2据《左传》庄公十四年杜预注云东郡鄄城县，以为鄄城与廪丘同于汉末移属东郡，可从。治今山东鄄城县北。

第三节 济阴郡(国)(附：城阳国、离狐郡)沿革

济阴郡(27—72)—济阴国(72—84)—济阴郡(84—124)—济阴国(124—125)—济阴郡(125—212)—济阴国(212—220)

东汉初年，济阴为刘永所据。光武帝建武三年(27)，永为其部将所杀，济阴当于此时归入汉廷。

《汉志》济阴辖九县，相较于《续汉志》，其中吕都、葭密、秺三县不见于任一郡国之中，当在东汉初省并；因而建武十三年，济阴辖有六县，即：定陶、冤句、成阳、鄄城、句阳、乘氏。

《后汉书》卷2《明帝纪》载,明帝永平十五年(72),封皇子长为济阴王,济阴郡为国,卷50《济阴悼王长传》所载略同。

章帝建初四年(79),离狐、长垣二县来属(参见图3-13),此由《后汉书》卷《济阴悼王长传》所载"建初四年,以东郡之离狐、陈留之长垣益济阴国"可证。《后汉书》卷3《章帝纪》载,元和元年(84),济阴王长薨,无子,国除,济阴复为汉郡。长垣一县盖于此时还属陈留。

和帝永元二年(90),析置城阳国。成阳、句阳、鄄城三县别属之。五年,成武、单父、己氏三县由梁国削入济阴。六年,城阳国除,成阳、句阳、鄄城、廪丘四县来属济阴。济阴郡遂达《续汉志》所示十一城之规模。

《后汉书》卷5《安帝纪》载,安帝延光三年(124),皇太子保废为济阴王,济

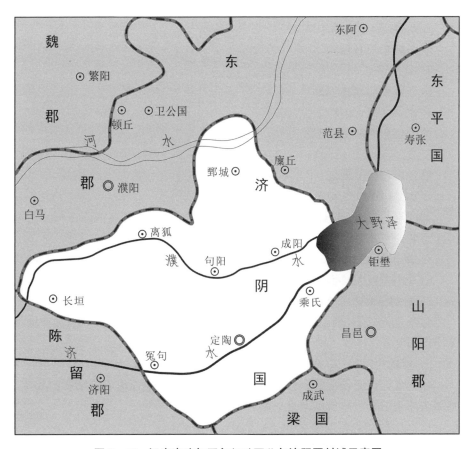

图3-13　汉章帝建初四年(79)至八年济阴国封域示意图

阴郡复为国。四年,济阴王保即皇帝位,是为顺帝。《后汉书》卷6《顺帝纪》载:"尚书奏请下有司,收还延光三年九月丁酉以皇太子为济阴王诏书。奏可。"济阴国除为郡。顺帝永和五年(140)之济阴郡见前图3-12。

《后汉书》卷9《献帝纪》载:"献帝建安十七年,封皇子熙为济阴王",济阴郡又一次为国。此后济阴国当一直至魏国建立而除。汉末,济阴之廪丘、鄄城二县别属东郡,济阴领县减至九县,或在献帝建安十七年(212)封置济阴王之前。

又,汉末尝有离狐郡,离狐等县当别属之,旋罢,离狐等还属济阴。

济阴郡(国)治定陶县。

1. 定陶县(27—220)

治今山东定陶县西北。

2. 吕都县(27—30)

治今山东菏泽市西。

3. 葭密县(27—30)

治今山东菏泽市西北。

4. 秺县(27—30)

治今山东成武县西北。

5. 冤句县(27—220)

治今山东曹县西北。

6. 成阳县(27—90,94—220)

和帝永元二年,别属新置之城阳国,六年,城阳国除,还属济阴。治今山东菏泽市北。

7. 乘氏县(27—220)

治今山东巨野县西南。

8. 句阳县(27—90,94—220)

和帝永元二年,别属新置之城阳国,六年,城阳国除,还属济阴。治今山东菏泽市西北。

9. 鄄城县(27—90,94—212?)

和帝永元二年,别属新置之城阳国,六年,城阳国除,还属济阴。东汉末,别属东郡。治今山东鄄城县北。

10. 离狐县(79—197?,197?—220)

故属东郡,章帝建初四年来属。汉末别属离狐郡,旋还属。治今河南濮阳县东南。

11. 长垣县(79—84)

章帝建初四年自陈留郡来属,元和元年还属陈留。治今河南长垣县东北。

12. 虞丘县(94—212?)

和帝永元六年,自城阳国来属济阴。汉末别属东郡。治今山东郓城县西北。

13. 单父县(93—220)

《后汉书》卷50《梁节王畅传》载,和帝永元五年,自梁国削至济阴。卷34《梁竦传》载,封竦子翟为单父侯,时在和帝永元九年。《续汉志》中为侯国,即为梁氏所封矣。桓帝延熹二年(159),梁冀败,"诸梁及孙氏中外宗亲送诏狱,无长少皆弃市",疑单父侯国亦国除。治今山东单县。

14. 成武县(93—220)

和帝永元五年,自梁国削入济阴。《后汉书》卷74《刘表传》,献帝封刘表为侯。治今山东成武县。

15. 己氏县(93—220)

和帝永元五年,自梁国削入济阴。治今山东曹县东南。

附一 城阳国(90—94)

《后汉书》卷4《和帝纪》载,永元二年(90),封皇弟"淑为城阳王",六年五月,"城阳王淑薨,无子,国除"。《后汉书》卷55《城阳怀王淑传》载:"城阳怀王淑,以永元二年分济阴为国。立五年薨,葬于京师。无子,国除,还并济阴。"这二则史料皆可为证。

此城阳国之领域,史籍不载,在此仅做一推测。城阳国必因济阴成阳县而设,故成阳一县必为城阳国属县无疑。又由上引《后汉书》卷55《城阳怀王淑传》知城阳国除后复并入济阴,故城阳国属县理当于《续汉志》济阴郡领县中求之。细察《续汉志》济阴属县,知成阳、句阳、鄄城、虞丘四县皆处郡境北部,与济阴郡其余诸县以濮水为隔,且除虞丘本属东郡(《汉志》东郡下有该县可证)外,其他三县均为济阴郡原领之县(此由该三县皆列《汉志》济阴郡下可知),故颇疑成阳等四县所组成的区域即为其时城阳国之领域。若此,则虞丘当于城阳国析置之时由东郡来属,城阳国除后复并入济阴。

国都不明。

1. 成阳县(90—94)

和帝永元二年自济阴郡别属城阳国。永元六年,国除,还属济阴。治今山东菏泽市东北。

2. 句阳县(90—94)

和帝永元二年自济阴郡别属城阳国。永元六年,国除,还属济阴。治今山东菏泽市西北。

3. 鄄城县(90—94)

和帝永元二年自济阴郡别属城阳国。永元六年,国除,还属济阴。治今山东鄄城县北。

4. 廪丘县(90—94)

和帝永元二年自东郡别属城阳国。永元六年,国除,别属济阴。治今山东郓城县西北。

附二　离狐郡(197?—197?)

《三国志》卷18《魏书·李典传》载,典从曹操"迁离狐太守"。钱大昕《廿二史考异》卷15、洪亮吉《补三国疆域志》卷上、吴增僅《三国郡县表附考证》卷2据此所载皆以为汉末曹操曾置离狐郡,旋复废耳。其说或是,录此备考。治所不明。

离狐县(197?—197?)

汉末离狐郡置,自济阴来属。郡旋废,遂还属济阴。治今河南濮阳县东南。

第四节　东平郡(国)[附:任城国(郡)]沿革

东平郡(27—39)—东平公国(39—41)—东平国(41—220)

东汉初年,东平为刘永所据,光武帝建武三年(27),永为其将所杀,东平郡属东汉。

建武十三年,东平郡领域当与《汉志》东平国大致相同,领无盐、任城、东平陆、富成、章、亢父、樊等七县。

《后汉书》卷1《光武帝纪》载,建武十五年,封皇子苍为东平公;十七年,苍进爵为王。卷42《东平宪王苍传》所载与此同。由上所载可知东平在建武十五年至十七年间曾为公国,十七年后进为王国。

《后汉书》卷42《东平宪王苍传》载:"(永平)二年,以东郡之寿张、须昌,山阳之南平阳、橐、湖陵五县益东平国。"然其时南平阳之北尚有瑕丘一县属山阳,此由两汉《志》瑕丘皆属山阳及《后汉书》卷81《李善传》所载钟离意为山阳瑕丘令可知。既然瑕丘之南的南平阳等三县已于永平二年(59)北属东平,故颇疑瑕丘亦应至迟于是年别属东平,否则瑕丘即会成为山阳之飞地,于理不合。《后汉书》卷42《东平宪王苍传》其时不言瑕丘者,或有脱漏。故明帝永平二年,当以寿张、须昌、南平阳、橐、湖陵、瑕丘等六县来属。是以此年之后东平国当领十三县,即无盐、任城、东平陆、富成、章、亢父、樊、寿张、须昌、南平阳、橐、湖陵、瑕丘(参见图 3-15)。

章帝元和元年(84)，析置任城国，任城、亢父、樊三县别属之。又由地望知，东平国析置任城国后，瑕丘、南平阳、橐、湖陵四县复应随之划入邻郡，否则瑕丘等四县即会成为东平国之飞地，东平国断不能越过任城国而领有此四县。检《续汉志》四县仍在山阳郡下，故其时此四县当复还属山阳。《续汉志》又载，章帝时橐县易名高平，湖陵更名湖陆。《后汉书集解》卷21引惠栋说，邓展云元和元年(84)湖陵易名。综合以上所述，颇疑橐、湖陵二县即在随东平国析置任城国而还属山阳之时更名也。

安帝永宁元年(120)得宁阳县。此后东平国即已达《续汉志》所示七城之规模，且至汉末，东平国领域一直未再有所更动(参见图 3-14)。

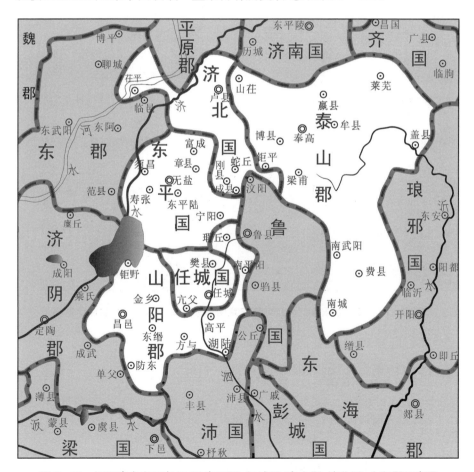

图 3-14　汉顺帝永和五年(140)东平国、任城国、泰山郡、济北国、山阳郡示意图

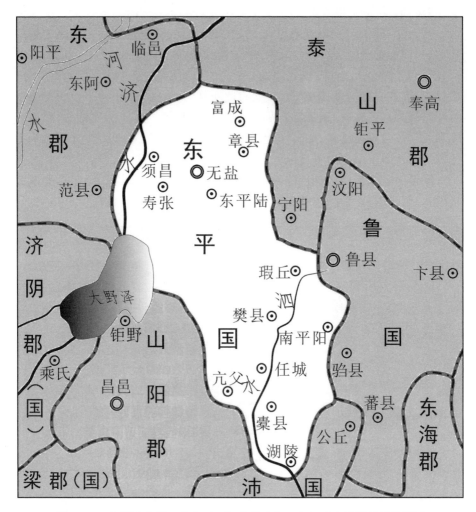

图 3-15　汉明帝永平二年(59)至汉章帝建初八年(83)东平国封域示意图

东平郡(国)治无盐县。
1. 无盐县(27—220)
治今山东东平县南。
2. 东平陆县(27—220)
治今山东汶上县北。
3. 富成县(27—220)
《汉志》作"富城"。治今山东肥城县西南。

4. 章县(27—220)

治今山东东平县东。

5. 寿张县(59—220)

明帝永平二年自东郡来属。治今山东东平县西南。

6. 须昌县(59—220)

明帝永平二年自东郡来属。治今山东东平县西北。

7. 宁阳县(120—220)

《汉志》属泰山，《续汉志》该县下司马彪自注亦云："故属泰山"，故可知此县东汉时由泰山来属，唯史书不及其来属之确年。《后汉书》卷80《刘梁传》载，梁为东平宁阳人，桓帝时除北新城长。据此可推知至迟于顺帝初年，宁阳县已属东平。又，《后汉书》卷42《东平宪王苍传》载："(安帝)永宁元年，邓太后(为东平王敞)增邑五千户。"此五千户恰足匹一县之地，故颇疑即为泰山之宁阳县。倘若如此，则宁阳当于永宁元年自泰山来属。治今山东宁阳县南。

8. 任城县(27—84)

章帝元和元年(84)，别属任城国。治今山东济宁市东南。

9. 亢父县(27—84)

《后汉书》卷22《刘隆传》载，建武二年，光武帝封隆为亢父侯，十三年，更封竟陵。章帝元和元年，别属任城国。治今山东济宁市南。

10. 樊县(27—84)

章帝元和元年，别属任城国。治今山东济宁市兖州区西南。

11. 橐县(59—84)

明帝永平二年，自山阳郡来属。章帝元和元年还属山阳。《续汉志》自注云："故橐县，章帝更名。"疑更名亦在元和元年属山阳之时，于县属东平国期间，始终名橐。治今山东邹城市西南。

12. 湖陵县(59—84)

明帝永平二年，自山阳郡来属。章帝元和元年还属山阳。治今山东鱼台县东南。

13. 南平阳县(59—84)

明帝永平二年，自山阳郡来属。章帝元和元年还属山阳。《后汉书》卷42《东平宪王苍传》载，元和元年，封苍五子为侯，疑即此年置为侯国，故《续汉志》中为侯国。治今山东邹城市。

14. 瑕丘县(59—84)

明帝永平二年，自山阳郡来属。章帝元和元年还属山阳。治今山东兖州市北。

附：任城国(84—151)—任城郡(151—161)—任城国(161—174)—任城郡(174—175)—任城国(175—220)

《后汉书》卷3《章帝纪》云,元和元年"夏四月己卯,分东平国,封(东平)宪王苍子尚为任城王。"《后汉书》卷42《东平宪王苍传》及《续汉志》任城国下司马彪自注所述与此略同。又,《后汉书》卷42《任城孝王尚传》云："任城孝王尚,元和元年封,食任城、亢父、樊三县"。

由上所载可知章帝元和元年,析东平国任城、亢父、樊三县而置任城国。《续汉志》任城国下亦领任城等三县,可知任城国始置后领域无所变化,这种情况一直延续至汉末(参见前图3-14)。

《后汉书》卷42《任城孝王尚传》载,桓帝元嘉元年(151),任城王崇薨,无子,国绝。延熹四年(161),封河间王开子博为任城王,任城国复继。此后因"博有孝行,丧母服制如礼,增封三千户",所赠地不详,当为一乡之地耳。灵帝熹平三年,任城王博薨,无子,国绝。四年,灵帝封河间王建子佗为任城王,传国至魏受禅。

任城郡(国)治任城县。

1. 任城县(84—220)

章帝元和元年,自东平国来属。治今山东济宁市东南。

2. 亢父县(84—220)

章帝元和元年,自东平国来属。治今山东济宁市南。

3. 樊县(84—220)

章帝元和元年,自东平国来属。《三国志》卷20《魏书·樊安公均传》载,献帝建安二十二年(217),曹均封于此。治今山东济宁市兖州区西南。

第五节 泰山郡[附：嬴郡、济北国(郡)]沿革

泰山郡(29—220)

东汉初年,泰山郡为张步所据。光武帝建武五年(29),步降,泰山郡归入东汉。

《汉志》泰山郡领二十四城,其十县《续汉志》诸郡国之下皆不载。其中除华县、肥成当于章帝之后省并外,其余东平阳、蒙阴、乘丘、柴、富阳、桃山、桃乡、式诸县当皆省并于东汉初期。

建武十三年,泰山郡领十六县,即：奉高、博、山茌、卢、肥成、蛇丘、刚、盖、

梁甫、南武阳、莱芜、钜平、嬴、牟、华、宁阳。

明帝永平二年(59)，盖、南武阳、华三县别属琅邪国。章帝建初五年(80)，上述三县复由琅邪还属泰山。和帝永元二年(90)，析置济北国，卢、蛇丘、刚等三县别属之。大约在安帝永宁元年(120)，宁阳县别属东平国。

章帝建初五年(80)至顺帝永和五年(140)间，南城、费二县由东海来属，华县则在此期间被省并。章帝元和二年(88)至顺帝永和五年(140)间，省肥成县。遂形成《续汉志》中领十二县的规模(参前图3-14)。

桓帝时，复置平阳县。不晚于桓帝延熹年间，复置华、蒙阴二县。又，建安初新置嬴郡，嬴等五县别属之，寻复。建安三年(198)，置东莞郡，蒙阴别属之。

要之，献帝建安末泰山郡当领十四城，即《续汉志》所示之十二县再加复置的平阳、华县，然由于蒙阴县别属东莞，故其时泰山郡领域要比《续汉志》所示之范围略小一些。

泰山郡治奉高县。

1. 奉高县(29—220)

治今山东泰安市东。

2. 乘丘县(29—30)

治今山东济宁市兖州区西。

3. 柴县(29—30)

治今山东新泰市西南。

4. 富阳县(29—30)

治今山东东平县东。

5. 桃山县(29—30)

治今山东宁阳县东北。

6. 桃乡县(29—30)

治今山东汶上县东北。

7. 式县(29—30)

今地无考。

8. 博县(29—220)

治今山东泰安市东南。

9. 梁甫县(29—220)

《汉志》作"梁父"。治今山东新泰市西。

10. 钜平县(29—220)

《续汉志》中为侯国，未详。治今山东泰安市南。

11. 嬴县(29—197?,197?—220)

献帝时别属嬴郡,嬴郡罢后,还属泰山。治今山东莱芜市西北。

12. 山茌县(29—220)

《汉志》作"茌",《后汉书集解》卷21本作"山茌"。《续汉志》中为侯国,未详。治今山东长清县东南。

13. 莱芜县(29—220)

治今山东沂源县西北。

14. 盖县(29—59,80—220)

明帝永平二年(59)益属琅邪国,章帝建初五年,还属泰山郡。治今山东沂源县东南。

15. 南武阳县(29—59,80—220)

明帝永平二年(59)益属琅邪国,章帝建初五年,还属泰山郡。《续汉志》中为侯国,未详。治今山东平邑县。

16. 华县(29—59,80—?,164?—220)

《续汉志》无此县,然据《后汉书》卷42《琅邪孝王京传》,明帝永平二年(59)益属琅邪国,章帝建初五年,还属泰山郡,则当在建初五年后省并也。洪亮吉《补三国疆域志》卷上云:"华,汉旧县,属泰山,中兴后省。《臧霸传》云,泰山华人。郭颁《世语》:'曹嵩在泰山华县。'又《泰山都尉孔宙碑阴》亦载此县,时为延熹七年。疑系汉末所复立也。"钱大昕《廿二史考异》卷11则"疑华县在东汉初未尝并省,《志》偶漏此一县耳"。比较二说,似钱说涉险,而洪说稳妥,故暂以洪说为是。治今山东费县东北。

17. 南城县(140?—220)

《汉志》南城在东海郡,然以《续汉志》则属泰山,县下司马彪自注亦曰:"故属东海",故可知此县乃于东汉时由东海来属,唯史乘不言其来属之确年。然前文已述,南武阳、华、盖三县于章帝建初五年始由琅邪还属泰山,而南城县处南武阳等三县所组区域之南,故可推断此县断不会早于是年而北属泰山,否则即会成为泰山之飞地,不合情理。如此,则南城县只应在章帝建初五年至顺帝永和五年间由东海来属。治今山东费县西南。

18. 费县(140?—220)

《续汉志》司马彪自注"故属东海",盖与南城同在章帝建初五年至顺帝永和五年间自东海属泰山。又,《续汉志》中为侯国,未详。治今山东费县西北。

19. 牟县(29—220)

治今山东莱芜市东。

20. 蒙阴县(29—30,158？—220)

《汉志》有此县,东汉初省并。《续汉志》无此县,可知顺帝永和五年前犹无。《袁山松后汉书》载,"刘洪字符卓,泰山蒙阴人,鲁王之宗室也。延熹中以校尉应太史征,拜郎中,迁常山长史……"是桓帝延熹前蒙阴已复置也。治今山东蒙阴县西南。

21. 肥成县(29—140？)

《汉志》泰山郡有肥成,《续汉志》无此县,当已省并。然《后汉书》卷3《章帝纪》载,元和二年二月"己未,凤皇集肥城。"是至此时肥成仍存,顺帝永和五年前省并。治今山东肥城市。

22. 平阳县(29—30,147？—220)

《汉志》作"东平阳"。《后汉书》卷31《羊续传》载,羊续,字兴祖,太山平阳人也。父儒,桓帝时为太常,续以忠臣子孙拜郎中。据此可知至迟桓帝时,复置平阳县。治今山东新泰市。

23. 卢县(29—90)

和帝永元二年(90),别属济北国。治今山东济南市长清区东南。

24. 蛇丘县(29—90)

《汉志》作"蚹丘"。和帝永元二年,别属济北国。治今山东肥城市东南。

25. 刚县(29—90)

和帝永元二年,别属济北国。治今山东宁阳县东北。

26. 宁阳(29—120)

安帝永宁元年,宁阳别属东平国。治今山东宁阳县南。

附一：嬴郡(197？—197？)

《三国志》卷38《蜀书·糜竺传》载,建安初,"曹公表竺领嬴郡太守"。裴注引《曹公集》载公表曰:"泰山郡界广远,旧多轻悍,权时之宜,可分五县为嬴郡,拣选清廉以为守将。偏将军糜竺,素履忠贞,文武昭烈,请以竺领嬴郡太守,抚慰吏民。"据上所载,汉末有嬴郡无疑。

嬴郡始置之年及所领之五县,于史无载。然由上述引文可推知嬴郡当置于建安初年。吴增仅《三国郡县表附考证》卷2又以为其时嬴郡所辖五县为嬴、南武阳、南城、牟、平阳五县,并云此五县"均泰山郡极南地。地形长狭,错居东莞、琅邪、东海、鲁郡之间,晋以之立南城郡,疑即汉末嬴郡之五县矣"。其说不确。嬴县地处泰山北境,完全不似吴氏所云为泰山郡极南之地,以理度之,嬴郡之设本应割泰山郡北部地而置才是,吴氏未审诸县地望,故而致误。又,嬴郡之名仅见诸上引之文,别无他见,盖旋置旋废,故其五县之地虽无确考,亦无大碍。其治所亦不详。

嬴(197?—197?)

自泰山来属,郡罢,复还。治今山东莱芜市西北。

附二:济北国(90—206)—济北郡(206—212)—济北国(212—220)

《后汉书》卷 4《和帝纪》载,永元二年,和帝分泰山郡为济北国,封皇弟寿为济北王。卷 55《济北惠王寿传》所载亦同。

《续汉志》济北国领五城,其中卢、蛇丘、刚三县《汉志》属泰山,故可知三县当于永元二年由泰山来属。茌平,《续汉志》济北国该县下司马彪自注云"本属东郡",而不言"故属东郡",则可推知东汉该县当在济北国析置前属东郡,济北国始置后方来属,否则不易解《续汉志》司马彪注文中"本属"之意。成县,盖析置济北国时置也。

综上所述,可断《续汉志》所示济北国之五城当即其初置时所具之规模(参前图 3-14)。

降及桓帝建和元年(147),《后汉书》卷 55《济北惠王寿传》载,梁太后下诏"增济北王次封五千户,广其土宇",济北国领域当有所扩展。唯缺乏相关文献,所增之地无由确考。

《后汉书》卷 55《济北惠王寿传》载:"(济北王)政薨,无子,建安十一年,国除。"济北易为汉郡。《后汉书》卷 9《献帝纪》称,建安十七年,献帝立皇子邈为济北王。济北当复由郡为国,所领则当仍为《续汉志》所载五城之地。

济北郡(国)治卢县。

1. 卢县(90—220)

治今山东济南市长清区东南。

2. 蛇丘县(90—220)

治今山东肥城市东南。

3. 成县(90—220)

《汉志》无此县。《后汉书集解》卷 21 引钱大昕说,谓《前志》泰山有式县,无成县。《汉书补注》卷 28 引李赓芸说,谓《前志》泰山有式县无成县,后汉分置济北,有成县而皆无式县,盖东都省式县置成县也。据钱、李二氏之说,成县当于济北析置时于故泰山式县地而立。治今山东宁阳县东北。

4. 茌平县(90—220)

《汉志》作"茬平"。本属东郡。治今山东茌平县西南。

5. 刚县(90—220)

治今山东宁阳县东北。

第六节 山阳郡(国)沿革

山阳郡(29—39)—山阳公国(39—41)—山阳国(41—58)—山阳郡(58—212)—山阳国(212—220)

东汉初年,刘永政权占据山阳郡。光武帝建武五年(29),山阳郡属汉。

《汉志》山阳郡领二十三县,较之《续汉志》,另有十二县不载于《续汉志》任一郡国之中,即:都关、城都、黄、爰戚、郜成、中乡、平乐、郑、甾乡、栗乡、曲乡、西阳。其中除西阳县省并稍晚外,其余皆当省并于东汉初年。又,西汉末,东平王子侯国金乡来属山阳,东汉袭之未改。

故建武十三年,山阳郡领昌邑、南平阳、成武、湖陵、东缗、方与、橐、钜野、单父、薄、瑕丘、西阳、金乡十三县。

《后汉书》卷1《光武帝纪》载,建武十五年,封皇子荆为山阳公,十七年进爵为王。卷42《广陵思王荆传》所云与此略同。由是可知山阳郡在建武十五年至十七年间为公国,十七年后进为王国。

明帝永平元年(58),山阳国除为郡。《后汉书》卷2《明帝纪》载,永平元年"八月戊子,徙山阳王荆为广陵王,遣就国"。卷42《广陵思王荆传》载,显宗时,西羌反,"(山阳王)荆不得志,冀天下因羌惊动有变,私迎能为星者与谋议。帝闻之,乃徙封荆广陵王,遣之国"。以上所载皆可为证。二年,南平阳、橐、湖陵、瑕丘四县别属东平国。

章帝建初四年(79)前,梁国己氏县来属。章帝建初四年(79),薄、单父、己氏、成武四县别属梁国。《后汉书》卷50《梁节王畅传》载,建初四年,"以陈留之郾、宁陵,济阴之薄、单父、己氏、成武,凡六县,益梁国"。钱大昕《廿二史考异》卷1曰:"前志己氏本属梁国,薄、单父、成武本属山阳,且济阴王长亦同时益封,以理揆之,不应夺济阴以畀梁,恐《传》文有误也。"

建初四年后,山阳仅领昌邑、东缗、方与、钜野、金乡、西阳六县。元和元年(84),东平析置任城国,南平阳、橐、湖陵、瑕丘随之还属。同时,橐、湖陵分别易名为高平、湖陆。

和帝永元以后,西阳县省并。

顺帝永和五年(140)前,新置防东县。

综上所述,《续汉志》山阳郡领昌邑、东缗、方与、钜野、金乡、南平阳、高平、湖陆、瑕丘、防东十城之规模盖章帝以后即已基本形成。此后,直至汉末,未闻其领域复有何更动(参前图3-14)。

《后汉书》卷9《献帝纪》载,建安十七年(212),立皇子懿为山阳王,山阳由郡为国。山阳国当一直持续至魏受禅而除。

山阳郡(国)治昌邑县。

1. 昌邑县(29—220)

《续汉志》司马彪自注云:"刺史治。"盖东汉兖州刺史驻此。治今山东巨野县东南。

2. 都关县(29—30)

治今山东鄄城县东北。

3. 城都县(29—30)

治今山东鄄城县东南。

4. 黄县(29—30)

治今河南民权县东南。

5. 爰戚县(29—30)

治今山东嘉祥县南。

6. 郜成县(29—30)

治今山东成武县东南。

7. 中乡县(29—30)

今地无考。

8. 平乐县(29—30)

治今山东单县东。

9. 郑县(29—30)

今地无考。

10. 甾乡县(29—30)

今地无考,疑在今山东曹县西南。

11. 栗乡县(29—30)

今地无考。

12. 曲乡县(29—30)

今地无考。

13. 东缗县(29—220)

《后汉书》卷17《冯异传》载:"(建武)十三年,更封(异子)彰东缗侯,食三县。永平中,徙封平乡侯"。治今山东金乡县。

14. 钜野县(29—220)

治今山东巨野县东北。

15. 橐县(29—59)—高平县(84—220)

明帝永平二年(59),益属东平国,章帝元和元年(84)还属山阳。《续汉志》司马彪自注云:"故橐县,章帝更名。"更名之确年无载,疑亦在元和元年。治今山东邹城市西南。

16. 南平阳县(29—59,84—220)

明帝永平二年,益属东平国,章帝元和元年还属山阳。《续汉志》中为侯国,未详。治今山东邹城市。

17. 湖陵县(29—59)—湖陆县(84—220)

明帝永平二年,益属东平国,章帝元和元年还属山阳。《续汉志》司马彪自注云:"故湖陵县,章帝更名。"治今山东鱼台县东南。

18. 瑕丘县(29—59,84—220)

两汉《志》瑕丘皆属山阳,然前文已言,永平二年,瑕丘以南之南平阳三县皆北属东平,瑕丘亦应此年别属东平,否则将成山阳郡飞地,于理不合,《后汉书》卷42《东平宪王苍传》盖脱漏。章帝元和元年还属山阳郡。治今山东济宁市兖州区北。

19. 方与县(29—220)

治今山东鱼台县西。

20. 金乡县(29—220)

《后汉书》卷81《范式传》载,式为山阳金乡人,建武年间为荆州刺史、庐江太守。故可知建武初山阳已辖有金乡县。赵海龙以为:"《汉书·王子侯表》记载金乡侯不害,东平思王孙,平帝元始元年封。东汉时期的山阳郡金乡县,于西汉时期当位于东平国境内,依据汉代王子侯国分封原则,'王子侯国一旦建立,又必须脱离原诸侯国,别属相邻的汉郡',金乡封置之后当由东平国别属山阳郡。故东汉山阳郡金乡县建置当源于此时,非建置于建武初年"[1]。其说可从。治今山东嘉祥县南。

21. 防东县(140?—220)

《汉志》无载,此县置年不详,然必置于顺帝永和五年前,故见于《续汉志》。治今山东单县东北。

22. 西阳县(29—104?)

《续汉志》无此县,然《后汉书》卷21《任隗传》载,隗子屯永元中徙封西阳侯,李贤注云,西阳属山阳郡。《汉志》山阳郡有西阳县,故疑西阳县东汉初未

---

[1] 赵海龙:《〈东汉政区地理〉县级政区补考》,《南都学坛》2016年第2期。

省并,或在西阳侯国国除时省矣。今地无考。

23. 成武县(29—79)

《后汉书》卷14《成武孝侯顺传》载,建武二年,光武帝封刘顺为成武侯,子遵嗣,坐与诸王交通,降为端氏侯。章帝建初四年益属梁国。治今山东成武县。

24. 己氏县(79?—79)

章帝建初四年前来属,章帝建初四年回属梁国。治今山东曹县东南。

25. 薄县(29—79)

章帝建初四年益属梁国。治今山东曹县南。

26. 单父县(29—79)

《后汉书》卷1《光武帝纪》载,建武十三年,降中山王刘茂为单父侯。卷14《泗水王歙传》载,刘茂降封为穰侯,疑茂初为单父侯,后有徙封。章帝建初四年益属梁国。治今山东单县。

第四章　青州刺史部所辖郡国沿革

东汉初年，青州刺史部所辖郡国为张步政权所据，光武帝建武五年(29)，张步政权为东汉所败，青州刺史部所辖区域归汉。十一年齐郡为王国，十三年齐降为公国。同年，省并淄川、高密、胶东三国入北海郡，青州刺史部遂辖平原、济南、千乘、北海、东莱五郡及齐公国，此亦《续汉志》所述青州刺史部郡国之目。十五年，济南为公国。十七年，济南公国进为王国。十九年，齐公国进为王国。二十八年，北海郡为国。

明帝永平三年(60)，千乘郡为国。四年，千乘国除为郡。

章帝建初四年(79)，千乘复为国。章和元年(87)，齐国除为郡。和帝永元二年(90)，齐郡复为国。七年，改千乘国为乐安国。八年，北海国除为郡。

殇帝延平元年(106)，平原郡为国。

安帝永初元年(107)，北海郡复为国。建光元年(121)，平原国除为郡。延光四年(125)，济南国除为郡。

顺帝永建元年(126)，济南郡复为国。质帝本初元年(146)，乐安国除为郡。

桓帝建和二年(148)，平原郡复为国。永兴元年(153)，济南国除为郡。

灵帝熹平三年(174)，济南郡复为国。

献帝建安三年(198)，置城阳郡；同年，分东莱、北海地置长广郡。十一年，平原、齐、北海国除为郡。十八年，分平原置乐陵郡。建安中新置长广郡。延康元年(220)，济南国除为郡。

第一节　济南郡(国)沿革

济南郡(29—39)—济南公国(39—41)—济南国(41—125)—济南郡(125—126)—济南国(126—153)—济南郡(153—174)—济南国(174—220)

东汉光武帝建武五年(29)，张步政权败亡，济南郡属汉廷。

《汉志》济南郡领十四县,较以《续汉志》,除般阳别属外,尚余三县不见于《续汉志》诸郡国,即阳丘、猇、宜成,盖皆省并于东汉初年。

建武十一年前,般阳县别属齐郡。建武十三年,济南郡领十县,即:东平陵、邹平、台、梁邹、土鼓、于陵、菅、朝阳、历城、著。

《后汉书》卷1《光武帝纪》载,建武十五年,封皇子康为济南公。十七年,刘康进爵为王,卷42《济南安王康传》所载与此略同。是知济南郡建武十五年为公国,十七年后又为济南国。

建武三十年,六县来属。《后汉书》卷42《济南安王康传》载:"(建武)三十年,以平原之祝阿、安德、朝阳、平昌、隰阴、重丘六县益济南国。"钱大昕《廿二史考异》卷11认为:"朝阳即东朝阳,平昌即西平昌,'隰'盖'湿'之讹。《续志》无重丘县,盖后来所省。《前志》朝阳本属济南,不知何时改隶平原也。"朝阳盖建武十七年前由济南改属平原。由上文可知建武十七年,济南为国,此后至建武三十年,未闻济南国有削县之举,而诸侯王国又不应无故失县,故颇疑朝阳在济南为国之前业已别属。建武三十年之济南国封域见图3-16。

明帝永平年间,祝阿、安德、朝阳、平昌、隰阴等五县别属平原。《后汉书》卷42《济南安王康传》载:"(康在国)谋议不轨。事下考,有司举奏之,显宗以亲亲故,不忍究竟其事,但削祝阿、隰阴、东朝阳、安德、西平昌五县。"此处隰阴,据上引钱大昕说,亦当作湿阴才是。东朝阳、西平昌二县在建武三十一年时尚称朝阳、平昌(见上文),故可推知二县前加方位词盖永平年间事。因祝阿等五县建武三十年时由平原来属,故此时当复削入平原无疑。又,建武末来益济南国之六县中唯重丘不在此次削县之列,疑或在永平初被省并。

章帝建初八年(83),上述祝阿等五县复来属,此由《后汉书》卷42《济南安王康传》所云"建初八年,肃宗复还所削地"可知。然其中祝阿、安德、湿阴、西平昌四县《续汉志》属平原郡,故可知此四县其后复由济南还属平原。唯还属之年,史乘无载,颇疑即在殇帝延平元年(106)平原由郡为国之时。其时刘胜封为平原王,封王之际,将祝阿等四县由济南还属,以平原故全郡之地为刘胜之封域,于理甚合。

综上所述,《续汉志》济南国十县之规模应于殇帝延平元年后即已形成。

《后汉书》卷5《安帝纪》载,安帝延光四年(125)三月甲戌,济南孝王香薨。卷42《济南安王康传》云,香立二十年薨,无子,国绝。据《后汉书》卷6《顺帝纪》,永建元年(126)六月己亥,封济南简王错子显为济南王。卷42《济南安王康传》亦称,永建元年,顺帝立错子阜阳侯显为嗣。据此,则济南国似在延光四年至永建元年的一年内有过短暂的国绝。

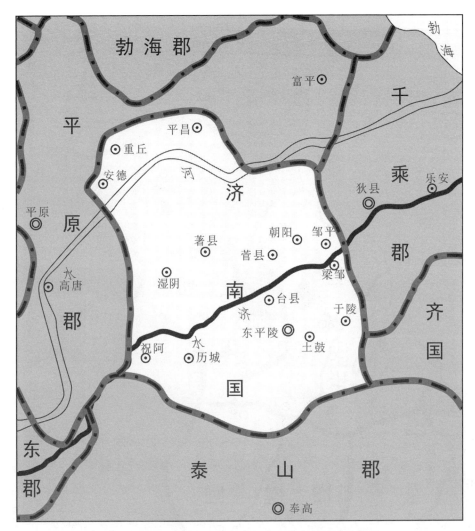

图 3-16 汉光武帝建武三十年(54)济南国封域示意图

顺帝永和五年(140)之济南国见图 3-17。

据《后汉书》卷 7《桓帝纪》及卷 42《济南安王康传》,桓帝永兴元年(153),济南悼王广薨,无子,国除。则济南当在此年之后复为郡。

《后汉书》卷 8《灵帝纪》及卷 55《河间孝王开传》皆载,灵帝熹平三年(174),封河间王利子康为济南王,奉孝仁皇祀。据此,济南郡复为王国。《河间孝王开传》又云,献帝延康元年(220),魏受禅,以济南王康为崇德侯。是济南国延续至东汉易代之际。

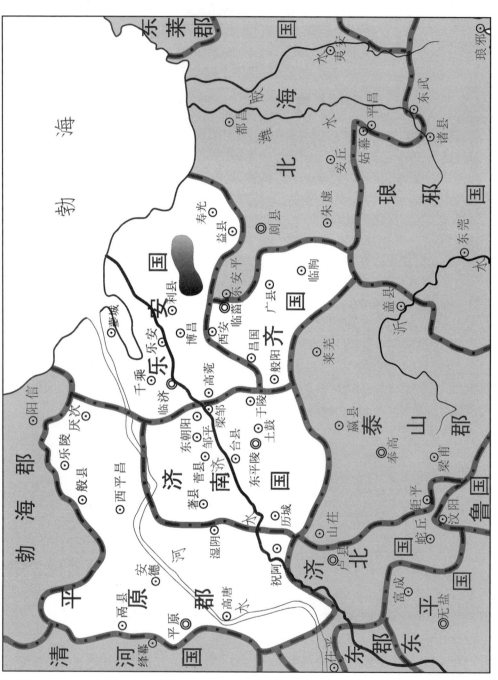

图 3-17 汉顺帝永和五年(140)济南国、平原郡、乐安国、齐国示意图

《三国志》卷1《魏书·武帝纪》载:"(灵帝)光和末,黄巾起。(曹操)拜骑都尉,讨颍川贼。迁为济南相,国有十余县。"王先谦《后汉书集解》卷22引谢钟英据之说,以为济南汉末尚有增置之县,钱大昕《廿二史考异》15亦持此说。二氏所说皆是。唯史料阙如,增置之县今已无考。

济南郡(国)治东平陵县。

1. 东平陵县(29—220)

治今山东章丘市西北。

2. 阳丘县(29—30)

治今山东章丘市北。

3. 猇县(29—30)

治今山东章丘市东北。

4. 宜成县(29—30)

治今山东商河县南,确地无考。

5. 著县(29—220)

治今山东济阳县西。

6. 于陵县(37—220)

《后汉书》卷26《侯霸传》云,建武十三年追封谥侯霸为则乡哀侯,霸子昱后徙封于陵侯,子孙嗣爵。治今山东邹平县东南。

7. 台县(29—220)

治今山东济南市历城区东北。

8. 菅县(29—220)

治今山东济阳县东。

9. 土鼓县(29—220)

治今山东章丘市东。

10. 梁邹县(29—220)

治今山东邹平县北。

11. 邹平县(29—220)

《后汉书》卷71《温序传》载,建武初,序子寿为邹平侯相,是邹平于东汉初年尝为侯国也,然国除时间不晚于济南国之置。治今山东邹平县西北。

12. 历城县(29—220)

《三国志》卷20《魏书·东平王徽传》载,曹徽于献帝建安二十二年(217)封历城侯。治今山东济南市伍城区。

13. 平昌县(54—?)—西平昌(83—106?)

建武三十年来属,永平间别属平原,章帝建初八年复属济南国。颇疑殇帝延平元年平原郡为国之时,西平昌别属平原。治今山东商河县西北。

14. 祝阿县(54—?,83—106?)

建武三十年来属,永平间别属平原,章帝建初八年复属济南国。不知何年复属平原郡,颇疑与西平昌同时别属平原。治今山东济南市长清区东北。

15. 安德县(54—?,83—106?)

建武三十年来属,永平间别属平原,章帝建初八年复属济南国。不知何年复属平原郡,颇疑与西平昌同时别属平原。治今山东平原县东北。

16. 湿阴县(54—?,83—106?)

建武三十年来属,永平间别属平原,章帝建初八年复属济南国。不知何年复属平原郡,颇疑与西平昌同时别属平原。治今山东临邑县东南。

17. 朝阳县(29—41?,54—?)—东朝阳(83—220)

即《后汉书》卷42《济南安王康传》之朝阳,《汉志》亦名东朝阳。建武十七年前,别属平原,建武三十年来属,永平间别属平原,章帝建初八年复属济南国。治今山东邹平县西北。

18. 重丘县(54—?)

建武三十年自平原郡来属,且由地望知该县位于安德以东、平昌以西,此明帝削济南之安德、平昌等县时,既然位于重丘县以东之县已被削入平原,重丘亦当随之别属平原才是,否则重丘即会成为济南之飞地,于理不合。然史籍于此独不言重丘,且《续汉志》亦无该县,故可推知该县当在建武三十年划入济南国后不久即被省并,其时盖永平年间。治今山东德州市陵城区东北。

19. 般阳县(29—35?)

建武十一年之前别属齐国。治今山东淄博市西南。

第二节　平原郡(国)(附:乐陵郡)沿革

平原郡(29—106)—平原国(106—121)—平原郡(121—148)—平原国(148—206)—平原郡(206—220)

东汉初年,张步据有平原郡。光武帝建武五年(29),步败,平原属汉。《汉志》平原郡领十九县,较之《续汉志》,有九县不见载,即:重丘、瑗、阿阳、朸、羽、合阳、楼虚、龙额、安。除楼虚、重丘外,其余七县皆当于东汉初年省并。

故建武十三年(37),平原郡下辖十二县:平原、鬲、高唐、重丘、平昌、般、乐陵、祝阿、湿阴(即漯阴)、富平、安德(即安惠)、杨虚(即楼虚)。

光武帝建武十七年前,朝阳由济南来属。建武三十年,祝阿、安德、朝阳、平昌、湿阴、重丘六县别属济南国。

明帝永平年间,祝阿、安德、东朝阳(即朝阳)、西平昌(即平昌)、湿阴五县复由济南属平原。又,据《续汉志》记载,明帝时,富平易名厌次。永平十四年(71),省并杨虚县。章帝建初八年(83),上述祝阿等五县复别属济南。

殇帝延平元年(106),平原郡为国。《后汉书》卷4《殇帝纪》载,延平元年,"封皇兄胜为平原王"。卷55《平原怀王胜传》云:"平原怀王胜,和帝长子也。……延平元年封。"上述史料皆可为证。祝阿、安德、湿阴、西平昌等四县又自济南还属平原。

安帝建光元年(121),平原国除为郡。《后汉书》卷5《安帝纪》载,建光元年,"贬平原王翼为都乡侯"。卷55《平原怀王胜传》云:"永宁元年,太后又立河间王开子都乡侯翼为平原王嗣。安帝废之,国除。"上述所载皆可为证。黄山《后汉书集解校补》引沈钦韩说,以为是时平原国未除,不确。

顺帝永和五年(140)之平原郡参见前图3-17。

《后汉书》卷7《桓帝纪》载,建和二年(148),"封帝弟硕为平原王,奉孝崇皇祀"。卷55《河间孝王开传》曰:"建和二年,更封帝(兄)[弟]都乡侯硕为平原王,留博陵,奉翼后。"由上述所载可知是年平原复为王国。

献帝建安十一年(206),平原国除为郡。《后汉书》卷9《献帝纪》载,建安十一年"齐、北海、阜陵、下邳、常山、甘陵、济北、平原八国皆除"。《后汉书》卷55《河间孝王开传》云:"建和二年,更封帝(兄)[弟]都乡侯硕为平原王,留博陵,奉翼后。……建安十一年,国除。"十八年(213),曹操置乐陵郡,乐陵、厌次二县别属之。是以建安末年平原郡仅领八县而已。

平原郡(国)治平原县。

1. 平原县(29—220)

《三国志》卷19《魏书·陈思王植传》载,建安十六年,曹植封为平原侯,十九年徙封临菑。治今山东平原县南。

2. 瑗县(29—30)

治今山东齐河县西。

3. 阿阳县(29—30)

治今山东禹城市西南。

4. 朸县(29—30)

治今山东商河县东北。

5. 羽县(29—30)

治今山东禹城市西南。

6. 合阳县(29—30)

今地无考。

7. 龙颔县(29—30)

治今山东齐河县西北。

8. 安县(29—30)

今地无考。

9. 高唐县(29—220)

治今山东禹城市西南。

10. 般县(29—220)

治今山东乐陵市西南。

11. 鬲县(29—220)

《后汉书》卷22《朱祐传》载,建武十三年,朱祐定封为鬲侯。和帝永元十四年(102),祐孙演坐阴皇后巫蛊事免为庶人,国除。邓太后(安帝)永初七年(113)复绍封演子冲为鬲侯。《续汉志》仍为侯国,可知鬲侯国至少延续至汉顺帝永和五年(140)以后。治今山东德州市东南。

12. 乐陵县(29—213)

《后汉书》卷18《邳彤传》载,建武九年,彤子汤徙封乐陵侯,国除年不确。献帝建安十八年,别属乐陵郡。治今山东乐陵市东南。

13. 西平昌县(29—54,?—83,106—220)

《续汉志》平原郡所领九城无此县,然钱大昕《廿二史考异》卷14以为此县错入《续汉志》乐安国注中,当补,钱说至确。又《鲁峻碑》记载"门生平原西平昌壬端子行五百"、"门生平原西平昌刘丕景高二百"①,亦可作为西平昌属平原之旁证。据《后汉书》卷42《济南安王康传》载,西平昌建武三十年别属济南国,明帝时削归平原,至章帝建初八年又属济南国。西平昌应在殇帝延平元年平原郡为国时还属。《后汉书》卷68《孙程传》载,延光四年(125),顺帝封彭恺为西平昌侯。治今山东商河县西北。

14. 祝阿县(29—54,?—83,106—220)

《后汉书》卷18《陈俊传》载,建武十三年,光武定封陈俊为侯。子浮徙封蕲春,疑在建武三十年,据《后汉书》卷42《济南安王康传》,时光武以祝阿益济南国,遂徙浮之侯国。又据《后汉书》卷68《孙程传》,延光四年,顺帝封张贤为祝阿侯,《续汉志》仍为侯国,可知祝阿侯国存续至汉顺帝永和五年(140)以后。

---

① 高文:《汉碑集释》,第392、393页。

明帝时削归平原,至章帝建初八年又属济南国。复还平原郡时间不详,疑与西平昌同时。治今山东济南市长清区东北。

15. 湿阴县(29—54,？—83,106—220)

《汉志》作"漯阴"。据《后汉书》卷42《济南安王康传》载,湿阴建武三十年别属济南国,明帝时削归平原,至章帝建初八年又属济南国。复还平原郡时间不详,疑与西平昌同时。治今山东临邑县东南。

16. 安德县(29—54,？—83,106—220)

《续汉志》中为侯国,知安德为侯国至少始于汉顺帝永和五年,又《鲁相韩敕造孔庙礼器碑》载"故安德侯相彭城刘彪伯存五百"①,其立碑时间为汉桓帝永寿二年(156),则安德侯国至少应在顺桓之间存续。据《济南安王康传》,安德建武三十年别属济南国,明帝时削归平原,至章帝建初八年又属济南国。复还平原郡时间不详,疑与西平昌同时。治今山东平原县东北。

17. 富平县(29—？)—厌次县(？—213)

建武初,光武帝复张纯富平侯之封,为富平侯国。后,光武改封张纯为武始侯,食富平之半,故富平复为县。明帝更名为厌次。献帝建安十八年,别属乐陵郡。治今山东惠民县东北。

18. 重丘县(29—54)

建武三十年益封济南国。治今山东德州市陵城区东北。

19. 杨虚县(29—71)

《后汉书》卷22《马武传》载,建武时,马武定封杨虚侯。《续汉志》无杨虚县,然《汉志》平原郡下有楼虚县,当即此县。赵海龙认为:"马武封杨虚侯时间当在建武十五年;明帝永平十四年,马武后代参与楚王英谋反事件,国除。杨虚县在建武十五年至永平十四年持续存在……杨虚县或在永平十四年国除之后省并,故不见于《续汉志》。"②可从。治今山东茌平县东北。

20. 朝阳(41？—54,？—83)

建武十七年前,由济南来属,建武三十年回属济南,明帝时削归平原,至章帝建初八年又属济南国。治今山东邹平县西北。

附:乐陵郡(213—220)

《晋书·地理志》序云魏武置郡十二,其一为乐陵,可证汉末析置乐陵郡。乐陵郡始置之年,史未确载,吴增僅《三国郡县表附考证》卷2据有关文献

---

① 徐玉立主编:《汉碑全集》,第822页。
② 赵海龙:《〈东汉政区地理〉县级政区补考》,《南都学坛》2016年第2期。

推测或置于建安十八年五月魏国初建之时,其说可从。吴增僅《三国郡县表附考证》卷2又考证出其时乐陵领五县:乐陵、厌次、阳信、新乐及漯沃,今亦从之。故其时乐陵郡乃析平原、勃海及乐安(即千乘)三郡之地而置。吴增僅以为乐陵郡仅析平原、勃海而立,微误。

乐陵郡治不明,晋时治厌次,汉末或亦然。

1. 乐陵县(213—220)

献帝建安十八年郡立,自平原郡来属。治今山东乐陵市东南。

2. 厌次县(213—220)

献帝建安十八年郡立,自平原郡来属。治今山东惠民县东北。

3. 阳信县(213—220)

献帝建安十八年郡立,自勃海郡来属。治今山东无棣县东北。

4. 新乐县(213—220)

《续汉志》无此县,汉末新置,其地故属勃海郡。治今河北南皮县东南。

5. 漯沃县(213—220)

《续汉志》无此县,《汉志》在千乘郡,当为置乐陵郡时析置。治今山东滨州市西北。

第三节 千乘(乐安)郡(国)沿革

千乘郡(29—60)—千乘国(60—61)—千乘郡(61—79)—千乘国(79—95)—乐安国(95—146)—乐安郡(146—220)

光武帝建武五年(29),张步败,其所据之千乘郡属汉。

《汉志》千乘郡领十五县,其中仅六县可见于《续汉志》中,余九县:东邹、湿沃、建信、琅槐、平安、被阳、高昌、繁安、延乡。除被阳县外,其余八县皆于东汉初年省并。

建武九年,被阳县省并。故建武十三年,千乘郡所辖仅千乘、博昌、蓼城、狄、乐安、高菀六县。

明帝永平三年(60),千乘为国。《后汉书》卷2《明帝纪》载,明帝永平三年四月,封皇子建为千乘王,永平四年千乘王建薨。《后汉书》卷50《千乘哀王建传》云,永平三年封。明年薨,年少无子,国除。永平中,自齐国得利县。永平十八年,自北海国得益、寿光。其时,《续汉志》所示乐安国九县之规模即已形成。

建初四年(79),千乘郡复为国。《后汉书》卷3《章帝纪》载,建初四年四月,封皇子伉为千乘王。《后汉书》卷55《千乘贞王伉传》云,千乘贞王伉,建初四年封。上述所载，皆可为证。

和帝永元七年(95)，改千乘国为乐安国。《后汉书》卷4《和帝纪》载，永元七年"五月辛卯，改千乘国为乐安国"。卷55《千乘贞王伉传》与《续汉志》所载略同，可资为证。

安帝时，狄县更名临济。故《续汉志》中乐安国领九县：临济、千乘、高菀、乐安、博昌、蓼城、利、益、寿光。

顺帝永和五年(140)之乐安国见前图3-17。

质帝本初元年(146)，徙封乐安王为渤海王。《后汉书》卷6《质帝纪》载，本初元年"五月庚寅，徙乐安王为勃海王"。卷55《千乘贞王伉传》云："质帝立，梁太后下诏，以乐安国土卑湿，租委鲜薄，改封(乐安王)鸿勃海王。"据上述所载，可知本初元年乐安国除为汉郡。

献帝建安十八年(213)，曹操置乐陵郡，复置漯沃一县隶属之，而漯沃本为东汉初年千乘郡所废之湿沃县，故建安末年，乐安郡(即千乘郡)虽仍领《续汉志》乐安国九县之目，但郡境要小于《续汉志》所示之范围。由漯沃地望可知，其时乐安郡已无原境内河水以北之地矣。

千乘(乐安)郡(国)治临济县。

1. 狄县(29—108)—临济(108—220)

《续汉志》自注云："安帝更名"。据《水经·济水注》注引《汉记》云，安帝永初二年，改从今名。治今山东高唐县东南。

2. 东邹县(29—30)

治今山东高青县西南。

3. 湿沃县(29—30)

治今山东滨州市西北。

4. 建信县(29—30)

治今山东高青县西北。

5. 琅槐县(29—30)

治今山东广饶县东北。

6. 平安县(29—30)

治今山东博兴县南。

7. 高昌县(29—30)

治今山东博兴县西。

8. 繁安县(29—30)

今地无考。

9. 延乡县(29—30)

治今山东邹平县东。

10. 被阳县(29—33)

《后汉书》卷79《欧阳歙传》载:"世祖即位,始为河南尹,封被阳侯……九年,更封夜侯。"赵海龙据此以为:"被阳县在光武帝建武元年至建武九年应当始终存在……应为被阳县在欧阳歙由被阳侯徙封时省并。"[1]故被阳之省并可能稍晚于建武六年,光武帝省并县邑四百余之时。治今山东高青县东南。

11. 千乘县(29—220)

治今山东高青县东北。

12. 高苑县(29—220)

《汉志》作"高宛"。治今山东邹平县东北。

13. 乐安县(29—220)

治今山东博兴县东北。

14. 博昌县(29—220)

治今山东博兴县东南。

15. 蓼城县(29—220)

《续汉志》中为侯国,未详。治今山东利津县西南。

16. 寿光县(75—220)

《后汉书》卷14《北海靖王兴传》载,北海敬王睦薨,"子哀王基嗣,永平十八年,封基二弟为县侯","永初元年,邓太后复封睦孙寿光侯普为北海王,是为顷王"。诸以敦据此所载,疑此寿光侯即永平十八年所封二县侯中之袭封者[2],诸氏之说甚是。如此,则寿光当于明帝永平十八年以王子侯国由北海别属千乘。《续汉志》寿光县下未注"侯国",当是永初元年(107)寿光侯普为北海王后,寿光侯国即除之故。治今山东寿光市东北。

17. 益县(75—220)

故属北海。《续汉志》乐安国益县下司马彪自注云"侯国",其县地邻寿光,而由上引文知永平十八年封北海王睦二子为县侯,且知其一为寿光,故颇疑其时所封之另一县侯为益侯,益县当与寿光同为王子侯国后而由北海别属。治今山东寿光市东南。

---

[1] 赵海龙:《〈东汉政区地理〉县级政区补考》,《南都学坛》2016年第2期。
[2] (清)诸以敦:《熊氏后汉书年表校补》卷1《同姓王侯表》,刘祜仁点校:《后汉书三国志补表三十种》,中华书局,1984年,第155页。

18. 利县(75?—220)

《续汉志》中为侯国。《后汉书》卷14《齐武王縯传》有"(齐王)晃及弟利侯刚与母太姬宗更相诬告。章和元年,有司奏请免晃、刚爵,为庶人,徙丹阳。帝不忍,下诏曰:'……削刚户三千……'"是利侯国本为齐王子封国,置后别入千乘郡。又,利县位于西汉齐郡北部,由其地望可知利县必在永平十八年寿光、益二县为国时已先属千乘,这样才可使寿光等二侯国别属千乘郡。治今山东博兴县东。

第四节 齐国(郡)沿革

齐郡(29—35)—齐国(35—37)—齐公国(37—43)—齐国(43—87)—齐郡(87—90)—齐国(90—206)—齐郡(206—220)

东汉初年,齐郡为张步所据。光武帝建武五年(29),步降,齐郡属汉。

建武十一年前,般阳县由济南来属。建武十一年,徙太原王章为齐王,齐郡为国。十三年,降齐王章为齐公,齐王国为公国。

《汉志》齐郡所属有十二县,较以《续汉志》,则钜定、昭南、广饶、北乡、平广、台乡等六县皆不见载,是于东汉初年省并无疑。故建武十三年,齐公国领有临菑、昌国、利、西安、广、临朐、般阳七县。建武十九年,进齐公国为王国。《后汉书》卷1《光武帝纪》载,建武十九年闰月,进赵、齐、鲁三国公爵为王。

明帝永平中,利县别属千乘郡。遂至《续汉志》中齐国领临菑、昌国、西安、广、临朐、般阳六县之规模。

《后汉书》卷3《章帝纪》载,章和元年(87)秋七月癸卯,齐王晃有罪,贬为芜湖侯,卷14《齐武王縯传》亦载此事。

《后汉书》卷4《和帝纪》载,永元二年(90),"绍封故齐王晃子无忌为齐王"。卷14《齐武王縯传》所载与此略同。此后至献帝建安初,齐国领域一直未变更(参前图3-17)。

建安初年,曹操分琅邪、齐二地置东莞郡,临朐一县别属之。十一年(206),齐国除为汉郡。《后汉书》卷9《献帝纪》及卷14《齐武王縯传》皆载有此事。又,东汉末复置广饶县。

要之,至献帝建安末,齐郡仍当领六县之地,即:临菑、昌国、西安、广、般阳、广饶,然其领域已小于《续汉志》所示之范围。

齐郡(国)治临菑县。

1. 临菑县(29—220)

《汉志》作"临淄"。《三国志》卷 19《魏书·陈思王植传》载,建安十九年,献帝封曹植为临菑侯。治今山东淄博市临淄区北。

2. 钜定县(29—30)

治今山东广饶县北。

3. 昭南县(29—30)

今地无考。

4. 北乡县(29—30)

治今山东淄博市东北及广饶县南一带,确地无考。

5. 平广县(29—30)

今地无考。

6. 台乡县(29—30)

治所大致在今山东寿光市东北,确地无考。

7. 西安县(29—220)

治今山东淄博市东北。

8. 昌国县(29—220)

治今山东淄博市东南。

9. 临朐县(29—198)

献帝建安三年,别属东莞郡。治今山东临朐县。

10. 广县(29—220)

治今山东青州市西南。

11. 般阳县(35?—220)

《续汉志》自注云"故属济南",建武十一年前自济南来属。治今山东淄博市西南。

12. 利县(29—75?)

《汉志》齐国有此县。《后汉书》卷 14《齐武王縯传》有"利侯刚",为齐炀王石子,可知齐国有利县,后置为王子侯国,别属千乘郡。置年不详,然当在明帝永平十八年(75)前。治今山东博兴县东。

13. 广饶县(29—30,?—220)

《宋书》卷 36《州郡志》齐郡太守广饶令下云:"汉旧县。"广饶,《汉志》有此县,然东汉初年已省并。吴增僅《三国郡县表附考证》卷 3 据上述沈约所记,以为该县在汉末复立,当是。治今山东广饶、寿光二县交界处一带,确址无考。

第五节　北海郡(国)(附：高密国、胶东国、淄川国)沿革

北海郡(29—52)—北海国(52—96)—北海郡(96—107)—北海国(107—206)—北海郡(206—220)

东汉初年,北海、淄川、高密、胶东四郡为张步所据。光武帝建武五年(29),步败,上述四地归汉廷。

《汉志》北海郡领二十六县,其中十九县不见于《续汉志》,即：剧魁、瓡、平望、平的、柳泉、剧、乐望、饶、斟、桑犊、平城、密乡、羊石、乐都、石乡、上乡、新成、成乡、胶阳。其中除平望县外,其余十八县盖皆于东汉初省并。

《后汉书》卷1《光武帝纪》载,建武十三年,"省并西京十三国：广平属钜鹿,真定属常山,河间属信都,城阳属琅邪,泗水属广陵,淄川属高密,胶东属北海,六安属庐江,广阳属上谷"。省并十王国之事,史籍所书颇明,唯须说明者上述《光武帝纪》之文有讹误,其时实应省并西京十国,淄川、高密、胶东应同时并属北海,《纪》文中"十三国"之"三"字及"淄川属高密"之"属"字,均系衍文,钱大昕《廿二史考异》卷10辨之已详。故其年之省并实际上应为：广平属巨鹿,真定属常山,河间属信都,城阳属琅邪,泗水属广陵,淄川、高密、胶东属北海,六安属庐江,广阳属上谷。

故此年,北海郡新得故淄川国之剧、东安平,高密国之高密、昌安、夷安,胶东国之郁秩、壮武、下密、即墨、挺、观阳,凡十一县,大大扩展了郡境。

建武十三年,北海郡领十九县,即：营陵、安丘、益、平寿、都昌、寿光、淳于、平望、剧、东安平、高密、昌安、夷安、郁秩、壮武、下密、即墨、挺、观阳。

建武二十八年,北海郡为国。《后汉书》卷1《光武帝纪》载,建武二十八年,"徙鲁王兴为北海王"。卷14《北海靖王兴传》载,建武二十八年,以鲁国益东海,故徙刘兴为北海王。以上材料皆可为证。

明帝永平元年(58),省淳于县。十八年,封北海王基二弟为县侯,寿光、益二县以王子侯国别属千乘。章帝建初元年(76),省壮武、下密、郁秩三县,置胶东县。

和帝永元八年(96),北海王威有罪自杀,北海国暂绝。《后汉书》卷4《和帝纪》及卷14《北海靖王兴传》皆有记载。九年,据《续汉志》记载,复置淳于县。

安帝永初元年(107),朱虚、平昌二县由琅邪来属。同年,邓太后复封北海王睦孙寿光侯普为北海王,北海国复继。《后汉书》卷5《安帝纪》及卷14《北海

靖王兴传》皆有相关记载,可资为证。

安帝元初五年后,省并平望县。又,据《续汉志》记载,安帝时复置四县:昌安、夷安①、壮武、下密。其中昌安当复置于延光元年(122),其余三县,因史籍失载,无由知其复置之确年。另外,昌安、夷安二县《汉志》属高密国,壮武、下密二县《汉志》属胶东国,故可知此四县乃复置于故高密、胶东二国地,于《汉志》北海郡领域无涉。

综上所述,《续汉志》北海国十八县之规模盖至迟于安帝末年即已形成。此后至汉末献帝建安初,北海国领域基本无变更(参见图3-18)。据《北海相景君碑》记载:"汉安二年……玺追嘉锡,据北海相。部城十九,邻邦归向。"②据此知永和五年(140)后,汉安二年(143)前,北海当别置一新县或自他郡得一县,然史籍无载,故其得何县已不得而知。

建安三年(198),析琅邪、北海、东莱置城阳郡。北海之壮武、夷安、高密、平昌、昌安、淳于、安丘七县别属之。建安中,置长广郡,挺县别属之。旋长广郡废,挺县复还属。十一年,北海国除,复为汉郡。《后汉书》卷9《献帝纪》及卷14《北海靖王兴传》皆有相应的记载,可资为证。

要之,至献帝建安末,北海郡当领十一县,即《续汉志》北海国所领十八县除去别属城阳七县后所余之目。

北海郡(国)治剧县。

1. 剧县1(29—220)

治今山东昌乐县西北。

2. 剧魁县(29—30)

治今山东昌乐县西北。

3. 瓡县(29—30)

今地无考。

4. 平的县(29—30)

今地无考。

5. 柳泉县(29—30)

今地无考。

6. 剧县2(29—30)

治今山东昌乐县西。

---

① 昌安、夷安二县在此之前,应有省并,惜史籍无载,难以考证其具体时间。
② 徐玉立编著:《汉碑全集》,第482页。

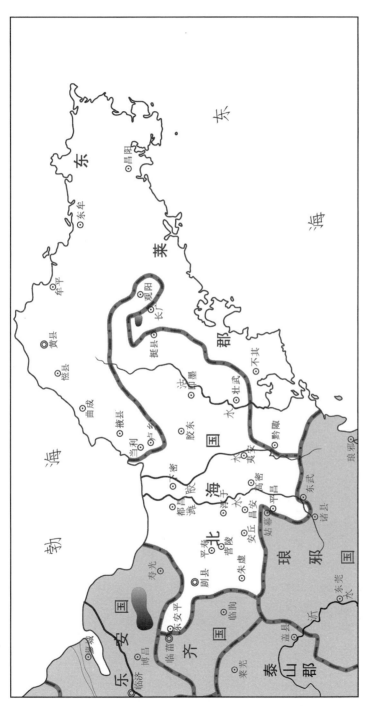

图 3-18　汉顺帝永和五年(140)北海国、东莱郡示意图

7. 乐望县(29—30)

治今山东寿光市东。

8. 饶县(29—30)

今地无考。

9. 斟县(29—30)

治今山东潍坊市东南。

10. 桑犊县(29—30)

治今山东潍坊市南。

11. 平城县(29—30)

治今山东昌邑市东南。

12. 密乡县(29—30)

治今山东昌邑市东南。

13. 羊石县(29—30)

今地无考。

14. 乐都县(29—30)

今地无考。

15. 石乡县(29—30)

今地无考。

16. 上乡县(29—30)

今地无考。

17. 新成县(29—30)

今地无考。

18. 成乡县(29—30)

治所在今山东安丘市北一带,确地无考。

19. 胶阳县(29—30)

治今山东高密市西北。

20. 营陵县(29—220)

治今山东昌乐县东南。

21. 平寿县(29—220)

治今山东昌乐县东南。

22. 都昌县(29—220)

治今山东昌邑县西。

23. 东安平县(37—220)

《水经·淄水注》:"女水东北流迳东安平县故城南……世祖建武七年,封菑川王子刘茂为侯国。"国除年不详。治今山东淄博市临淄区东。

24. 朱虚县(107—220)

《续汉志》自注云:"故属琅邪,永初元年属。"据《后汉书》卷42《琅邪孝王京传》载,安帝永初元年封琅邪恭王寿弟八人为列侯,疑朱虚即其一也。治今山东临朐县东南。

25. 平昌县(107—198)

《续汉志》自注云"故属琅邪",且《汉志》琅邪郡下确有此县,是该县东汉时由琅邪来属,唯史籍不载其来属之年。而《续汉志》北海国下另有朱虚县永初元年来自琅邪(见前文),平昌距之不远,或二县同时由琅邪来属,亦未可知。又,《续汉志》中平昌为侯国,然《后汉书》未载封者何人,疑或为琅邪王子侯国,故改属北海。献帝建安三年,别属城阳郡。治今山东诸城市西北。

26. 安丘县(29—198)

《后汉书》卷12《张步传》载,光武帝封张步为侯,步旋反,此侯国不过虚设耳。献帝建安三年,别属城阳郡。治今山东安丘市西南。

27. 高密县(37—198)

《后汉书》卷16《邓禹传》载,建武十三年,光武定封邓禹为高密侯,食高密、昌安、夷安及淳于四县。和帝永元十四年,震子乾坐阴皇后巫蛊事国除。元兴元年(105),乾复封本国。至顺帝永和五年,侯国仍存。献帝建安三年,别属城阳郡。治今山东高密市东。

28. 淳于县(29—58,97—198)

《后汉书》卷16《邓禹传》载,光武帝建武十三年,为邓禹食邑。明帝永平元年邓禹卒,于是"帝分禹封为三国:长子震为高密侯,袭为昌安侯,珍为夷安侯"。赵海龙据此认为:"由于邓禹卒前不见有削封之举,淳于县作为邓禹侯国一部分,至少应当存在至邓禹卒年,明帝永平元年(58)邓禹薨,乃分其封为三国,淳于不复为侯国封域,则淳于县应于此时省并。"① 可从。《续汉志》自注云:"(和帝)永元九年复。"献帝建安三年,别属城阳郡。治今山东安丘市东北。

29. 昌安县(37—?,122—198)

《后汉书》卷16《邓禹传》载,建武十三年,为邓禹食邑。《续汉志》于昌安下自注云:"侯国,安帝复。"是昌安侯国安帝前尝省并,至安帝时复置,然未言

---

① 赵海龙:《〈东汉政区地理〉县级政区补考》,《南都学坛》2016年第2期。

确年。《水经·潍水注》云,潍水"又北迳昌安县故城东,汉明帝永平中,封邓袭为侯国也。《郡国志》曰:'汉安帝延光元年复也。'"可证乃延光元年复置。献帝建安三年,别属城阳郡。治今山东安丘市东南。

30. 夷安县(37—?,112—198)

《后汉书》卷16《邓禹传》载,建武十三年,为邓禹食邑。《续汉志》云:"安帝复。"《邓禹传》又有"夷安侯珍子康,少有操行。兄良袭封,无后,永初六年,绍封康为夷安侯。时诸绍封者皆食故国半租,康以皇太后戚属,独三分食二",是夷安侯国一度因无子国除,后省并,安帝永初六年绍封时复置此县。献帝建安三年,别属城阳郡。治今山东高密市。

31. 胶东县(76—220)

《汉志》无此县,当是东汉新置之县。《后汉书》卷17《贾复传》载,建武三十一年贾复卒,不闻有减封之举,章帝建初元年(76),贾复孙有罪国除,始更封贾复子邯为胶东侯,则是年应为胶东县初置之年。治今山东平度市。

32. 即墨县(37—220)

《后汉书》卷17《贾复传》载,建武十三年,光武定封贾复为胶东侯,食郁秩、壮武、下密、即墨、挺、观阳六县,至章帝建初元年,复孙敏有罪国除。是年,章帝封复子宗为即墨侯。治今山东平度市东南。

33. 壮武县(37—76,107?—198)

《后汉书》卷17《贾复传》载,建武十三年,光武帝封复为胶东侯,食六县,壮武即其一。赵海龙以为壮武应在章帝建初元年省并,可从①。《续汉志》云:"安帝复。"献帝建安三年,别属城阳郡。治今山东即墨市。

34. 下密县(37—76,107?—198)

《后汉书》卷17《贾复传》载,建武十三年后,为复胶东侯国所食六县之一。赵海龙以为壮武应在章帝建初元年省并,可从②。《续汉志》云:"安帝复。"今山东昌邑市东。

35. 郁秩县(37—76?)

《后汉书》卷17《贾复传》载,建武十三年后,为胶东侯国所食六县之一。赵海龙以为郁秩应在章帝建初元年省并,可从③。治今山东平度市。

36. 挺县(37—198?,198?—220)

《后汉书》卷17《贾复传》载,建武十三年,为复胶东侯国六县之一。献帝建安初,别属长广郡,后长广郡废,回属北海。治今山东莱阳市南。

---

① ② ③ 赵海龙:《〈东汉政区地理〉县级政区补考》,《南都学坛》2016年第2期。

37. 观阳县(37—198)

《后汉书》卷17《贾复传》载,建武十三年,为复胶东侯国六县之一。治今山东莱阳市。

38. 寿光县(29—75)

《后汉书》卷11《刘玄传》载,光武帝封刘鲤为侯,刘鲤杀故式侯恭,疑国除。卷14《北海靖王兴传》有寿光侯普,又北海敬王睦薨,"子哀王基嗣,永平十八年,封基二弟为县侯",可知明帝永平十八年以寿光为侯国,别属千乘郡。治今山东寿光市东。

39. 益县(29—75)

明帝永平十八年为北海王子侯国,别属千乘郡。治今山东寿光市东南。

40. 平望县(29—118?)

《续汉志》无此县。《后汉书》卷32《樊宏传》载,建武二十七年,光武复封宏少子茂为平望侯。卷14《北海靖王兴传》云:"建初二年,又封基弟毅为平望侯"。赵海龙据此以为,平望县至少在建武二十七年时依然存在,并且在章帝建初二年犹作为侯国封置①,其说甚是。又《后汉书》卷10《和熹邓皇后传》载元初五年(118)平望侯刘毅上书事,知平望侯国在安帝元初五年犹存,平望县之省并应在其后。治今山东寿光市东北。

附一:高密国(29—37)

建武五年始归东汉政权。《汉志》高密国辖五县:高密、昌安、夷安、石泉、成乡。东汉初年省并石泉、成乡县。建武十三年省入北海。

高密国治所在高密县。

1. 高密县(29—37)

治今山东高密市西南。

2. 石泉县(29—30)

治今山东诸城市北。

3. 成乡县(29—30)

治今山东安丘市东北。

4. 昌安县(29—37)

治今山东安丘市东南。

5. 夷安县(29—37)

治今山东高密市。

---

① 赵海龙:《〈东汉政区地理〉县级政区补考》,《南都学坛》2016年第2期。

附二：胶东国(29—37)

建武五年始归东汉政权。《汉志》胶东国辖八县：即墨、昌武、下密、壮武、郁秩、挺、观阳、邹卢。东汉初年省并昌武、邹卢县。建武十三年省入北海。

胶东国治所在即墨县。

1. 即墨县(29—37)

治今山东平度市东南。

2. 昌武县(29—30)

今地无考。

3. 邹卢县(29—30)

治今山东莱西市东北。

4. 下密县(29—37)

治今山东昌邑市东。

5. 壮武县(29—37)

治今山东即墨市西。

6. 郁秩县(29—37)

治今山东平度市。

7. 挺县(29—37)

治今山东莱阳市南。

8. 观阳县(29—37)

治今山东莱阳市东。

附三：淄川国(29—34)—淄川郡(34—37)

《后汉书》卷14《泗水王歙传》载，建武二年，封刘终为淄川王。然淄川国建武五年始归东汉政权，故乃虚封也。

《汉志》淄川国辖三县：剧、楼乡、东安平。东汉初年省并楼乡县。建武十年，淄川国除。建武十三年省入北海。

淄川国治所在剧县。

1. 剧县(29—37)

治今山东昌乐县西北。

2. 楼乡县(29—30)

治所当在今山东寿光市西。

3. 东安平县(29—37)

治今山东淄博市临淄区东。

第六节 东莱郡(附:长广郡)沿革

东莱郡(29—220)

东汉初年,张步政权据郡十二,其一为东莱。光武帝建武五年(29),步败,东莱属东汉。

《汉志》东莱郡领十七县,与《续汉志》相较,则知其中腄、育犁、不夜、临朐、平度、阳乐、阳石、徐乡等八县不见载,可知皆于东汉初年省并。故建武十三年,东莱郡领有掖、黄、曲成、牟平、东牟、惤、昌阳、当利、卢乡九县之谱。

明帝永平二年(59),昌阳、卢乡、东牟三县割益琅邪国。此三县至迟应在安帝元初二年(115)之前还属东莱郡。

琅邪之长广、不其、黔陬等三县,《续汉志》属东莱郡。此三县至迟应在安帝元初六年(119)别属东莱郡。

东汉顺帝永和五年(140)前,新置葛卢县。此后至汉末献帝建安初,东莱郡领域未闻有所变更(参前图3-18)。

建安三年(198),城阳郡置,黔陬县别属之。建安时,又新置长广郡,长广、牟平、东牟、昌阳、不其五县别属之。长广郡不久即省,前述五县回属东莱郡。要之,至献帝建安末,东莱郡当领十二县,即《续汉志》所领十三县中除去黔陬一县后所余之目。

东莱郡治黄县。

1. 黄县(29—220)

治今山东龙口市。

2. 腄县(29—30)

治今山东烟台市西南。

3. 育犁县(29—30)

治今山东烟台市西。

4. 不夜县(29—30)

治今山东荣成市北。

5. 临朐县(29—30)

治今山东莱州市北。

6. 平度县(29—30)

治今山东平度市西北。

7. 阳乐县(29—30)

治今山东莱州市西南。

8. 阳石县(29—30)

治今山东莱州市南。

9. 徐乡县(29—30)

治今山东龙口市、招远市与栖霞市交界处一带。

10. 牟平县(29—198？,198？—220)

《后汉书》卷9《耿弇传》载,建武五年,光武帝封耿舒为牟平侯。及安帝崩,牟平侯耿宝坐事国除。顺帝阳嘉三年(134),绍封耿宝子箕为牟平侯,后为梁冀所废。据《三国志》卷12《魏书·何夔传》载,建安初曾属长广郡,长广郡废,还属东莱。治今山东烟台市西北。

11. 㡉县(29—220)

《汉志》作"㡉"。《续汉志》中为侯国,未详。治今山东龙口市东南。

12. 曲成县(29—220)

《后汉书》卷41《寒朗传》载,明帝时有曲成侯刘建,曾事连楚王英狱。《鲁相韩敕造孔庙礼器碑》载有"曲城侯王暠"①,时间在桓帝永寿二年(156)。治今山东招远市西北。

13. 掖县(29—220)

《后汉书》卷79《欧阳歙传》载,建武九年,欧阳歙更封夜侯,即掖也。传子复,以无子国除。治今山东莱州市。

14. 当利县(29—220)

《续汉志》中为侯国,未详。治今山东莱州市西南。

15. 黔陬县(119？—198)

《续汉志》司马彪自注云:"故属琅邪",《汉志》琅邪郡下又确有此县,是黔陬东汉时由琅邪来属。此县来属之年,史乘失载,然由地望可知其来属之年必定晚于或同时于昌阳、卢乡、东牟等三县之还属东莱。《后汉书》卷39《淳于恭传》载,恭建武中始客居琅邪黔陬山,"遂数十年","建初元年,肃宗下诏美恭素行,告郡赐帛二十匹"。黔陬山,李贤注云:"黔陬县之山也。"据此可知章帝建初元年时黔陬尚属琅邪。又《汉魏洛阳故城南郊东汉刑徒墓地》载:"无任东莱黔陬髡钳崔旦,元初六年九月五日死","无任东莱昌阳髡钳太史少,元初二年

---

① 徐玉立编著:《汉碑全集》,第798页。

六月十七日死在此下"①。由此可知,昌阳县至迟在元初二年之前已经还属东莱郡,黔陬县至迟在元初六年已由琅邪别属东莱郡。由于黔陬、不其、长广等三县相邻,在目前资料有限的情况下,我们认为昌阳、卢乡、东牟三县应当在元初二年前同时还属东莱郡,三县至迟在元初六年同时别属东莱郡。治今山东胶州市西南。

16. 长广县(119?—198?,198?—220)

故属琅邪国,应与黔陬县同时别属东莱郡。献帝建安初,魏武分东莱置长广郡,寻省还。治今山东莱阳市东。

17. 不其县(119?—198?,198?—220)

故属琅邪国,应与黔陬县同时别属东莱郡。献帝建安末别属长广郡,后复还属东莱。《后汉书》卷26《伏湛传》载,不其侯国至献帝建安十九年方国除。治今山东即墨市西南。

18. 昌阳县(29—59,115?—198?,198?—220)

明帝永平二年,别属琅邪国,还属时间至迟应在安帝元初二年。建安初曾属长广郡,旋复。治今山东威海市文登区南。

19. 东牟县(29—59,115?—198?,198?—220)

明帝永平二年,别属琅邪国,还属时间应与昌阳县同。《续汉志》注东牟为侯国,疑或为琅邪王子侯国。献帝建安初曾属长广郡,旋复。治今山东烟台市牟平区。

20. 卢乡县(29—59,115?—220)

明帝永平二年,别属琅邪国,还属时间应与昌阳县同。治今山东平度市北。

21. 葛卢县(140?—220)

《汉志》无此县,当是顺帝永和五年前新置。今地无考。

附:长广郡(198?—198?)

《三国志》卷12《魏书·何夔传》载,夔自城父令"迁长广太守",其事在献帝建安三年之后。长广原为东莱属县,据此则可知建安中析东莱置长广郡。传文又言,"夔以郡初立",则长广郡之置年或即在何夔任太守之时,亦即建安三年后不久。

长广郡之领域,据《何夔传》载共领六县,其中在《传》文中提及者有长广、牟平、东牟、昌阳四县,如此,则尚缺二县。吴增仅《三国郡县表附考证》卷3补

---

① 中国社会科学院考古研究所编著:《汉魏洛阳故城南郊东汉刑徒墓地》,第112、178页。

之以不其、挺二县,当是。然吴氏以挺为汉末复置之县且属东莱,则又误矣。挺为北海属县,《续汉志》可证。故长广郡实析东莱、北海地置。

又,吴增僅《三国郡县表附考证》卷3据《献帝起居注》所载建安十八年已无长广郡而以为该郡置后不久即省,亦可从之。长广郡省后,属县亦应还之东莱及北海。

长广郡治所不明,晋时郡治不其,不知与汉时同否。

1. 长广县(198? —198?)

自东莱郡来属,郡废后,还属东莱。治今山东莱阳市东。

2. 牟平县(198? —198?)

自东莱郡来属,郡废后,还属东莱。治今山东烟台市西北。

3. 东牟县(198? —198?)

自东莱郡来属,郡废后,还属东莱。治今山东烟台市东南。

4. 昌阳县(198? —198?)

自东莱郡来属,郡废后,还属东莱。治今山东威海市文登区南。

5. 不其县(198? —198?)

《宋书》卷36《州郡志》所引《太康地志》长广郡有不其县,吴增僅《三国郡县表附考证》卷3据此以为东汉末之长广郡亦有,暂从。自东莱郡来属,郡废后,还属东莱。治今山东即墨市西南。

6. 挺县(198? —198?)

《宋书》卷36《州郡志》所引《太康地志》长广郡有挺县,吴增僅《三国郡县表附考证》卷3据此补汉末长广郡有挺县。自北海郡来属,郡废后,还属北海。治今山东莱阳市南。

第五章　徐州刺史部所辖郡国沿革

东汉初年，琅邪郡、城阳郡为张步政权所据，东海郡为董宪政权所据，鲁、楚郡为刘永政权所据，临淮郡为侯霸所领，广陵、泗水暂无考。光武帝建武二年(26)，鲁郡归东汉，建武四年临淮、广陵、泗水先后归东汉，建武五年，琅邪、城阳归东汉，建武六年，东海郡归东汉。

建武十三年，省城阳入琅邪郡，泗水入广陵。故徐州刺史部辖有琅邪、东海、楚、临淮、广陵五郡及鲁公国。十五年，琅邪、东海、楚、临淮为公国。十七年，临淮公国罢为郡，琅邪、东海、楚进为王国。十九年，鲁公国进为王国。二十八年，鲁王徙封北海，东海国兼领鲁、东海两郡。

明帝永平元年(58)，东海郡还为汉郡，鲁郡仍为东海王所领，更名鲁国。同年，广陵置为王国。十年，广陵国除为郡。十三年，楚国除为郡。十五年，析置下邳国。

章帝建初四年(79)，罢临淮郡，以其地并入下邳国。章和二年(87)，以楚郡为彭城国。

献帝初平元年(190)，琅邪国除为郡。建安初，析置东莞郡。三年(198)，置城阳、昌虑、利城郡。大约四年前，析置东安郡。十一年，琅邪复为国。同年，省并昌虑郡，下邳国除为郡。后，省并东安郡。十七年，东海为王国。二十一年，琅邪国除为郡。又，汉末，曾析置东城郡，旋废。

第一节　琅邪郡(国)[附：城阳国(郡)、东莞郡、东安郡]沿革

琅邪郡(29—39)—琅邪公国(39—41)—琅邪国(41—193)—琅邪郡(193—206)—琅邪国(206—216)—琅邪郡(216—220)

东汉初年，琅邪为张步所据。光武帝建武五年(29)，步败，琅邪郡属汉廷。《汉志》琅邪郡领五十一县，较以《续汉志》，可知其中三十九县不见载，盖

皆于东汉初年省并。即：梧成、灵门、柜、郱、计斤、横、昌、椑、虚水、临原、祓、缾、零叚、云、稻、皋虞、魏其、兹乡、箕、高广、高乡、柔、即来、丽、武乡、伊乡、新山、高阳、昆山、参封、折泉、博石、房山、慎乡、驷望、安丘、高陵、临安、石山。在此三十九县中，故西汉侯国就有三十一个，可见东汉初年省并诸县中故西汉侯国所占比例之重。

《后汉书》卷1《光武帝纪》载，建武十三年，省并西京十王国，城阳属琅邪。此番省并城阳国，故属城阳之莒、东安、阳都三县遂来属琅邪。故建武十三年，琅邪郡遂辖东武、不其、西海、赣榆、朱虚、诸、姑幕、琅邪、黔陬、平昌、长广、东莞、莒、东安、阳都十五县。

《后汉书》卷1《光武帝纪》载，十五年（39），琅邪为公国，十七年（41）又进为王国。卷42《琅邪孝王京传》所载与此略同。

明帝永平二年（59），六县来属。《后汉书》卷42《琅邪孝王京传》载："永平二年，以太山之盖、南武阳、华，东莱之昌阳、卢乡、东牟六县益琅邪。"章帝建初四年（79）之琅邪国封域见图3-19。

《后汉书》卷42《琅邪孝王京传》载："京国中有城阳景王祠，吏人奉祠。神数下言宫中多不便利，京上书愿徙宫开阳，以华、盖、南武阳、厚丘、赣榆五县易东海之开阳、临沂，肃宗许之。"钱大昕《廿二史考异》卷11据《续汉志》琅邪国开阳县下司马彪自注云："故属东海，建初五年属。"指出琅邪王易地之事在建初五年。因而章帝建初五年，得东海之开阳、临沂二县，同时赣榆一县别属东海，华、盖、南武阳三县还属泰山，此传文中厚丘县疑为衍文（详说见东海郡厚丘县），故此年琅邪所失实为四县。故琅邪郡此时领有东武、西海、朱虚、诸、姑幕、琅邪、黔陬、平昌、长广、东莞、莒、东安、阳都、昌阳、卢乡、东牟、开阳、临沂、不其十九县。

建初六年，得东海即丘广平亭。此由《后汉书》卷3《章帝纪》所载建初六年"琅邪王京薨"及《后汉书》卷42《琅邪孝王京传》所云"（京）立三十一年薨，葬东海即丘广平亭，有诏割亭属开阳"二则史料可证。建初六年至顺帝永和五年间，东海即丘县来属。

安帝永初元年（107），朱虚别属北海；或在同时，平昌县亦别属北海。至迟元初二年（115），昌阳、卢乡、东牟三县由琅邪还属东莱（参东莱郡沿革）。至迟永初六年（119），不其、黔陬、长广三县别属东莱。

顺帝永和五年（140）前，缯县由东海来属。

《续汉志》琅邪国所示十三城之规模一直持续至灵帝之世而未闻有所更动（参图3-20）。

《后汉书》卷9《献帝纪》载，初平四年（193），"琅邪王容薨"。卷42《琅邪孝

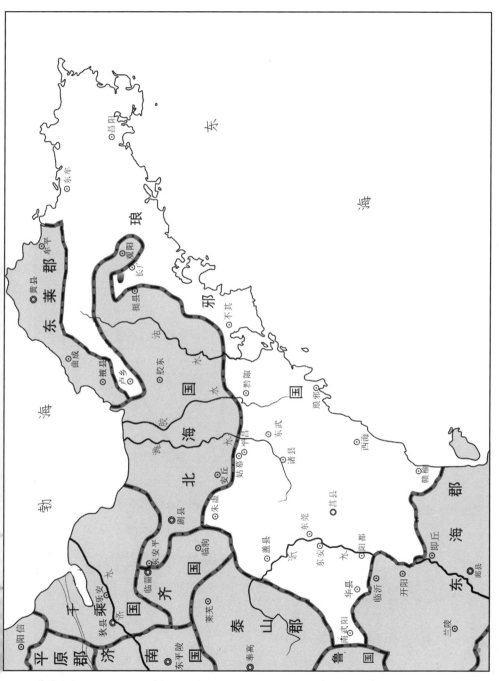

图 3-19　汉章帝建初四年(79)琅邪国封域示意图

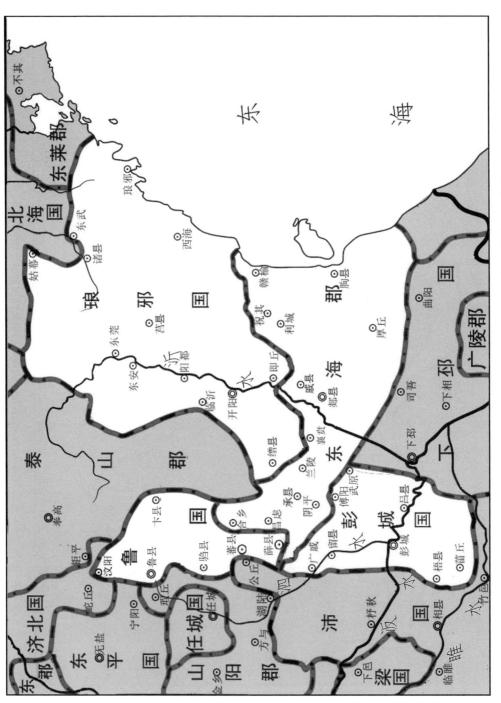

图 3-20　汉顺帝永和五年(140)琅邪郡、鲁国、东海郡、彭城国示意图

王京传》载:"(琅邪王)容立八年薨,国绝。"据此琅邪国在初平四年(193)暂绝。

献帝建安三年(198),置城阳郡,东武、诸、莒、姑幕别属之。或亦于此年,曹操置东莞郡,东莞县别属之。大约建安四年前,析置东安郡,东安县别属之。至此琅邪郡犹余七县。

《后汉书》卷9《献帝纪》云:"是岁(即建安十一年),立故琅邪王容子熙为琅邪王。"卷42《琅邪孝王京传》所载与此略同。是以建安十一年,琅邪复为王国。同年,东海郡三县来属。《三国志》卷1《魏书·武帝纪》所载建安十一年"割东海之襄贲、郯、戚以益琅邪"可证。建安十八年之琅邪国领域见图3-21。

《后汉书》卷9《献帝纪》云,"是岁(即建安二十一年),曹操杀琅邪王熙,国除"。卷42《琅邪孝王京传》载,"建安十一年,复立容子熙为王。在位十一年,

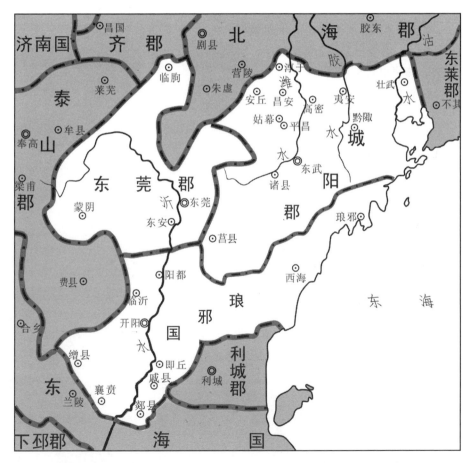

图3-21 汉献帝建安十八年(213)琅邪国、城阳郡、东莞郡领域示意图

坐谋欲过江,被诛,国除"。故可知建安二十一年,琅邪王熙为曹操所杀,琅邪复为汉郡。此前来属之东海襄贲等三县,当复在此时由琅邪还属。洪亮吉《补三国疆域志》卷上即持此论,盖据《晋书》卷15《地理志》东海郡有此三县而断。吴增仅《三国郡县表附考证》卷2因之,今亦从之。

要之,至献帝建安末,琅邪郡当仅领有七县,即:开阳、琅邪、阳都、临沂、即丘、西海、缯。此时之琅邪郡仅局限于《续汉志》琅邪国所示范围的西南隅而已。

《后汉书》卷42《琅邪孝王京传》载,琅邪国本都莒县。按,莒县《汉志》属城阳国,光武帝建武十三年方来属琅邪,故建武十三年前琅邪郡治所或在《汉志》琅邪郡首县东武,十三年后方治莒县,章帝建初五年易地之后都于开阳,故《续汉志》琅邪国下所列首县即是开阳。

1. 开阳县(80—220)

本属东海郡,章帝建初五年属琅邪。六年,诏割即丘广平亭属开阳,县域较前更广。治今山东临沂市北。

2. 梧成县(29—30)

治今山东安丘市西南。

3. 灵门县(29—30)

治今山东安丘市南。

4. 柜县(29—30)

治今山东胶州市南。

5. 邞县(29—30)

治今山东胶州市西南。

6. 计斤县(29—30)

治今山东安丘市西南。

7. 横县(29—30)

治今山东诸城市东南。

8. 昌县(29—30)

治今山东诸城市东南。

9. 椑县(29—30)

治今山东莒县东南。

10. 虚水县(29—30)

今地无考。

11. 临原县(29—30)

治今山东临朐县东。

12. 袚县(29—30)
治今山东临朐县东。
13. 鉼县(29—30)
治今山东临朐县东南。
14. 雩叚县(29—30)
今地无考。
15. 云县(29—30)
今地无考。
16. 稻县(29—30)
治今山东高密市西。
17. 皋虞县(29—30)
治今山东即墨市东北。
18. 魏其县(29—30)
今地无考。
19. 兹乡县(29—30)
今地无考。
20. 箕县(29—30)
治今山东莒县北。
21. 高广县(29—30)
治今山东莒县南。
22. 高乡县(29—30)
治今山东莒县南。
23. 柔县(29—30)
今地无考。
24. 即来县(29—30)
今地无考。
25. 丽县(29—30)
今地无考。
26. 武乡县(29—30)
今地无考。
27. 伊乡县(29—30)
今地无考。

28. 新山县(29—30)

治今山东莒县西南。

29. 高阳县(29—30)

治今山东莒县东南。

30. 昆山县(29—30)

治今山东五莲县东。

31. 参封县(29—30)

今地无考。

32. 折泉县(29—30)

治今山东五莲县西北。

33. 博石县(29—30)

今地无考。

34. 房山县(29—30)

治今山东昌乐县南。

35. 慎乡县(29—30)

今地无考。

36. 驷望县(29—30)

今地无考。

37. 安丘县(29—30)

治所在今山东安丘市东南一带,确地不详。

38. 高陵县(29—30)

今地无考。

39. 临安县(29—30)

今地无考。

40. 石山县(29—30)

今地无考。

41. 琅邪县(29—220)

治今山东青岛市黄岛区西南。

42. 西海县(29—220)

《汉志》无此县,钱大昕《廿二史考异》卷14以为盖海曲之讹,当是。治今山东日照市西。

43. 东莞县(29—198)

献帝建安三年,别属新置之东莞郡。治今山东莒县东。

44. 东武县(29—198)

献帝建安三年,别属城阳郡。治今山东诸城市。

45. 诸县(29—198)

献帝建安三年,别属新置之城阳郡。治今山东诸城市西南。

46. 莒县(37—198)

章帝建初四年前,琅邪国(郡)治所即在此县。献帝建安三年,别属新置之城阳郡。治今山东莒县。

47. 姑幕县(29—198)

献帝建安三年,别属城阳郡。治今山东诸城市西北。

48. 东安县(37—199?)

献帝建安初,别属新置之东安郡。治今山东沂南县东北。

49. 阳都县(37—220)

《后汉书》卷26《伏湛传》载,建武三年,光武帝封伏湛为阳都侯,六年徙封不其。卷42《琅邪孝王京传》载,初平四年琅邪顺王容弟邈为献帝封阳都侯。治今山东沂南县南。

50. 临沂县(80—220)

章帝建初五年自东海郡来属。治今山东临沂市西北。

51. 缯县(140?—220)

《续汉志》中为侯国,司马彪自注云:"故属东海。"缯县,依其地望知在开阳、临沂二县以西,而由上文知建初五年开阳、临沂方由东海属琅邪,故可断缯县只能在是年之后才入琅邪,然由于缺乏更为确切的记载,因此仅能知其在章帝建初五年至顺帝永和五年间来属。又,《后汉书》卷82《公沙穆传》有"缯侯刘敞,东海恭王之后也",是可证缯侯国为东海王子侯国。治今山东苍山县西北。

52. 即丘县(140?—220)

《续汉志》中为侯国,司马彪自注云:"故属东海。"《后汉书》卷42《琅邪孝王京传》,京"立三十一年薨,葬东海即丘广平亭,有诏割亭属开阳",《后汉书》卷3《章帝纪》琅邪孝王薨于建初六年,传文言三十一年当是四十一年之误,然至少可确认章帝建初年间即丘仍属东海郡。因此仅能知其在章帝建初六年至顺帝永和五年间来属。治今山东郯城县北。

53. 赣榆县(80—220)

《续汉志》司马彪自注云:"建初五年复。"《后汉书》卷42《琅邪孝王京传》,此县汉初实属琅邪,章帝建初五年易地属东海,故《续汉志》该县下应改为"建初五年属"才是。治今江苏连云港市赣榆区北。

54. 盖县(59—80)

明帝永平二年益属琅邪国,章帝建初五年易地,遂别属。治今山东沂源县东南。

55. 南武阳县(59—80)

明帝永平二年益属琅邪国,章帝建初五年易地,遂别属。治今山东平邑县。

56. 华县(59—80)

明帝永平二年益属琅邪国,章帝建初五年易地,遂别属。治今山东费县东北。

57. 东牟县(59—115?)

明帝永平二年益属琅邪国。《续汉志》中为侯国,属东莱郡,至迟元初二年(115),东牟县由琅邪还属东莱。治今山东烟台市牟平区。

58. 昌阳县(59—115?)

明帝永平二年益属琅邪国。《续汉志》中复属东莱,至迟元初二年,昌阳县由琅邪还属东莱。治今山东文登市南。

59. 卢乡县(59—115?)

明帝永平二年益属琅邪国,《续汉志》中复属东莱,至迟元初二年,卢乡县由琅邪还属东莱。治今山东平度市北。

60. 朱虚县(29—107)

《续汉志》北海国下有朱虚侯国,司马彪自注云,"故属琅邪,永初元年属"。治今山东临朐县东南。

61. 平昌县(29—107)

《续汉志》属北海,疑亦于安帝永初元年别属。治今山东诸城市西北。

62. 黔陬县(29—119?)

《续汉志》中为侯国,属东莱郡,至迟元初六年,黔陬县别属东莱。治今山东胶州市西南。

63. 长广县(29—119?)

《续汉志》属东莱,至迟元初六年,长广县别属东莱。治今山东莱阳市东。

64. 不其县(29—119?)

《后汉书》卷26《伏湛传》载,湛于光武帝建武六年徙封不其侯,至献帝建安十九年方国除,是不其于东汉一代几乎始终为侯国。《续汉志》中不其属东莱,至迟元初六年,不其县别属东莱。治今山东即墨市西南。

65. 襄贲县(206—216)

献帝建安十一年自东海郡来属,二十一年回属。治今山东兰陵县南。

66. 戚县(206—216)

献帝建安十一年自东海郡来属,二十一年回属。治今山东临沂市附近。

67. 郯县(206—216)

献帝建安十一年自东海郡来属,二十一年回属。治今山东郯城县西北。

附一：城阳国(29—35)—城阳郡(35—37,198—220)

《后汉书》卷1《光武帝纪》载,建武二年,封"春陵侯嫡子祉为城阳王"。据此,城阳似在并属琅邪前曾为东汉王国。然建武五年前,城阳为张步所据,故此时之城阳王徒具虚名,并未领有城阳实地。《后汉书》卷14《城阳恭王祉传》载,建武十一年城阳王祉上印绶。

《汉志》城阳国辖四县：莒、东安、阳都、虑。《汉书补注》卷28引王念孙说,认为虑县当为卢县之误。因不见于《续汉志》,当已于东汉初省并。

《三国志》卷1《魏书·武帝纪》载,建安三年,"分琅邪、东海、北海为城阳、利城、昌虑郡"。

城阳郡之领域,史未明载。吴增僅《三国郡县表附考证》卷3据有关文献以为其时城阳当领琅邪之东武、诸、莒、姑幕,北海之壮武、淳于、高密、昌安、平昌、夷安、朱虚、营陵及东莱之黔陬,共为十三县。其说大体无误,唯应退北海之朱虚、营陵而进北海之安丘。《三国志》卷18《魏书》之《邴原传》及《管宁传》分别记载邴、管二氏为北海朱虚人,卷11《魏书·王修传》及卷62《吴书·是仪传》又分载王、是二氏为北海营陵人。而邴原等四人皆处汉末三国之际,故为稳妥起见,不应如吴氏仅据《太康地志》之文而以为其时朱虚、营陵二县已属城阳。又,安丘县亦当属城阳郡。

如此,则其时城阳乃析琅邪、北海、东莱而置,共辖有十二县(参前图3-21)。此时之城阳郡,除莒县一地为《汉志》城阳国属县外,其余诸县皆与《汉志》城阳国无涉。

1. 东武县(198—220)

自琅邪郡来属。治今山东诸城市。

2. 莒县(29—37,198—220)

建安三年自琅邪郡来属。治今山东莒县。

3. 卢县(29—30)

治今山东沂水县西。

4. 东安县(29—37)

治今山东沂南县东北。

5. 阳都(29—37)

治今山东沂南县南。

6. 诸县(198—220)

自琅邪郡来属。治今山东诸城市西南。

7. 姑幕县(198—220)

自琅邪郡来属。治今山东诸城市西北。

8. 壮武县(198—220)

自北海国来属。治今山东即墨市西。

9. 淳于县(198—220)

自北海国来属。治今山东安丘市东北。

10. 高密县(198—220)

自北海国来属。治今山东高密市西南。

11. 昌安县(198—220)

自北海国来属。治今山东安丘市东南。

12. 平昌县(198—220)

自北海国来属。治今山东诸城市西北。

13. 夷安县(198—220)

自北海国来属。治今山东高密市。

14. 安丘县(198—220)

《宋书》卷26《州郡志》平昌太守下云:"故属城阳,魏文帝分城阳立。"而其郡之下领有安丘一县,故可推知汉末,安丘亦当别属城阳。治今山东安丘市西南。

15. 黔陬县(198—220)

自东莱郡来属。治今山东胶州市西南。

附二:东莞郡(198—220)

《三国志》卷18《魏书·臧霸传》载:"太祖之讨吕布也,霸等将兵助布。即禽布,霸自匿。太祖募索得霸,见而悦之,使霸招吴敦、尹礼、孙观、观兄康等,皆诣太祖。太祖以霸为琅邪相,敦利城、礼东莞、观北海、康城阳太守,割青、徐二州,委之于霸。"据此可知其时尹礼为东莞太守。又《三国志》卷1《魏书·武帝纪》系此事于建安三年,且吕布败亡亦在是年,故可断至迟建安三年东莞郡已置。钱大昕《廿二史考异》卷15则直接断定东莞郡置于建安三年,或是。

东莞郡之领域,史籍无载。吴增仅《三国郡县表附考证》卷2据有关文献以为其时东莞郡有四县,其中东莞一县来自琅邪,临朐、广二县来自齐国,蒙阴为泰山复置之县。吴说大体无误,唯其中齐国广县,吴氏仅以《晋书》卷15《地理志》该县属东莞为证,尚乏论据。今暂不将该县录入,故东莞始置时应领三县。如此,则东莞乃析琅邪、齐、泰山而置。东安郡罢后,东安县来属。东莞郡既得东安,其所领之县当相应增至四县(参前图 3-21)。

东莞郡治东莞县。

1. 东莞县(198—220)

自琅邪郡来属。治今山东莒县东。

2. 临朐县(198—220)

自齐国来属。治今山东临朐县。

3. 蒙阴县(198—220)

自泰山郡来属。治今山东蒙阴县西南。

4. 东安县(199?—220)

东汉末,东安郡省,东安县来属。《宋书》25《州郡志》东安太守下云,东安故县名,"《晋太康地志》属东莞"。此载可为一佐证。治今山东沂南县东北。

附三:东安郡(199?—199?)

《三国志》卷1《魏书·武帝纪》载,建安四年,曹操"使臧霸等入青州,破齐、北海、东安,留于禁屯河上"。吴增仅《三国郡县表附考证》卷2据此以为"盖汉以青州寥阔,分琅邪置也"。其说可从。又,《三国志》卷16《魏书·杜畿传》裴松之注有"东安太守郭智",卷19《陈思王植传》注亦云,刘表子修"官至东安太守",可为汉末置东安郡之佐证。

至迟于建安十八年前,东安郡已省,《献帝起居注》(《续汉书·百官志五》刘昭注引)所云建安十八年省州并郡中已无东安郡之名可证。东安郡省并后,东安县盖改属东莞郡。吴增仅《三国郡县表附考证》卷2即持此说,然其依《魏志·武帝纪》所载建安十九年"省安东、永阳郡"之文,以为其中"安东"盖"东安"之讹,进而断定东安郡省于是年,则又误矣。其实《武帝纪》文中"安东"当为"南安"之讹,说见天水郡所附南安郡沿革,此处不赘。

东安郡之领县除应有东安县外,余皆无考,治所亦不明。

东安(199?—199?)

自琅邪郡来属,郡省,别属东莞郡。治今山东沂南县东北。

第二节 鲁国(郡)、东海郡(国)
(附:利城郡、昌虑郡)沿革

(一) 鲁国(26—37)—鲁公国(37—43)—鲁国(43—52)—鲁郡(52—58)—鲁国(58—220)

光武帝建武二年(26),鲁国归东汉。《后汉书》卷1《光武帝纪》载,建武二年四月,封"兄子章为太原王,章弟兴为鲁王"。《光武帝纪》又载,建武十三年,降鲁王兴为鲁公;十九年,进鲁国公爵为王。据此则鲁国在建武十三年至十九年间曾被降为公国,此后复为王国。二十八年,徙鲁王兴为北海王,以鲁国益东海,至此鲁国除,东海王兼食东海、鲁二郡之地。《后汉书》卷42《北海靖王兴传》所载略同。

明帝永平元年(58),东海恭王强薨,其子政嗣位,东海郡归还汉廷,其时,政仅食鲁郡一郡之地而已,东海国亦相应改为鲁国,只是东海王封号未更,出现东海王实治鲁国之特殊现象。

《后汉书》卷42《东海恭王强传》载:"(中山简王薨,东海王政)诣中山会葬,私取简王姬徐妃,又盗迎掖庭出女。豫州刺史、鲁相奏请诛政,有诏削薛县。检《后汉书》卷4《和帝纪》及卷42《中山简王焉传》,知中山简王薨于和帝永元二年(90),故可推知薛县当削于此时。

然《续汉志》鲁国仍有薛县,盖和帝旋将该县复予东海王。故史虽不载薛县削入何地,对鲁国沿革亦无大碍。

两汉《志》鲁国均领六县,且县名无异。唯《续汉志》鲁国卞县下司马彪自注云:"有邾乡城",而《汉志》邾乡属东海,故可知东汉初年邾乡省并于卞县之中。因此东汉鲁国虽仍辖《汉志》所示之六县,然在地域上则小有扩大。东汉顺帝永和五年(140)前,鲁国属县除在和帝永元年间因削薛县而一度小有变动外,其余的时间里未曾有所变更。这种情况亦一直持续至汉末(参前图3-20)。

鲁郡(国)治鲁县。

1. 鲁县(37—220)

治今山东曲阜市。

2. 驺县(37—220)

治今山东邹城市东南。

3. 蕃县(37—220)

治今山东滕州市。

4. 薛县(37—90,140? —220)

和帝永元二年曾短暂削县,以地望疑其时当入东海。旋复。治今山东滕州市东南。

5. 卞县(37—220)

治今山东泗水县东。

6. 汶阳县(37—220)

《后汉书》卷42《东海恭王强传》载,初平四年(193),"献帝封(懿王祗子)

琬汶阳侯,拜为平原相"。治今山东宁阳县东北。

(二)东海郡(30—39)—东海公国(39—41)—东海国(41—58)—东海郡(58—212)—东海国(212—220)

东汉初年,董宪曾据东海。光武帝建武六年,宪败,东海郡属汉廷。

《汉志》东海郡领三十八县,较以《续汉志》,可知东汉初东海郡省并十五县,即:平曲、兰旗、山乡、建乡、容丘、东安、建阳、干乡、平曲、都阳、鄑乡、武阳、新阳、建陵、都平。故建武十三年,东海郡所领当为二十三县,即:郯、兰陵、襄贲、下邳、良成、戚、朐、开阳、费、利城、海西、缯、南城、即丘、祝其、临沂、厚丘、合乡、承、曲阳、司吾、阴平、昌虑。

《后汉书》卷1《光武帝纪》载,建武十五年封皇子阳为东海公,十七年进爵为王。据此可知东海郡在建武十五年至十七年间为东海公国,此后为东海王国。

《后汉书》卷1《光武帝纪》云,建武十九年"六月戊申,诏曰:'《春秋》之义,立子以贵。'东海王阳,皇后之子,宜承大统。皇太子强,崇执谦退,愿备藩国。父子之情,重久违之。其以强为东海王,立阳为皇太子,改名庄。"卷42《东海恭王强传》所载与此略同。可知是年后东海王由刘阳更为刘强,是为东海恭王。

建武二十八年,东海王兼食鲁郡。《后汉书》卷1《光武帝纪》载,建武二十八年,徙鲁王兴为北海王,以鲁国益东海。

《汉志》东海郡领三十八城,《后汉书》卷42《东海恭王强传》云:"帝以强废不以过,去就有礼,故优以大封,兼食鲁郡,合二十九县。"前文已言,东海此时领二十三县,合鲁国六县,恰为二十九之数。钱大昕《廿二史考异》卷11云:"《郡国志》东海十三城,赣榆本属琅邪,实十二城。鲁国六城并之,止十八县。而琅邪郡之开阳、临沂、即丘、缯,下邳国之下邳、曲阳、司吾、良成,广陵郡之海西,泰山郡之南城、费,皆故属东海,故云二十九县。"其说甚是。

《后汉书》卷42《东海恭王强传》载,由于东海国兼食鲁郡,而鲁犹存故鲁恭王之宫室,故光武帝下诏东海国都鲁。

又,据《后汉书》卷42《东海恭王强传》知,自建武十九年,光武帝封其一子强为东海王后,终汉之世有东海国。然《续汉志》并无东海国,而仅有东海郡。相反,建武二十八年(52)鲁国除为汉郡补益东海之后,直至汉末并未闻有鲁王之封,《续汉志》却有鲁国。钱大昕《廿二史考异》卷11以为《郡国志》东海郡当为东海国之讹,其实不然。《后汉书》卷42《东海恭王强传》载,东海恭王强兼食鲁郡后,"数上书让还东海",然光武帝不许。至永平元年,强病,及薨,临命上疏"诚愿还东海郡"。据此推测,明帝盖于此时满足了东海恭王的请求,及其子政嗣位后,即将东海郡收归朝廷,而仅让刘政食鲁郡六县而已,同时易国名为鲁,唯东海王封号未更,《续汉志》所记便是这种情况的反映①。如此,则东海重为汉郡。

明帝永平十五年,析置下邳国。下邳、曲阳、司吾、良成四县别属之。章帝建初五年(80),琅邪王京易地,开阳、临沂二县别属琅邪。同时,赣榆县由琅邪来属。安帝永初七年(120),良成回属,不久再次别属下邳国。

又,不知确年,五县别属:光武帝建武二十八年后至顺帝永和五年间,海西别属广陵。章帝建初五年(80)后至顺帝永和五年间,缯县别属琅邪,费、南城二县别属泰山。建初六年后至顺帝永和五年间,即丘别属琅邪。

经过上述变化,东海郡遂达《续汉志》所示之郯、兰陵、襄贲、戚、朐、利城、祝其、厚丘、合乡、承、阴平、昌虑、赣榆等十三城的规模(参前图3-20)。

灵帝时,或复置容丘县。

献帝建安三年(198),析置昌虑、利城二郡,昌虑、合乡、利城、祝其、赣榆等县别属之。其时之领域亦当相应缩小到九县之地。

建安十一年,昌虑郡省,昌虑、合乡两县回属东海。同年,襄贲、郯、戚三县割益琅邪国。

《后汉书》卷9《献帝纪》载,建安十七年,献帝封皇子敦为东海王,东海复为国。又因其时在鲁国亦存一东海王,故此后至魏国建立,出现了两个东海王并存的状况。钱大昕《廿二史考异》卷10没有搞清建武年间所封之东海王至永平后已不领东海郡,以为一东海郡不应两封,因而怀疑刘敦所封当为北海王,误矣。

建安二十一年,琅邪国除,襄贲、郯、戚三县复还属。

要之,至献帝建安末,东海国当领十一县。

东海郡(国)治所在郯县,唯建安末,郯县似曾别属琅邪,此时治所或有迁徙。

1. 郯县(30—206,216—220)

《续汉志》自注云:"本国刺史治"。献帝建安十一年别属琅邪国,二十一年复还。治今山东郯城县西北。

2. 平曲县(30—30)

治今江苏东海县东南。

3. 兰旗县(30—30)

治今山东枣庄市台儿庄区。

---

① 周振鹤:《后汉的东海王与鲁国》,《历史地理》第3辑,上海人民出版社,1983年,第248页。

4. 山乡县(30—30)

治今山东枣庄市北。

5. 建乡县(30—30)

今地无考,疑与建陵相去不远,即在今山东枣庄市峄城区西。

6. 东安县(30—30)

治今山东枣庄市山亭区。

7. 建阳县(30—30)

治今山东枣庄市峄城区西北。

8. 干乡县(30—30)

今地无考,疑在今江苏连云港市西南。

9. 平曲县(30—30)

治今江苏东海县东南。

10. 都阳县(30—30)

确址无考,推测其当在《汉志》城阳国阳都县以南的东海郡境内,即今山东临沂市以北一带。

11. 部乡县(30—30)

治今山东泗水县东南。

12. 武阳县(30—30)

治今山东兰陵县西南。

13. 新阳县(30—30)

治今山东滕州市南部。

14. 建陵县(30—30)

治今山东枣庄市峄城区西。

15. 都平县(30—30)

今地无考。

16. 兰陵县(30—220)

治今山东兰陵县西南。

17. 咸县(30—206,216—220)

献帝建安十一年别属琅邪国,二十一年复还。治今山东临沂市附近。

18. 朐县(30—220)

治今江苏连云港市西南。

19. 襄贲县(30—206,216—220)

《后汉书》卷73《刘虞传》载,董卓秉政,封虞为襄贲侯,时当在中平六年

(189),至初平四年,虞死,当国除。献帝建安十一年别属琅邪国,二十一年复还。治今山东兰陵县南。

20. 昌虑县(30—198,206—220)

献帝建安三年,别属昌虑郡,十一年回属。治今山东滕州市东南。

21. 承县(30—220)

治今山东枣庄市南。

22. 阴平县(37—220)

治今山东枣庄市峄城区西南。

23. 利城县(30—198)

《汉志》作"利成"。献帝建安三年,别属利城郡。治今江苏连云港市赣榆区西。

24. 合乡县(30—198,206—220)

《后汉书》卷24《马防传》载,安帝永初七年,邓太后绍封马朗为合乡侯。《水经·泗水注》亦载:"漷水出东海合乡县。汉安帝永初七年,封马光子朗为侯国。"《续汉志》合乡为县,是顺帝永和五年前已国除焉。献帝建安三年别属昌虑郡,十一年回属。治今山东滕州市东北。

25. 祝其县(30—198)

献帝建安三年,别属利城郡。治今江苏连云港市赣榆区西北。

26. 厚丘县(30—220)

《后汉书》卷42《琅邪王京传》载:"京国中有城阳景王祠,吏人奉祠。神数下言宫中多不便利,京上书愿徙宫开阳,以华、盖、南武阳、厚丘、赣榆五县易东海之开阳、临沂,肃宗许之。"据此,其时厚丘县当别属琅邪。而《汉志》厚丘属东海,据此处《传》文所言,似厚丘当在此前已隶属琅邪才是,钱大昕《廿二史考异》卷11即作如是观,其实恐未必然,《传》文所载也许有误。

在琅邪王所用来易地之五县中,华、盖、南武阳本在永平二年得自泰山(见上文),赣榆由《汉志》琅邪郡下有此县知本属琅邪。唯厚丘一县,未闻有隶属过琅邪之旁证,《汉志》及《续汉志》均属东海郡,且由《水经·沭水注》所云"沭水又南迳东海郡即丘县……沭水又南迳东海厚丘县"可知厚丘位于即丘县南,而由上引《传》文知是时位于即丘之北的开阳尚未属琅邪,则琅邪断不会越过东海郡北部数县而先领有厚丘,否则厚丘将会成为琅邪之飞地,于理不合。由是颇疑在上述易地之举中无厚丘,"厚丘"二字恐为衍文。治今江苏沭阳县北。

27. 赣榆县(80—198)

本属琅邪,章帝建初五年来属。献帝建安三年,别属利城郡。治今江苏连云港市赣榆区北。

28. 费县(30—140?)

章帝建初五年至顺帝永和五年间,别属泰山。治今山东费县西北。

29. 南城县(30—140?)

《汉志》作"南成"。章帝建初五年至顺帝永和五年间,别属泰山。治今山东费县西南。

30. 即丘县(30—140?)

章帝建初六年至顺帝永和五年间,别属琅邪。治今山东郯城县北。

31. 缯县(30—140?)

章帝建初五年至顺帝永和五年间,别属琅邪。治今山东兰陵县西北。

32. 临沂县(30—80)

章帝建初五年别属琅邪。治今山东临沂市西北。

33. 开阳县(30—80)

章帝建初五年别属琅邪。治今山东临沂市北。

34. 下邳县(30—72)

明帝永平十五年,别属新置之下邳国。治今江苏邳州市南。

35. 良成县(30—72,120?—120?)

明帝永平十五年别属新置之下邳国,安帝永初七年回属,不久再次别属下邳国。治今江苏邳州市东。

36. 司吾县(30—72)

明帝永平十五年别属新置之下邳国。治今江苏宿迁市北。

37. 曲阳县(30—72)

《后汉书》卷14《泗水王歙传》载,建武十年,光武帝封淄川王终子凤为曲阳侯。明帝永平十五年别属新置之下邳国。治今江苏沭阳县东南。

38. 海西县(30—140?)

光武帝建武二十八年至顺帝永和五年间,别属广陵郡。治今江苏灌南县东南。

39. 容丘县(30,?—220)

《汉志》东海郡有此县,东汉初省并,故《续汉志》无载。《后汉书》卷73《刘虞传》载:"灵帝遣使者就拜太尉,封容丘侯",似此县汉末已复置矣。治今江苏邳州市南。

附一:利城郡(198—220)

《三国志》卷1《魏书·武帝纪》载,建安三年,"分琅邪、东海、北海为城阳、利城、昌虑郡"。

利城郡之领域,史籍无载。吴增僅《三国郡县表附考证》卷2亦仅将利城县置于利城郡下,并云其余领县未详。其实依据利城县之地望,尚可推断利城郡其他一些属县。利城县处东海郡东北隅,与县北之祝其、赣榆二县所组成的三县之地与东海郡所领其余诸县相对而言距离较远,可自成一个小区域,利城郡既割东海而立,祝其、赣榆二县理当在该郡之下,不然,二县亦将成为东海之飞地,情理难合。若然,则利城郡至少当领三县。要之,利城郡乃析东海郡境东北而设。

1. 利城县(198—220)

献帝建安三年来属。治今江苏连云港市赣榆区西。

2. 祝其县(198—220)

献帝建安三年来属。治今江苏连云港市赣榆区西北。

3. 赣榆县(198—220)

献帝建安三年来属。治今江苏连云港市赣榆区北。

附二:昌虑郡(198—206)

据利城郡下所引《三国志》卷1《魏书·武帝纪》载,献帝建安三年,昌虑郡置。

昌虑郡之领域,史亦无载。然昌虑县位于东海郡之西北隅,其北部仅有一东海所领之合乡县,昌虑郡既析东海而置,合乡当为其郡属县,否则合乡会成为东海之飞地,于理不合。如此,则昌虑郡至少应领二县之地。如此,昌虑郡乃分东海郡境西北而置。

《三国志》卷1《魏书·武帝纪》载,建安十一年,"省昌虑郡",昌虑郡所属之昌虑、合乡二县复应还并东海郡。《后汉书集解》卷21引谢钟英曰"省昌虑郡并东海,见《魏氏春秋》"可添一佐证。

1. 昌虑县(198—206)

献帝建安三年自东海来属,至郡省,还属东海。治今山东滕州市东南。

2. 合乡县(198—206)

献帝建安三年自东海来属,至郡省,还属东海。治今山东滕州市东北。

第三节 楚郡(楚国、彭城国)沿革

楚郡(29—39)—楚公国(39—41)—楚国(41—70)—楚郡(70—88)—彭城国(88—220)

东汉初年,楚郡为刘永政权所据。光武帝建武五年(29),楚郡归汉。

光武帝建武十三年(37),楚郡辖县当与《汉志》楚国同,即领彭城、留、梧、傅阳、吕、武原、菑丘七县。

《后汉书》卷 1《光武帝纪》云,建武十五年,封皇子英为楚公,十七年进爵为王,卷 42《楚王英传》所载与此同。由是可知楚郡在建武十五年至十七年间为公国,此后进为王国。又,疑楚郡为国时,广戚县自沛郡来属。三十年,取虑、昌阳二县由临淮来属。

明帝永平十三年(70),楚国除为汉郡。《后汉书》卷 2《明帝纪》载,永平十三年"十一月,楚王英谋反,废,国除,迁于泾县"。卷 42《楚王英传》云,英与渔阳王平、颜忠等有逆谋,明帝不忍诛,"乃废英,徙丹阳泾县,赐汤沐邑五百户。……明年,英至丹阳,自杀。立三十三年,国除"。上述所载皆为显证。楚国既除,取虑当还属临淮;昌阳或于此时与取虑同时还属临淮,或已在此前省并(参见临淮郡沿革)。

和帝章和二年(88),以楚郡为彭城国。《后汉书》卷 4《和帝纪》载,章和二年三月,和帝改"楚郡为彭城国",并以章帝遗诏,徙"六安王恭为彭城王"。卷50《彭城靖王恭传》载,肃宗崩,遗诏徙封六安王恭为彭城王,"食楚郡,其年就国"。

要之,《续汉志》彭城国八城之规模至迟应在建武二十年后即已形成,其后临淮二县曾一度来属,永平十三年,楚国除为汉郡,复领《续汉志》所示八城之地。这种情况一直持续至汉末而未再更改(参前图 3-20)。

又,吴增僅《三国郡县表附考证》卷 2 据《三国志》卷 22《魏书·陈矫传》所载矫为彭城太守而以为汉末彭城国已改为汉郡,然《后汉书》卷 50《彭城靖王恭传》明载彭城王恭始封后传国至魏受禅,"以为崇德侯",《后汉书》卷 9《献帝纪》中亦无彭城国除之记载,且汉末彭城太守仅《陈矫传》中一见,故可断汉末彭城仍旧为国,并未除为汉郡,吴氏之说不足取。

楚郡(彭城国)治彭城县。

1. 彭城县(29—220)

《后汉书》卷 42《楚王英传》载:"建初二年,肃宗封英子种楚侯……章和二年,帝幸彭城,见英夫人及六子,厚加赠赐。种后徙封六侯。"疑或即以彭城为楚侯国,至章和二年彭城为国,遂徙侯国至六。治今江苏徐州市云龙区。

2. 武原县(29—220)

《后汉书》卷 78《宦者·单超传》载,桓帝封徐璜为武原侯,时在延熹二年(159)。延熹八年,"超及璜、衡袭封者,并降为乡侯,租入岁皆三百万,子弟分封者,悉夺爵土",武原侯国国除。治今江苏邳州市西北。

3. 傅阳县(29—220)

治今山东枣庄市南。

4. 吕县(29—220)

治今江苏徐州市铜山区东南。

5. 留县(29—220)

治今江苏沛县东南。

6. 梧县(29—220)

治今安徽萧县东南。

7. 菑丘县(29—220)

《后汉书》卷39《刘般传》载,建武九年,光武帝封般为菑丘侯,"后以国属楚王,徙封杼秋侯"。治今安徽宿州市东北。

8. 广戚县(41—220)

《续汉志》广戚县下司马彪自注云"故属沛",《汉志》沛郡下又确有此县,故可知该县东汉时由沛来属,唯史乘不载来属之确年。沛郡自建武二十年为国后,未闻有因故削地之举,如此,则广戚在沛郡为国前别属楚郡(国)方合情理。又由上面所述楚郡沿革知,楚郡建武十五年为公国,十七年进为王国,而楚郡地域狭小,故颇疑广戚于楚郡为国之际同时由沛郡划入楚国,以为楚王英之封域。治今江苏沛县东南。

9. 取虑县(54—70)

光武帝建武三十年,自临淮益属楚国。明帝永平十三年,楚国国除,还属临淮。治今安徽灵璧县东北。

10. 昌阳县(54—70?)

建武三十年,自临淮益属楚国。当亦在永平十三年还属临淮。然《续汉志》无此县,又,《汉志》临淮昌阳为王子侯国,虽地望无确考,但可推知其当在临淮之取虑与下相之间,颇疑该县或划入楚国后或还属临淮后被省并。今地无考。

第四节 临淮郡[附:下邳国(郡)、东城郡]沿革

临淮郡(28—39)—临淮公国(39—41)—临淮郡(41—79)

光武帝建武四年(28),临淮郡归东汉。临淮本西汉郡,《汉志》领二十九县,较以《续汉志》,其中䣖犹、开阳、赘其、富陵、西平、高平、开陵、昌阳、广平、兰阳、襄平、乐陵十二县不见于记载,除富陵县当于建武十三年省入广陵郡,昌阳县稍后方省并外,其余十县当皆在东汉初年省并。

大约在光武帝建武十三年泗水省入广陵后,临淮之东阳、射阳、盐渎、舆、堂邑、海陵六县亦别属广陵;兼以富陵地入广陵,是以此年后,临淮郡领县为十

二县,即:徐、取虑、淮浦、盱台、僮、高山、睢陵、淮阴、淮陵、下相、潘旌、昌阳。

《后汉书》卷1《光武帝纪》载,建武十七年"六月癸巳,临淮公衡薨"。卷42《临淮怀公衡传》云:"临淮怀公衡,建武十五年立,未及进爵为王而薨,无子,国除。"据上所述可知,临淮郡在建武十五年至十七年间曾为公国,十七年后复为汉郡。

建武二十年,夏丘自沛郡来属。三十年,取虑、昌阳二县别属楚国。《后汉书》卷42《楚王英传》载,建武三十年,"以临淮之取虑、须昌二县益楚国"。李贤注曰:"临淮无须昌,有昌阳,盖误也。"检《续汉志》,无昌阳县,而取虑县仍属下邳国(临淮郡后益下邳国,详见下文),钱大昕《廿二史考异》卷11以为昌阳顺帝时已省并,取虑则"盖楚国既除之后,复其旧也"。其说当是。楚国除于明帝永平十三年(70),故取虑当于是年还属。昌阳则不知为此前已省并抑或永平十三年还属临淮之后省并。

《后汉书》卷2《明帝纪》载,永平十五年四月,"改临淮为下邳国",有误。章帝建初四年(79),以临淮郡益下邳国,此后临淮郡遂不复存在。

临淮郡治徐县。

1. 徐县(28—79)

章帝建初四年益属下邳国。治今江苏泗洪县南。

2. 杂犹县(28—30)

治今江苏宿迁市东南。

3. 开阳县(28—30)

今地无考。

4. 赘其县(28—30)

治今江苏盱眙县西南,确址不详。

5. 西平县(28—30)

今地无考。

6. 高平县(28—30)

治今江苏泗洪县东南。

7. 开陵县(28—30)

今地无考。

8. 广平县(28—30)

今地无考。

9. 兰阳县(28—30)

今地无考。

10. 襄平县(28—30)

今地无考。

11. 乐陵县(28—30)

今地无考。

12. 富陵县(28—37)

治所已沦入今江苏洪泽县西北洪泽湖中。

13. 东阳县(28—37)

治今江苏盱眙县东。

14. 射阳县(28—37)

治今江苏宝应县东。

15. 盐渎县(28—37)

治今江苏盐城市。

16. 舆县(28—37)

治今江苏仪征市北。

17. 堂邑县(28—37)

治今江苏南京六合区西北。

18. 海陵县(28—37)

治今江苏泰州市。

19. 僮县(28—79)

《续汉志》中为侯国,据《后汉书》卷42《沛献王辅传》载,永平元年,封沛献王子嘉为僮侯。章帝建初四年益属下邳国。治今安徽泗县东北。

20. 睢陵县(28—79)

章帝建初四年益属下邳国。治今江苏洪泽县西洪泽湖中。

21. 下相县(28—79)

章帝建初四年益属下邳国。治今江苏宿迁市西南。

22. 淮浦县(28—79)

章帝建初四年益属下邳国。治今江苏涟水县西。

23. 淮阴县(28—79)

章帝建初四年益属下邳国。治今江苏淮安市淮阴区西南。

24. 盱台县(28—79)

《汉志》作"盱眙"。章帝建初四年益属下邳国。治今江苏盱眙县东北。

25. 高山县(28—79)

《后汉书》卷34《梁统传》载,建武十二年,光武更封统为高山侯。统后定封为陵乡侯,在建武年间,确年不详。章帝建初四年益属下邳国。治今江苏盱眙县南。

26. 潘旌县(28—79)

《汉志》作"播旌"。章帝建初四年益属下邳国。今地无考。

27. 淮陵县(28—79)

章帝建初四年益属下邳国。治今安徽五河县东南。

28. 取虑县(28—54,70—79)

光武帝建武三十年,益属楚国。明帝永平十三年,楚国国除,还属临淮。章帝建初四年益属下邳国。治今安徽灵璧县东北。

29. 昌阳县(28—54,70—79?)

光武帝建武三十年,益属楚国。不知永平十三年后有无还属,详见前文楚国昌阳县。今地无考。

30. 夏丘县(44—79)

《续汉志》在下邳国,且自注云"故属沛",章帝建初四年益属下邳国。治今安徽泗县。

附一：下邳国(72—206)—下邳郡(206—220)

下邳国为明帝所置。《后汉书》卷2《明帝纪》载,永平十五年四月,"改临淮为下邳国",封皇子衍为下邳王。《续汉志》下邳国下司马彪自注亦云："武帝置为临淮郡,永平十五年更为下邳国。"

依上所载,似下邳国乃直接以临淮郡地而置,其实不然。永平十五年初置下邳国时,其领域与临淮郡毫不相涉,乃是分东海地置,因下邳国以下邳县得名,而下邳乃东海属县。《后汉书》卷2《明帝纪》及《续汉志》此处所载有误。《后汉书》卷50《下邳惠王衍传》载："下邳惠王衍,永平十五年封。……(章帝建初)四年,以临淮郡及九江之钟离、当涂、东城、历阳、全椒合十七县益下邳国。"据此则可知,建初四年前之下邳国不辖有合临淮郡及九江之五县而成的十七县之地,否则,《传》文不得言以此十七县"益下邳国"。换言之,在临淮郡益下邳国之前,已有下邳国在。唯下邳国初置之领域,史籍失载,兹依有关文献作一推断。

由上引《后汉书》卷50《下邳惠王衍传》知,建初四年临淮郡益下邳国之前其全境当有十二县(增益下邳国共十七县,而其中九江占五县)。检《续汉志》,下邳国领十七城,除去本属东海之下邳、曲阳、司吾、良成及沛郡之夏丘等五县,可得十二县,其中东成县与九江来属之东城,实重出一县,应摒去外,其余十一县均见于《汉志》临淮郡属县之中,是此十一县必应为建初四年临淮补益下邳国时之领县。如此,则尚需一县方能补足其时临淮郡所领十二县之数。又下邳国自增益临淮郡等所属之十七县后至顺帝永和五年(140)前未闻有削故临淮郡属县之记载,因此临淮所缺一县仍当于《续汉志》下邳国所余之县中求之。然由上文可知,下邳国下虽尚余六县,但似已无符合临淮郡所补之县者,而事实并非如此。临淮郡所应补之县,实乃其中之夏丘县,兹请证之:

上文已断下邳国初置时与临淮本非一地,当自有一领域。而夏丘与下邳国其时有临淮郡诸县为隔,下邳国断不会已先领有该县,此其一。下邳国自建初四年补益十七县后,未闻再有益封之举,故夏丘亦无建初四年后来属下邳之可能,而仅应在是年来属。易言之,夏丘自应在增益下邳之十七县之列,此其二。《续汉志》夏丘县下司马彪自注云"故属沛"者,盖仅据《汉志》而言,而夏丘完全有可能在临淮郡界下邳国前先自沛别属之,然后作为临淮十二属县之一又属下邳,《后汉书》卷50《下邳惠王衍传》不言下邳国所益十七县中有沛郡(国)属县,盖由此故,此其三。持此三端,夏丘为其时临淮所补之一县应无疑。钱大昕《廿二史考异》卷11以为临淮郡其时十二县之数当并下邳县计之,不确。钱氏察之不审,未读破前引《后汉书》卷50《下邳惠王衍传》之文,将下邳国始置与补益十七县视为同时之事,故有此误。又,沛郡自建武二十年为国后,未闻有因故削地事,故以理度之,夏丘盖于沛郡置为王国时调整领域而别属临淮。

经过以上分析,《续汉志》下邳国中仅有下邳、曲阳、司吾、良成四县未明自东海来属之年。而下邳国乃因下邳县而置,故该县自当于永平十五年初置下邳国时即有。至于其余三县,史虽不言其来属之年,但由于下邳国于建初四年前后未闻别有益封之举,故可断此三县与下邳县一起于下邳国初置时由东海别属之。换言之,下邳、曲阳、司吾、良成四县所组成的区域即应是永平十五年下邳国初置时之领域。如此,则下邳国乃析东海郡而置。

要之,永平十五年始置下邳国时仅有下邳、曲阳、司吾、良成等四县之地。

由前引《后汉书》卷50《下邳惠王衍传》可知,建初四年,徐、僮、睢陵、下相、淮浦、淮阴、盱台、高山、潘旌、淮陵、取虑、夏丘、钟离、当涂、东城、历阳、全椒等十七县来属下邳,下邳国辖域增为二十一县。

又,东汉砖文载:"无任下邳良臣髡钳吴奴,元初六年闰月十五日死","无任东海狼城完城旦徐孙,元初七年二月死"①。其中的"良臣"、"狼城"应当为"良成"的异写②。故良成县在安帝元初七年(120)时别属东海,此后不久应再次回属下邳。

---

① 中国社会科学院考古研究所编著:《汉魏洛阳故城城南郊东汉刑徒墓地》附表三"刑徒墓志砖铭文登记表",文物出版社,2007年,第105、118页。
② 同上书,第128页。

《后汉书》卷 50《下邳惠王衍传》载，顺帝永建元年(126)，"封(下邳贞王)成兄二人及惠王孙二人皆为列侯"，钟离、当涂、历阳、全椒四县遂回属九江郡。

综上所述，可断《续汉志》下邳国十七城之规模当于永建元年后即已形成，章帝建初四年至永建三年之下邳国领域见图 3-22，顺帝永和五年之下邳国见图 3-23。

降至献帝建安十一年(206)，下邳国除为汉郡。《后汉书》卷 8《灵帝纪》载，中平元年(184)，"下邳王意薨，无子，国除"。而《后汉书》卷 50《下邳惠王衍传》云，下邳愍王意在中平元年，"遭黄巾，弃国走。贼平复国，数月薨。子哀王宜嗣，数月薨，无子，建安十一年国除"。卷 9《献帝纪》亦曰，建安十一年，"齐、北海、阜陵、下邳、常山、甘陵、济北、平原八国皆除"。由《后汉书》卷 50《下邳惠王衍传》及卷 9《献帝纪》所载，知卷 8《灵帝纪》之记载有误。钱大昭《后汉书辨疑》卷 8 中认为《下邳惠王衍传》中所记"子哀王宜嗣，数月薨，无子，建安十一年国除"之"数月"二字为衍文，说："自中平元年至建安十一年，相距廿载，岂数月乎？"黄山《后汉书集解校补》中则由上述引文以为："下邳尝复封矣，或建安十年始复立宜为意后，数月即薨，故国再除，传未及详，数月反非误也。"黄氏此结论是基于《后汉书》卷 8《灵帝纪》"下邳王意薨，无子，国除"的前提得出的。上面已证《灵帝纪》有误，故比较钱、黄二说，黄说误，钱说当是。

又，汉末淮浦、淮阴二县别属广陵郡。

汉末，下邳还曾析置东城郡，东成、高山、淮陵、盱台等四县疑别属东城郡。东城郡旋废，四县还属。如此，则献帝建安末，下邳郡当领十五县，即《续汉志》下邳国十七城中除去别属广陵之二县后所余之目。

下邳国本都下邳，至东汉后期，下邳别属东海，国亦当徙治矣。

1. 下邳县(72—220)

明帝永平十五年，自东海郡来属。治今江苏邳州市南。

2. 曲阳县(72—220)

明帝永平十五年，自东海郡来属。《续汉志》中为侯国，未详。治今江苏沭阳县东南。

3. 司吾县(72—220)

明帝永平十五年，自东海郡来属。《续汉志》中为侯国，未详。治今江苏宿迁市北。

4. 良成县(72—120?，120? —220)

明帝永平十五年，自东海郡来属，安帝永初七年回属，不久再次来属。治今江苏邳州市东。

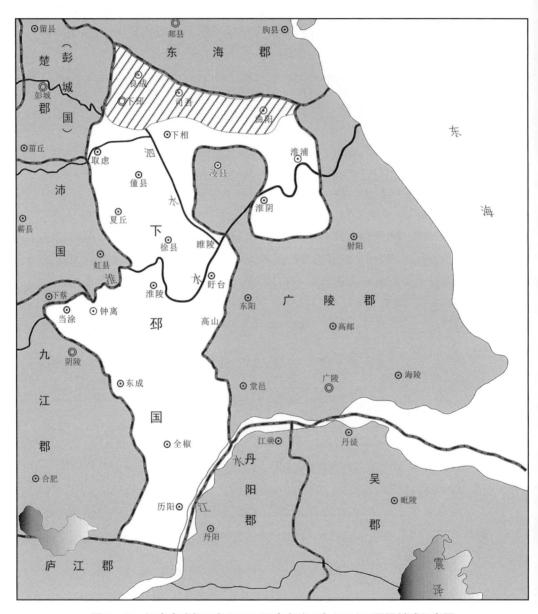

图 3-22　汉章帝建初四年(79)至顺帝永建三年(128)下邳国封域示意图

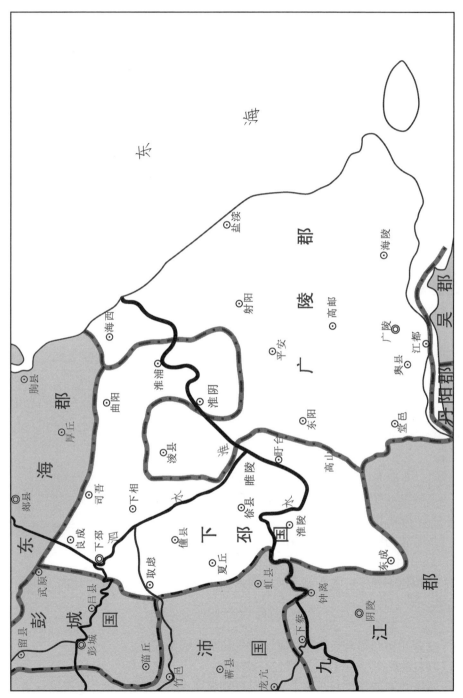

图 3-23 汉顺帝永和五年(140)下邳国、广陵郡示意图

5. 徐县(79—220)

章帝建初四年自临淮郡益属。治今江苏泗洪县南。

6. 僮县(79—220)

章帝建初四年自临淮郡益属。治今安徽泗县东北。

7. 睢陵县(79—220)

章帝建初四年自临淮郡益属。治今江苏洪泽县西洪泽湖中。

8. 下相县(79—220)

章帝建初四年自临淮郡益属。治今江苏宿迁市西南。

9. 淮浦县(79—196?)

章帝建初四年自临淮郡益属。《三国志》卷22《魏书·徐宣传》载:"(宣),广陵海西人也。避乱江东,又辞孙策之命,还本郡。与陈矫并为纲纪,二人齐名而私好不协,然俱见器于太守陈登,与登并心于太祖。海西、淮浦二县民作乱,都尉卫弥、令梁习夜奔宣家,密送免之。"据此则汉末淮浦当由下邳别属广陵,吴增仅《三国郡县表附考证》卷2即持此说。治今江苏涟水县西。

10. 淮阴县(79—196?)

章帝建初四年自临淮郡益属。前文已言淮浦汉末别属广陵,若此,则位于淮浦之南的淮阴县亦应改属广陵,否则淮阴即会成为下邳之飞地,于理不合。吴增仅《三国郡县表附考证》卷2疑该县与淮浦同时移入广陵,似可从之。治今江苏淮安市淮阴区西南。

11. 盱台县(79—197?,197?—220)

章帝建初四年自临淮郡益属。汉末别属东城郡,旋复。治今江苏盱眙县东北。

12. 高山县(79—197?,197?—220)

章帝建初四年自临淮郡益属。汉末别属东城郡,旋复。治今江苏盱眙县南。

13. 潘旌县(79—220)

章帝建初四年自临淮郡益属。今地无考。

14. 淮陵县(79—197?,197?—220)

章帝建初四年自临淮郡益属。汉末别属东城郡,旋复。治今安徽五河县东南。

15. 取虑县(79—220)

章帝建初四年自临淮郡益属。治今安徽灵璧县东北。

16. 东成县(79—197?,197?—220)

章帝建初四年自九江郡来属。汉末别属东城郡,旋复。治今安徽定远县东南。

17. 夏丘县(79—220)

章帝建初四年自临淮郡益属。治今安徽泗县。

18. 钟离县(79—126)

章帝建初四年自九江郡来属,然《续汉志》钟离仍属九江。钱大昕《廿二史考异》卷11曰:"钟离、当涂、历阳、全椒四县,《志》(按,指《续汉志》)仍属九江,《传》(按,指《后汉书》卷50《下邳惠王衍传》)又不见削地事。考汉世王子封侯者,例别属他郡。钟离、历阳《志》称侯国,必王子侯也。其二县《志》不言侯国,或分封未几而国除为县乎?"其说当是。检《后汉书》卷50《下邳惠王衍传》,下邳王子封侯者仅于顺帝永建元年一见,其时恰为四侯,故可推知其四侯所封之国必为钟离等四县。则钟离等四县当于永建元年因王子侯国而还属九江。治今安徽凤阳县东北。

19. 当涂县(79—126)

章帝建初四年自九江郡来属,顺帝永建元年置为王子侯国,回属九江。治今安徽怀远县南。

20. 历阳县(79—126)

章帝建初四年自九江郡来属,顺帝永建元年置为王子侯国,回属九江。治今安徽和县。

21. 全椒县(79—126)

章帝建初四年自九江郡来属,顺帝永建元年置为王子侯国,回属九江。治安徽今县。

附二:东城郡(197?—197?)

《三国志》卷7《魏书·陈登传》裴松之注引《先贤行状》云:"迁登为东城太守。"然东城郡之名仅此一见,郡始置时间及领县均不详。《后汉书集解》卷21引谢钟英云:"盖汉末为郡,后其地当兵冲,遂废。"谢说当是。又,陈登为东城太守当在建安初,故东城郡至迟已在建安初年析置。

东城郡自然领东城县,东城县恰在下邳国西南角,以地理度之,或以淮水以南之东城、淮陵、高山、盱台而置。郡治不明。

1. 东城县(197?—197?)

由下邳来属,旋郡废,还属下邳。治今安徽定远县东南。

2. 淮陵县(197?—197?)

由下邳来属,旋郡废,还属下邳。治今安徽五河县东南。

3. 高山县(197？—197？)

由下邳来属,旋郡废,还属下邳。治今江苏盱眙县南。

4. 盱台县(197？—197？)

由下邳来属,旋郡废,还属下邳。治今江苏盱眙县东北。

第五节 广陵郡(国)[附:泗水国(郡)]沿革

广陵郡(28—58)—广陵国(58—67)—广陵郡(67—220)

光武帝建武四年(28)以后,广陵郡归东汉。据《后汉书》卷1《光武帝纪》载,建武十三年,省并西京十王国,泗水国属广陵郡。又,据《汉志》知泗水与广陵之间有临淮之富陵为隔,而《续汉志》不载此县,故可知该县当于泗水并属广陵时省入广陵境内。此外,泗水国北境本与东海郡相连,而临淮在章帝建初四年(79)前定辖有淮浦、淮阴二县,故泗水并入广陵后,原泗水北境必然要相应向南收缩,略做调整,由原来的与东海相邻改为与临淮相接。否则,淮浦、淮阴二县即会随泗水省属广陵而成为临淮之飞地,于理不合。

又,东阳、射阳、盐渎、舆、堂邑等五县,《汉志》皆为临淮郡属县,是此五县东汉时来自临淮。唯其各自来属之年,史亦不书。又因章帝建初四年临淮郡全境属县益下邳国时已不闻东阳等五县之名,故可知至迟在是年前此五县已别属广陵。又由于五县地邻《汉志》广陵国境,故颇疑在泗水并入广陵之际调整临淮与广陵之郡界,而将东阳等五县由临淮划入广陵。如此,则此五县当于光武帝建武十三年初来属。此外,《汉志》临淮郡海陵县亦当于此时来属广陵。

故建武十三年,广陵郡得泗水国之凌县及临淮郡之东阳、射阳、盐渎、舆、堂邑、海陵六县,此年广陵郡领广陵、江都、高邮、平安、凌、东阳、射阳、盐渎、舆、堂邑、海陵十一县。

明帝永平元年(58),山阳王荆获罪,徙为广陵王,广陵郡为国。十年,广陵国除,复为汉郡。《后汉书》卷2《明帝纪》载,永平十年"春二月,广陵王荆有罪,自杀,国除"。卷42《广陵思王荆传》云:"(荆为广陵王后),复呼相工谓曰:'我貌类先帝。先帝三十得天下,我今亦三十,可起兵未?'相者诣吏告之,荆惶恐,自系狱。帝复加恩,不考极其事,下诏不得臣属吏人,唯食租如故,使相、中尉谨宿卫之。荆犹不改。其后使巫祭祀祝诅,有司举奏,请诛之,荆自杀。"以上所载,均可为证。

又,不早于建武二十八年,海西县自东海郡来属。此后,广陵郡遂领十二县(《续汉志》十一县加上漏载之海陵县),而此规模在形成后相当长一段时间内保持了稳定。顺帝永和五年(140)之广陵郡领域见前图3-23。

降至汉末,下邳之淮浦、淮阴二县来属,广陵郡领县增至十四县之谱。

广陵郡(国)治所本在广陵县。降至献帝时,《后汉书集解》卷21王先谦云:"三国魏、吴分据汉郡,废。魏广陵徙治淮阴,见《通鉴》胡注。马与龙云:'建安中魏武以陈登为广陵太守,治射阳,建安末吴主权以孙韶为广陵太守治京城,见《吴志韶传》。'此则吴徙置广陵治京城也。"则汉末,曹魏广陵治射阳,孙吴广陵治京城。

1. 广陵县(28—220)

《后汉书》卷42《广陵思王荆传》载,永平十四年,"封荆子元寿为广陵侯,服王玺绶,食荆故国六县"。是广陵于明帝永平十四年为侯国,传文又云:"元寿卒,子商嗣。商卒,子条嗣,传国于后。"然《续汉志》中广陵为县,故知其侯国除于顺帝永和五年(140)前某年。治今江苏扬州市西北。

2. 江都县(28—220)

治今江苏扬州市邗江区西南。

3. 高邮县(28—220)

治今江苏高邮市。

4. 平安县(28—220)

治今江苏宝应县西南。

5. 凌县(37—220)

治今江苏泗阳县西北。

6. 东阳县(37—220)

治今江苏盱眙县东北。

7. 射阳县(37—220)

《后汉书》卷32《樊宏传》载,建武十三年,光武帝封宏弟丹为射阳侯。治今江苏宝应县东北。

8. 盐渎县(37—220)

治今江苏盐城市盐都区。

9. 舆县(37—220)

《续汉志》中为侯国,未详。治今江苏仪征市北。

10. 堂邑县(37—220)

治今江苏南京市六合区西北。

11. 海西县(52? —220)

《汉志》讹为"海曲",属东海郡。故可知其东汉时由东海来属。唯来属之确年,于史无载。又因光武帝建武二十八年该县尚处东海国所食二十九县之列(参见东海郡沿革),故该县不会早于是年由东海别属广陵。治今江苏灌南县东南。

12. 海陵县(37—220)

《续汉志》无此县,然《宋书》卷35《州郡志》广陵太守海陵令下云:"前汉属临淮,后汉、晋属广陵,三国时废,晋武帝太康元年复立。"是明载海陵东汉时由临淮改属广陵,故可知《续汉志》乃偶一漏载,当补。至于海陵来属之年,由其地望可知当与上述东阳等五县同于建武十三年自临淮来属。治今江苏泰州市海陵区。

13. 淮浦县(196?—220)

汉末自下邳国来属。治今江苏涟水县西。

14. 淮阴县(196?—220)

汉末自下邳国来属。治江苏淮安市淮阴区西南。

附:泗水国(28—34)—泗水郡(34—37)

建武四年以后泗水国归属东汉。然《后汉书》卷1《光武帝纪》又载,建武二年"五月庚辰,封更始元氏王歙为泗水王……(十年),泗水王歙薨"。卷14《泗水王歙传》载:"建武二年,立歙为泗水王……十年,歙薨,封小子煇为堂溪侯,奉歙后。"由是可知,泗水省入广陵前曾在建武二年至十年间为东汉王国。然建武二年泗水国地仍未被东汉实际控制,故此王国之封在泗水入汉前不过为虚名。

《汉志》泗水国领三县:凌、泗阳、于。东汉初年,省并泗阳、于县,泗水国仅余一县而已。据《后汉书》卷1《光武帝纪》载,建武十三年,省并西京十王国,泗水属广陵郡。

泗水国(郡)治凌县。

1. 凌县(28—37)

治今江苏泗阳县西北。

2. 泗阳县(28—30)

治今江苏淮安市淮阴区西南。

3. 于县(28—30)

今地无考。

第六章　冀州刺史部所辖郡国沿革

东汉建立前,冀州刺史部所辖郡国已经归属刘秀政权。光武帝建武十三年(37),省西京广平国、真定国、河间国,冀州刺史部遂辖有魏郡、钜鹿、常山、中山、信都、清河等六郡及赵公国。建武十七年,置中山国封皇子辅,并食中山、常山两郡。十九年,赵公国进为王国。二十年,中山王徙封沛,中山国除,两郡复为汉郡。三十年,中山复为国。

明帝永平三年(60),析钜鹿郡置广平国。十五年,以钜鹿郡为钜鹿国,常山郡为常山国,信都郡为乐成国。

章帝建初四年(79),钜鹿、常山两王徙封,皆复为汉郡。七年,广平王徙封西平,广平国除,并入钜鹿郡。同年,清河为国。

和帝永元二年(90),复以常山为国,又析置河间国。五年,分钜鹿郡析置广宗国,同年国除,省并。

安帝永初元年(107),析置广川国,旋除。延光元年(122),更乐成国名为安平。

桓帝建和二年(148),改清河为甘陵国。延熹元年(158),析置博陵郡。八年,析钜鹿郡置廮陶国。永康元年(167),廮陶国除,并入钜鹿郡。

灵帝中平元年(184),安平国除为郡。灵帝末年,中山国除为郡。

献帝建安十一年(206),甘陵国除为郡。十八年,赵王徙封博陵,赵国为郡,博陵则为国。

第一节　魏郡沿革

魏郡(25—220)

东汉建立前,魏郡已经归属刘秀政权。《汉志》魏郡领十八县,西汉平帝元始二年(2)广平之曲梁侯国来属,故魏郡应领十九县。较之《续汉志》魏郡所载十五城,其即裴①、邯沟②、邯会③、武始四县不见于《续汉志》任一郡国之下,当皆于东汉初年省并。故光武帝建武十三年(37),魏郡领邺、馆陶、斥丘、涉、内黄、清渊、魏、繁阳、元城、梁期、黎阳、阴安、平恩、武安、曲梁等十五县。魏郡遂为《续汉志》十五县之规模。此后在相当一段时间内,领域几无变化。顺帝永和五年(140)之魏郡见图 3-24。

降至献帝建安年间,魏郡领县稳定在十五之数的局面终于被打破。建安十七年(212),鉴于其时曹操位高权重,献帝曾有一次大规模增益魏郡的举措。《三国志》卷 1《魏书·武帝纪》载,建安十七年,"割河内之荡阴、朝歌、林虑,东郡之卫国、顿丘、东武阳、发干,钜鹿之廮陶、曲周、南和,广平之任城,赵之襄国、邯郸、易阳以益魏郡"。史载此处有讹误,其中"广平之任城"应作"广平、任","之"、"城"二字均系衍文,钱大昕《廿二史考异》卷 15 已辨之,兹不赘言。据此魏郡新得十五县,并《续汉志》所载之十五县,是时魏郡共领三十县(见图3-25)。

建安十八年,魏郡实际上一分为三。《三国志》卷 1《魏书·武帝纪》载,建安十八年"冬十月,分魏郡为东西部,置都尉"。魏郡东、西部都尉各自领县状况,史虽不载,然仍可推知。《三国志》卷 2《文帝纪》云,黄初二年(221),"以魏郡东部为阳平郡,西部为广平郡"。吴增仅《三国郡县表附考证》卷 2 据有关文献,以为魏阳平郡领有九县,其中卫国、发干、东武阳、顿丘、馆陶、元城、清渊等七县来自魏郡;广平郡领十六县,其中易阳、邯郸、襄国、广平、南和、任、曲周、武安、曲梁、涉、平恩等十一县原属魏郡。其说可从。故结合上引《三国志》卷 2《文帝纪》之文可知汉末建安十八年,魏郡东部都尉所领之县即魏阳平郡中本属魏郡之七县,而魏郡西部都尉所领之县当为十二县,即魏广平郡中来自魏郡的十一县,再加上廮陶县(由地望知)。其时魏郡实际仅控制建安十七年所领三十县中除去东、西部都尉所领的十九县后所得的十一县之地而已。

魏郡治邺县。

---

① 《汉书补注》卷 28 魏郡即裴县下王先谦曰:"《续志》后汉省。《浊漳水注》:漳水自斥丘来,东径即裴故城南。《地理风俗记》云:'列人县西南六十里有即裴城,故县也。漳水下入广平列人。'案,据应说县并入列人。"
② 邯沟县下王氏又云:"《续志》后汉省。《浊漳水注》:'白渠故渎自武安来,南出所在,枝分右出,即邯沟也。历邯沟县故城东,盖因沟以氏县。'《地理风俗记》云:'即裴城西北二十里有邯沟城,故县也。邯沟水下入广平列人。'案,据应说及即裴下应说,县亦并入列人。"王说甚是。
③ 邯会地处邯沟以南、即裴之北,故亦应省并入广平列人无疑。

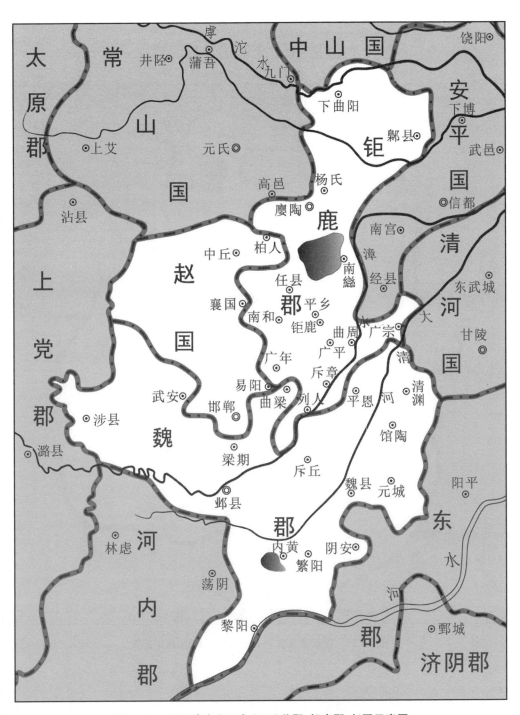

图3-24 汉顺帝永和五年(140)魏郡、钜鹿郡、赵国示意图

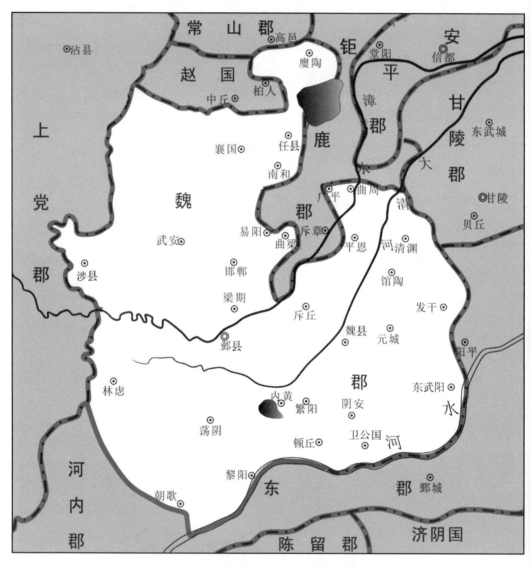

图 3-25 汉献帝建安十七年(212)魏郡领域示意图

1. 邺县(25—220)

《太平寰宇记》卷 55 云,后汉桓灵之间,冀州刺史常理于此。《后汉书》卷 74《袁绍传》载,献帝建安元年封绍为邺侯,绍败后当复为县。治今河北临漳县西南。

2. 即裴县(25—30)

治今河北肥乡县西南。

3. 武始县(25—30)

治今河北邯郸市西南。

4. 邯会县(25—30)

治今河北肥乡县西南。

5. 邯沟县(25—30)

治今河北肥乡县西北。

6. 繁阳县(25—220)

治今河南内黄县西北。

7. 内黄县(25—220)

治今河南内黄县西北。

8. 魏县(25—220)

治今河北大名县西南。

9. 元城县(25—220)

治今河北大名县东北。

10. 黎阳县(25—220)

治今河南浚县东。

11. 阴安县(25—220)

《续汉志》云"阴安邑",《后汉书》卷 10《皇后纪》载,和帝永元五年(93),封章帝女吉为阴安公主,当为是。治今河南清丰县西北。

12. 馆陶县(25—220)

《后汉书》卷 10《皇后纪》载,建武十五年,光武女红夫封为馆陶公主,是东汉初曾为邑。黄山《后汉书集解校补》云:"案汉制,皇女封公主者,所生之子袭母封,为列侯,皆传国于后。韩光尚光武女馆陶公主,虽以罪诛,然公主尝为子求郎,则固有袭封之子,而县曾为国矣"。国除年不详。治今河北馆陶县。

13. 清渊县(25—220)

治今河北馆陶县东北。

14. 平恩县(25—220)

治今河北邱县西南。

15. 涉县(25—220)

《续汉志》此县作"沙",《汉志》亦然,王念孙《读书杂志》卷4对之有详细考辨,"沙"乃"涉"之讹也,兹不赘述。《续汉志》中为侯国,未详。治今河北涉县西北。

16. 斥丘县(25—220)

治今河北成安县东南。

17. 武安县(25—220)

治今河北武安市西南。

18. 曲梁县(25—220)

《续汉志》自注云:"故属广平。"是知此县当由广平别属魏郡。然该县别属之年,实可上溯至西汉末年。《汉志》魏郡领县十八,乃西汉成帝末年的规模。平帝元始二年(2),广平郡为国,其原回属之王子侯国,此时依例复应别属。《汉志》广平国辖十六县,实应是成帝元延末年广平郡的领县状况。故《汉志》广平国下所辖的曲梁侯国,在元始二年时已不在广平国隶属之下。又因曲梁侯国在回属广平郡前别属于邻近之魏郡,故此时复应别属魏郡。《续汉志》中为侯国,未详。治今河北永年县东南。

19. 梁期县(25—220)

治今河北磁县东北。

20. 荡阴县(212—220)

献帝建安十七年益属魏郡。治今河南汤阴县。

21. 朝歌县(212—220)

献帝建安十七年益属魏郡。治今河南淇县。

22. 林虑县(212—220)

献帝建安十七年益属魏郡。治今河南林州市。

23. 卫公国(212—220)

献帝建安十七年,益属魏郡。治今河南清丰县南。

24. 顿丘县(212—220)

献帝建安十七年益属魏郡。治今河南清丰县西南。

25. 东武阳县(212—220)

献帝建安十七年益属魏郡。治今山东莘县东南。

26. 发干(212—220)

献帝建安十七年益属魏郡。治今山东冠县东。

27. 廮陶县(212—220)

献帝建安十七年益属魏郡。治今河北晋州市西南。

28. 曲周县(212—220)

献帝建安十七年益属魏郡。治今河北威县西南。

29. 广平县(212—220)

献帝建安十七年益属魏郡。治今河北鸡泽县东。

30. 南和县(212—220)

献帝建安十七年益属魏郡。治今河北南和县。

31. 任县(212—220)

献帝建安十七年益属魏郡。治今河北任县东。

32. 襄国县(212—220)

献帝建安十七年益属魏郡。治今河北邢台市。

33. 邯郸县(212—220)

献帝建安十七年益属魏郡。治今河北邯郸市。

34. 易阳县(212—220)

献帝建安十七年益属魏郡。治今河北永年县东南。

第二节 钜鹿(国)郡(附：广平国、广宗国、廮陶国)沿革

钜鹿郡(25—72)—钜鹿国(72—79)—钜鹿郡(79—220)

东汉建立前,钜鹿郡已经归属刘秀政权。《汉志》钜鹿郡领县二十,其广阿、宋子、临平、贳、敬武、象氏、新市、安定、历乡、乐信、武陶、柏乡、安乡十三县皆不见载于《续汉志》中,盖皆于东汉初年省并。

东汉初年,广宗国废,广宗县即属钜鹿郡①。

《后汉书》卷1《光武帝纪》载,光武帝建武十三年(37),省并西京十王国,广平属钜鹿。钜鹿郡遂得广平、斥章、曲周、列人、任、南和、平乡、广年八县。故至此年,钜鹿郡领有钜鹿、南䜌、廮陶、杨氏、下曲阳、鄡、堂阳、广宗、广平、斥章、曲周、列人、任、南和、平乡、广年十六县。

据《后汉书》卷2《明帝纪》及卷50《陈敬王羡传》载,永平三年(60)夏四月辛酉,明帝封皇子羡为广平王,广平国当由钜鹿郡重新分出,钜鹿遂复仅余钜

---

① 《续汉志》钜鹿郡有此县,而《汉志》不载。钱大昕《廿二史考异》卷14以为是西汉末年广宗国之地,故可推知该县立于西汉平帝元始二年(2)广宗国始置之时,至广宗国除后为钜鹿辖县。

鹿、南䜌、廮陶、杨氏、下曲阳、鄡、堂阳、广宗等八县。

据《后汉书》卷 2《明帝纪》及卷 50《彭城靖王恭传》载,永平十五年,封皇子恭为钜鹿王,钜鹿郡为国。章帝建初四年(79),钜鹿王恭徙封江陵王,钜鹿国除为郡。

建初七年,广平王羡徙封西平王,广平国除,所领之县理当复并入钜鹿郡,此由《续汉志》无广平郡而其属县皆在钜鹿郡下可知。

和帝永元二年(90)前,于堂阳县析置经县。永元二年堂阳、鄡二县别属乐成国,或在此时,经县同时别属乐成国。五年,析置广宗国,广宗县别属之。广宗国是年即国除,广宗县回属钜鹿。七年,鄡县复由乐成还属。顺帝永和五年(140)之钜鹿郡参见前图 3-24。

降至桓帝延熹八年(165),勃海王悝贬为廮陶王,食一县。永康元年(167),悝复为勃海王,廮陶国除。廮陶为钜鹿郡属县,故知在延熹八年至永康元年的二年间,曾析钜鹿置廮陶国,廮陶一县别属。廮陶国除后,县遂还属钜鹿。

献帝建安十七年(212),益魏郡,廮陶、曲周、南和、广平、任五县别属之。此后钜鹿郡领十县之地。

西汉钜鹿郡治在钜鹿县,然《续汉志》钜鹿郡首书廮陶,疑为明帝永平三年置广平国时,钜鹿县亦别属之,故徙治于廮陶。又,桓帝时廮陶尝为国,建安时又别属魏郡,颇疑郡治又还至钜鹿矣。

1. 廮陶县(25—165,167—212)

桓帝延熹八年为国,永康元年国除,复属钜鹿郡。献帝建安十七年别属魏郡。治今河北晋州市西南。

2. 广阿县(25—30)

治今河北隆尧县东。

3. 宋子县(25—30)

治今河北赵县东北。

4. 临平县(25—30)

治今河北晋州市东南。

5. 贳县(25—30)

治今河北辛集市西南。

6. 敬武县(25—30)

治今河北赵县东。

7. 象氏县(25—30)

治今河北隆尧县北。

8. 新市县(25—30)

治所当在今河北南宫、新河、巨鹿交界处一带,确地无考。

9. 安定县(25—30)

治今河北辛集市东北。

10. 历乡县(25—30)

治今河北宁晋县东。

11. 乐信县(25—30)

治今河北辛集市东南。

12. 武陶县(25—30)

今地无考。

13. 柏乡县(25—30)

治今河北柏乡县西南。

14. 安乡县(25—30)

治今河北晋州市东。

15. 钜鹿县(25—220)

治今河北平乡县西南。

16. 杨氏县(25—220)

治今河北宁晋县。

17. 堂阳县(25—90)

和帝永元二年别属乐成国。治今河北新河县西北。

18. 鄡县(25—90,95—220)

《汉志》作"鄥"。和帝永元二年别属乐成国,七年,回属。治今河北辛集市东南。

19. 下曲阳县(37—220)

治今河北晋州市西北。

20. 广宗县(25? —93,93—220)

《后汉书》卷78《孙程传》载,顺帝封宦者王成为侯国。和帝永元五年,封皇弟万岁为广宗王,广宗别为国,旋回属钜鹿郡。治今河北威县东。

21. 任县(37—60,82—212)

明帝永平三年别属广平国,章帝建初七年还属。献帝建安十七年别属魏郡。治今河北任县东。

22. 南和县(37—60,82—212)

明帝永平三年(60)别属广平国,章帝建初七年还属。献帝建安十七年别属魏郡。治今河北南和县。

23. 广平县(37—60,82—212)

《后汉书》卷18《吴汉传》载,建武二年,光武帝封吴汉为侯。二十年,国除复为县。明帝永平三年别属广平国,章帝建初七年还属。《后汉书》卷78《孙程传》载,顺帝又封宦官马国为侯。献帝建安十七年别属魏郡。治今河北鸡泽县东。

24. 斥章县(37—60,82—220)

《后汉书》卷18《吴汉传》载,建武二年至二十年,广平侯吴汉兼食此县。明帝永平三年别属广平国,章帝建初七年还属。治今河北曲周县东南。

25. 曲周县(37—60,82—212)

《后汉书》卷18《吴汉传》载,建武二年至二十年,广平侯吴汉兼食此县。明帝永平三年别属广平国,章帝建初七年还属。献帝建安十七年,别属魏郡。治今河北威县西南。

26. 列人县(37—60,82—220)

明帝永平三年别属广平国,章帝建初七年还属。治今河北肥乡县东北。

27. 广年县(37—60,82—220)

《后汉书》卷18《吴汉传》载,建武二年至二十年,广平侯吴汉兼食此县。明帝永平三年别属广平国,章帝建初七年还属。治今河北永年县东北。

28. 平乡县(37—60,82—220)

明帝永平三年别属广平国,章帝建初七年还属。《后汉书》卷38《滕抚传》载,冲帝永熹元年(145),封下邳人谢安为平乡侯。治今河北平乡县西南。

29. 南䜌县(25—220)

《后汉书》卷15《邓晨传》载,建武十三年,光武帝封晨为侯,十九年徙封西华。卷10《皇后纪》载,光武帝封陈茂为南䜌侯,其事当在邓晨之后,国除年不详。治今河北巨鹿县北。

30. 经县(90? —90?)

《汉志》无此县,然《汉志》钜鹿郡堂阳县下班固自注云:"有盐官,尝分为经县。"据此可知西汉即曾析堂阳置经县,《续汉志》所载之经县当是东汉于故地复置耳。钱大昕《廿二史考异》卷14曰:"经,《前志》无,安平孝王得子理封经侯。"而安平国置于安帝延光元年(122),是至迟于是年之前经县即已复置。和帝永元二年(90)堂阳县别属乐成国,则经县当在此年之前已经复置,或与堂阳县同时别属乐成国。治今河北广宗县东北。

附一:广平国(25—37,60—82)

《汉志》广平国领县十六,曲梁于西汉平帝元始二年(2)别属魏郡。其中张、朝平、南曲、广乡、平利、阳台、城乡七县不见于《续汉志》，当是东汉初期所省并。建武十三年，广平国省，其县皆入钜鹿郡。

明帝永平三年，封皇子羡为广平王。《后汉书》卷50《陈敬王羡传》载："陈敬王羡，永平三年封广平王。建初三年，有司奏遣羡与钜鹿王恭、乐成王党俱就国。肃宗性笃爱，不忍与诸王乖离，遂皆留京师。明年，案舆地图，令诸国户口皆等，租入岁各八千万。羡博涉经书，有威严，与诸儒讲论于白虎殿。七年，帝以广平在北，多有边费，乃徙羡为西平王，分汝南八县为国。"是广平于明帝永平三年至章帝建初七年间重新置为王国。

广平国封域，史籍无载。然大致以故西汉之广平地而置，或即领《汉志》广平之范围，即广平、斥章、曲周、列人、任、南和、平乡七县。然以上引传文之意，似章帝建初四年广平国亦曾有过益封，然其详情已不得而知。广平国除后，其领县当尽还钜鹿郡。

国都不详，或在广平县。

1. 广平县（25—37，60—82）

《后汉书》卷18《吴汉传》载，建武二年，光武帝封吴汉为侯。建武十三年省入钜鹿郡。明帝永平三年复属广平国，章帝建初七年再属钜鹿郡。治今河北鸡泽县东。

2. 张县（25—30）

治今河北任县西南。

3. 朝平县（25—30）

治今河北任县东南。

4. 南曲县（25—30）

治今河北邱县西北。

5. 广乡县（25—30）

治今河北任县西。

6. 平利县（25—30）

治今河北任县西南。

7. 阳台县（25—30）

今地无考。

8. 城乡县（25—30）

今地无考。

9. 斥章县（25—37，60—82）

《后汉书》卷18《吴汉传》载，建武二年，广平侯吴汉兼食此县。建武十三年省入钜鹿郡。明帝永平三年复属广平国,章帝建初七年再属钜鹿郡。治今河北曲周县东南。

10. 曲周县(25—37,60—82)

《后汉书》卷18《吴汉传》载,建武二年,广平侯吴汉兼食此县。建武十三年省入钜鹿郡。明帝永平三年复属广平国,章帝建初七年再属钜鹿郡。治今河北威县西南。

11. 列人县(25—37,60—82)

光武帝建武十三年省入钜鹿郡。明帝永平三年复属广平国,章帝建初七年再属钜鹿郡。治今河北肥乡县东北。

12. 广年县(25—37,60—82)

《后汉书》卷18《吴汉传》载,建武二年,广平侯吴汉兼食此县。建武十三年省入钜鹿郡。明帝永平三年复属广平国,章帝建初七年再属钜鹿郡。治今河北永年县东北。

13. 平乡县(25—37,60—82)

光武帝建武十三年省入钜鹿郡。明帝永平三年复属广平国,章帝建初七年再属钜鹿郡。治今河北平乡县西南。

14. 任县(25—37,60—82)

光武帝建武十三年省入钜鹿郡。明帝永平三年复属广平国,章帝建初七年再属钜鹿郡。治今河北任县东。

15. 南和县(25—37,60—82)

光武帝建武十三年省入钜鹿郡。明帝永平三年复属广平国,章帝建初七年再属钜鹿郡。治今河北南和县。

附二:广宗国(93)

《后汉书》卷55《广宗殇王万岁传》载,"广宗殇王万岁,以永元五年封,分钜鹿为国。其年薨,葬于京师。无子,国除,并还钜鹿"。是和帝永元五年曾分钜鹿置广宗国。其国存在不足一年,故有关其封域全无记载,唯能知必领广宗县,其余只得存疑于此。

广宗(93)

和帝永元五年短暂属广宗国。治今河北威县东。

附三:廮陶国(165—167)

《后汉书》卷55《千乘贞王伉传》载,桓帝延熹八年,勃海王悝"贬为廮陶王,食一县"。卷7《桓帝纪》载,永康元年,"复廮陶王悝为勃海王",廮陶国除。此国仅一县,国除后当复入钜鹿郡。

廮陶(165—167)

桓帝延熹八年为国,永康元年国除,复属钜鹿郡。治今河北晋州市西南。

第三节 常山郡(国)(附:真定国)沿革

常山郡(25—72)—常山国(72—79)—常山郡(79—90)—常山国(90—206)—常山郡(206—220)

东汉建立前,常山郡已经归属刘秀政权。《汉志》常山郡所属有十八县,相较《续汉志》,其石邑、关、桑中、封斯、乐阳、平台六县不见载,故此六县于东汉初年省并无疑。

《后汉书》卷1《光武帝纪》载,建武十三年(37),省并西京十王国,真定属常山。真定、绵曼二县来属。

故光武帝建武十三年,常山郡领有元氏、灵寿、蒲吾、上曲阳、九门、井陉、房子、中丘、平棘、高邑、都乡、南行唐、真定、绵曼十四县。

建武十七年,中山王辅并食常山郡,绵曼县省并。二十年,中山王辅徙封沛王,中山国除,常山郡复属汉廷。

《后汉书》卷2《明帝纪》及卷50《淮阳顷王昞传》载,明帝永平十五年(72),封皇子昞为常山王,常山郡为国。章帝建初四年(79)四月,徙常山王昞为淮阳王,常山国除,复为汉郡。又约在同时,二县别属:中丘别属赵国,上曲阳别属中山国。

《后汉书》卷4《和帝纪》及卷50《淮阳顷王昞传》载,和帝永元二年(90)五月,绍封故淮阳王昞小子侧复为常山王,奉昞后,是为殇王。常山复由郡为国。和帝时,上艾县自太原来属。

安帝元初五年(118),赵王乾有罪,削中丘县,中丘复应还属常山。旋中丘复别属赵国。此外,东汉新置栾城县,确年不详,唯知在顺帝永和五年(140)前。永和五年之常山国见图3-26。

灵帝中平元年(184),常山王暠遭黄巾贼,弃国走,《后汉书》卷50《淮阳顷王昞传》载:"建安十一年国除"。然则建安十一年(206)常山国除,复为汉郡。

献帝建安二十年后,乐平郡置,上艾别属之。又,汉末复置一县:石邑。如此,则至汉末常山郡仍领十三县,但领域较《续汉志》所示的常山国要少上艾一县之地。

常山郡(国)治元氏县。

1. 元氏县(25—220)

《后汉书》卷11《刘玄传》载,更始封刘歆为王。治今河北元氏县西北。

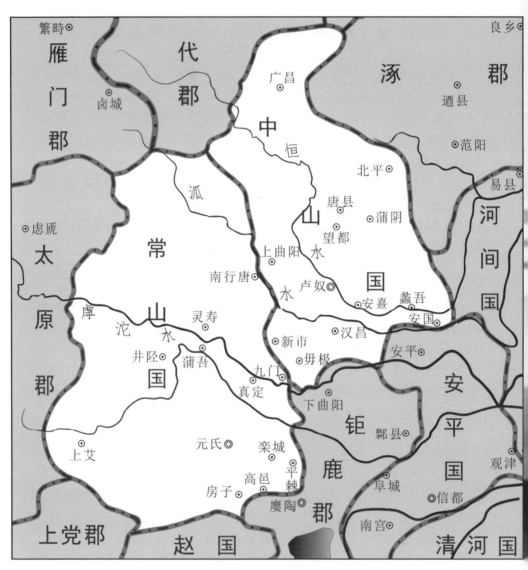

图 3-26　汉顺帝永和五年(140)常山国、中山国示意图

2. 关县(25—30)

治今河北石家庄市栾城区西北。

3. 桑中县(25—30)

治今河北平山县南。

4. 封斯县(25—30)

治今河北赵县西北。

5. 乐阳县(25—30)

治今河北石家庄市鹿泉区东北。

6. 平台县(25—30)

今地无考。

7. 高邑县(25—220)

《汉志》作"鄗"。《后汉书》卷1《光武帝纪》载,光武帝建武元年,刘秀称帝于鄗,改鄗为高邑。《续汉志》司马彪自注云:"刺史治。"治今河北高邑县东南。

8. 都乡县(25—220)

《续汉志》中为侯国,东汉一代封都乡侯者尤多,未详。今地无考。

9. 南行唐县(25—220)

治今河北行唐县东北。

10. 房子县(25—220)

《后汉书》卷15《邓晨传》载,建武元年,光武帝封邓晨为房子侯,十三年徙封。治今河北高邑县西南。

11. 平棘县(25—220)

治今河北赵县东南。

12. 栾城县(140?—220)

钱大昕《廿二史考异》卷14曰:"《前志》无此县。"《后汉书集解》卷20引惠栋说,谓哀五年,国夏伐晋,取栾。杜预云,栾城在平棘县西北。又引马与龙曰,前汉关县,治今正定府栾城县西北,后汉改置栾城县,晋省,见《一统志》;《张禹传》,禹祖父况建武初为常山关长,其时尚未改置也。分析上述诸家之说,可知马与龙谓栾城乃于关县地改置不确,因栾城、关县本非一地,而《张禹传》所载亦不能论证关县即是后来的栾城。故可以论定关县省并于东汉初年,而栾城当是东汉新置之县。由栾城地望知,该县之置并未影响到常山领域的变化。治今河北赵县西北。

13. 九门县(25—220)

治今河北石家庄市藁城区西北。

14. 灵寿县(25—220)

《后汉书》卷21《邳彤传》载,建武元年,光武帝封彤为灵寿侯,九年,彤子汤徙封乐陵侯。治今河北灵寿县西北。

15. 蒲吾县(25—220)

治今河北平山县东南。

16. 井陉县(25—220)

治今河北井陉县西北。

17. 真定县(37—220)

治今河北正定县南。

18. 绵曼县(37—41)

《后汉书》卷10《皇后纪》记载,建武二年,"封(郭)况绵蛮侯。……十七年,进后中子右翊公辅为中山王,以常山郡益中山国。徙封况大国,为安阳侯。"赵海龙据此认为,绵蛮即绵曼也,字形虽异,实指一地。则知绵曼县在光武帝建武十七年之前应当是始终存在的①,可从。治今河北石家庄市鹿泉区北。

19. 上艾县(89?—215)

《续汉志》常山郡上艾县下司马彪自注云:"故属太原。"然该县来属之年,史籍失载,在此仅作一推测。检《后汉书》卷50《淮阳顷王昞传》,顺帝永和五年前,除和帝怜常山王章早孤"数加赏赐"外,其余各常山王皆未闻有益封之举,故颇疑和帝时,上艾由太原别属常山。献帝建安二十年,别属乐平郡。治今山西平定县。

20. 石邑县(25—30,220?—220)

该县本在东汉初年常山郡省并的六县之列。《三国志》卷2《魏书·文帝纪》载,延康元年(220)八月,"石邑县言凤皇集"。吴增僅《三国郡县表附考证》卷2据此以为石邑县"盖汉末复立",当是。治今河北石家庄市鹿泉区东南。

21. 上曲阳县(37—79)

疑章帝建初四年别属中山国。治今河北曲阳县西。

22. 中丘县(37—79,118—118?)

章帝建初四年别属赵国。安帝元初五年,赵王乾获罪,削中丘县,该县还属常山。旋中丘复还属赵国。治今河北内丘县西。

附:真定国(25—37)

东汉建立之前,真定国已经归属东汉。建武二年,光武帝曾封故真定王杨子得为真定王。《汉志》真定国辖四县,相较于《续汉志》,藁城、肥累、绵曼三县

---

① 赵海龙:《〈东汉政区地理〉县级政区补考》,《南都学坛》2016年第2期。

不见载,除绵曼县省并稍晚外,余二县应于东汉初年省并。《后汉书》卷1《光武帝纪》载,建武十三年,得以"袭爵为王,不应经义"之名降为真定侯,真定国除后随之省并常山郡。

1. 真定县(25—37)

治今河北正定县南。

2. 稾城县(25—30)

治今河北石家庄市藁城区西南。

3. 肥累县(25—30)

治今河北石家庄市藁城区西。

4. 绵曼县(25—37)

治今河北石家庄市鹿泉区北。

第四节　中山郡(国)[附:博陵郡(国)]沿革

中山国(25—37)—中山郡(37—41)—中山国(41—44)—中山郡(44—54)—中山国(54—174?)—中山郡(174?—220)

东汉建立之前,中山郡已经归属刘秀政权。《后汉书》卷1《光武帝纪》载,光武帝建武元年(25)七月,封宗室刘茂为中山王,中山郡为国。十三年二月,光武帝下诏降中山王茂为单父侯,中山国除为汉郡。

《汉志》中山国领十四县,西汉成帝时,涿郡故安县来属中山国,则汉末中山国领有十五县。较以《续汉志》,则可知其所领之深泽、新处、陆成等三县,于《续汉志》诸郡国中皆不载,除新处省并稍晚外,其余二县当于东汉初年省并矣。故此时中山郡至少应领十二县之地,即:卢奴、北平、北新成、唐、苦陉、安国、曲逆、望都、新市、毋极、安险、故安。

建武十七年,中山郡为王国。《后汉书》卷1《光武帝纪》载,建武十七年十月,光武帝"进右翊公辅为中山王,食常山郡"。卷42《沛献王辅传》云:"沛献王辅,建武十五年封右翊公。十七年,郭后废为中山太后,故徙辅为中山王,并食常山郡。"上述记载皆可为证。此时中山王辅之食邑甚多,不仅有中山一郡之地,且兼食邻郡常山。这种情况与西汉景帝以前同姓诸侯王辖有支郡相类。二十年六月,中山王辅徙封沛王,中山国复为汉郡。三十年,中山郡又为国。《后汉书》卷1《光武帝纪》载,建武三十年"夏四月戊子,徙左翊王焉为中山王"。卷42《中山简王焉传》所载与此略同。

《后汉书》卷42《中山简王焉传》载,明帝永平十五年(72),"(中山王)焉姬韩序有过,焉缢杀之,国相举奏,坐削安险县。元和中,肃宗复以安险还中山"。是知安险县在永平十五年至元和中曾别属邻郡。

章帝建初四年(79),上曲阳县或自常山来属。章帝元和三年(86)后,代郡广昌县来属。曲逆县更名蒲阴县;安险县更名安熹县;苦陉县更名汉昌县。北新城、故安二县应在元和三年之后,最迟至和帝元兴元年(105)别属涿郡。

顺帝永建五年(130),河间国蠡吾县来属。顺帝永和五年(140)之中山国参前图3-26。

大约在质帝本初元年(146),分蠡吾县置博陵县,蠡吾县还属河间国。桓帝延熹元年(158),博陵郡置,安国县别属之。吴增僅《三国郡县表附考证》卷2以为汉末中山仍领安国,误矣。

又,疑桓帝延熹元年(158)复置代郡灵丘县,同时别属中山,博陵县别属博陵郡。

《后汉书》卷8《灵帝纪》载,熹平三年(174)"三月,中山王畅薨,无子,国除"。而卷42《中山简王焉传》载:"(中山王)畅立三十四年薨,子节王稚嗣,无子,国除。"钱大昭《后汉书补表》卷1以为《纪》误《传》是,其说可从。如此,则中山国除为郡最早亦只能在灵帝末年。

要之,至献帝建安末,中山郡当领十二县,即《续汉志》中山国所领十三县中去掉蠡吾、安国二县后再补灵丘一县后所得之目。

中山郡(国)治卢奴县。

1. 卢奴县(25—220)

治今河北定州市。

2. 深泽县(25—30)

治今河北深泽县。

3. 新处县(25—37)

《后汉书》卷18《陈俊传》载:"建武二年,……更封新处侯,……十三年,增邑,定封祝阿侯。"赵海龙据此认为新处应在建武十三年之后省并,可从。① 治今河北定州市东北。

4. 陆成县(25—30)

治今河北蠡县南。

5. 北平县(25—220)

《水经·易水注》载,光武帝封王元才为北平侯。治今河北满城县北。

6. 毋极县(25—220)

治今河北无极县西。

---

① 赵海龙:《〈东汉政区地区〉县级政区补考》,《南都学坛》2016年第2期。

7. 新市县(25—220)

《水经·易水注》载,光武帝封王仲才为新市侯。治今河北新乐市南。

8. 望都县(25—220)

治今河北望都县西北。

9. 唐县(25—220)

《水经·易水注》载,光武帝封王季才为唐侯。治今河北唐县东北。

10. 安国县(25—158)

《后汉书》卷67《刘祐传》云:"安国后别属博陵。"博陵郡置于桓帝延熹元年,安国当于是年别属之。治今河北博野县东南。

11. 曲逆县(25—86)—蒲阴县(86—220)

《水经·易水注》载,光武帝封王显才为蒲阴侯。《续汉志》自注云:"本曲逆,章帝更名。"《水经·滱水注》曰:"汉章帝元和三年,行巡北岳,以曲逆名不善,因山水之名改曰蒲阴焉。"治今河北顺平县东南。

12. 安险县(25—72,84—86?)—安熹县(86?—220)

永平十五年,中山王焉有过,安险县被削。以其地望,当属涿郡。元和中,肃宗复以安险还中山。又,《续汉志》云:"本安险,章帝更名。"则安险之更名或在元和中由涿郡还属后。马孟龙认为元和三年曲逆、安险、苦陉同时改名①。《水经·易水注》载,光武帝封王益才为安熹侯,盖郦道元以后名概言之。治今河北定州市东南。

13. 苦陉县(25—86?)—汉昌县(86?—220)

《后汉书》卷22《杜茂传》载,建武二年,光武帝封茂为苦陉侯,十三年,更封修侯。《续汉志》自注云:"本苦陉,章帝更名。"《汉志》中山国苦陉县下颜师古注引应劭曰:"章帝更名汉昌。"由此可知章帝时苦陉改名汉昌,更名确年不详。治今河北无极县东北。

14. 蠡吾县(130—146)

《后汉书》卷55《河间孝王开传》载,顺帝永建五年,"(开)上书,愿分蠡吾县以封(开子)翼,顺帝从之"。则是年后蠡吾为侯国,别属中山国。桓帝以蠡吾侯即位,侯国遂国除,还属河间。治今河北博野县西南。

15. 上曲阳县(79—220)

《续汉志》自注云:"故属常山。"然该县来属之确年,史籍失载。由于章帝建初四年曾对各诸侯王进行了一次益封举动,而其时常山又恰好为汉郡,故颇

---

① 马孟龙:《定县北庄汉墓墓石题铭相关问题研究》,《考古》2012年第10期。

疑即在此时上曲阳由常山割出而益中山国。治今河北曲阳县西。

16. 广昌县(86?—220)

治今河北涞源县北。

17. 灵丘县(158?—220)

《水经·滱水注》云："滱水又东迳灵丘县故城南……县，古属代，汉灵帝光和元年，中山相臧昊上请别属也。"然则汉末中山国有灵丘县矣。灵丘东汉初年已省(参见代郡沿革)，杨守敬《三国郡县表补正》据《滱水注》之文以为"县盖桓、灵时复置"，甚是。又由上文所述知桓帝延熹元年安国县由中山别属博陵，而此时中山为国，依例不应无故削县，故颇疑灵丘即是时复置而由代郡别属中山，以补中山失县之缺。治今山西灵丘县东。

18. 博陵县(146—158)

《续汉志》无博陵县，但《后汉书》卷55《河间孝王开传》载，桓帝即位后，梁太后诏追桓帝父"蠡吾先侯曰孝崇皇，庙曰烈庙，陵曰博陵"，并"置令、丞。使司徒持节奉策书、玺绶，祠以太牢"。据此可知博陵县当置于此时。又，《水经·滱水注》云："(滱水)又东北迳博陵故城南，即古陆成。……《地理风俗记》曰：'博陵县，《史记》蠡吾故县矣。'"王鸣盛《十七史商榷》卷33据此认为郦道元将博陵、陆成、蠡吾三县视为一地，从而认为博陵与陆成无涉。其实郦氏在此说的是东汉博陵县乃析蠡吾县而置，即正在东汉被省的西汉陆成县故地，而原蠡吾县仍存，并不似王氏所理解的那样。王氏未明郦氏原文而妄加指责，不免失之轻率。桓帝延熹元年，博陵县别为博陵郡。治今河北蠡县南。

19. 北新城县(25—105?)

《续汉志》涿郡领北新城县，《汉志》属中山，故可知东汉时北新城由中山别属涿郡。钱大昕以为《续汉志》涿郡北新城下当补司马彪之自注"故属中山"四字，极是。马孟龙认为北新城别属涿郡的时间应在章帝元和三年至和帝元兴元年之间①。治今河北徐水县西。

20. 故安县(25—105?)

两汉《志》故安皆属涿郡，然《汉书》卷97《外戚传》云，平帝时，"其以中山故安户七千益中山后汤沐邑"，是故安县西汉末曾属中山国，改属时间当在成帝绥和年间益中山国三万户之时。疑故安县与北新城同时回属涿郡。治今河北易县东南。

附：博陵郡(158—213)—博陵国(213—220)

桓帝延熹元年(158)，置博陵郡。此由《后汉书》卷7《桓帝纪》所载延熹元年

---

① 马孟龙：《定县北庄汉墓墓石题铭相关问题研究》，《考古》2012年第10期。

六月"丙戌,分中山置博陵郡,以奉孝崇皇园陵"可资为证。《续汉志》大体以顺帝永和五年为断,故不见博陵郡之名。《水经·滱水注》引《地理风俗记》之文以为博陵郡置于质帝本初元年,实误,清人王鸣盛《十七史商榷》卷33业已正之。

博陵郡之领域,史无确载。钱大昭《后汉书辨疑》卷3曰:"博陵有安国、蠡吾、安平、高阳、南深泽、信都等县,盖分中山、安平、河间所置,不独分中山也。何以知之?《刘佑传》云,佑,中山安国人也,安国别属博陵。《隶释·灵台碑》有博陵蠡吾管遵。又《博陵太守孔彪碑阴》有博陵安平六人、博陵安国三人、博陵高阳一人、博陵南深泽二人,俱故吏。案,《续志》安国、蠡吾属中山,安平、南深泽、信都属安平,高阳属河间也。"钱氏之说,大体不误,唯其中的信都一县不应属博陵郡。由《续汉志》知信都为安平国都城,似不应别属他郡。且以地望论之,信都以北尚有下博等县仍属安平,博陵断不会越过下博诸县而领有信都,否则信都将会成为飞地,于理不合,更何况钱大昭本人亦未举出信都属博陵之明证。王鸣盛未晓此理,仍采钱大昭之说,并以《隶释》所录《高阳令杨著碑阴》为据。检《杨著碑阴》有"博陵信都晏和"之文,然细读此碑阴上下之文,便可看出碑阴所列之人均只在姓氏之前标其郡望,而未及郡下之县,倘此处"信都"为县名,则与碑文体例不合,故唯一合理之解释便是"信都晏和"四字为一人名。郑樵《通志》卷26《氏族略》中引东汉应劭《风俗通义·姓氏》云:"张敖尚汉鲁元公主,封于信都,因氏焉。一云本申屠氏,古者信、申音同,故为信都。"张敖为汉高帝时人,故可见至迟自西汉时便已有信都复姓。此处信都当是姓氏而非地名,王氏不察,谬矣。

又《陶洛残碑》碑阴载"故吏博陵北新城"①,据此,则博陵郡至少应辖有博陵、蠡吾、安平、安国、南深泽、高阳、北新城七县,此外,安平之饶阳县似尚隶属博陵郡。《晋书》卷14《地理志》载西晋博陵郡领安平、南深泽、安国、饶阳四县,高阳国领博陆、高阳、蠡吾、北新城四县。其中博陆即东汉之博陵,故除饶阳县之外,其余七县均为东汉博陵郡确知的领县,由是颇疑西晋博陵郡及高阳国乃由东汉博陵郡故地一分为二所置,又因政区沿革具有传承性,后代政区每每透出前代政区中的一些消息,因此,不应排除东汉博陵郡辖饶阳县的可能性。

自西汉高帝起,便有陵县之制,至宣帝时,共设七个皇帝陵县。然自元帝始,不再设置新的陵县,陵县宗教地位开始下降。东汉虽继奉西汉正朔,仍保留七个陵县,然奉祀礼已非昔比②。在这样的情况之下,已处于东汉后期的桓

---

① 徐玉立主编:《汉碑全集》,第749页。
② 周振鹤:《秦汉宗教地理略说》,《中国文化研究集刊》第3辑,复旦大学出版社1986年。

帝非但打破西汉元帝之例,增设乐成陵、博陵二陵县,而且还以博陵为基础,建立博陵郡,似在陵县制度之上存有更高一层的陵郡制度,其力图恢复已濒临消亡的陵县制之良苦用心,可以想见。但是陵县之制毕竟已经失去昔日赖以存在的环境,它作为一种特殊制度走向灭亡已不可避免。三国以后,七个西汉皇帝陵县全部取消,即是明证。而博陵郡虽在献帝建安十八年(213)因赵王珪徙封为博陵王而成为博陵国且直至汉末,却终究无法逃脱在魏初被废除之结局。至于西晋初年复置之博陵郡,则完全与陵郡无涉,徒其地域分野而已。

建安十七年前之博陵郡参见图3-27。降至献帝建安十八年,博陵郡为

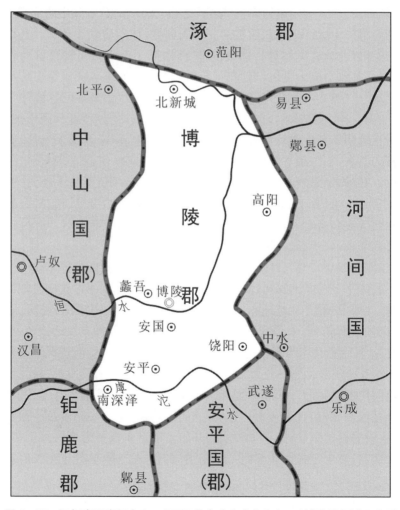

图3-27　汉桓帝延熹元年(158)至汉献帝建安十七年(212)博陵郡领域示意图

国。《后汉书》卷9《献帝纪》及卷14《赵孝王良传》所载徙赵王珪为博陵王可以为证。又因《后汉书》卷14《赵孝王良传》载"(博陵王珪)立九年,魏初以为崇德侯",则可知博陵国除于魏初,《水经·滱水注》所云"(博陵郡)汉末罢还安平"不足凭信。

《后汉书》卷7《桓帝纪》李贤注:"博陵郡,故城治今瀛州博陵也。"唐博野县即东汉博陵县,可知东汉博陵郡(国)治所即为博陵县。

1. 博陵县(158—220)

桓帝延熹元年自中山国来属。治今河北蠡县南。

2. 安国县(158—220)

桓帝延熹元年自中山国来属。治今河北博野县东南。

3. 蠡吾县(158—220)

桓帝延熹元年自河间国来属。治今河北博野县西南。

4. 高阳县(158—220)

桓帝延熹元年自河间国来属。治今河北高阳县东。

5. 安平县(158—220)

桓帝延熹元年自安平国来属。治今河北安平县。

6. 南深泽县(158—220)

桓帝延熹元年自安平国来属。治今河北深泽县东南。

7. 北新城县(158—220)

桓帝延熹元年自涿郡来属。治今河北徐水县西。

第五节　信都郡(乐成国、安平国)
(附:河间国、章武郡)沿革

信都郡(25—72)—乐成国(72—122)—安平国(122—184)—安平郡(184—220)

东汉建立之前,信都郡已经归属刘秀政权。《汉志》信都国领十七县,较以《续汉志》,其中八县不见于载,故可知其八县当皆于东汉初年省并,即:历、辟阳、高隄、乐乡、平隄、桃、西梁、东昌。又,《后汉书》卷1《光武帝纪》载,光武帝建武十三年,省并西京十王国,河间省属信都。乐成、弓高、武遂三县由河间改属信都。故信都郡应辖有十二县,即:信都、扶柳、下博、武邑、昌城、南宫、观津、广川、修、乐成、弓高、武遂。

至迟于明帝永平十五年(72)前,观津、广川、修等三县别属清河郡。《后汉书》卷 2《明帝纪》载,永平十五年,改信都为乐成国,封皇子党为乐成王。卷 50《乐成靖王党传》所载与此略同。是以可以明确,明帝置乐成国时,此王国所领至多为信都、扶柳、下博、武邑、昌城、南宫、乐成、弓高、武遂九县。

章帝建初四年(79),八县来属(参见图 3-28)。《后汉书》卷50《乐成靖王党传》载:"建初四年,以清河之游、观津,勃海之东光、成平,涿郡之中水、饶阳、安平、南深泽八县益乐成国。"然其中之观津县实乃还属。游县不见于两汉《志》,疑乃修县之讹,亦本为《汉志》信都之县,故此时来属之八县中仅六县为原信都郡境外之县。

又,大约在章帝时,封乐成王党子巡为修侯,修县别属勃海。

和帝永元二年(90),置河间国,成平、中水、乐成、弓高四县别属之。钜鹿

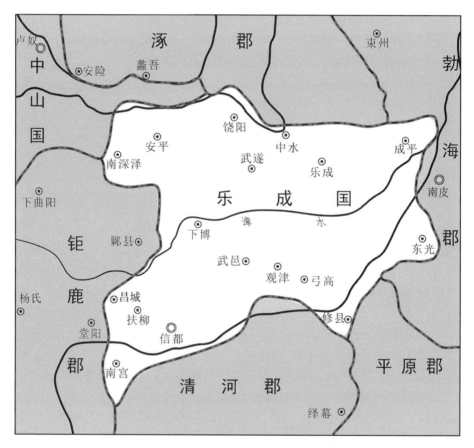

图 3-28 汉章帝建初四年(79)乐成国封域示意图

郡鄡、堂阳、经三县来属。约永元四年,昌城县更名阜城县。

永元七年,乐成王党获罪,削东光、鄡二县。《后汉书》卷50《乐成靖王党传》载:"(乐成王)党急刻不遵法度。旧禁宫人出嫁,不得适诸国。有故掖庭技人哀置.嫁为男子章初妻,党召哀置入宫与通,初欲上书告之,党恐惧,乃密赂哀置姊焦使杀初。事发觉,党乃缢杀内侍三人,以绝口语。又取故中山简王傅婢李羽生为小妻。永元七年,国相举奏之。和帝诏削东光、鄡二县。"

永元八年,乐成王党薨,子哀王崇嗣,立二月薨,无子,国绝。九年,和帝立崇兄修侯巡为乐成王,是为鳌王,《后汉书》卷4《和帝纪》及卷50《乐成靖王党传》皆有记载。

安帝元初六年(119),乐成王宾薨,无子,国绝。明年,复立济北惠王子苌为乐成王。建光元年(121),乐成王苌有罪,废为临湖侯。《后汉书》卷5《安帝纪》及卷50《乐成靖王党传》皆有记载,然乐成国之名尚存,下文可证。

延光元年(122),改乐成国为安平国。《后汉书》卷5《安帝纪》载,延光元年五月,"改乐成国为安平,封河间王开子得为安平王"。卷50《乐成靖王党传》云:"延光元年,以河间孝王子得嗣靖王后。以乐成比废绝,故改国曰安平,是为安平孝王。"《续汉志》安平国下司马彪自注亦云:"故信都,高帝置。明帝名乐成,延光元年改。"而《后汉书》卷55《河间孝王开传》又曰:"(安帝)永宁元年,邓太后封开子翼为平原王,奉怀王胜祀,子德为安平王,奉乐成王党祀。"此载乐成国改为安平国之年与上述所言有异。钱大昕《廿二史考异》卷12曰:"《安帝纪》是年(按:指永宁元年)与平原王同封者,乃济北王寿之子乐成王苌也。其明年为建光元年,邓太后崩,乐成王苌亦以罪废。又明年为延光元年,始改乐成国为安平,封河间王开子得为王。得与德本一人也。此《传》盖有脱文。"钱说极是。

综上所述,可知《续汉志》安平国所领十三县之规模当于和帝永元七年后即已形成(参见图3-29)。

桓帝延熹元年(158),博陵郡置,安平、南深泽二县别属之。

灵帝中平元年(184),安平国除为郡。《后汉书》卷8《灵帝纪》云,中平元年"九月,安平王续有罪诛,国除"。卷50《乐成靖王党传》云,中平元年,"黄巾贼起,(安平王续)为所劫质,因于广宗。贼平复国。其年秋,坐不道被诛。……国除"。

要之,至献帝建安末,安平郡当领十一县之地,即《续汉志》安平国十三县中去掉别属博陵之二县后所余之目。

安平国(郡)治信都县。

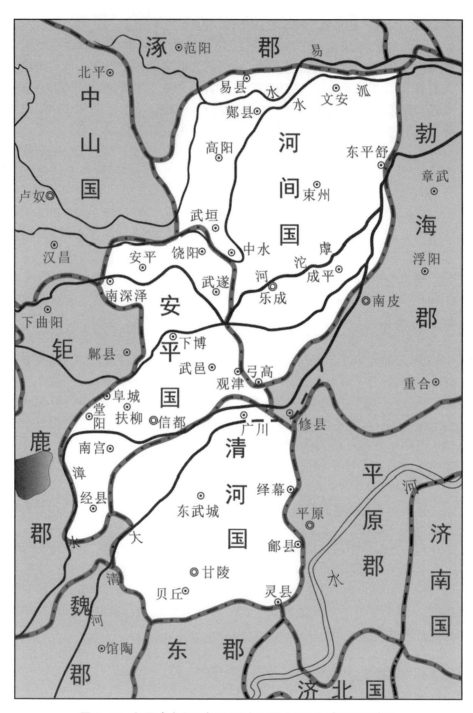

图 3-29 汉顺帝永和五年(140)安平国、河间国、清河国示意图

1. 信都县(25—220)

治今河北冀州市。

2. 历县(25—30)

治今河北故城县北。

3. 辟阳县(25—30)

治今河北枣强县西南。

4. 高隄县(25—30)

治今河北枣强县东北。

5. 乐乡县(25—30)

治今河北深州市东。

6. 平隄县(25—30)

治今河北深州市附近。

7. 桃县(25—30)

治今河北衡水市西北。

8. 西梁县(25—30)

治今河北辛集市南。

9. 东昌县(25—30)

治今河北景县附近。

10. 昌城县(25—92?)—阜城县(92?—220)

《续汉志》自注云："故昌城。"此县之地望，史家曾有疑义。钱大昕《廿二史考异》卷14曰："案，《前志》昌成县属信都郡，而勃海郡却有阜城县。"《后汉书集解》卷20安平国阜城县下引惠栋曰："沈约《州郡志》云，前汉勃海有阜城县。《续汉志》云故昌城，信都有昌城，未详孰是。"其实此本不成问题。

《汉志》信都之昌成与勃海之阜城本为二地。《水经·浊漳水注》云："衡水又北迳昌城县故城西，《地理志》，信都有昌城县。……应劭曰：'堂阳县北三十里有昌城，故县也。'"据此知西汉昌城在堂阳县北。又《水经·浊漳水注》云："衡水东迳阜城县故城北、乐成县故城南，河间郡治。"则西汉阜城在乐成县南也。西汉昌城、阜城相距甚远，了不相涉，于此不辨可明。东汉时，又改昌城为阜城，而西汉阜城县已于东汉初年省并矣。故《水经·浊漳水注》又云："《地理志》，勃海有阜城县，王莽更名吾城者，非《经》所谓阜城也(按，指安平国阜城县)。"

东汉砖文载："永元四年七月廿六日，无任乐成阜城髡钳朱次死在此。"[①]则至

---

① 胡海帆、汤燕：《中国古代砖刻铭文集》(下册)，第14页。

迟在永元四年前,昌成已经更名阜城。《后汉书》卷 21《刘植传》载,建武二年,光武帝封植为昌城侯,子向嗣,后徙封东武阳。治今河北冀州市西北。

11. 南宫县(25—220)

治今河北南宫市西北。

12. 扶柳县(25—220)

《后汉书》卷 16《寇恂传》载,建武二年,光武帝封恂为雍奴侯,子损嗣,后徙封扶柳侯,然不言徙封时间。《水经·浊漳水注》载:"又东迳扶柳县故城南,世祖建武三十年封寇恂子损为侯国。"损子鳌后又徙封商乡侯。《后汉书》卷 21《万修传》载,修孙亲徙封扶柳侯,亲卒,无子国除。治今河北冀州市西北。

13. 下博县(25—220)

《后汉书》卷 14《齐武王縯传》载,建武三十年,光武帝封(齐王石弟)张为下博侯。国除年不详,然在章帝之后。治今河北深州市东南。

14. 武邑县(25—220)

《后汉书》卷 21《耿纯传》载,建武时,光武帝封纯弟直为武邑侯。确年不详,然当在建武初。治今河北武邑县。

15. 观津县(25—72?,79—220)

明帝永平十五年前,观津别属清河郡。章帝建初四年,复自清河来属。治今河北武邑县东南。

16. 修县(25—72?,79—?)

《后汉书》卷 22《杜茂传》载,建武十三年,光武更封茂为修侯,十五年,坐事徙封。明帝永平十五年前,别属清河郡。章帝建初四年,自清河益属乐成国。大约在章帝时,置为王子侯国,故《续汉志》属勃海郡。唯别属勃海之确年不详。治今河北景县南。

17. 广川县(25—72?)

明帝永平十五年前,别属清河郡。治今河北枣强县东。

18. 乐成县(37—90)

《后汉书》卷 1《光武帝纪》载,建武十三年,光武帝封前河间王刘邵为乐成侯。是年,河间国省入信都郡,乐成亦遂属信都。和帝永元二年,别属河间国。治今河北献县东南。

19. 弓高县(37—90)

建武十三年,自河间国省入信都。和帝永元二年,别属河间国。治今河北阜城县南。

20. 武遂县(37—220)

《汉志》及《水经注》皆作"武隧"。光武帝建武十三年,自河间国省入信都。治今河北武强县西北。

21. 鄡县(90—95)

和帝永平二年来属,和帝永元七年复削入钜鹿郡。治今河北辛集市东南。

22. 堂阳县(90—220)

《续汉志》自注云:"故属钜鹿。"和帝永平二年来属。治今河北新河县西北。

23. 经县(90—220)

和帝永元二年堂阳县别属乐成国,则经县当在此年之前已经复置,或与堂阳县同时别属乐成国。治今河北广宗县东北。

24. 中水县(79—90)

章帝建初四年自涿郡益属乐成国。和帝永元二年,别属河间国。治今河北献县西北。

25. 饶阳县(79—220)

章帝建初四年益乐成国。《三国志》卷20《魏书·沛穆王林传》载,献帝建安十六年,曹林封于此,二十二年徙封谯。治今河北饶阳县东北。

26. 安平县(79—158)

章帝建初四年益属乐成国,桓帝延熹元年别属博陵郡。治今河北安平县。

27. 南深泽县(79—158)

章帝建初四年益属乐成国,桓帝延熹元年别属博陵郡。治今河北深泽县东南。

28. 东光县(79—95)

章帝建初四年益属乐成国,和帝永元七年复削入勃海。治今河北东光县东。

29. 成平县(79—90)

章帝建初四年自勃海益属乐成国。和帝永元二年别属河间国。治今河北泊头市北。

附一:河间郡(25—31)—河间国(31—37),河间国(90—220)

《汉志》河间国领四县,即:乐成、弓高、武遂、候井。其中候井不载于《续汉志》,当于东汉初年省并。

光武帝建武七年,封前河间王邵为河间王。《后汉书》卷1《光武帝纪》载,十三年,光武帝下诏降河间王邵为乐成侯。同年,省并西京十王国,河间属信都。

和帝永元二年复置河间国。《后汉书》卷4《和帝纪》及卷55《河间孝王开传》所载可证。河间国初置时除领有《续汉志》所示十一城外,还领有蠡吾一县。《后汉书》卷55《河间孝王开传》载,顺帝永建五年(130),"(开)上书,愿分蠡吾县以封(开子)翼,顺帝从之"。故蠡吾当在和帝永元二年至顺帝永建五年之间属河间国,此后别属中山。和帝永元二年至顺帝永建四年河间国见图3－30,顺帝永和五年之河间国见前图3－29。

桓帝初年,蠡吾复由中山还属河间。《后汉书》卷55《河间孝王开传》载,桓帝建和二年,"尊翼(按,翼乃桓帝父)夫人马氏为孝崇博园贵人,以涿郡之良乡、故安,河间之蠡吾三县为汤沐邑"。是知蠡吾在是年以前已属河间。又由史籍知桓帝曾为蠡吾侯,本初元年桓帝继帝位,故颇疑蠡吾侯国即在此时除,随之还属河间国。桓帝延熹元年,置博陵郡,蠡吾、高阳二县别属之。

又,据汉灵帝熹平二年(173)《司隶校尉鲁峻碑》所载"门生河间阜成东乡

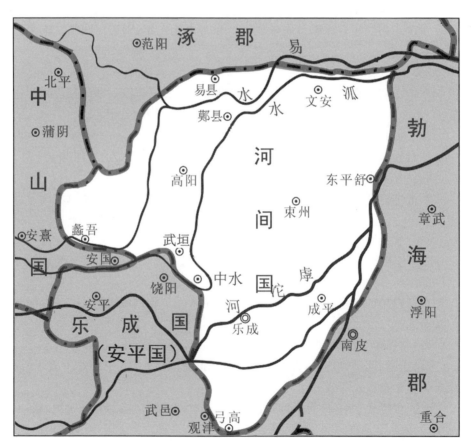

图3－30　汉和帝永元二年(92)至汉顺帝永建四年(129)河间国封域示意图

晨子□二百"、"门生河间阜成东乡恭公□二百"①,可知汉末河间国辖阜成县。按,西汉勃海郡阜城县在东汉初年省并,其地望原位于东光县以西。而东光县在章帝建初四年别属乐成国,和帝永元二年复置河间国时,原西汉勃海郡阜城县的领域已经在河间国的范围之内,因而汉末河间国所辖之阜成县应来源于西汉时期勃海郡之阜城。

献帝建安末置章武郡,东平舒、文安、束州三县别属之。

要之,至献帝建安末,河间国当领七县之谱,即《续汉志》河间国所领十一县除去别属博陵的高阳县及别属章武郡的三县后所余之七县,再加上新置的阜成县。

河间郡(国)治乐成县。

1. 乐成县(25—37,90—220)

治今河北献县东南。

2. 弓高县(25—37,90—220)

治今河北阜城县南。

3. 武遂县(25—37)

治今河北武强县西北。

4. 候井县(25—30)

治今河北阜城县东北。

5. 易县(90—220)

《后汉书》卷73《刘虞传》载,献帝初平四年(193),封公孙瓒为易侯。治今河北雄县西北。

6. 武垣县(90—220)

治今河北肃宁县东南。

7. 中水县(90—220)

治今河北献县西北。

8. 鄚县(90—220)

治今河北任丘市北。

9. 高阳县(90—158)

桓帝延熹元年,别属博陵郡。治今河北高阳县东。

10. 成平县(90—220)

治今河北泊头市北。

11. 文安县(90—213?)

献帝建安末,别属新置之章武郡。治今河北文安县东北。

---

① 毛远明编著:《汉魏六朝碑刻校注》(第1册),线装书局,2008年,第354页。

12. 束州县(90—213?)

献帝建安末,别属新置之章武郡。治今河北河间市东北。

13. 东平舒县(90—213?)

献帝建安末,别属新置之章武郡。治今河北大城县东南。

14. 蠡吾县(90—130,146—158)

和帝永元二年自涿郡来属。《后汉书》卷55《河间孝王开传》载,顺帝永建五年,"(开)上书,愿分蠡吾县以封(开子)翼,顺帝从之"。蠡吾,《汉志》属涿郡,《续汉志》属中山国。故可推知蠡吾先于和帝永元二年(90)由涿郡别属复置之河间国,又于永建五年因置为王子侯国,遂由河间别属中山。桓帝即位,即质帝本初元年,复还属河间国。桓帝延熹元年,博陵郡立,别属之。治今河北博野县西南。

15. 阜成县(173?—220)

灵帝熹平二年左右置。治今河北阜城县东。

附二:章武郡(213?—220)

《晋书》卷14《地理志》云,魏武置郡十二,其一为章武。吴增僅《三国郡县表附考证》据有关文献以为,章武郡置于献帝建安十八年后,其郡辖有东平舒、文安、束州、章武四县,其说可从。郡治不详。

1. 东平舒县(213?—220)

东汉末自河间郡来属。治今河北大城县东南。

2. 文安县(213?—220)

东汉末自河间郡来属。治今河北文安县东北。

3. 束州县(213?—220)

东汉末自河间郡来属。治今河北河间市东北。

4. 章武县(213?—220)

东汉末自勃海郡来属。治今河北黄骅市西北。

第六节 清河(甘陵)郡(国)(附:广川国)沿革

清河郡(25—82)—清河国(82—148)—甘陵国(148—206)—甘陵郡(206—220)

东汉清河郡与西汉时期县目有所不同。《汉志》清河郡领十四县,较之《续汉志》,可知其中八县不见载,皆当省并于东汉初年。又《续汉志》清河国所领之灵县,乃为和帝时复置,故东汉初年清河省并之县实应有九县之谱,即:清阳、灵、信成、魏题、缭、枣强、复阳、东阳、信乡。

故光武帝建武十三年(37)，清河郡仅领东武城、绎幕、厝、鄃、贝丘五县。

明帝永平十五年(72)前，信都之观津、广川、修三县来属。《后汉书》卷50《乐成靖王党传》载，章帝建初四年(79)，"以清河之游、观津益乐成国。观津，《汉志》属信都。据上述所载可知在建初四年前观津已由信都(乐成)来属清河。又因明帝永平十五年，改信都郡为乐成国，乐成为国后不应无故失县，且未闻在永平十五年至建初四年间乐成有削县之举，故颇疑观津当在永平十五年前信都为郡时由信都别属清河。又，《汉志》广川属信都，且由地望知广川位于观津之南，既然观津已于是时别属位于广川县之南的清河郡，且《续汉志》清河国下又有广川县，故可推知广川至迟当与观津同时属清河。观津、广川既来属清河，在两县之东的修县则成为信都郡飞地，恐亦当来属清河。游县，两汉《志》均不载，前无所承，后无所继，盖《传》文讹修为游之故①。

章帝建初四年，观津、修二县还属乐成国。七年，清河郡为国。《后汉书》卷3《章帝纪》载，建初七年"夏六月甲寅，废皇太子庆为清河王"。卷55《清河孝王庆传》亦载此事。

和帝永元九年(97)，复置灵县。

安帝永初元年(107)，析置广川国，广川县别属之。建光元年(121)，广川县回属清河，遂为《续汉志》清河国七县之规模(参见前图3-29)。

桓帝建和二年(148)，改清河为甘陵国。《后汉书》卷7《桓帝纪》载，建和元年，"清河刘文反，杀国相射暠，欲立清河王蒜为天子；事觉伏诛。蒜坐贬为尉氏侯，徙桂阳，自杀"。二年六月，"改清河为甘陵，立安平王得子经侯理为甘陵王"。《后汉书》卷55《清河孝王庆传》载："建和元年，甘陵人刘文与南郡妖贼刘鲔交通，讹言清河王当统天下，欲共立蒜。事发觉……于是捕文、鲔诛之。有司因劾奏蒜，坐贬为尉氏侯，徙桂阳，自杀。立三年，国绝。梁冀恶清河名，明年，乃改为甘陵。梁太后立安平孝王子经侯理为甘陵王，奉孝德皇祀，是为威王。"《续汉志》清河国下司马彪自注亦云："桓帝建和二年改为甘陵。"上述史载皆为显证。

清河改为甘陵国后领域未闻有所更动。《后汉书》卷55《清河孝王庆传》载："黄巾贼起，(甘陵王)忠为国人所执，既而释之。灵帝以亲亲故，诏复忠国。"

献帝建安十一年(206)，甘陵国除为郡。《后汉书》卷9《献帝纪》载，建安十一年，甘陵国除。《后汉书》卷55《清河孝王庆传》云："(甘陵王)忠立十三年薨，嗣子为黄巾所害，建安十一年，以无后国除。"此时甘陵郡之领域仍当如《续

---

① 钱大昕：《廿二史考异》卷11中以为此处游县当为钜鹿之鄡县，此亦臆度之语，不足为据。

汉志》清河国之范围。

清河治所当在甘陵，即东汉初之厝县。

1. 厝县(37—125?)—甘陵县(125?—220)

《续汉志》于甘陵县下自注云："故厝，安帝更名。"《后汉书》卷2《明帝纪》载，永平十七年，甘露降于甘陵，其或史以后名言之。治今山东临清市东北。

2. 清阳县(25—30)

治今河北清河县东南。

3. 信成县(25—30)

治今河北清河县西北。

4. 愍题县(25—30)

治今河北枣强县西南。

5. 缭县(25—30)

治今河北南宫市东南。

6. 枣强县(25—30)

治河北今县东南。

7. 复阳县(25—30)

治今河北故城县西。

8. 东阳县(25—30)

治今山东武城县东北。

9. 信乡县(25—30)

治今山东临清县西北。

10. 贝丘县(37—220)

治今山东临清市东南。

11. 东武城县(37—220)

《后汉书》卷42《济南安王康传》载，中元二年(57)，光武帝封康子德为东武城侯，国除年不详。治今河北故城县西南。

12. 鄃县(37—220)

《后汉书》卷22《马武传》载，建武十三年，光武帝封马武为鄃侯，后更封杨虚侯，确年不详。卷81《赵苞传》载，灵帝时，封苞为鄃侯。治今山东平原县西南。

13. 灵县(25—30,97—220)

《续汉志》司马彪自注云："和帝永元九年复"。治今山东高唐县南。

14. 绎幕县(37—220)

治今山东平原县西北。

15. 广川县(72？—107，121—220)

明帝永平十五年之前，来属清河郡。安帝永初元年别属广川国，建光元年还属清河。治今河北枣强县东北。

16. 观津县(72？—79)

《汉志》属信都，来属确年不详，然当在明帝永平十五年前。又，《后汉书》卷21《刘植传》载，建武初，光武帝封植弟喜为观津侯，且言"传国于后"，是东汉初此县为侯国，国除年不详，可肯定的是当不晚于章帝建初四年，因此年观津遂益属乐成国。治今河北武邑县东南。

17. 修县(72？—79)

《汉志》属信都，来属确年不详，然当不晚于观津、广川二县，否则修县即成信都郡飞地。章帝建初四年益属乐成国，即《后汉书》卷50《乐成靖王党传》中所谓清河之游县。治今河北景县南。

附：广川国(107—108)—广川郡(108—121)

《后汉书》卷5《安帝纪》载，永初元年，"分清河国封弟常保为广川王"；二年，"广川王常保薨，无子，国除"；建光元年，"以广川并清河国"。《后汉书》卷55《清河孝王庆传》亦载，永初元年，邓太后"分清河为二国，封庆少子常保为广川王。……明年，常保薨，无子，国除"。邓太后崩，"复以广川益清河国"。《续汉志》清河国广川县下刘昭注云："案，永初元年邓太后分置广川王国，后王薨，国除。太后崩，还益清河。"据上所载可知广川国仅存在一年即除。

又由于广川在建光元年方还并清河，则在永初二年至建光元年的十三年间，似尚应存一广川郡。广川国之领域，史籍无载，颇疑仅有广川一县之地。又因广川国旋置旋废，故其领域虽无确考，却对清河国领域影响并不大。

广川(107—121)

安帝永初元年，别属新置之广川国，建光元年，还属清河。治今河北枣强县东北。

第七节 赵国(郡)沿革

赵郡(25—29)—赵国(29—37)—赵公国(37—43)—赵国(43—213)—赵郡(213—220)

《后汉书》卷1《光武帝纪》载，建武五年(29)"三月癸未，徙广阳王良为赵王，始就国"。十三年二月"丁巳，降赵王良为赵公"。卷14《赵孝王良传》亦云："建武二年，封良为广阳王。五年，徙为赵王，始就国。十三年，降为赵公。"

据上述所载可知建武十三年后赵国降为赵公国。其时赵公国所领当即《汉志》赵国邯郸、易阳、柏人、襄国四县。

《后汉书》卷1《光武帝纪》载，建武十九年，进赵国公爵为王，赵公国复为王国，辖县不变。

大约在章帝建初四年(79)，中丘县来属。安帝元初五年(118)，赵王乾有罪，削中丘县，中丘复应还属常山。旋中丘县又由常山回属。

经过上述变化，赵国遂领《续汉志》所示五县之规模，此领域仅比《汉志》所示之赵国范围多一中丘县而已(参见前图3-24)。此后赵国领域未闻有何更动，直至汉末献帝建安年间。建安十七年(212)，献帝益魏郡，襄国、邯郸、易阳别属魏郡。《后汉书》卷9《献帝纪》及卷14《赵孝王良传》皆载，十八年，赵王珪徙为博陵王，赵国除为汉郡。《三国志》卷22《魏书·桓阶传》载，桓阶汉末"迁赵郡太守"，卷11《张范传》载，张范于魏国初建(即建安十七年)后领赵郡太守，皆可证汉末赵郡之存。然是时之赵郡仅有中丘、柏人二县。此盖亦赵王徙封之由。

赵国(郡)都本在邯郸，至汉末，邯郸属魏郡，治所当有变更。

1. 邯郸县(37—212)

献帝建安十七年移属魏郡。治今河北邯郸市。

2. 易阳县(37—212)

献帝建安十七年移属魏郡。治今河北永年县东南。

3. 襄国县(37—212)

献帝建安十七年移属魏郡。治今河北邢台市。

4. 柏人县(37—220)

治今河北隆尧县西。

5. 中丘县(79—118，118?—220)

《后汉书》卷14《赵孝王良传》载，安帝元初五年，"赵相奏(赵王)乾居父丧私聘小妻，又白衣出司马门，坐削中丘县。时郎中南阳程坚素有志行，拜为乾傅。坚辅以礼义，乾改悔前过，坚列上，复所削县"。中丘，《汉志》属常山。据上述所载，则至迟元初五年前中丘由常山来属。又因章帝建初四年曾对诸侯王国进行了一次益封举动，而其时常山王恰好徙为淮阳王，常山国除为郡，故颇疑中丘县于此时由常山来界赵国。《续汉志》赵国中丘县下无司马彪之自注"故属常山"四字，钱大昕《廿二史考异》卷14以为当补，甚是。又，以传文，中丘之复属赵国当在削县后不久，确年不详。治今河北内丘县西。

第七章　幽州刺史部所辖郡国沿革

东汉建立之时，幽州刺史部所辖诸郡已经归属。光武帝建武十三年(37)，省并广阳国入上谷郡，幽州刺史部遂辖勃海、涿、上谷、渔阳、右北平、辽西、辽东、玄菟、乐浪九郡。

和帝永元八年(96)，复置广阳郡。安帝时，置辽东属国。

质帝本初元年(146)，勃海郡为国。

桓帝延熹八年(165)，勃海国除为郡。永康元年(167)，勃海复为国。

灵帝熹平元年(172)，勃海再度国除。

献帝初平四年(193)，置辽西中辽郡，旋罢。建安间，又置带方郡。

第一节　勃海郡(国)沿革

勃海郡(25—146)—勃海国(146—165)—勃海郡(165—167)—勃海国(167—172)—勃海郡(172—220)

东汉建立之时，勃海郡已经归属。《汉志》勃海郡有二十六城，其中有十四县不载于《续汉志》其他郡国之下，故可知此十四县当于东汉初年省并。又因《续汉志》勃海郡所领之阳信县乃安帝时复置，故东汉初年勃海郡实应省并十五县之地，即：阜城、千童、中邑、高乐、重平、建成、阳信、定、参户、柳、临乐、修市、景成、章乡、蒲领。

光武帝建武十三年(37)，勃海郡当领县十一，即：浮阳、东光、重合、南皮、章武、高城、成平、东平舒、安次、文安、束州。

章帝建初四年(79)，东光、成平二县别属乐成国。又，大约于章帝时期，修县自乐成国来属。

和帝永元二年(90)，置河间国，文安、束州、东平舒三县别属之。七年，乐成国削地，东光由乐成还属勃海。八年，置广阳郡，安次别属之。

安帝延光元年(122)，复置阳信县。勃海郡遂为《续汉志》中领南皮、高城、重合、浮阳、东光、章武、阳信、修等八县的规模(参见图3-31)。

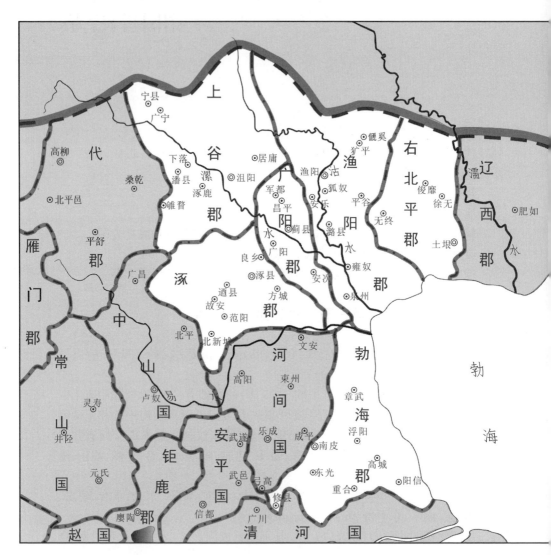

图3-31 汉顺帝永和五年(140)勃海郡、涿郡、上谷郡、广阳郡、渔阳郡、右北平郡示意图

《后汉书》卷6《质帝纪》载,本初元年(146)"五月庚寅,徙乐安王为勃海王。"卷55《千乘贞王伉传》云:"质帝立,梁太后下诏,以乐安国土卑湿,租委鲜薄,改封鸿勃海王。"是勃海在本初元年为国。

《后汉书》卷55《千乘贞王伉传》载,桓帝延熹八年(165),"(勃海王)悝谋为不道,有司请废之,帝不忍,乃贬为瘿陶王,食一县"。勃海国除为汉郡。《后汉书》卷7《桓帝纪》云,永康元年(167)"十二月壬申,复瘿陶王悝为勃海王"。是勃海郡复又为国。

灵帝熹平元年(172)冬十月,勃海王悝被诬谋反,悝及妻子皆自杀,勃海国除,勃海重为汉郡。《后汉书》卷8《灵帝纪》载,熹平元年"冬十月,渤海王悝被诬谋反,丁亥,悝及妻子皆自杀"。卷55《千乘贞王伉传》曰:"熹平元年……使尚书令廉忠诬奏飒等谋迎立悝,大逆不道。遂招冀州刺史收悝考实,又遣大鸿胪持节与宗正、廷尉之勃海,迫责悝。悝自杀。"皆可为证。《后汉书》卷8《灵帝纪》载,中平六年(189)夏四月,少帝辩即位,"封皇弟协为勃海王";秋七月,"徙勃海王协为陈留王"。据此,则在短短三个月之内,勃海国旋置旋废。然当时正处于皇位的争夺时期,刘协之勃海王封号盖仅为虚名,勃海郡实际上亦恐未曾真正改郡为国,旋又除国为郡。

灵帝时,复置饶安县。

献帝建安十八年(213),曹操析平原、勃海、乐安三郡置乐陵郡,阳信县别属之,且乐陵郡其时所领之新乐县,亦乃割勃海郡地而置(参见平原郡沿革)。建安末,曹操又分勃海、河间置章武郡,章武县别属之(参见信都国所附河间国沿革)。

综上所述,至建安末,勃海郡领有七县,即南皮、高城、重合、浮阳、东光、修、饶安。

勃海郡(国)治南皮县。

1. 南皮县(25—220)

治今河北南皮县北。

2. 阜城县(25—30)

治今河北阜城县东。

3. 定县(25—30)

治今山东乐陵市东北。

4. 中邑县(25—30)

治今河北沧州市东北。

5. 高乐县(25—30)

治今河北南皮县东南。

6. 参户县(25—30)

治今河北青县西南。

7. 柳县(25—30)

治今河北盐山县东北。

8. 临乐县(25—30)

治今河北南皮县东南。

9. 重平县(25—30)

治今山东宁津县东。

10. 修市县(25—30)

治今河北景县西北。

11. 景成县(25—30)

治今河北泊头市北。

12. 建成县(25—30)

治今河北泊头市北。

13. 章乡县(25—30)

治今山东乐陵市西北。

14. 蒲领县(25—30)

治今河北阜城县东北。

15. 高城县(25—220)

《汉志》作"高成"。《续汉志》中为侯国,未详。然《后汉书》卷31《陆康传》载,康举茂才,除高城令,则至晚灵帝时已复为县。治今河北盐山县东南。

16. 重合县(25—220)

《续汉志》中为侯国,未详。《后汉书》卷39《周磐传》载,磐和帝初曾为重合令,侯国建置当晚于此时。治今山东乐陵市西北。

17. 浮阳县(25—220)

《后汉书》卷21《刘植传》载,建武初,光武帝封植从兄歆为浮阳侯,且"传国于后"。此浮阳侯国国除年不详。《后汉书》卷78《孙程传》载,延光四年,顺帝复以浮阳为侯国封中黄门孙程,程后徙封宜城。阳嘉元年(132),孙程死,又封其养子寿为浮阳侯。治今河北沧州市东南。

18. 东光县(25—79,95—220)

《后汉书》卷21《耿纯传》载,建武六年,光武帝封耿纯为侯,子阜后徙封莒乡。卷50《乐成靖王党传》载,章帝建初四年,以勃海之东光益乐成国,和帝永元七年时削还勃海。治今河北东光县东。

19. 章武县(25—213?)

献帝建安末,别属章武郡。治今河北黄骅市西北。

20. 阳信县(25—30,122—213)

安帝延光元年复置;献帝建安末,别属乐陵郡。治今山东无棣县东北。

21. 修县(76?—220)

《续汉志》自注云:"故属信都。"是知东汉修县由信都别属勃海。该县来属之确年,史乘失载,然仍可约略推知。和帝永元八年,乐成王崇薨。翌年,和帝封崇兄修侯巡为乐成王。巡为修侯之年不知,而信都改为乐成国在明帝永平十五年,故巡为修侯或在章帝之时。既然修县《汉志》属信都,《续汉志》属勃海,故可推知修县必于刘巡封为修侯之际由乐成别属勃海。《后汉书》卷10《皇后纪》载"后兄子卫尉修侯重",当于灵帝时所封,灵帝崩,"何进遂举兵围骠骑府,收重,重免官自杀",修侯国亦当废于此时。治今河北景县南。

22. 千童县(25—30)—饶安县(168?—220)

《续汉志》不载此县,当为东汉初年勃海郡省县之一。然《元和郡县图志》卷18沧州饶安县下云:"本汉千童县,即秦千童城……汉以为县,属勃海郡。灵帝置饶安县,以其地饶,可以安人。"《汉志》勃海郡下领有千童县,颜师古注引应劭曰:"灵帝改曰饶安。"洪亮吉《补三国疆域志》卷上曰:"考千童县,中兴后省,灵帝盖复于故处立县,改名饶安也。"其说是也。该县是于灵帝时复置。治今河北南皮县东南。

23. 成平县(25—79)

章帝建初四年,益属乐成国。治今河北泊头市北。

24. 文安县(25—90)

和帝永元二年,别属河间国。治今河北文安县东北。

25. 束州县(25—90)

和帝永元二年,别属河间国。治今河北河间市东北。

26. 东平舒县(25—90)

和帝永元二年,别属河间国。治今河北大城县东南。

27. 安次县(25—96)

和帝永元八年,别属广阳郡。治今河北廊坊市西北。

第二节 涿郡沿革

涿郡(25—220)

东汉建立之时,涿郡已经归属。光武帝建武三年(27),涿郡为张丰据有一年,旋复归汉廷。

《汉志》涿郡领有二十九县。《汉书》卷97《外戚传》载,平帝时"其以中山故安户七千益中山后汤沐邑",则涿郡故安县汉末别属中山。又《汉书》卷15《王子侯表》载,平帝元始二年(2)封广阳王子侯国三,分别为方城、当阳、广城,封侯后别入涿郡。故西汉末年,涿郡实际应领三十一县。

《续汉志》涿郡仅辖七城,两者相差悬殊,其中透出东汉涿郡领域必定经历过较大变动的消息。《汉志》涿郡属县中有十五县不见载于《续汉志》其他郡国之下,即:谷丘、容城、阿陵、广望、州乡、樊舆、成、利乡、临乡、益昌、阳乡、西乡、高郭、新昌、阿武,其中除容城、阿陵稍后省并外,其余当皆为东汉初年省并。又当阳、广城亦不见《续汉志》中,故东汉初年涿郡实际省并县邑十五。在涿郡所省并的十五县中,有十四个为故西汉侯国,由此可见东汉初年省并县邑中侯国所占比例之大。

光武帝建武十三年(37),涿郡领县十六:涿、逎、范阳、良乡、方城、中水、饶阳、安平、南深泽、易、武垣、鄚、高阳、蠡吾、容城、阿陵。

明帝永平十五年(72),自中山国得安险县。

章帝建初四年(79),中水、饶阳、安平、南深泽四县别属乐成国。元和中(84—86),安险县复还属中山国。北新城、故安二县应在元和三年(86)之后,最迟至和帝元兴元年(105)来属。

和帝永元二年(90),分乐成、涿郡、勃海为河间国,涿郡之易、武垣、鄚、高阳、蠡吾五县别属之。又永元三年后,容城县省并;永元四年(92)后阿陵县省并。《续汉志》所示涿郡之规模,则至迟在和帝永元四年后即已形成(参前图3-31)。

桓帝延熹元年(158),北新城别属博陵郡。

汉末,复置容城县。

涿郡治涿县。

1. 涿县(25—220)

治今河北涿州市。

2. 谷丘县(25—30)

治今河北安平县西南。

3. 广望县(25—30)

治今河北清苑县西南。

4. 州乡县(25—30)

治今河北河间市东北。

5. 樊舆县(25—30)

治今河北徐水县东南。

6. 成县(25—30)

今地无考。

7. 利乡县(25—30)

今地无考。

8. 临乡县(25—30)

治今河北固安县南。

9. 益昌县(25—30)

治今河北霸州市东北。

10. 阳乡县(25—30)

治今河北固安县西北。

11. 西乡县(25—30)

治今河北涿州市西北。

12. 高郭县(25—30)

治今河北任丘市西北。

13. 新昌县(25—30)

治今河北高碑店市东南。

14. 阿武县(25—30)

治今河北献县西北。

15. 当阳县(25—30)

今地无考,或与方城相去不远。

16. 广城县(25—30)

今地无考。

17. 遒县(25—220)

《续汉志》中为侯国,未详。治今河北涞水县。

18. 范阳县(25—220)

《续汉志》中为侯国。《三国志》卷20《魏书·彭城王据传》载,建安十六年,献帝封据于此,二十二年,徙封宛。治今河北定兴县西南。

19. 良乡县(25—220)

《后汉书》卷55《河间孝王开传》载,桓帝建和二年(148),为桓帝父翼夫人马氏之汤沐邑。治今北京市房山区东南。

20. 北新城县(105？—158)

《续汉志》涿郡领北新城县,《汉志》属中山,故可知东汉时北新城由中山别属涿郡。然北新城何时由中山来属,史未明载。《后汉书》卷78《孙程传》云:

"孙程字稚卿,涿郡新城人也,安帝时,为中黄门,给事长乐宫。"新城即北新城。既然安帝时孙程为中黄门,则其出生当在和帝时,故可知北新城至迟已在和帝时由中山别属涿郡。北新城县应在元和三年(86)之后,最迟至和帝元兴元年(105)来属。桓帝延熹元年,别属博陵郡。治今河北徐水县西。

21. 故安县(105?—220)

故安县西汉末别属中山国,《续汉志》中仍属涿郡,疑故安县与北新城同时回属涿郡。《后汉书》卷55《河间孝王开传》载,桓帝建和二年,为桓帝父翼夫人马氏之汤沐邑。治今河北易县东南。

22. 方城县(25—220)

《汉志》方城属广阳国,《续汉志》方城为涿郡所辖,赵海龙认为,平帝元始二年封广阳缪王子宣为方城侯,属涿郡①,当是。故方城乃西汉末来属,东汉袭之未改。治今河北固安县西南。

23. 容城县(25—91?,?—220)

《续汉志》无此县,然《汉志》涿郡有容城县,当是东汉省并。然赵海龙认为:"《后汉书·和帝纪》,永元三年(91)诏曰:'高祖功臣。萧、曹为首,有传世不绝之义。曹相国后容城侯无嗣。……大鸿胪求近亲宜为嗣者,须景风绍封,以章厥功。'关于曹参后人于东汉绍封平阳侯或容城侯有疑义,据钱大昭考证:'考平阳公主,永平三年(60)封。建初八年(83),子冯奋袭封。则建初二年(77)不得有两平阳侯。本纪永元三年(91)诏,以曹相国后容城侯无嗣,求近亲绍封,则为容城无疑。'由此可知章帝建初二年(77)曹参后人所封为容城侯,和帝永元三年(91)复绍封,国除时间不详。"②据此,容城东汉初年当仍存,疑在侯国国除时省并,确年不详。

《三国志》卷24《魏书·孙礼传》言礼为涿郡容城人,卷22《卢毓传》载毓封为容城侯,而容城上文已证于东汉初年省并,故知至迟在魏时已复置该县。吴增僅《三国郡县表附考证》卷5疑汉末容城复立,可备一说。由于容城位于《续汉志》涿郡七县领域的中部,故即使汉末复置该县,亦并不影响涿郡原有领域的变更。治今河北容城县北。

24. 中水县(25—79)

《后汉书》卷21《李忠传》载,建武二年,光武封李忠为中水侯,明帝永平九年,国除。章帝建初四年,别属乐成国。治今河北献县西北。

---

① ② 赵海龙:《〈东汉政区地理〉县级政区补考》,《南都学坛》2016年第2期。

25. 安平县(25—79)

《后汉书》卷18《盖延传》载,建武二年,光武封延为安平侯,明帝永平十三年国除。章帝建初四年别属乐成国。治今河北安平县。

26. 南深泽县(25—79)

章帝建初四年益属乐成国。治今河北深泽县东南。

27. 饶阳县(25—79)

章帝建初四年益属乐成国。治今河北饶阳县东北。

28. 易县(25—90)

和帝永元二年别属新置之河间国。治今河北雄县西北。

29. 武垣县(25—90)

和帝永元二年别属新置之河间国。治今河北肃宁县东南。

30. 鄚县(25—90)

和帝永元二年别属新置之河间国。治今河北任丘市北。

31. 高阳县(37—90)

《后汉书》卷21《耿纯传》载,建武元年,光武帝封纯为高阳侯,六年,定封东光侯。和帝永元二年,别属新置之河间国。治今河北高阳县东。

32. 蠡吾县(25—90)

《汉志》蠡吾属涿郡,《后汉书》卷55《河间孝王开传》载,顺帝永建五年(130),"(开)上书,愿分蠡吾县以封(开子)翼,顺帝从之"。可知,永建五年前蠡吾乃为河间国属县。故可推知蠡吾县当于和帝永元二年由涿郡别属其年所置之河间国。治今河北博野县西南。

33. 安险县(72—84?)

永平十五年,安险县削属涿郡。章帝元和中,安险复还中山。治今河北定州市东南。

34. 阿陵县(25—92?)

赵海龙认为:"《后汉书·任光传》记载建武元年任光封阿陵侯,和帝永元四年更封任光孙屯为西阳侯。阿陵侯国存在时间为光武帝建武元年至和帝永元四年……阿陵县当在任屯徙封西阳侯时省并。"[1]可从。治今河北任丘市东北。

---

[1] 赵海龙:《〈东汉政区地理〉县级政区补考》,《南都学坛》2016年第2期。

第三节　上谷郡[附：广阳郡(国)]沿革

上谷郡(25—220)

东汉建立之时，上谷郡已经归东汉。《汉志》上谷郡领十五县，其中泉上、夷舆、且居、茹、女祁五县均不载《续汉志》，是此五县当于东汉初年已废。又，潘县乃和帝时复，故可知在东汉初年亦曾省并，故上谷其时实应省罢六县。察此六县之地皆在上谷北部，故亦可知六县之废缘自境外部族的侵扰，上谷郡北境大大向南压缩矣。

光武帝建武十三年(37)，省并十王国，其中广阳省并入上谷，故上谷得广阳属县三：蓟、广阳、阴乡。此年，上谷郡领有沮阳、军都、居庸、雉督、宁、昌平、广宁、涿鹿、下落、蓟、广阳、阴乡十二县。

建武十五年，上谷郡内徙。《后汉书》卷1《光武帝纪》载，建武十五年"二月，徙雁门、代郡、上谷三郡民，置常[山]关、居庸关以东"。李贤注云："《前书》曰代郡有常山关，上谷郡居庸县有关。时胡寇数犯边，故徙之。"据此，则上谷郡民当徙入居庸关以东。二十六年，上谷郡民返回原领域。《后汉书》卷1《光武帝纪》载，建武二十六年"南单于遣子入侍，奉奏诣阙。于是云中、五原、朔方、北地、定襄、雁门、上谷、代八郡民归于本土。遣谒者分将施刑补理城郭。发遣边民在中国者，布还诸县，皆赐以装钱，转输给食"。上谷郡由建武十五年内徙，至此时重归本土，前后达十一年之久。又，建武十五年，省阴乡县。

和帝永元八年(96)，复置广阳郡。蓟、广阳、昌平、军都四县别属之，上谷郡余有七城。十一年，复置潘县。此后至汉末，上谷郡一直领有《续汉志》所载八县之地而未更(参前图3-31)。

上谷郡治沮阳县。

1. 沮阳县(25—39，50—220)

光武帝建武十五年郡内徙，至建武二十六年复旧。治今河北怀来县东南。

2. 泉上县(25—30)

治今河北怀来县东北一带。

3. 夷舆县(25—30)

治今北京延庆县东北。

4. 且居县(25—30)

治今河北怀来县西。

5. 茹县(25—30)

治今河北涿鹿县北。

6. 女祁县(25—30)

治今河北赤城县南。

7. 潘县(25—30,99—220)

《续汉志》自注云:"永元十一年复。"是为东汉初年省并,至和帝时复置矣。治今河北涿鹿县西南。

8. 宁县(25—39,50—220)

《汉志》作"寍"。光武帝建武十五年郡内徙,至建武二十六年复旧。治今河北万全县。

9. 广宁县(25—39,50—220)

《汉志》作"广寍"。光武帝建武十五年郡内徙,至建武二十六年复旧。治今河北张家口市桥西区。

10. 居庸县(25—39,50—220)

光武帝建武十五年郡内徙,至建武二十六年复旧。治今北京市延庆县。

11. 雊瞀县(25—39,50—220)

光武帝建武十五年郡内徙,至建武二十六年复旧。治今河北蔚县东北。

12. 涿鹿县(25—39,50—220)

光武帝建武十五年郡内徙,至建武二十六年复旧。治今河北涿鹿县东南。

13. 下落县(25—39,50—220)

光武帝建武十五年郡内徙,至建武二十六年复旧。治今河北涿鹿县。

14. 昌平县(25—39,50—96)

光武帝建武十五年郡内徙,至建武二十六年复旧。和帝永元八年别属广阳郡。治今北京市昌平区东南。

15. 军都县(25—39,50—96)

光武帝建武十五年郡内徙,至建武二十六年复旧。和帝永元八年(96)别属广阳郡。治今北京市昌平区西南。

16. 蓟县(37—39,50—96)

光武帝建武十三年广阳国省,来属。建武十五年郡内徙,至二十六年复旧。和帝永元八年还属广阳郡。治今北京市西城区西南。

17. 广阳县(37—39,50—96)

光武帝建武十三年广阳国省,来属。建武十五年郡内徙,至二十六年复旧。和帝永元八年还属广阳郡。治今北京市房山区东北。

18. 阴乡县(37—39)

《后汉书》卷32《阴识传》载，建武元年，光武封识为阴乡侯，十五年，定封原鹿侯。赵海龙据此以为，阴乡县当在建武十五年阴识徙封原鹿侯之后省并①，可从。治今北京市房山区东北。

附：广阳郡(25—26)—广阳国(26—29)—广阳郡(29—37,96—220)

《后汉书》卷1《光武帝纪》载，建武二年四月封叔父良为广阳王……五年(29)三月癸未，徙广阳王良为赵王，始就国。卷14《赵孝王良传》云："建武二年，封良为广阳王。五年，徙为赵王，始就国。"《汉志》广阳本为国，盖经历王莽新朝，广阳已无王，故建武初年，光武帝封其叔父于此。

《汉志》广阳国辖四县：蓟、广阳、阴乡、方城。《汉书》卷15《王子侯表》载，平帝元始二年，方城侯国别属涿郡。故东汉初年，广阳国辖三县。

建武十三年，广阳并入上谷。《后汉书》卷1《光武帝纪》载，建武十三年，省并西京十王国。其中"广阳属上谷"。《续汉志》广阳郡下司马彪自注亦云："世祖省并上谷。"上述所载皆可为证。

和帝永元八年，复置广阳郡。《后汉书》卷4《和帝纪》载，永元八年九月庚子，复置广阳郡。《续汉志》广阳郡下司马彪自注云："永平八年复。"钱大昕《廿二史考异》卷14据《和帝纪》之文以为"此永平当为永元之讹"，殿本《考证》及齐召南说同，甚是。

《续汉志》广阳郡下领有五城：昌平、军都、安次、蓟、广阳，即广阳郡复置之原貌。故可知永元八年复置之广阳郡领域已与东汉初年所省并时领域不同，它分别由《汉志》时期广阳国、上谷郡、勃海郡三地各划出数县组合而成，较东汉初广阳国范围扩大了许多。此后直至汉末，广阳郡所领县目不变(参前图3-31)。

广阳郡(国)治所在蓟县。

1. 蓟县(25—37,96—220)

《续汉志》司马彪自注云："刺史治。"治今北京市西城区西南。

2. 广阳县(25—37,96—220)

治今北京市房山区东北。

3. 阴乡县(25—37)

治今北京市房山区东北。

---

① 赵海龙：《〈东汉政区地理〉县级政区补考》，《南都学坛》2016年第2期。

4. 昌平县(96—220)

《续汉志》司马彪自注云:"故属上谷。"治今北京市昌平区东南。

5. 军都县(96—220)

《续汉志》司马彪自注云:"故属上谷。"治今北京市昌平区西南。

6. 安次县(96—220)

《续汉志》司马彪自注曰:"故属勃海。"《水经·圣水注》云:"圣水又东迳勃海安次县故城南,汉灵帝中平三年封荆州刺史王敏为侯国。"是汉末此县曾为侯国。治今河北廊坊市西北。

第四节　渔阳、右北平、辽西三郡沿革

(一) 渔阳郡(25—220)

东汉建立之时,渔阳郡已经归东汉。光武帝建武二年(26),渔阳为彭宠所据。五年(29),宠败,渔阳复归汉廷。

渔阳郡,《汉志》领十二县,《续汉志》辖九城,二者相较,《汉志》多出要阳、白檀、滑盐三县,而此三县又不见于《续汉志》其他郡国之下,故可知当在东汉初年已废。要阳等三县皆位于渔阳郡北界,三县罢废之后,渔阳郡北境当向南收缩。故光武帝建武十三年,渔阳郡所领为渔阳、狐奴、潞、雍奴、泉州、平谷、安乐、傂奚(即厗奚)、圹平九县。

此后,东汉渔阳郡领《续汉志》所示九城之范围几无变更,直至汉末(参前图 3-31)。不知何年,省安乐县。

《晋书·地理志》序曰,渔阳为魏武帝曹操所省七郡之一。此载不足据,吴增僅《三国郡县表附考证》卷 5 已辨其误。

要之,至汉末,渔阳郡至多仅领有《续汉志》所载之九县除去安乐县后所余的八县之地。

渔阳郡治渔阳县。

1. 渔阳县(25—220)

治今北京密云县西南。

2. 要阳县(25—30)

治所当在今河北丰宁满族自治县东南一带。

3. 白檀县(25—30)

治今河北滦平县北。

4. 滑盐县(25—30)

治今河北滦平县南。

5. 狐奴县(25—220)

治今北京顺义区东北。

6. 潞县(25—220)

《汉志》作"路",治今河北三河市西南。

7. 雍奴县(25—220)

《后汉书》卷16《寇恂传》载,建武二年,光武帝封恂为雍奴侯,恂子损嗣,后徙封扶柳侯。《水经·浊漳水注》载:"又东迳扶柳县故城南,世祖建武三十年封寇恂子损为侯国。"是徙封在建武三十年矣。治今天津市武清区西北。

8. 泉州县(25—220)

治今天津市武清区西南。

9. 平谷县(25—220)

治今北京市平谷区东北。

10. 安乐县(25—220?)

《三国志》卷3《魏书·明帝纪》载,景初二年(238)"六月,省渔阳郡之狐奴县,复置安乐县"。据此,可推知渔阳安乐县在汉末被废,吴增僅《三国郡县表附考证》卷5、王先谦《后汉书集解》卷23中均已提及,兹不再赘述。治今北京市顺义区西北。

11. 傂奚县(25—?)

《汉志》作"厗奚",吴增僅《三国郡县表附考证》卷5据《舆地广记》所载而认为渔阳之傂奚县亦省于汉末,而王先谦《后汉书集解》卷23中据《晋书·地理志》无傂奚县而认为其县当废于晋。二氏各持一端,未详孰是,存此待考。治今北京市密云县东北。

12. 犷平县(25—220)

治今北京市密云县东北。

(二) 右北平郡(25—220)

东汉建立之时,右北平郡已经归东汉。东汉右北平郡领域较西汉变化虽大,但其具体沿革甚是简单明了。

右北平郡,《续汉志》载有四城,比《汉志》所领的十六县少十二县,且此十二县亦不见于《续汉志》其他郡国之中,是此十二县皆当于东汉初年省罢。即:平刚、石成、廷陵、薋、字、白狼、夕阳、昌城、骊成、广成、聚阳、平明。又此十二县大多原本位于西汉右北平郡之北部,其所以在东汉被罢废,盖边地乌桓、鲜卑等少数部族不断骚扰郡境所致。此十二县之废,使右北平郡北境大大向南收缩,由是知右北平领域要远远小于《汉志》所示之范围。

光武帝建武十三年,右北平郡领有四县:土垠、徐无、俊靡、无终。此后至汉末,右北平郡一直领《续汉志》所载之四城而未更(参前图3-31)。

西汉右北平治平刚县,然由于平刚县在东汉初年已废,故右北平郡治所由平刚迁至土垠。

1. 土垠县(25—220)

治今河北唐山市丰润区东。

2. 平刚县(25—30)

治今内蒙古宁城县西南。

3. 石成县(25—30)

治所当在今辽宁建昌县西与喀喇沁左翼蒙古族自治县交界处一带。

4. 廷陵县(25—30)

今地无考。

5. 薋县(25—30)

今地无考。

6. 字县(25—30)

治所当在今河北平泉县北一带。

7. 白狼县(25—30)

治今辽宁喀喇沁左翼蒙古族自治县西南。

8. 夕阳县(25—30)

治所当在今河北遵化市东南一带。

9. 昌城县(25—30)

治今河北唐山市丰南区西北。

10. 骊成县(25—30)

今地无考。

11. 广成县(25—30)

治今辽宁建昌县。

12. 聚阳县(25—30)

今地无考。

13. 平明县(25—30)

今地无考。

14. 徐无县(25—220)

治今河北遵化市东。

15. 俊靡县(25—220)

《说文》作"浚靡",《后汉书》卷19《耿弇传》亦如此。治今河北遵化市西北。

16. 无终县(25—220)

治今天津市蓟县。

(三) 辽西郡(25—220)

东汉建立之时,辽西郡已经归东汉。东汉辽西郡领域的变迁较为明晰。

《汉志》辽西郡辖十四县,较以《续汉志》,可知尚少且虑、新安平、柳城、狐苏、文成、絫等六县,且不见于《续汉志》其他郡国之下,故知皆当于东汉初期省罢。光武帝建武十三年,辽西郡领有八县:阳乐、海阳、令支、肥如、临渝、宾徒、徒河、交黎。

安帝时,置辽东属国,宾徒、徒河、交黎三县别属之(参见辽东郡所附辽东属国沿革)。

安帝以后,辽西郡一直领有《续汉志》所示之五城规模至汉末(参图3-32)。

细察《续汉志》辽西郡所载之五城,除郡治阳乐外,其余四县均位于郡界南端,而上述见于《汉志》在东汉已被省罢的六县,除新安平与絫二县外,其余四县皆在西汉辽西郡领域之北部。由此可以看出,东汉辽西郡北界比西汉时要大大南缩。此盖东汉北疆之外少数部族侵扰所致。《后汉书》卷90《乌桓鲜卑传》载,和帝永元九年(97)"辽东鲜卑攻肥如县,太守祭参坐沮败,下狱死。……(安帝元初)四年,辽西鲜卑连休等遂烧塞门,寇百姓"。从中可见一斑。

辽西郡治阳乐县。

1. 阳乐县(25—220)

治今辽宁义县西南。

2. 且虑县(25—30)

治所当在今辽宁义县北一带。

3. 新安平县(25—30)

治今河北滦县西北。

4. 柳城县(25—30)

治今辽宁朝阳市西南。

5. 狐苏县(25—30)

治今辽宁朝阳市东南。

6. 文成县(25—30)

治今辽宁建昌县东。

7. 絫县(25—30)

治今河北昌黎县南。

8. 海阳县(25—220)

治今河北滦县西南。

9. 令支县(25—220)

治今河北迁安市西。

10. 肥如县(25—220)

治今河北迁安市东北。

11. 临渝县(25—220)

治今辽宁朝阳市东。

12. 宾徒县(25—121?)

安帝时别属辽东属国。治今辽宁锦州市北。

13. 徒河县(25—121?)

安帝时别属辽东属国。治今辽宁锦州市太和区。

14. 交黎县(25—121?)

安帝时别属辽东属国。治今辽宁义县。

第五节　辽东郡(附：辽东属国、辽西中辽郡)沿革

辽东郡(25—220)

东汉建立之时,辽东郡已经归东汉。《汉志》辽东郡领县十八,较之《续汉志》,辽队、居就、武次三县不复见载,其中辽队县乃为《续汉志》漏载,而居就、武次二县则皆应于东汉初期省罢无疑。光武帝建武十三年(37)领有十六县：襄平、新昌、无虑、望平、安市、平郭、西安平、汶、番汗、沓氏、辽队、高显、候城、辽阳、险渎、房。

至安帝永初元年(107),高显、候城、辽阳三县别属玄菟郡。又,安帝时,置辽东属国,险渎、房二县别属之。

自安帝以后,辽东郡一直维持《续汉志》所载之十一县(其中候城为衍文,应改为辽队,详后)规模至汉末献帝时(参前图3-32)。

图 3-32 汉顺帝永和五年(140)辽西

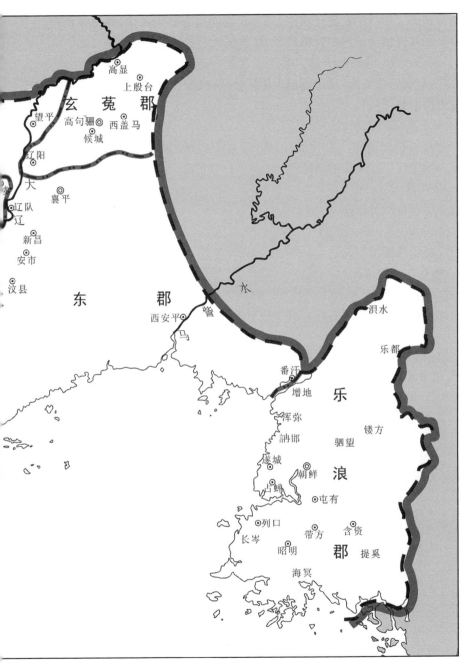

郡、辽东属国、玄菟郡、乐浪郡示意图

献帝初平元年(190),置辽西中辽郡,辽东郡当有县别属之,然史籍无载,故不得而知其详情。辽西中辽郡旋罢,其前别属之县还属。

又,东汉末年,增置北丰县。然北丰之置并不影响其时辽东郡之领域变化。要之,至献帝建安末,辽东郡仍大体保持《续汉志》所示之范围。

辽东郡治襄平县。

1. 襄平县(25—220)

《三国志》卷8《魏书·公孙度传》载,建安十二年(207),献帝封公孙康为襄平侯。治今辽宁辽阳市白塔区。

2. 居就县(25—30)

治今辽宁辽阳县东南。

3. 武次县(25—30)

治今辽宁凤城市东北。

4. 新昌县(25—220)

《后汉书》卷42《任城孝王尚传》载"河间贞王建子新昌侯佗",然辽东距河间国颇远,当非一地,偶同名耳。治今辽宁海城市东北。

5. 无虑县(25—220)

治今辽宁北镇市东南。

6. 望平县(25—220)

治今辽宁新民市东南。

7. 安市县(25—220)

治今辽宁海城市东南。

8. 平郭县(25—220)

治今辽宁盖州市西南。

9. 西安平县(25—220)

治今辽宁丹东市东北。

10. 汶县(25—220)

《汉志》作"文"。治今辽宁营口市东南。

11. 番汗县(25—220)

治今朝鲜平安北道博川城南。

12. 沓氏县(25—220)

治今辽宁大连市西南。

13. 辽队县(25—220)

《续汉志》无此县,然《后汉书》卷85《东夷传》载,安帝建光元年(121)夏,高句丽"复与辽东鲜卑八千余人攻辽队,杀略吏人"。辽队下李贤注云:"县名,属辽东郡也。"《三国志》卷30《魏书·乌丸鲜卑传》所载与此略同,唯辽队作辽隧。《三国志》卷28《毌丘俭传》载,魏明帝青龙中,"(俭)率幽州诸军至襄平,屯辽隧"。卷8《魏书·公孙度传》载:"(魏明帝)景初元年,乃遣幽州刺史毌丘俭等赍玺书征(公孙)渊。渊遂发兵,逆于辽隧,与俭等战。"然则汉末当有辽隧县。而《汉志》辽东郡辽队(隊)县下颜师古注曰:"隊音遂。"是辽队(隊)即辽隧。故由上述所载可知辽队终东汉一代一直存在,并未省并,谢钟英以为该县东汉末年复置,微误。《续汉志》当是漏载,应补。治今辽宁海城市西北。

14. 北丰县(190？—220)

《三国志》卷4《魏书·齐王芳纪》载,正始元年(240)"丙戌,以辽东汶、北丰县民流徙渡海"。吴增仅据此疑为汉末辽东有北丰县,可从。又,《读史方舆纪要》卷307云:"北丰城,在(明代沈阳中)卫西北。后汉末,公孙度据辽东,置城于此,谓之丰城。司马懿伐辽东,丰人南徙青、齐,其留者曰北丰。"顾祖禹之说可资参考。治今辽宁瓦房店市。

15. 辽阳县(25—107)

《续汉志》玄菟郡辖有辽阳,刘昭注引《东观书》曰:"安帝即位之年,分三县来属。"治今辽宁辽中县东。

16. 高显县(25—107)

安帝永初元年,别属玄菟郡。治今辽宁铁岭市银州区。

17. 候城县(25—107)

安帝永初元年,别属玄菟郡。然《续汉志》辽东郡下仍有候城,钱大昕《廿二史考异》卷14曰:"案,玄菟郡有候城,云故属辽东,则此候城为衍文矣。"其说甚。辽东当于安帝永初元年后不复辖有候城矣。治今辽宁沈阳市东南。

18. 险渎县(25—121？)

安帝时别属辽东属国。治今辽宁台安县东南。

19. 房县(25—121？)

安帝时别属辽东属国。治今辽宁大洼县东北一带。

附一:辽东属国(121？—220)

在东汉六个治民比郡的属国之中,唯辽东属国地处东北边地,是境外乌桓、鲜卑部分部族内附的产物。

辽东属国始置之确年,史乘无载。《续汉志》辽东属国下司马彪自注云:"故邯乡,西部都尉,安帝时以为属国都尉,别领六城。"此处之西部都尉当指辽东郡之西部都尉。而由《后汉书》卷4《和帝纪》所载永元十六年(104)"复置辽东西部都尉官"可知,辽东西部都尉当于永元十六年复置。又《后汉书》卷90《乌桓鲜卑传》载:"安帝永初三年夏,渔阳乌桓与右北平胡千余寇代郡、上谷。"不久乌桓乞降,"是后乌桓稍复亲附,拜其大人戎朱廆为亲汉都尉"。据此知乌桓对汉廷"稍复亲附"乃在永初三年后,故可推知辽东属国之设当不会早于是年。另,《后汉书》卷5《安帝纪》载,建光元年(121)四月,"辽东属国都尉庞奋,承伪玺书杀玄菟太守姚光"。是又知辽东属国至迟在建光元年已置。综合以上所述,可知辽东属国之置当在安帝永初三年至建光元年之间。

《续汉志》辽东属国下所领六城,当即始置时之状况。唯无虑一县,颇存问题,当更以扶黎。其中昌辽、宾徒、徒河三县之下,司马彪自注皆云"故属辽西",是知此三县均自辽西郡来属。据《汉志》知险渎、房二县西汉属辽东郡,故此二县当即由辽东郡来属无疑。要之,辽东属国乃由辽东、辽西二郡各自划出一部分地域而置。

此后,辽东属国领有昌辽、宾徒、徒河、险渎、房、扶黎六县之规模直至汉末(参前图3-32)。公孙度割据辽东后,辽东属国为其所据。

辽东属国治昌辽县。

1. 昌辽县(121?—220)

《续汉志》自注云:"昌辽故天辽,属辽西。"顾炎武《考古录》云,疑"当作'昌黎故交黎'是也"。章怀注《安帝纪》云,夫黎,县名,属辽东属国,《鲜卑传》作"扶黎"。

《后汉书集解》卷23引惠栋曰:"案,阚骃《十三州志》云:'辽东属国都尉治昌黎道。'又《前志》辽西郡交黎县,应劭云:'今昌黎。'然则'昌辽'当作'昌黎','天辽'当作'交黎'。又《通鉴》注云:'昌黎,汉交黎县,属辽西,后汉属辽东属国都尉。'知胡氏所见本尚未误也。"又引钱大昕说,谓"黎"、"辽"声相近,故"昌黎"亦作"昌辽",犹"乌氏"为"乌枝"、"厗奚"为"俿奚"也。总之,综合上述诸家之说可知,《续汉志》辽东属国之昌辽,即《汉志》辽西郡之交黎也。治今辽宁义县。

2. 宾徒县(121?—220)

安帝时自辽西郡别隶辽东属国。治今辽宁锦州市北。

3. 徒河县(121?—220)

安帝时自辽西郡别隶辽东属国。治今辽宁锦州市太和区。

4. 扶黎县(121?—220)

《续汉志》作"无虑"。《续汉志》辽东郡下亦有一无虑,两无虑重出,必有一误。《后汉书集解》卷23辽东属国无虑县下引惠栋曰:"顾炎武云:'案,辽东有无虑县,此不应重出。案此扶黎也,后人传写误耳。'《鲜卑传》云:'鲜卑复攻扶黎营。注:'扶黎县属辽东属国。故城治今营州东南。'今两汉《志》无扶黎县,而辽东不应有两无虑,必扶黎之误。又《鲜卑传》云:'鲜卑寇辽东属国,乌桓校尉耿晔移屯辽东无虑城拒之',明属国扶黎不作无虑也。"钱大昭说同,并谓《续汉志》辽东属国无虑县下司马彪之自注"有医无虑山"句,当移于辽东郡无虑县下。二氏所说极是。吴增僅《三国郡县表附考证》卷5未悟辽东属国所属无虑当是扶黎之误,认为辽东属国下仍辖无虑,而删辽东郡下之无虑,遂使辽东郡十一城少一城,误矣。杨守敬《三国郡县表补正》已正之。扶黎县不见于《汉志》,当为辽东属国设置之时所立,其地原本属辽西郡。治今辽宁北镇市东南。

5. 险渎县(121?—220)

安帝时自辽东郡别隶辽东属国。治今辽宁台安县东南。

6. 房县(121?—220)

安帝时自辽东郡别隶辽东属国。治今辽宁大洼县东北一带。

附二:辽西中辽郡(190?—190?)

《三国志》卷8《魏书·公孙度传》载,献帝初平元年,公孙度"分辽东郡为辽西中辽郡①,置太守"。辽西中辽郡下领几县,于史阙文。魏明帝景初二年(238)公孙政权败亡之时已不闻该郡之名,盖是郡置后不久复合于辽东郡,故此郡之设于辽东郡领域变化并无太大影响。

第六节　玄菟、乐浪二郡(附:带方郡)沿革

(一) 玄菟郡(25—220)

玄菟郡始置于西汉武帝元封三年(前108),经过一次内徙后,遂形成了《汉志》中辖三县的面貌,即俗称的"第二玄菟郡"了。

东汉时期,在玄菟郡附近的高句丽族逐渐兴盛起来,使得本处于辽东塞外的玄菟郡不得不再度内迁,徙至辽东郡内,与高句丽故地已毫无关系,《汉志》所载的高句骊、西盖马、上殷台三县皆侨置于辽东郡境内东北,成了名副其实的侨置郡县,这即所谓的"第三玄菟郡"。

安帝永初元年(107),高显、候城、辽阳三县自辽东郡来属,遂为《续汉志》

---

① 辽西中辽郡之名称,颇为特别。其时之郡名皆以一字或二字为名,而以四字为一郡之名者,仅此一见,故颇疑有讹误之字。《传》文"分辽东郡为辽西中辽郡"或恐为"分辽东、辽西郡为中辽郡"之讹,亦未可知,存此待考。

玄菟郡六城之规模。此后至汉末,玄菟郡一直领有《续汉志》所示之规模而未更(参前图 3-32)。

玄菟郡治高句骊县。

1. 高句骊县(25—220)

治今辽宁沈阳市东。

2. 西盖马县(25—220)

治今辽宁抚顺市顺城区。

3. 上殷台县(25—220)

治今吉林通化市东昌区。

4. 辽阳县(107—220)

故属辽东郡。辽阳县下刘昭注引《东观书》曰:"安帝即位之年,分三县来属。"可知辽阳等三县乃安帝永初元年来属。治今辽宁辽中县东。

5. 高显县(107—220)

安帝永初元年,自辽东郡来属。治今辽宁铁岭市银州区。

6. 候城县(107—220)

安帝永初元年,自辽东郡来属。治今辽宁沈阳市东南。

(二) 乐浪郡(25—220)

《汉志》西汉末期乐浪郡属县二十五,远远超过一般边郡之规模。《后汉书》卷 85《东夷传》载:"至昭帝始元五年,罢临屯、真番,以并乐浪、玄菟。玄菟复徙居句骊。自单单大领已东,沃沮、濊貊悉属乐浪。后以境土广远,复分领东七县,罢乐浪东部都尉。……建武六年,省都尉官,遂弃领东地……"是知乐浪郡领域之大乃因临屯、真番二郡并入之故。

清人杨守敬《汪士铎〈汉志释地〉驳议》又据上引《后汉书》卷 85《东夷传》之文,并较以两汉《志》,找出建武六年(30)乐浪郡所省并的单单大领以东之七县为东暆、不而、蚕台、华丽、邪头昧、前莫、夫租(即沃沮)。故东汉光武帝建武六年乐浪郡所领之县应为十八县之谱,亦即《续汉志》所载乐浪郡所领之十八县:朝鲜、讲邯、浿水、含资、占蝉(即黏蝉)、遂城、增地、带方、驷望、海冥、列口、长岑、屯有、昭明、镂方、提奚、浑弥、乐都。

由此可知,在建武六年至顺帝永和五年(140)的一百一十年间,乐浪郡领域无所变化(参前图 3-32)。此后至献帝兴平年间亦未闻有何更动。

献帝建安年间,公孙康析乐浪置带方郡,带方、列口、长岑、昭明、含资、提奚、海冥七县当别属之。

由于带方郡的析置,此时乐浪郡当仅有《续汉志》所领之十八城除去别属带方郡的七县而所余的十一县之地,而此十一县又恰即回到西汉武帝元封三年始置乐浪郡时之规模。

乐浪郡治朝鲜县。

1. 朝鲜县(25—220)

治今朝鲜平壤市南。

2. 东暆县(25—30)

治今韩国江原道江陵。

3. 不而县(25—30)

治今朝鲜江原道安边。

4. 蚕台县(25—30)

治所当在今韩国江原道东草以南。

5. 华丽县(25—30)

治所当在今朝鲜咸镜南道永兴一带。

6. 邪头昧县(25—30)

治今朝鲜江原道高城以西北一带。

7. 前莫县(25—30)

治所当在今朝鲜江原道高城以西南一带。

8. 夫租县(25—30)

即沃沮。治今朝鲜咸镜南道咸兴市。

9. 訥邯县(25—220)

《汉志》作"誥邯"。治所当在今朝鲜平壤市顺安东部一带。

10. 浿水县(25—220)

治所当在今朝鲜慈江道熙川以东一带。

11. 含资县(25—214?)

献帝建安末,别属带方郡。治今朝鲜黄海北道瑞兴郡。

12. 占蝉县(25—220)

《汉志》作"黏蝉"。《秥蝉县平山神祠碑》载"建武□年四月戊午,秥蝉长□□□建丞属国"①,知光武帝建武初年犹作"黏蝉"。治今朝鲜平安南道南浦特级市北。

13. 遂城县(25—220)

《汉志》作"遂成"。治今朝鲜平安南道黄浦特级市江西郡以东。

---

① 毛远明编著:《汉魏六朝碑刻校注》,第32页。

14. 增地县(25—220)

治所当在今朝鲜平安南道安州市以东一带。

15. 带方县(25—214?)

献帝建安末,别属带方郡。治今朝鲜黄海北道凤山郡。

16. 驷望县(25—220)

治所当在今朝鲜平壤市江东郡一带。

17. 海冥县(25—214?)

献帝建安末,别属带方郡。治所当在今朝鲜黄海南道海州市以东。

18. 列口县(25—214?)

献帝建安末,别属带方郡。治今朝鲜黄海南道殷栗郡。

19. 长岑县(25—214?)

献帝建安末,别属带方郡。治所当在今朝鲜黄海南道长渊郡以北。

20. 屯有县(25—220)

治今朝鲜黄海北道黄州。

21. 昭明县(25—214?)

献帝建安末,别属带方郡。治今朝鲜黄海南道信川郡北部面土城里。

22. 镂方县(25—220)

治所当在今朝鲜平安南道阳德郡以西一带。

23. 提奚县(25—214?)

献帝建安末,别属带方郡。治所当在今朝鲜黄海北道平山郡西南一带。

24. 浑弥县(25—220)

治所当在今朝鲜平安南道肃川以北一带。

25. 乐都县(25—220)

《汉志》无此县。《后汉书集解》引谢钟英之说云,乐都即西汉吞列县。治今朝鲜平安南道宁远附近。

附:带方郡(214?—220)

《三国志》卷30《魏书·东夷传》载:"建安中,公孙康分屯有县以南荒地为带方郡,遣公孙模、张敞等收集遗民,兴兵伐韩濊,旧民稍出,是后倭韩遂属带方。"以《百官志》刘昭注引《献帝起居注》,献帝建安十八年(213)省并州郡时,各州中并无带方郡之名,故可知带方郡之置当在建安十八年后。

检《续汉志》,乐浪郡屯有县以南有带方、列口、长岑、昭明、含资、提奚、海冥七县。又,《晋书·地理志》载带方郡领有七县,除南新一县外,其余六县均见于上述乐浪郡屯有县以南的七县中,而南新亦当是乐浪郡昭明县之改名,是

《晋志》所载带方郡所领之县即《续汉志》乐浪郡屯有县以南七县,因而可以论定汉末公孙康所置之带方郡亦应有此七县之规模。

治所不详,或在带方县。

1. 带方县(214？—220)

治今朝鲜黄海北道凤山郡。

2. 列口县(214？—220)

治今朝鲜黄海南道殷栗郡。

3. 长岑县(214？—220)

治所当在今朝鲜黄海南道长渊郡以北。

4. 昭明县(214？—220)

治今朝鲜黄海南道信川郡北部面土城里。

5. 含资县(214？—220)

治今朝鲜黄海北道瑞兴郡。

6. 提奚县(214？—220)

治所当在今朝鲜黄海北道平山郡西南一带。

7. 海冥县(214？—220)

治所当在今朝鲜黄海南道海州市以东。

第八章　并州刺史部所辖郡国沿革

东汉初年,并州刺史部所辖诸郡为更始政权所据,更始政权失败后,五原、朔方、云中、定襄、雁门等五郡为卢芳政权所据,北地郡为隗嚣政权所据。光武帝建武元年(25),上党、太原、西河、代郡归东汉,六年卢芳政权占据代郡,上郡、北地郡归东汉,七年,朔方、云中、定襄归东汉,九年,雁门郡归东汉,十年省并定襄郡,十二年(36),五原、代郡归东汉。

故建武十三年,并州刺史部所辖为上党、太原、上郡、西河、五原、云中、雁门、朔方、北地、代郡等十郡。十五年,弃雁门、上谷、代等郡。二十年,省五原郡。此外,建武十年至二十年间,云中、朔方、北地三郡亦被弃,仅虚悬郡名。建武二十六年,云中、五原、朔方、北地、定襄、雁门、上谷、代八郡复还本土。

安帝永初五年(111),上郡徙衙,北地徙池阳。

顺帝永建四年(129),上郡、北地郡还本土。永和五年(140),朔方郡徙治五原,是年上郡再度内徙。永和六年,北地郡再度内徙。

献帝建安二十年(215),省云中、定襄、五原、朔方郡,置新兴郡。又,建安年间,析上党置乐平郡。另外,汉末,西河郡亦废。

第一节　上党郡(附：乐平郡)、太原郡(国)(附：新兴郡)沿革

(一) 上党郡(25—220)

光武帝建武元年(25),上党郡归汉。东汉初年,上党郡沿袭西汉之规模,即《汉志》十四县：长子、屯留、余吾、铜鞮、沾、涅、襄垣、壶关、泫氏、高都、潞、猗氏、阳阿、谷远。

顺帝永和五年(140)前,省并余吾县,遂为《续汉志》中所领十三县之谱(参图3-33)。顺帝永和五年后,省并阳阿县。

献帝建安年间,上党郡新置乐平县以及另一阳阿县。汉末,上党析置乐平

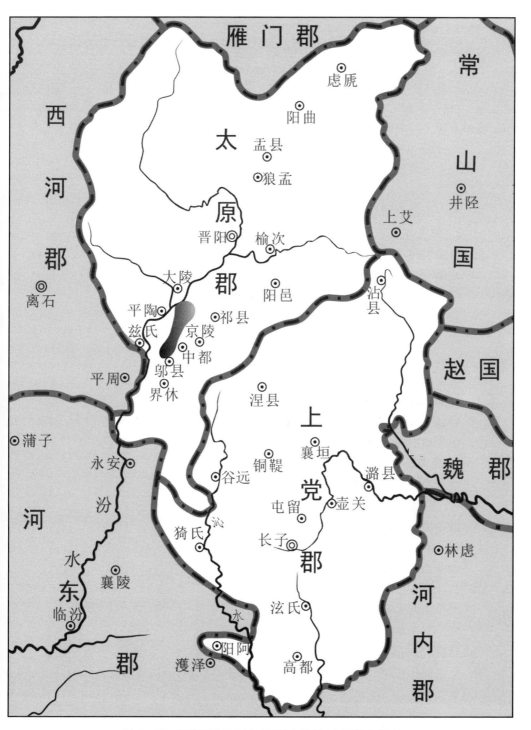

图3-33 汉顺帝永和五年(140)上党郡、太原郡示意图

郡,乐平、沾县别属之。

综上所述,汉末上党郡至少当领有《续汉志》所载之十三城中除去沾县而余的十二城,只不过其中的阳阿县已非《续汉志》所载的阳阿县原地。

上党郡本治长子,汉末,董卓为乱,郡遂移治壶关。《魏书》卷106《地形志》上党郡下云:"前汉治长子城,董卓作乱,治壶关城。"《元和郡县图志》卷15潞州下所云与此略同。

1. 长子县(25—220)

治今山西长子县西南。

2. 屯留县(25—220)

治今山西屯留县南。

3. 铜鞮县(25—220)

治今陕西沁县南。

4. 涅县(25—220)

《汉志》作"涅氏"。治今山西武乡县西北。

5. 襄垣县(25—220)

治山西今县北。

6. 壶关县(25—220)

治今山西长治市北。

7. 泫氏县(25—220)

《后汉书》卷21《万修传》载,修子普嗣,徙封泫氏侯,普卒,子亲徙封扶柳侯。治今山西高平市。

8. 高都县(25—220)

治今山西晋城市城区。

9. 潞县(25—220)

治今山西潞城市东北。

10. 猗氏县(25—220)

治今山西安泽县南。

11. 谷远县(25—220)

治今山西沁源县。

12. 余吾县(25—140?)

《后汉书》卷22《景丹传》载,丹子尚后自栎阳徙封为余吾侯,事当在建武初。至景尚孙临卒,因无子国除。《续汉志》不载此县,疑国除后省并。治今山西屯留县西北。

13. 沾县(25—215?)

献帝建安中,别属新置之乐平郡。治今山西昔阳县西南。

14. 阳阿县①(25—140?)

《续汉志》中为侯国,未详。《元和郡县图志》卷13仪州下云:"今州理即汉上党郡之涅氏县地也,后汉于此置阳阿县,属上党郡。晋改为辽阳,属乐平郡。"仪州辽山县下所云与此同。此阳阿县与上党郡本领有之阳阿县,同名而异地。此阳阿在上党郡东北,原阳阿在上党郡西南。吴增僅《三国郡县表附考证》卷5疑位于上党西南的阳阿于汉末省,或是。故疑《续汉志》所载之阳阿或在侯国国除时省并,而汉末复立同名县矣。治今山西阳城县西北。

15. 阳阿县②(196?—220)

东汉末新置之阳阿县。当治今山西武乡县西北。

16. 乐平县(206?—215?)

《续汉志》无此县。《三国志》卷11《魏书·管宁传》载,张臶居上党,"并州牧高幹表除乐平令,不就"。杨守敬《三国郡县表补正》据《管宁传》以为"后汉分沾县立乐平郡即立乐平县可知,惟不为郡治耳。《太康地志》谓乐平即沾县,恐未确"。杨说乐平非沾县当是,然高幹死于献帝建安十一年(206),是乐平县当置于此前,故可知乐平县之立当在郡前。因此可知,乐平县初置时当属上党,至立乐平郡后,别属之。治今山西昔阳县。

附:乐平郡(215?—220)

《晋书》卷14《地理志》并州下云:"(建安)二十年,始集塞下荒地立新兴郡,后又分上党立乐平郡。"《魏书》卷106《地形志》乐平郡下云:"后汉献帝置。"故可知乐平置于献帝建安二十年后。然《晋书》卷14《地理志》乐平郡下又云"泰始中置",《通典》因之,误也。

乐平郡所领之县,史籍失载。《水经·清漳水注》云:"后汉分沾县为乐平郡,治沾县。"则沾县隶属于乐平可知。又,上党郡乐平县、常山郡上艾县来属。吴增僅《三国郡县表附考证》卷5以为乐平郡领有辽阿县,不确,杨守敬《三国郡县表补正》已辨之。

1. 沾县(215?—220)

以前文所引之《水经·清漳水注》文,乐平郡立时沾县当自上党郡来属。治今山西昔阳县西南。

2. 乐平县(215?—220)

乐平郡立后,乐平县自当属之。治今山西昔阳县。

3. 上艾县(215？—220)

《晋书》卷14《地理志》乐平郡下有上艾县,吴增僅《三国郡县表附考证》卷2以为即东汉常山郡之上艾,并以为东汉末乐平郡乃分上党、常山而置,故其时应领有该县,当是。治今山西平定县。

(二)太原郡(25—26)—太原国(26—35)—太原郡(35—220)

光武帝建武元年,太原郡归汉。《后汉书》卷1《光武帝纪》载,建武二年四月,封"兄子章为太原王";十三年正月,降"太原王为齐公"。

《后汉书》卷14《齐武王縯传》载:"建武三年,立(縯)长子章为太原王,兴为鲁王。十一(35)年,徙章为齐王。"

综合以上记载,知太原郡在建武二年时为太原国,后又复为汉郡。然由太原国除为太原郡之时间,上述记载互有抵牾之处。《纪》言建武十三年,太原王降为齐公,可知太原国当一直存在至该年;而《传》言建武十一年,太原王章徙为齐王,则太原国又应在是年复为汉郡方是。二者相权,颇觉《传》载合理。太原王章当在建武十一年由太原王徙为齐王,十三年,又由齐王降为齐公。《纪》载恐有讹误。降"太原王为齐公",或应作降"齐王为齐公"。故在此定太原国复为汉郡之时间为建武十一年。

建武九年正月,雁门郡吏人徙至太原郡领域内。

《汉志》太原郡领二十一城,与《续汉志》相较,则葰人、汾阳二县不见记载,盖东汉初期省并。故光武帝建武十三年,太原郡领晋阳、界休、榆次、中都、于离、兹氏、狼孟、邬、盂、平陶、京陵、阳曲、大陵、原平、祁、上艾、虑虒、阳邑、广武十九县。

建武十五年,雁门郡民徙至中山郡境。二十六年,雁门郡复归旧土(参见雁门郡沿革)。或在建武二十六年,广武县别属雁门郡。又,不早于此年,原平亦别属雁门郡。

和帝时,上艾别属常山郡。此后,太原郡遂达《续汉志》所示之晋阳、界休、榆次、中都、于离、兹氏、狼孟、邬、盂、平陶、京陵、阳曲、大陵、祁、虑虒、阳邑十六县规模,并一直保持至献帝时才发生变更(参前图3-33)。

献帝建安二十年,以阳曲、虑虒二县地置新兴郡,虑虒县别属之,而阳曲县则徙至太原县北。故至献帝建安末,太原郡领域当有《续汉志》所载的十六城除去阳曲、虑虒二县而后所得的十四城之地,然从所领县目讲则当有《续汉志》所示十六城去掉虑虒一县而剩的十五县之谱,即:晋阳、界休、榆次、中都、于离、兹氏、狼孟、邬、盂、平陶、京陵、阳曲、大陵、祁、阳邑。

太原郡(国)治晋阳县。

1. 晋阳县(25—220)

《续汉志》云:"刺史治。"是东汉并州刺史治于此。《三国志》卷8《魏书·张杨传》载,兴平二年(195),献帝封张杨为晋阳侯。治今山西太原市西南。

2. 葰人县(25—30)

治今山西繁峙县东。

3. 汾阳县(25—30)

治今山西静乐县西。

4. 界休县(25—220)

治今山西介休市东南。

5. 榆次县(25—220)

治今山西晋中市榆次区。

6. 中都县(25—220)

治今山西平遥县西南。

7. 于离县(25—220)

今地无考。

8. 兹氏县(25—220)

治今山西汾阳市东南。

9. 狼孟县(25—220)

治今山西阳曲县。

10. 邬县(25—220)

治今山西介休市东北。

11. 盂县(25—220)

治今山西阳曲县东北。

12. 平陶县(25—220)

治今山西文水县西南。

13. 京陵县(25—220)

治今山西平遥县东。

14. 阳曲县(25—220)

《元和郡县图志》卷14忻州下云:"今州即汉太原郡之阳曲县也。按汉阳曲县治今州东四十五里定襄县理是也,后汉末大乱,匈奴侵边,自定襄已西尽云中、雁门之间遂空,曹公立新兴郡以安集之,理九原,即今州是也。"忻州秀容县下云:"本汉阳曲县地,属太原郡。后汉末于此置九原县,属新兴郡。"同书卷13太原府阳曲县下云:"本汉旧县也,属太原郡。……按此前阳曲县,今忻州定襄县是也,后汉末移于太原县北四十五里阳曲故城是也。"《太平寰宇记》卷42忻州定襄县下云:"本汉阳曲县,属太原郡。……后汉末移阳曲县于并州太原县界,仍于此置定襄县,属新兴郡。"

据上所述,可知汉末在故阳曲县地置省五原、定襄二郡而成的九原、定襄二县,属新兴郡,而将阳曲县南迁至太原县北,仍属太原郡。故可知阳曲本治今山西定襄县东,献帝建安二十年后治今山西阳曲县西南。

15. 大陵县(25—220)

建安中,魏武帝以匈奴中部居此。治今山西文水县东北。

16. 祁县(25—220)

治今山西祁县东南。

17. 阳邑县(25—220)

治今山西晋中市榆次区东南。

18. 虑虒县(25—215)

献帝建安二十年,别属新兴郡。治今山西五台县东北。

19. 广武县(25—50)

《后汉书》卷83《逸民传》载,周党、王霸为太原广武人,二人事迹见于光武帝建武初年。《后汉书》卷22《杜茂传》云:"(建武)七年,诏茂引兵北屯田晋阳、广武,以备胡寇。"李贤注曰:"广武,县名,属太原郡。"又《后汉书》卷53《周黄徐姜申屠列传》小序云:"王莽末,匈奴寇其(按:指荀恁)本县广武,闻慈名节,相约不入荀氏闾。"李贤注云:"广武,县,属太原郡。"综合上述记载可知,至迟在建武七年,广武尚属太原郡。换言之,广武改属雁门之时间不会早于是年。其实依据当时的情形推测,颇疑广武别属雁门在建武二十六年雁门郡恢复本土之时。是时对雁门、太原二郡之境界做一调整,甚合情理。治今山西代县西南。

20. 原平县(25—50)

原平别属雁门之时间,亦不会早于建武二十六年,因原平尚在广武之南,断不会越过广武而先别属雁门郡。治今山西原平市东。

21. 上艾县(25—89?)

至于上艾何时由太原别属常山,无相关文献记载,待考,疑或在和帝时(参见常山国沿革)。治今山西平定县。

附 新兴郡(215—220)

《三国志》卷1《魏书·武帝纪》载:"(建安)二十年春正月……省云中、定襄、五原、朔方郡,郡置一县领其民,合以为新兴郡。"此新兴郡当割太原郡地置。

新兴郡当领九原、定襄、云中、广牧、平城、马邑、虑虒七县。

据前文太原郡阳曲县下所引《元和郡县图志》,新兴郡治九原县。

1. 九原县(215—220)

建安二十年,以故九原郡民徙于此地,置县。《元和郡县图志》卷 14 云:"本汉阳曲县地,属太原郡。后汉末于此置九原县,属新兴郡。"治今山西定襄县东。

2. 马邑县(215—220)

《元和郡县图志》卷 14 朔州下云:"秦为雁门郡地,在汉即雁门郡之马邑县也。……按马邑即今州理是也,汉末大乱,郡遂荒废,建安中曹公又立马邑县,属新兴郡。"朔州鄯阳县下云:"本汉马邑县,属雁门郡,汉末荒废。建安中又置,属新兴郡。"今地不详。

3. 平城县(215—220)

《元和郡县图志》卷 14 云州下云:"汉末大乱,匈奴侵边,自定襄以西,云中、雁门、西河遂空。曹公鸠集荒散,又立平城县,属新兴郡。"云州云中县下云:"本汉平城县,属雁门郡。汉末大乱,其地遂空。魏武帝又立平城县,属新兴郡。"治今山西代县东北。

4. 定襄县(215—220)

《太平寰宇记》卷 42 忻州定襄县下云:"本汉阳曲县,属太原郡。……后汉末移阳曲县于并州太原县界,仍于此置定襄县,属新兴郡。"治今山西定襄县东。

5. 云中县(215—220)

吴增僅《三国郡县表附考证》卷 5 据《大同府志》以为汉末云中郡云中县徙于太原郡中,隶属于新兴郡,当是。治今山西原平市西南。

6. 广牧县(215—220)

《大清一统志》卷 112 广牧故城下云:"后汉建安末移置陉南,属新兴郡。"吴增僅《三国郡县表附考证》卷 5 据此以为汉末朔方郡省为广牧县,亦置于太原郡中,隶属新兴郡,其说可从。治今山西寿阳县西北。

7. 虑虒县(215—220)

太原郡虑虒县地望在新兴郡领域之内,理当由太原郡别属新兴郡。治今山西五台县东北。

第二节 雁门郡、代郡(国)沿革

(一)雁门郡(33—39,50—220)

光武帝建武五年(29),卢芳据有雁门郡。至迟到九年,雁门郡归汉廷。

然汉廷在东汉初期对雁门郡的控制十分乏力。《后汉书》卷1《光武帝纪》所载建武九年"徙雁门吏人于太原",可以为证。建武十五年,雁门郡被迫放弃。《后汉书》卷1《光武帝纪》载,建武十五年二月,"徙雁门、代郡、上谷三郡民,置常[山]关、居庸关以东"。李贤注曰:"时胡寇数犯边,故徙之。"雁门郡地近常山关,其郡民当徙至常山关以东。而常山关在中山郡内,故可推知雁门郡民又内徙于中山郡境内。二十六年,恢复雁门郡旧土。《后汉书》卷1《光武帝纪》云,建武二十六年,"云中、五原、朔方、北地、定襄、雁门、上谷、代八郡民归于本土。遣谒者分将施刑补理城郭"。汉廷重又控制了雁门郡原来的领域。

《汉志》雁门郡领十四县,与《续汉志》雁门所辖县数相同,然其具体县名实不相同。《汉志》沃阳县不见载于《续汉志》中,盖东汉初期已省并。而《汉志》雁门郡之善无、中陵二县,在《续汉志》定襄郡属县之中,是知东汉该二县已由雁门别属定襄,然二县别属之确年,史籍失载,疑乃在建武二十六年诸边郡回属故地之时。雁门郡此时虽失此三县,又别有邻郡之卤城、广武、原平三县来属,此三县盖亦在建武二十六年分别来自相邻之郡:卤城由代郡来属,广武、原平二县则自太原郡划入。

综合上述可知,盖在建武二十六年以后,雁门郡已达《续汉志》所载之十四城规模,即:阴馆、繁畤、楼烦、武州、汪陶、剧阳、崞、平城、埒、马邑、卤城、广武、原平、强阴。

此后至东汉末年以前亦未闻雁门郡领域有何更动(参见图3-34)。

汉末,雁门郡领县大多荒废。《元和郡县图志》卷14代州下云:"秦置三十六郡,雁门是其一焉。汉因之。后汉末,匈奴侵边,其地荒废。"《太平寰宇记》卷49代州下亦云:"汉末,匈奴侵边,其(按,指雁门郡)地荒废。魏文帝移雁门郡南度句注,置广武城,即今州西故城是也。"据上述所载可知汉末雁门郡领地多已荒芜,盖仅凭据南句注山之险,有广武、原平(二县位于句注山之南)二县而已,故是时雁门郡已名存实亡。

东汉雁门郡自建武二十六年后治阴馆县,汉末,郡境内荒废,或有徙治。

1. 阴馆县(33—39,50—220?)

光武帝建武十五年弃,二十六年复置。汉末废。治今山西朔州市东南。

2. 沃阳县(33—50?)

沃阳县或于建武二十六年省并。治今内蒙古凉城县西南。

3. 繁畤县(33—39,50—220?)

光武帝建武十五年弃,二十六年复置。汉末废。治今山西浑源县西南。

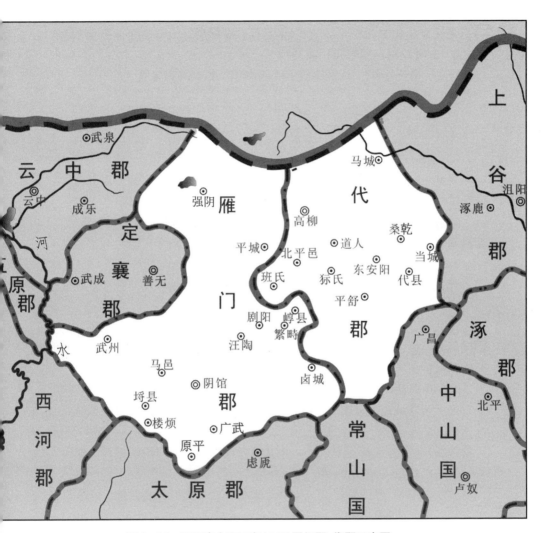

图 3-34 汉顺帝永和五年(140)雁门郡、代郡示意图

4. 楼烦县(33—39,50—220?)

光武帝建武十五年弃,二十六年复置。汉末废。治今山西宁武县北。

5. 武州县(33—39,50—220?)

光武帝建武十五年弃,二十六年复置。汉末废。治今山西偏关县东北。

6. 汪陶县(33—39,50—220?)

《汉志》作"涅陶"。光武帝建武十五年弃,二十六年复置。汉末废。治今山西应县西。

7. 剧阳县(33—39,50—220?)

光武帝建武十五年弃,二十六年复置。汉末废。治今山西应县东北。

8. 崞县(33—39,50—220?)

光武帝建武十五年弃,二十六年复置。汉末废。治今山西浑源县西。

9. 平城县(33—39,50—220?)

光武帝建武十五年弃,二十六年复置。汉末废。献帝建安二十年(215),曹操新置平城县于太原郡内,然乃属新置之新兴郡。治今山西大同市东北。

10. 埒县(33—39,50—220?)

光武帝建武十五年弃,二十六年复置。汉末废。治今山西神池县东北。

11. 马邑县(33—39,50—215)

光武帝建武十五年弃,二十六年复置。汉末废。献帝建安二十年,于太原郡内新置马邑县,然其时乃别属新置之新兴郡,与雁门郡无涉焉。治今山西朔州市朔城区。

12. 强阴县(33—39,50—220?)

光武帝建武十五年弃,二十六年复置。汉末废。治今内蒙古凉城县东。

13. 卤城县(50—220?)

故属代郡,光武帝建武二十六年来属。汉末废。治今山西繁峙县东北。

14. 广武县(50—220)

故属太原郡,光武帝建武二十六年来属。治今山西代县西南。

15. 原平县(50—220)

故属太原郡,光武帝建武二十六年来属。治今山西原平市东。

16. 善无县(33—39)

光武帝建武十五年与郡同弃,二十六年复置时,遂别属定襄郡。治今山西右玉县西。

17. 中陵县(33—39)

光武帝建武十五年与郡同弃,二十六年复置后,别属定襄郡。治今山西朔州市平鲁区西北。

(二) 代郡(36—40)—代国(40—42)—代郡(42—220)

光武帝建武六年,卢芳据代郡。十二年,代郡归汉。故建武十三年,代郡领域当与《汉志》时期同,即桑乾、道人、当城、高柳、马城、班氏、延陵、狋氏、且如、北平邑、阳原、东安阳、参合、平舒、代、灵丘、广昌、卤城十八县。

代郡为汉北部边郡,东汉初期经常遭到匈奴等部族的侵扰,一度使代郡吏民不得不内迁。《后汉书》卷1《光武帝纪》载,建武十五年二月,"徙雁门、代郡、上谷三郡民,置常[山]关、居庸关以东"。卷18《吴汉传》及《续汉书·天文志》所载与此同。李贤注曰:"《前书》曰代郡有常山关,上谷郡居庸县有关。时胡寇数犯边,故徙之。"

代郡之民内徙后,卢芳一度在代郡之地被光武帝封为代王,置代国,并设相、傅。《后汉书》卷1《光武帝纪》载,建武十六年,"卢芳遣使乞降。十二月甲辰,封芳为代王"。卷12《卢芳传》云,建武十六年"芳复入居高柳,与闵堪兄林使使请降,乃立芳为代王,堪为代相"。旋卢芳复反。《光武帝纪》又云,建武十八年,"卢芳复亡入匈奴"。代国不复存在。光武帝册封卢芳为代王,实是对卢芳所据之地的一种不得已的承认办法,采取的是怀柔政策,一旦光武帝实力强大,便要对卢芳进行制裁,卢芳深晓其中之理,故而有复反之举。

此后,汉廷仍虚控之代郡,其实当是汉与南匈奴交兵之地带。此种情形直至建武二十六年方告结束。是年,《后汉书》卷1《光武帝纪》载,代郡等八郡民重返故土,代郡旧有领域得以恢复。自代郡吏民东迁至此时返回旧土,汉廷虚悬代郡郡名达十余年。建武二十六年代郡等八郡民重返旧土之后,卤城别属雁门郡。

又,以《续汉志》与《汉志》之代郡领县相较,可知延陵、且如、阳原、参合、灵丘五县不见载,当于东汉初期省废。又北平邑乃和帝时期复置,故此前亦当被省并。故东汉初代郡所省并之县有六。此外细察延陵、且如等县之地望,知其均位于代郡领域之北部,故延陵等县之废盖由域外部族侵扰边境之故。故此数县之废当皆在建武二十六年之前。

是以建武二十六年,代郡还复本土时,其领县当仅有桑乾、道人、当城、高柳、马城、班氏、狋氏、东安阳、平舒、代、广昌十一县。

章帝元和三年(86)后,广昌县别属中山。

和帝永元八年(96),代郡复置一县:北平邑。代郡遂领有《续汉志》所示十一县规模(参前图3-34),这一状况直至汉末方发生改变。吴增僅《三国郡县表附考证》卷5以为汉末代郡仅有《续汉志》代郡所领十一城中之代、平舒、当城三县,其余八县地为鲜卑所扰,城邑残破,弃为荒外之地,其说可从。又因代、平舒、当城三县皆位于漯水之南,故换言之,汉末代郡仅能控制原有领域中漯水以南的地区,漯水之北的地区则不得不放弃了。

代郡治所本在代县,《续汉志》则首书高柳,是东汉时期郡治北徙高柳,是又可见此举乃出于巩固边境、加强防卫之需要。至汉末,高柳县既荒废,恐郡治复南徙代县矣。

1. 高柳县(36—220?)

《水经·漯水注》载:"其水东南流迳高柳县故城北……建武十九年,世祖封代相(闵)堪为侯国。"汉末废。治今山西阳高县。

2. 延陵县(36—50?)

延陵县废弃应在建武二十六年之前。治今山西天镇县北。

3. 且如县(36—50?)

且如县废弃应在建武二十六年之前。治今内蒙古兴和县西北。

4. 阳原县(36—50?)

阳原县废弃应在建武二十六年之前。治今河北阳原县西南。

5. 参合县(36—50?)

参合县废弃应在建武二十六年之前。治今山西阳高县南。

6. 灵丘县(36—50?)

灵丘县废弃应在建武二十六年之前。治今山西灵丘县东。

7. 桑干县(36—220?)

汉末废。治今河北阳原县东。

8. 道人县(36—220?)

汉末废。治今山西阳高县东南。

9. 当城县(36—220)

治今河北蔚县东北。

10. 马城县(36—220?)

汉末废。治今河北怀安县西。

11. 班氏县(36—220?)

汉末废。治今山西大同市东南。

12. 狋氏县(36—220?)

汉末废。治今山西阳高县东南。

13. 北平邑(36—50?,96—220?)

《汉志》作"平邑"。建武二十六年前曾经省并。《续汉志》自注云:"永元八年复",既言"复"字,则该县当在永元八年前曾被省并无疑。钱大昕《廿二史考异》卷14曰:"章帝女平邑公主。章怀注:平邑属代郡,《前志》无北字。"据此可知北平邑之复置或乃由平邑公主之故。汉末废。治今山西大同市东南。

14. 东安阳县(36—220?)

汉末废。治今河北阳原县东南。

15. 平舒县(36—220)

《后汉书》卷22《马成传》载,建武七年夏,光武封马成为平舒侯,二十七年,定封为全椒侯。治今山西广灵县西。

16. 代县(36—220)

治今河北蔚县东北。

17. 广昌县(36—86?)

治今河北涞源县北。

18. 卤城县(36—50?)

光武帝建武二十六年别属雁门郡。治今山西繁峙县东北。

第三节 云中郡(附:定襄郡)沿革

云中郡(31—44,50—215)

光武帝建武五年(29),卢芳据有云中郡。七年,云中郡属汉廷。

《后汉书》卷1《光武帝纪》载,建武二十六年,云中等八郡郡民归于本土。据此则知云中郡领域在此之前曾被放弃,空悬郡名。

然云中郡暂弃领县之确年,史籍失载,在此仅能作一推断。定襄、五原二郡皆与云中为邻,据史载定襄省于建武十年,五原省于建武二十年(参见五原郡沿革),东汉其他边郡如雁门、代、上谷等则是在建武十五年放弃,综合上述史料,颇疑云中郡之暂弃领县在建武十年至二十年之间。

《汉志》云中郡领十一县,其中陶林、犊和、阳寿、桢陵四县不见于《续汉志》,桢陵实即《续汉志》箕陵(详后),其余三县盖当皆于东汉初省并。又因云中郡在建武初年至二十六年间曾被迫放弃,故颇疑此三县亦有在云中郡重返旧土之时即未再恢复而并入相邻之县的可能。

又,大约亦于建武二十六年,得定襄郡三县:定襄、成乐、武进。故建武二十六年之后,云中郡即领有《续汉志》所载之十一县直至献帝建安中而未更,即云中、咸阳、箕陵、沙陵、沙南、北舆、武泉、原阳、定襄、成乐、武进(参见图3-35)。

献帝建安二十年(215),因匈奴不断侵扰,云中郡领县尽废,被省为云中一县,并将该县内徙至太原郡北界内,隶属于新兴郡之下。

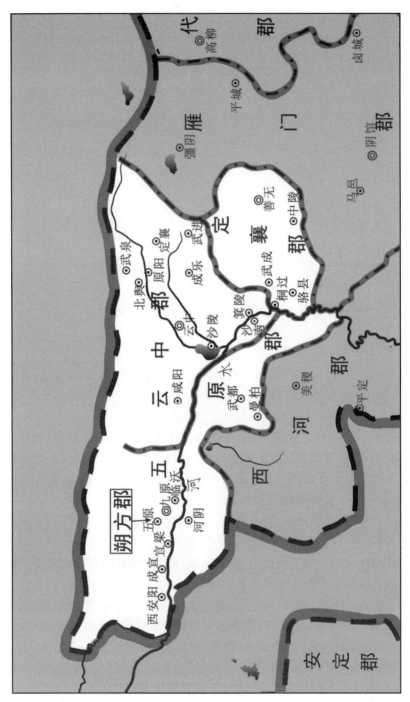

图 3-35 汉顺帝永和五年(140)云中郡、定襄郡、五原郡、朔方郡示意图

云中郡治云中县。

1. 云中县(31—44?,50—215)

东汉初曾废,光武帝建武二十六年(50)云中郡还本土,复置。献帝建安二十年,县废。又于故太原郡境内置新云中县,徙云中郡民于斯,别属新兴郡(详见新兴郡)。治今内蒙古托克托县东北。

2. 陶林县(31—50?)

治今内蒙古呼和浩特市东北。

3. 犊和县(31—50?)

治所当在今内蒙古固阳县东南近土默特左、右旗一带,确地待考。

4. 阳寿县(31—50?)

治所当在今内蒙古托克托县东南一带。

5. 咸阳县(31—44?,50—215)

东汉初曾废,光武帝建武二十六年云中郡还本土,复置。献帝建安二十年,县废。治今内蒙古土默特右旗东。

6. 箕陵县(31—44?,50—215)

《后汉书集解》卷23引惠栋说,谓何焯云《前志》有桢陵,无箕陵。王先谦案:李兆洛以箕陵即前汉桢陵县也。李说当是。东汉初曾废,光武帝建武二十六年云中郡还本土,复置。献帝建安二十年,县废。治今内蒙古清水河县西北。

7. 沙陵县(31—44?,50—215)

东汉初曾废,光武帝建武二十六年云中郡还本土,复置。献帝建安二十年,县废。治今内蒙古托克托县北。

8. 沙南县(31—44?,50—215)

东汉初曾废,光武帝建武二十六年云中郡还本土,复置。献帝建安二十年,县废。治今内蒙古准格尔旗东北。

9. 北舆县(31—44?,50—215)

东汉初曾废,光武帝建武二十六年云中郡还本土,复置。献帝建安二十年,县废。治今内蒙古呼和浩特市新城区。

10. 武泉县(31—44?,50—215)

东汉初曾废,光武帝建武二十六年云中郡还本土,复置。献帝建安二十年,县废。治今内蒙古呼和浩特市东北。

11. 原阳县(31—44?,50—215)

东汉初曾废,光武帝建武二十六年云中郡还本土,复置。献帝建安二十年,县废。治今内蒙古呼和浩特市东南。

12. 定襄县(50—215)

《续汉志》司马彪自注云："故属定襄。"当为光武帝建武二十六年来属。献帝建安二十年，县废。至于东汉末复置之定襄县，于此无涉。治今内蒙古呼和浩特市东南。

13. 成乐县(50—215)

《续汉志》司马彪自注云："故属定襄。"当为光武帝建武二十六年来属。献帝建安二十年，县废。治今内蒙古和林格尔县西北。

14. 武进县(50—215)

《续汉志》司马彪自注云："故属定襄。"当为光武帝建武二十六年来属。《后汉书》卷12《卢芳传》载，光武封随昱弟宪为武进侯。献帝建安二十年，县废。治今内蒙古和林格尔县西北。

附：定襄郡(31—34，50—215)

光武帝建武五年，卢芳据有定襄郡。至建武七年，定襄郡属汉。

《后汉书》卷1《光武帝纪》载，建武十年，"省定襄郡，徙其民于西河"；二十六年，定襄郡民归于本土。据此可知定襄郡在东汉初年一度被废弃达十六年之久。此乃境外匈奴等族侵扰所致。

《汉志》定襄郡领县十二，而《续汉志》定襄郡仅有五城。西汉时期之都武、襄阴、武皋、定陶、武要、复陆六县不见载于《续汉志》其他郡国下，盖于东汉初期省并。又由该六县之地望可知，其皆位于定襄郡原领域之北界①，而定襄郡于建武二十六年复置后郡境已向南移，六县所在之地已在云中郡内，故可断此六县在定襄郡复置时即未再恢复。加之定襄郡在建武十年即被省弃，故进一步言之，都武等六县之名在建武十年之后即不应再闻。

至于《汉志》定襄郡之成乐、定襄、武进等属县，《续汉志》皆在云中郡领县之中，且三县下皆有"故属定襄"之司马彪自注，则该三县东汉初期已由定襄别属云中矣。三县别属之确年，于史无载，然依理仍可约略推知。成乐本为定襄郡治所，又由雁门郡沿革知建武二十六年定襄郡徙治于善无，故颇疑成乐在此时由定襄别属云中。定襄、武进二县盖与成乐同时划入云中。此时定襄、云中等郡皆复旧土，借此调整郡境甚合情理，且此后至顺帝时亦未闻定襄郡领域有更动之事，故可大体推断定襄、武进二县亦在建武二十六年别属。

大约同在二十六年复置定襄郡时，善无、中陵二县由雁门郡来属。

综上所述，可以大体论定在建武二十六年以后，定襄郡即已达《续汉志》所

---

① 都武、襄阴、复陆、武皋、定陶、武要六县中，前三县地望虽无考，恐亦应在定襄郡原境之北部。

示五县之范围,并一直维持至献帝建安中(参前图3-35)。

献帝建安二十年,因匈奴的侵扰,定襄郡领地皆弃,其郡省为定襄一县,徙置于太原郡北界阳曲县地,作为新兴郡属县之一(参见太原郡沿革)。

定襄郡治所本在成乐县,建武二十六年郡复立后即徙治于善无。

1. 善无县(50—215)

《水经·河水注》云:"中陵水又西北流,迳善无县故城西,王莽之阴馆也。《十三州志》云:旧定襄郡治。《地理志》,雁门郡治。"据此雁门郡西汉时亦曾治善无,而《续汉志》载东汉雁门郡治阴馆,故可知自西汉至东汉雁门郡治发生了迁徙,由善无迁至阴馆,雁门郡治的迁移时间,当在善无别属定襄之时。由前引《后汉书》卷1《光武帝纪》之文可知,建武二十六年,雁门、定襄等郡恢复旧土,此时对各郡之间的领县做一调整,于理甚合,故颇疑雁门郡善无县此时划归定襄,以作为重回旧土的定襄郡治所。献帝建安二十年,县废。治今山西右玉县西。

2. 都武县(31—34?)

定襄郡在建武十年时,或已省并。今地无考。

3. 襄阴县(31—34?)

定襄郡在建武十年时,或已省并。今地无考。

4. 武皋县(31—34?)

定襄郡在建武十年时,或已省并。治今内蒙古卓资县西北。

5. 定陶县(31—34?)

定襄郡在建武十年时,或已省并。治今内蒙古呼和浩特市东。

6. 武要县(31—34?)

定襄郡在建武十年时,或已省并。治今内蒙古卓资县西北。

7. 复陆县(31—34?)

定襄郡在建武十年时,或已省并。今地无考。

8. 定襄县(31—50)

建武二十六年别属云中郡。治今内蒙古呼和浩特市东南。

9. 武进县(31—50)

建武二十六年别属云中郡。治今内蒙古和林格尔县东北。

10. 成乐县(31—50)

建武二十六年别属云中郡。治今内蒙古和林格尔县西北。

11. 桐过县(50—215)

献帝建安二十年,县废。治今内蒙古清水河县西。

12. 武成县(50—215)

《汉志》作"武城"。《后汉书》卷21《任光传》载,光武曾封任光为武成侯,建武二年,更封阿陵侯。献帝建安二十年,县废。治今内蒙古清水河县北。

13. 骆县(50—215)

献帝建安二十年,县废。治今内蒙古清水河县西南。

14. 中陵县(50—215)

中陵地邻善无,亦当与善无同时由雁门改隶定襄。《水经·河水注》引《十三州志》云"善无县南七十五里有中陵县,世祖建武二十五年置",误,赵一清已辨之(参见《水经注释》)。献帝建安二十年,县废。治今山西朔州市平鲁区西北。

第四节 五原、朔方二郡沿革

(一) 五原郡(36—44,50—215)

光武帝建武五年(29),卢芳据五原郡。十二年,五原郡属汉。

《后汉书》卷1《光武帝纪》载,建武二十年,"省五原郡,徙其吏人置河东";二十六年,五原郡民归于本土。据此则知五原郡在建武二十年至二十六年间曾被省弃。

《汉志》五原郡领十六县,较之《续汉志》所属之十城,则多出固陵、蒲泽、南舆、稒阳、莫䐗、河目等六县。而此六县亦不载于《续汉志》其他郡国之中,盖皆当于东汉初年省并。又因五原郡在东汉初年曾被省弃,故又颇疑上述六县在五原郡复置时即未再恢复。故建武二十六年,五原郡所领即《续汉志》十县之规模:九原、五原、临沃、文国、河阴、武都、宜梁、曼柏、成宜、西安阳。

五原郡复置后仍然不时遭受境外少数部族的侵扰。《后汉书》卷2《明帝纪》云,永平五年(62)十一月,"北匈奴寇五原"。卷89《南匈奴传》云,永平五年冬,"北匈奴六七千骑入于五原塞",后,"虏乃引去"。上述史载,可窥一斑。

顺帝永和五年(140)九月,朔方郡徙治于五原郡五原县(参见朔方郡沿革)。该年之五原郡领域见前图3-35。

降至献帝建安二十年(215),因境外匈奴侵扰,五原郡领地皆弃,郡省为五原一县领其民,内徙置于太原郡北界阳曲县地,隶属于新置的新兴郡之中(参见新兴郡沿革)。

五原郡治九原县。

1. 九原县(36—44,50—215)

光武帝建武二十年尝废,二十六年复。献帝建安二十年,徙置太原阳曲县界,为新兴郡治。治今内蒙古包头市西。

2. 固陵县(36—44?)

建武二十年(44年)五原郡内徙,或省并。今地无考。

3. 蒲泽县(36—44?)

建武二十年(44年)五原郡内徙,或省并。今地无考。

4. 南舆县(36—44?)

建武二十年五原郡内徙,或省并。治今内蒙古准格尔旗东。

5. 稒阳县(36—44?)

建武二十年五原郡内徙,或省并。治今内蒙古包头市东。

6. 莫䵣县(36—44?)

建武二十年五原郡内徙,或省并。今地无考。

7. 河目县(36—44?)

建武二十年五原郡内徙,或省并。治所当在今内蒙古乌拉特前旗东北。

8. 五原县(36—44,50—215)

光武帝建武二十年尝废,二十六年复。顺帝永和中徙朔方郡治此。献帝建安二十年,县废。治今内蒙古包头市西北。

9. 临沃县(36—44,50—215)

光武帝建武二十年尝废,二十六年复。献帝建安二十年,县废。治今内蒙古包头市西南。

10. 文国县(36—44,50—215)

光武帝建武二十年尝废,二十六年复。献帝建安二十年,县废。今地无考。

11. 河阴县(36—44,50—215)

光武帝建武二十年尝废,二十六年复。献帝建安二十年,县废。治今内蒙古达拉特旗西北。

12. 武都县(36—44,50—215)

光武帝建武二十年尝废,二十六年复。献帝建安二十年,县废。治今内蒙古准格尔旗西北。

13. 宜梁县(36—44,50—215)

光武帝建武二十年尝废,二十六年复。献帝建安二十年,县废。治今内蒙古包头市西。

14. 曼柏县(36—44,50—215)

光武帝建武二十年尝废,二十六年复。明帝永平八年,初置度辽将军屯此。献帝建安二十年,县废。治今内蒙古达拉特旗东南。

15. 成宜县(36—44,50—215)

光武帝建武二十年尝废,二十六年复。献帝建安二十年,县废。治今内蒙古乌拉特前旗东南。

16. 西安阳县(36—44,50—215)

光武帝建武二十年尝废,二十六年复。献帝建安二十年,县废。治今内蒙古乌拉特前旗东南。

(二)朔方郡(31—215)

光武帝建武五年,卢芳据有朔方。七年,朔方郡归汉。

《后汉书》卷1《光武帝纪》载,建武二十六年,南匈奴归附,"于是云中、五原、朔方、北地、定襄、雁门、上谷、代八郡民归于本土"。

据此知朔方郡地在该年之前曾被放弃。然朔方所弃之年,于史无载,在此略作一推测。东汉初年,由于北部境外部族(主要是匈奴)的侵扰,在建武十年至二十年(44年)间,定襄、雁门、代、上谷、五原等郡纷纷内迁。《后汉书》卷1《光武帝纪》载,建武十一年"省朔方牧,并并州",卷31《郭伋传》记载略同,这说明东汉对朔方刺史部所属诸郡已缺乏有力控制,无需单独再设立一刺史部,因而省入相邻之并州,由并州代管而已。基于以上分析,倘将朔方郡省弃之年定于建武十年至二十年间,应大体无误。

比较两汉《志》朔方郡领县,可知《汉志》所载之修都、临河、呼遒、窳浑、渠搜五县不见于《续汉志》,当皆于东汉初年省并。又因朔方在建武初年曾内徙,故颇疑此五县在建武二十六年朔方郡重返旧土时即未再恢复。又,大约建武二十六年,西河郡大城县来属。若然,则可知《续汉志》所示之朔方郡规模在建武二十六年后即已确定。

顺帝永和五年,朔方郡徙于五原郡内。《后汉书》卷6《顺帝纪》载,永和五年九月,"徙西河郡居离石,上郡居夏阳,朔方居五原"。卷89《南匈奴传》载,永和五年秋,"(南匈奴)句龙吾斯等立句龙王车纽为单于。东引乌桓,西收羌戎及诸胡等数万人,攻破京兆虎牙营,杀上郡都尉及军司马,遂寇掠并、凉、幽、冀四州。乃徙西河治离石,上郡治夏阳,朔方治五原"。李贤注云:"移朔方就五原郡。"西汉朔方郡本治朔方县,东汉徙治临戎县,至此,朔方郡又侨治于五原郡之五原县。由于匈奴等部族的侵扰,东汉朝廷只得再次放弃朔方郡所属领域,使朔方成为一侨郡,徒具虚名,无有实地。《续汉志》朔方郡所载其领域为六县之地,当是永和五年前朔方郡版籍的反映,《续汉志》郡国版籍并非完全断于永和五年,此又为一证(参见前图3-35)。

迨献帝建安二十年,因匈奴侵扰,侨置于五原郡之朔方郡省为广牧一县领原郡之民,徙于太原郡北界,成为新置的新兴郡中的一县。

如上所述,东汉初朔方郡徙治临戎,至顺帝永和五年,侨治于五原郡五原县,直至献帝建安二十年。

1. 临戎县(31—44?,50—215)

东汉初郡内徙,县当暂废,至建武二十六年复置。献帝建安二十年,县废。治今内蒙古磴口县北,顺帝永和五年后侨置于五原界内。

2. 修都县(31—44?)

治今内蒙古杭锦旗西北。

3. 临河县(31—44?)

治今内蒙古巴颜淖尔市临河区北。

4. 呼遒县(31—44?)

治今内蒙古乌拉特前旗东南。

5. 窳浑县(31—44?)

治今内蒙古磴口县西北。

6. 渠搜县(31—44?)

治今内蒙古乌拉特前旗东南。

7. 三封县(31—44?,50—215)

东汉初郡内徙,县当暂废,至建武二十六年复置。献帝建安二十年,县废。治今内蒙古磴口县西北,顺帝永和五年后侨置于五原界内。

8. 朔方县(31—44?,50—215)

东汉初郡内徙,县当暂废,至建武二十六年复置。献帝建安二十年,县废。治今内蒙乌拉特前旗东南,顺帝永和五年后侨置于五原界内。

9. 沃野县(31—44?,50—215)

《汉志》作"沃壄"。东汉初郡内徙,县当暂废,至建武二十六年复置。献帝建安二十年,县废。治今内蒙古巴颜淖尔市临河区西南,顺帝永和五年后侨置于五原界内。

10. 广牧县(31—44?,50—215)

东汉初郡内徙,县当暂废,至建武二十六年复置。献帝建安二十年,徙至太原郡界内,属新置之新兴郡。治今内蒙古五原县南,顺帝永和五年后侨置于五原界内。

11. 大城县(50—215)

《汉志》此县属西河郡,当为东汉时期别属朔方,唯别属之确年,史虽不载,似仍可约略推知。《续汉志》所载朔方郡领域乃永和五年前的状况(参见朔方郡沿革），而朔方在光武帝建武初年内迁，建武二十六年方返旧土，故大城县必在建武二十六年至永和五年间由西河别属朔方。又因在此期间未闻西河、朔方二郡领域有何变更，故颇疑大城别属即在建武二十六年朔方郡重归本土调整郡界之时。献帝建安二十年，县废。治今内蒙古伊金霍洛旗西，顺帝永和五年后侨置于五原界内。

第五节　上郡、西河、北地三郡沿革

（一）上郡（30—220?）

光武帝建武六年（30），上郡属汉。《后汉书》卷17《冯异传》载："（建武六年），（冯）异又击卢芳将贾览、匈奴奥鞬日逐王，破之。上郡、安定皆降，异复领安定太守事。"以上所述可以为证。

《后汉书》卷5《安帝纪》载，永初五年（111）三月，诏"上郡徙衙"。此次内徙，盖西羌侵扰所致。《后汉书》卷47《梁慬传》载："明年（按，指永初五年），安定、北地、上郡皆被羌寇，谷贵人流，不能自立。诏慬发边兵迎三郡太守，使将吏人徙扶风界。"卷87《西羌传》载，安帝永初五年，"羌既转盛，而二千石、令、长多内郡人，并无守战意，皆争上徙郡县以避寇难。朝廷从之，遂移陇西徙襄武，安定徙美阳，北地徙池阳，上郡徙衙"。《续汉志》衙县属左冯翊，故可知是年上郡侨置于左冯翊境内。

顺帝永建四年（129），上郡领域复故。《后汉书》卷6《顺帝纪》载，永建四年（129）九月，"复安定、北地、上郡归旧土"。此乃羌人被平定之故。《后汉书》卷87《西羌传》云："顺帝永建元年，陇西钟羌反，校尉马贤将七千余人击之，战于临洮，斩首千余级，皆率种人降。……自是凉州无事。"四年，尚书仆射虞诩上疏请复上郡等三郡，"帝乃复三郡。使谒者郭璜督促徙者，各归旧县，缮城郭，置候驿"。

《续汉志》上郡领十城，除其中的候官一县外，其余九城均见于《汉志》上郡所领的二十三县之中，而《汉志》上郡所属的其余十四县又不见于《续汉志》其他郡国之中，即独乐、阳周、木禾、平都、浅水、京室、洛都、襄洛、原都、推邪、高望、雕阴道、望松、宜都。故可知此十四县在东汉初期皆已省并。又因上郡在东汉初期两度内徙于左冯翊界内，故又颇疑此十四县在顺帝永建四年初次内徙复置后即未再重新恢复其建制。东汉上郡比西汉少领如此之多的县，亦反映出东汉在此地区的控制远不如西汉有力及深入。

永和五年（140），上郡第二次内徙。《后汉书》卷6《顺帝纪》载，永和五年九月，徙"上郡居夏阳"。《续汉志》夏阳属左冯翊，故可知上郡复侨置于左冯翊界中。此次上郡内徙乃由南匈奴、西羌、乌桓等反叛所致。《后汉书》卷89《南匈奴传》所载可证(详见前文朔方郡沿革一节中所引,此不重出)。《续汉志》载上郡领十城,则当为永和五年前上郡领域的状况,此又可证《续汉志》所载郡国版籍并非完全断在顺帝永和五年(此年之上郡领域见图3-36)。

上郡第二次侨置左冯翊后,即未再返回旧土。汉末,上郡省废。《晋书》卷14《地理志》序云:"魏武定霸,三方鼎立,生灵版荡,关洛荒芜,所置者十二,所省者七。"上郡为所省七郡之一。《元和郡县图志》卷4绥州下云:"按秦上郡城治今州理东南五十里上郡故城是也。自后汉末以来,荒废年久,俗是稽胡。"《太平寰宇记》卷38绥州下所载与《元和郡县图志》略同。

上郡治肤施县。

1. 肤施县(30—220?)

安帝永初五年,上郡内徙,县当亦随徙,至顺帝永建四年复旧。永和五年后,郡再度内徙,疑县亦侨于左冯翊内,然确情不明。旧治今陕西榆林市东南。

2. 独乐县(30—129?)

治今陕西横山县东。

3. 阳周县(30—129?)

治今陕西靖边县东南。

4. 木禾县(30—129?)

今地无考。

5. 平都县(30—129?)

治所当在今陕西子长县西南。

6. 浅水县(30—129?)

治所当在今陕西黄陵县西北。

7. 京室县(30—129?)

今地无考。

8. 洛都县(30—129?)

今地无考。

9. 襄洛县(30—129?)

治所当在今陕西富县西北。

10. 原都县(30—129?)

今地无考。

11. 推邪县(30—129?)

今地无考。

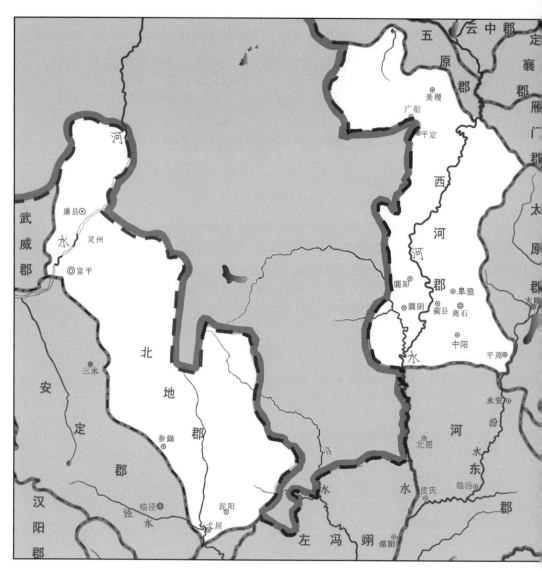

图 3-36　汉顺帝永和五年(140)上郡、西河郡、北地郡示意图

12. 高望县(30—129?)

治今内蒙古乌审旗北。

13. 雕阴道县(30—129?)

治所当在今陕西甘泉县西。

14. 望松县(30—129?)

今地无考。

15. 宜都县(30—129?)

今地无考。

16. 白土县(30—220?)

安帝永初五年,上郡内徙,县当随徙,至顺帝永建四年复。永和五年后,郡再度内徙,县或亦侨于左冯翊内。旧治今陕西靖边县北。

17. 漆垣县(30—220?)

安帝永初五年,上郡内徙,县当随徙,至顺帝永建四年复。永和五年后,郡再度内徙,县或亦侨于左冯翊内。旧治今陕西铜川市西北。

18. 奢延县(30—220?)

安帝永初五年,上郡内徙,县当随徙,至顺帝永建四年复。永和五年后,郡再度内徙,县或亦侨于左冯翊内。旧治今陕西靖边县北。

19. 雕阴县(30—220?)

安帝永初五年,上郡内徙,县当随徙,至顺帝永建四年复。永和五年后,郡再度内徙,县或亦侨于左冯翊内。旧治今陕西甘泉县南。

20. 桢林县(30—220?)

安帝永初五年,上郡内徙,县当随徙,至顺帝永建四年复。永和五年后,郡再度内徙,县或亦侨于左冯翊内。旧治今内蒙古准格尔旗西南。

21. 定阳县(30—220?)

安帝永初五年,上郡内徙,县当随徙,至顺帝永建四年复。永和五年后,郡再度内徙,县或亦侨于左冯翊内。旧治今陕西延安市东南。

22. 高奴县(30—220?)

安帝永初五年,上郡内徙,县当随徙,至顺帝永建四年复。永和五年后,郡再度内徙,县或亦侨于左冯翊内。旧治今陕西延安市东北。

23. 龟兹属国(30—220?)

《汉志》作"龟兹"。安帝永初五年,上郡内徙,县当随徙,至顺帝永建四年复。永和五年后,郡再度内徙,县或亦侨于左冯翊内。旧治今陕西榆林市北。

24. 候官县(129?—220?)

《汉志》无此县,当为东汉时置。其盖与张掖属国所领之候官及会稽郡所领之东候官均为同一性质,是以官名来代县名,具有军事色彩,等级亦恐较汉县为低。顺帝永建四年上郡复故,疑候官县在此年新置。永和五年后,郡再度内徙,县或亦侨于左冯翊内。今地无考。

(二) 西河郡(25—220?)

光武帝建武元年,西河郡归东汉。《汉志》西河郡领县三十六,户十三万六千三百九十,而《续汉志》西河郡仅领有十三城,户五千六百九十八。二者相差悬殊,透出东汉西河郡有过巨大变化的消息。

《汉志》西河郡所属有三十六县,较以《续汉志》,则二十二县皆不见载,即富昌、驺虞、鹄泽、徒经、广田、鸿门、宣武、千章、增山、武车、虎猛、谷罗、饶、方利、隰成、临水、土军、西都、阴山、觬是、博陵、盐官,当已在东汉初期省并。

故光武帝建武十三年,西河郡当领十四县,即:平定、美稷、中阳、乐街、皋狼、大城、圜阴、益兰、平周、蔺、圜阳、广衍、离石、平陆。至建武二十六年,大城由西河别属朔方,西河遂为《续汉志》中十三县之规模。

东汉初年,西河郡经常遭到匈奴等部族的侵扰。《后汉书》卷2《明帝纪》所载永平八年(65)"北匈奴寇西河诸郡"可窥一斑。

《后汉书》卷6《顺帝纪》载,永和五年九月,"徙西河郡居离石"。李贤注曰:"离石,县名,在郡南五百九里。西河本都平定县,至此徙于离石。"平定位于西河郡北部,离石则在郡之南界。西河郡治所此时由郡北部之平定徙往郡南之离石,主要是由于西河北部经常遭受外族侵扰,难以控制所致。《后汉书》卷89《南匈奴传》载,永和五年夏,"南匈奴左部句龙王吾斯、车纽等背畔,率三千余骑寇西河,因复招诱右贤王,合七八千骑围美稷,杀朔方、代郡长史。……吾斯等遂更屯聚,攻没城邑"。是以郡治所南迁(此年之西河郡领域见前图3-36)。

汉末,西河郡废。《元和郡县图志》卷14岚州下云:"汉末大乱,匈奴侵边,自定襄以西尽云中、雁门、西河之间遂空。"同卷石州下云:"秦为西河郡之离石县。灵帝末,黄巾大乱,百姓南奔,其郡遂废。"石州离石县下云:"本汉旧县,属西河郡,县东北有离石水,因取名焉。汉末荒废,魏黄初复置。"同卷云州下与岚州下所云略同。上述史载,皆可为证。

其郡治本在平定,前文已述,顺帝永和五年徙治离石焉。

1. 离石县(25—220?)

《元和郡县图志》卷17载,离石,灵帝末县废。《太平寰宇记》卷42石州离石县下云:"汉旧县,属西河郡。……后汉末荒废为南单于左国城是此地。"治今山西吕梁市离石区。

2. 富昌县(25—30)

治今内蒙古准格尔旗东南。

3. 骐虞县(25—30)

今地无考。

4. 鹄泽县(25—30)

今地无考。

5. 徒经县(25—30)

今地无考。

6. 广田县(25—30)

今地无考。

7. 鸿门县(25—30)

治今陕西横山县东。

8. 宣武县(25—30)

今地无考。

9. 千章县(25—30)

今地无考,但当在今山西境内,忻州市、吕梁市西部。

10. 增山县(25—30)

治今内蒙古鄂尔多斯市东胜区西北。

11. 武车县(25—30)

今地无考。

12. 虎猛县(25—30)

治今内蒙古伊金霍洛旗西南。

13. 谷罗县(25—30)

治今内蒙古准格尔旗西南。

14. 饶县(25—30)

今地无考。

15. 方利县(25—30)

今地无考。

16. 隰成县(25—30)

治今山西柳林县西。

17. 临水县(25—30)

治今山西临县东北。

18. 土军县(25—30)

治今山西石楼县。

19. 西都县(25—30)

今地无考。

20. 阴山县(25—30)

治今陕西宜川县东。

21. 觬是县(25—30)

今地无考。

22. 博陵县(25—30)

今地无考,但当在西河郡北部近云中一带。

23. 盐官县(25—30)

今地无考。

24. 平定县(25—220?)

本西河郡治,后徙至离石。汉末县废。治今内蒙古准格尔旗西南。

25. 美稷县(25—220?)

汉末县废。治今内蒙古准格尔旗西北。

26. 乐街县(25—220?)

汉末县废。今地无考。

27. 中阳县(25—220?)

《后汉书》卷29《鲍永传》载,更始封永为中阳侯。汉末县废。《元和郡县图志》卷17云,曹魏移中阳于兹氏界。治山西今县。

28. 皋狼县(25—220?)

汉末县废。治今山西吕梁市离石区西北。

29. 平周县(25—220?)

汉末县废。治今山西孝义市西南。

30. 平陆县(25—220?)

汉末县废。今地无考。

31. 益兰县(25—220?)

《汉志》作"益阑",汉末县废。今地无考。

32. 圜阴县(25—220?)

汉末县废。治今陕西横山县东。

33. 蔺县(25—220?)

汉末县废。治今山西柳林县西北。

34. 圜阳县(25—220?)

汉末县废。治今陕西绥德县无定河北岸。

35. 广衍县(25—220?)

汉末县废。治今内蒙古准格尔旗西南。

36. 大城县(25—50)

光武帝建武二十六年,别属朔方郡。治今内蒙古伊金霍洛旗西。

(三) 北地郡(30—220)

光武帝建武六年,北地郡属汉。《后汉书》卷17《冯异传》载,建武六年,"北地诸豪长耿定等,悉畔隗嚣降",异"并领北地太守事",可为佐证。

《汉志》北地郡领十八县①,较之《续汉志》,尚有十二县不载于《续汉志》任一郡国之下,故此十二县当于东汉初期省并,即:马领、直路、灵武、朐衍、方渠除道、五街、归德、回获、略畔道、郁郅、义渠道、大要。又,北地郡在东汉初期两度内徙,故又颇疑此十二县亦有在建武二十六年或顺帝永建四年重还本土时未再重新恢复建制的可能。

《后汉书》卷1《光武帝纪》载,建武二十六年,北地郡重归本土。据此可知北地在该年之前曾被放弃,空留郡名。然北地所弃之年,于史无稽,颇疑与云中、朔方一样,大致应在建武十年至二十年间。然建武二十六年所复的北地郡所领或仅余富平、灵州、鹑觚、泥阳、弋居、廉等六县。

安帝永初五年三月,《后汉书》卷5《安帝纪》载,诏"北地徙池阳"。池阳,《续汉志》属左冯翊,故知北地当内徙侨置于左冯翊界中。此次北地内徙,乃羌族侵扰之故。《后汉书》卷5《安帝纪》载,永初二年十一月,"先零羌滇零称天子于北地,遂寇三辅,东犯赵、魏,南入益州"。卷87《西羌传》云,永初五年"羌既转盛……遂移……北地徙池阳"。北地内徙后,其地当为羌人所据。

顺帝永建四年九月,《后汉书》卷6《顺帝纪》载,北地重归旧土。且大约在同时北地郡与安定郡调整郡界,以所属鹑觚县易安定郡之参䜌县(参见安定郡沿革)。顺帝永和五年(140)北地郡之领域参前图3-36。

顺帝永和六年,北地再次内徙。《后汉书》卷6《顺帝纪》载,永和六年五月,"巩唐羌寇北地。……冬十月癸丑,徙安定居扶风,北地居冯翊"。《后汉书》卷87《西羌传》亦有类似记载。是证北地郡在重归旧土的十二年后又一次成为侨郡,寄置于左冯翊界中。

---

① 《汉志》"方渠、除道",旧作两个县邑,后相家巷出土封泥有"方渠除丞",周天游、刘瑞:《西安相家巷出土秦封泥简读》(《文史》2002年第3期)据此以为"方渠除道"实为一道之名。

此后,北地郡当曾复归本土。《后汉书》卷90《鲜卑传》载:"(灵帝)熹平三年,鲜卑入北地,太守夏育帅休著屠各追击破之。"后又有"出攻北地,廉人善弩射者射中和连,即死"。是北地郡灵帝前当已还归本土。又据《后汉书》卷65《段颎传》载,永康元年(167),颎上桓帝表云,"西河、上郡,已各内徙,安定、北地,复至单危"。亦似其时西河、上郡内徙,而安定、北地在故地。《后汉书》卷87《西羌传》载,永嘉元年(145),陇右复平。故疑此年之后北地郡复归故土,与安定郡同(参见安定郡沿革)。

至汉末,北地郡再次内徙,便从此未再返回旧地。《宋书》卷48《傅弘之传》载:"傅弘之字仲度,北地泥阳人。傅氏旧属灵州,汉末郡境为虏所侵,失土寄寓冯翊,置泥阳、富平二县,灵州废不立,故傅氏悉属泥阳。"《后汉书集解》卷23引惠栋曰,顾野王《舆地志》,汉末北地但有富平、泥阳二县。综合上述史料,汉末北地郡所领的富平、泥阳二县,均已不在二县原地望,而是侨置于冯翊界内矣。吴增仅《三国郡县表附考证》卷4不察,徒以《元和郡县图志》宁州彭原县下所载为据,以为汉末富平移理安定彭阳县,而彭阳县遂废,误矣。

又因《魏书》卷106《地形志》雍州北地郡下载,魏文帝分冯翊之祋祤置。王先谦《后汉书集解》卷23曰:"汉末北地郡富平、泥阳二县徙置冯翊,三国魏同。"故可知汉末北地郡富平、泥阳二县侨置之地当在左冯翊祋祤县境,只不过其时尚是侨置,至魏文帝时方使北地郡由左冯翊中正式分出,成为实土之郡,富平、泥阳二县亦随之变为实土之县,祋祤县遂废矣。

北地郡本治马领,以《续汉志》,永建四年复归故土后,当徙治富平。

1. 富平县(30—220)

《大清一统志》卷203宁州富平故城下云:"汉置富平县,故城今宁夏府灵州界,后汉徙治于此,今庆阳府安化县境,为北地郡治。"《元和郡县图志》卷3宁州彭原县下亦载,后汉末移理彭阳县界。卷4灵州下云:"汉时为富平县之地,后汉安帝永初五年,西羌大扰,诏令郡人移理池阳。"可知故城治今宁夏吴忠市西南,后徙至左冯翊界内。

2. 马领县(30—50)

治今甘肃庆阳市西北。

3. 直路县(30—50)

治今陕西富县西。

4. 灵武县(30—50)

治今宁夏平罗县西南。

5. 朐衍县(30—50)

治今宁夏盐池县东南与陕西定边县交界处一带。

6. 方渠除道县(30—50)

治今甘肃环县东南。

7. 五街县(30—50)

今地无考。

8. 归德县(30—50)

治所当在今陕西吴起县西北。

9. 回获县(30—50)

今地无考。

10. 略畔道县(30—50)

治今甘肃合水县北。

11. 郁郅县(30—50)

治今甘肃庆阳市西峰区。

12. 义渠道县(30—50)

治今甘肃庆阳市西南。

13. 大要县(30—50)

治所当在今甘肃宁县东南。

14. 泥阳县(30—220)

《大清一统志》卷203泥阳故城下云："后汉末寄治冯翊,此城遂废。"可知汉末内徙。旧治今甘肃宁县东南,后徙至左冯翊界内。

15. 弋居县(30—220?)

治今甘肃宁县东南。

16. 廉县(30—220?)

汉末废。治今宁夏银川市西。

17. 参䜌县(129—220?)

《续汉志》司马彪自注云："故属安定。"安定、北地两郡在安帝、顺帝期间皆有过内徙后复归本土的经历,故疑参䜌于顺帝永建四年安定、北地回归时别隶北地郡。汉末废。治今甘肃环县南部一带。

18. 灵州县(30—220?)

汉末废。治今宁夏灵武市北。

19. 鹑觚县(30—129)

《续汉志》此县属安定郡,疑乃在顺帝永建四年安定、北地二郡复故时别属之。治今甘肃灵台县东北。

第九章　凉州刺史部所辖诸郡及西域都护府沿革

东汉建立初期，陇西、天水、安定郡为隗嚣政权所据，金城、武威、张掖、酒泉、敦煌郡为窦融集团所据。光武帝建武五年(29)，金城、武威、张掖、酒泉、敦煌等五郡率先归附东汉，建武十年，隗嚣政权失败，陇西、天水、安定等三郡归东汉。光武帝建武十三年，凉州刺史部辖有陇西、天水、金城、安定、武威、张掖、酒泉、敦煌八郡。

明帝永平十七年(74)，置西域都护府。同年，更天水郡名为汉阳。

章帝建初元年(76)，罢西域都护府。

和帝永元三年(91)，复置西域都护府。

安帝永初元年(107)，复罢西域都护府。四年，金城郡侨置于陇西襄武境内。五年，陇西、安定二郡皆内徙。元初五年(118)，金城郡复还旧土。延光二年(123)，置西域长史府。三年，陇西郡还于旧土。又，安帝时，置张掖属国和张掖居延属国。

顺帝永建四年(129)，安定郡还归本土。永和六年(141)，安定郡再度内徙。

桓帝建和元年(147)，安定郡复还本土。

灵帝中平五年(188)，析汉阳置南安郡。

献帝初平四年(193)，又析汉阳置永阳郡。兴平元年(194)，析安定、右扶风置新平郡。兴平二年(195)，析张掖郡置西郡。建安中，析金城置西平郡。建安十九年(214)，省南安、永阳郡。

第一节　陇西郡沿革

陇西郡(34—220)

光武帝建武十年(34)，陇西郡属汉。《后汉书》卷1《光武帝纪》载，建武十年"冬十月。中郎将来歙等大破隗纯于落门，其将王元奔蜀，纯与周宗降，陇右平"。

《汉志》陇西郡领十一县，较之以《续汉志》，可知其中予道一县不见载于其他郡国下，故可推知是县已在东汉初期省并①。是以建武十三年，陇西郡当领狄道、安故、氐道、首阳、大夏、襄武、临洮、上邽、西、羌道十县。

《后汉书》卷1《光武帝纪》载，建武十二年，"省金城郡属陇西"，金城郡所辖之十三县，即允吾、浩亹、令居、枝阳、金城、榆中、枹罕、白石、河关、破羌、安夷、允街、临羌，皆来属陇西郡。翌年，金城郡复置，然枹罕、白石、河关三县盖于此时调整为陇西属县，而未再划属金城，故唯有其余十县别属金城郡。此后相当长一段时期内，陇西郡领十三县之谱。

明帝以后，陇西地界经常遭到羌人侵扰，汉廷对该郡缺乏牢固控制，下引史料可见一斑。

《后汉书》卷2《明帝纪》载，中元二年(57)"秋九月，烧当羌寇陇西，败郡兵于允街"。

《后汉书》卷3《章帝纪》载，元和三年(86)十月，"烧当羌叛，寇陇西"。

《后汉书》卷4《和帝纪》载，永元九年(97)八月，"烧当羌寇陇西，杀长吏，遣行征西将军刘尚、越骑校尉赵世等讨破之"。

至安帝时期，羌乱愈盛。《后汉书》卷87《西羌传》载，安帝永初三年(109)，"当煎、勒姐种攻没破羌县，钟羌又没临洮县，生得陇西南部都尉"。此年之后，东汉似弃此南部都尉。

和帝永元元年前于陇西境内置鄣县。

安帝永初四年(110)，金城郡侨置于陇西襄武境内(参见金城郡沿革)。

永初五年，陇西地大部因羌人侵扰而弃。《后汉书》卷5《安帝纪》载，永初五年三月，"诏陇西徙襄武，安定徙美阳，北地徙池阳，上郡徙衙"。卷87《西羌传》载："羌既转盛，而二千石、令、长多内郡人，并无守战意，皆争上徙郡县以避寇难。朝廷从之，遂移陇西徙襄武，安定徙美阳，北地徙池阳，上郡徙衙。"西汉陇西本治狄道，现郡治内徙至襄武，而襄武为陇西东境之县，与汉阳郡为邻，陇西所领其余各县大都位于襄武以西，故颇疑是时陇西领地已所剩无几，大部地区已为羌人所据。又由上文知金城已在此前一年侨置襄武，故是时陇西、金城二郡同治于襄武一地。

---

① 《光武帝纪》载，建武六年五月，隗嚣反。故自此年五月后直至建武十年，东汉并不能实际控制陇西郡。而光武帝省并四百余县邑则在建武六年六月辛卯，事以予道之省自然不在此次光武帝诏令省并的诸县之中。虽然予道于建武六年不可能上奏东汉朝廷请以并省，但很大可能此县当时已经不复存在，且亦无证据可证予道必延续至建武十三年，故暂仍以予道省并于东汉初年。后文汉阳(天水)、安定、北地及巴、蜀、汉中等郡皆作此处理，不复赘述。

永初五年前，上邽、西二县别属汉阳郡。疑亦在永初五年，羌道别属武都郡。故至安帝永初五年，陇西郡领狄道、安故、氐道、首阳、大夏、襄武、临洮、枹罕、白石、河关、鄣十一县。

大约在安帝元初五年(118)，金城郡复故，郡治由襄武还治允吾(参见金城郡沿革)。延光三年(124)，陇西郡由襄武还治狄道。《后汉书》卷87《西羌传》载，延光三年秋，"陇西郡始还狄道焉"。至此，陇西郡境当完全恢复。

《后汉书》卷87《西羌传》载："(顺帝)阳嘉元年，以湟中地广，更增置屯田五部，并为十部。二年夏，复置陇西南部都尉如旧制。"李贤注曰："《前书》南部都尉都陇西郡临洮县。"故可知安帝永初三年所弃之陇西南部都尉当复置。

此后，陇西仍受到羌人侵扰。《后汉书》卷6《顺帝纪》载，阳嘉三年(134)"秋七月庚戌，钟羌寇陇西、汉阳。冬十月，护羌校尉马续击破之"。永和六年(141)闰正月，"巩唐羌寇陇西，遂及三辅"。《后汉书》卷7《桓帝纪》载，延熹五年(162)七月，"鸟吾羌寇汉阳、陇西、金城，诸郡兵讨破之"。以上所载皆可为证。顺帝永和五年之陇西郡领域参见图3-37。

至献帝建安末，陇西郡废弃数县，据吴增仅《三国郡县表附考证》卷4考证，其时枹罕、河关、安故、氐道、大夏、白石皆因乱而废。而杨守敬《三国郡县表补正》则引有关文献论证建安末陇西尚有河关、安故、氐道、大夏等县。杨说甚是。故建安末因羌人侵扰，陇西至多废弃枹罕、白石二县，而其郡之领域则仍当如《续汉志》所示。

《续汉志》陇西郡治在狄道。吴增仅《三国郡县表附考证》卷4据《后汉书》卷5《安帝纪》所载，以为安帝永初五年后，陇西便一直徙治襄武，误。其实，延光三年陇西已还治狄道，前文已证。

1. 狄道县(34—220)

治今甘肃临洮县。

2. 予道县(34)

今地无考。

3. 安故县(34—220)

治今甘肃临洮县南。

4. 氐道县(34—220)

治今甘肃武山县东南部一带。

5. 首阳县(34—220)

治今甘肃渭源县北。

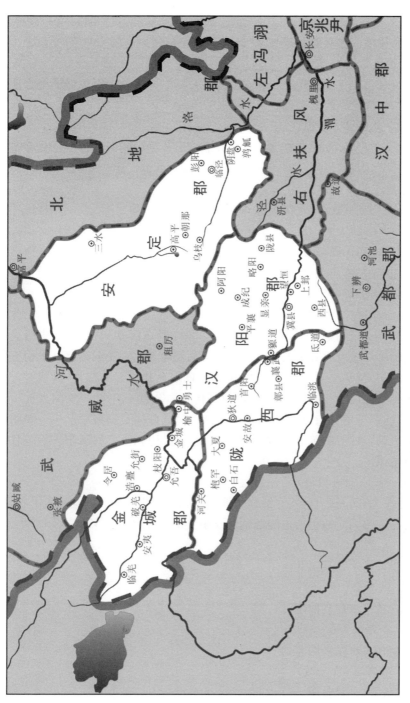

图 3-37 汉顺帝永和五年(140)陇西郡、汉阳郡、金城郡、安定郡示意图

6. 大夏县(34—220)

治今甘肃广河县西北。

7. 襄武县(34—220)

安帝永初五年至延光三年间,陇西郡治于此。又,安帝时金城郡亦曾徙治此县。治今甘肃陇西县东南。

8. 临洮县(34—220)

《后汉书》卷87《西羌传》载,章帝建初二年(77),徙南部都尉于此。卷6《顺帝纪》载,阳嘉二年(133),复置陇西南部都尉于此。治今甘肃岷县。

9. 羌道县(34—111?)

《汉志》羌道属陇西,《续汉志》则在武都郡,然该县之下无司马彪自注"故属陇西"四字,钱大昕《廿二史考异》卷14以为当补,甚是。而羌道何时由陇西别属武都,史亦无载,颇疑在安帝永初五年陇西郡徙至襄武时。其时陇西已无力控制郡统边县,而羌道紧邻武都,故就近划归武都郡统辖,亦未可知。治今甘肃舟曲县北部一带。

10. 上邽县(34—111?)

《续汉志》司马彪自注云:"故属陇西",是知乃东汉别属汉阳,唯史籍失载别属之确年。兹就有关史料,作一推测。《后汉书》卷5《安帝纪》载,永初五年"九月,汉阳人杜琦、王信叛,与先零诸种羌攻陷上邽城。十二月,汉阳太守赵博遣客刺杀杜琦"。《后汉书》卷87《西羌传》载,永初五年秋,"汉阳人杜琦及弟季贡、同郡王信等与羌通谋,聚众入上邽城,琦自称安汉将军。……汉阳太守赵博遣刺客杜习刺杀琦"。是证上邽至迟在永初五年已属汉阳。治今甘肃天水市秦州区。

11. 西县(34—111?)

《续汉志》司马彪自注云"故属陇西",别属之确年不详。西县地近上邽,颇疑该县与上邽同时或稍后由陇西别属汉阳。治今甘肃礼县东北。

12. 允吾县(36—37)

治今甘肃永靖县西北。

13. 浩亹县(36—37)

治今甘肃永登县西南。

14. 令居县(36—37)

治今甘肃永登县西北。

15. 枝阳县(36—37)

治今甘肃永登县南。

16. 金城县(36—37)

治今甘肃兰州市西北。

17. 榆中县(36—37)

治今甘肃榆中县西北。

18. 破羌县(36—37)

治今青海海东市乐都区东。

19. 安夷县(36—37)

治今青海西宁市东南。

20. 允街县(36—37)

治今甘肃永登县东南。

21. 临羌县(36—37)

治今青海湟源县东南。

22. 枹罕县(36—220?)

西汉属金城郡,建武十三年金城徙还故地,未回属。汉末或因羌人侵扰而弃。治今甘肃临夏市南。

23. 白石县(36—220?)

西汉属金城郡,建武十三年金城徙还故地,未回属。汉末或因羌人侵扰而弃。治今甘肃临夏县西南。

24. 河关县(36—220)

西汉金城郡,建武十三年金城徙还故地,未回属。治今甘肃永靖县西南。

25. 鄣县(89?—220)

此县乃东汉新置,唯始置之年,史籍失载。《水经·渭水注》云:"渭水又东,新兴川水出西南鸟鼠山,二源合舍,东北流与彰川合,水出西南溪下,东北至彰县南,本属故道候尉治,后汉县之,永元元年,和帝封耿秉为侯国也。"彰县即《续汉志》鄣县,故至迟在永元元年前鄣县已置。又,据《后汉书》卷19《耿弇传》载,耿秉章和二年(88)封美阳侯,疑永元元年更封鄣侯,后窦氏败,秉坐国除。治今甘肃漳县西。

第二节 天水(汉阳)郡(附:南安、永阳二郡)沿革

天水郡(34—74)—汉阳郡(74—220)

光武帝建武十年(34),天水郡最终属汉。《后汉书》卷1《光武帝纪》载,建武十年夏,"征西大将军冯异破公孙述将赵匡于天水,斩之。……冬十月,中郎

将来歙等大破隗纯于落门,其将王元奔蜀,纯与周宗降,陇右平"。卷15《来歙传》云:"明年(按,指建武十年),攻拔落门,隗嚣支党周宗、赵恢及天水属县皆降。"

《汉志》天水领十六城,与《续汉志》相较,街泉、戎邑道、罕开、绵诸道、清水、奉捷六县不见载,当于东汉初期省并。至迟建武八年(32年),新置显亲县。

故建武十三年,天水郡领十一城,即:平襄、望恒、阿阳、略阳、冀、勇士、成纪、陇、獂道、兰干、显亲。

明帝永平十七年(74),天水更名汉阳。《后汉书》卷2《明帝纪》云:"是岁(按,指永平十七年),改天水为汉阳"。《续汉志》汉阳郡下司马彪自注亦云:"武帝置,为天水,永平十七年更名。"可资为证。

此后,汉阳郡经常受到羌人侵扰。《后汉书》卷3《章帝纪》载,建初二年(77)"六月,烧当羌叛,金城太守郝崇讨之,败绩,羌遂寇汉阳。秋八月,遣行车骑将军马防讨平之"。卷6《顺帝纪》云,阳嘉三年(134)"秋七月庚戌,钟羌寇陇西、汉阳。冬十月,护羌校尉马续击破之"。永和五年(140)九月,"令扶风、汉阳筑陇道坞三百所,置屯兵"。这些史料皆说明汉阳境内经常处于羌汉争斗的动荡之中。安帝永初五年(111)前,陇西之上邽、西二县来属。此后,汉阳郡遂有《续汉志》中十三城之谱(参前图3-37)。

顺帝永和五年后,汉阳仍然不能摆脱羌人的骚扰。《后汉书》卷6《顺帝纪》载,汉安二年(143)闰十月,"赵冲击烧当羌于阿阳,破之"。阿阳为汉阳属县。《后汉书》卷7《桓帝纪》载,延熹五年(162)七月,"乌吾羌寇汉阳、陇西、金城,诸郡兵讨破之"。以上所载皆是显证。

降至灵帝中平五年(188),汉阳析置南安郡,獂道别属之。献帝初平四年(193),汉阳复析置永阳郡,上邽县别属之。故此年之后,汉阳郡余有平襄、望恒、阿阳、略阳、冀、勇士、成纪、陇、兰干、显亲、西十一县。

建安十九年(214),南安、永阳二郡省。《三国志》卷1《魏书·武帝纪》载,建安十九年,"省安东、永阳郡"。安东郡之名,史籍仅此一见,其实乃南安之讹,钱大昕《廿二史考异》卷十五已辨之,兹不赘言。南安、永阳二郡省后,獂道、上邽及清水、绵诸、罕开、新兴、中陶七县皆应并入汉阳郡。

综上所述,建安末汉阳郡当领十八县,即平襄、望恒、阿阳、略阳、冀、勇士、成纪、陇、兰干、显亲、西、獂道、上邽、清水、绵诸、罕开、新兴、中陶。然汉阳郡仍为《续汉志》十三城所示之领域而已。

汉阳(天水)郡治冀县。

1. 冀县(34—220)

治今甘肃天水市西北。

2. 街泉县(34)

治今甘肃庄浪县东南。

3. 戎邑道县(34)

治今甘肃清水县西北。

4. 奉捷县(34)

今地无考。

5. 望恒县(34—220)

《汉志》为"望垣",《后汉书》卷72《董卓传》亦作"望垣",或因形似而讹。治今甘肃天水市西北。

6. 阿阳县(34—220)

据《后汉书》卷41《宋意传》载,意明帝时为阿阳侯相,是其时阿阳为侯国也,封者不详。治今甘肃静宁县西南。

7. 略阳县(34—220)

《汉志》作"略阳道"。治今甘肃秦安县东北。

8. 勇士县(34—220)

治今甘肃榆中县东北。

9. 成纪县(34—220)

治今甘肃通渭县东北。

10. 陇县(34—220)

《续汉志》作"陇州",《后汉书集解》卷23引惠栋之说以州字为衍文。治今甘肃清水县北。

11. 兰干县(34—220)

今地无考。

12. 平襄县(34—220)

治今甘肃通渭县西。

13. 显亲县(32?—220)

《汉志》无此县。《后汉书》卷23《窦融传》载,建武八年,光武封窦融弟友为侯国,是置县当在此年之前。章帝章和二年(88),国除为县。治今甘肃秦安县西北。

14. 豲道县(34—188,214—220)

灵帝中平五年,别属南安郡,献帝建安十九年回属。治今甘肃陇西县东南。

15. 上邽县(111?—193,214—220)

西汉属陇西郡,安帝永初五年前来属。献帝初平四年别属永阳郡,建安十九年回属。治今甘肃天水市秦州区。

16. 西县(111?—220)

西汉属陇西郡,安帝永初五年前来属。治今甘肃礼县东北。

17. 清水县(34,214—220)

献帝建安十九年,永阳郡废,来属。治今甘肃清水县西北。

18. 绵诸县(34,214—220)

献帝建安十九年,永阳郡废,来属。治今甘肃天水市东。

19. 罕开县(34,214—220)

献帝建安十九年,永阳郡废,来属。治所当在今甘肃天水市东南。

20. 新兴县(214—220)

献帝建安十九年,南安郡废,来属。治今甘肃武山县西北。

21. 中陶县(214—220)

献帝建安十九年,南安郡废,来属。治今甘肃武山县西北。

附一:南安郡(188—214)

《续汉志》汉阳郡下刘昭注引《秦州记》曰:"中平五年,分置南安郡。"《水经·渭水注》云:"渭水又东南迳獂道县故城西……应劭曰:獂,戎邑也。汉灵帝中平五年,别为南安郡。"《太平寰宇记》卷151渭州陇西县下云:"本汉獂道县,后汉末于此置南安郡。"

南安郡之属县,史无确载,然仍可约略推知。由上引《水经注》及《寰宇记》之文,可知是时南安郡治于獂道,则是县当为南安属县无疑。吴增仅以为,郡立后,又新置新兴、中陶两县①。

献帝建安十九年,南安郡省,其辖县别属汉阳郡。

南安郡治獂道县。

1. 獂道县(188—214)

灵帝中平五年来属,献帝建安十九年郡废,回属汉阳。治今甘肃陇西县东南。

2. 新兴县(188—214)

《水经·渭水注》云:"万年川水出南山,东北流注之(按,指渭水),又东北

---

① 吴增仅:《三国郡县表附考证》卷4认为南安此时领獂道、新兴、中陶三县,然在新兴、中陶二县之下仅引《通鉴》胡注为据,而未引《水经注》及《宋志》之文,不妥。

注新兴川,又东北迳新兴县北,《晋书地道记》,南安之属县也。"是新兴为南安属县。两汉《志》不载此县,吴增僅《三国郡县表附考证》卷4疑为与郡同立,应是。献帝建安十九年郡废,属汉阳郡。治今甘肃武山县西北。

3. 中陶县(188—214)

《宋书》卷37《州郡志》南安太守下曰:"何志云故属天水,魏分立。"郡下领有二县:"桓道令,汉旧名,属天水,后汉属汉阳,作'獂'。中陶令,何志魏立。《晋太康地志》有。"据此则又可知中陶为南安属县。献帝建安十九年郡废,属汉阳郡。治今甘肃武山县西北。

附二:永阳郡(193—214)

《续汉志》汉阳郡下刘昭注引《献帝起居注》曰:"初平四年十二月,已分汉阳、上郡为永阳,以乡亭为属县。"《后汉书集解》卷23引马与龙说,谓上郡与汉阳地望悬隔,不得并以分郡,此注有误,疑"上郡"为"上邽"之讹,"已"字为"郡"字之讹,当云:"分汉阳上邽为永阳郡。"观注言以乡亭为属县,必以县为郡明矣。其说应是。又《后汉书》卷58《盖勋传》载:"(勋)子顺,官至永阳太守。"盖勋于灵帝时为官,其子为永阳太守当在汉末献帝之时,故亦可证上引《献帝起居注》之文所载初平四年置永阳郡之可信。

永阳郡之领域,史籍无载,然由上引《献帝起居注》之文知乃分汉阳上邽之乡亭为永阳属县,而又由地望知东汉省并的清水、绵诸、罕开三故县地近上邽,故颇疑此三县在东汉初期省并入上邽,而于此时重由上邽划出置县并隶属永阳也未可知。然此仅为推测之论,尚需史料佐证才能成立,姑且存此待考。吴增僅《三国郡县表附考证》卷4徒以《读史方舆纪要》为据,以为其时永阳有临渭、清水、平襄、略阳四县,难以令人信服,今不取也。

建安十九年,永阳郡省,其辖县别属汉阳郡。

永阳郡治所不明。

1. 上邽县(193—214)

献帝初平四年郡立,来属,建安十九年,郡省,还属汉阳。治今甘肃天水市秦州区。

2. 清水县(193—214)

《汉志》天水郡属县,东汉初省并。献帝初平四年郡立,分上邽复置此县。建安十九年,郡省,属汉阳。治今甘肃清水县西北。

3. 绵诸县(193—214)

《汉志》作"緜诸道",东汉初省并。献帝初平四年郡立,分上邽复置此县。建安十九年(214年),郡省,属汉阳。治今甘肃天水市东。

4. 罕开县(193—214)

《汉志》天水郡属县,东汉初省并。献帝初平四年郡立,分上邽复置此县。建安十九年,郡省,属汉阳。治所当在今甘肃天水市东南。

第三节 金城郡(附:西平郡)沿革

金城郡(29—36,37—220)

光武帝建武五年(29),金城郡属汉。《后汉书》卷23《窦融传》载,建武五年,融遣使奉书献马,光武以融为凉州牧,"融被诏,即与诸郡守将兵入金城",是为明证。

《后汉书》卷1《光武帝纪》载,建武十二年,"省金城郡属陇西"。卷24《马援传》载:"自王莽末,西羌寇边,遂入居塞内,金城属县多为虏有。来歙奏言陇西侵残,非马援莫能定。(建武)十一年夏,玺书拜援陇西太守。援乃发步骑三千人,击破先零羌于临洮……诸种有数万,屯聚寇抄,拒浩亹隘。援与扬武将军马成击之。羌因将其妻子辎重移阻于允吾谷,援乃潜行间道,掩赴其营。羌大惊坏,复远徙唐翼谷中,援复追讨之。……是时,朝臣以金城、破羌之西,途远多寇,议欲弃之。援上言,破羌以西城多完牢,易可依固;其田土肥壤,灌溉流通。如令羌在湟中,则为害不休,不可弃也。帝然之,于是诏武威太守,令悉还金城客民。归者三千余口,使各反旧邑。援奏为置长吏,缮城郭,起坞候,开导水田,劝以耕牧,郡中乐业。"由上述所载可知,金城郡在建武十二年省属陇西之前,由于羌族的侵扰,境内已是一些孤立的据点,在地域上不能连成一片而进行有效的控制,于是在建武十二年,省金城郡之名,由陇西郡统之。

建武十三年,金城复从陇西析出。《后汉书》卷1《光武帝纪》载,建武十三年,"复置金城郡"。此盖因羌人归附之故。《后汉书》卷24《马援传》云:"(建武)十三年,武都参狼羌与塞外诸种为寇,杀长吏。援将四千余人击之,至氐道县,羌在山上,援军据便地,夺其水草,不与战,羌遂穷困,豪帅数十万户亡出塞,诸种万余人悉降,于是陇右清静。"正是由于陇右的清静,因而可使金城复由陇西郡分出,重新置郡,使原郡内的地区能够更好地发展。

然复置之金城不复辖有枹罕、白石、河关三县。检《汉志》,前述三县皆为金城郡属县,《续汉志》则俱见于陇西郡辖县之下,且三县之下皆有司马彪"故属金城"之自注,故可知此三县东汉时由金城别属陇西。然枹罕等三县何时由金城别属陇西于史无载,在此仅作一推断。由枹罕、白石、河关三地之地望可知,三地皆位于河水以南的金城郡东南部,与金城郡其他属县隔开,形成一个相对独立的区域,加之枹罕、白石二县西汉时本为陇西属县,金城郡设置后方由陇西别属,故以理度之,一旦金城郡境不稳,枹罕等三地完全可以凭河水之险自守。又因在建武十二年时,金城郡曾一度省属陇西,次年虽又复置,但颇疑枹罕等三县并未因此再属金城。若然,在建武十二年后,枹罕等三县即已别属陇西。这样东汉陇西郡领域又大致恢复到西汉析枹罕、白石二县置金城郡之前的规模,由此亦可见东汉政区体现西汉面貌之一端。

综上所述,建武十三年,金城郡领有十县,即:允吾、浩亹、令居、枝阳、金城、榆中、破羌、安夷、允街、临羌。

《后汉书》卷4《和帝纪》载,永元十四年(102)二月,"缮修故西海郡,徙金城西部都尉以戍之"。李贤注云:"平帝时金城塞外羌献地,以为西海郡也。光武建武中省金城入陇西郡,至是复缮修之。"《后汉书》卷87《西羌传》载,永元十四年,"西海及大、小榆谷左右无复羌寇。隃麋相曹凤上言:'……此时,建复西海郡县,规固二榆,广设屯田,隔塞羌胡交关之路,遏绝狂狡窥欲之源。……'于是拜凤为金城西部都尉,将徙士屯龙耆。"据上述所载,是时金城郡界当向西部有所扩展。

安帝永初四年(110),金城郡领地复弃,徙治襄武。《后汉书》卷5《安帝纪》载,永初四年三月,"先零羌寇褒中,汉中太守郑勤战殁。徙金城郡都襄武"。《后汉书》卷87《西羌传》所载与此略同。襄武,《续汉志》属陇西,故可知金城郡侨置于陇西郡境。金城郡的此次内徙,亦因羌人之故。东汉初期,金城境内屡遭羌人的侵扰,郡境难以安定。《后汉书》卷3《章帝纪》载,建初二年(77)"六月,烧当羌叛,金城太守郝崇讨之,败绩,羌遂寇汉阳。秋八月,遣行车骑将军马防讨平之"。章和元年(87)七月,"烧当羌寇金城,护羌校尉刘旴讨之,斩其渠帅"。卷4《和帝纪》载,永元四年(82),"烧当羌寇釜城"。卷87《西羌传》载,安帝永初三年,"当煎、勒姐种攻没破羌县"。上述所载皆可为证。金城郡内徙后,其故地当为羌人所据。

此后,金城郡再次复故。金城郡此次返回故土之确年,史籍失载,然据有关史料,仍可作一推测。《后汉书》卷87《西羌传》载,安帝永宁元年(120)夏,"当煎种大豪饥五等,以(马)贤兵在张掖,乃乘虚寇金城,贤还军追之出塞,斩首数千级而还"。据此,可知金城至迟在永宁元年时已再次复置。又,《后汉书》卷87《西羌传》载,安帝元初五年(118),"自零昌、狼莫死后,诸羌瓦解,三辅、益州无复寇儆。自羌叛十余年间,兵连师老,不暂宁息。……延及内郡,边民死者不可胜数,并、凉二州遂至虚耗"。然则自安帝永初年间至元初五年,经过十余年的战火,羌人的侵扰暂告一段落。综合上述二则史料,颇疑金城郡第二次复置即在元初五年羌叛平定之后。若此,则金城此次侨置陇西达八年之久。

然好景不长,金城郡又陷入了羌人的骚扰之中,汉廷勉强维系着郡境。《后汉书》卷5《安帝纪》载,建光元年(121)"八月,护羌校尉马贤讨烧当羌于金城,不利"。《后汉书》卷6《顺帝纪》载,永和三年(138)"冬十月,烧当羌寇金城,护羌校尉马贤击破之,羌遂相招而叛"。

此后金城郡维系《续汉志》所示之领域直至汉末献帝时(参前图3-37)。

献帝建安中,析金城置西平郡,破羌、临羌、安夷三县别属之。

要之,至建安末,金城郡当领有允吾、浩亹、令居、枝阳、金城、榆中、允街七县之地。

金城郡当治允吾,然前文已述,安帝初尝被迫内徙,其时侨治襄武矣。

1. 允吾县(29—36,37—110,118—220)

光武帝建武十二年,省金城郡入陇西郡,建武十三年复置金城郡。安帝永初四年,郡内徙,弃故地,元初五年复还。治今甘肃永靖县西北。

2. 浩亹县(29—36,37—110,118—220)

治今甘肃永登县西南。

3. 令居县(29—36,37—110,118—220)

治今甘肃永登县西北。

4. 枝阳县(29—36,37—110,118—220)

治今甘肃永登县东南。

5. 金城县(29—36,37—110,118—220)

治今甘肃兰州市西北。

6. 榆中县(29—36,37—110,118—220)

治甘肃今县西北。

7. 临羌县(29—36,37—110,118—213?)

献帝建安中,别属西平郡。治今青海湟源县东南。

8. 破羌县(29—36,37—110,118—213?)

献帝建安中,别属西平郡。治今青海海东市乐都区东南。

9. 安夷县(29—36,37—110,118—213?)

献帝建安中,别属西平郡。治今青海西宁市东南。

10. 允街县(29—36,37—110,118—220)

治今甘肃永登县东南。

11. 枹罕县(29—36)

光武帝建武十二年(36年),省金城郡入陇西郡该县别属。治今甘肃临夏回族自治州西南。

12. 白石县(29—36)

光武帝建武十二年(36年),省金城郡入陇西郡,该县别属。治今甘肃临夏县西南。

13. 河关县(29—36)

光武帝建武十二年(36年),省金城郡入陇西郡,该县别属。治今甘肃永靖县西南。

附：西平郡(213?—220)

《元和郡县图志》卷39鄯州下云"后汉献帝分置西平郡,属凉州",可知汉末新置西平郡。然西平析置之确年,史乘无载。《后汉书集解》卷23引谢钟英说,谓"建安十九年,韩遂为夏侯渊所破,走西平,见《武纪》;建安中,杜畿为西平太守,见《畿传》;《河水注》谓黄初中立,非也"。吴增仅《三国郡县表附考证》卷5亦以为西平郡置于建安中。谢、吴二氏之说当是。

又,《续汉书·百官志五》刘昭注引《献帝起居注》云,建安十八年,省州并郡,其中雍州刺史部下领有西平郡,是至迟建安十八年前该郡已置。

至于西平郡所领之县,吴增仅《三国郡县表附考证》卷5据有关文献以为有破羌、临羌、安夷、西都四县,其中西都乃魏分破羌而置,余三县皆为金城旧县。其说可从。又,杨守敬《三国郡县表补正》据《寰宇记》所载"鄯州龙支县,本汉允吾县之地,属金城郡,后汉为龙耆县"之文,而认为汉末西平郡有龙耆县,实误。龙耆位于东汉金城郡西境,非允吾县地,和帝时徙金城西部都尉屯此,然并未置县,前引《后汉书》卷87《西羌传》之文可证,《寰宇记》所载不足据也。由破羌等四县之地望可知,西平乃割金城中部以西之地而置。

郡治不明。

1. 临羌县(213?—220)

献帝建安中,郡立,来属。治今青海湟源县东南。

2. 破羌县(213?—220)

献帝建安中,郡立,来属。治今青海海东市乐都区东南。

3. 安夷县(213?—220)

献帝建安中,郡立,来属。治今青海西宁市东南。

4. 西都县(213?—220)

《元和郡县图志》卷39鄯州湟水县下云："魏分置。"疑当为曹操建安时置。治今青海西宁市城中区。

第四节 安定郡(附：新平郡)沿革

安定郡(34—220)

光武帝建武十年(34)，安定郡最终属汉廷。

《汉志》安定郡领二十一县，其中十一县不见载于《续汉志》其他郡国下，即：复累、安俾、抚夷、泾阳、卤、阴密、安定、安武、爰得、眴卷、月氏道。又由于安定郡在永初五年(111)三月内徙侨置于右扶风之美阳县，至永建四年(129)又返归故土，而复郡亦可能会对原领之县做一调整，故此十一县亦有在永初五年时被省并的可能。

安帝永初五年，由于羌人的侵扰，安定郡内徙美阳。《后汉书》卷5《安帝纪》载，永初五年三月，"安定徙美阳"。卷47《梁慬传》云："明年(按，指永初五年)，安定、北地、上郡皆被羌寇，谷贵人流，不能自立。诏慬发边兵迎三郡太守，使将吏人徙扶风界。"卷87《西羌传》载，永初五年，"羌既转盛，而二千石、令、长多内郡人，并无守战意，皆争上徙郡县以避寇难。朝廷从之，遂移陇西徙襄武，安定徙美阳，北地徙池阳，上郡徙衙"。《续汉志》美阳属右扶风，故可知是年安定迁徙侨置于右扶风领域内。疑在此年内徙之时，鹑阴、租厉二县别属武威郡。

顺帝永建四年，安定郡返回故土。《后汉书》卷6《顺帝纪》载，永建四年"九月，复安定、北地、上郡归旧土"。自永初冬至永建四年，安定侨置右扶风界内达十八年之久。疑参䜌县此时别属北地郡，而鹑觚县则自北地郡来属。

综合上述，可做如下推论：永建四年安定郡复故后，即达《续汉志》所载的八城规模，即临泾、高平、朝那、乌枝、三水、阴盘、彭阳、鹑觚(参前图3-37)。

顺帝永和六年(141)，安定郡再次内徙。《后汉书》卷6《顺帝纪》载，永和六年"冬十月癸丑，徙安定居扶风"。然则安定郡第二次侨置于右扶风领域内。此次内徙，仍是羌人侵入所致。《后汉书》卷87《西羌传》载："于是东西羌遂大合。……(永和六年)秋，诸种八九千骑寇武威，凉部震恐。于是复徙安定居扶风。"上述史载可为佐证。

此后，安定郡两次返回旧土。然安定复故之时间，史乘无载，兹据有关史料，略作推测。《后汉书》卷65《皇甫规传》载："(规)上疏自讼曰：(延熹)四年之形，戎丑蠢戾，爰自西州，侵及泾阳，旧都惧骇，朝廷西顾。……"泾阳，《汉志》属安定郡，《续汉志》不载，故是县至迟已在延熹四年(161)复置。既然安定故有属县业已复置，安定郡亦已复置才合情理。又《后汉书》卷87《西羌传》

载,冲帝永嘉元年(145),"以汉阳太守张贡代为校尉。左冯翊梁并稍以恩信招诱之,于是离湳、狐奴等五万余户诣并降,陇右复平。……自永和羌叛,至乎是岁,十余年间,费用八十余亿"。据此可知至永嘉元年,陇右方复平,此前之十余年间该地区一直为羌人所扰,故安定郡再次返复故土断不会早于是年。综合以上两个结论,可进一步推知安定郡返至旧土当在永嘉元年至延熹四年的十七年间,倘大胆一点,或即在桓帝即位初年,即建和年间西羌复平之后。

灵帝末,阴盘县寄治京兆尹新丰县。献帝兴平元年(194),析安定、右扶风置新平郡,鹑觚别属新平。

综上所述,建安末,安定郡当有《续汉志》所载八城除去阴盘、鹑觚二县后所余的六县规模。由于阴盘、鹑觚二县均位于泾水以南,而安定郡在泾水以南仅有此二县,故汉末安定郡南境以泾水为界与新平郡为邻。

据《续汉志》,安定郡治临泾县,内徙时期则侨治右扶风界内。

1. 临泾县(34—111,129—141,147—220)

安帝永初五年,郡内徙,顺帝永建四年还属,县当复故。永和六年复内徙,疑在桓帝建和元年(147)还故地。治今甘肃镇原县东南。

2. 复累县(34—111)

今地无考。

3. 安俾县(34—111)

今地无考。

4. 抚夷县(34—111)

治所当在今甘肃镇原县北。

5. 泾阳县(34—111,161? —220)

治今甘肃平凉市西北。

6. 卤县(34—111)

今地无考。

7. 阴密县(34—111)

治今甘肃灵台县南。

8. 安定县(34—111)

治今甘肃泾川县北。

9. 安武县(34—111)

治今甘肃镇原县西南。

10. 爰得县(34—111)

治所当在今甘肃泾川县南。

11. 昫卷县(34—111)

治所当在今宁夏中宁县东北一带。

12. 月氏道县(34—111)

治所当在今宁夏固原市南与隆德县、西吉县交界处一带。

13. 高平县(34—111,129—141,147—220)

治今宁夏固原市原州区。

14. 朝那县(34—111,129—141,147—220)

治今宁夏固原市东南。

15. 乌枝县(34—111,129—141,147—220)

《汉志》作"乌氏"。治今宁夏固原市东南。

16. 三水县(34—111,129—141,147—220)

安定属国都尉张奂治此,见《水经·河水注》。治今宁夏同心县东。

17. 阴盘县(34—111,129—141,147—?)

《汉志》及《后汉书》卷13《隗嚣传》皆作"阴槃"。《太平寰宇记》卷34邠州宜禄县下云:"按,《汉书》武帝元年立阴盘县,属凉州。灵帝末徙于新丰,其县遂废。"新丰,《续汉志》属京兆尹,故知阴盘侨置于京兆尹界内,其县故地遂废。本治今陕西长武县西北,灵帝末移治于今陕西临潼县东北。

18. 彭阳县(34—111,129—141,147—220)

吴增僅《三国郡县表附考证》卷4以为汉末彭阳县因北地富平之寄治而废,误(参见北地郡沿革)。治今甘肃镇原县东。

19. 鹑觚县(129—141,147—194)

《汉志》作"鹑孤",属北地郡,其来属安定确年,史乘失载。又,故属安定之参䜌东汉亦别属安定,而安定、北地在永和五年前均在安帝永初五年内徙,又同在顺帝永建四年恢复旧土,故颇疑参䜌及鹑觚二县改变隶属关系,是在永建四年安定、北地二郡复故时调整郡界而进行的相互易地之举中形成的。永和六年内徙,桓帝建和元年复故。献帝兴平元年,别属新平郡。治今甘肃灵台县东北。

20. 参䜌县(34—111)

《续汉志》参䜌属北地郡。前文已言,安定、北地在安帝、顺帝期间有过内徙后复归本土的经历,故疑参䜌于顺帝永建四年安定、北地回归时别隶北地郡。且《续汉志》北地参䜌县下刘昭注曰:"有青山。"《谢沈书》云:"属国降羌胡数千人,居山田畜。"《后汉书集解》卷23引惠栋说:"《续汉志》曰,安定属国人,本属国降胡也,居参䜌青山中,其豪帅号肥头少卿";《光武帝本纪》所载建武二十一年夏四月,安定属国胡叛,屯聚青山,是也。由是可知参䜌在东汉初年尚属安定。此又可为上述所推定的参䜌别属北地之时间添一旁证。治今甘肃环县南部一带。

21. 鹯阴县(34—111)

《汉志》作"鹯阴"。《续汉志》此县属武威郡,其改隶确年,史无确载,在此仅能作一推测。由前引《安帝纪》之文知永初五年安定内徙于右扶风美阳,故土为羌人所据,而武威在东汉一直未闻内徙侨置之事,加之鹯阴以及祖厉二县紧邻武威,远离安定其他各县,且有鹯阴河、祖厉河为天然屏障,易于把守,一旦安定内徙,二县交予武威统辖甚合情理,故颇疑该二县在永初五年安定内徙后即划归武威管辖之下。治今甘肃靖远县西北部一带。

22. 祖厉县(34—111)

《汉志》作"祖厉"。疑安帝永初五年与鹯阴同别属武威郡。治今甘肃会宁县西北部一带。

附：新平郡(194—220)

《后汉书》卷9《献帝纪》载,兴平元年"十二月,分安定、扶风为新平郡"。《续汉志》刘昭注引《袁山松书》曰:"兴平元年,分安定之鹑觚、右扶风之漆置新平郡。"可知新平郡仅领此二县而已。

《太平寰宇记》卷34邠州下云:"后汉兴平元年分安定之鹑觚、右扶风之漆置新平郡,理漆县。"则知新平郡治所在漆县。

1. 漆县(194—220)

献帝兴平元年,自右扶风来属。治今陕西彬县。

2. 鹑觚县(194—220)

献帝兴平元年,自安定郡来属。治今甘肃灵台县东北。

第五节 武威、张掖[附：张掖属国、张掖居延属国(西海郡)、西郡]、酒泉、敦煌四郡沿革

(一)武威郡(29—220)

光武帝建武五年(29),武威郡属汉。建武十三年,武威郡领有十县,即:姑臧、张掖、武威、休屠、揟次、鸾鸟、朴劓、媪围、宣威、仓松。

大约在安帝永初五年(111)安定徙置右扶风美阳后,安定原领之鹯阴、祖厉二县来属(参见安定郡沿革),武威郡境向东南有所扩展。此外,又有显美县自张掖郡来属,确年无考,颇疑在安帝对张掖郡进行调整划出张掖属国及张掖居延属国之时。顺帝永和五年(140)前新置一城,或名为左骑。此后,武威郡领有《续汉志》所载之十四城规模直至汉末而未闻有何更动(参见图3-38)。

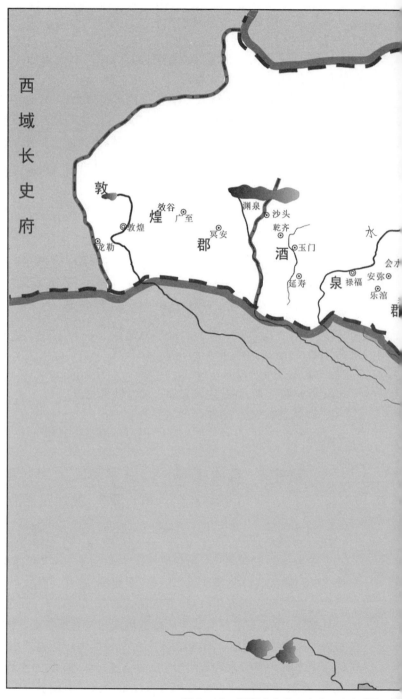

图 3-38 汉顺帝永和五年(140)武威郡、张

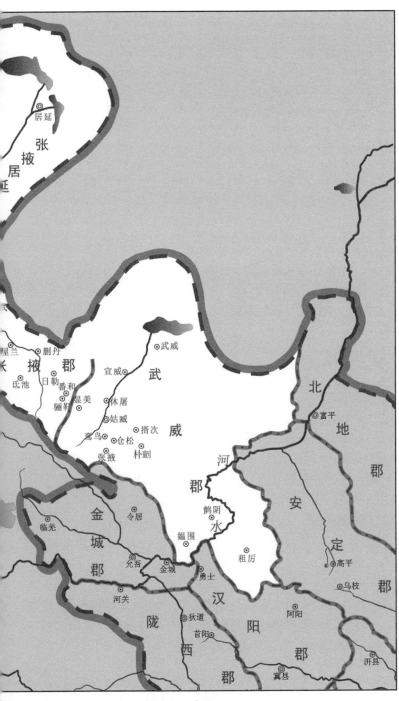

属国、张掖居延属国、酒泉郡、敦煌郡示意图

武威郡治姑臧县。

1. 姑臧县(29—220)

治今甘肃武威市凉州区。

2. 张掖县(29—220)

治今甘肃武威市东南。

3. 武威县(29—220)

治今甘肃民勤县东北。

4. 休屠县(29—220)

治今甘肃武威市西北。

5. 揟次县(29—220)

治今甘肃武威市东南。

6. 鸾鸟县(29—220)

《汉志》作"鸾鸟"。治今甘肃武威市南。

7. 朴劓县(29—220)

《汉志》作"扑劓"。治今甘肃景泰县东南。

8. 媪围县(29—220)

治今甘肃皋兰县北。

9. 宣威县(29—220)

治今甘肃民勤县西南。

10. 仓松县(29—220)

《汉志》作"苍松"。治今甘肃古浪县西北。

11. 鹯阴县(111—220)

《续汉志》司马彪自注云:"故属安定。"来属之确年无载,安帝永初五年,安定郡内徙,疑或在此后即划归武威郡管辖。治今甘肃靖远县西北部一带。

12. 租厉县(111—220)

《续汉志》司马彪自注云:"故属安定。"疑与鹯阴同于安帝永初五年来属。治今甘肃会宁县西北部一带。

13. 显美县(107? —220)

《续汉志》司马彪自注云:"故属张掖。"是该县东汉前期由张掖郡来属,然来属之确年无考。又,安帝时,对张掖郡进行调整,划出张掖属国及张掖居延属国,疑显美来属武威即在其时。治今甘肃永昌县东南。

14. 左骑县(140? —220)

《续汉志》武威郡左骑下司马彪自注云:"千人官。"钱大昕《廿二史考异》附

《三史拾遗》卷 5 曰:"(武威)郡领十四城。左骑千人官盖别居一城,并姑臧等十三县数之,为十四城也。至张掖属国别领五城,以《志》考之,唯有候官、左骑、千人、司马官、千人官而不领县。以左骑、千人各一城,又别有千人官一城,与候官、司马官为五城矣。与武威之左骑千人官为一城者互异。"其实此处左骑、千人官皆乃官名,当以官名为地名之代称,只是是处的左骑、千人官亦应似张掖属国所领五城中之左骑、千人一样,各为一城,而不应以千人官为左骑之注文。又因武威所领十四县之数已定,故颇疑此处左骑或千人官有一称乃衍文,盖缘张掖属国所领之左骑、千人之名而衍。暂仍依《续汉志》名此城为左骑。今地无考。

(二) 张掖郡(29—220)

光武帝建武五年,张掖郡属汉。建武十三年,张掖郡所辖仍如《汉志》时期,领十县:觻得、昭武、删丹、氐池、屋兰、日勒、骊靬、番和、居延、显美。

其后相当长时间内,张掖郡无所变更,直至安帝时期。其时,张掖郡析置张掖属国及张掖居延属国,居延别属张掖居延属国,张掖属国所辖五城则皆为官名,未详其为县级政区始自何时,故暂不在张掖郡下述此数城。另,显美县别属武威郡。之后张掖郡稳定在八县之谱(参见前图 3-38)。

献帝兴平二年(195),张掖郡析置西郡,日勒、番和、骊靬三县别属之,遂仅领觻得、昭武、删丹、氐池、屋兰等五县。

张掖郡治觻得县。

1. 觻得县(29—220)

治今甘肃张掖市西北。

2. 昭武县(29—220)

治今甘肃临泽县东北。

3. 删丹县(29—220)

治今甘肃山丹县。

4. 氐池县(29—220)

治今甘肃民乐县。

5. 屋兰县(29—220)

治今甘肃张掖市东南。

6. 日勒县(29—195)

献帝兴平二年,别属西郡。治今甘肃山丹县东南。

7. 骊靬县(29—195)

献帝兴平二年,别属西郡。治今甘肃永昌县西南。

8. 番和县(29—195)

献帝兴平二年,别属西郡。治今甘肃永昌县。

9. 显美县(29—124?)

《续汉志》属武威郡,《汉志》属张掖,然别属时间史无确载。颇疑在张掖属国、张掖居延属国别为比郡政区时。治今甘肃永昌县东南。

10. 居延县(29—124?)

安帝时别属张掖居延属国。治今内蒙古额济纳旗东南。

附一：张掖属国(124?—220)

《续汉志》于张掖属国下曰:"安帝时,别领五城。"同时,据《续汉志》知张掖居延属国领居延一城,而在张掖属国之下仅列有候官、左骑、千人、司马官、千人官等五个官名而无具体城名。由居延地望知张掖居延属国应析张掖郡北部而置,而张掖郡其余领县又皆位于南部,故张掖属国理当分张掖郡中部而置(参前图3-38)。《中国历史地图集》即如是表示。因张掖属国位于边塞,经常受到境外少数部族的侵扰,所以属国领域中的军民盖皆以军队编制居于一些坞壁之中。《后汉书》卷65《段颎传》所载桓帝延熹三年(160)春,"余羌复与烧何大豪寇张掖,攻没巨鹿坞,杀属国吏民",可窥一斑,故无法以具体城名命名所控地区,而仅以属国之下所设的候官等官职划定一定的区域进行管理,于是便以官名作一定区域的代称。否则,在张掖属国之下亦不会出现两个"千人"。这种情况恐与以京兆尹、左冯翊、右扶风等官名作为郡名的情况有类似之处。治所不详。

1. 候官(124?—220)

今地无考。

2. 左骑(124?—220)

今地无考。

3. 千人(124?—220)

今地无考。

4. 司马官(124?—220)

今地无考。

5. 千人官(124?—220)

今地无考。

附二：张掖居延属国(124?—213?)—西海郡(213?—220)

《续汉志》载:"张掖居延属国,故郡都尉,安帝别领一城。"刘昭注《续汉志》张掖居延属国居延县曰:"献帝建安末,立为西海郡。"居延县本即为张掖居延属国所仅领之县,既别为西海郡,则属国当不复存(参前图3-38)。

又据刘昭注,似西海郡之立在献帝建安末年,然钱大昕《廿二史考异》卷14曰:"《晋志》:西海郡故属张掖。汉献帝兴平二年,武威太守张雅请置。《献帝起居注》:建安十八年,复《禹贡》九州,雍州部已有西海郡。西海立郡不在建安之末也。"钱说甚是。然则至迟建安十八年(213)以前张掖居延属国已易名为西海郡。

其治所当在居延县。

居延县(124?—220)

安帝时自张掖郡来属。治今内蒙古额济纳旗东南。

附三:西郡(195—220)

《续汉志》张掖郡下司马彪自注云:"献帝分置西郡。"吴增僅《三国郡县表附考证》卷5曰:"《寰宇记》云:'后汉兴平二年分置。'《舆地广记》云:'东汉分张掖日勒置。'考建安初,分河西四郡置雍州,尚无西郡,则郡立于分置雍州之后矣。"《后汉书》卷9《孝献帝纪》载,雍州之置乃在兴平元年六月,非建安初,吴氏所言不确,当以《太平寰宇记》之文为是。

至于西郡所领之县,吴增僅据《舆地广记》之文以为仅有日勒一县。然由其时张掖郡领县之地望可知,在日勒之东张掖尚领有番和、骊靬二县。以理度之,倘日勒别属西郡,则番和等二县亦当属之,否则,此二县即会成为张掖郡之飞地,于理不合。故颇疑西郡其时当领日勒、番和、骊靬三县之地。

西郡当治日勒县。

1. 日勒县(195—220)

献帝兴平二年,自张掖郡来属。治今甘肃山丹县东南。

2. 番和县(195—220)

献帝兴平二年,自张掖郡来属。治今甘肃永昌县。

3. 骊靬县(195—220)

献帝兴平二年,自张掖郡来属。治今甘肃永昌县西南。

(三)酒泉郡(29—220)

光武帝建武五年,酒泉郡属汉。

《汉志》酒泉郡领九县,其中天㧾县不见于《续汉志》诸郡国之下,盖天㧾于东汉初省并。其余辖县无变化,是以建武十三年,酒泉郡辖有禄福、表氏、乐涫、玉门、会水、沙头、安弥、乾齐八县。后于顺帝永和五年前新置延寿县,遂为《续汉志》中九县之谱(参前图3-38)。此后至汉末酒泉郡领县未改。

酒泉郡治禄福县。

1. 禄福县（29—220）

《续汉志》作"福禄"。《后汉书集解》卷 23 引钱大昕曰："《魏志·庞淯传》及皇甫谧《列女传》载庞娥事云：'禄福赵君安之女。'又云：'禄福长尹嘉。'《曹全碑》亦云：'拜酒泉禄福长。'则知作'福禄'者误也。"又引惠栋曰："《晋志》亦作'福禄'误。"《汉书补注》卷 28 引吴卓信说，谓汉魏之间犹称"禄福"，其改为"福禄"当自晋始。治今甘肃酒泉市肃州区。

2. 天㩾县（29—30）

治今甘肃玉门市东南。

3. 表氏县（29—220）

《汉志》作"表是"。治今甘肃高台县西。

4. 乐涫县（29—220）

治今甘肃酒泉市东南。

5. 玉门县（29—220）

治今甘肃玉门市西北。

6. 会水县（29—220）

治今甘肃高台县西北。

7. 沙头县（29—220）

《汉志》作"池头"。治今甘肃玉门市西北。

8. 安弥县（29—220）

《汉志》作"绥弥"。治今甘肃酒泉市东南。

9. 乾齐县（29—220）

治今甘肃玉门市西北。

10. 延寿县（29—220）

治今甘肃玉门市东南。

（四）敦煌郡（29—220）

光武帝建武五年，敦煌郡属汉。其领域东汉一代与西汉并无变动，建武十三年，敦煌郡领敦煌、冥安、效谷、渊泉、广至、龙勒六县。此后直至东汉末年，敦煌郡领县不变（参前图 3-38）。

敦煌郡治敦煌县。

1. 敦煌县（29—220）

治今甘肃敦煌市西。

2. 冥安县（29—220）

治今甘肃瓜州县东南。

3. 效谷县(29—220)

治所当在今甘肃敦煌市东北。

4. 渊泉县(29—220)

《续汉志》作"拼泉",然《汉志》作"渊泉",钱大昕《廿二史考异》卷14以为渊泉是,拼泉误,今从之。治所当在今甘肃瓜州县东。

5. 广至县(29—220)

治今甘肃瓜州县西南。

6. 龙勒县(29—220)

治今甘肃敦煌市西南。

第六节　西域都护(长史)府沿革

西域都护(74—76)—西域都护(91—107)—西域长史(123—220)

东汉中央政府先后在西域地区设置都护府与长史府,二者的性质与西汉西域都护府无异,仍是军政合一的管理机构。东汉之西域都护及长史之秩禄,史籍失载,盖亦当如西汉旧制,秩比二千石,与郡太守相当。都护府或长史府所控制的区域亦相当于郡级行政区划。

一、东汉时期对西域地区的经营

西汉武帝时,西域内属。《后汉书》卷88《西域传》载,至王莽执政,"贬易侯王,由是西域怨叛,与中国遂绝",西域重又为匈奴所控制。

东汉王朝建立后,西域诸国不堪忍受匈奴的敛税重刻,皆欲内属。光武初年,莎车王康率傍国拒匈奴,《后汉书》卷88《西域传》载"拥卫故都护吏士妻子千余口,檄书河西,问中国动静,自陈思慕汉家。建武五年,河西大将军窦融乃承制立康为汉莎车建功怀德王、西域大都尉,五十五国皆属焉。……十四年,(莎车王)贤与鄯善王安并遣使诣阙贡献,于是西域始通。葱岭以东诸国皆属贤。建武十七年,贤复遣使奉献,请都护",光武帝未准其请。《后汉书》卷1《光武帝纪》载,建武二十一年(46)冬,"鄯善王、车师王等十六国[①]皆遣子入侍奉献,愿请都护。帝以中国初定,未遑外事,乃还其侍子,厚加赏赐","竟不许之"。莎车王贤见都护不出,遂攻破鄯善,又攻杀龟兹王,兼并其国。鄯善王上书,更请都护。《后汉书》卷88《西域传》载:"都护不出,诚迫于匈奴。"光武帝

---

① 《后汉书》卷88《西域传》作十八国。

只得以"如诸国力不从心,东西南北自在也"答之。于是鄯善、车师、龟兹复附于匈奴。此后,于寘攻灭莎车,称雄南道,但不久亦为匈奴所控。由是可见当时西域在中央政府统治者眼里并不十分重要,其时之首要任务还是要集中精力来巩固加强刚刚建立的中央政权。

至明帝时,发动了进击匈奴的战争。永平十六年(73),明帝乃遣太仆祭肜出高阙,奉车都尉窦固出酒泉,驸马都尉耿秉出居延,骑都尉来苗出平城,北征匈奴。窦固破呼衍王于天山,取伊吾卢城,置宜禾都尉以屯田,同时遣班超出使四域,先后使疏勒、鄯善、于寘归附,于是于寘诸国皆遣子入侍。《后汉书》卷88《西域传》载:"西域自绝六十五载,乃复通焉。"

永平十七年,初置西域都护、戊己校尉,以陈睦为都护,耿恭、关宠为戊己校尉。耿恭屯车师后王部金蒲城,关宠屯车师前王柳中城,屯各置数百人。

此后,东汉与匈奴展开了争夺西域地区宗主权的行动。

永平十八年,焉耆、龟兹攻殁西域都护陈睦,匈奴亦杀关宠于柳中。车师复叛,与匈奴共攻戊己校尉耿恭。十一月,章帝遣酒泉太守段彭救回耿恭。《后汉书》卷88《西域传》载:"建初元年春……章帝不欲疲敝中国以事夷狄,乃迎还戊己校尉,不复遣都护。二年,复罢屯田伊吾,匈奴因遣兵守伊吾地。时军司马班超留于窴,绥集诸国。"东汉罢西域都护及戊己校尉,无异于宣布对西域的放弃。

但是班超并未就此停止在西域的活动。《后汉书》卷47《班超传》载:"建初三年,超率疏勒、康居、于寘、拘弥兵一万人攻姑墨石城,破之……超欲因此叵平诸国,乃上疏请兵"。建初五年(80),章帝遂以徐干为假司马,"将弛刑及义从千人就超"。八年,拜超为将兵长史,假鼓吹幢麾。西域长史之名始于此,而其时未置都护。九年,章帝复遣假司马和恭等四人将兵八百诣超。超因发疏勒、于寘兵击莎车。疏勒王忠反,超击斩之,西域南道遂通。章和元年(87),超发于寘诸国兵,大破莎车,莎车遂降。超自是威震西域。

和帝永元元年(89),大将军窦宪大破北匈奴。二年,窦宪遣将讨北匈奴,取伊吾卢地。匈奴主力向西远徙,西域的形势发生了有利于汉廷的变化。三年,龟兹、姑墨、温宿皆降,班超遂定西域。和帝乃以超为西域都护,居龟兹它乾城,徐干为长史,屯疏勒,并复置戊己校尉,领兵五百人居车师前部高昌壁,又置戊部候,居车师后部候城,相去五百里。此时,据《后汉书》卷47《班超传》载:"西域唯焉耆、危须、尉犁以前没都护,怀二心,其余悉定"。六年秋,班超大破焉耆、尉犁,斩其王。《后汉书》卷4《和帝纪》载:"自是西域降服,纳质者五十余国。"该年之西域都护府辖境参见图3-39。

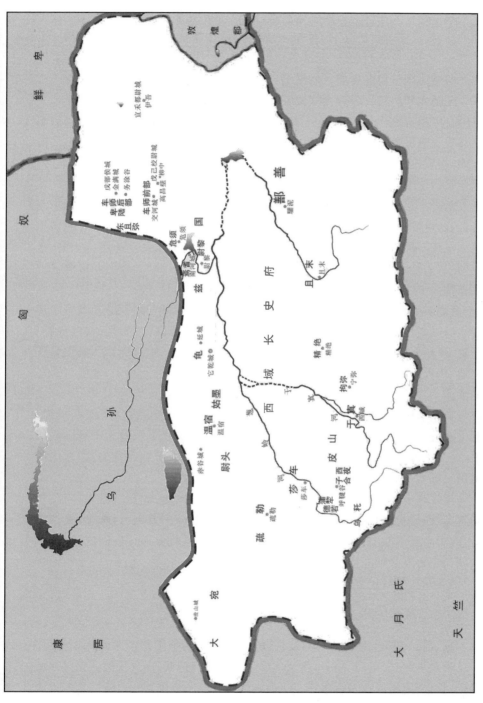

图3-39 汉和帝永元六年(94)西域都护府辖境示意图

殇帝延平元年(106),西域诸国叛。安帝永初元年(107),西域诸国频攻围都护任尚、段禧等,《后汉书》卷88《西域传》载:"朝廷以其险远,难相应赴,诏罢都护。自此遂弃西域"。西域长史此时亦罢。至此西域都护已是第二次罢黜。西域诸国复属北匈奴,《后汉书》卷88《西域传》载:"共为边寇十余载。"

元初六年(119),敦煌太守曹宗患西域诸国暴害,遣行长史索班,将千余人屯伊吾以招抚之,于是车师前王及鄯善王来降。后数月,北匈奴复率车师后部王共攻没索班等,遂击走其前王,略有北道。鄯善王求救于曹宗,宗请出兵击匈奴,报索班之耻,复欲进取西域,《后汉书》卷88《西域传》载:"邓太后不许,但令置护西域副校尉,居敦煌,复部营兵三百人,羁縻而已。"

延光二年(123),安帝采尚书陈忠之议,乃以班勇为西域长史,将弛刑士五百人,西屯柳中。自是东汉不更置都护,遂以长史行都护职,至灵帝时连任不绝。三年,鄯善、龟兹、姑墨、温宿等先后诣班勇降。勇发兵至车师前王庭,击走匈奴,于是前部始复开通。四年秋,勇出兵击车师后部,大破之。班勇遂破灭车师。

《后汉书》卷88《西域传》载:"自建武至于延光,西域三绝三通。"顺帝永建二年(127),班勇复击降焉耆。《后汉书》卷88《西域传》载:"于是龟兹、疏勒、于窴、莎车等十七国皆来服从,而乌孙、葱岭已西遂绝。六年,帝以伊吾旧膏腴之地,傍近西域,匈奴资之,以为抄暴,复令开设屯田如永元时事,置伊吾司马一人。"

自阳嘉以后,汉朝在西域地区的控制有所减弱,《后汉书》卷88《西域传》载,西域诸国"转相陵伐"。桓帝元嘉二年(152),西域长史王敬为于窴国人所杀,可见于窴对汉廷已不敬畏。永兴元年(153),车师后王阿罗多复反,攻围汉屯田且固城。后阿罗多归降,汉赦其罪,仍为车师后王。

灵帝建宁三年(170),凉州刺史孟佗遣从事任涉将敦煌兵五百人,与戊司马曹宽、西域长史张晏,将焉耆、龟兹、车师前后部,合三万人,讨疏勒,攻桢中城,四十余日不能下,引去。熹平四年(175),于窴攻拘弥,杀其王,戊己校尉、西域长史各发兵辅立拘弥侍子定兴为王。

献帝时,西域长史府仍存,后为曹魏政权所承继。

二、西域都护(长史)府所辖之内属诸国

据《后汉书》卷88《西域传》载,西域内属诸国的范围是:"东西六千余里,南北千余里,东极玉门、阳关,西至葱岭。其东北与匈奴、乌孙相接。"东汉西域都护(长史)府辖区在顺帝永建二年前则均超出这个范围,兼有乌孙、葱岭以西的地方。此后,西域长史府西部仅管辖至乌孙、葱岭,不再领有大宛。

《后汉书》卷88《西域传》记载了安帝末年一些西域内属诸国的王侯、道里、户口、军队人数等,兹将其时西域内属诸国简列名目如下:

(1)鄯善,(2)且末,(3)精绝,(4)拘弥,(5)于窴,(6)皮山,(7)乌秅,(8)西夜,(9)子合,(10)德若,(11)莎车,(12)蒲犁,(13)无雷,(14)小宛,(15)戎庐,(16)渠勒。

以上为葱岭及昆仑山谷、山前诸国。其中德若,日人白鸟库吉认为为"亿若"之讹,与"依耐"同名异译①。依耐为西汉西域都护所属之国,白鸟氏所言可从。又,《后汉书》卷88《西域传》载,明帝永平时,"从精绝西北至疏勒十三国皆服从"。依上列诸国之名,可知该十三国当是精绝、拘弥、小宛、戎庐、渠勒、皮山、西夜、子合、德若、莎车、蒲犁、乌秅、无雷。

(17)疏勒,(18)尉头,(19)温宿,(20)姑墨,(21)龟兹,(22)尉黎,(23)危须,(24)焉耆。

以上诸国为葱岭以西及天山山谷、山前诸国。温宿、姑墨,《后汉书》卷47《班超传》云:"姑墨、温宿二王特为龟兹所置。"龟兹,《后汉书》卷88《西域传》云:"(莎车王)贤以则罗年少,乃分龟兹为乌垒国,徙驷鞬为乌垒王……数岁,龟兹国人共杀则罗、驷鞬……"

(25)蒲类,(26)移支,(27)东且弥,(28)车师前部国,(29)车师后部国,(30)卑陆,(31)山国,(32)郁立,(33)单桓,(34)狐胡,(35)乌贪訾离。

以上为天山东段南北诸国。其中25—30即所谓"车师六国"。又,《后汉书》卷88《西域传》载:"移支国居蒲类地。"而西汉西域都护辖有蒲类后国,故颇疑移支为故蒲类后国区域,徐松《汉书西域传补注》卷上即持此论②。东且弥,《后汉书》卷88《西域传》载:"户三千余,口五千余",户口二数之比颇为失当,盖有讹误。《汉书》卷96《西域传》载东且弥国"户百九十一,口千九百四十八",西且弥国"户三百三十二,口千九百二七六"。而东汉无西且弥国,徐松疑为东且弥所并。若然,则东汉东且弥国户口数应包括故西且弥国户口数在内,《后汉书》卷88《西域传》所载东且弥国"户三千余"之"三"字恐衍,其时东且弥国领户当为"千余"。

再者,西汉西域都护曾辖有车师都尉国及车师后城长国,而东汉时不见,

---

① (日)白鸟库吉著,王古鲁译:《塞外史地论文译丛二辑》,岑仲勉:《汉书西域传地里校释》中华书局,1981年,第131页。
② 本节其他徐松观点皆引自此书,后不复出注。

据二国之地望,颇疑前者并入车师前部国,后者并入车师后部国。

上述三十五国为《后汉书》卷88《西域传》所提及的内属西域城郭诸国,而据《后汉书》卷88《西域传》载,西汉末年哀平间,西域有五十五国,和帝永元六年时有五十余国内属西域都护,则恐上述三十五国之数不足以反映安帝末年西域长史府的完整辖区。然这一数目与西汉宣帝初置西域都护时所辖之三十六国颇为接近,且名目亦大多相同,故可断安帝末西域长史府至少应保持有西汉宣帝初设西域都护府时之规模。

另外,《三国志》卷30《魏书·乌丸鲜卑东夷传》裴松之注引《魏略》中可见一份汉末曹魏时的西域城郭诸国的资料,兹简列其目于下,庶几可窥东汉中期以后西域诸国的变化情况:

(1)且志,(2)小宛,(3)精绝,(4)楼兰,(5)鄯善,(6)戎卢,(7)扜弥,(8)渠勒,(9)皮山,(10)于寘,(11)尉梨,(12)危须,(13)山王国,(14)焉耆,(15)姑墨,(16)温宿,(17)尉头,(18)龟兹,(19)桢中,(20)莎车,(21)竭石,(22)渠沙,(23)西夜,(24)依耐,(25)满犁,(26)亿若,(27)榆令,(28)捐毒,(29)休修,(30)琴国,(31)疏勒,(32)东且弥,(33)西且弥,(34)单桓,(35)毕陆,(36)蒲陆,(37)乌贪,(38)车师后部王。

据《魏略》,1—4皆并属鄯善,6—9皆并属于寘,上述城郭诸国皆位于西域南道;11—13皆并属焉耆,15—17皆并属龟兹,19—30皆并属疏勒,上述诸国皆位于西域中道;32—37皆并属车师后部王,位于西域北新道。然细察此三十八国,可发现《魏略》所载有误。楼兰与鄯善本为一地,当删楼兰存鄯善;依耐与亿若,据前引白鸟库吉说,亦应为一地,当删依耐存亿若。这样三十八国相应地应更为三十六国。

第十章　益州刺史部所辖诸郡沿革

东汉建立之后,牂牁、益州郡遣使归汉,余七郡为公孙述政权所据。武都郡在光武帝建武十一年(35)归汉,建武十二年公孙述政权败亡,益州刺史部全部归属东汉。建武十三年,益州刺史部辖汉中、巴郡、广汉、蜀郡、犍为、牂牁、越巂、益州、武都九郡。

明帝永平十二年(69),以益州西部都尉所领六县及新置之哀牢、博南二县合为永昌郡。这使得东汉疆域版图在西南地区较西汉向外有所扩展。

安帝永初元年(107),分犍为郡之南部为犍为属国都尉。永初二年,以广汉郡之北部都尉置广汉属国。延光二年(123),以蜀郡之西部都尉置蜀郡属国。

灵帝时析蜀郡置汶山郡,改蜀郡属国为汉嘉郡,旋复称蜀郡属国。

汉末,张鲁据汉中,改汉中为汉宁郡。献帝兴平二年(195),巴郡分为永宁、固陵、巴郡三郡。建安六年(201),刘璋改永宁为巴郡、固陵为巴东郡、巴郡为巴西郡,合称"三巴"。是年,巴郡又析置巴东属国。十八年,刘璋复析犍为置江阳郡。十九年,犍为属国改称朱提郡。二十年,曹操平张鲁,汉中复原名,且分置西城、上庸二郡,改广汉属国为阴平郡,旋内徙至右扶风界内。是年,刘备改巴东郡为江关都尉,翌年,复易名为固陵郡。二十二年广汉复析置梓潼郡。二十三年,巴西郡析置宕渠郡。二十四年,武都郡领县皆弃,侨置于右扶风界内。此外,汉中则于汉末曾析置房陵郡。又,建安时,汶山郡复为蜀郡北部都尉,并入蜀郡领域之中;建安末,复以蜀郡北部都尉为汶山郡。

第一节　汉中(汉宁)郡(附:西城、上庸、房陵三郡)沿革

汉中郡(36—?)—汉宁郡(?—215)—汉中郡(215—220)

东汉初年,汉中郡先后为延岑及公孙述政权所据。《后汉书》卷14《顺阳怀侯嘉传》载:"更始既都长安,以嘉为汉中王、扶威大将军,持节就国,都于南

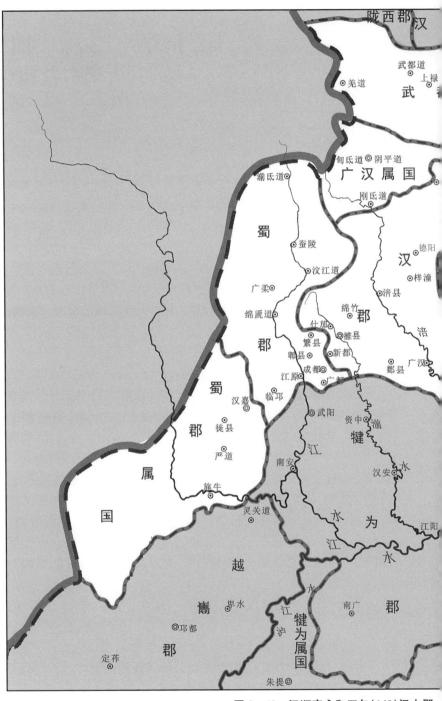

图3-40　汉顺帝永和五年(140)汉中郡、

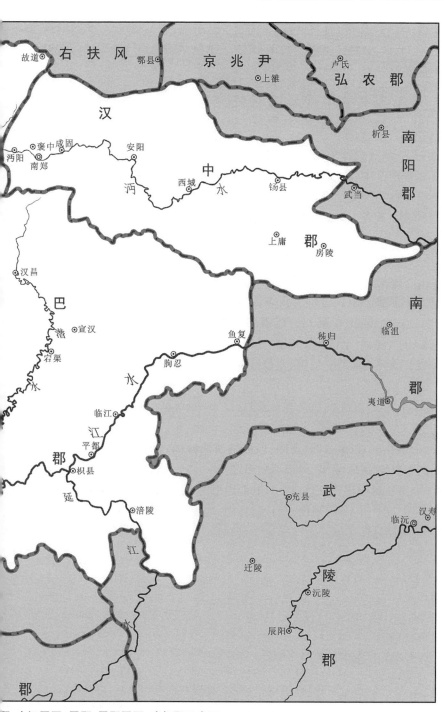

郡、广汉属国、蜀郡、蜀郡属国、武都郡示意图

郑,众数十万。建武二年,延岑复反,攻汉中,围南郑,嘉兵败走。岑遂定汉中。"后,"岑走天水,公孙述遣将侯丹取南郑"。光武帝建武十二年(36),公孙述败,汉中郡属汉。

《汉志》汉中郡所领凡十二县,其旬阳、武陵、长利三县不见载于《续汉志》,盖于东汉初年省并。是以建武十三年,汉中郡所领仅西城、南郑、褒中、房陵、安阳、成固、沔阳、锡、上庸九县。

此后东汉一朝汉中郡领域无所变化,直至汉末建安年间(参见图3-40)。

汉末,张鲁据汉中,改汉中为汉宁郡。《三国志》卷8《魏书·张鲁传》所载"益州牧刘焉以鲁为督义司马,与别部司马张修将兵击汉中太守苏固,鲁遂袭修杀之,夺其众。焉死,子璋代立,以鲁不顺,尽杀鲁母家室。鲁遂据汉中,以鬼道教民,自号'师君'……雄据巴、汉垂三十年。汉末,力不能征,遂就宠鲁为镇民中郎将,领汉宁太守,通贡献而已"可资为证。

建安二十年(215),复名汉中郡。《三国志》卷1《魏书·武帝纪》载,建安二十年,魏武平张鲁,"复汉宁郡为汉中"。《三国志》卷31《蜀书·刘焉传》附《张鲁传》李贤注引《袁山松书》云"建安二十年置汉宁郡",实误。《后汉书集解》卷75钱大昕、沈涛二氏已辨其非。《宋书》卷37《州郡志》汉中太守下云:"汉献帝建安二十年,魏武平张鲁,复汉宁郡为汉中,疑是此前改汉中曰汉宁也。"沈约说是,然未举明证,其实上引《张鲁传》中已言明。相比之下,倒是《元和郡县图志》卷25山南道兴元府下所云"后汉末,张鲁据汉中,改汉中为汉宁郡。曹公讨平之,复为汉中郡"讲得清晰。

同年,析置西城、上庸二郡,安阳、西城别属西城郡,上庸、锡别属上庸郡。约建安二十四年,析置房陵郡,房陵县别属之。

综上所述,可知至建安二十年,汉中郡当领五县,即南郑、褒中、房陵、成固、沔阳。建安二十四年后,则仅领南郑、褒中、成固、沔阳等四县。

汉中郡治南郑县。

1. 南郑县(36—220)

治今陕西汉中市汉台区。

2. 旬阳县(36)

治今陕西旬阳县。

3. 武陵县(36)

治今湖北竹溪县东南。

4. 长利县(36)

治今湖北郧西县西南。

5. 成固县(36—220)

治今陕西城固县东。

6. 西城县(36—215)

献帝建安二十年,新置西城郡,别属之。治今陕西安康市西北。

7. 褒中县(36—220)

治今陕西勉县东。

8. 沔阳县(36—220)

治今陕西勉县东南。

9. 安阳县(36—215)

献帝建安二十年,新置西城郡,别属之。安阳之地望,史未明载。任乃强《华阳国志校补图注》及刘琳《华阳国志校注》皆据《水经·沔水注》所载"洋水又东北流入汉,谓之城阳水口也,汉水又东历敖头,旧立仓储之所,傍山通道,水陆险凑,魏兴安康县治,有成,统领流杂。汉水又东合直水……"之文,而以为安阳治今陕西石泉县治(或附近)①,当是。《中国历史地图集》将安阳定点于今城固县北,盖误。

10. 锡县(36—215)

《汉志》作"錫"。献帝建安二十年,新置上庸郡,别属之。治今陕西白河县东。

11. 上庸县(36—215)

献帝建安二十年,新置上庸郡,别属之。治今湖北竹山县西南。

12. 房陵县(36—219?)

《续汉志》刘昭注引《巴汉志》云:"建安十三年,别属新城郡。有维山,维水所出,东入泸。"然新城郡实乃魏文帝所置,此处刘昭注稍误(参见房陵郡沿革)。房陵当确在汉末别属房陵郡,然非在建安十三年矣。治今湖北房县。

附一:西城郡(215—220)

《三国志》卷1《魏书·武帝纪》载,献帝建安二十年,"分汉中之安阳、西城为西城郡,置太守;分锡、上庸郡,置都尉"。故可知此年西城郡乃分汉中郡置,辖有安阳、西城二县。此外,吴增仅《三国郡县表附考证》卷3西城郡领县又补魏阳、平阳二县,录此聊备一说。

治所疑在西城县。

---

① 任乃强校注:《华阳国志校补图注》,上海古籍出版社,1987年,第84页。刘琳校注:《华阳国志校注》,巴蜀书社,1984年,第132页。

1. 西城县(215—220)

献帝建安二十年，自汉中郡来属。治今陕西安康市西北。

2. 安阳县(215—220)

献帝建安二十年，自汉中郡来属。吴增仅《三国郡县表附考证》卷3西城郡安阳县下据《宋书》卷37《州郡志》安康太守安康令下所云"二汉安阳县，属汉中，汉末省。魏复立，属魏兴"而认为汉末安阳县已省。然杨守敬《三国郡县表补正》又引《水经·沔水注》所录《华阳国志》"安阳县，故隶汉中，魏分汉中立魏兴郡，安阳隶焉"之文，而认为安阳非汉末废，魏复立也。两造各执一说，今暂采杨氏之论。治今陕西石泉县。

附二：上庸郡(215—220)

前文所引《三国志》卷1《魏书·武帝纪》云"复汉宁郡为汉中；分汉中之安阳、西城为西城郡，置太守；分锡、上庸郡，置都尉"，其"分锡、上庸郡，置都尉"的文句颇有疑问。《续汉志》刘昭注引《袁山松书》曰："建安二十年，复置汉宁郡，汉中之安阳、西城郡，分锡、上庸为上庸郡，置都尉。"据此可知《武帝纪》此段文句恐有脱文。吴增仅《三国郡县表附考证》卷3则认为建安二十年，上庸尚未置郡，《武帝纪》文中之"郡"字，疑为衍文；并据《三国志》卷40《蜀书·刘封传》表注引《魏略》云申耽遣使诣曹公，曹公使领上庸都尉，而断定为上庸置太守之始；又因《刘封传》载建安二十四年，刘封、孟达会攻上庸，"上庸太守申耽举众降"，以为申耽初为都尉，至是为太守，则是时上庸已改为郡矣。

其实，上庸设郡即在建安二十年，上引《魏书·武帝纪》及《袁山松书》之文皆是明证，唯其时郡仅设都尉，未置郡守而已，此不过说明都尉职权之重，并不能作为未置郡的凭据，故吴说不足取。治所不详。

1. 锡县(210—215)

献帝建安二十年，自汉中郡来属。治今陕西白河县东。

2. 上庸县(210—215)

献帝建安二十年，自汉中郡来属。治今湖北竹山县西南。

附三：房陵郡(219？—220)

房陵郡始置于何时，史无明载。《华阳国志》卷2《汉中志》新城郡下云："本汉中房陵县也……汉末以为房陵郡。"《元和郡县图志》卷24山南道房州下云："汉立房陵县，属汉中郡。后汉末，立为房陵郡。"是知房陵郡当置于汉末。

钱大昕《廿二史考异》卷75据《续汉志》汉中郡房陵县下刘昭注引《巴汉志》所载"建安十三年别属新城郡"之文而认为房陵郡置于是年，恐非。《三国志》卷8《魏书·张鲁传》载，其时汉中尚为张鲁所据，而张鲁降魏武在建安二十年,又《水经·沔水注》明载新城郡乃魏文帝时合房陵、上庸、西城而置,故房陵郡之置不会早于建安二十年。又《蜀书·刘封传》载:"建安二十四年,命(孟)达从秭归北攻房陵,房陵太守蒯祺为达兵所害。"据此可知,至迟在建安二十四年已置房陵郡。吴增仅《三国郡县表附考证》卷3以为房陵郡为建安二十年张鲁来降之时魏武所置,亦属臆测之说,无有实据,且倘若此年所置,亦当与西城、上庸同载于《魏书·武帝纪》中,然房陵并不见载。

至于房陵郡所领之县,可考者仅房陵一县。治所不详。

房陵县(219?—220)

或在建安二十四年自汉中郡来属。治今湖北房县。

第二节 巴(永宁)郡[附:巴东属国、固陵郡(巴东郡、江关都尉)、巴(巴西)郡、宕渠郡]沿革

巴郡(36—195)—永宁郡(195—201)—巴郡(201—220)

东汉光武帝建武十二年(36),公孙述政权覆亡,巴郡属汉。

建武十三年,巴郡领县与《汉志》时期相同,即江州、临江、枳、阆中、垫江、朐忍、安汉、宕渠、鱼复、充国、涪陵十一县。

和帝永元二年(90)前,省并充国县。永元二年,复置充国县,同年又析置平都县。此外,永元中,又置汉昌、宣汉二县。

经过以上变动,便形成了《续汉志》巴郡所领之江州、临江、枳、阆中、垫江、朐忍、安汉、宕渠、鱼复、充国、涪陵、平都、汉昌、宣汉十四县规模,与《汉志》巴郡相较,仅在领县数目上多出三县,而领域则一直未改,一如《汉志》巴郡所示。这种情形一直持续至汉末灵帝时(参见前图3-40)。

灵帝时析置永宁县。献帝初平四年(193),析置南充国县。其时巴郡领县达到十六,为东汉一代之最高。

献帝初平六年(即兴平二年)(195),巴郡一分为三,分为永宁、巴郡、固陵三郡(参见图3-41)。

巴郡的一分为三堪称东汉郡级政区沿革的典型,然其整个析分过程却旷日持久,直至献帝时期才最终完成。

分巴始末,诸史记载不同。《续汉志》巴郡下刘昭注引谯周《巴记》曰:"初平六年,赵颖①分巴为二郡,欲得巴旧名,故郡以垫江为治,安汉以下为永宁

---

① 《三国志》、《后汉书》、《资治通鉴》等赵颖皆作赵韪,《华阳国志》卷5《公孙述刘二牧志》亦作赵韪。

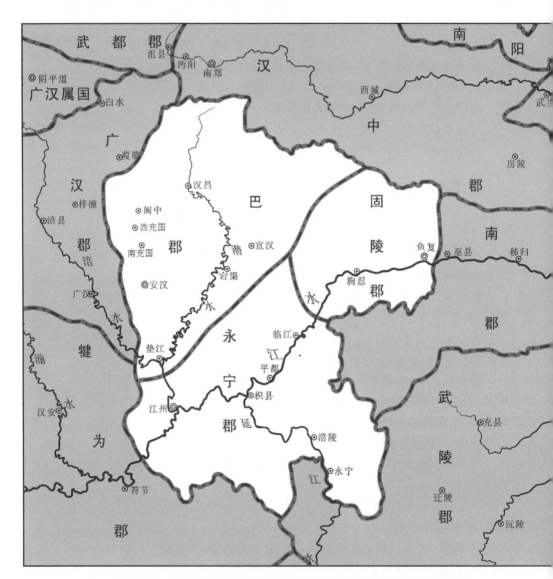

图 3-41 汉献帝兴平二年(195)巴郡、永宁郡、固陵郡各自领域示意图

郡。建安六年,刘璋分巴,以永宁为巴东郡,以垫江为巴西郡。"

《华阳国志》卷1《巴志》云:"献帝初平(元)[六]年①,征东中郎将安汉赵颖建议分巴为二郡。颖欲得巴旧名,故白益州牧刘璋,以垫江以上为巴郡,(江)[河]南庞羲为太守,治安汉;以江州至临江为永宁郡,朐忍至鱼复为固陵郡。巴遂分矣。建安六年,鱼复蹇胤白璋,争巴名。璋乃改永宁为巴郡,以固陵为巴东,徙羲为巴西太守,是为'三巴'。"

《晋书》卷14《地理志》梁州下云:"及献帝初平六年,以临江县属永宁郡。建安六年,刘璋改永宁为巴东郡,分巴郡垫江置巴西郡。"

上述诸家记载互有抵牾,莫衷一是。然细审上述诸家所载,可知唯《华阳国志》所载不误。常璩所叙此段文字述三巴分置的过程及界限最为明晰,吴增仅《三国郡县表附考证》卷6论之已详,兹不赘述。而谯周《巴记》之文甚为谬乱,与地理形势及历史实际不合。既云巴郡以垫江为治,而安汉在垫江以上,永宁郡在垫江下游,安汉焉能越境而隶属永宁乎?盖文字多有脱误。至于《晋志》之文,亦可知乃据《巴记》之文而来,徒滋疑误,不足取也。

巴郡之所以会一分为三,乃有历史渊源。巴郡领域广大,属县甚多,管辖颇为不便。《华阳国志》卷1《巴志》载,早在桓帝永兴二年(154),巴郡太守但望便上疏申述理由,要求分郡为二,"一治临江,一治安汉","朝汉未许,遂不分郡。分郡之议,始于是矣"。

降至献帝兴平元年(194),刘璋以赵韪为征东中郎将,率军讨刘表,《三国志》卷31《刘焉传》载:"先是荆州牧刘表表(刘)焉僭拟乘舆器服,韪以此遂屯兵朐忍备表。"赵韪分巴郡之议便是在此种情况下提出来的,其实欲割据一方,以垫江以上诸县为巴郡,以庞羲为太守,治安汉,自拥江州以东诸县,称巴东郡。然刘璋为抑其势力,改以江州至临江为永宁郡,朐忍至鱼复为固陵郡。这样,赵韪被迫居于三巴中领域最小的固陵郡。赵韪怀恨,因而有建安五年(200)之叛。

依前文可知,巴郡在三分之前领十六县。又由上引《华阳国志》之文知兴平二年(即初平六年),巴郡既分为巴郡、永宁、固陵三郡后,由原巴郡所领各县

---

① 任乃强:《华阳国志校补图注》云:"旧本皆作,初平元年(190年)。刘昭《郡国志》注引谯周《巴记》作'初平六年(195年)'兹据改。初平元年(190年)刘焉初入蜀。五年,焉卒,子璋为牧,乃得分郡。初平五年(194年)改元兴平。前人以为初平无六年(195年),妄以为是元字之讹而改之也。盖蜀乱道闭,颁朔不至,蜀人犹奉初平年号。六年,即兴平二年(195年)也。"任说极是。中华书局点校本《续汉志》据惠栋说谯周《巴志》初平六年(195年)为元年,不妥。又,吴增仅《三国郡县表附考证》及刘琳《华阳国志校注》均以为作兴平元年(194年),亦可备一说。任乃强校注:《华阳国志校补图注》,第27页。刘琳校注:《华阳国志校注》,第55页。

之地望来看,三郡各自领县当为:巴郡领安汉(郡治)、垫江、宕渠、宣汉、汉昌、西充国、南充国、阆中八县;永宁郡领江州(郡治)、枳、平都、涪陵、永宁、临江六县;固陵郡领朐忍、鱼复二县,《水经·江水注》载,固陵郡治所在鱼复县之故陵。

然而三巴之正式定名,却是在建安六年,上引《华阳国志》之文可证。赵韪居固陵郡后,一直不满,建安五年起兵反刘璋,翌年便为璋所杀。蹇胤建议更改固陵郡之名,于是刘璋改永宁为巴郡、固陵为巴东郡、巴郡为巴西郡,合称"三巴"。唯《华阳国志》言"徙(庞)羲为巴西太守"之文不确,其实不是徙职,而仅以郡名更改而换改而已。

故可知以原巴郡治所江州为中心的南部江州、枳、平都、涪陵、永宁、临江六县自兴平二年(即初平六年)更为永宁郡,建安六年,又被刘璋再度更名为巴郡。

亦在建安六年,刘璋析置巴东属国,涪陵、永宁二县别属之。故此时之巴郡仅余四县。又,不知何年,置乐城、常安二县。故汉末之巴郡领六县(参见图3-42)。《华阳国志》卷1《巴志》载:"(巴郡)分后,属县七。"此七县由《华阳国志》可知为江州、枳、临江、平都、乐城、常安、垫江七县。实际上所反映的乃是蜀汉时期的形势,因垫江县直至后主建兴十五年(237)才移还巴郡,东汉建安末之巴郡实领六县。

巴郡(永宁郡)治江州县。

1. 江州县(36—220)

治今重庆市北。

2. 临江县(36—220)

治今重庆忠县。

3. 枳县(36—220)

治今重庆涪陵区东北。

4. 平都县(90—220)

《续汉志》刘昭注引《巴记》曰:"和帝分枳置。"《太平寰宇记》卷149忠州丰都县下云:"本汉枳县地,属巴郡。《续汉书·郡国志》云,永元二年,分枳县地置平都县,取界内平都山为名。蜀延熙中省入临江。隋义宁三年复置,改为丰都县。"治今重庆丰都县。

5. 宕渠县(36—195)

献帝兴平二年,别属新立之巴郡(后更名为巴西郡)。治今四川渠县东北。

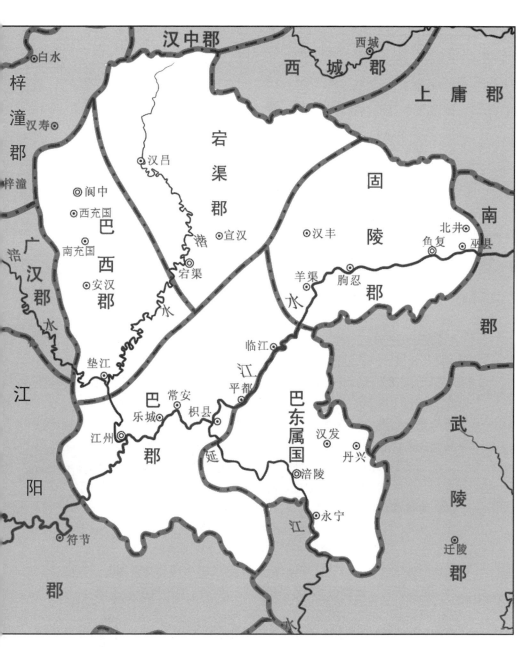

图 3-42 汉献帝建安二十三年（218）巴郡、巴东属国、巴西郡、固陵郡、宕渠郡各自领域示意图

6. 朐忍县(36—195)

献帝兴平二年,别属固陵郡(后更名为巴东郡)。治今重庆云阳县西南。

7. 阆中县(36—195)

献帝兴平二年,别属新立之巴郡(后更名为巴西郡)。治今四川阆中市。

8. 鱼复县(36—195)

献帝兴平二年,别属固陵郡(后更名为巴东郡)。治今重庆奉节县东。

9. 涪陵县(36—201)

献帝建安六年,别属巴东属国。治今重庆彭水苗族土家族自治县。

10. 垫江县(36—195)

《宋书》卷38《州郡志》巴郡太守垫江令下云:"汉旧县,献帝建安六年度巴西,刘禅建兴十五年复旧。"实垫江县献帝兴平二年即已属新巴郡(后更名为巴西郡)。治今重庆合川区。

11. 安汉县(36—195)

献帝兴平二年,别属新立之巴郡(后更名为巴西郡)。治今四川南充市东北。

12. 充国县(36—37?,90—193)—西充国(193—195)

《续汉志》巴郡充国县下司马彪自注云:"永元二年分阆中置。"钱大昕《三史拾遗》卷5曰:"《前志》有充国县,此疑误。"王先谦《后汉书集解》卷23曰:"前汉县,后汉初省入阆中,和帝复置,见《一统志》。"钱、王二说皆是。司马彪"永元二年分阆中置"之文恐有脱漏,当作"永元二年复分阆中置"为是。

唯充国县省并之年待考,建武十二年,巴郡方入东汉,故此县之省并当不预光武帝建武六年省并天下县邑数百之事。故仅能推测该县当在建武十三年后和帝之前某年罢入阆中。献帝初平四年,于县境内析置南充国县,此县遂更名为西充国。兴平二年,别属新立之巴郡(后更名为巴西郡)。治今四川阆中市南。

13. 宣汉县(89?—195)

此县为东汉新置,唯始置之年,史载不明。《续汉志》巴郡宣汉县下刘昭注引《巴汉记》曰:"和帝分宕渠之东置。"盖永元时与汉昌同时分宕渠置,任乃强《华阳国志校补图注》及刘琳《华阳国志校注》二书中皆作如此推论①。献帝兴平二年,别属新立之巴郡(后更名巴西郡)。治今四川达州市通川区。

14. 汉昌县(89?—195)

《华阳国志》卷2《巴志》载:"汉昌县,和帝时置。"《续汉志》巴郡汉昌县下

---

① 任乃强校注:《华阳国志校补图注》,第50页。刘琳校注:《华阳国志校注》,第100—101页。

司马彪自注云"永元中置",刘昭注引《巴记》曰"分宕渠之北而置之"。始置确年不详。献帝兴平二年,别属新立之巴郡(后更名为巴西郡)。治今四川巴中市巴州区。

15. **永宁县**(168?—201)

此由《续汉志》巴郡涪陵县下刘昭注引《巴记》所云"灵帝分涪陵置永宁县"及《华阳国志》卷1《巴志》涪陵郡万宁县下所云"孝灵帝时置,本名永宁"之载可知。《太平寰宇记》卷120涪州下云,建安中,"(刘)璋乃分涪陵立永宁",实误。任乃强《华阳图志校补图注》已辨之①。吴增僅《三国郡县表附考证》卷6察之未审,徒以《太平寰宇记》为据,误甚。献帝建安六年,别属巴东属国。治所大约在今贵州省东北,确地无考。

16. **南充国县**(193—195)

《续汉志》巴郡充国县下刘昭注引《巴记》曰:"初平四年,复分为南充国县。"献帝兴平二年,别属新立之巴郡(后更名为巴西郡)。治今四川南部县西北。

17. **乐城县**(201?—220)

《续汉志》无此县,《华阳国志》卷1《巴志》中为巴郡属县,盖献帝建安末置。治今重庆市江北区东北。

18. **常安县**(201?—220)

《续汉志》无此县,《华阳国志》卷1《巴志》中为巴郡属县,盖献帝建安末置。治今重庆市长寿区。

附一:**巴东属国**(201—220)

献帝建安六年,析置巴东属国。《华阳国志》卷1《巴志》云:"于是(按,指建安六年)涪陵谢本白璋,求以丹兴、汉发二县为郡。初以为巴东属国,后遂为涪陵郡。"而《宋书》卷37《州郡志》巴东公相下载:"建安六年,刘璋改永宁为巴东郡②,以涪陵县分立丹兴、汉葭二县,立巴东属国都尉,后为涪陵郡。"此处汉葭即汉发,葭、发叠韵。据此,则可知丹兴、汉发二县乃改涪陵为巴东属国之时所分立,上引《华阳国志》所述不确。

巴东属国当领涪陵、永宁、丹兴、汉发四县,治涪陵,此由《太平寰宇记》卷

---

① 任乃强校注:《华阳国志校补图注》,第44页。
② 钱大昕《廿二史考异》云:"据《华阳国志》……建安六年……乃改固陵为巴东。若永宁之分,虽与固陵同时,其后改称巴西,与巴东不相涉。"按,钱氏此处虽指出《宋书·州郡志》所载永宁改称巴东郡之误,但认为永宁后改称巴西,则又误矣。其实,永宁后改称巴郡,本文前引《华阳国志·巴志》可证。

120涪州下所云"献帝建安中,涪陵谢本以涪陵广大白州牧刘璋,分理丹兴、汉葭二县,以为郡。璋乃分涪陵立永宁(按,此句误,前文已辨),兼丹兴、汉葭,合四县置属国都尉,理涪陵"可证(参前图3-41)。

关于巴东属国改为涪陵郡之时间,《元和郡县图志》卷30涪陵县下云:"蜀置涪陵郡。"《太平寰宇记》卷120涪州下云:"蜀先主改为涪陵郡。"二者皆以为在刘备时。《舆地广记》卷33涪州下及《舆地纪胜》卷171涪州下引《晏公类要》亦皆更确切地说是在建安二十一年,然刘琳《华阳国志校注》据《蜀书》之《后主传》《邓芝传》及《庞统传》三传之有关记载,认为涪陵郡之置应在延熙十一年(248)至景耀元年间,抑或即在延熙十三年①。刘说当是,今从之。

以前文所引之《太平寰宇记》,治所在涪陵县。

1. 涪陵县(201—220)

治今重庆彭水苗族土家族自治县。

2. 永宁县(195—220)

大约在今贵州省东北,确地无考。

3. 丹兴县(201—220)

据《宋书》卷37《州郡志》,当置于献帝建安六年。治今重庆市黔江区。

4. 汉发县(201—220)

据《宋书》卷37《州郡志》,当置于献帝建安六年。治今重庆彭水苗族土家族自治县东南。

附二:固陵郡(195—201)—巴东郡(201—215)—江关都尉(215—216)—固陵郡(216—220)

献帝兴平二年(即中平六年)(195年),分巴郡置固陵郡(参见巴郡沿革)。建安六年(201年),刘璋更固陵郡名为巴东。

大约在建安二十年(215年),巴东郡改为江关都尉。《华阳国志》卷1《巴志》云:"巴东郡,先主入益州,改为江关都尉。"据《三国志》卷32《蜀书·先主传》,刘备据有益州在建安二十年。刘备如此,盖出于军事目的,以对付东部的孙吴政权。

建安二十一年,巴东由都尉复为郡,并复更名为固陵郡,同时领域向东扩大,增领四县(参前图3-41)。《华阳国志》卷1《巴志》载:"建安二十一年,以朐忍、鱼复、[汉丰]、羊渠及宜都之巫、北井六县为固陵郡,武陵康立为太守。"原巴东仅领朐忍、鱼复二县,其余汉丰、羊渠、巫、北井等四县均为新增领之县。

---

① 刘琳校注:《华阳国志校注》,第56—57页。

建安二十四年,巫复属宜都郡(详见吴增僅《三国郡县表附考证》卷 6 及南郡所含临江郡、固陵郡(吴属)沿革),固陵郡当领五县矣。

蜀先主章武元年(221),固陵郡复名巴东郡,此由《华阳国志》卷 1《巴志》所载"章武元年,朐忍徐虑、鱼复蹇机以失巴名,上表自讼,先主听复为巴东,南郡辅匡为太守"之文可知,然此已不在本书论述范围之内,兹不赘语。

1. 朐忍县(195—220)

治今重庆云阳县西南。

2. 鱼复县(195—220)

治今重庆奉节县东。

3. 汉丰县(216—220)

《华阳国志》卷 1《巴志》云:"建安二十一年置。"《太平寰宇记》卷 137 开州下云:"后汉建安二十一年,分朐忍西北界于今州南二里置汉丰县,属固陵郡。"是知汉丰乃由朐忍县析置。治今重庆开县。

4. 羊渠县(216—220)

两汉《志》无此县,由其地望颇疑在建安二十一年与汉丰县同时析朐忍而置。治今重庆万州区。

5. 巫县(216—219)

献帝建安二十一年,由宜都郡来属,二十四年,还属宜都郡。治今重庆巫山县北。

6. 北井县(216—220)

献帝建安二十一年,由宜都郡来属。治今重庆巫山县北。

附三:巴郡(195—201)—巴西郡(201—220)

献帝兴平二年(即中平六年),巴郡一分为三,以安汉、垫江、宕渠、宣汉、汉昌、西充国、南充国、阆中八县之地立郡,仍名为巴郡(参见巴郡沿革)。建安六年,更巴郡名为巴西郡,仍领前述八县。建安二十三年,析置宕渠郡,宕渠、宣汉、汉昌别属之。由于宕渠郡的分置,是时巴西郡领县当为五县(参前图 3-42)。宕渠郡旋废,三县还属。

巴西郡本治安汉,此时徙治阆中。《太平寰宇记》卷 86 阆州下所云"后汉建安六年,刘璋改巴郡为巴西郡,自安汉移理于此"可资为证。

1. 安汉县(195—220)

治今四川南充市东北。

2. 垫江县(195—220)

治今重庆合川区。

3. 阆中县(195—220)

据《三国志》卷31《蜀书·刘焉传》,曹操平汉中,封张鲁为阆中侯,事当在建安十七年。治今四川阆中市。

4. 宕渠县(195—218,218?—220)

献帝建安二十三年,别属宕渠郡,寻还属。治今四川渠县东北。

5. 宣汉县(195—218,218?—220)

献帝建安二十三年,别属宕渠郡,寻还属。治今四川达州市通川区。

6. 汉昌县(195—218,218?—220)

献帝建安二十三年,别属宕渠郡,寻还属。治今四川巴中市巴州区。

7. 西充国县(195—220)

治今四川阆中市南。

8. 南充国县(195—220)

治今四川南部县西北。

附四：宕渠郡(218—218?)

《太平寰宇记》卷136渝州下云:"(建安)二十一年,蜀先主……又以巴西郡所管宣汉、宕渠、汉昌三县置宕渠郡。"①《晋书》卷14《地理志》梁州下云:"刘备据蜀……割巴郡之宕渠、宣汉、汉昌三县置宕渠郡,寻省。以县皆属巴西郡。"《舆地纪胜》卷162渠州先引《元和郡县图志》云:"建安末,蜀先主割巴郡之宕渠等三县置宕渠郡。"又引宋白《续通典》之文言宕渠郡置于建安二十三年(参前图3-41)。

宕渠郡治不明,《水经·潜水注》附立郡于宕渠县之下,或即治宕渠县。

1. 宕渠县(218—218?)

建安二十三年来属,旋还属巴西。治今四川渠县东北。

2. 宣汉县(218—218?)

建安二十三年来属,旋还属巴西。治今四川达州市通川区。

3. 汉昌县(218—218?)

建安二十三年来属,旋还属巴西。治今四川巴中市巴州区。

---

① 此光绪八年金书局本文句,其中"(建安)二十一年"在吴增僅《三国郡县表附考证》及任乃强《华阳国志校补图注》所引《寰宇记》之文中均作"二十三年",故金陵书局本"二十一年"恐为"二十三年"之误刊。金陵书局本虽是清末以来流传较好的版本,但讹舛衍脱之处在所难免。这是本所王文楚先生对该书做了全面的整理校勘工作之后得出的结论。任乃强校注:《华阳国志校补图注》,第49页。

第三节　广汉郡[附：广汉属国（阴平郡）、梓潼郡]沿革

广汉郡（36—220）

东汉初年，广汉郡为公孙述所据。光武帝建武十二年（36），述败，广汉郡属汉。

建武十三年，广汉郡辖有雒、新都、绵竹、什邡、涪、梓潼、白水、葭萌、郪、广汉、阴平道、甸氐道、刚氐道十三县。

安帝永初二年（108），析置广汉属国都尉，阴平道、甸氐道及刚氐道三县别属之。顺帝永和五年（140）前，新置德阳县。遂为《续汉志》中广汉领十一城之面貌（参见前图3-40）。

献帝建安二十二年（217），析置梓潼郡。葭萌、涪、梓潼、白水四县别属之。自此至后，广汉郡仅领雒、新都、绵竹、什邡、郪、广汉、德阳等七县，且其领域至汉末不复有变化。

《华阳国志》卷3《蜀志》载："广汉郡……本治绳乡，安帝永初中，阴平、汉中羌反，元初二年移涪，后治雒城。"《华阳国志》卷3《汉中志》曰："汉安帝永初二年，羌反，烧郡（当指广汉属国都尉）城，郡人退住白水。……汉阳杜琦自称将军，叛乱广汉郡，屯葭萌……诸郡太守皆青屯涪。元初五年……汉中大破羌，羌乃退，郡复治。"《水经·江水注》云："（汉高帝）六年乃分巴蜀，置广汉郡于乘乡，王莽之就都，县曰吾雒也。汉安帝永初二年，移治涪城，后治洛县。"由上述引文可知，广汉郡西汉时治绳乡（当即乘乡，绳、乘音近）。安帝元初二年（115），《水经·江水注》作"永初二年"，误，当从《华阳国志》，徙治涪县。大约在元初五年，又由涪县移至雒县。此后遂不闻广汉郡治再有所更动。

1. 雒县（36—220）

《续汉志》自注云："刺史治所。"治今四川广汉市北。

2. 新都县（36—220）

治今四川成都市新都区。

3. 绵竹县（36—220）

治今四川德阳市北。

4. 什邡县（36—220）

《汉志》作"汁方"。治今四川什邡市。

5. 涪县（36—217）

献帝建安二十二年，别属梓潼郡。治今四川绵阳市东北。

6. 梓潼县(36—217)

献帝建安二十二年,别属梓潼郡。治今四川梓潼县。

7. 白水县(36—217)

献帝建安二十二年,别属梓潼郡。治今四川青川县东北。

8. 葭萌县(36—217)

《汉志》作"葭明"。献帝建安二十二年,别属梓潼郡。治今四川广元市西南。

9. 郪县(36—220)

治今四川中江县东南。

10. 广汉县(36—220)

《后汉书》卷14《安城孝侯赐传》载,更始即位之初,封刘赐为广汉侯。治今四川射洪县东南。

11. 德阳县(140? —220)

《汉志》无此县,可知乃东汉所置,然始置之年,史籍失载。《元和郡县图志》卷31汉州德阳县下云:"本汉绵竹县地,后汉分绵竹县立德阳,属广汉郡。"《太平寰宇记》卷73汉州德阳县下所载与此略同。而《大清一统志》卷414云:"德阳故城,后汉初,分梓潼县置。治今绵州梓潼县北,后移于今遂宁县故广汉界。而废旧县为亭,魏景元四年,邓艾所经之汉德阳亭也。"

《三国志》卷41《蜀书·张裔传》载:"张飞自荆州由垫江入,(刘)璋授裔兵,拒张飞于德阳陌下,军败,还成都。"据《资治通鉴》,此事在建安十九年。由此载可知,是时德阳已南徙,非梓潼北之旧地也。故至迟在建安年间,德阳已发生迁徙,《后汉书集解》卷23马与龙已指出此点。然则,上引《元和郡县图志》及《太平寰宇记》之文皆误矣,无论如何,德阳亦不会由绵竹析置。《中国历史地图集》东汉顺帝永和五年版籍即已将德阳定点于广汉县南(即今四川遂宁市西南),似不妥。由文知,是时德阳恐尚未由梓潼北南徙也。

12. 阴平道(36—108)

《后汉书》卷11《刘玄传》载,更始封陈牧为阴平王。安帝永初二年,别属广汉属国。治今甘肃文县西北。

13. 甸氐道(36—108)

安帝永初二年,别属广汉属国。治今四川平武县北,确地不详。

14. 刚氐道(36—108)

安帝永初二年,别属广汉属国。治今四川平武县。

附一：广汉属国(108—215)—阴平郡(215—220)

《后汉书》卷5《安帝纪》载,永初二年,"广汉塞外参狼羌降,分广汉北部为属国都尉"。《续汉志》广汉属国下司马彪自注云:"故北部国都尉,属广汉郡,安帝时为属国都尉,别领三城。"而《华阳国志》卷3《汉中志》云:"阴平郡,本广汉北部都尉。永平后,羌虏数反,遂置为郡。"此载不确,当从《安帝纪》。

又,《水经·漾水注》云:"白水又东南径阴平道故城南,王莽更名摧虏矣,即广汉之北部也,广汉属匹都尉治,汉安帝永初三年,分广汉蛮夷置。"此处作"永初三年"误,当从《安帝纪》所载之"永初二年"方是。西汉广汉郡曾置北部都尉,治阴平道,西汉末年废。东汉初年,光武帝承袭西汉旧制,在边郡往往设置都尉及属国都尉,稍有分县,治民比郡。安帝永初二年所置之广汉属国领域,当即以西汉广汉北部都尉范围而划定的。由《续汉志》所载知,广汉属国领有阴平道、甸氐道、刚氐道三县(参见前图3-40)。

献帝建安二十年,曹操改广汉属国为阴平郡。《晋书》卷14《地理志》序例云:"魏武定霸,三方鼎立,生灵版荡,关洛荒芜,所置者十二。"阴平郡即为其一。吴增仅《三国郡县表附考证》卷4曰:"建安十八年,省凉入雍,雍州二十二郡内无阴平名,则郡为二十年魏武平汉中时所置无疑。"其说当是。只是此时当是改广汉属国为阴平郡,而非新置也。

建安末,阴平郡内徙。吴增仅《三国郡县表附考证》卷4曰:"魏武以武都孤远,故徙其民、氐,遥置郡于小槐里。阴平在武都南,更为悬远,亦必内徙。"武都内徙在建安二十四年(参见武都郡沿革),故阴平郡之内徙至迟亦应在是年,唯内徙于何郡,史无确载,或亦如武都郡一样,侨置于右扶风界内。此时阴平郡当只领一阴平县(此县是时也当为侨县,非在故县之地),余二县当在内徙之时废弃。据此,广汉都尉及阴平郡治所当在阴平道。

1. 阴平道(108—220)

治今甘肃文县西北。献帝建安二十四年,遂郡内徙,遂在后扶风界内,确址不详。

2. 甸氐道(108—219)

疑于献帝建安二十四年弃。治今四川平武县北,确地不详。

3. 刚氐道(108—219)

疑于献帝建安二十四年弃。治今四川平武县。

附二:梓潼郡(217—220)

《华阳图志》卷2《汉中志》云:"(献帝建安)二十二年,分广汉置梓潼郡,以(霍)峻为太守,属县(六)[五],户万,去洛二千八百三十八里。"《续汉志》广汉郡梓潼县下刘昭注云:"建安二十二年,刘备以为郡。"《水经·梓潼水注》云:"刘备嘉霍峻守葭萌之功,又分广汉以北别为梓潼郡,以峻为守。"此数条记载皆可证汉末梓潼郡之置。

梓潼郡当领几县,说者不一,或曰五县,或曰六县。《华阳国志》卷2《汉中志》虽云梓潼郡领有梓潼、涪、汉寿、白水、广汉、德阳等六县,然其中之广汉、德阳二县当为广汉郡所属,《华阳国志》卷3《蜀志》所载可证,故《华阳国志》廖刻题襟馆本将此二县改作"汉德县"。刘琳《华阳国志校注》即采此说①,且又以《晋书》卷14《地理志》梁州下所载"刘备据蜀,又分广汉之葭萌、涪城、梓潼、白水四县,改葭萌曰汉寿,又立汉德县,以为梓潼郡"之文而佐证之。不过这样一来,就变得梓潼郡仅领五县矣,故吴增僅《三国郡县表附考证》卷6又据《宋书》卷37《州郡志》及《晋书》卷14《地理志》以为当补昭欢一县,任乃强《华阳国志校补图注》亦采吴氏之说②。上述两种说法皆有所据,各持一端,今姑从廖本之说。

1. 梓潼县(217—220)

献帝建安二十二年来属。治今四川梓潼县。

2. 涪县(217—220)

献帝建安二十二年来属。治今四川绵阳市东北。

3. 汉寿县(217—220)

献帝建安二十二年来属。即《续汉志》葭萌县,置梓潼郡时更名,见《晋书·地理志》。治今四川广元市西南。

4. 白水县(217—220)

献帝建安二十二年来属。治今四川青川县东北。

5. 汉德县(217—220)

《续汉志》无此县,以前文所引之《晋书》卷14《地理志》文,当为献帝建安二十二年郡立时置此县。治今四川剑阁县北。

第四节 蜀郡[附:蜀郡属国(汉嘉郡)、汶山郡]沿革

蜀郡(36—220)

东汉初年,蜀郡为公孙述割据政权所控制③。光武帝建武十二年(36),公孙述败亡,蜀郡属汉廷。

---

① 刘琳校注:《华阳国志校注》,第153—154页。
② 任乃强:《华阳国志校补图注》,第95页。
③ 此时公孙述政权之蜀郡不辖青衣道。《水经·青衣水注》所载"公孙述之有蜀也,青衣不服,世祖嘉之,建武十九年(43年)以为郡"可以为证。

建武十三年，蜀郡辖有十五县，即成都、郫、繁、广都、临邛、青衣、江原、严道、绵虒道、旄牛、徙、湔氐道、汶江道、广柔、蚕陵。

自明帝以后，蜀郡境外西部的少数部族，陆续有内附者：

《后汉书》卷86《西南夷传》载："永平中，益州刺史梁国朱辅，好立功名，慷慨有大略。在州数岁，宣示汉德，威怀远夷。自汶山以西，前世所不至，正朔所未加。白狼、槃木、唐菆等百余国，户百三十余万，口六百万以上，举种奉贡，称为臣仆。"

《后汉书》卷4《和帝纪》载，永元六年(94)"夏四月，蜀郡徼外羌率种人遭使内附"。

《后汉书》卷86《西南夷传》载："和帝永元十二年，旄牛徼外白狼、楼薄蛮夷王唐缯等，遂率种人十七万口，归义内属。"

《后汉书》卷5《安帝纪》载，永初元年(107)正月，"蜀郡徼外羌内附"。李贤注引《东观记》曰："徼外羌龙桥等六种慕义降附。"又载："(二年闰七月)癸未，蜀郡徼外羌举土内属。"李贤注引《东观记》曰："徼外羌薄申等八种举众降。"又载，元初二年(115)正月，"蜀郡青衣道夷奉献内属"。李贤注《东观记》曰："青衣蛮夷堂律等归义。"

《后汉书》卷86《西南夷传》载："(元初)二年，青衣道夷邑长令田，与徼外三种夷三十一万口，赍黄金、旄牛毦，举土内属。"

安帝延光二年(123)，析置蜀郡属国，青衣、严道、徙、旄牛别属之。蜀郡便仅领有十一城，如《续汉志》所载(参见前图3-40)。

灵帝时，蜀郡析置汶山郡。汶江道、蚕陵、广柔、湔氐道等数县别属汶山郡，绵虒道亦疑属之。献帝建安年间，汶山郡罢，其地复为蜀郡北部都尉。建安十九年(214)，刘备又复置汶山郡，绵虒道、汶江道、湔氐道、蚕陵、广柔别属之(参见汶山郡沿革)。

综上所述，则灵帝时至献帝建安末，蜀郡当领《续汉志》蜀郡之十一县除去别属汶山的五县后所余之六县之地。

蜀郡治成都县。

1. 成都县(36—220)

治今四川成都市武侯区。

2. 郫县(36—220)

治今四川郫县。

3. 江原县(36—220)

治今四川崇州市东南。

4. 繁县(36—220)

治今四川彭州市西北。

5. 广都县(36—220)

治今四川成都市东南。

6. 临邛县(36—220)

治今四川邛崃市。

7. 湔氐道(36—168?,196?—214)

灵帝时别属汶山郡,献帝建安中复还属蜀郡,建安十九年又属汶山郡。治今四川松潘县北。

8. 汶江道(36—168?,196?—214)

《汉志》无"道"字。灵帝时别属汶山郡,献帝建安中还属蜀郡,建安十九年又属汶山郡。治今四川茂县西北。

9. 蚕陵县(36—168?,196?—214)

《续汉志》本作"八陵",钱大昕《廿二史考异》卷14曰:"《前志》有蚕陵,无八陵。《晋志》亦作蚕陵。"且《后汉书》卷5《安帝纪》云,元初元年(114)"秋七月,蜀郡夷寇蚕陵,杀县令"。卷86《西南夷传》亦载:"安帝(永)[元]初元年①,蜀郡三襄种夷与徼外污衍种并兵三千余人反叛,攻蚕陵城,杀长吏。"卷7《桓帝纪》载,延熹二年(159),"蜀郡夷寇蚕陵,杀县令"。卷86《西南夷传》载其事曰:"延熹二年,蜀郡三襄夷寇蚕陵,杀长吏。"上述史料皆可证东汉未尝改西汉蜀郡蚕陵为八陵,《续汉志》所载误。

灵帝时别属汶山郡,献帝建安时还属蜀郡,建安十九年复属汶山郡。治今四川茂县西北。

10. 广柔县(36—168?,196?—214)

灵帝时别属汶山郡,献帝建安时还属蜀郡,建安十九年复属汶山郡。治今四川理县东北。

11. 绵虒道(36—168?,196?—214)

《汉志》无"道"字。《水经·江水注》云:"县即汶山郡治,刘备之所置也。"灵帝时别属汶山郡,献帝建安时还属蜀郡,建安十九年复属汶山郡。治今四川汶川县西北。

---

① 此处"永初元年",据《后汉书》卷5《安帝纪》知应为"元初元年",因《后汉书》卷86《南夷传》下文载"二年,青衣道夷邑长令田……举土内属",而《安帝纪》亦云,元初二年,"蜀郡青衣道夷奉献内属",可知二者所记乃同一事,故当从《安帝纪》改"永初"为"元初"。

12. 青衣县(36—123)

安帝延光二年,别属蜀郡属国。治今四川雅安市名山区北。

13. 严道(36—123)

安帝延光二年,别属蜀郡属国。治今四川荥经县。

14. 徙县(36—123)

安帝延光二年,别属蜀郡属国。治今四川天全县东南。

15. 旄牛县(36—123)

安帝延光二年,别属蜀郡属国。治今四川汉源县南。

附一:蜀郡属国(123—182?)—汉嘉郡(182?—188)—蜀郡属国(188—220)

《后汉书》卷5《安帝纪》载:"是岁(按,指延光二年),分蜀部四部为属国都尉。"卷86《西南夷传》云,延光二年,"于是分置蜀郡属国都尉,领四县如太守"。然《续汉志》蜀郡属国下司马彪自注云:"故属西部都尉,延光元年以为属国都尉,另领四城。"《水经·青衣水注》亦曰:"安帝延光元年置蜀郡属国都尉。"

细检史书,可知《续汉志》及《水经注》所载之年误,因蜀郡属国之设是在旄牛夷叛之后,而《后汉书》卷5《安帝纪》及卷86《西南夷传》载,旄牛夷叛发生在延光二年初。蜀郡属国之设非无源之水,乃有其必然缘由。虽然蜀郡徼外少数部族先后内附(上引史料可证),但他们经常反叛汉廷,攻城掠县,仅仅依靠原有的蜀郡西部都尉的纯军事力量尚显乏力,于是安帝时便将蜀郡西部都尉升格为蜀郡属国,统领四县如太守,治民比郡,成为一个军政合一的行政区划,以便进一步有效地管理周围的少数部族。

蜀郡属国领有青衣、严道、徙、旄牛四县,即蜀郡西部都尉之范围,在西汉本为沈黎郡领域,唯西汉时期沈黎郡领有五县,至东汉时期,省去莋都一县的建制,然领域未有更改。《华阳国志》卷3《蜀志》云:"天汉四年,罢沈黎,置西部都尉:一治旄牛,主外羌;一治青衣,主汉民。"《后汉书》卷86《西南夷传》亦载:"莋都夷者,武帝所开,以为莋都县。……元鼎六年,以为沈黎郡。至天汉四年,并蜀为西部,置两都尉,一居旄牛,主徼外夷,一居青衣,主汉人。"

东汉蜀郡西部都尉之制当如西汉之旧。安帝时,为了加强对都尉辖区内的少数部族的控制,镇压他们的反抗,便在延光二年将蜀郡西部都尉单独由蜀郡析出,置蜀郡属国,治民比郡。

蜀郡属国即蜀郡西部都尉之范围,在西汉本为沈黎郡领域。据《续汉志》,蜀郡属国领有青衣、严道、徙、旄牛四县(参见前图3-40)。

降至东汉末年灵帝时,蜀郡属国更名为汉嘉郡。

《后汉书》卷86《西南夷传》载:"灵帝时,以蜀郡属国为汉嘉郡。"又,《三国志》卷31《蜀书·刘焉传》云,刘焉为益州牧时,"(董)扶亦求为蜀郡西部属国都尉"。裴松之注引陈寿《益部耆旧传》曰:"于是灵帝征(董)扶,即拜侍中。在朝称为儒宗,甚见器重。求为蜀郡属国都尉。扶出一岁而灵帝崩,天下大乱。"《三国志》卷29《魏书·方技传》所载与此略同。然则据上述史料可知至迟在灵帝中平五年(188)时,汉嘉郡复改称蜀郡属国。

汉嘉郡之置废确切时间,史乘失载。《后汉书》卷8《灵帝纪》载:"巴郡板楯蛮诣太守曹谦降",颇疑汉嘉郡置于灵帝光和五年(182)益州平定之后,而废于中平五年(188年)益州黄巾兴起,"板楯蛮夷因此复叛"之时。故可知,郡与属国的变化往往都取决于当地少数部族的势力及反抗程度,时常反复。

此后终东汉一代为蜀郡属国未变,直至三国蜀汉章武元年(221),复更为汉嘉郡,然此已不在本书叙述范围。

蜀郡属国及汉嘉郡当治青衣,即汉嘉县。

1. 青衣县(123—133)—汉嘉县(133—220)

司马彪《续汉志》汉嘉县下自注云:"故青衣,(顺帝)阳嘉二年改。"治今四川雅安市名山区北。

2. 严道(123—220)

治今四川荥经县。

3. 徙县(123—220)

治今四川天全县东南。

4. 旄牛县(123—220)

治今四川汉源县南。

附二:汶山郡(182?—196?,214—220)

西汉武帝时尝置汶山郡,后废。东汉时期复立此郡,然汶山郡复置时间,史无定载。《后汉书》卷86《西南夷传》载:"灵帝时,复分蜀郡北部为汶山郡。"而《续汉志》蜀郡汶江道下刘昭注引《华阳国志》曰:"孝安延光三年复立之以为郡。"似汶山郡安帝时即曾复置,然《续汉志》中不载汶山郡,故常璩所载有误。或以为汶山郡在安帝时旋复置旋废,故不见于《续汉志》,刘琳《华阳国志校注》即持此论①。任乃强《华阳国志校补图注》则以为汶山郡在安帝延光三年复置后于桓帝延熹二年废,又以为灵帝时汶山郡之复置在建宁二年(168),至中平

---

① 刘琳校注:《华阳国志校注》,第298页。

元年(184)复废①。任、刘二说皆属臆测,依据不足,且任氏之说未能解释《续汉志》为何不载汶山郡这一与其结论矛盾之处,今不取也。相比之下,倒是上引《西南夷传》之载较合情理,颇疑汶山郡之复置在灵帝以蜀郡属国为汉嘉郡之时。

东汉灵帝复置汶山郡之领域,于史无载。西汉汶山郡曾领汶江、蚕陵、湔氐、广柔、绵虒五县,东汉汶山郡当以西汉故郡之地而置,否则不应言复置,故东汉汶山郡之范围与西汉汶山郡大致相同。《晋书》卷14《地理志》益州下云:"及灵帝又以汶江、蚕陵、广柔三县立汶山郡。"据此,则汶江等三县属汶山郡无疑。然汶山郡所领之县并不仅此三县。前引《后汉书》卷86《西南夷传》云:"灵帝时,复分蜀郡北部为汶山郡。"则位于蚕陵以北的湔氐道必亦为汶山属县。唯位于广柔县南的绵虒道不知此时是否属汶山,刘备时,汶山郡治绵虒道(说见下),故颇疑绵虒道是时亦为汶山所属。

献帝建安年间,汶山郡复为蜀郡北部都尉,并入蜀郡领域之中。建安末,又为汶山郡。《三国志》卷39《蜀书·陈震传》载:"陈震字孝起,南阳人也。先主领荆州牧,辟为从事,部诸郡,随先主入蜀。蜀既定,为蜀郡北部都尉,因易郡名,为汶山太守。"刘备得蜀在建安十九年,故知汶山郡在该年之前曾复改称蜀郡北部都尉,建安十九年后,复改为汶山郡。

据吴增僅《三国郡县表附考证》卷6考证,建安末蜀汶山郡领有绵虒道、汶江道、氐道(杨守敬以为当作湔氐道)、蚕陵、广柔、都安、白马、平康八县。

汶山郡治绵虒道。

1. 绵虒道(182?—196?,214—220)

灵帝时属汶山郡,至献帝建安时还属蜀郡,建安十九年复属汶山郡。治今四川汶川县西北。

2. 广柔县(182?—196?,214—220)

灵帝时属汶山郡,献帝建安时还属蜀郡,建安十九年复属汶山郡。治今四川理县东北。

3. 蚕陵县(182?—196?,214—220)

灵帝时属汶山郡,献帝建安时还属蜀郡,建安十九年复属汶山郡。治今四川茂县西北。

4. 汶江道(182?—196?,214—220)

灵帝时属汶山郡,献帝建安中还属蜀郡,建安十九年复属汶山郡。治今四

---

① 任乃强校注:《华阳国志校补图注》,第189页。

川茂县西北。

5. 湔氐道(182？—196？,214—220)

灵帝时属汶山郡,献帝建安中复还属蜀郡,建安十九年复属汶山郡。治今四川松潘县北。

6. 都安县(214—220)

《宋书》卷38《州郡志》汶山太守都安侯相下云："蜀立。"当于刘备建安十九年复立汶山郡时置。治今四川都江堰市。

7. 白马县(214—220)

《宋书》卷38《州郡志》南晋寿太守兴乐令下云："晋《太康地记》云：'元年更名,本曰白马,属汶山。'《何志》汉旧县。"当于刘备建安十九年复立汶山郡时置。约在今四川松潘县北。

8. 平康县(214—220)

《三国志》卷33《蜀书·后主传》有"汶山平康夷",是蜀汉汶山郡有此县。当于刘备建安十九年复立汶山郡时置。约在今四川黑水县东北。

第五节 犍为郡[附：犍为属国(朱提郡)、江阳郡]沿革

犍为郡(36—220)

东汉初年,犍为郡为公孙述所据。光武帝建武十二年(36),述亡,犍为郡属汉。

王先谦《后汉书集解》卷23引惠栋云："犍为亦作楗为,见《杨统碑》。"

《汉志》犍为郡领十二县,较以《续汉志》,则可知郁鄢、堂琅二县不见载,然犍为郡建武十二年方属汉,当不预建武六年省并县邑行列。是以建武十三年,犍为郡仍领十二县之谱,即：僰道、江阳、武阳、南安、资中、符节、牛鞞、南广、汉阳、郁鄢、朱提、堂琅。

《后汉书》卷5《安帝纪》云,安帝永初元年(107)春正月"戊寅,分犍为南部为属国都尉"。《续汉志》犍为属国下司马彪自注云："故郡南部都尉,永初元年以为属国都尉。别领二城。"朱提、汉阳遂别属犍为属国。

顺帝永建五年(130)前析置汉安县。永和五年(140)前省并郁鄢县。遂形成《续汉志》所载犍为郡九城之规模,且相当长一段时期内未再变易(参见图3-43)。

至献帝建安十八年(213),犍为郡方再发生变化。是年,刘璋复析犍为置江阳郡,江阳、汉安、符节三县别属之。建安十九年,南广县别属朱提郡。至此犍为郡仅余五县,即僰道、武阳、南安、资中、牛鞞。

西汉末年,犍为郡治僰道,至东汉初年未改。安帝永初元年(107)析置犍为属国后,郡治遂往北迁至武阳。

1. 武阳县(36—220)

治今四川眉山市彭山区东。

2. 资中县(36—220)

治今四川资阳市雁江区。

3. 牛鞞县(36—220)

治今四川简阳市。

4. 南安县(36—220)

治今四川乐山市市中区。

5. 僰道县(36—220)

治今四川宜宾市西南。

6. 江阳县(36—213)

献帝建安十八年,别属江阳郡。治今四川泸州市江阳区。

7. 符节县(36—213)

《续汉志》作"荷节",《汉志》中则作"符"。王先谦《后汉书集解》卷23引云:"钱大昕云:'《前志》有符,无荷节,疑荷乃符之讹,而衍一节字也。《水经》:'江水东过符县。'注引符有先络,僰道有张帛,是后汉亦名符县矣,或谓东京改名符节,晋时复为符者,非也。'马与龙曰:'符节长王士,见《蜀书·杨戏传》注。'"献帝建安十八年,别属江阳郡。治今四川合江县。

8. 南广县(36—214)

献帝建安十九年,别属朱提郡。治今四川筠连县南部一带,确地无考。

9. 汉安县(130?—213)

此县不载于《汉志》,乃东汉析资中县所置。《元和郡县图志》卷31资州内江县下云:"本汉资中县地,后汉分置汉安县。"然该县析置之确年,史无确载,由顺帝永建五年《汉安长陈君德政碑》知,至迟在永建五年前已析置①。献帝建安十八年,别属江阳郡。治今四川内江市西。

10. 朱提县(36—107)

安帝永初元年,别属犍为属国。治今云南昭通市昭阳区。

11. 汉阳县(36—107)

安帝永初元年,别属犍为属国。治今贵州威宁彝族回族苗族自治县、赫章

---

① 刘琳:《华阳国志校注》,第292页。

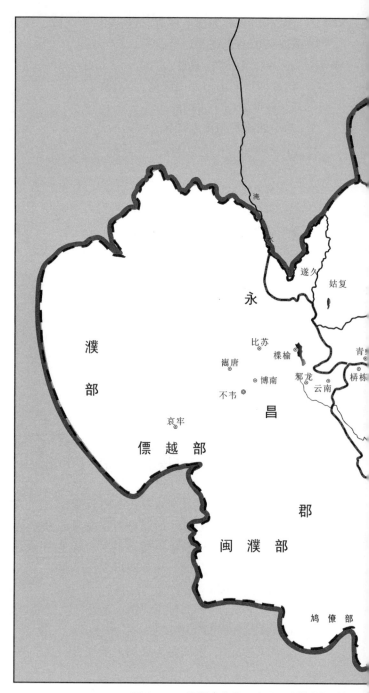

图 3-43 汉顺帝永和五年(140)犍为郡、犍为属

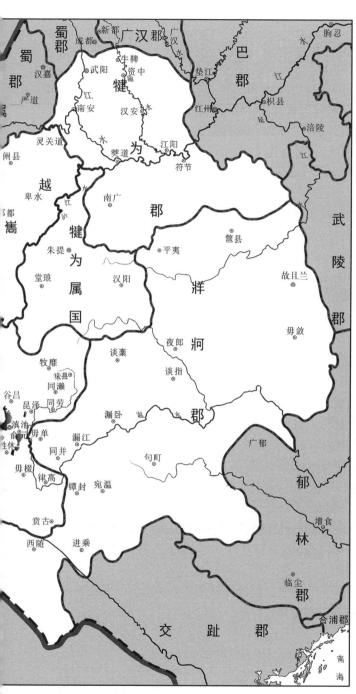

郡、越巂郡、益州郡、永昌郡等示意图

县一带,确地无考。

12. 堂琅县(36—107)

汉代金文录有章帝、和帝、殇帝、安帝、顺帝、桓帝等时期的"堂琅"铭文,其中顺帝时期可见永和元年(136年)、永和六年、汉安元年(142)等①,杨守敬《三国郡县表补正》云:"汉阳叶氏藏有'汉洗',文曰'元和四年堂狼造',是中兴未省也,《续志》脱耳。"杨氏以为堂琅县于光武帝建武初年未省,极是。《续汉志》未载此县,或是遗漏所致,可补。由堂琅地望可知,堂琅县应在安帝永初元年,与汉阳、朱提县一起别属犍为属国。治今云南巧家县东。

13. 郁鄢县(36—140?)

《续汉志》无此县,当是顺帝永和五年前省并。《尤中文集》第1卷认为此县当省入汉阳县。治所在今云南宣威市北部一带,确址无考。

附一:犍为属国(107—214)—朱提郡(214—220)

安帝永初元年,以犍为南部都尉为属国都尉。

犍为属国是安帝时所设置的六个治民比郡之属国中最早的一个,置于永初元年。《续汉志》司马彪自注云,"故郡南部都尉",领朱提、汉阳二县(参前图3-43)。

其地域为西汉犍为郡汉阳都尉辖地,《汉志》犍为郡汉阳县下云"都尉治"可证。该地区处于犍为郡僰道以南,为僰人居地,时有西僰中之称。东汉安帝时将这一区域单独划出,置属国统辖,实为了加强对这一地区少数部族的有效控制,比以前仅在军事上进行控制大大深入了。

献帝建安十九年,更犍为属国为朱提郡。《华阳国志》卷4《南中志》载:"建安十九年,刘先主定蜀,遣安远将军南郡邓方以朱提太守、庲降都督治南昌县。"②《三国志》卷45《蜀书·杨戏传》所录《季汉辅臣赞》注疏云:"(邓)孔山名方,南郡人也。以荆州从事随先主入蜀。蜀既定,为犍为属国都尉,因易郡名,为朱提太守,选为安远将军、庲降都督,住南昌县。"然则刘备易犍为属国为朱提郡也。

吴增仅《三国郡县表附考证》卷6认为朱提郡其时当辖有朱提、汉阳、南广、堂琅、南昌五县。

以《南中志》和《杨戏传》引文,朱提郡治在南昌县。然南昌之置在汉末,县未立前,犍为属国或治故都尉所在之朱提县。

---

① 徐正考:《汉代铜器铭文综合研究》,作家出版社,2007年,第360—364页。
② 《华阳国志》卷4《南中志》朱提郡下又云:"至建安二十年(215年),邓方为都尉,先主因易名太守。"此载与前载"建安十九年(214年)"易名朱提郡有异。然此盖年头年尾之故,非误也。《水经·若水注》亦曰:"建安二十年(215年)立朱提郡。"

1. 南昌县(214？—220)

两汉《志》皆不载，则汉末新置无疑。任乃强《华阳国志校补图注》以为此南昌县城，即邓安远城，在南广、朱提道上，其地即今云南彝良县①；刘琳《华阳图志校注》则认为南昌应是分南广、汉阳立，其地治今贵州赫章②。任、刘二氏所言皆持之有理，存此待考。

2. 朱提县(107—220)

治今云南昭通市昭阳区。

3. 汉阳县(107—220)

治今贵州威宁彝族回族苗族自治县、赫章县一带，确址无考。

4. 堂琅县(107？—220)

堂琅盖省并于安帝永初元年(107年)以前，而《华阳国志》卷4《南中志》载朱提郡领有该县，故此县当在汉末复立，确年不详。治今云南巧家县东。

5. 南广县(214—220)

本犍为郡属县，然《华阳国志》卷4《南中志》中载朱提郡已辖此县，是南广当于汉末由犍为别属朱提。或在献帝建安十九年朱提郡立时来属。治今四川筠连县南部一带，确址无考。

附二：江阳郡(213—220)

《华阳国志》卷3《蜀志》云："江阳郡，本犍为枝江都尉，建安十八年置郡③。汉安程徵、石谦白州牧刘璋，求立郡。璋听之，以都尉广汉成存为太守。"《水经·江水注》亦据《华阳国志》而认为江阳郡置于建安十八年。且《续汉志》犍为郡下司马彪自注云："刘璋分立江阳郡。"《宋书》卷38《州郡志》益州江阳太守下亦云："刘璋分犍为立。"由以上所引史料可知江阳郡当置于建安十八年无疑。

吴增僅《三国郡县表附考证》卷6认为江阳郡是时当领江阳、汉安、符节三县，郡治在江阳。

1. 江阳县(213—220)

献帝建安十八年自犍为郡来属。治今四川泸州市江阳区。

2. 汉安县(213—220)

献帝建安十八年自犍为郡来属。治今四川内江市西。

---

① 任乃强校注：《华阳国志校补图注》，第282页。
② 刘琳校注：《华阳国志校注》，第419页。
③ 任乃强《华阳国志校补图注》以为"建安十八年"当作"建安八年"，"十"乃衍文，录此聊备一说。任乃强校注：《华阳国志校补图注》，第180页。

3. 符节县(213—220)

献帝建安十八年自犍为郡来属。治今四川合江县。

第六节 牂柯郡沿革

牂柯郡(25—220)

新莽末年,牂柯郡据郡自保,东汉建立,遣使归属。牂柯郡于东汉一朝几无所变易,唯《汉志》中都梦县不见载于《续汉志》,当为东汉初省并。

光武帝建武十三年(37),牂柯郡领十六县:故且兰、镡封、鳖、漏卧、平夷、同并、谈指、宛温、毋敛、夜郎、毋单、漏江、西随、谈稾、进乘、句町。此后至汉末不变(参前图3-43)。

牂柯郡治故且兰县。

1. 故且兰县(25—220)

治今贵州黄平县西南部一带。

2. 都梦县(25—30)

治所当在今云南文山市、砚山县及西畴县交界处一带。

3. 平夷县(25—220)

治今贵州毕节市东部一带。

4. 鳖县(25—220)

治今贵州遵义市西。

5. 毋敛县(25—220)

治今贵州独山县西北。

6. 谈指县(25—220)

治今贵州贞丰县西北部一带。

7. 夜郎县(25—220)

治今贵州关岭布依族苗族自治市西部一带。

8. 同并县(25—220)

治今云南弥勒市东南。

9. 谈稾县(25—220)

治今贵州盘县西南。

10. 漏江县(25—220)

治今云南泸西县。

11. 毋单县(25—220)

治今云南弥勒市西北部一带。

12. 宛温县(25—220)

治今云南砚山县北部一带。

13. 镡封县(25—220)

治今云南砚山县西北部一带。

14. 漏卧县(25—220)

治今云南罗平县。

15. 句町县(25—220)

治今云南广南县西北。

16. 进乘县(37—220)

《汉志》作"进桑"。治今云南屏边苗族自治县东。

17. 西随县(25—220)

治今云南元阳县东南一带。

第七节　越巂郡沿革

越巂郡(38—220)

《汉志》作"越嶲"。东汉越巂郡沿革较为简单,其领域则与《汉志》所示无异,唯有灊街一县不见于《续汉志》,当是东汉初年所省。是以光武帝建武十三年(37),越巂郡领邛都、遂久、灵关道、台登、青蛉、卑水、三缝、会无、定莋、阐、苏示、大莋、莋秦、姑复十四县。

然此时东汉对越巂郡的控制相当不力。《后汉书》卷86《西南夷传》云:"王莽时,(越巂)郡守枚根调邛人长贵,以为军候。更始二年,长贵率种人攻杀枚根,自立为邛谷王,领太守事。又降于公孙述。述败,光武封长贵为邛谷王。建武十四年,长贵遣使上三年计,天子即授越巂太守印绶。"可见东汉初年,光武政权尚无力真正控制越巂郡地,对该地区的管理仅是羁縻性质,以当地部族首领为太守即可说明此点。这种情况至建武十九年才发生改变。是年,武威将军刘尚在进击益州夷的同时,取路越巂,诛长贵,徙其家属于成都。此后,越巂郡当正式为汉廷所控。

《后汉书》卷86《西南夷传》载:"安帝元初三年,(越巂)郡徼外夷大羊等八种……慕义内属。……五年,卷夷大牛种封离等反畔,杀遂久令。明年,永昌、益州及蜀郡夷皆叛应之,众遂七余万,破坏二十余县,杀长吏,燔烧邑郭,剽略百姓,骸骨委积,千里无人。"可见在元初六年(119)时,蜀郡、越嶲、益州、永昌等四郡之二十余县一度曾成无人区,但不久即为益州刺史张乔率军平定。此后越嶲境内安定下来(参前图3-43)。

东汉末年,复置潜街县。省大莋、灵关道二县。

综上所述,汉末越嶲郡当领十三县,即邛都、遂久、台登、定莋、会无、莋秦、姑复、三绛、苏示、阐、卑水、青蛉、潜街,然其领域仍旧与东汉初相同。

越嶲郡治邛都县。

1. 邛都县(38—220)

治今四川西昌市东南。

2. 遂久县(38—220)

治今云南玉龙纳西族自治县北部,确址无考。

3. 灵关道(38—?)

《华阳国志》卷3《蜀志》中有关灵关道文字,今佚。任乃强据宋椠旧文认为应有"今省"二字,吴增僅《三国郡县表附考证》卷6引《舆地广记》亦认为灵关道废于汉末,任乃强《华阳图志校补图注》认为以地望揆之,当并入阐县①;刘琳《华阳国志校注》则以为灵关道废于晋武帝咸宁中②。两氏各持一端,今姑从任氏之说。治今四川峨边彝族自治县南部一带,确址无考。

4. 台登县(38—220)

治今四川冕宁县南。

5. 青蛉县(38—220)

治今云南大姚县。

6. 卑水县(38—220)

治今四川昭觉县东北。

7. 三缝县(38—220)

《汉志》作"三绛"。治今云南元谋县北。

8. 会无县(38—220)

治今四川会理县西。

9. 定莋县(38—220)

治今四川盐源县。

10. 阐县(38—220)

《汉志》作"阐"。《宋书》卷38《州郡志》沈黎郡领兰(蘭)县,又云"汉旧县,

---

① 任乃强校注:《华阳国志校补图注》,第212页。
② 刘琳校注:《华阳国志校注》,第316—317页。

属越巂作'阑'",亦即此县。治今四川越西县东北。

11. 苏示县(38—220)

治今四川西昌市西北。

12. 大莋县(38—?)

《华阳国志》卷3《蜀志》越巂大筰县下云"汉末省也"。治今四川盐边县东南。

13. 莋秦县(38—220)

治今四川冕宁县西部一带。

14. 姑复县(38—220)

治今云南永胜县北部一带,确址无考。

15. 潜街县(38—38,?—220)

《汉志》作"灊街",然不见于《续汉志》,盖于东汉初年省并。《华阳国志》卷3《蜀志》越巂郡有潜街县①,且云"汉末置",可证东汉末复置此县。约治今四川美姑县东。

第八节 益州郡(附:永昌郡)沿革

益州郡(25—220)

《后汉书》卷86《西南夷传》载,东汉初年,益州郡太守文齐据郡自保,不降公孙述,"闻光武即位,乃间道遣使自闻"。

《汉志》益州郡领二十四县,除来唯县外,其余十七县皆见载于《续汉志》益州郡、永昌郡辖县中。因此可知益州郡除析置永昌郡外,东汉一朝内境域当无甚变更,至于来唯县,当于东汉初期省并。

光武帝建武十三年(37),益州郡领滇池、胜休、俞元、律高、贲古、毋棳、建伶、谷昌、牧靡、味、昆泽、同濑、同劳、双柏、连然、梇栋、秦臧、邪龙、楪榆、不韦、云南、巂唐、比苏二十三县。

建武十八年,益州郡为蛮夷所据,汉廷对之失去控制。《后汉书》卷86《西南夷传》载:"建武十八年,夷渠帅栋蚕与姑复、楪榆、梇栋、连然、滇池、建(怜)[伶]、昆明诸种反叛,杀长吏。益州太守繁胜与战而败,退保朱提。十九年,遣武威将军刘尚等发广汉、犍为、蜀郡人及朱提夷,合万三千人击之。尚军遂度泸水,入益州界。"上引文中,除姑复属越巂郡外,其余楪榆等六县皆属益州郡,故知是时益州郡已不在汉廷控制之下。《后汉书》卷1《光武帝纪》载,建武二

---

① 《汉志》越巂郡之灊街县,即《华阳国志》之潜街县。灊、潜同也。

十一年,刘尚平定益州夷,益州郡复为汉廷所据。

明帝永平十二年(69),析置永昌郡,益州郡西部都尉所领之不韦、嶲唐、比苏、楪榆、邪龙、云南六县别属之。

又,《华阳国志》卷4《南中志》云:"(建武二十三年后,哀牢夷扈栗)遣使诣越青太守,愿率种人归义奉贡。世祖纳之,以为西部属国。……孝明帝永平十二年,哀牢抑狼遣子奉献。明帝乃置郡,以蜀郡郑纯为太守。"据此似在光武帝时曾置益州西部属国。然《西南夷传》言及建武末年哀牢夷内属之事时,并未提到设置益州西部属国,且属国前应直接加郡名,无以郡名再加西部者,加之光武帝时亦未闻他郡有置属国者,《华阳国志》所载恐为益州西部都尉之误。

益州郡领域自此至汉末无所变化,一如《续汉志》所示之范围(参前图3-43)。

益州郡治滇池县。

1. 滇池县(25—220)

治今云南晋宁县东北。

2. 来唯县(25—30)

治所当在今越南莱州南部。

3. 胜休县(25—220)

治今云南江川县北。

4. 俞元县(25—220)

治今云南澄江县。

5. 律高县(25—220)

治今云南弥勒市南。

6. 贲古县(25—220)

治今云南蒙自市东南。

7. 毋棳县(25—220)

治今云南华宁县东南。

8. 建伶县(25—220)

《汉志》作"健伶"。治今云南晋宁县南。

9. 谷昌县(25—220)

治今云南昆明市东北。

10. 牧靡县(25—220)

《汉志》作"收靡",《华阳国志》卷4《南中志》作"升麻",《晋书》卷14《地理志》作"牧麻"。靡、麻乃古字可通也。治今云南寻甸回族彝族自治县东北。

11. 味县(25—220)

治今云南曲靖市麒麟区。

12. 昆泽县(25—220)

治今云南宜良县北部一带。

13. 同濑县(25—220)

《汉志》作"铜濑"。治今云南马龙县南。

14. 同劳县(25—220)

治今云南陆良县西。

15. 双柏县(25—220)

治今云南双柏县东南,确址无考。

16. 连然县(25—220)

治今云南安宁市。

17. 梇栋县(25—220)

《汉志》作"弄栋"。治今云南姚安县北。

18. 秦臧县(25—220)

治今云南禄丰县东部一带。

19. 不韦县(25—69)

明帝永平十二年,别属永昌郡。治今云南保山市东北。

20. 嶲唐县(25—69)

《汉志》作"巂唐"。《后汉书》卷86《西南夷传》中李贤注文引《古今注》云:"永平十年置益州西部都尉,治巂唐,镇尉哀牢人楪榆蛮夷。"明帝永平十二年,别属永昌郡。治今云南永平县西北。

21. 比苏县(25—69)

明帝永平十二年,别属永昌郡。治今云南云龙县北。

22. 楪榆县(25—69)

《汉志》作"葉榆"。明帝永平十二年,别属永昌郡。治今云南大理市西北。

23. 邪龙县(25—69)

明帝永平十二年,别属永昌郡。治今云南巍山彝族自治县北。

24. 云南县(25—69)

明帝永平十二年,别属永昌郡。治今云南祥云县东南。

附:永昌郡(69—220)

《后汉书》卷2《明帝纪》载:"(永平)十二年春正月,益州徼外夷哀牢王相率内属，于是置永昌郡，罢益州西部都尉。"《后汉书》卷86《西南夷传》云："永平十二年，哀牢王柳貌遣子率种人内属……显宗以其地置哀牢、博南二县，割益州郡西部都尉所领六县，合为永昌郡。"李贤注曰："《古今注》曰：'永平十年，置益州西部都尉，居巂唐。'《续汉志》六县谓不韦、巂唐、比苏、楪榆、邪龙、云南也。"然《续汉志》永昌郡下司马彪自注云："明帝永平二年，分益州置。"此处"永平二年"当作"永平十二年"，上引《明帝纪》及《西南夷传》之文可证。清人齐召南已指出，今中华书局《后汉书》点校本已据齐氏之说改正。另，谭其骧先生在《〈两汉州制考〉跋》中亦早就断定永昌郡当置于永平十二年[①]，《续汉志》作二年非。

永昌郡统辖地区十分广阔，然观《续汉志》永昌郡所领八县可知，其尽在永昌郡之东北，大部分原哀牢地区却未见一县，而这些地区恰恰为哀牢人所居之所，因而可知东汉永昌郡实际上还是以原益州西部都尉之六县为基础来进行管理的，明帝所置哀牢、博南二县之博南亦在六县所构成的地域范围之内。可见哀牢王仍具有很大势力。《后汉书》卷86《西南夷传》载，章帝建初元年（76），哀牢王类牢反，即为明证，由此可见，汉廷对哀牢地区的统治还是有一定限度的，对当地经济的开发亦极其有限，遑论汉化程度的加深。汉廷在该地所采取的亦只能是轻徭薄赋的政策，《后汉书》卷86《西南夷传》所载"（永昌太守郑）纯与哀牢夷人约，邑豪岁输布贯头衣二领，盐一斛，以为常赋，夷俗安之"可以证。因而东汉永昌郡的设立，其实还未能完全祛除羁縻的色彩。

另外，还需说明一点，东汉依然承袭西汉在西南夷地区逐步推进的经营方式，即以已置之旧郡部分地为基础，合以新开地设置新郡[②]。永昌郡即是割益州西部六县，再合以新置二县而设。这种方式是为了以先进带后进，有利于巩固在这些地区已有的建制。

细察《续汉志》永昌郡所辖之八县，我们还可以看到这些县大多沿江而设，说明其时当地开发是以近水地区为主，在近水地区，大多为当地人定居地。从这些县的分布来看，当时的经济开发还仅限于治今怒江以东的地区。

永昌郡乃以原益州西部都尉之六县为基础，加以明帝所新置哀牢、博南二县所构成。此八县之领域，自划定后无所变更，直至汉末（参前图3-43）。

永昌郡治不韦县。

1. 不韦县（69—220）

治今云南保山市东北。

[①] 谭其骧：《〈两汉州制考〉跋》，《长水集》，第页。
[②] 周振鹤：《西汉政区地理》，第140页。

2. 巂唐县(69—220)

治今云南永平县西北。

3. 比苏县(69—220)

治今云南云龙县北。

4. 楪榆县(69—220)

治今云南大理市西北。

5. 邪龙县(69—220)

治今云南巍山彝族自治县北。

6. 云南县(69—220)

治今云南祥云县东南。

7. 哀牢县(69—220)

《续汉志》司马彪自注云:"永平中置"。据《后汉书》卷86《西南夷传》,当为明帝永平十二年时。治今云南盈江县东。

8. 博南县(69—220)

《续汉志》司马彪自注云:"永平中置",亦与哀牢县同置于永平十二年。治今云南永平县西南。

第九节　武都郡沿革

武都郡(35—219)

光武帝建武十一年(35),公孙述所据之武都郡属汉。

建武十三年时,武都郡所领当如《汉志》所示九县,即下辨、武都道、上禄、故道、河池、沮、平乐道、嘉陵道、修成道。

从光武帝建武年间至顺帝永和年间,武都郡境不时受到羌人侵扰,汉廷对此郡的控制显得不够有力,从下面所引史料,可窥一斑。

《后汉书》卷1《光武帝纪》载,建武十二年,"参狼羌寇武都,陇西太守马援讨降之"。卷24《马援传》及卷87《西羌传》所载与此略同。唯《马援传》将此事系之于建武十三年,当从《光武帝纪》改之。

《后汉书》卷1《光武帝纪》又载,中元元年(56),"参狼羌寇武都,败郡兵,陇西太守刘盱遣军救之,及武都郡兵讨叛羌,皆破之"。

《后汉书》卷5《安帝纪》载,元初元年(114)九月,"先零羌寇武都、汉中,绝陇道"。

《后汉书》卷6《顺帝纪》载,阳嘉三年(134)十一月"丙午,武都塞上屯羌及外羌攻破屯官,驱略人畜"。永和五年(140)九月,"且冻羌寇武都,烧陇关"。

大约在安帝永初五年(111),羌道由陇西郡来属。又,《汉志》平乐道、嘉陵道、修成道等三县不见载于《续汉志》。平乐道等三县位于武都南境,成一线排列。三县当于顺帝永和五年前废弃。三县皆称道,当是治理少数民族之区域,盖东汉初年所附参狼羌反,三县已无设置之必要,故废,确年则不详。

顺帝永和五年后至献帝建安中,未闻武都郡领域有何变化(参见前图3-43)。

献帝建安二十四年(219),武都徙治右扶风境内,郡原领诸县皆弃。《三国志》卷25《魏书·杨阜传》载:"及刘备取汉中以逼下辨,太祖以武都孤远,欲移之,恐吏民恋土。阜威信素著,前后徙民、氐,使居京兆、扶风、天水界者万余户,徙郡小槐里,百姓襁负而随之。"《资治通鉴》系此事于建安二十四年。胡三省注曰:"操盖已弃武都而不有矣。"吴增仅《三国郡县表附考证》卷4以为小槐里城在扶风郡武功县内。

又,《续汉志》载武都郡治所在下辨,而以《汉志》,西汉时其郡应本治武都,当是东汉参狼羌等不断侵扰武都,故郡治由武都迁至下辨。

1. 下辨县(37—219)

《汉志》作"下辨道"。《后汉书集解》卷23引惠栋说:"洪适云《李翕碑》题名有下辨道长任诗,则《志》阙一'道'字。"献帝建安二十四年弃。治今甘肃成县西北。

2. 武都道(37—219)

《汉志》作"武都"。献帝建安二十四年弃。治今甘肃礼县南。

3. 上禄县(37—219)

献帝建安二十四年弃。治今甘肃成县西。

4. 故道(37—219)

献帝建安二十四年弃。治今陕西宝鸡市西南。

5. 河池县(37—219)

献帝建安二十四年弃。治今甘肃徽县西北。

6. 沮县(37—219)

献帝建安二十四年弃。治今陕西略阳县东。

7. 羌道(111—219)

《汉志》羌道属陇西郡。安帝永初五年,陇西郡徙至襄武,疑或在此时来属武都郡。献帝建安二十四年弃。治今甘肃舟曲县北部一带。

8. 平乐道(37—140?)

顺帝永和五年前省,确年不详。治今甘肃康县西北。

9. 嘉陵道(37—140?)

顺帝永和五年前省,确年不详。治所当在今甘肃徽县东南一带。

10. 修成道(37—140?)

《汉志》作"循成道",实误,王念孙《读书杂志》卷4《汉书第六》已有辨析。顺帝永和五年前省,确年不详。治今甘肃成县东南。

第十一章 荆州刺史部所辖郡国沿革

荆州刺史部所辖诸郡在光武帝建武五年(29)归属东汉。建武十三年,荆州刺史部辖有南阳、南郡、江夏、零陵、桂阳、武陵、长沙七郡,此后至东汉献帝前荆州内郡目无所变动,然降至汉末,由于荆州恰处曹、孙、刘三股势力的交界处,故其部内之郡置废尤为频繁。

东汉末年,析南阳置章陵、南乡二郡。献帝建安十三年(208),析南郡北部置襄阳郡,西部置临江郡,同年析南阳郡置南乡郡。此年,江夏郡一分为二,北为曹操所据,南部为孙权所据,各置其江夏太守。后吴江夏郡又析置出蕲春郡。建安十五年,临江易名为宜都。此年,分长沙郡置汉昌郡。建安十八年,曹操析置弋阳郡。十九年,孙权又割吴江夏郡置西陵郡。建安二十四年,又自宜都郡析置出固陵郡。

第一节 南阳郡(国)(附:章陵郡、南乡郡)沿革

南阳郡(29—220)

东汉初年,南阳郡曾主要存在过秦丰、延岑等割据政权,控制南阳郡的大部分地区。至光武帝建武五年(29),这些政权先后被平定,南阳郡属汉廷。次年,光武帝省并天下县邑四百余。《汉志》南阳郡所领三十六县,相较《续汉志》所载,杜衍、新都、红阳、乐成四县皆不见于《续汉志》任一郡国,除红阳一县除年待考外,其余盖皆于建武初年省并。建武六年,舂陵更名为章陵。

故至建武十三年,南阳郡领有三十二县,即:宛、犨、郦、育阳、博山、涅阳、阴、堵阳、雉、山都、蔡阳、新野、筑阳、棘阳、武当、舞阴、西鄂、穰、郿、安众、冠军、比阳、平氏、随、叶、邓、朝阳、鲁阳、章陵、湖阳、博望、复阳。

建武十五年,丹水、析二县由弘农郡来属(参见弘农郡沿革)。丹水、析二县在西汉初年原本属南阳,武帝元鼎二年(前115)方别属弘农,是时复属南

阳,乃恢复西汉初年之旧貌也。政区的传承性于此又可见一斑。

明帝时,更博山县名为顺阳。

安帝永宁元年(120)前,析置南乡县。

顺帝永和五年(140)前,析置成都、襄乡二县,遂形成《续汉志》顺帝永和五年南阳郡领三十七县之规模(参图3-44)。此后直至汉末,南阳郡领域方再次有所更动。

献帝初,析置章陵郡,章陵、平氏、蔡阳、随等至少四县别属之(参见章陵郡沿革)。此后,南阳郡又曾短暂具有王国之名。《后汉书》卷9《献帝纪》所云建安五年(200)"秋七月,立皇子冯为南阳王。壬午,南阳王冯薨"可证。又因南阳王冯立后不久即薨,故南阳实际上并无王国之实,仍是汉郡而已。

建安十三年,山都县别属襄阳郡(参见南郡沿革)。又析置南乡郡,南乡、顺阳、鄀、丹水、武当、阴、筑阳、析八县别属之(参见南乡郡沿革)。

综上所述,汉末南阳郡领域明显内缩,由《续汉志》所载之三十七县减至不超过二十四县,即宛、犨、育阳、涅阳、堵阳、雉、新野、棘阳、舞阴、西鄂、穰、郦、安众、冠军、比阳、叶、邓、朝阳、鲁阳、湖阳、博望、复阳、成都、襄乡。

南阳郡(国)治宛县。

1. 宛县(29—220)

治今河南南阳市卧龙区。

2. 杜衍县(29—30)

治今河南南阳市西南。

3. 新都县(29—30)

治今河南新野县东南。

4. 红阳县(29—30?)

治今河南叶县南。

5. 乐成县(29—30)

治今河南邓州市西南。

6. 冠军县(29—220)

《后汉书》卷17《贾复传》载,建武元年,光武封贾复为冠军侯,二年,益封穰、朝阳二县,十三年,定封胶东侯。《后汉书》卷23《窦宪传》载,永元四年(92),和帝更封宪为冠军侯,然实欲诛之,故侯国不过权封,旋因宪死而国除。《后汉书》卷10《皇后纪》载,顺帝女成男永和三年封冠军长公主,故《续汉志》中此县为邑。《后汉书》卷78《曹节传》载,熹平元年(172),灵帝封王甫为侯,光和二年(179),甫死狱中,国除。治今河南邓州市西北。

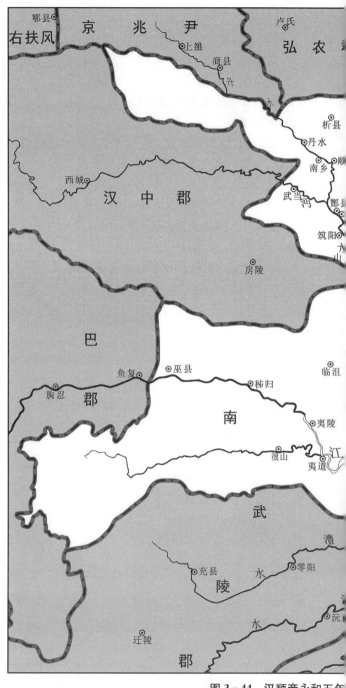

图 3-44 汉顺帝永和五年

郡、南郡、江夏郡示意图

7. 叶县(29—220)

《后汉书》卷16《邓骘传》载,永初元年(107),安帝封邓悝为叶侯,建光元年(121),国除。治今河南叶县西南。

8. 新野县(29—220)

治今河南新野县。

9. 舂陵县(29—30)—章陵(30—190?)

《后汉书》卷1《光武帝纪》载,建武六年"春正月丙辰,改舂陵乡为章陵县。世世复徭役,比丰、沛,无有所豫"。《续汉志》云:"章陵,故舂陵,世祖更名。"故知,《汉志》之舂陵县于光武帝建武六年改为章陵。献帝初立章陵郡,遂别属之。治今湖北枣阳市南。

10. 西鄂县(29—220)

治今河南南阳市东北。

11. 雉县(29—220)

治今河南南召县东南。

12. 鲁阳县(29—220)

治今河南鲁山县。

13. 犨县(29—220)

治今河南鲁山县东南。

14. 堵阳县(29—220)

《后汉书》卷22《朱祐传》载,建武二年,光武帝更封祐为堵阳侯,十三年,定封鬲侯。治今河南方城县东。

15. 博望县(37—220)

治今河南方城县西南。

16. 舞阴县(29—220)

《后汉书》卷11《刘玄传》载,更始封李轶为王。《后汉书》卷17《岑彭传》载,建武三年,光武帝更封彭为舞阴侯,子遵嗣,徙封细阳侯。徙封时间不详,疑或在建武十三年。又,《后汉书》卷10《皇后纪》云,光武帝女义王建武十五年封为舞阳长公主,李贤注文已据《后汉书》卷34《梁统传》卷16《邓训传》指出,此舞阳乃舞阴之误,则建武十五年后舞阴为邑。《后汉书》卷16《邓禹传》载,邓褒尚安帝妹舞阴长公主,少子昌后袭母爵为舞阴侯。治今河南泌阳县北。

17. 比阳县(29—220)

《后汉书》卷11《刘玄传》载,更始封王匡为比阳王。又,东海王强女封比阳公主,即章帝窦皇后母,则比阳曾为邑,见《后汉书》卷42《东海恭王强传》、卷23《窦融传》等。治今河南泌阳县。

18. 复阳县(29—220)

《后汉书》卷78《孙程传》载,顺帝即位,封中黄门李建为复阳侯。治今河南桐柏县西北。

19. 平氏县(29—190?)

《后汉书》卷11《刘玄传》载,更始封申屠建为王。汉末别属章陵郡。治今河南桐柏县西北。

20. 棘阳县(29—220)

治今河南南阳市西南。

21. 湖阳县(29—220)

《续汉志》中为邑。《后汉书》卷14《北海靖王兴传》载,建武二年,光武帝封姊黄为湖阳长公主。治今河南唐河县西南。

22. 随县(29—190?)

《后汉书》卷11《刘玄传》载,更始封胡殷为随王。献帝初别属章陵郡。治今湖北随州市曾都区。

23. 育阳县(29—220)

《后汉书》卷10《皇后纪》载,建武十七年,光武帝封女离为浕阳公主。延熹四年(161),桓帝封邓秉为浕阳侯,八年,国除,见《后汉书》卷10《皇后纪》及《续汉书·天文志》。《后汉书》卷78《曹节传》载,灵帝建宁元年(168)封节为育阳侯,熹平元年(172)节徙封冠军。治今河南南阳市南。

24. 涅阳县(29—220)

《后汉书》卷10《皇后纪》载,建武十五年,光武帝封女中礼为涅阳公主。卷55《清河孝王庆传》载,安帝封女弟侍男为涅阳长公主。治今河南邓州市东北。

25. 阴县(29—208)

献帝建安十三年,别属南乡郡。治今湖北老河口市西北。

26. 酂县(29—208)

《后汉书》卷16《邓禹传》载,建武元年,光武帝封禹为酂侯,次年更封梁。卷26《韦彪传》载,章帝建初七年(82),绍封萧何后熊为酂侯。献帝建安十三年,别属南乡郡。治今湖北老河口市西北。

27. 邓县(29—220)

《后汉书》卷11《刘玄传》载,更始封王常为王。《三国志》卷20《魏书·邓哀王冲传》载,建安二十二年,献帝封曹琮为邓侯。治今湖北襄阳市西北。

28. 山都县(29—208)

《后汉书》卷22《马武传》载,建武元年,光武帝封武为山都侯,十三年,更封鄃侯。献帝建安十三年,别属襄阳郡。治今湖北襄阳市西北。

29. 郦县(29—220)

《后汉书》卷78《孙程传》载,延光四年(125),顺帝封王国为郦侯。治今河南内乡县西北。

30. 穰县(29—220)

《后汉书》卷11《刘玄传》载,更始封廖湛为王。卷14《泗水王传歙传》载,建武十三年,中山王刘茂降为穰侯。卷23《窦宪传》载,和帝永元四年,封邓叠为穰侯,旋败,国除。治今河南邓州市。

31. 朝阳县(29—220)

《后汉书》卷14《泗水王歙传》载,刘浮为朝阳侯,似当在永平中,后因无子国除。"延光中,(刘)护从兄瓌与安帝乳母王圣女伯荣私通,遂取伯荣为妻,得绍护封为朝阳侯,位侍中,及王圣败,贬爵为亭侯。"据此,延光中朝阳复为侯国,顺帝即位,国除。治今河南新野县西南。

32. 蔡阳县(29—190?)

《后汉书》卷14《城阳恭王祉传》载,建武十三年,光武帝封祉嫡子平为蔡阳侯,明帝永平五年,更封为竟陵侯。《续汉志》中为侯国,未详。献帝初别属章陵郡。治今湖北枣阳市西南。

33. 安众县(29—220)

《后汉书》卷25《卓茂传》载:"刘宣字子高,安众侯崇之从弟,知王莽当篡,乃变名姓,抱经书隐避林薮。建武初乃出,光武以宣袭封安众侯。"然以《汉书》卷15《王子侯表》安众侯条,建武二年,侯宠以故安众侯崇从父弟绍封,建武十三年,侯松嗣。表注曰:"今见。"则封安众侯者当为刘宠,又或建武元年,光武帝一度封刘宣为安众侯,后徙封,二年又以刘宠绍封。《续汉志》中仍为侯国,或是。治今河南邓州市东北。

34. 筑阳县(29—208)

《后汉书》卷18《吴汉传》载,建武二十年,光武帝封汉子盱为筑阳侯,章帝建初八年(83)徙封平春。《续汉志》中为侯国,未详。献帝建安十三年,别属南乡郡。治今湖北谷城县东北。

35. 武当县(29—208)

《后汉书》卷15《邓晨传》载,晨小子棠徙封为武当侯,顺帝永建元年

(126),无子,国除。献帝建安十三年,别属南乡郡。治今湖北丹江口市西北。

36. 博山县(29—75?)—顺阳县(75?—208)

应劭曰"汉明帝改曰顺阳",其实南阳郡博山本名即为顺阳,西汉哀帝时方更名博山,东汉明帝时复称顺阳,因此颜师古以为应劭所说的汉明帝改博山为顺阳的说法不确(见《汉志》南阳郡博山县颜师古注),其实是恢复故称。《续汉志》顺阳县下司马彪自注云"故博山",亦仅是就《汉志》而言。又,《后汉书》卷14《顺阳怀侯嘉传》载,建武十三年,光武封嘉为顺阳侯,子参嗣,因罪削为南乡侯。《后汉书》卷24《马廖传》载,建初四年,章帝封马廖为顺阳侯,传子遵,和帝徙封程乡侯。《续汉志》中为侯国,或是。献帝建安十三年,别属南乡郡。治今河南淅川县南。

37. 成都县(140?—220)

《汉志》无此县,当为东汉新置,置年不详,唯知在顺帝永和五年前。地望无考。

38. 襄乡县(140?—220)

《元和郡县图志》卷24随州枣阳县下云:"后汉分蔡阳立襄乡县。"置县确年不详,仅知在顺帝永和五年前。治今湖北枣阳市东北。

39. 南乡县(120?—208)

《汉志》无此县,当为东汉新置,洛阳刑徒墓砖文载"右无任南阳南乡鬼新张伯,永宁元年五月十六日死"①,则安帝永宁元年前已经析置南乡县。献帝建安十三年,别立为南乡郡。治今河南淅川县西南。

40. 丹水县(39—208)

光武帝建武十五年,自弘农郡来属。献帝建安十三年,别属南乡郡。治今河南淅川县西。

41. 析县(39—208)

光武帝建武十五年,自弘农郡来属。《后汉书》卷78《孙程传》载,延光四年(125),顺帝封赵封为析县侯。献帝建安十三年,别属南乡郡。治今河南西峡县。

附一:章陵郡(190?—220)

东汉末,于南阳郡内析置章陵郡。章陵郡始置之年,史未明言,但仍可约略推知。

《后汉书》卷74《刘表传》载:"初平元年……诏书以表为荆州刺史。"表请蒯

---

① 中国社会科学院考研研究所编著:《汉魏洛阳故城南郊东汉刑徒墓地》,第104页。

越等人共谋画,蒯越建议曰:"兵集众附,南据江陵,北守襄阳,荆州八郡可传檄而定。"李贤注引《汉官仪》曰:"荆州管长沙、零陵、桂阳、南阳、江夏、武陵、南郡、章陵等是也。"其后,蒯越佐刘表平定境内,《三国志》卷6《魏书·刘表传》裴松之注引《傅子》之说"诏书拜章陵太守"。是证至迟在初平元年,已析置章陵郡。

吴增僅《三国郡县表附考证》卷3中以《三国志》卷1《魏书·武帝纪》所言建安二年(197)"南阳、章陵诸县复叛为(张)绣"而断定其时章陵仍为南阳郡属县,"尚未为郡"。其说不确。上引《武帝纪》文中南阳、章陵当为二郡,并非指南阳郡章陵县,否则,章陵后"诸县"二字不易解也。该段文字正说明其时章陵郡已置。吴氏未审陈寿原文,故有此误。

章陵郡之领域,于史无征,在此仅作一推测。章陵郡既名章陵,章陵一县必当为其属县无疑。又以章陵县地望观之,其西面毗邻蔡阳,东面为位于南阳郡内最东南端之随县,北为平氏县,颇疑此三县亦应属章陵郡。章陵郡于魏黄初三年(222)易名为义阳郡,后省,晋武帝又立。《晋书》卷15《地理志》义阳郡所领四县中除安昌(即章陵,魏文帝更名,见《水经·沔水注》)外,所余三县恰为上述之蔡阳、随县及平氏县,因政区具有一定的传承性,后代政区往往反映出前代政区的消息,故可为上述章陵郡领县所作的推测添一间接佐证。

要之,倘上述推测无误,东汉末年章陵郡至少有四县规模。

1. 章陵县(190?—220)

治今湖北枣阳市南。

2. 蔡阳县(190?—220)

治今湖北枣阳市西南。

3. 随县(190?—220)

治今湖北随州市曾都区。

4. 平氏县(190?—220)

治今河南桐柏县西北。

附二:南乡郡(208—220)

南乡郡析置于献帝建安中。《水经·丹水注》云:"汉建安中,割南阳右壤为南乡郡。"《晋书》卷15《地理志》荆州下云:"后汉献帝建安十三年,魏武得荆州之地……又分南阳西界立南乡郡。"上述记载可资为证。

关于南乡郡之领域,据吴增僅《三国郡县表附考证》卷3及杨守敬《三国郡县表补正》,可知当有南乡、顺阳、鄳、丹水、武当、阴、筑阳、析、南阳九县之地。

《读史方舆纪要》卷51以为郡治顺阳,然未详何据,或因晋武帝平吴后改南乡名为顺阳之故。

1. 南乡县(208—220)

治今河南淅川县西南。

2. 顺阳县(208—220)

治今河南淅川县南。

3. 酂县(208—220)

《三国志》卷20《魏书·中山恭王衮传》载,建安二十二年,献帝封曹衮于此。治今湖北老河口市西北。

4. 丹水县(208—220)

治今河南淅川县西。

5. 武当县(208—220)

治今湖北丹江口市西北。

6. 阴县(208—220)

治今湖北老河口市西北。

7. 筑阳县(208—220)

治今湖北谷城县东北。

8. 析县(208—220)

治今河南西峡县。

9. 南阳县(208?—220)

吴增僅《三国郡县表附考证》未列此县,杨守敬《三国郡县表补正》云:"《晋南乡太守司马整碑》(碑)阴中载将吏,有武当、阴、酂、筑阳、丹水、顺阳、南乡,与《晋志》顺阳郡领县同。又有议曹掾南阳郭奥,从掾位南阳郭□。是魏之南乡有南阳县。"今从杨氏之说,补南阳县于此。置年不详。今地无考。

第二节 南郡(江陵国)[附:襄阳郡、临江(宜都)郡、固陵郡]沿革

南郡(29—79)—江陵国(79—85)—南郡(85—220)

东汉初年,在南郡境内曾存在有秦丰及田戎政权。光武帝建武五年(29),该二政权败,南郡归东汉。《汉志》南郡领十八城,较以《续汉志》,可知其高成、郚二县皆不见载,当在东汉初年省并。又,《汉志》南郡之若县,即《续汉志》鄀县,乃明帝永平元年(58)所复,故此县亦当在东汉初省并之列。是以,东汉初年,南郡有三县被省并。

故至建武十三年,南郡领江陵、临沮、夷陵、华容、宜城、邔、当阳、中庐、枝

江、襄阳、编、秭归、夷道、州陵、巫十五县。

汉明帝永平元年,复置郡县。

《后汉书》卷3《章帝纪》载,建初四年(79)"四月己丑,徙巨鹿王恭为江陵王……(元和二年)改庐江为六安国,江陵复为南郡。徙江陵王恭为六安王"。卷50《彭城靖王恭传》载:"建初三年,徙封江陵王,改南郡为国。元和二年,三公上言江陵在京师正南,不可以封,乃徙为六安王,以庐江郡为国。"

综合上述,可知在章帝建初年间,南郡改为江陵国,至元和二年(85),江陵国除,南郡复故。唯江陵国始置之年,《后汉书》卷3《章帝纪》与卷50《彭城靖王恭传》所载不同。其实江陵应置于建初四年,《纪》是《传》误。《后汉书》卷3《章帝纪》载建初四年"徙巨鹿王恭为江陵王,汝南王畅为梁王,常山王昞为淮阳王",是知江陵王当与梁王、淮阳王同时受封。又检《后汉书》卷50《梁节王畅传》及《淮阳顷王昞传》,知二《传》皆言在建初四年,畅、昞分别徙封为梁王及淮阳王,故《彭城靖王恭传》所言"建初三年,徙封江陵王"中之"建初三年"当为"建初四年"之讹。

又,约建初四年,武陵郡佷山县来属,江陵国增领一县。

自此,南郡领域无所变更,直至献帝建安时(参前图3-44)。

建安年间,南郡领域变动甚大。建安十三年(208),南郡析置襄阳、临江二郡,襄阳、中卢、邔、宜城、鄀五县别属襄阳郡,夷道、夷陵、佷山、秭归、巫五县别属临江郡。

上述襄阳、临江(宜都)二郡的沿革既明,即可知建安十三年时,南郡至少当领《续汉志》所载南郡之十七县除去别属襄阳及临江(宜都)二郡的各五县之后(即江陵、临沮、华容、当阳、枝江、编、州陵七县),再加上增置的旍阳县,该县不见于两汉《志》,吴增僅《三国郡县表附考证》卷3以为或系建安十三年南郡初入吴时所分置。

另,吴增僅《三国郡县表附考证》卷8以为汉末建安十三年后孙吴所据之南郡尚应有孱陵、作唐二县。其论可备一说。

建安二十四年后,临沮、旍阳二县别属襄阳,南郡至少尚领六县之地,即江陵、华容、当阳、枝江、编、州陵。此外或又有孱陵、作唐二县。

南郡治江陵县。

1. 江陵县(29—220)

治今湖北江陵县。

2. 郢县(29—30)

治今湖北江陵县东北。

3. 高成县(29—30)

治今湖北松滋市南。

4. 巫县(29—208)

献帝建安十三年,别属临江郡。治今重庆巫山县北。

5. 秭归县(29—208)

献帝建安十三年,别属临江郡。治今湖北秭归县。

6. 中卢县(29—208)

《后汉书》卷78《孙程传》载,延光四年(125),顺帝封中黄门孟叔为中卢侯。献帝建安十三年,别属襄阳郡。治今湖北襄阳市西南。

7. 编县(29—220)

治今湖北荆门市西北。

8. 当阳县(29—220)

治今湖北荆门市西南。

9. 华容县(29—220)

《后汉书》卷78《孙程传》载,延光四年,顺帝封中黄门王康为华容侯。治今湖北潜江市西南。

10. 襄阳县(29—208)

《后汉书》卷83《庞公传》李贤注引《襄阳记》云:"建武中,襄阳侯习郁立神祠于山",是东汉初此地为侯国。献帝建安十三年,别属襄阳郡。治今湖北襄阳市襄州区。

11. 邔县(29—208)

《后汉书》卷14《泗水王歙传》载,建武十年,光武封淄川王终子柱为侯国。献帝建安十三年,别属襄阳郡。治今湖北宜城市北。

12. 宜城县(29—208)

《后汉书》卷11《刘玄传》载,更始封王凤为王。卷78《孙程传》载,永建元年(121),顺帝徙封程为宜城侯。献帝建安十三年,别属襄阳郡。治今湖北宜城市东南。

13. 鄀县(29—30,58—208)

《汉志》作"若"。《续汉志》司马彪自注云:"永平元年复。"故鄀县当在东汉初年一度省并。《续汉志》中为侯国,未详。献帝建安十三年,别属襄阳郡。治今湖北宜城市东南。

14. 临沮县(29—219)

《后汉书》卷78《孙程传》载,延光四年,顺帝封中黄门史汎为侯国。建安二十四年地由吴入魏,别属襄阳郡。治今湖北远安县西北。

15. 枝江县(29—220)

《后汉书》卷78《孙程传》载,延光四年,顺帝封李刚为枝江侯。治今湖北枝江市东北。

16. 夷道县(29—208)

献帝建安十三年,别属临江郡。治今湖北宜都市。

17. 夷陵县(29—208)

《后汉书》卷78《孙程传》载,延光四年,顺帝封魏猛为侯国。献帝建安十三年,别属临江郡。治今湖北宜昌市东南。

18. 州陵县(29—220)

治今湖北洪湖市东北。

19. 佷山县(79—208)

《汉志》作佷山,《续汉志》自注云:"故属武陵。"此县何时由武陵别属南郡,史籍失载,颇疑是在章帝建初四年。是年,刘恭徙封江陵王,以南郡为国,而同时章帝在建初四年对几个诸侯王国进行了一次较大规模的益封举动。《后汉书》卷50《陈敬王羡传》载建初四年章帝"案舆地图,令诸国户口皆等,租入岁各八千万",可为佐证。其时的乐成、下邳、梁、淮阳、济阴等国的领域皆有扩展,故推测江陵国亦应在此次益封的诸侯国之列,佷山盖在此时由武陵益江陵国也。献帝建安十三年,别属临江郡。治今湖北长阳土家族自治县西。

20. 旍阳县(208—219)

两汉《志》无此县,《宋书》卷37《州郡志》云:"疑是吴所立。"吴增僅《三国郡县表附考证》卷3中引《三国志》卷17《魏书·乐进传》所载:"进讨刘备临沮长杜普、旍阳长梁太皆大破之",故以为此县置于建安时期。或系建安十三年南郡初入吴时所分置。建安二十四年别属襄阳郡。约治今湖北枝江市北。

21. 孱陵县(208?—220)

疑于献帝建安十三年自武陵郡来属。《三国志》卷54《吴书·吕蒙传》载,建安二十四年,孙权封吕蒙孱陵侯。治今湖北公安县西。

22. 作唐县(208?—220)

疑于献帝建安十三年自武陵郡来属。治今湖南安乡县北。

附一:襄阳郡(208—220)

《宋书》卷37《州郡志》襄阳公相下云:"魏武帝平荆州,分南郡编以北及南阳之山都立,属荆州。鱼豢云,魏文帝立。"

《晋书》卷15《地理志》云:"后汉献帝建安十三年,魏武尽得荆州之地,分南郡以北立襄阳郡。"

《元和郡县图志》卷 23 襄州襄阳下云："魏武平荆州,分南阳郡置襄阳郡。"

《太平寰宇记》卷 145 襄州下云："《荆州图副》云:'建安十三年,曹操平荆州,始置襄阳郡,以地在襄山之阳为名。'"

综合上述史料,可知襄阳郡当置于建安十三年。《宋书》卷 37《州郡志》所引鱼豢所说魏文帝立襄阳郡,误,吴增仅《三国郡县表附考证》卷 3 辨之已详。

襄阳郡之领县,史未明言,然据上引《宋书》卷 37《州郡志》之文及《续汉志》所载南郡编县以北之县,可知该郡始置时当领襄阳、中卢、邔、宜城、鄀及山都六县。吴增仅《三国郡县表附考证》卷 3 据《三国志》卷 3《魏书·明帝纪》所载景初元年(237)"分襄阳郡之鄀、叶县属义阳郡"之文认为其时还应有叶县。其说误。叶县本为南阳属县,地处堵阳县之北,襄阳郡断不会越过南阳郡中部数县而领有该县,谢钟英、马与龙及杨守敬等皆认为《明帝纪》之文有误,甚是。

又,吴增仅《三国郡县表附考证》卷 3 以为建安二十四年后襄阳郡又增领临沮、旍阳二县,当是。如此,则襄阳郡至汉末已领八县之地。

襄阳郡治襄阳县。

1. 襄阳县(208—220)

《续汉志》属南郡,献帝建安十三年来属。治今湖北襄阳市襄州区。

2. 中卢县(208—220)

《续汉志》属南郡,献帝建安十三年来属。治今湖北襄阳市西南。

3. 邔县(208—220)

《续汉志》属南郡,献帝建安十三年来属。治今湖北宜城市北。

4. 宜城县(208—220)

《续汉志》属南郡,献帝建安十三年来属。治今湖北宜城市东南。

5. 鄀县(208—220)

《续汉志》属南郡,献帝建安十三年来属。治今湖北宜城市东南。

6. 山都县(208—220)

《续汉志》属南阳郡,献帝建安十三年来属。治今湖北襄阳市西北。

7. 临沮县(219—220)

《续汉志》中属南郡。献帝建安二十四年关羽败,南郡入吴,吴增仅以为临沮、旍阳盖入魏,从之。治今湖北远安县西北。

8. 旍阳县(219—220)

此县乃汉末置,初置时属刘备南郡。献帝建安二十四年关羽败,南郡入吴,吴增僅以为临沮、旍阳盖入魏,从之。约治今湖北枝江市北。

附二：临江郡(208—210)—宜都郡(210—220)

《晋书》卷15《地理志》云："后汉献帝建安十三年,魏武尽得荆州之地……分枝江以西立临江郡。"

《宋书》卷37《州郡志》宜都太守下云："习凿齿云,魏武平荆州,分南郡枝江以西为临江郡。"

据《续汉志》南郡属县及上引《宋志》之文,可知此时临江郡当领夷道、夷陵、佷山、秭归、巫五县。

《宋书》卷37《州郡志》宜都太守下云,至建安十五年,刘备易临江为宜都郡。其后刘备又析置北井县。二十一年,巫、北井二县别属固陵郡。建安二十四年,地入吴,孙权又析宜都郡置固陵郡,巫、秭归二县别属。

治所不明。

1. 夷道县(208—220)

献帝建安十三年自南郡来属。治今湖北宜都市。

2. 夷陵县(208—220)

献帝建安十三年自南郡来属。治今湖北宜昌市东南。

3. 佷山县(208—220)

献帝建安十三年自南郡来属。治今湖北长阳土家族自治县西。

4. 秭归县(208—220)

献帝建安十三年自南郡来属。治今湖北秭归县。

5. 巫县(208—216,？—219)

献帝建安十三年自南郡来属,建安二十一年,别属固陵郡。其后巫县或曾还属宜都,至建安二十四年别属孙权固陵郡。治今重庆巫山县北。

6. 北井县(210？—216)

常璩《华阳国志》卷1《巴志》云："建安二十一年,以朐忍、鱼复、[汉丰]、羊渠及宜都之巫、北井六县为固陵郡。"是宜都郡此前已置有北井县。然此县不见于两汉《志》,以其地望推测,盖建安十五年后,刘备改临江郡为宜都郡之时析巫县之北而置。治今重庆巫山县北。

附三：固陵郡(219—220)

《续汉志》刘昭注引《魏氏春秋》云："建安二十四年,吴分巫、秭归为固陵郡。"《三国志》卷55《吴书·潘璋传》载："(孙)权征关羽……璋部下司马马忠禽羽……权即分宜都巫、秭归二县为固陵郡,拜璋为太守,振威将军,封溧阳侯。"《三国志》卷36《蜀书·关羽传》载,建安二十四年,关羽败亡,而巫县在建安二十一年时别属刘备所据之固陵郡。由上引文知,至迟在建安二十四年,巫复还属宜都,此时孙权所设之固陵与刘备之固陵毗邻对峙。这种情况亦只有在政权割据时才会出现。治所不明。

1. 巫县(219—220)

献帝建安二十四年自宜都郡来属。治今重庆巫山县北。

2. 秭归县(219—220)

献帝建安二十四年自宜都郡来属。治今湖北秭归县。

第三节　江夏郡(平春国)(附：蕲春郡、西陵郡)沿革

江夏郡(29—79)—平春国(79)—江夏郡(79—220)

光武帝建武五年(29),江夏郡归属东汉。《汉志》江夏郡领十四县,其中襄、钟武二县不见于《续汉志》,当于东汉初年省并。故光武帝建武十三年,江夏郡领有西陵、竟陵、西阳、邾、轪、鄂、安陆、沙羡、蕲春、鄳、云杜、下雉十二县。

至迟章帝建初四年(79)前,新置平春县。

《后汉书》卷3《章帝纪》载,建初四年四月"辛卯,封皇子伉为千乘王,全为平春王"。《后汉书》卷55《平春悼王全传》曰:"平春悼王全,以建初四年封。其年薨,葬于京师。无子,国除。"可知在章帝建初四年,曾置平春国。因平春为江夏属县,又章帝建初年间各诸侯王皆至少以一郡之地置国,故平春国领域,虽史乘失载,亦可推知当以江夏一郡之地而置也。唯由上引文知,平春王全尚未之国,便亡于京师,平春国旋除,而江夏郡易名平春国仅在一年之中便复故,故可知此平春国徒具虚名而已,于江夏郡建置无何影响。

安帝元初六年(112)前,新置南新市县,遂形成《续汉志》中江夏郡辖十四县之规模(参前图3-44)。

降至献帝建安十三年(208),江夏郡一分为二,其北境为曹操所据,《三国志》卷18《魏书·文聘传》载,以文聘为江夏太守,屯石阳。曹魏江夏郡领有石阳、鄳、平春、西陵、西阳、轪六县。其中西陵、西阳、轪三县,吴增仅《三国郡县表附考证》卷3以为其地皆在曹魏江夏郡境内,三地其时均弃为境上之地,曹操初置弋阳郡时,该三县当内徙属焉。吴说实误。其时该三县并未废弃,魏置弋阳郡时,三县尽属之(参见弋阳郡沿革),杨守敬《三国郡县表补正》已辨之。

江夏南境为孙权所据,《三国志》卷55《吴书·程普传》载,以程普为江夏太守,治沙羡,吴增仅《三国郡县表附考证》卷8认为当领有沙羡、鄂、下雉、竟陵、云杜、安陆、南新市、蕲春、邾九县。吴增仅《三国郡县表附考证》卷8以为

邾县地处两郡境界,其时当弃为两界境上地,不确。《三国志》卷55《吴书·甘宁传》裴注引《吴书》曰:"(苏)飞曰:'吾欲白子为邾长。'"此证是时邾县为黄祖所据。及祖败,邾县当入孙权之下。后又于建安十九年前新置阳新县。

其后,吴江夏郡又析置蕲春郡,蕲春、邾二县别属之。建安十八年后,曹操分汝南置弋阳郡,曹魏江夏之西陵、西阳、轪三县别属之(参见汝南郡沿革)。建安十九年,孙权割据之江夏析置西陵郡。阳新、下雉别属之。

综上所述,至建安二十四年,孙权江夏郡至少当领沙羡、鄂、竟陵、云杜、安陆、南新市六县,而曹魏江夏郡当领石阳、平春、鄳三县。

江夏郡本治西陵。刘表时黄祖为太守,屯沙羡。魏武平荆州,以文聘为太守,屯石阳。建安十三年,孙权破黄祖,遂有江夏南境,与魏对峙,郡治沙羡。

1. 西陵县(29—218?)

《后汉书》卷50《梁节王畅传》载,建初二年,章帝封刘畅舅阴棠为西陵侯,国除年不详。献帝建安末,别属弋阳郡。治今湖北武汉市新洲区西。

2. 襄县(29—30)

今地无考。

3. 钟武县(29—30)

治今河南信阳市东南。

4. 西阳县(29—218?)

献帝建安末,别属弋阳郡。治今河南光山县西。

5. 轪县(29—218?)

《后汉书》卷20《王霸传》载,王霸子符永平二年(59)嗣爵淮陵侯,后徙封为轪侯。献帝建安末,别属弋阳郡。治今河南息县南。

6. 鄳县(29—220)

《后汉书》卷44《邓彪传》载,建武初,光武封邯为鄳侯,国除年不详,然当不早于明帝永平时。治今河南罗山县西北。

7. 竟陵县(29—220)

《后汉书》卷14《城阳恭王祉传》载,明帝永平五年(62),更封祉子平为竟陵侯。《续汉志》中仍为侯国,或是。治今湖北潜江市西北。

8. 云杜县(29—220)

治今湖北京山县。

9. 沙羡县(29—220)

治今湖北武汉市西南。

10. 邾县(29—208)

献帝建安十三年,别属蕲春郡。治今湖北黄冈市北。

11. 下雉县(29—214)

献帝建安十九年,别属吴所置西陵郡。治今湖北阳新县东。

12. 蕲春县(29—208)

《后汉书》卷18《陈俊传》载,俊子浮自祝阿侯徙封蕲春。徙封时间,史乘未载,然当在建武三十年以祝阿益济南国时。《续汉志》中为侯国,或是。献帝建安十三年,别立蕲春郡。治今湖北蕲春县西南。

13. 鄂县(29—220)

建安二十五年,孙权自公安都鄂,改名武昌。即今湖北鄂州市鄂城区。

14. 平春县(79?—220)

东汉所新置,然置年不详,唯知必在章帝建初四年前,《后汉书》卷55《平春悼王全传》载,建初四年,章帝封子全为平春王。刘全当年薨,平春国旋除,县还属江夏。《后汉书》卷18《吴汉传》载,建初八年,章帝徙封吴盱为平春侯。治今河南信阳市西北。

15. 南新市县(112?—220)

《汉志》无此县,应为东汉新置。东汉刑徒砖文载:"无任江夏南新市髡……叔,元初六年□月三日"、"无任江夏南新市髡钳张升,元初六年闰月九日死"①。则至迟在安帝元初六年之前,南新市已经建置。《续汉志》中为侯国,未详。《三国志》卷61《吴书·孙皎传》载,建安中,孙皎尝以此地为食邑。治今湖北京山县东北。

16. 安陆县(29—220)

治今湖北云梦县。

17. 石阳县(208—220)

两汉《志》无此县,《宋书》卷36《州郡志》安陆太守安陆公相下云:"江夏又有曲陵县,本名石阳,吴立。"吴增僅《三国郡县表附考证》卷3依据有关史料认为吴立石阳在破黄祖时,魏得石阳在平荆州时,当是。治今湖北钟祥市西北。

18. 阳新县(?—214)

两汉《志》无,当是东汉末年新置。《宋书》卷37《州郡志》武昌太守阳新侯相下云:"吴立。"《水经·江水注》云:"江之右岸,富水注之,水出阳新县之青溢山,西北流迳阳新县,故豫章之属县矣。"宋本《太平寰宇记》卷113岳州兴国军

---

① 中国社会科学院考古研究所编著:《汉魏洛阳故城南郊东汉刑徒墓地》,第112、115页。

永兴县下云:"吴大帝分鄂立阳新县。……未属武昌已前属豫章。"由《太平寰宇记》之载,知阳新析自鄂县,而鄂县乃孙权江夏属县,阳新所邻之下雉亦属江夏,且阳新之南境虽与豫章郡为邻,然有今幕阜山拦阻,按理不应依上引《水经注》及《太平寰宇记》之文属豫章,而实应属江夏郡,故颇疑二书所载有误,杨守敬徒遵二书所载而认定阳新属豫章郡,恐不妥。

该县置年不详,然《三国志》卷55《吴书·甘宁传》载,孙权拜甘宁为西陵太守,领"阳新、下雉两县"。西陵郡置在献帝建安十九年,故阳新之置不晚于此年。治今湖北阳新县东北。

附一:蕲春郡(208—220)

《宋书》卷37《州郡志》西阳太守蕲阳令下云:"二汉江夏郡有蕲春县,吴立为郡"。蕲春郡析置之确年,史无记载,吴增仅据《三国郡县表附考证》卷7《三国志·吴书》之孙权、吕蒙、凌统诸传文记载,认为蕲春郡当在建安十三年孙权得江夏南境之时分江夏立。今从其说。

蕲春郡之领域,史无确载。《宋书》卷36《州郡志》寻阳太守下云:"二汉属庐江,吴立蕲春郡,寻阳县属焉。晋武帝太康元年,省蕲春郡,以寻阳属武昌,改蕲春之安丰为高陵及邾县,皆属武昌。"据此可知蕲春郡当领蕲春、邾、寻阳、安丰四县。然据《三国志》卷47《吴书·孙权传》载,此实乃吴黄武二年(223)复置蕲春郡时之情形。由《三国志》卷54《吴书·吕蒙传》知,建安十九年,孙权以蒙为太守,屯寻阳,则是时寻阳仍当属庐江而不隶于蕲春。安丰,建安十三年孙权置江夏郡时无此县,当系孙权称帝后所置。杨守敬《三国郡县表补正》以为安丰地在江南,即晋武昌郡之官陵也,蕲春郡当领此县。杨说不妥。倘若安丰为官陵,则该地当在下雉县南,而其时下雉尚属江夏,断无安丰越江而属蕲春郡之理。又清人多以此安丰作庐江之安丰,然庐江安丰距蕲春甚远,且有大别山阻隔,恐非。由上所述,颇疑上引《宋书》卷36《州郡志》之文有误。唯蕲春、邾二县当在孙权初置蕲春郡时属焉。蕲春郡当依蕲春县而置,而邾县亦由上文知建安十三年时属吴之江夏,且其地在江北,毗邻蕲春,又结合上引《宋书》卷36《州郡志》所载,故可断邾县属蕲春。这样,蕲春郡初置时仅领二县而已。

蕲春郡治当在蕲春县。

1. 蕲春县(208—220)

献帝建安十三年,自江夏郡来属。治今湖北蕲春县西南。

2. 邾县(208—220)

献帝建安十三年,自江夏郡来属。治今湖北黄冈市北。

附二：西陵郡(214—220?)

《三国志》卷55《吴书·甘宁传》载,孙权拜甘宁为西陵太守,领"阳新、下雉两县"。参考同书《孙权传》,知甘宁为西陵太守在建安十九年。故疑西陵郡之置即在献帝建安十九年。

以传文,西陵郡领下雉、阳新二县,下雉本为江夏属县,自不待言。阳新,前文江夏郡下已言,当为江夏郡汉末新置之县。既然阳新、下雉皆为吴江夏属县,故可知西陵析自江夏。然西陵郡旋置旋废,吴增僅《三国郡县表附考证》卷8认为,建安二十五年武昌郡设置时,西陵所领之二县已在武昌郡属县之内矣。

郡治不明。

1. 阳新县(214—220?)

献帝建安十九年自江夏郡来属,建安二十五年别属武昌郡。治今湖北阳新县东北。

2. 下雉县(214—220?)

献帝建安十九年自江夏郡来属,建安二十五年别属武昌郡。治今湖北阳新县东。

第四节 零陵、桂阳二郡沿革

(一) 零陵郡(29—220)

光武帝建武五年(29),零陵郡归东汉。《汉志》零陵郡领有十县,与《续汉志》所载零陵郡十三城相较,《续汉志》多出《汉志》所无的湘乡、昭阳、烝阳三县,郡境北端向外扩展。史籍不载此三县何时由何地来属,其实该三县乃西汉末年由长沙国来属。

《汉书》卷15《王子侯表》载,建平四年(公元前3),哀帝封长沙王子昌为湘乡侯。元始五年(公元5),平帝封长沙王子赏为昭阳侯,景为承阳侯。《汉表》虽未言此三侯国别属何郡,然《续汉志》中零陵郡有此三县,当因西汉末上述三王子侯国由长沙国别属零陵郡之故。故建武十三年时,零陵郡领零陵、营道、始安、夫夷、营浦、都梁、泠道、泉陵、洮阳、钟武、湘乡、昭阳、烝阳十三县。

零陵郡北境由于接纳了湘乡、昭阳、烝阳三县,使得零陵、长沙二郡交界处形成明显的犬牙交错状况,零陵郡北境直插入长沙郡,犬牙交错原则在政区划界中的运用,于此可见一斑。

顺帝永建三年(128),零陵属县钟武更名重安。

自此便形成了《续汉志》零陵郡所载的状况(参见图3-45)。

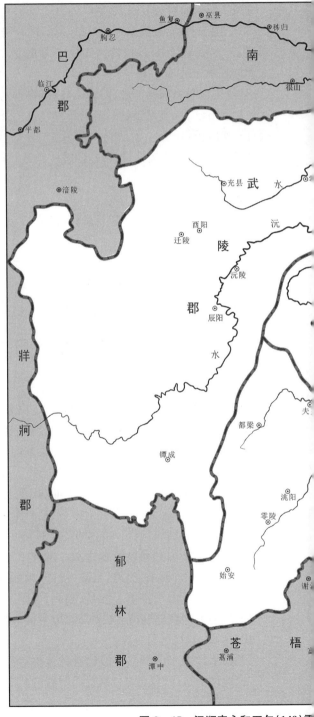

图 3-45 汉顺帝永和五年(140)零

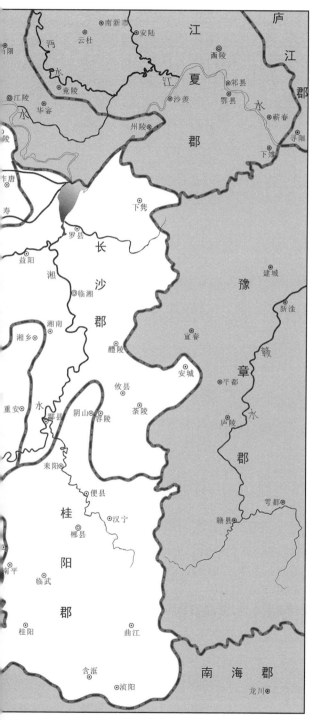

、武陵郡、长沙郡示意图

降至东汉末年,零陵郡又增置观阳县,自长沙郡得昭陵县。

又,《宋书·州郡志》载:"舂陵令,前汉旧县,舂陵侯徙国南阳,省。吴复立,属零陵。"①《绥民校尉熊君碑》文末记载了舂陵县的相关资料:"建安二十一年十□月寅朔一日丙寅太岁丙申,碑师舂陵程福造。"②结合整个碑文所记载的背景,此处的舂陵,即零陵郡舂陵县。故至迟建安二十一年(216)之前,舂陵再次由乡升格为县。换言之,舂陵县汉末已经复置,非《宋书·州郡志》所言"吴复"。

要之,至东汉末年,零陵郡领有十五县之地,即零陵、营道、始安、夫夷、营浦、都梁、泠道、泉陵、洮阳、重安、湘乡、昭阳、烝阳、观阳、昭陵。

《续汉志》零陵郡首书泉陵,是东汉零陵郡移治于泉陵。

1. 泉陵县(29—220)

治今湖南永州市零陵区。

2. 零陵县(29—220)

治今广西全州县西南。

3. 营道县(29—220)

治今湖南宁远县东南。

4. 营浦县(29—220)

治今湖南道县东北。

5. 泠道县(29—220)

治今湖南宁远县东。

6. 洮阳县(29—220)

治今广西全州县西北。

7. 都梁县(29—220)

治今湖南武冈市东北。

8. 夫夷县(29—220)

《续汉志》中为侯国,未详。治今湖南邵阳县西。

9. 始安县(29—220)

《续汉志》中为侯国,未详。治今广西桂林市象山区。

10. 钟武县(29—128)—重安县(128—220)

《续汉志》云:"(顺帝)永建三年更名。"《续汉志》中为侯国,未详。治今湖南衡阳县西北。

---

① 《宋书》卷 37《州郡志》。
② 洪适:《隶释 隶续》,中华书局,1986 年,第 132 页。

11. 湘乡县(29—220)

《汉志》无此县,然实乃西汉哀帝建平四年(公元前 3)所置之长沙王子侯国,东汉承之。《元和郡县图志》卷 30 潭州湘乡县下云:"本汉湘南县之湘乡也,后汉立为县,属零陵郡。"此载亦不准确,但据此可知湘乡之地望。治今湖南湘乡市。

12. 昭阳县(29—220)

《汉志》无此县,乃平帝元始五年(公元 5)所置之长沙王子侯国,东汉袭为县。治今湖南邵东县东北。

13. 烝阳县(29—220)

故属长沙。《汉志》作"承阳"。治今湖南邵东县东南。

14. 观阳县(210?—220)

洪适《隶释》卷 11《绥民校尉熊君碑》云:"受命立灌阳县督长,六载,无为而治"。灌阳当即观(觀)阳,由碑文可知,熊君为灌阳长在建安十五年(210),则灌阳县在此年之前建置。《宋书》卷 37《州郡志》零陵内史观阳男相下云"吴立",误,杨守敬《三国郡县表补正》已正之。治今广西灌阳县东。

15. 舂陵县(216?—220)

汉献帝建安二十一年左右设置。治今湖南宁远县北。

16. 昭陵县(220?—220)

两汉《志》昭陵皆属长沙,然《元和郡县图志》卷 30 邵州下云:"秦为长沙郡地,汉为昭陵县,属零陵郡。"吴增僅《三国郡县表附考证》卷 8 据此以为昭陵当在东汉末年由长沙别属零陵,可从。治今湖南邵阳市大祥区。

(二)桂阳郡(29—220)

光武帝建武五年(29 年),桂阳郡归东汉。东汉桂阳郡沿革比较简单。

《汉志》桂阳郡领有十一县,其中阳山县不载于《续汉志》,宋本《太平寰宇记》连州阳山县上云:"后汉省入含洭。"含洭,两汉《志》属桂阳郡,故可知阳山已在东汉省并。《宋书》卷 37《州郡志》广兴公相阳山侯下云:"汉旧县,后汉曰阴山,属桂阳。"沈约此处所记误矣。两汉《志》皆有阴山,另为一地,与《宋书》卷 37《州郡志》阳山了不相涉。《宋书》卷 37《州郡志》阳山实乃《汉志》阳山也,至东汉已省(参见前文西汉编)。杨守敬《三国郡县表补正》亦未搞清西汉阳山与阴山之地望,错将西汉阳山视为东汉阴山,进而以为东汉省阴山入含洭,误甚。

建武十三年,桂阳郡辖县十:郴、临武、便、南平、耒阳、桂阳、曲江、含洭、浈阳、阴山。

顺帝永和元年(136)，析置汉宁县。故《续汉志》中桂阳郡领县亦为十一。自此至汉末，未闻桂阳郡有何变更，其领域当一直如《续汉志》所示(参前图3-45)。

桂阳郡治郴县。

1. 郴县(29—220)

治今湖南郴州市北湖区。

2. 阳山县(29—30)

治今广东阳山县东南。

3. 便县(29—220)

治今湖南永兴县。

4. 耒阳县(29—220)

治今湖南耒阳市。

5. 阴山县(29—220)

治今湖南衡东县东南。

6. 南平县(29—220)

治今湖南蓝山县东北。

7. 临武县(29—220)

治今湖南临武县东。

8. 桂阳县(29—220)

治今广东连州市。

9. 含洭县(29—220)

治今广东英德市西北。

10. 浈阳县(29—220)

治今广东英德市东。

11. 曲江县(29—220)

治今广东韶关市东南。

12. 汉宁县(136—220)

《续汉志》自注云："(顺帝)永和元年置。"治今湖南资兴市南。

第五节　武陵郡、长沙郡(国)(附：汉昌郡)沿革

(一) 武陵郡(29—220)

光武帝建武五年(29)，武陵郡归东汉。《汉志》武陵郡领十三县，较以《续

汉志》，即可知无阳、义陵二县不见于载，该二县当在东汉初期省并。又由《续汉志》知武陵郡所领诸县皆沿沅、澧二水分布，说明武陵郡的开发是沿江而进行的。义陵、无阳二县西汉本皆设于沅水上游，东汉废之，当是二地经济开发暂时衰退的反映。

建武十三年，武陵郡辖有十一县：索、孱陵、临沅、沅陵、镡成、迁陵、辰阳、酉阳、很山（即佷山）、零阳、充。

建武二十六年，增置沅南县。《续汉志》武陵郡又有作唐县，《汉志》不载此县，当是东汉新置，设置之确年史籍失载，然不晚于章帝初。大约在建初四年（79），很山别属江陵国（参见南郡沿革）。顺帝阳嘉三年（134），易索县之名为汉寿。

此后，武陵郡未闻有何变化（参前图3-45）。降至献帝建安十三年（208）后，作唐、孱陵二县别属南郡（参见南郡沿革），武陵郡领索、临沅、沅陵、镡成、迁陵、辰阳、酉阳、零阳、充、沅南十县。

西汉武陵郡本治义陵，东汉由于该县已废，故迁郡治于临沅。治所的北迁及武陵郡新县析置于郡境之北，皆说明东汉武陵郡开发的重点在郡境北部。

1. 临沅县（29—220）

治今湖南常德市武陵区。

2. 义陵县（29—30）

治今湖南溆浦县南。

3. 无阳县（29—30）

确地无考，当在今湖南芷江侗族自治县东北。

4. 索县（29—134）—汉寿县（134—220）

《续汉志》自注云："故索，阳嘉三年更名，刺史治。"是于顺帝阳嘉三年更名。治今湖南常德市东北。

5. 孱陵县（29—208）

献帝建安十三年，别属南郡。治今湖北公安县西。

6. 零阳县（29—220）

治今湖南慈利县东北。

7. 充县（29—220）

治今湖南桑植县。

8. 沅陵县（29—220）

治今湖南沅陵县南。

9. 辰阳县(29—220)

治今湖南辰溪县西南。

10. 酉阳县(29—220)

治今湖南永顺县东南。

11. 迁陵县(29—220)

治今湖南保靖县东北。

12. 镡成县(29—220)

治今湖南靖州苗族侗族自治县南,确址无考。

13. 沅南县(50—220)

《续汉志》司马彪自注云:"建武二十六年置。"《水经·沅水注》云:"(沅南县),后汉建武中所置也。县在沅水之阴,因以沅南为名。县治故城,昔马援讨临乡所筑也。"治今湖南常德市西南。

14. 作唐县(78?—208)

《汉志》不载此县,当是东汉新置。《水经·澧水注》云:"作唐县,后汉分孱陵县置。"该县设置之确年,史籍失载。《后汉书》卷86《南蛮传》云,章帝建初三年(78)冬,"溇中蛮覃儿健等复反,攻烧零阳、作唐、孱陵界中"。然则至迟在是年以前已置作唐县矣。献帝建安十三年,别属南郡。治今湖南安乡县北。

15. 很山(29—79)

章帝建初四年别属江陵国。治今湖北长阳土家族自治县西。

(二)长沙国(29—37)—长沙郡(37—220)

光武帝建武五年,长沙郡归东汉。《汉志》长沙国有十三县,至西汉末年,长沙国之湘乡、昭阳、烝阳三王子侯国别属零陵郡(参见零陵郡沿革)。故东汉初长沙当辖临湘、罗、连道、益阳、下隽、攸、酃、湘南、昭陵、茶陵、容陵、安城十二县①。

《后汉书》卷1《光武帝纪》载,建武十三年,以长沙王兴袭爵为王,不应经义,降为临湘侯。知是年之前,长沙为国,此后除为汉郡。

顺帝永和五年(140)前置醴陵县(参前图3-45)。

至东汉后期,又增置汉昌县。另有刘阳、临烝二县,当置于汉末。又,东汉末年,昭陵县别属零陵郡(参见零陵郡沿革)。

---

① 较《汉志》少烝阳县,当与烝阳侯国之置有关。至于湘乡,乃析自湘南县,昭阳或分自长沙昭陵县,故东汉长沙国(郡)领县仅少了烝阳一县,详见前文零陵郡沿革。

献帝建安十五年(210),长沙郡析置汉昌郡,其北境如汉昌、下隽等数县别属之。疑此郡废于建安二十四年,其属县遂还属长沙(参见汉昌郡沿革)。

要之,至建安二十四年,长沙郡当领十五县,即临湘、罗、连道、益阳、下隽、攸、酃、湘南、茶陵、容陵、安城、醴陵、汉昌、刘阳、临烝。

长沙郡(国)治临湘县。

1. 临湘县(29—220)

《后汉书》卷1《光武帝纪》载,建武十三年,光武以不应经义为由,降长沙王兴为临湘侯,国除年不详。治今湖南长沙市岳麓区。

2. 攸县(29—220)

治今湖南攸县东北。

3. 茶陵县(29—220)

治今湖南茶陵县东北。

4. 安城县(29—220)

《汉志》作"安成"。治今江西安福县西北。

5. 酃县(29—220)

汉末析置临烝县。治今湖南衡阳市东。

6. 湘南县(29—220)

《续汉志》中为侯国。《后汉书》卷78《孙程传》载,顺帝即位之初,以湘南封中黄门黄龙为侯国,当是。汉末析置刘阳县。治今湖南湘潭县西南。

7. 连道县(29—220)

治今湖南涟源市东。

8. 昭陵县(29—220?)

《元和郡县图志》卷30昭陵县下云,属零陵郡。盖汉末时改属。治今湖南邵阳市大祥区。

9. 益阳县(29—220)

治今湖南益阳市东。

10. 下隽县(29—210,219—220)

《后汉书》卷78《孙程传》载,延光四年(125),顺帝封陈予为侯国。建安十五年别属新置之汉昌郡,建安二十四年回属长沙郡。治今湖北通城县西北。

11. 罗县(29—220)

《后汉书》卷23《窦宪传》载,和帝永元五年(93),夏阳侯窦瓌徙封罗侯,"永元十年,梁棠兄弟徙九真还,路由长沙,逼瓌令自杀",疑其年罗侯国亦国除。后安帝建光元年(121),上蔡侯邓骘亦徙封罗侯,不食而死,其罗侯国亦当随之国除。又,《三国志》卷 40《蜀书·刘封传》云,封本罗侯寇氏子,则寇氏亦曾封罗侯,然不知何时。治今湖南汨罗市西北。

12. 醴陵县(140? —220)

此县不见于《汉志》,似是东汉增置。然《汉书》卷 16《高惠高后文功臣表》载,醴陵侯越,高后四年(前 184)"四月丙申封,八年,孝文四年,有罪,免"。《水经·漉水注》云:"漉水出醴陵县东漉山,西过其县南。醴陵县,高后四年,封长沙相侯越为国。"是早在西汉初期即曾设置过醴陵侯国。又,西汉中期南郡亦曾辖有醴陵,然以两汉醴陵之地望,又恐非一地。故不知东汉之醴陵是否新置也,暂存疑。治今湖南醴陵市。

13. 容陵县(29—220)

治今湖南攸县西南。

14. 汉昌县(174? —210,219—220)

宋本《太平寰宇记》卷 113 岳州平江县下云:"本汉罗县地,后汉分其地为汉昌县。"该县始置之年,史无确载,然仍可约略推知。洪适《隶释》卷 4《周憬碑阴》有"长沙汉昌蹇秖字宣节"之记载,此碑立于熹平三年(174)。《三国志集解》注引钱大昭之说以为汉昌县必桓、灵时置,其说可从。建安十五年,分置为汉昌郡,二十四年回属。今地无考。

15. 刘阳县(209? —220)

《宋书》卷 37《州郡志》长沙内史浏阳侯相下云"吴立",浏阳即刘阳。《三国志》卷 54《吴书·周瑜传》载:"权拜瑜偏将军,领南郡太守。以下隽、汉昌、刘阳、州陵为奉邑,屯据江陵。"且由《三国志》卷 47《吴书·孙权传》知瑜为南郡太守在建安十四年,故至迟在是年前长沙已增置刘阳县。又,《元和郡县图志》卷 30 潭州浏阳县下云:"本汉长沙国临湘县地,吴置浏阳,因县南浏阳水为名。"是知刘阳乃析临湘而置。治今湖南浏阳市东北。

16. 临烝县(208? —220)

《三国志》卷 35《蜀书·诸葛亮传》载:"曹公败于赤壁,引军归邺。先主遂收江南,以亮为军师中郎将,使督零陵、桂阳、长沙三郡,调其赋税,以充军实。"裴松之注引《零陵先贤传》云:"亮时住临烝。"《三国志》卷 39《蜀书·刘巴传》裴注与此略同。曹操败于赤壁在建安十三年,然则至迟在是年之前已有临烝县。《元和郡县图志》卷 30 衡州衡阳县下云:"本汉酃县地,吴分置临烝县,属衡山郡。"则又知临烝分自酃县也。治今湖南衡阳市东北。

附:汉昌郡(210—219)

《三国志》卷 47《吴书·孙权传》载:"建安十五年,分长沙为汉昌郡,以鲁肃为太守,屯陆口。"汉昌郡之领域,于史无载,在此仅作一推测。陆口位于长沙郡北端,而汉昌由上文知乃由罗县析置,且汉昌郡自当包括汉昌县,故由地望推测,汉昌郡当割长沙北境置,该郡至少领有汉昌及其以北的下隽二县。吴增僅《三国郡县表附考证》卷8则疑汉昌郡之领域,即吕蒙为汉昌太守时所食之汉昌、下隽、刘阳、州陵四县,此说待考,权列于此,以备一说。

汉昌郡之设,盖系军事目的,为防御刘备而置。《三国志》卷54《吴书·鲁肃传》载肃与关羽相拒益阳,《三国志》卷54《吴书·吕蒙传》载蒙为汉昌太守时,"与关羽分土接境",皆可为证。至建安二十四年,关羽败,荆州属吴,吕蒙任南郡太守,此后遂不闻汉昌郡之名,故颇疑汉昌郡废于此时,汉昌属县亦当随之还属长沙。

1. 汉昌县(210—219)

献帝建安十五年来属,建安二十四年郡废,还属长沙。今地无考。

2. 下隽县(210—219)

献帝建安十五年来属,建安二十四年郡废,还属长沙。治今湖北通城县西北。

第十二章　扬州刺史部所辖郡国沿革

光武帝建武四年(28)前，九江、六安、豫章、会稽归属东汉，建武六年庐江、丹阳归属东汉。光武帝建武十三年，省并故西京所置之六安国，地入庐江郡，扬州刺史部遂辖九江、丹阳、庐江、会稽、豫章五郡。

明帝永平十六年(73)分九江郡析置阜陵国。

章帝建初元年(76)，阜陵国除，其县复并入九江。元和二年(85)，以庐江郡为六安国。章和元年(87)，再次析置阜陵国。二年，六安国复为庐江郡。

顺帝永建四年(129)，析会稽郡置吴郡。

冲帝永熹元年(145)，阜陵国国除，省并入九江郡。

桓帝建和元年(147)，阜陵国复继。

献帝兴平二年(195)，豫章郡析置出庐陵郡。建安十一年(206)，阜陵国再次国除，省并入九江。十三年，自丹阳郡析置新都郡，豫章郡析置彭泽郡。十五年，自豫章郡又析置鄱阳郡。又，汉末，丹阳郡曾析置临川郡。

第一节　九江郡(附：阜陵国)沿革

九江郡(28—220)

九江郡应在光武帝建武四年(28)前归属东汉。《汉志》九江郡领十五县，较之《续汉志》，其博乡、橐皋、建阳三县皆不见载，当皆已在东汉初期省并。故光武帝建武十三年，九江郡辖有十二县，即寿春、浚遒、成德、阴陵、历阳、当涂、钟离、合肥、东城、西曲阳、全椒、阜陵。

大约在建武二十年，九江郡得沛郡下蔡、平阿、义成三县。下蔡等三县《汉志》属沛郡，而《续汉志》属九江郡，且在此三县之下司马彪自注皆云"故属沛"，是下蔡等三县东汉时由沛改属九江。史虽不载该三县别属九江之确年，然仍可依理约略推知。下蔡等三县彼此相邻，且均处淮水北岸，与《续汉志》九江郡所领其余诸县相对隔开，自成一地理单元，故九江郡不应无故隔淮水而领此相连之三县，下蔡等三县必当因故同时由沛（国）割属九江。检《后汉书》卷42《沛献王辅传》，东汉建武二十年，沛郡为国，在诸沛王中，未闻有因故削地者，故颇疑在以沛郡为国封刘辅为王之时，因沛郡领域较大，并不予其沛郡全境之地，故割下蔡等三县畀九江。这种情况在西汉封建诸王时颇为多见。若然，则此三县当于建武二十年属九江。

明帝永平十六年(73)，析置阜陵国，阜陵、浚遒二县别属之。章帝建初元年(76)，阜陵国除，阜陵、浚遒二县复还属九江。

建初四年，割九江之钟离、当涂、东城、历阳、全椒五县益下邳国。此处未言及《汉志》九江郡所领之建阳县，而依建阳之地望（位于东城、全椒、历阳之东北）而言，本当提及并同时割入下邳，然并未如此，故可知在此之前，建阳县当已省并。章和元年(87)，复析置阜陵国。寿春、阜陵、成德、合肥、浚遒五县别属之。至此，九江郡当仅领下蔡、平阿、义成、西曲阳、阴陵五县之地。

顺帝永建元年(126)，前益下邳国的钟离、当涂、历阳、全椒四县，因封下邳贞王成兄二人及下邳惠王孙二人为列侯而成为四个侯国之地回属九江郡，遂使九江郡此时领有九县之地（参图3-46）。

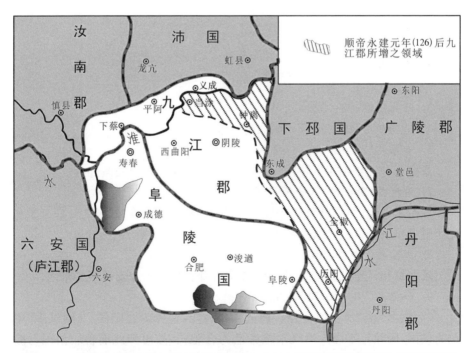

图3-46　汉章帝章和元年(87)至顺帝建康元年(144)九江郡及阜陵国各自领域示意图

质帝永嘉元年(145),阜陵王代薨,无子,国绝。阜陵国所领之寿春、阜陵、成德、合肥、浚遒五县还属九江。桓帝建和元年(147),阜陵国复继,此时阜陵国领域已无原阜陵国五县之广,浚遒等县不复在阜陵国域内。《续汉志》九江郡所领十四县之规模当是阜陵国暂绝或绍封后的状况,并非顺帝永和五年九江郡的版籍。永和五年(140),九江郡只应有除却阜陵国辖县剩余之地(参见图3-47)。

据吴增僅《三国郡县表附考证》卷7考证,降至献帝兴平中,孙策平江东,历阳县遂入孙吴之丹阳郡。建安十一年(206),阜陵国除,阜陵所领之县当复还属九江,九江郡遂有《续汉志》九江郡所领十四城除去历阳一县而余的十三城之规模。

九江郡治所本在寿春,章和元年后,寿春属阜陵国,九江遂徙治阴陵县,故《续汉志》首书阴陵。

1. 阴陵县(28—220)

治今安徽定远县西北。

2. 博乡县(28—30)

治今安徽六安市西。

3. 橐皋县(28—30)

治今安徽巢湖市西北。

4. 建阳县(28—30)

治今安徽来安县东南。

5. 西曲阳县(28—220)

《汉志》作"曲阳"。治今安徽淮南市东。

6. 寿春县(28—87,145—220)

章帝章和元年别属阜陵国,冲帝永嘉元年回属。治今安徽寿县。

7. 浚遒县(28—73,76—87,145—220)

明帝永平十六年别属阜陵国,章帝建初元年阜陵国除,回属九江郡。章和元年复置阜陵国,再属之,冲帝永嘉元年回属。治今安徽肥东县东。

8. 成德县(28—87,145—220)

章帝章和元年别属阜陵国,冲帝永嘉元年回属。治今安徽寿县东南。

9. 合肥县(28—87,145—220)

《后汉书》卷22《坚镡传》载,建武六年,定封坚镡为合肥侯。《续汉志》中仍为侯国,国除年不详。然汉末顾雍已为合肥长,故可知此前合肥侯国已除矣。章帝章和元年别属阜陵国,冲帝永嘉元年回属。治今安徽合肥市蜀山区。

10. 阜陵县(28—73,76—87,145—147,206—220)

明帝永平十六年别属阜陵国。章帝建初元年,阜陵王贬为阜陵侯,九江郡复辖有阜陵侯国。章和元年,阜陵侯复封为王,又别属阜陵国。冲帝永嘉元年回属九江郡,桓帝建和元年再属阜陵国。献帝建安十一年,阜陵县回属九江郡。治今安徽和县西。

11. 历阳县(28—79,126—194)

章帝建初四年,别属下邳国。顺帝永建元年,为下邳王子侯国回属九江。国除年不详。献帝兴平中,孙策以此县属丹阳郡。治今安徽和县。

12. 当涂县(28—79,126—220)

章帝建初四年,别属下邳国。顺帝永建元年,为下邳王子侯国回属九江,寻国除,故《续汉志》中当涂为县。治今安徽怀远县南。

13. 全椒县(28—79,126—220)

建武二十七年,光武帝置以为马成侯国。章帝建初四年,全椒益下邳国。《后汉书》卷22《马成传》载,成"子卫嗣。卫卒,子香嗣,徙封棘陵侯"。顺帝永建元年,为下邳王子侯国回属九江,寻国除,故《续汉志》中全椒为县。治今安徽全椒县。

14. 钟离县(28—79,126—220)

章帝建初四年,别属下邳国。顺帝永建元年(126年),为下邳王子侯国回属九江,国除年不详。治今安徽凤阳县东。

15. 东城县(28—79)

章帝建初四年,别属下邳国。治今安徽定远县东南。

16. 下蔡县(44—220)

建武初属沛郡,建武二十年沛郡为国,来属九江。治今安徽凤台县。

17. 平阿县(44—220)

建武初属沛郡,建武二十年沛郡为国,来属九江。《水经·淮水注》云:"建武十三年,世祖更封耿阜为侯国。"如是,则平阿甫入九江时当为侯国。《后汉书》未载其事,其本传但云耿阜徙封莒乡侯,当为范晔偶脱漏。治今安徽怀远县西南。

18. 义成县(44—220)

建武初属沛郡,建武二十年沛郡为国,来属九江。治今安徽怀远县东北。

附:阜陵国(73—76,87—145,147—206)

东汉在明、章二帝时曾先后两次设置阜陵国,下面依次述之。

《后汉书》卷2《明帝纪》载："(永平十六年)夏五月,淮阳王延谋反,发觉。……秋七月,淮阳王延徙封阜陵王。"卷42《阜陵质王延传》载,永平中,淮阳王延获罪,"有司奏请诛延,显宗以延罪薄于楚王英,故特加恩,徙为阜陵王,食二县"。

其时阜陵国所领之二县,史未明载,然仍可据理推知。

阜陵国当以阜陵县而置,故其一县必当为九江郡之阜陵县无疑。另一县则当是地望与阜陵相邻之县,这样才能使二县之地的阜陵国在地域上连成一体。其时阜陵县当仍在历阳以西的西汉故址,并未如李贤注《明帝纪》所言在全椒县南。此由章帝建初四年割九江之钟离、当涂、东城、历阳、全椒五县益下邳国之事中并未言及阜陵县可知(参见下邳国沿革)。倘阜陵县在全椒县南,而又已知位于全椒之南的历阳已属下邳,焉能置阜陵于不顾,则阜陵必应在上述割益下邳诸县之列。然事实并非如此,则可断李贤注误。《中国历史地图集》东汉阜陵县亦定点于全椒县南,误。阜陵县既然仍在历阳以西,那么阜陵国所领另一县理当在阜陵县邻近之浚遒、历阳二县中求之。又因后来浚遒为章帝章和元年复置五县之地的阜陵国属县(详见后文),故以理度之,此时阜陵国所领另一县当为浚遒而非历阳。阜陵、浚遒二县此时皆当属九江,故知二县之地的阜陵国乃析九江郡而置。

章帝建初元年,阜陵国除,辖县遂随之还属九江。

章和元年,复置阜陵国。《后汉书》卷3《章帝纪》云："(建初元年)十一月,阜陵王延谋反,贬为阜陵侯。"卷42《阜陵质王延传》云："延既徙封,数怀怨望。建初中,复有告延与子男鲂造逆谋者,有司奏请槛车征诣廷尉诏狱。肃宗下诏曰:'……令贬爵为阜陵侯,食一县。……'"上述所载可资为证。

章帝新置之阜陵国领域,史籍亦无稽,成为一大悬案。清人除钱大昕《廿二史考异》卷14对此问题略有提及且无良释外,余者皆熟视无睹,避而不谈,视为畏途。其实,阜陵国之领域并非完全无迹可寻,兹结合有关史料,在此作一大胆推测,庶几可复阜陵国领域之貌。

由上文知,建初元年后阜陵侯延仅食一县,该县当即阜陵无疑。又由前引《后汉书》卷42《阜陵质王延传》之文知,章和元年复置阜陵王时,乃是"增封四县,并前为五县"。是此时之阜陵国仍当领有阜陵县。《传》文又云："以阜陵下湿,徙都寿春。"则知寿春县必亦在领有五县之地的阜陵国内。如此,则阜陵国尚有三县不知。又,阜陵县之地望前文已证在历阳县以西之西汉故址,为九江郡领域中最东南端之县。寿春则位于九江郡之西北,淮水之滨,二地相距较远,加之东汉所置诸侯王国之名或易原汉郡为同名王国,或采王国境内某一县之名而为该王国之名，如平春国、西平国等，而阜陵国之名亦应因阜陵之故，因而阜陵国其余三县理当在含有阜陵、寿春二县所组成的地域内求得。又因该二县两汉《志》皆属九江郡，则阜陵国待定之三县亦原本应在九江郡领域之内。换言之，待定之阜陵国三县必须同时满足能与阜陵、寿春划在同一领域之内构成五县之地的阜陵国，且它们本身又原为东汉九江郡属县之双重条件。由是亦可知此阜陵国必乃析东汉九江郡地而置。

由九江郡沿革并较以《汉志》九江郡领县，则可知在章和元年析置阜陵国之前，九江郡至多领有下蔡、平阿、义成、阴陵、西曲阳、寿春、成德、合肥、浚遒、阜陵、博乡、橐皋十二县之地。然博乡、橐皋二县仅见于《汉志》，而《续汉志》不载，当皆已在东汉初期省并。博乡于西汉时本自六安国别属九江郡（参见前文），而东汉光武帝建武十三年省并十王国时六安并入庐江，故颇疑东汉初期博乡省并时复向西并入庐江郡地。至于橐皋，则当并入浚遒县矣。《续汉志》九江郡浚遒县下刘昭注云："《左传》哀十二年会吴于橐皋，杜预曰在县东南。"王先谦《汉书补注》卷28据此以为橐皋县并入浚遒县，甚是。

这样，在寿春与阜陵之间恰好仅有成德、合肥、浚遒三县，完全符合前文所明确的阜陵国领域内待定之县的双重条件，则此五县组成的阜陵国当即是阜陵国复置时之领域（参前图3-46）。

永嘉元年，阜陵国暂绝，其所领之寿春等五县当还属九江郡。

桓帝建和元年，绍封阜陵国。《后汉书》卷6《质帝纪》载，永嘉元年"秋七月庚寅，阜陵王代薨"。卷42《阜陵质王延传》载："（阜陵节王）代立十四年薨，无子，国绝。建和元年，桓帝立勃遒亭侯便亲为（阜陵怀王）恢嗣，是为恭王。"然则阜陵国暂绝于永嘉元年，复继于两年之后的桓帝建和元年。阜陵国暂绝之时，其所领之寿春等五县当还属九江郡，故钱大昕有《续汉志》"不载阜陵者，或所据版籍正在永嘉、本初之间，阜陵绝而未继之时乎"的推测。周振鹤在论学时又对《续汉志》不载阜陵国提出了另一种解释：由于阜陵国在质、桓二帝时绝而复继，故颇疑绍封之阜陵国未见得仍再领有五县之地，而或如西汉末年继绝而置的广德、广宗、广世（广川）三王国一样，虽占有一王国之名，但地仅一县，无须从所在的汉郡中再单独列出[①]。

据《鲁相韩敕造孔庙礼器碑》，其碑文左侧刻有"右尉九江浚遒唐安季兴五

[①] 周振鹤：《西汉政区地理》，第19页。

百"①,该碑碑阳明文此碑乃桓帝永寿二年(156)所刻。又《司隶校尉鲁峻碑》载:"故吏九江寿春瞅龚伯麟五百。故吏九江寿春任琪孝长五百。"②该碑立于灵帝熹平二年(169)。

上述碑刻记载时间在建和元年阜陵国绍封之后。则桓帝时期绍封之阜陵国至多有除浚遒县、寿春县之外的三县。另,浚遒、寿春地在阜陵之西,以其地望,如浚遒、寿春不在阜陵国域内,则成德、合肥等县恐皆成飞地,故疑此时之阜陵国仅存阜陵一县。

阜陵国绍封之后一直存在,其领域亦未闻有所更动。

献帝建安十一年,阜陵国除。《后汉书》卷9《献帝纪》载,建安十一年,"齐、北海、阜陵、下邳、泰山、甘陵、济北、平原八国皆除"。《后汉书》卷42《阜陵质王延传》载,阜陵王赦"建安中薨,无子,国除"。阜陵国除后,其原领之县理当复还属九江郡之中。

明帝所置之阜陵国当都阜陵县,章帝复置后,据本传文,徙治寿春。至于桓帝绍封之阜陵国,其都或在阜陵。

1. 寿春县(87—145)

章帝章和元年(87年)来属,冲帝永嘉元年(145年)回属九江郡。治今安徽寿县。

2. 成德县(87—145)

章帝章和元年来属,冲帝永嘉元年回属九江郡。治今安徽寿县东南。

3. 合肥县(87—145)

章帝章和元年,合肥来属阜陵国,永熹元年回属九江郡。治今安徽合肥市蜀山区。

4. 阜陵县(73—76,87—145,147—206)

明帝永平十六年属阜陵国,章帝建初元年,回属九江郡。章和元年,又属阜陵国。冲帝永嘉元年回属九江郡,桓帝建和元年再属阜陵国。献帝建安十一年,阜陵县回属九江郡。治今安徽和县西。

5. 浚遒县(73—76,87—145)

明帝永平十六年属阜陵国,章帝建初元年,回属九江郡。章和元年复来属,冲帝永嘉元年又属九江郡。治今安徽肥东县东。

---

① 徐玉立主编:《汉碑全集》,第882页。
② 毛远明编著:《汉魏六朝碑刻校注》,第353页。

第二节 丹阳郡(附：新都、临川二郡)沿革

丹阳郡(30—220)

《后汉书》卷22《马成传》载,建武六年(30),斩割据庐江的李宪,"追击其党羽,尽平江淮地"。卷21《李忠传》云:"(建武)六年,(忠)迁丹阳太守。是时海内新定,南方海滨江淮,多拥兵据土。忠到郡,招怀降附,其不服者悉诛之,旬月皆平。"由是知光武帝建武六年以后,丹阳郡已完全在汉廷控制之下。

丹阳郡在东汉中前期领域无甚变化,除省并宣城县外,依旧保持《汉志》丹阳郡所示范围,即辖有宛陵、於潜、江乘、春谷、秣陵、故鄣、句容、泾、丹阳、石城、湖熟(即胡孰)、陵阳、芜湖、黝、溧阳、歙十六县(参图3-47)。

桓帝时,复置宣城县。灵帝中平二年(185),故鄣县分置安吉、原乡二县。献帝建安十三年(208),析置新都郡,黝、歙二县别属之,黝县改为黟县。建安十七年(212),秣陵更名建业。

此外,东汉末年,丹阳又析置宁国、怀安、广德、始安、安吴、永平、临城、白阳等县。以上所新置诸县,皆在丹阳郡原领域之内,故只影响丹阳郡领县数目的变化,而丹阳郡境除南部析置新都郡外,此时并未有其他变动。汉末丹阳郡析置众多之县,盖与孙吴定都于此,着力开发,经济发展、人口增长有关。

此外,吴增仅《三国郡县表附考证》卷7以为兴平中,孙策平江东,九江之历阳,庐江之临湖、襄安、居巢皆先后属吴之丹阳郡;建安末,临湖、襄安弃为丹阳郡属地,而居巢则弃为魏吴两界境上地。其说可取。

另,汉末丹阳郡又曾析置临川郡,当又有数县别属之。临川郡寻废,其辖县又回属丹阳。

故至建安末,丹阳郡领有二十六县,即宣城、安吉、原乡、宁国、怀安、广德、始安、安吴、永平、临城、白阳新置之十一县及《续汉志》丹阳郡中除去黟、歙二县所余的宛陵、於潜、江乘、春谷、建业、故鄣、句容、泾、丹阳、石城、湖熟、陵阳、芜湖、溧阳、宣城十四县,以及新来属之历阳县。然丹阳郡此时之领域却比建安十三年以前要小,虽北部得历阳等县地,然其南部黟、歙二县大片土地已不在丹阳郡范围内。

丹阳郡本治宛陵县,建安末,徙治建业。

1. 宛陵县(30—220)

《三国志》卷56《吴书·吕范传》载,献帝建安末,吕范封于此,寻改封南昌。治今安徽宣城市宣州区。

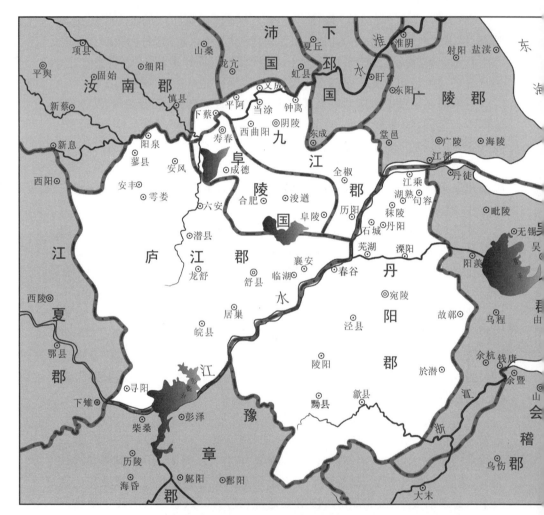

图 3-47　汉顺帝永和五年(140)九江郡、阜陵国、丹阳郡、庐江郡示意图

2. 溧阳县(30—220)

《后汉书》卷73《陶谦传》载:"是时,四方断绝,谦每遣使间行,奉贡西京。诏迁为徐州牧,加安东将军,封溧阳侯。"是献帝初陶谦曾被封为溧阳侯。《三国志》卷55《吴书·潘璋传》载,建安二十五年,潘璋封为溧阳侯。治今江苏溧阳市西北。

3. 丹阳县(30—220)

治今安徽当涂县东北。

4. 故鄣县(30—220)

灵帝中平二年分县南置安吉、原乡县。治今浙江安吉县西北。

5. 於潜县(30—220)

《汉志》作"于朁"。治今浙江临安市西。

6. 泾县(30—220)

治今安徽泾县西北。

7. 歙县(30—208)

献帝建安十三年,别属新都郡。治今安徽歙县。

8. 黝县(30—208)—黟县(208)

献帝建安十三年,别属新都郡。治今安徽黟县东。

9. 陵阳县(30—220)

《三国志》卷55《吴书·周泰传》载:"后权破关羽,欲进图蜀,拜泰汉中太守、奋威将军,封陵阳侯。"是献帝建安二十四年后,周泰尝封于此地。治今安徽石台县东北。

10. 芜湖县(30—220)

《后汉书》卷22《傅俊传》载,光武徙封俊子昌为芜湖侯。卷14《齐武王縯传》载,章和元年(87),章帝降齐王晃为芜湖侯,和帝永元二年(90),晃子无忌复为齐王,芜湖再为县。治今安徽芜湖市东南。

11. 秣陵县(30—212)—建业县(212—220)

《三国志》卷47《吴书·孙权传》载:"(建安)十六年,权徙治秣陵。明年,城石头,改秣陵为建业。"《续汉志》丹阳郡秣陵县下刘昭注所云"建安十六年,孙权改曰建业,十七年,城石头",与《吴书》微异。今从《吴书》所载。即今江苏南京市。

12. 湖熟县(30—220)

《汉志》作"胡孰"。《续汉志》中为侯国,未详。治今江苏南京市江宁区东南。

13. 句容县(37—220)

治今江苏句容市。

14. 江乘县(30—220)

治今江苏句容市西北。

15. 春谷县(30—220)

治今安徽繁昌县西北。

16. 石城县(30—220)

《后汉书》卷15《王常传》载,建武三十年,常子广徙封石城侯,永平十四年(71)国除。治今安徽马鞍山市东南。

17. 安吉县(185—220)

《续汉志》故鄣县下刘昭注引《吴兴记》曰:"中平[二]年,分县南置安吉县。光和末,张角乱,此乡守险助国,汉嘉之,故立县。中平二年,又分立原乡县。"《后汉书集解》卷22引惠栋说,谓注中平年,沈约、欧阳忞皆云中平二年,诸本脱"二"字。惠说甚是。治浙江今县西南。

18. 原乡县(185—220)

《宋书·州郡志》吴兴太守原乡令下皆云:"汉灵帝中平二年,分故鄣立。"大约治今浙江安吉县北。

19. 宣城县(30,147?—220)

《汉志》有此县,而不见载于《续汉志》,当是东汉初期已省并。然《后汉书》卷38《度尚传》载:"(抗)徐字伯徐,丹阳人,乡邦称其胆智。初试守宣城长,悉移深林远薮椎髻鸟语之人置于县下,由是境内无复盗贼。"此为桓帝时事。又《三国志》卷46《吴书·孙策传》裴松之注引《江表传》曰,建安二年夏,策统兵马讨袁术,"行到钱唐,(陈)瑀阴图袭策,遣都尉万演等密渡江,使持印传三十余纽与贼丹杨、宣城、泾、陵阳、始安、黟、歙诸险县大帅祖郎、焦已及吴郡乌程严白虎等,使为内应,伺策军发,欲攻取诸郡"。《三国志》卷49《吴书·太史慈传》云:"是时,(孙)策已平定宣城以东。"据《通鉴》知事在建安三年。《三国志》卷55《吴书·程普传》载,普从孙策"复讨宣城、泾、安吴、陵阳、春谷诸贼,皆破之"。同卷《吴书·周泰传》亦载宣城之名。综上可知,自桓帝以后,宣城一直存在。是至迟在桓帝时宣城已复置。治今安徽宣城市宣州区西。

20. 宁国县(196?—220)

《元和郡县图志》卷29宣州宁国县下云:"本后汉末分宛陵南乡置,属丹阳郡。"《三国志》卷60《吴书·周魴传》云:"(魴)少好学,举孝廉,为宁国长,转在怀安。"时在汉末。卷56《吴书·吕范传》载:"(孙)权破(关)羽还,都武昌,拜范建威将军,封宛陵侯,领丹杨太守,治建业,督扶州以下至海,转以溧阳、怀安、宁国为奉邑。"可知,汉末丹阳有宁国县。治今安徽宁国市西南。

21. 怀安县(208—220)

据前文宁国县所引《三国志》传文,汉末又有怀安县。《读史方舆纪要》卷28南直十宁国府怀安城下云:"后汉建安十三年,孙权分宛陵置怀安县。"治今安徽宁国市东南。

22. 广德县(207？—220)

《续汉志》无此县。《三国志》卷54《吴书·吕蒙传》云:"(蒙)从丹杨,所向有功,拜平北都尉,领广德长。"时在建安十二年孙权征黄祖之前,是至迟该年前已置广德县。《元和郡县图志》卷29宣州广德县下云:"后汉分故鄣县置,属丹阳郡。"治今安徽广德县西南。

23. 始安县(216？—220)

《三国志》卷60《吴书·贺齐传》云:"(建安)二十一年,鄱阳民尤突受曹公印绶,化民为贼,陵阳、始安、泾县皆与突相应。齐与陆逊讨破突,斩首数千,余党震服,丹杨三县皆降。"吴增仅《三国郡县表附考证》卷7据此以为汉末丹阳郡有始安县。其实,还有更早的一条材料吴氏未能采用,即上文论证桓帝复置宣城县时所引用的《三国志》卷46《吴书·孙策传》裴注引《江表传》的那段文字中已提及始安县,时在建安二年夏,是至迟建安初已置该县。杨守敬《三国郡县表补正》疑《三国志》卷60《吴书·贺齐传》之"始安"为"安吴"之误,谬矣。始安县今地无考,由上引《贺齐传》之文,颇疑该县地介于陵阳与泾县之间也。

24. 安吴县(196？—220)

《三国志》卷55《吴书·程普传》载,孙策时,普"后徙丹杨都尉,居石城,复讨宣城、泾、安吴、陵阳、春谷诸城,皆破之"。吴增仅《三国郡县表附考证》卷7据此以为孙策过江时即分置安吴。其说可从。治今安徽泾县西南。

25. 永平县(200？—220)

《三国志》卷55《吴书·凌统传》载:"(统)父操,轻侠有胆气,孙策初兴,每从征伐,常冠军履锋。守永平长,平治山越,奸猾敛手,迁破贼校尉。"孙策亡于建安五年,是至迟建初已有永平县。《宋书》卷35《州郡志》丹阳尹永世令下亦云:"吴分溧阳为永平县,晋武帝太康元年更名。"治今江苏宜兴市西。

26. 临城县(220？—220)

《三国志》卷55《吴书·徐盛传》载:"(孙)权以(盛)为校尉、芜湖令。复讨临城南阿山贼有功,徙中郎将,督校兵。"时在建安末。吴增仅《三国郡县表附考证》卷7据《南畿志》以为县置于赤乌中,误。杨守敬《三国郡县表补正》中则据《吴书·徐盛传》所载"(盛)领庐江太守,赐临城县为奉邑"而疑临城属庐江,恐亦非。临城与庐江郡所领之县隔一长江,以理度之,庐江不当领之。治今安徽青阳县南。

27. 白阳县(196?—220)

《三国志》卷64《吴书·诸葛恪传》载,孙权时,恪为丹阳太守,"白阳长胡伉得降民周遗,遗旧恶民,困迫暂出,内图叛逆,伉缚送诸府"。吴增僅《三国郡县表附考证》卷7据此以为汉末丹阳有白阳。杨守敬《三国郡县表补正》则以为是孤证不足据。两书各执一说,未详孰是,今姑从吴氏之说。今地无考。

28. 历阳县(194?—220)

本属九江郡,献帝兴平中孙策以此县来属丹阳。治今安徽和县。

29. 临湖县(194?—220?)

本属庐江郡,献帝兴平中来属。建安末,县废。治今安徽无为县西南。

30. 襄安县(194?—220?)

本属庐江郡,献帝兴平中来属。建安末,县废。治今安徽无为县西南。

31. 居巢县(194?—220?)

本属庐江郡,献帝兴平中来属。建安末,县弃为魏吴两界境上地。治今安徽桐城市南。

附一：新都郡(208—220)

《三国志》卷47《吴书·孙权传》云："是岁(按,指建安十三年),使贺齐讨黟、歙,分歙为始新、新定、犁阳、休阳县,以六县为新都郡。"

《三国志》卷60《吴书·贺齐传》云："(建安)十三年,迁威武中郎将,讨丹阳黟、歙。时武强、叶乡、东阳、丰浦四乡先降,齐表言以叶乡为始新县。……齐复表分歙为新定、黎阳、休阳。并黟、歙凡六县,权遂割为新都郡,齐为太守,立府于始新,加偏将军。"

《续汉志》丹阳郡下司马彪自注云："建安十三年,孙权分新都郡。"

《宋书》卷35《州郡志》新安太守下云："汉献帝建安十三年,孙权分丹阳立,曰新都,晋武帝太康元年更名。"《元和郡县图志》卷26睦州下云："后汉建安十三年,吴大帝遣中郎将贺齐讨歙县山贼,平定,分歙为始新、新定、黎阳、休阳四县,与歙、黟凡六县,立新都郡,理始新县。"

以上记载皆可证东汉末孙权置新都郡,其领域即黟、歙二县之地。此二县本位于丹阳郡南部,而始新等四县又皆由歙县分出,故新都六县之地当割丹阳南部而置。《续汉志》丹阳郡领县多集中在北部,南部仅黟、歙二县,说明其时郡之南部尚未大面积开发。降至汉末,地为孙吴所据,贺齐平定歙县后,即从该县分出四县。这说明经过东汉一代的发展,使江南经济较前有了一定的开发,人口亦随之增长,汉末分置新县是势所必然。

新都郡治始新县。

1. 始新县(208—220)

《宋书》卷35《州郡志》始新令下云:"孙权分歙立。"《元和郡县图志》卷27清溪县下云:"黄武元年,分歙县东乡置始新县。"此处作"黄武元年",乃建安十三年之误,但其地当不误。治今安徽歙县东南。

2. 黟县(208—220)

《续汉志》属丹阳郡,建安十三年来属新都郡。治今安徽黟县东。

3. 歙县(208—220)

《续汉志》属丹阳郡,建安十三年来属新都郡。治今安徽歙县。

4. 新定县(208—220)

《宋书》卷35《州郡志》遂安令下云:"孙权分歙为新定县。"《元和郡县图志》卷27睦州遂安县下云:"本汉歙县地,吴大帝使贺齐平黟、歙,于县之南乡安定里置新定县。"治今浙江淳安县西南。

5. 犁阳县(208—220)

《宋书》卷35《州郡志》海宁令下云:"孙权……又分置黎阳县,大明八年,省并海宁。"黎阳即犁阳,是献帝建安十三年置新都郡时新置此县。治今安徽歙县西南。

6. 休阳县(208—220)

《宋书》卷35《州郡志》海宁令下云:"孙权分歙为休阳县,晋武帝太康元年更名。"是献帝建安十三年置新都郡时新置此县。治今安徽休宁县东北。

附二:临川郡(219?—220?)

《三国志》卷56《吴书·朱然传》云:"然尝与(孙)权同学书,结恩爱。至权统事,以然为余姚长,时年十九。后迁山阴令,加折冲校尉,督五县。权奇其能,分丹杨为临川郡,然为太守,授兵二千人。"时在建安末。裴松之注云:"此郡寻罢,非今临川郡。"但吴增仅《三国郡县表附考证》卷7据《三国志》卷60《吴书·周鲂传》"贼帅董嗣负阻劫抄,豫章、临川并受其害"之文而认为临川郡至黄武以后始省废,并以为裴注所云"孙亮太平二年始立临川郡,时未有临川"之语乃是"偶出误记,未敢信也",进而推断此临川郡"西接豫章,东接丹阳,南接新都,如临城、石城等县皆是其地,与太平二年所置之临川,名同而地异也"。裴、吴二氏各执一说,未详孰是,存此备考。

至于临川郡辖境,史籍无载,吴增仅以为有临城、石城等县,恐不确。临城(今安徽青阳县南)地近陵阳,而石城(今安徽当涂县东北)在丹阳县西北,二地中隔数县，相距甚远，以理度之，其时实难合在一郡之内。好在临川郡置后不久即废，故于东汉政区之沿革亦无大碍。

第三节　庐江郡(六安国)(附：六安国)沿革

庐江郡(30—85)—六安国(85—88)—庐江郡(88—220)

光武帝建武六年(30)前，庐江为李宪所据。是年，宪亡，郡入汉廷。

《汉志》庐江郡与《续汉志》相较，可知《汉志》之枞阳、湖陵邑、松兹皆不见于《续汉志》，除枞阳外，余二县盖东汉初期省并。又，建武十三年，六安郡省并，六安、蓼、安丰、安风、阳泉五县入庐江，《后汉书》卷1《光武帝纪》载，建安十三年二月，省并西京十王国，"六安属庐江"。《续汉志》庐江郡下司马彪自注云："建武十[三]年省六安国，以其县属。"皆可为证。故是年庐江郡领有十五县，即舒、居巢、龙舒、临湖、雩娄、襄安、寻阳、潜、皖、六安、蓼、安丰、安风、阳泉、枞阳。

章帝元和二年(85)，以庐江郡置为六安国。《后汉书》卷3《章帝纪》云，元和二年，"改庐江为六安国，江陵为南郡。徙江陵王恭为六安王"。《后汉书》卷50《彭城靖王恭传》载："(永平)十五年，封(恭)为巨鹿王。建初三年(按，当作四年，参见南郡沿革)，徙封江陵王，改南郡为国。元和二年，三公上言江陵在京师正南，不可以封，乃徙为六安王，以庐江郡为国。"由是至此时之六安国领域即庐江郡所领之范围，远远大于建武十三年并入庐江的仅五县之地的六安国领域。

和帝章和二年(88)，六安国除为庐江郡。王先谦《后汉书集解》卷22引齐召南说以为此时六安省入庐江，不确。六安与庐江此时本为一地，上文已提及，故不得言"入"。齐氏察之未审，仍以为此时六安乃东汉初年六安国之复置，因而致误。《后汉书》卷4《和帝纪》云："(章和二年三月)，六安复为庐江郡。遗诏徙……六安王恭为彭城王。"卷50《彭城靖王恭传》载："肃宗崩，遗诏徙封(六安王恭)为彭城王，食楚郡，其年就国。"此后，庐江郡未闻有所变动，遂如《续汉志》所示。

顺帝永和五年(140)前，省并枞阳县，从而达到《续汉志》十四城之规模(参前图3-46)。

灵帝时，复置松滋县。

献帝建安初，庐江南境为吴所据。《三国志》卷46《吴书·孙策传》载，建安四年(199)，策破庐江太守刘勋于皖城。《孙策传》裴注引《江表传》曰："(策)表用汝南李术为庐江太守，给兵三千人守皖，皆徙所得人东诣吴。"此乃东吴分置庐江郡之始。以地望揆之，其时孙吴当占据皖、寻阳二县。然不久孙吴所据庐江之地入魏。《三国志》卷47《吴书·孙权传》裴注引《江表传》曰：建安五年，"(孙)策亡之后，(李)术不肯事权，而多纳其亡叛。……权大怒……是岁举兵攻术于皖城。……遂屠其城，枭术首，徙其部曲三万余人"。《三国志》卷47《吴书·孙权传》云："(建安)十八年正月，曹公攻濡须，权与相拒月余。曹公望权军，叹其齐肃，乃退。初，曹公恐江滨郡县为权所略，征令内移。民转相惊，自庐江、九江、蕲春、广陵户十余万皆东渡江，江西遂虚，合肥以南惟有皖城。"是皆可证建安五年至十八年间庐江在曹魏之手。

建安十九年，孙吴复占据庐江南境。《三国志》卷47《吴书·孙权传》云："(建安)十九年五月，权征皖城。闰月，克之，获庐江太守朱光及参军董和，男女数万口。"至此，庐江郡正式一分为二，孙吴与曹魏各置庐江郡，相互对峙。据吴增僅《三国郡县表附考证》卷7考证，其时吴庐江郡领有寻阳(郡治)、皖二县。杨守敬《三国郡县表补正》中以为当补松滋及临城。然临城是时属丹阳，未属庐江(参见丹阳郡沿革)。综合吴、杨二氏之说，吴庐江郡当领寻阳、皖、松滋三县。

而曹魏庐江郡，吴增僅《三国郡县表附考证》卷4中以为当领有阳泉(郡治)、龙舒、六安、潜、舒、雩娄、蓼、安丰、安风九县。

《续汉志》庐江郡领十四城，除去以上所提及的属县，尚有居巢、临湖、襄安未言归属。吴增僅《三国郡县表附考证》卷4及卷7以为此三县其时皆属吴丹阳郡，居巢旋弃为魏、吴两界境上地，而临湖、襄安二县旋弃为丹阳属地，可从。

庐江郡(六安国)治舒县。

1. 舒县(30—220)

治今安徽庐江县西南。

2. 湖陵县(30—30)

治所当在今安徽太湖县东，确址无考。

3. 雩娄县(30—220)

《续汉志》中为侯国，未详。治今河南商城县东。

4. 寻阳县(30—220)

建安初地入吴。治今湖北武穴市东北。

5. 潜县(30—220)

《汉志》作"灊"。治今安徽霍山县东北。

6. 临湖县(30—194?)

《后汉书》卷5《安帝纪》载，建光元年(121)，"乐成王苌有罪，废为临湖侯"，国除年不详。献帝兴平中，孙策平江东，以此县别属丹阳郡。治今安徽无为县西南。

7. 龙舒县(30—220)

《后汉书》卷42《楚王英传》载,永平元年(58),明帝封英舅子许昌为龙舒侯。治今安徽舒城县西南。

8. 襄安县(30—194?)

献帝兴平中,孙策平江东,以此县别属丹阳郡。治今安徽无为县西南。

9. 皖县(30—220)

《汉志》作"晥"。治今安徽潜山县。

10. 居巢县(30—194?)

《后汉书》卷39《刘般传》载,明帝永平元年,刘般徙封为居巢侯。《续汉志》中居巢为侯国,或是。献帝兴平中,孙策平江东,以此县别属丹阳郡。治今安徽桐城市南。

11. 六安县(37—220)

《后汉书》卷23《窦融传》载,明帝时有六安侯刘盱。卷42《楚王英传》载,章帝章和元年徙封英子种为六侯。治今安徽六安市东北。

12. 蓼县(37—220)

《续汉志》为侯国,未详。治今河南固始县北。

13. 安丰县(37—220)

《后汉书》卷23《窦融传》载,建武八年,光武帝封窦融为安丰侯,明帝永平中失国。永平十四年,复封窦嘉为安丰侯,国除年不详,疑在和帝永元时。治今河南固始县东南。

14. 阳泉县(37—220)

《续汉志》为侯国,未详。治今安徽霍邱县西北。

15. 安风县(37—220)

《续汉志》为侯国,未详。治今安徽霍邱县西南。

16. 松滋县(30,172?—220)

《汉志》作"松兹"。《三国志》卷55《吴书·陈武传》云:"陈武字子烈,庐江松滋人。"上文已提及松滋(松兹)本前汉县,《续汉志》不载,当于东汉初期省并,而《陈武传》中又载庐江松滋,故杨守敬《三国郡县表补正》据此疑该县汉末复置,当是。又,《陈武传》载,孙策在寿春,武从之,时年十八。其时当在兴平元年(194),是至迟在灵帝熹平年间已有松滋县矣。《后汉书集解》卷22引马与龙之说以为此松滋县与晋安丰郡所领之松滋地望为一,恐非。治今安徽宿松县东北。

17. 枞阳县(30—140?)

《续汉志》无此县。然《汉书补注》卷28引吴卓信云:"《御览》引谢承《书》

云:'刘駒騄除枞阳长。'駒騄仕邓太后时,是安帝尚有枞阳县。《晋书·陶侃传》:'侃领枞阳令。'而《晋志》无枞阳,不可解。"钱大昕《潜研堂集》卷12亦云:"庐江之枞阳,亦《续志》所无也,而谢承《后汉书》称刘駒騄除枞阳长(见《太平御览》),駒騄仕于邓太后时,是安帝之世尚有枞阳矣。"故可知枞阳在东汉初年尚未省并,是县或省并于顺帝初年,或《续汉志》失载,亦未可知。治今安徽枞阳县。

附:六安国(28—37)

建武四年前,六安归东汉。《后汉书》卷1《光武帝纪》载,建安十三年二月,省并西京十王,"六安属庐江"。《续汉志》庐江郡下司马彪自注云:"建武十[三]年省六安国,以其县属。"

1. 六安县(28—37)

《汉志》作"六"。治今安徽六安市东北。

2. 蓼县(28—37)

治今河南固始县北。

3. 安丰县(28—37)

治今河南固始县东南。

4. 阳泉县(28—37)

治今安徽霍邱县西北。

5. 安风县(28—37)

治今安徽霍邱县西南。

第四节 会稽郡(附:吴郡)沿革

会稽郡(28—220)

西汉会稽郡地域广大,为汉末百三郡国之冠。至东汉,会稽郡领域有所变化,北部析置吴郡,说明东汉对会稽郡的开发深入了一步。

会稽郡东汉前期变化寥寥,建武十三年(37)其领县与《汉志》时期同,即吴、曲阿、乌伤、毗陵、余暨、阳羡、诸暨、无锡、山阴、丹徒、余姚、娄、上虞、海盐、剡、由拳、太末、乌程、句章、余杭、鄞、钱唐、鄮、富春、东冶、回浦二十六县。

至顺帝永建四年(129),因会稽郡境界广大,析置吴郡,吴、海盐、乌程、余杭、毗陵、丹徒、曲阿、由拳、娄、富春、阳羡、无锡、钱唐十三县别属吴郡(参见下文吴郡沿革)。永和三年(138),析置永宁县。又,顺帝永和五年前置候官城。于是会稽郡遂达《续汉志》所载之十五城规模(参图3-48)。

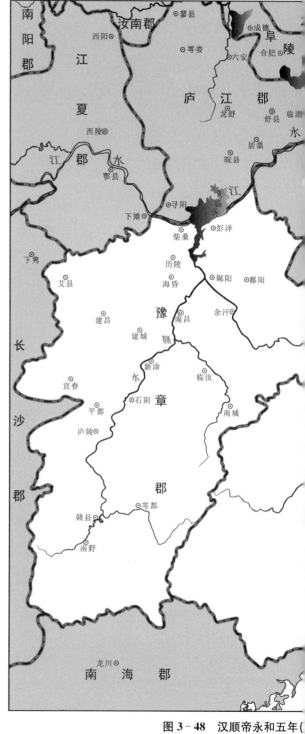

图 3-48 汉顺帝永和五年(

郡、吴郡、豫章郡示意图

降至东汉末年,会稽郡陆续析置新县。献帝初平三年(192),置新安、长山;兴平二年(195),置吴宁。建安初,又置建安、汉兴、南平三县。四年,置丰安。八年,置松阳。十年,置建平。二十三年,置遂昌、定阳二县。

　　以上新置之县共有十一县。汉末会稽郡析置如此众多新县,在诸郡国中当为首也,盖与孙吴势力在此发展及经过东汉一代在此的经济开发密切相关。

　　又,吴增僅《三国郡县表附考证》卷7会稽郡汉末格中录有东安、临海、南始平、罗阳四县,据有关史料证其为吴时析置,故此处不录。

　　要之,至建安末,会稽郡至少领有二十六县,即山阴、鄞、乌伤、诸暨、余暨、太末、上虞、剡、余姚、句章、鄞、章安、永宁、候官、东冶、新安、长山、吴宁、建安、汉兴、南平、丰安、松阳、建平、遂昌、定阳。然会稽郡领域在汉末仍如《续汉志》所示,未有更动。

　　会稽郡本治吴,永建四年徙至山阴。《续汉志》会稽郡下司马彪自注云:"本治吴,立郡吴,乃移山阴。"《宋书》卷35《州郡志》会稽太守下云:"秦立,治吴。汉顺帝永建四年,分会稽为吴郡,会稽移治山阴。"是为显证。

　　1. 山阴县(28—220)

　　《三国志》卷60《吴书·贺齐传》云,建安二十一年,贺齐封山阴侯。治今浙江绍兴市越城区。

　　2. 鄞县(28—220)

　　治今浙江宁波市东。

　　3. 乌伤县(28—220)

　　治今浙江义乌市。

　　4. 诸暨县(28—220)

　　治今浙江诸暨市。

　　5. 余暨县(28—220)

　　治今浙江杭州市萧山区。

　　6. 太末县(28—220)

　　《汉志》作"大末"。献帝初平三年分立新安县。建安四年,孙氏分立丰安县。二十三年,分立遂昌县。治今浙江衢州市东北。

　　7. 上虞县(28—220)

　　治今浙江绍兴市上虞区。

　　8. 剡县(28—220)

　　治今浙江嵊州市西南。

9. 余姚县(28—220)

治今浙江余姚市。

10. 句章县(28—220)

治今浙江余姚市东南。

11. 鄞县(28—220)

治今浙江奉化市东北。

12. 永宁县(138—220)

《续汉志》自注云:"永和三年以章安县东瓯乡为县。"《宋书》卷35《州郡志》永嘉太守永宁令下云:"汉顺帝永建四年,分章安东瓯乡立,或云顺帝永和三年立。"今采司马彪之说。治今浙江温州市鹿城区。

13. 侯官县(140?—220)

《续汉志》会稽郡下云:"章安,故冶,闽越地,光武更名。永宁,永和三年(138)以章安县东瓯乡为县。东部侯国。"(刘昭注章安曰:"《晋太康记》曰:本鄞县南之回浦乡,章帝章和元年立,未详。")《宋书》卷35《州郡志》临海太守章安令下云:"《续汉志》:'故冶,闽中地,光武更名。'《晋太康记》:'本鄞县南之回浦乡,汉章帝章和中立。'未详孰是。"胡三省引洪适《隶释》,谓《续汉志》中有脱文,当作"章安,故回浦,章帝更名;东侯官,故冶,闽越地,光武更名",于文乃足,而"东部侯国"四字,却是衍文,侯与候相近,而南部所治,故有错乱(详《资治通鉴》卷62献帝建安元年胡注)。

杨守敬《三国郡县表补正》谓:"各地志皆言后汉改冶为'东侯官';自《晋志》以下,又只有'侯官'无'东侯官'之目。余谓'章安'下当有'东冶'二大字,注'故冶'云云,章安、故冶本为二县,不知何时脱'东冶'二字,以'故冶'紧连'章安',遂若章安为故冶所改,故刘昭引《元康记》(按,当作《太康记》,见钱大昕《廿二史考异》卷14)以著其异,不知司马彪固未尝以故冶为章安也。沈约所见《续志》已误,胡三省订刘昭之误,云:'章安,故回浦,章帝更名;东侯官,故冶,闽越地,光武更名。'其说似矣,而以为'东侯官'尤误;盖不知《续志》之'东部'为'侯官'之误,而以为'衍文'。但此误在隋、唐以后,故《隋志》、《元和志》皆有'东侯官'而无'东部侯国'。《郡国志》及《晋志》以下本无'东'字,而《隋志》、《元和志》皆云'东侯官'者,俱沿《太康地志》之误。余并疑《太康地记》原是武帝名'冶',后分为'东冶'、'侯官',传写之误,遂以'东冶'加之武帝,而《晋志》遂实之。"

上述杨守敬之论,已将《续汉志》会稽郡属县问题完全澄清。前引《续汉志》之文应作:"章安。东冶,故冶,闽越地,光武更名。永宁,永和三年以章安县东瓯乡为县。侯官。"然其中侯官,实应作候官,其性质与西北张掖属国及上郡中之候官相同。这样,《续汉志》会稽郡下脱候官一城,《续汉志》会稽郡所领十四城之数即应相应地调整为十五城。确址不详。

14. 东冶县(28—220)

据候官下所引杨守敬文,东冶即西汉冶县。治今福建福州市鼓楼区。

15. 回浦县(28—87)—章安县(87—220)

《汉志》无,实即西汉之回浦县。《续汉志》会稽郡章安县下刘昭注引《晋太康记》曰:"本鄞县南之回浦乡,章帝章和元年立。"《资治通鉴》卷 62 献帝建安元年胡注引宋李宗谔《图经》曰:"光武改回浦为章安。"二说虽在章安之名的出现时间上有歧异,但皆认为章安即回浦。

又,《元和郡县图志》卷 27 台州下云:"后汉改回浦为章安县。"故可以断定西汉之回浦即东汉之章安。至于易名之确年,当依上引《晋太康记》之文以章和元年为是。钱大昕《廿二史考异》卷 14 即云:"意者东汉初尝省回浦入鄞县,故有回浦乡之称。"可见钱氏以《晋太康记》所云为信史。治今浙江临海市东南。

16. 吴县(28—129)

顺帝永建四年,改属吴郡。治今江苏苏州市姑苏区。

17. 海盐县(28—129)

《元和郡县图志》卷 26 海盐县载,本治武原乡,安帝时沦为湖,移县治于此。永建四年,改属吴郡。治今浙江平湖市东。

18. 乌程县(28—129)

顺帝永建四年,改属吴郡。治今浙江湖州市西南。

19. 余杭县(28—129)

顺帝永建四年,改属吴郡。治今浙江杭州市余杭区西南。

20. 毗陵县(28—129)

顺帝永建四年,改属吴郡。治今江苏常州市新北区。

21. 丹徒县(28—129)

顺帝永建四年,改属吴郡。治今江苏镇江市东南。

22. 曲阿县(28—129)

永建四年,改属吴郡。治今江苏丹阳市。

23. 由拳县(28—129)

顺帝永建四年,改属吴郡。治今浙江嘉兴市南。

24. 娄县(28—129)

《续汉志》吴郡有安县。钱大昕《三史拾遗》卷 5 曰:"前汉书,晋、宋《志》皆无此县,本《志》又不言何年所置。前无所承,后无所并,疑即'娄'之讹。因,娄,讹为'安'校书者不能是正,疑有脱漏,又增'娄'于'无锡'之后,并改'十二'城为'十三'。"此说甚是。顺帝永建四年,改属吴郡。治今江苏昆山市东北。

25. 富春县(28—129)

顺帝永建四年,改属吴郡。治今浙江杭州市富阳区。

26. 阳羨县(28—129)

顺帝永建四年,改属吴郡。治今江苏宜兴市西南。

27. 无锡县(28—129)

《续汉志》中为侯国。《东观汉记》卷2《显宗孝明皇帝纪》载,明帝封阴盛为无锡侯,是无锡自东汉初即为侯国,故列于此。顺帝永建四年,改属吴郡。治今江苏无锡市崇安区。

28. 钱唐县(28—129)

《续汉志》无此县,《汉志》属会稽郡,《后汉书》卷81《戴就传》载,就曾因会稽太守成公浮案被收于钱唐县狱,据此载可断定在顺帝永建四年前会稽郡即领有钱唐县。而钱唐在浙江北岸,会稽析置吴郡时,应改隶吴郡,故《续汉志》显然失载该县,当补①。治今浙江杭州市西南。

29. 新安县(192—220)

《续汉志》太末县下刘昭注曰:"初平三年,分立新安县。"《宋书·州郡志》东阳太守信安令下所云与此同。治今浙江衢州市柯城区。

30. 长山县(192—220)

《续汉志》乌伤县下刘昭注引《英雄交争记》曰:"初平三年,分县南乡为长山县。"沈约《宋书》卷35《州郡志》云,长山令,汉献帝初平二年分乌伤立。此处暂取三年之说。治今浙江金华市婺城区。

31. 吴宁县(195—220)

《续汉志》诸暨县下刘昭注引《越绝书》曰:"兴平二年分立吴宁县。"《宋书》卷35《州郡志》东阳太守吴宁令下云:"汉献帝兴平二年,孙氏分诸暨立。"治今浙江东阳市东北。

32. 建安县(203?—220)

《三国志》卷60《吴书·贺齐传》云:"候官既平,而建安、汉兴、南平复乱,

---

① 奚柳芳:《东汉时期钱唐县之废复》,载《历史地理》第2辑,上海人民出版社,1982年,第92—93页。但该文作者又以为钱唐曾在东汉初年省并,而在安帝时复置,故《戴就传》载有钱唐县,则有可商之处。

齐进兵建安,立都尉府,是岁(建安)八年也。"是至迟建安八年前,建安等三县已置。《太平寰宇记》卷101建州下亦云:"建安初,分东候官之地为建安并南平、汉兴三县。"建州建安县下云:"地本孙策于建安初分东候官之地立此邑,即以年号为名,属会稽南部都尉。"治今福建建瓯市南。

33. 汉兴县(203?—220)

《宋书》卷36《州郡志》建安太守吴兴子相下云:"汉末立曰汉兴,吴更名。"《元和郡县图志》卷30建州浦城县下云:"本汉兴县,吴永安三年改曰吴兴。"《太平寰宇记》卷101建州浦城县下云:"县本后汉东候官之北乡也。献帝末立汉兴县,至吴永安三年改为吴兴县。"吴增僅《三国郡县表附考证》卷7中以为汉兴更名吴兴在孙权称王时,未必迟至永安三年,可备一说。治今福建浦城县。

34. 南平县(196?—220)

《太平寰宇记》卷101邵武军邵武县下云:"本后汉东候官县之北乡也。建安元年,孙策称会稽守,置南平县。吴景帝三年改为昭武县。"同书卷100南剑州下云:"按,《晋书》云'延平'。昔宝剑化龙之地。吴永安三年立为南平县,属建安郡。"由上所载可知建安初之南平县在永安三年更名为昭武县,而另于该年置南平县,即《晋书·地理志》之延平县。二南平地望无涉,吴增僅《三国郡县表附考证》卷7中将南平、昭武视作二县,均列于汉末会稽郡下,并在南平县下言《太平寰宇记》所载永安三年置误。其实《太平寰宇记》所载无误,而是吴氏在此处错将后置之南平与建安初之南平混为一谈,又单列一昭武,故此致误,吴《表》当删昭武存南平。治今福建南平市延平区。

35. 丰安县(199—220)

《续汉志》会稽郡太末县下刘昭注云:"建安四年,孙氏分立丰安县。"《宋书》卷35《州郡志》东阳太守丰安令下所云"汉献帝兴平二年,孙氏分诸暨立",误,吴增僅《三国郡县表附考证》卷7已详辨,兹不赘述。治今浙江浦江县南。

36. 松阳县(203—220)

《宋书》卷35《州郡志》永嘉太守松阳令下云:"吴立。"《元和志》处州松阳县下云:"本汉回浦县之地,属会稽。后汉分立此县,有大松树,大八十围,因取为名。"《旧唐书》卷40《地理志》处州松阳县下云:"后汉分章安之南乡置松阳县,县东南大阳及松树为名。"《太平寰宇记》卷99处州白龙县下云:"本章安县之南乡。汉献帝八年,吴立为县。《吴录》云:'取松阳木为名。'按,《吴地志》云:'县东南临大溪,有松阳树,大八十一围,腹中空,可容三十人坐,故取此为名。'"治今浙江丽水市西北。

37. 建平县(205—220)

《元和郡县图志》卷 30 建州建阳县下云:"本上饶县地,吴分置建平县。"《太平寰宇记》卷 101 建州建阳县下云:"本后汉建安县地。又割建安地为桐乡。至十年平东校尉贺齐讨上饶之地兼旧桐乡置建平县,故《吴书》云,建安十年(205 年),权使贺齐讨上饶,分为建平县地。"检《三国志》卷 47《吴书·孙权传》,其中载"(建安)十年,权使贺齐讨上饶,分为建平县"。《三国志》卷 60《吴书·贺齐传》亦云:"(建安)十年,(齐)转讨上饶,分以为建平县。"综合上述史料,建平当自上饶、建安析置无疑。治今福建南平市建阳区东。

38. 遂昌县(218—220)

《续汉志》太末县下刘昭注云:"(建安)二十三年,立遂昌县。"是遂昌乃析太末而置。治今浙江遂昌县。

39. 定阳县(218—220)

《宋书》卷 35《州郡志》东阳太守定阳令下云:"汉献帝建安二十三年,孙氏分信安立。""信安"即"新安",晋武帝太康元年(280)更名。治今浙江江山市西北。

附:吴郡(129—220)

《后汉书》卷 6《顺帝纪》载,永建四年,"分会稽置吴郡"。《续汉志》吴郡下司马彪自注云:"顺帝分会稽置。"《后汉书集解》卷 22 引惠栋曰:"《水经注》,永建中,阳羡周嘉上书,以县远赴会稽至难,求得分置。遂以浙江西为吴,以东为会稽。李吉甫云:'永建四年,阳羡令周嘉、山阴令殷重,上书求分为二郡。'《会稽典录》,朱育曰:'永建四年,刘府君上书,浙江之北以为吴,会稽还治山阴。'"是知析置吴郡原因之一,盖会稽郡境过大,政令不便传达,此与但望《分巴郡疏》中所言理由有略同处。可见经济开发至一定程度,便要求合理的行政区划,会稽分置吴郡乃势之必然。

吴郡初置时领有原会稽郡北部十三县,即吴、海盐、乌程、余杭、毗陵、丹徒、曲阿、由拳、娄、富春、阳羡、无锡、钱唐。此后至灵帝时,吴郡领域无所变更(参前图 3-48)。

献帝兴平二年,析置永县。至建安末,又析置永安、临水、海昌等三县。故至汉末,吴郡至多领有十七县之谱。吴郡领县虽较初置时有所增加,然境界却一直无所变更,仍如《续汉志》所示之范围。

吴郡治吴县。

1. 吴县(129—220)

《三国志》卷 46《吴书·孙策传》载,献帝建安二年,封孙策为吴侯。治今江苏苏州市姑苏区。

2. 海盐县(129—220)

治今浙江平湖市东。

3. 乌程县(129—220)

《三国志》卷46《吴书·孙坚传》载,灵帝时,孙坚封乌程侯。治今浙江湖州市西南。

4. 余杭县(129—220)

治今浙江杭州市余杭区西南。

5. 毗陵县(129—220)

《三国志》卷56《吴书·朱治传》载,建安七年,孙权表治为九真太守,割娄、由拳、无锡、毗陵为奉邑。治今江苏常州市新北区。

6. 丹徒县(129—220)

《元和郡县图志》卷26润州下云:"后汉献帝建安十四年,孙权自吴理丹徒,号曰'京城',今州是也。十六年迁都建业,以此为京口镇。"是丹徒一度称"京城"。治今江苏镇江市东南。

7. 曲阿县(129—220)

治今江苏丹阳市。

8. 由拳县(129—220)

治今浙江嘉兴市南。

9. 娄县(129—220)

治今江苏昆山市东北。

10. 富春县(129—220)

治今浙江杭州市富阳区。

11. 阳羡县(129—220)

《续汉志》中为邑。治今江苏宜兴市西南。

12. 无锡县(129—220)

治今江苏无锡市崇安区。

13. 钱唐县(129—220)

《续汉志》失载该县,详见前文会稽郡钱唐条。治今浙江杭州市西南。

14. 永县(195—220)

《续汉志》乌程县下刘昭注引《吴兴记》曰:"兴平二年,太守许贡奏分县为永县。"王先谦《后汉书集解》卷22曰:"永县故城寻废,今乌程县西北,见《一统志》。"吴增僅《三国郡县表附考证》卷7吴郡下初平元年(191)至黄初二年(221)格未收永县,当补。确址不详,约在今浙江湖州市西北。

15. 永安县(193? —220)

《南史》卷57《沈约传》载,初平四年,分乌程、余杭置。吴增僅《三国郡县表附考证》卷7以此为据,杨守敬《三国郡县表补正》则曰:"《御览》一百七十引《地理志》:吴分余杭为永安。非初平四年。"《太平御览·州郡》有"吴……分余不为永安"之文,未言"初平四年"。"余不"杨守敬作"余杭"。比较吴、杨二氏之说,以杨说为是。治今浙江德清县西北。

16. 临水县(211—220)

《三国志》卷60《吴书·贺齐传》云:"(建安)十六年,吴郡余杭民郎稚合宗起贼,复数千人,齐出讨之,即复破稚,表言分余杭为临水县。"吴增僅《三国郡县表附考证》卷7据此以为汉末吴郡有临水县,甚是。治今浙江临安市北。

17. 海昌县(204? —220)

《三国志》卷58《吴书·陆逊传》云:"孙权为将军,逊年二十一……出为海昌屯田都尉,并领县事。"是汉末有此县。吴增僅《三国郡县表附考证》卷7汉末吴郡下有此县。地望不明。

第五节 豫章郡(附:庐陵、彭泽、鄱阳三郡)沿革

豫章郡(28—220)

光武帝建武四年(28)前,豫章郡归属东汉。东汉豫章郡领域变化颇小,建武十三年,豫章郡所领即《汉志》所书之南昌、庐陵、彭泽、鄱阳、历陵、余汗、柴桑、艾、赣、新淦、南城、建城、宜春、海昏、雩都、鄡阳、南野、安平十八县。

和帝永元年间曾接连增置数县:永元八年(96)置临汝县,九年,新置石阳县,十六年,又析置建昌县。豫章郡遂达《续汉志》所载之二十一县规模,此后直至灵帝中平以前,一直未有变化(参前图3-47)。

灵帝中平中,豫章郡又析置上蔡、永修、新吴、西安、汉平、乐平六县。献帝初年,析置南安、葛阳二县。献帝兴平时,豫章分置庐陵郡,庐陵、石阳、南野、雩都、赣、南安六县别属之。

建安初年,析置上饶县。建安中,复析置富城县。建安十三年(208),豫章析置彭泽郡,彭泽、柴桑、历陵等县别属之。然彭泽郡或旋废,其属县复还属豫章。

建安十五年,豫章析置鄱阳郡,鄱阳、余汗、鄡阳、历陵、乐平、葛阳、上饶七县别属之。

综上所述,至建安末,豫章郡所领亦为十八县之谱,即南昌、彭泽、柴桑、艾、新淦、南城、建成、宜春、海昏、平都、临汝、建昌、上蔡、永修、新吴、西安、汉平、富城,然其郡境较东汉初大大缩小。

豫章郡治南昌县。

1. 南昌县(28—220)

治今江西南昌市东湖区。

2. 建城县(28—220)

治今江西高安市。

3. 新淦县(28—220)

治今江西樟树市。

4. 宜春县(28—220)

治今江西宜春市袁州区。

5. 庐陵县(28—195)

献帝兴平二年(195),别属庐陵郡。治今江西泰和县西北。

6. 赣县(28—195)

献帝兴平二年,别属庐陵郡。治今江西赣州市西。

7. 雩都县(28—195)

献帝兴平二年,别属庐陵郡。治今江西于都县东北。

8. 南野县(28—195)

献帝兴平二年,别属庐陵郡。治今江西赣州市南康区南。

9. 南城县(28—220)

治今江西南城县东南。

10. 鄱阳县(28—210)

献帝建安十五年,别属鄱阳郡。治今江西鄱阳县东北。

11. 历陵县(28—208,208?—210)

献帝建安十三年,疑尝别属彭泽郡,寻还属豫章。十五年,别属鄱阳郡。治今江西德安县东北。

12. 余汗县(28—210)

献帝建安十五年,别属鄱阳郡。治今江西余干县。

13. 鄡阳县(28—210)

献帝建安十五年,别属鄱阳郡。治今江西鄱阳县西北鄱阳湖中。

14. 彭泽县(28—208?,208?—220)

疑献帝建安十三年,别属彭泽郡,寻还属豫章。治今江西湖口县东。

15. 柴桑县(28—208,208? —220)

疑献帝建安十三年,别属彭泽郡,寻还属豫章。治今江西九江市西南。

16. 艾县(28—220)

治今江西修水县西。

17. 海昏县(28—220)

《汉书》卷15《王子侯表》海昏侯贺下云:"侯会邑嗣,免。建武后封。"是光武帝建武初复封昌邑王贺后人也。《续汉志》中为侯国,或是。治今江西永修县西北。

18. 安平县(28—140?)—平都县(140? —220)

《续汉志》中为侯国,未详。治今江西安福县东南。

19. 石阳县(97—195)

《水经·赣水注》曰:"(赣水)又东北过石阳县西,汉和帝永平九年分庐陵立。"按,和帝时有永元,无永平,此处当作"永元九年"为是。献帝兴平二年别属庐陵郡。治今江西吉水县东北。

20. 临汝县(96—220)

《续汉志》司马彪自注云:"永元八年置。"治今江西抚州市临川区西南。

21. 建昌县(104—220)

《续汉志》自注云:"永元十六年分海昬(昏)置。"《太平寰宇记》卷111南康军建昌县下引雷次宗《豫章记》云:"后汉永元中分海昏立建昌县,以其户口昌盛,因以为名。"治今江西奉新县西。

22. 上蔡县(184? —220)

《续汉志》豫章郡下刘昭注引《豫章记》曰:"新吴、上蔡、永修县,并中平[中]立。"《宋书》卷36《州郡志》豫章太守望蔡子相下云:"汉灵帝中平中,汝南上蔡民分徙此地,立县名曰上蔡,晋武帝太康元年更名。"又,《续汉志》豫章郡建城县下刘昭注云:"此地立名上蔡者。"《太平寰宇记》卷106筠州高安县下云:"本建城县。雷次宗《豫章记》云:'汉高帝六年置隶豫章,以其创建城邑,故曰建城。后汉灵帝析建城置上蔡县。'顾野王《舆地志》云:'汝南上蔡人分徙于此县。'"是上蔡乃析建城而置。治今江西上高县。

23. 新吴县(184? —220)

《宋书》卷36《州郡志》豫章太守新吴令下云:"汉灵帝中平中立。"《元和郡县图志》卷29洪州新吴县下云:"后汉灵帝中平中分海昏置。"《太平寰宇记》卷106洪州奉新县下云:"汉南昌县地。后汉灵帝置新吴县。"同书卷110南康军建昌县下引雷次宗《豫章记》云:"又中分海昏、建昌立新吴、永修二县。"综合上述史料,可知新吴乃自海昏、建昌二县析出。《太平寰宇记》卷106所载新吴分自南昌,误矣。治今江西奉新县西北。

24. 永修县(184？—220)

《宋书》卷36《州郡志》豫章太守永修男相下云:"汉灵帝中平中置。"又以新吴县下所引《太平寰宇记》之文,亦为析海昏、建昌二县而置。治今江西永修县西北。

25. 西安县(184？—220)

《太平寰宇记》卷106洪州武宁县下云:"古西安县也,后汉建安中分海昏县立西安县,至晋太康元年改为豫宁。"《三国志》卷55《吴书·潘璋传》载璋"迁豫章西安长"。《三国志》卷49《吴书·太史慈传》云:"刘表从子磐,骁勇,数为寇于艾、西安诸县。策于是分海昏、建昌左右六县,以慈为建昌都尉,治海昏,并督诸将拒磐。"由《三国志》卷47《吴书·孙策传》知策卒于建安五年,是西安至迟在建安初年已析置。又由上文知永修县乃灵帝中平中分海昏、建昌县立,而建昌此前亦由海昏析置。且由地望知永修距海昏近于西安距海昏之距离。西安又由上引《太平寰宇记》之文知亦分海昏立。故以理度之,西安析置必早于永修,即西安县之设断不会晚于灵帝中平中析置永修县之时。

又,《宋书》卷36《州郡志》豫章太守豫宁侯相下云:"汉献帝建安中立,吴曰西安,晋武帝太康元年更名。"是沈约以为西安立于建安中,恐非。又《续汉书》豫章郡下刘昭注引《豫章记》云:"豫章县,建安中立。"(按,《豫章记》所云"建安中立",亦恐非)此豫章县,钱大昕《廿二史考异》卷23以为即《宋书·州郡志》所载之豫宁县,云:"似本名豫章,晋初改为豫宁。"然《晋书·地理志》豫章郡有豫章县无豫宁县,钱氏以为乃转写之讹,当为豫宁。钱氏之说甚是。如此,则西安、豫章、豫宁乃是一县之不同名称而已。吴增僅《三国郡县表附考证》卷7、杨守敬《三国郡县表补正》察之不审,将西安、豫章视为二县,以为在汉末并存于豫章郡下,误矣。治今江西武宁县西。

26. 汉平县(184？—220)

《宋书》卷36《州郡志》豫章太守吴平侯相下云:"汉灵帝中平中立曰汉平,吴更名。"治今江西新余市东北。

27. 乐平县(184？—210)

《宋书》卷36《州郡志》鄱阳太守乐安男相下云:"吴立。"《元和郡县图志》卷29饶州乐平县下云:"本汉余汗县地,后汉灵帝于此置乐平县,南临乐安江,北接平林,因曰乐平。"《太平寰宇记》卷107饶州乐平县下云:"后汉东安县也。"

[按,应作乐安县,两汉《志》豫章郡无东安县,盖乐(樂)、东(東)形近而讹]雷次宗《豫章记》云:汉永元中置。县在银城。"洪亮吉《补三国疆域志》卷下鄱阳郡乐安县下云:"汉末置乐平县,吴改今名。"吴增僅《三国郡县表附考证》卷 7 亦持此说。其说可从。杨守敬《三国郡县表附考证补正》中则以为当时乐平、乐安二县双立,至吴乃并乐平于乐安,亦可备一说,录此待考。本书暂取吴氏之说。至于乐平始置之年,当从《元和郡县图志》,以置于灵帝时为是。《豫章记》虽云"永元中"置,然《续汉志》不载是县,故难以为据。献帝建安十五年,别属鄱阳郡。治今江西德兴市东北。

28. 上饶县(205?—210)

《三国志》卷 47《吴书·孙权传》及卷 60《吴书·贺齐传》皆载,建安十年,贺齐讨上饶,分以为建平县。是建安十年前已置有上饶县。建安十五年别属鄱阳郡。治今江西上饶市信州区。

29. 富城县(196?—220)

《宋书》卷 36《州郡志》豫章太守丰城侯相下云:"吴立曰富城,晋武帝太康元年更名。"《太平寰宇记》卷 106 洪州丰城县下云:"汉南昌县地,属豫章。按,顾野王《舆地志》云:'后汉建安中初立富城县于富水之西,因以为名。至晋太康元年,改为丰城县,移于丰水之西,乃以为名。'"治今江西丰城市南。

30. 南安县(191—195)

《元和郡县图志》卷 29 虔州南康县下云:"本汉灌婴所置南野县也,属豫章郡。献帝初平二年,析南野县置南安县。"同书虔州信丰县下亦云:"献帝初平二年,分南野立南安县。"献帝兴平二年别属庐陵郡。治今江西赣州市南康区。

31. 葛阳县(195—210)

《元和郡县图志》卷 29 信州弋阳县下云:"后汉分余汗东界立葛阳县。"《三国志》卷 55《吴书·蒋钦传》云:"(钦)与(孙)策周旋,平定三郡,又从定豫章。调授葛阳尉,历三县长。"孙策平豫章在兴平二年,故至迟在献帝初年该县已置。《太平寰宇记》卷 107 信州弋阳县下云葛阳置于建安十五年后,误。建安十五年别属鄱阳郡。治今江西弋阳县西。

附一:庐陵郡(195—220)

东汉末年析置庐陵郡,然其置郡之确年,史载不同:

《续汉志》豫章郡庐陵县下刘昭注曰:"兴平元年,孙策分立庐陵郡。"

《三国志》卷 46《吴书·孙策传》曰:"(策)遂引兵渡浙江,据会稽……策自领会稽太守……以孙贲为豫章太守;分豫章为庐陵郡,以贲弟辅为庐陵太守。"据《孙策传》裴注引《江表传》知孙策渡江在兴平二年,故依上引之文孙策析置庐陵郡当在是年或之后。

《水经·赣水注》云："（赣水）又东北过石阳县西。"郦道元注云："汉和帝永平九年分庐陵立。（按：此处"永平九年"当作"永元九年"，说见前）汉献帝兴平二年，吴长沙桓王立庐陵郡治此。"

《元和郡县图志》卷29吉州下云："献帝兴平二年，分豫章于此置庐陵郡。"

《太平寰宇记》卷109吉州下引《豫章记》云："灵帝末，扬州刺史刘遵上书请置庐陵、鄱阳二郡。献帝兴平元年始立郡。即《吴书》孙策所分立。"吉州庐陵县下亦云："后汉献帝兴平元年孙策分立庐陵郡。"

综合上引诸家记载，关于庐陵郡始置之年有二说：其一是兴平元年，《续汉志》刘昭注及《太平寰宇记》引《豫章记》之文，皆如是说；其二是兴平二年，《三国志》卷46《吴书·孙策传》、《水经·赣水注》及《元和郡县图志》皆持此论。然细察史实，可知庐陵郡当置于兴平二年。庐陵郡之析置当在孙策渡江以后，而孙策乃于兴平二年渡江，此由《吴书·孙策传》裴注引《江表传》可知，故可断兴平元年析置庐陵郡之说误矣。杨守敬《三国郡县表补正》即持此论。吴增仅《三国郡县表附考证》卷7以为庐陵立郡在建安元年，盖推断有误。

庐陵郡领县数目，史籍无载，吴增仅以为有西昌（庐陵县改）、石阳、南野、遂兴、巴丘、高昌、东昌、兴平、阳城、永新、零都、赣、扬都十三县。大体无误，唯西昌（庐陵）乃是高昌之讹，又遗漏南安县。故庐陵郡置后辖者当为十四县：高昌（庐陵）、西昌、石阳、南野、遂兴、巴丘、东昌、兴平、阳城、永新、零都、赣、扬都、南安。由庐陵所属之县可以看出，实乃割豫章郡南部而置。

其时庐陵当治石阳，上引《水经·赣水注》之文可证。吴增仅《三国郡县表附考证》卷7以为郡治在西昌，误，杨守敬《三国郡县表补正》已正之。

1. 石阳县（195—220）

《续汉志》属豫章，献帝兴平二年庐陵郡立，遂属之。治今江西吉水县东北。

2. 南野县（195—220）

杨守敬《三国郡县表补正》以为南野县未曾属庐陵，有误。南野为豫章郡最南端之县，该县以北数县已属庐陵，倘该县未属庐陵，则会成为豫章郡之飞地，于理不合。故可知南野亦当于献帝兴平二年属庐陵郡。治今江西赣州市南康区南。

3. 零都县（195—220）

《续汉志》属豫章，献帝兴平二年庐陵郡立，遂属之。治今江西于都县东北。

4. 赣县(195—220)

《续汉志》属豫章,献帝兴平二年庐陵郡立,遂属之。治今江西赣州市西。

5. 高昌县(195—220)

《续汉志》无此县,实乃庐陵郡置后,废庐陵县,以故庐陵县地又置高昌县。《旧唐书》卷40《地理志》云:"后汉改庐陵为西昌,隋复为庐陵。"吴增僅《三国郡县表附考证》卷7中遂误将西昌(庐陵县改)与高昌皆列入汉末庐陵郡辖县。实改庐陵县者乃高昌,《旧唐书》讹也,王先谦《后汉书集解》卷22已辨其误。治今江西泰和县西北。

6. 南安县(195—220)

由前文知,献平初平二年,南安析自南野,而南野别属庐陵,故由地望可推知南安亦应由豫章别属庐陵。杨守敬《三国郡县表补正》以为南野其时仍属豫章,未改隶庐陵,不确。南野为豫章最南端之县,而该县以北数县已属庐陵,倘该县未属庐陵,则会成为豫章郡所领之飞地,于理不合。治今江西赣州市南康区。

7. 新兴县(195—220)

《宋书》卷36《州郡志》庐陵太守遂兴男相下载:"吴立,曰'新兴',晋武帝太康元年更名。"疑当为汉末孙权所置。治今江西万安县西。

8. 巴邱县(195—220)

洪亮吉《补三国疆域志补注》卷下云:"《周瑜传》,策定豫章、庐陵,留瑜镇巴邱。则县盖与郡同立。"当不误。治今江西峡江县。

9. 东昌县(195—220)

《宋书》卷36《州郡志》庐陵太守东昌子相下云:"吴立。"治今江西吉安市东南。

10. 兴平县(195—220)

《宋书》卷36《州郡志》庐陵太守兴平侯相下云:"吴立。"治今江西永丰县东北。

11. 西昌县(195—220)

《宋书》卷36《州郡志》庐陵太守西昌侯相下云:"吴立。"治今江西泰和县西。

12. 阳城县(195—220)

《宋书》卷36《州郡志》庐陵太守阳丰男相下云:"吴曰阳城,晋武帝太康元年更名。"治今江西吉水县东北。

13. 永新县(195—220)

《宋书》卷36《州郡志》安城太守永新男相下云:"吴立。"吴增僅《三国郡县表附考证》卷7考证云："《吕岱传》,建安二十年,安成、攸、永新、茶陵四县吏共入山阴。是汉末已有永新矣。"治今江西永新县西。

14. 扬都县(195—220)

吴增僅《三国郡县表附考证》卷7曰:"《寰宇记》,吴大帝分赣立,属庐陵。"当是东汉末孙权所置。治今江西宁都县南。

附二：彭泽郡(208—208?)

《三国志》卷56《吴书·吕范传》载："曹公至赤壁,(范)与周瑜等俱拒破之,拜裨将军,领彭泽太守,以彭泽、柴桑、历阳为奉邑。"赤壁之战在建安十三年,是在此年吴曾置彭泽郡,然具体领县不详。

又,查吕范奉邑之三县,彭泽、柴桑皆在豫章郡北部,地域毗邻,唯历阳县,两《汉志》皆属九江郡,与前两县相去甚远。豫章郡有历陵县,建安十五年后属鄱阳郡,然此时仍为豫章所辖,其地望在柴桑以南,疑或为是。吴增僅《三国郡县表附考证》卷7云："《孙皓传》,天玺元年,鄱阳言历阳山石文理成字,裴注引《江表传》云,历阳县有石山临水。历阳长表上言石印。《通鉴》胡注云,鄱阳无历阳县,当作陵。又引饶州图经云,鄱阳历陵有石印山。洪志据之。然《吕范传》以彭泽、柴桑、历阳为奉邑。彭泽、柴桑与历陵地接,去汉九江郡之历阳县隔大江数百里,不应志、注并误作历阳。疑吴既省庐江之历阳,而于鄱阳置郡时又改豫章之历陵为历阳也。唯《寰宇记》引《吴书·皓传》作鄱阳历陵,未知孰是。今故从《寰宇记》。"

建安十三年后,不复闻彭泽郡之名,盖置后不久旋复省入豫章。吴增僅《三国郡县表附考证》卷7及王先谦《后汉书集解》卷22皆持此说,当是。彭泽郡旋置旋废,其辖县复还于豫章郡。治所不详。

1. 彭泽县(208—208?)

献帝建安十三年来属,旋郡罢,还属豫章。治今江西湖口县东。

2. 柴桑县(208—208?)

献帝建安十三年来属,旋郡罢,还属豫章。治今江西九江市西南。

3. 历陵县(208—208?)

献帝建安十三年来属,旋郡罢,还属豫章。治今江西德安县东北。

附三：鄱阳郡(210—220)

《三国志》卷47《吴书·孙权传》载:"(建安)十五年,分豫章为鄱阳郡。"《续汉志》豫章郡鄱阳县下刘昭注云："建安十五年,孙权分立鄱阳郡,治县。"以上均可证东汉末鄱阳郡之置。

鄱阳郡之领域,史籍失载。据吴增僅《三国郡县表附考证》卷7考证,以为是时鄱阳郡当领鄱阳、余汗、葛阳、钟陵、鄡阳、历陵、上饶、建平、广昌九县。其说大体无误。唯建平一县,不应属鄱阳。另外,鄱阳郡还应领乐平县,故鄱阳郡始置时仍当领九县之地。由所属九县之地望知,鄱阳郡乃割豫章郡东北部而置。此后至建安末,未闻鄱阳郡有何变动。

鄱阳郡治鄱阳县。

1. 鄱阳县(210—220)

《续汉志》属豫章,献帝建安十五年来属。治今江西鄱阳县东北。

2. 余汗县(210—220)

《续汉志》属豫章,献帝建安十五年来属。治今江西余干县。

3. 鄡阳县(210—220)

《续汉志》属豫章,献帝建安十五年来属。治今江西鄱阳县西北鄱阳湖中。

4. 历陵县(210—220)

《续汉志》属豫章,献帝建安十五年来属。治今江西德安县东北。

5. 葛阳县(210—220)

本属豫章郡,献帝建安十五年来属。治今江西弋阳县西。

6. 上饶县(210—220)

本属豫章郡,献帝建安十五年属鄱阳郡。治今江西上饶市信州区。

7. 钟陵县(210—220)

此县不见于两汉《志》,《太平寰宇记》卷107信州弋阳县下云:"建安十五年,孙权分钟陵置鄱阳郡。"故吴增僅《三国郡县表附考证》卷7以为钟陵县盖汉末立。治今江西进贤县西北。

8. 广昌县(210—220)

两汉《志》无此县,《宋书》卷36《州郡志》云"吴立",吴增僅《三国郡县表附考证》卷7据此以为广昌与鄱阳郡同时立,暂从之。治今江西景德镇市西北。

9. 乐平县(210—220)

吴增僅《三国郡县表附考证》卷7鄱阳郡下无此县,然由乐平之地望可知,献帝建安十五年当入鄱阳郡矣。治今江西德兴市东北。

第十三章　交趾刺史部所辖诸郡沿革

光武帝建武五年(29),交趾刺史部所辖诸郡先后归属东汉政权。东汉建武十三年,交趾刺史部统辖有南海、苍梧、郁林、合浦、交趾、九真、日南七郡。桓帝时期析置高兴郡,至灵帝时更名为高凉郡。

第一节　南海、苍梧二郡沿革

(一) 南海郡(29—220)

南海郡东汉一朝几无所变化,光武帝建武十三年(37)当领番禺、博罗、中宿、龙川、四会、揭阳六城。东汉初增置增城县,遂辖《续汉志》中七县之谱(参见图 3-49)。汉末废增城县,复领六县。

南海郡治番禺县。

1. 番禺县(25—220)

治今广东广州市番禺区。

2. 博罗县(25—220)

治今广东博罗县。

3. 中宿县(25—220)

治今广东清远市西北。

4. 龙川县(25—220)

治今广东龙川县西。

5. 四会县(25—220)

治今广东四会市。

6. 揭阳县(25—220)

治所当在今广东揭阳市西北一带。

7. 增城县(140?—220?)

《汉志》无此县,当为东汉新置,置年不详。唯能确定在顺帝永和五年

(140)前,故见载于《续汉志》。《太平寰宇记》卷157广州增城县下云:“汉番禺县地,吴黄武中于此置东郡而立增城县,因增江为名。”王先谦《后汉书集解》卷23据此载而“疑汉末县废,至吴复立”,疑是。又由上引《太平寰宇记》之文可知增城乃析番禺而置。治今广东广州市增城区东北。

(二) 苍梧郡(25—220)

光武帝建武十三年,苍梧郡与《汉志》中所载之西汉后期领县相同,即广信、谢沐、高要、封阳、临贺、端溪、冯乘、富川、荔浦、猛陵十县。明帝永平十四年(71)析置鄣平县,遂为《续汉志》十一城之规模(参前图3-49)。

苍梧郡治广信县。

1. 广信县(25—220)

据《三国志》卷52《吴书·步骘传》,献帝建安末,步骘封为广信侯。治今广西梧州市长洲区。

2. 谢沐县(25—220)

治今湖南江永县西南。

3. 高要县(25—220)

治今广东高要市。

4. 封阳县(25—220)

治今广西贺州市南。

5. 临贺县(25—220)

治今广西贺州市东南。

6. 端溪县(25—220)

治今广东德庆县。

7. 冯乘县(25—220)

治今湖南江华瑶族自治县西南。

8. 富川县(25—220)

治今广西钟山县。

9. 荔浦县(25—220)

治今广西荔浦县西南。

10. 猛陵县(25—220)

治今广西苍梧县西。

11. 鄣平县(71—220)

《续汉志》刘昭注曰:“(明帝)永平十四年置。”今地无考。

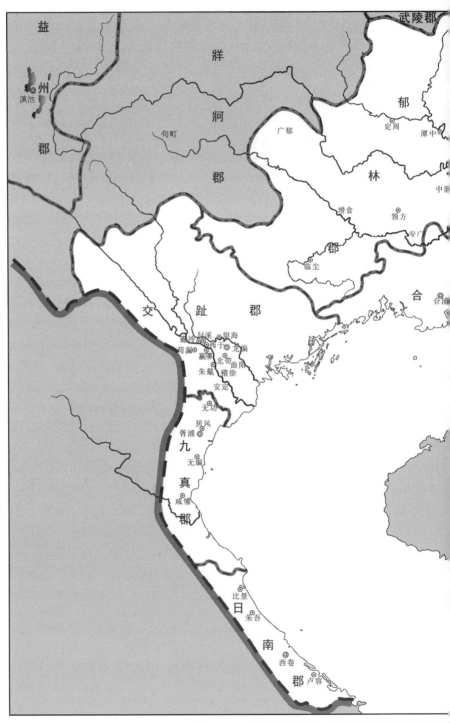

图3-49 汉顺帝永和五年(140)南海郡、苍梧郡、郁

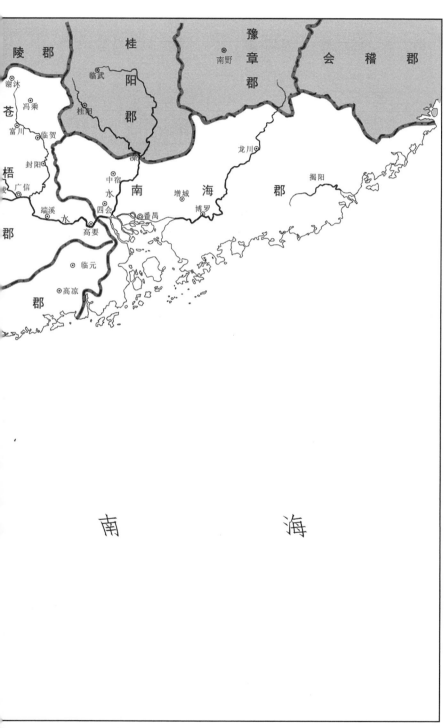

、交趾郡、九真郡、日南郡示意图

第二节　郁林郡、合浦郡[附：高兴(高凉)郡]沿革

（一）郁林郡(25—220)

《汉志》领县十二,而《续汉志》领十一城,无《汉志》中之雍鸡县,盖此县于东汉初期省并。故光武帝建武十三年(37),郁林郡辖有布山、安广、阿林、广郁、中溜、桂林、潭中、临尘、定周、增食、领方十一县。顺帝永和五年(140)之郁林郡领域,参前图3-49。

《后汉书》卷86《南蛮传》载:"灵帝建宁三年,郁林太守谷永以恩信招降乌浒人十余万内属,皆受冠带,开置七县。"吴增仅《三国郡县表附考证》卷8据《宋书·州郡志》及《元和郡县志》所载,认为此七县为新邑、长平、建始、阴平、临浦、怀安、武安七县,且均在郁林原领域内。其说当是。故东汉末期,郁林郡领十八县。

《后汉书集解》卷23惠栋引《广州记》之文,以为建安二十三年(218)吴分郁林立宁浦郡,王先谦以为《广州记》不足据,汉末无宁浦郡。王氏之说甚是。

郁林郡治布山县。

1. 布山县(25—220)

治今广西桂平市西。

2. 雍鸡县(25—30)

治所当在今广西龙州县北。

3. 安广县(25—220)

治所当在今广西横县西北。

4. 阿林县(25—220)

治今广西桂平市东南。

5. 广郁县(25—220)

《大清一统志》云:"故城今浔州府贵县治。"有误,今南、北盘江合流处为汉广郁县地。治所当在今广西田林、乐业与贵州册亨县交界处一带,确址不详。

6. 中溜县(25—220)

《汉志》作"中留"。治今广西武宣县南。

7. 桂林县(25—220)

治所当在今广西象州县南。

8. 潭中县(25—220)

《后汉书》卷17《冯异传》载,异长子彰徙封平乡侯。《东观汉记》注云:"封平乡侯,食郁林潭中。"此说存疑。治今广西柳州市东南。

9. 临尘县(25—220)

治今广西崇左市江州区。

10. 定周县(25—220)

治今广西宜州市。

11. 增食县(25—220)

治所当在今广西隆安县东一带。

12. 领方县(25—220)

《汉志》云:"都尉治。"治今广西宾阳县西南。

13. 新邑县(170—220)

灵帝建宁三年(170)置。今地无考。

14. 长平县(170—220)

灵帝建宁三年置。今地无考。

15. 建始县(170—220)

灵帝建宁三年置。今地无考。

16. 阴平县(170—220)

灵帝建宁三年置。治今广西贵港市港北区。

17. 临浦县(170—220)

灵帝建宁三年置。治今广西宾阳县西南。

18. 怀安县(170—220)

灵帝建宁三年置。治今广西贵港市南。

19. 武安县(170—220)

灵帝建宁三年置。治今广西柳州市东南。

(二) 合浦郡(25—220)

自东汉建立之后的大多数时间内,合浦郡领域几无更动,甚乃《汉志》及《续汉志》中均为领五县,唯领县之名小异耳。故光武帝建武十三年,合浦辖有合浦、徐闻、高凉、临元、朱崖五县。

其后合浦郡领县一直未变(参前图3-49),直至桓帝时置高兴郡,高凉县别属之,方有所缩减。汉末,高兴郡残破,似废,高凉县或回属合浦。献帝建安二十五年,孙权新立高梁郡,高凉县又别属之。是故汉末合浦郡仅领合浦、徐闻、朱崖、临元四县而已。

合浦郡治合浦县。

1. 合浦县(25—220)

治今广西合浦县东北。

2. 徐闻县(25—220)

治今广东徐闻县西南。

3. 高凉县(25—167?，?—220)

桓帝置高兴郡,别属之。汉末或曾回属,献帝建安二十五年,又别属孙权所立之高梁郡。治今广东阳江市北。

4. 临元县(25—220)

《汉志》作"临允"。治今广东新兴县南。

5. 朱崖县(25—220)

《汉志》作"朱卢"。今地无考。

附：高兴郡(167?—188?)—高凉郡(188?—?，220—220)

《晋书》卷15《地理志》交州下云："桓帝分立高兴郡,灵帝改曰高凉。"而《续汉志》合浦郡高凉县下刘昭注云："建安二十五年,孙权立高梁郡。"《后汉书集解》卷23引马与龙说,云："《吴志》、《宋州郡志》皆作'高凉'。凉、梁声近致讹。"《宋书》卷38《州郡志》高凉太守下云："二汉有高凉县,属合浦,汉献帝建安二十三年,吴分立,治思平县,不知何时徙。"①吴增僅《三国郡县表附考证》卷8据以上史料,"疑桓帝初置高兴,灵帝改名高凉,后为夷贼残破,其郡遂废。建安二十五年,吕岱至州,贼帅既降,于是复置高凉"。吴说当是。又,《广东通志》卷6云,桓帝建和元年(147)置高兴郡,未详何据。

高凉郡属县,吴增僅《三国郡县表附考证》卷8以为当有思平、高凉、安宁三县,其中思平、安宁为新置之县。其说可从。以前引之《宋书·州郡志》,吴时治所在思平,然不详桓帝时此县置否,暂存疑。

1. 思平县(167?—220)

置年不详。治今广东恩平市东北。

2. 高凉县(167?—?，220—220)

治今广东阳江市北。

---

① 王先谦：《后汉书集解》引谢钟英云："《吕岱传》,延康元年(220年),高凉贼帅钱博乞降,岱承制以博为西部都尉,据此则《沈志》云建安二十三年(218年)置者误。"吴增僅：《三国郡县表》卷8云："《太平御览》172引《南越志》吕岱承制以钱博为高凉都尉,于是置郡。其说与《吕岱传》合,则郡为建安二十五年置也。"

3. 安宁县(167?—220)

置年不详。治今广东阳江市东。

第三节 交趾、九真、日南三郡沿革

(一)交趾郡(25—220)

《汉志》领县十,东汉初沿袭不变。故光武帝建武十三年(37),交趾郡领有龙编、羸𨻻、安定、苟漏、麊泠、曲阳、北带、稽徐、西于、朱䳒十县。

《后汉书》卷1《光武帝纪》载,建武十六年"春二月,交阯女子徵侧反,略有城邑。……建武十九年伏波将军马援破交阯,斩徵侧等。因击破九真贼都阳等,降之"。卷24《马援传》云:"又交阯女子徵侧及女弟徵贰反,攻没其郡,九真、日南、合浦蛮夷皆应之,寇略岭外六十余城,侧自立为王。"卷86《南蛮传》亦有"十六年,交阯女子徵侧及其妹徵贰反,攻郡。……于是九真、日南、合浦蛮里皆应之,凡略六十五城,自立为王。交阯刺史及诸太守仅得自守"。是光武帝建武十六年至十九年,交趾郡为徵侧、徵贰所占据,直至马援破徵侧军。

建武十九年,即马援军胜之后,析西于县置封溪、望海二县。交趾郡遂有《续汉志》所领十二城的规模(参前图3-49)。

交趾郡治龙编县。

1. 龙编县(25—220)

治今越南北宁省北宁市。

2. 羸𨻻县(25—220)

治今越南河内市西北。

3. 安定县(25—220)

治今越南兴安省兴安市南一带。

4. 苟漏县(25—220)

《汉志》作"苟扇"。治今越南河内市山西县东南。

5. 麊泠县(25—220)

治今越南河内市麊泠县南。

6. 曲阳县(25—220)

《汉志》作"曲易"。治今越南海阳省海阳市一带。

7. 北带县(25—220)

治今越南北宁省北宁市南。

8. 稽徐县(25—220)

治今越南兴安省兴安北。

9. 西于县(25—220)

治今越南永福省福安南。

10. 朱䳒县(25—220)

治今越南河西省河东县南。

11. 封溪县(43—220)

《续汉志》自注云："建武十九年置。"此县乃马援平复交趾反叛后所置，《后汉书》卷24《马援传》载："援奏言西于县户有三万二千，远界去庭千余里，请分为封溪、望海二县，许之。"可为佐证。治今越南永福省安明东。

12. 望海县(43—220)

此县与封溪同为马援建武十九年置。治今越南河北省北宁西北求河北岸。

(二)九真郡(25—220)

《汉志》领县七，《续汉志》领五城，比《汉志》少都庞、余发二县，此二县盖东汉初期省并。另外《续汉志》咸欢(懽)、无功二县，《汉志》分别作咸驩、无切。故光武帝建武十三年，九真郡领胥浦、居风、咸欢、无功、无编五县。顺帝永和五年(140)之九真郡领域参前图3-49。

九真郡治胥浦县。

1. 胥浦县(25—220)

治今越南清化省清化市西北。

2. 都庞县(25—30)

治今越南清化省锦水县东南一带。

3. 余发县(25—30)

治今越南清化省岑山市东北一带。

4. 居风县(25—220)

治今越南清化省清化市北。

5. 咸懽县(25—220)

《汉志》作"咸驩"。治今越南义安省演州西。

6. 无功县(25—220)

《汉志》作"无切"。治今越南宁平省宁平县西。

7. 无编县(25—220)

治今越南清化省如春县东。

(三) 日南郡(25—220)

东汉初年,日南郡大体沿袭了西汉之版图,辖有西卷、朱吾、卢容、象林、比景五县。顺帝永和二年(137),东汉被迫放弃郡最南端之象林,日南郡境向北收缩,遂仅领四城(参前图3-49)。

日南郡治西卷县。

1. 西卷县(25—220)

《汉志》作"西捲"。治今越南广治省东河市。

2. 朱吾县(25—220)

治今越南广平省同海市一带。

3. 卢容县(25—220)

治今越南承天顺化省顺化市北。

4. 比景县(25—220)

治今越南广平省争江口。

5. 象林县(25—137)

《后汉书》卷86《南蛮传》载:"(顺帝)永和二年,日南、象林徼外蛮夷区怜等数千人攻象林县,烧城寺,杀长吏。交趾刺史樊演发交趾、九真二郡兵万余人救之。兵士惮远役,遂反,攻其府。二郡虽击破反者,而贼势转盛。会侍御史贾昌使在日南,即与州郡并力讨之,不利,遂为所攻。围岁余而兵谷不继,帝以为忧。"由是知象林为区怜等所据。《后汉书》卷6《顺帝纪》载,永和三年九真太守祝良与交趾刺史张乔降日南叛蛮,岭外复平。然史籍并未言收复象林县,故可推知,象林自永和二年后,汉廷被迫放弃,此时日南郡实仅领四县之地。《续汉志》日南郡仍领有象林县,乃永和二年以前状况之反映。吴增僅《三国郡县表附考证》卷8未能详察,以为汉末日南郡仍领有原象林县,误矣。治今越南广南省维川县一带。

附篇　新莽东汉易代之际割据政权势力范围考述

《后汉书》卷1《光武帝纪》载，新莽末年，"天下连岁灾蝗，寇盗蜂起"，王莽的新朝政权摇摇欲坠。地皇四年（23）三月，起于南阳的绿林军诸路将领共议立刘玄为天子，称更始帝，建元曰更始元年。《后汉书》卷11《刘玄传》载："海内豪杰翕然响应，皆杀其牧守，自称将军，用汉年号，以待诏命，旬月之间，遍于天下"。是年十月，王莽死，其诸将或败或降，《汉书》卷99《王莽传》载"郡县皆举城降，天下悉归汉"，短暂的新朝宣告终结。因此，更始政权所控制之地区在极短的时间内有了迅猛的发展。

然而取代新朝的更始政权亦不过昙花一现，更始三年（25），赤眉军入关，杀更始帝，更始政权彻底败亡。在更始政权失败的前后，各种势力先后涌现，攻城掠地，独霸一方，形成了大量的地域性政权。这种群雄纷争的乱世持续到东汉光武帝建武十二年（36），光武帝刘秀灭掉盘踞于巴蜀地区的公孙述政权，才使这一割据分立的局面最终结束。

本篇即将新汉易代之际所在的更始及其他地域性政权之势力范围分章节进行论述，以窥知其时各地域性政权之地理分布。

王莽新朝覆亡之后，随即的更始政权旨在恢复汉朝，废除了新莽时期的各种新政，天下政区又承袭了西汉末年的百六郡国。《汉书》卷28《地理志》记载了西汉平帝元始二年（公元2）的百三郡国，然而卷10《平帝纪》载，元始二年四月，又置广德、广宗、广世三国，《后汉书》卷24《马援传》载："前披阅舆地图，见天下郡国百有六所。"周振鹤认为，该图反映的是平帝元始二年以后之形势。三国之地望不详，大约仅一县之地①。各个地域性政权对这一建制当无所更动，本篇即依据这一原则对各地域性政权之势力范围进行复原。

---

① 周振鹤：《西汉政区地理》，第19页。

第一章 更始政权

从王莽始建国地皇四年(23)更始政权开始建立,至光武帝建武元年(25)更始帝为赤眉军所杀,更始政权存在仅三年。在更始政权存在期间,其势力范围最大之时,当在更始元年(23)至二年之间,其时几乎占据了故西汉之大部分疆域,成为一个准统一的王朝政权(参见图3-50),本章所述即以此为断。

更始政权之势力范围大致可分为两类地区:一是更始直接控制地区,即更始政权以兵攻占及遣使下诏传檄而定的地区;一是更始政权间接控制地区,即接受更始封号而实际仍有独立性的割据政权所控制之地区。下面便对此两类地区分别进行考述。

第一节 更始政权直接控制地区

京兆尹　左冯翊　右扶风　此三地合称三辅地区。《后汉书》卷1《光武帝纪》载,更始元年(23)九月,三辅豪杰共诛王莽,传首诣宛。其时更始都宛。之后,更始迁都洛阳,三辅吏士东迎之。二年,更始定都长安。长安为三辅中心,更始政权理当据有三辅之地。且《后汉书》卷11《刘玄传》载更始比阳王王匡、淮阳王张卬横暴三辅,卷31《郭伋传》载更始征伋拜左冯翊,均可为佐证。

弘农郡　《后汉书》卷11《刘玄传》载,更始三年,更始使苏茂拒赤眉于弘农。卷16《邓禹传》载,赤眉西入关,更始使定国上公王匡、襄邑王成丹、抗威将军刘均及诸将分据河东、弘农以拒之。可知弘农为更始所据。

河东郡　《后汉书》卷11《刘玄传》载,更始三年,王匡、张卬守河东,为邓禹所败。卷16《邓禹传》载,建武元年(25),禹攻打河东,获更始抗威将军刘均及河东太守杨宝,遂定河东。

河内郡　《后汉书》卷17《岑彭传》载,更始迁彭为颍川太守,会春陵刘茂起兵,略下颍川,彭不得之官,乃与麾下数百人从更始河内太守邑人韩歆。可知河内郡乃为更始政权所辖。

1024　中国行政区划通史·秦汉卷

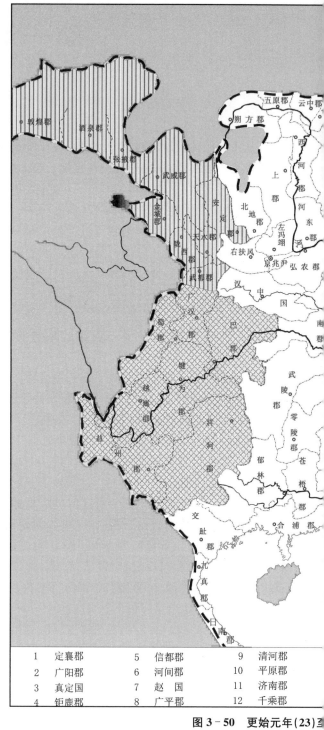

1	定襄郡	5	信都郡	9	清河郡
2	广阳郡	6	河间郡	10	平原郡
3	真定国	7	赵　国	11	济南郡
4	钜鹿郡	8	广平郡	12	千乘郡

图 3-50　更始元年(23)

第三编·附篇·第一章 更始政权 1025

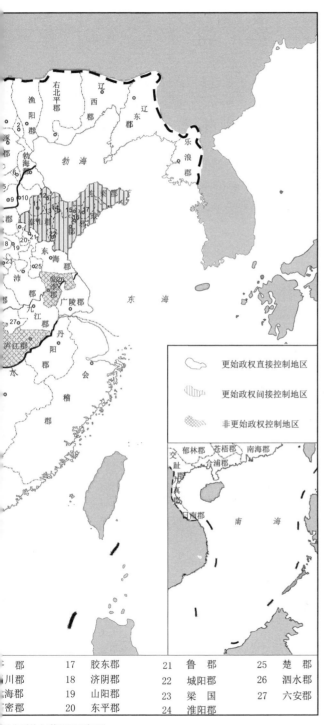

	17 胶东郡	21 鲁郡	25 楚郡
川郡	18 济阴郡	22 城阳郡	26 泗水郡
海郡	19 山阳郡	23 梁国	27 六安郡
密郡	20 东平郡	24 淮阳郡	

政权势力范围示意图

河南郡　《后汉书》卷11《刘玄传》载,更始元年十月,更始北都洛阳。卷17《冯异传》载,更始二年,更始遣舞阴王李轶、廪丘王田立、大司马朱鲔、白虎公陈侨将兵号三十万,与河南太守武勃共守洛阳。

颍川郡　《后汉书》卷17《岑彭传》载,更始迁彭为颍川太守。

汝南郡　《后汉书》卷11《刘玄传》载,更始元年,前钟武侯刘望起兵,略有汝南,十月,更始使奋威大将军刘信击杀望于汝南。卷14《安成孝侯赐传》载,刘信为更始讨平汝南,因封为汝阴王。

梁国　《汉书》卷99《王莽传》载,更始元年,陈定大尹沈意守郡不降,为汉兵所诛。陈定,即梁郡,是梁郡此时地当为更始政权所据。又《后汉书》卷12《刘永传》载,更始即位,永先诣洛阳,绍封为梁王,都睢阳,闻更始政乱,永据国起兵。

沛郡　《后汉书》卷15《王常传》载,更始令常别徇汝南、沛郡。《东观汉记》卷9《盖延传》、《后汉书》卷18《盖延传》载,更始败,刘永起兵,置沛郡太守,后为盖延所斩。而此前沛郡未闻为他人所据,故可知更始政权当领有是郡。

鲁郡　《后汉书》卷12《刘永传》载,更始二年,永据国起兵,封其弟少公为鲁王。卷18《盖延传》载,建武二年,延斩刘永鲁郡太守。此前未有他人占据鲁郡之记载,故可推断在刘永政权建立之前,鲁郡当归更始。

淮阳郡　《后汉书》卷11《刘玄传》载,更始二年,更始封张卬为淮阳王。《后汉书》卷17《贾复传》云:"(建武二年)引东击更始淮阳太守暴汜,汜降,属县悉定。其秋,南击召陵、新息,平定之。"

东郡　《后汉书》卷12《张步传》附《王闳传》载,王莽篡位,憸忌闳,闳乃出为东郡太守,及莽败,闳独全东郡三十余万户,归降更始。故知东郡莽末属更始政权。

济阴郡　《后汉书》卷21《耿纯传》载,耿艾为莽济平尹。莽败,更始使舞阴王李轶降诸郡国,艾降,"还为济南太守"。《传》文此处有误。王莽济平郡本汉济阴郡,耿艾为济平尹,降更始后理当还为济阴太守,否则《传》文不应用"还"字,况且《后汉书》卷21《任光传》已明载其时更始拜刘诩为济南太守,故《传》文"济南太守"乃"济阴太守"之讹。

山阳郡　《后汉书》卷36《范升传》载,建武二年,山阳太守吕羌已不在任。严耕望以为盖更始时所任[①],当是。

陈留郡　史籍未言此郡莽末何属,然陈留所邻之河南、东郡、济阴、山阴、

---

① 严耕望:《两汉太守刺史表》,上海古籍出版社,2007年,第162页。

梁郡、淮阳、颍川等郡均已知属更始，而在此时亦未闻陈留为他人所据，故可推知陈留当在更始政权控制之下。

东平郡　《后汉书》卷21《耿纯传》载，建武四年，光武帝诏纯将兵击更始东平太守范荆，荆降。

平原郡　《后汉书》卷26《伏湛传》载，更始立，以湛为平原太守。时仓促兵起，天下惊扰，而湛独晏然，教授不废。平原一境，湛所全也。知平原郡莽末为更始政权所辖。

千乘郡　千乘郡之归属，史未明言。然千乘所邻之平原已知为更始辖地，济南与齐其时亦为更始间接控制地区，且此时又未闻他人据有千乘，故以理度之，该郡应在更始政权势力范围之内。

东海郡　泗水郡　楚郡　广陵郡　史未明言此四地之归属，然以理度之，莽末应属更始。四地之邻郡（除去临淮郡，时该郡为侯霸据郡固守，详见下文）皆为更始直接或间接控制，此其一；是时四地未见有他人占据之记载，此其二；《后汉书》卷21《任光传》载，东海人力子都，起兵乡里，抄击徐、兖界。更始立，遣使降，拜子都为徐州牧，而彼时四地当在更始徐州牧统辖之下，此其三。

魏郡　《后汉书》卷18《吴汉传》载，更始尚书令谢躬留大将军刘庆、魏郡太守陈康守邺。亦可证魏郡确为更始所辖。

常山郡　《后汉书》卷15《邓晨传》载，更始北都洛阳，以晨为常山太守。是莽末此郡属更始政权。

钜鹿郡　《后汉书》卷23《窦融传》、后汉纪》卷4《光武皇帝纪》载，更始大司马赵萌荐融为钜鹿太守，融因故辞。

信都郡　《后汉书》卷21《任光传》载，更始至洛阳，以光为信都太守。

赵国　真定国　《后汉书》卷1《光武帝纪》载，更始至洛阳，遣刘秀以破虏将军行大司马事，持节北渡河，镇慰州郡，所到部县，考察黜陟，如州牧行部事，进至邯郸及真定。邯郸、真定分别为故西汉真定、赵二国之都城，刘秀至此二地去"镇慰"，且如州牧行部事，则可说明真定及赵其时已属更始。

中山郡　《后汉书》卷12《王昌传》载，更始元年十二月，王郎起兵邯郸，郡国多响应。卷1《光武帝纪》载，其时刘秀复北击中山，拔卢奴，所过发奔命兵，移檄边部，共击邯郸王郎，郡县还复响应。据此，可推知中山本为更始所控，只是一度归附过王郎政权而已。

河间郡　《后汉书》卷17《冯异传》载，王郎起兵邯郸，刘秀使异别收河间兵，从破王郎。是证河间早已属更始，否则冯异无法招收河间兵而攻打王郎。

广平郡　清河郡　史籍未载莽末何属，然其所邻地区已知皆归更始所辖，其时除王郎在短期内曾可能控制过二地外，未闻其他人占据该二地，故可推知在王郎政权建立之前及失败之后，广平、清河皆应在更始统属之下。

  勃海郡 涿郡 广阳郡 上谷郡 渔阳郡 右北平郡 辽西郡 辽东郡 玄菟郡 乐浪郡 此十郡于西汉皆属幽州刺史部，莽末应为更始所控制。《后汉书》卷16《寇恂传》、卷22《景丹传》载，王莽败，更始立，遣使者徇上谷。功曹寇恂、连率副贰景丹与连率耿况降。使者纳况印绶而无还意。恂勒兵入见使者，进取印绶带况。使者不得已，乃承制诏之，况受而归。是知更始有上谷郡。《后汉书》卷76《王景传》载，更始败，土人王调杀郡守刘宪，自称大将军、乐浪太守，则知刘宪曾为更始乐浪太守，又《后汉书》卷1《光武帝纪》、卷18《吴汉传》载，光武将击铜马，遣汉持节北发十郡兵，更始幽州牧苗曾敕诸郡不肯应调，汉遂斩曾而悉发其兵。《后汉书》卷19《耿弇传》载，刘秀拜弇为大将军，与吴汉北发幽州十郡兵。弇至上谷，收更始上谷太守韦顺、渔阳太守蔡充，斩之；汉亦诛苗曾，于是悉发幽州兵。此处所载幽州十郡当即西汉幽州所辖故郡，除上述已明载有更始太守的渔阳、上谷、乐浪三郡之外，勃海、涿、广阳、右北平、辽西、辽东、玄菟七郡亦应在此之列，否则，不能足十郡之数。

  代郡 太原郡 上党郡 雁门郡 定襄郡 云中郡 西河郡 上郡 北地郡 五原郡 朔方郡 此十一郡在西汉为并、朔二州刺史部。《后汉书》卷29《鲍永传》载，更始二年，永迁尚书仆射，行大将军事，持节将兵，安集河东、并州、朔部。

  《后汉书》卷19《耿弇传》载："时，更始征代郡太守赵永，而（耿）况劝永不应召，令诣于光武。光武遣永复郡。永北还，而代令张晔据城反畔，乃招迎匈奴、乌桓以为援助。光武以弇弟舒为复胡将军，使击晔，破之。永乃得复郡。"

  《后汉书》卷28《冯衍传》载，更始二年，遣尚书仆射鲍永行大将军事，安集北方，以衍为立汉将军，领狼孟长，屯太原，与上党太守田邑等缮甲养士，捍卫并土。

  《后汉书》卷16《邓禹传》载，建武元年，"西河太守宗育遣子奉檄降，禹遣诣京师"。

  《后汉书》卷24《马援传》云："及莽败，援兄员时为增山连率，与援俱去郡，复避地凉州。世祖即位，员先诣洛阳，帝遣员复郡，卒于官。"增山即上郡。

  上述史料皆可证更始有此十一郡之地。

  汉中郡 《后汉书》卷11《刘玄传》、卷14《顺阳怀侯嘉传》载，更始二年，封嘉为汉中王、扶威大将军，持节就国，都于南郑，众数十万。《顺阳怀侯嘉传》又云："及义兵起，嘉随更始征伐。……击延岑于冠军，降之。更始既都长安，以嘉为汉中王、扶威大将军,持节就国,都于南郑,众数十万。建武二年,延岑复反,攻汉中,围南郑,嘉兵败走。岑遂定汉中。"

南阳郡 《后汉书》卷15《王常传》载,更始都长安,以常行南阳太守事,令专命诛赏,封为邓王,食八县。又更始所封之宛王刘赐、比阳王王匡、穰王廖湛、平氏王申屠建、随王胡殷、舞阴王李轶等之封地亦皆在故西汉南阳郡领域内。可知莽末南阳郡属更始政权。《后汉书》卷17《岑彭传》载,更始诸将各拥兵据南阳诸城。

南郡 江夏郡 武陵郡 长沙国 桂阳郡 零陵郡 苍梧郡 交趾郡 南海郡 郁林郡 合浦郡 九真郡 日南郡 上列诸郡皆在西汉荆州及交趾二刺史部管辖之内。《后汉纪》卷4《光武皇帝纪》载,更始使宛王刘赐、邓王王常、西平王李通俱之国,镇抚南方。《后汉书》卷15《李通传》载,更始使通持节还镇荆州。而故西汉荆州刺史部有南阳、南郡、江夏、武陵、长沙、零陵、桂阳七郡。南阳、南郡前文已证其时为更始所据,其余数郡亦应属更始。

又《后汉书》卷1《光武帝纪》载,建武五年十二月,交趾牧邓让率七郡太守遣使奉贡。而卷17《岑彭传》载,邓让与江夏太守侯登、武陵太守王堂、长沙相韩福、桂阳太守张隆、零陵太守田翕、苍梧太守杜穆、交趾太守锡光等,相率遣使贡献,悉封为侯。此处恰为七郡太守,可知当为《后汉书》卷1《光武帝纪》中所指之七郡。李贤不察,而以西汉交趾刺史部所辖七郡为释,当误。此七郡太守皆为更始所任无疑。另外,南郡之归属虽无显证,依上叙《后汉书》卷15《李通传》之文,似亦属更始。至于南海、郁林、合浦、九真、日南五郡,因其所属之交趾刺史部之刺史与其他苍梧、交趾二郡太守,均已知为更始所任用者,而是时亦未闻他人割据于此,故依理度之,南海等五郡似应在更始政权辖下。

豫章郡 丹阳郡 会稽郡 《后汉书》卷14《安成孝侯赐传》载,更始汝阴王刘信将兵平定江南,据豫章。此处江南所及之范围,应包括豫章郡、丹阳郡及会稽郡北部①,且因其时会稽郡南部尚未大规模开发,人烟稀少,故可视会稽全郡在更始统辖之下。

九江郡 六安郡 《汉书》卷99《王莽传》载:"曹部监杜普、陈定大尹沈意、九江连率贾萌皆守郡不降,为汉兵所诛。"事在更始元年,王莽败后,故可知九江郡当在此后为更始政权所辖。六安郡则无确证莽末东汉易代之际为何种势力所据。然六安与九江地域毗连,其北部之汝南亦已知属更始政权,故六安亦当为更始所辖无疑。

---

① 周振鹤:《释江南》,《中华文史论丛》第49辑。

第二节　更始政权间接控制地区

更始政权间接控制地区有以下诸郡：

泰山郡　城阳郡　济南郡　齐郡　北海郡　高密郡　胶东郡　淄川郡　东莱郡　琅邪郡　此十郡为张步政权所据。《后汉书》卷12《张步传》载："张步字文公，琅邪不其人也。汉兵之起，步亦聚众数千，转攻傍县，下数城，自为五威将军，遂据本郡。……时梁王刘永自以更始所立，贪步兵强，承制拜步辅汉大将军、忠节侯，督青、徐二州，使征不从命者。步贪其爵号，遂受之。乃理兵于剧，以弟弘为卫将军，弘弟蓝玄武大将军，蓝弟寿高密太守。遣将徇太山、东莱、城阳、胶东、北海、济南、齐诸郡，皆下之。"可知张步在更始元年（23）即已割据琅邪，后又得高密、泰山、东莱等郡。随后步降更始，接受更始封号，成为更始政权间接控制地区。

又《后汉书》卷12《张步传》载，更始遣王闳为琅邪太守，卷21《任光传》云更始拜爰曾为东莱郡太守，刘诩为济南太守。可知更始对琅邪、东莱、济南等郡有一定的控制，然这种控制缺乏实效。《后汉书》卷12《张步传》载，王闳奉更始命，赴琅邪任太守，步拒而不纳，闳力争，步方令闳关掌郡事。此例亦可见一斑。故前述数郡当皆实为张步所据，于更始不过为间接控制之地。

安定郡　天水郡　陇西郡　武威郡　金城郡　张掖郡　酒泉郡　敦煌郡　武都郡　此九郡在更始元年为隗嚣政权所据。《后汉书》卷13《隗嚣传》云："（隗嚣季父崔）闻更始立而莽兵连败，于是乃与兄义及上邽人杨广、冀人周宗谋起兵应汉。……攻平襄，杀莽镇戎（按，即天水郡）大尹。崔、广等以为举事宜立主以一众心，咸谓嚣素有名，好经书，遂共推为上将军。"建元汉复，移檄告郡国。"嚣乃勒兵十万……将攻安定。……安定悉降。……嚣分遣诸将徇陇西、武都、金城、武威、张掖、酒泉、敦煌，皆下之。"

《后汉书》卷13《隗嚣传》又云："更始二年，遣使征嚣及崔、义等。……嚣等遂至长安，更始以为右将军，崔、义皆即旧号。"是知在该年隗嚣归附更始，其所领郡亦当改属更始控制。《后汉书》卷12《卢芳传》载，更始至长安，征芳为骑都尉，使镇抚安定以西；卷23《窦融传》中有更始酒泉太守梁统、金城太守库钧、武威太守马期及张掖太守任仲之载，窦融亦被更始任为张掖属国都尉，均可为证。然更始对该地区的控制及隗嚣对更始的归附亦徒具形式而已，隗嚣的割据势力依然存在。

《后汉书》卷1《光武帝纪》载，建武元年（25），"隗嚣据陇右"。卷13《隗嚣传》载,更始三年,嚣由长安"亡归天水。复招聚其众,据故地,自称西州上将军"。《后汉书》卷1《光武帝纪》、《后汉纪》卷3《光武皇帝纪》皆作"西州大将军",当是传文有误,由是可知隗嚣复割据于陇右。

更始政权之势力范围至此考述完毕,然前文曾言其时天下政区为百六郡国,除去上文所列出之九十四郡国,尚有十二郡国未曾提及,其各自情况需在此言明。

广德、广宗、广世(《汉书》卷12《平帝纪》作广川)三国皆地望不明,大约仅一县之地,以理推之,三国当在更始政权势力范围所及之九十四郡地域之内。

庐江郡其实为李宪割据政权所据(参见李宪政权沿革),蜀郡、广汉郡、巴郡、越巂郡、犍为郡等五郡则在公孙述政权控制之下(参见公孙述政权沿革)。

临淮郡时为据郡固守之地。《后汉书》卷26《侯霸传》载,霸为王莽淮平大尹(李贤注称王莽改临淮郡为淮平),政理有能名。及莽败,霸保固自守,卒全一郡。更始元年,遣使征霸,百姓拦阻,霸未就征,由此可知,更始政权未据临淮郡。

牂柯郡、益州郡二郡是时为据郡自保之地。《后汉书》卷13《公孙述传》称述"于是尽有益州之地",其实此处所言并非确指而是泛言之。实际上西汉益州刺史部下牂柯、益州二郡由史载可知不应在公孙述政权控制之下。《华阳国志》卷4《南中志》载:"牂柯郡,汉武帝元鼎(二)[六]年开。……王莽更名牂曰同亭,郡不服。会公孙述(时)[据]三蜀,大姓龙、傅、尹、董氏与功曹谢暹保郡,闻汉世祖在河北,乃远使使由番禺江出,奉贡汉朝。世祖嘉之,号为义郎。"《后汉书》卷86《西南夷传》所载与此略同。可证牂柯郡是时不属公孙述。《后汉书》卷86《西南夷传》云:"及公孙述据益土,(文)齐固守拒险,述拘其妻子,许以封侯,齐遂不降。"《华阳国志》卷4《南中志》曰:"平帝末,梓潼文齐为益州太守。公孙述时,据郡不服。"同书《先贤志》中亦有大致相同之记载,故又可证益州郡不为公孙述所据。

综上所述,可以看出更始政权在更始元年至二年之间,其时所控地区相当于故西汉之冀、兖、青、豫、幽、并、凉、荆州、司隶、朔方、交趾十一个刺史部所辖之全部郡国及徐州刺史部之琅邪、东海、楚、泗水、广陵,益州刺史部之武都、汉中,扬州刺史部之六安、九江、豫章、丹阳、会稽,占据了故西汉末年疆域的绝大部分地区,其声势之浩大,已基本上具备了一个统一王朝的规模,远非偏居一隅的公孙述、李宪等割据政权可比。

然而,更始政权对其势力范围的控制并不能像真正一统王朝那样行之有效。其间接控制地区自不待言,即使是在其直接控制地区之内,其统治亦是松散的。由于大部分地区是遣使传檄而定,并未真正遣将逐一平定,故地方势力随时可起来与更始抗衡。更始元年冀州王郎起兵,自称天子,即为一例。这恰好说明了地域性政权之势力范围缺乏稳定性的特点,与封建统一王朝的疆域政区形成鲜明的对照。

然自更始二年以后,《后汉书》卷1《光武帝纪》载"长安政乱,四方背叛",大大小小的地域性政权相继出现,"梁王刘永擅命睢阳,公孙述称王巴蜀,李宪自立为淮南王,秦丰自号楚黎王,张步起琅邪,董宪起东海,延岑起汉中,田戎起夷陵,并置将帅,侵略郡县",更始政权已无力再维系其原有的势力范围,最终走向了覆亡。

第二章　豫、兖、青、徐、幽、冀诸州地区各地域性政权之势力范围

新汉易代之际,在豫、兖、青、徐、幽、冀诸州地区主要存在着刘永、董宪、张步、王郎、彭宠等地域性政权,下面便分节讨论各地域性政权之势力范围。

第一节　刘永政权

《后汉书》卷1《光武帝纪》载,更始二年(24),"梁王刘永擅命睢阳"。

《后汉书》卷12《刘永传》云:"更始即位,永先诣洛阳,绍封为梁王,都睢阳。永闻更始政乱,遂据国起兵……攻下济阴、山阳、沛、楚、淮阳、汝南,凡得二十八城。"

刘永政权之领域,史无确载,兹仅据相关资料略作推测。

由上引文知,刘永起兵之后,攻下济阴等六郡所辖之二十八城,然而依《汉志》记载,仅汝南郡即领有三十七县,已逾二十八城之数,故则更始二年时,刘永当有济阴等六郡之一部分辖地而已。

《后汉书》卷12《刘永传》载,其后,"(刘永)又遣使拜西防贼帅山阳佼强为横行将军。是时,东海人董宪起兵据其郡,而张步亦定齐地。永遣使拜宪翼汉大将军、步辅汉大将军,与共连兵,遂专据东方"。

《后汉纪》卷4《光武皇帝纪》云:"更始之败,刘永兵略地,北至河,南及陈、汝,以周建为将军,苏茂为大司马,遣使拜张步为齐王,董宪为海西王。"[按,《后汉纪》此事载于建武二年(26)三月下,而《后汉书》、《通鉴》均将此事系于建武三年二月,与《后汉纪》异]又据《后汉书》卷12《张步传》知,张步为齐王时已据有齐地十二郡(十二郡之名,详见张步政权沿革)。董宪亦一直占据东海郡,故刘永所控"北至河,南及陈、汝"之地,当在东郡、东平、济阴、山阳、鲁、陈留、梁、淮阳(即《续汉志》陈国)、汝南、沛、楚、颍川、临淮等豫、兖、徐州刺史部所辖

范围之内。而济阴、山阳、沛、楚等四郡，由前引文知，刘永起兵之时便曾占据其中的一些辖县，故至此时进一步占据济阴等四郡之地全境，实在情理之中。

《后汉书》卷18《盖延传》载，建武二年夏，盖延率军"南伐刘永，先攻拔襄邑"。李贤注引《续汉书》曰："时刘永别将许德据襄邑，延攻而拔之。"由《汉志》知襄邑为陈留属县，故据此似可推知刘永有控制陈留郡之可能。

东郡、东平二郡相邻，西北为黄河，东北为张步所据之平原、泰山二郡，南为陈留、山阳、济阴等已知为刘永所辖之地，且东郡、东平二郡未闻他人占据，故疑此二郡于更始败后亦当归刘永所领。

鲁郡亦当属刘永。《后汉书》卷18《盖延传》载，建武二年，延斩刘永鲁郡太守。

唯颍川、汝南、淮阳、临淮四郡当不在刘永领域之内。《后汉书》卷16《寇恂传》载，建武二年，拜恂为颍川太守，"郡中悉平定。……三年，遣使者即拜为汝南太守……盗贼清静，郡中无事"。亦可知建武二年时，东汉已辖有颍川、汝南之地。

《后汉书》卷17《贾复传》云："（建武二年）引东击更始淮阳太守暴汜，汜降，属县悉定。其秋，南击召陵、新息，平定之。"卷12《刘永传》云，建武二年，"光武因使（苏）茂与盖延俱攻永。军中不相能，茂遂反，杀淮阳太守，掠得数县，据广乐而臣于永。永以茂为大司马、淮阳王"。此二则史料又可证淮阳郡在更始败后据郡自守，至建武二年属东汉。此后，淮阳郡一部分为苏茂所据。建武三年，《后汉书》卷12《刘永传》载："（光武帝）于是遣大司马吴汉等围苏茂于广乐，周建率众救茂，茂、建战败，弃城复还湖陵"。是知淮阳郡旋又全归光武帝。

《后汉书》卷26《侯霸传》载，临淮太守侯霸，"保固自守，卒全一郡"。更始欲征参，"会更始败，道路不通。建武四年，光武征霸与车驾会寿春"。即已证此时临淮为侯霸所控。至于临淮以东的泗水、广陵二地则更不可能为刘永所据。

综上所述，可知《后汉纪》卷4《光武皇帝纪》所称刘永所据之地"北至河，南及陈、汝"之说实乃泛言之论，并非确指。建武二年之时，刘永至多应据有东郡、东平、济阴、山阳、鲁、陈留、梁、沛、楚九郡之地。

建武三年，刘永将庆吾斩永首归降光武帝。《后汉书》卷12《刘永传》载："苏茂、周建奔垂惠，共立永子纡为梁王。"此后该政权之势力范围大大缩小，主要活动在沛、山阳、楚、济阴等地。

《后汉书》卷18《盖延传》载，建武四年春，盖延又击破苏茂、周建于蕲；卷

22《马武传》载,马武别击济阴,下成武、楚丘。"四年秋,遣捕虏将军马武、骑都尉王霸围纡、建于垂惠……建、茂、纡等皆走,建于道死,茂奔下邳与董宪合,纡奔佼强。"卷12《刘永传》载,五年,遣骠骑大将军杜茂攻佼强于西防,强李刘纡奔董宪。卷18《盖延传》载盖延"因率平狄将军庞萌攻西防,拔之。复追败周建、苏茂于彭城,茂、建亡奔董宪",与《刘永传》异,今暂从《刘永传》之说。由是知,此后梁王刘纡等人投奔据有东海郡地的董宪,而此前刘永政权所有之郡尽数入东汉之控制中。

《后汉书》卷1《光武帝纪》载,建武五年八月,"吴汉拔郯,获刘纡"。卷12《刘永传》载,吴汉拔郯,"刘纡不知所归,军士高扈斩其首降,梁地悉平"。

第二节　董宪政权(附:庞萌政权)

更始二年(24),董宪于东海郡建立割据政权。《后汉书》卷1《光武帝纪》更始二年间所载"董宪起东海"及卷12《刘永传》所载"是时东海人董宪起兵据其郡"可证。

董宪割据政权之范围,史载不详。由上文可知,西汉故东海郡为其政权主要控制区域。建武四年(28)后,因梁王刘纡势力范围缩小,董宪政权领域有所扩大。《后汉书》卷18《盖延传》云:"(建武)四年春,延又击苏茂、周建于蕲,进与董宪战留下,皆破之。……延等往来要击宪别将于彭城、郯、邳之间。"卷1《光武帝纪》云:建武五年"八月己酉,进幸郯,留吴汉攻刘纡、董宪等,车驾转徇彭城、下邳"。由《汉志》知留、彭城皆隶属楚,故颇疑董宪此时势力一度延及楚郡之地。

又《后汉书》卷29《鲍永传》载:"董宪裨将屯兵于鲁。"是又证董宪还一度占据过鲁郡地区,然很快为时任鲁郡太守的鲍永击败。

建武五年,董宪又一度占有琅邪郡赣榆县。《后汉书》卷12《刘永传》云:"吴汉进围朐。明年,城中谷尽,宪、萌潜出,袭取赣榆,琅邪太守陈俊攻之,宪、萌走泽中。"

《后汉书》卷1《光武帝纪》云:"(建武六年)二月,大司马吴汉拔朐,获董宪、庞萌,山东悉平。"东海郡至此亦为东汉所控制。

董宪政权亦是最后一个在山东地区被光武帝消灭的割据政权,此后山东悉平,天下粗定。

附:庞萌政权

建武五年三月,庞萌反,随即入据西汉东平国任城县附近。其后,庞萌兵败,逃奔东海与董宪合,至建武六年兵败死,其政权宣告消亡。

《后汉书》卷12《刘永传》云:"时(按,指建武五年)平狄将军庞萌反叛,遂袭破盖延,引兵与董宪连和,自号东平王,屯桃乡之北。"

庞萌政权之势力范围,史无确载。由上引文知,庞萌"屯桃乡之北"。又《后汉书》卷12《庞萌传》载:"(董)宪闻(光武)帝自讨庞萌,使(苏)茂、(佼)强助萌,合兵三万,急围桃城。帝时幸蒙,闻之,乃留辎重,自将轻骑三千,步卒数万,晨夜驰赴,师次任城,去桃乡六十里。"《续汉志》任城县下有桃聚,即指此桃乡之地。任城县西汉属东平国,东汉属任城国。庞萌正是据此而自号东平王。故庞萌割据地区当在西汉东平国任城县附近。

其后,庞萌兵败桃城,弃辎重逃奔至董宪。《后汉书》卷12《庞萌传》载:"(董)宪及庞萌走入缯山。数日,吏士闻宪尚在,复往往相聚,得数百骑,迎宪入郯城。吴汉等复攻拔郯,宪与庞萌走保朐。……吴汉进围朐。明年(指建武六年),城中谷尽,宪、萌潜出,袭取赣榆,琅邪太守陈俊攻之,宪、萌走泽中。"之后,"会吴汉校尉韩湛追斩宪于方与,方与人黔陵亦斩萌,皆传首洛阳"。庞萌政权与董宪政权同时消亡。

第三节 张步政权

《后汉书》卷1《光武帝纪》载,建武三年(27)二月,刘永立"张步为齐王"。

《后汉书》卷12《刘永传》云:"(建武)三年春,永遣使立张步为齐王。"

《后汉书》卷12《张步传》云:"建武三年,光武遣光禄大夫伏隆持节使齐,拜步为东莱太守。刘永闻隆至剧,乃驰遣立步为齐王,步即杀隆而受永命。"

《后汉书》卷12《张步传》载:"张步字文公,琅邪不其人也。汉兵之起,步亦聚众数千,转攻傍县,下数城,自为五威将军,遂据本郡。……时梁王刘永自以更始所立,贪步兵强,承制拜步辅汉大将军、忠节侯,督青、徐二州,使征不从命者。步贪其爵号,遂受之。乃理兵于剧,以弟弘为卫将军,弘弟蓝玄武大将军,蓝弟寿高密太守。遣将徇太山、东莱、城阳、胶东、北海、济南、齐诸郡,皆下之。"可知张步在更始元年(23)即已割据琅邪,后又得高密、泰山、东莱等郡。随后步降更始,接受更始封号,成为更始政权间接控制地区。

张步所据有十二郡,自当指西汉故郡而言。《后汉书》卷19《耿弇传》载:"(建武五年),弇传步诣行在所,而勒兵入据其城。树十二郡旗鼓,令步兵各以郡人诣旗下,众尚十余万,辎重七千余两,皆罢遣归乡里。"李贤注引《东观记》曰:"弇凡平城阳、琅邪、高密、胶东、东莱、北海、齐、千乘、济南、平原、泰山、临淄等[郡]。"此处恰好亦十二郡,只是其中的临淄郡应作淄川郡才是,因临淄非郡,此点清人沈钦韩已指出。

可知更始政乱之后,张步乘机拓地,兵甲日盛,至建武三年,张步称王时,"得专集齐地,据郡十二"。

《后汉书》卷12《张步传》云"(建武)五年,步闻帝将攻之,以其将费邑为济南王,屯历下。冬,建威大将军耿弇破斩费邑,进拔临淄。步以弇兵少远客,可一举而取,乃悉将其众攻弇于临淄。步兵大败,还奔剧。帝自幸剧",后张步遂降。故此后前述十郡皆属东汉。

第四节 王郎政权

《后汉书》卷1《光武帝纪》载,更始元年(23),"(故赵缪王子)林于是乃诈以卜者王郎为成帝子子舆,十二月,立郎为天子,都邯郸,遂遣使者降下郡国"。

《后汉书》卷12《王昌传》云:"更始元年十二月,林等遂率车骑数百,晨入邯郸城,止于王宫,立(王)郎为天子。……分遣将帅,徇下幽、冀。……移檄州郡。……于是赵国以北,辽东以西,皆从风而靡。"

王郎政权是在更始已经控制的西汉幽、冀地区兴起的。其政权存在的时间亦较短暂,尚不足一年,更始二年五月,便被其时尚未称帝的刘秀更始之军平定,王郎被诛。

赵国 由上引文可知王郎在赵郡邯郸称帝,理当据有赵国全境之地。

真定 广阳国 《后汉书》卷21《刘植传》云:"时真定王刘扬起兵以附王郎,众十万余。"卷1《光武帝纪》载,更始二年,"故广阳王子刘接起兵蓟中以应郎"。

涿郡 中山郡 钜鹿郡 清河郡 河间郡 《后汉书》卷19《耿弇传》载,弇等率上谷兵与渔阳兵合军而南,"所过击斩王郎大将、九卿、校尉以下四百余级……定涿郡、中山、钜鹿、清河、河间凡二十二县"。此载可资为证。不过这里需要指出的是,此处之钜鹿郡之领域并不与西汉末年《汉志》所载钜鹿郡同。因王莽时分钜鹿郡北部为和成郡,《东观汉记》卷10《邳彤传》有"王莽分钜鹿为和成郡,居下曲阳"之语,此时仍旧如此。而又据《后汉书》卷21《邳彤传》知和成太守邳彤据郡坚守,不附王郎,故王郎所占之钜鹿郡应仅是《汉志》钜鹿郡之一部分而已。

信都郡 此后在王郎起兵时,此郡亦并未附王郎。《后汉书》卷21《任光传》云:"更始至洛阳,以光为信都太守。及王郎起,郡国皆降之,光独不肯,遂与都尉李忠、令万修、功曹阮况、五官掾郭唐等同心固守。……更始二年春,世祖自蓟还,狼狈不知所向,传闻信都独为汉拒邯郸,即驰赴之。"但,又据史载可知信都后一度归王郎控制。《后汉书》卷21《李忠传》载:"王郎遣将攻信都,信都大姓马宠等开城内之,收太守宗广及忠母妻,而令亲属招呼忠。会更始遣将攻破信都,忠家属得全。世祖因使忠还,行太守事。"《邳彤传》云:"信都复反为王郎,郎所置信都王捕系彤父弟及妻子……会更始所遣将攻拔信都,郎兵败走,彤家属得免。"不过,由上引文亦可推知王郎占据信都时间并不长。

王郎政权所控制地区,大体如上所述,然此结论与前引《后汉书》卷12《王昌传》中所载王郎移檄州郡,"于是赵国以北,辽东以西,皆从风而靡"有相左之处。此七郡地理方位上亦在"赵国以北,辽东以西"之列,然其实《传》文在此所载并不确切,前面所提及的和成、信都据郡不附即是例证。此外,史载亦可证王郎不据有渔阳、上谷以东之地。《后汉书》卷12《彭宠传》云:"会王郎诈立,传檄燕、赵,遣将徇渔阳、上谷,急发其兵,北州众多疑惑,欲从之。吴汉说宠从光武……会上谷太守耿况亦使功曹寇恂诣宠,结谋共归光武。宠乃发步骑三千人……与上谷军合而南,及光武于广阿。"卷16《寇恂传》亦有类似记载。既然渔阳、上谷未附王郎,且又未闻渔阳以东之右北平、辽西、辽东有归王郎之记载,故王郎不当控制上谷以北诸郡。另,常山郡亦不见属王郎之记载,故此二郡虽在幽、冀辖区内,其实并未属王郎。要之,上引《后汉书》卷12《王昌传》之载与史实不符,盖唯言其大略而已。

第五节 彭宠政权(附:张丰政权)

《后汉书》卷1《光武帝纪》载,建武二年(26)二月,"渔阳太守彭宠反,攻幽州牧朱浮于蓟"。三年三月,"彭宠陷蓟城,宠自立为燕王"。五年二月,"彭宠为其苍头所杀,渔阳平"。

《后汉书》卷12《彭宠传》载,建武二年(26)春,彭宠与幽州牧朱浮结怨,"遂发兵反,拜署将帅,自将二万余人攻朱浮于蓟,分兵徇广阳、上谷、右北平。……明年春,宠遂拔右北平、上谷数县。……遂攻拔蓟城,自立为燕王"。五年春,宠为其苍头子密等三人所杀,"其尚书韩立等共立宠子午为王……国师韩利斩午首,诣征虏将军祭遵降"。

综合上引之文,知彭宠政权由建武二年至五年共存在了三年的时间,其控制区域范围最大当在建武三年彭宠自立为燕王之时,兹对此时彭宠政权之领域作一勾勒。

依史载已知彭宠起兵前乃渔阳太守,故渔阳全境当在其控制之下。

又由上引《后汉书》卷12《彭宠传》知,建武三年春,"遂拔右北平、上谷数县",则彭宠亦当据有右北平及上谷二郡地之一部分。

又彭宠攻拔了蓟县,而蓟县为西汉广阳治所,加之广阳领域甚小,故颇疑彭宠将广阳全郡置于其统领之下。

彭宠政权之中心所在当为蓟县,此由彭宠攻拔蓟县后称燕王而推知。

附:张丰政权

《后汉书》卷1《光武帝纪》载,建武三年十一月,"涿郡太守张丰反"。四年五月,"遣征房将军祭遵率四将军讨张丰于涿郡,斩丰"。《后汉纪》卷4《光武皇帝纪》系张丰反之事于建武二年,当误。

《后汉书》卷20《祭遵传》云:"时(按:指建武三年)涿郡太守张丰执使者举兵反,自称无上大将军,与彭宠连兵。四年,遵与朱祐及建威大将军耿弇、骁骑将军刘喜俱击之。遵兵先至,急攻丰,丰功曹孟宏执丰降。"此后涿郡复为东汉所有。

依上述引文可知,张丰政权仅存在一年,因在起兵前张丰为涿郡太守,故其政权之领域理当为涿郡全境之地。

第三章　并、朔、凉三州地区各地域性政权之势力范围

新汉易代之际,并、朔、凉三州地区主要存在卢芳与隗嚣两个割据政权,下面即分节讨论其各自之势力范围。

第一节　卢芳政权

《后汉书》卷1《光武帝纪》载,建武元年(25),"卢芳起安定",建武五年"十二月,卢芳自称天子于九原"。

《后汉书》卷12《卢芳传》云:"初,五原人李兴、随昱,朔方人田飒,代郡人石鲔、闵堪,各起兵自称将军。建武四年,单于遣无楼且渠王入五原塞,与李兴等和亲,告兴欲令芳还汉地为帝。五年,李兴、闵堪引兵至单于庭迎芳,与俱入塞,都九原县。掠有五原、朔方、云中、定襄、雁门五郡,并置守令,与胡通兵,侵苦北边。"

由上引文可知卢芳政权在建武五年其领域当有五原等五郡。

建武六年,代郡又为卢芳所据。《后汉书》卷12《卢芳传》所云"六年,芳将军贾览将胡骑击杀代郡太守刘兴"可资为证。

建武七年,朔方、云中二郡归于东汉。《后汉书》卷1《光武帝纪》云:"(七年)冬,卢芳所置朔方太守田飒、云中太守桥扈各举郡降。"卷12《卢芳传》云:"芳后以事诛其五原太守李兴兄弟,而其朔方太守田飒、云中太守桥扈恐惧,叛芳,举郡降,光武令领职如故。"又因定襄与云中为邻,且《光武帝纪》载,建武十年省定襄郡,故颇疑定襄亦在建武七年时与云中等同时属汉。

《后汉书》卷12《卢芳传》载:"(建武)十二年,芳与贾览共攻云中,久不下,卢芳将随昱留守九原,欲胁芳降,芳遂与十余骑亡入匈奴。"卷31《郭伋传》云:"伋知卢芳夙贼,难卒以力制,常严烽候,明购赏,以结寇心。芳将隋昱遂谋胁芳降伋,芳乃亡入匈奴。"卷22《杜茂传》云:"九年,(杜茂)与雁门太守郭凉击卢芳将尹由于繁畤……时卢芳据高柳……十二年……(贾)丹等闻芳败,遂共

杀由诣郭凉……自是卢芳城邑稍稍来降……旬月间雁门且平,芳遂亡入匈奴。……十三年,增茂邑,更封修侯。"然《后汉书》卷1《光武帝纪》将卢芳亡入匈奴事系于建武十三年二月,又系贾丹杀尹由事于建武十四年秋九月,而由上引文可知卢芳亡入匈奴当在尹由被杀之后,本纪所载于史不合,故在此不取本纪之系年。五原郡入东汉之年当在建武十二年。

建武十二年,卢芳尽丧其地,故代郡不晚于此年重新为东汉所控制。

建武十六年,卢芳复入居高柳,然此事已不在本卷讨论范围之内,兹不赘述。

第二节 隗嚣政权

《后汉书》卷13《隗嚣传》云:"(隗嚣季父崔)闻更始立而莽兵连败,于是乃与兄义及上邽人杨广、冀人周宗谋起兵应汉。……攻平襄,杀莽镇戎(按,即天水郡)大尹。崔、广等以为举事宜立主以一众心,咸谓嚣素有名,好经书,遂共推为上将军。"建元汉复,移檄告郡国。"嚣乃勒兵十万……将攻安定。……安定悉降。……嚣分遣诸将徇陇西、武都、金城、武威、张掖、酒泉、敦煌,皆下之。"

由此可知,更始元年(23),隗嚣已据有故凉州刺史部所辖诸郡及益州刺史部所辖之武都郡,共计九郡之地。

《后汉书》卷13《隗嚣传》又云:"更始二年,遣使征嚣及崔、义等。……嚣等遂至长安,更始以为右将军,崔、义皆即旧号。"是知在该年隗嚣归附更始,其所领郡亦当改属更始控制。

《后汉书》卷1《光武帝纪》载,建武元年(25),"隗嚣据陇右"。卷13《隗嚣传》载,更始三年,嚣由长安"亡归天水。复招聚其众,据故地,自称西州上将军",《后汉书》卷1《光武帝纪》、《后汉纪》卷3《光武皇帝纪》皆作"西州大将军",当是传文有误。

金城、武威、张掖、酒泉、敦煌等五郡为窦融集团所控制。又,《后汉书》卷23《窦融传》云,融至河西,更始败后,行河西五郡大将军事,据郡自保。

武都郡则为更始柱功侯李宝所据。《后汉书》卷14《顺阳怀侯嘉传》曰:"(延)岑遂定汉中,进兵武都,为更始柱功侯李宝所破。岑走天水,公孙述遣将侯丹取南郑。嘉收散卒,得数万人,以宝为相,从武都南击侯丹,不利,还军河池、下辨。"可证更始败后,武都为刘嘉、李宝等所据。

由是可知隗嚣复割据于陇右,然此时隗嚣仅能控制天水、陇西、安定三郡。

《后汉书》卷13《隗嚣传》云,建武二年,"(邓)禹承制遣使持节命嚣为西州大将军,得专制凉州、朔方事。……三年,嚣乃上书诣阙"。卷1《光武帝纪》载,建武三年,"西州大将军隗嚣奉奏"。此证在建武二年,隗嚣又归附了光武帝刘秀,然这种归附徒具表面意义,隗嚣仍然是一个实际上存在的割据势力。这种情形在隗嚣复反、起兵于陇右时得到证实。

《后汉书》卷1《光武帝纪》载,建武六年(30)五月,"隗嚣反……辛丑,诏曰:'惟天水、陇西、安定、北地吏人为隗嚣所诖误者……自殊死以下,皆赦除之。'"可证隗嚣此时当据有天水等四郡之地。

《后汉书》卷17《冯异传》载,建武六年,"上郡、安定皆降,异复领安定太守事"。是建武六年,安定郡降东汉。故《后汉书》卷24《马援传》载援予嚣书云,"见天下郡国百有六所,奈何欲以区区二邦以当诸夏百有四乎",因隗嚣于其时仅有陇西、天水二郡之地。

《后汉书》卷1《光武帝纪》载,建武七年三月,"公孙述立隗嚣为朔宁王"。是知隗嚣在此年与公孙述联盟。

《后汉书》卷1《光武帝纪》载,从建武六年至建武八年,隗嚣政权与东汉政权展开激烈较量,隗嚣所据之地至建武八年已基本为汉兵攻占,然建武八年十一月汉军退走后,陇右复反归隗嚣。《后汉书》卷13《隗嚣传》载,建武九年,隗嚣病死,其将王元、周宗复立嚣子纯为王。《后汉书》卷1《光武帝纪》云,建武十年"冬十月,中郎将来歙等大破隗纯于落门,其将王元奔蜀,纯与周宗降,陇右平"。《隗嚣传》所载与此略同。

隗嚣政权之中心似应在天水郡冀县,此由《后汉书》卷13《隗嚣传》所载嚣将王元等与汉军殊死战、"迎嚣归冀"可证。

第四章　益、荆、扬三州地区各地域性政权之势力范围

新汉易代之际,在益、荆、扬三州地区主要存在着公孙述、延岑、秦丰、田戎、李宪等割据政权,下面即分节讨论其各自之势力范围。

第一节　公孙述政权

《后汉书》卷1《光武帝纪》载,更始二年(24),"公孙述称王巴蜀";"(建武元年)夏四月,公孙述自称天子。"

《后汉书》卷13《公孙述传》载,更始元年,公孙述占据蜀郡;更始二年,采功曹李熊之议,"于是自立为蜀王,都成都。……建武元年四月,遂自立为天子,号成家。色尚白。建元曰龙兴元年。……改益州为司隶校尉,蜀郡为成都尹"。《华阳国志》卷5《公孙述刘二牧志》所载与此略同,唯国号为"大成"与此异。

公孙述建立的成家政权之领域,史未明言,然依据史料,仍可约略求得。由上引《后汉书》卷13《公孙述传》之文,可知蜀郡自然在公孙述成家政权领域内。蜀郡并非全境都在述控制之下,《水经·青衣水注》所云"公孙述之有蜀也,青衣不服,世祖嘉之,建武十九年以为郡,安帝延光元年置蜀郡属国都尉"可证。

又,该政权还应占有下列诸郡。

越巂郡　《后汉书》卷13《公孙述传》云:"越巂任贵亦杀王莽大尹而据郡降。"传文系此事于建武元年(25)。《后汉书》卷86《西南夷传》则载:"更始二年,长贵率种人攻杀(王莽大尹)枚根,自立为邛谷王,领太守事。又降于公孙述。述败,光武封长贵为邛谷王。建武十四年,长贵遣使上三年计,天子即授越巂太守印绶。"《后汉纪》卷2《光武皇帝纪》所载与此大略相同。

广汉郡　《水经·梓潼水注》云:"故广汉郡,公孙述改为梓潼郡。"《华阳国志》卷3《蜀志》云,广汉郡,"王莽改曰就都,公孙述名曰子同"。故《水经

注》所载公孙述改广汉为梓潼当作改为子同。是知广汉一郡当在公孙述控制之下。

武都郡 《后汉书》卷1《光武帝纪》云,建武十一年六月,"中郎将来歙率扬武将军马成破公孙述将王元、环安于下辨。……(十月)马成平武都"。卷15《来歙传》云:"(建武)十一年,歙与盖延、马成进攻公孙述将王元、环安于河池、下〔辩〕〔辨〕陷之,乘胜遂进。"卷22《马成传》云:"(建武)九年,代来歙守中郎将,率武威将军刘尚等破河池,遂平武都。"(按,此处九年应为十一年,《传》误)此处皆可佐证武都在李宝等人后为公孙述所得,或在建武二年,刘嘉、李宝降东汉之后。

汉中郡 《后汉书》卷14《顺阳怀侯嘉传》曰:"(延)岑遂定汉中,进兵武都,为更始柱功侯李宝所破。岑走天水,公孙述遣将侯丹取南郑。嘉收散卒,得数万人,以宝为相,从武都南击侯丹,不利,还军河池、下辨。"可证更始败后,武都为刘嘉、李宝等所据。《后汉书》卷1《光武帝纪》载,建武六年六月,"遣前将军李通率二将军,与公孙述将战于西城,破之"。卷15《李通传》所载与此大致同。西城西汉属汉中郡,是汉中自建武二年后当确为公孙述所有。

巴郡 《水经·江水注》云:"江水又东迳鱼复县故城南……公孙述名之为白帝,取其王色。"鱼复位于巴郡最东端,且已被公孙述更名,可推知巴郡皆当为述所据。

犍为郡 《后汉书》卷13《公孙述传》载:"(述)又立其两子为王,食犍为、广汉各数县。"倘述不据有此二郡,则不能分封。又,《后汉书》卷18《吴汉传》云:"(建武)十二年春,(汉)与公孙述将魏党、公孙永战于鱼涪津,大破之,遂围武阳。述遣子婿史兴将五千人救之。汉迎击兴,尽殄其众,因入犍为界。诸县皆城守。汉乃进军广都,拔之。遣轻骑烧成都市桥,武阳以东诸小城皆降。"李贤注引《续汉书》曰:"犍为郡南安县有渔涪津。"武阳县由《汉志》知亦属犍为郡。此数条皆可佐证犍为郡莽败属公孙述政权。

上述所考之公孙述政权之领域,基本上反映的是建武元年至建武九年之状况。建武九年,其领域又向东扩展了数县,进至南郡界内,《后汉书》卷13《公孙述传》载该年公孙述"又遣田戎及大司徒任满、南郡太守程汎将兵下江关,破威虏将军冯骏等,拔巫及夷陵、夷道,因据荆门",即是明证。然此种形势在建武十一年随着岑彭率军击破公孙述军而开始改变,至翌年冬十二月戊寅,《公孙述传》载,"吴汉、臧宫与公孙述战于成都,大破之,述被创,夜死"。光武帝终于消灭了其最后一个对手,大体使天下一统。

第二节　延岑政权（附：关中割据群）

延岑政权与其他割据政权有所不同，在初始阶段属于稳定的割据政权，随后发展为游移的割据势力，没有固定的势力范围，最后，延岑势败，转而依附公孙述之巴蜀势力。综观延岑政权之发展，可将其范围之演变略分为三个阶段：汉中割据、三辅游弋及南阳重据。

先叙汉中割据时期。

《后汉书》卷1《光武帝纪》载，更始二年（24），"延岑起汉中"；建武二年（26），"延岑自称武安王于汉中"。

《后汉书》卷14《顺阳怀侯嘉传》云："及义兵起，嘉随更始征伐。……击延岑于冠军，降之。更始既都长安，以嘉为汉中王、扶威大将军，持节就国，都于南郑，众数十万。建武二年，延岑复反，攻汉中，围南郑，嘉兵败走。岑遂定汉中。"

《后汉纪》卷4《光武皇帝纪》云："南阳人延岑起兵武当，众数万人，转攻汉中，围南郑。（刘）嘉战败，余众走谷口。"

综合上述记载，知汉中于更始时期为汉中国。更始败后，汉中王刘嘉仍据于此。建武二年（26），本为刘嘉部将的延岑起兵，占据汉中郡，并称王，成为一方割据势力。

次及三辅游弋时期。

延岑割据汉中后不久，便向北进兵，欲据关中，然事与愿违，不但没有顺利进军，反而失掉了原本据有的汉中，汉中郡为公孙述得。《后汉书》卷14《顺阳怀侯嘉传》载："岑遂定汉中，进兵武都，为更始柱功侯李宝所破。岑走天水，公孙述遣将侯丹取南郑。嘉收散卒……复与延岑连战，岑引北入散关，至陈仓，嘉追击破之。"延岑败走陈仓后，屯兵于杜陵。《后汉书》卷11《刘盆子传》云："汉中贼延岑出散关，屯杜陵，逢安将十余万人击之。邓禹以逢安精兵在外，唯盆子与羸弱居城中，乃自往攻之。会谢禄救至，夜战槀街中，禹兵败走。延岑及更始将军李宝合兵数万人，与逢安战于杜陵。岑等大败，死者万余人，宝遂降安，而延岑收散卒走。"后李宝与延岑里应外合，复击败逢安，《后汉书》卷11《刘盆子传》载，"逢安与数千人脱归长安"。卷1《光武帝纪》亦载，建武二年九月，"延岑打破赤眉于杜陵"。

此后，延岑又领兵占据蓝田，时在建武三年。《后汉纪》卷4《光武皇帝纪》云："是时延岑据蓝田，兵力最强，上尝玺书慰之。其余豪杰往往屯聚，多者万人,少者数千人,转相攻击。"

《后汉书》卷17《冯异传》云:"时赤眉虽降,众寇犹盛:延岑据蓝田,王歆据下郑,芳丹据新丰,蒋震据霸陵,张邯据长安,公孙守据长陵,杨周据谷口,吕鲔据陈仓,角闳据汧,骆延据盩厔,任良据鄠,汝章据槐里,各称将军,拥兵多者万余,少者数千人,转相攻击。"

由上引文知,是时在三辅地区存在着一个关中割据群,延岑是该割据群中实力最强的一支。

蓝田为延岑在三辅地区活动的根据地,在此时期,延岑力图击败光武帝将冯异的势力,然据《后汉书》卷17《冯异传》载:"延岑既破赤眉,自称武安王,拜置牧守,欲据关中,引张邯、任良共攻异。异击破之,斩首千余级,诸营保守附岑者皆来降归异。岑走攻析,异遣复汉将军邓晔、辅汉将军于匡要击岑,大破之,降其将苏臣等八千余人。岑遂自武关走南阳。"故可知至建武三年三月,延岑终被冯异所率之汉军赶出三辅。而关中割据群之其他几支中,"唯吕鲔、张邯、蒋震遣使降蜀,其余悉平"。关中割据群遂不复存在。《后汉书》卷17《冯异传》载,东汉可"诏拜南阳赵匡为右扶风"足为明证。

再次为南阳重据时期。

前文已述,在更始元年,延岑便曾在南阳占据数县,起兵割据,后被更始汉中王刘嘉降服。经过约六年的时间,即至建武三年时,延岑复率兵重返南阳郡界中。

《后汉书》卷13《公孙述传》云:"岑字叔牙,南阳人。始起据汉中,又拥兵关西,所在破散,走至南阳,略有数县。"

《后汉书》卷19《耿弇传》云:"(建武)三年,延岑自武关出攻南阳,下数城。"

延岑在南阳郡所占之县,史载未明,现依有关记载作一大略考定。《后汉书》卷19《耿弇传》载,延岑率军到南阳,"穰人杜弘率其众以从岑"。是证延岑当有穰县。

《后汉书》卷22《朱祐传》载,建武五年,朱祐"与骑都尉臧宫会击延岑余党阴、酂、筑阳三县贼,悉平之"。又《苏竟传》亦载:"初,延岑护军邓仲况拥兵据南阳阴县为寇。"则又证延岑据有阴、酂、筑阳三县之地。

《后汉书》卷16《邓禹传》云:"(建武)四年春,(延岑)复寇顺阳间。遣禹护复汉将军邓晔、辅汉将军于匡,击破岑于邓;追至武当复破之。"由此可知延岑尚据顺阳、邓、武当三县。

更始元年延岑被刘嘉降于冠军,《后汉书》卷14《顺阳怀侯嘉传》云:"及义兵起,嘉随更始征伐。……击延岑于冠军,降之。"知冠军曾为延岑占据。建武三年,延岑复据南阳,史虽未载冠军复归岑,然因冠军为岑割据之故地,且紧邻穰县,而又知穰为岑所控,故颇疑冠军亦在延岑所略有之南阳数县之列。再者,乐成疑亦当为延岑所据。察乐成地望,在穰、阴县之间,而此二县皆知为岑所控之地,故乐成似亦应划入延岑南阳割据之数县中。

要之,延岑在建武三年复入南阳,略有数县之地中至少应有穰、阴、鄀、筑阳、邓、顺阳、武当七县。

延岑率兵复至南阳后,先在穰与耿弇战,败绩,《后汉书》卷19《耿弇传》云:"岑与数骑循走东阳。"卷22《朱祐传》云:"延岑自败于穰,遂与秦丰将张成合,祐率征房将军祭遵与战于东阳,大破之,临阵斩成,延岑败走归丰。"卷16《邓禹传》云:"延岑自败于东阳,遂与秦丰合。"可知延岑又与秦丰联兵。建武四年春,延岑复为邓禹军败,《邓禹传》云:"岑奔汉中,余党悉降"。《后汉书》卷13《公孙述传》云:"(建武)五年,延岑、田戎为汉兵所败,皆亡入蜀。"

第三节　秦丰政权(附:南阳割据群)

《后汉书》卷1《光武帝纪》云,更始二年(24)"长安政乱,四方背叛。……秦丰自号楚黎王"。李贤注引习凿齿《襄阳记》曰:"秦丰,黎丘乡人。黎丘楚地,故称楚黎王。"《后汉纪》卷1《光武皇帝纪》载秦丰为黎丘王,误。《后汉书》卷17《岑彭传》李贤注引《东观记》曰秦丰在"更始元年起兵"。

由上引文可知,在更始元年,秦丰便建立了割据政权,其政权之区域范围当有十二县之地,有关史料可资为证。《后汉书》卷17《岑彭传》载:"建武二年,使彭击荆州……是时南方尤乱。南郡人秦丰据黎丘,自称楚黎王,略有十二县。"又,《后汉书集解》卷1引惠栋说:"余知古《渚宫故事》曰:丰少有雄气,王莽末,结乡里豪杰起兵,掠荆州十二县,据襄阳之黎丘,自称楚黎王。"(按,黎丘应在邔县,《续汉志》南郡邔县下有黎丘城可证,此处云在襄阳,误)

秦丰所据之十二县究竟分布于何处,史未明言,然在《后汉书》卷17《岑彭传》李贤注引《东观汉记》中保留了如下的记载:"丰,邔县人,少学长安,受律令,归为县吏。更始元年起兵,攻得邔、宜城、鄀、编、临沮、中庐、襄阳、邓、新野、穰、湖阳、蔡阳,兵合万人。"此处所列恰为十二县,与秦丰所据之十二县数相吻合,故此十二县当即秦丰所占据之十二县无疑。由《汉志》可知,此十二县中前七县属南郡,后五县属南阳郡,故秦丰割据政权地跨西汉南郡及南阳郡二故郡之地。

秦丰政权中心在邔县之黎丘乡，上述引文可证。

《后汉书》卷1《光武帝纪》云，建武五年(29)六月"建义大将军朱祐拔黎丘，获秦丰"。知秦丰割据政权亡于是年。《后汉纪》卷4《光武皇帝纪》将此事系于建武四年十二月，误。

附：南阳割据群

《后汉书》卷17《岑彭传》云："是时(按：指建武二年)南方尤乱。南郡人秦丰据黎丘，自称楚黎王，略有十二县；董䜣起堵乡；许邯起杏；又更始诸将各拥兵据南阳诸城。帝遣吴汉伐之，汉军所过多侵暴。时破虏将军邓奉谒归新野，怒吴汉掠其乡里，遂反……屯据淯阳，与诸贼合从。"

由上引文可知，在建武二年，董䜣、许邯及邓奉等拥兵占地，在南阳郡形成了一个割据群。下面对这些较小割据势力的各自范围作一考述。

董䜣起兵于堵乡，已见上引《后汉书》卷17《岑彭传》所述。堵乡地望李贤注曰："《水经注》曰：'堵水南迳小堵乡。'在今唐州方城县。"而唐代方城与东汉南阳郡堵阳为一地，故堵乡当在堵阳县境内无疑。又，《后汉书》卷22《坚镡传》曰："建武二年，(坚镡)与右将军万修徇南阳诸县，而堵乡人董䜣反宛城，获南阳太守刘驎。镡乃引军赴宛，选敢死士夜自登城，斩关而入，䜣遂弃城走还堵乡。"是知董䜣一度又曾占据宛县。《后汉书》卷17《岑彭传》云："(建武)三年夏，(光武)帝自将南征，至叶，董䜣别将将数千人遮道，车骑不可得前。(岑)彭奔击，大破之。"则似可推知叶县亦在董䜣控制之下。

邓奉本为光武帝破虏将军，因不满吴汉所为，遂起兵于新野，又屯据在淯阳，前引《后汉书》卷17《岑彭传》已言之。《后汉书》卷1《光武帝纪》将此事系于建武二年八月。邓奉之势力范围主要应在淯阳，然《后汉书》卷20《祭遵传》载，建武三年，"(祭)遵引兵南击邓奉弟终于杜衍，破之"。由《汉志》知杜衍属南阳，且地近宛城，李贤注所云"杜衍，县名名，属南阳郡，故城在今邓州南阳县西南"可以为证。《后汉书》卷22《坚镡传》又云，坚镡在宛城孤守，"南拒邓奉，北当董䜣"。故由上引二则史料可断杜衍亦当在邓奉所控制地区之内。

董䜣、邓奉又曾联兵对抗光武帝诸将的进攻。《后汉书》卷17《岑彭传》云："(岑彭等)并力讨邓奉。先击堵乡，而奉将万余人救董䜣。䜣、奉皆南阳精兵，彭等攻之，连月不剋。(建武)三年夏，(光武)帝自将南征……帝至堵阳，邓奉夜逃归淯阳，董䜣降。彭复与耿弇、贾复及积弩将军傅俊、骑都尉臧宫等从追邓奉于小长安。帝率诸将亲战，大破之。奉迫急，乃降。"《后汉书》卷1《光武帝纪》云，建武三年"夏四月，大破邓奉于小长安，斩之"。董䜣、邓奉割据尚不足一年即被光武帝率军消灭。

至于许邯割据之时间则更为短暂,其起兵于建武二年,《后汉书》卷17《岑彭传》载,当年秋,即被岑彭攻破而归降。许邯割据区域亦甚小,其屯兵于杏。李贤注曰:"南阳复阳县有杏聚。"且《续汉志》南阳郡复阳县下本注亦云:"有杏聚。"故许邯所据地区至多仅复阳一县而已。

第四节　田　戎　政　权

《后汉书》卷13《公孙述传》云:"(田)戎,汝南人,初起兵夷陵,转寇郡县,众数万人。"

《后汉书》卷17《岑彭传》李贤注引《东观汉记》曰:"田戎,西平人,与同郡人陈义客夷陵,为群盗。更始元年,义、戎将兵陷夷陵,陈义自称黎丘大将军,戎自称埻地大将军。"又引《襄阳耆旧记》曰:"戎号周成王,义称临江王。"

由上引之文可知田戎当于更始元年(23)在南郡夷陵起兵。而更始定都洛阳后,各地割据政权纷纷在更始遣使传檄后归服,其时南郡之地为秦丰(参见前文南阳郡所引《东观汉记》之文)及田戎两政权所据,而南郡依理当为更始所控(参见更始政权),故似可推断田戎在此时应在表面上归附更始。

更始二年,长安政乱,各地又纷纷起兵割据,田戎当在此时复举割据之旗,在南郡经营其势力范围。

田戎政权之领域,于史无载,在此仅能略作推测。田戎既然起兵于夷陵,则夷陵当然在其控制范围之内。又据《后汉书》卷17《岑彭传》载,岑彭"与傅俊南击田戎,大破之,遂拔夷陵,追至秭归",则可说明秭归亦在田戎辖区之下。另,《后汉书》卷1《光武帝纪》载,建武五年(29)三月,"遣征南大将军岑彭率二将军伐田戎于津乡,大破之"。李贤注曰:"南郡有津乡,故城在今荆州江陵县东。"《续汉志》南郡江陵县有津乡,而唐代与汉代江陵县为一地,则似可推知田戎理当据有江陵县。倘此论成立,又由《后汉书》卷17《岑彭传》知,"(建武)四年春,戎乃留辛臣守夷陵,自将兵沿江溯沔止黎丘",准备降汉。故似可进一步推测在夷陵与江陵之间,位于长江岸边的夷道亦应为田戎所控。这样,则可以发现田戎政权割据区域具有沿江而据之特点,因秭归、夷陵、夷道、江陵皆位于长江沿岸,此盖南郡西部诸县沿江而设之故。

《后汉书》卷13《公孙述传》云:"(延)岑、(田)戎并与秦丰合,丰俱以女妻之。及丰败,故二人皆降于述。"据此又知田戎曾与秦丰一度联兵,唯联兵之确切时间失载。

《后汉书》卷17《岑彭传》云:"(田)戎与数十骑亡入蜀。"卷13《公孙述传》

云:"(建武)五年,延岑、田戎为汉兵所败,皆亡入蜀。"田戎政权不复存在。

第五节 李宪政权

《后汉书》卷12《李宪传》云:"李宪者,颍川许昌人也。王莽时为庐江属令。……莽败,宪据郡自守。更始元年,自称淮南王。建武三年,遂自立为天子,置公卿百官,拥九城,众十余万。"

由上引文可知,李宪割据政权之势力范围不甚大,仅限于西汉庐江故郡之内。然李宪所据九城之名,史籍失载,在此仅能作一推测。《汉志》庐江郡领县十二,倘除去九城,则尚有三县。颇疑此李宪未据之三县与湖陵、松兹、寻阳有关。李宪自称淮南王,则其所据之地必有西汉淮南王所领故地,否则与其称号不符。而《汉志》庐江郡之北部数县恰为淮南国故地的一部分,故可推知李宪当占据西汉末年庐江郡北部诸县。又湖陵、松兹、寻阳地处庐江郡最南端,远离李宪的都城舒县,依理言之,控制甚为不便。且湖陵、松兹二县,由《汉志》知一为公主食邑,一为王子侯国,地域比较狭小,无足轻重,故在东汉初年便被省并(《续汉志》不载此二县可为佐证)。由是此二县似不应为李宪所据。倘此推测不谬,则位居松兹之南的寻阳县亦当不在李宪割据政权范围之内。

基于上述推论,似大体可确定李宪政权所占据之九县为:舒、居巢、龙舒、临湖、雩娄、襄安、枞阳、皖、潜。

李宪割据政权的都城当在舒县。《后汉书》卷12《李宪传》曰:"(建武)四年秋,光武幸寿春,遣扬武将军马成等击宪,围舒。至六年正月,拔之。"卷22《马成传》与之略同。

《后汉书》卷1《光武帝纪》载,建武四年(28)八月,光武帝"遣扬武将军马成率三将军伐李宪"。六年,"扬武将军马成等拔舒,获李宪"。卷22《马成传》云:"建武四年,拜(马成为)扬武将军,督诛虏将军刘隆、振威将军宋登、射声校尉王赏,发会稽、丹阳、九江、六安四郡兵击李宪……进围宪于舒……至六年春……遂屠舒,斩李宪,追击其党,尽平江淮地。"

李宪割据政权由更始元年(23)至建武六年共存在了近八年的时间。

附 录

一、西汉政区

1. 西汉属郡不明的县邑侯国

下篇前十四章分地区叙述了西汉县级政区之沿革,然限于材料,仍多有属县不知其所辖何郡,尤其西汉一朝所置的大量侯国,往往已难以得知其建制详情,故此处另列出不明属郡之侯国,间或略作考证以备查检,排列顺序以置年为先后。

信武侯国(前 201—前 161):高帝六年(前 201)置以封靳歙,文帝后元三年(前 161)国除。疑在齐地。

海阳侯国①(前 201—前 144):高帝六年置以封摇母余,景帝中元六年(前 144)国除。

棘丘侯国(前 201—前 187):高帝六年置,吕后元年(前 187)国除。《史表》作吕后四年国除,今从《功臣表》。

宣曲侯国(前 201—前 153):高帝六年置以封丁义,景帝四年(前 153)国除。

终陵侯国(前 201—前 153):高帝六年置以封华毋害,景帝四年国除。《史表》作"绛阳"。

柳丘侯国(前 201—?):高帝六年置以封戎赐,国除年不详,景帝后元元年(前 143)侯角嗣,则可知国除年在景帝后元元年之后。

蒯成侯国(前 201—?):高帝六年置以封周緤,国除年不详。《功臣表》下注长沙,似有误。

安平侯国②(前 201—前 122):高帝六年置以封鄂秋,武帝元狩元年(前 122)国除。

高胡侯国(前 201—?):高帝六年置以封陈夫乞,国除年不详,应在文帝五年(前 175)之后。

羹颉侯国(前 200—前 187):高帝七年置以封兄子刘信,吕后元年国除。

柏至侯国(前 200—前 187、前 185—前 115):高帝七年置以封许盎,武帝元鼎二年(前 115)国除。吕后元年曾免,三年复封。

复阳侯国(前 200—前 121):据《功臣表》,高帝七年置以封陈胥,武帝元狩二年国除。《汉志》南阳郡下有复阳侯国,然为长沙王子侯国迁徙而来,故更

---

① 《汉志》辽西有海阳县,然当非此侯国。
② 甾川有东安平,辽东有西安平,辽西有新安平,豫章、涿郡皆有安平,不知孰是。

名复阳之故,当非陈胥封国所在。

宁侯国(前199—前161):高帝八年置以封魏选,文帝后元三年国除。

强侯国(前199—前176):高帝八年置以封留胜,文帝四年国除。

陆梁侯国(前198—前112):《功臣表》载,"陆量侯须无,诏以为列诸侯,自置吏令长,受令长沙王。(高帝九年)三月丙戌封,三年薨。百三十七。……元鼎五年,坐酎金免……"《史表》作"陆梁侯须毋"。《史记》卷6《秦始皇本纪》有,"三十三年,发诸尝逋亡人、赘婿、贾人略取陆梁地,为桂林、象郡、南海",疑当以陆梁为是。既然受令于长沙王,知其在长沙国境内,属何郡则不明矣。

高景侯国(前198—前159):高帝九年置以封周成,文帝后元五年国除。

宣平侯国(前198—前182):高帝九年置以封张敖,吕后六年国除。

离侯国(前198—?):高帝九年置以封邓弱,除年不详。然既为长沙将而受封,疑当在汉初长沙国境内。

江邑侯国(前196—前187):高帝十一年置以封赵尧,吕后元年国除。

临辕侯国(前196—前112):高帝十一年置以封戚鳃,武帝元鼎五年国除。

载侯国(前196—前88):高帝十一年置以封祕彭祖,武帝后元元年(前88)国除。

壮侯国(前195—前112):《功臣表》作严侯国,当因后汉时期避讳之故。高帝十二年置以封许猜,武帝元鼎五年国除。梁玉绳《史记志疑》云在齐地,后宣帝元康四年(前62),猜玄孙之子任寿以平寿公士复家,《汉志》平寿在北海,疑此侯国或近北海,然亦未必,暂置于此。

景侯国(前195—前150):《史表》作"甘泉",高帝十二年置以封王竞,《功臣表》言,"孝文十一年,侯嫖嗣,二十二年,孝景十年,有罪免"。此处言十年似有误,当为七年。

纪信侯国(前195—前154):高帝十二年置以封陈仓,《功臣表》云,"孝景二年,反诛",此似有误,疑为景帝三年因七国之乱国除。

平定侯国(前187—前113):吕后元年置以封齐受,武帝元鼎四年国除。

乐平侯国(前184—前135):吕后四年置以封卫无择,武帝建元六年(前135)国除。

成陶侯国(前184—前165):吕后四年置以封周信,文帝十五年国除。

靖郭侯国(前179—前174):《临淄封泥文字》中有"请郭丞印",即此地,秦汉时，靖、请、清等可通用，如秦代编第二章清河郡下所引秦简，清河郡又或写作"请河"，亦同此理。《外戚恩泽表》作"邬侯"，今从《史表》及《文帝纪》，文帝元年置以封齐王舅驷钧，六年除。

瓜丘侯国（前176—前154）：文帝四年置以封齐悼惠王子刘宁，景帝三年国除。

武成侯国（前176—前164）：文帝四年置以封齐悼惠王子刘贤，文帝十六年国除。《史表》作"武城"。

白石侯国（前176—前164）：文帝四年置以封齐悼惠王子刘雄，文帝十六年国除。

安都侯国（前176—前164）：文帝四年置以封齐悼惠王子刘志，文帝十六年国除。

泜陵侯国（前173—前162）：文帝七年置以封魏驷，后元二年国除。

南䣉侯国（前173—？）：文帝七年置，国除年不详。《史表》言孝文时除国，然不言具体年份。

周阳侯国（前179—前178）、阳周侯国（前172—前164）：文帝八年置，封淮南厉王子赐，十六年为庐江王，国除。马孟龙以为即其前淮南王舅赵兼所封之周阳侯国。赵兼侯国置于文帝元年，二年迁出淮南国。此侯国在淮南国境内，不知具体属何郡。

安阳侯国（前172—前164）：文帝八年置，封淮南厉王子勃，十六年为衡山王，国除。

襄成侯国（前164—前125）：文帝十六年置以封韩婴，武帝元朔四年（前125）国除。

沈猷侯国（前156—前118）：景帝元年置以封楚元王子岁，武帝元狩五年国除。

休侯国（前156—前154）：景帝元年置，封楚元王子富，三年更为红侯。

武阳侯国（前155—前127）：景帝二年置，绍封萧嘉，武帝元朔二年国除。

棘乐侯国（前154—前112）：景帝三年置以封楚元王子刘调，武帝元鼎五年国除。

红侯国（前154—前125）：《王子侯表》于"休侯富"条下云："（景帝）三年，侯富更为红侯……元朔四年，哀侯章嗣，一年薨，无后。"

绳侯国（前149—前119）：景帝中元元年（前149）置，绍封故高景侯周成孙应，武帝元狩四年国除。

商陵侯国(前148—前112)：据《功臣表》，景帝中元二年置以封赵周，武帝元鼎五年国除。《史记》卷17《汉兴以来将相名臣表》作"高陵"，似误。

缪侯国(前147—前87)：景帝中元三年置，绍封郦坚，武帝后元二年国除。

塞侯国(前145—前143年、前143—前112)：景帝中元五年置，后元元年国除。同年八月复置，封直不疑，武帝元鼎五年国除。

节氏侯国(前145—前120)：景帝中元五年置，复封故成侯董赤，武帝元狩三年国除。

发娄侯国(前145—前144)：景帝中元五年置，复封故宣曲侯丁通，次年国除。

臾侯国(前145—前124)：景帝中元五年绍封赵侯，武帝元朔五年国除。《史表》作"更"侯国。

亚谷侯国(前145—前91)：景帝中元五年置以封卢它之，武帝征和二年(前91)国除。

巢侯国(前144—前142)：景帝中元六年置，绍封费侯陈贺子最，后元二年国除。

南侯国(前144—前112)：景帝中元六年绍封郭延居，武帝元鼎五年国除。

兹侯国(前130—前126)：武帝元光五年(前130)置为河间献王子明侯国，元朔三年国除。当属广阳、勃海、清河中某郡。

怀昌侯国(前127—后8)：《汉志》无此侯国，疑为漏载。武帝元朔二年置以为菑川懿王子高侯国，王莽时绝。

张梁侯国(前127—前90)：武帝元朔二年置为梁共王子仁侯国，征和三年国除，疑在山阳、沛郡中某一郡。

葛魁侯国(前127—前114)：武帝元朔二年置以为菑川懿王子宽侯国，元鼎三年国除。

尉文侯国(前127—前112)：武帝元朔二年置，元鼎五年国除，赵王子侯国。《王子侯表》注南郡，然赵王子侯国不当远至南郡，此处有误，地望不详，疑属魏郡或广平郡。

榆丘侯国(前127—前112)：武帝元朔二年置以为赵敬肃王子受福侯国，元鼎五年国除。

朝节侯国(前127—前54)：武帝元朔二年置以为赵敬肃王子义侯国，宣帝五凤四年(前54)国除。

东城侯国(前127—前116):武帝元朔二年置以为赵敬肃王子遗侯国,元鼎元年国除。

阴城侯国(前127—前104):武帝元朔二年置以为赵敬肃王子苍侯国,太初元年(前104)国除。

西熊侯国(前126—?):武帝元朔三年置以为广川惠王子明侯国,国除年不详。

旁光侯国(前126—前116):武帝元朔三年置以为河间献王子殷侯国,元鼎元年国除,《王子侯表》下注魏郡。河间国与魏郡不相邻,元鼎元年前亦不当有置王国等原因导致迁徙,疑《表》乃衍抄前一格毕梁侯国。今地无考。

距阳侯国(前126—前112):武帝元朔三年置以为河间献王子匄侯国,元鼎五年国除。

周望侯国(前126—前112):武帝元朔三年置以为济北贞王子何侯国,元鼎五年国除。

平侯国(前126—前122):武帝元朔三年置以为济北贞王子遂侯国,元狩元年国除。

西昌侯国(前126—前112):武帝元朔三年置以为鲁共王子敬侯国,元鼎五年国除。

东野侯国(前125—前101):武帝元朔四年置以封中山靖王子刘章,太初四年(前101)国除。

高平侯国(前125—前112):《王子侯表》云,"高平侯喜,中山靖王子。(武帝元朔四年)四月甲午封,十三年。元鼎五年,坐酎金免。平原"。中山王子当不至于远封至平原,疑注有误。

广川侯国(前125—前112):武帝元朔四年置以封刘颇,元鼎五年国除。此乃中山靖王子侯国,非信都郡之广川也。

安众侯国(前125—?):据《王子侯表》,武帝元朔四年置安众侯国。《汉志》南阳郡有安众侯国,注云"故宛西乡",当为长沙王子侯国迁徙而来。然迁徙之年不详也。此侯国地后省并入它县,地望不明。

山州侯国(前125—前112):武帝元朔四年置以为城阳共王子齿侯国,元鼎五年国除。

驺丘侯国(前125—前72):武帝元朔四年置以为城阳共王子宽侯国,宣帝本始二年(前72)国除。

广陵侯国(前125—前112):武帝元朔四年置以为城阳共王子裘侯国,元鼎五年国除。

杜原侯国(前125—前112)：武帝元朔四年置以为城阳共王子皋侯国,元鼎五年国除。

南奇侯国(前124—前112)：武帝元朔五年置以为公孙贺侯国,元鼎五年国除。

从票侯国(前121—前112)：武帝元狩二年置以为赵破奴侯国,元鼎五年国除。

清安侯国(前120—前116)：《功臣表》"故安节侯申屠嘉"条下云,武帝元狩三年,侯申屠臾为清安侯,至元鼎元年国除。

众利侯国(前119—前82)：武帝元狩四年置以为伊即轩侯国,昭帝始元五年(前82)国除。

枸侯国(前116—前112)：《史表》云："城阳顷王子,(武帝元鼎)元年四月戊寅,侯刘买元年。五年,侯买坐酎金,国除。"司马贞《索隐》云,"《表》在东海",《王子侯表》无枸侯,然有拘侯贤,表注千乘。此侯国存在不过区区五年,有过迁徙的可能极小,于理,城阳王子侯国不当封至千乘郡,疑有误,暂置于不知所属之列。

俞间侯国(前116—前46)：武帝元鼎元年置以为菑川靖王子毋害侯国,元帝初元三年(前46)国除。

高俞侯国(前113—前112)：代共王子贺侯国,武帝元鼎四年自临河徙为高俞侯,《王子侯表》云,"坐酎金免"。疑当在元鼎五年国除。

埤山侯国(前113—前90)：代共王子齐石侯国,武帝元鼎四年自阳河徙为埤山侯,征和三年国除。

江邹侯国(前112—前93)：武帝元鼎五年徙汾阳侯靳石于此,太始四年(前93)国除。

繚嫈侯国(前110—前109)：武帝元封元年置以封刘福,次年国除。

浞野侯国(前108—前103)：武帝元封三年封赵破奴,太初二年国除。

浩侯国(前107)：武帝元封四年置以封王恢,同年国除。

温水侯国(前82—前72)：昭帝始元五年置以为胶东哀王子安国侯国,宣帝本始二年国除。

都成侯国(前66—前55、公元1—8)：宣帝地节四年(前66)置以封金安上,五凤三年国除。平帝元始元年(公元1)复绍封安上孙钦。

平通侯国(前66—前55)：《功臣表》云,"平通侯杨恽,以左曹中郎受董忠等言霍禹等谋,以告侍中金安上,侯,二千五百户。(地节四年)八月乙丑封,十年,五凤三年,坐为光禄勋诽谤政治,免。博阳"。国除后省并,故《汉志》无载。汝南有博阳侯国，乃宣帝元康三年(前63)封邴吉所置，断无地节四年又割博阳侯国地封杨恽之可能。如以此博阳乃泰山郡博县，则亦不当，博县地名早即有，东汉时亦名博，而非博阳，班昭当熟知此，如为博县，则不至于注博阳。

复阳侯国(前65—？)：宣帝元康元年置，长沙顷王子刘汉侯国，后迁徙至南阳郡，然初置不知当入桂阳抑或零陵郡。

富阳侯国(前64—前37)：宣帝元康二年置以为六安夷王子赐侯国，元帝建昭二年(前37)国除。

新利侯国(前61—前50)：宣帝神爵元年(前61)置以为胶东戴王子偃侯国，甘露四年(前50)国除。

户都侯国(？—前30)：即前新利侯刘偃更封之国，置年不详，成帝建始三年(前30)国除。

赀乡侯国(前38—前35)：元帝建昭元年(前38)置以为梁敬王子平侯国，建昭四年国除。

乐侯国(前38—前35)：元帝建昭元年置以为梁敬王子义侯国，建昭四年国除。

卑梁侯国(前31—后8)：成帝建始二年置以为高密顷王子都侯国，《王子侯表》载其"三十九年免"，则国除在王莽时，疑《汉志》漏载。当或在北海郡，或在琅邪郡。

窦梁侯国(前31—前27)：成帝建始二年置以为河间孝王子强侯国，河平二年(前27)国除。

乐平侯国(前23—？)：成帝阳朔二年(前23)置以为淮阳宪王子訢侯国，后不知何年国除，然《汉志》无此侯国，当除于元延三年(前10)前。其属郡疑为陈留、汝南中之一。

宜乡侯国(前8—前6)、宜陵侯国(公元1—8)：据《外戚恩泽表》，成帝绥和元年(前8)二月置以为冯参侯国，哀帝建平元年(前6)国除。平帝元始元年复置以为东平思王孙恢侯国。

南昌侯国(前5—后8)：哀帝建平二年置以为河间惠王子宇侯国，此乃析河间国地而置，当非豫郢郡之南昌。

严乡侯国(前5—前2、公元1—7)：哀帝建平二年置以为东平炀王子信侯国，元寿元年(前2)国除。平帝元始元年复置，孺子婴居摄二年(公元7)国除。

武平侯国(前5—前2、公元1—7)：哀帝建平二年置以为东平炀王子璜侯国，元寿元年国除。平帝元始元年复置，孺子婴居摄二年国除。

陵乡侯国(前3—后8)：哀帝建平四年置以为楚思王子曾侯国。
武安侯国(前3—后8)：哀帝建平四年置以为楚思王子受侯国。
方乐侯国(前2—后8)：哀帝元寿元年(前2)置以为广陵缪王子嘉侯国。
宜禾侯国(前1—后8)：哀帝元寿二年置以为河间孝王子得侯国。
富春侯国(前1—后8)：哀帝元寿二年置以为河间孝王子玄侯国。
共乐侯国(前1—后8)：前乐平侯䜣更封之国,哀帝元寿二年置。
陶乡侯国(公元1—8)：平帝元始元年置以为东平炀王子恢侯国。
新乡侯国(1—8)：平帝元始元年置以为东平炀王子鲤侯国。
宜陵侯国(1—8)：平帝元始元年置以为楚思王子丰侯国。
复昌侯国(1—8)：平帝元始元年置以为楚思王子休侯国。
朝乡侯国(1—8)：平帝元始元年置以为楚思王子充侯国。
扶乡侯国(1—8)：平帝元始元年置以为楚思王子普侯国。
昌城侯国(1—8)：平帝元始元年置以为东平思王孙丰侯国。
重乡侯国(1—8)：平帝元始元年置以为东平思王孙少柏侯国。
湖乡侯国(1—8)：平帝元始元年置以为东平思王孙开侯国。
金乡侯国(1—8)：平帝元始元年置以为东平思王孙不害侯国。
宰乡侯国(1—8)：平帝元始元年置以为鲁顷王孙延侯国。
春城侯国(2—8)：平帝元始二年置以封东平炀王子允。
防乡侯国(5—8)：平帝元始五年为平晏侯国。
红休侯国(5—8)：平帝元始五年为刘歆侯国
宁乡侯国(5—8)：平帝元始五年为孔永侯国。
定乡侯国(5—8)：平帝元始五年为孙迁侯国。
常乡侯国(5—8)：平帝元始五年为王恽侯国。
望乡侯国(5—8)：平帝元始五年为阎迁侯国。
南乡侯国(5—8)：平帝元始五年为陈崇侯国。
邑乡侯国(5—8)：平帝元始五年为李翕侯国。
亭乡侯国(5—8)：平帝元始五年为郝党侯国。
章乡侯国(5—8)：平帝元始五年为谢殷侯国。
蒙乡侯国(5—8)：平帝元始五年为逯普侯国。
卢乡侯国(5—8)：平帝元始五年为陈凤侯国。
明统侯国(5—8)：平帝元始五年为侯辅侯国。
破胡侯国(5—8)：平帝元始五年为陈冯侯国。
讨狄侯国(5—8)：平帝元始五年为杜勋侯国。

信昌侯国(5—8)：平帝元始五年置以封真定共王子广,当属常山或巨鹿郡。

吕乡侯国(5—8)：平帝元始五年置以封楚思王子尚,颇疑此侯国分自吕县,当属东海郡或临淮郡。

李乡侯国(5—8)：平帝元始五年置以封楚思王子殷。

宛乡侯国(5—8)：平帝元始五年置以封楚思王子隆。

寿泉侯国(5—8)：平帝元始五年置以封楚思王子承。

以下为无明确置年或详情不明的县或侯国：

鄡阳县(？—？)：《功臣表》"陆量侯"条下有,"无曾孙鄡阳秉铎圣诏复家"。鄡阳,《汉志》无此县名。据《庐山记》,"桑钦水经云庐江出三天子都,北过彭泽县。刘昭注、续汉志、郦道元注水并用惠远语,又豫章旧志云,匡裕字君平,夏禹之苗裔也,或曰字君孝,父东野王与吴芮佐汉定天下而亡,汉封裕于鄡阳,曰越庐君。裕兄弟七人皆好道术,遂寓情于洞庭之山,故谓之庐山"。据此,鄡阳之地汉初当在吴芮长沙国境内。此县置废年皆无考,唯可据《功臣表》知其宣帝元康时存世,又必在成帝元延末之前废也。

罐戚县(？—？)：长沙曾出土"罐戚令印",此罐戚亦疑有为一县的可能。

敏县(？—？)：《功臣表》"平严侯张瞻师"条下有"瞻师玄孙之子敏上造连城诏复家",则似宣帝时有敏县。

郭县(？—？)：《功臣表》"武原侯"条下有"郭公乘尧",似西汉曾有郭县建制。

项圉县(？—？)：《功臣表》"平棘侯"条下有"项圉大夫常骊",似曾置有项圉县。

沃侯国(？—？)：《功臣表》"汾阴悼侯周昌"条下有"元康四年,昌曾孙沃侯国士伍明诏复家",然《王子侯表》等不见有沃侯国,疑漏载。

昌侯国(？—？)：《功臣表》"都昌严侯朱轸"条下有"元康四年,轸玄孙昌侯国公士先诏复家",然据《王子侯表》等,宣帝时期并无昌侯国存世,疑漏载。

北平邑(？—？)：江苏徐州狮子山楚王墓出土封泥有"北平邑印",黄盛璋以为或是楚王陵邑,"未取得汉正式认可,故两汉志不收"[1],然诸侯王国不获汉许可擅立县目,似可能不大,疑此县后因故省并耳。

扶安县(？—？)：汉封泥有"扶安令印",《汉志》无此县。三国孙吴尝置此县,属武平郡,在今越南境内,当非是。

---

[1] 黄盛璋：《徐州狮子山楚王墓墓主与出土印章问题》,《考古》2000年第9期。

卢丘县(？—？)：汉封泥有"卢丘丞印"，当为后省并，故《汉志》无载。
卢平县(？—？)：汉封泥有"卢平城印"，当为后省并，故《汉志》无载。
稷县(？—？)：汉封泥有"稷丞之印"，当为后省并，故《汉志》无载。
赤县(？—？)：汉封泥有"赤丞之印"，当为后省并，故《汉志》无载。
安台县(？—？)：汉封泥有"安台之印"，当为后省并，故《汉志》无载。
蕲施县(？—？)：汉封泥有"蕲施长印"，当为后省并，故《汉志》无载。

2.《汉书·地理志》与出土文献中之郡县名称异写表①

《汉志》名	《汉志》属郡	出土材料之写法	备注
祋祤	左冯翊	"带羽"、"祋栩"、"枑栩"	
褱德	左冯翊	"壞德"	秦封泥亦有"襄德丞印"，《周勃世家》又作"懷德"
徵(征)	左冯翊	"澂邑"	
氂	右扶风	"犛丞之印"	《秩律》作"氂"
漆	右扶风	"泳"	
栒邑	右扶风	"楬邑"	
渭城	右扶风	"渭成"、"渭成令印"	
太原郡		"大元郡"	
屯留	上党郡	"邨留"	汉简仍作"屯留"者居多
猗氏	上党郡	"阿氏"	
雒阳	河南郡	"落阳"	
荥阳	河南郡	"荧阳"、"荧阳丞印"	
苑陵	河南郡	"宛陵邑"	
缑氏	河南郡	"鍭氏"	汉简仍作"缑氏"者居多
梁	河南郡	"梁"	
壄王	河内郡	"野王"	
颍川郡		"颍川大守"、"颍川大守章"、"颍川郡"	

---

① 本表所举者，凡言《汉志》者，皆据中华书局点校本之写法，凡举为新材料者，皆为西汉时期之材料，秦及东汉之简牍印泥如有与《汉志》不一者，不列于此。又前文已提及所引出土材料之来源者（皆见于正文下篇相关郡县），则此表中皆不复再举。

续 表

《汉志》名	《汉志》属郡	出土材料之写法	备 注
颍阴	颍川郡	"颍阴"	
颍阳	颍川郡	"颍阳"	
临颍	颍川郡	"临颍邑"	
长社	颍川郡	"长杜"	
傿陵	颍川郡	"鄢陵"、"焉陵"	
郾	颍川郡	"偃"	
父城	颍川郡	"城父"	
寖	汝南郡	"寖"	
酂	南阳郡	"酂"、"酂丞之印"	
随	南阳郡	"隋"	
宜城	南郡	"宜成"	
编	南郡	"便侯国"	《侯表》亦作"便侯"
邔	南郡	"邔"	秦简作"邔乡"
东城	九江郡	"东成丞印"	
雩娄	庐江郡	"雩娄丞印"	
东缗	山阳郡	"东缗"	
郜成	山阳郡	"邛成"	《表》亦作邛成，王莽更名"告成"
冤句	济阴郡	"宛朐侯执"	《高帝纪》、《楚元王传》皆作"宛朐"
鄄城	济阴郡	"甄城"	
酂	沛郡	"赞"	
谯	沛郡	"焦"	
洨	沛郡	"洨侯邑丞"	
繁阳	魏郡	"繁阳"	
馆陶	魏郡	"馆阴"	
黎阳	魏郡	"犂阳"	

续 表

《汉志》名	《汉志》属郡	出土材料之写法	备 注
即裴	魏郡	"挪裴"	《王子侯表》亦作"挪裴"
元城	魏郡	"原城"	
沙	魏郡	"涉"	
范阳	涿郡	"范阳侯壶"	
漯阴	平原郡	"濕阴丞印"	《功臣表》亦作"濕阴"
楼虚	平原郡	"杨虚丞印"	
龙頟	平原郡	"龙雒"	《宣帝纪》等亦作"龙雒"
梁邹	济南郡	"梁邹丞印"	
历城	济南郡	"磨城丞印"	
著	济南郡	"蓍丞之印"	
莱芜	泰山郡	"莱无丞印"	
嬴	泰山郡	"嬴丞之印"	
临淄	齐郡	"临菑丞印"、"临菑左尉"	
营陵	北海郡	"营陵丞印"	
劇(剧)魁	北海郡	"勳魁侯相"	
平的	北海郡	"平旳国丞"	
掖	东莱郡	"夜丞之印"	
育犂	东莱郡	"育黎右尉"	
不其	琅邪郡	"弟其丞印"	封泥亦有"不其国丞"
赣榆	琅邪郡	"赣揄令印"	
丽	琅邪郡	"丽兹国丞"	
兰祺	东海郡	"兰旗"	《王子侯表》亦作"兰旗"
海曲	东海郡	"海西"	
南成	东海郡	"南城"	
祝其	东海郡	"况其"	
于乡	东海郡	"干乡"	
盱眙	临淮郡	"盱台丞印"	

续表

《汉志》名	《汉志》属郡	出土材料之写法	备注
杂猶	临淮郡	"杂猶丞印"	
丹扬郡		"丹杨太守章"	
雩都	豫章郡	"雩都之印"	
西城	汉中郡	"西成"	
錫(钖)	汉中郡	"锡"	
汁方	广汉郡	"汁邡长印"	《功臣表》亦作"汁邡",《郡国志》作"什邡"
緜(绵)竹	广汉郡	"緜竹长印"、"緜竹丞印"	
甸氐道	广汉郡	"蜀氐道"	
刚氐道	广汉郡	"刚羝道长"	
緜(绵)虒	蜀郡	"緜虒道"	
徙	蜀郡	"徙右尉印"	
犍为郡		楗为郡	
郁鄢	犍为郡	"存鄢左尉"	
越巂郡		"跋巂太守""越嶲"	
青蛉	越巂郡	"越归义蜻蛉长印"	
葉(叶)榆	益州郡	"楪榆长印"、"楪榆右尉"	
健伶	益州郡	"建伶道宰印"	
收靡	益州郡	"牧靡"	
沮	武都郡	"菹"	
河池	武都郡	"何池"	
緜(绵)诸道	天水郡	"緜诸"	
樂涫	酒泉郡	"濼涫"	
池头	酒泉郡	"沙头"	
菌	上郡	"菌"	
徒经	上郡	"徒淫丞印""徒涅"	
千章	西河郡	"千章铜漏"	

续表

《汉志》名	《汉志》属郡	出土材料之写法	备注
隰成	西河郡	"㬎成丞印"	《王子侯表》亦作"濕成",《史表》则作"隰成"
曼柏	五原郡	"蔓柏"	
桢陵	云中郡	"旗陵"	
定陶	定襄郡	"安陶丞印"	
劇(剧)阳	雁门郡	"勮阳"	
賔從	辽西郡	"賔徒丞印"	《郡国志》作"賔徒"
玄菟郡		"玄兔"	
邪頭昧	乐浪郡	"邪頭眛"	
交趾郡		"交阯釜"	《武帝纪》等亦作"交阯"
番禺	南海郡	"蕃禺少内"	
菑川国		"菑川王玺"、"菑川内史"等	《高五王传》等亦作"葘川"
劇(剧)	菑川国	"勮丞"、"勮丞之印"	
挺	胶东国	"梃丞"	
莒	城阳国	"筥丞之印"、"筥丞"	尹湾汉简中作"莒"
固始	淮阳国	"古始"	汉简中作"固始"者居多
柏人	赵国	"伯人"、"佰人"	
梁国		"梁丞相印"、"梁相之印章"、"梁国"	
菑	梁国	"梁葘农长"、"梁国葘"、"梁国葘"	
已氏	梁国	"己氏"	
汶阳	鲁国	"文阳丞印"	《后汉书·王梁传》亦作"文阳"
菑丘	楚国	"葘丘"	《郡国志》亦作"葘丘"
于乡	泗水国	"干乡"	
沈黎郡		"沈犛太守章"	
靖郭	不明	"請郭左丞"	

3. 西汉郡国建置沿革表

公元前	秦郡	内史			上郡	北地	陇西	上党	河东	河内	河南	南阳	南郡	巴郡
202	高帝五年	渭南	中地	河上	上郡	北地	陇西	上党	河东	河内	河南	南阳	南郡	巴郡
201	六													
200	七													
198	九	内史												
196	十一													
195	十二													
194	惠帝元年													
193	二													
187	吕后元年													
182	六													
181	七													
180	八													

续表

蜀郡	汉中		颍川	淮阳	薛郡	四川	东海		郯郡	会稽	砀郡	东郡	恒山
蜀郡	汉中	■	韩国	楚国（韩信）				■	郯郡	会稽	梁国	东郡	赵 恒山
					淮阳	薛郡	彭城	东海					
			广汉	颍川	淮阳	楚国 ├─┤ 荆国					（彭越）		
					薛郡	彭城	东海	东阳	郯郡	会稽			
			（分蜀地置）	（徙太原韩王信）		（高帝元王交）			（高帝弟）		（高帝从兄王贾）		
													赵 恒山
				淮阳国							梁国		赵 恒山
				淮阳							砀郡		
				（高帝子王友）				吴国			高帝子王恢		
								东阳	郯郡	会稽			
									（高帝兄子王濞）				赵 恒山
				颍川	淮阳								
				淮阳国									恒山国
					鲁国	楚国					东郡		（帝后宫子王惠）
						彭城	东海						
					（帝后宫子王惠）						吕国		
					（吕后外孙王张偃）						砀郡		
											（更梁曰吕 吕王产徙梁）		

续　表

邯郸	清河	河间	云中	雁门	代郡	太原		济北	临淄	胶东		琅邪	
赵国（张耳）			云中	雁门	代郡	太原		济北	临淄	胶东		琅邪	
邯郸	清河	河间	云中	雁门	代郡	太原							
			代国（喜，高帝兄）			韩国	齐国（悼惠王肥，高帝子）						
			云中	雁门	代郡		博阳	济北	临淄	胶东	胶西	琅邪	城阳
			代国（如意，高帝子）			太原							
			云中	雁门	代郡								
			国（隐王如意）										
邯郸	清河	河间	云中	雁门	代郡								
	赵国			代国									
邯郸	清河	河间	云中	定襄	雁门	代郡	太原						
						（高帝子王恒）							
（幽王友，淮阳来徙）												汤沐邑 鲁元公主	
邯郸	清河	河间											
								齐国				鲁侯张偃 食邑	
							济南	济北	临淄	胶东	胶西	琅邪	
	赵国						吕国	齐国					
								济北	临淄	胶东	胶西	琅邪	
							（吕后兄子王吕台）						
（共王恢，梁徙来 更吕禄，吕后兄子）							济川国	齐国				琅邪国	
邯郸	清河	河间						济北	临淄	胶东	胶西		
							（惠帝子王太？）					（从祖昆弟王泽高帝）	

续　表

广阳	上谷	渔阳	右北平	辽西	辽东	九江	庐江		衡山	苍梧		洞庭
燕　国（臧荼更卢绾）						淮　南　国（英布）				长沙国（吴芮）		
广阳	上谷	渔阳	右北平	辽西	辽东	九江	庐江	豫章	衡山	长沙		武陵
						淮南国（厉王长，高帝子）						
						九江	庐江	豫章	衡山			
燕　国（灵王建，高帝子）												
广阳	上谷	渔阳	右北平	辽西	辽东							
										长　沙　国		
										长沙	桂阳	武陵
燕　国（吕通，吕台子）												
广阳	上谷	渔阳	右北平	辽西	辽东							

续表

公元前					上郡	北地	陇西	上党	河东	河内	河南	南阳	南郡	巴郡
179	文帝元年	内史												
178	二													
177	三													
176	四													
174	六													
168	十二													
165	十五													
164	十六													
157	后元七年	右内史？	左内史？											
155	景帝二年												临江国	
154	三												（景帝子哀王阏）	
153	四												南郡	
149	中元年													

续表

蜀郡	汉中	广汉	颍川	淮阳	楚国			吴国			砀郡	东郡
					薛郡	彭城	东海	东阳	鄣郡	吴郡		
											梁国	
											文帝怀王胜子	
				淮阳国								
				（徙此 代王武）								
				汝南	淮阳						梁国	
											（为梁孝王 淮阳徙来）	
				汝南国	淮阳国							
				汝南	淮阳	鲁国	楚国	沛郡	东海	江都国		会稽
										东阳	鄣郡	
				（徙江都）	（徙鲁）	（恭王余 景帝子）	（王元王子礼 除而复续）			（易王非 景帝子）		

续　表

常山	邯郸	清河	河间		云中	定襄	雁门	代郡	太原	济南
	赵　国（王遂，赵幽王子）									
常山	邯郸	清河	河间国			定襄	雁门	代郡	太原国	济南
	赵　国						代　国			济南
（避讳更名）						（王武文帝子）			（王参文帝子）	
							代　国			
						定襄	雁门	代郡	太原	
									（王参更为代孝王）	
			河间	广川	勃海					
										济南国
										（王辟光悼惠王子）
常山	赵　国		河间国	广川国						
	邯郸	清河								
常山	中山国	赵　国	清河	（王彭祖景帝子）			定襄	雁门	代郡	代国	济南
	（王胜靖王景帝子）	邯郸		（献王德景帝子）							
		赵国	广平	清河		信都					

续　表

齐　国							燕　国（琅邪徙来）					
济北		临淄	胶东	胶西		琅邪	城阳	广阳	上谷	渔阳	右北平	辽西	辽东
北国			齐　国									
济北	（悼惠王兴居王子）	临淄	胶东	胶西		琅邪	城阳国						
济北							（悼惠王章景王子）						
				齐　国									
		临淄	胶东	胶西		琅邪	城阳						
		临淄	胶东	胶西		琅邪	城阳						
济北国		齐国	甾川国	胶东国	胶西国	琅邪	城阳国						
（悼惠王志王）		（悼惠王将闾孝王）	（悼惠王贤王）	（悼惠王雄渠王）	（王印悼子王）		（淮南徙回南）						
					胶西国	北海							
济北			甾川国	胶东	胶西国			燕国	上谷	渔阳	右北平	辽西	辽东
济北国	平原		（济北徙来懿王志）	胶东国	东莱	（景于王端帝子）							
（衡山徙来贞王勃）				（景王彻帝子）									

续　表

淮南国				长沙国		
九江	庐江	豫章	衡山	长沙	桂阳	武陵
九江	庐江	豫章	衡山			
淮南国（城阳徙来）						
九江	庐江	豫章	衡山			
淮南国	庐江国		衡山国			
	庐江	豫章				
淮南厉王子（王安）	淮南厉王子（王赐）	淮南厉王子（王勃）	淮南厉王子	长沙	桂阳	武陵
				景帝子（定王发）		
	庐江	豫章	衡山国			
	（庐江王赐）徙衡山		庐江王徙此（勃徙济北）			

续　表

公元前	七	右内史		左内史	上郡	北地	陇西	上党	河东	河内		河南	南阳	临江国
150	七	右内史		左内史	上郡	北地	陇西	上党	河东	河内		河南	南阳	临江国
148	中元二年													（景帝子阂王荣）
147	三									魏郡			南郡	
145	五													
144	六													
143	后元元年													
138	武帝建元三													
136	五													
135	六													
128	元朔元年													
127	二													
126	三													

续 表

东郡	会稽	江都国		东海	沛郡	楚国	鲁国	淮阳	汝南	颍川	广汉	汉中	蜀郡	巴郡
		东阳	鄣郡											

续　表

定襄	云中	勃海	（徙赵）	河间国	清河	广平	广川（为敬肃王徙来）	中山国	常山					梁国
					广川国									
					清河国									
			（景帝子惠王越）											
					（景帝子哀王乘）				常山国					
									（景帝子宪王舜）	济阴国	山阳国	济东国	济川国	梁国
										济阴				（王梁孝王子）（分梁为五）
					清河						山阳			

续 表

雁门	代郡	代国	济南	济北国	平原	齐国	淄川国	胶东	东莱	胶西国	北海	琅邪	城阳国	燕国
								胶东国						
								（景帝子康王寄）						
													广阳	
						齐郡								

续　表

上谷	渔阳	右北平	辽西	辽东	淮南国	庐江	豫章	衡山国	长沙国	桂阳	武陵			
												犍为		
													苍海	
														朔方	五原
												罢		

续表

公元前		右内史	左内史	上郡	西河	北地	陇西	上党	河东	河内	河南
125	四										
122	元狩元年										
121	二										
117	六										
116	元鼎元年										
114	三					北地	安定	陇西	天水			弘农
111	六											（分右内史、河南、南阳地置）
110	元封元年										
109	二										
108	三										
104	太初元年	京兆尹	右扶风	左冯翊							
97	天汉四年										

续　表

南阳	南郡	巴郡	蜀郡	汉中	广汉	颍川	汝南	淮阳	鲁国	楚国	沛郡	东海		江都 东阳
														广陵
														广陵国 / 临淮
												东海	泗水国（武帝子、厉王胥）	广陵地置分沛郡、
													（常山宪王子思王商）	

续 表

国郡	会稽	梁国	济川	济东国	山阳	济阴	东郡	常山国	中山国	赵国	魏郡	广平	清河
			陈留										
丹阳													
				大河									
							常山	真定国（常山宪王子顷王平）					清河国（代徙来）
				昌邑国									

续表

河间国	广川国	勃海	云中	定襄	雁门	代郡	代国	济南	济北国	平原	齐郡	淄川国	济东国
								济南／泰山					
											齐国（武帝子怀王闳）		
							太原（徙清河）						
											齐郡／千乘		

续表

东莱	胶西国	北海	琅邪	城阳国	广阳		上谷	渔阳	右北平	辽西	辽东	淮南国		庐江	豫章
												九江			
												九江	六安国	徙往江北	
					燕国	涿郡								（胶东康王子恭王庆）	
						（武帝子剌王旦）									
	胶西														

续　表

衡山国	长沙国	桂阳		武陵	犍为	朔方	五原						
衡山													
江夏							酒泉						
(衡山地置分南郡、)													
		桂阳	零陵				酒泉	张掖	敦煌	南海	苍梧	合浦	郁林	象郡

续 表

交趾	九真	日南	牂柯	武都	汶山	沈黎	越巂					
								儋耳	珠崖			
										益州		
											乐浪	真番	临屯	玄菟
						省入蜀郡						

续　表

公元前		京兆尹	右扶风	左冯翊	上郡	西河	北地	安定	陇西	天水	上党	河东	河内	河南	弘农
91	征和二年														
87	后元二年														
82	昭帝始元五														
81	六														
80	元凤元年														
76	五														
74	元平元年														
73	宣帝本始元														
70	四														
69	地节元年														
67	三														
66	四														

续 表

临淮	广陵国	泗水国	东海	沛郡	楚国	鲁国	淮阳	汝南	颍川	广汉	汉中	蜀郡	巴郡	南郡	南阳
					彭城										

续表

清河国	平干国	钜鹿	魏郡	赵国	中山国	真定国	常山	东郡	济阴	武帝哀王子（悂）	大河	陈留	梁国	会稽	丹阳
	（赵敬肃王子偃）项王														
								山阳							
			邯郸												
清河		绝，复续地节元年													

续表

胶东国	甾川国	千乘	齐郡	平原	济北国	泰山	济南	太原	代郡	雁门	定襄	云中	勃海	广川国	河间国
					国除	泰山									
														广川	
														广川国	

续　表

东莱	胶西	北海	琅邪	城阳国	燕国	涿郡	上谷	渔阳	右北平	辽西	辽东	九江	六安国	庐江	豫章
					广阳										
	高密国				广阳国										
	（广陵厉王子哀王弘）														

续表

合浦	苍梧	南海	敦煌	张掖	酒泉	五原	朔方	犍为	武陵	零陵	桂阳	长沙国	江夏
				金城（分张掖、陇西、天水地置）									
				武威　张掖									

续表

郁林	象郡	交趾	九真	日南	牂柯	武都	汶山	越巂	儋耳	珠崖	益州	乐浪	真番	临屯	玄菟
									罢	珠崖		乐浪		罢	罢
郁林	罢（牂柯分属郁林、														
								省入蜀							

续表

公元前		河南	河内	河东	上党	天水	陇西	安定	北地	西河	上郡	左冯翊	右扶风	京兆尹
63	元康三年													
60	神爵二年													
56	五凤二年													
55	三													
54	四													
52	甘露二年													
50	四													
49	黄龙元年													
47	元帝初元二													
46	三													
43	永光元年													
41	三													（罢太常）

续 表

弘农	南阳	南郡	巴郡	蜀郡	汉中	广汉	颍川	汝南	淮阳国	鲁国	彭城	沛郡	东海	泗水国
									淮阳国（宣帝子宪王钦）					
											楚国（定陶徙来）			

续　表

广陵国	临淮	丹阳	会稽	梁国	陈留	大河	山阳	济阴	东郡	常山	真定国	中山国	赵国	魏郡
												中山		
广陵														
						东平国		定陶国						
						（宣帝子思王宇）		（宣帝子王嚣）						
								济阴						
广陵国								（徙楚）						
												中山国		
			济阳国									（清河徙此）		

续 表

钜鹿	平干国	清河	河间国	广川国	勃海	云中	定襄	雁门	代郡	太原	济南	泰山	平原	齐郡
	广平													
				广川										
		清河国（宣帝子王竟）												
		清河（徙中山）												

续 表

千乘	甾川国	胶东国	东莱	高密国	北海	琅邪	城阳国	广阳国	涿郡	上谷	渔阳	右北平	辽西	辽东

续　表

武威	张掖	金城	酒泉	五原	朔方	犍为	武陵	零陵	桂阳	长沙国	江夏	豫章	庐江	六安国	九江
												复续 初元元年绝			

续表

玄菟	乐浪	益州	珠崖	越嶲	武都	牂柯	日南	九真	交趾	郁林	合浦	苍梧	南海	敦煌
西域都护府														
				弃										

续　表

公元前	建昭元年	京兆尹	右扶风	左冯翊	上郡	西河	北地	安定	陇西	天水	上党	河东	河内	河南
38	建昭元年													
37	二													
35	四													
33	竟宁元年													
32	成帝建始元													
25	河平四年													
23	阳朔二年													
16	永始元年													
11	元延二年													
5	哀帝建平三													
4	平帝元始元													
公元元年	元始四年	前辉光		后丞烈										

续 表

弘农	南阳	南郡	巴郡	蜀郡	汉中	广汉	颍川	汝南	淮阳国	鲁国	楚国	沛郡	东海	泗水国
											复续（上年绝）			

续　表

魏郡	赵国	中山国	真定国	常山	东郡	济阴	山阳	东平国	(元帝王康子)	梁国	会稽		丹阳	临淮	广陵国
		中山													
							山阳国			陈留					
						(济阳徙来)				(徙山阳)					
		中山国				定陶国 (山阳徙来)	山阳 (徙定陶)								
		(信都徙来)													
						(景楚孝王孙)(绥和元年更王)							复续		(鸿嘉四年绝)
		(二年徙信都)				济阴		东平							
								东平国							
						居摄元年复 三年除		五年复置 三年除					广德国		

续　表

齐郡	平原	泰山	济南	太原	代郡	雁门	定襄	云中	勃海	信都	河间	清河	广平	钜鹿
										信都国				
										（元帝子王兴）				
											河间国			
										信都				
										（徙中山）				
										（为信都国建平二年）				广平国	
										（定陶徙来）				

续 表

九江	辽东	辽西	右北平	渔阳	上谷	涿郡	广阳国	城阳国	琅邪	北海	高密国	东莱	胶东国	甾川国	千乘
							复续(鸿嘉二年绝)								

续表

武威	张掖		金城	酒泉	五原	朔方	犍为	武陵	零陵	桂阳	长沙国	江夏	豫章	庐江	六安国
		西海													

续　表

敦煌	南海	苍梧	合浦	郁林	交趾	九真	日南	牂柯	武都	越巂	益州	乐浪	玄菟			西域都护府
															广世国	广宗国	

二、东汉政区

1. 东汉初期县邑省并及复置表

说明：

本表郡、国名称采自《汉书·地理志》，侯国的确定则以周振鹤《西汉政区地理》一书中所考证的西汉元延绥和之际侯国总目表为准。另外，县名后标*者为东汉初期复置之县。

郡（国）	县	侯 国	备 注
河南尹	故市		
河东郡	左邑、长修、狐讘	骐	
京兆尹	船司空、下邽、南陵、奉明		
左冯翊	栎阳、翟道、谷口、廊、武城、沈阳、襄德、征、云陵、邰阳*、祋祤*、粟邑*		
右扶风	渭城、鳌屋、氂、郁夷、好畤*、虢、武功*、杜阳*		
颍川郡	崇高、纶氏*	成安、周承休	纶氏：《续汉志》作轮氏
汝南郡	阳城、富波*、宜禄*	安昌、归德、博阳、成阳、定陵、乐昌	
沛郡	辄舆	建成、栗、扶阳、高、高柴、溧阳、东乡、临都、祁乡	
淮阳国	固始		
魏郡	武始	即裴、邯会、邯沟	
钜鹿郡	广阿、宋子、临平、贳、敬武	象氏、新市、安定、历乡、乐信、武陶、柏乡、安乡	
广平国	张、朝平	南曲、广乡、平利、阳台、城乡	
常山郡	石邑、关	桑中、封斯、乐阳、平台	
真定国	藁城、肥累、绵曼		

续 表

郡(国)	县	侯国	备注
中山国	深泽、新处、陆成		
信都国	历、辟阳、高隄	乐乡、平隄、桃、西梁、东昌	
河间国	候井		
清河郡	清阳、灵*、信成、愍题、缭、枣强、复阳	东阳、信乡	
勃海郡	阜城、千童、中邑、高乐、重平、建成、阳信*	定、参户、柳、临乐、修市、景成、章乡、蒲领	千童：灵帝时复置，改称饶安
陈留郡	成安	长罗	
东郡	黎、利苗、乐昌、畔		
泰山郡	东平阳、蒙阴、乘丘、华、肥成	柴、富阳、桃山、桃乡、式	蒙阴、华：东汉后期复置
山阳郡	都关	城都、黄、爰戚、郜成、中乡、平乐、郑、甾乡、栗乡、曲乡、西阳	
济阴郡	吕都、葭密、秅		
东海郡	平曲	兰旗、山乡、建乡、容丘、东安、建阳、干乡、平曲、都阳、部乡、武阳、新阳、建陵、都平	容丘：汉末复置
城阳国	卢		
琅邪郡	梧成、灵门、柜、郑、计斤、横、昌、椑	虚水、临原、祓、䩅、零叚、云、稻、皋虞、魏其、兹乡、箕、高广、高乡、柔、即来、丽、武乡、伊乡、新山、高阳、昆山、参封、折泉、博石、房山、慎乡、驷望、安丘、高陵、临安、石山	

续　表

郡(国)	县	侯　国	备　注
泗水国	泗阳、于		
临淮郡	垒犹、开阳、赘其、富陵	西平、高平、开陵、昌阳、广平、兰阳、襄平、乐陵	
济南郡	阳丘	猇、宜成	
平原郡	重丘、瑗、阿阳、朸	羽、合阳、楼虚、龙额、安	
千乘郡	东邹、湿沃、建信、琅槐	平安、被阳、高昌、繁安、延乡	
北海郡	淳于*、斟、桑犊	剧魁、瓿、平望、平的、柳泉、剧、乐望、饶、平城、密乡、羊石、乐都、石乡、上乡、新成、成乡、胶阳	
甾川国	楼乡		
胶东国	昌武、邹卢、下密*、壮武*、郁秩		
高密国	昌安*、石泉、夷安*、成乡		
东莱郡	睡、育犁、不夜、临朐	平度、阳乐、阳石、徐乡	
齐郡	钜定、昭南	广饶、北乡、平广、台乡	
南阳郡	杜衍	新都、红阳、乐成	
南郡	鄀、若*	高成	若，《续汉志》作鄀
江夏郡	襄	钟武	
桂阳郡	阳山		
武陵郡	无阳、义陵		
九江郡	橐皋、建阳	博乡	
丹扬郡	宣城		宣城：桓帝时复置
庐江郡	枞阳、湖陵邑	松兹	松滋：灵帝时复置
会稽郡	回浦*		

续　表

郡(国)	县	侯 国	备　注
汉中郡	旬阳、武陵、长利		
巴郡	充国*		
犍为郡	郁鄢		
牂柯郡	都梦		
越巂郡	灊街		灊街：汉末复置，作潜街
益州郡	来唯		
陇西郡	予道		
天水郡	街泉、戎邑道、罕开、绵诸道、清水、奉捷		
武都郡	平乐道、嘉陵道、循成道		循成道：应为修成道之误
安定郡	复累、安俾、抚夷、泾阳*、卤、阴密、安定、安武、爰得、眴卷、月氏道		泾阳：至迟桓帝延熹四年复置
北地郡	马领、直路、灵武、朐衍、方渠除道、五街、归德、回获、略畔道、郁郅、义渠道、大要		
酒泉郡	天依		
上党郡	余吾		
太原郡	葰人、汾阳		
上郡	独乐、阳周、木禾、平都、浅水、京室、洛都、襄洛、原都、推邪、高望、雕阴道、望松、宜都		
西河郡	富昌、驺虞、鹄泽、徒经、广田、鸿门、宣武、千章、增山、武车、虎猛、谷罗、饶、方利、隰成、临水、土军、西都、阴山、觬是、博陵、盐官		

续表

郡(国)	县	侯国	备注
五原郡	固陵、蒲泽、南舆、稒阳、莫䵣、河目		
云中郡	陶林、犊和、阳寿		
定襄郡	都武、襄阴、武皋、定陶、武要、复陆		
雁门郡	沃阳		
朔方郡	修都、临河、呼遒、窳浑、渠搜		
涿郡	谷丘、容城、阿陵	广望、州乡、樊舆、成乡、临乡、益昌、阳乡、西乡、高郭、新昌、阿武	
广阳国	阴乡		
代郡	延陵、且如、阳原、参合、平邑*、灵丘		平邑：《续汉志》作北平邑。灵丘：汉末复置
上谷郡	泉上、潘*、夷舆、且居、茹、女祁		
渔阳郡	要阳、白檀、滑盐		
右北平郡	平刚、石成、延陵、薋、字、白狼、夕阳、昌城、骊成、广成、聚阳、平明		
辽西郡	且虑、新安平、柳城、狐苏、文成、絫		
辽东郡	居就、武次		
乐浪郡	东暆、不而、蚕台、华丽、邪头昧、前莫、夫租		
郁林郡	雍鸡		
九真郡	都庞、余发		

2. 《汉书·地理志》与《续汉书·郡国志》同地异书表

《汉志》		《续汉志》	
郡(国)	县名	县名	郡(国)
河南郡	荥阳	荥阳	河南尹
	縠(谷)成	縠(谷)城	
	成皋	成睾	
	新成	新城	
	偃师	匽师	
	苑陵	菀陵	
河内郡	壄王	野王	河内郡
	平皋	平睾	
	隆虑	林虑	
河东郡	蒲反	蒲坂	河东郡
	绛	绛邑	
	彘	永安	
颍川郡	傿陵	鄢陵	颍川郡
	纶氏	轮氏	
	郏	襄	
汝南郡	寑	固始	汝南郡
	宜春	北宜春	
	新郪	宋	
	安成	安城	
陈留郡	傿	鄢	梁国
梁国	甾	考城	陈留郡
沛郡	芒	临睢	沛国
	竹	竹邑	
	敬丘	太丘	
	㤰	虹	

续　表

《汉志》		《续汉志》	
郡(国)	县名	县名	郡(国)
钜鹿郡	鄡	鄛	钜鹿郡
常山郡	鄗	高邑	常山国
中山国	曲逆	蒲阴	中山国
	安险	安熹	
	苦陉	汉昌	
信都国	昌城	阜城	安平国
河间国	武隧	武遂	
清河郡	厝	甘陵	清河国
勃海郡	高成	高城	勃海郡
东郡	清	乐平	东郡
	观	卫	
	富城	富成	
	茌平	茬平	济北国
	寿良	寿张	东平国
泰山郡	梁父	梁甫	泰山郡
	茬	山茌	
	蛇丘	蛇丘	济北国
东海郡	南成	南城	
	利成	利城	
山阳郡	橐	高平	
	湖陵	湖陆	
临淮郡	盱眙	盱台	下邳国
	播旌	潘旌	
九江郡	东城	东成	九江郡
	曲阳	西曲阳	
济南郡	朝阳	东朝阳	济南国

续　表

《汉志》		《续汉志》	
郡(国)	县名	县名	郡(国)
平原郡	漯阴	湿阴	平原郡
	安悳	安德	
	富平	厌次	
	平昌	西平昌	
千乘郡	狄	临济	乐安国
	高宛	高菀	
东莱郡	㬉	㬉	东莱郡
齐郡	临淄	临菑	齐国
南阳郡	舂陵	章陵	南阳郡
	博山	顺阳	
南郡	邔	邔	南郡
	若	鄀	
零陵郡	钟武	重安	零陵郡
长沙国	承阳	烝阳	
	安成	安城	长沙郡
武陵郡	索	汉寿	武陵郡
	佷山	佷山	南郡
丹扬郡	於替	於潜	丹阳郡
	胡孰	湖熟	
庐江郡	灊	潜	庐江郡
	皖	皖	
六安国	六	六安	
会稽郡	大末	太末	会稽郡
	冶	东冶	
	回浦	章安	

续　表

《汉志》		《续汉志》	
郡(国)	县名	县名	郡(国)
豫章郡	海昏	海昏	豫章郡
	安平	平都	
	建成	建城	
	南壄	南野	
汉中郡	錫(锡)	锡	汉中郡
广汉郡	汁方	什邡	广汉郡
	葭明	葭萌	
蜀郡	汶江	汶江道	蜀郡
	緜(绵)虒	緜(绵)虒道	
	青衣	汉嘉	蜀郡属国
犍为郡	符	符节	犍为郡
牂柯郡	进桑	进乘	牂柯郡
越嶲郡	三绛	三缝	越嶲郡
	阑	阐	
	苏示	苏祈	
益州郡	健伶	建伶	益州郡
	收靡	牧靡	
	铜濑	同濑	
	弄栋	梇栋	
	嶲唐	巂唐	永昌郡
	葉(叶)榆	楪榆	
天水郡	望垣	望恒	汉阳郡
	略阳道	略阳	
武都郡	下辨道	下辨	武都郡
	武都	武都道	

续　表

《汉志》		《续汉志》	
郡(国)	县名	县名	郡(国)
北地郡	鹑孤	鹑觚	安定郡
	乌氏	乌枝	
安定郡	阴槃	阴盘	武威郡
	祖厉	租厉	
	鹑阴	鹯阴	
武威郡	鸾乌	鸾鸟	
	扑劓	朴劓	
	苍松	仓松	
酒泉郡	表是	表氏	酒泉郡
	绥弥	安弥	
	池头	沙头	
上党郡	涅氏	涅	上党郡
	陭氏	猗氏	
上郡	龟兹	龟兹属国	上郡
西河郡	皋狼	皋狼	西河郡
	益阑	益兰	
	大成	大城	
朔方郡	沃壄	沃野	朔方郡
云中郡	桢陵	箕陵	云中郡
定襄郡	武城	武成	定襄郡
雁门郡	涅陶	汪陶	雁门郡
代郡	平邑	北平邑	代郡
上谷郡	宁(寍)	甯	上谷郡
	广宁(寍)	广甯	
渔阳郡	路	潞	渔阳郡
	犀奚	俾奚	
辽东郡	文	汶	辽东郡

续表

《汉志》		《续汉志》	
郡(国)	县名	县名	郡(国)
辽西郡	交黎	昌辽	辽西郡
乐浪郡	吞列	乐都	乐浪郡
	詯邯	誹邯	
	黏蝉	占蝉	
	遂成	遂城	
郁林郡	中留	中溜	郁林郡
合浦郡	临允	临元	合浦郡
	朱卢	朱崖	
交趾郡	苟扁	苟漏	交趾郡
	曲易	曲阳	
九真郡	咸驩	咸欢	九真郡
	无切	无功	
日南郡	西捲	西卷	日南郡

3. 东汉郡国建置沿革表

说明：

1. 本表郡国名称所系年代表明该郡(国)在当年或始置、或更名、或更封，且在该年底见在。

2. 表中凡是标注"旋废"的，皆表示仅知始置之年而未详旋废时间之郡，为了制表的方便，暂在其始置之年的下一格标注字样。

3. 表中凡是后缀"？"的，皆表示依据现有材料，该郡(国)之始置或废弃之年难以具体考订，存有疑问。

4. 云中、朔方、北地三郡光武帝建武初年曾弃，然不详具体时间，暂将三郡废弃之年系于表中建武二十年(44)格中。

5. 高凉郡废弃之年，难以考订，暂系于表中的献帝兴平二年格中。

6. 左内史、离狐、东城、赢郡皆置于献帝建安初，暂将此四郡系于表中的建安二年格中。

7. 汉中郡于汉末曾更名为汉宁郡，不久又复旧名，因难以考订，暂不于表中列出。

公元	西汉郡国	河南	河内	河东	弘农	京兆尹	左冯翊	右扶风	安定	颍川	淮阳国	梁国	沛郡	汝南	江夏	楚国	鲁国	东海	临淮	泗水国	广陵国	城阳国
25	光武帝建武元年	河南尹									淮阳	梁郡				楚郡	鲁郡			泗水	广陵	城阳
26	二年																鲁国			泗水国		城阳国
29	五年																					
31	七年																					
34	十年																			泗水		
35	十一年																					城阳
36	十二年																					
37	十三年																鲁公国			省	广陵	省
39	十五年						左翊公国	右扶公国			淮阳公国					楚公国		东海公国	临淮公国			
40	十六年																					
41	十七年						左翊国	右扶风			淮阳国					楚国		东海国	临淮			
42	十八年																					
43	十九年																鲁国					
44	二十年												沛国									
50	二十六年																					

续 表

琅邪	淄川国	高密国	胶东国	北海	东莱	齐郡	济南	千乘	平原	勃海	河间国	信都国	中山国	清河	广平国	钜鹿	赵国	真定国	常山	上党	魏郡	陈留
	淄川	高密	胶东								河间	信都	中山国		广平		赵郡	真定				
	淄川国																	真定国				
																	赵国					
											河间国											
	淄川																					
						齐国																
琅邪	省	省	省	北海		齐公国					省	信都	中山		省	钜鹿	赵公国	省	常山			
琅邪公国						济南公国																
琅邪国						济南国							中山国									
						齐国											赵国					
													中山									

续　表

东郡	东平国	济阴	山阳	泰山	涿郡	上谷	广阳国	渔阳	右北平	辽西	辽东	玄菟	乐浪	太原	雁门	代郡	云中	定襄	五原	朔方	上郡	西河
	东平						广阳															
							广阳国							太原国								
							广阳															
																	省					
														太原								
						上谷	省															
东平公国		山阳公国				弃									弃	弃						
																	代国					
东平国		山阳国																				
																弃						
																	弃?	省	弃?			
						上谷									雁门	代郡	云中	定襄	五原	朔方		

续表

长沙国	武陵	桂阳	零陵	南阳	南郡	汉中	益州	牂牁	越嶲	犍为	蜀郡	广汉	巴郡	武都	敦煌	酒泉	张掖	武威	天水	金城	陇西	北地
长沙国?																						
																					省陇西	
长沙																				金城	陇西	
																						弃?
																						北地

续　表

日南	九真	交趾	合浦	郁林	苍梧	南海	豫章	会稽	六安国	庐江	丹阳	九江
									六安			
						省			庐江			

续表

		河南尹	河内	河东	弘农	京兆尹	左翊国	右扶风	安定	颍川	淮阳国	梁郡	沛国	汝南	江夏	楚国	鲁郡	东海国	临淮	广陵
52	二十八年																			
54	三十年						左冯翊													
58	明帝永平元年																鲁国	东海		广陵国
60	三年																			
61	四年																			
67	十年																			广陵
69	十二年																			
70	十三年															楚郡				
72	十五年														汝南国			东海 下邳国		
73	十六年										淮阳									
74	十七年																			
76	章帝建初元年																			
79	四年										淮阳国	梁国		汝南		平春国(旋废)		下邳国	益下邳	
82	七年													西平国 汝南						
84	元和元年																			

续　表

琅邪国	北海国	东莱	齐国	济南国	千乘	平原	勃海	信都	中山	清河	钜鹿	赵国	常山	上党	魏郡	陈留	东郡	东平国	济阴	山阳国
									中山国											
																				山阳
					千乘国					广平国	钜鹿									
					千乘															
								乐成国			钜鹿国		常山国						济阴国	
					千乘国						钜鹿		常山							
										清河国 徙西平	钜鹿									
																		东平国 任城国	济阴	

续 表

泰山	涿郡	上谷	渔阳	右北平	辽西	辽东	玄菟	乐浪	太原	雁门	代郡	云中	定襄	五原	朔方	上郡	西河	北地	陇西	金城	天水	武威
																					汉阳	

续表

张掖	酒泉	敦煌	武都	巴郡	广汉	蜀郡	犍为	越嶲	牂柯	益州		汉中	南阳	南郡	零陵	桂阳	武陵	长沙	九江		丹阳	庐江
										益州	永昌											
																			九江	阜陵国		
																			九江	国除		
															江陵国							

续 表

会稽	豫章	南海	苍梧	郁林	合浦	交趾	九真	日南	
								西域都护府	
								罢	

续 表

		河南尹	河内	河东	弘农	京兆尹	左冯翊	右扶风	安定	颍川	淮阳国	梁国	沛国	西平国	汝南	江夏	楚郡	鲁国	东海	下邳国	广陵	琅邪国
85	二年																					
87	章和元年										淮阳											
88	二年										陈国			徙陈	汝南		彭城国					
90	和帝永元二年																					
91	三年																					
93	五年																					
94	六年																					
95	七年																					
96	八年																					
106	殇帝延平元年																					
107	安帝永初元年																					
108	二年																					
110	四年																					
111	五年						侨置扶风															

续　表

北海国	东莱	齐国	济南国	千乘国	平原	勃海	乐成国	中山国	清河国	钜鹿	赵国	常山	上党	魏郡	陈留	东郡	东平国	任城国	济阴
		齐郡																	
		齐国				勃海	河间国	乐成国				常山国							济阴
										钜鹿	广宗国								
										钜鹿	国除								济阴
				乐安国															
北海																			
				平原国															
北海国									清河国	广川国									
										广川									

续表

	山阳	泰山	涿郡	上谷	渔阳	右北平	辽西	辽东	玄菟	乐浪	太原	雁门	代郡	云中	定襄	五原	朔方	上郡	西河	北地
	城阳国	泰山	济北国																	
	国除																			
				上谷	广阳															
																			侨置冯翊	侨置冯翊

续 表

桂阳	零陵	南郡	南阳	汉中	永昌	益州	牂柯	越巂		犍为	蜀郡		广汉	巴郡	武都	敦煌	酒泉	张掖	武威	汉阳	金城	陇西
										犍为属国	犍为											
													广汉属国	广汉								
																						侨置陇西

续　表

武陵	长沙	九江		丹阳	六安国	会稽	豫章	南海	苍梧	郁林	合浦	交趾	九真	日南	
		九江	阜陵国												
					庐江										
															西域都护府
														罢	

续表

		河南尹	河内	河东	弘农	京兆尹	左冯翊	右扶风	侨置扶风	颍川	陈国	梁国	沛国	汝南	江夏	彭城国	鲁国	东海	下邳国	广陵	琅邪国	北海国
118	元初五年																					
119	六年										陈郡											
120	永宁元年										陈国											
121	建光元年																					
122	延光元年																					
123	二年																					
124	三年																					
125	四年																					
126	顺帝永建元年																					
129	四年									安定												
140	永和五年																					
141	六年									侨置扶风												
145	冲帝永嘉元年																					

续表

东莱	齐国	济南国	乐安国	平原国	勃海	河间国	乐成国	中山国	清河国	广川	钜鹿	赵国	常山国	上党	魏郡	陈留	东郡	东平国	任城国	济阴	山阳	泰山
				平原					清河国	还井												
							安平国															
																				济阴国		
		济南																		济阴		
		济南国																				

续表

济北国	涿郡	上谷	广阳	渔阳	右北平	辽西		辽东	玄菟	乐浪	太原	雁门	代郡	云中	定襄	五原	朔方	侨置冯翊	西河	侨置冯翊	陇西	金城
						辽西	辽东属国？	辽东														
																		上郡			北地	
																		侨置冯翊			侨置冯翊	
																		侨置五原				

续表

汉阳	武威	张掖			酒泉	敦煌	武都	巴郡	广汉	广汉属国	蜀郡	犍为	犍为属国	越巂	牂牁	益州	永昌	汉中	南阳	南郡	零陵
												蜀郡属国									
											蜀郡										
		张掖	张掖属国?	张掖居延属国?																	

续 表

日南	九真	交趾	合浦	郁林	苍梧	南海	豫章		会稽	庐江	丹阳	阜陵国	九江	长沙	武陵	桂阳
西域长史府																
								吴郡	会稽							
												国除	九江			

续 表

		河南尹	河内	河东	弘农	京兆尹	左冯翊	右扶风	侨置扶风	颍川	陈国	梁国	沛国	汝南	江夏	彭城国	鲁国	东海	下邳国	广陵	琅邪国	北海国
146	质帝本初元年																					
147	桓帝建和元年								安定													
148	二年																					
151	元嘉元年																					
153	永兴元年																					
158	延熹元年																					
161	四年																					
165	八年																					
167	永康元年																					
172	灵帝熹平元年																					
174	三年																					
175	四年																					
182	光和五年																					

续 表

东莱	齐国	济南国	乐安	平原	勃海国	河间国	安平国	中山国	清河国	钜鹿	赵国	常山国	上党	魏郡	陈留	东郡	东平国	任城国	济阴	山阳
				平原国					甘陵国											
																		任城		
		济南				河间国	安平国	博陵 / 中山国												
																		任城国		
					勃海					庆陶国 / 徙勃海										
					渤海国					钜鹿 / 钜鹿										
					勃海															
		济南国						中山										任城		
																		任城国		

续　表

泰山	济北国	涿郡	上谷	广阳	渔阳	右北平	辽西	辽东属国	辽东	玄菟	乐浪	太原	雁门	代郡	云中	定襄	五原	侨置五原	侨置冯翊	西河	侨置冯翊	陇西

续 表

南阳	汉中	永昌	益州	牂柯	越巂	犍为属国	犍为	蜀郡属国	蜀郡	广汉属国	广汉	巴郡	武都	敦煌	酒泉	张掖居延属国	张掖属国	张掖	武威	汉阳	金城
									汉嘉?	蜀郡	汶山?										

续表

南郡	零陵	桂阳	武陵	长沙	九江	丹阳	庐江	会稽	吴郡	豫章	南海	苍梧	郁林	合浦	交趾	九真	日南	西域长史府
					九江／阜陵国													
														合浦	高兴？			

续表

		河南尹	河内	河东	弘农	京兆尹	左冯翊	右扶风	安定	颍川	陈国	梁国	沛国	汝南	江夏	彭城国	鲁国
184	中平元年																
188	五年																
189	六年				弘农国			汉安 右扶风									
190	献帝初平元年				弘农												
193	四年																
194	兴平元年							右扶风	新平 安定								
195	二年																
196	建安元年																
197	二年					左内史?	左冯翊				陈郡						
198	三年					旋废	左冯翊							阳安 汝南			利城
199	四年																
200	五年																
201	六年																
206	十一年																

续 表

钜鹿	甘陵国	中山	博陵	安平	河间国	勃海	平原国	乐安	济南国	齐国	东莱	北海国	琅邪国	广陵	下邳国	东海
						勃海国（旋废）										
													琅邪			
															下邳国	
															东城?	
											长广	东莱	北海国	城阳	琅邪	东莞		下邳国	旋废	东海	昌虑
												旋废		东安·琅邪					
														旋废·琅邪					
	甘陵						平原			齐郡		北海	琅邪国		下邳	东海	省

续表

赵国	常山国	上党	魏郡	陈留	东郡	东平国	任城	济阴	山阳	泰山	济北国	涿郡	上谷	广阳	渔阳	右北平	辽西	辽东属国	辽东
				陈留国（旋废）															
																		辽东	辽西中辽
																		辽东	旋废
								济阴	离狐？	嬴郡？	泰山								
								济阴	旋废	旋废	泰山								
	常山									济北									

续 表

玄菟	乐浪	太原	雁门	代郡	云中	定襄	五原	侨置五原	侨置冯翊	西河	侨置冯翊	陇西	金城	汉阳		武威	张掖	张掖属国	张掖居延属国	酒泉
														汉阳	南安					
														汉阳	永阳					
																	西郡	张掖		

续表

桂阳	零陵	南郡	南阳	汉中	永昌	益州	牂柯	越巂	犍为属国	犍为	汉嘉	蜀郡	汶山	广汉属国	广汉	巴郡	武都	敦煌
												蜀郡属国						
			南阳 章陵?															
																永宁 巴郡 固陵		
												省? 蜀郡						
			南阳国(旋废)															
																巴郡 巴东属国 巴西 巴东		

续 表

武陵	长沙	九江	阜陵国	丹阳	庐江	会稽	吴郡	豫章	南海	苍梧	郁林	合浦	高兴	交趾	九真	日南	西域长史府
													高凉?				
							豫章	庐陵				合浦	废?				
		九江	国除														

续表

		河南尹	河内	河东	弘农	京兆尹	左冯翊	右扶风	汉安	新平	安定	颍川	陈郡	梁国	沛国	阳安	汝南	江夏（曹魏）	江夏（孙吴）	
208	十三年																			
210	十五年																			
212	十七年															沛郡?	谯郡?	废	汝南		
213	十八年					汉兴?														
214	十九年																		江夏	西陵
215	二十年																		江夏	旋废
216	二十一年																			
217	二十二年																			
218	二十三年																汝南	弋阳	江夏	
219	二十四年																			
220	延康元年														沛郡					

续表

蕲春	彭城国	鲁国	利城	东海	下邳	广陵	东莞	琅邪国	城阳	北海	东莱	齐郡	济南国	乐安	平原	勃海	河间国	安平	博陵	中山	甘陵
				东海国											平原	乐陵	勃海		博陵国		
																	勃海	章武	河间国			
								琅邪													

续　表

钜鹿	赵国	常山		上党	魏郡	陈留	东郡	东平国	任城	济阴	山阳	泰山	济北	涿郡	上谷	广阳	渔阳	右北平	辽西	辽东属国	辽东	玄菟
										济阴国	山阳国		济北国									
	赵郡																					
		常山	乐平?	上党																		

续 表

乐浪	太原	雁门	代郡	云中	定襄	五原	侨置五原	侨置冯翊	西河	侨置冯翊	陇西	金城	汉阳	永阳	南安	武威	张掖	张掖属国	张掖居延属国
												金城	西平?						西海?
乐浪	带方?												汉阳	省	省				
	太原	新兴		省	省	省	省												
						省?													

续 表

西郡	酒泉	敦煌	武都	巴郡	巴东属国	巴西	巴东	广汉	广汉属国	蜀郡	蜀郡属国	犍为	犍为属国	越巂	牂柯	益州	永昌
												江阳	犍为				
										汶山	蜀郡			朱提			
						江关都尉		阴平									
						固陵											
								梓潼	广汉								
					宕渠	巴西											
			侨置扶风					侨置扶风									房陵？

续 表

汉中	南乡	南阳	章陵	南郡	襄阳	临江	零陵	桂阳	武陵	长沙	九江	丹阳	新都	庐江	会稽	吴郡
						宜都				长沙 汉昌						
														庐江(孙吴)	庐江(曹魏)	
汉中 西城 上庸																
汉中						宜都 固陵				长沙 废?		临川 旋废	丹阳 丹阳废			

续 表

西域长史府	日南	九真	交趾	合浦	郁林	苍梧	南海	庐陵	豫章		彭泽
									鄱阳	豫章	旋废
				高凉	合浦						

主要参考文献

一、秦代政区

1. 传世典籍及出土材料

（西汉）司马迁：《史记》，中华书局点校本，1959年。
（东汉）班固：《汉书》，中华书局点校本，1962年。
（东汉）许慎：《说文解字》，中华书局，1963年。
（晋）常璩：《华阳国志》，齐鲁书社，2010年。
（刘宋）范晔：《后汉书》，中华书局点校本，1965年。
（北魏）郦道元撰，王先谦校：《合校水经注》，中华书局点校本，2009年。
（唐）房玄龄等撰：《晋书》，中华书局点校本，1974年。
（唐）李吉甫：《元和郡县图志》，中华书局点校本，1983年。
（宋）司马光等：《资治通鉴》，中华书局点校本，1956年。
（宋）乐史：《太平寰宇记》，中华书局点校本，2007年。
（宋）王应麟撰，张保见校注：《通鉴地理通释校注》，四川大学出版社，2008年。
陈松长：《岳麓书院所藏秦简综述》，《文物》2009年第3期。
陈伟主编：《里耶秦简牍校释（第一卷）》，武汉大学出版社，2012年。
傅嘉仪：《秦封泥汇考》，上海书店出版社，2007年。
甘肃文物考古研究所：《天水放马滩秦简》，中华书局，2009年。
湖南省博物馆、湖南省文物考古研究所编：《长沙马王堆二、三号汉墓》，文物出版社，2004年。
湖南省文物考古研究所：《湖南龙山县里耶战国秦汉城址及秦代简牍》，《考古》2003年第7期。
湖南省文物考古研究所：《里耶发掘报告》，岳麓书社，2007年。
湖南省文物考古研究所、湘西土家族苗族自治州文物处、龙山县文物管理所：《湖南龙山里耶战国—秦代古城一号井发掘简报》，《文物》2003年第1期。
湖南省文物考古研究所、湘西土家族苗族自治州文物处：《湘西里耶秦代简牍选释》,《中国历史文物》2003年第1期。

荆州博物馆:《湖北荆州纪南松柏汉墓发掘简报》,《文物》2008年第4期。

荆州博物馆编:《荆州重要考古发现》,文物出版社,2009年。

刘创新:《临淄新出土封泥集》,西泠印社出版社,2005年。

刘庆柱、李毓芳:《西安相家巷遗址秦封泥考略》,《考古学报》2001年第4期。

刘信芳、梁柱编:《云梦龙岗秦简》,科学出版社,1997年。

罗福颐编:《秦汉南北朝官印征存》,文物出版社,1987年。

马王堆汉墓帛书整理小组编:《马王堆汉墓帛书、古地图》,文物出版社,1997年。

彭浩、陈伟、工藤元男主编:《二年律令与奏谳书》,上海古籍出版社,2007年。

睡虎地秦墓竹简整理小组:《睡虎地秦墓竹简》,文物出版社,1990年。

孙慰祖主编:《古封泥集成》,上海书店出版社,1994年。

王辉:《秦铜器铭文编年集释》,三秦出版社,1990年。

徐州博物馆、南京大学历史系考古专业:《徐州北洞山西汉墓发掘简报》,《文物》1988年第2期。

徐州博物馆、南京大学历史系考古专业:《徐州北洞山西汉楚王墓》,文物出版社,2003年。

杨广泰编:《新出封泥汇编》,西泠印社出版社,2010年。

张家山二四七号汉墓竹简整理小组:《张家山汉墓竹简[二四七号墓]》,文物出版社,2001年。

张家山二四七号汉墓竹简整理小组:《张家山汉墓竹简[二四七号墓](释文修订本)》,文物出版社,2006年。

张守中编:《睡虎地秦简文字编》,文物出版社,1994年。

中国文物研究所、湖北省文物考古研究所:《龙岗秦简》,中华书局,2001年。

周晓陆、路东之编:《秦封泥集》,三秦出版社,2000年。

2. 近人著述

(清)钱大昕:《廿二史考异》,中华书局,1985年。

(清)顾祖禹:《读史方舆纪要》,中华书局,2005年。

(清)洪亮吉撰,刘德权点校:《洪亮吉集》,中华书局,2001年。

(清)梁玉绳:《史记志疑》,中华书局,1981年。

(清)钱大昕:《潜研堂文集》,上海古籍出版社,1989年。
(清)全祖望:《全祖望集汇校集注》,上海古籍出版社,2000年。
(清)阮元:《十三经注疏》(附校勘记),中华书局,1980年。
(清)孙楷撰,徐复订补:《秦会要订补》,中华书局,1959年。
(清)姚鼐:《惜抱轩诗文集》,上海古籍出版社,1992年。
(清)杨守敬:《历代舆地沿革图》,光绪丙午九月重校订本,(台北)联经出版事业公司1981年影印。
谭其骧主编:《清人文集地理类汇编》,浙江人民出版社,1986年。

3. 今人论著

卜宪群:《秦汉官僚制度》,社会科学文献出版社,2002年。
陈仓:《战国赵九原郡补说》,《中国历史地理论丛》1994年第2辑。
陈蒲清:《长沙是楚国"洞庭郡"的首府》,《长沙大学学报》2006年5月。
陈松长:《岳麓书院藏秦简中的郡名考略》,《湖南大学学报(社会科学版)》2009年第2期。
陈伟:《"江胡"与"州陵"——岳麓书院藏秦简中的两个地名初考》,《中国历史地理论丛》2010年第1期。
陈伟:《秦苍梧、洞庭二郡刍论》,《历史研究》2003年第5期。
凡国栋:《秦郡新探——以出土文献为主要切入点》,武汉大学2010年博士学位论文。
高敏:《云梦秦简初探》(增订本),河南人民出版社,1981年。
韩兆琦:《史记笺证》,江西人民出版社,2004年。
何介钧:《"秦三十六郡"和西汉增置郡国考证》,收入陕西师范大学、宝鸡青铜器博物馆编:《黄盛璋先生八秩华诞纪念文集》,中国教育文化出版社,2006年。
何慕:《张家山汉简〈二年律令·秩律〉所见吕后二年政区及相关问题》,武汉大学2006年硕士论文。
何慕:《秦代政区研究》,复旦大学2009年博士毕业论文。
何瑞云:《秦颍川郡沿革考——兼与谭其骧先生商榷陈郡问题》,《青海民族学院学报(社会科学版)》1991年第1期。
后晓荣:《秦代政区地理》,社会科学文献出版社,2009年。
胡平生、李天虹:《长江流域出土简牍与研究》,湖北教育出版社,2004年。
黄留珠:《秦封泥窥管》,《西北大学学报(哲学社会科学版)》1997年第

1期。

黄盛璋、钮仲勋：《有关马王堆汉墓的历史地理问题》，《文物》1972年第9期。

黄盛璋：《徐州狮子山楚王墓与出土印章问题》，《考古》2009年第9期。

黄盛璋：《历史地理与考古论丛》，齐鲁书社，1982年。

黄盛璋：《历史地理论集》，人民出版社，1982年。

黄彰健：《释汉志所记秦郡与汉郡国的增置》，《中央研究院院刊》第1辑，1954年。

李晓杰：《中国行政区划通史·先秦卷》，复旦大学出版社，2009年。

林丽卿：《秦封泥地名研究》，台湾师范大学国文研究所2002年硕士学位论文。

路伟东：《战国郡考》，复旦大学2000年硕士学位论文。

马非百：《秦集史》，中华书局，1982年。

钱穆：《古史地理论丛》，生活·读书·新知三联书店，2004年。

钱穆：《史记地名考》，商务印书馆，2001年。

裘锡圭：《古代文史研究新探》，江苏古籍出版社，1992年。

施谢捷：《秦兵器刻铭零释》，《安徽大学学报（哲学社会科学版）》2008年第4期。

史念海：《论秦九原郡始置的年代》，《中国历史地理论丛》1993年第2期。

史念海：《秦县考》，《禹贡》半月刊，第7卷第6、7合期，1937年。

孙慰祖：《封泥：发现与研究》，上海书店出版社，2002年。

孙慰祖：《孙慰祖论印文稿》，上海书画出版社，1999年。

孙闻博、周晓陆：《新出封泥与西汉齐国史研究》，《南都学坛》2005年第5期。

谭其骧：《长水集》，人民出版社，1987年。

谭其骧主编：《中国历史地图集》，中国地图出版社，1982年。

童书业：《童书业历史地理论集》，中华书局，2004年。

王国维：《观堂集林》，上海古籍出版社，1983年。

王国维：《古史新证——王国维最后的讲义》，清华大学出版社，1996年。

王国维：《王国维遗书》，上海古籍书店，1983年。

王辉：《西安中国书法艺术博物馆藏秦封泥选释》，《文物》2001年第12期。

王辉：《西安中国书法艺术博物馆藏秦封泥选释续》，《陕西历史博物馆馆刊》第八辑，2001年。

王辉：《秦出土文献编年》，台湾：新文丰出版公司，2000年。

王辉等：《秦文字集证》，台湾：艺文印书馆，1999年。

王恺：《狮子山楚王陵出土印章和封泥对研究西汉楚国建制及封域的意义》，《文物》1998年第8期。

王蘧常：《秦史》，上海古籍出版社，2000年。

王伟：《秦置郡补考》，收入《纪念徐中舒先生诞辰110周年国际学术研讨会论文集》，巴蜀书社，2010年。

王伟：《秦玺印封泥职官地理研究》，中国社会科学出版社，2014年。

王子今、马振智：《张家山汉简〈二年律令·秩律〉所见巴蜀县道设置》，《四川文物》2002年第5期。

韦正：《从出土印章封泥谈汉初楚国属县》，《考古》2000年第3期。

韦正、李虎仁、邹厚本：《江苏徐州狮子山西汉墓的发掘与收获》，《考古》1998年第8期。

吴镇烽：《陕西历史博物馆馆藏封泥考》（上），《考古与文物》1996年第2期。

吴镇烽：《陕西历史博物馆馆藏封泥考》（下），《考古与文物》1996年第4期。

辛德勇：《秦始皇三十六郡新考》，《文史》2006年第1、2辑。

辛德勇：《阴山高阙与阳山高阙辨析——并论秦始皇万里长城西段走向以及长城之起源诸问题》，《文史》2005年第3辑。

辛德勇：《张家山汉简所示汉初西北隅边境解析——附论秦昭襄王长城北端的走向与九原、云中两郡的战略地位》，《历史研究》2006年第1期。

辛德勇：《秦汉政区与边界地理研究》，中华书局，2009年。

徐少华、李海勇：《从出土文献析楚秦洞庭、黔中、苍梧诸郡县的建置与地望》，《考古》2005年第11期。

徐卫民：《秦内史置县研究》，《中国历史地理论丛》2005年第1期。

晏昌贵：《〈二年律令·秩律〉与汉初政区地理》，《历史地理》2006年第21辑。

晏昌贵：《张家山汉简释地六则》，《江汉考古》2005年第2期。

张金光：《秦简牍所见内史非郡辨》，《史学集刊》1992年第4期。

张莉：《秦郡再议》，《历史地理》第二十九辑，上海人民出版社，2014年。

张修桂：《西汉初期长沙国南界探讨——马王堆汉墓出土古地图的论

证》,《中国历史地理论丛》1985年第2期。

赵炳清:《秦代无长沙、黔中二郡略论——兼与陈伟、王焕林先生商榷》,《中国历史地理论丛》2005年第4期。

赵炳清:《楚、秦黔中郡略论——兼论屈原之卒年》,《中国历史地理论丛》2006年第3期。

赵炳清:《秦洞庭郡略论》,《江汉考古》2005年第2期。

郑炳林:《秦汉吴郡会稽郡建置考》,《兰州大学学报(社会科学版)》1988年第3期。

郑威:《里耶秦简牍所见秦即墨、洞庭二郡新识》,《简帛文献与古代史:第二届出土文献青年学者国际论坛论文集》,中西书局,2015年。

钟炜:《楚秦黔中郡与洞庭郡关系初探》,《湖北大学学报(哲学社会科学版)》2005年第4期。

钟炜:《洞庭与苍梧郡新探》,《南方论刊》2006年第10期。

钟炜:《里耶秦简所见县邑考》,《河南科技大学学报(社会科学版)》2007年第2期。

钟炜:《秦洞庭、苍梧两郡源流及地望新探》,简帛网,2005年12月18日。

钟炜:《里耶秦简牍所见历史地理及相关问题》,武汉大学2004年硕士学位论文。

钟炜、晏昌贵:《楚秦洞庭苍梧及其源流演变》,《江汉考古》2008年第2期。

周宏伟:《传世文献中没有记载过洞庭郡吗?》,《湖南师范大学社会科学学报》2003年第3期。

周伟洲:《新发现的秦封泥与秦代郡县制》,《西北大学学报(哲学社会科学版)》1997年第1期。

周晓陆、刘瑞:《新见秦封泥中的地理内容》,《秦陵秦俑研究动态》2001年第4期。

周晓陆等:《秦封泥再读》,《考古与文物》2002年第5期。

周晓陆等:《西安出土秦封泥补读》,《考古与文物》1998年2期。

周晓陆等:《于京新见秦封泥中的地理内容》,《西北大学学报(哲学社会科学版)》2005年第4期。

周晓陆等:《在京新见秦封泥中的中央职官内容——纪念相家巷秦封泥发现十周年》,《考古与文物》2005年第5期。

周振鹤:《西汉政区地理》,人民出版社,1987年。

周振鹤:《中国地方行政制度史》,上海人民出版社,2005年。

周振鹤:《中国行政区划通史·总论》,复旦大学出版社,2009年。

周振鹤:《〈二年法律令·秩律〉的历史地理意义》,《学术月刊》2003年第1期。修订本刊于简帛研究网2003年11月23日,收入中国社会科学院简帛研究中心:《张家山汉简〈二年律令〉研究文集》,广西师范大学出版社,2007年。

周振鹤:《秦代洞庭、苍梧两郡悬想》,《复旦学报(社会科学版)》2005年第5期。

朱力伟:《东周与秦兵器铭文中所见的地名》,吉林大学硕士学位论文2004年。

朱郑勇:《西汉初期北部诸郡边界略考》,《中国历史地理论丛》2008年第2期。

二、西汉政区

1. 传世典籍及出土材料

(西汉)司马迁:《史记》,中华书局点校本,1959年。

(东汉)班固:《汉书》,中华书局点校本,1962年。

(晋)常璩撰,任乃强注:《华阳国志校补图注》,上海古籍出版社,1987。

(晋)陈寿:《三国志》,中华书局点校本,1982年。

(刘宋)范晔:《后汉书》,中华书局点校本,1965年。

(北魏)郦道元撰,王先谦校:《合校水经注》,中华书局点校本,2009年。

(唐)房玄龄等撰:《晋书》,中华书局点校本,1974年。

(唐)杜佑:《通典》,中华书局,1988年。

(唐)李吉甫:《元和郡县图志》,中华书局点校本,1983年。

(宋)李昉等编:《太平御览》,中华书局,2011年。

(宋)司马光等:《资治通鉴》,中华书局点校本,1956年。

(宋)乐史:《太平寰宇记》,中华书局点校本,2007年。

(清)顾祖禹:《读史方舆纪要》,中华书局,2005年。

(清)穆彰阿、潘锡恩等纂修:《大清一统志》,上海古籍出版社,2008年。

(清)孙星衍等辑,周天游校:《汉官六种》,中华书局,1990年。

甘肃简牍保护研究中心:《肩水金关汉简(壹)》,中西书局,2011年。

甘肃简牍保护研究中心:《肩水金关汉简(贰)》,中西书局,2012年。

甘肃简牍博物馆等编:《肩水金关汉简(叁)》,中西书局,2013年。

甘肃简牍博物馆等编：《肩水金关汉简（肆）》，中西书局，2015年。
甘肃简牍博物馆等编：《肩水金关汉简（伍）》，中西书局，2016年。
甘肃省文物考古研究所编：《敦煌汉简》，中华书局，1991年。
广州象岗汉墓发掘队：《西汉南越王墓发掘初步报告》，《考古》1984年第3期。
湖南省博物馆、湖南省文物考古研究所编：《长沙马王堆二、三号汉墓》，文物出版社，2004年。
湖南省文物考古研究所、湘西土家族苗族自治州文物处、龙山县文物管理所：《湖南龙山里耶战国—秦代古城一号井发掘简报》，《文物》2003年第1期。
荆州博物馆：《湖北荆州纪南松柏汉墓发掘简报》，《文物》2008年第4期。
荆州博物馆：《荆州重要考古发现》，文物出版社，2009年。
连云港市博物馆、东海县博物馆编：《尹湾汉墓简牍》，中华书局，1997年。
刘创新编：《临淄新出土封泥集》，西泠印社出版社，2005年。
罗福颐编：《秦汉南北朝官印征存》，文物出版社，1987年。
马王堆汉墓帛书整理小组编：《马王堆汉墓帛书、古地图》，文物出版社，1997年。
彭浩、陈伟、工藤元男主编：《二年律令与奏谳书》，上海古籍出版社，2007年。
孙慰祖主编：《两汉官印汇考》，上海书画出版社，1993年。
孙慰祖主编：《古封泥集成》，上海书店出版社，1994年。
王玉清、傅春喜主编：《新出汝南郡秦汉封泥集》，上海书店出版社，2009年。
韦正、李虎仁、邹厚本：《江苏徐州狮子山西汉墓的发掘与收获》，《考古》1998年第8期。
许雄志编：《鉴印山房藏古封泥菁华》，河南美术出版社，2011年。
徐州博物馆、南京大学历史系考古专业：《徐州北洞山西汉墓发掘简报》，《文物》1988第2期。
徐州博物馆、南京大学历史系考古专业：《徐州北洞山西汉楚王墓》，文物出版社，2003年。
杨广泰编：《新出封泥汇编》，西泠印社出版社，2010年。
张家山二四七号汉墓竹简整理小组编著：《张家山汉墓竹简[二四七号墓]释文修订本》，文物出版社，2006年。
张守中编：《睡虎地秦简文字编》，文物出版社，1994年。

中国社会科学院考古研究所编:《居延汉简甲乙编》,中华书局,1980年。
周天游、刘瑞:《西安相家巷出土秦封泥简读》,《文史》2002年第3期。
周晓陆、路东之编:《秦封泥集》,三秦出版社,2000年。
马骥编著:《新出新莽封泥选》,西泠印社·中国印学博物馆,2016年。

2. 清代民国学者著述

(清)段玉裁撰,钟敬华点校:《经韵楼集》,上海古籍出版社,2007年。
(清)丁谦:《蓬莱轩舆地丛书》,浙江图书馆,1915年。
(清)梁玉绳撰,贺次君点校:《史记志疑》,中华书局,1981年。
(清)钱大昕:《廿二史考异》,中华书局,1985年。
(清)钱大昕:《潜研堂集》,上海古籍出版社,1989年。
(清)钱坫撰,徐松集释:《新斠注地理志集释》,中华书局重印《二十五史补编》本,1955年。
(清)全祖望:《汉书地理志稽疑》,《二十五史补编》本,中华书局,1955年。
(清)王鸣盛:《十七史商榷》,上海书店出版社,2005年。
(清)王念孙:《读书杂志》,江苏古籍出版社,2000年。
(清)王先谦:《汉书补注》,上海古籍出版社,2008年。
(清)吴式芬、陈介祺:《封泥考略》,浙江人民美术出版社,2013年。
(清)吴卓信:《汉书地理志补注》,收入《二十五史补编》,开明书店,1936年。
(清)杨守敬:《晦明轩稿》,收入《近代中国史料丛刊续编》,第六十九辑第688册,文海出版社,1979年。
谭其骧主编:《清人文集地理类汇编》,浙江人民出版社,1986年。

3. 今人论著

蔡万进:《简牍所见西陵、西平考》,《中州学刊》2008年第5期。
陈梦家:《河西四郡的建置年代》,《汉简缀述》,中华书局,1980年。
陈远章:《广西考古的世纪回顾与展望》,《考古》2003年第10期。
陈直:《居延汉简研究》,天津古籍出版社,1986年。
陈直:《史记新证》,中华书局,2008年。
陈直:《汉书新证》,天津人民出版社,1979年。
邓玮光:《简牍所见西汉前期南郡属县(侯国)考》,《中国历史地理论丛》2011年第4期。
董珊:《论阳城之战与秦上郡戈的断代》,北京大学中国考古学研究中心编:《古代文明》第3卷,文物出版社,2004年。

冯承钧:《西域南海史地考证译丛》,商务印书馆,1962 年。
冯小琴:《居延敦煌汉简所见汉代的"邑"》,《敦煌研究》1999 年第 1 期。
符和积:《西汉海南岛建置区划探究》,《中国地方志》2005 年第 3 期。
龚志伟:《从爵制的角度试释〈津关令〉之"鲁侯"现象》,《传统中国研究集刊(九、十合辑)》,2012 年。
何介钧:《"秦三十六郡"和西汉增置郡国考证》,收入陕西师范大学、宝鸡青铜器博物馆编:《黄盛璋先生八秩华诞纪念文集》,中国教育文化出版社,2006 年。
何慕:《张家山汉简〈二年律令·秩律〉地名札记二则》,《丝绸之路》2012 年第 20 期。
何慕:《张家山汉简〈二年律令·秩律〉所见吕后二年政区及相关问题》,武汉大学 2006 年硕士论文。
何慕:《秦代政区研究》,复旦大学 2009 年博士毕业论文。
何清谷:《三辅黄图校释》,中华书局,2005 年。
后晓荣:《〈汉书·地理志〉"道"目补考》,《中国历史地理论丛》2008 年第 1 期。
后晓荣:《汉书地理志脱漏九县补考》,《中国历史地理论丛》2012 年第 4 期。
侯甬坚:《西汉梁国己氏县名校正》,收入《历史地理探索》,中国社会科学出版社,2004 年。
胡平生、李天虹:《长江流域出土简牍与研究》,湖北教育出版社,2004 年。
胡平生、张德芳:《敦煌悬泉汉简释粹》,上海古籍出版社,2001 年。
黄东洋、邬文玲:《新莽职方补考》,《简帛研究(二〇一二)》,广西师范大学出版社,2013 年。
黄盛璋、钮仲勋:《有关马王堆汉墓的历史地理问题》,《文物》1972 年第 9 期。
黄盛璋:《徐州狮子山楚王墓与出土印章问题》,《考古》2009 年第 9 期。
黄盛璋:《历史地理与考古论丛》,齐鲁书社,1982 年。
金毓黻:《东北通史》,社会科学院战线杂志社翻印本,1981 年。
劳干:《居延汉简考释·释文之部》,四川南溪石印本,1943 年;商务印书馆铅印本,1949 年。
劳干:《居延汉简考释·考证之部》,四川南溪石印本,1944 年。

劳干：《居延汉简考释·图版之部》，中研院历史语言研究所专刊之二十一，台北：中研院历史语言研究所，1957年。
李并成：《河西走廊历史地理》，甘肃人民出版社。1995年。
李炳泉：《关于汉代西域都护的两个问题》，《民族研究》2003年第6期。
李炳泉：《松柏一号墓35号木牍与西汉南郡属县》，《中国历史地理论丛》2010年第4期。
李大龙：《西汉西域都护略论》，《中国边疆史地研究》1991年第2期。
李开元：《西汉轪国所在与文帝的侯国迁移策》，《国学研究》第2卷，1994年。
李启文：《西汉渤海郡初置领县考》，《历史地理》第13辑，1996年。
林沄：《"夭租丞印"封泥与"夭租蘞君"银印考》，收入《林沄学术文集（二）》，科学出版社，2008年。
刘洪波：《关于西域都护的设置时间》，《中国史研究》1986年第3期。
刘瑞：《武帝早期的南郡政区》，《中国历史地理论丛》2009年第1期。
刘锡金：《关于西域都护与僮仆都尉问题的质疑》，《新疆大学学报》1983年第1期。
罗福颐：《史印新证举隅》，《故宫博物馆院刊》1982年第1期。
马孟龙：《谈肩水金关汉简中的几个地名》，《中国历史地理论丛》2012年第3期。
马孟龙：《西汉郡国更置与侯国迁徙——兼论千乘郡的始置年代》，刊于《中国史研究》2012年第4期。
马孟龙：《〈汉书·地理志〉文献学分析》，复旦大学博士后研究工作报告，2013年。
马孟龙：《居延汉简地名校释六则》，《文史》2013年第4期。
马孟龙：《西汉侯国地理》，上海古籍出版社，2013年。
马孟龙：《荆州松柏汉墓简牍所见"显陵"考》，《复旦学报（社会科学版）》2015年第3期。
钱穆：《史记地名考》，商务印书馆，2001年。
裘锡圭：《考古发现的秦汉文字对于校读古籍的重要性》，《中国社会科学》1980年第5期。
饶宗颐、李均明：《新莽简辑证》，台湾：新文丰出版公司，1995年。
苏辉：《张家山汉简之"徒涅"为〈汉书·地理志〉"徒经"补证》，《中国史研究》2003年第4期。

苏卫国:《西汉江夏郡沿革略考——从纪南松柏汉墓简牍说起》,《学术交流》2010年第5期。

孙闻博、周晓陆:《新出封泥与西汉齐国史研究》,《南都学坛》2005年第5期。

谭其骧:《西汉地理考辨》,《禹贡》半月刊,第6卷第10期,1937年。

谭其骧主编:《中国历史地图集》,中国地图出版社,1982年。

谭其骧:《长水集》,人民出版社,1987年。

田余庆:《说张楚——关于"亡秦必楚"问题的探讨》,《历史研究》1989年第2期。

佟柱臣:《从考古材料看汉、唐对西域的管辖》,《社会科学战线》1981年第4期。

王安春:《汉初豫章郡所辖十八县的分布特点及原因》,《江西广播电视大学学报》2001第1期。

王国维:《观堂集林》,中华书局,1959年。

王辉:《释秦封泥中的三个地名》,《秦文化论集》第10辑,三秦出版社,2003年。

王恺:《狮子山楚王陵出土印章和封泥对研究西汉楚国建制及封域的意义》,《文物》1998年第8期。

王人聪:《两汉王国、侯国、郡县官印汇考》,收入《秦汉魏晋南北朝官印研究》,香港中文大学文物馆,1990年。

王庆宪:《西汉武帝复增属国地理位置考辨》,《中国边疆史地研究》2010年第2期。

王文楚:《关于〈中国历史地图集〉第二册西汉图几个郡国治所问题》,《历史地理》第5辑,上海人民出版社,1987年。

王银田:《山西汉代城址研究》,《暨南史学》第六辑,暨南大学出版社,2009年。

王永吉:《〈史记索隐〉"县"地名校议》,《中国历史地理论丛》2007年第2期。

王有为:《由汉圜水、圜阴及圜阳看陕北榆林地区两汉城址分布》,西北大学2007年硕士学位论文。

王子今、马振智:《张家山汉简〈二年律令·秩律〉所见巴蜀县道设置》,《四川文物》2002年第5期。

韦正:《从出土印章封泥谈汉初楚国属县》,《考古》2000年第3期。

吴镇锋：《秦晋两省东汉画像石题记集释——兼论汉代圜阳、平州等县的地理位置》，《考古与文物》2006年第1期。

晓沐、晋源：《新见"襄阴"圜钱与"叕金"尖足空首布》，《中国钱币》2005年第2期。

肖瑞玲：《秦汉对北部边郡的开发》，《中国边疆史地研究》1996年第4期。

谢桂华、李均明、朱国照：《居延汉简释文合校》，文物出版社，1987年。

辛德勇：《汉武帝"广关"与西汉前期地域控制的变迁》，《中国历史地理论丛》2008年第2期。

辛德勇：《张家山汉简所示汉初西北隅边境解析——附论秦昭襄王长城北端走向与九原云中两郡战略地位》，《历史研究》，2006第1期。

辛德勇：《秦汉政区与边界地理研究》，中华书局，2009年。

徐少华：《〈中国历史地图集〉先秦汉晋若干地理补正》，收入《荆楚历史地理与考古探研》，商务印书馆，2010年。

晏昌贵：《〈二年律令·秩律〉与汉初政区地理》，《历史地理》第21辑，上海人民出版社，2006年。

晏昌贵：《增补汉简所见县名与里名》，《历史地理》第26辑，上海人民出版社，2012年。

严耕望：《汉书地理志县名首书县即郡国治所辨》，《中央研究院院刊》第一辑，1954年。

严耕望：《两汉太守刺史表》，上海古籍出版社，2007年。

严耕望：《中国地方行政制度史——秦汉地方西汉制度》，上海古籍出版社，2007年。

游逸飞：《太史、内史、郡——张家山〈二年律令·史律〉所见汉初政区关系》，《历史地理》第26辑，上海人民出版社，2012年。

游逸飞：《汉初楚国无郡论——传世文献与考古发掘的辩证》，《第六届中国中古史青年学者联谊会论文集》，复旦大学，2012年。

游逸飞：《战国至汉初的郡制变革》，台湾大学2014年博士论文。

余太山：《两汉魏晋南北朝与西域关系史研究》，商务印书馆，2011年。

袁延胜：《荆州松柏木牍所见西汉南郡的历史地理问题》，《中国历史地理论丛》2009年第3期。

张帆：《西汉"河东二十八县"考》，《首都师范大学学报》2009年第5期。

张南、张宏明：《安徽汉代城市的分布与建设》，《学术界》1991年第6期。

张泊：《上郡阳周县初考》，《文博》2006年第1期。

张维华：《汉史论集》，齐鲁书社，1980年。

郑威：《西汉东海郡所辖戚县、建陵、东安侯国地望考辨》，《中国历史地理论丛》2006年第2期。

郑威：《西汉东海郡的辖域变迁与城邑分布》，《历史地理》第25辑，上海人民出版社，2011年。

郑威：《里耶秦简牍所见即墨、洞庭二郡新识》，《简帛文献与古代史：第二届出土文献青年学者国际论坛论文集》，中西书局，2015年。

郑宗贤：《东郡政区变迁考察——兼论汉初梁国北界》，《台湾师大历史学报》第40期，1998年。

郑宗贤：《国境之北：西汉云中郡的政区变迁蠡测》，《兴大历史学报》第21期，2009年。

郑宗贤：《西汉七国之乱以前的楚国政区推定》，《早期中国史研究》第3卷第1期，2011年。

郑宗贤：《西汉云中、东郡、南郡、淮北地区王国和郡的政区沿革及其辖区变动》，台湾师范大学2012年博士论文。

周波：《汉初简帛文字资料研究二题》，《文史》2012年第4辑。

周波：《说肩水金关汉简、张家山汉简中的地名"赞"及其相关问题》，《出土文献研究》第十二辑，中西书局，2013年。

周世荣：《从出土官印看汉长沙国的南北边界》，《考古》1995年第3期。

周世荣、龙福廷：《从"龙川长印"的出土再谈汉初长沙国的南方边界》，《考古》1997第6期。

周振鹤：《新旧汉简所见县名和里名》，《历史地理》第12辑，上海人民出版社，1995年。

周振鹤、游汝杰：《古越语地名初探》，《复旦学报》1980年第4期。

周振鹤：《西汉地方行政制度的典型案例——读尹湾汉墓出土木牍》，《学术月刊》1997年第5期。

周振鹤：《〈二年律令·秩律〉的历史地理意义》（修订），中国社会科学院简帛研究中心：《张家山汉简〈二年律令〉研究文集》，广西师范大学出版社，2007年。

周振鹤：《秦代汉初的销县——里耶秦简小识之一》，简帛研究网站，2003年12月1日。

周振鹤：《汉郡再考》，《历史地理》第8辑，上海人民出版社，1990年。

周振鹤：《西汉政区地理》，人民出版社，1987年。

周振鹤:《学腊一十九》,山东教育出版社,1999年。
周振鹤:《周振鹤自选集》,广西师范大学出版社,1999年。
周振鹤:《〈汉书·地理志〉汇释》,安徽教育出版社,2006年。
朱郑勇:《西汉初期北部诸郡边界略考》,《中国历史地理论丛》2008年第2期。
孙博:《新莽政区地理研究》,复旦大学硕士学位论文,2017年。

4. 域外著作

冯承钧译:《西域南海史地考证译丛》,商务印书馆,1962年。

[朝]韩百谦:《东国地理志》,收入《韩国地理风俗志丛书》,韩国影印日文版(原书大正二年出版),景仁文化社,1989年。

[日]驹井和爱:《中国都城·渤海研究》,雄山阁,昭和五十二年。

[朝]李丙焘:《真番郡考》,《史学杂志》第40编第5期;周一良中译文载《禹贡》第2卷10期。

[日]秋川光彦:《前漢梁王国の封域——漢初の諸侯王国の行政体制についての予備的考察》,《三康文化研究所年报》第38号,2007年。

[日]秋川光彦:《前漢楚元王の封域——漢初の諸侯王国の行政体制についての予備的考察》,《大正大学大学院研究论集》29号,2005年。

[日]秋川光彦:《前漢齐悼惠王の封域——漢初の諸侯王国の行政体制についての予備的考察》,《三康文化研究所年报》第34号,2003年。

[日]日比野丈夫著,张亚平译:《汉简所见地名考》,《简牍研究译丛》第二辑,中国社会科学出版社,1987年。

[越]Tập bản đồ hành chính Việt Nam Administrative Atlas(《越南政区地图集》),Nhà Xuâ T Bản bản đồ Cartographic Publishing House,2003年。

[日]小田省吾:《朝鲜史大系·上世史》,朝鲜史学会,1928年。

[韩]尹龙九:《平壤出土〈乐浪郡初元四年县别户口簿〉研究》,中国出土资料学会编《中国出土资料研究》第13号,2010年。

三、东汉政区

1. 传世文献及出土材料

(汉)司马迁:《史记》,中华书局点校本,1959年。
(汉)班固:《汉书》,中华书局点校本,1962年。
(汉)刘珍等撰,吴树平校注:《东观汉记校注》,中州古籍出版社,1987年。
(汉)荀悦、(晋)袁宏:《两汉纪》,张烈点校本,中华书局,2002年。

（晋）常璩著、任乃强注：《华阳国志校补图注》，上海古籍出版社，1987年。

（晋）常璩著、刘琳校注：《华阳国志校注》，巴蜀书社，1984年。

（晋）陈寿：《三国志》，中华书局点校本，1982年。

（刘宋）范晔：《后汉书》，中华书局点校本，1965年。

（北魏）郦道元撰，王先谦校：《合校水经注》，中华书局点校本，2009年。

（唐）房玄龄等撰：《晋书》，中华书局点校本，1974年。

（唐）杜佑：《通典》，中华书局，1988年。

（唐）李吉甫：《元和郡县图志》，中华书局点校本，1983年。

（宋）李昉等撰：《太平御览》，中华书局，2011年。

（宋）乐史：《太平寰宇记》，中华书局点校本，2007年。

（宋）司马光：《资治通鉴》，中华书局点校本，1956年。

（宋）熊方等撰，刘祐仁点校：《后汉书三国志补表三十种》，中华书局，1984年。

（宋）徐天麟：《东汉会要》，上海古籍出版社，2006年。

（清）顾祖禹：《读史方舆纪要》，中华书局，2005年。

（清）全祖望：《汉书地理志稽疑》，《二十五史补编》本，中华书局，1955年。

（清）王鸣盛：《十七史商榷》，上海书店出版社，2005年。

（清）钱大昕：《廿二史考异》，中华书局，1985年。

（清）钱大昕：《潜研堂集》，上海古籍出版社，1989年。

（清）段玉裁撰，钟敬华点校：《经韵楼集》，上海古籍出版社，2007年。

（清）钱坫撰，徐松集释：《新斠注地理志集释》，中华书局重印《二十五史补编》本，1955年。

（清）王念孙：《读书杂志》，江苏古籍出版社，2000年。

（清）洪亮吉撰，谢钟英补注：《补三国疆域志补注》，收入《二十五史补编》，中华书局影印开明书店排印本，1955年。

（清）孙星衍等辑，周天游校：《汉官六种》，中华书局，1990年。

（清）吴卓信：《汉书地理志补注》，收入《二十五史补编》，开明书店，1936年。

（清）沈钦韩：《后汉书疏证》，上海古籍出版社，2006年。

（清）穆彰阿、潘锡恩等纂修：《大清一统志》，上海古籍出版社，2008年。

（清）杨守敬：《晦明轩稿》，文海出版社，1979年。

（清）杨守敬：《三国郡县表补正》，《杨守敬集》，湖北人民出版社，1988年。

（清）王先谦：《汉书补注》，中华书局，1983年。

（清）王先谦：《后汉书集解》，中华书局，1984年。

（清）丁谦：《蓬莱轩地理学丛书》，北京图书馆出版社，2008年。

（清）吴增僅：《三国郡县表附考证》，开明书局，1937年。

谭其骧：《清人文集地理类汇编》，浙江人民出版社，1986年。

长沙文物考古研究所、中国文物研究所：《长沙东牌楼东汉简牍》，文物出版社，2006年。

高文：《汉碑集释》，河南大学出版社，1997年。

河北省文化局文物工作队：《河北定县北庄汉墓发掘报告》，《考古学报》，1964年第2期。

胡海帆、汤燕：《中国古代砖刻铭文集》，文物出版社，2008年。

刘创新：《临淄新出土封泥集》，西泠印社出版社，2005年。

罗福颐：《秦汉南北朝官印征存》，文物出版社，1987年。

毛远明：《汉魏六朝碑刻校注》，线装书局，2008年。

孙慰祖：《两汉官印汇考》，上海书画出版社，1993年。

孙慰祖：《古封泥集成》，上海书店出版社，1994年。

王玉清、傅春喜：《新出汝南郡秦汉封泥集》，上海书店出版社，2009年。

徐玉立：《汉碑全集》，河南美术出版社，2006年。

徐正考：《汉代铜器铭文综合研究》，作家出版社，2007年。

许雄志：《鉴印山房藏古封泥菁华》，河南美术出版社，2011年。

杨广泰：《新出封泥汇编》，西泠印社出版社，2010年。

中国社会科学院考古研究所：《汉魏洛阳故城南郊东汉刑徒墓地》，文物出版社，2007年。

2. 今人著述

安作璋、熊铁基：《秦汉官制史稿》，齐鲁书社，1985年。

曹旭东：《东汉初年西北边郡的省并与徙吏民问题》，《中国历史地理论丛》2005年第2期。

崔向东：《汉代豪族研究》，崇文书局，2003年。

冯承钧译：《西域南海史地考证译丛》，商务印书馆，1962年。

高荣：《东汉西北边疆政策述评》，《民族研究》1997年第7期。

何清谷：《三辅黄图校释》，中华书局，2005年。

黄盛璋：《历史地理与考古论丛》，齐鲁书社，1982年。
贾敬颜：《汉代的属国和属国都尉考》，《史学集刊》1982年第4期。
马孟龙：《定县北庄汉墓墓石题铭相关问题研究》，《考古》2012年第10期。
马孟龙：《西汉侯国地理》，上海古籍出版社，2013年。
李晓杰：《东汉政区地理》，山东教育出版社，1999年。
廖伯源：《论东汉定都洛阳及其影响》，《史学集刊》2010年第3期。
廖伯源：《东汉西北边界之内移》，《白沙历史地理学报》2007年第4期。
林剑鸣：《秦汉史》，上海人民出版社，2003年。
林汀水：《再谈冶都、冶县、东部侯国与东部候官的沿革、治所问题》，《历史地理》第15辑，上海人民出版社，1999年。
柳春藩：《东汉的封国食邑制度》，《史学集刊》1984年第1期。
吕思勉：《秦汉史》，上海人民出版社，1983年。
彭建英：《东汉比郡属国非郡县化略论》，《民族研究》2000年第5期。
钱林书：《续汉书郡国志汇释》，安徽教育出版社，2007年。
［日］日比野丈夫著，周振鹤译：《汉简所见地名考》，《历史地理》第3辑，上海人民出版社，1983年。
邵台新：《汉代河西四郡的扩展》，台湾商务印书馆，1988年。
沈刚：《东汉分封诸侯王问题探讨》，《咸阳师范学院学报》2011年第5期。
舒峤：《东汉明帝增置郡国数目辨正》，《中国历史地理论丛》1992年第2期。
舒峤：《东汉光武所省郡国考》，《中国历史地理论丛》1994年第3期。
史念海：《两汉郡国县邑增损表》，《禹贡》第1卷第8期，1934年6月。
谭其骧：《〈两汉州制考〉跋》，《长水集》上册，人民出版社，2009年。
谭其骧：《中国历史地图集》，中国地图出版社，1982年。
王国维：《观堂集林》，中华书局，1959年。
汪清：《两汉魏晋南北朝州、刺史制度研究》，合肥工业大学出版社，2006年。
王人聪：《两汉王国、侯国、郡县官印汇考》，《秦汉魏晋南北朝官印研究》，香港中文大学文物馆，1990年。
王宗维：《汉代的属国制度与民族关系》，《西北历史资料》1983年第2期。
吴松弟：《冶即东部候官辨——〈续汉书·郡国志〉会稽郡下的一条错简》，《历史地理》第4辑，上海人民出版社，1986年。

奚柳芳：《东汉时期钱唐县之废复》，《历史地理》第 2 辑，上海人民出版社，1982 年。

辛德勇：《秦汉政区与边界地理研究》，中华书局，2009 年。

徐少华：《〈中国历史地图集〉先秦汉晋若干地理补正》，收入《荆楚历史地理与考古探研》，商务印书馆，2010 年。

严耕望：《两汉太守刺史表》，上海古籍出版社，2007 年。

严耕望：《中国地方行政制度史——秦汉地方西汉制度》，上海古籍出版社，2007 年。

于鹤年：《〈两汉郡国县邑增损表〉订误》，《禹贡》第 1 卷第 9 期，1934 年 7 月。

余太山：《两汉魏晋南北朝与西域关系史研究》，商务印书馆，2011 年。

张国庆：《东汉"辽东属国"考略》，《历史教学》1990 年第 2 期。

张维华：《后汉初省并郡国考》，《禹贡》第 3 卷第 1 期，1935 年 3 月。

赵海龙：《〈东汉政区地理〉县级政区补考》，《南都学坛》2016 年第 2 期。

郑威：《西汉东海郡的辖域变迁与城邑分布》，《历史地理》第 25 辑，上海人民出版社，2011 年。

周天游辑注：《八家后汉书辑注》，上海古籍出版社，1986 年。

周明泰：《后汉县邑省并表》，收入《二十五史补编》，开明书店，1932 年。

周运中：《汉代县治考：江淮篇》，《秦汉研究》第 4 辑，陕西人民出版社，2010 年。

周振鹤：《释江南》，《中华文史论丛》第 49 辑，上海古籍出版社，1992 年。

周振鹤：《后汉的东海王与鲁国》，《历史地理》第 3 辑，上海人民出版社，1983 年。

周振鹤：《西汉政区地理》，人民出版社，1987 年。

周振鹤：《中国地方行政制度史》，上海人民出版社，2005 年。

周振鹤：《汉书地理志汇释》，安徽教育出版社，2006 年。

重印本小识

　　这一两年来,秦汉简牍出土不断,加之秦汉史历来为史家与读者所重视,所以对秦汉政区的研究也得以与时俱进。趁此次再印之机,本卷修订了一些论断,并采纳了一些新的研究成果,或调整于正文,或增补于新注,还请读者留意,并不吝指正。

作者谨识
2019 年 8 月

图书在版编目(CIP)数据

中国行政区划通史·秦汉卷/周振鹤主编;周振鹤,李晓杰,张莉著. —2版.
—上海:复旦大学出版社, 2017.9(2021.11重印)
ISBN 978-7-309-12967-0

Ⅰ. 中… Ⅱ. ①周…②李…③张… Ⅲ. ①政区沿革-历史-中国
②政区沿革-历史-中国-秦汉时代 Ⅳ. K928.2

中国版本图书馆 CIP 数据核字(2017)第 103610 号

中国行政区划通史·秦汉卷(第二版)
周振鹤 主编 周振鹤 李晓杰 张 莉 著
出 品 人/严 峰
责任编辑/史立丽

复旦大学出版社有限公司出版发行
上海市国权路 579 号 邮编:200433
网址:fupnet@fudanpress.com　http://www.fudanpress.com
门市零售:86-21-65102580 　团体订购:86-21-65104505
出版部电话:86-21-65642845
浙江新华数码印务有限公司

开本 787×1092　1/16　印张 74.5　字数 1249 千
2021 年 11 月第 2 版第 3 次印刷

ISBN 978-7-309-12967-0/K·612
定价:198.00 元

如有印装质量问题,请向复旦大学出版社有限公司出版部调换。
版权所有　侵权必究